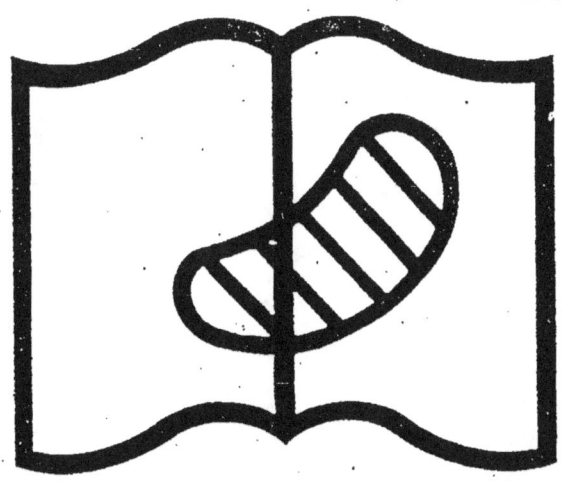

Original illisible
NF Z 43-120-10

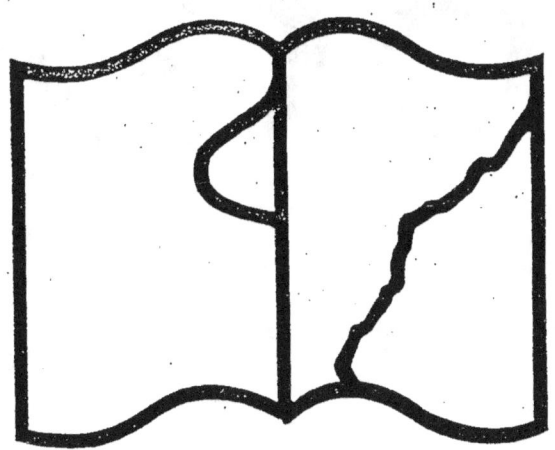

Texte détérioré — reliure défectueuse
NF Z 43-120-11

"VALABLE POUR TOUT OU PARTIE
DU DOCUMENT REPRODUIT".

1862

Lk 8/124.

ITINÉRAIRE

HISTORIQUE ET DESCRIPTIF

DE L'ALGÉRIE

COMPRENANT LE TELL ET LE SAHARA

PARIS. — IMPRIMERIE DE CH. LAHURE ET Cie
Rue de Fleurus, 9.

COLLECTION DES GUIDES-JOANNE

ITINÉRAIRE

HISTORIQUE ET DESCRIPTIF

DE L'ALGÉRIE

COMPRENANT

LE TELL ET LE SAHARA

PAR LOUIS PIESSE

OUVRAGE

ACCOMPAGNÉ D'UNE CARTE GÉNÉRALE DE L'ALGÉRIE
D'UNE CARTE SPÉCIALE DE CHACUNE DES TROIS PROVINCES
ET D'UNE CARTE DE LA MITIDJA

PARIS

LIBRAIRIE DE L. HACHETTE ET Cie

BOULEVARD SAINT-GERMAIN, 77

1862

Droit de traduction réservé

TABLE MÉTHODIQUE.

TABLE MÉTHODIQUE DES MATIÈRES	I
PRÉFACE...	V
BIBLIOGRAPHIE......................................	VII
RENSEIGNEMENTS GÉNÉRAUX ET CONSEILS AUX VOYAGEURS......	XI
A. **Itinéraire et budget de voyage**	XI
B. **Passe-ports**..................................	XIII
C. **Moyens de transport**...........................	XIV
1º Bateaux à vapeur	XIV
2º Diligences	XVIII
3º Chevaux et mulets	XXIII
4º Chemins de fer.........................	XVIII
D. **Postes**......................................	XIX
E. **Télégraphie électrique**........................	XIX
F. **Monnaies, poids et mesures**	XXII
G. **Calendrier musulman**..........................	XXIV
H. **Vocabulaire**.................................	XXV
I. **Hygiène**.....................................	XXVII
INTRODUCTION	XXXI
GÉOGRAPHIE..	XXXI
Situation......................................	XXXI
Division naturelle...............................	XXXI
Configuration du sol.............................	XXXIII
Hydrographie	XXXVIII
Le climat......................................	XXXIX

TABLE MÉTHODIQUE.

Règne végétal..	XLII
Les forêts...	XLII
Les arbres à fruits..	XLVII
Les céréales...	L
Les légumes...	LI
Les fourrages...	LI
Les plantes industrielles................................	LIII
1° Le tabac...	LIII
2° Le coton...	LIV
6° Le lin et le chanvre................................	LVI
4° Plantes tinctoriales................................	LVIII
5° Plantes diverses....................................	LX
Règne minéral...	LXI
Les métaux...	LXI
Les eaux thermales et minérales..................	LXIII
Les salines, les sources, le sel gemme........	LXV
Le marbre et la pierre..................................	LXV
Autres substances..	LXVII
Règne animal..	LXVII
Les animaux...	LXVII
1° Les animaux sauvages...........................	LXVII
2° Les animaux domestiques.....................	LXX
3° Les oiseaux...	LXXVII
4° Les reptiles, les insectes, les poissons, etc.	LXXIX
Les habitants...	LXXXII
Dénombrement...	LXXXII
Population indigène...................................	LXXXV
Les Berbères ou Kabiles............................	LXXXV
Les Arabes..	XCII
Les Maures..	XCVII
Les Turcs...	CII
Les Koulour'lis..	CII
Les Nègres..	CIII
Les Juifs...	CVI
Les Berranis..	CXI
Population européenne..............................	CXXII
L'armée...	CXXIII
Histoire..	CXXIV
Les temps fabuleux..	CXXIV
Les Carthaginois..	CXXV
Les Romains..	CXXX
Les Vandales...	CXXXIX
Les Byzantins..	CLXII
Les Arabes..	CLXIII
Les Turcs..	CLI
Les Français..	CLI
1° La conquête...	CLI
2° L'administration.....................................	CLIX
3° La colonisation......................................	CLXXV

TABLE MÉTHODIQUE. III.

ITINÉRAIRE DE L'ALGÉRIE.

PREMIÈRE SECTION, PROVINCE D'ALGER.

Alger..	1
Environs d'Alger...	65
D'Alger à la pointe Pescade..............................	65
— au Frais-Vallon.....................................	67
— au Bou-Zaréa..	68
— à El-Biar...	69
— à Sidi Ferruch......................................	70
— à Bir-Khadem.......................................	74
— à Koubba...	75
— à Matifou...	79
Routes de la province d'Alger.....................	85
1. D'Alger à Koléa...	85
2. — à Blida, par la plaine........................	90
3. — — par le Sahel...........................	97
4. — à Cherchel.....................................	101
5. — à Miliana, par Bou-Rkika..................	106
6. — — par l'Oued-Djer.................	116
7. — — par Affreville.....................	117
8. — à Orléansville.................................	117
9. — à Tenès..	122
10. — à Teniet-el-Hâd..............................	127
11. — à Medéa.......................................	130
12. — à Lar'ouât....................................	136
13. — à Ouargla.....................................	149
14. — à Aumale......................................	144
15. — à Rovigo......................................	166
16. — au Fondouk....................................	169
17. — à Dellis.......................................	170
18. — au Fort-Napoléon.............................	173
19. — à Drâ-el-Mizan...............................	177

DEUXIÈME SECTION, PROVINCE D'ORAN.

20. D'Alger à Oran, par mer............................	181
21. — par terre...........................	228
22. D'Oran à Tlemcen....................................	228
23. — à Nemours, par terre........................	266
24. — — par mer..........................	275
25. — à Sidi Bel-Abbès.............................	278
26. — à Maskara.....................................	274
27. — à Mostaganem................................	297
28. — à Tiharet, par Mostaganem..................	309
29. — — par Maskara........................	313
30. — aux Oulad-Sidi-Cheikh, par Tlemcen.......	313
31. — — par Géryville.....................	316
32. — — par Tiharet........................	326

TROISIÈME SECTION, PROVINCE DE CONSTANTINE.

33. D'Alger à Constantine, par mer...................	331
34. — — par terre..................	387

TABLE MÉTHODIQUE.

35. De Constantine à Setif, par les caravansérails		390
36. — — par Djemila		396
37. — à Bougie		401
38. — à Djidjelli		411
39. — à Batna		415
40. — à Bou-Sada		426
41. — à Biskra		432
42. — à Tougourt		450
43. — à Tebessa		462
44. — à Guelma, par El-Haria		468
45. — — par le Khroubs		476
46. — à Souk-Harras, par Guelma		476
47. — — par Bône		479
48. — à Bône, par mer		480
49. — — par Jemmapes		493
50. — — par Guelma		494
51. — à la Cale, par terre		495
52. — — par mer		501

INDEX ALPHABÉTIQUE DES LOCALITÉS DE L'ALGÉRIE 503
INDEX SYNONYMIQUE DES LOCALITÉS ANCIENNES ET MODERNES. 509

CARTES.

— Carte générale de l'Algérie	i
— — du Sahel et de la Mitidja	65
— — de la province d'Alger	85
— — — d'Oran	181
— — — de Constantine	331

PRÉFACE.

Un séjour de dix années en Algérie, pendant lequel j'ai suppléé plusieurs fois M. Berbrugger à la bibliothèque d'Alger, et fait partie du bureau arabe civil de la préfecture ; puis, à Paris, à la Direction de l'Algérie, ma collaboration au Tableau statistique de nos établissements français dans le nord de l'Afrique ; et, enfin, un voyage récent dans les trois provinces d'Alger, d'Oran et de Constantine, tels sont les titres qui m'ont déterminé à me charger de la rédaction de l'*Itinéraire en Algérie*.

En topographie, comme en histoire, il est maintenant assez difficile de faire des découvertes. Cet ouvrage est le résultat de consciencieuses études personnelles qui m'ont coûté beaucoup de temps et de peines ; mais il est aussi le résumé de travaux considérables sans lesquels il m'eût été impossible de compléter ma tâche. Citer les noms de MM. Berbrugger, Brosselard, Cherbonneau, de Slane, Mac-Carthy, du général Daumas, des docteurs Bertherand et Leclerc, du colonel de Colomb, de l'interprète Féraud, etc., etc., c'est assez indiquer l'importance des sources dans lesquelles j'ai largement puisé.

Les cinq cartes qui accompagnent cet Itinéraire ont été dressées par M. Vuillemin, sur mes indications et d'après les cartes du Dépôt de la guerre, si admirables d'exécution topographique, mais si défectueuses dans l'énoncé des localités, celle de la province de Constantine, par exemple.

Deux systèmes se présentaient pour l'orthographe des noms arabes employés dans ces cartes et dans l'Itinéraire.

Le premier, que l'on semble vouloir conserver, sans le discuter, est un système de fantaisie et n'a aucune raison d'être, puisqu'il amplifie ou défigure les noms ; ainsi on écrit *Bouffarick* pour Bou-Farick, *Cherchell* pour Cherchel, *Blidah* pour Blida, *Souk-el-Mitou* pour Sour-Kelmitou, *Moustapha* pour Moustafa, etc.

Le second, formulé par MM. Bresnier, Carette et de Nully, en août 1844, d'après les instructions de M. le ministre de la guerre, débarrasse cette orthographe des lettres parasites, puisque les lettres arabes ont généralement leur équivalent exact en lettres françaises, et remplace le *raïn*, *r* grasseyé que l'on figure souvent *gh*, par *r* avec apostrophe ou prime, *r'*, *r′*.

Je n'avais pas à hésiter entre ces deux méthodes, j'ai donc adopté la dernière.

Les distances légales kilométriques données par l'administration algérienne sont loin d'être toujours d'accord avec les distances réelles ; j'ai, à cet égard, mesuré les distances d'après les cartes du Dépôt de la guerre ; à défaut, j'ai pris une moyenne sur les cartes routières des colonnes expéditionnaires et d'après les renseignements de touristes dignes de foi.

Malgré mes voyages et mes recherches, l'*Itinéraire de l'Algérie* est loin, je le sais, d'être aussi exact et aussi complet que je l'eusse désiré. Je me range à l'avis de C. Leber, qui dit dans un de ses ouvrages que les erreurs naissent de l'excès comme du défaut d'application de l'esprit.

Je terminerai donc en priant ceux de mes lecteurs qui trouveront des erreurs ou des lacunes dans mon travail de vouloir bien me les signaler pour que je les fasse disparaître dans une nouvelle édition.

Louis PIESSE.

BIBLIOGRAPHIE.

Le *Tableau* de la situation des établissements français dans l'Algérie, année 1840, publie un travail bibliographique de M. C. Brosselard, aujourd'hui secrétaire général de la préfecture d'Alger, et comprenant la nomenclature de près de 700 livres, brochures, articles de revues et journaux, sur l'histoire, la géographie, les voyages, les opérations militaires, le gouvernement, l'administration et la colonisation de l'Algérie. De 1840 à 1862, c'est-à-dire depuis 21 ans, le nombre de ces ouvrages s'est encore accru, et beaucoup d'entre eux ont contribué à compléter et à étendre les connaissances que nous possédions sur l'Algérie.

Nous donnons ici la bibliographie des livres que nous avons consultés pour notre *Itinéraire*. Si le nom de quelques auteurs, historiens ou voyageurs, ne s'y rencontre pas, c'est que ces auteurs ont puisé aux sources que nous indiquons, et que, dès lors, il n'y aurait aucun profit à les citer.

Géographie d'Edrissi, traduite de l'arabe en français par M. A. Jaubert (tomes V et VI du Recueil des voyages et mémoires de la Société de géographie de Paris); in-4. Paris, 1836.

Description de l'Algérie, par Abou-Obeïd-el-Bekri, traduite par M. de Slane; in-8. Paris, Duprat, 1859.

Description du pays du Mar'reb, par Abou'l-Feda, accompagnée d'une traduction française et de notes par M. C. Solvet; in-8. Alger, 1839.

El-Zohrat-el-Nayerat, chroniques de la régence d'Alger, traduites d'un manuscrit arabe, par M. A. Rousseau; in-4. Alger, Bastide, 1841.

Histoire des Berbères et des dynasties musulmanes, par Ibn-Khaldoun, traduite de l'arabe par M. de Slane; 4 vol. in-8. Alger, imprimerie du gouvernement, 1852 à 1858.

Description générale de l'Afrique, par Marmol Caravajal, traduction de Nicolas Perrot d'Ablancourt, enrichie de cartes par M. Sanson, géographe du roi; 3 vol. in-4. Paris, 1667.

Histoire de l'Afrique et de l'Espagne sous la domination des Arabes, composée de différents manuscrits arabes de la bibliothèque du roi, par Cardonne; 3 vol. in-12. Paris, 1765.

Histoire de la domination des Arabes en Afrique et en Espagne, par Conde, traduite par M. de Marlès; 3 vol. in-8. Paris, 1825.

La navigation et pérégrinations orientales, de Nicolas de Nicolaï, seigneur d'Arfeuille, valet de chambre et géographe ordinaire du roi Charles IX, avec des gravures exécutées sur les dessins du Titien; in-folio. Lyon, 1566.

Della descrizione dell' Africa, etc., par Léon l'Africain, traduction française par Jean Temporal; in-folio. Lyon, 1556.

Topografia et istoria general de Argel, par Haëdo; grand in-4. Valladolid, 1612.

Les cruautés exercées sur les chrétiens en la ville d'Alger, etc., par J. B. Gramaye, vicaire général en Barbarie; in-12. Paris, 1620.

Relation des voyages de M. de Brèves, tant en Grèce.... qu'aux royaumes de Tunis et d'Alger...; in-4. Paris, 1628.

Histoire de Barbarie et de ses corsaires, par le R. P. Dan; in-4. Paris, 1637.

Les larmes et les clameurs des chrétiens, Français de nation, captifs en la ville d'Alger, en Barbarie, par le R. P. François-Héraut; in-8. Paris, 1643.

Les victoires de la charité ou relation des voyages de Barbarie faits en Alger, etc.; par le R. P. Lucien Héraut; in-12. Paris, 1646 et 1648.

Le miroir de la charité chrétienne ou relation des voyages que les religieux de l'ordre de N. D. de la Mercy du royaume de France ont faits à Alger en 1662, par l'un des pères rédempteurs du même ordre; in-12. Bruxelles, 1662.

Description générale de l'Afrique, traduite de Dapper; in-folio. Amsterdam, 1686.

Histoire du royaume d'Alger, par Laugier de Tassy; in-12. Amsterdam, 1725. Cette histoire a paru plusieurs fois sans nom d'auteur, et a été traduite en anglais, en allemand, en espagnol et en italien.

Voyages dans plusieurs provinces de la Barbarie et du Levant.... avec des cartes et des figures, par Shaw, traduits de l'anglais; 2 vol. in-4. La Haye, 1743.

Voyages en Barbarie ou lettres écrites de l'ancienne Numidie pendant les années 1785 et 1786, par Poiret; 2 vol. in-8. Paris, 1789.

Relation d'un séjour à Alger, par Pananti; in-8. Paris, 1820.

Esquisse de l'État d'Alger, par W. Shaler; in-8, avec un plan. Paris, 1830.

Anecdotes historiques et politiques pour servir à l'histoire de la conquête d'Alger en 1830, par J. T. Merle; in-8. Paris, 1831.

Le Moniteur algérien, journal officiel du gouvernement, de 1832 à 1858. Alger, imp. du gouvernement.

Voyage dans la régence d'Alger, ou description du pays occupé par les Français en Afrique, par M. Rozet, capitaine d'état-major; 3 vol. in-8, avec un atlas. Paris, 1833.

Voyage pittoresque dans la régence d'Alger, grand album in-folio, avec notices, par MM. Wild et Lessore. Paris, 1835.

De l'établissement des Français dans la régence d'Alger, par M. Genty de Bussy; 2 vol. in-8. Paris, 1835.

Esquisse générale de l'Afrique, par M. d'Avezac; in-8. Paris, 1837.

Description nautique des côtes de l'Algérie, par M. Bérard, capitaine de corvette; in-8. Paris, Imp. royale, 1837.

Fondation de la regence d'Alger, par MM. Sander Rang et Ferdinand Denis; 2 vol. in-8. Paris, J. Augé, 1837.

Tableau de la situation des établissements français dans l'Algérie, de 1838 à 1855, publié par le ministre de la guerre; in-4. Imp. impériale.

Le volume de 1856-1858 a été publié par le ministre de l'Algérie et des colonies.

Voyages dans les régences d'Alger et de Tunis en 1724 et 1725, par Peyssonel, et de 1783 à 1786, par Desfontaines, publiés par M. Dureau de La Malle; 2 vol. in-8. Paris, Gide, 1838.

Annales algériennes, précis historique de l'administration française depuis 1830, par M. E. Pellissier, capitaine d'état-major; 3 vol. in-8. Paris, 1836-1839.

L'Akhbar, journal de l'Algérie, paraissant depuis juillet 1839. Alger, Bourget.

De la domination turque dans l'ancienne régence d'Alger, par le colonel Walsin Esterhazy; in-8. Paris, Ch. Gosselin, 1840.

L'Algérie, par M. le baron Baude; 2 vol in-8. Paris, A. Bertrand, 1841.

Alger, voyage politique et descriptif

dans le nord de l'Afrique, par M. E. Bavoux; 2 vol. in-8. Paris, 1841.

Revue de l'Orient, de l'Algérie et des colonies: grand in-8, paraissant depuis 1843. Paris.

L'Illustration, journal avec gravures paraissant toutes les semaines depuis 1843; grand in-4. Paris, Paulin et Lechevallier.

La Revue archéologique, mensuelle; in-8. Paris, Leleux, et maintenant Didier.

L'Algérie, par A. Berbrugger; 3 vol. in-folio, avec figures. Paris, Delahaye, 1842 à 1845.

Icosium, par A. Berbrugger; in-8. Alger, Bastide, 1844.

Journal de l'expédition des portes de fer, rédigé par C. Nodier; in-4, avec gravures. Paris, Imp. royale, 1844.

Voyages dans le sud de l'Algérie, traduits par A. Berbrugger; petit in-4. Paris, Imp. royale, 1846.

Les Khrouan, ordres religieux chez les musulmans de l'Algérie, par le Cl. de Neveu; in-8. Paris, A. Guyot, 1846.

Notice historique du Makhrzen d'Oran, par le colonel Walsin Esterhazy; in-8. Oran, Perrier, 1849.

Archéologie de l'A'gérie, par le commandant de Lamare; in-4, avec gravure. Paris, Imp. nationale, 1850.

Souvenirs de l'Algérie, notions sur Orléansville et Ténès; in-8. Valenciennes, 1850.

Tachrifat, recueil de notes historiques sur l'administration de l'ancienne régence d'Alger, par M. A. de Voulx; in-8. Alger, imp. du gouvernement, 1853.

Annuaire de la Société archéologique de la province de Constantine: in-8. Constantine, Bastide et Amavet, paraissant tous les ans depuis 1853.

Histoire des Beni-Zeïan, rois de Tlemcen, traduite par M. l'abbé Bargès; in-12. Paris, B. Duprat, 1853.

Geronimo, le martyr du fort des Vingt-quatre heures à Alger, par M. A. Berbrugger; in-18. Alger, Bastide, 1854.

Mœurs et coutumes de l'Algérie, par le général E. Daumas; in-12. Paris, Hachette et Cie, 1854.

Les chevaux du Sahara, par M. le général E. Daumas; in-12. Paris, Michel Lévy frères, 1855.

Tableau de l'Algérie, manuel descriptif et statistique, contenant le tableau exact et complet de la colonie, sous les rapports géographique, agricole, commercial et industriel, par M. Jules Duval; in-8. Paris, Hachette et Cie, 1855.

Recherches minérales de l'Algérie, par M. Henri Fournel; in-4. Paris, Imp. impériale, 1856.

Souvenirs de la vie militaire en Afrique, par le comte P. de Castellane; in-12. Paris, Hachette et Cie, 1856.

La Revue africaine, journal des travaux de la Société algérienne, paraissant tous les deux mois par cahier in-8 de 5 feuilles. Alger, Bastide, 1856 à 1861.

Inscriptions romaines de l'Algérie, par M. Léon Renier; grand in-4. Paris, Gide et Baudry, 1857.

Indicateur général de l'Algérie, par M. Victor Berard; in-18, avec cartes. Alger, Bastide, 1858.

Lettre sur un voyage dans la partie méridionale du Sahara de la province d'Alger, par le docteur V. Reboud; broch. in-8. Paris, 1857.

Mémoire sur la constitution géologique des Ziban et de l'Ouad-Rir', etc., par M. Dubocq, ingénieur des mines; in-8. Paris, Carillan Gœury et Victor Dalmont, 1858.

Tlemcen, sa topographie, son histoire, etc., par M. l'abbé Bargès; in-8 Paris, B. Duprat, 1859.

Souvenirs d'un chef de bureau arabe, par M. F. Hugonnet; in-12. Paris, Michel Lévy, 1858.

Exploration des Ksour et du Sahara de la province d'Oran, par M. le commandant L. de Colomb; in-8. Alger, Dubos frères, 1858.

Un été dans le Sahara, par M. E. Fromentin; in-12. Paris, Michel Lévy frères, 1858.

Une année dans le Sahel, par M. E. Fromentin; in-12. Paris, Michel Lévy frères, 1859.

Les oasis de la province d'Oran ou les Oulad-Sidi-Cheikh, par M. le docteur Leclerc; in-8. Alger, Tissier, 1858.

Études sur les eaux minérales de l'Algérie, recueillies par M. le docteur A. Bertherand; in-8. Alger, Tissier, 1858.

Géographie physique, économique et politique de l'Algérie, par M. O. MacCarthy; in-12. Alger, Dubos frères, 1858.

Histoire d'Oran, par Léon Fey; in-8. Oran, Perrier, 1859.

Les Khrouan, de la constitution des ordres religieux en Algérie, par M. C. Brosselard; in-8. Alger, Bourget, 1859.

L'Algérie agricole, commerciale, industrielle, sous la direction de M. Noirot; revue mensuelle, in-8, paraissant depuis 1859.

Le commerce et la navigation de l'Algérie avant la conquête française, par M. Élie de La Primaudaie; in-8. Paris, imp. de Ch. Lahure et Cie, 1860.

Dictionnaire de toutes les localités de l'Algérie, par M. Marius Outrey; in-12. Alger, Dubos frères, 1860.

Voyage en Algérie, par M. Poujolat; in-12. Paris, J. Vermot, 1861.

Cartes et plans des villes de l'Algérie, faisant partie du Tableau des établissements français dans l'Algérie, publié par le ministre de la guerre, années 1838 à 1855.

Carte de l'Algérie, à l'échelle de 1 mèt. pour 400 000 mèt., publiée d'après les levés et les reconnaissances des officiers d'état-major, par le Dépôt du ministère de la guerre, sous la direction du général Blondel. 6 feuilles.

Carte du Sahel d'Alger et de la Mitidja, au 40 000e, publiée par le ministère de la guerre. 1854; 4 feuilles.

Topographie de l'Algérie, recueil de plans et vues manuscrits, gravés ou lithographiés, faisant partie de la collection du Cabinet des estampes à la Bibliothèque impériale.

RENSEIGNEMENTS GÉNÉRAUX

ET CONSEILS AUX VOYAGEURS.

A. ITINÉRAIRE ET BUDGET DE VOYAGE.

Le temps n'est plus où l'exploration de l'Algérie consistait, pour le touriste, à visiter Alger et Blida, Oran et Mostaganem, Philippeville, Bône et Constantine. Les Arabes disent qu'une femme pourrait se promener sans danger dans le Tell et le Sahara avec une couronne d'or sur la tête; ce dicton est à peu près vrai, et l'on voyage aujourd'hui dans les trois provinces comme dans les départements de la mère patrie, grâce à notre armée qui en a conquis le sol pied à pied.

Toutefois, il y a plusieurs manières de voyager. D'abord on peut prendre les diligences qui conduisent dans toutes les villes principales. Il est facile alors de calculer la durée de son voyage et la dépense qu'il occasionnera.

Mais, si l'on veut bien connaître le pays que les grandes routes praticables pour diligences ne traversent pas encore entièrement, il faudra se servir de mulets ou de chevaux, s'approvisionner de vivres et d'effets de campement, ne compter enfin que sur ses propres ressources, malgré les quelques villages et les caravansérails qui jalonnent les routes dites stratégiques, routes ouvertes par l'armée pour le passage de l'artillerie et des fourgons, routes destinées à être modifiées, ou à redevenir de simples chemins de traverse.

Il y a enfin le voyage qui se fait avec l'aide et la protection du gouvernement, c'est-à-dire avec le droit à la *diffa* et au *halfa :* la diffa est l'hospitalité pour les gens, et le halfa l'hospitalité pour les bêtes. Dans ce cas tout sera pour le mieux, si le touriste a la bonne fortune de faire route avec un commandant de cercle ou un chef de bureau arabe, en tournée administrative dans nos tribus des frontières sahariennes.

Le voyage sur le littoral algérien, à bord des paquebots de l'État, ne doit être entrepris que par force majeure et faute de temps pour suivre les routes de terre, ces routes ne seraient-elles que de simples sentiers; car, si quelques rares voyageurs trouvent le confortable à bord de ces paquebots, il n'en est pas de même pour la majorité, obligée de disputer chèrement les cabines et les vivres, parce qu'en définitive les paquebots de l'État n'étant, avant tout, destinés qu'au transport des troupes et du matériel, le voyageur n'y arrive qu'à titre d'incident.

Les chemins de fer, sauf celui d'Alger à Blida, ne sont toujours qu'à l'état de projet; nous en parlons donc pour mémoire.

Un voyage à peu près complet en Algérie demanderait au moins un an; mais, si l'on ne peut parcourir qu'une province, et à la rigueur, un mois ou six semaines suffiront pour cela, on visitera:

Dans la province d'Alger: Alger et ses environs, Blida, Médéa, l'oasis de Lar'ouat, la forêt de cèdres de Teniet-el-Hâd, Miliana, Cherchel et Kolea.

Dans la province d'Oran: Oran, Tlemcen, Mostaganem, Maskara, Geryville et l'une des oasis du Oulad-sidi-Cheikh.

Dans la province de Constantine: Constantine, Philippeville, Bône et les forêts de l'Edour', Tebessa et Lambèse, Biskra et Tougourt.

Mais le mieux serait de visiter les villes arabes d'Alger, de Tlemcen et de Constantine, les anciennes villes romaines de Cherchel, de Tebessa et de Lambèse, les oasis de Lar'ouat, de Biskra et de Tougourt, les forêts de cèdres de Teniet-el-Hâd et de Batna, et les forêts de chênes-liéges de l'Edour' et des Beni-Salah.

Abordons maintenant la question du budget. Le voyage, et nous supposons que l'on part de Paris, coûte:

1° De Paris à Alger:

	1re classe.	2e classe.	3e classe.
Chemin de fer de Paris à Marseille.......	96 f. 75 c.	72 f. 40 c.	53 f. 10 c.
Paquebot à vapeur de Marseille à Alger....	95 »»	71 »»	27 »»
	191 f. 75 c.	143 f. 40 c.	80 f. 10 c.

2° De Paris à Oran:

	1re classe.	2e classe.	3e classe.
Chemin de fer de Paris à Marseille........	96 f. 75 c.	72 f. 40 c.	53 f. 10 c.
Paquebot à vapeur de Marseille à Oran....	143 »»	113 »»	52 »»
	239 f. 75 c.	185 f. 40 c.	105 f. 10 c.

3° De Paris à Philippeville:

	1re classe.	2e classe.	3e classe.
Chemin de fer de Paris à Marseille........	96 f. 75 c.	72 f. 40 c.	53 f. 10 c.
Paquebot à vapeur de Marseille à Philippeville. (Stora.)............................	118 »»	93 »»	32 »»
	214 f. 75 c.	165 f. 40 c.	85 fr. 10 c.

La nourriture n'est pas comprise dans le prix des passages de 3ᵉ classe à bord des paquebots.

Les hôteliers de l'Algérie ne pratiquent pas l'art de rançonner les voyageurs, comme leurs confrères d'Europe. Nous avons payé, dans l'hôtel de la Régence, l'un des premiers d'Alger, un déjeuner 2 fr. 50 c., un dîner 3 fr. 50 c., vin compris, une chambre 2 fr., une bougie 50 c., et le service 50 c., soit 9 fr. par jour. A Oran, à Tlemcen, à Philippeville, à Bône et à Constantine, le prix varie entre 7 et 8 fr. Il est bien entendu que l'on peut payer meilleur marché; ceci est l'affaire du touriste et de sa bourse. Les malades ou les convalescents, qui viennent passer l'hiver à Alger, trouveront en ville ou à la campagne des appartements meublés ou non meublés, et des marchés abondamment approvisionnés.

Le prix des places dans les diligences peut être calculé sur le pied de 10 à 12 c. par kilomètre.

Nous pouvons conclure, d'après notre propre expérience, que pour voyager convenablement en Algérie sans grands frais comme sans parcimonie, il faut avoir à dépenser 20 fr. par jour.

Maintenant, à quelle époque doit-on voyager en Algérie? Nous répondrons : à ceux qui craignent la chaleur, au printemps et à l'automne; mais à ceux qui ne la redoutent point et veulent voir le pays sous son véritable et splendide aspect, en été. Quant à la traversée, souvent très-bonne en été et fatigante en hiver, elle dure trop peu de temps pour qu'on ait à s'en préoccuper autrement que pour savoir comment on passera sa journée à bord. L'installation des paquebots à vapeur offre, à cet égard, les ressources suivantes : la lecture, la musique ou le whist, et enfin la promenade sur le pont.

B. PASSE-PORTS.

Le voyageur qui se rend en Algérie devra se munir d'un passe-port à l'intérieur, qu'il déposera, quatre heures au moins avant le départ, au bureau de la compagnie des Messageries impériales, à Marseille, place Royale, nº 1, ou au bureau de la compagnie Arnaud, Touache frères et Cⁱᵉ, rue Cannebière, nº 23, selon le paquebot sur lequel il a pris passage. Les agents de l'une ou de l'autre compagnie se chargent gratuitement de toutes les formalités à accomplir pour l'embarquement.

Suivant la direction qu'il prendra, le voyageur retirera son passe-port à Alger, à Oran ou à Philippeville, au bureau de la police, ouvert le matin de huit à dix heures, et le soir de midi à quatre heures.

Il est encore essentiel de faire viser son passe-port pour les villes de l'intérieur dans lesquelles on a l'intention de se rendre.

C. MOYENS DE TRANSPORT.

1° Bateaux à vapeur.

SERVICE DES PAQUEBOTS DES MESSAGERIES IMPÉRIALES.

STATIONS.	ALLER.				STATIONS.	RETOUR.			
	ARRIVÉES.		DÉPARTS.			ARRIVÉES.		DÉPARTS.	
	Jours.	H.	Jours.	H.		Jours.	H.	Jours.	H.

Ligne d'ALGER.

| Marseille.. | » | » | Mardi.. Samedi | midi | Alger..... | » | » | Mardi.. Samedi | midi |
| Alger..... | Jeudi.. Lundi.. | 2 s. | » » | » » | Marseille. | Jeudi.. Lundi.. | 2 s. | » | » |

Ligne d'ORAN, par VALENCE.

Marseille*.	»	»	Mercre.	4 s.	Oran......	»	»	Mercre.	10 m
Valence...	Vendr:.	7 m.	Vendr..	10 m	Valence...	Jeudi...	2 s.	Jeudi..	5 s.
Oran......	Samedi	2 s.	»	»	Marseille..	Samedi	8 m.	»	»

Ligne de TUNIS, par STORA ou PHILIPPEVILLE et BONE.

Marseille..	»	»	Vendr..	midi	Tunis.....	»	»	Diman.	midi
Stora.....	Diman.	4 s.	Mardi..	6 s.	Bône......	Lundi..	9 m.	Lundi..	6 s.
Bône.....	Mercr..	1 m.	Mercr..	midi	Stora.....	Mardi..	1 m.	Mercr..	midi
Tunis....	Jeudi..	9 m.	»	»	Marseille..	Vendr..	4 s.	»	»

* Après l'arrivée du courrier de Paris, de 3 à 5 heures du soir.

Prix des passages.

	1re classe.	2e classe.	3e classe.
Alger....................................	95 f. »» c.	71 f. »» c.	27 f. »» c.
Valence	134 »»	94 50	46 »»
Oran.....................................	143 »»	113 »»	52 »»
Stora (Philippeville).....................	118 »»	93 »»	32 »»
Bône.....................................	133 »»	103 »»	37 »»
Tunis....................................	148 »»	118 »»	57 »»

RENSEIGNEMENTS GÉNÉRAUX. XV

Transport des bagages.

Les voyageurs de 1re classe jouissent d'une franchise de kil. 100
— 2e — — kil. 60
— 3e — — kil. ⎫
— 4e — — kil. ⎬ 30
Les passagers du gouvernement pour l'Algérie...... ⎧ kil. 125 à la 1re classe.
⎨ kil. 100 à la 2e —
⎩ kil. 60 à la 3e —

Tarif du transport des excédants de bagages par 100 kilogrammes.

	ALGER.	ORAN.	STORA.	BÔNE.	TUNIS.
Marseille.........	10	10	10	10	10
Alger............		20	20	20	20
Oran............			20	20	20
Stora...........				5	5
Bône...........					5

Observations.

Nourriture. — Le prix de la nourriture des voyageurs de 1re et de 2e classe est compris dans celui du passage. Il est invariable, quel que soit le nombre des jours ou des heures de la traversée.

Les passagers de 3e classe traitent de gré à gré pour leur nourriture avec le restaurateur du bord.

Bagages. — Il est accordé à chaque voyageur sur ses bagages une franchise de poids de 100 kil. pour les premières, 60 kil. pour les deuxièmes, et 30 kil. pour les troisièmes. L'excédant est payé suivant le tarif de chaque localité.

Enfants. — Les enfants de deux à dix ans payent moitié place et moitié nourriture. Ils doivent coucher avec les personnes qui les accompagnent. Il est accordé un lit pour deux enfants. Ceux au-dessous de deux ans sont admis gratis.

Voitures et chevaux. — Le transport des voitures, des chevaux et des chiens a lieu d'après le tarif établi pour chaque localité. Les chiens doivent être muselés et attachés sur le pont.

Dispositions générales. — L'arrière du bâtiment est exclusivement réservé aux voyageurs de 1re classe, qui peuvent d'ailleurs se promener dans toute la longueur du navire.

MM. les voyageurs ne peuvent entrer dans la chambre des dames. Chaque cabine est réservée à l'usage exclusif de ceux qui l'ont louée.

Les domestiques qui occuperont des couchettes de 2e classe ne pourront prendre leurs repas à la table commune de cette classe. Dans le cas où d'une classe inférieure ils passeraient aux premières pour le service de leurs maîtres, ils n'y pourront rester que le temps rigoureusement nécessaire.

COMPAGNIE DE NAVIGATION MIXTE L. ARNAUD,
TOUACHE FRÈRES ET Cie.

Aller.

De Marseille pour Alger, tous les jeudis.
De Marseille pour Oran, tous les mercredis.
De Marseille pour Stora (Philippeville), Bône et Tunis, tous les vendredis.

Retour.

D'Alger à Marseille et Cette, tous les jeudis.
D'Oran à Marseille, tous les jeudis.
D'Oran à Marseille et Cette, par Valence, tous les quinze jours, le mardi.
De Bône à Marseille, tous les lundis.
De Stora (Philippeville) à Marseille, tous les mercredis.
D'Alger à Malte, touchant à Bougie, Philippeville, Bône et Tunis, tous les quinze jours.

Prix des passages.

	1re classe.	2e classe.	3e classe.
De Marseille à Alger	79 f.	59 f.	27 f.
— Oran	143	113	52
— Bône	118	95	35

Le prix des passages comprend la nourriture, pour la durée ordinaire de la traversée, deux jours pour Alger, deux jours pour Philippeville, et trois jours pour Oran. Les passagers de 3e classe traitent de gré à gré pour leur nourriture avec le restaurateur.

Voir, pour les autres *observations*, au service des paquebots des Messageries impériales.

RENSEIGNEMENTS GÉNÉRAUX.

SERVICE DES PAQUEBOTS DE L'ÉTAT ENTRE LES DIVERS POINTS DU LITTORAL ALGÉRIEN.

NOMS DES PORTS.	ALLER. DÉPARTS. Jours du mois.	Heures.	ARRIVÉES. Jours du mois.	Heures.	NOMS DES PORTS.	RETOUR. DÉPARTS. Jours du mois.	Heures.	ARRIVÉES. Jours du mois.	Heures.
Ligne de l'Est.									
D'Alger à Stora.	3	Midi	4	Min.	De Bône à Stora.	7	7 m.	7	4 s.
	13	»	14	»		17	»	17	»
	23	»	24	»		27	»	27	»
De Stora à Bône.	4	Min.	5	9 m.	De Stora à Alger.	7	4 s.	9	7 m.
	14	»	15	»		17	»	19	»
	24	»	25	»		27	»	29	»
Ligne de l'Ouest.									
D'Alger à Oran.	4	8 s.	6	6 s.	D'Oran à Alger.	9	8 m.	10	2 s.
	14	»	16	»		19	»	20	»
	24	»	26	»		29	»	30	»

Prix des passages.

	2ᵉ classe.	3ᵉ classe.	
D'Alger à Bône............	58 f. 80 c.	38 f. 80 c.	} nourriture non comprise.
— Oran............	50 40	35 60	

Les bulletins d'embarquement sont délivrés au bureau des postes, rue Bab-Azzoun.

Les places de 1ʳᵉ classe sont destinées au personnel supérieur de l'armée, des fonctionnaires civils, et à quelques privilégiés, en mission du gouvernement, ou touristes.

Il est à désirer que la compagnie des Messageries impériales ou Arnaud et Touache frères fasse le service des côtes de l'Algérie, et donne ainsi satisfaction aux trop justes réclamations des voyageurs parqués comme des bêtes sur le pont ou dans les cabines des paquebots de l'État, quand toutefois ils peuvent y trouver de la place, même avec leur argent et au prix de grandes tortures. Les officiers de la marine impériale ne se plaindront pas de cette modification importante, et le public encore moins ; tous n'auront qu'à y gagner. Les voyageurs qui, du reste, redoutent la traversée d'Alger à Oran ou à Bône, pourront s'y rendre par terre, et en diligence, mais en été seulement.

2° Diligences.

Toutes les lignes aboutissant aux grands centres administratifs sont parcourues par les diligences. Nous avons déjà dit que le prix des places variait de 10 à 12 c. par kilomètre. Du reste ce prix, comme l'heure du départ, est modifié suivant les saisons.

Comme confortable, c'est-à-dire propreté, bonne installation et vitesse de parcours, la plupart de ces diligences laissent beaucoup à désirer. Il est à espérer, par exemple, que le service *Reboul*, ligne de Philippeville à Constantine, change ses tarifs, fasse remettre des carreaux aux portières de ses diligences, et ne laisse plus coucher ses voyageurs dans la boue, quand ils n'ont pas, en outre, la tête cassée, pour leur faire manquer ensuite le paquebot de France, comme cela nous est arrivé en février 1860.

3° Chevaux et mulets.

Pour les routes dites stratégiques, sur lesquelles les diligences manquent complétement, on louera des chevaux et des mulets, bêtes de peu d'apparence, mais assez solides cependant pour transporter les voyageurs et leurs bagages. La location d'un cheval ou d'un mulet, guide compris, peut varier de 4 à 6 fr. par jour.

Nous engageons, à cet égard, le voyageur à prendre ses renseignements auprès des bureaux arabes.

4° Chemins de fer.

Voici le dispositif principal du décret du 8 avril 1857 :

Art. 1er. Il sera créé en Algérie un réseau de chemins de fer embrassant les trois provinces.

Ce réseau se composera :

1° D'une ligne parallèle à la mer, suivant, à l'*est*, le parcours entre Alger et Constantine, et passant par ou près d'Aumale et de Setif ; à l'*ouest*, le parcours entre Alger et Oran, et passant par ou près Blida, Amoura, Orléansville, Saint-Denis du Sig et Sainte-Barbe.

2° De lignes partant des principaux ports et aboutissant à la ligne parallèle à la mer, savoir :

à l'*est*, de Philippeville ou Stora à Constantine ;
de Bougie à Setif ;
de Bône à Constantine, en passant par Guelma ;

à l'*ouest*, de Tenès à Orléansville;
    d'Arzeu à Mostaganem et Relizane;
    d'Oran à Tlemcen, en passant par Sainte-Barbe et Sidi Bel-Abbès.

Jusqu'à présent, il n'est sérieusement question que des tronçons:
    d'Alger à Blida;
    d'Oran à Saint-Denis du Sig;
    de Philippeville à Constantine.

On fait espérer le prompt achèvement de la ligne d'Alger à Blida, commencée il y a trois ans.

D. POSTES.

Le service des postes en Algérie est identiquement celui de la métropole pour l'affranchissement des lettres, journaux, brochures, échantillons, la déclaration et l'envoi des valeurs.

(Voir page 3, pour l'arrivée des courriers et la distribution des lettres.)

E. TÉLÉGRAPHIE ÉLECTRIQUE.

La télégraphie aérienne qui a précédé, en France comme en Algérie, la télégraphie électrique, a été instituée dans ce dernier pays par un arrêté du ministre de la guerre du mois de juin 1842. Le système aérien fut appliqué à la première ligne, qui fut celle d'Alger à Blida; peu de temps après, elle fut étendue et mit en communication Alger et Oran. Une autre ligne relia Alger à Constantine. Ces deux grandes lignes rayonnèrent vers les points les plus importants du littoral et de l'intérieur; dix ans suffirent pour ce travail.

Les postes des lignes aériennes consistent, les uns en un carré bastionné sur deux angles, fermé sur trois de ses faces par un mur crénelé, et sur la quatrième par un bâtiment à un étage, dont le rez-de-chaussée contient trois pièces d'habitation. D'autres sont construits d'après le type appelé poste-blockhaus, et consistent en un simple bâtiment à un étage, dont le rez-de-chaussée sert d'habitation et l'étage d'observatoire. La défense y est assurée au moyen de guérites placées en encorbellement au premier étage; il existe une citerne dans les deux types.

Cependant, tandis que le réseau télégraphique se construisait en France, l'Algérie ne restait pas en arrière dans cette voie de progrès; la construction des lignes électriques y commençait en 1853. La prudence, dit M. E. Pelicier, chef de bureau au ministère de l'intérieur, avait conseillé de suivre, dans l'établissement des nouvelles lignes, le tracé des anciennes, et le service aérien fut conservé concurremment avec le service électrique. Cette sage mesure permettait, en cas d'insurrection dans les contrées ouvertes aux Arabes, de fonctionner comme par le passé, à l'aide des postes fortifiés ou gardés dont nous avons parlé plus haut.

Les positions du personnel de l'ancienne télégraphie furent respectées, et dès le 1er mars 1854 les mêmes agents desservirent, outre les postes aériens, les stations dont l'ouverture inaugura dans la province d'Oran le service de la télégraphie privée, mise à la disposition du public en Algérie par le décret impérial du 7 janvier de la même année ; mais si dans l'intérieur de la colonie les communications étaient rendues faciles par la création de nouvelles lignes télégraphiques dont le réseau se développe aujourd'hui sur une étendue de plus de 3000 kil., il n'en était pas malheureusement ainsi avec la métropole, car le câble sous-marin qui reliait l'Algérie à la France, câble deux fois tributaire du territoire étranger, se rompait à plusieurs reprises, et rendait impossibles ces communications.

L'immersion d'un nouveau câble par la société Guillemant, Despecher et Gisborn, entre Alger et Port-Vendres par Mahon, vient enfin de donner satisfaction aux intérêts du gouvernement et des particuliers.

NOMS DES BUREAUX ALGÉRIENS.

Département d'Alger.

Alger.
Aumale (L).
Blida.
Boghar (Bou-R'ar) (L).
Boughari (Bou-Khari) (L).
Cherchel.
Dellîs (L).
Dra-el-Mizan.

Fort Napoléon (L).
Marengo.
Medéa (L).
Miliana (L).
Orléansville.
Tenès (L).
Tizi-Ouzou (L).

Département d'Oran.

Arzeu (L).
Lella Mar'nia.
Maskara (L).
Mers-el-Kebir (L).
Mostaganem.

Nemours (L).
Oran.
Saint-Denis du Sig
Sidi Bel-Abbès (L).
Tlemcen (L).

Département de Constantine.

Batna.
Biskra.
Bône.

Bordj-Bou-Areridj.
Bougie (L).
La Calc (L).

Constantine.
Djidjelli (L).
El-Milia (L).
Guelma (L).

Jemmapes (L).
Philippeville (L).
Setif.
Souk-Harras (L).

La lettre L indique le bureau à service limité, c'est-à-dire ouvert, dans la semaine, de 9 h. du matin à midi, et de 2 h. à 7 h. du soir; le dimanche, de 2 à 5 h. du soir seulement.

TARIF.

1° Entre les bureaux algériens.

Extrait du décret du 14 décembre 1861, applicable à l'Algérie :

Art. 1er. A partir du 1er janvier 1862, les dépêches télégraphiques privées, de un à vingt mots, adresse et signature comprises, échangées entre deux bureaux d'un même département, seront soumises à une taxe fixe de 1 fr., quelle que soit la distance.

Art. 2. Les dépêches de un à vingt mots, adresse et signature comprises, échangées entre deux bureaux de deux départements limitrophes, seront soumises à la taxe fixe de 1 fr. 50 c., quelle que soit la distance.

Art. 3. Dans l'un et l'autre cas, cette taxe sera augmentée de moitié par chaque dizaine de mots ou fraction de dizaine excédante.

2° Entre les bureaux de l'Algérie et de la France.

Un autre décret, du 5 octobre 1861, soumet à une taxe fixe de 8 fr. les dépêches télégraphiques privées, de un à vingt mots, adresse et signature comprises, échangées entre un bureau continental de l'empire et un bureau quelconque de l'Algérie par le câble direct d'Alger à Port-Vendres.

Au-dessus de vingt mots, la taxe est augmentée de moitié pour chaque dizaine de mots ou fraction de dizaine excédante. L'indication de la date, de l'heure, du dépôt et du lieu de départ, est transmise d'office. Sauf ces indications, tous les mots inscrits par l'expéditeur sur la minute de sa dépêche sont cotés et taxés.

3° Entre Alger et Tunis.

Les bureaux de Tunis, la Goulette, le Bardo et Kef, sont ouverts à la correspondance privée.

Les dépêches échangées entre Alger et ces bureaux sont soumises à la taxe de 2 fr. 50 c. par dépêche de quinze mots avec addition de 1/5 en plus pour chaque série de cinq mots ou fraction de série.

F. MONNAIES, POIDS ET MESURES.

1° Monnaies. — La monnaie française, sauf la piastre ou douro d'Espagne valant 5 fr. 40 c., est la seule en usage en Algérie; les Arabes la connaissent très-bien. Il n'en est pas de même pour les billets. Le voyageur devra se munir principalement de menue monnaie, qui est partout assez rare, et sans laquelle il lui serait difficile de donner ou de recevoir des appoints. Il nous souvient qu'en 1860, à Mostaganem et dans cette ville seulement, l'ancien rbia-boudjou ou 1/4 de boudjou arabe de 45 c., avait cours forcé pour 50 c.

Le payement dans les villes entre Européens peut se faire avec les billets de la banque de France, ou des succursales d'Alger, d'Oran et de Constantine. Le Trésor (*V*. p. 3) délivre au pair et à 10 jours de vue des coupures de 100 à 5000 fr., payables à Paris, au Trésor, ou à Marseille, à la recette générale.

Les monnaies arabes étaient :

Or : le *sultani* ou sequin d'Alger, 8 fr. 37 c.
le *nous-sultani* ou 1/2 sequin, 4 fr. 85 c.
le *rbia-sultani* ou 1/4 sequin, 2 fr. 09 c.

Argent : le *rial-boudjou*, unité monétaire, 1 fr. 80 c.
le *zoudj* ou double boudjou, 3 fr. 60 c.
le *rbia* ou 1/4 boudjou, 45 c.
le *temin* ou 1/8 boudjou, 22 c.

Cuivre : l'*aspre-chique* ou *drahm-ser'ir*, monnaie de la plus petite valeur, était de 23 millimes environ; il en fallait 29 pour faire un mouzouné, monnaie de compte, et 26 mouzounés 2/8 à 6 c. 2/3 représentaient la valeur du boudjou.

2° Poids. — Notre système de poids et mesures est rigoureusement adopté en Algérie; nous croyons cependant indispensable de donner le nom et la valeur correspondante des poids et des mesures arabes, comme nous l'avons fait pour les monnaies.

On comptait avant la conquête :

El rotle attari ou livre attari de $0,546^g,080$; il se divisait en 16 onces; il était usuel dans le grand commerce;

El rotle feuddi de $0,497^g,435$; il se divisait également en 16 onces; il servait pour l'or, l'argent en barre et les monnaies;

El rotle r'edari de $0,614^g,340$; il se divisait en 18 onces; on l'employait pour les fruits frais, légumes et herbages;

El rotle kebir de $0,921^g,510$; il se divisait en 27 onces; on s'en servait pour peser le miel, le beurre, les fruits secs, l'huile, le savon, etc.

Le rotle attari fut le seul dont l'usage fut maintenu après 1830. Cette livre, multipliée par 100, donnait un quintal correspondant, soit $54^k 608^g$.

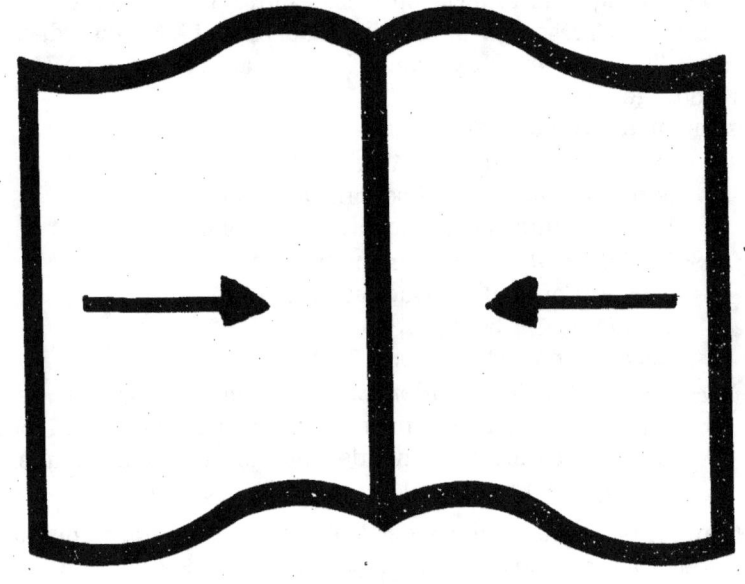

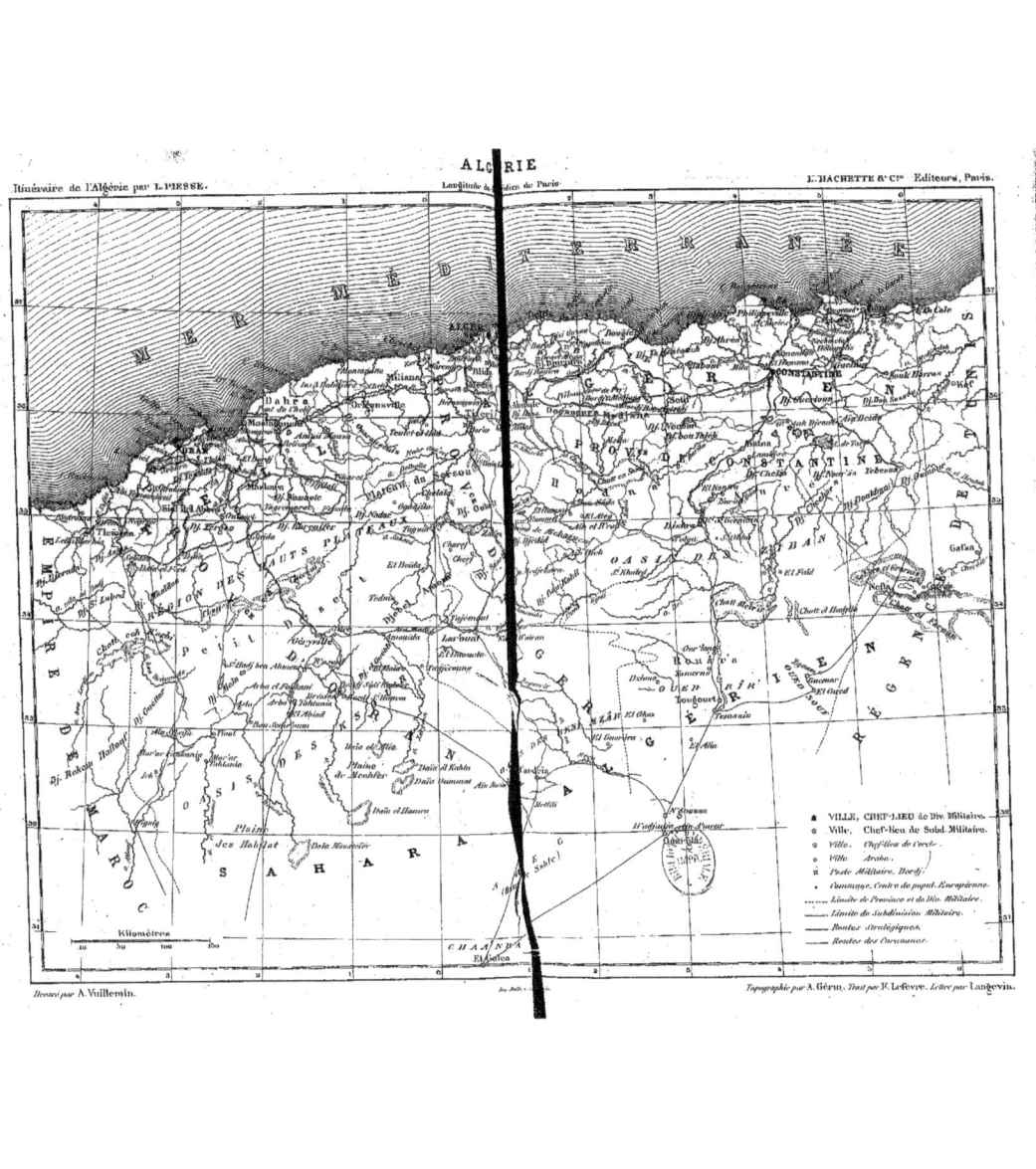

Le *mitkal* de 0,004g,669 se divisait en 24 grains de karoube ; il servait pour la pesée de l'or ouvragé, des perles fines et des essences.

Le *karat* de 0,000g,207 pour les pierres précieuses.

3° **Mesures de capacité.** — Le *saâ* d'Alger, 60 litres, se subdivisant en demies et en quarts pour les grains et le sel.

Le *saâ* de Bône, correspondant à notre hectolitre, pour les grains et le sel.

La *fanègue* d'Oran, 102 litres, pour les grains.

La *koulla* d'Alger, 16 litres, se subdivisant en demies, quarts et huitièmes, pour les liquides.

4° **Mesures linéaires et itinéraires.** — Le *pic* turc ou coudée de 0ᵐ,636, se divisant en 8 rob de 0ᵐ,079,5 et le rob en demies et en quarts, pour les draps, les étoffes, etc.

Le *pic* arabe de 0ᵐ,476, mêmes divisions et subdivisions que le pic turc, et employé pour les mêmes usages.

Le travail très-intéressant de M. C. Brosselard, sur les mesures linéaires et itinéraires arabes, trouve ici sa place; il est extrait des *Inscriptions arabes de Tlemcen*.

D'après El-Kharchi, un des plus célèbres commentateurs de Sidi Khelil, qui sont arrivés à présenter un traité complet des mesures arabes ayant un caractère légal, la *coudée* se subdivise en 36 portions égales, représentées par 36 doigts de grosseur moyenne, et alignés de champ.

La *coudée* tlemcénienne, de 0ᵐ,47 (*V*. p. 252).

Le *doigt*, 36ᵉ partie de la coudée, égale 0ᵐ,013 et une fraction.

Le *grain d'orge*, 6ᵉ partie du doigt, 0ᵐ,002 et une fraction.

Le *crin* de mulet de l'espèce appelée bardeau, 6ᵉ partie du grain, 0ᵐ,0003.

Tels sont les sous-multiples de la coudée, qui servent à former, pour l'usage ordinaire du commerce, les mesures fractionnaires suivantes :

L'*empan*, 18 doigts ou la demi-coudée, 0ᵐ,235.

Le *demi-empan*, 9 doigts ou le quart de la coudée, 0ᵐ,117 et des fractions.

Le *palme*, 6 doigts ou tiers d'empan, 0ᵐ,078 et des fractions.

Toujours d'après El-Kharchi, les multiples de la coudée, formant dans le système arabe les mesures itinéraires et de superficie, se classent dans l'ordre suivant :

La *k'ama*, également appelée le *baa*, représente la longueur des deux bras étendus en croix : c'est notre aune ancienne et la brasse demeurée en usage dans la marine. Elle équivaut à 4 coudées, soit, en valeur métrique, à 1ᵐ,88, la coudée tlemcénienne toujours prise pour unité.

La *r'eloua* vaut 100 k'ama ou 400 coudées, soit 188 mèt.

Le *mille* représente 10 r'eloua, 1000 brasses ou 4000 coudées, c'est-à-dire 1880 mèt.

La *parasange*, en arabe el-ferseukh, comprend 3 milles ou 30 r'elona, 3000 brasses, 12 000 coudées, soit 5640 mèt.

L'*akba*, double de la parasange, 6 milles, 24 000 coudées, 11 280 mèt.

Le *barid*, double de l'akba, ou 22 560 mèt. Le barid marque le degré le plus élevé dans l'échelle des mesures de longueur.

5° **Mesures de superficie.** — La contenance des terres est spécifiée en *zouidja* ou paire de bœufs. Le travail d'une paire de bœufs s'entend ici de l'ensemencement de 23 saâs de froment ou 1380 litres, ce qui, d'après la méthode européenne, donnerait un peu plus de 6 hectares; mais il faut dire que les Arabes sont dans l'habitude de semer plus clair que les Européens.

6° **Mesures itinéraires en mer.** — La *lieue marine française* de 20 au degré est de 5556 mèt.

Le *mille marin* de 60 au degré, ou d'une minute, tiers de lieue marine, est de 1852 mèt.

La *brasse*, 5 pieds ou $1^m,624$.

Le *nœud* 1/120 de mille marin, $15^m,432$. Chacun des nœuds du loch parcourus dans les 30 secondes du sablier ou dans la 120° partie d'une heure, correspond à une marche d'un mille marin par heure. Ainsi, 9 nœuds filés en 30 secondes indiquent une marche de 9 milles, ou de 3 lieues marines, ou 16 kil. 668 mèt. par heure.

L'*encablure* de 100 toises, $194^m,904$.

L'*encablure* nouvelle, 200 mèt.

G. CALENDRIER MUSULMAN.

« Les musulmans, dit M. L. Chaillet, font commencer leur ère du jour où Mohammed, se dérobant au poignard des Koraïchites, s'enfuit de la Mekke, accompagné d'Abou-Bekr, pour se réfugier à Médine. Cette fuite, en arabe *hidjira*, d'où est venu le mot *hégire*, eut lieu, selon l'opinion la plus accréditée, le vendredi 16 juillet 622 après J. C. Les astronomes arabes et quelques historiens la placent au jeudi 15 juillet. Nous avons adopté la manière de compter des Turcs, c'est-à-dire le 16 juillet.

« Les musulmans règlent la période annuelle sur le cours de la lune, et prennent pour durée de leur mois une lunaison. L'année se compose de douze mois ou lunaisons, dont chacune s'effectue en 29 jours et demi et une fraction. Douze lunaisons de 29 jours et demi donnent un total annuel de 354 jours.

« D'après ces bases, les mois sont alternativement de 30 et de 29 jours. Ces mois s'appellent :

Moharrem, 30 jours;
Safer, 29 jours;

R'bi-el-eouel, 30 jours;
R'bi-el-t'sani, 29 jours;

Djoumad-el-eouel, 30 jours;
Djoumad-el-t'sani, 29 jours;
Redjeb, 30 jours;
Chaban, 29 jours;

Ramdam, 30 jours;
Chaoual, 29 jours;
Dou'l-kada, 30 jours;
Dou'l-hadja, 29 jours.

« Si l'on ne compte pour chaque lunaison que 29 jours et demi, la fraction négligée produit au bout d'un certain temps une augmentation notable qui forme les jours. Pour rétablir l'équilibre, les astronomes arabes ont imaginé une période de 30 années dans laquelle ils intercalent 11 années de 355 jours. Le jour complémentaire s'ajoute tous les deux ou trois ans à la fin du mois Dou'l-hadja qui termine l'année. Cette addition s'appelle *embolisme*.

« L'année ordinaire de 354 jours se nomme *sena bacita*, année plate, et celle de 355 jours *sena kabiça*, année remplie.

« Les années embolismiques, dans la période de trente ans, sont : la 2e, la 5e, la 7e, la 10e, la 13e, la 16e, la 18e, la 21e, la 24e, la 26e, la 29e. »

Nous ne donnerons pas ici les tables dressées par M. L. Chaillet dans la *Chrestomathie* de M. L. Bresnier, pour la concordance des calendriers musulman et chrétien, parce que nous avons toujours indiqué cette concordance quand nous citons une date musulmane.

Le premier jour de l'ère musulmane correspondant au vendredi 16 juillet 622 après J. C., l'année 1278 embolismique, qui a commencé le 9 juillet 1861, finira le 28 juin 1862.

(Voir ci-dessous pour les jours et la division du jour.)

II. VOCABULAIRE.

Nous n'avons pas la prétention de donner un vocabulaire complet de la langue arabe, encore moins un guide de la conversation, mais seulement quelques mots indispensables en voyage, et dont plusieurs sont pour ainsi dire francisés, tels que *djebel*, montagne; *oued*, rivière; *kantra*, pont, etc., etc.

Le temps.

Le soleil.......... *chems.*
Le jour........... *nhar.*
Le matin.......... *sbah.*
Le midi........... *dohor.*
L'après-midi...... *eulam.*
La lune........... *komar.*
L'étoile.......... *nedjma.*
Le soir........... *eucha.*
La nuit........... *lila.*
La chaleur........ *sr'ana.*
Le froid.......... *beurd.*
Le vent........... *rih.*
Le nuage.......... *shaba.*
La pluie.......... *cheta.*
L'orage........... *rad.*
La boue........... *rerka.*
La neige.......... *tseldj.*
L'année........... *sena.*
Le mois........... *chelier.*
Le jour........... *ioum.*
L'heure........... *sáa.*
Lundi............. *ioum-el-etnin.*
Mardi............. *ioum-el-telata.*
Mercredi.......... *ioum-el-arbá.*
Jeudi............. *ioum-el-khramis.*
Vendredi.......... *ioum-ed-djema.*

Samedi .... *ioum-es-sebt.*
Dimanche .... *ioum-el-hâd.*
Hier .... *el-bara.*
Aujourd'hui ..... *el-ioum.*
Demain .... *redoua.*
Après-demain .... *bad-redoua.*

Le voyage.

Le cheval .... *aoud.*
Le mulet .... *beurhel.*
L'âne .... *hamar.*
Le chameau ...... *djemel.*
La selle .... *serdj.*
Le bât .... *berda.*
La couverture ... *djelal.*
La bride .... *ledjam.*
L'étrier .... *rekab.*
Le fer .... *nâl.*
Le fouet .... *kerbadj.*

Les vêtements.

Le pantalon ..... *seroual.*
La veste .... *djabadoli.*
Le burnous ...... *beurnous.*
Le chapeau ...... *berrita.*
La calotte ...... *chachia.*
Les bas .... *chekacher.*
Les souliers .... *sebabet.*
Les bottes ...... *temak.*

Les armes.

Le sabre .... *sif.*
La hache .... *chakour.*
Le fusil .... *mekahla.*
Le pistolet ..... *kabous.*
La poudre .... *baroud.*
Le plomb .... *chatma.*

La route.

Le nord .... *dahra.*
Le sud .... *kebli.*
L'est .... *cherki.*
L'ouest .... *r'arb.*
Le chemin .... *trik.*
La terre .... *ardh.*
La plaine .... *outa.*
La montagne ..... *djebel.*
Le col .... *tenia.*
Le rocher .... *kef.*
La grotte .... *r'ar.*
L'herbe .... *hachich.*
L'arbre .... *chedjera.*
La forêt .... *rhaba.*
L'eau .... *ma.*
La mer .... *bahar.*
La rivière ...... *oued.*
Le canal .... *sakia.*
Le lac .... *guelt.*
Le lac salé ..... *chott, sebkhra.*
La fontaine ..... *Aïn.*

Le bain .... *hammam.*
Le puits .... *bir.*
Le pont .... *kantra.*
Le bateau .... *chekaf.*
Le filet .... *chebkra.*

L'homme et les animaux.

Le vieillard .... *cheikh.*
L'homme .... *radjel.*
Le garçon .... *ouled.*
La femme .... *mra.*
La fille .... *bent.*
Le lion .... *sba.*
La panthère ..... *nemr.*
L'hyène .... *dhebaa.*
Le chacal .... *dib.*
Le sanglier ..... *hallouf-el-rahba.*
L'antilope ...... *begueur-el-ouach.*
La gazelle ...... *r'ezala.*
Le lièvre .... *arneb.*
Le chien .... *kelb.*
Le chat .... *kat.*
L'autruche ...... *nâm.*
L'outarde .... *houbara.*
La perdrix ...... *hadjela.*
La cigogne ...... *bellaredj.*
Le canard .... *berk.*
Le grèbe .... *karkel.*
L'aigle .... *nser.*
Le faucon .... *Thair-el-horr.*
La tortue .... *fekroun.*
La vipère .... *lefâ.*
Le scorpion ..... *akrab.*
Le lézard .... *deb.*
La sangsue ...... *alka.*
Le moustique .... *namous.*

L'arrivée.

La tente .... *guitoun.*
La ferme .... *haouch.*
Le poste fortifié ... *bordj.*
Le marché .... *souk.*
La ville .... *belad.*
La maison .... *dar.*
La chambre ...... *bit.*
La porte .... *bab.*
La serrure ...... *kafl.*
La clef .... *mefta.*
La cour .... *oust.*
L'écurie .... *makhrzen.*

Le repas.

Le pain .... *khrobs.*
L'eau .... *ma.*
Le vin .... *cherob.*
Le lait aigre ... *leben.*
Le lait doux .... *halib.*
Le beurre .... *zibda.*
La viande .... *lahm.*
Le mouton .... *kebach.*
Les œufs .... *bida.*

La poule	djadja.
Le poisson	houta.
Le maïs	bechena.
L'huile	zit.
Le vinaigre	khral.
Le miel	asel.
Le poivre	felfel.
Le sel	melh.
L'oignon	basal.
La figue	kermous.
Le raisin	âneb.
La datte	temer.
L'orange	china.
La banane	mouza.
L'assiette	tebsi.
Le couteau	mous.
La cuiller	mrherfa.
L'outre	kerba.
La serviette	foutha.
Le savon	seboun.

Le café et le tabac.

Le café	kahoua.
Le sucre	sekkeur.
La tasse	fendjel.
La pipe	sebsi.
Le tabac	dokhran.
Le briquet	kedah.
Le charbon	afia.

Pour dormir.

Le lit	frach.
Le matelas	methrah.
Le tapis	besath.
La couverture	lehhaf.
La chandelle	chema.
La lampe	mesbah.

Pour écrire.

Le papier	karheth.
La plume	kalam.
L'encre	haber.
La cire	louk.
Le cachet	thaba.
La lettre	mektoub.

L'argent.

L'argent	draham.

Les couleurs.

Le blanc	abiod.
Le noir	akhal.
Le rouge	ahmar.
Le jaune	assfar.
Le vert	akhredar.
Le bleu	azreq.
Le violet	mour.
Le gris	rmadhi.

Pour compter.

Un	ouahhed.
Deux	zoudj.
Trois	tlata.
Quatre	arbâ.
Cinq	khramsa.
Six	setta.
Sept	seba.
Huit	tmenia.
Neuf	tesâa.
Dix	achra.
Vingt	achrin.
Cinquante	khamsin.
Cent	mia.
Mille	elaf.

Quelques adjectifs, adverbes et prépositions.

Combien	kaddach.
Beaucoup	bezzaf.
Assez	barka.
Peu	choua.
Ensemble	soua-soua.
Dessus	ala, fouk.
Dessous	tahhat.
Devant	koddam.
Derrière	ouera.
A côté	fi djeub.
Au milieu	oust.
En haut	fouk.
En bas	esfel, tahhat.
Dedans	dakhrel, fi.
Sur	ala.
Dehors	berra.
A droite	imin.
A gauche	chemal.
Ceci	hada.
Cela	dak.
Ici	hena.
Long	thouil.
Rond	medouar.
Carré	merebba.
Petit	ser'ir.
Grand	kebir.

I. HYGIÈNE.

Avant de parler de l'hygiène en Algérie, peut-être faut-il dire quelques mots du *mal de mer*, qui attend inévitablement la plupart des voyageurs qui font la traversée de Marseille à Alger, Oran ou Philippeville.

Existe-t-il un moyen de prévenir ou de guérir cet affreux mal? Consultez à cet égard les médecins attachés au service des paquebots; tous vous déclareront qu'il n'y a pas de soulagements possibles pour cette indisposition qui éprouve souvent les tempéraments les plus robustes, quand elle préserve de ses atteintes des femmes et des enfants.

Les médications les plus générales sont les suivantes : se coucher ou prendre du thé, ou beaucoup manger, ou sucer un citron. Il y en a pour tous les goûts.

Un de nos amis nous a donné la formule suivante due au docteur Guépratte, mais sans croire à son efficacité :

Eau distillée de valériane............................	60 grammes.
— de fleurs d'oranger....................	30 —
— de laitue............................	39 —
Teinture de cannelle.................................	4 —
Sirop d'écorce d'orange	quant. suff.

Cette potion à prendre par demi-cuillerée à café, de manière à la consommer en six ou huit heures.

Abordons maintenant le chapitre de l'hygiène en Algérie.

Le climat de l'Algérie est très-sain. L'inculture du sol et la présence des marais étaient, dans l'origine de l'occupation, les principales causes de maladies pour les Européens. Ces causes ont disparu en grande partie, et elles auront bientôt disparu entièrement, grâce aux travaux de colonisation. Les affections aujourd'hui les plus ordinaires sont dues à la chaleur prolongée et au brouillard des nuits. On évitera aisément ces affections en se conformant aux simples prescriptions qui suivent :

Vêtements. — Les vêtements inférieurs, pantalons et chaussures, doivent être larges de manière à ne pas gêner la circulation. La chemise de toile, si glaciale quand elle est humectée de sueur, devra être remplacée par la chemise de coton et mieux encore par une chemise en laine légère, à l'imitation des indigènes. On doit porter des coiffures, casquettes et chapeaux, à larges bords ou à visière, de façon à abriter les yeux et la tête contre le soleil ou la poussière. L'habillement par excellence, celui qui préserve le mieux contre la chaleur, le vent, la pluie, la poussière, c'est le caban ou paletot à capuchon. Il est utile d'avoir avec soi un paletot supplémentaire, que l'on quitte quand on a chaud et dont on se couvre lorsque l'on craint un refroidissement. Une ceinture de laine, de 4 à 5 mèt. de longueur, est encore nécessaire contre les refroidissements subits; en s'en entourant le ventre et les reins, on se prémunit contre les chances de dyssenterie.

Bains, ablutions. — Les bains maures, dont le massage excitant nettoie parfaitement la peau, doivent être préférés aux bains tièdes qui sont débilitants. Les bains d'eau froide seront pris dans l'eau courante, mais seulement lorsque la sueur ne mouillera pas le corps. On se fera, en été, de fréquentes ablutions sur le corps avec un linge mouillé. En été également, quand le sommeil sera rendu difficile par des picotements sur la peau, quelques lotions à l'eau froide combattront cette cause d'insomnie.

Alimentation. — Un régime mixte, composé autant que possible de viandes rôties, de volaille, de poisson associé aux légumes, comme font les indigènes aisés du littoral, est le plus convenable à suivre. L'alimentation sera donc légèrement tonique. La viande de porc doit être prohibée pendant les chaleurs de juillet et d'août. Il faut éviter de charger l'estomac de substances peu nutritives. Les fruits mûrs, pris avec modération, constituent à la fois un aliment et une boisson agréable et rafraîchissante, mais ingérés à forte dose et sans avoir atteint leur complète maturité, ils occasionnent la diarrhée et la dyssenterie. Contrairement au préjugé populaire, il faut s'abstenir en pareil cas de prendre, pour se guérir, des *figues de Barbarie;* l'ingestion de ces fruits, dont les grains sont très-nombreux, a souvent occasionné des constipations douloureuses et opiniâtres.

Boissons. — La meilleure boisson, celle qui convient à tout le monde et à toutes les positions, est le café léger. Il diminue les transpirations, calme la soif, les fatigues provenant des chaleurs ou du froid. On se trouvera fort bien encore de l'usage du thé. On boit en Algérie beaucoup d'absinthe; de toutes les liqueurs alcooliques fermentées c'est la plus dangereuse, car elle contient des huiles essentielles qui sont de nature à léser le système nerveux. La bière, le cidre et toutes les espèces de poirés ne doivent être bus qu'accidentellement. L'usage modéré du vin est utile ainsi que le mélange aux boissons de doses minimes d'alcooliques. On ne boira que des eaux connues et réputées de bonne qualité; il faudra savoir résister au besoin d'étancher la soif et s'habituer à boire peu. Dans les localités marécageuses, il faut, avant de se servir de l'eau, la purifier en la faisant passer dans un filtre à charbon. Lorsqu'on n'a qu'une mauvaise eau pour se désaltérer, on doit se borner à s'en humecter la bouche, la laisser quelque temps sans l'avaler, et s'en mouiller à plusieurs reprises la figure et les mains; si enfin on ne peut résister au besoin de l'avaler, il faut au moins la passer à travers un linge.

Préceptes généraux. — Pendant les chaleurs, faites une sieste au milieu du jour.

Évitez de vous baigner dans les eaux stagnantes des marais, car elles renferment des miasmes paludiens qui occasionnent des fièvres pernicieuses.

Si vous couchez en plein air ou sous une tente, évitez le refroidissement la nuit. En conséquence, couvrez-vous de vêtements de laine, burnous ou paletot à capuchon. Dormez le visage enfoncé dans un capuchon ou les yeux recouverts d'une étoffe quelconque. Vous vous préserverez ainsi des ophthalmies.

Buvez ou mangez peu avant et pendant la marche; faites un repas réparateur quand votre étape sera terminée.

Si vous êtes surpris en route par le siroco, et si vous vous trouvez sur un terrain déjà échauffé, ne vous couchez pas par terre. Tenez-vous debout, ou bien mieux continuez de marcher jusqu'à ce que vous soyez arrivé à un endroit moins brûlé par le siroco.

Ne passez pas la nuit sur le bord des marais, des flaques d'eau, des rivières encaissées et dans les vallées. Gagnez les hauteurs de préférence, vous aurez moins à craindre le miasme paludien et les moustiques, deux inconvénients des lieux bas et humides.

Trousse. — Le voyageur devra se munir d'une petite trousse qu'il garnira principalement de sulfate de quinine pour la fièvre, d'alcali et de nitrate d'argent pour les piqûres d'insectes, de taffetas gommé pour les coupures, d'une pince, d'une paire de ciseaux, d'un petit bistouri et d'une lancette. Une paire de lunettes à verres bleus est indispensable contre les fortes chaleurs de l'été, la réverbération des routes et des maisons blanchies à la chaux.

INTRODUCTION.

GÉOGRAPHIE [1].

SITUATION.

L'Algérie, divisée en trois provinces, d'Alger, d'Oran et Constantine, répond, à l'est, à la *Numidie;* au centre, à la *Mauritanie sitifienne;* à l'ouest, à la *Mauritanie césarienne* des Romains et au *Mar'reb-el-Oust*, ou le couchant du milieu, des Arabes ; elle est située entre les 30e et 38e degrés de latitude nord, et les 7e de longitude est et 5e de longitude ouest.

Sa limite nord, formée par la Méditerranée, descend de l'est, entre les 38e et 37e degrés, jusqu'à l'ouest entre les 35e et 34e, sur une étendue de plus de 1000 kilomètres, 250 lieues. Elle est bornée à l'est par la Régence de Tunis qui comprenait sous les Romains la *Zeugitanie* au nord, la *Byzacène* au sud, et sous les Arabes l'*Afrikia* ou *Mar'reb-el-Adna*, le couchant le plus rapproché. Elle est bornée à l'ouest par le royaume de Maroc, la *Mauritanie Tingitane* des Romains, le *Mar'reb-el-Aksa*, le couchant éloigné, des Arabes. Elle est bornée enfin au sud par le Sahara.

La surface de l'Algérie peut être évaluée à 60 millions d'hectares, représentant un peu plus de la surface de la France.

DIVISION NATURELLE.

« L'Algérie, dit M. Mac-Carthy, n'est pas, comme la France, composée de plusieurs parties qui, bien que différant très-notablement

---

[1]. Nous avons consulté, pour la géographie physique de l'Algérie, les travaux de MM. Carette et Warnier, Mac-Carthy et J. Fouqueron.

les unes des autres, n'en ont pas moins des caractères généraux qui leur sont communs. Elle ne présente que deux grandes divisions, mais qui offrent les contrastes les plus frappants ; elles diffèrent autant par leur aspect que par la nature de leur sol, de leur climat, de leurs productions, de leurs habitants.

« Ces deux divisions sont : le *Tell*, au nord; le *Sahara*, au midi.

« Tell, pluriel Telloun, les Tels, est un mot arabe qui signifie butte, monticule, et par extension colline, petite montagne. Le Tell est donc le pays montueux, accidenté. Tell est aussi la forme arabe du mot latin *Tellus*, la terre par excellence, par lequel les Romains avaient traduit une des plus anciennes dénominations indigènes, qui servait à désigner cette grande contrée si différente du désert, du Sahara. Le Tell est cette zone qui borde le rivage de la Méditerranée sur toute son étendue. Sa largeur est variable. A l'ouest et au centre elle est de 110 à 120 kilomètres; à l'est, de 260. Le Tell est en même temps un pays très-accidenté et le pays des grands labours, le grenier de l'Algérie.

« Par le mot de Sahara les Arabes désignent ces terres plus dures, plus sèches que celles du Tell, où les eaux sont plus rares, où la culture n'est plus qu'un fait exceptionnel, où les parures de la terre semblent être tout entières à la charge de l'homme. Partout elles sont au sud du Tell, et partout elles sont en contact avec lui, tellement différentes d'ailleurs d'expression et d'aspect, qu'on peut suivre pas à pas les limites d'un bout du pays à l'autre. Mais elles ne revêtent pas de suite leur caractère, leur complète physionomie ; sous l'influence des températures plus fraîches de la zone maritime, on les voit se couvrir d'un tapis indiscontinu de plantes qui en font d'immenses, de véritables *steppes*.

« C'est au delà seulement de cette zone de transition, entre les richesses de la nature et ses plus grandes pauvretés, que l'on entre dans le vrai Sahara, le pays de la stérilité, la région des oasis.... »

« Le Mar'reb, dit à son tour M. Berbrugger, se divise naturellement en une certaine quantité de zones parallèles au littoral, qui sont le Sahel, El-Outa, El-Djebel (trois subdivisions du Tell), le Kibla, dont certaines parties portent le nom de Belad-el-Djerid, et le Sahara.

« *Sahel*, qui veut dire « rivage », s'applique en général au système de petites collines qui règnent le long de la mer, et qui sont ordinairement bornées au sud par des plaines. Quelquefois de la chaîne du petit Atlas se détachent des chaînons qui arrivent jusqu'au littoral. Alors les collines et les plaines sont interrompues en ces endroits, qui n'en portent pas moins le nom de Sahel. Ces caps avancés de la montagne proprement dite, sont habités par les Kabiles. Le plus considérable s'étend entre le cap de Fer et le cap Bengut.

« *Ou!a*. Ce sont les plaines qui sur plusieurs points s'étendent au sud du Sahel. Ces plaines et ces collines, dont on a parlé tout à l'heure, sont essentiellement habitées par les Arabes.

« *Djebel*. La montagne proprement dite. Cette partie, qui s'étend jusqu'aux vastes plaines du Kibla, est habitée par les Arabes et par les Berbères; ces derniers se rencontrent surtout dans les lieux les moins accessibles.

« Sahel, Outa et Djebel forment le Tell ou la portion de terrain la plus susceptible de culture. On peut lui assigner une largeur moyenne de 120 kilomètres du nord au sud.

« Le *Kibla* au midi, est un ensemble de plaines, plus ou moins accidentées, coupées longitudinalement par la deuxième chaîne de l'Atlas. C'est dans la partie la plus méridionale de cette zone, et dans les intervalles des chaînes que la montagne détache vers le sud, qu'on trouve les pays de dattes. La largeur moyenne du Kibla est d'environ 300 kilomètres. La partie montagneuse renferme les Kabiles; les Arabes se tiennent dans les plaines.

« Le *Sahara* est le désert proprement dit, pays de sables ou vastes solitudes dont l'aride uniformité est souvent interrompue par des oasis, au moins dans la partie septentrionale.... »

CONFIGURATION DU SOL.

L'Algérie est bordée au nord par une zone montagneuse qui règne sur une profondeur moyenne d'une vingtaine de lieues, depuis la frontière du Maroc jusqu'à celle de Tunis. La configuration accidentée de ce massif, suite des montagnes de l'Atlas commençant dans l'ouest du Maroc, et le caractère de continuité propre aux diverses chaînes qui le composent, déterminent la forme tortueuse des vallées et les anfractuosités profondes qui signalent les principales d'entre elles : celles du Chelif près de Miliana, du

Bou-Sellam près de Setif, du Roumel à Constantine, et de la Seibouse près de Guelma.

Les principales masses qui forment ce large bourrelet méditerranéen sont situées, les unes sur le littoral, les autres sur une seconde ligne tracée à quelque distance de la mer.

Les masses qui bordent le littoral et dominent les vallées basses sont, en marchant de l'est à l'ouest :

> Le *Ghorra*, près de la Cale ;
> L'*Edour'*, entre Bône et Philippeville ;
> Le *Goufi*, entre Collo et Djidjelli ;
> Le *Babour*, entre Bougie et Djidjelli ;
> Le *Tamgout*, entre Bougie et Dellis ;
> Le *Chenoua*, entre Alger et Cherchel ;
> Le *Dahra*, entre Tenès et Mostaganem ;
> Le *Khar*, entre Arzeu et Oran ;
> Le *Mediouna*, entre Oran et la Tafna ;
> Le *Trara*, entre la Tafna et Nemours ;
> Le *Filaoussen*, entre Nedroma et le Maroc.

Les masses qui s'éloignent du littoral et dominent les vallées hautes, sont :

> Le djebel *Beni-Salah*, au sud de la Cale et de Bône ;
> Le *Mahouna*, près de Guelma ;
> Le *Guerioun*, au sud-est de Constantine ;
> Le *Bou-Taleb*, au sud de Setif ;
> Le *Djurdjura*, au sud-est de Dellis ;
> Le *Dira*, près d'Aumale ;
> Le *Mouzaïa*, entre Blida et Medéa ;
> Le *Zakkar*, au nord de Miliana ;
> L'*Ouanseris* ou le *Ouaransenis*, au sud d'Orléansville ;
> Le *Chareb-er-Rih'*, au nord de Maskara ;
> L'*Oum-ed-Debban*, entre l'Habra et la Mekerra ;
> Le *Djebel Beni Smiel*, au sud-est de Tlemcen.

M. Mac-Carthy, qui n'adopte point la division précédente, faite par M. Carette, réunit sous la dénomination de Massif Tellien onze groupes distincts, quelquefois très-nettement séparés par de grandes vallées ou de vastes plaines, mais tous liés entre eux de manière à former comme un réseau de terres basses et de parties hautes.

Ces groupes ou massifs sont, en marchant toujours de l'est à l'ouest :

Le *Massif Africain*, entre la mer, la Seibouse, l'oued-Cherf et l'oued-Medjerda, dont le principal sommet, le Serdj-el-Aouda, la Selle de la Jument, est à 11 kilomètres sud-sud-ouest de Guelma.

Le *Massif Numidien*, comprenant les vallées de la Seibouse du Bou-Meurzoug, de Roumel, de l'oued-el-Kebir, et ayant pour montagne principale l'Edour' ou Edough.

Le *Massif Sitifien*, entre l'oued-el-Kebir, l'oued-Sahel et la mer. Le Guergour à l'ouest-nord-ouest de Setif ; le Magriz et les deux Babour au nord de la même ville en sont les montagnes les plus remarquables.

Les *Massifs du Dira* et du *Ouennour'a*, le premier à l'ouest et le second à l'est d'Aumale.

Le *Massif du Djurdjura*, au nord du précédent, entre la mer, l'oued-Sahel et l'Isser.

Le *Massif Algérien*, entre la mer, l'Isser et le Chelif, comprend le djebel Aïn-Talazid, au sud de Blida ; le Mouzaïa entre la Mitidja et Medéa ; le Taguelsa, à l'ouest de Bor'ar ; le Zakkar, au nord de Miliana.

Le *Massif du Ouarensenis* ou Ouanseris, limité par le Chelif au nord, à l'est, au sud-ouest, et par la Mina, à l'ouest.

Le *Massif Saïdien*, du nord à l'est entre la Mina, et la Mekerra ou Sig à l'ouest.

Le *Massif du Tessala*, entre la Mekerra ou Sig et la Tafna, comprenant le Tafaraoui entre Oran et Sidi Bel-Abbès, le Tessala et le djebel Seba-Chioukhr à l'ouest de Sidi Bel-Abbès.

Le *Massif Tlemcénien*, entre la Mekerra supérieure et le Maroc, ayant pour points culminants : le djebel Ouargla du côté de la Mekerra, et le Toumzaït du côté du Maroc.

Le *Massif des Trara*, entre la Tafna et la Mlouïa, ayant pour sommets principaux le djebel Four'al et le Tadjra.

Quoique généralement montagneuse et ravinée, la zone du littoral renferme cependant quelques plaines assez étendues ; on signalera comme les principales exceptions de ce genre : la plaine de Bône, la plaine de la Mitidja, la plaine du Chelif et la plaine d'Oran.

Au delà de cette première zone, la configuration générale du sol prend un caractère tout différent. De l'est à l'ouest, depuis la frontière de Tunis jusqu'à celle du Maroc, règne une autre zone, presque aussi large que la première, formée d'immenses plaines qui doivent, dit M. Mac-Carthy, à leur végétation dominante et à leur aspect le nom de steppes.

Ici les eaux captives ne trouvent plus d'issues vers la Méditerranée; elles s'écoulent par des pentes douces vers de grands lacs salés appelés *Chott* ou *Sebkhra*, qui occupent le fond des plaines. Le Chelif seul fait exception à cette règle, en ce qu'il traverse à la fois et la zone plate de l'intérieur et le bourrelet montueux du littoral.

Cette série de bassins larges et plats fermés, en y joignant la vallée supérieure du Chelif, détermine cinq régions que les indigènes désignent sous les noms suivants : 1° les Sbakhr, pluriel de Sebkhra ; 2° le Hodna ; 3° le Zar'ez ; 4° le Sersou ; 5° les Chotts. La plaine des *Sbakhr* s'étend entre les montagnes d'où sort la Medjerda, et le plateau de la Medjana, d'où sort le Bou-Sellam. Elle comprend une série de petits lacs adossés aux trois plateaux de la Seibouse, du Roumel et du Bou-Sellam. Le *Hodna* est la grande plaine formée par le lac salé de Msila. Le *Zar'ez* est la plaine formée par les deux lacs salés du même nom. Le *Sersou* est la plaine traversée par le Haut-Chelif. La plaine des *Chotts* est celle que déterminent les deux lacs salés désignés sous les noms de Chott-ech-Chergui ou de l'Est, et Chott-el-R'arbi, ou de l'Ouest, dans la province d'Oran.

Cette seconde zone est traversée par quelques montagnes qui marquent la séparation des bassins. Les principales sont : la chaîne du *Metlili*, entre les Sbakhr et le Hodna ; la chaîne du *Nador*, entre le Sersou et le Chott.

L'horizon de la seconde zone est borné au sud par un long rideau de montagnes, tendu encore de la frontière orientale à la frontière occidentale de l'Algérie. Les principales masses de ce second bourrelet sont :

Le *Djebel-Aurès*, au sud des Sbakhr ;
Le *Djebel-Bou-K'ahil*, au sud du Hodna ;

Le *djebel-Sahari*, au sud du Zar'ez ;
Le *djebel-Amour*, au sud du Sersou ;
Le *djebel-Ksan*, au sud des Chotts.

C'est ce second bourrelet que M. Mac-Carthy désigne en grande partie sous le nom de massif Saharien.

Au sud de ce second bourrelet de montagnes s'étend une autre zone de plaines, se composant, comme la première, de bassins fermés, au fond desquels règnent de larges lacs de sel.

Les principaux bassins sont : 1º celui du lac *Melr'ir*, au sud de l'Aurès du Bou-Kahil, du djebel-Sahari et du djebel-Amour ; 2º celui des *Oulad-Sidi-Cheikh*, dont les eaux descendent des versants méridionaux de la chaîne du djebel-Ksan et vont aboutir à un vaste lac salé situé dans le Sahara marocain ; 3º celui de *Ouargla*, auquel appartient l'Ouad-Mzab.

Cette seconde zone de plaines renferme, exceptionnellement encore, quelques massifs de montagnes parmi lesquelles il faut citer : les montagnes sablonneuses de l'*Oued-Souf* ; le *djebel-Tala*, dans l'Ouad-Rir', le *djebel-Mellasa*, près de Ouargla, et enfin le *djebel-Mzab*.

Ainsi, au point de vue de la configuration extérieure du sol, l'Algérie se partage du nord au sud en quatre zones sensiblement parallèles à la côte :

Deux zones généralement montueuses ; la première, qu'on peut appeler *massif méditerranéen*, la seconde, *massif intérieur*.

Et deux zones généralement planes, qu'on appellera, la première, *zone des landes* ou *des steppes* ; la seconde, *zone des oasis*.

Toutefois, il ne faut point attacher à ces mots un sens trop absolu. La zone des landes ou des steppes contient quelques espaces accessibles à la culture, et la zone des oasis contient de vastes espaces couverts de landes ou de steppes.

En résumé, la configuration générale de l'Algérie présente l'aspect de deux larges sillons qui la traversent de l'est à l'ouest sur toute sa longueur ; le massif méditerranéen et le massif intérieur en forment les parties saillantes ; la zone des landes ou des steppes et celle des oasis en forment les parties creuses.

HYDROGRAPHIE.

Le territoire de l'Algérie peut être divisé en deux versants principaux, dont l'un comprend toutes les eaux qui viennent se jeter dans la Méditerranée, et l'autre toutes celles qui vont aboutir au Sahara. « Si l'on maintenait, dit M. Fournel, ingénieur en chef des mines, la distinction du petit et du grand Atlas, ce dernier devrait être défini : la suite des crêtes qui forment la ligne de partage des eaux entre la Méditerranée et le grand désert, les rivières du Tell se jetant dans la Méditerranée, et les rivières du Sahara se jetant dans les chotts et les sebkhras. » Cette distinction étant faite, il reste peu de chose à dire sur le système général de ces eaux qui se trouve par cela même déterminé.

Les principales rivières du Tell se jetant dans la Méditerranée sont, en venant de l'est :

L'oued-Mafrag, ayant pour affluent l'oued-Namous ;

L'oued-Seïbouse, s'appelant oued-Cherf dans son cours supérieur ; son affluent principal est l'oued-Zenati ;

L'oued Saf-Saf ou oued-el-Harrouch ;

L'oued-el-Kebir ou oued-Roumel, à Constantine au-dessus de laquelle elle est formée par la réunion de l'oued-Bou-Meurzoug et de l'oued-Zaouch ;

L'oued-Sahel, grossi par l'oued-Bou-Sellam ;

L'oued-Sebaou, principale rivière de la Kabilie ;

L'Isser, ayant pour affluents l'oued-Malah et l'oued-Zarouat ;

L'Harrach ;

Le Mazafran, plus haut l'oued-Chiffa, grossie par l'oued-Djer et l'oued-Bou-Roumi ;

Le Chelif, la plus importante rivière de l'Algérie ; ses affluents sont la Mina, le Rihou, l'Isli et l'oued-Fodda ;

L'oued-Malah, ou Rio-Salado ;

La Tafna, ayant pour affluent l'Isser ou Saf-Saf.

Les principales rivières du Sahara sont :

L'oued-Djedi, descendant du djebel-Amour et allant se perdre au-dessus de Biskra à Mellaga ;

L'oued-Mia, prenant sa naissance au djebel-Baten et dont le parcours finit à la sebkhra de Ouargla ;

L'*oued-Nsa*, coupant en deux le Mzab et finissant à Ngoussa ;
L'*oued-Mzab*, descendant du djebel-Mahiguen et allant comme l'oued-Nsa se perdre à Ngoussa.

D'autres rivières coulent souterrainement et alimentent les puits artésiens ; ce sont l'oued-Rir', l'oued-Souf, l'oued-Itel, l'oued-Ousen.

LES CENTRES DE POPULATION.

Les villes, villages, hameaux sont suffisamment décrits dans l'Itinéraire ; il est donc inutile d'en donner même une classification.

LE CLIMAT.

L'Algérie, située entre le 30° et le 38° parallèle de latitude nord, est ainsi en moyenne à une dizaine de degrés (250 lieues) du tropique du Cancer, dans la partie centrale de la zone tempérée arctique. Son climat doit donc être naturellement chaud ; mais, comme tous les climats de la terre, il est singulièrement modifié par la constitution physique du pays : d'une température élevée dans les plaines basses et sablonneuses du midi ; tempérée dans les montagnes et sur les hauts plateaux du nord. En général, il faut bien se pénétrer de cette vérité, qu'en Algérie plus l'on monte et plus l'air devient léger et pur.

L'influence de l'élévation du sol est telle qu'on a vu dans cette Algérie, au nom de laquelle se rattache toujours l'idée d'une chaleur torride, nos soldats avoir moins à lutter contre les Arabes que contre les rafales de neige et contre un froid assez intense pour geler les pieds d'un grand nombre d'entre eux (première expédition de Constantine, en novembre 1836 ; expédition du Bou-Taleb, en décembre 1845).

Dans la région découverte du Sahara, où rien ne s'oppose à l'action des vents, le froid de l'hiver est assez rigoureux pour que les habitants soient obligés de revêtir assez souvent deux burnous, tandis qu'au même instant, à Alger, un seul suffirait. Mais aussi la chaleur de l'été y atteint une intensité dont nous pouvons difficilement nous faire une idée. Dans le Tell la chaleur est rarement aussi forte, excepté au fond des vallées profondes et des lieux encaissés. Sur la côte, elle est mitigée par les brises de terre et de mer.

Il est si rare de voir le thermomètre s'arrêter au point de la congélation, que l'hiver n'est véritablement en Algérie que le temps des pluies; elles tombent environ pendant cinq à six mois, de novembre à avril; ce sont des ondées toujours fortes, qui durent plusieurs jours et sont suivies de beaucoup de belles journées, pendant lesquelles tout invite à la promenade. Ces pluies suffisent surabondamment pour redonner au pays entier la vie qu'il semblait avoir perdue pendant les chaleurs.

Mais le phénomène le plus remarquable du climat de l'Algérie est ce terrible vent du désert que les Arabes ont nommé avec tant de vérité *simoun*, l'empoisonné; pour les Italiens, c'est le *siroco*; pour les Espagnols, le *solano*. Parti de la région des grandes solitudes, si énergiquement chauffées par les rayons solaires, le simoun est une des plaies de l'Afrique. Aussitôt qu'il s'élève, le ciel devient gris, quelquefois rougeâtre, l'horizon s'obscurcit et l'air se charge d'une poussière fine et épaisse. C'est un souffle brûlant, semblable à celui que vomit la bouche d'une fournaise, qui vous étourdit, qui vous plonge dans un état de vague et d'inquiétude indicible, et vous rend sans force après une incroyable lutte contre une aspiration pénible et douloureuse. Mais les effets du simoun ne se font sentir assez ordinairement, par bonheur, que quelques heures; il est rare qu'il règne dix ou douze heures, plus rare encore qu'il ait une durée de quelques jours, et alors c'est avec intermittence.

Voici maintenant le tableau de la température moyenne annuelle des principales localités du littoral et de l'intérieur de l'Algérie avec la hauteur de ces mêmes localités au-dessus du niveau de la mer.

Villes du littoral.

	Hauteur au-dessus de la mer.	Température moyenne.
Bône....	35 mèt.	21° 74
Bougie......	27 —	17° »
Alger.........	1 à 143 —	20° 63
Mostaganem........	105 —	21° 43
Oran.........	1 à 98	16° 10

GÉOGRAPHIE.

Villes de l'intérieur.

	Hauteur au-dessus de la mer.	Température moyenne.
Constantine	640 mèt.	17° 19
Setif	1100 —	17° »
Lar'ouat	750 —	22° »
Blida	260 —	17° 70
Medéa	920 —	19° 55
Miliana	900 —	15° »
Orléansville	140 —	18° 64
Maskara	585 —	19° 17
Tlemcen	800 —	14° 17

La position de quelques-unes de ces villes répond aux sommets de nos montagnes secondaires, telles que les Vosges; aussi l'Européen peut-il y travailler toute l'année, tandis que, dans les vallées plus basses de la côte, il faut, durant les grandes chaleurs de juin à octobre, interrompre complétement les travaux.

En somme, le climat de l'Algérie rappelle celui de l'Italie, de l'Espagne et de la France. Pendant que l'hiver étend sur l'Europe son manteau de neige et de glace, on jouit en Afrique d'une température toute printanière. Alors que Paris grelotte sous 8 ou 9 degrés de froid, on se réchauffe à Alger à 15 ou 20 degrés de chaleur. Il résulte des recherches tentées jusqu'à ce jour, écrivait M. le docteur Kolb, et comme on l'a vu dans le tableau précédent, que la température moyenne annuelle d'Alger est de 20° 63. La différence de température de l'été à l'hiver égale 8 à 10°. La saison tempérée est d'une douceur remarquable ; le froid y est à peine sensible, et l'on voit fréquemment des journées d'une incomparable magnificence. La moyenne thermométrique d'Alger dépasse de :

1° 11 celle de Malte;
1° 66 celle de Malaga;
2° 22 celle de Madère;
5° 90 celle de Rome;
5° 55 celle de Nice;
7° 22 celle de Pau.

Mais ces différences portent plutôt sur la saison chaude que sur la saison tempérée. Si ce fait était plus généralement connu, on verrait certainement arriver à Alger, chaque hiver, une bonne partie des valétudinaires qui se dirigent à cette époque sur ces différents points.

RÈGNE VÉGÉTAL.

LES FORÊTS.

Ce que dit M. de Cherrier dans sa statistique forestière de la province d'Oran, doit également s'appliquer en partie à la province d'Alger. Elles peuvent être divisées en trois zones : la première, le long du littoral; on n'y rencontre, à de très-rares exceptions, que des broussailles atteignant au plus quatre mètres de hauteur; le voisinage de la mer, les influences climatériques jointes à l'action longtemps prolongée et éminemment destructive du pâturage et de l'incendie, ont amené cet état de choses qu'il ne faut pas espérer pouvoir changer avant de longues années. Cette zone peut d'ailleurs suffir largement aux besoins en combustible et menue charpente. Plus tard, lorsque existeront des voies de communication, la troisième zone subviendra aux besoins en bois de toute nature. Il convient donc, pour le moment, de se borner à asseoir dans la première zone des revenus forestiers suffisants pour assurer la consommation en combustible, le reste devant être défriché pour faire place à la culture des céréales.

La seconde zone formant transition entre la première et la troisième, c'est-à-dire entre le littoral et le Tell, renferme des masses boisées où la futaie se montre de plus en plus, à mesure qu'on descend vers le sud.

Vient enfin la troisième zone, où l'on rencontre de vastes forêts offrant des bois immédiatement exploitables. Ces forêts forment la base du Tell algérien, et couvrent la chaîne de montagnes qui, partant du Maroc et passant par Sebdou, Daïa, Tiharet, Teniet-el-Hâd, Bor'ar, Aumale et Setif, a le pied dans la mer à Philippeville, Bône et la Cale. Bien que les ressources actuellement existantes de cette zone soient considérables, il ne faut pas espérer pouvoir en tirer tout de suite un revenu important, du moins dans les provinces d'Alger et d'Oran. La raison en est simple : d'une part, l'éloignement des contrées où la colonisation s'est assise; d'autre part, l'absence complète de routes élève tellement les frais de transport, que le consommateur trouve encore avantagé à employer les bois venus de l'extérieur. Cette situation se modifie chaque jour.

On compte en Algérie près de treize cent mille hectares de forêts, dont la moitié au moins peut être soumise à une exploitation régulière. Leur répartition entre les trois provinces est ainsi établie :

Province d'Alger............ 232 181 hect.
Province d'Oran............ 411 291 —   } 1 274 172 hect.
Province de Constantine.... 630 700 —

Les principales essences qui composent les richesses forestières de l'Algérie, et qui habitent de préférence les penchants du mont Atlas et le Sahara algérien, peuvent se répartir ainsi qu'il suit dans chacune des familles naturelles :

Cupressinées. — Le cyprès toujours vert (cupressus semper virens, *Linn.*), le genévrier de Phénicie (juniperus phœnicea, *Linn.*), le genévrier oxycèdre (juniperus oxycedrus, *Linn.*), le Thuya de Barbarie (callitris quadrivalvis, *Vent.*).

Abiétinées. — Le cèdre (pinus cedrus, *Linn.*), le pin (pinus pinea, *Linn.*), le pin maritime (pinus maritima, *Lamb.*).

Bétulacées. — L'aune (alnus glutinosa. *Willd.*).

Cupulifères. — Le chêne (quercus robur, *Willd.*), le chêne-liége (quercus suber, *Linn.*), le faux chêne-liége (d. quercus pseudo-suber, *Desf.* — 2. Q. Fontanesii, *Guss.*), le chêne-vert (quercus ilex, *Linn.*), le chêne à glands doux (quercus ballota, *Desf.*), le chêne-zéen, le chêne à kermès (quercus coccifera, *Linn.* — Var. 2. Q. pseudo-coccifera), le châtaignier (castanea vesca, *Gaert.*).

Ulmacées. — L'orme (ulmus campestris, *Linn.*).

Morées. — Le mûrier blanc (morus alba, *Linn.*), le figuier (ficus carica, *Linn.*).

Platanées. — Le platane d'Orient (platanus orientalis, *Linn.*).

Salicinées. — Le peuplier blanc (populus alba, *Linn.*), le saule (salix aurita, *Linn.*), le saule pleureur (salix fragilis, *Linn.*).

Laurinées. — Le laurier sauce (laurus nobilis, *Linn.*).

Palmées. — Le palmier-dattier (phœnix dactylifera, *Linn.*).

Oléacées (sous-ordre des fraxinées). — Le frêne (fraxinus excelsior, *Linn.*).

Apocynées. — Le laurier-rose (nerium oleander, *Linn.*).

Éricacées. — La bruyère arborescente (erica arborea, *Linn.*).

Cactées. — L'opuntia ou cactus-raquette (opuntia vulgaris, *Mill.*).

Tamariscinées. — Le tamanis (tamarix africana, *Poir.*).

Aurantiacées. — L'oranger (citrus aurantium, *Linn.*), le citronnier (citrus medica, *Linn.*).

Acerinées. — L'érable (acer obtusatum, *Waldst.*).

Ilicinées. — Le houx (ilex aquifolium, *Linn.*).

Rhamnées. — Le jujubier (ziziphus vulgaris, *Linn.*), le nerprun (rhamnus alaternus, *Linn.*).

Euphorbiacées. — Le ricin (ricinus africanus, *Mill.*).

Juglandées. — Le noyer (juglans regia, *Linn.*).

Anacardiées. — Le sumac (rhus pentaphylla, *Desf.*), le lentisque (pistacia lentiscus, *Linn.*).

Myrtacées. — Le myrte (myrtus communis, *Linn.*).

Pomacées. — Le sorbier (pyrus sorbus, *Gaert.*).

Amygdalées. — Le cerisier (prunus cerasus, *Linn.*).

Papilionacées. — Le cytise (cytisus triflorus, *Herit.* — Citysus africanus, *Loisl.*).

En considérant les principales essences algériennes au point de vue de leur utilité pratique et de leur emploi dans les arts et dans l'industrie, on peut les diviser ainsi qu'il suit :

Bois propres aux constructions navales. — Chêne-zéen, chêne-liége, chêne-vert, frêne, orme.

Bois de charpente et d'équarrissage. — Chênes, châtaignier, cèdre, pins.

Bois de menuiserie ou bois de sciage. — Chênes, châtaignier, orme, noyer, cèdre, pins, peuplier blanc, platane, aune, frêne, amandier, houx.

Bois d'ébénisterie et de tabletterie. — Thuya de Barbarie, olivier, citronnier, frêne, érable, jujubier, orme, palmier-dattier (surtout la racine), bruyère arborescente, lentisque, myrte (racine), arbousier, laurier-rose.

Bois de sculpture. — Chênes, olivier.

Bois de tour. — Noyer, myrte, frêne.
Bois de charronnage. — Chênes, frêne.
Bois à charbon. — Chêne, orme, frêne, châtaignier, aune, érable, etc.

« Cette liste d'essences algériennes, dit M. L. de Rosny, quoique bien incomplète, présente néanmoins une esquisse assez exacte des richesses forestières de l'Afrique française, esquisse dans laquelle on a omis, avec intention, de représenter tous les éléments secondaires, soit par leur valeur, soit par leur quantité dans l'état présent des portions boisées de l'Algérie.

« Comme on a pu le voir, en parcourant la liste ci-dessus, le chêne est, en Algérie, comme presque partout ailleurs, une des essences les plus importantes et les plus susceptibles d'usages nombreux et variés. Les indigènes et les colons, ainsi que nous venons de le voir, peuvent trouver en lui un excellent bois de construction, de menuiserie, de sculpture, de charronnage, un élément indispensable à la marine, une source d'excellent charbon, et sur certaines espèces particulières, le *liége* et le *kermès*.

« Parmi les essences propres aux constructions navales, les chênes sont, de tous les bois, les plus importants et les plus usités ; par leur dureté et l'étendue des pièces qu'ils fournissent, ils ont été rangés parmi les éléments de premier ordre employés dans les arsenaux maritimes, où seuls ils servent à former les charpentes des vaisseaux. Malheureusement ils poussent avec une extrême lenteur. C'est pourquoi le service des forêts, vu le grand nombre de sujets croissant d'une manière trop irrégulière pour fournir de belles et grandes pièces de bois, est dans l'obligation de réserver tout d'abord pour la marine les arbres qui se présentent avec une forme régulière susceptible d'être ultérieurement utilisée. »

Les chênes vivent très-longtemps : on en cite qui étaient parvenus jusqu'à quatre et cinq siècles.

Le chêne-liége. — Le liége forme, autour du chêne-liége (*Quercus suber*), une croûte épaisse que l'on recueille tous les huit ou dix ans, dans les mois de juin, juillet et août. C'est au moyen d'incisions transversales et longitudinales de l'écorce jusqu'au collet de la racine, que l'on obtient le liége en pièces carrées d'une étendue plus ou moins considérable. L'opération qui consiste à arracher le liége du tronc des chênes s'appelle *démasclage*.

La première récolte, qui doit rarement être faite avant que les sujets sur lesquels on la pratique aient atteint leur quatorzième ou quinzième année, ne produit qu'un liége peu épais et dur, qui ne peut être employé qu'à la fabrication du noir de fumée. En Espagne, on brûle, dans des vases clos, les produits de cette première extraction, ainsi que les rognures provenant des fabriques de bouchons, pour en faire une sorte de charbon d'un beau noir (*noir d'Espagne*), très-estimé pour la peinture.

Le liége provenant de la seconde récolte n'est pas encore arrivé à son état parfait; ce n'est généralement qu'à la troisième, et quelquefois plus tard, qu'il acquiert toutes les qualités dont il est susceptible. Seulement alors il peut être employé dans l'industrie. Un chêne-liége peut ordinairement fournir de quinze à vingt récoltes de liége, dont la qualité est d'autant meilleure que l'arbre qui le produit est lui-même parvenu à un âge plus avancé.

« La qualité supérieure du liége algérien, dit M. Jules Duval, résulte de la réunion de toutes les conditions naturelles les plus favorables : coteaux secs, terres peu profondes, lieux découverts, absence de froids aigus et prolongés, chaleur diurne élevée, rosées nocturnes très-abondantes. Dans ces conditions, le liége devient plus fin de substance, plus élastique, moins poreux, plus exempt de parties terreuses, qualités qui font préférer les liéges d'Espagne à ceux de toute autre contrée. Si les chênes-liéges de l'Algérie produisent souvent un liége grossier et propre seulement aux usages les plus communs, cela tient uniquement à ce que beaucoup d'arbres sont souffreteux, rabougris, exposés, dès leur jeune âge, à la dent des bestiaux et aux incendies périodiques, enfin, à l'absence d'exploitation régulière, condition indispensable pour obtenir un produit de bonne qualité. »

Quant aux caractères distinctifs du bon liége, ils peuvent se résumer ainsi : élasticité, fermeté, souplesse, mailles fines, serrées, et couleur rougeâtre.

Sur un arbre séculaire et vigoureux, on peut récolter jusqu'à 100 kilogrammes de liége, et même sur quelques sujets très-grands, on parvient à en retirer jusqu'à 440 kilogrammes ; mais, s'il veut calculer approximativement quel peut être le produit d'une récolte de liége, le sylviculteur expérimenté a coutume, dans les conditions ordinaires, d'évaluer le produit de son écorçage à raison de 50 kilogrammes par arbre, sans tenir compte des individus trop jeunes, ni de ceux qui, parvenus à un âge trop avancé, ne peuvent plus produire de bon liége.

Le plus beau de tous les bois algériens, et l'on peut dire de tous les bois luxueux du monde, c'est le *thuya de Barbarie* (Calliris quadrivalvis, *Rich.*). Voici comment on l'apprécie dans un rapport officiel inséré dans le *Catalogue explicatif et raisonné de l'exposition permanente des produits de l'Algérie* :

« Aucun bois n'est aussi riche de mouchetures, de moires ou veines flambées que la souche de thuya. Ses dispositions présentent beaucoup de variétés ; son grain fin et serré le rend susceptible du plus parfait poli : ses tons chauds, brillants et doux, passent par une foule de nuances de la couleur de feu à la teinte rosée de l'acajou ; et ces nuances, quelles qu'elles soient, restent immuables, sans pâlir comme le bois de rose, sans brunir comme l'acajou. Il réunit tout ce que l'ébénisterie recherche en richesses de veines et de nuances dans les différents bois des îles, la mouche, la moire, la chenille, qui s'y rencontrent avec une profusion vraiment extraordinaire, et que l'on chercherait vainement dans aucun autre bois. Un seul pourrait être comparé au thuya sous le rapport de la qualité, l'emboëme ; mais il est spongieux à la colle et au vernis. Aussi les fabricants d'ébénisterie de Paris en font-ils déjà un emploi suivi, et sont-ils unanimes à reconnaitre la supériorité de richesse et de qualité du thuya sur tous les bois connus jusqu'à ce jour. »

Le *mûrier blanc* (morus alba, *Linn.*), si précieux pour l'industrie de la soie, est également un des arbres principaux de l'Algérie. Les belles pépinières créées par les soins du gouvernement, en fournissent de grandes quantités aux colons. Il est peu de villages dont les abords ne soient plantés de mûriers.

LES ARBRES A FRUITS.

« Quoique l'*olivier* (olea europæa, *Linn.*) rappelle, par son nom botanique (olivier d'Europe), une origine européenne, il n'en est pas moins très-probable qu'il n'est pas autochthone de cette partie du monde. Au contraire, il paraît croître dans sa patrie, lorsqu'on le rencontre, à l'état sauvage, dans les parages barbaresques avoisinant la chaîne de l'Atlas et dans plusieurs parties de l'Asie Mineure, de l'Arabie et de la Perse. En Algérie, il offre une des essences dominantes du pays. Quant à la durée de son existence, elle dépasse quelquefois une période qui semble fabuleuse; et cinq à six cents ans de vie méritent à peine d'être mentionnés dans l'histoire des oliviers, car il en est qui franchissent de beaucoup ce terme de vitalité.

« Les oliviers croissent très-lentement, au point que des arbres centenaires n'ont, assez souvent, pas atteint 30 centimètres de diamètre. On les reproduit par graines, boutures, rejetons, ou fragments de racine. Ce dernier mode de replantation obtient des résultats remarquables, grâce à la grande vitalité des oliviers, laquelle avait, jadis, attiré l'attention des anciens. Les penchants des collines exposées au soleil leur sont très-favorables, surtout si le sol en est pierreux et s'il contient un peu d'argile.

« Le bois de l'olivier est riche en nuances et susceptible de recevoir un poli beau et durable. Il ne se fend pas facilement et est très-propre à l'ébénisterie. Les anciens l'employaient pour faire des statues et autres objets d'art. La grande abondance de ces arbres en Algérie permettra sans doute de le mettre à un prix assez bas pour que, outre son usage en ébénisterie, en tabletterie, en sculpture, il puisse même être employé dans la menuiserie.

« Mais une des richesses les plus considérables de l'olivier consiste dans les fruits qu'il produit et dans l'huile qu'on en retire. L'industrie qui s'en occupe est fort ancienne en Barbarie, et l'invention des meules à broyer les olives, pour en extraire l'huile, date d'une époque extrêmement reculée dans l'histoire des nations qui habitèrent les abords de l'Atlas. De notre temps, cette exploitation est encore effectuée par les Kabiles, qui en retirent de grands bénéfices. Les Européens, par leurs connaissances pratiques, parviendront, sans aucun doute, à augmenter le produit des olives et à retirer ainsi de leur récolte une nouvelle richesse pour la colonisation. »

Le marché de Bougie a donné, dans une année, 5 millions

le litres d'huile d'olive apportée par les Kabiles. Or, un *saâ* d'olives, soit 60 litres ou 45 kilogrammes, donnant seulement 3 litres d'huile d'après les procédés usités chez les indigènes, en rendrait 8 à 9 litres avec un moulin européen, muni d'un appareil tant soit peu perfectionné. De tels résultats donnent la mesure de l'immense intérêt qu'on a à encourager les efforts des Européens qui se livrent à ce genre d'industrie.

Le *palmier-dattier* (phœnix dactylifera, *Linn.*) forme la richesse des oasis, surtout des oasis de la province de Constantine. (Voir p. 438, l'extrait de la notice de M. Hardy.)

Il est un autre palmier, l'effroi des défricheurs, qui couvre une partie des provinces d'Alger et d'Oran, nous voulons parler du *palmier nain* (chamærops humilis, *Linn.*), dont l'industrie commence à s'emparer pour la confection de la sparterie et pour la fabrication du crin végétal et du papier.

Les *oranges* de l'Algérie sont justement renommées; celles de Blida et de la Mitidja vont déjà alimenter les marchés de Marseille et de Paris.

Tous les *arbres à fruits* de l'Europe poussent spontanément en Algérie, ou y sont acclimatés depuis longtemps au moyen des pépinières dont nous parlions plus haut.

« Avant la conquête, la *vigne* n'était cultivée que pour son raisin, consommé frais ou sec ; mais les colons européens ont cultivé les plantations existantes et en ont créé de nouvelles, dans le but de fabriquer du vin. L'Algérie possède beaucoup de terres qui, par leur nature et leur exposition, sont très-favorables pour la création des vignobles ; c'est même, dans beaucoup de cas, la seule culture possible. En 1854, l'étendue des vignobles de Médéa, Miliana, Mostaganem, Maskara et Tlemcen, était de 2307 hectares ayant produit environ 11 800 hectolitres de vin et 18 000 quintaux de raisins consommés en grappes. Depuis cette époque, les plantations ont au moins doublé. Les produits qu'on obtiendra en Algérie ne paraissent jamais devoir entrer en concurrence avec ceux de la métropole, comme on en avait autrefois manifesté la crainte. Les vins obtenus sont, en général, des vins de liqueurs et de dessert, se rapprochant des vins d'Espagne et de Portugal, quelques-uns même paraissent pouvoir soutenir la comparaison avec le madère et le xérès.... » (*M. E. Cardon.*)

INTRODUCTION.

LES CÉRÉALES.

Tout le monde sait que l'Algérie était le grenier de Rome.

La production des céréales, avant notre arrivée à Alger, consistait en *blé dur*, en *orge*, en *maïs* et en *bechena* ou millet.

L'histoire de la compagnie d'Afrique nous apprend que le blé et l'orge étaient, sous la domination turque, les principales denrées d'achat ou d'échange qui alimentaient le commerce de cette compagnie au Bastion, puis à la Cale.

La culture du *blé tendre*, du *seigle* et de l'*avoine* a été introduite en Algérie depuis la conquête.

Les Européens cultivent le blé dur, dont les qualités sont grandement appréciées, surtout pour la fabrication des pâtes dites d'Italie.

Les documents statistiques publiés par le ministère de la guerre donnent pour l'année 1856 les résultats suivants :

	Terres cultivées.	Récolte.	Valeur.
Blé tendre.....	23 635 hectar.	155 169 hectol.	4 479 265 fr.
Blé dur........	555 357 —	2 427 934 —	55 076 586
Orge	662 798 —	3 858 270 —	40 088 385
Seigle	552 —	3 831 —	63 337
Avoine........	2 114 —	26 690 —	345 517
Maïs..........	5 632 —	27 756 —	453 167
Fèves.........	15 649 —	76 570 —	1 115 615
Sorgho, millet..	4 950 —	40 050 —	363 600
	1 270 687	6 616 070	101 985 472

Pour le blé dur et l'orge, la part afférente à chaque nationalité donne les résultats suivants :

Blé dur.

Culture européenne.	29 418 hectar.	142 872 hectol.	3 598 209 fr.
Culture indigène...	525 939 —	2 285 062 —	51 478 377
	555 357	2 427 934	55 076 586

Orge.

Culture européenne.	14 332 hectar.	111 454 hectol.	1 603 076 fr.
Culture indigène...	648 466 —	3 746 816 —	38 485 309
	662 798	3 858 270	40 088 385

En 1854, le total général de toutes les céréales donne 761 470 hectares cultivés, pour 9 371 640 hectolitres représentant une valeur de 137 743 847 francs.

Ces résultats, comparativement à ceux de l'année 1855, donnent moins d'hectolitres cultivés et plus de récolte. Mais il n'y a là rien d'étonnant quand on saura que, si la culture européenne s'est accrue en hectares cultivés comme en récolte, la culture arabe, qui couvre une très-grande surface, est loin de rendre autant que la culture européenne.

Au surplus, comme le dit si bien M. E. Cardon : « En 1848, l'Algérie, cette terre fromenteuse par excellence, demandait à la France et à l'étranger pour 23 014 267 fr. de céréales et de farines. Depuis 1851, qu'une législation douanière a brisé une partie des entraves qui s'opposaient à sa production, non-seulement elle se nourrit elle-même, mais elle exporte. Cette exportation a été, en 1851, de 2 200 000 fr.; en 1852, de 6 000 000 fr.; en 1853, de 12 000 000 fr.; en 1854, de 21 000 000 fr.; en 1855, de 24 000 000 fr. Ainsi, en cinq ans, non-seulement l'Algérie a conservé les 14 ou 15 millions qu'elle consacrait à l'achat de grains et de farines à l'étranger, mais elle a encaissé, en moyenne, 13 millions par an pour les céréales qu'elle a vendues à la France, tant pour elle que pour l'armée d'Orient.

« Au point de vue agricole, quel rôle l'Algérie est-elle appelée à jouer dans les destinées de la France ? Doit-elle lui fournir les 3 ou 4 millions d'hectolitres qui lui manquent dans les années mauvaises ; ou bien peut-elle racheter la France de la redevance qu'elle paye à l'étranger pour les cotons, les soies, les huiles, les plantes tinctoriales qui sont nécessaires à sa consommation industrielle ? L'Algérie est-elle un en cas ou est-elle appelée à conquérir le titre que lui décernait le ministre de la guerre : *les Indes de la France ?* »

LES LÉGUMES.

Tous les légumes farineux et les légumes verts, soit indigènes, soit d'importation européenne, réussissent en Algérie. Quelques-uns même s'y reproduisent spontanément et presque sans aucun soin. A cause de la fertilité prodigieuse de son sol, l'Algérie voit ses champs couverts en décembre des légumes les plus recherchés à Paris vers la fin de mars, et est en mesure de fournir de primeurs les marchés de la capitale, qui les faisait jusqu'ici venir de l'Italie. Il faut citer, parmi les principaux légumes, l'ail, les artichauts, les différentes espèces de choux, les asperges, les concombres, les courges ou citrouilles, les melons, les pastèques ou melons d'eau, les potirons, qui sont une excellente nourriture pour les hommes et pour les animaux, les fraises, les haricots dont on cultive en Algérie onze espèces, les laitues, les navets, les panais, les oignons, l'oseille, les petits pois et les pommes de terre, qui se récoltent trois fois.

LES FOURRAGES.

Outre les foins d'Europe, qui viennent à peu près sans culture en Algérie, cette terre féconde produit encore une grande quantité d'herbes fourragères, toutes excellentes pour la nourriture et l'engraissement des bestiaux. On compte près de cent trente de ces dernières.

« Dès les premiers jours de pluie, en novembre, les plaines, les vallées, les coteaux et les plateaux se couvrent d'une abondante végétation spontanée, qui, au printemps, atteint de un mètre à un mètre cinquante de hauteur. Sur les terrains humides dominent les plantes appartenant aux familles des graminées; sur les terrains secs et les coteaux, les plantes appartenant aux légumineuses; parmi les graminées les plus communes, sont les lygées et les stypes, connues des Arabes sous le nom de *halfa*. Viennent ensuite les avoines, les dactyles, les paturins, les alpistes, les brômes, les fétuques, le mil, le *dis* des Arabes (*arundo festucoïdes*) et le lolium perenne ou ray-grass. Parmi les légumineuses, ce sont les gesses, les lentilles, les luzernes, les lupins, les vesces, les orobes, quelques trèfles et des sainfoins, dont certaines espèces, entre autres l'*hedysarum coronarium* et l'*hedysarum flexuosum*, atteignent une hauteur de trois mètres. » (*M. E. Cardon*).

« Depuis de longues années, dit à son tour M. Mac-Carthy, l'administration de la guerre prend tous ses approvisionnements en fourrages sur les lieux mêmes. Ici, elle les doit à l'industrie privée; ailleurs, elle donne, à cet effet, en adjudication des prairies artificielles dont l'étendue totale est de plusieurs milliers d'hectares. »

LES PLANTES INDUSTRIELLES.

1° Le tabac.

De toutes les cultures de l'Algérie, celle qui occupe la plus large place dans les travaux de l'agriculture après les céréales, c'est le tabac, dont la production n'a pas cessé d'atteindre chaque année des proportions plus considérables et de se répandre de tous les côtés avec une rapidité remarquable. Si 3 planteurs européens cultivaient, en 1844, 1 hectare 42 ares et récoltaient 2007 kilogrammes, 3235 planteurs cultivaient, en 1857, 5091 hectares, et récoltaient 4 802 963 kilogrammes de tabac, valant environ 4 250 000 fr. Quant à la culture du tabac par les indigènes, elle remonte bien plus haut que notre arrivée en Algérie, et elle est supérieure à la nôtre comme quantité.

Les tabacs indigènes proviennent de graines depuis longtemps cultivées sur le sol algérien ; ils sont estimés et recherchés dans la colonie, et la régie métropolitaine leur fait aussi un excellent accueil. Quant aux tabacs cultivés par les colons européens, ils proviennent principalement des graines de la Havane, des Philippines, de l'Amérique continentale, Virginie, Maryland et autres, du Palatinat, de France, et d'une graine appelée *chebli*, cultivée dans la tribu des oulad-Chebel.

Les tabacs algériens, d'après le chef de la mission des tabacs en Algérie, laissent déjà loin derrière eux les tabacs d'Égypte, de Macédoine et de Grèce, auxquels ils avaient d'abord été assimilés. Les tabacs de Hongrie ont un goût moins agréable ; ceux du Kentuky ne sont ni plus fins ni plus combustibles ; enfin les tabacs du Maryland ont un défaut d'élasticité et un goût d'amertume qu'on ne saurait reprocher à ceux de l'Algérie.

Le rapport du jury à l'exposition de Londres, en 1851, disait : « Alger a envoyé un assortiment considérable d'un grand nombre d'espèces diverses de tabacs. Cette ville est en train de devenir le grand marché des tabacs de France. Les variétés de la Havane, de Syrie et de Manille, paraissent être cultivées et soignées par les Arabes tout comme par les colons. Les spécimens présentés sont extrêmement bien venus et dénotent de superbes récoltes; les soins sont parfaitement conduits, et la fabrication des cigares est quelquefois sans défauts. Les cigares du terroir de Khrachna (Mitidja) sont les meilleurs, et des échantillons de tabac d'Oran ressemblent au Chiraz..... »

Le rapport du jury international de l'exposition de Paris, en 1855, dit: « Entre toutes les expositions de tabac, se distinguait l'exposition algérienne, immédiatement après celle de Cuba, non pas que le tabac algérien ait une valeur hors ligne, mais parce que cette culture a pris récemment une très-grande importance en Algérie. »

L'amélioration introduite dans la culture du tabac en Algérie, due aux soins et à l'intelligence du colon, est appréciable par l'emploi dans la manufacture impériale, pour laquelle l'État est principal acheteur. Ainsi la proportion, qui a été successivement de 2, de 5, puis de 15 pour 100 pour le scaferlati, a été de 30 pour 100 pour les cigares, à partir de l'année 1856.

La culture du tabac promet d'être de plus en plus fructueuse. La France, trouvant à ses portes des tabacs préférables à ceux qu'elle achète en Hongrie et en Amérique, finira par demander à notre colonie la plus grande partie de ceux qu'elle tire de l'étranger.

Ajoutons que cette plante rendant, dans de bonnes conditions, jusqu'à 8 et 900 fr. par hectare, déduction faite de tous les frais quelconques, un seul hectare doit suffire à la subsistance d'une famille d'agriculteurs.

2° Le coton.

La culture du coton, comme la culture du tabac en Algérie, n'est pas d'importation française. Les géographes ou historiens arabes nous apprennent que notre future colonie était couverte de magnifiques plantations de cotonniers, et Edrissi parle avec admiration de celles qui entouraient la ville de Tobna dans le Hodna.

Sans remonter aussi loin, on sait qu'au temps des Turcs, la culture du coton était pratiquée dans plusieurs localités du Tell. De nos jours et avant nous, les tribus des environs de Collo en récoltaient ce qui leur était nécessaire pour la fabrication de leurs vêtements, et, s'il faut en croire certaines traditions, les plaines du Sig et de l'Habra étaient aussi couvertes de cotonniers.

Après l'occupation française, plusieurs essais ont été faits dans le département d'Alger : ce n'est qu'ainsi qu'on peut qualifier les efforts tentés jusqu'en 1853 pour la culture du coton ; et cependant, l'Angleterre, si bonne appréciatrice en ce genre de produits, accordait, à l'exposition de Londres, onze récompenses aux échantillons provenant de l'Algérie. Depuis 1853 cette culture est définitivement acquise à ce pays.

Pour justifier les espérances auxquelles a donné lieu l'introduction de la culture du coton en Algérie, pour bien se rendre compte de l'influence qu'elle peut être appelée à exercer sur ce pays, on rappellera des faits et on produira quelques chiffres.

En 1736, il y a un peu plus de 120 ans, le cotonnier, qui fait aujourd'hui la richesse de l'Amérique du Nord, n'y existait qu'à l'état de plante d'agrément. En 1785, ou 49 ans après, elle exportait 14 balles de coton ; en 1786, 6 ; en 1787, 109 ; en 1788, 388 ; en 1789, 81. Actuellement les États-Unis produisent 3 200 000 balles.

On peut juger, par ce simple rapprochement, de la rapidité avec laquelle cette culture a progressé dans l'Amérique du Nord. À côté de la production des États-Unis, il n'est pas inutile de rendre compte de la consommation du coton en Europe ; la voici :
En 1853, l'Angleterre a importé de tous pays 2 264 170 balles, soit près de 350 000 000 de kilogrammes. Pendant la même année, la France a importé 460 000 balles, soit 69 000 000 kilogrammes. Les autres contrées européennes consomment environ 800 000 balles, d'un poids de 120 000 000 de kilogrammes.

Tel est le marché qui s'ouvre, en grande partie, devant la production algérienne, à une époque où l'exportation américaine diminue, parce que les États-Unis fabriquent actuellement des tissus dont ils fournissaient seulement autrefois la matière première, à une époque où les manufacturiers commencent à se préoccuper sérieusement du renchérissement des cotons.

L'Algérie a compris quelle influence cette productive culture doit avoir sur ses destinées : Européens et Arabes se sont mis à l'œuvre, et en une année le département d'Alger a décuplé ses ensemencements en coton. L'empereur, intervenant pour l'encouragement et le développement de cette source féconde de richesses, a fondé pendant plusieurs années un prix de 20 000 fr. pour le planteur des trois provinces qui aurait récolté sur la plus vaste échelle les meilleurs produits en coton.

Nous avons dit plus haut que l'Amérique du Nord avait récolté 81 balles de coton au bout de cinq années de culture. La production de l'Algérie, au bout de trois ans, était de plus de 600 balles de coton de différents échantillons, mais surtout de coton longue soie, équivalant aux plus belles espèces similaires de la Caroline et de la Géorgie, c'est-à-dire aux plus beaux et aux plus riches cotons du monde, et de courte soie, dit Louisiane.

Peut-on dire maintenant qu'il y ait possibilité pour l'Algérie de produire d'excellents cotons sur tous les points de son territoire cultivable? Oui, car cette vérité repose sur les témoignages les plus authentiques. Peut-on conclure que l'Algérie fournira un jour à la manufacture française et européenne des qualités importantes de coton à ouvrer, concurremment avec les autres pays producteurs? Oui encore, quand l'Algérie aura d'abord des capitaux, puis des bras à bon marché, c'est-à-dire des travailleurs asiatiques et des noirs engagés : grande question non-seulement à l'étude, mais qui n'est pas loin d'être résolue.

Quoi qu'il en soit, les cotons algériens sont vivement recherchés par les manufacturiers français aux enchères de la place du Havre, et les producteurs auxquels l'État achetait commencent à vendre eux-mêmes.

3° Le lin et le chanvre.

Le *lin* vient presque partout à l'état sauvage en Algérie ; semé de lui-même en automne, on le voit en fleur dans le mois de mars, et il peut généralement être récolté dans le mois d'avril. Le climat paraît donc éminemment propre à cette culture.

Les lins se subdivisent en deux catégories : les lins grossiers et les lins fins. Les lins grossiers, semés en automne pour être récoltés l'année suivante, avant les céréales ; et les lins fins, semés au printemps, et dont on cite plusieurs espèces, et particulièrement les espèces de Flandre et de Riga. Pour les lins de qualité inférieure, la France est tributaire de l'étranger. En 1854, la chambre consultative d'agriculture de l'arrondissement de Lille, faisait connaitre que, malgré la guerre avec la Russie, qui fournit abondamment cette plante textile, nos importations s'élevaient encore à 26 500 000 kilogrammes, sur les 30 à 35 millions de kilogrammes importés.

Les lins de Riga et les lins de Flandre réussissent dans les localités de l'Algérie les moins exposées au vent du nord-ouest. Des échantillons des produits obtenus ont été envoyés à MM. Barrois frères, filateurs à Five-lez-Lille. Ces industriels, après avoir soumis ces échantillons au travail de la filature, ont ainsi résumé leur opinion sur les lins expérimentés, dans un rapport à M. le ministre de la guerre :

« La filasse que nous avons obtenue est d'une belle couleur jaune, souple, fine, et peut se comparer aux bonnes marques de lin de Russie. On pourrait en évaluer le prix à 1 fr. 30 c. le kilog. à Lille. A la filature, le résultat a surpassé notre attente : nous avons obtenu des fils n° 40, nets, réguliers et d'une bonne qualité de chaîne.

« Si de prime abord l'Algérie arrive à produire des lins de cette qualité, que n'en doit-on pas attendre lorsque l'expérience aura appris aux colons les meilleurs procédés de culture et les conditions les plus favorables de plantation ? »

Le lin peut être utilisé pour d'autres usages que pour faire de la toile. Sa graine donne une huile siccative dont on se sert dans les arts. Chacun connait son emploi dans la médecine. Enfin, le bétail trouve dans les tourteaux de sa graine une nourriture excellente.

Le chanvre. — La culture de quatre variétés de chanvre a été tentée en Algérie et a donné des résultats encourageants.

Ces quatre espèces sont : le chanvre géant de la Chine, le chanvre du Piémont, le chanvre ordinaire et le chanvre indigène.

Le chanvre géant de la Chine acquiert des proportions qui étonnent, car il produit des tiges de 6 à 7 mètres de haut, ramifiées en branches de 1 mètre 50 centimètres de développement, et de 15 centimètres de tour à la base. Cette culture, faite sur une superficie de 477 mètres, a produit 76 kilog. de filasse, soit

1593 kilog. à l'hectare, qui peuvent donner 598 fr. de bénéfice. Son bois très-consistant peut servir à confectionner des fagots et produit un charbon léger propre à la fabrication de la poudre à canon. Sa filasse a été complétement assimilée, par la chambre de commerce de Paris, à celles provenant des chanvres de Maine-et-Loire et de la Sarthe. Semé dans les premiers jours de mai, il peut être arraché moins de cinq mois après, vers le milieu d'octobre.

Le chanvre de Piémont, que la chambre de commerce de Paris a considéré comme ayant de l'analogie avec les chanvres de Maine-et-Loire et de la Sarthe, donne un rendement de 1250 kilog. de filasse à l'hectare.

Le chanvre ordinaire peut donner 1025 kilog. de filasse à l'hectare; sa réussite en Algérie est aussi facile qu'en Europe. On sème en mars, l'arrachage se fait en août.

Enfin le chanvre indigène, dont le rendement textile est sans valeur, est désigné par les Arabes sous le nom de hachich, et produit, comme on sait, des effets enivrants.

Ces diverses espèces de chanvres ont été filées dans les établissements liniers du Nord et à la filature de l'arsenal de Toulon. Les résultats obtenus pour les trois premières espèces ont été des plus satisfaisants.

En somme, la culture du lin et du chanvre est appelée plus tard à rémunérer les soins qu'on lui donnera. L'industrie fournira alors aux colons les procédés de rouissage mis en usage en Irlande ou en Belgique.

4° Plantes tinctoriales.

La *garance*. Les premiers essais de culture de la garance datent de 1849; ils sont dus à M. Chirat, colon du Bou-Meurzoug dans la province de Constantine, et déjà une médaille d'honneur obtenue à l'exposition venait les signaler à l'attention du commerce.

Depuis lors, trois rapports, l'un de M. Chevreul, membre de l'Institut, directeur des teintures à la manufacture impériale des Gobelins; l'autre de la chambre consultative de l'arrondissement de Louviers; le troisième, enfin, de la société industrielle de

Mulhouse, ont reconnu la supériorité des garances de provenance algérienne sur celles de Chypre, qui sont les plus estimées.

Mais, pour l'avenir de cette culture en Algérie, il ne suffisait pas que cette supériorité fût prouvée, il fallait encore que la différence entre le prix de vente et le prix de revient fût suffisamment rémunératrice. Or, il résulte des calculs de plusieurs colons que le prix de revient est de 70 fr. par 100 kilogrammes, tandis que les cours de la bourse de Rouen attestent que le prix de 100 kilogrammes de garance varie entre 140 et 145 fr., soit au moins 100 pour 100 de bénéfice pour le colon.

Cette culture, dont la réussite est certaine, et qui offre par conséquent de grands avantages aux planteurs, est évidemment appelée à prendre un grand développement en Algérie. Depuis le succès de M. Chirat, d'autres colons ont suivi son exemple. Des garancières ont été établies d'abord dans la province de Constantine, puis dans celles d'Alger et d'Oran, et, dès la fin de 1831, il en existait un certain nombre réparties sur plusieurs points de la colonie.

Le *henné* (lawsonia inermis, *Linn.*) jouit d'une grande faveur parmi les Arabes de l'Algérie. Ses feuilles, réduites en poudre, puis délayées dans l'eau, donnent une couleur rouge orangé que les indigènes appliquent aux usages les plus variés. Ainsi les femmes s'en servent pour se teindre les ongles, les doigts, la paume et le revers des mains ; le dessous des pieds, les orteils, quelquefois les lèvres et les gencives. On voit souvent les cheveux des enfants teints en rouge orangé par le henné, qu'on emploie aussi pour colorer la queue et les crinières des chevaux, parfois le dos et les jambes. Les indigènes l'utilisent encore pour la teinture de la laine et des cuirs.

Dans la pensée que cette plante pourrait être avantageusement utilisée dans les manufactures de France, l'administration, au commencement de 1853, chargea M. Chevreul d'expérimenter la matière tinctoriale qu'elle renferme. M. Chevreul reconnut la présence de deux principes colorants, l'un jaune, l'autre rouge ; malheureusement il remarqua que ces principes étaient accompagnés d'une matière brune qui les ternissait. Mais depuis cette analyse, il a été constaté qu'on pouvait tirer un meilleur parti du produit du henné. On savait déjà que les indigènes en obtenaient une belle couleur noire, en y ajoutant de la couperose.

L'industrie lyonnaise tire maintenant de la feuille du henné u principe colorant qui sert à teindre en noir les plus belles soieries. Ce noir, désigné dans le commerce sous le nom de *noi d'Afrique*, l'emporte aujourd'hui sur tous les noirs connus, par l beauté de ses reflets et par sa teinte brillante et azurée. Un tein turier de Lyon, M. Gillet, commença à faire usage de la feuill de henné, en 1855, pour teindre la soie, et il a continué depui avec un succès toujours croissant ; c'est ainsi qu'en 1852, il a employé dans son grand établissement de teinture sept à huit cents balles de feuilles de henné, c'est-à-dire environ 80 000 kilogrammes de cette matière, tirée principalement de l'Algérie et du Maroc. Il en consommerait bien davantage, si l'agriculture algérienne pouvait en fournir des quantités plus fortes.

Le henné est cultivé par les Arabes de l'Algérie dans la région des palmiers et sur quelques points du Tell, notamment dans les sables chauds des environs de Mostaganem. Mme Petrus-Borel, de Bled-Toùarïa, qui fait cultiver le henné par des Arabes, évalue les frais de premier établissement et de plantation à 7 ou 800 fr. par hectare ; le rendement de la première année, c'est-à-dire une seule coupe, couvre les frais d'établissement ; le rendement des années suivantes, c'est-à-dire deux coupes, peut s'élever de 1500 à 3000 fr., le prix du henné étant, vendu moulu, de 2 à 3 fr. le kilogramme ; enfin la durée d'une plantation peut être de 12 à 15 ans.

Le *carthame* ou safran bâtard, qui paraît rivaliser, pour la qualité et la puissance colorante, avec les carthames de l'Espagne, de l'Égypte et des Indes, n'a point encore pris une grande extension de culture, bien qu'il soit susceptible de bons rendements.

Quant à l'*indigo* et au *sumac*, dont les principes colorants sont de bonne qualité, ils ne sont encore qu'à l'état d'essais de culture et se récoltent, soit dans les pépinières, soit dans les forêts.

5° Plantes diverses.

Voici maintenant l'énumération des plantes diverses dont la culture donne déjà ou promet de bons rendements dans un avenir plus ou moins prochain.

Plantes oléagineuses : l'arachide, le colza, le sésame.

Plantes à alcool : le sorgho sucré, l'asphodèle, la canne à sucre, le cactus ou figuier de Barbarie.

Plantes médicinales : l'opium, le pavot somnifère, la salsepareille, la moutarde, le ricin, le safran, le séné, le hachich ou chanvre *(cannabis sativa)*.

Plantes et arbustes à odeurs. Lors de l'exposition universelle de 1855, une des plus belles collections d'essences odoriférantes et eaux de senteur, celle de M. Mercurin de Cheraga, se composait d'essence de menthe pouliot, de myrte, de petit grain citron, de bigarade, de romarin, de mélisse, de sauge, de géranium, de marjolaine, de fenouil, d'absinthe, de céleri, de laurier, d'origan, de menthe poivrée, de néroli, d'anis, de sabine, de verveine, d'eau de géranium et d'eau de fleur d'oranger. M. Simounet, qui est pour ainsi dire le créateur de cette belle industrie en Algérie, exposait : des essences de géranium, d'absinthe brute, de néroli, de jasmin, de verveine ; des matières premières pour la parfumerie en gros, de tubéreuse, de cassie et de jasmin. M. Simounet, pharmacien en chef de l'hôpital civil d'Alger, est l'inventeur d'un procédé qui consiste à concréter ou solidifier les essences de fleurs, et qui pour cela même est appelé à jouer un grand rôle dans la parfumerie.

Plantes tropicales : le café, la vanille, le riz sec de Chine, le thé, le caoutchouc, le poivrier. On ne saurait pourtant affirmer que ces dernières plantes puissent définitivement s'acclimater en Algérie ; les expériences faites dans les différentes latitudes de notre colonie soit par les colons, soit par les directeurs des pépinières du gouvernement, ne sont pas encore concluantes.

RÈGNE MINÉRAL.

LES MÉTAUX.

Le *fer*, le *cuivre* et le *plomb* sont les minéraux les plus communs en Algérie.

Le service des mines des trois provinces de l'Algérie a réuni, pour la collection minéralogique envoyée à l'exposition universelle de 1855 :

Pour la province d'Alger, du cuivre pyriteux des environs de Tenès, de Miliana, de Mouzaïa et de Blida ;

Pour la province d'Oran, des minerais de plomb argentifère de Lella-Mar'nia et de R'ar-Rouban, des minerais de fer de la montagne des Lions et d'Aïn-Temouchent ;

Pour la province de Constantine, des minerais de fer et de fonte aciéreuse de l'Alelik, près de Bône, et des galènes argentifères du cercle de la Cale ; des minerais de plomb du Bou-Taleb.

Nous parlons pour mémoire de l'*or* trouvé auprès de Rovigo et près de Mila, et de l'*antimoine* trouvé près de Lella-Mar'nia et au djebel Sidi-Rereïs, province de Constantine.

Voici ce que disait le rapport du jury au sujet de cette collection :

« L'Algérie a envoyé à l'exposition universelle un grand nombre de produits appartenant au règne minéral, qui témoignent hautement des heureux résultats qu'il est enfin permis d'espérer de l'œuvre de la colonisation.... Se bornant à l'examen des objets de sa compétence, le jury a distingué les collections de minerais envoyées par les ingénieurs chargés du service des mines en Algérie. Ces collections ont été recueillies dans des excursions faites pour l'étude géologique de l'Algérie.

« Ces explorations, aussi pénibles et souvent plus périlleuses qu'à travers les forêts vierges de l'Amérique du Nord, ont amené déjà des résultats importants qui se sont traduits, au point de vue scientifique, par la publication de la *Richesse minérale de l'Algérie*, de M. H. Fournel, ingénieur en chef des mines ; de *Recherches sur les roches, les eaux et les gîtes minéraux des provinces d'Alger et d'Oran*, de M. Ville, ingénieur ordinaire ; de la *Constitution géologique des Ziban et de l'Oued-Rir' au point de vue des eaux artésiennes*, de M. Dubocq, ingénieur ordinaire et de nombreux opuscules qui, pour ne pas avoir l'attache du gouvernement, ne sont pas moins intéressants ; au point de vue industriel, par la fondation de plusieurs établissements pour l'exploitation et le traitement des minerais de plomb et de cuivre, sur une échelle qui, encore assez restreinte, se développe rapidement et paraît appelée à prendre des proportions bien plus considérables, à mesure que les progrès de la colonisation feront affluer en Algérie les bras et les capitaux.... »

LE RÈGNE MINÉRAL.

Les gîtes métallifères sur le sol de l'Algérie sont très-nombreux ; nous ne donnerons la liste que de ceux en cours d'exploitation.

Province d'Alger : *mines de cuivre* de Blida (oued-Merdja et oued-el-Kebir) ; de Mouzaïa ; de l'oued-Allela, entre Tenès et Montenotte.

Province d'Oran : *mines de plomb auro-argentifère et argentifère* de R'ar-Rouban et de Maziz, près de Lella-Mar'nia.

Province de Constantine : *mines de plomb auro-argentifère et argentifère* de Kef-oum-et-Teboul, près de la Cale ; *mines de fer* de l'Alelik, près de Bône ; *mines d'antimoine* d'Hammimat, près du djebel-Sidi-Rereïs.

LES EAUX THERMALES ET MINÉRALES.

« On rencontre sur le sol algérien, dit M. le docteur A. Bertherand, dans son introduction à l'*Étude des eaux minérales de l'Algérie*, une riche variété d'eaux minérales. L'occupation française en a fait découvrir d'ignorées jusqu'alors ; mais presque toutes étaient connues et jouissaient d'une grande faveur chez les indigènes avant notre arrivée.... Le goût prononcé des Orientaux pour le merveilleux a toujours fait entourer chez eux de mysticisme et de poésie les phénomènes que l'intelligence commune ne parvenait pas à traduire d'une façon ordinaire. Des récits plus ou moins empreints d'étrangetés et de fantaisie devaient donc naturellement s'attacher à l'éclosion des eaux minéro-thermales. Pas une source un peu importante de ce genre qui ne possède ainsi son baptême de bizarre singularité, au berceau de laquelle les Arabes n'aient imprimé le cachet de leur superstitieuse imagination, de leur cabalistique crédulité....

« La plupart de ces sources ou bains (*hammam*), les Arabes appellent ainsi toutes les eaux minérales indistinctement, sont toujours en grand crédit dans les douars et principalement chez les habitants des villes.... Aussi, dès les premières années de notre occupation, l'administration de la guerre fut-elle naturellement engagée à suivre des errements tout tracés. Une haute raison d'économie lui dictait de chercher à remplacer, pour ses malades, infirmes ou convalescents, les eaux de France par celles existant au voisinage de nos camps et de nos hôpitaux.

« Il était impossible alors d'espérer de ces installations improvisées, rudimentaires, un retentissement et un succès de vogue.... La pacification du pays, qui a appelé la culture et ouvert des voies de communication, a rapproché de nos moyens d'analyse et d'expérimentation des mines fécondes de santé et de richesse que nous n'avions encore convoitées qu'à distance.... Un privilége incontestable, qu'on peut assurer d'avance aux sources de l'Algérie, permet d'augurer les plus grandes espérances de leur étude et de leur vulgarisation progressive. Nous voulons parler des avantages et des facilités que la climature spéciale de l'Algérie ne peut manquer d'introduire dans les habitudes hydriatiques.... « Ce qui manque aux eaux de France, dit M. le docteur
« E. Millon, ce que rien au monde ne saurait leur donner, c'est
« un climat tempéré durant les mois d'hiver. Dès que l'été finit,
« on les déserte : la fraîcheur des nuits, l'abondance des pluies
« en troublent les effets. Septembre arrive, et la saison est
« close.... »

« Le docteur Lallemand a contribué de tout son pouvoir à fonder au Vernet un établissement thermal dans lequel les malades continuent l'usage des eaux durant l'hiver. On a fait un essai pareil aux eaux d'Amélie-les-Bains. Les résultats qu'on y obtient sont généralement favorables, mais ils ne sont pas décisifs. Quoi qu'on y ait fait, les malades n'y échappent pas au froid.... L'hiver n'existe pas en Algérie, et particulièrement sur tout ce littoral délicieux où elle développe plaines et coteaux entre l'Atlas et la Méditerranée. On laisse bien loin Nice, Hyères et jusqu'aux dernières côtes d'Espagne et d'Italie. La transformation du climat est complète, et, grâce à l'achèvement de nos grandes lignes ferrées, grâce à la vapeur, en trois jours on se rend à Alger des points les plus extrêmes de la France....

« Cherchez un peu dans ces gorges délicieuses de l'Atlas, vous y trouverez les succursales de Baréges, de Bagnères, de Vichy, de Plombières, de Spa, de Sedlitz, de Pullna ; débarquez à Alger, passez la Mitidja, et vous y êtes.

« Il ne faudrait pas beaucoup d'imagination pour tracer autour de ces sources, sur des ruines romaines, à côté de la tente de l'Arabe et de l'israélite aux costumes bibliques, un joli groupe de maisons dans le style d'Auteuil et de Neuilly. On encadrerait le tout de la végétation magique des Hespérides et de roches dignes du vieil Atlas.... ».

Les documents statistiques publiés par le ministre de la guerre signalent une quarantaine de sources thermales et minérales, répandues sur tout le sol de l'Algérie. Les notices qu'on trouvera dans l'*Itinéraire* ont trait aux eaux :

D'*Aïoun-Skhakhna*, par le docteur A. Bertherand, p. 68 ;
D'*Hammam-Rir'a*, par le docteur Lelorrain, p. 107 ;
De la *source des Cèdres*, par le docteur A. Bertherand, p. 128 :
De *Mouzaïa-les-Mines*, par le docteur A. Bertherand, p. 133 ;
D'*Hammam-Melouan*, par le docteur Payen, p. 167 ;
De *Ben-Haroun*, par le docteur Lasnier, p. 178 ;
Du *Bain de la Reine*, par le docteur A. Bertherand, p. 191 ;
D'*Hammam-Meskhroutin*, par le docteur Hamel, p. 472.

LES SALINES, LES SOURCES SALÉES, LE SEL GEMME.

Salines artificielles de Dellis ; *salines* naturelles du Zar'ez, d'Arzeu et des Akerma.

Sources salées d'Anseur-el-Louza (*V*. p. 127) ; des Oulad-Hedim, aux environs de Bor'ar ; de Kasba, au sud-est d'Aumale.

Sel gemme du Rocher de sel, route de Lar'ouat (*V*. p. 140) ; des Oulad-Kebab, près de Mila ; du Djebel-R'arribou (*V*. p. 433).

LE MARBRE ET LA PIERRE.

Les échantillons de marbre figurant à l'exposition universelle de 1855 étaient les suivants :

Province d'Alger, *marbre gris veiné de rouge* de l'Haouch-Ben-Dali-Bey, à l'est du cap Matifou ; *marbre rouge*, ayant de l'analogie avec le rouge antique, venant du sud de la province.

Province d'Oran, *marbre vert antique* d'Aïn-Madog ; *marbre rose veiné et rouge acajou* d'Arzeu ; *marbre porte-or*, entre Oran et Mers-el-Kebir ; *marbre onyx translucide* d'Aïn-Tekbalet. M. l'ingénieur Ville nomme ce marbre *travertin calcaire de Tlemcen*. « On trouve souvent en Algérie, dit-il, des masses considérables de travertin calcaire, qui résultent de l'évaporation à l'air de sources incrustantes. Plusieurs de ces sources sont taries aujourd'hui, mais il en est qui produisent encore le même phénomène. Ce sont des sources froides qui donnent lieu à ces dépôts, au milieu desquels on trouve des feuilles d'arbres identiques à ceux qui naissent de nos jours en Algérie. Les dépôts de ce genre les plus considérables se trouvent à Mostaganem et à Tlemcen (Aïn-Tekbalet).... » L'onyx translucide ou travertin calcaire d'Aïn-Tekbalet était exploité par les Romains ; les Arabes en ont décoré tous les monuments de Tlemcen, et l'industrie parisienne commence à s'emparer de ce riche produit.

Province de Constantine : *porphyre* du cap de Fer ; *marbre jaune* et *jaune antique* des environs de Philippeville ; *marbre noir* de Sidi Yahïa, près de Bougie ; *marbre blanc veiné de bleu*, du cap de Garde, exploité par les Romains ; *marbre blanc* du Filfila, exploité également par les Romains. « Les marbres blancs du Filfila, dit M. Dombrowski, sont analogues à ceux de Carrare ; ils sont saccharoïdes, translucides, faciles au travail, et ne laissent rien à désirer sous le rapport de la finesse du grain ; ils donnent au statuaire de grandes proportions.... » Le Filfila renferme encore d'autres variétés de marbres de nuances diverses : *marbres bleu turquin et fleuri, noirs, jaunes et rouges, blancs à veines jaunes et rouges.*

L'Algérie est très-riche en carrières de pierre à bâtir ; on trouve partout en abondance de la pierre de taille, du moellon, du grès, du gypse, de la chaux, ainsi que du sable et de la terre à brique et à poterie. On a rencontré, comme pour les marbres, des carrières de pierre exploitées jadis par les Romains, et dont les travaux semblaient abandonnés d'hier.

Un document statistique nous apprend qu'en 1853, c'est-à-dire il y a plus de dix ans, 260 carrières ont été exploitées dans les trois provinces de l'Algérie, par un minimum de 1544 ouvriers. 345 868 mètres cubes de pierre de taille, de dalles, de moellons, de pierres à chaux, à plâtre, d'argile à briques, non compris 58 000 pavés, ont été extraits de ces carrières, et ont produit près d'un million et demi. Le salaire des ouvriers variait de 2 fr. à 6 fr. 50 c.

AUTRES MATIÈRES.

Pierre lithographique d'El-Kantra, à Constantine.
Pouzzolane de l'île de Rachgoun et d'Aïn-Temouchent.
Ardoises de Mers-el-Kebir.
Terre à porcelaine signalée par M. Mac-Carthy à Nedroma et à ella-Mar'nia.
Soufre de El-Kebrita (la soufrière), à 32 kilomètres sud-ouest 'e Bor'ar.
Salpêtre. Les Arabes du sud (Ziban et Oulad-Naïl) fabriquent du alpêtre avec des lessivages de terre provenant de ruines d'aniens ksour et de grottes naturelles ou artificielles servant de efuge aux troupeaux des Arabes. La présence des matières oraniques donne lieu à une production spontanée du salpêtre.
Lignite. Indices de lignite au Fondouk, à Dellîs, à Aumale. Les ignites d'Hadjar-Roum, dans la subdivision de Tlemcen, et de mendou, près de Constantine, ont des assises d'une certaine puissance, et pourront peut-être être exploités pour la consommation ocale, à défaut de charbon de terre.

RÈGNE ANIMAL.

LES ANIMAUX.

1° Animaux sauvages.

Nommons-les d'abord ; puis nous reviendrons à ceux dont l'espèce est particulière à l'Algérie, ou moins connue en Europe : le lion, la panthère, l'hyène, l'once, le chat-tigre, le lynx, le caracal, le serval, l'ichneumon, la mangouste, le furet, la belette, la gerboise, le porc-épic, le renard, le chacal, le hérisson, le rat tigré, le sanglier, le lièvre, le lapin, le singe pithèque de la Kabilie et de la Chiffa, le begueur-el-ouahach, l'aroui, la gazelle.

Le *lion* et la *panthère* sont suffisamment connus ; Gérard, pour le lion, et Bombonel, pour la panthère, ont écrit de fort intéressantes monographies de ces deux carnassiers.

« Le *chacal*, le *canis aureus* de Linné, le *dib* des Arabes, tenant du chien et du renard, est très-commun en Algérie ; il vit dans les fourrés, dans les rochers. Il sort rarement pendant le jour. Lorsque la nuit arrive, il se réunit en troupes nombreuses, et il rôde autour des lieux habités pour y chercher sa nourriture. Il vit des cadavres de tous les animaux et des fruits qu'il peut atteindre. Il est bien rare que le soir on n'entende pas autour des douars, des villages et même des grandes villes, ses tristes hurlements.

« Le *begueur-el-ouahach*, ou bœuf sauvage, est assez répandu dans les montagnes du sud de l'Algérie. C'est le bubale des anciens, l'*ant. bubalis* de Linné, la vache de Barbarie. Cette antilope a les cornes annelées, à double courbure, la pointe en arrière. Une particularité anatomique de la tête le distingue de toutes les autres : c'est l'existence d'un bourrelet saillant du pariétal, dirigé dans le prolongement du chanfrein, et au sommet duquel s'élèvent les cornes. La taille du begueur-el-ouahach est à peu près celle d'un veau d'un an à dix-huit mois ; son pelage est fauve ; la queue est courte et terminée par une touffe de poils noirs.

« Le *fechtal*, le *leroui* ou l'*aroui*, est assez bien connu en Algérie aujourd'hui ; plusieurs individus ont même été élevés en domesticité dans quelques localités. On l'a chassé dans le djebel-Amour, où il vit. On le trouve dans les montagnes du Sahara, au sud de Bou-Sada. Le leroui est le mouflon à manchettes, l'*ovis ornata* de Geoffroy Saint-Hilaire ; le mouflon d'Afrique, que Cuvier, qui l'appelle *ovis tragelaphus*, et Desmarest ont réuni avec raison avec le mouflon barbu (bearbedsheep) de Pennant. Le leroui est une espèce de mouton beaucoup plus fort que le gros bélier, dont il surpasse le volume et la hauteur du double peut être ; le poil varie du fauve roussâtre au brun roux, quelquefois foncé et roux comme celui de la gazelle ; le dessous du corps et les parties internes des membres sont de couleur blanche ; de poils de quinze à vingt centimètres et plus de long couvrent les parties antérieures du corps et des membres. C'est cette disposition remarquable qui a fait donner à cet animal la dénomination de mouflon à manchettes. La queue est courte, elle n'a que dix-huit à vingt centimètres ; elle est terminée par un pinceau de poils comme chez les gazelles. Les cornes sont volumineuses très-rapprochées à leur base et séparées à peine par un peu de poil ; elle sont recourbées, divergentes, dirigées en dehors, s'écartant l'une de l'autre moins rapidement que chez le mouton ordinaire ; leur longueur est souvent de 50 centimètres ; leur surface est couverte de rides peu marquées.

« La gazelle de l'Algérie est l'antilope, l'*anti dorcas* de Linné, de Buffon, de Cuvier, le *r'ezala* des Arabes. Les gazelles, qui vivent dans tout le nord de l'Afrique en troupes nombreuses, ont les cornes rondes, variables pour leur courbure ; les unes sont tournées en avant, les autres en arrière, d'autres en dedans. Elles ont des espèces de poche à chaque aine ; ces poches se remplissent d'une matière sébacée qui n'a pas d'odeur particulière. Leurs excréments, qui ressemblent beaucoup à ceux des moutons, mais qui sont plus petits et plus effilés, ont une odeur de musc très-prononcée. Les Arabes disent qu'il existe trois espèces de variétés de gazelles : 1° le *rin* : les individus de cette espèce sont grands, ont le ventre blanc et les cornes tordues, annelées sans doute ; il se tient principalement dans les pays de sables ou dans les plaines ; 2° le *ledmi* : les individus de cette espèce sont plus petits que les précédents, ont aussi les cornes annelées et une couleur fumée ; 3° le *sin* : c'est la plus petite des trois espèces ; c'est celle que l'on a l'habitude de voir et d'élever en Algérie.

« La *gerboise* est le gerbe, le *dipus gerboa* de Gmelin, le *mus sagitta* de Pallas. Ce mammifère rongeur est remarquable par la légèreté de sa course ; la longueur considérable de ses tarses lui permet d'exécuter de grands sauts, de franchir de grandes distances et avec une extrême rapidité ; la queue est longue, armée d'un bouquet de poils bruns au centre. La gerboise ne sort des trous qu'elle habite sous terre qu'à la brune. Elle est si agile dans sa course qu'on l'aperçoit à peine ; il faut une grande attention pour la suivre des yeux pendant qu'elle se livre à ses courses rapides. Elle habite les lieux secs, les terrains crayeux ; le tuf calcaire recouvert d'une légère couche végétale paraît lui convenir. » (*M. le docteur Laeger.*)

2° Animaux domestiques.

La statistique des animaux domestiques en Algérie donne les chiffres suivants au 1ᵉʳ janvier 1857 :

Chevaux............	aux Européens.... aux indigènes......	7 119 195 985	203 104
Mulets.............	aux Européens.... aux indigènes.....	3 983 150 612	154 595
Anes...............	aux Européens....	....	3 649
Chameaux.........	aux indigènes.....	....	256 555
Bœufs et vaches....	aux Européens.... aux indigènes.....	37 601 1 291 668	1 328 269
Moutons...........	aux Européens.... aux indigènes.....	43 954 9 149 811	9 193 765
Chèvres...........	aux Européens.... aux indigènes.....	14 453 3 668 630	3 683 083
Porcs..............	aux Européens....	....	18 218

Le cheval. On peut considérer comme deux points aujourd'hui hors de doute la prééminence du cheval oriental, comme cheval de guerre, et la consanguinité du cheval *barbe*, ou de l'Afrique septentrionale, avec ce noble type. Il semble même que, pour les qualités qui constituent le véritable cheval de guerre, la vigueur unie à la docilité, l'impétuosité unie à la douceur, l'aptitude à supporter les privations et la fatigue, le cheval d'Afrique est encore supérieur à son frère d'Asie ; moins brillant peut-être par la forme, il est plus robuste et plus solide, et la guerre de Crimée a mis en relief toute sa valeur, en le soumettant aux plus rudes épreuves sous un climat bien différent de celui sous l'influence duquel il avait été élevé. Il a justifié à la lettre ce qu'en dit l'Arabe : « Il peut la misère, il peut la soif, il peut la faim. » Peut-être le cheval barbe doit-il ses qualités précieuses pour la guerre au croisement de cette valeureuse race numide, si appréciée des Romains, avec la pure race arabe, que les khalifes, successeurs de Mohammed, menèrent dans le Mar'reb en y apportant le Koran.

Les officiers de notre armée d'Afrique avaient appris de bonne heure à reconnaître et apprécier la valeur militaire du cheval élevé dans le Tell, et surtout dans le Sahara algérien. Il y a longtemps déjà que, dans ceux de nos régiments qui se forment ou qui font campagne en Algérie, il a remplacé le cheval européen, pour qui l'acclimatement au delà de la Méditerranée était toujours une épreuve difficile. Le gouvernement ne pouvait négliger cette branche si importante des ressources dont abonde notre colonie ; le développement et le perfectionnement de la race chevaline dans nos trois provinces africaines ne sont pas seulement une richesse, mais encore une force pour la mère patrie. Aussi la sollicitude du département de la guerre se porta-t-elle de ce côté-là aussitôt que notre domination eut pris de la consistance et de l'étendue. Des nécessités de la lutte et de la conquête étaient nées des causes d'épuisement et d'appauvrissement dans la race, auxquelles il était urgent de remédier : dès 1844, un dépôt d'étalons fut créé dans chacune des trois provinces. En 1851, l'État possédait 78 étalons, achetés soit dans les tribus du Sud, soit dans la régence de Tunis, soit même au berceau de la plus belle race orientale, en Syrie et dans l'Arabie centrale, tous d'un mérite réel, quelques-uns d'une valeur hors ligne, qui avaient fourni 3209 saillies. En 1856, 127 étalons avaient fourni 5121 saillies. La munificence impériale n'a pas voulu rester étrangère à ces efforts tentés pour la régénération de la race barbe, et nos dépôts se sont enrichis de plusieurs géniteurs d'un grand prix, venus d'Orient, et notamment du superbe étalon syrien *El-Maz*.

Dans beaucoup de tribus, cependant, on se contentait d'admirer nos étalons, et l'on s'abstenait d'y recourir. Chez les uns, c'était orgueil de localité, la tribu possédant seule la race pure. Chez le plus grand nombre, c'était la crainte de commettre une action contraire à la loi religieuse, ou de s'exposer aux maléfices, car l'Arabe a la superstition du mauvais œil. Il fallait transiger avec ces susceptibilités et ces scrupules dont le temps seul nous fera triompher tout à fait : on trouva la transaction dans l'institution des *étalons de tribu*. Ce sont des reproducteurs d'élite élevés dans le pays même, et qui, après avoir été approuvés officiellement, sont achetés par les tribus elles-mêmes, pour rester exclusivement affectés au service de la tribu propriétaire.

Cette idée, bien comprise par les indigènes, a fait si rapidement son chemin qu'au début même de l'institution et pour la campagne de 1852, les tribus possédaient 96 étalons ayant coopéré au service de la monte. Des primes d'encouragement furent fondées pour les poulains et pouliches de la plus belle venue, exhibés par les éleveurs indigènes, et pour les chevaux adultes, doués de qualités supérieures. On arriva ainsi à introduire en Algérie l'institution des étalons approuvés, qui, en France, est contemporaine de celle des haras. En 1856, 262 étalons approuvés avaient fourni 11 556 saillies.

Des courses annuelles, au chef-lieu de chaque division, attirèrent les cavaliers et les éleveurs des tribus les plus éloignées, et fournirent à tous l'occasion de mettre en relief la valeur de leurs élèves, comme animaux de race et de distinction. Ces solennités hippiques, qui s'accomplissent dans le courant de septembre, acquièrent chaque année une importance plus réelle. L'organisation aristocratique que leur a donnée, à partir de 1854, M. le gouverneur général Randon, répond au but même de l'institution et surtout à l'esprit et aux traditions arabes. La *fantasia* est une mêlée qui permet la confusion des rangs; mais la course est un exercice noble réservé au vrai cheval de race, et celui-ci ne se trouve guère qu'en la possession du cavalier noble, *el-djieud*. Aussi les aghas, kaïds, cheikhs et cavaliers de distinction, qui se montraient à peine dans nos courses, alors que tous les rangs y étaient confondus, alors que le pur-sang était exposé à courir côte à côte avec le sang mêlé, ont-ils tenu à honneur d'y prendre part, dès qu'ils ont eu connaissance des nouvelles mesures, dès qu'ils ont su qu'ils pouvaient le faire sans déroger, et que, désormais, conformément aux usages traditionnels de l'Orient, il serait tenu compte, dans l'ordonnance des luttes, de la pureté du sang pour les chevaux, et du rang social pour les cavaliers. Dès ce moment, nos fêtes hippiques algériennes ont atteint leur but et revêtu leur véritable physionomie.

Enfin les smalas de spahis, érigées en escadrons agricoles, reçurent, comme une de leurs attributions essentielles, la mission de se livrer à l'éducation du cheval indigène, sous la direction immédiate d'officiers instruits et intelligents, et sous la haute surveillance du chef des services hippiques. Chaque smala est ainsi devenue un foyer de saines pratiques hippiques dont le rayonnement propage dans les tribus circonvoisines nos méthodes de perfectionnement.

Ainsi le mouvement est donné, il suit un cours régulier, il va droit au but. La race indigène, cette race *barbe* si précieuse par ses qualités natives, verra bientôt sa taille relevée, son sang régénéré, ses formes perfectionnées par un beau choix d'accouplement, par une hygiène rationnelle, unis à l'éducation mâle et rustique de la vie arabe. On aura retrouvé dans toute sa force et toute sa beauté le cheval numide, si vanté des anciens, dévorant l'air, la terre et les eaux dans sa course d'oiseau. Et qu'on se souvienne qu'aux temps de Pline et de Strabon, la Numidie produisait plus de cent mille poulains par année.

Tout ce que nous venons de dire est extrait d'un long rapport sur les haras de l'Algérie. Nous renvoyons aux *Chevaux du Sahara*, par le général E. Daumas, les lecteurs curieux d'approfondir la question chevaline dans notre colonie.

Les colons font aussi de notables progrès au point de vue de l'amélioration et de la production du cheval arabe, ainsi que l'a démontré l'ensemble des exhibitions de l'espèce chevaline aux différentes expositions des produits de l'agriculture en Algérie.

Au 1er janvier 1857, les Européens possédaient 7119 chevaux, et les indigènes, 195 985, ainsi qu'il a été dit plus haut.

Le *chameau*, ou plutôt le *dromadaire*, est désigné sous le nom de *djemel* par les Arabes. Le mâle s'appelle *beïr*, la femelle *naga*; et la réunion d'une centaine de ces animaux *ibel*.

Les Arabes n'évaluent pas la richesse par un nombre de pièces de monnaie, mais par le nombre de dromadaires qu'ils possèdent. Le dromadaire est le plus domestique de tous les animaux. En Afrique, on ne le connaît pas à l'état sauvage : on le conduit par la douceur et la patience, et non comme les autres animaux par la brutalité et la force. Il vit de trente à quarante ans. Sa gestation est d'un an. Il marche dès sa naissance. La *naga* ne porte qu'un seul petit, ainsi que cela a lieu chez tous les animaux d'une taille plus élevée que celle de l'homme.

Dans quelques tribus, on ne charge les dromadaires qu'après l'âge de cinq ans. Il n'est pas exact de dire que le dromadaire indique qu'il est trop chargé en refusant de se lever; il paye de bonne volonté comme tous les autres animaux; il s'arrête et tombe comme eux quand il est épuisé de fatigue. Lorsqu'il doit marcher pendant longtemps, on le charge, s'il est robuste, de 300 kilogrammes et plus, et s'il est de moyenne force, de 200 kilogrammes.

Le dromadaire peut devenir un animal de guerre dans la plaine et les pays peu accidentés. Il pourrait moins utilement, il est vrai, servir dans le Tell. Par une raison inverse, le cheval ne peut rendre que peu de services dans la plaine sablonneuse du sud de l'Algérie : il sert dans les pays de montagnes ; le dromadaire a l'espace déjà immense qui, partant de Bor'ar, conduit jusqu'à Lar'ouat et jusqu'au delà des Beni-Mzab ; le pays du cheval n'est que de vingt-cinq lieues de large ; le pays du dromadaire en a plus de cent et doit s'augmenter chaque année.

« On a beaucoup critiqué le système du commandant Carbuccia, depuis général, qui consistait à employer les chameaux comme moyen de transport dans une colonne. Pour moi, dit M. le général Yusuf, ce n'est qu'à l'aide de ce moyen que j'ai pu tenir si longtemps la campagne en toutes saisons, ménager mes soldats, et, au moment opportun, réclamer le concours de toutes leurs forces. Si ce système n'a pas réussi dans les autres colonnes, je ne sais à quoi attribuer cet insuccès ; mais personnellement, j'en ai toujours obtenu les meilleurs résultats. Au surplus il n'est pas nouveau, car, lors de la campagne de Syrie, le général Bonaparte, avec près de 1500 hommes, n'employa pas d'autre moyen de transport pour franchir le désert du Kaire à Saint-Jean d'Acre. »

Le dromadaire d'Algérie ne saurait faire, sans s'arrêter, plus de 12 à 15 lieues par jour. Quant au *mehari* et à sa grande vitesse, voici ce qu'en dit le général Carbuccia, de l'ouvrage duquel nous avons déjà extrait ce qui précède : « Le mehari est plus grand que le dromadaire ; on prétend qu'il est, par rapport à ce dernier, ce que le cheval de course est au cheval de trait. Sa bosse est petite : elle ne dépasse presque pas le garrot. L'extrême maigreur du corps et les fortes proportions des cuisses sont le seul signe de sa grande vigueur à la course. Les Arabes disent que le mehari va comme le vent ; mais c'est là certainement une grande exagération. Cet animal ne marche qu'au trot ; mais son trot est allongé, et il peut le maintenir pendant 12 heures. Il parcourt de la sorte 30 à 40 lieues par jour, et cela pendant plusieurs jours de suite. Il mange de l'herbe ou du bois comme tous les dromadaires. On est, en outre, dans l'usage de lui donner une ration de blé, d'orge, de dattes ou de noyaux de dattes, suivant les cantons. Cette ration supplémentaire contribue beaucoup à accroître son agilité. »

Le dromadaire de 25 ans ne sert presque plus à la charge; on l'engraisse, puis on le vend 35 à 40 francs pour en faire manger la viande, qui est aussi bonne et aussi saine que celle du bœuf, mais dont le goût est légèrement musqué. La bosse, qui est le meilleur morceau, exige plus de cuisson. La chair des jeunes dromadaires est tendre comme celle du veau. La peau de l'animal abattu se vend encore 20 francs à Alger. Enfin le poil du dromadaire, qui sert aux Arabes pour la confection des tentes, des burnous, des haïks et autres tissus à leur usage, a été essayé par la manufacture française et donne des résultats extrêmement remarquables. Un de nos filateurs, M. Davin, a fait préparer et filer du poil de dromadaire, qu'il a fait ensuite tisser par la maison Montagnac, de Sedan. Il a obtenu ainsi divers produits de premier ordre, surtout un drap de velours haute laine fort chaud à l'usage, propre à faire de riches vêtements d'hiver pour hommes et pour femmes; l'exposition permanente du Palais de l'industrie en offre de fort beaux échantillons.

Le *bœuf*. La race bovine de l'Algérie possède d'excellentes aptitudes; sobre, docile, rustique, agile, patiente, elle se prête à tous les travaux, à toutes les transformations. Avec des soins entendus, une nourriture suffisante, un abri pendant la mauvaise saison, le bœuf arabe est non-seulement un très-bon animal de trait, mais il passe encore rapidement de cet état à celui de bête de boucherie, et la chair alors ne laisse rien à désirer.

L'expérience a depuis longtemps démontré que pour améliorer la race bovine, qui a dégénéré entre les mains des Arabes, un bon choix d'animaux reproducteurs pris dans le pays était préférable à tout autre système. Les croisements avec les bêtes exotiques ont généralement donné de médiocres résultats, et l'on a constaté que les grandes races importées dans la colonie perdaient à chaque génération quelques-uns de leurs caractères primitifs. Les éleveurs de l'Algérie le comprennent bien, et tous maintenant s'appliquent à régénérer la race indigène par elle-même. La seule exception qu'ils admettent est en faveur de la race bretonne, qui possède et conserve, après son introduction, les mêmes qualités que les animaux de la race indigène, et communiquen à celle-ci la faculté d'être meilleure laitière.

Le *mouton*. L'Arabe, peuple essentiellement pasteur, possède d'innombrables troupeaux de bêtes ovines. Malheureusement, faute de soins et de précautions, les races du pays, mal nourries pendant certains moments de l'année, privées d'abri durant la mauvaise saison, abandonnées à des croisements sans prévoyance, ont perdu la plus grande partie des qualités qui les distinguaient originairement.

Cette situation, qui met un obstacle au développement de l'industrie lainière, arrête l'essor du commerce de bétail et prive la France de ressources précieuses à son industrie et qu'elle est obligée de demander à l'étranger, n'a pas échappé à l'attention de l'administration. Par son ordre, M. Bernis, vétérinaire principal de l'armée d'Afrique, a parcouru, dans le courant de l'année 1852, toutes les tribus relevant de notre domination, avec mission de déterminer d'une manière précise l'état des diverses races d'animaux qui s'y trouvaient, et d'indiquer les dispositions à prendre pour introduire dans cette importante branche de l'industrie coloniale les améliorations qu'elle réclame. Les observations qu'il a relevées pendant sa longue excursion ont été consignées dans un mémoire envoyé à Paris avec 1408 échantillons de laine pris sur tous les points du territoire algérien, et un album représentant les principaux types examinés. Ces observations offraient un très-grand intérêt, car elles démontraient que la colonie, à raison de l'extrême importance des ressources qu'elle possède, en ce qui concerne la race ovine notamment, est appelée à devenir le marché d'où la métropole tirera les 55 à 60 millions de laine qu'elle est contrainte aujourd'hui, pour les besoins de son industrie, de faire venir de l'Allemagne, de l'Angleterre, et d'autres pays producteurs.

Du reste, certaines dispositions améliratrices ont déjà été prises à partir de 1852; c'est ainsi que 50 têtes, appartenant au magnifique troupeau de Naz, connu pour la beauté et la finesse de sa laine, ont été introduites en Algérie C'est ainsi encore qu'une prime de 6 francs par tête a été accordée à l'importation des brebis et béliers mérinos que des colons ont fait venir de l'extérieur. Ces sages mesures ont porté leurs fruits, et, dès la fin de 1853, bon nombre d'éleveurs, dans les trois provinces, possédaient sur leur exploitation des animaux perfectionnés, qui ne le cédaient en rien aux espèces les plus estimées. Les expositions annuelles des produits de l'agriculture en Algérie ont démontré tous les avantages qu'il sera possible de tirer de la race ovine, quand les colons l'élèveront sur une plus large échelle et ne l'abandonneront pas aux indigènes, qui s'occupent plus de fabriquer leurs laines que de les vendre.

Dans l'énumération des animaux domestiques, nous n'avons pas parlé du *chat* et du *chien*. On compte pour la race canine deux principales espèces : le chien de couleur fauve, à poil ras, que l'on rencontre en grand nombre aux abords des douars, hurlant et la gueule menaçante ; puis le lévrier ou *slougui*. « Dans le Sahara, comme dans le pays arabe, le chien n'est pour l'homme qu'un valet disgracié, importun, rebuté, quelle que soit d'ailleurs l'utilité de son emploi, qu'il garde le douar ou veille sur le troupeau. Le lévrier seul a l'estime, la considération, la tendresse attentive de son maître ; c'est que le riche ainsi que le pauvre le regardent comme un compagnon de leurs plaisirs chevaleresques auxquels ils se plaisent tant ; pour ce dernier, c'est aussi le pourvoyeur qui le fait vivre.... Le slougui du Sahara est de beaucoup supérieur à celui du Tell ; il est de couleur fauve, haut de taille, il a le museau effilé, le front large, les oreilles courtes, le cou musculeux, les muscles de la croupe très-prononcés, pas de ventre, les membres secs, les tendons bien détachés, le jarret près de terre, la face plantaire peu développée, sèche, les rayons supérieurs très-longs, le palais et la langue noirs, les poils très-doux. Entre les deux iléons, il doit y avoir place pour quatre doigts, il faut que le bout de la queue passée sous la cuisse atteigne l'os de la hanche. On met ordinairement cinq raies de feu à chaque avant-bras, pour consolider les articulations. Les lévriers les plus renommés du Sahara sont ceux des Hamïan, des Ouled-sidi-Cheikh, des Harar, des Arbaâ, des Oulad-Naïl. » (*M. le général Daumas.*)

LES OISEAUX.

L'aigle, le vautour, le faucon, le milan, l'émouchet, le hibou, le corbeau, la corneille à bec rouge, le pigeon, la tourterelle, la perdrix, la poule de Carthage, la caille, l'ortolan, l'alouette, le rossignol, le chardonneret, le merle, le loriot, le geai, le moineau, le flamant, la grue, la cigogne, la demoiselle de Numidie, l'étourneau, la grive, le vanneau, le pluvier, la bécassine, la bécasse, le cygne, le canard, le grèbe, le goeland, la mouette.

« L'*autruche*, *strutho-camelus* de Linné, est appelée en arabe *nama* au singulier, *naam* au pluriel. Le mâle est désigné sous le nom de *delim*, la femelle sous celui de *remda*, et les petits sous celui de *cherata*. Les anciens Arabes croyaient l'autruche fille d'un oiseau et d'un chameau. Aussi l'appelaient-ils oiseau-chameau, dénomination usitée même dans les langues anciennes. Son cou flexible, long de trois à quatre pieds, sa tête chauve et aplatie, ses grands yeux ouverts lui donnent un air stupide; c'est ce qui a été observé dans tous les temps. Les naam sont très-répandus dans le Sahara.... » (*M. le docteur Lacger*). Voir page 155, la chasse à l'autruche.

Le *faucon*, l'oiseau de race par excellence, *thair-el-hoor*, complète l'équipage de chasse d'un noble dans le Sahara. « Les Arabes, dit l'émir Abd-el-Kader, connaissent quatre espèces d'oiseaux de race qu'ils emploient à la chasse. Ce sont : *el-terakel*, *el-berana*, *el-hebala*, *el-bahara*. Le berana et le terakel sont les plus estimés; le terakel surtout qui est le plus grand, et dont la femelle atteint quelquefois la taille d'un aigle ordinaire. Le *terakel* a les ailes noires, le dessous des ailes gris, le ventre noir et blanc, la queue noire, la tête noire dans son jeune âge, tirant sur le gris, puis sur le blanc à mesure qu'il vieillit. Son bec est très-dur, très-acéré, les serres solides et vigoureuses. Le *berana* est un peu moins fort et de moindre taille que le terakel. Les ailes sont d'un blanc grisâtre, la poitrine est blanche, la queue grise et blanche, le blanc domine, la tête est multicolore, mais le blanc est encore la couleur dominante. Le *bahara* est presque entièrement noir, à part quelques teintes blanches à la poitrine : « C'est un nègre, il ne vaut pas grand'chose. » Le *hebala*, la couleur grise domine, quelques teintes blanches sur les ailes; les pattes sont jaunes. » On paye un faucon d'un chameau, de cent boudjous, quelquefois d'un cheval.

Le *grèbe*, que l'on rencontre principalement au lac Fetzara, est l'oiseau qu'El-Bekri désigne sous le nom de *kaïkel* : « Oiseau singulier par son industrie de faire des nids flottants. » Le grèbe est très-prisé dans l'industrie ; sa peau, couverte d'un duvet blanc ou gris argenté, s'emploie comme fourrure.

Les *oiseaux de basse-cour* de l'Europe sont également ceux de l'Algérie ; on a de plus, dans ce dernier pays, la pintade.

LES REPTILES, LES INSECTES, LES MOLLUSQUES, LES POISSONS, ETC.

Les principaux reptiles sont la tortue de terre, qui est comestible, la tortue d'eau douce, le crapaud, qui atteint d'énormes dimensions, le caméléon, le lézard, la tarente ou gecko et la vipère.

« Les Arabes appellent *deb* une espèce de gros lézard, qui vit dans le Sahara. Dapper et Marmol en font mention et lui donnent une longueur de dix-huit pouces. Ces auteurs disent encore que ce lézard ne boit jamais, et que les Arabes en mangent la chair rôtie. Dans le grand ouvrage sur l'Égypte, Geoffroy Saint-Hilaire décrit un scinque monitor ou crocodile terrestre d'Hérodote, le *tupinambis arenarius* de Noblet, et le *varanus scincus* de Merrem, et dit que les Arabes l'appellent *ouaran-el-ard*, ouaran de terre, par opposition à *ouaran-el-bahar*, ouaran de mer, autre espèce qui habite le Nil, le *tupinambis niloticus*. Geoffroy Saint-Hilaire donne à l'ouaran de terre une longueur de trois pieds à trois pieds et demi, et il dit qu'il est couvert d'écailles circulaires, et que son dos est d'un brun clair avec des marques carrées d'un vert jaune pâle. Dans le Sahara de l'Algérie et de toute l'Afrique septentrionale, le crocodile terrestre d'Hérodote existe, et les indigènes lui donnent le même nom qu'en Égypte, *el-ouran*. Nous en avons vu, dans le Hodna, un qui atteignait une longueur de près de trois pieds ; mais généralement ils n'ont pas cette dimension, du moins à en juger par les peaux que conservent les Arabes, et dont ils font des bourses et des blagues à tabac. D'après les idées des indigènes, la morsure de ce lézard produit l'infécondité, et ils en mangent la chair pour se préserver de l'action des poisons, du venin des scorpions, des vipères, etc. Le mot *deb* est bien connu en Algérie ; s'il n'est pas le synonyme d'*ouran*, c'est le nom d'une espèce bien voisine de ce lézard.

« *El-lefaa* est le nom que les indigènes donnent à la vipère ; on en compte deux espèces : 1° la *vipère céraste*, vipère cornue, ainsi nommée à cause de deux cornes qu'elle porte au-dessus de ses yeux et sur son front. Elle est très-répandue dans la région des steppes ; elle habite les lieux boisés et les sables, où elle se creuse des trous ; elle ne dépasse guère une longueur de 50 centimètres ; elle rampe en formant cinq ou six replis rapprochés, et lorsque pour une cause quelconque elle veut atteindre un objet, elle s'allonge tout à coup comme par l'effet d'un ressort. Sa morsure est, comme celle de toutes les vipères, suivie d'accidents très-graves ; les indigènes disent qu'elle est souvent suivie de mort, mais que l'on n'en meurt pas toujours. Les moyens employés par eux, pour arrêter l'action du venin, sont la ligature et les incisions, les bains de sable, les tiges de genêt pilées, etc. — 2° La *vipère minute* vipère à courte queue *vipera brachyura* (Cuv.). Cette vipère est plus grosse et probablement plus dangereuse que le céraste. On la rencontre dans la province d'Oran. » (*M. le docteur Laeger.*)

Les coléoptères et les insectes sont fort nombreux en Algérie ; mais en général ils appartiennent à des espèces connues en Europe. A côté des insectes venimeux ou nuisibles comme le scorpion et la sauterelle, on trouve le kermès, la cochenille, l'abeille, le ver à soie.

Le *kermès*, récolté jusqu'à présent en très-petites quantités, a été examiné par les chimistes, qui lui ont reconnu de bonnes qualités tinctoriales. Il paraît certain, au surplus, qu'apporté dans de bonnes conditions, il trouverait un utile placement dans l'industrie, avec celui de Narbonne, de l'Espagne, de l'Italie, de la Judée et des autres contrées du Levant.

La *cochenille* a été importée en Algérie, dès 1831, par M. Simounet, pharmacien en chef de l'hôpital civil. Sa production, qui s'était d'abord concentrée dans la province d'Alger, va se répandant aussi dans les provinces d'Oran et de Constantine, grâce aux primes accordées par l'administration aux planteurs de nopals et aux distributions faites par elles de boutures de cette plante et de mères cochenilles, grâce aussi aux achats qu'elle fait tous les ans du produit des récoltes. La cochenille, originaire du Mexique, fut importée aux Canaries en 1831 seulement. La première année, la production de ces îles fut de 4 kilogrammes, et, 19 ans plus rd, en 1850, les Canaries exportaient, pendant les neuf premiers mois de l'année, 233 374 kilogrammes de cochenille, qui, au prix moyen de 15 francs le kilogramme, ont rapporté trois millions et demi. N'est-il pas évident que l'éducation de la cochenille étant reconnue possible, l'Algérie doit, à raison de sa proximité de l'Europe, de la différence du fret, faire une concurrence victorieuse, non-seulement au Mexique, mais aux Canaries elles-mêmes ?

Les expositions permanentes de Paris et d'Alger sont là pour démontrer que les soies de l'Algérie sont appelées à un grand avenir dans la manufacture française, si l'on donne à l'industrie du ver à soie tous les développements qu'elle est susceptible de prendre entre les mains des colons.

Le *bombyx cynthia*, ou ver à soie du ricin, a été importé de Turin et de Chine vers le milieu de 1854. On a pensé qu'on trouverait dans son produit une matière qui pourrait suppléer, jusqu'à un certain point, à la bourre de soie, dont nos manufactures de tissus de coton et de tissus de laine font un si grand usage par la méthode des mélanges. Le bombyx cynthia n'est encore qu'à l'état d'essai. Les tentatives pour le faire vivre sur le ricin même n'ont pas, jusqu'à présent, été couronnées de succès.

L'apiculture ou éducation de l'*abeille* n'est guère pratiquée que par les Arabes ; les colons y trouveraient cependant une ressource de plus.

La *sangsue* d'Afrique, connue sous le nom de *dragon*, longtemps classée par le commerce, aussi bien que par la science, parmi les espèces bâtardes les moins estimées, est reconnue aujourd'hui aussi bonne que la sangsue bordelaise. L'Algérie a une excellente position pour faire concurrence aux principales contrées de provenance, qui sont la Turquie, la Hongrie, la Grèce, la Sardaigne et quelques parties de l'Espagne. Quant aux pays sur lesquels se dirige l'exportation, il suffit de citer l'Angleterre, les États-Unis, les Antilles, le Brésil, le Mexique, le Pérou, le Chili, pour comprendre que si l'Algérie trouvait jamais dans les produits de sa pêche de quoi combler les marchés de la France, elle aurait encore un immense débouché pour tous ses excédants.

Parmi les mollusques terrestres on trouve l'escargot ou hélice chagrinée ; les mollusques de mer sont l'huître, le prairé, la moule, le clovis, l'oursin.

Les poissons d'eau douce n'offrent pas une grande variété ; l barbot et l'anguille sont à peu près les seuls que l'on pêche dan quelques rivières quand il y a de l'eau. Les poissons de mer on beaucoup d'analogie avec ceux du littoral français méditerranéen, ainsi : le saint-pierre, le loup, le pajot, le rouget, le mulet, le thon, l'alose, la murène, la dorade, la sole, la bonite, et surtout la sardine ; la langouste et la crevette abondent également.

Le *corail*, un des plus beaux polypiers, se pêche principalement entre la Cale et Bône (*V.* p. 498). L'*éponge* se pêchera plus tard su les côtes algériennes.

LES HABITANTS.

Dénombrement de la population.

Le tableau général du dénombrement de la population civile de l'Algérie, opéré en 1861, a été arrêté par M. le gouverneur général, sous la date du 15 février 1862.

Ce tableau comprend, d'une part, toutes les communes et localités situées en territoire civil, c'est-à-dire administrées par les préfets ; d'autre part, les localités situées en territoire militaire, administrées par les généraux commandant les divisions, où a pénétré la colonisation européenne.

Les indigènes vivant à l'état de tribus, en dehors des périmètres assignés à la colonisation européenne, ne sont pas compris dans ce dénombrement ; ils ont fait l'objet d'un recensement à part effectué par les soins des bureaux arabes militaires et qui donne un chiffre de 2 406 379.

Les corps de troupe faisant partie de l'armée d'Afrique ne figurent pas non plus dans le tableau qui vient d'être arrêté par M. le gouverneur général.

D'après ce tableau, et sous toutes les réserves qui ont été indiquées, la population totale de l'Algérie s'élève à 592 745 individus et se répartit ainsi qu'il suit dans les trois provinces de l'Algérie, savoir :

Province d'Alger.................... 197 048
Province d'Oran.................... 109 464   592 745
Province de Constantine............ 286 233

LES HABITANTS.

Elle se classe ainsi par nationalité :

Français	112 229
Étrangers	80 517
Indigènes israélites	28 097
Indigènes musulmans	358 760
Population en bloc dans laquelle figurent les *berranis* et les prisonniers arabes.	13 142

Total : 592 745

La répartition des nationalités par province donne les résultats suivants :

PROVINCES.	Français.	Étrangers.	Israélites indigènes.	Musulmans indigènes.	En bloc.	Total.
Alger	49 731	33 976	9 199	97 466	6 676	197 048
Oran	32 055	29 209	11 551	31 690	4 959	109 464
Constantine	30 443	17 332	7 347	229 604	1 507	286 233
Totaux	112 229	80 517	28 097	358 760	13 142	592 745
	192 746		386 857			

La portion afférente au territoire militaire dans les résultats généraux ci-dessus constatés se résume conformément au tableau ci-après :

DIVISIONS.	Français.	Étrangers.	Israélites indigènes.	Musulmans indigènes.	En bloc.	Total.
Alger	1 787	486	282	4 819	»	7 374
Oran	3 276	1 878	834	1 434	»	7 422
Constantine	958	398	712	3 353	»	5 421
Totaux	6 021	2 762	1 828	9 606	»	20 217
	8 783		11 434			

Il ressort de ce dernier tableau que le *trentième* seulement de la population recensée nominativement est administré par l'autorité militaire, et que sur 192 746 habitants français ou européens, 8783 seulement, ou 1 sur 22, sont soumis à ce régime exceptionnel. Il y a là un progrès immense des institutions du droit commun, qui révèle un progrès non moins remarquable dans la sécurité générale du pays. La connaissance d'un pareil résultat, en se propageant, contribuera sans doute puissamment, avec les autres motifs de confiance que présente déjà l'Algérie, à déterminer d'une manière plus active que par le passé le mouvement de l'immigration européenne.

Comparativement aux résultats constatés par le recensement de 1856, celui de 1861 présente une augmentation considérable.

La plus forte part de cette augmentation porte sur la population indigène musulmane; c'est la conséquence des accroissements de territoire qu'ont reçus les départements en 1859.

Mais ce résultat tenait exclusivement à des modifications de circonscriptions territoriales, et n'a d'importance réelle qu'au point de vue politique et administratif; on n'en saurait tirer aucune appréciation quant au mouvement de la population indigène pendant la période quinquennale qui s'est écoulée de 1856 à 1861.

Il n'en est pas de même de la population européenne, qui n'a pas cessé de suivre un mouvement ascendant, quoique peu rapide; ce mouvement se traduit par une augmentation de 33 494 individus, sans y comprendre la population en bloc.

Le tableau suivant décompose ce résultat par province en distinguant les Français et les étrangers :

		Augmentation en 1861.	
Province d'Alger	Français	5 957	.....
	Étrangers	.....	4 296
Province d'Oran	Français	5 079	.....
	Étrangers	.....	5 456
Province de Constantine	Français	8 455	.....
	Étrangers	.....	4 251
Totaux	Français	19 491	.....
	Étrangers	.....	14 003
	Total égal	33 494	

Si l'on ajoute au chiffre déjà connu..................	592 745
Le chiffre de la population des tribus..............	2 406 379
Et, pour l'armée, celui de......................	70 000
On aura, pour la population générale de l'Algérie, un total de................................	3 069 124

POPULATION INDIGÈNE.

La population indigène de l'Algérie comprend différents groupes reconnaissables plutôt par leurs mœurs et leurs coutumes que par le type : car les invasions dont l'Afrique a été le théâtre, ont dû généralement le modifier, sinon l'altérer. On compte en Algérie les *Berbères* ou *Kabiles*, ce sont les aborigènes ; les *Arabes* ; les *Maures* ou Arabes des villes ; les *Koulour'lis*, fils de Turcs et de femmes mauresques ; les *nègres* venus de l'Afrique centrale et les *juifs*, appartenant à tous les pays.

Les Berbères ou Kabiles.

Ibn-Khaldoun cite les écrits de plusieurs savants arabes qui ont traité des origines berbères ; mais tous ces auteurs, à l'exception d'un seul, du célèbre Ibn-Koteiba, composèrent leurs ouvrages postérieurement au IIIe siècle de l'hégire. A remonter de cette époque jusqu'à la chute de Carthage, on trouve plus de 200 ans, période de combats et de révolutions, pendant laquelle les souvenirs nationaux du peuple berbère ont dû s'altérer et même s'effacer sous l'influence de l'islamisme. C'est cependant aux Berbères que ces écrivains ont dû emprunter les renseignements qu'ils rapportent. On prévoit d'avance le désaccord qui doit régner entre ces indications ramassées au hasard et provenant de diverses sources.... Ibn-Khaldoun dit hardiment que le fait réel, fait qui dispense « de toute hypothèse, est ceci : Les Berbères sont les enfants de Canaan, fils de Cham, fils de Noé. » Mais son assertion ne vaut pas plus que celles de ses devanciers.

« Selon les anciens historiens et géographes arabes, la population de l'Afrique septentrionale, au premier siècle de l'hégire, se composait de *Roum*, d'*Afarec* et de *Berber*. Par le mot *Roum*, les conquérants musulmans désignaient les chrétiens d'origine étrangère, c'est-à-dire les colons de race latine et les troupes de l'empire byzantin; aux indigènes romanisés, ils donnèrent le nom d'*Afarec*, Africains, dont le singulier est Afriki ; aux peuplades que les Roum appelaient *Barbari*, ils appliquèrent la dénomination de *Berber*, dont le pluriel, en arabe, prend les formes de *Beraber* et de *Berabra*. Les Romains avaient reçu ce mot des Grecs, qui l'avaient probablement tiré du sanscrit. Dans cette ancienne langue, souche du persan, du grec, du latin et des langues germaniques, le mot *Warwara* signifie un proscrit, un homme vil, un barbare. S'il faut en croire Hérodote, les anciens Égyptiens donnaient le nom de *Barbaroi* à tous ceux qui ne parlaient pas leur langue. Quoi qu'il en soit, les écrits de saint Augustin et de ses correspondants nous montrent que le terme de *Barbari* était employé par la population latine de l'Afrique pour désigner les peuplades indigènes qui repoussaient l'autorité de l'empire et les doctrines du christianisme.

« Depuis les temps les plus anciens, les Berbères habitent le Mar'reb, dont ils ont peuplé les plaines, les montagnes, les plateaux, les régions maritimes, les campagnes et les villes. Ils construisent leurs demeures soit de pierres et d'argile, soit de roseaux et de broussailles, ou bien encore de toiles faites avec du crin ou du poil de chameau. Ceux d'entre les Berbères qui jouissent de la puissance et qui dominent les autres, s'adonnent à la vie nomade et parcourent, avec leurs troupeaux, les pâturages auxquels un court voyage peut les mener ; jamais ils ne quittent l'intérieur du Tell pour entrer dans les vastes plaines du désert. Ils gagnent leur vie à élever des moutons et des bœufs, se réservant ordinairement les chevaux pour la selle et pour la propagation de l'espèce. Une partie des Berbères nomades fait aussi métier d'élever des chameaux, se donnant ainsi une occupation qui est plutôt celle des Arabes. Les Berbères de la classe pauvre tirent leur subsistance du produit de leurs champs et des bestiaux qu'ils élèvent chez eux ; mais la haute classe, celle qui vit en nomades, parcourt le pays avec ses chameaux, et, toujours l'arme en main, elle s'occupe également à multiplier ses troupeaux et à dévaliser les voyageurs. (Tous ces détails de mœurs s'appliquent beaucoup mieux aujourd'hui aux Arabes conquérants.)

« Leurs habillements et presque tous leurs autres effets sont en laine. Ils s'enveloppent de vêtements rayés, dont ils rejettent un des bouts sur l'épaule gauche, et par-dessus tout, ils laissent flotter des burnous noirs. Ils vont en général tête nue, et de temps à autre ils se la font raser.

« La langue des Berbères, dans son état actuel, renferme un grand nombre de mots arabes ; cette race africaine, ayant accepté la religion du conquérant, a toujours tâché d'en adopter le langage. Plusieurs tribus berbères ont fini par oublier leur idiome ; et les autres, à l'exception toutefois des Touareg, se sont formés des dialectes hybrides dans lesquels l'élément arabe tend graduellement à prédominer. Partout où l'islamisme s'est introduit, la langue nationale a subi l'influence de la langue arabe au point de s'en laisser saturer ou de se neutraliser. Le berbère s'est assimilé l'arabe avec une grande facilité ; il a même accueilli des mots appartenant au turc et aux langues européennes ; de nos jours, il reçoit sans difficulté certains termes français et espagnols.

« Cependant il ne renferme presque rien, ni du phénicien, ni du latin, ni du vandale, bien que les Carthaginois, les Romains et les bandes de Genseric eussent dominé assez longtemps sur l'Afrique pour pouvoir communiquer aux indigènes une partie des mots dont se composait leur langue. Il est vrai que les peuples berbères latinisés vivaient à demeure fixe ; aussi, quand la conquête de leur pays par les musulmans les priva de l'appui des Romains, ils se virent exposés aux envahissements des Berbères nomades. Une partie fut exterminée ; le reste se dispersa dans les tribus et perdit bientôt tout ce qu'il avait appris de la civilisation européenne. Un siècle auparavant, les débris du peuple vandale étaient allés se confondre avec les tribus berbères de l'Aurès ; la population punique avait disparu, ainsi que son dialecte sémitique, bientôt après le triomphe des Vandales ; et l'on ne peut guère supposer que les Berbères insoumis et moitié sauvages eussent daigné apprendre et conserver quelques mots appartenant aux langues des peuples qu'ils avaient toujours détestés et qui venaient de succomber.

« Passons au mot *kabile*, qui sert encore à désigner une partie de la race berbère. Pour exprimer l'idée de tribu, de peuplade nomade, les Arabes emploient le mot kabila, et au pluriel kabaïl. Pendant les quatre siècles qui suivirent la conquête de l'Afrique septentrionale par les musulmans, tous les nomades appartenaient à la race berbère ; aussi, dans les ouvrages historiques et géographiques qui traitent de cette époque, le mot *Kabila* veut dire tribu berbère. Les Arabes nomades arrivés en Afrique étaient aussi organisés en tribu *kabaïla* ; mais, voyant employer ce terme pour désigner une race qu'ils méprisaient, ils appliquèrent à leurs propres tribus le nom d'*arch*, qui signifie maison, pavillon, tente. Les historiens arabes respectent trop leur langue pour se servir du mot *arch* avec le sens de tribu ; ils s'en tiennent au terme consacré et disent également *kabaïl-el-Arab*, tribu des Arabes, et *kabaïl-el-Berber*, tribu des Berbères. Dans les provinces d'Alger et d'Oran le mot kabila sert à désigner les Berbères, et ceux ci l'ont accepté ; dans la province de Constantine on emploie le mot arabe *chaouïa*, bergers, ou bien le mot *zenatia*, Zénatiens, en parlant de ce peuple....

« Les peuplades qui forment la race berbère se rencontrent dans presque toutes les parties de l'Afrique septentrionale ; on les trouve depuis la Méditerranée jusqu'au Niger et depuis l'Atlantique jusqu'aux oasis égyptiennes. Les unes habitent les montagnes et cultivent les jardins qui entourent leurs villages, ou bien ils s'adonnent à l'exercice des arts utiles ; les autres demeurent dans les plaines et s'occupent de l'agriculture et de l'éducation des troupeaux ; d'autres se tiennent dans les bourgades situées entre le Tell et le grand désert, où ils s'occupent de commerce ; quelques branches de la grande famille des Touareg passent leur temps à piller les caravanes, à escorter les voyageurs et à combattre les Arabes et les nègres leurs voisins. On a remarqué qu'en Algérie les Berbères occupent les montagnes et les Arabes les plaines. » (*M. de Slane.*)

Les Berbères ou Kabiles de l'Algérie actuelle sont, dans la province d'Alger : les *Zouaoua*, les *Flissa*, les *Guechtoula*, les *Nezlioua*, occupant, entre l'Isser et l'oued-Sahel, le pâté montagneux désigné par nous et d'une manière purement conventionnelle sous le nom de grande Kabilie ; les *Beni-Aïdel*, dépendant du cercle d'Aumale ; les *Mouzaïa* et les *Soumata*, au nord et au sud de Medéa ; les tribus des cercles de Cherchel et de Tenès ; les tribus de l'Ouanseris, au sud d'Orléansville. Et, dans le Sahara, les *Beni-Mzab*, les *Ouargla*, les *Touareug*.

Dans la province d'Oran : les tribus de la Dahra ; les *Beni-*

LES BERBÈRES OU KABILES.   LXXXIX

urar', les *Flita*, les *Oulhasa*, les *Trara*, les *Msirda*, les *Beni-Snous*.

Dans la province de Constantine, de l'oued-Sahel à la Seïbouse, c'est-à-dire dans l'espace désigné, toujours par les Français, sous le nom de petite Kabilie : les *Beni-Mehenna* et les *Beni-Tifout*, du cercle de Philippeville ; les tribus du *Ferdjioua*, du *Zerdeza*, du *Zouar'a* ; les tribus du sahel de Djidjelli, les tribus du *Babor* et du *Guergour*, au nord et à l'ouest de Setif ; les *Beni-Abbès*, dans le bassin de l'oued-Sahel ; les *Mzaïa*, les *Toudja*, les *Fenaïa*, les *Aït-Ameur*, du cercle de Bougie ; les *Chaouïa*, dans l'Aurès ; les *Zibanais* et les *Rouar'a*, dans le Sahara.

Nous prenons le Berbère ou le Kabile de l'est d'Alger comme type général de la race.

Le Kabile est d'une taille moyenne, bien prise ; sa constitution est robuste ; l'ensemble de sa physionomie, à l'encontre des races conquérantes venues de l'Arabie, est germanique : il a la tête volumineuse, le visage carré, le front large et droit, le nez et les lèvres épaisses, les yeux bleus, les cheveux généralement rouges, le teint blanc.

Ses vêtements sont la *chelouhha* ou chemise en laine qui dépasse les genoux, les *haïk* et le *burnous*; il porte pour le travail un large tablier de cuir ou *tabenta*; sa tête est presque toujours nue ; il recouvre ses jambes de guêtres sans pieds, en laine tricotée, *bour'erous*.

Son dialecte qui, on l'a dit plus haut, a traversé la domination romaine, vandale, arabe et turque, donne justement à penser que le Kabile est autochthone.

Le Kabile n'aime point la vie errante ; il tient à la maison. Il est sobre, habitué au travail, rompu à la fatigue ; il est laboureur, horticulteur, pâtre ; doué d'une rare intelligence, il exerce aussi avec beaucoup d'adresse les professions industrielles nécessaires à son existence : il fabrique la toile et les tissus de laine, les moulins à huile, les pressoirs, les paniers ou corbeilles, les armes à feu, les armes blanches (entre autres le terrible yatar'an appelé *Flissa*, du nom de la tribu où il se fabrique), la poudre, le plomb, le soc de charrue, la bêche, la faux, la serpe, la pioche. Le Kabile possède encore un rare talent pour la fabrication de la fausse monnaie. L'exposition permanente des produits algériens, à Alger, montre quelques spécimens de l'industrie des faux-monnayeurs du village d'Aït-el-Hassen.

Le Kabile est peu instruit : l'écriture et la lecture sont du domaine du plus petit nombre ; les traditions arabes et les chants de guerre lui meublent suffisamment la mémoire.

Le Kabile ne connait point la médecine ; s'il souffre d'une maladie interne, il emploie le suc de quelques végétaux ; s'il a une blessure ou une fracture, il compose un amalgame de soufre, de résine et d'huile d'olive, qu'il applique sur la blessure ou sur la fracture ; une amulette contenant quelques versets du Koran ou des signes cabalistiques, fait le reste.

Le Kabile a les idées de la famille ; il n'a généralement qu'une femme à laquelle il s'attache sincèrement et qui ne vit pas dans l'état d'infériorité où vit la femme arabe. La *femme kabile* travaille avec son mari, l'excite contre l'ennemi, le panse ou le rapporte s'il est blessé, prend son fusil s'il meurt, et se fait souvent tuer en le vengeant. N'est-ce pas assez dire que la femme kabile jouit d'une grande considération ? Aussi, de tribu à tribu, quand la moisson est rentrée et que la poudre parle, la femme obtient-elle souvent plus que l'homme pour la pacification. Si la Kabilie a ses marabouts, elle a aussi ses maraboutes !

Le Kabile est loyal, hospitalier ; l'*anaïa*, dont il est fier à juste titre, est le droit que possède tout Kabile de rendre inviolable la personne compatriote ou étrangère qui se réclame de lui. Il connait peu la *dia* ou impôt du sang ; la vendetta lui est commune avec le Corse, elle se transmet de père en fils.

Le Kabile aime sa patrie. Ce noble sentiment lui a fait faire naguère cause commune avec Abd-el-Kader contre nous ; mais pour dominer lui-même, et non pour satisfaire l'ambition d'un sultan qu'il sut toujours éloigner dès que ce dernier voulait lui imposer sa volonté. Il est religieux et quelquefois fanatique ; il écoute volontiers les marabouts : Bou-Bar'la, en Kabilie, et Bou-Maza, dans le Dahra, en sont des exemples. Mais l'amour de la religion et de la patrie ne l'empêche cependant point de vivre avec l'Européen, dès que ses intérêts le mettent en contact avec lui.

La *djemâa* ou municipalité résume, comme on le sait, les pouvoirs administratifs et judiciaires qui régissent les populations de la grande Kabilie. Voici, sur le fonctionnement de ces assemblées, quelques détails fort intéressants, tirés des rapports des chefs des bureaux arabes de Fort-Napoléon et de Tizi-Ouzou.

Chaque village est administré par sa djemâa. La djemâa se compose d'un *amin*, président, d'un *oukil*, agent financier, de *dahmans*, adjoints de l'amin, et d'*euquals* ou conseillers.

Les villages kabiles se décomposent en *kharoubas*. La *kharouba* est la réunion des maisons d'une même famille ; elle comprend tous les individus rapprochés entre eux par des liens de parenté ou d'alliance, et se trouve représentée dans les assemblées par son *dahman*. Quant aux *euquals*, le nombre en est proportionné à celui des habitants du village ; chaque kharouba en désigne un ou plusieurs, suivant l'importance de son effectif ; on les choisit parmi ceux qui sont renommés pour leur sagesse et leur expérience.

L'*amin*, sauf en ce qui concerne les amendes qu'il prononce d'après le kanoun, ne peut rien faire par lui-même ; résumant le pouvoir exécutif, il est le bras de la djemâa, mais il doit la consulter sur toutes les affaires. L'*oukil* est, nous l'avons dit, l'agent financier de la commune ; il tient un registre sur lequel il doit inscrire toutes les recettes et dépenses concernant la commune, en présence de la djemâa qui le contrôle. Les *dahmans* aident l'amin dans l'exercice de ses fonctions ; ils servent d'intermédiaire entre lui et la kharouba, et sont responsables devant la djemâa de l'exécution des décisions qu'elle prononce. Les *euquals*, véritables conseillers municipaux, sont très-considérés ; leur avis est d'un grand poids ; ils sont consultés sur tout.

La djemâa ainsi constituée se réunit une fois par semaine, généralement le vendredi soir, et extraordinairement si les circonstances l'exigent. Ces assemblées nombreuses sont, comme toutes les réunions populaires, souvent bruyantes ; mais on tomberait dans une grave erreur si l'on croyait que la confusion seule y règne. Le Kabile a l'habitude de la vie politique, et la police des séances est réglée. Les pouvoirs judiciaires et administratifs de la djemâa sont parfaitement déterminés par le *kanoun* établi. Comme tribunal elle rend la justice en appliquant les règles tracées par l'*urf* ou l'*ada*, c'est-à-dire par la coutume, et, par parenthèse, ce droit coutumier est aussi différent du Koran que le peuple kabile est différent du peuple arabe.

Cette organisation, qui a toujours existé, a été respectée par notre gouvernement. Telle elle était avant l'arrivée de nos colonnes, telle elle est encore, sauf quelques modifications que réclamaient essentiellement les droits de notre politique.

Ainsi, les djemâas sont les seuls tribunaux civils et administratifs reconnus. L'autorité éventuelle que le fanatisme déférait parfois aux marabouts a dû cesser. Il n'existe plus au-dessus de ces tribunaux que la haute surveillance de l'autorité française, à qui les amins doivent rendre compte de ce qui se passe. Quant à l'autorité des Mar'zen, toujours sage et prudente, elle n'intervient que pour prévenir les désordres et les conflits qui, comme on peut le penser, ne sont pas rares dans les sociétés turbulentes du Djurjura.

Les Arabes.

Les Arabes nomades, s'étant emparés du pays plat, contraignirent les Berbères à se retirer, les uns dans les montagnes, les autres vers les contrées occidentales du Mar'reb. Depuis lors seulement, c'est-à-dire vers le milieu du xie siècle de Jésus-Christ, l'Afrique septentrionale posséda des Arabes nomades. « Les premiers conquérants musulmans, dit Ibn-Khaldoun, ne s'y établirent point comme habitants des tentes; pour rester maîtres du pays, ils durent rester dans les villes. Ce ne fut qu'au milieu du ve siècle de l'hégire, que les Arabes nomades y parurent pour la première fois et s'y dispersèrent par tribus, afin d'aller camper dans toutes les parties de cette vaste région. » Répétons encore qu'avant cette époque, les plaines de l'Afrique septentrionale appartenaient exclusivement à la race berbère.

« La société arabe repose sur trois caractères généraux, qui se trouvent jusque dans ses plus petites divisions. Ce sont : l'influence de la consanguinité, dérivant de l'interprétation que les Arabes ont adoptée de la loi de Mohammed; la forme aristocratique du gouvernement, résultant à la fois des préceptes religieux et des habitudes nationales; l'instabilité des centres de population, qui ne tient absolument qu'au caractère du peuple arabe, à des raisons tirées de la culture et de la nature du pays que ce peuple habite....

« C'est la réunion de familles qui se croient généralement issues d'une souche commune, qui forme la tribu arabe. Ce qui distingue cette petite société, c'est l'esprit de solidarité et d'union contre les voisins, qui, de son berceau, a passé à ses derniers descendants, et que la tradition et l'orgueil, aussi bien que le souvenir des périls éprouvés en commun, tendent encore à fortifier…. Ceci paraîtra encore plus vrai, si l'on considère la forme du gouvernement de ces tribus où la noblesse joue un si grand rôle. Ainsi, toutes les familles nobles d'une tribu se regardent comme unies plus particulièrement par les liens du sang, alors même qu'à des époques très-reculées elles auraient eu des souches très-distinctes….

« Le sort des tribus a été extrêmement variable ; quelques-unes sont entièrement éteintes ; d'autres sont très-réduites ; d'autres encore sont restées puissantes et nombreuses. On peut dire que le nombre des individus formant une tribu varie de cinq cents à quarante mille ; il est en tout cas fort inférieur au chiffre de la population que les terres occupées par la tribu pourraient nourrir. Il n'est point difficile de se rendre compte de cette inégalité de population dans les tribus ; leur genre de vie les soumet à mille vicissitudes, et nous avons vu nous-mêmes, en peu d'années, plusieurs exemples de tribus qui, naguère puissantes et nombreuses, sont éteintes aujourd'hui….

« Les tribus sont divisées en un plus ou moins grand nombre de fractions, selon leur importance. (*V.* page CLXXI.) De même que la tribu est un élément politique et administratif dans le gouvernement, de même le douar est l'élément de famille dans la tribu. Tout chef de famille, propriétaire de terres, qui réunit autour de sa tente celles de ses enfants, de ses proches parents ou alliés, de ses fermiers, forme ainsi un *douar*, rond de tentes, dont il est le chef naturel, dont il est le représentant ou cheikh dans la tribu, et qui porte son nom. L'autorité de ce cheikh, comme on le comprend déjà, est indépendante de toute délégation extérieure; ni l'État ni la tribu ne peuvent intervenir dans sa nomination, si on peut appeler ainsi l'acte qui, d'un consentement tacite mais unanime, confère l'autorité à un seul. Les besoins de la vie nomade, aussi bien que les préceptes religieux, expliquent, du reste, la fonction du douar et sa constitution. Le désir de sécurité pour les individus, la garde des richesses et des troupeaux ont porté les hommes d'une même souche à se réunir, à voyager ensemble, à se soumettre à une autorité non contestée. L'histoire de tous les peuples nomades nous offre des faits analogues.

« Le peuple arabe a non-seulement des chefs militaires, mais il a encore des chefs religieux. Il existe chez eux trois sortes de noblesse : 1° la noblesse d'origine ; 2° la noblesse temporelle ou militaire ; 3° la noblesse religieuse. On appelle noble d'origine, *cherif*, tout musulman qui peut, au moyen de titres en règle, prouver qu'il descend de Fatma Zohra, fille du prophète et de Sidi Ali-Abi-Taleb, oncle de ce dernier. On peut dire que c'est Mohammed lui-même qui a fondé cette noblesse, très-considérée chez les Arabes. Il prescrit en effet, dans plusieurs passages du Koran, aux peuples qui ont embrassé sa foi, de témoigner les plus grands égards aux hommes issus de son sang, en annonçant qu'ils seront les plus fermes soutiens et les purificateurs futurs de la loi musulmane.... Les *cheurfa* jouissent de prérogatives plutôt morales que matérielles, et leur influence ne doit pas se mesurer sur les honneurs qu'on leur rend....

« Les membres de la noblesse militaire, chez les Arabes, portent le nom de *djouad*. Ce sont les descendants de familles anciennes et illustres dans le pays, ou bien encore les rejetons d'une tribu célèbre, les *Koraïche*, dont Mohammed et sa famille faisaient partie. Dans ce dernier cas, ils se désignent par le nom de douaouda et représentent une noblesse supérieure aux djouad ordinaires. La plus grande partie des djouad tire son origine des *Mehhal*, conquérants venus de l'est à la suite des compagnons du prophète. Les djouad constituent l'élément militaire dans la société arabe. Ce sont eux qui, accompagnés de leur clientèle, mènent les Arabes au combat. Par le fait, ces derniers sont presque leurs sujets....

« .... Les membres de la noblesse religieuse s'appellent *marabouts*. Le marabout est l'homme spécialement voué à l'observance des préceptes du Koran ; c'est lui qui, aux yeux des Arabes, conserve intacte la foi musulmane ; il est l'homme que les prières ont le plus rapproché de la divinité. Aussi ses paroles deviennent des oracles auxquels la superstition ordonne d'obéir, et qui règlent à la fois les discussions privées et les questions d'un intérêt général. C'est ainsi que les marabouts ont souvent empêché l'effusion du sang en réconciliant des tribus ennemies ; c'est ainsi que leur protection, *anaïa*, a souvent suffi pour garantir de toute atteinte les voyageurs ou les caravanes. Bien des fois encore ils ont, le Koran à la main, prêché la guerre contre les infidèles…. Un des caractères principaux de la noblesse religieuse est qu'elle est héréditaire comme les précédentes….

« On commettrait une grande erreur en tirant de ce qui précède la conséquence que tous les cheurfa, djouad ou marabout, occupent une position élevée dans la société arabe ; on en voit au contraire journellement occupés à tous les métiers. Mais si tous les membres de ces classes ne jouissent pas d'une part égale de considération et d'influence, on peut affirmer au moins que la puissance et l'autorité ne se trouvent que chez elles.

« Les classes inférieures, celles qui constituent la masse du peuple, n'offrent pas à beaucoup près, chez les Arabes, la même variété que chez nous. On ne trouve, en effet, au-dessous de l'aristocratie, que les propriétaires fonciers, les fermiers et domestiques ou manœuvres. Chez les tribus des Arabes pasteurs, où, à de très-rares exceptions près, la propriété ne consiste qu'en troupeaux, cette uniformité est plus grande encore. (*Général E. Daumas.*)

Les tribus arabes les plus importantes de l'Algérie sont :

Pour la province de Constantine, dans le Tell : les *Hanencha*, les *Nememcha*, les *Haracta*, les *Oulad-Si-Yahaïa-ben-Taleb*, les *Sellaoua*, les *Segnia*, les *Telar'ma*, les *Oulad-abd-el-Nour*, les *Eulma*, les *Ameur-R'araba*, les *Oulad-Sellem*, les *Oulad-Sultan*, les *Oulad-ali-ben-Sabor* ; dans le Sahara : les *Oulad-Naïl-Cheraga*, les *Rahman*, les *Oulad-Zekri*, les *Oulad-Moulat*, les *Oulad-Saïah*.

Pour la province d'Alger, dans le Tell : les *Attafs*, les *Oulad-Kseïr*, les *Oulad-Khrouïdem*, les *Sbeah*, les *Arib*, les *Beni-Djaad*, les *Beni-Sliman*, les *Beni-Khrelifa*, les *Khrachna*, les *Beni-Moussa*, les *Beni-Hassen*, les *Oulad-Moktar*, les tribus du *Titri* ; dans le Sahara : les *Zenakra*, les *Oulad-Chaïb*, les *Rahman*, les *Oulad-Naïl-R'araba*, les *Larba*, les *Arazlia*.

Pour la province d'Oran, dans le Tell : les *Flita*, les *Hachem*, les *Sdama*, les tribus de la *Yakoubia*, les *Djafra*, les *Beni-Ameur*, les *R'osel* ; dans le Sahara : les tribus du *djebel-Amour*, les *Harar*, et les *Hamïan*.

L'Arabe est de race blanche ; il est grand de taille, vigoureux il a le visage ovale, le front fuyant, les yeux noirs et vifs, le nez busqué, les lèvres minces, les cheveux et la barbe noirs.

L'Arabe a toujours la tête couverte ; il s'habille avec des burnous et des haïks ; l'ensemble de ces différentes pièces maintient sur le corps une température toujours égale, en les relâchant ou en les resserrant.

L'Arabe se couvre de talismans ; il en attache au cou de ses chevaux, de ses lévriers, pour les préserver du mauvais œil, des maladies, de la mort ; il est généralement vaniteux, humble, obséquieux, arrogant tour à tour ; il est menteur, voleur ; il est paresseux de corps et d'esprit.

L'Arabe est hospitalier.

L'Arabe vit sous la tente ; il est nomade ; il laboure ; il possède de nombreux troupeaux qu'il fait paître ; il ne plante pas d'arbres. Sans avoir d'industrie proprement dite, il confectionne des selles, des harnachements, des mors. Les femmes arabes tissent tous les vêtements et les étoffes servant à faire les tentes, les sacs, etc. M. F. Hugonnet a calculé que les Arabes, qui enfouissent une grande partie de leur argent, avaient distrait ainsi de la circulation plus de 300 millions qui, multipliés par le travail et par le crédit, amèneraient un grand changement dans la face des choses en Algérie.

Il est à regretter que M. le général Daumas n'ait point encore publié sur la *femme arabe*, qui a déjà été le sujet de plusieurs écrits, un livre annoncé et attendu depuis longtemps. Quoi qu'il en soit, il est certain que la femme arabe, femme de plaisir chez le riche, bête de somme chez le pauvre, ne jouit pas de la même considération que la femme kabile. Voici une anecdote, au sujet de l'émancipation de la femme arabe, que nous tenons de M. Cherbonneau, auquel l'a racontée le savant légiste musulman de Constantine, Si Chadli. « Un chef de la tribu des Haracta, entre Aïn-Beïda et Tebessa, se rend à Constantine. A quelques jours de là, il rentre dans sa tribu au petit jour, appelle sa femme, lui dit d'apporter quatre pieux et quatre cordes. La chose faite, il jette sa femme par terre, l'étend entre les quatre pieux, lui attache les membres avec les cordes, et, prenant un long bâton, il frappe la malheureuse à coups redoublés. Les cris de désespoir et de dou-

eur poussés par cette femme réveillant toute la tribu, on accourt
ce cruel spectacle, et c'est en vain qu'on cherche à arrêter le
ras du mari. « Mais que t'a fait ta femme ? ose-t-on lui dire, c'est
la perle de la tribu, c'est une bonne mère, c'est le modèle des
épouses. — Ce qu'elle m'a fait ? réplique le mari en redoublant
les coups, ce qu'elle m'a fait ? ma foi, je me soulage ! » A bout de
orces, il redevient plus calme. C'est alors qu'il raconte qu'étant
arti pour affaire, il avait vu à Constantine une femme de cette
ille, forte de l'appui de l'autorité française, traîner son mari
hez le kadi pour se plaindre de lui ; et le kadi avait donné raison
la femme. Chose inouïe, monstrueuse et qui avait tellement
huri notre Arabe, qu'il était reparti, oubliant le but de son voyage
et ne songeant qu'à venger sur sa pauvre femme l'affront fait au
exe fort ! »

Les Maures.

On donne le nom de Maures aux Arabes citadins ou *hadar*.
« Cette faible minorité vit aujourd'hui dans un milieu qui n'est
pas exclusivement le sien et qui n'y a point formé société à part. »
Une grande partie des Maures auxquels leur fortune l'ont permis
ont émigré, lors de notre arrivée en Algérie, à Alexandrie, au
Kaire, à Constantinople, et moins loin, en Tunisie ou au Maroc ;
la misère tend à faire disparaître de jour en jour ceux qui n'ont
pu suivre les premiers ; d'autres enfin, s'assimilant plus ou moins
nos mœurs et nos institutions, se sont généralement adonnés au
commerce, et leurs coreligionnaires leur donnent le nom de
skakri, sucrier ou épicier, dont le mot *mercanti*, donné aux Européens civils, est l'équivalent injurieux.

Les Maures sont d'une taille au-dessus de la moyenne, leur
visage est ovale, la peau est plutôt blanche que brune, le nez est
aquilin, la bouche est moyenne et épaisse, les yeux sont grands et
assez vifs, la barbe et les cheveux sont noirs et abondants. Les
Maures ont un certain embonpoint ; mais il est permis de douter
qu'ils aient un type bien pur ; et comme le dit si bien M. Victor Bérard : « Ils sont les fils de tous les peuples poussés sur les
rivages de l'Algérie, depuis les Argonautes jusqu'aux renégats
du siècle dernier. »

Les Maures sont d'un caractère doux et indolent; ils sont très-religieux.

Le costume des Maures se rapproche beaucoup de celui des Orientaux : ils portent une culotte fort large, *seroual*, qui leur laisse les jambes nues; une veste, *djabadoli*, et deux gilets brodés en or ou en soie, *sedria*; ils ont pour coiffure un turban ou pièce de mousseline enroulée autour d'une calotte ou *chachia*; ils portent rarement des bas et ils ont pour chaussures de larges souliers, *sebabath*, dans lesquels ils mettent quelquefois d'autres chaussures, c'est-à-dire des pantoufles de maroquin jaune ou rouge, *babouches*.

La Mauresque. — Quand la Mauresque vient au monde, on lui donne le nom de Fatma, qui est celui de la mère du prophète. Huit jours après on fête la naissance de l'enfant, qui reçoit alors son nom définitif. On a le choix entre : Aïcha, Bedra, Djohar, Fatma, Halima, Haouria, Khredoudja, Khreira, Meriem, Mimi, Mouni, Rosa, Safïa, Yamina, Zina, Zohra, etc., etc.

Si les parents sont pauvres, ils verront dans leur fille une charge de plus; si les parents sont riches, la mère n'aura pour son enfant que l'indifférence la plus complète; car, mariée à douze ou treize ans, quelquefois à neuf ou dix ans, l'instinct de la coquetterie étouffera en elle tous les bons sentiments, et comme elle vieillit vite en raison de sa précocité, elle ne verra dans les soins maternels qu'un avertissement fatal pour ses charmes. Quant au père, s'il n'avait à recevoir quelquefois une dot ou le prix de sa fille, à peine saurait-il que cette fille existe.

Les Arabes disent d'un garçon : « C'est une bénédiction; » d'une fille : « C'est une malédiction. » Les Maures disent de même.

L'enfant grandira donc battue, rebutée, succombant sous la fatigue, si elle appartient à la classe pauvre; reléguée dans un coin, abandonnée aux soins d'une négresse, si elle est de bonne maison.

Pauvre, elle n'aura qu'un seul désir, celui d'échapper au logis paternel pour se livrer à la prostitution, si toutefois ses parents ne l'ont déjà vendue. Riche, elle mangera, grandira, se mariera, n'ayant d'autre but que la coquetterie la plus effrénée et quelques intrigues.

La femme, par suite des préjugés musulmans, est une chose,

un objet, un meuble que l'on possède et qui ne doit ni penser, ni agir. De là sa profonde ignorance et son abrutissement.

Et cependant la Mauresque a toutes les aptitudes pour apprendre : une dame française, résidant à Alger, a fondé un pensionnat de jeunes filles musulmanes qui compte plus de cent élèves de quatre à dix ans. Nous avons entendu plusieurs de ces enfants répondre aussi bien que le feraient des Européennes de leur âge aux questions qui leur étaient posées sur la grammaire, l'arithmétique, la géographie et l'histoire. Les ouvrages de couture, de broderie et de tapisserie leur étaient également familiers.

La Mauresque est donc aussi apte que toute autre à recevoir l'instruction et l'éducation.

Mais, comme on l'a dit plus haut, par suite des préjugés absurdes qu'ont les musulmans à l'endroit de la femme, ceux qui sont riches croiraient commettre un péché en faisant donner la plus légère instruction à leurs filles. Les nécessiteux seuls se décident à envoyer les leurs à l'école musulmane-française, parce qu'ils s'en débarrassent et qu'ils reçoivent une prime, double bénéfice !

Là encore est le mal, car les enfants dont l'intelligence est à moitié ébauchée, rentrant le soir dans leurs familles, font de tristes rapprochements entre la condition malheureuse à laquelle elles ne peuvent échapper et le bien-être qui leur manquera toujours. Trop supérieures aux hommes de petite condition avec lesquels elles pourraient se marier, elles sont dédaignées par les autres, et les malheureuses, méprisant les premiers, rebutées par les seconds, arrivent inévitablement à faire, pauvres et instruites, ce qu'elles auraient fait pauvres et ignorantes.

Il est bien entendu qu'à toutes règles il y a des exceptions. Nous généralisons, voilà tout, notre cadre ne nous permettant pas d'entrer dans de plus longs développements.

La Mauresque a atteint l'âge où sa position va se dessiner. Riche, elle se mariera ; pauvre, elle se mariera également, à moins qu'elle n'aime mieux, si elle est jolie, devenir *rikat*, c'est-à-dire se livrer à la prostitution.

La Mauresque mariée et de bonne condition passe la moitié de son temps au bain et à la toilette ; l'autre moitié à se bourrer de friandises, à se disputer avec les autres femmes de son mari, à deviser avec ses amies, à courir quelques aventures ou à visiter les koubbas privilégiées, où elles demandent la fécondité par des prières ou des offrandes aux saints marabouts. La Mauresque ne sort quelquefois jamais de la maison, ce qui ne l'empêche pas d'avoir des intrigues nouées et dénouées par les soins d'une négresse servante-maîtresse ; puis, quand l'âge arrivera pour elle, et c'est bientôt, la Mauresque, sans affection à donner ou à recevoir, retombera jusqu'à sa mort dans le néant d'une vie animale dont l'amour (est-ce l'amour?) l'a fait sortir un instant.

La Mauresque mariée et de condition misérable, pétrit le pain, va à l'eau, au bois, fait beaucoup d'enfants, est battue par son mari et par ses garçons. C'est la femme à l'état de bête de somme et de femelle.

La Mauresque est-elle jolie ? Comme dans tous les pays, elle est belle, ou elle est laide ; plutôt belle que laide. Jeune fille, c'est la plus gentille créature que l'on puisse voir ; femme, son visage est d'un ovale assez parfait ; les traits sont un peu forts, les oreilles trop grandes ; les cheveux, qu'ils soient lisses ou crépus, d'un noir de jais et épais comme des crins ; la taille moyenne et assez bien prise ; la gorge comprimée dans un gilet étriqué ; les mains petites, les pieds trop grands.

Ce qui dépare la Mauresque, c'est cette habitude, qui a gagné les Européennes, de se teindre les cils, les sourcils avec de la noix de galle, de se farder le visage avec du blanc et du rouge, et, ici s'arrête heureusement la similitude pour les Européennes, de se rougir les ongles des mains et des pieds, et quelquefois les mains et les pieds eux-mêmes avec du henné.

Une femme obèse est pour le musulman l'idéal de la beauté parfaite.

Voici maintenant quels sont les costumes de la Mauresque. Le plus simple se compose d'une chemise en gaze à manches courtes et d'un pantalon, un caleçon (*serroual*) en calicot blanc ou en indienne, large, bouffant, descendant au-dessous du genou ; les jambes sont nues ; le pied est chaussé d'une babouche sans quartier ; les cheveux, lissés en bandeaux, vont se joindre derrière la tête, dans une simple ou double queue qui tombe jusqu'à terre, au moyen de quelques rubans ; cette coiffure supporte une calotte ou *chachïa* en velours qui s'attache avec deux cordons sous le menton. Ce costume est quelquefois complété par une veste, *dja-badoli*, espèce de brassière étriquée qui ne dépasse pas les épaules et qui étrangle la poitrine.

Vient ensuite le *rlila* ou redingote en étoffe de soie brochée d'or. Avec ce costume, la coiffure devient différente ; sur la calotte, qui sert alors de support, vient s'attacher une pièce de soie noire, puis un foulard de couleur vive, rayé or ou argent ; nous parlons ici de la coiffure traditionnelle, mais qui a subi en partie de grands changements chez les Mauresques *civilisées*. Les femmes mariées portent le *sarma* au hennin du xve siècle, en Europe. Ce sarma, en fil d'or ou d'argent, est souvent admirablement travaillé et ciselé.

Les bijoux sont des bagues et des pendants d'oreilles en diamants mal taillés et plus mal montés, des colliers à six rangs de perles fines d'une grande valeur et quelquefois enfilées dans une simple ficelle, des bracelets en or qu'on nomme *m'saïs* pour les bras, et *m'kaïs* pour les jambes.

Lorsque la Mauresque porte le rlila, elle noue au-dessus de ses hanches une large étoffe en soie rayée, appelée *fouta* et tombant jusqu'à terre ; elle enroule par-dessus une ceinture en soie ou en or dont les bouts pendent par-devant ; des babouches en velours vert ou ponceau complètent l'ensemble de ce costume fort riche et fort beau. Il est, du reste, facile de se rendre compte du costume des femmes indigènes dans leur intérieur, lorsque arrive le soir ; elles se promènent alors sur les terrasses des maisons mauresques qui ont échappé ou à l'alignement ou à la démolition complète.

La Mauresque qui va au dehors quitte le fouta et garde ses autres vêtements ; mais elle passe par-dessus son caleçon un large pantalon tombant jusqu'à la cheville, elle noue derrière sa tête un mouchoir qui lui cache la figure à l'exception des yeux ; elle s'enveloppe le corps d'un *haïk*, pièce d'étoffe de laine très-claire et très-fine, et jette enfin par-dessus le tout un autre haïk plus épais. Vêtue ainsi, la Mauresque a l'air d'un paquet qui marche.

Telle est la Mauresque au moral et au physique. Toute comparaison qu'on pourrait en faire avec l'Européenne assurera, longtemps encore, la priorité à cette dernière.

Les Turcs.

« Les Turcs, qui ont possédé pendant trois siècles toute la régence d'Alger, ne s'y sont pas introduits en conquérants. Les Algériens les avaient appelés à leur secours contre les Espagnols.... La milice turque, qui formait la principale force de la régence, se recrutait à Smyrne, à Constantinople, et dans plusieurs autres villes de la Turquie. Les soldats turcs jouissaient à Alger de priviléges fort étendus, dont ils perdaient la plus grande partie en se mariant. Néanmoins beaucoup se mariaient avec les filles des Maures et avec des femmes chrétiennes prises par les corsaires et vendues comme esclaves. Les vieux janissaires qui se retiraient tous du service avec solde entière se mariaient aussi ; et de là un grand nombre de familles turques dans toutes les villes où le dey entretenait des garnisons.

« Quoique les Turcs mariés perdissent une grande partie de leurs priviléges, il leur en restait cependant encore beaucoup ; et, conservant toute leur fierté de janissaires, ils tenaient toujours les Maures à une certaine distance d'eux, même ceux avec lesquels ils s'étaient alliés. Les enfants nés du mariage des Turcs avec les esclaves chrétiennes étaient considérés comme Turcs et jouissaient des mêmes droits que leurs pères. Mais ceux issus de l'alliance des Turcs avec les filles des Maures restaient dans la classe des parents de leurs mères. Ils portaient et portent encore le nom de Koulour'lis. » (*Le colonel Rozet.*)

Le premier soin du gouvernement français, en prenant possession de l'Algérie, fut d'en renvoyer les Turcs, qui lui auraient été cependant nécessaires pour l'organisation du pays. Les quelques Turcs que l'on voyait encore dans les rangs de notre armée, il y a plusieurs années, avaient servi jusqu'en 1837 sous les ordres du bey de Constantine. S'il en reste quelques-uns aujourd'hui, ils appartiennent aux familles d'anciens deys et rentrent dans la classe des Koulour'lis.

Les Koulour'lis.

Les Koulour'lis, fils de Turcs et de femmes mauresques, disparaissent de jour en jour. Rien, du reste, ne les distingue des Maures : ils en ont le costume et les mœurs. Voulant jouir des droits qu'avaient leurs frères, fils de Turcs et d'esclaves chrétiennes, ils furent souvent un embarras pour les pachas, qui les firent massacrer ou exiler à plusieurs reprises.

Les Nègres.

L'abolition de l'esclavage tend à faire disparaître de jour en jour les nègres en Algérie. Les villes dont nous avons les représentants à Alger sont : Zouzou et Haoussa, Katchna, Sonwi et Tombouctou, Tombou, Bambara, Gourma, Bornou.

Reportons-nous à l'époque où la traite se faisait pour l'Algérie.

C'est généralement à Haoussa que se fait le commerce des esclaves.

Nous n'avons à nous occuper ici que des caravanes venues du sud de l'Algérie. Les gens qui composent ces caravanes sont presque tous de Metlili, près de R'ardaïa, capitale du Mzab, où ils vont s'approvisionner. Les principaux objets d'échange qu'ils emportent sont de la cotonnade, des chachïas (calottes) de Tunis, des bournous communs, de la menue quincaillerie, de la soie, du corail, des armes communes, un peu de benjoin, de girofle, d'encens, etc.

Les marchands isolés d'abord, ou réunis en petits groupes, vont de Metlili à Gueleâ, puis se dirigent sur le Touat, vaste pays de dattiers, et traversent Timinoun, Aoulef, Insalah, capitale du Touat, et enfin Ar'abli, où toutes les caravanes se donnent rendez-vous.

Le Sahara est une mer de sables qui a ses pirates, les fameux Touaregs, au visage voilé, et ses tempêtes soulevées par le simoun ; malheur aux caravaniers imprudents, car leurs ossements jalonneraient jusqu'au premier déplacement des sables la route d'Haoussa !

A Ar'abli, à Haoussa ou à Katchna, les marchands entrent en relations par des cadeaux indispensables faits aux chefs de la ville. Rendez-vous est donné, jour est pris, et, en échange des marchandises apportées de R'ardaïa, les caravaniers remportent : des dépouilles d'autruches, des cuirs de bœufs et de boucs, des dents d'éléphants, de la poudre d'or, du carbonate de soude, de la cotonnade bleue fabriquée dans le pays, de la gomme, de la résine, et enfin des nègres.

Les caravanes se remettent en route; suivons celles que nous avons prises à leur départ de R'ardaïa où elles retournent et où se feront les derniers échanges. C'est alors que les nègres iront approvisionner les marchés de l'intérieur et du littoral de l'Algérie. En tant que marchandise, on pense bien qu'il a dû y avoir du déchet; quelques nègres se seront échappés, d'autres seront morts en route.

Prenons maintenant le nègre arrivé du fond du Sahara dans Alger. Quelle sera sa condition? Celui qui connaît les mœurs indigènes sait que cette condition n'est pas bien dure. Devenu musulman, s'il ne l'est déjà, le nègre sera considéré comme de la maison; la négresse, quelquefois épousée par son maître, verra ses enfants, sans distinction de race, de couleur, sur le pied de la plus parfaite égalité avec les enfants des autres femmes : le mariage l'a affranchie.

Le nègre sera quelquefois affranchi, et, dans ce cas, s'il ne veut rentrer chez son maître, il ira grossir le nombre de ceux qui, affranchis comme lui, ou venus librement à Alger, forment une des corporations des Berranis.

Les nègres, sans avoir de monopoles, exercent les métiers de marchands de chaux, de blanchisseurs de maisons, de fabricants de sparterie; puis, à l'occasion, ils sont manœuvres, terrassiers, portefaix. Les négresses sont masseuses dans les bains maures, boulangères ambulantes, servantes, filles publiques, et sorcières!

Les nègres, en dehors de leurs occupations habituelles, ont l'attribution du tapage. Aux fêtes musulmanes et à nos fêtes publiques, ils parcourent les rues, gambadant, gesticulant au son assourdissant de la grosse caisse, du tamtam et des *karakob* (castagnettes en fer); puis ils stationnent sur les places publiques pour y exécuter des rondes sans fin, dont ils marquent la mesure avec des bâtonnets qu'ils lèvent et frappent en cadence au-dessus de leurs têtes.

Lorsqu'arrive le premier mercredi qui, chaque année, suit l'époque du Nissam, au printemps, et quand la plante des fèves commence à noircir, les nègres se réunissent à une lieue d'Alger, sur le bord de la mer, au Hammah, à l'endroit appelé Aïn-el-

Abiod (la fontaine blanche), près de la koubba de Sidi Bellal, enfouie à moitié dans les sables, et à côté de la fontaine de Lella Haoua, qui est en grande vénération chez eux (*V.* p. 78).

Les Derdebas, fêtes particulières, ont lieu dans les rues du Darfour et Kattaroudjil, aux abords de la Kasba, dans des maisons appartenant aux tribus nègres. Là, au bruit de cette musique dont nous avons parlé plus haut, les négresses, quittant le voile bleu, et vêtues de gaze et de soie brochées d'or et d'argent, commencent, lentement d'abord, une de ces danses dont le thème invariable est un poëme d'amour. Enivrées, exaltées, furieuses, elles se livrent bientôt aux déhanchements, aux contorsions les plus incroyables. On ne sait en vérité ce qui doit le plus étonner du courage des musiciens, de l'ardeur des danseuses ou de la patience des spectateurs!

Il est un autre spectacle dont le tableau est le complément indispensable des mœurs et des superstitions grossières des nègres. Le mercredi matin de chaque semaine, sur la route de Bab-el-Oued à Saint-Eugène, on rencontre de nombreux groupes de femmes et d'enfants maures à âne ou à mulet, suivis de serviteurs portant des poules. Ils se dirigent vers la plage, au-dessus de la koubba de Sidi Yacoub, à un endroit appelé Sebâ-Aïoun (les sept fontaines) : là président, non pas les naïades traditionnelles, mais des génies dont l'influence est grande, il paraît, sur la destinée des musulmans. Les uns sont les génies blanc, vert, bleu, couleur fleur de pois, ce sont les bons génies; les autres, rouge, noir et brun, sont les mauvais génies. C'est pour invoquer ou conjurer ces génies que les musulmans se rendent le mercredi aux sept fontaines. Qui conjure ou invoque ces génies? Les négresses, sorcières, fabricantes de philtres, diseuses de bonne ou de mauvaise aventure, en un mot les *Guezzanates*.

Voici ce qui se passe : près d'une des fontaines, désignée d'avance, une négresse allume un réchaud, y fait pétiller des grains d'encens ou de benjoin dont la personne intéressée respire la vapeur; ensuite les poules, apportées pour le sacrifice, sont égorgées à moitié et lancées sur le sable. Si les poules agonisantes vont, moitié voletant, moitié roulant, gagner la mer, le sacrifice aura été agréable au génie invoqué, et alors la réussite désirée est certaine, c'est-à-dire qu'une maladie sera guérie ou un vœu accompli. Si, au contraire, les poules meurent sur le sable, tout est à refaire ; mais les négresses ont une trop grande habitude de la chose pour ne pas prévoir le dénoûment du sacrifice, dénoûment qui sera en raison de la rémunération des malades, des faiseurs de vœux ou de leurs représentants, s'ils n'ont pu quitter la maison.

Les poules sont quelquefois remplacées par un mouton, rarement par un bœuf, et alors c'est un nègre qui fait l'office de sacrificateur, mais sur place, et sans que la victime aille cette fois mourir dans la mer.

Lorsque le gouvernement provisoire proclama, par un décret du 27 avril 1848, l'abolition de l'esclavage, il arriva que beaucoup de nègres, énervés par la servitude, préférèrent rester chez leurs maîtres. D'autres, et c'est le petit nombre, profitèrent du bénéfice de l'affranchissement.

Voici le résultat du recensement opéré pour la mise en liberté des nègres. Les sept tribus ont fourni : Zouzou et Haoussa, 17 individus ; Katchna, 72 ; Sonwi et Tombouctou, 53 ; Tombou, 20 ; Bambara, 51 ; Gourma, 16 ; Bornou, 105 ; en tout, 344.

Ce chiffre, qui pourrait paraître minime, ne doit pas étonner si l'on songe que le double de nègres libres ont trouvé dans le travail des moyens d'existence que les nègres esclaves auraient eu généralement peine à se procurer par suite d'une heureuse paresse chez leurs maîtres.

Ce chiffre de 334 individus se décompose ainsi : hommes, 24 ; femmes, 221 ; garçons, 39 ; filles, 60. Les hommes avaient coûté en moyenne 390 francs ; les femmes, 507 ; les garçons, 367 ; et les filles, 434. On voit que la somme des services à rendre est plus forte chez les négresses ; il est vrai que, devenant mères, elles faisaient plus que doubler le prix de leur acquisition. Bref les nègres qui profitèrent du décret d'affranchissement à Alger étaient au nombre de 99 : hommes, 70 ; garçons, 9 ; filles, 4.

Les juifs.

L'histoire nous apprend que la Judée, dans laquelle les Romains étaient intervenus l'an 40 avant J. C., sous Hérode, fut conquise par Titus l'an 70 après J. C. Ce fut sous Adrien, en 135, que les juifs furent dispersés. De cette époque date donc leur arrivée en Afrique.

Ibn Khaldoun dit : « Une partie des Berbères professait le judaïsme, religion qu'ils avaient reçue de leurs puissants voisins, les Israélites de la Syrie. Parmi les Berbères juifs, on distingue les Djaraoua, tribu qui habitait l'Aurès.... Idris, étant arrivé en Mar'reb, fit disparaître de ce pays jusqu'aux dernières traces des religions chrétienne, juive et païenne, et mit un terme à l'indépendance des tribus (172 de l'hég., 788-89 de J. C.).... »

Est-ce à cette époque qu'il faut faire remonter la légende suivante : *Djifa ben djifa*, charogne fils de charogne, disent les musulmans, en parlant des juifs ; et voici pourquoi : des juifs ayant insulté la caravane qui conduisait les présents destinés annuellement à la Mekke, tous les hommes et les enfants mâles de cette nation furent immédiatement frappés de mort par Dieu. Mais les juives l'ayant imploré pour que la destruction de leur race ne fût pas consommée, Dieu permit que les maris ressuscitassent pour une nuit seulement, et voilà pourquoi les enfants qui naquirent depuis furent appelés djifa ben djifa. Cette légende ne nous fait que trop savoir dans quel mépris les musulmans tenaient les juifs.

Les juifs d'Alger racontent sur leur venue dans cette ville une autre légende qui pour eux est article de foi : « Quand les musulmans possédaient l'Espagne, ils avaient permis aux juifs de trafiquer et d'exercer librement leur religion. Lorsque les musulmans furent chassés de ce beau pays par les chrétiens, les juifs, qu'on laissa tranquilles d'abord, ne tardèrent pas à être tyrannisés à cause de leurs richesses. En 1390, le grand rabbin, Ben-Smia, fut jeté en prison avec les principaux chefs des familles juives, et tous allaient être exécutés lorsqu'ils furent délivrés par un miracle. Ben-Smia semblait se résigner à son malheureux sort, lorsque tout à coup ses yeux se remplirent de feu, sa figure s'anima, et un rayon de lumière brilla autour de sa tête. Dans ce moment, il prit un morceau de charbon, dessina un navire sur la muraille, et se tournant ensuite vers ceux qui pleuraient, il leur dit : « Que tous ceux qui croient en la puissance de Dieu, et qui « veulent sortir d'ici à l'instant même, mettent avec moi le doigt « sur ce vaisseau. » Tous le firent, et aussitôt le navire dessiné devint un navire véritable, qui emporta les juifs vers la rade d'Alger. Les musulmans leur accordèrent tous les priviléges dont ils avaient joui en Espagne. Toutes les conditions du traité furent écrites sur un parchemin; mais, lors de l'arrivée des Turcs, le peuple d'Israël devint encore plus esclave que jamais. »

Les juifs d'Alger subissaient toutes les vexations possibles. A six heures du soir, ils ne pouvaient plus circuler dans les rues; renfermés dans un quartier à part, ils étaient dans un état permanent de suspicion. S'ils voulaient sortir après le coucher du soleil, ils se présentaient à la police qui leur donnait, comme à ses agents, une lanière en nerf de bœuf, espèce de passe qu'ils montraient à la ronde de nuit pour se faire reconnaître. Si la nuit était obscure, au lieu de porter une lanterne, comme les Turcs et les Maures, ils tenaient à la main une bougie allumée que le vent éteignait à chaque instant. Passaient-ils devant une mosquée, ils prenaient leurs souliers à la main et rampaient jusqu'à ce qu'ils n'en fussent plus en vue. Devant la Kasba, ils étaient obligés de s'agenouiller, puis ils fuyaient rapidement, la tête inclinée, et malheur à celui qui oubliait sa consigne : attaché à une chaîne, le misérable était bâtonné. Les juifs ne devaient parler aux Maures qu'avec déférence et soumission. Ils leur cédaient le haut du pavé, et toute infraction à ces mesures avait pour résultat la bastonnade ou l'amende. La dernière place à la fontaine était pour eux. Ils ne pouvaient monter à cheval, ils ne pouvaient même entrer en ville sur un âne. Une législation sanguinaire les menaçait à chaque instant. L'insulte envers un musulman était punie par une mort soudaine, infligée arbitrairement et souvent d'après le caprice du Maure offensé, qui, en cas de réprimande, payait une amende au gouvernement, rarement aux parents de la victime. Les janissaires rachetaient de pareils forfaits avec une livre et demie de tabac qu'ils versaient dans les magasins de l'État. Le pacha voulait-il s'emparer de la fortune d'un juif, il lui suscitait une mauvaise affaire qui l'envoyait à la mort. Tandis qu'un Turc recevait la bastonnade, un juif était brûlé pour le même délit.

Les juifs ne pouvaient sortir de la régence sans donner un fort cautionnement, garantie de leur retour. Indépendamment de toutes les extorsions auxquelles ils étaient en butte, il leur fallait payer une sorte d'impôt de 28 000 boudjous (52 080 fr.) par mois, et comptables par quart, le jeudi soir de chaque semaine, avant le coucher du soleil. Le roi ou chef de la nation juive portait lui-même cet impôt à la Kasba.

Si un juif, pour échapper à toutes ces infâmes avanies, à tous ces horribles supplices, voulait apostasier, il devait d'abord se faire chrétien.

Comment l'élément juif a-t-il pu résister en Algérie à un tel état de choses? Le voici : à des hommes aventureux, ne vivant que de piraterie, il fallait des intermédiaires qui pussent faire fructifier le produit de leurs courses ; il les leur fallait souples, insinuants, façonnés à toute espèce de trafic, et les juifs avaient un instinct particulier pour ce commerce de seconde main. Il y avait des spéculations qui leur étaient propres, qui ne pouvaient leur échapper, qu'ils attiraient à eux, parce que seuls ils étaient capables d'en assurer le succès. Doués d'une patience admirable, ne se rebutant pas plus devant les injures que devant les mauvais traitements, les juifs se maintenaient auprès des indigènes par la seule raison, mais raison impérieuse, qu'ils leur étaient nécessaires.

On comprendra donc la confiance que les musulmans accordaient et accordent encore aujourd'hui aux juifs. Les bijoutiers, les changeurs, les batteurs de monnaie, les argentiers des pachas, étaient des juifs.

Le juif, sous le rapport du caractère, était fourbe, avide ; il joignait la bassesse de l'esclavage aux vices les plus dépravés ; il était sans reconnaissance, sans sentiments généreux ; il était et il est encore fanatique.

Trente années de domination française ont-elles relevé le moral des juifs de l'Algérie? Oui et non ; l'ancienne et la nouvelle génération vivent encore trop ensemble. Ce n'est pas notre costume que les juifs doivent seulement adopter, mais bien nos idées, les bonnes s'entend.

On rencontre des juifs chez plusieurs tribus de l'Algérie. « Les Israélites, dit M. le baron Aucapitaine, très-nombreux dans la ville de Bou-Sada, sont administrés par un rabbin qui leur rend la justice. Là, comme partout, la population juive se livre exclusivement au trafic ; le plus grand nombre exercent la profession d'orfèvres ; on les voit constamment accroupis dans de petites

boutiques enfumées, semblables à des antres, et, comme les al
chimistes du moyen âge, soufflant dans leurs chalumeaux pour
entretenir de mystérieux alliages. Dans le Sahara, les Israélites
sont moins méprisés que dans les villes du Tell et particulièrement à Bou-Sada, où quelques-uns portèrent les armes ; ils vont
même jusqu'à citer orgueilleusement un certain Ben-Ziri, qui s
distingua en brûlant de la poudre.... Cette tolérance tient au ca
ractère sédentaire des habitants des ksour et à l'esprit de lucre
commun à tous ces entreposeurs du commerce saharien avec l
Tell.... »

Le type juif est en général un des plus magnifiques que l'o
rencontre en Algérie : grand, bien fait, la figure ovale, le nez busqué, les yeux noirs et vifs, les cheveux et la barbe abondants.
Le costume, taillé comme celui des Maures, est de couleur sombre ; le turban est noir, des bas et des souliers remplacent les
chaussettes et les babouches des musulmans. Nous ne parlons pas
de la jeune génération, qui s'habille à l'européenne, et des marchands que l'on rencontre à Paris ou dans les villes d'eau, s'ha-
billant comme les Maures et prenant les noms des Maures.

Les juifs vivant dans les tribus sont habillés comme les Arabes ;
un mouchoir ou foulard noir entourant la tête par-dessus le haïk,
les distingue des Arabes.

« Les *juives* sont belles, dit M. E. Fromentin ; à l'inverse des
Mauresques, on les voit partout, aux fontaines, sur le seuil
des portes, devant les boutiques ou réunies devant les boulange-
ries banales à l'heure où les galettes sont tirées du four. Elles
s'en vont alors, soit avec leur cruche remplie, soit avec leur
planche au pain, trainant leurs pieds nus dans des sandales sans
quartiers, leur long corps serré dans des fourreaux de soie de
couleur sombre, et portant toutes, comme des veuves, un bandeau
noir sur leurs cheveux. Elles marchent le visage au vent, et ces
femmes en robe collante, aux joues découvertes, aux beaux yeux
fixes, accoutumées aux hardiesses du regard, semblent toutes
singulières dans ce monde universellement voilé. Grandes et bien
faites, elles ont le port languissant, les traits réguliers, peut-être
un peu fades, les bras gros et rouges, assez propres d'ailleurs,
mais avec des talons sales ; il faut bien que leurs admirateurs,
qui sont nombreux, pardonnent quelque chose à cette infirmité

des juifs du bas peuple : heureux encore quand leur malpropreté n'apparaît qu'au talon, comme l'humanité d'Achille. De petites filles mal tenues, dans des accoutrements plus somptueux que choisis, accompagnent ces matrones au corps mince, qu'on prendrait pour leurs sœurs aînées. La peau rose de ces enfants ne blêmit pas à l'action de la chaleur, comme celle des petits Maures ; leurs joues s'empourprent aisément, et, comme une forêt de cheveux roux accompagne ordinairement le teint de ces visages où le sang fleurit, ces têtes enluminées et coiffées d'une sorte de broussaille ardente sont d'un effet qu'on imagine malaisément, surtout quand le soleil les enflamme. »

Les Berranis.

Au milieu des *Hadars* ou citadins indigènes de l'Algérie vivent les *Berranis* ou gens du dehors, gens d'origine et de race diverses dont nous ignorons souvent les antécédents, la moralité, ainsi que la langue, qui échappe même quelquefois au savoir de nos interprètes.

Ces étrangers ou Berranis sont les Biskris, les Kabiles, les Mzitis, les nègres, les Mzabis et les Lar'ouatis ; puis les gens de Tunis ou du Maroc, connus plus particulièrement sous la désignation de *Berranis*. Tous viennent momentanément exercer leur industrie dans les principaux centres de population du Tell.

Avant la prise d'Alger, les Biskris, les Kabiles, les Mzitis, les nègres, les Mzabis, les Lar'ouatis, formaient six corporations exerçant leurs métiers à part, et régies par un chef ou *amin* qui relevait du gouverneur turc. L'amin avait une prison, des chaouchs (espèces d'exempts) ; il condamnait à l'amende, à la bastonnade ; la mort ou l'exil de ses subordonnés lui étaient interdits, ou du moins fallait-il, dans ces deux derniers cas, l'assentiment du pacha. Cet état de choses dura jusqu'aux premières années de la conquête.

Un arrêté du gouverneur général, en date du 31 janvier 1838, vint mettre un terme aux exactions sans nombre dont les amins ne se faisaient point faute, et nous fit connaître un peu mieux les corporations à peu près ignorées. C'était déjà un progrès. Le 2 mai 1844, le directeur de l'intérieur soumit au conseil d'administration un projet d'ordonnance ministérielle pour poser sur des bases plus solides l'arrêté du 31 janvier 1838. Le 26 juin 1846, un peu plus de deux ans après, le ministre de la guerre fondit les deux projets en un seul, qu'il renvoya au directeur de l'intérieur pour être l'objet d'un nouvel examen. Un décret présidentiel, en date du 3 septembre 1850, vint définitivement réglementer les corporations, désormais au nombre de cinq : 1° les Biskris; 2° les Kabiles; 3° les nègres; 4° les Mzabis; 5° les Berranis. Les Mzitis et les Lar'ouatis, trop peu nombreux pour avoir un amin à part, furent réunis : les Mzitis aux Kabiles, les Lar'ouatis aux Mzabis.

Les amins, sous la présidence du plus ancien d'entre eux, rendent la justice aux corporations, mais avec le contrôle du préfet ou d'un délégué. Les amins ont un khodja ou secrétaire, chargé d'inscrire les arrivants et de leur délivrer une plaque avec le numéro d'ordre et le nom de la corporation, plus un livret. Le khodja est encore chargé du recouvrement du coût de la plaque, du livret et des amendes. Les amins sont désormais rétribués par le gouvernement : le président a 1500 francs, les autres 1200, le khodja 800 francs.

Suivant les anciens usages, les amins sont aidés dans la surveillance et dans la police des membres des corporations par des compatriotes plus ou moins influents et expérimentés, qui prennent le titre de kebir ou grand pour les Biskris, de cheikh ou ancien pour les nègres, de taleb ou savant, de mkaddem ou préposé, pour les Mzabis et les Kabiles.

Les amins sont tenus à tour de rôle de diriger eux-mêmes, pendant la nuit, une patrouille dans les quartiers de la ville haute. C'est à peu près le seul service que le gouvernement exige des corporations, comme compensation de sa paternelle sollicitude.

N'oublions pas de dire que le signe distinctif des amins est pour tous un burnous en drap gris bleu, avec les glands en or.

Voici quelques extraits du décret présidentiel et de l'arrêté ministériel :

« ...... Aucun Berrani ne pourra séjourner sur le territoire dont la France s'est réservé l'administration exclusive, s'il n'est inscrit sur un registre matricule, en possession du livret et porteur de la plaque. Le prix de la plaque et du livret est fixé à 1 fr. 25 cent., payables entre les mains du khodja ou secrétaire.

« .... Tout Berrani rencontré sans livret et sans plaque sera arrêté et condamné à une amende de 10 francs et à un emprisonnement de trois jours. Tout Berrani convaincu d'avoir prêté son livret encourra une amende de 10 francs et un emprisonnement de trois jours.

« .... En cas de perte de la plaque ou du livret, le Berrani devra s'en faire délivrer d'autres, dont il acquittera le prix. Néanmoins, si la perte a eu lieu dans le cas d'un service commandé, le préfet pourra en autoriser la remise gratuite.

« .... Aucun membre d'une corporation ne peut quitter l'arrondissement où le permis de séjour lui a été accordé qu'après avoir échangé, par l'intermédiaire de l'amin, sa plaque et son livret contre un permis de départ. Ce permis lui tiendra lieu de passe-port en Algérie.

« .... Les peines que le tribunal des amins prononce sont, suivant le cas, outre les peines applicables d'après la législation musulmane aux contraventions ci-dessus : 1° l'amende de 1 à 15 francs ; 2° la prison de 1 à 10 jours. »

Le *Biskri* est originaire du *Zab* (au pluriel *Ziban*), dont *Biskra* est la capitale. Le Zab fait partie du Sahara algérien, au sud-ouest de la province de Constantine. Il y a longtemps que Léon l'Africain a dit de ce pays : « Cette province est assise en un lieu fort chaud, sablonneux, au moyen de quoi il s'y trouve fort peu d'eau et de terres labourables, mais il y a infinie possession de dattiers. »

Le Zab n'échappe point à la loi commune : si frugale qu'y soit la vie, si minime qu'y soit la dépense, il comporte, comme tous les pays du monde, un trop-plein de population. Les Zibanais sont laborieux, et ceux qui ne peuvent vivre au pays vont chercher du travail et du pain dans les villes de l'intérieur et du littoral de l'Algérie, jusqu'au jour où, riches de quelques économies, ils pourront revenir acheter un jardin de palmiers et doter une femme.

Un bateau à vapeur vient de jeter l'ancre dans le port d'Alger. Au milieu des nombreux canotiers français, italiens, espagnols ou maltais, accourus pour débarquer les passagers et leurs bagages, on peut distinguer d'autres canotiers au visage hâlé, à l chachïa (calotte) jadis écarlate, au vêtement presque primitif, s composant d'un caleçon et d'un sarrau taillés dans un vieux sa ou une toile à voile ; ces canotiers, venus du Sahara, sont de enfants d'*El-Bordj*, oasis des Ziban.

Ces indigènes qui portent au galop cadencé de leurs jambes flé chissantes, mais vigoureuses, de lourds fardeaux, au moyen d cordes et de longs bâtons ; ces autres qui gravissent les rues tor- tueuses de la vieille Alger, le front en sueur et la koulla ou cruch en cuivre, remplie d'eau, sur l'épaule ; ces cureurs de puits ou d'égouts sont encore des Zibanais.

Tous, canotiers, portefaix, porteurs d'eau, cureurs de puits, trouvent encore une source de gain dans le temps consacré au sommeil. Moyennant une modique rétribution, ils dorment en travers d'une boutique pour en écarter le voleur ; quelquefois, cas fort rare, le voleur tue le gardien !

Les Zibanais sont mieux connus sous le nom de Biskris (gens nés à Biskra). Cette dernière appellation a prévalu, bien qu'il n'y ait guère de véritable Biskri à Alger que le chef actuel de la cor- poration, Si Tahar.

Faisons remarquer en passant que, pour l'Européen, Biskri est souvent synonyme de portefaix, quel que soit l'indigène qui exerce ce dernier métier. Benjamin Roubaud, qui a, le premier, donné une série de costumes de l'Algérie, est tombé dans cette erreur ; on lit sous un type de portefaix nègre : « Biskri. » L'ar- tiste avait confondu l'indigène avec la profession. Cette rectifica- tion trouvait ici sa place.

Il y a longtemps déjà que les Biskris forment une des corpo- rations étrangères dans la ville d'Alger et, nous le dirons une autre fois plus longuement, sont soumis à l'autorité d'un chef compatriote prenant le titre d'*amin*.

L'amin des Biskris répond des délits commis par sa corporation, sauf à avoir recours ensuite contre qui de droit.

Du temps des pachas, le beylik pouvait, au besoin et moyen- nant une légère rétribution, le plus souvent en nature, requérir les Biskris pour la *sokhra* ou corvée.

L'amin des Biskris avait droit aux amendes, à une rente de trois boudjous par mois sur vingt-quatre boutiques de fripiers.

à un pot-de-vin de cinquante boudjous sur chaque Biskri qui y installait; il touchait encore huit boudjous pour nomination de chacun des huit Biskris à la charge d'encanteur [1] aux ventes publiques, plus deux autres boudjous par mois. Les professions de fripier et encanteur, dévolues, comme on le voit, aux Biskris, au temps de la régence, sont exercées aujourd'hui par les Maures d'Alger, et ne rentrent donc plus sous la surveillance de l'amin des Biskris.

Le beylik accordait à l'amin une koulla d'huile (50 litres), deux sââ de blé (60 litres), quatre aunes de drap, un demi-saâ de sel (30 litres) par mois et quatorze pains par jour ; ces pains ou galettes pouvaient peser 400 grammes. Toutes ces redevances faites par l'État, jointes aux redevances faites par les corporations, formaient donc de très-beaux revenus à l'amin.

La corporation des Biskris d'Alger comporte de huit à neuf cents individus. Les oasis des Ziban qui fournissent leur contingent sont :

1° Les Oulad-Djelal, les Khraldis, Ben-Thious, Ourlal, Melili, Bigou, dans le *Zab-Guebli* ou Zab de l'ouest ; 2° El Bordj, Tolga, Farfar, Zaatcha, Lichana, Bou-Char'oun, dans le *Zab-Darahoui* ou Zab du nord ; 3° Sidi Okba, dans le *Zab-Chergui* ou Zab de l'est ; 4° les Souafa ou gens de l'Oued-Souf, Bou-Sada et Mdoukal, qui reconnaissent l'autorité de l'amin des Biskris. Comme on peut le voir, il n'est point ici question des habitants de Biskra ou Biskris proprement dits.

Voici quels sont les emplacements adoptés à Alger par les Biskris : 1° les Oulad-Djelal, place du Gouvernement, à l'endroit où était, il y a peu d'années encore, la Djenina ou palais des pachas ; 2° les Khraldis, rue Charles-Quint, au coin de la rue Bab-el-Oued ; 3° les Cheurfa ou gens de Ben-Thious, Ourlal, Melili et Bigou, rue Philippe, au coin de la rue Bab-el-Oued ; 4° El Bordj, à la Marine ; 5° Tolga, à la Bosa, rue Bab-Azzoun ; 6° Lichana et Zaatcha, rue Boutin, près de l'évêché ; 7° Bou-Char'oun, à l'ancienne porte d'Azzoun, en face du lycée ; 8° Sidi Okba, rue Traversière, au coin de la rue Philippe ; 9° Farfar, rue Kléber ; 10° les

---

[1]. Nous ne saurions trouver un autre mot pour dépeindre ces individus qui, se promenant dans les bazars, les bras chargés de hardes et les doigts couverts de bijoux, sont à la fois commissaires-priseurs et crieurs.

Souafa, rue de Chartres, au temple protestant; 11° Bou-Sada, au bazar d'Orléans; 12° Mdoukal, au marché d'Isly.

Tous ces Arabes, sous la surveillance de leur amin, exercent entre eux une police particulière. Les gens des différentes oasis ne se mêlent jamais. C'est une garantie de plus pour ceux qui les emploient et un moyen sûr de retrouver instantanément l'auteur d'un méfait.

Mais que ce soit par mesure de police intérieure et extérieure, n'est-ce point chose touchante que de voir adopter dans une ville lointaine, par des gens de même origine, un coin de rue ou de place publique qui leur rappellera l'humble gourbi et le palmier de l'oasis ?

Les *Kabiles* (V. p. LXXXIX) exercent dans les villes les métiers de manœuvres, de terrassiers, de maçons, de boulangers; ils se livrent dans les fermes à tous les travaux de l'agriculture.

Les *Mzitis*, réunis aux Kabiles, viennent de Mansoura, non loin de Bordj-bou-Areridj. Ils sont à Alger marchands et mesureurs de blé. Quelques-uns sont baigneurs et portefaix.

Les *nègres* (V. p. CIII).

Les *Mzabis* ou Mozabites appartiennent au Mzab, contrée située sous le méridien et à 200 lieues d'Alger.

L'étymologie de Mzab vient de la particule *Am* et du nom *Zab*, littéralement *comme le Zab*, et en effet le Mzab ressemble au Zab par l'aridité du sol mamelonné et cette fois caillouteux au lieu d'être sablonneux, aridité tempérée par les oasis de palmiers qui entourent les centres de population.

Les Mzabis descendent, à ce qu'ils prétendent, des Moabites. Il serait assez difficile d'appuyer cette tradition sur des preuves authentiques; mais il faut toutefois constater que les Mzabis sont généralement blancs, et que beaucoup ont les yeux bleus et les cheveux blonds. Nous laisserons aux ethnographes l'appréciation de ces faits.

Les Mzabis, blonds ou bruns, ont le front haut, plutôt étroit que large, les yeux obliques et impénétrables, le nez long, busqué comme celui des juifs, la lèvre mince, dédaigneuse, estompée d'une légère moustache, le menton pointu et couvert de quelques poils. Les Mzabis sont d'une taille plutôt moyenne que grande, leurs membres sont grêles et cependant robustes. Il est bien entendu que cette physiologie est générale et qu'elle comporte ses exceptions.

Les Mzabis, reconnaissables par le signalement que nous venons de donner, le sont encore par leur costume, qui se compose du burnous blanc et du haïk, laissant le front à découvert, et dont la partie inférieure cache presque toujours le menton et la bouche, par suite de l'habitude que les Mzabis ont au pays pour se garantir des vents étouffants du simoun. Quand ils ne portent point ce costume, ils le remplacent par une espèce de gandoura ou épaisse chemise de laine rayée, bleue, rouge et jaune.

Les Mzabis sont guerriers par nature, ils aiment à faire parler la poudre, quelquefois avec leurs propres concitoyens, à plus forte raison avec ceux qui ne le sont pas. 150 Mzabis, sous la conduite de Ba-Ahmed, leur amin à Alger, firent avec nous, en 1835, la campagne de Maskara; ils avaient de rudes représailles à exercer contre Abd-el-Kader, qui les avait mis à rançon à Miliana et à Medéa.

Les Mzabis sont schismatiques; ils appartiennent à la secte de l'assassin d'Ali, gendre du prophète. Ils sont donc en dehors des quatre sectes reconnues; on les appelle à cause de cela *khammes* ou cinquièmes, et c'est pour eux un terme de mépris. Jamais on ne les voit à Alger mettre les pieds dans une mosquée; ils ont leur cimetière à part, près de la koubba de Sidi ben-Nour, sur un des mamelons de Bou-Zaréa et au-dessus de l'hôpital du dey.

Les Mzabis qui viennent à Alger, exercent les professions de baigneurs, d'entrepreneurs de charrois, de bouchers, de meuniers, de traiteurs, de fruitiers, de marchands de charbon, et enfin de négociants et de banquiers au besoin.

Les bains maures, dans l'Orient et en Afrique, diffèrent essentiellement du bain pris dans la baignoire européenne en bois ou en cuivre étamé, et surmontée des deux classiques robinets d'eau chaude et d'eau froide que le baigneur fait couler à volonté.

Les bains maures ont une grande analogie avec ceux des thermes anciens, réduits toutefois au seul bain de vapeur.

Une maison de bains maures, petite ou grande, en pierre ou en marbre, simple ou couverte de sculptures, se compose d'un vestibule, d'une salle dont le pourtour est couvert de nattes épaisses et les murs garnis de tablettes destinées à recevoir les vêtements (c'est l'*apodytère*) ; d'un second vestibule précédant une dernière pièce, dont les parois sont garnies de robinets d'eau chaude, le milieu surmonté d'une large table en marbre, et enfin qui est couverte par une voûte en dôme percée de nombreuses ouvertures destinées à tempérer la chaleur entretenue par un foyer souterrain. C'est bien là le *sudatorium* ou *caldarium*.

Le Mzabi remplit à la fois les fonctions de baigneur, de chauffeur, de gardien d'habits, d'épileur et enfin de masseur, que se partageait le nombreux personnel des thermes romains.

Voici maintenant comment s'administre le bain.

Le patient, c'est le seul mot que nous puissions trouver pour celui qui prend un bain maure, le patient, arrivé dans la première salle, est bientôt entouré de Mzabis, n'ayant pour tout costume qu'un fouta ou pièce d'étoffe en cotonnade bleue qui leur ceint les reins. Quand, après avoir quitté ses vêtements, il revêt lui-même un fouta, cette fois blanc, il est conduit dans l'étuve ou dernière salle, et, couché sur la dalle ou table du milieu, il attend qu'une transpiration abondante le mette dans un état convenable pour se prêter aux opérations suivantes.

Deux Mzabis, tout en nasillant quelque chanson de leur pays, le massent et le pétrissent, puis, au moyen d'un gant en poil de chameau, espèce d'étrille humaine qui remplace le strigile (grattoir en corne ou en ivoire), lui enlèvent jusqu'au moindre atome d'impureté et, à défaut, l'épiderme, puis le savonnent avec une terre grasse, lui font craquer la colonne vertébrale, en glissant de tout leur poids de la nuque aux reins, lui brisent les genoux et les coudes, supplice atroce, mais plus tard bienfaisant. Enfin ils l'épongent avec des linges de laine douce, et, pour dernière cérémonie, l'empaquettent tout comme une momie.

Dans ce dernier état le baigneur retourne à la place où naguère il s'est déshabillé ; on lui apporte un matelas sur lequel il prend un repos bien acheté, tout en savourant un sorbet ou une tasse de café, et en fumant une pipe chargée d'un tabac blond et odorant.

Un pareil bain coûte à peu près 25 centimes à un indigène ; et 1 fr. 25 à l'Européen, si l'on ne s'en rapporte à sa générosité.

Le bain est exactement le même pour les femmes; les Mzabis font alors place aux négresses, du lever au coucher du soleil.

Il ne reste aujourd'hui que quatre ou cinq des nombreux bains que la ville d'Alger possédait avant 1830. A cette époque, les juifs avaient leurs bains à part (*Hammam Koron*), rue de la Couronne, quartier de la place de Chartres; et les filles publiques à l'entrée de la rue de la Kasba (*Hammam Yotto*), et rue Bab-Azzoun (*Hammam Fouïta*).

Les démolitions, les matériaux de construction, les immondices, etc., dont le charriage ne peut se faire dans le haut d'Alger par les voitures, sont enlevés ou apportés au moyen d'innombrables troupes d'ânes, animaux doux et patients à Alger comme partout, et plus sobres à Alger qu'ailleurs, car sans les détritus du coin de rue et de la place du marché, les pauvres bêtes pourraient bien mourir de faim.

Les Mzabis sont entrepreneurs de charrois, au grand ennui de l'Européen, souvent surpris, et au risque d'être écrasé, dans les rues étroites de la ville haute, par les bandes de bourricots (surnom de l'âne à Alger), dont les conducteurs stimulent l'ardeur à coups de bâton et en criant *arri!... arri!...*

Le Mzabi exerce l'état de boucher au carrefour des rues de Chartres et de Port-Neuve. Soumis désormais aux lois françaises, il n'égorge plus en ville, pour empester tout un quartier, comme cela se pratiquait sous le gouvernement des Turcs, mais à l'abattoir civil, les bêtes destinées à la consommation des musulmans, puis il les rapporte dans sa boutique, ignoble et étroite échoppe où il dispute l'espace à sa marchandise découpée en menus morceaux enfilés avec un jonc ou une corde, et qu'il expose en guirlandes pour tenter la vue, nous ne dirons pas l'odorat, d'un acheteur peu dégoûté.

Le fruitier Mzabi est tout aussi primitif que le boucher; il habite souvent une de ces excavations, moitié rez-de-chaussée, moitié cave, dont sont, d'ordinaire, percées sur la rue les maisons mauresques.

Quelques bottes de légumes, de piment rouge, des œufs, des poules, du lait aigre ou doux, des oranges, des balais en palmier nain, des petites bougies, de l'huile rance, des lanternes en papier, des sparteries, un peu de poteries grossières, telles sont les denrées principales et peu coûteuses qui alimentent le fonds du fruitier mzabi.

Celui que la prospérité favorise devient quelquefois fruitier-épicier; il descend alors dans le quartier européen, et la petite ménagère européenne ne dédaigne point de venir s'approvisionner chez lui.

Dans une boutique bien noire, dont la porte est barrée par un fourneau où pétille sans cesse un feu clair, se tient un Mzabi, luisant de chaleur et de graisse : c'est le traiteur. Il coupe de la viande en morceaux menus, qu'il enfile dans de petites brochettes en fer, pour les offrir aux passants affriandés par ce genre de mets. Le kouskoussou, les pois chiches, les fritures de courges et de poissons viennent varier cette sale et nauséabonde cuisine. Puis à l'époque du Ramadan ou mois du jeûne, la boutique, fermée pendant le jour, se rouvre au coup de canon du soir, pour offrir cette fois aux affamés des zelabias ou rayons de miel enduits de pâte et frits !!!

Le meunier mzabi reçoit le grain et le moud à façon, au moyen d'un moulin grossier, dont les meules en pierre sont mises en jeu par un arbre que tourne un mulet, comme dans les manéges européens. La farine est d'assez belle qualité, quoique mélangée, mais ce luxe de mouture n'est guère connu que dans les villes. On sait que l'Arabe, vivant sous la tente, laisse aux femmes le soin de piler grossièrement le blé ou l'orge, dont il est difficile d'extraire le son.

Le commerce du charbon est accaparé par les Mzabis; l'un d'eux, qui a eu longtemps la fourniture des établissements publics, a fait une assez belle fortune. Il faut du reste la patience de l'indigène pour ce genre de commerce, qui consiste, dans les achats, à guetter les Arabes apportant chacun sa mince provision de charbon.

Les Mzabis ne viennent pas tous à Alger. Poussés par la dure nécessité de vivre, quelques-uns arrivent dans les villes du littoral ou de l'intérieur pour donner plus d'extension à leur commerce, et pour surveiller eux-mêmes leurs opérations. On ne se figure pas les énormes quantités de tissus, d'articles de droguerie, de teinture, de quincaillerie, etc., etc., qui prennent la route du Sa-

...ara, par l'entremise des Mzabis, auxquels les complications du commerce et de la banque ne sont nullement étrangères.

Nous savons tel Mzabi, à Alger, qui possède un établissement de bains payé 70 000 francs, à une époque où l'argent valait 15 pour 100, ce qui représente un immeuble de 210 000 francs. Ce Mzabi est commerçant expéditeur, et quoique ne sachant pas un mot de français, il négocie journellement des valeurs européennes. Cet homme, imité par plusieurs de ses compatriotes, est l'amin des Mzabis, à Alger.

Au mois de mars 1851, un Mzabi nommé Aïssa-ould-Mohammed, établi à Maskara, s'enfuit emportant une somme de 25 000 francs appartenant à divers négociants de cette ville. On apprit qu'il s'était réfugié dans le Mzab, à Berrian. Il devenait dès lors impossible de le poursuivre.

Cependant, le général commandant la province d'Oran adressa à la *djemâa* ou assemblée des Mzabis une proclamation pour demander l'extradition du coupable, menaçant, si elle était refusée, d'établir une croisière chargée d'arrêter leurs caravanes, et pouvant ainsi porter un grave préjudice au commerce qui seul les fait vivre.

Cette proclamation eut l'effet qu'on devait en attendre. La *djemâa*, émue de la menace qui pouvait amener la ruine du commerce dans le Mzab, décida que la satisfaction demandée serait immédiatement donnée, et Aïssa-ould-Mohammed, ne se trouvant plus en sûreté dans son pays, gagna aussitôt Oran pour invoquer les bénéfices d'un retour volontaire....

Les Mzabis établis dans nos villes ont applaudi à cette solution; ils ont compris que les relations de leur pays avec le littoral n'ont qu'à gagner à la garantie réciproque que nous voulons établir. Depuis, le Mzab a été parcouru par nos colonnes qui sont toujours bien accueillies.

Les *Lar'ouatis*, réunis aux Mzabis, comme les Mzitis l'ont été aux Kabiles, exercent généralement dans la ville la profession de mesureurs et porteurs d'huile; ils sont assez reconnaissables à leurs costumes graissés par l'huile.

Les *Berranis* proprement dits sont : les *Mar'rarba* ou *Marocains*, *Rifiens* et *Cheleuh*, exerçant le métier de charbonniers et de manœuvres; les *R'araba* ou Arabes de la province d'Oran, tous muletiers ou bouviers; et les *Tunisiens*, portefaix et manœuvres.

POPULATION CIVILE EUROPÉENNE.

La population européenne présente la proportion suivante : les Français, 62 pour 100 ; les Espagnols, 25 pour 100 ; les Italiens, 4 à 5 pour 100 ; les Anglo-Maltais, 4 pour 100 ; les Allemands, les Suisses, les Portugais, les Belges, etc., etc., 4 à 5 pour 100.

Tout a été dit sur la population civile européenne de l'Algérie, et malheureusement, on ne sait trop pourquoi, il faudra du temps encore pour que tout ce qui n'est pas militaire perde ce nom de *mercanti* appliqué par les indigènes au colon, à l'industriel, à l'employé, voire au touriste, et dont la signification répond à celle de dupé et de dupeur.

Les Européens, sauf les Anglo-Maltais et les Espagnols des campagnes, n'offrent physiquement rien de bien tranché ; ils sont en Algérie ce qu'ils sont en Europe.

Le *Maltais* ou l'Anglo-Maltais s'est implanté en Algérie depuis notre conquête. La langue arabe, qui est sienne, les langues anglaise, italienne, française, qu'il baragouine, le rendent presque indispensable dans les rapports de chaque jour. Pêcheur, batelier, chevrier, marchand de bestiaux, boucher, cafetier, portefaix, portefaix surtout, tels sont les divers métiers qu'il exerce. Le Maltais abdique au besoin son titre de sujet anglais pour venir se ranger avec ample compensation sous la loi française, à moins cependant que ses intérêts ne lui fassent revendiquer son titre de sujet anglais :

> Je suis oiseau, voyez mes ailes ;
> Je suis souris, vivent les rats....

Sobre, économe, intelligent, le Maltais réussit presque toujours dans ses entreprises. Quelques Maltais ont gagné, à Alger, une grande fortune dans la vente des bestiaux ou dans la boucherie.

Le Maltais est généralement reconnaissable à son pantalon serré aux hanches et large de jambes, à sa chemise bleue comme son pantalon, à son bonnet brun en laine, qui recouvre une chevelure rasée par derrière et flottante en longs tire-bouchons sur les joues. Le Maltais est de taille moyenne, bien moulé, nerveux et brun : c'est un *Arabe chrétien*.

Les *Espagnols*, qui figurent pour une grande proportion dans les Européens étrangers, viennent principalement de Mahon et de l'Andalousie. Les *Mahonnaises*, coiffées gracieusement d'un foulard, sont bien connues à Alger, où elle sont domestiques et nourrices. Les *Mahonnais* s'adonnent à la culture maraîchère. Quant aux *huertolanos* ou jardiniers des provinces de Murcie, de Valence et de l'Andalousie, c'est généralement dans la province d'Oran qu'ils viennent se fixer. On les y retrouve avec le costume qui est resté arabe, sauf de légères différences : caleçons fort larges et ceinture très-apparente, sandales de cordes, mouchoir sur la tête, quelquefois un chapeau, gilet croisé à boutons de métal, et enfin la couverture dans laquelle le dernier mendiant sait se draper si orgueilleusement.

L'ARMÉE.

Faut-il répéter que « l'Algérie est l'école militaire pratique qui a donné cette armée par laquelle le drapeau de la France a été si glorieusement porté à Sébastopol, en Italie et en Chine ? »
L'armée, formant un effectif d'environ 70 000 hommes, comme on l'a dit plus haut, est composée de troupes venant de France et de troupes restant dans le pays. Les troupes spéciales au pays sont : pour l'infanterie, trois régiments de zouaves, trois bataillons d'infanterie légère, connus sous le nom de zéphyrs (*V.* p. 78), un régiment étranger, trois régiments de tirailleurs indigènes, connus aussi sous le nom de turcos ; et pour la cavalerie, trois régiments de chasseurs et les trois régiments de spahis.

Il n'est point ici question des *Goums* ; on appelle ainsi les contingents de cavaliers armés que les chefs de tribus peuvent réunir dans un temps donné. « Ces contingents, dit M. F. Hugonnet, font eux même porter à leur suite sur des mulets de bât, leurs vivres et tout ce qui leur est nécessaire pour camper. Ils sont réunis pour une expédition, pour un coup de main, une opération déterminée, et rentrent ensuite dans leurs foyers. »

HISTOIRE [1].

LES TEMPS FABULEUX.

Parmi toutes les populations qui existent dans le nord de l'Afrique, en est-il quelques-unes que l'on puisse regarder comme descendant plus particulièrement des autochthones ou premiers habitants du sol? Il y a de grandes probabilités en faveur de ce groupe de populations confondues aujourd'hui sous le nom commun de Berbères, et qui s'étendent depuis les oasis d'Oudjila et de Sioua jusqu'au détroit de Gibraltar, soit dans les profondeurs du désert, soit dans les régions ardues et naturellement fortifiées du littoral. C'est à ces populations que doit s'appliquer l'antique dénomination de Libyens.

Les premières peuplades aborigènes qui, par leur nombre et leur importance, durent frapper l'attention des émigrants arrivés de Tyr ou de la Grèce, furent sans doute celles que les auteurs latins ou grecs ont désignées sous les noms défigurés de *Gétules*, de *Nomades* ou *Numides*, de *Garamantes*. Au-dessous de ces groupes, tous compris eux-mêmes sous la dénomination plus générale de Libyens, se présentaient des associations de tribus moins importantes : telles étaient particulièrement, en allant de l'est à l'ouest, les *Maxyes*, les *Massyliens* et les *Massæsiliens*, les *Macxens* et les *Maurusiens;* puis se groupaient sur le rivage de la mer, dans le pays aride et triste qui borde les deux Syrtes, ces nations de mœurs bizarres et presque complètement sauvages, les *Lotophages* (qui se servaient du fruit du lotus pour nourriture et pour boisson), les *Psylles*, les *Nasamons*.

Quant aux populations mieux connues, qui occupaient le centre de la contrée comprise depuis la petite Syrte jusqu'au détroit de Gibraltar et qui ont été dénommées plus haut, elles rappelaient

---

1. La notice suivante est extraite : 1º des documents publiés par le ministère de la guerre dans les *Tableaux de la situation de nos établissements en Algérie;* 2º de l'*Histoire des Berbères* d'Ibn-Khaldoun, traduite par M. de Slane; 3º enfin de la *Revue africaine*. Cette notice n'étant strictement écrite que pour relier les faits historiques épars dans l'*Itinéraire en Algérie*, nous renverrons aux ouvrages ci-dessus les lecteurs curieux d'approfondir l'histoire africaine.

de tous points par leurs mœurs les tribus qui ont pris leur place et qui, pour la plupart peut-être, en descendent. Sous une forme légèrement altérée, le nom antique de *Gétule* se reconnaît dans celui de *Djedala* (branche importante de la grande famille berbère). Les *Maxyes*, *Macexi*, *Macæi* (Mazikes de Ptolémée), dispersés alors sur divers points du littoral, rappellent par leurs noms celui d'*Amazir'* (homme libre, en berbère, comme le mot *Frank* chez les anciennes nations germaniques), nom qui est encore aujourd'hui revendiqué par une notable portion des tribus berbères de l'intérieur.

A en croire une des traditions qui eurent cours dans l'antiquité, ces tribus, purement libyennes ou berbères, les Gétules, les Garamantes, les Maziques, par leur mélange avec les Perses et les Mèdes venus d'Asie au temps d'Hercule, avaient donné naissance aux Numides et aux Mauritaniens. Quoi qu'il en soit de cette fusion, une distinction fondamentale pouvait cependant servir à partager cette grande famille en deux groupes; c'est celle qui repose sur le caractère nomade ou sédentaire des tribus.

Jusqu'au moment où les Phéniciens apportèrent sur leurs rivages la civilisation asiatique, et où les Grecs s'établirent en Cyrénaïque (Barka), les Libyens n'ont pas d'annales régulières, mais seulement des traditions fabuleuses, des légendes mythologiques. Tels sont les combats d'Hercule et d'Antée, les Atlantes, le jardin des Hespérides, etc., récits mystérieux qui cachent sans doute des allusions, soit à la constitution géographique de ces contrées, soit au souvenir perdu d'émigrations et d'invasions antiques.

LES CARTHAGINOIS.

C'est en 860 que Didon (*Elissa* Dido), venant de Tyr, aborda aux environs de Tunis. Ses premiers actes furent d'acheter des terres aux indigènes, et de bâtir la forteresse de Byrsa. Jarbas (Iarba) régnait alors sur les Maxyes et les Gétules (Amazir', Djedala); il voulut épouser Didon, qui déjà s'était soumise au payement d'un tribut en argent; Didon s'y refusa et mourut.

Après sa mort se présente dans l'histoire de Carthage un vide de trois siècles. Tout ce que l'on en sait, c'est que la ville, située sur un emplacement heureusement choisi, grandit rapidement.

Le gouvernement passe de la forme monarchique à la forme républicaine sans qu'on puisse assigner au juste l'époque ni la cause de cette révolution ; mais cela ne paraît modifier en rien le cours de ses succès. Les éléments de prospérité commerciale et industrielle que renfermait Carthage, développés par le génie entreprenant et exercé des Phéniciens, la rendirent promptement redoutable. Dès le temps de Cambyse et de Cyrus, elle fait déjà des conquêtes en Sicile, en Sardaigne, et surtout fonde, le long du littoral africain, cette chaîne continue de comptoirs fortifiés au moyen desquels elle établit solidement sa puissance, et se fraye un chemin vers l'Espagne et les côtes de l'océan Atlantique.

De l'autre côté des Syrtes, s'élevait simultanément une colonie fondée par la race hellénique, qui venait apporter sur ces rivages des arts et des besoins jusque-là inconnus. Vers 675, une expédition de Doriens, expulsés de leur patrie, aborde en Libye, et s'établit sur cette portion du littoral connue aujourd'hui sous le nom de Barka. Elle y fonde la ville de Cyrène (R'enna); en 631, elle se recrute d'une nouvelle émigration venue de la mère patrie. Sous les fils de Battus, Arcésilas II et Arcésilas III, la Cyrénaïque, souvent tourmentée par des guerres intérieures, trouve moyen de refouler et quelquefois même de soumettre les populations libyennes, d'entrer en lutte, souvent avec succès, contre les satrapes persans d'Égypte, et de s'enrichir de villes nouvelles. Ses relations commerciales avec l'intérieur et les côtes s'étendent chaque jour. Ce développement de prospérité excite la jalousie de Carthage. Les Cyrénaïques ont donc à soutenir contre Carthage plus d'une lutte ouverte ou cachée. L'une d'elles se termina par la mort de ces deux frères enterrés vivants par les Cyrénéens, sur le territoire carthaginois, et dont les tombeaux (*aræ philænorum*) marquaient la limite des États sur la rive orientale de la grande Syrte.

Jusqu'à l'époque de ses premières guerres contre Syracuse (de 778 à 480 av. J. C.), l'histoire de Carthage est tout entière dans ses luttes avec les populations indigènes, dont elle triomphe autant par la ruse que par la force; dans la colonisation de toute la lisière méditerranéenne et des petites îles qui lui font face; enfin, dans l'établissement de ses premières relations commerciales avec les côtes de l'Océan. C'est dans cette période que se développent sa constitution et son génie propres, et qu'elle fonde l'édifice de sa grandeur.

L'établissement carthaginois s'était formé pacifiquement, par occupation, si on peut le dire, et non par invasion. Il se présente d'abord aux indigènes moins pour conquérir que pour négocier; ses premiers efforts s'emploient à former des comptoirs, des stations, des échelles : aussi le voit-on s'étendre toujours le long des côtes, sans que son territoire semble croître jamais beaucoup ; il ne pénètre pas avant dans les terres et n'entame pas profondément le sol déjà occupé.

Quoique le commerce et l'industrie fussent mis au premier rang dans les préoccupations politiques de Carthage, elle ne négligea pas cependant l'agriculture. Tout autour de Carthage, dans un espace de soixante-quinze lieues de long sur soixante de large, rayonnaient, dans les deux districts de la Zeugitane et du Byzacium, des colonies agricoles moitié indigènes et moitié phéniciennes : c'est là que se recrutaient les premiers éléments des établissements lointains.

Ces établissements eux-mêmes, ainsi que toutes les villes dépendantes du territoire de Carthage, telles qu'Utique, Leptis, Hippozaritos, etc., jouissaient d'une grande liberté et se gouvernaient en général par des conseils dont l'organisation rappelait celle des conseils de Carthage. Quelquefois pourtant l'administration des provinces paraît avoir été confiée à un seul administrateur, qui portait un titre équivalent à celui de *strategos* ou de *béotarque*, et qui réunissait à la fois les pouvoirs civils et militaires.

Sous le rapport du commerce, Carthage ne tirait pas moins bien parti des indigènes : outre les éléments de colonisation qu'ils fournissaient aux postes maritimes, entrepôts, etc., comme population coloniale, ils furent, à n'en pas douter, pour le commerce avec l'intérieur de l'Afrique, les meilleurs intermédiaires et les courtiers les plus efficaces. Il est aujourd'hui prouvé qu'ils entretenaient avec l'intérieur un commerce considérable, dont les principaux articles étaient l'or en poudre ou en grains, les dattes et surtout les esclaves noirs ; c'est parmi ces derniers que se recrutaient particulièrement les rameurs de la marine carthaginoise, dont le nombre contribuait surtout à la vitesse renommée de ses vaisseaux. Hasdrubal acheta en un seul jour cinq mille de ces rameurs.

Carthage trouvait de nombreux débouchés pour ces produits de l'intérieur et pour ceux de sa propre industrie dans les diverses contrées de l'Occident, et particulièrement dans les îles de la Méditerranée, qui, peu à peu, étaient tombées toutes sous sa domination. Telles étaient la Sardaigne, où elle avait fondé Calaris (Cagliari), et qui était le second grenier à blé de la république; les Baléares, d'où elle tirait du vin, de l'huile, de la laine fine, des mulets, et auxquelles elle fournissait des esclaves; Malte, célèbre alors par ses tisseranderies et où Carthage entretenait deux mille hommes de garnison; Gozo, etc.

La conquête de la Sicile présentait des obstacles plus sérieux; mais il fallait que Carthage la jugeât bien nécessaire à sa grandeur, car elle y porta plus de constance que dans aucune autre de ses entreprises, et fit pour s'y maintenir d'énormes sacrifices. Quelquefois victorieuse et prête à s'emparer de l'île entière, Carthage se vit, aux jours de revers, menacée dans ses propres murs par les petits tyrans qu'elle avait souvent vaincus; mais elle finit par trouver sur ce théâtre des ennemis plus redoutables que les Grecs et qui devaient l'anéantir elle-même. De l'autre côté du détroit de Messine s'élevait une puissance que désormais elle devait retrouver partout devant elle. La république romaine n'avait qu'un pas à faire pour entrer en Sicile; elle le fit, et la première guerre punique fut engagée (264-241 av. J. C.). Jusque-là les relations de Rome et de Carthage avaient été plutôt amicales qu'ennemies; elles s'observaient avec crainte peut-être, mais se surveillaient sans se combattre.

La première guerre punique se termina par l'évacuation entière de la Sicile; Carthage s'en retira avec des finances épuisées et une armée démoralisée. C'était là une première et rude atteinte à sa puissance, et elle dut, aux yeux des indigènes d'Afrique, lui porter un coup funeste. Ce motif ne fut pas étranger, sans doute, à la *guerre des mercenaires*, qui suivit immédiatement la conclusion du traité avec Rome. Ce mouvement, favorisé par les secrètes sympathies, sinon par l'assistance directe des populations africaines, faillit mettre la république carthaginoise à deux doigts de sa perte. La guerre des mercenaires dura deux années (240-237), et fut étouffée dans le sang des principaux chefs : l'Africain Mathos et le Campanien Spendius ; elle avait eu pour prétexte le retard apporté dans le payement des troupes, et pour cause réelle la composition des armées carthaginoises, qui se recrutaient presque tout entières de populations étrangères à la république.

La deuxième guerre punique, allumée au sujet de la conquête et de la possession de l'Espagne, que les deux puissances rivales se disputaient, comme elles s'étaient disputé la Sicile, ne tarda pas à embraser l'Afrique et l'Italie. Annibal, traversant les Gaules et passant les Alpes, vint la porter au sein même de la république ennemie, et fit trembler Rome elle-même. Malheureusement, l'issue de la guerre ne fut pas aussi favorable pour Carthage que l'avaient été ses débuts. Annibal fut vaincu par Scipion. Rome sut trouver en Afrique même des ennemis à Carthage ou grandir ceux qu'elle avait déjà. Après avoir envoyé au Numide Syphax, alors son allié, Q. Statorius pour lui former un corps d'infanterie de jeunes Numides, combattant à la manière des Romains, gardant leurs rangs et rompus à toutes les évolutions de l'art militaire, elle sut appliquer elle-même à son usage et faire combattre pour elle la cavalerie de Massinissa dont elle avait conquis l'alliance.

La guerre, qui durait depuis seize ans (218-202), se termina dans les plaines de Zama par la défaite complète de Carthage. Les conditions dictées par Scipion aux trente sénateurs carthaginois qui vinrent le trouver à Tunis étaient celles d'un maître plus encore que d'un vainqueur.

Il semblait que la haine des Romains eût dû sans doute être satisfaite ; mais Rome se sentait trop près de sa rivale pour vivre en paix avec elle, et Caton, jetant aux pères conscrits, dans le sénat, des figues fraîches d'Afrique, pour leur rappeler la courte distance qui séparait Rome de sa plus grande ennemie, trouvait un accord sympathique dans tous les sentiments populaires. Pour Carthage elle-même, les exigences toujours nouvelles de ses ennemis devinrent intolérables, et rallumèrent dans l'âme des Carthaginois le courage du désespoir ; mais la résistance, quoique longue et vigoureuse, fut inutile. Carthage fut prise, après un siège de deux ans, en 145, par Scipion Émilien, qui, sur l'ordre exprès du sénat, la réduisit en cendres. L'incendie dura dix-sept jours; d'horribles imprécations furent prononcées contre quiconque tenterait de rétablir la ville. Les 700 000 habitants qui en formaient, dit-on, la population furent dispersés; une grande partie fut envoyée à Rome et distribuée dans différentes provinces d'Italie. Les sommes recueillies par Scipion Émilien, et versées au trésor public de Rome, se montaient à 34 millions. Carthage avait duré 715 ans.

LES ROMAINS.

En détruisant Carthage, Rome ne se substitua pas immédiatement à son empire sur tous les points qu'elle avait occupés; parmi les cités tributaires ou coloniales de la côte, celles qui s'étaient fait le plus remarquer par leur intime alliance avec la métropole détruite furent démantelées. Pour quelques-unes, pour Utique, par exemple, la ruine de Carthage fut le signal d'une prospérité nouvelle et d'un développement auquel elles n'étaient point arrivées jusque-là; elles durent hériter et héritèrent en effet des relations commerciales et des établissements industriels dont le siége avait été à Carthage. Utique reçut même d'abord de Rome un accroissement plus direct par l'adjonction à son territoire d'une partie du domaine qui avait appartenu à Carthage.

Quant aux provinces de l'intérieur et à tous ces petits rois qui, dans la longue lutte de Rome et de Carthage, avaient pris parti pour l'une ou l'autre des deux républiques, le sénat romain continua de jouer à leur égard ce rôle de protectorat hautain par lequel il préparait les voies à une domination entière et réelle. Son premier soin avait été de récompenser largement ses alliés et de punir implacablement ses ennemis. Syphax, dépossédé, avait vu ses États passer aux mains de Massinissa, qui réunit alors la Massylie et la Massæsylie, c'est-à-dire toute la Numidie proprement dite, et qui se trouva ainsi le souverain le plus puissant de l'Afrique. Des députés numides vinrent devant le sénat pour le remercier, au nom de leur maître, du titre que Scipion avait bien voulu lui conférer, et reconnaitre que c'était de la république, et de la république seule, que Massinissa allait tenir sa puissance (*si ita patribus visum esset*). Ainsi se trouvait dès lors constaté le principe que Rome eut soin de ne jamais laisser oublier, et qui ne permettait pas que nul entre les Maures pût se dire roi avant d'avoir reçu des Romains les insignes du pouvoir.

Toute la portion de l'Afrique soumise au pouvoir de Massinissa, jouit sous son règne d'une grande prospérité. Il prépara l'œuvre que la civilisation romaine devait accomplir plus tard. Soixante ans d'une administration énergique et éclairée opérèrent en quelque sorte une métamorphose complète du pays. Des campagnes jusque-là jugées infertiles se couvrirent de cultures florissantes : les villes s'enrichirent de constructions nouvelles, se peuplèrent et s'agrandirent; Cirta, qui devint sa capitale, après avoir été celle de son rival Syphax, s'embellit encore sous son successeur Micipsa. Celui-ci, en faisant venir dans cette ville une colonie de Grecs, familiarisa peu à peu ses sauvages sujets avec les arts européens.

Ailleurs, le long des côtes, Rome se substituait peu à peu à l'ancien commerce de Carthage. Quelques colonies italiennes, peu importantes d'abord, mais destinées à grandir, implantaient sur le sol africain l'usage de la langue latine, et commençaient avec les peuplades indigènes des relations indispensables au développement de la puissance romaine. Ainsi donc, de tous points, la situation de Rome en Afrique se consolidait; les ressources de la province proconsulaire, voisine à l'est et au sud du royaume de Numidie, paraissaient déjà bien assurées, quand les tentatives de Jugurtha pour établir ou relever l'indépendance numide permirent à Rome de faire un pas de plus dans la domination de l'Afrique septentrionale.

La mort de Micipsa (119) avait donné lieu à un partage de ses États entre Adherbal et Hiempsal, ses deux fils, et son neveu Jugurtha. Cirta était échue à Adherbal. Jugurtha, mécontent de la part qu'il a reçue, se révolte (117), et s'étant emparé de Cirta il égorge le fils de son bienfaiteur. Le frère de la victime, attaqué lui-même, en appelle au sénat de Rome; mais déjà les manœuvres corruptrices de Jugurtha ont gagné à sa cause une partie des sénateurs et les généraux envoyés contre lui (112). Par ruse, ou violence, ou corruption, il annule ou déjoue longtemps toutes les mesures que la république veut prendre contre lui; mais, l'or lui manquant peut-être, il se met en révolte ouverte. Le mouvement énergique imprimé par Métellus à la guerre décide Jugurtha à implorer le secours de Bocchus (109), souverain de cette portion la plus reculée de l'Afrique qui, avant qu'un siècle ne se fût écoulé, devait être réunie à ses possessions sous le nom de Mauritanie-Césarienne et de Mauritanie-Tingitane. Avec l'aide de Bocchus, Jugurtha soutint encore quelque temps l'effort de Rome. A Métellus avait succédé Marius (108). Les talents militaires du nouveau chef et les habiles négociations de son lieutenant Sylla, mirent fin à la guerre: Jugurtha, livré par Bocchus, expia, en mourant au fond d'un cachot, le tort d'avoir voulu entraver en Afrique le cours de la domination romaine.

Dans le partage qui suivit sa victoire, Rome se contenta de joindre à ce qu'elle possédait sous le nom de province proconsulaire, c'est-à-dire à l'ancien territoire propre à Carthage, quelques cantons limitrophes qui appartenaient à la Numidie. Au reste, de ce royaume elle fit deux parts : l'une à l'occident, qu'elle donna à Bocchus pour récompense de sa trahison; l'autre qu'elle laissa à Hiempsal et à Mandrestal, petits-fils de Massinissa (106).

Jusqu'au moment où s'engagèrent les guerres civiles qui portèrent César à l'empire, l'histoire de la province romaine d'Afrique se confond avec celle de la république. Cependant elle achevait peu à peu de s'organiser dans les limites qu'elle s'était imposées d'elle-même. Par la fondation, sur divers points d'une détermination aujourd'hui difficile, de petites colonies et de municipes, elle créait sur le sol africain une population romaine qui prit, à l'époque dont nous parlons, une part active aux guerres civiles de la république; les rois indigènes eux-mêmes, entraînés ou par des engagements antérieurs ou par leurs affections particulières, se mêlèrent avec ardeur à la lutte, et cette circonstance devint pour Rome une occasion nouvelle d'agrandissement. César vint combattre en Afrique les restes du parti républicain, qui, sous les ordres de Scipion et avec l'assistance de Juba, roi de Mauritanie, cherchait à recommencer la guerre sur ce théâtre. César triompha partout, s'empara de Leptis et de Cirta, et anéantit enfin à Thapsus les forces de Juba et de Scipion. Ce dernier, cerné dans le port d'Hippône par Sittius, se donne la mort; Caton meurt à Utique; Juba et Pétréïus, lieutenant de Pompée, s'entretuent à la suite d'un repas splendide.

La mort de Juba ne tarda pas à être suivie de la cession de

toute la Numidie à la province romaine, qui dans sa composition nouvelle fut donnée par César à Salluste, avec le titre de proconsul et la disposition d'un corps de troupes. Le nouveau gouverneur d'Afrique profita de son séjour en Numidie pour réunir sur les traditions du pays et sur son histoire tous les matériaux qu'il put trouver. Malheureusement ce ne fut pas le seul usage qu'il fit de son pouvoir, et l'Afrique, livrée par lui à une exploitation dont l'exemple ne fut que trop suivi par ses successeurs, fournit sans doute une large part aux richesses de tout genre qui plus tard ornèrent dans Rome les jardins de l'ex-proconsul.

La nouvelle organisation donnée au gouvernement d'Afrique par César ne fut encore que provisoire : de graves modifications y furent apportées par la mort des rois Bocchus et Bogud. Ces deux princes laissèrent en mourant leurs États à l'empire (721 de Rome). Réunis d'abord en une seule province directement régie par Rome, ces États constituèrent de nouveau, quelques années après (729), un royaume, qui fut donné par Auguste à Juba II, prince éclairé, dont l'éducation romaine semblait une garantie de fidélité. Juba signala son règne par la fondation, sur l'emplacement de l'ancienne Iol, d'une ville nouvelle, à laquelle il donna le nom de Césarée, en commémoration des bienfaits qu'il avait reçus de l'empereur. Césarée (aujourd'hui Cherchel), embellie chaque jour par lui, devint la capitale de la province, et témoignera longtemps encore par ses ruines du rang qu'elle a tenu parmi les villes d'Afrique. Enfin, sous l'empereur Claude (en 795 de Rome et 43 de J. C.), cette portion de l'Afrique fut définitivement annexée à l'empire où elle forma deux provinces nouvelles, sous les noms de Mauritanie-Césarienne et de Mauritanie-Tingitane, empruntés à leurs deux capitales, Césarée et Tingis.

Cependant, et malgré les testaments de Bocchus et de Bogud en faveur du peuple romain, les farouches populations qui habitaient les montagnes ou qui étaient voisines des déserts essayèrent de se dérober au joug de Rome : un premier mouvement de tribus (an 6 de J. C.) avait été suivi bientôt de la tentative plus sérieuse de Tacfarinas (17), qui avait servi dans les légions romaines. Ce chef hardi, qui tient huit ans en échec les forces de Rome en Afrique, est enfin vaincu par les généraux Camille et Dolabella, envoyés contre lui par Tibère.

Un autre soulèvement, auquel donna lieu le meurtre du fils de Juba, Ptolémée, tué par les ordres de Caligula, amena sous Claude une expédition dirigée par Suétonius Paulinus dans la partie la plus occidentale de l'Afrique. OEdémon, affranchi de Ptolémée, soutint pour venger la mort de son maître (le dernier prince indépendant de la Mauritanie) une longue lutte, dans laquelle entrèrent une partie des tribus de l'intérieur. Dans cette guerre, les armées romaines s'avancèrent au delà de l'Atlas, jusqu'au fleuve Djer (rivière de Tafilelt), et construisirent, dans les hautes vallées de la Moulouïa, une ligne de fortifications destinée à protéger contre les incursions des nomades les établissements que la civilisation envahissante de Rome commençait à y fonder.

A cette époque, en effet, la population romaine en Afrique commençait à s'accroître notablement. Les colons affluaient non-seulement d'Italie, mais même de Gaule et d'Espagne. Telle était la marche ascendante des établissements romains, qu'au commencement du règne de Vespasien, la seule Mauritanie-Césarienne comptait 13 colonies romaines, 3 municipes libres, 2 colonies en possession du droit latin, et 1 jouissant du droit italique; et qu'au temps de Pline, la Numidie avait 12 colonies romaines ou italiques, 5 municipes et 30 villes libres. Ces deux provinces renfermaient en outre un certain nombre de villes tributaires.

Sous le règne d'Antonin le Pieux, les Mauritanies paraissent avoir été le théâtre d'une insurrection qui peu à peu gagna jusqu'à la province d'Afrique. Le danger sembla assez grave, puisque l'empereur substitua au proconsul un légat propréteur investi de tous les pouvoirs civils et militaires.

Dans les troubles qui agitaient l'empire, l'Afrique dut suivre généralement l'impulsion qui lui venait d'Italie. Quelquefois pourtant elle prétendit imprimer le mouvement au lieu de le recevoir. C'est ce qui eut lieu en 237, sous le règne de Maximin. Les habitants de la Byzacène se soulevèrent; ils s'établirent dans Thysdrus et revêtirent de la pourpre impériale le proconsul de la province, Gordien, qui subit le pouvoir, loin de le demander. Vaincu par Capellianus, Gordien se donna la mort. Carthage et la province rentrèrent sans résistance sous le pouvoir de Maximin.

L'administration de Probus, qui gouverne l'Afrique sous les empereurs Galien, Aurélien et Tacite 268-280), est signalée par l'emploi des armées romaines en Afrique à des constructions d'utilité générale, voies publiques, temples, ponts et portiques, etc.

Un soulèvement de tribus comprises sous le nom général de Quinquegentiens (297), qui paraissent avoir occupé la partie centrale et montagneuse de l'Algérie actuelle, amena un nouveau changement dans les divisions administratives, dans les circonscriptions et la hiérarchie de l'Afrique impériale. Julianus s'était fait proclamer empereur dans Carthage : renversé du pouvoir, il se jeta dans les flammes. Maximin vainqueur profita de son triomphe pour opérer le déplacement des tribus rebelles. A la suite du mouvement de population qui se produit alors, l'ancienne province proconsulaire se scinde en deux parties, l'une sous le nom de Byzacène, l'autre sous le nom d'Afrique ou de proconsulaire proprement dite. La Numidie, assimilée à la Byzacène, est gouvernée comme elle par un consulaire, et prend le deuxième rang après la province d'Afrique. La Mauritanie-Césarienne est partagée en deux provinces, l'une conservant le nom de Césarienne et l'autre qui emprunte à son chef-lieu, Sitifis, le nom de Sitifienne; toutes deux sont régies par un *præses*. La partie comprise entre les deux Syrtes conserva le nom de Tripolitaine et fut également placée sous la direction d'un præses. Quant à la Mauritanie-Tingitane, elle est annexée à l'Espagne, dont elle forme la septième province.

Cette nouvelle organisation (312) ne devait pas maintenir longtemps en Afrique la paix et l'ordre, qu'il semblait si difficile d'y établir. Une révolte peu importante dirigée par Alexandre, paysan pannonien, qui aspirait à l'empire, devint pour l'avide et cruel Maxence l'occasion de déployer contre les principales villes d'Afrique, contre Cirta et Carthage même, qui avaient été rebâties avec magnificence, un luxe de rigueurs inouïes.

Mais, ce qui plus que tout le reste maintenait l'Afrique dans un état permanent de troubles et d'agitation, c'étaient les querelles religieuses qui, à cette époque, éclataient dans toutes les parties de l'empire. L'Afrique, assez lente d'abord à recevoir la prédication de l'Évangile, semblait attendre pour se passionner que les hérésies eussent imprimé au christianisme une forme mieux appropriée au génie de ses habitants. Aussi quand le sang des chrétiens eût coulé sur cette terre, quand l'ardeur des querelles théologiques s'y fut allumée, alors la propagation du christianisme, de ses sectes diverses et de tout ce qu'elles entraînaient après elles de discordes et de fureurs, se fit avec une rapidité sans exemple. Par ses martyrs et par ses saints le christianisme orthodoxe s'y produisit avec éclat, et parmi les sectaires ou les hérésiarques, quelques-uns des plus grands (notamment le Libyen Arius), y naquirent ou y vécurent. Dans les persécutions dirigées par les empereurs païens contre le christianisme qui s'étendait de jour en jour, l'Afrique joua également un rôle important, soit à cause du courage de ses propres habitants, soit comme lieu de déportation pour les chrétiens des autres provinces. La légende catholique a inscrit parmi les noms les plus illustres les noms de quelques martyrs d'Afrique. Dans ces épreuves, la foi grandissait par les supplices, et l'Afrique dut peut-être à ces exilés de Rome une partie de ses conversions. Grâce aux conquêtes rapides de l'Évangile, le nombre des circonscriptions ecclésiastiques devint prodigieux. Presque toutes, et si petites qu'elles fussent, elles prirent à cette époque le titre d'évêchés. Plusieurs de ces siéges furent occupés aux IIIe, IVe et Ve siècles par des noms que la science ou l'éloquence ont rendus célèbres non-seulement dans l'Église, mais dans le monde. Tels sont ceux de saint Cyprien, de Tertullien, de Lactance, de saint Augustin. Sous le proconsulat de Galérius-Maximus, Cyprien expia par le martyre son refus de revenir au vieux paganisme et sa résistance à l'empereur.

Constantin, lors de son avénement à l'empire, trouva les provinces d'Afrique en proie aux plus violentes commotions religieuses. Une grande partie des habitants de la Numidie ayant soutenu l'hérésie donatiste, et se refusant à exécuter les lois de l'empire, Constantin fut obligé de les réduire par les armes (316-337). Mais cette hérésie, comme toujours, se propageait par la persécution, et, après avoir troublé l'Afrique pendant trois siècles, elle ne devait disparaître du sol qu'avec la religion même dans le sein de laquelle elle avait grandi.

L'organisation politique, imposée par Rome à l'Afrique, semble être arrivée, sous Constantin, à son apogée. Depuis cette époque et à la faveur des révolutions politiques et des discordes religieuses, les liens administratifs se relâchent de plus en plus. La force matérielle décline en même temps. La civilisation suit une décroissance progressive dont chaque pas peut être mesuré par le retour entre les mains des populations nomades d'une certaine portion des terres précédemment cultivées. C'est donc ici qu'il convient d'examiner quelle était la place occupée par les provinces d'Afrique dans le système général de l'empire, et comment, dans son dernier état, se résumait la constitution administrative imposée à cette partie des possessions romaines.

Tant que l'empire se maintint dans son unité, les provinces d'Afrique se rattachèrent à la troisième des quatre grandes *préfectures* qui partageaient le monde romain, et elle venait dans cette préfecture à la suite des *diocèses* d'Italie proprement dits, de Rome et d'Illyrie. Le diocèse d'Afrique se divisait lui-même en cinq *provinces* qui étaient, en allant de l'est à l'ouest, la Tripolitaine, métropole Æa (Tripoli); la Byzacène, métropole Byzacium (Ber'ni); la Numidie, métropole Cirta (Constantine); la Mauritanie-Sitifienne, métropole Sitifis (Sétif); la Mauritanie-Césarienne, métropole Césarée (Cherchel).

Quant à la province la plus occidentale, désignée sous le nom de Mauritanie-Tingitane, elle dépendait du *diocèse* d'Espagne, lequel se rattachait lui-même à la *préfecture* des Gaules : sa métropole était Tingis (Tanger).

L'administrateur général du diocèse d'Afrique, placé sous les ordres du préfet d'Italie, portait généralement, à cause de cette circonstance, le titre de *vicarius* qui avait remplacé celui de proconsul. Il avait sous ses ordres deux consulaires et trois *præses*; les deux consulaires administraient les provinces (districts) de la Byzacène et de la Numidie ; les trois *præses* administraient les provinces de la Tripolitaine, de la Mauritanie-Sitifienne et de la Mauritanie-Césarienne.

Une séparation complète avait été établie entre l'administration civile et le pouvoir militaire. Celui-ci était confié, sous la direction des maîtres généraux de la cavalerie et de l'infanterie (*magister equitum*, *magister peditum*), à des chefs sédentaires qui portaient le titre de comtes (*comites rei militaris*, *comites militum*) ou de ducs (*duces militum*). Ces divers fonctionnaires correspondaient ainsi à nos commandants de divisions militaires.

Quant à l'administration de la justice et des finances, elle était absolument la même que dans toutes les autres parties de l'empire. Des fonctionnaires de même titre et de même ordre que ceux d'Italie étaient chargés de fonctions équivalentes.

Auprès du gouverneur civil se trouvaient 3 employés supérieurs (*primates officiorum*): le *princeps* ou *primicerius*; le *carnicularius*; le *commentariensis*. Le princeps dirigeait les bureaux du gouverneur : c'était en quelque sorte un secrétaire général. Les deux autres primats étaient les premiers fonctionnaires des bureaux de la justice. Un fonctionnaire nommé le *numerarius* dirigeait les finances.

Les impôts, sous les noms d'*indiction* et de *capitation*, étaient perçus par les *collecteurs des cités* et passaient par les mains des *préposés du trésor* ou *receveurs provinciaux* et des *comtes des largesses*, pour arriver dans celles du ministre du trésor public.

L'ensemble de l'organisation administrative ci-dessus énoncée ne se modifia plus sensiblement jusqu'à l'invasion arabe. Les Vandales eux-mêmes la respectèrent dans tout ce qu'elle avait de fondamental, et, lors de la reprise de possession par les Gréco-Romains de Byzance, on suivit à peu de différence près, pour le gouvernement d'Afrique, les traditions qu'avait léguées l'empereur d'Occident.

Les révoltes successives de Firmus, vaincu par Théodose en 371, et de Gildon, en 396, l'appui qu'elles avaient trouvé dans le pays, les ferments de haine que des répressions sanglantes avaient dû y déposer, le fanatisme religieux, violemment excité par les persécutions dont les donatistes, puissants dans les classes inférieures, ne cessaient d'être l'objet depuis longues années, mais surtout l'état général de l'empire, inondé par des flots de peuples barbares, semblaient préparer un succès facile à celui d'entre eux qui tenterait d'en détacher l'Afrique. Cette tâche allait échoir à la plus sauvage de ces peuplades du Nord qui, au Ve siècle, se ruèrent sur l'Occident.

Le comte Boniface, gouverneur d'Afrique et général, fut la cause première de l'invasion des Vandales; irrité de voir accueillies par Placidie, qui régnait alors sur l'Occident au nom de son fils Valentinien III, les calomnies que propageait contre lui Aétius, son rival de gloire et de fortune, Boniface offrit à Genseric, chef des Vandales, de partager avec lui les provinces que Rome lui avait confiées (429).

LES VANDALES.

Genseric comprit quelles chances heureuses s'ouvraient pour les siens, et n'hésita pas un instant. Déjà l'Espagne n'était plus pour lui qu'une proie presque épuisée; l'Afrique, au contraire, vierge jusqu'alors d'incursions barbares, semblait offrir au premier qui s'y présenterait d'inépuisables ressources, par le pillage de ses richesses et l'occupation de son territoire.

Partis du fond de la Germanie, ou peut-être de la Sarmatie, les Vandales étaient entrés l'an 406 dans les Gaules et de là en Espagne; partout, sur leur passage, ils avaient exercé d'horribles cruautés, par avidité d'abord, puis par fanatisme. Convertis au christianisme en Pannonie, ils avaient vite tourné à l'hérésie d'Arius, et l'ardeur sauvage avec laquelle ils l'embrassèrent devint pour les catholiques orthodoxes qu'ils rencontrèrent, une source de calamités; plus tard, en Afrique, cette hérésie devint pour eux un moyen de succès.

Genseric, à la tête de 80 000 ou, suivant d'autres, 50 000 compagnons, hommes, femmes et enfants, entra en possession de la portion de l'Afrique qui lui avait été concédée par le comte Boniface, c'est-à-dire des trois Mauritanies (Tingitane, Sitifienne et Césarienne), dont le territoire se bornait, dans la plus grande partie de son étendue, à une lisière étroite, le long des côtes, menacée perpétuellement par des peuplades barbares.

Le comte Boniface se repentit bientôt de sa faute, et chercha, mais en vain, à la réparer. Réconcilié avec Placidie, il voulut forcer les Vandales à retourner en Espagne. Mais, de ce côté, les Barbares se sentaient menacés par de nouvelles immigrations du Nord; d'ailleurs, ils n'étaient pas en disposition de céder ce qu'ils avaient acquis. On recourut aux armes (430), et les Vandales se disposèrent à pousser en avant leur marche triomphante.

Boniface vaincu se retire à Hippone (Bône), où il est assiégé pendant quatorze mois; il est enfin contraint à une paix qui assure à Genseric les premiers fruits de sa conquête, c'est-à-dire tout le pays depuis les colonnes d'Hercule jusqu'aux murs d'Hippone et de Cirta (435).

Genseric profita de la paix pour établir solidement sa puissance dans le territoire qu'il occupait, chercha à se concilier les Maures, favorisa les Donatistes longtemps persécutés, et tenta de réunir les innombrables sectes d'Afrique dans le sein de l'arianisme. Enfin, quand il se crut assez fort, il profita du moment où les invasions de Théodoric et d'Alaric accablaient l'empire d'Occident pour s'emparer de Carthage par surprise et en pleine paix (439). A cette conquête succéda immédiatement l'occupation de toute l'Afrique proconsulaire et de la Byzacène.

Lorsque Genseric eut ainsi réuni sous son pouvoir presque tout ce qui avait obéi à Rome dans ces contrées, il songea à organiser sa conquête et à asseoir, autant qu'il serait en lui, sur des bases régulières et permanentes l'état des Vandales en Afrique.

Son premier soin fut de procéder au partage des terres conquises. Les anciens habitants ne furent pourtant dépouillés ni de la liberté ni de leurs propriétés; ils continuèrent de jouir de leur législation, de leur jurisprudence ancienne. Les divisions provinciales et la hiérarchie administrative, qui dataient de Constantin, furent conservées, comme on l'a dit plus haut; la plupart des fonctionnaires romains furent même maintenus; les impôts restèrent les mêmes et continuèrent d'être perçus par les receveurs romains.

L'organisation féodale de l'armée vandale présentait une sorte de ban et d'arrière-ban. Les habitudes militaires de la nation se prêtant mal à la défense et à l'attaque des places, les fortifications des villes furent détruites; mais cette précaution, exagérée par Genseric, facilita plus tard la reprise de possession par Bélisaire.

Genseric, après avoir constitué son armée de terre, consacra ses soins à la création d'une marine et à la fondation de sa puissance dans la Méditerranée. La Corse conquise lui fournit des bois de construction; les côtes d'Afrique lui donnèrent des marins. Il s'élança de Carthage en Sicile, en Sardaigne et dans les Baléares; puis, dévastant de là les côtes de l'Italie et de la Grèce, il rendit les deux empires ses tributaires.

La plus belle proie qu'eussent jamais saisie les Vandales fut sans doute celle que leur offrit Rome dans les 14 jours de sac (du

15 au 29 juin 455) qu'ils firent subir à la ville éternelle. Plus tard, un puissant effort fut tenté par l'empereur Léonce. On put croire qu'une armée de 100 000 hommes, rassemblée sous les ordres de Basiliscus, suffisait pour ramener au joug les provinces conquises : cet espoir fut trahi, la flotte impériale fut incendiée par l'ennemi ; Basiliscus, après avoir vu son armée presque anéantie, s'enfuit à Constantinople ; la cour de Byzance fut obligée de s'humilier. Un traité conclu en 476 vint sanctionner d'une manière définitive toutes les conquêtes de Genseric. Ce traité le reconnaissait maître de tout le pays, depuis les frontières de la Cyrénaïque jusqu'à l'Océan, et lui conservait la Sardaigne, les Baléares, la Corse et la Sicile.

Genseric mourut peu de temps après ce traité (477). Or, en léguant à ses successeurs son vaste empire, il ne leur léguait pas ce génie politique et militaire qui avait su le fonder. Les Vandales, qui étaient venus châtier les vices et les crimes des Romains d'Afrique, ne tardèrent pas à les imiter et peut-être à les dépasser. La force de l'empire vandale décrut chaque jour sous les quatre premiers successeurs de Genseric : Hunerik, Gunthamond, Thrasamond et Hilderik. L'empire vandale présentait donc déjà de notables symptômes d'affaiblissement et de décadence, lorsque la chute d'Hilderik vint offrir à l'empereur Justinien un prétexte pour envoyer Bélisaire à la conquête de l'Afrique.

Hilderik, élevé à la cour de Constantinople, y était devenu l'élève et l'ami de Justinien. Mais cette amitié même et le christianisme orthodoxe dont il avait puisé les principes en Orient, devinrent la cause première de sa ruine, en lui attirant la haine de ses sujets. Gélimer, que quelques triomphes récents sur les Maures avaient illustré aux yeux de ses compatriotes, profita des sentiments de répulsion qu'inspirait Hilderik, pour le renverser du trône et l'y remplacer. Son usurpation fournit à Justinien l'occasion que peut-être il attendait depuis longtemps.

Bélisaire, chargé de la conduite de la guerre, débarqua avec 30 000 hommes de troupes aguerries et confiantes dans leur général, à Caput-Vada, sur les confins de la Byzacène et de la Tripolitaine, afin d'assurer au besoin sa retraite par la Cyrénaïque et l'Égypte.

Les succès de Bélisaire furent rapides. Carthage désarmée

ouvrit ses portes; l'occupation s'en fit avec ordre, comme celle de toutes les villes par lesquelles on avait passé. Les soldats, astreints à la plus stricte discipline, payaient tous les objets consommés par eux; le commerce ne fut pas troublé un instant (533).

Cependant, Gélimer, qui n'avait pas su défendre sa capitale, essaye de ressaisir l'empire, et vient au-devant des Romains à Tricaméron. La victoire remportée par Bélisaire décida de la perte définitive de l'Afrique pour les Vandales. Dans l'espace de trois mois, la ruine complète de Gélimer et de son peuple s'était trouvée consommée.

Tandis que Gélimer s'enfuyait dans les monts Pappua (l'*Édour*), Bélisaire prenait à Carthage toutes les dispositions nécessaires pour faire rentrer son maître en possession des îles de la Méditerranée et de tout le territoire vandale en Afrique. Enfin, après avoir rétabli les fortifications de Carthage, après avoir rendu à l'Église catholique la juridiction, les richesses et les priviléges que l'hérésie arienne avait retenus si longtemps; après avoir reconstitué l'administration sur ses bases anciennes, et complété, par la conquête de la Sicile, l'extinction de l'empire vandale, Bélisaire retourna à Constantinople jouir de son triomphe.

LES BYZANTINS.

La domination byzantine remit extérieurement l'Afrique dans l'état où elle se trouvait au moment de la conquête vandale. Sous des rapports importants, les représentants de Byzance en Afrique, les exarques (car c'est le titre nouveau qui ne tarda pas à désigner les gouverneurs investis du double pouvoir civil et militaire), allaient se trouver vis-à-vis des populations dans de moins bonnes conditions encore que les derniers gouverneurs envoyés par l'empire d'Occident. La soumission des tribus indigènes était devenue chaque jour plus précaire, et pendant le séjour même de Bélisaire en Afrique, les Maures de la Tripolitaine pressèrent tellement son lieutenant Pudentius, que Bélisaire dut détacher à son secours une partie des forces concentrées à Carthage.

Les administrateurs envoyés de Grèce ne tardèrent pas à livrer le pays à une avide exploitation. Les registres qui constataient les anciens tributs avaient, pour la plupart, été brûlés ou dispersés;

les collecteurs (*exactores*) n'en furent que plus inventifs à en créer de nouveaux. D'un autre côté, les soldats qui avaient pris part à la conquête s'étaient unis souvent aux femmes et aux filles des anciens dominateurs ; ils réclamèrent pour leur propre compte les terres qui avaient fait autrefois partie du domaine de l'empire, et qui, partagées depuis entre les conquérants, portaient encore le nom d'*héritages des Vandales*. Les revendications exercées au nom de l'empereur devinrent l'occasion d'une grave révolte de l'armée, qui faillit arracher à l'empire les provinces qu'il venait à peine de ressaisir. Pour mettre un terme à des réclamations chaque jour plus gênantes, Salomon, successeur de Bélisaire dans le commandement de l'Afrique, dut prononcer un arrêt d'exil général contre les femmes vandales. Afin de compenser la diminution sensible causée dans la population par cette émigration et par les ravages de la guerre, on fit, à cette époque, passer en Afrique de nombreuses colonies d'Italie et de Sicile.

Les triomphes de Salomon remirent un instant au pouvoir de l'empereur d'Orient quelques portions intérieures du pays, qui déjà lui échappaient. Les monts Aurès, devenus le centre d'une résistance active de la part des indigènes, furent conquis par lui et fortifiés contre de nouvelles incursions ; de là il pénétra jusqu'à Sitifis et peut-être jusque dans le Zab. En Numidie, le domaine des Byzantins n'allait guère au delà des premières chaînes de l'Atlas ; sur le littoral, les villes de Césarée, de Tingis et de Septem, n'assuraient que très-imparfaitement la domination grecque en dehors de leurs enceintes.

LES ARABES.

L'autorité des Césars, bien que relevée par l'habileté de Bélisaire, et soutenue pendant quelques années par les armes de Salomon et de Jean Troglita, penchait cependant vers sa ruine définitive. Les populations de langue latine s'étaient concentrées autour de leurs places fortes, après avoir abandonné leurs riches campagnes aux Berbères ; depuis l'an 618, la Tingitane était tombée au pouvoir des Goths d'Espagne. En l'an 645-6, le patrice Grégoire, préfet de l'Afrique, usurpa le pouvoir et s'établit à Suffetula, dans la partie de la Byzacène qui avait le moins souffert de tant de révolutions, pendant que Carthage, capitale de la province, et les autres villes de la Zeugitane restaient fidèles à l'empire.

Tel était l'état de l'Afrique septentrionale quand les Arabes, après avoir effectué la conquête de l'Égypte (641), occupèrent la Cyrénaïque (642), et une année plus tard soumirent la Tripolitaine. En 646-47, ils envahirent l'Ifrikïa, sous la conduite d'Abd-Allah-Ibn-Sâd, tuèrent l'usurpateur Grégoire et s'emparèrent de Suffetula; mais, ne se croyant pas assez forts pour conquérir le reste du pays, ils évacuèrent la province moyennant une forte contribution d'argent. Vingt ans plus tard, ils y reparurent encore, et leur chef, Moaouïa-Ibn-Hodeidj, s'empara d'Usalitanum (Djeloula). Son successeur, Okba, posa, à quelques lieues de cette ville, les fondements de Kairouan, future capitale de l'Afrique musulmane, et porta ses conquêtes au delà du Fezzan, et ensuite jusqu'à l'océan Atlantique.

Pendant ce temps, les Berbères n'avaient vu dans les Arabes que des libérateurs. Obligés de cultiver les plaines de l'Afrique pour le compte de quelques grandes familles romaines, ils avaient à satisfaire aux exigences de leurs maîtres et à l'avidité du fisc impérial, quand la présence des envahisseurs les délivra d'une servitude devenue intolérable. Mais, avec ce changement, ils durent accepter les obligations qu'impose l'islamisme, et, fatigués bientôt d'une religion qui leur prescrivait de fréquentes prières et leur enlevait près de la moitié de leurs récoltes à titre d'impôts, ils s'allièrent encore aux Romains, écrasèrent les armées arabes (683) et fondèrent à Kairouan même le premier empire berbère. Pendant cinq ans, leur chef Koçeila gouverna l'Afrique avec une justice qui mérita l'approbation des Arabes qu'il avait vaincus. En 688-9, Zoheir-Ibn-Kaïs, émir chargé par le khralife de venger la mort d'Okba, renversa le trône de Koçeila; puis, en 691, Hassen-Ibn-Noman prit la ville de Carthage et subjugua les Berbères, que la Kahina, reine de l'Aurès, avait rassemblés pour le combattre. Moussa-Ibn-Noçeir soumit les Berbères de l'Aurès, conquit la Tingitane et remporta, en 711, sur les bords de la Guadalète, la victoire qui livra l'Espagne à l'islamisme et mit fin à l'empire des Visigoths. Depuis lors les émirs qui gouvernaient l'Afrique eurent la double tâche de combattre les Berbères, race toujours impatiente du joug étranger, et de résister aux tentatives ambitieuses des chefs arabes qui commandaient sous leurs ordres. Pour accroître les difficultés de leur position, le *khraredjisme*, doctrine d'une nouvelle secte, fut propagé chez les indigènes par les khraredjites ou dissidents, qui, après avoir été vaincus en Syrie, en Arabie et en Irak, avaient fui en Afrique, et dont la doctrine était que le droit de choisir le chef de l'État et de la religion appartenait au corps entier des fidèles, et qu'en dehors de cette doctrine tout musulman était infidèle et méritait la mort.

Pendant près de quatorze mois les khraredjites dominèrent dans Kairouan; les eibadites, qui formaient une autre nuance de la même secte, y régnèrent ensuite pendant deux ans, et, pour que l'autorité du khralifat fût rétablie en Afrique, il fallut que les cadavres de 40000 de ces hérétiques restassent sur un seul champ de bataille.

Pendant près d'un siècle et demi, de 45 à 184 de l'hégire (665-6 à 800 de J. C.), les émirs de l'Afrique avaient été nommés par les khralifes de l'Orient; mais ensuite l'autorité devint l'héritage des Ar'lebides, famille dont l'aïeul, El-Ar'leb, avait rendu de grands services aux Abbassides, d'abord en Korassan, et plus tard en Afrique. Son fils Ibrahim reçut de Haroun-el-Réchid le gouvernement de cette province, et transmit l'autorité à ses enfants.

Onze princes ar'lebides régnèrent successivement à Kairouan pendant plus d'un siècle, de 184 à 296 de l'hégire (800 à 909 de J. C.). Ils avaient dompté les Berbères, courbé l'audace des généraux arabes, toujours disposés à repousser leur autorité; ils avaient même conquis la Sicile, quand leur dynastie fut renversée par un ennemi dont ils avaient à peine soupçonné l'existence. Les Berbères de la tribu de Ketama reconnurent pour khralife un prince fatemide, expulsèrent de l'Afrique Ziadet-Allah l'ar'-lebide, et enlevèrent ce pays à l'autorité du khralife de l'Orient.

En l'an 138 de l'hégire (755 de J. C.), après la chute des Oméïades, un membre de cette famille, descendant du khralife Merouan-Ibn-el-Hakem, gagna l'Andalousie, où il fit revivre, avec plus d'éclat que précédemment, la dynastie fondée par ses aïeux. Ce fut de lui que sortirent les *Oméïades* ou *Mérouanides* de l'Espagne.

Trente-trois ans plus tard, Idris, arrière-petit-fils d'El-Hassen, fils d'Ali et de Fatma, se réfugia en Afrique, pour éviter la mort que lui destinait le khralife abbasside, El-Mehdi. Accueilli avec empressement par les Berbères de la province de Tanger, il fixa son séjour à Oulili (*Volubilis*) et fonda la dynastie *Idrisside*. Le royaume de ses successeurs eut Fez pour capitale et embrassa toutes les provinces qui forment l'empire actuel du Maroc; mais il se morcela bientôt entre plusieurs membres de la famille royale. Attaqués alternativement par les Miknassa, les Mar'raoua, les Zirides et les Oméïades d'Espagne, ces petits princes perdirent leurs États, et le dernier qui restait, El-Hassen-ben-Kennoun, devint le prisonnier du khralife de Cordoue, 375 de l'hégire (985-6 de J. C.).

Les Miknassa et les Mar'raoua, qui avaient travaillé à renverser l'autorité des Idrissides, exercèrent alternativement le haut commandement à Fez, et cela presque toujours au nom du khralife Oméïade, de 313 à 462 de l'hégire (925-6 à 1069-70 de J. C.).

Nous avons dit plus haut que les Fatemides remplacèrent les Ar'lebides. Mais d'abord, continue M. de Slane, pour faire comprendre le prompt établissement de l'autorité fatemide et l'apparition subite de cette dynastie, il nous sera nécessaire de rappeler ici le grand dogme de la secte chiite. Parmi les partisans d'Ali, il s'en trouvait plusieurs qui non-seulement maintenaient ses droits à l'*imamat*, au commandement temporel et spirituel de tous les musulmans, mais qui croyaient, comme article de foi, que cette dignité devait rester pour toujours dans sa postérité. Empruntant alors l'opinion que les anciens Persans entretenaient au sujet de leurs rois, ils enseignaient l'incarnation de la divinité dans la personne de l'iman. Lors de la disparition mystérieuse de leur douzième iman, qui était un dixième descendant d'Ali, ils se persuadèrent qu'il reparaîtrait plus tard, afin d'établir l'ordre sur la terre et d'y faire régner l'islamisme.

Cette secte se propagea dans tous les pays musulmans par le moyen d'émissaires qui organisèrent des sociétés secrètes dans le but de soutenir l'iman que l'on attendait. Ce fut déjà par de semblables moyens que les Abbassides étaient parvenus à former le puissant parti qui les plaça sur le trône. Comme l'iman tant attendu (*El-Montader*) n'arrivait pas, une autre secte sortit de celle-ci et enseigna que c'était le *mehdi* ou *être dirigé* qui devait venir pour guérir les maux de l'islamisme. Selon les partisans de cette croyance, le mehdi serait un descendant d'Ali autre que celui attendu.

Les semences de cette doctrine se répandirent dans toutes les parties de l'empire, même dans les pays qui composent la province actuelle de Constantine. Les Ketama, tribu berbère qui habitait cette région, s'attendaient à la venue du mehdi, quand un missionnaire se présenta chez eux, en se déclarant précurseur de l'*iman dirigé*. Bientôt il appela ce peuple aux armes, renversa la dynastie des Ar'lebides, et porta sur le trône Obeid-Allah, descendant d'Ali et de Fatma. Telle fut l'origine de la *dynastie fatemide*, 296 de l'hégire (909 de J. C.).

El-Kaïm, fils et successeur d'Obeid-Allah, rencontra un ennemi redoutable dans Abou-Yezid, de la tribu des Beni-Ifren. Ce fanatique avait été initié aux doctrines khraredjites à Touzer, ville du djerid tunisien, et, de même que tous les membres de cette secte, il avait puisé dans les enseignements de ses maîtres une haine implacable contre les descendants d'Ali. Ayant levé l'étendard de la révolte, il obtint l'appui de plusieurs tribus berbères que le gouvernement fatemide avait indisposées par sa tyrannie et par les exigences de ses doctrines religieuses. El-Kaïm fut défait dans plusieurs batailles et dut s'enfermer dans el-Mehdïa, sa capitale, où il mourut assiégé. Son fils, El-Mansour, défit les troupes d'Abou-Yezid, s'empara de leur chef et raffermit ainsi la puissance de sa famille. Son fils et successeur, El-Moez-Mâd, enleva Fez aux Idrissides, Sidjilmessa aux Beni-Midrar, Nokour à la famille Saleh, et passa ensuite en Égypte où il établit définitivement le trône de son empire. Il laissa pour lieutenant un chef sanhadjien, nommé Bologguin-Ibn-Ziri, qui avait servi sous ses ordres, 362 de l'hég. (972 de J. C.).

Bologguin, chef de la dynastie des *Zirides*, transmit à son fils El-Mansour le gouvernement des provinces que les Fatemides avaient confiées à sa garde. Son arrière-petit-fils, El-Moez, répudia l'autorité de cette dynastie, rétablit dans ses États la religion orthodoxe, et y fit proclamer la suprématie du khralife de Bar'dad. Le gouvernement fatemide se vengea de cette usurpation en lançant contre l'Afrique septentrionale une horde d'Arabes nomades qui se répandit dans toutes les parties de ce pays en y portant le ravage et la dévastation.

Ce fut ainsi qu'une nouvelle population arabe remplaça, dans la Mauritanie, celle que la conquête musulmane y avait implantée et qui s'était totalement éteinte vers l'époque où Moez-Mâd transporta en Égypte le siége de son empire. Ainsi toutes les populations arabes qui habitent maintenant l'Afrique tirent leur origine de quelques tribus qui envahirent ce pays vers le milieu du XIe siècle de notre ère.

A cette époque l'empire de Bologguin s'était partagé entre deux branches de sa postérité : les *Zirides* qui régnèrent en Ifrikia, et les *Hammadites* qui possédèrent les provinces de Constantine et de Bougie. Ceux-ci résistèrent vigoureusement aux Almoravides, peuple qui venait de renverser l'autorité des Mar'raoua à Fez; mais les Zirides laissèrent tomber leurs États au pouvoir de Roger II, roi de Sicile. Hassen, le dernier souverain ziride, fut détrôné en 543 de l'hég. (1148-49 de J. C.).

Quant aux *Almoravides* ou marabouts (*al-morabetin*), il nous suffira de dire qu'une confrérie religieuse établie dans un îlot du Sénégal convertit à l'islamisme les Sanhadja ou Zanaga qui habitaient la région arrosée par ce fleuve et qui lui ont même laissé leur nom. Les néophytes portèrent la guerre dans le pays des noirs, subjuguèrent ensuite le Mar'reb (royaume actuel du Maroc), une partie du Mar'reb central (province d'Oran), et envahirent l'Espagne où ils détrônèrent les petits princes qui s'étaient partagé les États des Oméïades, 447 de l'hég. (1055-56 de J. C.).

Bientôt une nouvelle dynastie s'éleva aux environs du Maroc, vainquit les Almoravides, s'empara du Mar'reb, de l'Ifrikia et de l'Espagne musulmane, 541 de l'hég. (1146-47 de J. C.). Les Hammadites succombèrent devant les conquérants, 547 de l'hég. (1152-53 de J. C.), et les Siciliens abandonnèrent leurs possessions africaines, 555 de l'hég. (1160 de J. C.). Les *Almohades* ou *unitaires*, tel fut le nom que ce peuple adopta, se composèrent de plusieurs tribus berbères masmoudiennes qui habitaient la chaîne de l'Atlas marocain et qui avaient embrassé les doctrines d'un prétendu réformateur. Ibn Toumert, homme aussi ambitieux que fanatique, se présenta chez elles en se donnant pour cet être mystérieux, le *Mehdi*, dont la venue est attendue par les musulmans afin que la vraie foi triomphe de l'infidélité et que la justice règne enfin sur toute la terre.

Les Almohades confièrent le gouvernement de l'Ifrikia à un lieutenant, fils d'un de leurs principaux chefs de tribus, et jetèrent ainsi la semence qui devait bientôt produire un empire indépendant, celui des *Hafsides* dont les princes, qui gouvernaient les provinces de Constantine et de Bougie, se déclaraient de temps à autre indépendants et prenaient le titre de sultans. En Espagne ils avaient remporté sur les chrétiens des victoires aussi éclatantes que celles de leurs prédécesseurs, les Almoravides; mais, comme eux, ils durent céder devant la bannière de Castille. En Afrique, un adversaire s'éleva pour les combattre, les *Beni Merin*, tribu zénatienne du désert, qui pénétra dans le Tell mar'rebin, occupa la ville de Fez, soumit les provinces marocaines et détruisit enfin les débris de la nation almohade, 667 de l'hég. (1269 de J. C.). Une autre tribu zénatienne quitta aussi le désert, s'établit dans Tlemcen et fonda l'empire des *Beni-Zian* ou *Beni-Abd-el-ouad*, 633 de l'hég. (1235-36 de J. C.).

Les trois dynasties des Hafsides, des Beni-Zian et des Beni-Merin, se maintenaient encore debout à l'époque où Ibn-Khaldoun leur historien terminait son ouvrage, à la fin du xiv° siècle. « Pour compléter l'histoire de ces peuples, dit M. de Slane dans son introduction de l'histoire des Berbères, il faut espérer qu'une plume habile continuera le récit d'Ibn-Khaldoun, en nous faisant connaître les vicissitudes de fortune qu'ils eurent à subir jusqu'à la conquête de Tunis et de Tlemcen par les Turcs et jusqu'au renversement du trône des Merinides par les cherifs, ancêtres du souverain actuel du Maroc. » Voir pages 236 à 240 de notre itinéraire pour le complément sommaire de l'histoire des Arabes en Algérie. Le tableau suivant, dressé par M. de Slane, résumera pour le lecteur, d'une manière claire et précise, la notice qui précède sur le gouvernement des Arabes.

Ce tableau est divisé en trois parties verticales répondant au Maroc, à l'Algérie et à la Tunisie, et il est subdivisé en compartiments présentant une période de cent ans. Les lignes ponctuées, figurant dans ces compartiments, indiquent l'étendue et la durée de la possession, dans les contrées ci-dessus, des différentes dynasties arabes.

CL   INTRODUCTION.

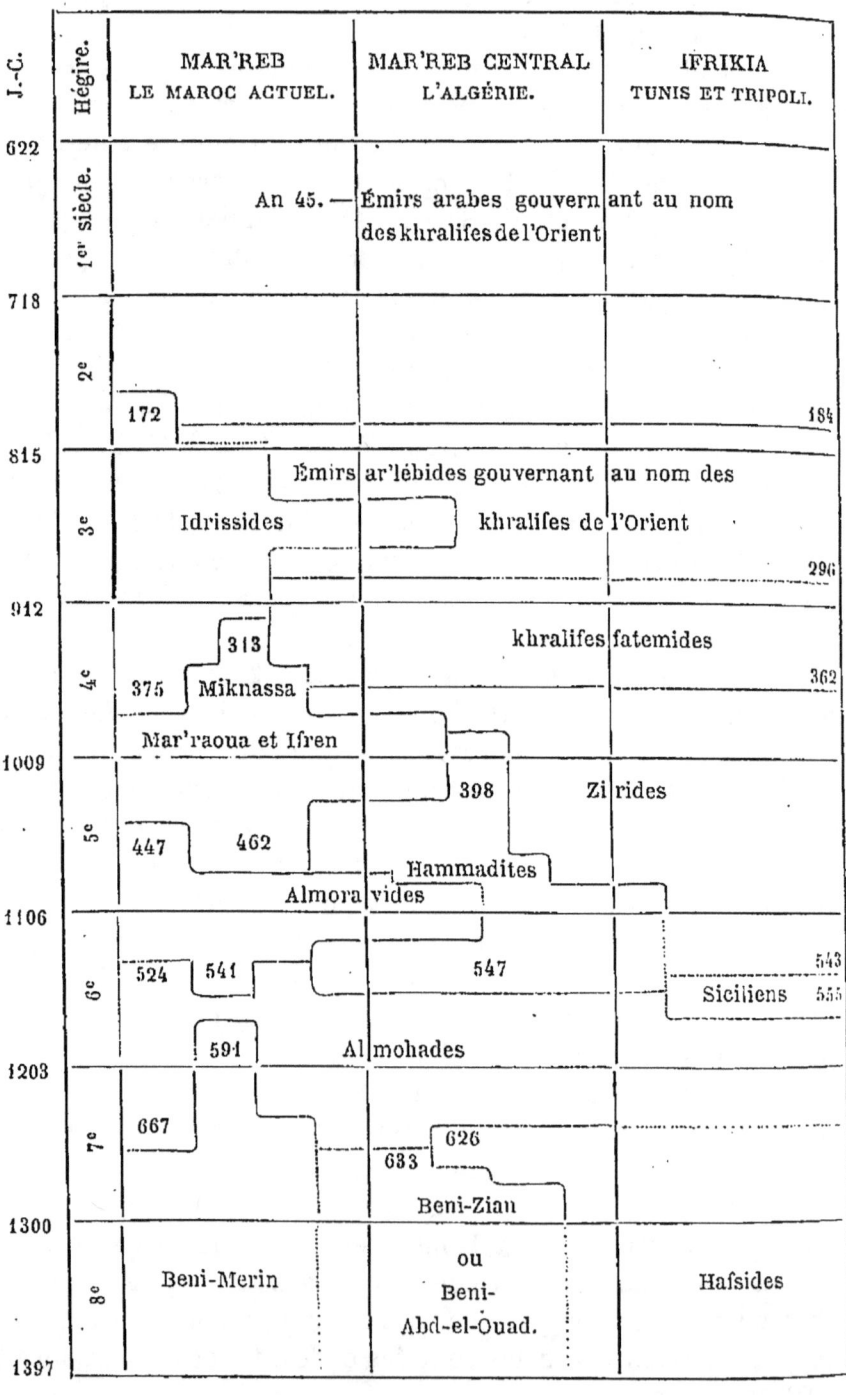

Nous renvoyons aux pages 9 à 28 de notre itinéraire pour la période historique de l'Algérie sous les Turcs. Les historiens qui jusqu'à présent ont écrit sur le gouvernement de l'Odjac, disent invariablement, après avoir parlé de la fondation de la régence par les frères Aroudj et Kheir-ed-Din, et de la désastreuse expédition de Charles V, en 1541 : « A partir de l'époque à laquelle nous sommes arrivés, les détails sur l'histoire intérieure de la régence manquent presque complétement. Cette histoire ne présente qu'une série de pachas qui se succèdent rapidement et une suite de faits monstrueux. D'une part, les expéditions armées destinées à opérer le recouvrement toujours difficile des tributs de toute espèce que le génie inventif des pachas impose aux populations arabes qu'ils exploitent ; de l'autre, les prises opérées par les corsaires sur les bâtiments chrétiens et quelquefois sur les côtes d'Espagne, d'Italie, de Sicile, ou même de France ; tels sont les faits dont se composent en majeure partie, aux XVIe e XVIIe siècles, l'histoire de la régence. Ces exploits, interrompus de temps à autre par une expédition de quelque puissance chrétienne, présentent un caractère trop uniforme pour que le récit en puisse offrir quelque intérêt. »

Nous croyons que l'ignorance des nombreux documents aujourd'hui connus, sur la régence d'Alger, est la cause du silence forcé de ces mêmes historiens. Les bulletins publiés par la *Société historique algérienne* démontrent, quant à présent, que l'abondance de ces documents politiques, commerciaux et même anecdotiques, est plus que suffisante pour présenter sous un nouveau jour l'histoire d'Alger sous les Turcs. Quelques savants sont déjà à l'œuvre : MM. Berbrugger, Brosselard et Cherbonneau ont ouvert la voie.

LES FRANÇAIS.

1° La conquête.

Le général de Bourmont. — 1830. — 14 juin, débarquement à Sidi Ferruch. — 19 juin, bataille de Staouéli. — 4 juillet, siége et explosion du fort l'Empereur. — 5 juillet, reddition d'Alger. — La commission des finances prend possession du trésor de l'Odjac, montant à 55 684 527 francs ; les frais de l'expédition étant de 48 500 000 francs, le produit net est de 7 184 527 francs, plus 800 bouches à feu, les projectiles et les propriétés publiques. — Dans le même mois, un des fils de Bourmont pousse une reconnaissance sur Oran. — 23 juillet, reconnaissance sur Blida. — Du 2 au 18 août, première occupation de Bone par le général de Damrémont.

Le maréchal Clauzel. — 1830. — 2 septembre, à la suite des événements de Juillet, le maréchal Clauzel vient à Alger pour remplacer le général de Bourmont. — 17 novembre, première occupation de Blida. — 24 novembre, première occupation de Medéa; installation du bey Moustafa-ben-Omar.

1831. — 4 janvier, évacuation de Medéa; occupation de Mers-el-Kebir et d'Oran par le général Damrémont; négociations pour céder les provinces d'Oran et de Constantine au bey de Tunis; désapprobation du ministre des affaires étrangères et rappel du maréchal Clauzel.

Le général Berthezène. — 1831. — 30 juin, pointe sur Medéa, agitée par le fils de Bou-Mezrag; Ben-Omar, notre bey, revient avec la colonne expéditionnaire. — 17 juillet, combat à l'Harrach. — 17 août, occupation définitive d'Oran par le général Boyer. — 13 au 29 septembre, occupation de Bone et massacre de nos détachements de troupes. — Décembre, Sidi Embarek, de Kolea, est nommé notre aga avec un traitement de 70 000 francs.

Le général de Rovigo. — 1831. — Décembre, le général Berthezène remplacé par le général de Rovigo.

1832. — 10 avril, destruction de la tribu d'El-Oufia, près de la Maison-Carrée. — 3 mai, combat sous Oran. — 27 mars, prise de la kasba de Bone par les capitaines d'Armandy et Yussuf. — Mai, prise de Bone par le général Monk d'Uzer. — Juillet, le Sahel est couvert de camps et de blokhaus. — 2 octobre, combats à Bou-Farik; reconnaissance de Kolea par le général Brossard. — 22 novembre, reconnaissance de Blida par le général de Faudoas; Abd-el-Kader-ben-Mahi-ed-Din est salué émir par les Arabes dans les plaines de R'eris.

Intérim du général Avizard. — 1833. — 3 mars.

Intérim du général Voirol. — 1833. — 26 avril. — 8 mai, Abd-el-Kader attaque Oran. — 3 juillet, occupation d'Arzeu par le général Sauzet. — 29 juillet, occupation de Mostaganem par le général Desmichels. — 23 août, l'armée commence les routes du Sahel et de la Mitidja. — 29 septembre, prise de Bougie par le général Trezel.

1834. — 20 février, traité signé entre le général Desmichels et Abd-el-Kader. — 18 mai, combat livré aux Hadjoutes par le général Bro.

Le général Drouet d'Erlon arrive à Alger le 27 juillet. — Septembre, reconnaissance sur Blida ; la place de Bougie est défendue pendant toute l'année par le colonel Duvivier.

1835. — 6 au 9 janvier, expédition chez les Hadjoutes, commandée par les généraux Rapatel et Bro. — Mars, établissement du camp d'Erlon à Bou-Farik. — 16 mars, établissement du camp de Maelma. — 28 mars, expédition à la Chiffa.

Intérim du général Rapatel, 8 avril. — 24 avril, défense de Bougie par le colonel Lemercier. — 16 juin, les Douaïrs et les Smelas, commandés par Moustafa-ben-Ismaïl, se rallient à nous.

Le maréchal Clauzel arrive à Alger le 8 juillet. — 28 août au 6 octobre, combats de Mostaganem. — 18 octobre, combats livrés par le maréchal Clauzel à la Chiffa et à l'oued-Djer. — 18 octobre, occupation de Rachgoun. — 30 octobre, le général Monk d'Uzer, aux Beni-Salah, dans la province de Constantine. — 7 au 29 novembre, Bougie défendue par le colonel Rochette. — 1er décembre, combats dans le Sahel. — 1er au 9 décembre, expédition de Maskara : le maréchal Clauzel et le duc d'Orléans.

1836. — 13 janvier, première occupation de Tlemcen par le maréchal Clauzel. — 7 février, Tlemcen est laissée à la garde du capitaine Cavaignac avec 500 hommes. — 23 au 25 février, reconnaissance sur le Sig, l'Habra et le Chelif, par les généraux Perrégaux et Moustafa-ben-Ismaïl. — 30 mars au 8 avril, expédition du Titeri, commandée par le maréchal Clauzel.

Intérim du général Rapatel, 13 avril. — 7 au 25 avril, expédition du général Darlanges dans la province d'Oran. — 6 mai, établissement du camp de Dréan, entre Bone et Constantine. — 6 juillet, combat de la Sikkak, Tlemcen débloquée par le général Bugeaud. — 15 juillet, occupation de la Cale.

Le maréchal Clauzel, 29 août. — 4 octobre au 30 novembre,

ravitaillement de Tlemcen par le général de L'Étang. — Novembre, première expédition de Constantine : le maréchal Clauzel, le duc de Nemours. — 8, départ de Bone ; 21, à Mansourah ; 22 au 24, attaque de la ville ; 24, retraite et combat d'arrière-garde par le commandant Changarnier ; 30, retour à Bone.

Le général Damrémont, 12 février 1837. — La première moitié de l'année se passe en engagements partiels dans le Sahel et la Mitidja. — 3 mai, camp de Nechmeya ; le colonel Bernelle. — 20 mai, ravitaillement de Tlemcen par le général Bugeaud. — 30 mai, traité entre le même général et Abd-el-Kader ; traité qui devint la cause de guerres longtemps interminables, et par lequel la France ne garde que le littoral de l'Algérie. — 9 août, camp à Medjez-Hamar. — Octobre, deuxième expédition de Constantine : généraux Damrémont, de Nemours, Valée, Perrégaux. — 1er octobre, départ de Medjez-Hamar ; 6, arrivée devant Constantine ; 7, établissement des batteries ; 9, ouverture du feu ; 12, mort du général Damrémont ; le général Perrégaux blessé à mort ; le général Valée prend le commandement ; 13, assaut et prise de Constantine.

Le maréchal Valée remplace le général Damrémont comme gouverneur général de l'Algérie.

1838. — Janvier et avril, reconnaissance de Constantine à Stora et à Msila par le général Négrier. — 26 mars, camp sous Kolea, commandant Cavaignac. — 3 mai, camp à l'est et à l'ouest de Blida. — 30 septembre, camp à El-Harrouch. — 7 octobre, création de Philippeville sur l'emplacement de Skikda, par le maréchal Valée. — 12 décembre, occupation de Djemila ; et 15, reconnaissance sur Setif par le général Galbois.

1839. — 5 février, occupation de Blida par le colonel Duvivier. — Avril, reconnaissance entre Bone et Philippeville par le général Galbois. — 13 mai, prise de Djidjelli par le commandant de Salles. — 17 mai, occupation de Djemila par le général Galbois. — Octobre, expédition des Biban ou Portes de fer, au sud de la Kabilie, entre Alger et Constantine : le maréchal Valée, les généraux duc d'Orléans et Galbois. — 27 décembre, reconnaissance sur Cherchel. — 31, défaite des Khralifas d'Abd-el-Kader à la Chiffa par le maréchal Valée.

1840. — 2 au 6 février, défense de Mazagran par le capitaine

HISTOIRE.

Lelièvre. — 15 mars, prise de Cherchel par le maréchal Valée. — 11 avril, expédition chez les Haracta, général Galbois. — 9 au 20 mai, expédition et prise de Medéa par le maréchal Valée ; le général Duvivier reste avec une garnison à Medéa. — 7 au 15 juin, expédition et prise de Miliana par le maréchal Valée ; le colonel d'Hillens est laissé dans cette ville avec une garnison. — 5 au 10 novembre, ravitaillement de Miliana par le général Changarnier. — Décembre, expédition chez les Beni-Salah par le général Guingret.

1841. — 14 janvier, combat du Sig, général de Lamoricière.

Le général Schram fait l'intérim du 18 juillet au 22 février 1841.

Le général Bugeaud. — 1841. — 3 avril, ravitaillement de Medéa par le général Bugeaud. — 29 avril au 9 mai, ravitaillement de Medéa et de Miliana par le même, et les généraux de Nemours, Duvivier et Changarnier. — 18 au 25 mai, expédition commandée par le général Baraguey d'Hilliers : ravitaillement de Medéa ; destruction de Bor'ar et de Taza, ravitaillement de Miliana. — 18 mai au 15 juillet, expédition de Takdemt et de Maskara, les généraux Bugeaud, duc de Nemours, de Lamoricière, Levasseur. — 11 juin, occupation de Mila par le général Négrier. — 27 septembre au 12 octobre, ravitaillement de Miliana par le général Baraguey d'Hilliers. — 9 au 30 octobre, ravitaillement de Medéa par le général Changarnier.

1842. — 30 janvier, arrivée du général Bugeaud devant Tlemcen, évacuée la veille par Abd-el-Kader. — 9 février, destruction de Sebdou. — 15, occupation de Tlemcen par le général Bedeau. — Mai et juin, opération du gouverneur général et du général Changarnier, de l'Isser à Cherchel. — Septembre et octobre, expédition en Kabilie, mort du colonel Leblond, du 48ᵉ. — Septembre, octobre et novembre, expédition entre le Chelif et la Mina, aux Beni-Ourar' et au Ouarsenis, le gouverneur général, les généraux duc d'Aumale, Changarnier, Lamoricière et Gentil.—Dans la province de Constantine, Mila en janvier ; Djidjelli, Bougie et El-Harrouch en mars, ont à se défendre. — Le général Randon opère dans l'Edour' à la fin de mai, et le général Négrier fait une reconnaissance sur Tebessa.

1843. — Janvier, le gouverneur général au Ouarsenis. — 17 février au 11 mars, expédition du général de Bar aux Beni-Menasser. — 13 mars, le colonel de Saint-Arnaud chez les Beni-Menad. — 27 mars, fondation de Teniet-el-Hâd par le général Changarnier. — 31 mars au 20 avril, expédition du colonel de Ladmirault entre Cherchel et Miliana. — 19 avril, fondation de Tiharet par le général de Lamoricière. — 26 avril au 20 mai, fondation d'Orléansville et de Tenès ; expédition Ouarsenis, gouverneur général et généraux Gentil et Pélissier. — 16 mai, prise de la Smala d'Abd-el-Kader par le duc d'Aumale. — 31 juillet, le général Bugeaud nommé maréchal de France. — D'avril à décembre, la province d'Oran est en feu, Abd-el-Kader fuit devant les colonnes des généraux de Lamoricière, Bedeau, Gentil, Tempoure et colonel Géry. Le général Moustafa est tué dans une surprise, le 22 mai. — Allal-Ben-Embarek, le meilleur lieutenant d'Abd-el-Kader, est tué le 11 novembre dans un combat livré par la colonne du général Tempoure. — 17 au 27 avril, le général Yussuf au Djebel-Amour. — 1er avril au 23 mai, expédition du général Cavaignac chez les Oulad-Sidi-Cheikh de l'ouest. — 13 au 29 avril, expédition du général Renault chez les Oulad-Sidi-Cheikh de l'est. — 15 au 16 mai, combats aux Beni-Abbès, maréchal Bugeaud.

1844. — Février à mars, camp de Batna, colonel Buttafocco. — 4 mars, prise de Biskra par le duc d'Aumale. — 24 à 25, soumission de N'gaous et des Oulad-Soltan, général Sillègue. — 1er mai, soumission du Bellezma. — 3 mai au 17, prise de Dellis : soumission des Flitta et des Amraoua, maréchal Bugeaud. — Du 1er mai au 11 juin, expédition de Lar'ouat, général Marey-Monge. — 30 mai, agression des Marocains, repoussée par le général de Lamoricière. — 15 juin, combat de l'oued-Mouila, général Bedeau. — 14 août, bataille d'Isly, le maréchal Bugeaud, les généraux de Lamoricière et Bedeau, les colonels Pélissier, Cavaignac du 32e, Gachot, Tartas, Morris, Yussuf. — 17 au 28 octobre, combats aux Flisset-el-Bahar, général Comman.

1845. — Avril, apparition de Bou-Maza dans le Dahra. — Avril, le colonel Géry chez les Oulad-Sidi-Cheikh. — Mai, soumission des Ouarsenis par le gouverneur général. — 1er mai au 21 juin, expédition du général Bedeau dans l'Aurès. — 18 au 19 juin, destruction des Oulad-Ria par le colonel Pélissier, et soumission du Dahra. — 7 septembre, soumission des Beni-Raten par le gouverneur général.

Intérim du général de Lamoricière. — Septembre, territoire de Tlemcen soulevé par Abd-el-Kader. — 25 septembre, le colonel Montagnac à Sidi-Brahim.

Le maréchal Bugeaud revient avec des renforts. — Octobre, expédition du Ouarsenis ; destruction de Goudjila, maréchal Bugeaud. — Octobre, expédition dans les Trara, général de Lamoricière. — 7 au 14 décembre, soumission des Hachem R'araba dans le R'eris, général de Lamoricière. — 16 au 30 décembre, soumission du Hodna, général Levasseur.

1846. — 22 janvier, soumission des Flitta par le colonel Pélissier. — Le colonel Canrobert combat Bou-Maza aux environs de Tenès. — 6 et 7 février, Abd-el-Kaker et Ben-Salem repoussés en Kabilie par le maréchal Bugeaud. — Mars, expédition de la Kabilie, par le même. — 13 au 20 mars, le général Yussuf au Djebel-Amour. — 24 mars, défaite d'un nouveau sultan, à Terni, par le général Cavaignac. — 22 au 23 avril, le colonel Canrobert au Dahra. — Avril, soumission des Oulad-Naïl, général d'Arbouville. — Mai, le général Randon chez les Hanencha. — Mai, expédition du colonel Renault aux Oulad-Sidi-Cheikh. — 15 novembre, fondation d'Aumale.

1847. — 10 janvier, défaite des Oulad-Djellal et fuite de Bou-Maza, général Herbillon. — 7 février, soumission d'une partie des Nememcha, commandant de Saint-Germain. — 27 février, Ben-Salem et Bel-Kacem-ou-Kaci font leur soumission à Aumale entre les mains du maréchal Bugeaud. — 3 février au 7 mars, expédition chez les Oulad-Naïl-R'araba, général Marey-Monge. — 13 avril, reddition de Bou-Maza au colonel de Saint-Arnaud.

Intérim du général de Bar. — 14 mai au 30 juin, expédition du général Bedeau de Mila à Collo.

Intérim du général Bedeau. 20 juillet.

Le duc d'Aumale. 11 septembre. — Abd-el-Kader se rend le 23 décembre au général de Lamoricière, à Sidi Brahim.

1848. — A la suite de la révolution de février 1848, en France, le duc d'Aumale et le prince de Joinville quittent Alger pour se rendre en Angleterre.

Intérim du général Changarnier, 3 mars. — 7 mars, soumission, à Aumale, du cherif Moulaï-Mohammed, qui avait soulevé la Kabilie entre Bougie, Setif et Djidjelli l'année précédente.

Le général Cavaignac, nommé gouverneur général de l'Algérie, par le gouvernement provisoire, arrive à Alger le 10 mars. — 30 avril, le général Pélissier chez les Beni-Ourar'. — 9 mai, le général Marey-Monge chez les Oulad-Naïl.

Le général Changarnier, gouverneur général le 11 mai. — 17 mai, le général Pélissier et le colonel Maissiat chez les Flitta. — 5 juin, soumission d'Ahmed, ex-bey de Constantine, cerné par le colonel Canrobert et le commandant de Saint-Germain.

Intérim du général Marey-Monge, le 22 juin. — 5 septembre, expédition chez les Beni-Senous, général de Mac-Mahon.

Le général Charon, gouverneur général le 20 septembre.

1849. — Mars, les Oulad-Soltan et les Beni-Hilen châtiés par le colonel Daumas. — Du 24 mars au 15 mai, expédition du général Pélissier dans les Ksour de la province d'Oran. — 19 mai au 12 juin, expédition des généraux de Saint-Arnaud et de Salles en Kabilie. — 18 mai au 26 juin, expédition du général Herbillon dans le Zouar'a. — 19 mai au 2 juin, le général Blangini chez les Guechtoula et les Oustani, en Kabilie. — 12 au 22 juin, le général de Ladmirault chez les Oulad-Naïls-R'araba. — 14 juillet, le colonel Carbuccia à Biskra, et le 16 devant Zaatcha. — 17 septembre, mort du commandant de Saint-Germain à Seriana. — 7 octobre au 26 novembre, siége et prise de Zaatcha, le général Herbillon, les colonels Canrobert, de Barral, de Lourmel, Petit (mort). — 27 octobre au 15 novembre, soumission de Bou-Sada, colonel Daumas.

1850. — 3 au 15 janvier, prise de Nahra et de Branès, les colonels Canrobert et Carbuccia. — Avril, le général de Mac-Mahon sur les frontières du Maroc. — 14 mai au 27 juin, expédition en Kabilie, de Setif à Bougie ; le général de Barral tué le 21 mai chez les Beni-Immel ; le colonel de Lourmel le remplace. — 3 mai au 12 juin, expédition dans l'Aurès, le général de Saint-Arnaud et le colonel Eynard.

Intérim du général Pélissier. — Juin.

Le général d'Hautpoul, gouverneur général, 22 octobre.

1851. — 19 mars, apparition d'un nouveau cherif, Bou-Bar'la, dans la Kabilie. — 11 mai au 22 juin, expédition entre Bougie et Collo, généraux de Saint-Arnaud et Camou.

Le général Randon, gouverneur général, le 11 décembre.

1852. — Expédition du général de Mac-Mahon à l'oued-Kebir et à l'oued-Guebli. — Novembre, création du poste de Djelfa, général Yussuf. — 4 décembre, prise de Lar'ouat, généraux Pélissier, Yussuf, Bouscarin (mort).

1853. — Mai, expédition en Kabilie, le gouverneur général, les généraux Mac-Mahon et Bosquet. — 23 décembre, nos colonnes à Ouargla. — 23 décembre, Bou-Bar'la tué chez les Beni-Mellikeuch.

1854. — Mai, expédition en Kabilie, gouverneur général, généraux Yussuf, Deligny. — 5 décembre, entrée du général Desvaux à Tougourt; il visite Temacin et le Souf.

1856. — 19 mars, le général Randon est nommé maréchal de France. — 2 et 4 septembre, expédition en Kabilie, à Drâ-el-Mizan.

1857. — Mai et juin, soumission définitive de la Kabilie, création du Fort-Napoléon chez les Beni-Raten, au centre même du pays compris entre la mer et le Djurdjura : le maréchal Randon, les généraux de Mac-Mahon, Renault et Yussuf.

Intérim du général Renault, 25 juin. — 15 juillet, prise d'Hadj-Ahmar.

Ministère de l'Algérie; le général de Martimprey, commandant supérieur des forces de terre et de mer, 26 septembre 1858.

1859. — Octobre et novembre, expédition chez les Beni-Senous, frontières du Maroc, généraux de Martimprey, Deligny, Yussuf, Thomas (mort).

Le maréchal Pélissier, gouverneur général, 10 décembre 1860.

2° L'administration.

Dès le 5 juillet 1830, le lendemain même de la capitulation d'Alger, le général en chef commandant l'expédition, comte de Bourmont, forme une *commission de gouvernement*, chargée, sous l'autorité immédiate du commandement en chef, de pourvoir provisoirement aux exigences du service et de lui proposer un système d'organisation pour la ville et le territoire d'Alger. Les Turcs, qui pouvaient nous être si utiles, sont renvoyés par suite de notre ignorance des rouages de l'administration indigène.

Dès le 16 octobre, le maréchal Clauzel remplace la commission par un comité de gouvernement.

Le 1er décembre 1831, une ordonnance royale sépare l'autorité civile de l'autorité militaire et confie à M. le baron Pichon, correspondant directement avec le président du conseil, la direction et la surveillance des services civils, financiers et judiciaires. L'administration de l'Algérie est placée dans les attributions de divers ministères qui correspondent avec l'intendant civil.

Le titre de général en chef est remplacé par celui de commandant supérieur de l'Algérie. Le duc de Rovigo en est investi.

Le gouvernement de juillet, dès le début de la conquête, se préoccupait donc loyalement de donner des garanties à l'émigration.

Mais un progrès trop rapide est bientôt suivi d'une brusque réaction. D'ailleurs cette organisation ne péchait pas seulement par le défaut d'opportunité, elle allait directement contre la nature des choses ; juxtaposer dans un même pays deux autorités indépendantes l'une de l'autre, et s'imaginer qu'elles concorderont, c'est la pire des utopies gouvernementales.

L'intendant civil, auquel succéda M. Genty de Bussy, et le commandant supérieur ne furent pas longtemps d'accord. De là des conflits pour ainsi dire journaliers entre les deux autorités.

Le gouvernement, de son côté, comprit qu'il fallait avant tout conquérir le territoire et concentrer les pouvoirs dans les mains de l'autorité militaire. De là l'ordonnance du 22 juillet 1834, qui changea le titre de commandant supérieur en celui de gouverneur général, et lui subordonna tous les services civils. Le premier gouverneur général est le général Drouet d'Erlon, 22 juillet.

L'ordonnance de 1834 mérite un examen particulier, car elle constitue l'une des principales phases de l'administration générale de l'Algérie ; on peut l'appeler à bon droit une loi de concentration. Le gouvernement général est une dictature absolue ; toute la société algérienne lui est livrée sous le contrôle plutôt nominal qu'effectif du ministre de la guerre.

L'arrêté ministériel du 1er septembre 1834, complément de l'ordonnance royale du 22 juillet, donne une idée très-nette des pouvoirs absolus dont le gouverneur général était investi. Il est chargé de la défense extérieure et intérieure des possessions françaises dans le nord de l'Afrique. Il a sous ses ordres immédiats les gardes nationales et urbaines, la gendarmerie et les troupes de toute nature, régulières et irrégulières. Il donne, s'il y a lieu, les ordres d'embargo en temps de guerre ; il délivre les lettres de marque ou prolonge la durée de celles qui ont été délivrées en France.

Il dirige seul les rapports : 1° avec les tribus de l'intérieur ; 2° avec les pouvoirs politiques des États limitrophes ; 3° avec les agents des puissances étrangères établis dans l'étendue de son gouvernement. Il donne les ordres généraux concernant les différents services administratifs. Les arrêtés et règlements généraux sont signés par lui, sur la proposition des chefs de service. Il arrête chaque année, pour être soumis au ministre de la guerre, les budgets des recettes et des dépenses et les grands projets de travaux publics. Il pourvoit à l'exécution du budget. Il statue sur les demandes en dégrèvement, remise et modération des droits. Il approuve et rend exécutoires les budgets communaux. Il soumet au ministre les demandes ayant pour objet les établissements de sociétés anonymes. Il propose au ministre toutes les acquisitions et aliénations d'immeubles. Il déclare l'utilité publique pour les expropriations. Il surveille tout ce qui a rapport à l'instruction publique. Aucune école ou autre institution du même genre ne peut être formée sans son autorisation.

Il surveille l'usage de la presse et *permet* ou *interdit* toute publication d'écrits imprimés dans le ressort de son gouvernement. Il délivre les brevets d'imprimeur et de libraire, il veille au libre exercice et à la police des cultes. Aucun bref de la cour de Rome, à l'exception de ceux de pénitencerie, ne peut être reçu et publié qu'avec son autorisation et sur les ordres du ministre de la guerre. Aucune congrégation de l'Église chrétienne ne peut s'établir qu'avec son agrément.

Il autorise l'acceptation des dons et legs faits aux établissements d'utilité publique ou de bienfaisance. Il accorde les dispenses de mariage dans les cas prévus par les articles 145 et 164 du code civil. Il veille à la libre et prompte distribution de la justice. En matière criminelle, il prononce les sursis pour recourir à la clémence royale. Aucun arrêt emportant peine capitale n'est exécuté sans son autorisation.

Il peut faire surseoir aux poursuites pour le payement des amendes. Il est chef suprême de la police, et à ce titre il peut exclure tels individus d'une ou plusieurs localités comprises dans son gouvernement; il peut également les exclure du territoire de l'Algérie. Il peut refuser d'admettre dans le pays qui il lui plaît. Il peut prononcer la suspension provisoire des fonctionnaires. Il statue sur les différends qui peuvent s'élever entre les fonctionnaires civils et militaires. Il pourvoit à tous les emplois, sauf le petit nombre de ceux réservés au roi et au ministre. Il révoque ou destitue. Il délivre des congés. Il prépare les projets d'ordonnance royale.

Ces pouvoirs exorbitants, qui mettaient dans la main du gouverneur général toutes les forces vives du pays, l'armée, les communes, les travaux publics, les finances, la liberté individuelle, la presse, l'instruction et le culte, n'étaient contrôlés nominalement que par le *conseil d'administration*, composé de quelques hauts fonctionnaires nommés par le roi, mais sur la proposition du gouverneur général, et n'agissant jamais que sous ses ordres. C'étaient l'intendant civil, le procureur général et le directeur des finances.

Par arrêté des 3 septembre, 7 novembre et 29 décembre, le gouverneur général maréchal Bugeaud divise l'Algérie en territoires militaires et territoires civils.

L'ordonnance du 11 septembre 1845 apporta d'importantes modifications. Le territoire fut divisé en trois provinces. Chaque province fut subdivisée en trois territoires : le territoire civil avec organisation civile complète ; le territoire mixte avec organisation civile incomplète ; le territoire arabe ne relevant que de l'autorité militaire. Dans le territoire civil, on trouve les subdivisions d'arrondissement, de cercle et de commune ; les subdivisions du territoire militaire sont le khalifat, l'agalik, le kaïdat et le cheikrat. Toutefois, les Arabes établis en territoire civil sont administrés par les bureaux arabes dont les chefs étaient recrutés dans l'armée.

Le gouverneur général conservait toute son omnipotence; mais les principaux fonctionnaires, le directeur des affaires civiles, le procureur général, les directeurs de l'intérieur et des finances et le directeur central des affaires arabes, qui en même temps composaient le conseil supérieur de l'Algérie, étaient dorénavant nommés par le roi, sur la proposition du ministre de la guerre. Au-dessous de ces directeurs, agissaient les sous-directeurs de l'intérieur employés dans les arrondissements, ainsi que les ingénieurs en chef des ponts et chaussées.

En 1842, l'Algérie est déclarée désormais et pour toujours *française!* L'ordonnance de 1845 apporte plusieurs modifications.

1º Elle instituait un conseil supérieur de l'administration, dont tous les membres étaient nommés par le roi sur la proposition du ministre. Ce conseil supérieur donnait son avis sur toutes les affaires graves qui ne relevaient autrefois que de la volonté du gouverneur général. 2º Aux termes de l'article 41, les chefs de service avaient seuls qualité pour donner ou transmettre des ordres aux agents de ces services. 3º Elle instituait auprès de l'administration civile un conseil du contentieux contre lequel on pouvait recourir par l'opposition, la tierce-opposition et le pourvoi au conseil d'État. 4º Les sous-directeurs ou chefs d'arrondissement, les commissaires civils et les maires des chefs-lieux de province étaient nommés par le roi. Une commission consultative par arrondissement était instituée auprès des sous-directeurs; elle était composée des principaux employés de tous les services civils et militaires.

A peine deux années se sont-elles écoulées, que toute l'économie de l'ordonnance de 1845 est bouleversée.

Les directeurs de l'intérieur et des finances sont supprimés et remplacés par un directeur dans chaque province centralisant les affaires civiles, nommé par le roi. Ils correspondent avec le directeur général des affaires civiles siégeant à Alger.

Le directeur général centralisait toutes les affaires civiles, autrefois dévolues au gouverneur général. Il correspondait, *au nom et par délégation du gouverneur général*, avec le ministre.

En 1847, on revenait presque à l'intendant civil de 1831 ; on greffa là-dessus des conseils municipaux nommés par le gouverneur général.

Telle était l'organisation administrative de l'Algérie lorsque la révolution de février éclata. Il en sortit naturellement une constitution plus libérale, qui, tout en donnant des garanties aux colons, ne mit jamais en péril la sécurité publique.

Un décret du gouvernement provisoire accordait aux Algériens le suffrage universel, qui leur donnait le droit d'envoyer trois représentants à l'Assemblée constituante.

Nous donnons la substance de l'arrêté du général Cavaignac des 9 et 16 novembre 1848 : 1º la division en trois provinces est maintenue ; chaque province se divise en territoires civils et en territoires militaires. Le territoire civil de chaque province forme un département. — 2º Le gouvernement général se compose du gouverneur général et d'un conseil du gouvernement. — 3º Des préfets et des sous-préfets administrent les départements et les arrondissements. Cette fois, ils correspondaient directement avec le ministre de la guerre et les autres départements ministériels, et en même temps avec le gouverneur général pour lui rendre compte de l'état du pays et pour préparer l'instruction des affaires qui devaient être soumises aux délibérations du conseil du gouvernement. Des conseils de préfecture, ayant les mêmes attributions qu'en France. — 4º Un conseil général électif dans chaque département. — 5º Déjà l'arrêté du 16 août avait érigé tout le territoire civil de l'Algérie en communes. L'organisation était très-libérale ; elle comprenait à la fois les Français, les étrangers, les musulmans et les israélites. Le conseil municipal était élu par les citoyens au scrutin de liste.

Quant aux territoires militaires, ils étaient administrés par les bureaux arabes, qui relevaient du commandant du cercle. Plusieurs cercles formaient une division, et le général de division recevait ses ordres du gouverneur général. Cependant le ministre de la guerre s'était réservé de déterminer par arrêté l'organisation administrative des territoires arabes.

Après le coup d'État de 1851, le régime de 1848 fut modifié par d'importantes restrictions : l'administration civile fut maintenue, mais les conseils généraux disparurent ; les conseils municipaux furent constitués directement par le pouvoir, l'Algérie fut privée du droit d'élire des députés au Corps législatif.

Le décret du 27 mars 1852 remit au gouverneur général la surveillance de la presse et les autorisations de publier les journaux, qui ne parurent plus qu'après le visa préalable de l'autorité.

Ce régime dura jusqu'au 26 septembre 1858 ; c'est alors que le ministère de l'Algérie et des colonies fut institué.

Le but principal qu'on s'était proposé, en instituant ce ministère, dit S. M. l'Empereur, avait été tout à la fois de simplifier une administration qui s'était compliquée jusqu'alors de la nécessité de centraliser d'abord à Alger, dans les mains d'un gouverneur général, des affaires dont la solution appartenait ensuite à un ministre résidant à Paris, et aussi d'assurer aux Français qui iraient se fixer en Algérie les mêmes institutions que celles dont ils jouissent au sein de la mère patrie.

Le premier soin du ministre fut de donner à l'Algérie toutes les garanties administratives qui sont accordées à la métropole.

Le décret du 27 octobre 1855 maintint la division en territoires civils et en territoires militaires de chacune des trois provinces, les préfets administrant les uns, les généraux de division remplissant les fonctions de préfets par rapport aux autres, les conseils de préfecture auprès des préfets, des conseils des affaires civiles auprès des généraux pour l'administration. Dans chaque province, un conseil général, dont les membres sont nommés par l'Empereur, et qui, réunissent, à côté de Français fixés dans la colonie, des musulmans et des israélites, appelés à délibérer ensemble sur les intérêts généraux de la contrée. Les attributions des préfets et des conseils généraux, les mêmes qu'en France.

La magistrature reçoit aussi une nouvelle organisation ; la cour impériale d'Alger est augmentée d'une chambre, le ministère public perd le droit d'incarcération préventive, ainsi que la faculté de faire cesser les poursuites en tout état de cause. La liberté individuelle est garantie par l'institution d'une chambre des mises en accusation. Un premier président devient le chef de la magistrature ; l'assistance judiciaire, en matière civile, criminelle et correctionnelle, est instituée.

La justice musulmane est réorganisée ; les vingt et un midjlès, qui avaient été institués en cours souveraines, sont supprimés. Recomposés, ils reprennent leur caractère de conseils consultatifs, les jugements du kadi pouvant être déférés aux tribunaux français.

Les musulmans sont admis à contracter sous l'empire de la loi française ; représentés dans nos prétoires, ils peuvent y porter directement leurs procès par une procédure prompte, facile et peu coûteuse.

Les Européens, les israélites, qui étaient, en territoire militaire, justiciables des conseils de guerre, ne peuvent plus être traduits que devant les cours d'assises ou les tribunaux correctionnels.

Les commissions disciplinaires sont instituées et organisées pour juger les indigènes dont les délits ne sont pas de nature à être déférés aux conseils de guerre ; composées d'officiers et de magistrats, elles appliquent les peines correctionnelles que les commandants militaires prononçaient à eux seuls avant leur institution ; mais conformément aux principes qui régissent la justice criminelle, l'ordre de poursuivre est réservé au commandant de la division, et, pour hâter la procédure, les officiers des bureaux arabes reçoivent, comme les officiers de gendarmerie, la qualité d'officiers de police judiciaire.

Enfin les juges de paix reçoivent le pouvoir de légaliser la signature des officiers ministériels, épargnant ainsi des lenteurs et des frais aux habitants éloignés du chef-lieu.

Une nouvelle et grande impulsion est donnée au service topographique, qui seul peut faire reconnaître les terres domaniales, et qui seul aussi peut permettre ces partages, ces compromis qui, sous le nom de cantonnements, tout en faisant une large part aux Arabes, et substituant un droit pour la tribu à une jouissance précaire, rendent disponibles des terrains sur lesquels il est possible d'établir des colons européens.

Enfin, pour fixer au sol l'Arabe, qui n'a dans sa tribu que la jouissance d'un lot de terre que la volonté du chef peut changer chaque année, des partages de terre sont faits, et chaque membre de la tribu qui y prend part devient propriétaire d'un champ qu'il transmettra à sa famille.

Le principe de la vente des terres est substitué au système des concessions. La faculté de concéder n'est plus conservée que pour la formation des villages et pour les lots inférieurs à 30 hectares qu'on donnera à d'anciens militaires ; toutefois, on pourra concéder encore, mais par des décrets rendus en conseil d'État, lorsqu'il s'agira de grands travaux dont la terre devient alors, en quelque sorte, le prix. Avec la vente, chacun, sans perdre de temps, sans démarche, peut devenir propriétaire du lot sur lequel il veut s'établir.

Le territoire civil de la province d'Alger est considérablement augmenté. Le territoire civil de la province de Constantine est plus que triplé, et deux cent mille indigènes passent sous l'administration préfectorale, sans qu'il en résulte la moindre difficulté. Dans ces territoires, une force publique est établie, composée de gendarmes français et d'auxiliaires indigènes.

Les milices sont réorganisées et constituées de manière à offrir un puissant auxiliaire, placé alors dans les mains du chef militaire de l'Algérie.

Le passage des indigènes d'un territoire à un autre et leur établissement sur la propriété des Européens sont facilités par des règles destinées à multiplier les rapports et à cimenter le bon accord des deux populations.

Les barrières douanières qui séparaient encore la France de nos possessions du nord de l'Afrique sont abaissées; le traité de commerce avec l'Angleterre est déclaré applicable à l'Algérie. Les frontières du sud sont ouvertes à l'importation en franchise complète des produits naturels et fabriqués du Sahara et du Soudan.

Le Crédit foncier de France est autorisé à étendre ses opérations en Algérie; il offre à la propriété algérienne le dixième de ce qu'il prête à la métropole et commence ses opérations. Le service des postes qui, depuis 1830, était resté confondu avec celui de la trésorerie, est érigé en administration spéciale, et doit donner satisfaction aux intérêts des colons.

Vingt-six villages sont décrétés.

Prenant part au budget extraordinaire, l'Algérie voit décréter et commencer de grands travaux, qui deviendront pour elle les sources d'une incontestable prospérité.

Telle était la situation en 1860, lors du voyage de l'Empereur et de l'Impératrice au mois de septembre. Le ministère spécial avait marché dans la voie qui lui avait été tracée; le but qui lui avait été assigné, c'est-à-dire l'organisation de l'Algérie par les institutions françaises, les garanties civiles et administratives pour les intérêts qui vont s'y fixer, le rapprochement des populations différentes par les intérêts communs, une justice unique, la constitution de la propriété, l'essor des grands travaux publics, le crédit, l'assimilation douanière et l'abaissement des barrières inutiles, ce but a été poursuivi sans relâche.

Sans doute, il n'a pas été atteint, car au temps seul il est donné de l'atteindre et de réaliser toutes les espérances qu'on peut concevoir; mais on s'est avancé dans la voie, et on s'y est assez avancé pour que le gouvernement ait cru le moment venu de faire un pas plus grand et plus décisif encore vers cette décentralisation dont le principe présidait depuis deux ans à toutes les mesures conçues et réalisées.

Le décret du 10 décembre 1860 a, en effet, mis l'Algérie, en quelque sorte, en position de s'administrer par elle-même. Il a institué un gouverneur général, rendant compte directement à l'Empereur de son administration, disposant des forces de terre et de mer, investi des pouvoirs nécessaires pour décider toutes les affaires qui ne requièrent pas la signature de l'Empereur, proposant le budget, répartissant les crédits, nommant directement à un grand nombre de fonctions, possédant enfin, le contre-seing excepté, toutes les attributions d'un ministre.

Placée sur les lieux mêmes, au milieu des populations que tous nos efforts doivent tendre à rapprocher, l'administration supérieure sera à même d'étudier les besoins du pays et de satisfaire chaque jour aux intérêts qui lui sont confiés.

Le décret du 10 décembre garantit toutes les institutions nouvelles qui ont été données à l'Algérie.

Les préfets conservent les pouvoirs que le décret de 1858 leur a conférés; les conseils généraux, maintenus, ont les mêmes attributions.

La justice, placée sous l'autorité du garde des sceaux, a les mêmes prérogatives qu'auparavant, et étend sa juridiction sur les mêmes justiciables.

Enfin, loin d'avoir diminué la part que l'Algérie elle-même pouvait prendre à ses propres affaires, la dernière organisation, pour donner de nouvelles garanties aux intérêts des trois provinces, a voulu que chaque conseil général déléguât deux de ses membres pour faire partie d'un grand conseil appelé à délibérer sur le budget, qui doit être soumis à l'Empereur.

En un mot, le décret du 10 décembre a placé le ministère de l'Algérie à Alger.

HISTOIRE.

« Il importe peu, au fond, dit M. Charolais, que le chef réel de la colonie porte le titre de gouverneur général ou celui de ministre, pourvu que les progrès en voie d'accomplissement continuent de se produire en toute liberté ; que le pouvoir aide efficacement et par tous les moyens à sa portée au développement régulier de l'œuvre immense de la colonisation, et maintienne au pays les prérogatives déjà acquises....

« Ce n'est pas un mal que des pouvoirs très-étendus soient accordés à l'homme ayant mission de présider aux destinées d'une colonie aussi importante. Le chef de cette colonie a charge d'âmes ; il doit avoir entre les mains toute l'autorité nécessaire à l'accomplissement de sa mission ; il ne doit pas être gêné dans l'exercice de cette mission, car il répond de ses actes devant le souverain qui le nomme, devant le pays qui attend de lui son bien-être, devant l'opinion qui le juge. En matière d'administration coloniale, nous avons toujours été pour la concentration des pouvoirs, car sans elle comme sans la liberté individuelle, il n'y a rien à attendre de bon.

« Nous admettrons donc en principe la concentration de tous les éléments de l'administration en une seule main, pourvu que cette main soit prudente et ferme.... Laissez l'expérience décider du sort de l'organisation nouvelle. Si les institutions civiles prédominent, si leur action n'est pas amoindrie, il n'y aura eu dans la nomination d'un gouverneur militaire, commandant supérieur des forces de terre et de mer, qu'une question de sécurité. La liberté dont vous jouissez ne sera pas atteinte, et vous pourrez continuer à assimiler l'Algérie à la France par votre industrie et par votre laborieuse persévérance. Vous aurez rendu cette terre à jamais française. »

Mais tout n'est pas encore dit sur l'administration en Algérie, puisqu'un projet de constitution, qui se prépare par les ordres de l'Empereur, ne tardera pas, dit-on, à être présenté.

Voici quelle est l'*administration des indigènes* en territoire militaire et en territoire civil.

1º *Bureaux arabes militaires.* Un bureau politique, chargé de l'administration des indigènes, et dont le chef est choisi parmi les officiers attachés aux affaires arabes, fonctionne près du gouverneur général de l'Algérie. Le général commandant de chaque division a auprès de lui une direction divisionnaire des affaires arabes ; enfin un bureau arabe est établi au chef-lieu de chaque cercle. Quelques cercles comprennent, en outre, des bureaux annexes établis sur des points éloignés de leur circonscription, et qui n'ont pas encore de garnisons françaises permanentes.

Le service des affaires arabes constitue, auprès des commandants supérieurs des divisions, des subdivisions, des cercles et des postes permanents, une sorte d'état-major, chargé de tout ce qui intéresse le gouvernement et l'administration des tribus. Ce service ne forme pas une institution indépendante, possédant une action qui lui soit propre, une hiérarchie et une centralisation spéciales ; il est seulement un intermédiaire entre l'autorité militaire et les tribus, chaque bureau arabe dépendant directement et exclusivement du commandant supérieur de la localité où il fonctionne.

L'organisation des bureaux arabes est née des circonstances, et pour ainsi dire de la force même des choses. L'arrêté ministériel du 1er février 1844, qui, pour la première fois, a constitué ce service d'une manière régulière, avait déterminé ses attributions dans les termes suivants : « La direction et les bureaux arabes seront spécialement chargés des traductions et rédactions arabes, de la préparation et de l'expédition des ordres et autres travaux relatifs à la conduite des affaires arabes, de la surveillance des marchés et de l'établissement des comptes de toute nature à rendre au gouverneur général sur la situation politique et administrative du pays. »

Cette tâche, définie un peu vaguement, s'est depuis singulièrement agrandie ; elle embrasse aujourd'hui toutes les branches du gouvernement et de l'administration des populations musulmanes. Les bureaux arabes sont chargés de la direction et de la surveillance des agents indigènes investis par la France du contrôle de tous leurs actes ; ils offrent aux administrés un moyen sûr et facile de faire parvenir leurs plaintes et leurs réclamations à l'autorité française ; ils surveillent le culte, la justice et l'instruction publique dans les tribus. C'est par leurs soins que sont réglées les opérations se rattachant à l'assiette, à la répartition et à la perception de l'impôt ; ils préparent les projets, les devis et les plans pour les travaux d'utilité publique entrepris par les tribus ;

ils en poursuivent l'exécution, ils dirigent les indigènes pour les plantations d'arbres et la construction des maisons ; ils réunissent et commandent les contingents de cavalerie irrégulière qui suivent nos expéditions, veillent à la police des routes et des marchés, protégent les colonies européennes contre les maraudages, encouragent les indigènes à recourir à nos médecins quand ils sont malades, et favorisent la propagation de la vaccine ; ils étudient enfin tout ce qui se rapporte au commerce, à l'agriculture et à l'industrie dans les tribus.

Les bureaux arabes sont pour les populations indigènes la garantie qu'il ne sera pas fait violence à leurs habitudes et à leur foi. Mais défendant également les intérêts des colons européens dans leurs rapports avec les Arabes, ils préviennent et répriment les vols, établissent la sécurité et permettent le développement régulier de la nouvelle société française au milieu de ces tribus si souvent réfractaires au frein de toute police administrative. Pour l'autorité politique, ils sont un instrument précieux. Il faut cependant se hâter d'ajouter que la mission remplie par le service des affaires arabes est transitoire ; car son rôle principal consiste à amener les indigènes, par des améliorations lentes et progressives, à se ranger sous les mêmes errements administratifs que la population européenne. Si ce but peut être atteint sans que les musulmans croient leur religion menacée, une conquête morale importante sera accomplie.

C'est donc par l'intermédiaire des bureaux arabes que s'exerce l'administration des indigènes des territoires militaires. L'organisation des tribus est déterminée d'après la fixation des circonscriptions militaires. Le *douar*, réunion de tentes en cercle, est considéré comme la base de la constitution sociale des Arabes. Un certain nombre de douars réunis forment une *ferka* (section) obéissant à un *cheikh*. L'assemblage de plusieurs ferkas compose une *tribu;* la tribu ne renferme quelquefois qu'une ferka, qui alors est plus considérable ; elle est commandée par un *kaïd*. Plusieurs tribus groupées constituent, soit un grand *kaïdat*, soit un *aghalik*, sous les ordres d'un *kaïd-el-kiad*, kaïd des kaïds, ou d'un *agha* ou *ar'a*. Des aghaliks peuvent former une circonscription relevant d'un *bach-agha*, chef des aghas, ou d'un *khralifa*.

Le cercle comprend ordinairement plusieurs kaïdats, qui, lorsque l'état du pays le permet, sont placés sous les ordres directs du commandant supérieur, sans obéir à un agha. Le khralifa ou le bach-agha relève, soit du commandant de la subdivision, soit du commandant de la division. A tous les degrés, les bureaux arabes ont pour mission de diriger et de surveiller les chefs indigènes, sous l'impulsion immédiate de l'autorité militaire. Le *douar* ne constitue pas une division administrative, mais seulement une réunion de familles formée par la communauté d'origine ou d'après des sympathies et des intérêts particuliers. Il suit l'impulsion d'un ou de plusieurs notables, investis par l'opinion d'une sorte d'autorité morale.

Le cheikh reçoit l'investiture de l'autorité politique ; à ce titre, il est fonctionnaire. Il est nommé par le commandant de la subdivision, sur la présentation du kaïd. Il agit sous la direction du chef de la tribu, règle dans sa ferka les contestations relatives aux labours, concourt aux opérations pour l'assiette, la répartition et la rentrée des amendes et de l'impôt ; il rassemble les bêtes de somme requises pour le service des convois militaires ; exerce enfin sur ses administrés une surveillance de simple police et des fonctions qui lui donnent une position analogue à celle de maire dans la commune française. La réunion des principaux notables des douars placés sous ses ordres forme un conseil (*djema*) qui l'assiste dans toutes les fonctions importantes. Il n'est point ici question du cheikh ou chef de famille, voir page XCIII.

Le kaïd est choisi parmi les hommes les plus marquants de la tribu ; il est nommé par le commandant de la division, sur la présentation du commandant de la subdivision. Ses attributions sont très-variées ; il est directement responsable de l'exécution des ordres du commandant français, qui lui sont transmis soit par les bureaux, soit par les grands chefs indigènes ; il perçoit l'impôt dans toute sa tribu, accompagné du cheikh de chaque ferka. Il est chargé de la police intérieure ; il préside le marché et juge les actes de désobéissance, les rixes et les contestations de minime importance dans lesquelles les intérêts soumis au règlement de la loi civile ou religieuse ne sont pas engagés. Comme sanction pénale de ses décisions, il peut frapper des amendes jusqu'à concurrence de 25 francs. Enfin il réunit les contingents de cavaliers demandés pour suivre nos expéditions. Les kaïds ne reçoivent pas de traitement fixe; ils touchent des frais de perception sur le produit des impôts et des amendes.

Les aghas sont nommés par le ministre de la guerre, sur la proposition des commandants de division. Ils surveillent les kaïds, et reçoivent, en général, des ordres du bach-agha ou du khralifa; cependant, dans beaucoup de cas, ces ordres leur sont directement donnés par l'autorité française. Ils jugent avec les mêmes attributions que les kaïds, mais dans des causes plus graves, les individus appartenant à des tribus différentes. Ils peuvent imposer des amendes de 50 francs. Ils centralisent, pour les tribus placées sous leurs ordres, les opérations relatives à l'impôt, et commandent les contingents armés convoqués par l'autorité militaire. Il y a trois classes d'aghas dont les traitements ont été fixés à 1200, à 1800 et à 3000 francs.

Les khralifas, bach-aghas et aghas indépendants sont aussi nommés par le ministre de la guerre, sur la proposition du commandant de la division. Ces chefs exercent sur leur territoire une autorité politique et administrative. La plupart disposent d'une troupe indigène armée et soldée par la France, pour maintenir la tranquillité. Ces forces ne peuvent faire aucune opération sans l'assentiment du commandant de cercle ou de subdivision. Les khralifas et les bach-aghas prononcent des amendes jusqu'à concurrence de 100 francs contre ceux qui ont accordé l'hospitalité aux espions, aux rebelles et aux criminels poursuivis, contre les vendeurs ou les acheteurs d'armes et de munitions de guerre, contre les détenteurs de biens ou d'objets appartenant à l'État. Les khralifas touchent un traitement annuel de 12 000 francs, et ont des droits proportionnels sur la perception des impôts et des amendes. Lorsque, comme cela arrive dans la province de Constantine, ils ne sont pas rétribués, ils obtiennent une part plus forte dans les frais de perception. Le traitement des bach-aghas est de 5000 francs.

Dans chaque tribu, à côté du kaïd chargé des fonctions administratives, il y a un kadi qui rend la justice d'après la jurisprudence civile et religieuse. Il est nommé par le commandant de la subdivision, après avoir obtenu un certificat de capacité du tribunal supérieur indigène (*midjlès*) le plus voisin. Il règle les contestations civiles, dresse les actes de mariage, prononce les divorces, procède à la liquidation des héritages. Auprès de chaque bureau arabe, il y a un kadi qui exerce ses fonctions sous la surveillance immédiate des officiers chargés des affaires des tribus. Les kadis des villes et des bureaux arabes reçoivent des traitements; ceux des tribus ne sont pas rétribués. Ils touchent les droits pour les actes qu'ils rédigent et jouissent, en outre, de certaines immunités pour les corvées imposées à la tribu. Ils rendent la justice sur les marchés, dans une tente dressée à côté de celle du kaïd; ils prononcent des dommages et intérêts dans les causes civiles, mais ils ne peuvent condamner à la prison ou à des peines plus fortes, sans prendre l'attache de l'autorité française. On appelle du jugement des kadis devant un midjlès spécial, convoqué par les soins des bureaux arabes au chef-lieu de la division ou de la subdivision.

2° *Bureaux arabes départementaux.* Le rôle des bureaux arabes départementaux, confiés à la direction des préfets et chargés des indigènes des villes, n'est ni moins utile ni moins efficace que celui des bureaux arabes militaires.

Beaucoup de personnes semblent se persuader que le régime administratif de la métropole pourrait être, non-seulement sans difficulté, mais encore au grand avantage de tous, transplanté tout d'une pièce en Algérie; elles croient que les administrateurs n'ont pas besoin, dans ce pays, de connaissances spéciales pour diriger l'ensemble des services confiés à leur direction; et, comme conclusion, elles pensent que le gouvernement n'aurait qu'à consacrer le principe de l'assimilation de l'Algérie à la France pour que la prospérité de ce premier pays fût assurée.

Ces personnes oublient qu'à côté d'une population de 200 000 Européens existe une population indigène de 2 800 000 âmes, complétement différente par les mœurs, la législation, le langage, la religion, et à laquelle, par conséquent, un même système législatif ne saurait être appliqué.

Le point de vue auquel s'est placé le gouvernement est tout autre; il consiste, tout en assurant la prédominance à l'élément européen, à tenir compte des deux populations, à allier leurs intérêts lorsqu'ils peuvent l'être, et, dans le cas contraire, à les empêcher de se froisser, en attendant que, par une influence patiente, insensible, prudente, il les ait amenés à unir leurs intérêts plus étroitement. Le premier système conduirait à l'extermination de la race arabe ; le second tend à sa modification.

Les bureaux arabes départementaux n'ont aucune action qui leur soit propre ; ils n'agissent que par délégation et au nom du préfet. Ils ont dans leurs attributions : l'état civil musulman, quant à son organisation primitive ; la direction d'une partie de la justice musulmane ; l'administration du culte ; la surveillance des khrouan ou confréries religieuses et celle des berranis ou corporations étrangères, voir page CXI ; la surveillance et la direction des écoles arabes-françaises ; l'administration des établissements de bienfaisance et la distribution des secours ; la surveillance des maisons d'asile indigènes ; la surveillance du beit-el-mal (domaine), de l'amin-ef-fodda ou essayeur des matières précieuses ; et enfin les renseignements statistiques.

3° La colonisation.

Nous avons lu toutes les brochures et tous les livres publiés sur cette importante question : « *La colonisation en Algérie.* » Certains écrivains ont étudié cette question en quinze jours, à Alger et aux environs. D'autres, ce sont les plus forts, l'ont traitée sans sortir de la métropole, les pieds sur les chenets ; les uns et les autres, soit avec enthousiasme, soit avec un esprit de dénigrement quand même.

« Inventer un système, l'étendre, le préconiser avant ou après coup, est chose grave ; des habiles ont succombé à la tâche. » N'écrivant pas de parti pris, nous exposerons ce qui s'est fait et ce qui peut se faire, en citant les écrits d'auteurs désintéressés dans la question ou du moins aptes à la juger.

« La question algérienne, dit M. Ad. Joanne, est double. C'est tout à la fois une question d'honneur et une question d'affaires. Sur la question d'honneur, pas de discussion, pas de dissentiments possibles. La France a reçu de Dieu et accepté la mission de civiliser l'Afrique du Nord. Tant qu'elle n'aura pas rempli cette mission, quelques sacrifices qui lui soient imposés, elle doit persister dans son entreprise : ce serait une honte pour elle d'y renoncer....

« Il s'est trouvé en France des écrivains qui, soit ignorance, soit manie de dénigrement et de contradiction, soit faiblesse d'esprit, ont protesté contre la conquête et la colonisation de l'Algérie ; les uns ne se sont occupés qu'à calculer sou par sou ce qu'elles ont coûté ou ce qu'elles coûteront, comme si les grandes questions humaines étaient de pures opérations de commerce ; comme si, dans de telles questions, la France ne devait consulter que son intérêt matériel immédiat.

« D'autres, plus sensibles qu'économes, gémissent incessamment sur le triste sort des Arabes ; à les entendre, nous leur avons volé leur patrie ; nous confisquons à notre profit leur nationalité, leur liberté, leur fortune ; nous violentons leur conscience !... C'est là une erreur de fait et de droit qu'il importe de relever. Dieu n'a pas donné la terre à l'homme pour qu'il la laisse inculte. Tout homme qui ne cultive pas la contrée qu'il habite mérite d'en être dépossédé ; c'est un devoir pour les nations civilisées de lui tracer sa route et de le contraindre par tous les moyens possibles à y marcher. En fait, rien n'est plus faux que l'opinion prétendue philanthropique qui ne voit dans les Arabes que des patriotes justement soulevés contre des tyrans étrangers....

« Notre colonisation se fera naturellement, non pas d'après tel ou tel système, mais en empruntant à tous ce qu'ils ont de meilleur.... Soyons moins pressés et plus justes. Quand on parcourt l'Algérie en observateur impartial, on reconnaît qu'après tout, nos trente années ont été assez bien employées.... Il est surtout un élément de succès dont on ne tient pas assez compte ; cet élément, c'est le temps. Calmons donc notre impatience ; ne tentons pas (ou à coup sûr nous échouerions) de faire en un jour ce qui doit être l'œuvre d'une année. »

« Depuis le jour où nous sommes entrés en Algérie, dit à son tour M. É. Cardon, tous les systèmes de colonisation ont été essayés sur une échelle plus ou moins grande, à l'exception toutefois, jusque dans ces derniers temps, du système pratiqué aux États-Unis et dans les colonies anglaises les plus florissantes (la vente des terres aux enchères publiques ou à prix fixe) : colonies militaires, colonies agricoles avec ou sans subventions, avec ou sans vivres, petites concessions, grandes concessions à des sociétés financières, colonisation par les communautés religieuses, par les orphelins, par les départements, on a tout tenté, sans compter les essais qui auraient pu être faits si l'administration avait adopté tous les projets qui lui ont été présentés, colonisation par les Chinois, les Indiens ou les nègres, par les enfants trouvés, les jeunes détenus, etc., etc. S'il faut en croire tous les promoteurs de tous ces systèmes de colonisation, il suffirait de les adopter pour faire entrer l'Algérie dans la voie du progrès et de la production. Nous voulons bien le croire ; nous sommes même convaincu de l'excellence de chacun d'eux, s'ils réunissent les bras, les capitaux et l'intelligence ; l'Algérie est une terre de libre expérimentation qui doit être ouverte à tous les hommes de bonne volonté qui apportent avec eux les instruments de travail ; mais si tous ces hommes demandent à l'État des éléments de travail et de production, s'ils ne peuvent expérimenter qu'au moyen de sacrifices incessants de la part du pays, nous les repoussons de toutes nos forces. »

Le système des villages adopté par le gouvernement a trouvé un adversaire dans M. Jules Duval, auquel nous empruntons en grande partie le travail suivant : « *Le village, la ferme, le hameau,* » publié par le *Journal d'Agriculture pratique* :

« Quand une société naissante prend possession d'un territoire avec l'intention de s'y fixer et de le mettre en culture, comment doivent s'y installer les populations rurales, et comment doit s'y constituer l'atelier agricole ? Est-ce par fermes ou domaines isolés, est-ce par hameaux, est-ce par masses plus considérables connues sous les noms de villages, bourgades, bourgs, petites villes ?

« En Algérie, c'est le système des villages qui a prévalu comme pivot de toute colonisation ; les hameaux n'apparaissent çà et là que comme des démembrements d'un village, qui même les réunit souvent sous un nom collectif. Les fermes isolées n'ont été admises que par exception. Avec son lot de terre, chaque colon a reçu un lot de village où il a dû bâtir sa maison.

« Suivant nous, une telle marche est radicalement contraire aux lois de l'économie rurale ; elle a causé des désastres sans nombre ; elle est un des pires obstacles qui aient entravé le développement de la colonie, et il importe au plus tôt de l'abandonner. Sous quelque aspect qu'on étudie la question, on y découvre des dommages sans compensation.

« Avec le village décrété *a priori* comme centre agricole, les distances à parcourir sont grandes, le territoire comprenant toujours plusieurs centaines, et, au besoin, plusieurs milliers d'hectares, car il constitue une commune : première cause des dommages. Pour le va-et-vient de la maison aux champs, pour le transport des semences, des fumiers, des récoltes, des instruments aratoires, le colon use tous les jours, matin et soir, pour lui, sa famille et ses ouvriers, le temps, les forces, les chaussures ; il use la force de ses bestiaux, il use ses véhicules et ses machines. La journée utile de tout agent et de tout instrument de travail se réduit d'une à deux heures, et cela multiplié par trois cents jours. Énormes déperditions.

« Du village est dérivé le morcellement avec toutes ses conséquences. Pour avantager à peu près également tout le monde, on a formé des concessions composées de lots détachés, tant bien que mal assortis en terres de diverses qualités ; ici un lopin irrigable, là un pâturage sur les coteaux, plus loin un bouquet d'arbres. Avec un tel morcellement, il faut renoncer à l'unité d'exploitation, aux assolements, à la surveillance simultanée des divers chantiers, aux irrigations méthodiques. Viennent ensuite, comme un cortége inséparable du morcellement, la multiplicité abusive et improductive des chemins de service, des fossés, des murs de clôture ; le nombre plus grand de voisins, et partant des querelles, de haines, de vols et de procès ; l'emploi toujours plus difficile, souvent impossible des instruments mécaniques, des bêtes de travail. L'élève du bétail est paralysé et le fumier diminue à proportion, etc., etc. Des intelligences qui se plairaient à la conduite même d'une petite ferme, si elle est bien agencée et bien arrondie, ne sauraient se prendre du même goût pour l'exploitation de lambeaux de terre épars de tous côtés.

« Avec le village, où les habitants sont tenus de rentrer après les travaux du jour, la surveillance de nuit est impossible. Plantations, semailles, récoltes, fruits, conduite des eaux, instruments trop lourds pour être rapportés chaque soir, tout est livré aux ravages des animaux et des voleurs, sans défense aucune.

« Avec le village, les jours de mauvais temps sont entièrement perdus, et deviennent même des jours de dissipation. Le mari, qui pourrait, à la moindre éclaircie, égoutter les eaux, empierrer un chemin, combler une ornière, relever un mur, ajuster une clôture, émonder une haie, scier et fendre sur place le bois abattu, ce mari rentre à la maison et y perd à peu près son temps. L'ennui le mène bientôt chez le voisin ou au cabaret; il consume sa journée. Les jours de repos sont également gaspillés. Après les devoirs religieux remplis, il serait rappelé à la ferme par le bétail à panser, et de l'étable une promenade le conduirait à travers son domaine. Retenu au village où il réside, il s'attable avec des camarades, et perd son temps, son argent, quelquefois sa raison, toujours les habitudes simples et sobres qui lui conviendraient. Pendant ce temps, sa femme et ses filles sont abandonnées oisives à la maison, ou se livrent au dehors à de frivoles et coûteux plaisirs; les garçons courent les rues, et par la paresse se préparent à la corruption. La vie agricole, l'esprit rural, ne se constituent pas. Le village fait des citadins, non des campagnards.

« Avec la ferme tout se passe autrement : par cela seul qu'elle est le véritable théâtre de l'existence agricole, le bien en découle tout aussi naturellement que le mal découle du village.

« Sur sa ferme, le colon est toujours à portée, quelquefois au centre de ses cultures; pour y arriver point de courses inutiles et aussi peu que possible de temps et de forces humaines perdus, de bestiaux fatigués, d'instruments aratoires traînés sur les routes. Il combine et mène avec ensemble les divers membres de son corps de domaine : d'un regard il surveille tous ses auxiliaires, d'un pas il les atteint : comme le capitaine à la tête d'une compagnie qu'il mène au feu, il les encourage de sa présence et de sa parole, souvent de son exemple. La nuit, quelques tournées, le fusil au bras, son chien autour de lui, protégent efficacement sa récolte; la lumière seule qui brille à la maison atteste une vigilance qui met les maraudeurs en méfiance. Dans les mauvais jours, les travaux d'intérieur, les étables, sa cour, les alentours de sa maison l'occupent utilement. Associée à toutes les affaires, sa femme n'a plus de loisirs inutiles; suivie de ses aînés, elle porte au champ le repas à son mari. Les enfants eux-mêmes, garçons et filles, rendent des services suivant leur âge et leurs forces. Au logis s'introduit une habitude d'une utilité capitale : on y fait son pain, simple détail qui est toute une bienfaisante révolution dans le ménage. Outre que le pain est meilleur et moins cher, la famille, affranchie du boulanger, qui est le fournisseur universel (nous sommes en Algérie), réduit peu à peu tous ses comptes secondaires. Elle cesse de vendre à bas prix tout son blé pour racheter du pain fort cher. Sur sa récolte, elle réserve sa propre consommation, et fait, sur le seul chapitre du pain, une épargne qui, renouvelée 365 jours de l'année, constitue le premier de ses bénéfices.

« Ainsi se forme une sérieuse population rurale, qui s'attache intimement et de bonne heure au sol natal par la puissance des habitudes et des impressions d'abord inaperçues. Les enfants apprennent par l'exemple le goût et la pratique de l'agriculture. Les mœurs s'épurent en se concentrant au sein de la famille. La vie n'est pas coupée en deux parts, dont la meilleure se donne à la ville avec ses oisivetés, ses dissipations, ses spéculations, ses commérages ; elle est liée tout entière à la ferme, avec laquelle le propriétaire s'identifie de corps et d'âme, de nom même ; l'horizon de son domaine devient le cercle de son activité et de son ambition. Il peut montrer avec une juste fierté, dans une œuvre d'ensemble, son *prædium rusticum*, les fruits de l'ordre, de l'intelligence, de l'économie. Il se plaît et s'enracine aux champs où sa vie s'écoule, et devient l'homme du pays, le *paysan*, ce mot dont le noble sens a été sottement dénaturé par le dédain de la cour et de la ville, et qu'il convient de réhabiliter.

« Nous posons la règle générale sans méconnaître les cas particuliers qui invitent à se grouper en hameaux, tels que le voisinage d'une source, la division de l'héritage, des convenances de parenté ou de nationalité. Mais, dans ces cas même, chaque maison reproduira aussi fidèlement que possible la ferme, en s'entourant d'une vaste cour, de jardins, d'enclos, au milieu desquels chaque famille conserve toute son indépendance avec l'esprit rural et les mœurs rustiques. En de telles conditions, des villages principalement agricoles pourront à la longue se former sans perdre le cachet de leur origine, sans enlever au territoire environnant le caractère de la campagne.

« Comment donc un système qui est, au point de vue économique et agricole, une aberration complète, a-t-il pu devenir la règle générale dans notre colonie d'Afrique ?

« Au début, il est vrai, on se préoccupait surtout de garanties de défense contre les Arabes, et l'on peut admettre que telle était la raison d'être des premiers villages, puisqu'on les entourait d'enceintes bastionnées. Mais aujourd'hui, et depuis treize ans déjà d'une domination paisible et incontestée, alors que l'on ne protége plus les villages par des enceintes ni des bastions, de pareils prétextes ne sont plus de mise ; personne ne croit à l'ombre du danger. Si, néanmoins, on tient à se précautionner contre les insurrections futures, mieux vaudrait bâtir une retraite fortifiée dans les sites stratégiques les plus favorables, analogues aux châteaux du moyen âge, pour recevoir, au moment du danger, les colons, leurs troupeaux et leurs récoltes, que de les condamner à perpétuité, en vue d'une éventualité de plus en plus improbable, à vivre et travailler dans des conditions anti-économiques. La dépense en pure perte qui en résulterait ne serait rien en comparaison du préjudice énorme causé à une longue suite de générations par les exigences quotidiennes d'une mauvaise situation, car les conditions stratégiques concourent rarement avec les conditions agricoles. Du reste, même en cas d'agitation, il est permis d'affirmer qu'un territoire couvert de 40 à 50 fermes par lieue carrée de 1600 hectares, dont les feux se croiseraient en tout sens, serait parfaitement protégé contre toute irruption arabe, et en même temps seraient préservés les plantations, les récoltes, les cours d'eau qui, avec le système des villages, seraient livrés à toutes les dévastations. Si, en d'autres temps, des fermes isolées ont couru des dangers, c'est qu'il y en avait une demi-douzaine éparses dans l'immensité des plaines ; avec des centaines et des milliers se soutenant mutuellement, la situation serait tout autre.

« Il s'en faut d'ailleurs que le système des fermes s'oppose aux bourgades ; loin de là, les unes et les autres suivront un développement parallèle en nombre et en importance, les progrès du centre devant être nécessairement proportionnels à ceux de la circonférence. Mais les fonctions seront distinctes : à la ferme sera dévolue la production agricole ; au village, qui, en grandissant deviendra la ville, s'assembleront les métiers, les boutiques, les services publics de toute nature, entre autres l'église, le presbytère, l'école, la maison commune, le prétoire, la prison, le marché. Il y aura même, chez les habitants du bourg, des alliances avec l'agriculture, par le jardin, le verger, quelque lot de champ, quelque *villa*, sans violer la loi générale de la division du travail entre les villes ou les bourgades et les campagnes.

« Cette division s'établira librement et spontanément, si on laisse les colons se distribuer à leur gré sur les territoires préparés pour la colonisation. On pourra, comme par le passé, déterminer l'emplacement des villages, faire même des enceintes et des forts, pourvu que l'on n'y consigne pas, bon gré, mal gré, les cultivateurs contrairement à leurs goûts et à leurs intérêts, pourvu que le territoire, au lieu d'être dépecé en petits lopins éparpillés, soit distribué en blocs d'une certaine étendue. La liberté fera le reste. »

Le décret du 25 juillet sur la vente des terres vient de donner, en partie, raison à M. Duval et à tous les partisans de la colonisation libre.

« L'Algérie, dit enfin M. A. de Broglie, est une terre fertile : quelques sceptiques en voulaient douter malgré l'histoire ; aucun incrédule ne peut le contester aujourd'hui contre l'expérience. Elle n'a point, à la vérité, de ces fertilités exceptionnelles qui attirent spontanément les capitaux, à la suite du commerce, par l'appât des produits rares. Elle ne porte ni dans son sein, ni à sa surface, de trésors cachés ou de végétation prodigieuse qui puisse piquer la curiosité des aventuriers ou satisfaire une cupidité hâtive. Sa fertilité, rare pour le degré, est ordinaire pour la qualité. Le Pactole n'y roule point, et ce n'est pas la patrie des Mille et une nuits. Il n'en reviendra jamais ni nabab, ni oncle d'Amérique, pour terminer à point nommé le dénoûment d'une comédie. C'est une terre de bonne et saine espèce qui, avec des dépenses et des efforts modérés, peut produire abondamment les premiers éléments de la vie et de la richesse, le pain, l'huile, peut-être le vin, et le fourrage des bestiaux. Viennent de bons laboureurs, les mains et les poches suffisamment garnies, s'ils travaillent, elle les payera bien de leur peine et leur rendra avec un honnête intérêt les épargnes qu'ils lui confieront.

« Contentons-nous de ce qu'elle a : ne lui demandons pas ce qu'elle n'a pas. Son véritable avenir c'est de fournir un jour à l'Europe, à bas prix et d'une qualité supérieure, le grand élément de son alimentation quotidienne, le blé.... L'Algérie peut et doit un jour être le plus grand marché de céréales du monde, surtout en présence du mouvement qui fait délaisser presque partout en Europe l'agriculture pour l'industrie, ce que M. le colonel Ribour exprime très-bien en disant que « l'Europe est de moins en moins « une ferme et de plus en plus une usine. » Cet avenir se réalisera le jour où il y aura, au lieu de misérables pâtres nomades, une population de laboureurs assez intelligents et assez pourvus de capitaux pour exploiter la richesse naturelle du terrain. »

Aucun changement n'avait été apporté jusqu'en 1860 dans la législation pour les concessions de terres en Algérie. Cette législation consistait toujours dans les ordonnances des 21 juillet 1845, 5 juin et 1er septembre 1847, et dans le décret du 26 avril 1851. En voici les principaux dispositifs :

Les concessions inférieures à 50 hectares sont délivrées par les préfets des départements, ou par les généraux commandant les divisions, suivant les territoires auxquels elles s'appliquent.

Les concessions de 50 à 100 hectares sont accordées par le gouverneur général de l'Algérie en conseil du gouvernement.

Les concessions supérieures à 100 hectares sont octroyées par décrets impériaux, rendus sur le rapport du gouverneur général de l'Algérie.

Les demandes doivent conséquemment être adressées au préfet du département ou au général commandant la division ou au gouverneur général de l'Algérie, selon l'étendue du terrain sollicitée. Toutefois le gouverneur général reçoit également toutes celles qui lui sont transmises en dehors de ces règles, et il les renvoie aux autorités compétentes, afin qu'il soit procédé à leur instruction en la forme réglementaire. A cet effet, les pétitionnaires doivent faire connaître la localité, au moins le département ou la province où ils désirent être placés. Ils doivent également indiquer d'une manière précise leurs nom, prénoms, profession, domicile.

Les petites concessions (10 à 20 hectares) sont généralement délivrées sur des territoires allotis d'avance, et agglomérées dans des villages dotés par l'administration de tous les travaux publics nécessaires pour les besoins de la population. Les concessions plus importantes, éparses dans un rayon plus ou moins étendu autour de ces centres, donnent lieu à une instruction qui oblige, dans la plupart des cas, le pétitionnaire à se rendre sur les lieux, ou du moins à instituer un fondé de pouvoirs auprès de l'administration locale. Il lui est au besoin accordé pour ce voyage un permis d'embarquement gratuit, aller et retour.

Les concessions s'appliquent à des terres incultes; les colons ont à faire par eux-mêmes tous les frais de leur installation et de leurs cultures; en conséquence, les étendues concédées sont toujours proportionnées à leurs moyens d'action constatés.

Il est généralement accordé autant d'hectares qu'il y a de fois 3 à 400 fr. dans le capital dont chaque demandeur dispose, parce que l'expérience a démontré que l'établissement d'une exploitation agricole revient en moyenne à cette dépense. Il est nécessaire de posséder un capital d'au moins 3000 fr. pour devenir concessionnaire, parce que cette somme représente le minimum des frais à faire par l'émigrant pour se construire une habitation, acheter un matériel d'exploitation, commencer ses cultures et vivre en attendant les premières récoltes.

Les justifications pécuniaires exigées à l'appui de toute demande de concession, en conséquence de ce qui précède, peuvent être produites sous la forme soit d'un extrait des rôles de contributions directes accompagné d'un certificat de non-inscription hypothécaire, soit d'un acte de notoriété passé devant le juge de paix de la résidence ou de la situation des biens du demandeur. Le coût de cet acte, qui, dans les localités de l'Algérie, où il n'existe pas de justice de paix, est établi par le commissaire civil du district ou par le commandant de place, suivant les cas, est fixé ainsi qu'il suit par le décret du 23 avril 1852 :

Timbre de l'acte ou brevet............	» f.	35 c.
Vacation au greffier................	2	»
Enregistrement (droit fixe)....	1	20
	3 f.	55 c.

Un délai est fixé pour l'exploitation de chaque concession. A l'expiration de ce délai, si le concessionnaire a mis ses terrains en pleine valeur, il en devient propriétaire définitif au même titre que s'il les avait achetés. S'il les a laissés incultes, ils font retour au domaine de l'État. Enfin, s'il n'y a exécuté que quelques travaux insuffisants, ils sont vendus aux enchères publiques à son profit, sur une mise à prix égale à la valeur de ces travaux.

Indépendamment de cette obligation de cultiver, le concessionnaire est assujetti au payement à l'État d'une rente annuelle et perpétuelle, généralement fixée à 1 fr. par hectare, mais dont les arrérages ne commencent à courir qu'à partir de l'expiration du délai accordé pour la mise en valeur du sol, c'est-à-dire à partir de l'époque où la concession doit être en plein état d'exploitation, et donner par conséquent tout le revenu qu'elle est susceptible de rendre. Cette rente est, au surplus, rachetable au taux de 10 pour 100, c'est-à-dire, dans l'hypothèse d'une rente de 1 fr., moyennant 10 fr. par hectare.

Tout titulaire d'une concession de terrain a droit à un permis de passage gratuit de Marseille en Algérie, pour lui, sa famille et les personnes attachées à son service.

Si dans le délai de trois mois il n'a pas pris possession des terres qui lui ont été attribuées, il est déchu de plein droit du bénéfice de sa concession.

Le décret du 25 juillet 1860 a réglé le mode d'aliénation des terres domaniales, en même temps que la position des concessionnaires actuels.

En principe, et dans le plus grand nombre des cas, les ventes auront lieu désormais à prix fixe, sur un prix déterminé par le ministre, dont un tiers comptant et les deux autres d'année en année.

Elles seront précédées de publications et d'affiches, et le plan du lotissement sera pendant deux mois à la disposition du public.

Si plusieurs acquéreurs se présentent à la fois pour un même lot, il sera procédé, à huitaine, à une enchère publique.

En outre, dans certains cas, notamment pour les terres rapprochées d'une ville ou d'un village, il sera procédé, dès le début, par voie d'adjudication.

Les aliénations de gré à gré ne pourront être faites en faveur de particuliers qu'en cas d'indivision, d'enclave et de préemption légale ou de possession de bonne foi.

Quant aux concessions, il n'en sera plus fait que dans les périmètres de colonisation, au profit d'anciens militaires ou d'immigrants et de cultivateurs résidant en Algérie. Les travaux imposés à ces concessionnaires sont limités à la construction d'une habitation. Les concessions de plus grande étendue n'auront lieu qu'exceptionnellement, par décret impérial et sur l'avis du Conseil d'État.

Telles sont les dispositions adoptées pour l'avenir. En ce qui concerne le passé, le décret affranchit des obligations relatives au mode de culture tout propriétaire d'une concession précédemment accordée, qui aura rempli la condition de bâtir stipulée dans son titre.

ABRÉVIATIONS.

aub............	auberge.		hôt............	hôtel.
chem...........	chemin.		kil............	kilomètre.
dil............	diligence.		m. ou min......	minute.
dr.............	droite.		mèt............	mètre.
E..............	est.		N..............	nord.
env............	environs.		O..............	ouest.
g..............	gauche.		R..............	route.
hab............	habitants.		S..............	sud.
ham............	hameau		V..............	ville.
h..............	heure.		v..............	village.

ITINÉRAIRE
DE L'ALGÉRIE.

PREMIÈRE SECTION.

PROVINCE D'ALGER.

ALGER.

1° *Renseignements généraux* : Canotiers; Portefaix; Hôtels; Cafés-restaurants Cafés, Brasseries, etc.; Cercles; Journaux et Revues; Libraires; Théâtre : prix des places; Bains; Postes; Télégraphie électrique; Trésor et Changeurs; Passe-ports; Omnibus; Voitures à volonté; Diligences. — 2° *Situation, direction et aspect général.* — 3° *Histoire.* — 4° *Description* : le Port; les Remparts et les Portes; les Places; les Rues; Passages et Bazars; les Marchés; les Maisons; Monuments religieux; Édifices publics; les Forts; les Casernes; Bibliothèque et Musée. — Le Théâtre. — Les Fontaines. — Établissements d'instruction publique; Établissements et Sociétés de bienfaisance; Industrie; Exposition permanente.

RENSEIGNEMENTS GÉNÉRAUX.

Canotiers. Tarif : par personne, 0f,30; par malle, 0f,20; par colis, 0f,20; par sac d'argent, 0f,20.

Pour aller au stationnaire, 0f,50. — Au delà du stationnaire, le prix se règle de gré à gré.

Chaque quart d'heure de retenue à bord donne droit au batelier à 0f,15.

Si la retenue a lieu à bord d'un courrier, pendant l'embarquement et le débarquement des voyageurs, le prix sera réglé de gré à gré.

Portefaix : à un enfant qui porte un paquet, 0f,10; à un homme, 0f,25; pour une malle, 0f,50.

Hôtels. 1re classe : *de la Régence*, place du Gouvernement; *de l'Orient*, place du Gouvernement; *de Paris*, rue Bab-el-Oued. — 2e classe : *de la Porte-de-France*, rue des Consuls; *des Ambassadeurs*, rue de la Marine; *de Rouen*, rue des Trois-Couleurs. — 3e classe : *d'Europe*, place Bresson; *de Genève*, place Mahon; *des Frères proven-*

caux, rue Philippe; *du Jura*, rue du Faubourg-Bab-Azzoun.

Cafés-restaurants : de *Valentin*, rue Bab-Azzoun; *de la Bourse*, passage Duchassaing.

Cafés : *d'Apollon*, place du Gouvernement; *de Paris*, rue Bab-el-Oued.

Cafés-brasseries : de *Kolb*, rue du Marteau; *de la Bosa*, rue Bosa; *de l'Ours-Blanc*, rue Djenina; *du Nord*, rue Juba.

Café chantant : *de la Perle*, rue de la Flèche.

Cafés maures, dans tous les vieux quartiers d'Alger, mais on y chercherait en vain les chanteuses mauresques et les musiciens maures d'autrefois.

Cercles : *cercle d'Alger*, passage Duchassaing; *cercle du Commerce*, passage du Commerce; *cercle de la Nouvelle-France*, au-dessus du café d'Apollon. Les étrangers y sont admis sur la présentation d'un des membres.

Journaux et Revues : *Le Mobacher* (qui annonce de bonnes nouvelles), journal franco-arabe paraissant deux fois par mois sans abonnement. C'est un Moniteur universel rédigé en vue des indigènes auxquels il est principalement distribué. — *L'Akhbar* (La Nouvelle), politique, littéraire et commercial, paraissant quatre fois par semaine. 36 fr. par an. L'Akhbar est le plus ancien journal d'Algérie, il compte plus de vingt ans d'existence. — *La Revue africaine*, journal des travaux de la Société historique algérienne, paraissant tous les deux mois. 12 fr. par an. — *La Gazette médicale de l'Algérie*, paraissant tous les mois. 12 fr. par an. — *Le Bulletin de la Société d'agriculture*, trimestriel. — *La Vigie algérienne*, feuille commerciale et maritime, paraissant tous les jours, 8ᵉ année. 48 fr. par an.

Libraires-éditeurs et imprimeurs : MM. Bastide, place du Gouvernement; Dubos frères, rue Bab-Azzoun.

Libraires : Madame Philippe, rue Bab-Azzoun; Tixier, rue Bab-el-Oued; Pézé, rue Bab-Azzoun.

Théâtre, place Bresson. Prix des places :

	fr. c.
Loge de balcon, 4 places	13 20
Baignoire de pourtour, 4 places	11 »
Loge de première, 4 places	8 80
— de seconde, 4 places	6 60
Fauteuil d'orchestre	3 20
— de balcon	2 75
Stalle	2 20
Place de parquet	2 20
Amphithéâtre	1 10
Parterre	1 10
Troisième	» 55

Les places en location, 50 c. de plus.

Bains. Bains français : *de la Marine*, rue de la Marine; *Français*, rue du Soudan; *du Bazar*, rue de Chartres. — Bains maures : rue de l'État-Major; rue du Divan; rue de la Kasba; rue de la Porte-Neuve; rue de Nemours; rue Sidi-Ramdan; rue Boutin. — Tous sont ouverts pour les hommes, du soir à midi, et pour les femmes, de midi à 6 heures du soir. — L'établissement des bains, rue des Oranges, nº 2, réunit des bains français, russes, israélites, d'inhalation, et des salles de douches — réservés pour les femmes, de midi au soleil couchant. — Bains de mer, chauds et froids, avec appartement et restaurant-café, à Moustafa inférieur.

Bureaux des Postes, rue Bab-Azzoun. A l'arrivée des courriers de France les lundis, jeudis et samedis, les bureaux, fermés pendant le triage des dépêches, sont ensuite ouverts pour la distribution des lettres, qui se continue sans interruption. — Le départ pour la France a lieu les mardis, jeudis et samedis; la dernière levée est faite à 11 heures du matin, mais une boîte supplémentaire posée à bord du vapeur en partance reçoit les dépêches jusqu'à midi moins un quart.

Télégraphie électrique. Rue de l'Aigle, pour l'envoi et la réception des dépêches.—Rue du Laurier, n°7, pour l'inspection générale. — Voir pour le tarif, l'introduction.

Trésor, rue Bab-Azzoun. Les bureaux sont ouverts (les dimanches et jours fériés exceptés) de 8 à 10 h. du matin, et de midi à 4 h. du soir, pour les payements, et jusqu'à 3 h. du soir seulement pour les versements et la délivrance au pair et à dix jours de vue, de traites payables : soit à Paris, au Trésor; soit à Marseille, à la recette générale. Les coupures de ces traites sont de 100 fr., 200 fr., 300 fr., 500 fr., 1000 fr., 2000 fr. et 5000 fr.

Changeurs : MM. Castera frères, galerie d'Apollon.

Passe-ports. On les fait légaliser et on les retire au bureau central de police, rue Jean-Bart, de 8 à 10 h. du matin et de midi à 4 h. du soir.

Omnibus ou corricolos, place Bresson et place Bab-el-Oued. Les cochers sont tenus, lorsqu'ils en sont requis et sans aucune rétribution supplémentaire, de ramener les voyageurs jusque sur la place du Gouvernement.

Calèches ou voitures dites sous remises, place Mahon.

TARIF.

	Calèches. fr. c.	Omnibus, la place. fr. c.
La journée de 12 h.....	20 »	» »
La demi-journée de 6 h.	11 »	» »
L'heure...............	2 »	» »
Course dans la ville....	1 25	» 15
— au champ de manœuvre...............	1 50	» 20
— au jardin d'essai.....	2 25	» 40
— au ruisseau..........	2 50	» 45
— au palais du gouverneur général.....	2 »	» 35
— à la colonne Voirol..	2 50	» 40
— à Saint-Eugène......	1 50	» 25
— à la pointe Pescade..	2 50	» 40
— au Bou-Zaréa........	6 »	1 10
— au commencement d'El-Biar..........	2 50	» 60
— au bivac des indigènes	3 »	» 75
— à Ben-Akhnoun......	3 50	» 90
— à l'extrémité d'El-Biar.............	4 »	1 20

Toute déviation de la ligne indiquée, à droite ou à gauche, augmente de 50 c. le prix de la course, à moins qu'il ne s'agisse d'une avenue conduisant de la route à une habitation. Les points intermédiaires entre deux stations sont payés au prix de la station la plus éloignée.

Location de mulets et de chevaux.

Messageries générales de l'Algérie

LIGNE DE BLIDA.

Départ d'Alger.

A 5 h. 1/2 du matin par la plaine. — Arrivée à Blida à 10 h. du matin.

A 12 h. 1/2 par la plaine. — Arrivée à Blida à 5 h. du soir.

A 2 h. du soir par Douéra. — Arrivée à Blida à 6 h. 1/2 du soir.

Départ de Blida.

A 6 h. du matin par Douéra. — Arrivée à Alger à 10 h. 1/2 du matin.

A 12 h. par la plaine. — Arrivée à Alger à 4 h. 1/2 du soir.

A 1 h. du soir par Douéra. — Arrivée à Alger à 5 h. 1/2 du soir.

A 2 h. du soir par la plaine. — Arrivée à Alger à 6 h. 1/2 du soir.

LIGNE DE MEDÉA.

Départ d'Alger.

A 5 h. 1/2 du matin par Douéra. — Arrivée à Medéa à 5 h. du soir.

Départ de Medéa.

A 6 h. du matin. — Arrivée à Alger à 5 h. 1/2 du soir.

LIGNE DE MILIANA.

Départ de Blida.

A 6 h. 1/2 du matin. — Arrivée à Miliana à 3 h. du soir.

Départ de Miliana.

A 4 h du matin. — Arrivée à Blida à 11 h. du matin.

Correspondance avec Orléansville tous les 2 jours.

Correspondance d'Orléansville avec Tenès, tous les 2 jours également.

LIGNE DE CHERCHEL.

Départ de Blida.

A 6 h. 1/2 du matin. — Arrivée à Cherchel à 1 h. du soir.

Départ de Cherchel.

A 4 h. du matin. — Arrivée à Blida à 10 h. du matin.

LIGNE DE KOLEA.

Départ d'Alger.

A 6 h. du matin. — Arrivée à Kolea à 10 h. du matin.

A 2 h. du soir. — Arrivée à Kolea à 6 h. du soir.

Départ de Kolea.

A 6 h. du matin. — Arrivée à Alger à 9 h. 1/2 du matin.

A 2 h. du soir. — Arrivée à Alger à 5 h. 1/2 du soir.

LIGNE DE BOUFARIK.

Départ de Boufarik.

A 5 1/2 du matin. — Arrivée à Alger à 9 h. du matin.

Départ d'Alger.

A 2 h. 1/2 du soir. — Arrivée à Boufarik à 5 h. 1/2 du soir.

LIGNE DE LA KABILIE.

Départ pour les Isser tous les 2 jours.
Départ pour le Boudouaou tous les matins à 6 h.

SITUATION, DIRECTION ET ASPECT GÉNÉRAL.

Alger, ville de 45 000 âmes, capitale de l'Algérie, résidence du gouverneur général, de l'évêque, du préfet du département d'Alger, et de tous les chefs supérieurs des différents services administratifs, tant civils que militaires, est située, par 36° 47' de latitude nord et 0° 44' de longitude est, sur la côte septentrionale de l'Afrique. Sa distance de Paris est de 1644 kil.; de Marseille, 800 kil.; de Constantine, 422 kil.; et d'Oran, 410 kil. Alger s'élève en amphithéâtre sur le versant oriental d'une ramification du Sahel; sa configuration est celle d'un triangle d'une superficie de 50 hectares, dont la Kasba forme le sommet ou angle occidental à 118 mèt. au-dessus de la mer, Bab-el-Oued l'angle N., et Bab-Azzoun l'angle S. Les maisons, enveloppées par des fortifications, s'étagent les unes au-dessus des autres; elles sont presque toutes terminées en terrasses et blanchies à la chaux. Alger se compose de deux parties bien distinctes : la ville haute, conservant encore son cachet arabe, qui disparaît cependant de jour en jour, et la ville basse, bâtie à la française, poudreuse, animée. Tout a été dit sur Alger, sa position et son climat privilégié. Abou-Mohammed-el-Abdery, le Maure de Valence, le savant voyageur, écrivait un des premiers, au XIII° s., à propos d'Alger : « C'est une ville qu'on ne peut se lasser d'admirer et dont l'aspect enchante l'imagination. Assise au bord de la mer, sur le penchant d'une montagne, elle jouit de tous les avantages qui résultent de cette position exceptionnelle : elle a pour elle les ressources du golfe et de la plaine. Rien n'approche de l'agrément de sa perspective. »

Alger, vue de la mer, ressemble à une vaste carrière de marbre blanc, ouverte sur le flanc d'une montagne. On a, du reste, épuisé toutes les comparaisons possibles au sujet d'Alger ; c'est : une carrière de plâtre ; un escalier de géants ; une voile de hunier séchant au soleil ; une belle lessive étendue sur un pré vert ; un lion gigantesque accroupi sur un morne, la tête tournée vers la mer et guettant sa proie ; un fantôme aux formes indécises ; un brouillard ; une vapeur, etc. :

.... Un soir
La blanche Alger dormait comme un grand encensoir
D'argent, qui fume encore après le saint office....

Le poëte s'exprime ainsi à cause des fours à plâtre et à chaux de Babel-Oued, qui dégagent effectivement des flocons de fumée blanche, mais en même temps des odeurs âcres et nauséabondes qui ne sont pas celles de la myrrhe. — Un autre poëte l'a comparée à un

.... cygne au pied de l'Atlas arrêté,
Qui secoue au soleil son plumage argenté....

Et enfin un troisième a dit :

Figurez-vous Paris englouti dans la Seine
Et Montmartre debout, seul dominant la scène ;
La pleine mer sera vers le quartier latin,
D'où viendront les vaisseaux, vers le quartier
 [d'Antin,
Mouiller au bord du quai qui sera Saint-Lazare.
Passez au lait de chaux ce Montmartre bizarre,
En triangle étendant sa base vers la mer,
Et dont le sommet fuit sur le ciel outremer ;
Enveloppez le tout d'une vapeur ignée,
Et vous aurez Alger, la ville calcinée.
(*A. de Chancel*.)

« On peut voir en Orient, dit M. X. Marmier, beaucoup de villes construites dans le genre d'Alger : maisons carrées comme des dés, façades blanchies à la chaux, galeries à terrasses ; mais je n'en connais pas une qui présente, comme celle-ci, une masse si imposante de constructions, si serrée et si compacte, qu'on la dirait taillée d'un seul bloc dans une carrière de marbre. Et lorsqu'on pénètre dans son enceinte, c'est bien le tableau le plus bizarre, le plus étrange qu'il soit possible d'imaginer. La civilisation européenne, avec sa mobilité continue, s'y mêle à l'impassible physionomie des races orientales, y porte de tous côtés ses habitudes élégantes, ses fantaisies capricieuses et ses formes grotesques. Le quartier qui s'étend de l'Amirauté à la porte d'Azzoun est aussi français que le chef-lieu d'un de nos vieux départements. Rien n'y manque pour constater l'incessante activité de la France, avec son caractère entreprenant, ses tendances utiles et ses besoins vulgaires. De magnifiques hôtels s'élèvent sur les ruines de chétives maisons en plâtre qui jadis inondaient ce quartier ; de larges rues à arcades ont remplacé les ruelles tortueuses où jadis deux matelots n'auraient pas passé de front. Ici, la grue gémissante porte à un troisième étage les poutres d'un nouvel édifice; là, le hoyau et la pelle déblayent les avenues d'un carrefour. Ingénieurs et architectes, menuisiers et maçons, partout sont à l'œuvre. Puis au milieu de ce labeur, souvent très-habile et quelquefois précipité, voici ce qui rappelle la vive empreinte de la population parisienne : restaurants à la carte et à prix fixe, cafés et divans, marchandes de modes et coiffeurs, et les omnibus, qui déjà séduisent les Arabes, et les diligences, qui ont leur service régulier, et les guinguettes de la barrière avec leurs enseignes symboliques. Mais au milieu de cette cité française, les regards sont frappés par une variété de costumes, de types, de figures, par un mélange de races dont nulle autre capitale ne peut donner l'idée. Près du juif aux vêtements sales, au visage inquiet, voici l'Arabe à l'œil étincelant, à la démarche majestueuse; près du manœuvre qui fléchit sous le poids de son fardeau, voici le jeune élève de Saint-Cyr, tout fier de sa fraîche épaulette et de ses éperons qu'il fait résonner sur le pavé. A côté de la femme maure, qui glisse timidement le long des murs, le visage voilé par sa tunique, passe, en sautillant, la légère enfant des boulevards, qui serait bien désolée qu'on ne vît pas son joli chapeau et son écharpe brodée. Kabiles des montagnes, Maures et Biskris, Espagnols et Maltais se croisent sans cesse dans les rues avec nos officiers et nos soldats. Des spahis partent au galop chargés de dépêches; des pièces d'artillerie roulent dans les rues; des troupeaux d'ânes et de mulets apportent au marché les provisions du jour; le tambour bat, les postes prennent les armes, les généraux traversent la ville sur des chevaux écumants. On dirait un immense campement, refuge d'une quantité de diverses tribus, vivifié par toutes sortes d'industries, et retentissant de tous les bruits de la guerre. La vieille enceinte d'Alger n'est plus assez vaste pour contenir tout ce monde, sa population déborde hors de ses premières limites. Pour lui donner l'espace dont elle a besoin, il a fallu démolir les remparts et les reporter en pleine campagne. »

HISTOIRE.

M. Berbrugger, qui a eu le rare bonheur de s'occuper le premier et sérieusement de science archéologique en Algérie, a déterminé d'une manière irréfragable la position d'**Icosium**, la ville à laquelle a succédé plus tard l'**El-Djezaïr** des Arabes, notre **Alger** actuel. Il n'entre point dans notre plan de citer longuement, à ce sujet, tous les documents de quelque valeur qui sont pour nous autant de preuves certaines; nous renvoyons donc nos lecteurs à la notice de M. Berbrugger sur Icosium; mais nous emprunterons à cette notice le texte d'une inscription romaine découverte, par le savant bibliothécaire, dans la boutique d'un cloutier d'Alger, sur une énorme pierre enlevée à l'une de ces constructions mauresques en ruines, que l'on rencontre fréquemment dans le haut de la ville. Cette inscription, le passant peut la lire aujourd'hui dans le quartier bas d'Alger, sur un pilier d'angle, au coin des rues Bab-Azzoun et du Kaftan.

>   I OU P SITTIO MEQIR
>   PLOCAMIANO
>   ORDO
>   ICOSITANORVM
>   M. SITTIVS. P. F. QVI
>   CAECILIANVS
>   PRO FILIO
>   PIENTISSIMO
>   HRIR.

Le mot essentiel de cette inscription votive, est celui de la quatrième ligne, ICOSITANORVM, forme du nom ICOSITANVS qui s'appliquait aux habitants d'ICOSIVM.

Solin raconte ainsi la fondation d'Icosium : « Hercule (le Libyen), passant en cet endroit, fut abandonné par vingt hommes de sa suite, qui y choisirent l'emplacement d'une ville dont ils élevèrent les murailles; et, afin que nul d'entre eux n'eût à se glorifier d'avoir imposé son nom particulier à la nouvelle cité, ils donnèrent à celle-ci une désignation qui rappelait seulement le nombre de ses fondateurs : ΕΙΚΟΣΙ, vingt, » dont on a fait Icosion puis Icosium[1].

Le nom d'Icosium n'est pas souvent mentionné dans l'histoire romaine. Pline, un des rares écrivains qui en parlent, nous apprend que cette cité avait reçu de l'empereur Vespasien le droit latin, lequel était un peu plus favorable que le droit italique et un peu moins que le droit romain. A l'époque chrétienne, Icosium a possédé des évêques, ce qui ne prouve pas beaucoup en faveur de son importance, puisque dans ces temps anciens, des bourgades fort peu considérables ont eu le même avantage, ces prélats n'ayant pas, dans la primitive église, l'importance hiérarchique qu'ils ont acquise plus tard. Ammien Marcellin raconte comment le rebelle Firmus, fils de Nubel, sorti du Mont-Ferratus (Djurdjura), et menaçant la domination romaine, fit remettre à Icosium, prisonniers, drapeaux, butin et trésors, puis conclut dans la même ville un traité de paix avec un général frère et homonyme de l'empereur Théodose, en 375 de J. C. Enfin Paul Diacre rapporte que du temps des Vandales, Icosium, ayant été pris et démoli, fut bientôt rétabli.

Lorsque les Arabes envahirent l'Afrique, — on désignait plus particulièrement sous ce nom la Tunisie actuelle, — la peuplade berbère des Beni-Mezr'anna était établie à Icosium, lieu de rendez-vous des tribus de la Mitidja, qui venaient trafiquer avec les marchands d'Hippone, de Césarée et de Carthage. C'est au IVᵉ s. de l'hégire, Xᵉ de l'ère chrétienne, que, sous la dynastie arabe sanhadjienne, Bologguîn, fils de Ziri, fut autorisé par son père à fonder trois villes : Miliana, sur la rive orientale du Chélif, Lemdia ou Medéa, et **El-Djezaïr-Beni-Mezr'anna**, les îles des Enfants de Mezr'anna, à cause des îlots, disparus aujourd'hui sous les travaux des Turcs, à la marine, et de la tribu qui occupait, selon la tradition algérienne, l'emplacement

---

[1] ..... Nec ab Icosio taciti recedamus; Hercule enim illac transeunte, viginti qui a comitatu ejus desciverant, locum deligunt, jaciunt mœnia, ac ne quis imposito a se nomine privatim gloriaretur, de condentium numero urbi nomen datum. Porro urbs Icosium sic vocata fuit a viginti Herculis comitibus qui illam condiderunt, nam εἴκοσι græce, latine viginti significat. (C. IVLII SOLINI, etc., BASILEAE, 1538, in-4.)

où fut élevée depuis la grande mosquée. Bologguin, investi par son père du gouvernement des trois villes qu'il avait fondées, mourut en 984 (373 hég.), après avoir réussi à faire disparaître du Mar'reb la domination des Ommiades et à refouler les Zenata dans le désert. A cent ans de là environ, 1067 (460 hég.), voici ce que El-Bekri disait d'El-Djezaïr : « Cette dernière ville également belle et ancienne renferme de magnifiques monuments d'antiquité, et des portiques d'une construction parfaite.... le parvis du théâtre est pavé de petites pierres de diverses couleurs, qui ressemblent à de l'émail et qui représentent toute sorte de figures d'animaux. Ce travail exécuté avec un soin et une habileté extraordinaires a résisté aux efforts du temps et n'a, depuis une si longue suite de siècles, éprouvé aucune dégradation. Elle renferme des marchés, une mosquée.... La ville offrait jadis une église dont il subsiste encore une muraille bien alignée d'orient en occident, et qui sert aujourd'hui de kibla pour les musulmans ; ce mur est construit de cailloux et couvert de peintures et de figures de toute espèce. Le port est parfaitement sûr et renferme une source d'eau douce. On y voit aborder continuellement des vaisseaux de la province d'Afrikia, d'Espagne et d'autres contrées. »

Les ruines d'Icosium dont parle El-Bekri, retrouvées plus tard dans les fouilles faites pour les fondations de l'Alger français, disparurent dans le développement successif et considérable de la ville arabe, puis de la ville turque. En 1146-47 (541 hég.), les Almohades subjuguèrent l'Espagne et les royaumes de l'Afrique septentrionale. Plus tard leur cheikh, Abd-el-Moumen, entreprit une expédition en Afrikia; arrivé devant Alger, il reçut la soumission des chefs de cette ville et reprit sa marche. Quarante ans après, 1185 (581 hég.), Ali-Ibn-R'ania, général almoravide, s'empare d'Alger et y laisse un gouverneur que les habitants livrèrent bientôt à Abou-Zeid, général des troupes almohades envoyées par le sultan El-Mansour. Ibn-R'ania reparaît longtemps après, 1225 (622-23 hég.), attaque les Mar'aoua à l'Oued-Djer, entre Mitidja (Blida) et Miliana, tue leur émir Mendil-Ibn-Abd-er-Rhaman, et fait mettre son cadavre en croix sur les murs d'Alger qu'il venait de soumettre. En 1234 (633 hég.), Abou-Zekeria le Hafside s'empare du Mar'reb central et donne à son fils Abou-Yahya le commandement de Bougie et le gouvernement de toutes les localités qui dépendaient de cette ville telles qu'Alger, Constantine, Bône et le Zab. En 1265-66 (664 hég.), les Algériens cessèrent d'obéir au sultan hafside El-Mostancer, et jouirent tranquillement, pendant sept ans, de leur indépendance. El-Mostancer fit étroitement bloquer Alger par terre et par mer, et, après un long siége, la ville emportée d'assaut vit massacrer ses habitants, déshonorer ses mères de famille et violer ses vierges. Les cheikhs qui formaient le gouvernement d'Alger furent chargés de chaînes et conduits à la citadelle de Tunis, où ils restèrent prisonniers jusqu'à la mort du sultan. El-Ouathec, son successeur, ordonna la mise en liberté des cheikhs. Il faut croire que toutes ces luttes, qui faisaient passer Alger d'une autorité sous une autre, avaient nui au développement intellectuel de ses habitants, ou plutôt l'avaient arrêté, car Mohammed-el-Abdery, qui faisait en 1289 (688 hég.) l'éloge d'Alger, sous le rapport de son admirable situation, comme on a pu le voir plus haut, ajoutait : « Cette ville est privée de la science, comme un proscrit est privé de sa famille. Il n'y reste plus aucun personnage qu'on puisse compter au nombre des savants, ni un individu qui ait la moindre instruction. En mettant le pied dans l'intérieur de cette cité, je demandai si l'on pouvait y rencontrer des gens éclairés ou des personnes dont l'érudition offrît quelque attrait : mais j'avais l'air de chercher un cheval plein et des œufs de chameau, comme dit le proverbe. » En 1312-13 (712 hég.), on voit un cheikh algérien nommé Ibn-Allan, qui avait secoué à son profit le joug des hafsides, assiégé par les troupes d'Abou-Hammou-l'Abd-el-Ouadite, se soumettre à ce souverain qui le fait interner à Tlemcen. En 1349 (750), le sultan Abou'l-Hassen, le Merinide de Tunis, débarque à Alger après avoir fait naufrage devant Bougie. Battu quelques mois après par le sultan de Tlemcen, il se jette dans le désert où il trouve un asile. Enfin en 1366 (767), Abou-Zian reprend Alger aux Abd-el-Ouadites.

Alger, après avoir appartenu à Tlemcen, puis à Bougie et de nouveau à Tlemcen, devint à peu près indépendante, lors de la décadence de cette dernière capitale, sous les Beni-Zian, et fut alors gouvernée par les Beni-Teumi, fraction des Oulad-Taliba, établis dans la Mitidja. Après la chute de Grenade, les Espagnols étendent leurs conquêtes dans la Barbarie. Ils s'emparent successivement de Mers-el-Kebir en 1505, d'Oran et de Bougie en 1509. Dellis, Mostar'anem, Tlemcen et Alger, n'étant pas en état de se défendre, deviennent tributaires de l'Espagne. Le port d'Alger, alors sans grande importance, offrait cependant aux corsaires un abri et un point de départ. Le premier travail fait par les Algériens à leur port remontait à la fin du xve s.; il consistait en une tour de vigie et de défense sur un gros îlot de l'ouest; le comte de Navarre démolit cette tour, 1510, et bâtit une forteresse nommée le Peñon (de *peña*, rocher).

Vers cette époque, 1512 (918 hég.), deux frères, Aroudj et Kheir-ed-din, corsaires connus par leurs nombreux exploits, et soutenus par Mohammed, sultan de Tunis, songent à se créer une royauté; ils portent leurs vues sur Bougie, mais sans succès. Aroudj perd un bras à l'attaque de cette ville; peu de temps après, il prend Djidjelli aux Génois. Une seconde tentative sur Bougie échoue de nouveau. Kheir-ed-din est obligé de brûler une partie de ses galères ensablées dans l'Oued-Bou-Messàoud. 1515 (921 hég.), Sélim-Ben-Teumi, émir d'Alger, fatigué de la domination espagnole, appelle Aroudj à son secours; ce dernier s'empare d'abord de Cherchel, puis d'Alger, tue Sélim et se fait proclamer roi à sa place. Ici commence la domination des pachas qui ne doit finir qu'en 1830.

Baba Aroudj. 1515 à 1518 (921 à 924). Travaux ajoutés à la Kasba, seule citadelle d'Alger à cette époque. Expédition espagnole, à l'instigation du fils de Sélim-Ben-Teumi, réfugié à Oran, et de Abou-Hammou, roi de Tlemcen.

Diégo de Vera débarque aux environs d'Alger à l'endroit appelé aujourd'hui Husseïn-Dey; 400 Espagnols sont faits prisonniers, et la tempête détruit une partie de leur flotte. — Aroudj, aidé de Messâoud, neveu de Abou-Hammou, s'empare de Tlemcen; il nomme Messâoud roi de cette ville, puis le fait tuer et prend sa place. Il laisse à Kalâ, point intermédiaire entre Alger et Tlemcen, une garnison de cinq cents Turcs commandés par son lieutenant Iskander; il s'empare de Miliana et rentre à Tlemcen. — Don Martin d'Argote, gouverneur d'Oran, et Abou-Hammou prennent Kalâ ; Iskander est tué : marche des Espagnols sur Tlemcen, fuite de Aroudj, il est tué, malgré l'or qu'il fait semer derrière lui pour arrêter l'ennemi. Abou-Hammou, rétabli sur son trône, paye à l'Espagne un tribut de 12000 piastres.

Kheir-ed-din. 1518 à 1535 (924 à 942 hég.). A la mort de son frère, Kheir-ed-din, occupé dans l'est, revient à Alger. Élu chef souverain, il soumet, en profond politique, son élection à l'approbation du sultan Sélim Ier, qui le nomme pacha d'Alger, avec le droit de battre monnaie, et lui envoie des secours pour tenir tête aux Espagnols. Hugo de Moncade arrive devant Alger: il est battu, et sa flotte, dispersée par la tempête, se réfugie à Iviça. — 1520 (926 hég.). Prise de Tenès. — Moins heureux en Kabilie, Kheir-ed-din fait la paix avec les Zouaoua et les Beni-Abbès qui restent indépendants. Les Zouaoua forment le groupe des tribus auxquelles les historiens du temps donnaient Kouko pour capitale. — Prise de Collo; soumission de Constantine qui devient le chef-lieu de la province de l'Est. — 1529 (935 hég.). Kheir-ed-din défait et tue, dans les eaux des îles Baléares, Portundo, amiral espagnol, prend ses galères et les ramène à Alger. — 1530 (936 hég.). Prise du peñon d'Alger; Martin de Vargas, son gouverneur, ne voulant ni servir le pacha, ni se faire musulman, est mis à mort. Le peñon est relié à la ville au moyen d'une jetée. — 1531 (937 hég.). Doria brûle à Cherchel une partie de la flotte algérienne, puis ayant voulu débarquer, il est battu et prend la fuite. — 1532 (938 hég.). Alger est entourée de murs et des travaux sont ajoutés au port. — 1533 (939 hég.). Kheir-ed-din arrive à Oliva avec 36 galères; il enlève 7000 Andalous qu'il transporte à Alger. — Massacre dans les bagnes, qui regorgent d'esclaves. — Cette même année, Don Alvar de Bazan détruit la ville maritime de Honeïn, l'entrepôt commercial de Tlemcen. — 1534 (940 hég.). Prise de Tunis par Kheir-ed-din. — 1535 (942 hég.), juillet. Charles-Quint reprend Tunis, y rétablit Moulaï-Hassen. Kheir-ed-din bat en retraite sur Bône; il en est chassé par les Génois; arrivé à Alger, il se remet en mer, surprend Mahon, enlève huit cents habitants et un riche butin. Deux mois après, il est rappelé à Constantinople. — Ici finit le rôle de Kheir-ed-din à Alger; nommé capitaine-pacha (amiral) en 1543, il lutte avec avantage contre Doria et porte ses conquêtes et ses dévastations dans l'Archipel, la Pouille, la Calabre, la Sicile et la Corse. On connaît la démarche ruineuse que fit François Ier, allié de Soliman, en appelant à Marseille le célèbre corsaire, pour le siége de

Nice. — Kheir-ed-din meurt à Constantinople, riche et honoré, le 5 juillet 1546, 6ᵉ djoumad-el-eouel 953, et non en 1548 comme le dit Haedo.

Mohammed-Hassen, pacha; 1535 à 1545 (942 à 952 hég.). — Mohammed-Hassen, eunuque et renégat, devait sa fortune à Kheir-ed-din qui l'enleva en Sardaigne, enfant et gardeur de moutons. — Il gouverne Alger comme agha, et devient pacha à la place de son bienfaiteur, après la défaite de Charles-Quint. — 1536 (943 hég.), février. Jean de La Forest, ambassadeur de François Iᵉʳ, conclut avec Soliman un traité de paix et de commerce dont voici les principales dispositions, qui ont depuis servi de base aux autres traités faits avec la Porte et les États barbaresques : « La libre navigation des deux puissances dans leurs mers respectives. — L'inviolabilité des consuls, il n'y en avait pas encore à Alger, considérés jusqu'ici comme otages; juridiction de ces consuls dans les affaires civiles de leurs compatriotes. La mise en liberté des esclaves. » — 1541 (948 hég.). Expédition désastreuse de Charles-Quint contre Alger. Après des efforts inouïs, contrariés par les pluies et la tempête, l'empereur bat en retraite sur Matifou, où Doria avait rallié les vaisseaux échappés par miracle. L'année suivante, Hassen attaque et massacre les Zouaoua qui avaient fourni, mais pas assez à temps, un contingent de 2000 hommes à Charles-Quint. — 1544 (952 hég.). Mort d'Hassen pacha. Haedo le fait mourir à tort en septembre 1543. La pierre tumulaire déposée au musée d'Alger porte bien la date de 952 hég.

Hassen-ben-Kheir-ed-din, pacha.

— 1545 à 1552 (952 à 959 hég.). Hassen, fils de Kheir-ed-din, arrive de Constantinople avec douze vaisseaux et des troupes. Il s'empare de Tlemcen, y laisse une garnison turque. Au moment où il allait livrer bataille à d'Alcaudète, gouverneur d'Oran, il apprend la mort de son père, revient à Alger, part pour Constantinople où l'appelaient ses intérêts; quelques mois après il reprend le pouvoir. — 1550 (957 hég.). La ville de Koléa est bâtie à l'ouest du Mazafran. — C'est sous le pachalik d'Hassen que furent construits l'hôpital chrétien dans le bagne du Beylik et le fort l'Empereur, dont les noms arabes sont : Bordj-el-Taouss (des paons), Bou Lila, Moulaï-Hassen, et Sultan đalassi.

Salah-Raïs, pacha. — 1552 à 1556 (960 à 963 hég.). Salah, originaire d'Alexandrie, un des plus célèbres raïs de Kheir-ed-din, succède à Hassen. Quelques chroniques le font régner dès 1546; c'est une erreur. Nicolas de Nicolaï, qui était à Alger en juillet 1551, dit positivement que le pacha était alors le fils de Kheir-ed-din. — Salah réunit à la régence d'Alger, Tlemcen et Mostaganem. — 1553 (960 hég.), il pille et rançonne Biskra, Tougourt et Ouargla qui refusaient l'impôt. — 1555 (963 hég.). Une partie de la flotte algérienne est mise, par ordre du sultan, à la disposition de la France, alors en guerre avec l'Espagne. — Bougie est prise aux Espagnols; Péralta, son gouverneur, qui avait lâchement capitulé, est décapité à Valladolid. — 1556 (963 hég.). Salah-Raïs meurt de la peste qui sévissait depuis quatre ans, au moment où il se rendait à Matifou au-devant de la flotte que lui envoyait Soliman, pour l'expédition d'Oran. On attribue à ce pacha la construction de la Djenina, vaste bâtiment qui comprenait le palais du pacha, la manutention pour les troupes et les magasins pour les blés retirés des impôts.

Hassen, pacha.— 1556 (963 hég.). Hassen, renégat corse, gouverneur de la Kasba, empoisonne Yahya, désigné par Salah-Raïs pour lui succéder; il se fait nommer pacha et obtient du sultan la confirmation de son pouvoir usurpé. Hassen assiége Oran, mais il est forcé de se retirer, le sultan ayant rappelé sa flotte pour contenir Doria. Quelques mois après, Mohammed-Kurdogli arrive de Constantinople pour prendre possession du pachalik.

Mohammed - Kurdogli, pacha, 1556 (963 hég.). — C'est le Téchéoli de quelques historiens. Lorsqu'il arrive devant Alger, les janissaires refusent de le recevoir, mais les raïs, admirateurs de l'ancien compagnon de Kheir-ed-din, l'introduisent dans la ville pendant la nuit. Mohammed apaise les janissaires à force de promesses, s'empare d'Hassen le Corse et le fait jeter aux ganches de Bab-Azzoun. Le règne de Mohammed, signalé par une peste violente, fut de courte durée. Il mourut assassiné dans la koubba de Sidi-Abd-el-Kader, à Bab-Azzoun, par Youssef, gouverneur de Tlemcen et ami de Hassen Corse. On doit à Mohammed-Kurdogli la construction du fort de l'Eau, entre la Maison-Carrée et Matifou.

Youssef, pacha, 1556 (963 hég.). — Meurt de la peste, six jours après sa nomination au pouvoir.

Yahya, pacha, 1557 (964 hég.). — Il gouverne de janvier à juin; la peste continue pendant son court passage au pouvoir.

Hassen-ben-Kheir-ed-din, pacha, 1557 à 1561 (965 à 969 hég.). — Nommé pour la seconde fois, 1558 (965 hég.); il délivra Mostaganem et Mazagran, assiégées par les Espagnols; d'Alcaudète est tué devant Mazagran. — 1560 (968 hég.). Courses sur les bâtiments français; représentations faites au sultan à ce sujet. — Expédition de Hassen contre les Beni-Abbès; il s'assure de leurs défilés, construit de nombreux fortins destinés à protéger la marche des Turcs en Kabilie, fait la paix avec les Beni-Abbès et épouse la fille d'un de leurs chefs. — Thomas Linchès et Carlin Didier, citoyens de Marseille, fondent à la Cale et au Bastion des établissements pour la pêche du corail. — 1561 (969 hég.). Hassen, chargé de chaînes, est renvoyé à Constantinople par la milice, à cause de la trop grande protection qu'il accordait aux Beni-Abbès.

Ahmed, pacha, 1561 (969 hég.). — Envoyé à Alger pour faire une enquête sur Hassen-ben-Kheir-ed-din, Ahmed-Bostandji fait conduire à Constantinople les fauteurs des derniers événements, Hassen et Koussa, qui sont décapités à la porte du Seraï. Ahmed meurt de la peste au bout de quelques mois, laissant la conduite du gouvernement à Yahya, précédemment pacha en 1557. Les Algériens sollicitent le rappel d'Hassen-ben-Kheir-ed-din qui vient, pour la troisième fois, prendre possession du pachalik. Quant à Yahya, il meurt plus tard, en 1570, âgé de soixante ans, des suites d'une blessure reçue au siége de Tunis, sous les ordres d'Ali-el-Fortaz.

Hassen-ben-Kheir-ed-din, pacha, 1562 à 1567 (970 à 976 hég.). — Ses tentatives sur Oran échouent, mais il crée dans l'ouest une autorité forte et homogène, capable d'attaquer comme de se défendre, et qu'il remet à un bey nommé Bou-Khedidja, dont la résidence est fixée à Mazouna, entre Mostaganem et Tenès. — 1563 (971 hég.). Soliman, empereur des Turcs, exile les femmes de mauvaise vie sur les côtes de la Barbarie. — 1564 (972 hég.), 17 septembre, Bertolle, de Marseille, nommé consul à Alger, n'est point admis dans cette ville. — 1565 (973 hég.). Siége de Malte par Sinan pacha, et Torghoud; Hassen arrive d'Alger avec 27 voiles et 2500 Turcs ; mort de Torghoud (dont on a fait Dragut); levée du siége ; Hassen revient à Alger où il est déposé, l'année suivante, pour la troisième fois.

Mohammed-ben-Salah-Raïs, pacha. — 1566 à 1568 (974 à 976 hég.). Mohammed, cédant aux réclamations des janissaires, les fait admettre sur les bâtiments de corsaires pour faire la course avec eux. Cela peut expliquer pourquoi les janissaires pendaient sous la porte d'entrée de leurs casernes de petits modèles de vaisseaux. — Construction du fort de l'Étoile entre la Kasba et le fort l'Empereur. — Mohammed, tombé en défaveur, est rappelé à Constantinople, puis jeté en prison. Il rachète sa liberté par l'abandon d'une partie de son immense fortune. Nous le retrouvons à Lépante où il est fait prisonnier par don Juan d'Autriche, qui l'emmène avec ses fils, à Rome.

Ali, pacha. — 1568 à 1571 (976 à 979 hég.). Ali est connu à Alger, sous les surnoms de El-Eudje (le Renégat), El-Fortas (le Teigneux). C'était un pâtre de la Calabre, pris dans son enfance par les Turcs. Ali, gouverneur de Tlemcen sous Hassen-ben-Kheir-ed-din, conduisait les galères, à la prise de Mostaganem. Il remplaçait, comme pacha de Tripoli, Torghoud, tué à Malte, et devenait pacha d'Alger, quand Mohammed-ben-Salah était rappelé à Constantinople. — 1568 (976 hég.). Construction du Bordj-Sidi-Taklilt, dit fort des Vingt-quatre-Heures, dans les murailles duquel fut enseveli vivant Jeronimo (V. p. 51). — 1569 (977 hég.). Claude Dubourg, ambassadeur de Charles IX, renouvelle les capitulations de 1536, avec quelques dispositions pour la sûreté du commerce dans le Levant et dans la Barbarie, et pour étendre l'autorité des consuls. — 1570 (978 hég.). Ali s'empare de Tunis et laisse dans cette ville le kaïd Ramdan avec 1600 Turcs et Zouaoua. — Les Morisques de Grenade, comptant sur l'appui d'Ali qui ne leur envoie que 500 janissaires, sont battus et chassés d'Espagne. — 1571 (979 hég.). Ali bat les galères de Malte et les conduit à Alger. Il attaque Candie, ravage les côtes de la Dalmatie et prend Famagouste. — Don Juan d'Autriche bat les Turcs à Lépante; Hassen-ben-Kheir-ed-din et Mohammed-ben-Salah-Raïs y commandaient chacun un vaisseau. Ali, à la tête de l'escadre algérienne, tint bon jusqu'à la fin, puis se rendit à Constantinople; nommé capitan-pacha, il réorganisa la flotte ottomane. Ali ne reparut plus à Alger; il avait demandé au sultan l'adjonction, à son pachalik, de toutes les côtes barbaresques; Sélim refusa. — 22ᵉ capitan-pacha (amiral), Ali mourut à quatre-vingt-dix ans en 1586, laissant des trésors immenses acquis au fisc.

Arab-Ahmed, pacha. — 1571 à

1573 (979 à 981 hég.). Arab-Ahmed matelot, puis pilote, raïs, préfet à Galata, bey à Rhodes, et enfin pacha à Alger.— Son règne est signalé par la peste. — Il fait exécuter de grands travaux de fortification à la Kasba, aux remparts de la ville, à la porte Bab-Azzoun et au port d'Alger.— Nommé beylerbey de Chypre, il meurt haché par les troupes que ses violences avait poussées à la révolte.

Ramdan, pacha. — 1573 à 1576 (981 à 984 hég.). Ramdan était gouverneur de Tunis; nommé pacha d'Alger, il fait démolir le faubourg de Bab-Azzoun, dans la crainte d'une attaque par don Juan d'Autriche, qui venait de prendre Tunis. — 1574 (982 hég.). Reprise de Tunis par Sinan, pacha, et Ali-Fortas; Ramdan y assiste avec 3000 Turcs. — Philippe II, craignant que le sultan, pour se venger de la défaite de Lépante, ne fît inquiéter Oran et Mers-el-Kebir, avait résolu d'abandonner ces deux places, lorsque la mort de Sélim II fit ajourner ce projet. — Ramdan fait ajouter des travaux de fortification du côté de Bab-el-Oued. — Comme ses prédécesseurs, et au mépris des capitulations, il refuse le consul français, en disant qu'il en tiendra lieu.

Husseïn, pacha. — 1576 à 1580 (984 à 988 hég.). C'était un renégat vénitien pris par Torghoud; on le surnommait le Vaniteux. Pendant qu'il assistait aux solennités de l'avénement de Mourad III, un commissaire de la Porte enlevait au trésor d'Alger 200 000 ducats. — 1577 (985 hég.). Maurice Sauron, de Marseille, nommé consul à Alger, vend sa charge à un nommé Guinguighotte, qui n'est point admis. « La chose répugnant aux marchands, au peuple et à tous, » écrivait Husseïn. — Maurice Sauron, appuyé par la Porte, sur la réclamation de M. de Germiny, notre ambassadeur, n'eut pas plus de réussite. — 1579 (987 hég.). Premières capitulations obtenues pour l'Angleterre par l'entremise de M. de Germiny. — Mission espagnole; rachat des captifs; délivrance de Miguel Cervantès, esclave du pacha, qui l'avait acheté au raïs Mami-Arnaute. — 1580 (988 hég.). La milice s'étant plainte de l'avarice et de la cruauté d'Husseïn, ce dernier est déposé et remplacé par Djafar.

Djafar, pacha. — 1580 à 1581 (988 à 989 hég.). Il arrive de Constantinople; et, pour complaire aux janissaires, il exclut de leur corps les juifs renégats. — Construction du bordj Kalet-el-Foul (fort du Champ-des-Fèves), dit encore bordj Ali-Pacha, et fort des Anglais, entre Bab-el-Oued et le village de Saint-Eugène. — 1581 (989 hég.), 6 juillet. M. de Germiny renouvelle les capitulations avec Mourad III. « Préséance des ambassadeurs français; garanties pour les nations naviguant sous le pavillon français; défense d'inquiéter le consul de France à Constantinople et ceux des autres échelles. » — Le consulat d'Alger est acquis par les trinitaires de Marseille. Le premier titulaire, M. Bionneau, est admis. — Djafar est déposé pour avoir, en temps de disette, permis l'introduction des marchandises européennes. Djafar devient plus tard capitan-pacha sous Ahmed Ier.

Husseïn, pacha. — 1581 à 1584 (989 à 993 hég.). C'est Husseïn le Vénitien, nommé pour la seconde fois. — Il ravage les côtes d'Espagne et de Sardaigne. — Construction du bordj Ras-Tafoura (fort Bab-Azzoun).

Mami-Mohammed, pacha. — 1584 à 1585 (994 à 995 hég.). Le pachalik d'Alger et ceux des différents points de l'empire ottoman sont mis en ferme; les pachas se succèdent rapidement, et leur passage au pouvoir n'est plus qu'une suite d'exactions. Mami-Mohammed, renégat albanais, celui qui fit Miguel Cervantès prisonnier à Lépante, est le premier qui afferme le pachalik d'Alger.

Dali-Ahmed, pacha. — 1586 (995 hég.). M. Bionneau, consul de France, est incarcéré, et de ce moment on perd ses traces.

Husseïn, pacha. — 1586 à 1588 (995 à 996 hég.). Husseïn le Vénitien, nommé pour la troisième fois. Le sultan lui fait enlever 130 000 ducats qu'il avait enfouis sous un fourneau de bain; il paraît cependant qu'Husseïn sut se faire pardonner ses exactions, car il fut nommé capitan-pacha le 20 septembre 1588. Il quitta Alger avec cinq galères, et ayant attaqué Augusta près de Syracuse, il offrit au sultan, à son arrivée à Constantinople, un présent de 300 000 ducats.

Kader, pacha. — 1588 à 1589 (996 à 998 hég.). Ordre du sultan, allié de Henri IV, de courir sur les bâtiments de Marseille qui avait pris parti pour la ligue.

Hadj-Châban, pacha. — 1590 à 1593 (999 à 1002 hég.). Le port et la jetée de Kheir-ed-din sont en partie détruits par la tempête.—Construction de la première mosquée Hanéfi (rite turc), rue des Consuls, n° 9. — 1591 (1000 hég.). M. de Vias, consul de France à Alger. Vers la même époque, arrivée des Anglais; leurs bonnes intelligences avec le pacha.—Châban mécontente la milice; rappelé à Constantinople, il devient plus tard beylerbey de Chypre.

Moustafa, pacha. — 1593 (1002 hég.). Ne règne que trois mois.

Kader, pacha. — 1594 à 1596 (1003 à 1004 hég.). Kader achète le pachalik pour la seconde fois. Les Algériens demandent son remplacement. — Construction de la mosquée, rue Bab-Azzoun, n° 222.

Moustafa, pacha. — 1596 à 1599 (1004 à 1007 hég.). M. de Vias, nommé consul, ne vient résider à Alger qu'à l'avénement de Daly-Hassen.—Dissension entre les Turcs et les Coulour'lis (fils de Turcs et de femmes mauresques). — 1599 (1007 hég.). Grande disette en Algérie; la milice en attribue la cause aux exportations de grains qui se font au Bastion de France; cet établissement est détruit.

Daly-Hassen, pacha. — 1599 à 1601 (1007 à 1009 hég.). Daly-Hassen était Turc, il se montrait assez bien disposé pour la France, surtout à l'arrivée de M. de Vias; mais la milice et les corsaires ne tinrent pas compte des bons sentiments du pacha, ils se plaignirent de ce que les bâtiments étrangers naviguaient sous le pavillon de France. Le résultat de tout cela, fut que Marseille eut à supporter de nouvelles pertes pendant les années suivantes et que M. de Vias fut souvent insulté.

Soliman, pacha. — 1601 à 1603 (1009 à 1012 hég.). Soliman était un renégat italien de Catano; l'année de son avénement est marquée par un tremblement de terre et la peste. — Plaintes à la France pour la capture d'un bâtiment naufragé à Antibes : Henri IV fait répondre qu'il a usé de représailles et il a l'assentiment du Sultan, « premier exemple de réparation donnée par la Porte à une puissance étrangère, et dont l'histoire fasse mention. » (De Hammer). — André Doria et don Juan de Cordoue, comptant sur les promesses du roi de Fez, et d'intelligence avec les esclaves chrétiens, se présentent devant Alger, mais ils sont forcés de se retirer, tout le littoral étant sous les armes.— 1603 (1012 hég.), les Zouaoua vendent le port de Tamagut aux Espagnols; ces derniers sont massacrés, en débarquant, par les Turcs prévenus à temps. — Mort du sultan Mohammed III (22 décembre). Ahmed Ier, son successeur, destitue les pachas des grands gouvernements, et Soliman, pacha d'Alger, est remplacé par Kader, nommé pour la troisième fois.

Kader, pacha. — 1603 à 1605 (1012 à 1014 hég.). Kader fait enlever 6000 sequins aux marchands français. Le sultan les leur fait restituer. Kader, loin d'être intimidé, fait courir sur les bâtiments français. Plaintes de M. de Brèves, ambassadeur à Constantinople; le sultan envoie à Alger Mohammed, qui fait étrangler Kader et le remplace.

Mohammed, pacha. — 1605 à 1607 (1014 à 1016 hég.). Mohammed était un eunuque âgé de 75 ans. — Renouvellement des capitulations par M. de Brèves. « Le roi de France peut se faire justice lui-même, en cas de nouvelles contraventions de la part des États barbaresques. Liberté rendue aux esclaves. Rétablissement du Bastion. » Quant à ce dernier article, M. Dargemont, envoyé pour rétablir le Bastion, fut obligé de repartir, ayant été attaqué par les Arabes et la milice de Bône. M. de Castellane, délégué de Marseille, et après lui M. de Brèves, étant arrivés à Alger pour notifier la capitulation au pacha, furent éconduits, parce que le dernier pacha avait été mis à mort et un kadi emprisonné sur les plaintes de M. de Brèves. — 1606 (1015 hég.). Arrivée à Alger du corsaire Simon Danser; il opère de grands changements dans la marine algérienne. Danser s'enfuit à Marseille avec le vaisseau qu'il commandait; deux pièces de canon en bronze qui l'armaient furent pendant longtemps l'objet des réclamations des pachas.

Moustafa, pacha. — 1607 (1015 à 1016 hég.). Émigration en Afrique d'une partie des Maurisques d'Espagne; ils sont repoussés ou massacrés sur certains points de la côte.

Redouan, pacha. — 1607 à 1610 (1016 à 1019 hég.). Abdy, chaouch de la Porte, se rend dans les États barbaresques, avec un hatti chérif et des lettres des ambassadeurs de France et d'Angleterre, adressées aux consuls des deux nations et réclamant la liberté des esclaves. — Santa-Cruz ravage l'île de Kerkna et incendie Djidjelli.

Koussa-Moustafa, pacha. — 1610 à 1614 (1019 à 1023 hég.). Les maisons d'Alger, jusqu'à cette époque, étaient pourvues de citernes qui recevaient les seules eaux dont on pût disposer. Un réfugié d'Espagne, nommé Si-Moussa, amena le premier à Alger, au moyen d'aqueducs, les eaux de différentes sources, et dota cette ville de nombreuses et belles fontaines. — Réédification de l'hospice chrétien. — Démêlés entre Alger et Tunis. — L'état de la marine à Alger est puissant à cette époque : on voit quarante corsaires attaquer la chrétienté.

Hussein, pacha. — 1614 à 1616 (1023 à 1025 hég.). « En 1615 et 1616, dit le P. Dan, les prises faites par les corsaires algériens, étaient évaluées à 2 ou 3 millions de livres. »

Moustafa, pacha. — 1616 à 1619 (1025 à 1028 hég.). Plaintes de Louis XIII à la Porte. Armements des Marseillais. Des Algériens captifs en Espagne fuient en France; on les envoie sur les galères de Marseille. A cette nouvelle, M. de Vias est emprisonné; il recouvre sa liberté au bout de huit mois, mais en distribuant beaucoup d'argent. — 1616 (1025 hég.). Explosion des poudres à la Kasba; incendie du quartier du Ketchaoua (rues Boutin et du Divan). — 1618 (1027 hég.). M. de Vias quitte Alger et laisse à sa place M. Chaix, vice-consul. — Le baron d'Allemagne envoyé de France, et appuyé par la flotte du duc de Guise, ramène 200 esclaves.

Hussein-Kaïd-Koussa, pacha. — 1619 à 1621 (1028 à 1031 hég.). La paix est signée à Marseille, avec le duc de Guise, le 21 mars. — Une tempête détruit vingt-cinq navires dans le port d'Alger. — 1620 (1029 hég.). Peste violente connue sous le nom de Haboubat el Kebira (la grande peste).

Kader, pacha. — 1621 à 1626 (1031 à 1035 hég.). Les Marseillais ayant massacré les envoyés algériens, en représailles du massacre de tout un équipage, les hostilités recommencent, et M. Chaix, le vice-consul, est tué. — Les Espagnols et les Anglais ont également beaucoup à souffrir. — Expédition sans résultat de lord Mansel. — 1622 (1032 hég.). Les vaisseaux algériens et tunisiens rejoignent la flotte du sultan Otman II, pour résister aux Génois. — Construction de la batterie avancée du môle d'Alger. — 1624 (1033 hég.) Le capitaine Lambert arrive avec six vaisseaux et demande, au nom de la Hollande, les esclaves et les navires capturés. — Refus du divan. Le capitaine Lambert fait pendre aux vergues de ses vaisseaux les corsaires tombés en son pouvoir. Le divan rend les esclaves et les navires; quant aux cargaisons, *elles avaient été mangées.* — Capitulation renouvelée avec la Porte. Mais la faiblesse ou la mauvaise volonté empêche le sultan de mettre un frein aux pirateries des barbaresques. La diplomatie européenne du XVIIe s. ne rougit pas de conclure des traités particuliers avec des pirates, sans que la Porte semble s'inquiéter de cet acte de véritable indépendance de la part de ses subordonnés. — Le Bastion est abandonné. — 1626 (1035 hég.). Mort du pacha et troubles dans la ville.

Hussein-Khodja, pacha. — 1626 à 1634 (1036 à 1044). — 1627 (1037 hég.). Balthazar de Vias, fils de l'ancien consul, est nommé à la place de son père, mais sur la demande du pacha, il est remplacé, l'année suivante, par Nicolas Ricou. — 1628 (1028 hég.) 4 octobre, Sanson Napollon conclut la paix. « Les canons pris par Danser sont rendus. Les esclaves échangés pour ce qu'ils ont coûté. Le Bastion relevé, la pêche du corail rétablie. » Cette paix coûte 272 435 livres, dont 72 000 payées par Marseille et 180 245 par Sanson que Louis XIII indemnise, en le nommant gouverneur du Bastion de France, qu'il fait fortifier. 16 800 livres de cette somme furent versées au trésor de la Kasba, que le divan avait créé, dans la prévision de circonstances difficiles, et auquel le pacha ne pouvait recourir sans sa décision. — Les vaisseaux de Louis XIII s'emparent d'un corsaire algérien qu'ils croyaient marocain. Le consul Ricou est mis en prison, jusqu'à ce que le corsaire soit rendu. — 1629 (1038 hég.). Révolte des coulour'lis; ils se renferment à la Kasba où ils se font sauter; ceux qui échappent sont massacrés ou jetés à la mer. — 1630 (1039 hég.). La milice refuse le nouveau pacha (Youssef) envoyé de Constantinople et garde Husseïn. — 1631 (1040 hég.). Le consul Ricou quitte Alger. M. Blanchard, député de Marseille, alors à Alger pour régler quelques différends entre les marchands, refuse le consulat, parce qu'il avait été insulté par l'amiral des galères; néanmoins, il rachète cent vingt esclaves. — L'audace et l'activité des corsaires algériens, à cette époque, était sans exemple; leurs prises montaient à plus de 20 000 000 de livres; de 1628 à 1634, la France seule avait perdu quatre-vingts bâtiments de commerce dont la valeur était de 4 ou 5 millions de livres; les captifs venant de ces prises étaient au nombre de 1331; 149 se firent musulmans. — 1633 (1043 hég.). M. Blanchard, sans accepter le titre de consul, rendait aux nationaux tous les services possibles; il fut jeté dans les bagnes où étaient 3000 Français auxquels il ne manquait pour être rachetés que le renvoi des Turcs à bord des galères de Marseille. — Les corsaires algériens croisaient alors dans la Manche et jusqu'au Danemark. — 1634 (1044 hég.). Le vieil Husseïn, ne pouvant satisfaire à la paye de la milice, est empoisonné par les janissaires.

Youssef, pacha. — 1634 à 1645 (1044 à 1054 hég.). Sanson Lepage remplace Sanson Napollon tué le 16 mai à Tabarque; il traite de la paix avec Youssef, et rachète quelques esclaves ramenés en France par le P. Dan. — Les Algériens ravagent les côtes de la Provence; Jacques Vacon, riche négociant de Marseille, offre d'armer à ses frais. — 1637 (1047 hég.). Le cardinal de Sourdis envoie M. de Mantis et Sanson Lepage pour tenter un nouvel accommodement. Par un malentendu fâcheux, le comte de Chastellux, ralliant M. de Mantis, s'empare de deux corsaires algériens sur l'un desquels était un nouveau pacha arrivant de Constantinople. Youssef fait saisir M. Pion, consul de France et M. Mussey dit Saut, agent de la compagnie d'Afrique; tous deux faillirent être brûlés vifs. Destruction du Bastion. 317 Français mis au bagne. Le gouverneur du Bastion s'échappe à Tabarque. — 1638 (1048 hég.). Les coulour'lis chassés d'Alger à la suite d'une nouvelle insurrection, forment une tribu appelée les Ouled-Zitoun à l'entrée ouest de la Kabilie. — 1640 (1049 hég.). On compte à Alger, suivant d'Aranda, plus de 3000 corsaires, tous renégats. — Siége d'Oran par mer au mois de juin de la même année. Le cardinal de Sourdis envoie trois vaisseaux au secours de cette place. — 1641 (1051 hég.). Le Sr du Coquil arrive à Alger, à bord de l'escadre commandée par M. de Montigny; il conclut le 7 juillet un traité indigne de la France. En voici une des clauses: « confiscation des marchandises ennemies à bord des bâtiments français, moyennant le payement du nolis, » en un mot le droit de visite. Les fers des esclaves ne furent que partiellement brisés. Les protestants ne furent pas rachetés par les PP. de la mission. M. de Maistrezot, pasteur à la Rochelle, fit une quête pour ses coreligionnaires. — Un autre traité conclu presque à la même époque stipulait le rétablissement du Bastion, dont le sieur Pequet devenait gouverneur. Le P. Barreau, trinitaire de Marseille, était alors consul à Alger.

Ahmed, pacha. — 1645 à 1647 (1054 à 1056 hég.). 13 juillet, cinquante vaisseaux algériens se joignent aux Turcs pour le siége de Canée (Crète), appartenant aux Vénitiens qui capitulent. Ahmed pacha, commandant le contingent algérien, revient un mois après à Alger, revêtu du kaftan d'honneur. — 1646 (1046 hég.). Saint Vincent de Paul fonde la mission d'Alger, avec l'aide de la duchesse d'Aiguillon, nièce du cardinal de Richelieu ; les PP. Barreau, consul à Alger, Novali et Lesage en font partie.

Youssef, pacha. — 1647 à 1651 (1056 à 1060 hég.). Peste violente de 1647 à 1649.

Mourad, pacha. — 1651 à 1656 (1060 à 1065 hég.). La peste continue. — Révolte des chrétiens dans les bagnes. — Mort du P. Barreau, le P. Levacher le remplace comme consul. — 1655 (1064 hég.). L'amiral anglais Blak brûle une flotte algérienne, il force Tunis, Tripoli et Alger à rendre les esclaves anglais et hollandais. — Paix entre l'Angleterre et Alger.

Bouzenak-Mohammed, pacha. — 1656 (1065).

Ahmed, pacha. — 1657 (1066 hég.). Alger possède à cette époque vingt-trois navires de trente à cinquante canons.

Ibrahim, pacha. — 1657 à 1659 (1066 à 1069 hég.). Hussein, amiral de l'escadre algérienne, est fait prisonnier par les Vénitiens au combat des Dardanelles — 1659 (1069 hég.). Vers cette époque, les pachas, plus puissants que jamais, étaient devenus insupportables par leur tyrannie et leurs exactions; un boulouk-bachi, nommé Khrelil, propose à la milice, d'accepter le pacha, *par respect pour la Porte*, mais à condition que son autorité sera partagée avec un agha. Ce projet fut adopté par la milice et par le sultan, Ibrahim fut déposé, mis en prison, et remplacé par un autre pacha, nommé Ismaïl. Khrelil devint agha.

Ismaïl, pacha. — 1659 à 1660 (1069 à 1070 hég.). Construction de casernes pour les janissaires. — Khrelil, accusé de despotisme, est massacré par ceux qui l'avaient porté au pouvoir. — 1660 (1070 hég.). Le nouvel agha, Ramdan, fait de riches présents au sultan, qui adopte sans aucune difficulté le nouveau mode de gouvernement, parce qu'il n'avait plus désormais à envoyer des sommes d'argent nécessaires à la paye de la milice. — 1661 (1071 hég.). Montaga, envoyé par Colbert, ne pouvant obtenir l'exécution des anciens traités, retire le consul d'Alger et bombarde la ville. Les Algériens avaient alors 42 bâtiments de guerre. — Après six mois de croisières, les corsaires ramenaient 62 bâtiments anglais. — Construction du bordj Tementfous ou fort Matifou. — La milice massacre Ramdan. — Par un retour de fortune, assez commun chez les musulmans, Ibrahim, l'ancien pacha, est nommé agha; mais il ne reste que quelques mois au pouvoir, parce que, ayant voulu se venger des auteurs de sa première disgrâce, il est chassé et remplacé par Châban, renégat portugais. — Le consul de France est alors le P. Dubourdieu, trinitaire de Marseille. — 1662 (1072 hég.). L'état de la marine, selon une lettre de Ruyter du 16 avril, est de 22 frégates dont 4 en chantier, et 9 galères dont 6 en chantier. — 1664 (1074|). Arrestation du consul anglais. — Le duc de Beaufort saccage Djidjelli. — Châban, agha, est tué dans une émeute; il est remplacé par El-Hadj-Ali; — peste en 1661, 1663 et 1664.— 1665 (1075 hég.). Le duc de Beaufort brûle des corsaires algériens devant Tunis; — même succès devant Cherchel; — hostilités avec l'Angleterre. — 1666 (1076 hég.). 17 mai, traité signé avec M. Trubert, commissaire de marine. « Les corsaires seront munis d'un laisser-passer du consul. Les navires français en auront un du grand amiral de France. — Droits de franchise. — Prééminence du consul de France. » — 1667 (1077 hég.). Ismaïl envoie au sultan les navires dont il peut disposer, pour le siége de Candie défendue par les Français. — 1670 (1079 hég.). — Paix rétablie avec la France, après que le marquis du Martel eut châtié les corsaires. — Articles ajoutés au traité de 1666 : « droit de visite aboli. » Le Bastion rétabli. Cette même année, les Algériens font réparer les batteries des côtes, et l'année suivante on construit le bordj Mers-ed-Debban, à la pointe Pescade, parce qu'une galère chrétienne, jetée à la côte en cet endroit par le mauvais temps, avait repris mer devant les Algériens. — 1672 (1082 hég.). Destruction de corsaires devant Bougie par l'amiral anglais Sprag. A cette nouvelle, la milice assassine Ali, agha, qui s'était peu occupé des affaires de la mer; sa femme meurt dans les tortures, ne pouvant dire où étaient les trésors vrais ou prétendus de son mari. — La milice remplace l'agha par un autre chef qui prend le titre de dey. Président et organe du divan, le dey en exécute les ordres, administre et fait la paix. Le titulaire de cette nouvelle dignité est un vieux corsaire, Mohammed-Trik, ennemi de la France ; il abandonne le pouvoir à son gendre Baba-Hassen. — Ismaïl, pacha, est toujours maintenu dans sa nullité. — Différends avec M. d'Almeras, au sujet d'esclaves échappés à bord de ses vaisseaux; il remmène le consul P. Dubourdieu. Le divan décide le maintien de la paix, et le P. Levacher gère le consulat de France. — 1673 (1083 hég.). Peste. — 1675 (1085 hég.). La Hollande offre au divan 12 000 écus d'or et des munitions de guerre, en échange de la paix; refus du divan. — 1676 (1086 hég.). Peste. — 1677 (1087 hég.). Guerre déclarée à l'Angleterre. — On ne la fit point alors à la France, parce qu'un janissaire fit observer, dit-on, que les Français pouvaient faire cuire leur soupe dans leur pays et la venir manger à Alger! — Paix avec la Hollande. — 1679 (1090 hég.). Nouveau traité conclu par M. Dussault pour le rétablissement de la Cale. — 1680 (1091 hég.). Peste; incendie de la poudrière. — 1681 (1092 hég.). Les Algériens

ALGER. — HISTOIRE.

battus dans l'Archipel par Duquesne. — Le consul d'Alger ramené en France. — 1682 (1093). Paix onéreuse obtenue par l'Angleterre. — Mohammed-Trik, fatigué d'un pouvoir qu'il n'exerçait cependant que nominalement, part secrètement pour Tripoli; Baba-Hassen, son gendre, dey de fait, le devient de droit. — Juillet de la même année, armements de la France. Arrivée de Duquesne, il retire les nationaux de la Cale. — 4 au 12 septembre, bombardement d'Alger. — 1683 (1094 hég.) 26 juin. Duquesne bombarde Alger de nouveau. — Insurrection en ville, le raïs Mezzo-Morto fait tuer Baba-Hassen, est nommé dey à sa place, et recommence le feu, interrompu un instant pour des négociations de paix. — C'est alors que le P. Levacher, consul de France, vieillard paralytique, et vingt-deux Français sont mis à la bouche des canons. L'escadre rentre à Toulon, après avoir fait éprouver un dommage considérable aux Algériens. — 1684 (1095 hég.) 25 avril. Traité de paix avec la France, conclu pour 100 ans, par le comte de Tourville. — Le Bastion est rétabli; 500 esclaves de toutes nations recouvrent la liberté. — 1685 (1096 hég.). M. de Seignelay, propriétaire du consulat d'Alger, l'afferme pour 1500 livres, à M. Piolle. — 1686 (1097 hég.). Courses sur les Anglais. — Construction de la Mosquée Bab-Azzoun, au coin de la rue de Chartres (djama Mezzo-Morto).

Hadj-Husseïn, dit *Mezzo-Morto*, pacha. 1686 à 1689 (1097 à 1100 hég.). Nommé pacha à la place d'Ismaïl, Mezzo-Morto prend pour dey Ibrahim-Khodja, l'assassin de Baba-Hassen. Quelque temps après, Mezzo-Morto, nommé capitan-pacha, veut quitter Alger, mais Ibrahim s'y oppose et donne l'ordre de courir sur les bâtiments de la France, de l'Angleterre et de la Hollande. — 1687 (1098 hég.). Le consul français, M. Piolle, mis au bagne. — 1688 (1099). Juin. Arrivée du duc d'Estrées; du 1er au 16 juillet, il envoie 10 000 bombes sur Alger. Mezzo-Morto est blessé. Le P. Montmasson, le consul Piolle et quarante nationaux sont mis à la bouche des canons. L'amiral d'Estrées répond à son tour, en faisant mitrailler dix-sept Turcs, puis reprend la mer sans avoir conclu la paix. — Tentatives d'Ibrahim sur Oran; fatigué de la guerre et craignant le sort de ses prédécesseurs, il fuit à Souce. Mezzo-Morto réunit entre ses mains les deux pouvoirs de pacha et de dey, malgré l'arrivée d'Ismaïl, déjà pacha à Alger, que le sultan envoyait, et dont la milice ne veut pas. — 1689 (1100 hég.) 24 sept. Paix avec la France. « Les esclaves rachetés de chaque côté. Les marins et cargaisons restitués. On ne pourra se faire des esclaves sur les bâtiments ennemis. Les Algériens ne pourront faire de captures qu'à dix lieues des côtes de France. » — Mezzo-Morto quitte furtivement Alger et fuit à Constantinople. Capitan-pacha sous Moustafa II, Husseïn Mezzo-Morto réorganise la marine ottomane qui n'avait pas progressé depuis Ali-Fortas. — (1697 (1107). Il commande à Kio, et bat les Vénitiens à Lemnos. Il meurt le 20 août 1701 (15 R'bi-el-Eouel 1113).

Moustafa. pacha. — 1689 à 1694 (1100 à 1104 hég.). Moustafa est nommé pacha, et Châban, dey;

ce dernier fait assurer la France de sa bonne volonté pour la paix, malgré les difficultés qu'éprouve Dussault pour l'échange des prisonniers. — Peste. — Incendie du port d'Alger. — 1690 (1101 hég.). M. Lemaire remplace, comme consul, M. Mercadier. — Le sultan envoie le kaftan à Châban; c'est le premier dey qui l'obtienne. — Les vaisseaux algériens, sous les ordres de Moustafa, rallient la flotte ottomane. — 1691 (1102 hég.). Ratification du traité de paix, conclu pour cent ans avec la France, en 1698. — L'Angleterre conserve la paix à force de condescendance et d'argent. — Guerre déclarée à la Hollande, à l'instigation de la France. — 1692 (1103 hég.). Conspiration des Maures pendant la guerre avec le Maroc; Châban les impose et fait décapiter les principaux chefs. — 1694 (1104 hég.). Moustafa, soudoyé par l'Angleterre, devient l'ennemi de la France; Omar arrive de Constantinople et le remplace.

Omar, pacha. — 1694 (1104 hég.). Châban est maintenu dans ses fonctions de dey. — Expédition contre Tunis; butin considérable rapporté à Alger. — Hadj-Châban, en désaccord avec le pacha, est étranglé à la suite d'une révolte de janissaires; c'est cependant lui qui avait ordonné que les janissaires, blessés à la guerre, recevraient une pension viagère. — M. Hély traite pour les priviléges de la Cale.

Moussa, pacha. — 1695 à 1698 (1106 à 1109 hég.). Alger est, à la mort de Châban, dans une anarchie épouvantable; plusieurs deys sont nommés et massacrés dans la même journée. La milice, lasse de meurtres, convient d'élire le premier individu qu'elle rencontrera; c'est un vieillard maladif qui raccommode ses babouches sur le pas de sa porte, et se nomme Hadj-Ahmed-ben-el-hadj-Massli; la milice croit avoir bon marché de lui; mais, nouveau Sixte V, il saisit le pouvoir d'une main ferme et dit qu'il veut être roi et non esclave. — M. Dussault remplace le consul Lemaire, en attendant le nouveau titulaire. — 1697 (1108 hég.). Peste. — Construction d'un premier pont sur l'Harrach. — Reconstruction de la koubba de Sidi-Mohammed-ben-Abd-er-Rhaman. Tcâlebi à Bab-el-Oued, dont la fondation remontait à 1469 (875 hég.). — Ahmed meurt dans son lit. Le consul anglais était à cette époque P. Robert Cole. C'est à lui que le dey répondit un jour, au sujet de réclamations : *Ne sais-tu pas que les Algériens sont une troupe de brigands et que j'en suis le chef!*

Omar, pacha. — 1698 à 1700 (1109 à 1111 hég.). Baba-Hassen nommé dey; il encourage les corsaires, tout en leur enjoignant de respecter le pavillon de la France. — 1700 (1111 hég.). Conspiration contre Hassen, il se réfugie à la Kasba et se démet du pouvoir. — Peste à Alger de 1698 à 1700; la première année, 24 000 personnes meurent en cinq mois.

......?, pacha. — 1700 à 1703 (1111 à 1114 hég.). C'est un nommé Hadj-Moustafa qui remplace Baba-Hassen comme dey. 45 000 personnes meurent de la peste en Algérie. — 1702 (1113 hég.). Alger et Tunis, en guerre depuis deux ans, font la paix qui est rompue l'année suivante. — Hadj-Moustafa, battu par les Tunisiens, regagne Alger; le canon lui annonce la nomination de son successeur; il prend la fuite, mais il est atteint et étranglé. 1703 (1114 hég.). Hussein, successeur de Moustapha, s'empare des biens de ce dernier pour payer la milice. — 1706 (1117 hég.). M. Durand, consul de France, est remplacé par M. Clérembault, son chancelier. — Baktache, trésorier des janissaires, se fait proclamer dey à la place de Hussein-Khodja; celui-ci, s'embarquant pour Bougie, fait côte à Dellîs; accueilli par les Zouaoua, il se réfugie chez eux et y meurt. — Vers cette époque, la compagnie du Cap Nègre se réunit à celle de la Cale. — 1707 (1118 hég.). Mohammed-Baktache-ben-Aly, nommé dey. — 1708 (1119 hég.). Paix avec la Hollande. — Prise d'Oran qui devient la capitale de l'ouest. Baktache en envoie les clefs au sultan, et lui fait demander, pour son gendre Baban-Hassen, le kaftan et le titre de pacha. Refus du sultan. Arrivée d'un nouveau pacha dont le dey réduit les émoluments de moitié, en lui laissant l'alternative de retourner à Constantinople.—1710 (1122 hég.). Le dey, ne pouvant payer la milice, est assassiné par Dely-Ibrahim qui se fait nommer dey et meurt assassiné au bout d'un mois; il est remplacé par Ali-Chaouch.

Ali, pacha-dey. — 1711 à 1718 (1123 à 1130 hég.). Ali-Chaouch ou Baba-Ali-bou-Seba, dey malgré l'opposition du pacha, fait embarquer ce dernier de vive force. Le pacha Charkan-Ibrahim, son successeur, surpris par une tempête, relâche à Collo où il meurt bientôt, au mois de R'bi-el-Eoul 1123 (commencement de 1711). Le sultan Ahmed, n'ayant plus de pouvoir sur l'odjak, lui abandonne le droit de nommer ses chefs, qui réunissent les deux fonctions de pacha et de dey, comme l'avait fait un instant Mezzo-Morto. — 1712 (1124 hég.). Paix avec la Hollande; elle est rompue trois ans après, pour alimenter la course; on était en paix avec la France et l'Angleterre. — 1717 (1129 hég.). Incendie et tremblement de terre. — M. Clérembault remet le consulat à M. Beaumes. — 1718 (1130 hég.). Duquesne renouvelle le traité de 1689. — Ali meurt dans son lit.

Mohammed-ben-Hassen, pacha-dey. — 1718 à 1724 (1130 à 1136 hég.). Mohammed-ben-Hassen, né en Caramanie, eunuque, d'abord janissaire, puis khodja, khaznadji, et enfin pacha-dey. — 1719 (1132 hég.). M. Dussault renouvelle pour cent ans (toujours!) le fameux traité de paix de 1689, renouvelé cependant récemment par Duquesne. — 1720 (1133 hég.). M. Durand, l'ex-chancelier, prend la direction du consulat.—1724 (1136 hég.) 18 mai. Le pacha, revenant du port, est assassiné à coups de fusil du haut des terrasses et de la porte de la Marine (caserne Lemercier).

Abdy, pacha-dey. — 1724 à 1732 (1136 à 1145 hég.). — Construction de la mosquée Makaroun. — 1725 (1137 hég.). M. Durand de Bonel, consul de France.—1727 (1140 hég.). Traité de Passarowitz; le sultan prend l'engagement de réprimer la piraterie des barbaresques. — 1730 (1142 hég.). Mort du consul Durand. — 1731 (1143 hég.). Peste. Duguay-Trouin vient exiger réparation de quelques griefs. M. Léon Delain, consul. — 1732 (1144 hég.). Paix conclue par M. Delain. Quelque temps après, il demande son rappel pour échapper à des formalités humiliantes : celle de déposer son épée devant le pacha et de lui baiser la main. — M. de Maurepas envoie à sa place M. Lemaire qui, ayant déposé son épée dans une pièce d'attente, obtient le privilége de la reprendre à l'exclusion des autres consuls, privilége dont il n'use pas longtemps, pour ne pas irriter les consuls et la milice. — 1732 (1145 hég.). Mort d'Abdy.

Ibrahim-ben-Ramdan, pacha-dey. — 1732 à 1745 (1145 à 1158 hég.). — Il était beau-frère d'Abdy et khaznadji. Sa nomination est ratifiée par le sultan. — 1732 (1145 hég.). Reprise d'Oran par les Espagnols. — 1735 (1148 hég.). Le consul Lemaire remplacé par M. Taitbout. — 1736 (1149 hég.). Disette. Reconstruction du pont sur l'Harrach. — 1740 (1153 hég.). Peste. Différends avec Tunis. — 1741 (1154 hég.). Un chebek algérien ayant été pris par les Espagnols, en vue d'un navire français, le beylik pense qu'il y a complicité de la part de ce dernier; il fait mettre aux fers M. de Souville, chancelier du consul, le vicaire apostolique, les prêtres de la mission, et au bagne les équipages de sept navires. Ordre est donné d'arrêter les Français au Bastion. La France obtient la paix à force de condescendances. — 1742 (1155 hég.). Un nouveau consul, M. Devent, ne voulant pas baiser la main du pacha, est remplacé par M. Thomas, qui, d'après ses instructions, se conforme aux volontés du pacha. — Incendie du fort l'Empereur par le feu du ciel. — 1744 (1157 hég.). Cinq chebeks algériens revenant de la course, sans prise, pillent la Cale. Les Anglais cherchent inutilement à obtenir le privilége de la pêche du corail. —

1745 (1158 hég.) 20 octobre. Le pacha, en mourant, fait nommer à sa place son neveu Ibrahim.

Koutchouk-Ibrahim, pacha-dey. — 1745 à 1748 (1158 à 1161 hég.). — 1746 (1159 hég.). Le Danemark fait la paix moyennant un tribut annuel en matériel de guerre. — 1747 (1160 hég.). Paix avec Tunis. — Révolte à Tlemcen, pillage de la ville, massacre des révoltés. — 1748 (1161 hég.). Ibrahim meurt d'apoplexie.

Mohammed, pacha-dey. — 1748 à 1754 (1161 à 1168 hég.). — Mohammed, dit *El Re torto*, proclamé le 3 février, signale son avénement par des mesures d'ordre et de police. — M. de Masle, de la compagnie d'Afrique, pour faciliter la bonne intelligence entre les Français de la Cale et les Arabes, obtient du pacha l'autorisation de nommer, concurremment avec le bey de Constantine, le cheikh du pays. — 1749 (1163 hég.). Peste. Le consul Lemaire remplace M. Thomas. — Bruit d'une expédition espagnole; le pacha déclare qu'à la première bombe qui tombera sur Alger, les consuls seront décapités ainsi que les nationaux esclaves ou libres, et qu'ensuite il s'ensevelira sous les ruines d'Alger. — 1751 (1164 hég.). Paix avec Hambourg, malgré l'opposition et les menaces faites par la France et le Danemark. Explosion du fort de l'Étoile où étaient 1500 quintaux de poudre. La cause en fut attribuée à la jalousie d'une esclave. — 1752 (1165 hég.). Peste. — Courses contre les Hambourgeois et les Danois. — Navires marchands français pris, puis rendus. — Les forces navales des Algériens étaient d'une vingtaine de navires, tant vaisseaux que chebeks ou galiotes. — 1754 (1168 hég.). Mohammed est assassiné à l'âge de 70 ans, en faisant la paye de la milice...

Ali, pacha-dey. — 1754 à 1769 (1168 à 1179 hég.). — 1755 (1169 hég.). Prise de Tunis dont les trésors vont remplir les caves de la kasba d'Alger. — 1757 (1171 hég.). Le consul Lemaire, mis aux fers pour refus d'un cadeau exigé par le pacha, recouvre sa liberté et laisse le consulat à M. Bossut, vicaire apostolique, en attendant l'arrivée du nouveau titulaire, M. Perron ; ce dernier est renvoyé, au sujet de ses réclamations pour un Français pris illégalement à bord d'un navire étranger. — 1762 (1776 hég.). Paix avec les Anglais qui donnent 24 canons et 2000 bombes. — 1763 (1177 hég.). Venise achète la paix 40 000 sequins et moyennant une redevance annuelle de 10 000 autres. — M. Vallière est nommé consul de France à Alger. — Corsaire algérien pris pour un corsaire de Salé et capturé. A cette nouvelle le consul Vallière et les nationaux de la Cale et d'Alger sont mis aux fers, puis rendus à la liberté, grâce à de nombreux présents. — 1764 (1178 hég.). Nouveau traité de paix conclu par le chevalier de Fabry. — 1766 (1179 hég.). Ali meurt de maladie. Les encouragements qu'il donna à la piraterie et les vexations de toute sorte qu'il fit éprouver aux Européens ne contribuèrent pas peu à lui assurer le respect des Algériens.

Mohammed-ben-Otsman, pacha-dey. — 1766 à 1791 (1170 à 1206 hég.). — Baba-Mohammed-Tsacalli, Mohammed-el-Makaroun ou Mohammed-ben-Otsman, khodja, puis khaznadji et enfin pacha. — 1767 (1181 hég.). Insurrection des Flissa, ils battent les janissaires. — 1768 (1182 hég.). Angelo Emo, amiral de Venise, ratifie, moyennant 20 000 sequins et une redevance annuelle, le traité de paix de 1763 que Baba-Mohammed avait déchiré en arrivant au pouvoir. — La Hollande, la Suède, le Danemark assurent la durée de la paix par des dons considérables en matériel de guerre. — 1500 chrétiens de toutes nations sont rachetés par l'Espagne. — 1769 (1182 hég.). Déclaration de guerre aux Danois qui prêtaient leur pavillon aux Hambourgeois. — La Toscane refuse l'impôt de 40 000 sequins et la redevance de 10 000 qu'Alger lui demande pour ne pas courir sur ses vaisseaux. — 1770 (1183 hég.). L'amiral suédois de Caas échoue dans son bombardement contre Alger. — 1771 (1183 hég.). M. Dupont, fondeur de canons, envoyé à Alger par la France ! — 1772 (1184 hég.). Les Danois achètent la paix, moyennant 10 000 ducats et deux navires armés. — 1773 (1186 hég.). M. Vallière est remplacé par M. Langoisseur de La Vallée. — 1775 (1189 hég.). Les Espagnols, commandés par O'Reilly, sont battus au Hamma, près de l'oued Khrenis. — 1777 (1191 hég.). M. Meyfran remplace le consul Langoisseur. — Construction de nouvelles batteries au môle d'Alger. — 1783 (1196 hég.). Alger bombardé par les Espagnols; 300 maisons sont détruites. — 1784 (1197 hég.). Nouveau bombardement, sans résultats. — 1785 (1198 hég.). Paix conclue avec l'Espagne, elle lui coûte 14 000 000 de réaux. — Refus de traiter avec l'Amérique, Hambourg et la Prusse. — 1787 (1202 hég.). Peste à Alger, 17 000 personnes en meurent. — 1789 (1204 hég.). Traité de 1689 renouvelé et modifié malgré l'opposition des Anglais. — Le Bastion est conservé moyennant 10 000 francs toutes les deux lunes, plus la redevance accordée au bey de Constantine et au cheikh de la Cale. — 1790 (1205 hég.). Le trésor s'élève à 100 millions de livres, dont la moitié en diamants et bijoux. — 1791 (1206 hég.) 15 janvier. M. Vallière reprend le consulat. Il notifie, trois mois après, le changement du pavillon national. — Mort de Mohammed-ben-Otsman, 12 juillet.

Baba-Hassen, pacha-dey. — 1791 à 1799 (1206 à 1213 hég.). — Reddition d'Oran qu'un tremblement de terre venait de détruire en partie, et qu'assiégeait le bey Mohammed-el-Kebir ; les Espagnols emportent leurs canons et leurs approvisionnements. — 1793. Confirmation des traités avec la France. — 1795 (1209 hég.). L'Amérique conclut la paix, moyennant 200 000 piastres pour le pacha, 100 000 pour le beylik, 200 000 pour le rachat des esclaves, 24 000 de tribut annuel, et enfin une fourniture de matériel de guerre. — 1796 (1210 hég.). Jean-Bon Saint-André remplace M. Vallière. — 1798 (1212 hég.). M. Moltide remplace Jean-Bon Saint-André, qui part pour Smyrne. « J'ai trouvé, dit ce dernier à son successeur, la France agenouillée, je vous la rends debout! » — On doit à Baba-Hassen la construction du jardin, dit du Dey, de la mosquée de la rue du Divan, n° 100, et de la mosquée, dite Djama-Safir.

Moustafa-ben-Ibrahim, pacha-dey. — 1799 à 1806 (1213 à 1220 hég.). Expédition d'Égypte; elle a pour conséquences, en Algérie, la destruction de la Cale, l'emprisonnement des consuls et des nationaux, l'envoyé algérien est arrêté, et ordre est donné de courir sur les corsaires. — 1800 (1214 hég.). Dubois-Thainville négocie la paix; elle coûte un million. — La Cale est rétablie moyennant une redevance annuelle de 105 000 fr.; mais la paix n'a son effet qu'à la conclusion de la paix d'Amiens, l'année suivante. — 1804 (1218 hég.). Insurrection des Kabiles de l'est; Otsman, bey de Constantine, battu et tué par eux. — 1805 (1219 hég.). Rachat des esclaves français pour une somme de 400 000 fr. — 1806 (1220 hég.). Les Français abandonnent la Cale, ne voulant plus payer l'impôt d'une concession dont on avait distrait la pêche du corail, vendue aux Anglais. — Moustafa tué à coups de fusil dans la mosquée des Chaouchs à la Djenina. C'est lui qui fit construire le fort Neuf ou Bordj-ez-Zoubia.

Ahmed-ben-Ali, pacha-dey. — 1806 à 1808 (1220 à 1223 hég.). — 1807 (1221 hég.). Les menaces de Napoléon font mettre en liberté 106 esclaves génois et sardes. — Les consuls danois et hollandais mis en prison, en sortent, sur les protestations énergiques des autres consuls. L'argent manquait pour la guerre entreprise par Alger contre Tunis, et le dey voulait avoir recours aux Danois et aux Hollandais. — 1808 (1223 hég.). Ahmed meurt assassiné dans une insurrection à la tête de laquelle était Ali-Khodja, son successeur.

Ali-ben-Mohammed, pacha-dey. — 1808 (1223 hég.). Ali-ben-Mohammed ou Ali-Khodja-el-R'assoul ne règne que quelques mois.

Hadj-Ali-ben-Khrelil, pacha-dey. — 1808 à 1815 (1223 à 1230 hég.). — 1809 (1224 hég.). Expédition sans résultats contre Tunis. Le consul

ALGER. — HISTOIRE.

Dubois-Thainville part en congé. Il est remplacé par le vice-consul M. Raguesseau de La Chainay; ce dernier est embarqué par surprise, l'année suivante, à la suite d'une altercation avec le ministre de la marine algérienne.—1810 (1225 hég.). Échange de prisonniers entre Alger et le Portugal. 615 Portugais payent 1500 piastres par tête; les Algériens sont renvoyés sans rétribution. — 30 Biskris pendus à Alger en réparation d'une insurrection aux Ziban.—1811 (1226 hég.). Le bey d'Oran décapité pour avoir refusé sa coopération au siége de Tunis. Retour de Dubois-Thainville. — 1812 (1227 hég.). Le consul américain Tobias chassé d'Alger, la redevance annuelle n'étant plus trouvée suffisante. — 1813 (1228 hég.). Déclaration de guerre à l'Amérique. Paix avec l'Espagne et le Portugal. —1814 (1229 hég.). M. Menard vient annoncer le rétablissement des Bourbons. — Ratification des traités existants. — Dubois-Thainville reste consul. — Notification des puissances alliées; le pavillon de l'île d'Elbe doit être respecté. — 1815 (1230 hég.). Ali-ben-Mohammed meurt empoisonné par son cuisinier; une chronique locale le fait mourir étouffé dans son bain.

Hadj-Mohammed, pacha-dey. — 1815 (1230 hég.). Mohammed, khaznadji de Hadj-Ali, tué après 16 jours de règne, du 22 mars au 7 avril.

Omar-ben-Mohammed, pacha-dey. — 1815 à 1817 (1230 à 1232 hég.). Chaouch du bey d'Oran, kaïd des Arib, agha et pacha-dey. — Retour de Dubois-Thainville, il ramène le drapeau tricolore. — La Porte fait signifier au divan qu'il ait à abolir l'esclavage; le divan répond qu'il ne peut se passer d'esclaves pour sa marine. — Arrivée d'une escadre américaine commandée par l'amiral Decatur; traité de paix avantageux avec Alger.—M. W. Shaler nommé consul. (On lui doit une histoire d'Alger.) — 25 juillet. Arrivée d'un brick anglais annonçant la rentrée de Louis XVIII à Paris. — Omar fait tuer le bey d'Oran, Mohammed-el-Rekik. — Expédition des Anglais et des Hollandais. — 1816 (1231 hég.). Bombardement d'Alger par lord Exmouth; tous les esclaves sont rendus. — 1817 (1232 hég.). Paix avec la Toscane. — Peste, sauterelles. — Omar est étranglé.

Ali, pacha-dey. — 1817 (1232 hég.). Ne règne que quelques mois.

Hadj-Mohammed-ben-Ali, pacha-dey. — 1817 (1232 hég.). Règne quelques jours.

Ali-ben-Ahmed, pacha-dey. — 1817 à 1818 (1232 à 1233 hég.). Ali-ben-Ahmed, Ali-Khodja, Meguer-Ali, Ali-Loco (le fou). — Il s'aliène l'esprit de la milice. Conseillé par Hussein, son premier secrétaire, il fait transporter nuitamment les trésors à la Kasba, et s'enferme avec une garde à lui, dans cette forteresse, pour échapper au sort de ses prédécesseurs. Insurrection des janissaires en apprenant cette nouvelle. Ali en fait décapiter un grand nombre à la porte de la Kasba. — 1818 (1233 hég.). Ali meurt, le 1er mars, de la peste qui durait depuis le commencement de 1817.

Hussein-ben-Hassen, pacha-dey. — 1818 à 1830 (1233 à 1245 hég.). — 1820 (1235 hég.). Guerre avec Tunis. — 1824 (1239 hég.). Tremblement de terre; destruction de Blida et de Kolea. — Construction du pavillon de l'Amirauté à Alger.

— 1827 (1242 hég.). Déclaration de guerre à la France; on en connaît la cause; c'est la réclamation du dey, à notre consul, de sommes dues pour fournitures de grains faites, en 1796, par la famille Bacri, dont le dey était créancier; réclamation qui eut pour résultat le soufflet donné à M. Deval, au pavillon de la Kasba. — Départ du consul et des nationaux, sur les vaisseaux de l'amiral Collet. — Blocus d'Alger. — 1829 (1244 hég.). L'amiral de La Bretonnière continue le blocus. — 1830 (1245 hég.). Expédition commandée par MM. de Bourmont et Duperré. — 14 juin. Débarquement à Sidi-Ferruch. — 5 juillet. Reddition d'Alger. — A partir de cette époque, l'histoire d'Alger se rattache à l'histoire générale de l'Algérie (*Voir* l'introduction).

DESCRIPTION.

Le port.

La ville d'Icosium a-t-elle eu un port? Elle a subi de si grands désastres, tant de dévastations et de bouleversements y ont été accomplis par les peuples qui ont succédé aux Romains, que les dernières traces de quais, de jetées, de bassins ont bien pu disparaître. En tout cas, comme le fait observer M. F. Denis, les navires des Romains n'avaient qu'un faible tirant d'eau, et l'habitude où ils étaient de les haler à terre faisait qu'ils se montraient peu difficiles sur le choix de leurs ports et de leurs points de mouillage.

Il est juste de dire cependant que le port d'Alger présentait une disposition plus favorable, pour faciliter le travail des hommes; ces îlots que l'on y remarquait et qui donnèrent plus tard leur nom à la ville arabe (El-Djezaïr, les îles), devaient simplifier la construction d'un port, et c'est sans doute cette circonstance qui fixa l'attention d'Aroudj et de Kheir-ed-din. Ces îlots et rochers formaient un T dont le pied, partant de la porte de la Marine, poste de France aujourd'hui, et les branches dirigées du nord au sud, furent successivement occupés par les constructions enserrant le port d'Alger avant notre occupation.

El-Bekri dit que le port d'Alger, qui recevait les bâtiments sous la domination des princes arabes, était parfaitement sûr, et il ajoute qu'il s'y trouvait une fontaine ou aiguade; cependant on peut dire, au sujet des Arabes, ce qu'on a déjà dit à l'occasion des Romains : il ne paraît pas qu'ils aient, en aucune manière, cherché à améliorer le mouillage; car ils n'ont laissé aucune trace de leur sollicitude à ce sujet, parce que leur marine se réduisait à bien peu de chose : à la suite de leurs voyages, ils suivaient l'exemple de leurs prédécesseurs, et tiraient leurs bateaux à terre.

Les premiers travaux qui aient été faits au port d'Alger, avant l'arrivée des Turcs, consistaient en une tour construite, vers la fin du xve s., par les Maures Andalous chassés d'Espagne. Cette tour, qui servait de point de reconnaissance pour le mouillage d'Alger, s'élevait sur l'îlot de l'Ouest. En 1510, l'expédition du comte de Navarre, contre les Algériens, eut pour résultat de soumettre Alger à un tribut annuel, et d'empêcher les corsaires d'y venir se ravitailler ou seulement déposer le fruit de leurs brigandages. Peu confiant dans la promesse des Maures, le comte de Navarre avait jugé prudent de fortifier les îlots d'Alger et d'y laisser une garnison pour en imposer au pays : c'est alors qu'il fit bâtir, sur le même emplacement qu'occupait la tour des Maures, et en partie avec ses matériaux, ce fort circulaire qui, bien armé de soldats et de canons, acquit une certaine célébrité parmi les navigateurs ; on le désignait sous le nom de *Peñon* (de *peña*, rocher). L'avantage de sa position dépendait, comme on peut le voir, de deux circonstances ; il était dû : à son isolement, car il occupait presque entièrement tout l'îlot de l'Ouest ; puis à la proximité de la ville, qui permettait d'y atteindre avec le canon et même avec la mousqueterie.

A l'époque où les deux Barberousse s'emparèrent d'Alger, pour y asseoir leur domination, et en faire le point de ralliement des nombreux corsaires qui, sous leurs ordres et sous ceux de leurs affidés turcs ou renégats, ravageaient la Méditerranée, la possession d'un bon port devint nécessaire à leurs projets. Ils connaissaient tout le parti qu'il était possible de tirer des dispositions naturelles de celui d'Alger, mais ils ne pouvaient entreprendre de grands travaux tant que les Espagnols occuperaient les îlots de la Marine. Pendant ce temps, il fallait bien que les corsaires cherchassent un autre mouillage : aussi n'abordèrent-ils, après leurs courses, qu'à la plage Bab-Azzoun, loin de la portée de l'artillerie du Peñon ; et, dans le mauvais temps, ils se réfugièrent à Djidjelli, à Cherchel ou dans quelques-unes des rades voisines, selon la direction de la tempête.

Lorsque Kheir-ed-din succéda à son frère, il ne tarda pas à songer à la réalisation d'un projet formé depuis longtemps. Il pensa à enlever le Peñon, « cette épine » qui perçait le cœur des Algériens, à se débarrasser au plus tôt des Espagnols, et à fonder ce port, objet de tous ses vœux. D. Martin de Vargas était gouverneur du Peñon. Ce fut lui qui défendit ce château contre la première attaque des Turcs, au temps de Sélim-Eutemi, et lorsque Aroudj les commandait (1516). Kheir-ed-din songeait donc au moyen de faire le siége de cette forteresse, quand un Espagnol, trahissant ses devoirs, vint secrètement à la nage trouver les Algériens auxquels il apprit que la famine désolait la place, les secours que D. Martin de Vargas avait demandés à son souverain n'étant pas arrivés. Cette circonstance décida Kheir-ed-din à ne pas différer l'entreprise ; il essaya d'abord d'obtenir le Peñon par voie de négociations. En conséquence, il envoya un parlementaire à Vargas pour lui proposer de se rendre, lui promettant d'accepter une capitulation honorable pour lui et ses soldats. Martin de Vargas refusa avec fierté, et de manière à enlever au chef des Algériens tout espoir d'un arrangement. D'Aranda raconte également que Kheir-ed-din avait d'abord pensé à un accommodement, mais que, voulant se ménager des intelligences dans la place, il avait décidé deux jeunes Maures à se rendre dans le Peñon, sous prétexte d'embrasser le christianisme. Martin de Vargas s'empressa d'accueillir les deux transfuges et fit commencer leur instruction religieuse, afin de pouvoir leur donner p'us tard le baptême. Le jour de Pâques étant arrivé, le capitaine espagnol et ses soldats entendaient la messe dans la chapelle, lorsque les deux Maures, montant sur une terrasse, firent des signaux aux Algériens, sans doute dans l'intention de leur apprendre que le moment était favorable pour l'attaque, puisque tous les chrétiens étaient occupés à la prière. Une femme au service de Vargas aperçut les signaux et en donna avis à son maître, qui fit pendre les deux espions en vue de toute la ville. C'est alors que Kheir-ed-din, selon d'Aranda, aurait fait faire à Vargas des propositions de capitulation, repoussées énergiquement. L'attaque du Peñon commença le 6 mai 1530 et se prolongea durant plusieurs jours et plusieurs nuits. Le 16 mai, les parapets étaient tout démantelés, les murs du château écroulés en plus d'un endroit ; beaucoup d'entre les assiégés avaient succombé ou se trouvaient hors de combat ; ceux qui restaient étaient harassés de fatigue et mouraient littéralement de faim. Kheir-ed-din, à la tête de 1300 Turcs, passa l'eau et se porta vers la brèche où il vit tout à coup Martin de Vargas seul, l'épée à la main, atteint de plusieurs blessures, prêt à défaillir ; on s'empara de lui sans que sa vie fût en danger. Kheir-ed-din pressa son prisonnier de renier la foi catholique, lui promettant honneurs militaires et richesses : ses instances durèrent plusieurs mois ; mais irrité à la fin du refus de Vargas, il le fit misérablement mourir sous le bâton. Quant à la petite garnison du Peñon, une partie avait été massacrée et l'autre jetée en esclavage.

Trois siècles plus tard, le 8 mars 1845, à 10 heures 1/4 du soir, une partie du rempart casematé, située entre le Peñon et le port, était détruite par une terrible explosion dont la cause est encore restée inconnue, couvrant de ses ruines les maisons et les magasins de l'Amirauté. Le nombre des victimes fut considérable : près de 140 personnes dont la moitié, appartenant à l'artillerie, devait rentrer en France, dans quelques jours.

Kheir-ed-din, devenu maître du Peñon, fit fermer le port d'Alger du côté nord, en se servant de la chaîne de rochers qui, partant de la ville, allait retrouver le groupe d'îlots allongés du nord au sud sur l'un desquels était le Peñon. Un nombre immense d'esclaves chrétiens furent employés à ces travaux, et en peu de temps, les lacunes qui se trouvaient entre les rochers furent comblées sur une largeur d'environ vingt-cinq mètres, et formèrent une longue chaussée de la porte de France au pavillon de l'Amirauté. Kheir-ed-din fit également combler les canaux, qui partageaient les îlots, de manière à former le terre-plein sur lequel tant de travaux de défense se sont élevés depuis. Hassen, successeur de Kheir-ed-din, fit exécuter aussi d'utiles travaux au port d'Alger ; il commença, en 1544, les premières batteries qui figurèrent sur l'île ; c'étaient d'abord de simples murailles, derrière lesquelles quelques canons se présentaient à d'étroites embrasures.

La jetée de Kheir-ed-din s'éleva de nouveau sous Salah-Raïs. Une

ALGER. — LE PORT.

chaussée fut bâtie sur toute sa longueur du côté du nord, de manière à la défendre des envahissements de la mer, dans les gros temps; et ce travail eut encore l'avantage d'abriter un peu plus les navires amarrés dans la darse. Dès ce moment Alger était devenu un port, et la sûreté qu'il offrait, sans être bien grande, était toutefois plus réelle : son défaut évident était d'être trop petit, et surtout encore trop ouvert à l'est. Ce fut alors que l'on entreprit le grand môle dans les travaux duquel tant de pauvres esclaves chrétiens ont péri, et qu'on ne devait terminer que trois siècles plus tard.

Les pachas, qui se succédèrent rapidement à Alger, apportèrent plus ou moins de soins à la continuation des ouvrages du port et à l'entretien de ceux qui étaient déjà faits. Ce n'était, la plupart du temps, que lorsqu'ils venaient d'être châtiés par quelques puissances chrétiennes, qu'ils songeaient à augmenter leurs moyens de défense, et c'était toujours le canon ennemi qui leur indiquait le côté le plus faible de leur position. Pour en offrir un exemple, en 1683, Duquesne, venant bombarder Alger, prouva à ses habitants, par le succès qu'il obtint, que les moyens de défense n'avaient pas été portés assez en avant; aussi s'empressèrent-ils d'établir une batterie sur l'extrémité nord de l'île, à cent mètres environ des batteries du fanal: et, lorsqu'il reparut l'année suivante, ces dispositions endommagèrent plusieurs de ses bombardes. On peut dire qu'à chaque nouvelle expédition contre Alger, les deys imaginaient de nouvelles fortifications, si bien qu'après l'attaque de lord Exmouth, qui mit un si grand désordre dans les batteries de la marine, Omar et son successeur firent tellement bâtir et entasser batterie sur batterie, qu'il n'y eut plus qu'une ligne complète d'une extrémité à l'autre de l'île, et que cette ligne présentait quelquefois jusqu'à quatre étages de batteries.

Dès le commencement de l'occupation des Turcs, les pachas voulurent pourvoir eux-mêmes à la construction de leurs galères et des autres navires de course; mais la place manquant pour établir des chantiers à la marine, ils eurent l'idée d'en former un dans la ville, tout près de l'ouverture de la darse. Pour y parvenir, ils consacrèrent à cet établissement un grand espace qu'il fallut creuser dans le rocher au milieu des maisons et des mosquées avoisinant le rivage, puis ils fermèrent du côté de la mer ce nouvel arsenal par une batterie barbette couronnant deux grandes voûtes que l'on distinguait d'assez loin au large pour qu'elles n'aient été oubliées sur aucune vue, aucune carte d'Alger, à quelque époque qu'elles appartiennent. Ces voûtes ou cales couvertes abritaient les deux galères que l'on pouvait construire à la fois. On voit encore aujourd'hui au marché aux poissons, et sous la place Impériale, les débris de la partie inférieure de l'une de ces cales, ainsi que les voûtes qui existent encore et servent pour l'emmagasinage des vivres de l'armée.

Cependant le système des navires employés dans la navigation de la Méditerranée, venant à s'améliorer chez les puissances de l'Europe, les Algériens songèrent à opposer à ces nouvelles constructions des constructions égales; ils voulurent avoir des corvettes, puis des frégates et même des vaisseaux. Leur ancien chantier, devenu trop petit pour de semblables travaux, fut réservé aux navires du rang le plus inférieur; mais un nouveau chantier fut formé dans le fond du port, sur la plage même du plus grand îlot, et bientôt des ingénieurs que la politique européenne cédait aux deys, construisirent de grands navires, que des puissances chrétiennes tributaires armaient de canons et d'agrès : de cette époque datent les grands armements des Algériens.

Ce fut seulement après le bombardement d'Alger, en 1816, que les Turcs bâtirent la grande voûte qui recouvre le débarcadère du fond du port. Bientôt après ils la surmontèrent d'un large pavillon terminé par un dôme, et ce pavillon fut affecté au kobtan raïs ou amiral; c'est aujourd'hui la demeure du commandant en chef de la marine. Déjà les deys, prédécesseurs d'Omar, avaient élevé, pour l'usage des armements maritimes, un grand nombre de magasins, et entre autres, celui qui s'étend sur toute la jetée de Kheir-ed-din, et dont la hauteur est d'un secours si précieux pour abriter les navires dans la darse, contre les tempêtes du nord et du nord-ouest. On voit donc, par ce qui précède, quel prix les Algériens mettaient à la conservation, à l'agrandissement et à la sûreté de leur port : c'est que leur existence était là, car de leurs corsaires venaient toute eur puissance et toutes leurs richesses.

Voici quelques renseignements sur les forces navales des Algériens à différentes époques. — Le P. Dan compte 35 galères, en 1588. — Dapper, 23 navires de 30 à 50 canons et d'autres plus petits, en 1657. — D'après Ruyter, le nombre des frégates est de 22 et celui des galères de 9, en 1662. — En 1759, 21 navires dont 8 frégates de 30 à 60 canons; — en 1766, 24 navires de 10 à 52 canons portant un total de 680 bouches à feu. — La flotte algérienne incendiée dans le port par lord Exmouth, en 1816, comprenait 5 frégates, 4 corvettes et 30 chaloupes canonnières.

Les corsaires algériens, si funestes à la chrétienté, avaient parfois quelques belles pages dans leurs annales maritimes. En 1565, ils assistent au siége de Malte avec Kheired-din. Ali-Fortaz, au combat de Lépante, 1571, commande l'escadre algérienne, et tient bon jusqu'au bout. En 1645, 50 vaisseaux partent d'Alger pour le siége de Canée en Crète. En 1657, Husseïn, amiral de l'escadre algérienne, est fait prisonnier aux Dardanelles par les Vénitiens, après des prodiges de valeur. Les Algériens assistent au siége de Candie en 1667. Hassen, battu à Tscheschmée en 1770, avec la flotte turque, bat quelques mois plus tard l'amiral russe Orloff à Lemnos. Enfin nous revoyons les Algériens dans le désastreux combat de Navarin. Il arrive que, par suite de nos bonnes intelligences avec le sultan de Constantinople, une partie de la flotte algérienne est mise, en 1555, à la disposition de la France en guerre avec l'Espagne; et, en 1589, ordre est donné de courir sur les bâtiments de Marseille qui avaient pris parti pour la ligue.

Alger a été bombardée par Man-

ALGER. — REMPARTS ET PORTES.

sel en 1622; par Montaga en 1661; par Sprag, puis par Ruyter en 1662; par Duquesne en 1682 et en 1683, et enfin par lord Exmouth en 1816.

Les tempêtes, qui ont détruit en partie les travaux du port et les navires, sous les Turcs, ont eu lieu en 1590, 1619 et 1740.

Au mois de février 1835, une tempête couvrit les côtes de l'Algérie de débris de navires et mit dans un péril imminent les navires réfugiés dans le port d'Alger; le souvenir en est consacré par un petit monument pyramidal flanqué de quatre canons, élevé sur le môle de la Santé, à la mémoire du capitaine d'artillerie Charles de Lyvois, mort victime de son dévouement en portant une amarre au trois-mâts russe *la Vénus*.

Le port d'Alger, tel que les Turcs nous l'avaient laissé, ne pouvait suffire au mouvement de la navigation de l'État et du commerce: après de longues études, de regrettables hésitations n'ont pas permis de lui donner toute l'étendue qu'il aurait dû avoir (rapport à l'Empereur); il se trouve pourtant dans des conditions assez satisfaisantes; il a actuellement quatre-vingt-dix hectares grâce aux deux jetées dont l'une, celle du nord partant de l'ancien port turc, mesure 700 mètres, tandis que celle du sud partant du fort Bab-Azzoun ou Ras-Tafoura, en a 1235. Un bassin de radoub, une douane, et les magasins voûtés, docks gigantesques, qui supporteront le futur boulevard de l'Impératrice, compléteront prochainement le port. Quant aux travaux de fortification, l'ensemble en est formidable et défie toute attaque.

Les remparts et les portes.

Les vieux remparts d'Alger, descendant de la Kasba à la mer, sur une longueur de 750 mètres du côté de Bab-Azzoun, et de 900 mètres du côté de Bab-el-Oued, consistaient en une double, et quelquefois une triple muraille bordée de fossés dans certaines parties. Ces murailles couronnées de créneaux, percées de meurtrières et terminées en pyramidions, ont commencé à disparaître du côté de Bab-Azzoun, dans l'espace compris entre le fort dit Toppanat-el-Beylik, près de l'ancienne porte et de la nouvelle rue de la Lyre; elles étaient percées de six portes: — la *porte de la Marine*, devenue un corps de garde pour la douane; — la *porte de la Pêcherie* sous la mosquée neuve; — la *porte Neuve*, par laquelle notre armée fit son entrée dans Alger, en 1830; — la *porte Sidi-Romdan*, ouverte derrière la mosquée du même nom, au N. O., et bouchée depuis; — la *porte d'Azzoun* et la *porte de l'Oued*, ces deux dernières récemment démolies. Les deux portes ouvertes dans la Kasba sont de construction française, ainsi que la *porte de France* élevée à côté de l'ancienne porte de la Marine. Les nouvelles fortifications, qui enveloppent les anciennes dans un circuit de près d'une lieue, mais qui agrandissent la ville du fort de Bab-Azzoun au sommet des Tagarins et de la Kasba, sont percées de cinq portes qui sont: au S. O., la *porte d'Azzoun*, à côté du fort Ras-Tafoura, près de la mer; — un peu au-dessus, la *porte de Constantine* ou *d'Isly;* et la *porte du Sahel*, par laquelle passe la route d'Alger à Douéra; au N. O., la *porte de l'Oued* entre l'arsenal de l'artillerie et les ateliers du génie, et la *porte Valée* près de la Kasba.

Les places.

La *place du Gouvernement*, élevée sur une partie des magasins de la marine, était occupée autrefois par la rue des Relieurs (El-Kissaria), la rue des Teinturiers (El-Sebbarhin) et la belle mosquée d'Es-Saïda, en face de la Djenina, bâtie en 1662 (1072 hég.) sous le pachalik d'Ismaïl. Rues et mosquées ont disparu depuis longtemps; quant à la Djenina, qui s'étendait du milieu du côté ouest de la place actuelle à la rue de la Djenina, dans la rue Bab-el-Oued, elle a été démolie récemment; l'ensemble de ses constructions renfermait le palais des deys (magasin du campement jusqu'en 1845); la maison dite Dar Ahmed pacha, sur la rue Bruce; les magasins pour le blé retiré des impôts: les fours utilisés pour la manutention militaire; et enfin la mosquée des Chaouchs, Djama-ech-Chaouach (corps de garde de la milice). Le nom de Djenina ou petit jardin était particulièrement celui du palais turc dont la construction est attribuée à Salah-Raïs, qui régnait de 1552 à 1556 (960 à 963 hég.). Tous les pachas l'habitèrent jusqu'à la nuit du 1ᵉʳ novembre 1817, pendant laquelle Ali-ben-Ahmed, l'avant-dernier pacha, se transporta à la Kasba, avec les trésors du Deylik, suivi d'une milice dévouée, pour échapper à la mort de ses prédécesseurs, qu'il avait du reste provoquée par ses cruautés et ses extravagances. La Djenina, ce témoin de l'histoire de la Régence d'Alger, la Djenina qui avait résisté à l'incendie de 1845, a dû disparaître. Ce n'était certainement pas, à l'extérieur, un fort beau monument, mais son intérieur pouvait être restauré et approprié pour les services publics; or du train dont vont les démolitions, nous ne savons en vérité ce qui restera avant peu des monuments historiques d'Alger.

La place du Gouvernement est le cœur de la ville d'Alger; c'est là que le boulevard de l'Impératrice, les rues Bab-Azzoun, Bab-el-Oued et de la Marine viennent, comme autant d'artères, porter et remporter un flot de population sans cesse renouvelée. La place du Gouvernement, plus longue que large, peut avoir une superficie d'un hectare environ. Elle est encadrée au N. par le café d'Apollon, la maison du libraire Bastide et l'hôtel de la Tour-du-Pin; à l'O. par de grandes maisons percées de passages et occupées par l'industrie privée, des hôtels et les messageries; au S. par la maison Duchassaing; à l'E. enfin par une balustrade à angle obtus dominant le port et la rade. La maison de la Tour-du-Pin, occupée au premier par l'hôtel de la Régence et au rez-de-chaussée par des magasins (celui de Besse entre autres), est séparée de la place par une autre plus petite plantée d'orangers, au milieu desquels une vasque en bronze épand ses eaux. Les arcades du café d'Apollon, à côté, ont beaucoup perdu de leur physionomie depuis qu'on n'y devient plus millionnaire en vingt-quatre heures, tout comme autrefois, dans la rue Quincampoix; on a fini par comprendre que la colonisation était une tout autre chose que la spéculation. De la terrasse, en avant de laquelle on a élevé par souscription la statue équestre du duc d'Orléans, due au ciseau de Marochetti et fondue par Soyez, on jouit de l'admirable panorama du port et de la rade s'arrondissant jusqu'à Matifou, et derrière laquelle s'échelonnent, à vingt-cinq lieues de là, les montagnes kabiles couronnées par les pics souvent neigeux du Djurdjura. Ce tableau dont le fond ne change pas, mais dont les tons varient selon l'heure du jour et de la nuit, est un de ceux qui ne lassent jamais l'admiration. La place du Gouvernement est surtout agréable, quand la chaleur du jour étant tombée, on peut y respirer la brise, tout en écoutant les marches ou les mélodies jouées par nos orchestres militaires.

La *place Mahon*, séparée de la place du Gouvernement par le café d'Apollon, avait autrefois une certaine animation, lorsque les fruitiers maltais accrochaient leurs auvents à la mosquée de la Pêcherie. C'est là que stationnent les voitures à volonté. C'est à peu près sur le même terrain qu'était du temps des Turcs *Bab-Estan*, mieux connue sous le nom de *Batistan*, place carrée avec galeries découvertes, servant de marché aux esclaves; là se faisait une vente fictive par surenchère, qui devenait définitive à la Djenina, devant le pacha.

La *place du Palais* ou *de l'Évêché*, séparée de la place du Gouvernement par les constructions qui ont succédé à la Djenina, est beaucoup trop petite pour le mouvement que lui donnent la cathédrale, le palais du gouverneur général et celui de l'évêché.

La *place de Chartres*, entre les rues de Chartres et Bab-Azzoun, entourée de maisons à arcades sur trois de ses côtés, est ornée, au milieu, d'une fontaine en pierre, pourvue d'eaux abondantes. Il s'y tient chaque matin, jusqu'à dix heures, un marché aux légumes, aux fruits et aux fleurs. Le personnel bariolé et mouvant des maraîchers français, mahonnais et maures, des ménagères, des domestiques, des petits porteurs indigènes, des flâneurs rentiers ou employés, offre un spectacle assez curieux. On arrive à la place de Chartres par la rue de ce nom, ou du côté de la rue Bab-Azzoun, par un large escalier d'une trentaine de marches. La maison Herz et Catala, contre laquelle vient s'appuyer cet escalier, à g., a été élevée sur l'emplacement de l'ancien bagne chrétien, dit des Lions, dans lequel se trouvait également l'hôpital construit en 1552 (960 hég.) par le P. Sébastien Dupont de Burgos, et réédifié en 1611 (1020 hég.).

La *place Bresson*. Qui se rappelle aujourd'hui le rempart Bab-Azzoun avec sa vieille et sa nouvelle porte, ses crochets sur lesquels mouraient si atrocement des condamnés musulmans ou des esclaves chrétiens, au dedans, sur la petite place et dans l'impasse Massinissa, la koubba de Sidi-Mansour et son platane plus que centenaire, le corps de garde de la milice, bureau de la douane de terre sous les Turcs, et les boutiques des semmarin ou maréchaux ferrants, forgeant leurs fers à froid; au dehors, après le fossé, toute une population de négresses marchandes de pain, de bateleurs, de musiciens, de sorciers, de mendiants, de passants à pied, à cheval, à âne ou à chameau; sur une butte, des Arabes vanniers, vivant sous des gourbis; à côté, plus bas, le bureau central des affaires arabes, d'où sortaient et où entraient, à toute heure de jour ou de nuit, des officiers et des soldats de tous nos corps de troupes de l'Algérie, et des Arabes depuis le plus humble jusqu'au plus élevé; en face du bureau, la koubba de Sidi-Betka, celui que Laugier de Tassy appelle improprement Sid-Utica, et qui, avec ses compères Ouali-Dada et Bou-Gueddour, contribua à la défaite de Charles V en 1541) Betka et Ouali-Dada, en battant la mer avec des bâtons, Bou-Gueddour, en brisant des poteries débarquées sur le port; il paraît qu'à chaque coup de bâton dans les flots, à chaque pot ou écuelle cassée, un vaisseau espagnol était submergé par la tempête; plus tard les corsaires algériens ne quittaient jamais le port sans saluer d'un coup de canon la koubba de Sidi-Betka, pour invoquer son intercession dans leur réussite de prises) Aujourd'hui koubba, platane, boutiques, bureau arabe ont disparu. Les petites places Massinissa, des Garamantes, des Burnous ne forment que la seule et belle place Bresson (du nom d'un intendant civil de l'Algérie, 1836), traversée par le prolongement de la rue Bab-Azzoun, bordée d'un côté par le nouveau théâtre, de l'autre par un terre-plein orné d'une fontaine, qu'un escalier conduisant au lavoir public sépare du vieux rempart. La place Bresson n'a rien perdu de son ancienne animation, mais des voitures et des corricolos y stationnent seuls aujourd'hui.

La *place d'Isly*, dans la rue de ce nom, un peu en avant de la porte de Constantine, est entourée de belles constructions parmi lesquelles on remarque : le collége français-arabe et le magasin général des farines. Au centre se dresse la statue du maréchal Bugeaud, représenté dans son costume populaire et bien connu de l'armée et des colons; elle a été modelée par M. Dumont et fondue par MM. Eck et Durand. Cette statue (il en existe une semblable à Périgueux) a été érigée au moyen d'une souscription et avec l'aide de l'État.

La *place de la Victoire* n'est que le prolongement de la rue de la Kasba entre la Kasba à dr. et l'ancien tribunal de l'Agha à g., tribunal dont le portique en marbre, muré aujourd'hui, a d'abord servi de café; c'est maintenant le local de la maîtrise des enfants de chœur.

La *place Bab-el-Oued*, au bout de la rue de ce nom, et la plus grande place d'Alger, n'est autre que l'ancien cimetière musulman dont la partie est-sud servait de sépulture aux pachas, et au milieu duquel s'élevait le fort des Vingt-quatre-Heures que le martyre de Geronimo a rendu célèbre dans ces derniers temps. (*V.* page 51.) La place ou esplanade Bab-el-Oued est circonscrite : au N. par la mer, au S. par le jardin Marengo et les ateliers du génie, à l'E. par le Fort-Neuf et la rue Bab-el-Oued, à l'O. par les fortifications. Une longue et large banquette, garnie d'une formidable batterie, défend du côté N. l'approche d'Alger par mer et domine les vieilles batteries turques de Sitti-Kettani, l'abattoir militaire et le rocher des employés, du haut duquel les nageurs piquent des têtes quand vient l'été. Le jardin Marengo, au S., conquis par les condamnés militaires sur les pentes abruptes qui étaient la continuation du cimetière musulman, est une des promenades d'Alger les plus agréables lorsque la brise s'y fait sentir; des palmiers, des yuccas, des bella-ombra et des plantes grasses de toutes sortes s'épanouissent dans ce jardin; un buste colossal de Napoléon Ier par Auguste Déligand, une colonne à la mémoire du même empereur avec cette inscription : « Son génie avait rêvé cette conquête, » des fontaines en marbre, des kiosques faïencés, concourent à la décoration du jardin Marengo. A une de ses extrémités se trouve la jolie mosquée de Sidi Abd-er-Rhaman-et-T'çalbi. Au coin du même jardin, sur la route, en avant de la rue Bab-el-Oued, une fontaine, ombragée d'un palmier, a servi et servira longtemps de sujet de tableau aux peintres touristes : on voit là une grande et originale variété de types algériens, parmi lesquels on distingue surtout ceux des âniers Mzabis et des négresses marchandes de pain.

Le grand bâtiment qui domine le jardin Marengo est une prison civile construite d'après le système cellulaire.

La koubba, sur la route, servant de poste à la gendarmerie, était le bâtiment où l'on portait les pestiférés au temps de la Régence.

Le Fort-Neuf est décrit page 51.

Au delà, à l'endroit où était la vieille porte de l'Oued, stationnent les corricolos qui conduisent les voyageurs à St-Eugène, et les mulets qui escaladent le Bou-Zaréa.

Les nouveaux remparts, à l'O., ont fait disparaître les fameux moulins à vent par-dessus lesquels, au dire d'un docteur célèbre à Alger, les gens, assez fous pour venir en Algérie, jetaient leur bonnet.

L'esplanade proprement dite a été longtemps occupée, en partie, par le rocher qui servait de base au fort des Vingt-quatre heures. Ce rocher, aujourd'hui presque dérasé, fera place aux constructions définitives de l'arsenal de l'artillerie, qui couvrent déjà presque tous les terrains du côté de la mer.

La place Bab-el-Oued sert de champ de foire au mois de sept.; on y joue aux boules ou au cochonnet en tout temps; on y fusille et on y décapite les condamnés à mort. C'est là que sont tombés les fameux Mansel, Pas-de-Chance et les assassins du Gontas; c'est là qu'Abd-el-Kader-Bou-Zellouf-ben-Dahman monta le premier sur l'échafaud, le 16 fév. 1843, pour être guillotiné; un Français, Charles Grass, ayant été exécuté par un Maure, le 2 mai 1842, les circonstances épouvantables qui accompagnèrent son supplice (le bourreau se reprit à plusieurs fois pour lui scier le cou), furent cause de l'adoption de la guillotine en Algérie.

Les rues.

Les musulmans cachent si bien leur vie privée qu'il leur répugne d'avoir un état civil; le Beït-et-Mal, la chambre des biens, ou le fisc, qui est de tous les pays, ayant intérêt à reprendre des biens qui n'étaient quelquefois pas réclamés, faute d'héritiers, tenait un seul registre de l'état civil, celui des décès. Avant 1830 et même depuis, un Algérien, si l'envie lui eût pris de connaître la date de sa naissance, se serait rappelé, par à peu près, qu'il était venu au monde lors de l'avénement ou de la mort de tel pacha, l'année d'un bombardement, d'un tremblement de terre, d'une invasion de sauterelles, ou d'une peste. On comprendra d'après cela qu'il importait tout aussi peu aux Algériens de savoir le nom de la rue, de la ruelle, de l'impasse où était leur maison; chacun la connaissait, en sortait ou y rentrait sans qu'il lui fût besoin d'autres indications que celles qui apprennent à l'oiseau où est le nid, à la bête où est la tanière.

Alger cependant avait des rues *zankat*, pluriel *znoq*, portant le même nom dans tout leur parcours, mais elles étaient rares et prenaient généralement plusieurs appellations affectées à une partie de rue, d'un genre d'industrie, de métier, *souk*; d'un moulin, *feurn*; d'un four, *kouchet*; d'une porte de ville, *bab*; d'une porte de quartier, *derb*; d'une mosquée, *djama*; d'une chapelle servant d'école, *zaouïa*; d'une petite école, *m'cid*; d'un rempart, *sour*; d'une fontaine, *aïn*; d'une voûte, *sabath*; d'un marché, *fondouck*; d'un bain, *hammam*; d'une maison, *dar*; d'une montée, *akbet*, etc., etc.

Ainsi la *rue Bab-Azzoun* s'appelait, près de la porte, Souk-es-Semmarin, des maréchaux ferrants, Souk-er-Rahba, marché aux grains, Foudouk-el-Azara, des palefreniers; à son milieu, Souk-Kharratin, des tourneurs qui exerçaient leur industrie près de l'ancienne caserne de janissaires; et, près de la place du Gouvernement Souk-el-Kebir. — La *rue Porte-Neuve* était connue sous les noms Bab-el-Djedid, la porte neuve, Aïn ou fontaine Ech-Cheikh-Husseïn, Djama ou mosquée Ben-Chemmoun, Souk-es-Semen, le marché au beurre, Souk-el-Kittan, le marché au chanvre. — La *rue de la Kasba*, Djama ou mosquée d'Ali-Bitchenin au coin de la rue Bab el-Oued, Hammam hommir, le bain des petits ânes, Haouïnet ou boutique ez-Zian, Sabath err'ih, la voûte du vent, Bir-er-Roumana, le puits de la Romaine ou de la Chrétienne. — La *rue de la Marine*, Djama-Kebir, la grande mosquée. — La *rue Bleue* à l'un de ses bouts Djama-Mâalloq, la mosquée suspendue, et à l'autre Kouchet-Ali ou four d'Ali. On pourrait continuer ces citations.

La prise d'Alger devait nécessairement amener, au point de vue des habitudes européennes, une tout autre classification des rues de la ville. Très-peu de noms anciens furent conservés; et encore furent-ils grotesquement estropiés: d'Aïn-es-Sabath, fontaine de la voûte, on fit la rue du Sabbat; la rue El-Akhdar ou verte, devint la rue du Locdor, inutile onomatopée qui ne signifie absolument rien. Souk-ed-Djama, le marché de la mosquée, fut changé en rue Soggemah. Mais le plus fort en ce genre était l'impasse Orali dont l'emplacement est maintenant occupé par la nouvelle synagogue; son premier nom Ben-Gaour-Ali, le fils de l'infidèle Ali, lui avait été conservé, chose exceptionnelle, on l'a dit plus haut; or, un arrêté du 18 août 1835 ayant enjoint aux habitants d'Alger « de faire rétablir sur leurs maisons, les noms des rues et les numéros effacés, soit par le fait du blanchiment, soit pour toute autre cause, » il arriva que Ben-Gaour-Ali, privé des cinq premières lettres de son nom, précisément par suite d'un badigeon peu intelligent ou ennemi des noms trop longs, devint Ourali et plus élégamment Orali! Au fait, il eût été plus rationnel de conserver et d'étendre à chaque rue entière le nom principal par lequel elle était désignée. Ce n'était pas chose à dédaigner pour l'histoire, et, comme le vieil Alger disparaît de jour en jour, il sera peut-être très-difficile d'en reconstituer plus tard l'ensemble, faute précisément d'un puissant moyen d'investigation qui échappe désormais, les anciens noms des rues; il n'y a rien de futile en ce cas. L'administration a-t-elle eu la main heureuse, en tirant un peu au hasard dans le sac aux étiquettes, pour le nouveau baptême? on va en juger. La mythologie a donné les noms d'Hercule, de Médée, de l'Hydre, du Sphinx, du Sagittaire; l'histoire les noms d'Annibal, de Bocchus, de Cléopâtre, de Pompée, de Scipion, de Juba, de Bélisaire, les noms plus modernes de Ximenès, de Charles-Quint, de Doria, de Villegagnon, de Damfreville, de Duquesne, de d'Estrées, de Jean-Bart, de Renaud, de Tourville, de Napoléon, de Desaix, de Kléber, de Brueys, de Boutin, de Bisson, de Philippe, d'Orléans, de Nemours, de Chartres; après tous ces guerriers, souverains, généraux, amiraux ou capitaines viennent les historiens Salluste et Marmol, les géographes Ptolémée, Bruce, René Caillé; l'illustre poëte Cervantès, le poëte et voyageur Regnard, tous deux prisonniers à Alger. Saura-t-on plus tard que les noms tout à fait contemporains de Citati, Duchassaing, Salomon, Mantout, Martinetti, Narboni, Gambini, Parcifico, Brémontier étaient ceux de bâtisseurs de rues et de passages? la postérité souvent oublieuse verra autant d'énigmes dans ces noms. Les Abencerrages, les Gétules, les Kourdes, les Lotophages, les Numides, les Pithiuses, les Sarrasins, voilà pour les noms de peuples. Les noms de villes sont Alexandrie, Albukerque, Héliopolis, Mahon, Navarin, Palma, Tanger, Thèbes, Toulon, Tombouctou, Utique, Zama. L'Atlas, le Delta, la Mer-Rouge, le Mont-Thabor, le Nil, le Sahara complètent la topographie africaine. De près ou de très-loin, quand toutefois elle n'en dit rien, cette nomenclature a trait à l'histoire ancienne ou moderne de l'Algérie. La zoologie apparaît aussi avec le chat, la gazelle, le lézard, la girafe, l'aigle, l'antilope, la baleine, le chameau, le condor, le cheval, la bonite, le coq, le cygne, la grue, le lion, l'ours, le paon, le scorpion, le taureau, le tigre; puis les végétaux, avec le chêne, le laurier, le palmier, les dattes, les oranges et la grenade. Encore une fois cette classification est fâcheuse; les nouvelles rues et les nouveaux quartiers suffisaient pour des noms nouveaux et surtout mieux appropriés, si l'on voulait qu'ils rappelassent les annales anciennes ou modernes de l'Algérie! Alger n'a conservé que dans son centre, sur les pentes rapides de la montagne qu'elle embrasse, le type mauresque. L'épanouissement des ruelles forme le dessin le plus bizarre que l'on puisse imaginer. « Supposez un instant qu'un nouveau Dédale ait été chargé de bâtir une ville sur le modèle du fameux labyrinthe, le résultat de son travail aurait précisément quelque chose d'analogue à l'ancien Alger. Des rues étroites, de largeurs inégales, offrant dans leurs nombreux détours toutes les lignes imaginables, excepté cependant la ligne droite pour laquelle les architectes indigènes paraissent professer un éloignement instinctif; des maisons sans fenêtres extérieures, quelques lucarnes au plus, des étages avançant l'un sur l'autre de telle sorte que vers le sommet des constructions, les deux côtés opposés d'une rue arrivent souvent à se toucher; quelquefois même la voie publique est voûtée sur un espace assez considérable. Représentez-vous tout cela éblouissant de blancheur par suite de l'usage où l'on était alors de donner chaque année deux couches de chaux aux bâtiments, et vous aurez reconstruit le véritable Alger par la pensée. » (*Berbr.*)

Bien que le touriste puisse escalader au hasard la ville, pour y retrouver ce qui reste de la cité mauresque, nous indiquerons cependant le quartier si célèbre de Mohammed-Chérif à l'E., celui de Sidi-Abd-Allah au centre, et de Sidi-Ramdan à l'O.; ils ont conservé à peu près leur physionomie primitive. Les maisons des deux premiers sont percées de petites boutiques. Le quartier bas de la ville, de la rue des Consuls à la rue des Lotophages, est également à peu près intact. Quant aux rues Bab-Azzoun, Bab-el-Oued et de la Marine, qui ont existé depuis les Romains jusqu'à nos jours, en raison de l'emplacement d'Alger au pied d'une montagne, sur le bord de la mer; quant aux rues de Chartres, de la Lyre et de tout le quartier neuf s'étendant dans le faubourg de Bab-Azzoun, on n'a rien à en dire sinon qu'avec leurs arcades, leurs boutiques et leur éclairage au gaz, elles ressemblent aux rues de nos grandes villes de France. Mais pourquoi ces quatrièmes et cinquièmes étages qu'on a construits sans prévision des tremblements de terre? Ce n'était pas sans raison que les rues arabes, si fraîches en été et garantissant de la pluie en hiver, étaient bordées de maisons à un étage, s'arc-boutant les unes contre les autres. On pouvait cependant reprocher à ces rues leur extrême saleté, disparue depuis par l'exécution de nos règlements de police et de voirie, et leur peu de largeur impossible désormais dans la ville basse à cause du mouvement incessant de la ville européenne; mais, tout en refaisant des voies plus larges pour le passage des voitures et des piétons, il fallait n'élever, dès le principe, que des maisons à un étage; l'espace ne manquait pas.

Les passages et les bazars.

Le *passage Duchassaing*, entre la rue Bab-Azzoun et le boulevard de l'Impératrice, est plutôt un large couloir destiné à donner entrée dans la grande maison située entre la place du Gouvernement et la rue de Palmyre. Le café de la Bourse en occupe le rez-de-chaussée du côté de la mer, et le cercle d'Alger le premier étage.

Le *passage la Tour-du-Pin*, dans le bâtiment du même nom, entre la place du Gouvernement et la rue Mahon, mérite la même qualification que le passage Duchassaing, il est toutefois mieux décoré et donne entrée à l'hôtel de la Régence.

Le *passage Napoléon* et le *passage du Commerce*, entre la place du Gouvernement et la rue de Chartres, ont la même destination que les deux passages précédents; ce sont plutôt des dégagements que des rues vitrées.

Le *passage Gaillot* rend plus facile et plus prompte la communication entre les rues d'Orléans et des Consuls. Il a été construit sur l'emplacement d'une ancienne grande maison mauresque élevée par le pacha Hassen en 1683 (1094 hég.).

Les *passages* et *bazars d'Orléans* et *du Divan*, communiquant entre eux par l'impasse Jenné, ayant leur entrée : le premier sur la rue

ALGER. — LES MAISONS.

de Chartres, le second sur la rue du Divan, en face de la place de l'Évêché, méritent seuls la peine d'être visités ; là se trouvent les commerçants maures et juifs vendant tous les costumes, bijoux et objets de curiosité locale, et ayant depuis quelques années leurs succursales sur les boulevards et dans les principaux passages de Paris. Là encore, à certaines heures de la journée, on peut assister au curieux spectacle des encanteurs maures, espèce de commissaires-priseurs se promenant au milieu de la foule des curieux et des acheteurs, en criant la mise à prix des vêtements sous le poids desquels ils plient, ou des bijoux surchargeant leurs poignets et leurs doigts.

Le *passage Salomon*, entre les rues Porte-Neuve et du Lézard, le *passage Mantout*, entre la place de Chartres et la rue Scipion, le *passage Narboni*, entre les rues Bab-Azzoun, du Kaftan et de Chartres, sont également occupés par des Maures et des Juifs et fréquentés par les Arabes du dehors.

Les marchés.

Place de Chartres, pour les fruits, les légumes et les fleurs. *Place d'Isly*, pour les denrées apportées par les Arabes. A la *Pêcherie*, en bas de la place du Gouvernement, pour le poisson. La *Rahbah*, marché aux grains, et le *Fondouk* aux huiles, tous deux autrefois à l'ancienne Bab-Azzoun, ont été transférés dans un vaste local ayant son entrée sur la rue d'Isly, pour les grains, et sur la rue de Tanger, pour les huiles. Le *Marché aux bestiaux* amenés par les indigènes, se tient en dehors et à droite de la nouvelle Bab-Azzoun.

Les maisons.

« De tous les arts, celui que les Maures entendent le mieux, c'est l'architecture. La chose à laquelle ils regardent le plus dans leurs bâtiments, c'est la commodité d'être logés au large ; cependant leurs *mâallum*, c'est le nom qu'on donne à ceux qui font profession d'architecture, sont considérés comme des espèces d'artisans, non comme des gens qui exercent une science et un art libéral. » Voilà ce que Shaw dit des maçons ou architectes maures, sans ajouter que, le plus souvent, les maisons de quelque importance étaient bâties par des esclaves chrétiens qui, tout en respectant le plan d'ensemble des constructions mauresques, en modifiaient souvent les détails ; de sorte qu'on ne saurait vraiment étudier le style pur de l'architecture arabe à Alger, si ce n'est à la Grande-Mosquée qui a subi bien des détériorations. « La maison mauresque n'est au fond que la maison antique du vieux Midi et du vieil Orient, ne portant que dans l'arc en fer à cheval cintré en tiers-point, l'empreinte de sa nationalité. Contraire de la maison européenne du Nord, elle ne peut jamais être trop laide, trop pauvre, trop informe au dehors et trop délicieuse au dedans ; elle est le symbole de la vie musulmane qui a ses impénétrables mystères. Quant aux forêts de porte-à-faux soutenant souvent les renflements des vieilles maisons et leurs saillies extérieures, elles étaient pratiquées en France dans nos villes des XIVe et XVe siècles. » Nous laisserons encore parler Shaw, tout en faisant nos réserves sur le rapport qu'il dit exister entre les maisons d'Alger et les bâtiments dont il est parlé dans l'Écriture sainte. « En effet, dit-il, de grandes portes, des appartements spacieux, des pavés de marbre, des cours cloîtrées, sont certainement des choses qui conviennent très-fort à la nature de ces climats où l'on ressent en été une chaleur étouffante. Ajoutez à cela que l'humeur jalouse des hommes de ce pays s'en accommode assez, en ce qui touche les fenêtres regardant sur une cour fermée, à l'exception seulement d'un balcon ou d'une seule jalousie qu'il y a quelquefois du côté de la rue. Encore ces jalousies et ces balcons ne sont-ils ouverts que pendant la célébration de quelques grandes fêtes, car alors on se donne plus de liberté, y ayant des divertissements pendant la nuit, où se commettent les plus grandes extravagances et tout le monde se fait un point d'honneur de décorer sa maison en dedans et au dehors, et de paraître magnifiquement habillé, vu que les hommes et les femmes, dans leur plus riche appareil, courent pendant ce temps par troupes, entrant et sortant partout où ils veulent sans aucune cérémonie ou contrainte. »

Toutes les maisons mauresques sont bâties sur le même modèle, aucune n'a de façade extérieure. La seule différence consiste dans les dimensions. Car c'est toujours partout, chez le riche comme chez le pauvre, un quadrilatère dont les étages sont surmontés d'une terrasse ou d'un toit plat. Sauf la saillie des balcons, les murs de la rue sont unis; quelquefois, et c'est rare, des arcatures couvrent la façade, comme à Constantine. Les portes d'entrée massives, garnies de clous à grosses têtes, s'enchâssent dans des jambages en marbre ou en pierre, dont des rosaces forment l'ornement. Dans les grandes maisons, la porte est précédée d'un portique garanti par un auvent supporté par des poutrelles carrées en bois de cèdre, plus ou moins sculptées et peintes. Quand on a franchi la porte de la rue, qui généralement n'est jamais directe avec celle des appartements, on entre dans un vestibule ou skiffa garni de bancs des deux côtés; c'est là que le maître de la maison reçoit ceux qui viennent lui parler et expédie ses affaires; peu de personnes, pas même les plus proches parents, ont la permission d'entrer plus avant, à moins que ce ne soit dans les occasions extraordinaires. « Ensuite on arrive dans une cour ouverte qui, suivant que le propriétaire est à son aise, est pavée de marbre ou d'autres matériaux qui sèchent facilement. Cette cour répond assez à l'impluvium ou aux cava ædium des Romains, les unes et les autres étant ouvertes par-dessus et donnant un jour à la maison. Dans les grandes cérémonies, lorsqu'on est obligé de recevoir beaucoup de monde, comme pour un mariage, la circoncision d'un enfant ou autre semblable occasion, on se contente d'introduire la compagnie dans la cour dont le pavé est alors couvert de nattes et de tapis pour la commodité de la conversation. Comme cette partie de la maison est constamment destinée à recevoir grand monde, et que les Maures l'appellent *el oust* (ou le milieu), ce qui revient au pied de la lettre à l'expression de saint Luc τὸ μέσον, il est fort probable que l'endroit où Notre-Seigneur et les apôtres avaient coutume d'instruire le peuple, lorsqu'ils étaient dans quelques maisons, était une cour à peu près pareille. »

Autour de la cour il y a quatre galeries, puis les appartements bas, salle de bain, cuisines et citerne : au-dessus de ces galeries soutenues par des colonnes en pierre ou en marbre unies, à cannelures torses, ou octogones, qui supportent des arcades en fer à cheval, il y a quatre autres galeries soutenues également par des colonnes qui sont reliées par des balustrades à hauteur d'appui, décorées de colonnettes ou de panneaux découpés ou pleins mais alors sculptés. Nous avons vu, rarement il est vrai et dans de très-anciennes maisons, des balustrades en maçonnerie, déchiquetées en triangles ou en trèfles. Les portes des chambres, qui sont ordinairement de la hauteur de la galerie, sont à deux battants, et faites d'une infinité de petits panneaux unis ou sculptés. Il y a des fenêtres carrées et grillées à côté. « Les galeries soutiennent une terrasse qui sert ordinairement de promenade aux hommes le jour et aux femmes la nuit, et pour étendre et faire sécher le linge ; à côté de la terrasse il y a ordinairement un pavillon pour y travailler à l'abri des injures de l'air et pour y observer ce qui se passe du côté de la mer ; car la plus grande attention des Algériens était d'observer si leurs corsaires revenaient avec des prises. »

C'est l'usage en été, toutes les fois qu'on attend grand monde, de couvrir la cour contre les ardeurs du soleil ou contre la pluie d'un rideau ou *velum* qui, tenant par des cordes aux crochets fixés sur les terrasses, peut être plié et étendu suivant qu'on le trouve convenable. Le psalmiste semble faire allusion à cet usage lorsqu'il dit : « Il étend les cieux comme une courtine. » Ps. civ, 2. (P. Isaïe. xl., 22.)

L'intérieur des chambres est généralement blanchi à la chaux ; le plafond est formé par des poutrelles en bois de cèdre ; mais dans les maisons riches, les murs sont ornés de faïence et les plafonds en bois sculpté offrent des rosaces, des fleurs, des fruits, des poissons peints en couleurs voyantes et dorés. Quant à l'ameublement, rien de plus simple : des nattes ou des tapis, quelques glaces et, à l'extrémité de la chambre, un divan servant de siége le jour, de lit la nuit ; de grands coffres en bois peint, historiés de clous, renferment les hardes et les bijoux des hommes et des femmes. Nous avons dit que les carreaux de faïence ornaient l'intérieur des appartements ; ils concourent également à la décoration des escaliers, dont les marches sont en marbre ou en ardoise, et des arcades. L'usage des cheminées est inconnu si ce n'est pour les cuisines ; on a su en tirer un parti très-élégant : les conduits placés à chaque côté de la terrasse se terminent par une série de bouches ouvertes de côté, coiffées de pyramidons faïencés et ornées de boules. En somme, rien de mieux compris, sous un climat chaud, que la maison mauresque avec ses galeries, ses portiques, ses ventilateurs finement évidés, ses appartements oblongs ouverts sur une cour intérieure rafraîchie par une fontaine. Quand on a déployé le velarium antique à ses cimes, elle est harmonieuse, tempérée et douce au delà de toute expression ; la chaleur y perd son énergie sauvage, et la lumière son intensité et ses reflets brûlants. Tout, dans l'existence, les goûts, l'architectonique des Maures, s'explique donc merveilleusement par les conditions climatériques, sous l'influence desquelles ils sont placés, tout est le fruit des lois hygiéniques instinctivement pratiquées.

Dans les maisons mauresques de quelque importance, on trouve souvent une autre petite maison (douira) où l'on pénètre par un escalier donnant sur l'escalier principal; c'est dans cette douira appropriée au style général de la grande maison, que les Maures ou les Turcs se retiraient pour leurs travaux ou plutôt pour leurs plaisirs.

Il nous reste à signaler les maisons que l'on peut visiter :

Le *palais du gouverneur* (dar Hassen pacha); sa véritable entrée est rue du Soudan; la façade et l'entrée sur la place sont l'œuvre du génie militaire;

L'*évêché* (dar Bent-el-Sultan), en face du palais du gouverneur; cette maison est particulièrement remarquable par l'ornementation de ses murs intérieurs;

L'*intendance militaire*, rue de l'État-major;

L'ancien *secrétariat du gouvernement* (dar Ahmed-pacha), faisant autrefois partie des bâtiments de la Djenina, sur la rue Bruce;

La *maison occupée par le service du génie*, à cheval sur la voûte de la rue Philippe; *la maison du procureur général*, rue Soggémah; *la maison de Moustafa-Pacha*, rue de l'État-major 52, occupée par un pensionnat de demoiselles; et enfin, *la maison de la rue des Lotophages*, où sont installés la bibliothèque et le musée, et qui est l'un des types les plus complets et les plus parfaits de l'architecture mauresque à Alger.

Les monuments religieux.

Églises. — *La cathédrale Saint-Philippe*, place de l'Évêché. La mosquée des Ketchaoua, dite aussi mosquée de Hassen, du nom du pacha qui la fit construire, en 1791 (1206 hég.), était, sinon un des plus grands, du moins un des plus beaux types de ce genre de monuments. Un rectangle carré recouvert d'une coupole retombant sur de belles colonnes en marbre, une galerie à hauteur de premier étage, et sur la rue du Divan un élégant minaret octogone, faïencé de carreaux noirs, verts et blancs, constituaient l'ensemble général de cette mosquée dans laquelle on installa le culte catholique, dès les premiers temps de la conquête. L'autel était placé à l'E., il cachait l'ancien mehrab; mais on n'avait pas cru devoir effacer les versets suivants du Koran, peints en lettres d'or sur les fonds rouges ou noirs des voussures de la coupole : « Dieu, qu'il soit béni et exalté, a dit : que la mosquée soit fondée sur la piété. (Sourate IX, v. 109.) — Les mosquées appartiennent à Dieu, n'y invoquez pas d'autres divinités que Dieu! (Sourate LXXII, v. 18.) — La prière est pour les fidèles une obligation déterminée à certaines heures. (Sourate IV, v. 104.) — Acquittez-vous des prières, ainsi que de la prière du milieu, et montrez-vous obéissant à Dieu. (Sourate II, v. 109.) » — Et on lisait enfin le nom du calligraphe : « Écrit par Ibrahim-Djakerhi, l'an 1210 (1795 J. C.). » — La mosquée devenue église, puis église cathédrale, ne pouvant plus contenir de très-nombreux fidèles, fut démolie; elle est, depuis quinze ans, en voie d'agrandissements successifs; elle formera définitivement un

ALGER. — LES MONUMENTS RELIGIEUX.

long vaisseau, avec transsept surmonté d'une coupole. L'autel, contrairement à la tradition, sera tourné vers l'O. La façade de la cathédrale est composée d'un portique à trois arcades, flanqué de deux tours carrées jusqu'à l'entablement, et octogones à partir de là. Cet entablement est terminé par un ornement dentelé bien connu en Orient; l'ensemble du monument est, du reste, copié sur l'architecture arabe. Un large escalier, d'une vingtaine de marches, conduit au portique. On célèbre l'office divin dans la cathédrale, dont la partie inachevée est séparée par un immense panneau décoré dans le style byzantin. La voûte de la nef est couverte d'arabesques stuquées dues au ciseau de MM. Fulconis et Latour; elle retombe sur une série d'arcades supportées par des colonnes en marbre, dont quelques-unes, appartenant à l'ancienne mosquée, ont servi de modèle aux autres. Les fenêtres sont en pierre sculptée; le jour y arrive par des rinceaux d'un très-bon goût. C'est dans la chapelle de droite, en entrant dans l'église, que repose Geronimo, qui attend depuis trois cents ans sa béatification (il n'est encore que vénérable). Le bloc de pisé qui renferme ses ossements est masqué par un revêtement en marbre blanc sur lequel on lit :

OSSA
VENERABILIS SERVI DEI GERONIMO
QVI
ILLATAM SIBI PRO FIDE CHRISTIANA
MORTEM OPPETIISSE
TRADITVR
IN ARCE DICTA
A VIGINTI QVATVOR HORIS
IN QVA INSPERATO REPERTA
DIE XXVII DECEMBRIS ANNO MDCCCLIII

« Ossements du vénérable serviteur de Dieu Geronimo, qui, selon la tradition, a souffert la mort pour la foi du Christ, au fort des Vingt-Quatre-Heures, où ses restes ont été retrouvés, d'une manière inespérée, le 27 décembre 1853. » (*V.* page 51.)

L'église Notre-Dame-des-Victoires, à l'angle des rues Bab-el-Oued et de la Kasba, est l'ancienne mosquée, bâtie au XVIe siècle, par Ali Bitchenin, un des plus audacieux corsaires algériens. L'art n'a rien à voir dans l'appropriation de cette mosquée au culte catholique. C'est intérieurement un quadrilatère avec des piliers carrés, recevant plusieurs coupoles, dont une principale. Extérieurement, le monument a conservé ses petites boutiques mauresques sur la rue Bab-el-Oued, et sa fontaine placée au pied du minaret carré. On entre dans l'église par la rue Bab-el-Oued et par la rue de la Kasba; la belle porte placée de ce côté était celle de la mosquée des Ketchaoua; elle devrait être dans un musée et non en plein air où elle se détériore de jour en jour.

L'église Sainte-Croix, en face de la Kasba, est également une ancienne mosquée dite Djama el-Kasba-Berrani; elle est très-petite, et n'a rien de remarquable, que sa position pittoresque au sommet de la ville; son minaret octogone a été récemment changé en minaret carré par un de ces artistes par trop fantaisistes, qui dessinent, pour quelques journaux à images, une Algérie de convention.

La chapelle Saint-Augustin, au faubourg Bab-Azzoun, est une construction provisoire en planches, qui dure depuis une douzaine d'années.

Les pères jésuites, rue de la Licorne, et les prêtres lazaristes, rue du Vinaigre, ont plusieurs chapelles ouvertes aux fidèles.

Le temple protestant, rue de Chartres, est un vaisseau terminé en hémicycle, entouré de galeries supportées par des colonnes. La façade du temple, fort simple comme tout l'édifice, se compose d'un portique terminé par un fronton que soutiennent quatre colonnes d'ordre toscan.

La synagogue, rue Caton, est un monument dans le style mauresque, terminé en coupole, et qui gagnera beaucoup quand ses abords seront complétement dégagés : cette synagogue remplacera celle de la rue Sainte. Nous citons, pour mémoire, la synagogue qui était enfouie rue Bisson; le peu qui en restait, il y a une quinzaine d'années, conservait les traces assez visibles d'une riche ornementation.

Mosquées. — Alger, avant l'occupation, possédait cent et quelques mosquées, dont quinze de premier ordre, trois de second ordre et une centaine de troisième ordre ; ces dernières n'étaient, généralement, que de simples koubbas. Les mosquées de premier ordre, encore debout sont : Djama Kebir, ou la grande mosquée, rue de la Marine ; Djama Djedid, ou la mosquée neuve, à la Pêcherie; Djama Sidi-Ramdan, dans la rue de ce nom ; Djama Safir, rue Kléber; toutes quatre affectées au culte musulman; Djama Baba-Ali ou Ali-Pacha, convertie en caserne, rue Médée, 95; Djama Ketchaoua, rue du Divan; Djama Ali-Bitchenin, rue de la Kasba; Djama el-Kasba-Berrani, ces trois dernières appropriées pour le culte catholique ; Djama Makaroun ou Mogreïn, rue Macaron, 31, pharmacie militaire ; Djama Ketchache, rue Doria, occupée par l'administration des lits militaires, et enfin Djama el-Kasba, dans la Kasba même, caserne. Les mosquées d'es-Saïda, de Mezzo-Morto, de Khader-Pacha et de Châban-Khrodja ont disparu, depuis longtemps, dans les alignements de l'Alger française.

Djama Kebir, la grande mosquée, est la plus ancienne d'Alger. Suivant M. l'abbé Bargès, une inscription, dont il possède une copie, se lisait anciennement sur le minbar ou chaire, inscription qui ferait remonter l'achèvement de ce minbar à l'an 409 de l'hégire (1018 de J. C.). La fondation de la grande mosquée elle-même n'a pas dû précéder de beaucoup l'installation de la chaire, à moins de supposer que cette chaire en ait remplacé une plus ancienne. N'oublions pas toutefois que la fondation d'Alger par Bologgia-Ibn-Ziri, suivit de près celle d'El-Achir, aujourd'hui détruite, et que cette dernière fut fondée en 324 (935 de J. C.); ce qui ne peut faire remonter la fondation de la mosquée plus haut qu'à la moitié du xe siècle. El-Bekri en parle, en 460 (1067 de J. C.). Le minaret, à l'angle de la rue de la Marine, a été achevé, ainsi que le constate une inscription arabe placée intérieurement près de l'escalier, par Abou-Tachfin, sultan de Tlemcen, du dimanche 27 doul Kada 722 au 1er Redjeb 723, c'est-à-dire en six mois (1322 à 1323). La grande mosquée, couvrant une superficie de 1600 mèt. carrés, présente, rue de la Marine, une galerie de quatorze arcades dentelées, de 3 mèt. d'ouverture, retombant sur des colonnes en marbre blanc provenant de la mosquée es-Saïda, bâtie en face de la Djenina, par Ismaïl-Pacha, en 1662 (1072 hég.). Une fontaine formée de deux vasques a été placée à la rencontre des lignes, qui font un angle obtus au milieu de cette galerie. On a remis au jour l'inscription romaine placée à la base du minaret et provenant des ruines d'Icosium dont les matériaux ont servi souvent pour la construction d'Alger.

.... VS RVFVS AGILIS F. FL.
.... ATVS D. S. P. DONVM D.

Le nom du donateur, figurant sur cette inscription, est rétabli, au moyen d'une seconde inscription gravée sur un autel votif découvert dans les démolitions du bureau de la police, rue Bruce, en face de la mairie. Ce nom est : Lucius Cæcilius Rufus, fils d'Agilis.

La grande mosquée, faisant face à la rue de la Marine au N., à la mer au S., à la rue du Sinaï, à l'E., et à la maison Bisary à l'O., comporte une série de travées séparées par des arcades dentelées, s'appuyant sur des piliers carrés, et supportant des toits à angle obtus, dont les poutrelles, jadis sculptées et peintes de riches couleurs, sont recouvertes par des tuiles creuses. La mosquée prend jour par les portes ouvrant sur la galerie de la mer, et par les arcades de la cour, jadis plantée d'orangers; la fontaine aux ablutions est adossée contre un côté de cette cour. Comme la mosquée est fort grande, il y règne une certaine obscurité favorable à la prière, à la méditation et au sommeil du plus grand nombre des musulmans. L'édifice blanchi à la chaux n'a, aujourd'hui, d'autre décoration que des nattes étendues à terre ou déroulées autour des piliers, à hauteur d'homme. Nul doute qu'il a dû être recouvert de sculptures, d'arabesques mêlées d'inscriptions, comme on peut encore en voir à Tlemcen, la ville de Yussef-ben-Tachfin. Mais la mosquée, rudement endommagée par les bombardements des chrétiens, a été réparée ou reconstruite en partie, beaucoup plus simplement que dans l'origine. La grande mosquée est affectée au culte musulman du rite maléki, qui est celui des Arabes et des Maures.

Djama Djedid, la mosquée nouvelle, plus connue sous le nom de mosquée de la Pêcherie, bâtie en forme de croix grecque, avec une grande coupole ovoïde et quatre petites, est située au bout de la rue de la Marine en face de la place Mahon; on y entre par la descente au port. La tradition veut que l'esclave qui fit élever cette mosquée, ait été brûlé vif, pour ses honoraires, ayant osé donner à une mosquée la forme d'une église! Nous doutons fort du fait; les pachas d'Alger, renégats pour la plupart ou même musulmans, savaient fort bien ce qu'était un plan, et celui de Djama Djedid avait dû être préalablement soumis aux critiques du pacha qui la fit bâtir au XVIe s., pour les Turcs du rite hanéfi. L'intérieur de la mosquée est fort simple; nous signalerons aux visiteurs : la chaire en marbre blanc sculpté et un magnifique manuscrit, in-folio, du Koran, envoyé par un sultan de Constantinople à un pacha d'Alger; chaque page de ce manuscrit est un prodige d'ornementation; ce Koran surpasse de beaucoup tout ce que nos moines du moyen âge et d'une partie de la Renaissance, ont laissé en calligraphie enluminée. Djama Djedid a, comme la grande mosquée, une galerie sur le port. Le minaret carré abrite l'horloge de la ville, depuis la démolition de la Djenina.

Djama Sidi-Ramdan, dans la rue du même nom, a été bâtie par le pacha Ramdan, qui gouvernait Alger de 1573 à 1576 (981 à 984 hég.). Sa disposition, moins la cour et la galerie, est un diminutif de celle de la grande mosquée, c'est-à-dire des colonnes supportant des toits en tuiles.

Djama Safir, rue Kléber, a été construite par Baba-Hassen, en même temps et sur les mêmes plans que la mosquée des Ketchaoua, 1791 (1206 hég.).

Les trois mosquées de second ordre, Djama Sidi-Mohammed-ech-Chérif, Djama Sidi-Abd-Er-Rhaman-et-Tçalbi, et Djama Ouali-Dada, sont toujours debout.

Djama Mohammed-ech-Chérif est située au carrefour formé par les rues Kléber, Damfreville et du Palmier. C'est une des plus vieilles d'Alger. D'anciens plans nous la montrent isolée, au milieu de la ville, alors qu'Alger n'avait guère qu'un quartier bas : la Marine, les rues Bab-'el-Oued, Bab-Azzoun ; et un quartier haut : la Kasba. Sidi-Mohammed-ech-Chérif, auquel les musulmanes infécondes viennent demander la maternité, est enterré dans la mosquée qui porte son nom. Il est mort en 1541 (948 hég.), sous le pachalik de Mohammed-Hassen, et précisément l'année de la désastreuse expédition de Charles V. L'entrée de la mosquée est dans la rue du Palmier, à côté du café connu de tous les Européens venus à Alger.

Djama Ouali-Dada, rue du Divan, renferme également le tombeau du marabout qui, venu, selon la légende, de l'Orient et par mer, sur une natte, aborda à Alger avec son fusil et sa masse d'armes. Il contribua, ainsi que Sidi-Betka et Sidi-Bou-Gueddour, à la défaite de Charles V. Comme la mosquée de Mohammed-ech-Chérif, celle de Ouali-Dada est fréquentée par les femmes.

Djama Abd-er-Rhaman-et-Tçalbi, domine le jardin Marengo. Et-Tçalbi, aussi célèbre chez les musulmans par sa naissance que par la sainteté de sa vie, est auteur de plusieurs traités théologiques. Il naquit en 1387 (788 hég.), et mourut en 1471 (875 hég.). La construction de la mosquée, dans laquelle est son tombeau, remonte à l'époque même de sa mort. C'est donc, après la grande mosquée, le plus ancien monument religieux d'Alger. Il a été restauré en 1697 (1108 hég.), sous Hadj-Ahmed-Dey. Cette mosquée est la plus curieuse et la plus riche de l'Algérie, toutefois après celle de Sidi Bou-Medin, près de Tlemcen. On y voit les tombeaux de plusieurs pachas et de hauts fonctionnaires; on y a enterré, en dernier lieu, le fameux Ahmed, bey de Constantine, cet homme sanguinaire qui fit dévorer par des chiens le ventre à quelques-uns de nos soldats faits prisonniers aux environs de Medjez-Hamar, lors de la seconde expédition de Constantine. On sait que le gouvernement français, toujours magnanime, avait fait à Ahmed-Bey une pension de 12 000 fr., et qu'il poussa la générosité jusqu'à lui rendre de malheureuses négresses esclaves qui s'étaient enfuies du palais de la rue Scipion à Alger, comptant sur le bénéfice du décret d'affranchissement des esclaves en Algérie ! La mosquée de Sidi-Abd-er-Rhaman est entourée de tombeaux.

ALGER. — LES MONUMENTS RELIGIEUX.

On voit également près de là, à gauche, la nouvelle koubba de Sidi-Mansour, enterré précédemment sous le platane de la vieille porte d'Azzoun.

Des cent mosquées de troisième ordre, quatre-vingts à peu près ont été vendues par le domaine, occupées militairement ou démolies. Parmi celles qui restent, nous citerons *Djama Sidi Bou-Gueddour*, rue Kléber, non loin de Sidi-Mohammed-ech-Chérif, et *Djama Sidi Abd-Allah*, dans la rue du même nom; toutes deux possèdent une école d'enfants. D'autres mosquées sont plutôt des koubbas où reposent des marabouts; beaucoup sont abandonnées et tombent en ruines; quelques-unes sont toujours très-fréquentées, et parmi elles, la *koubba de Sidi Abd-el-Kader-el-Djilali*, au faubourg Bab-Azzoun, près de la rampe qui conduit au port. Le personnage, en l'honneur duquel on a élevé tant de koubbas en Algérie, a joué un rôle trop important, pour qu'on ne s'arrête point un instant sur lui. Abd-el-Kader-el-Djilali, vénéré dans tous les pays musulmans, était de Bar'dad, où il fut enterré après avoir beaucoup voyagé. La koubba d'Alger aurait été bâtie à l'endroit même où il enseignait, lorsqu'il vint visiter cette ville. Les miracles faits par ce saint Roch de l'islamisme sont nombreux. C. Niebuhr, dans ses voyages en Arabie (1776), raconte le suivant : « Comme Abd-el-Kader tenait un jour, sur sa chaire doctorale, une harangue à une grande quantité d'auditeurs, il s'arrêta tout d'un coup, prit son kab-kab (pantoufle en bois), et le jeta contre la muraille, où il disparut. Quelques minutes après, il jeta son autre kab-kab, qui devint pareillement invisible. Les auditeurs ne savaient pas ce que cela signifiait, et ne pouvaient pas comprendre où les pantoufles de leur cheikh étaient restées. En attendant, voici ce qui était arrivé. Quelques marchands qui voulaient faire le voyage de Bar'dad, tant à cause de leur commerce que pour rendre hommage à Abd-el-Kader, furent attaqués et pillés en chemin par des Arabes. Dans cette triste situation, ils eurent recours, par la prière au grand cheikh, et le kab-kab que celui-ci jeta, en présence de ses disciples, contre la muraille, avait donné à la tête d'un des principaux brigands. Les Arabes, qui croyaient d'abord que c'était la pantoufle d'un des voyageurs, devinrent encore plus inhumains. Mais bientôt ils virent le second kab-kab toucher la tête d'un autre Arabe. Aussitôt ils entrèrent dans l'idée qu'il y avait quelque grand saint, qui devait protéger ces voyageurs; ils leur rendirent tout et les laissèrent tranquillement continuer leur voyage. Quatre semaines après, ces marchands arrivèrent à Bar'dad, rapportèrent les kab-kab au saint, le remercièrent du secours qu'il leur avait accordé, et publièrent partout le miracle opéré en leur faveur. »

On comprend, d'après cela, pourquoi Sidi Abd-el-Kader est le patron des voyageurs, des voleurs, ajoute-t-on, mais surtout des mendiants innombrables accroupis le long des chemins ou des rues, au coin des voûtes ou des portes, répétant sans cesse, en tendant leur sébile : « Donnez-moi par la face de Sidi-Abd-el-Kader, pour l'amour de lui, et pour l'amour de Dieu! » *Thathini ala ouedjh Sidi Abd-el-*

Kader ou ala khrathrou ou ala khrather Rabbi.

Le plus ancien des ordres religieux existant en Algérie, est celui d'Abd-el-Kader-el-Djilali, mieux connu sous le nom de Moulaï Abd-el-Kader, auquel on a fait jouer un certain rôle lors de l'élévation de son homonyme à Ersebia dans les plaines de l'Er'ris. Nous retrouverons plus tard Abd-el-Kader-el-Djilali, dont la confrérie religieuse, comme les autres du reste, fut si longtemps funeste à nos armes.

C'est dans la koubba de Sidi Abd-el-Kader, que Mohammed-Kurdogli, pacha d'Alger, en 1556 (963 hég.), mourut assassiné par Youssef, gouverneur de Tlemcen et ami d'Hassen le Corse, prédécesseur de Mohammed, qui l'avait fait jeter aux ganches de Bab-Azzoun.

Les édifices publics.

Presque tous les services publics, civils ou militaires, sont installés dans des maisons mauresques, ainsi qu'on a pu le voir plus haut. Sauf la maison du gouverneur général, à laquelle on a plaqué une façade dont le rez-de-chaussée et l'entre-sol servent de cage à l'escalier conduisant à un beau salon au 1er étage, et à la cour de l'ancienne maison; toutes les autres, occupées par Mgr l'évêque, les généraux commandant les différentes armes, l'intendant militaire, le procureur impérial, les tribunaux (cour impériale, tribunal de 1re instance et justice de paix), le trésor, les postes, le lycée, la bibliothèque et le musée, ont conservé l'ensemble de leur physionomie; quelques aménagements intérieurs, nécessités par les exigences de leur appropriation, y ont été naturellement pratiqués.

Nous ne pensons pas qu'on puisse donner le nom d'édifice, si par ce mot on entend un monument, aux grandes maisons où sont installés le logement particulier et les bureaux du préfet, du maire et du directeur de la banque de l'Algérie.

Les forts.

Le fort Bab-Azzoun ou mieux *El-Bordj Ras-Tafoura*, le fort du cap Tafoura, relié maintenant à Alger par la nouvelle enceinte, a été bâti par Husseïn-Pacha, de 1581 à 1584 (989 à 993 hég.); il défendait Alger, du côté de la route de Constantine; c'est aujourd'hui un pénitencier militaire.

Toppanat el-Beylik, la batterie du Beylik, à l'angle S. de l'ancienne Alger, au-dessus du lavoir public, et à côté du fondouk aux huiles, a été construite en 1541 (948 hég.), par Hassen-Agha, à la suite du siége d'Alger par Charles-Quint; Haëdo dit cependant qu'on doit la construction de cette batterie à Arab-Ahmed Pacha, 1572-1573 (980-981 hég.); sans doute ce dernier la répara ou l'augmenta; quand il fit nettoyer et recreuser les fossés de la ville, depuis la Kasba jusqu'à la porte d'Azzoun. La batterie du Beylik disparaîtra bientôt pour faire place au boulevard de l'Impératrice.

Le Bordj el-Andalous, au bout de la rue de la Marine, près de la porte de France, et au-dessus de la douane actuelle, a été construit à même époque, et pour les mêmes motifs, que la batterie du Beylik. Saffa, kaïd de Tlemcen, y ajouta de nouveaux travaux, pendant son passage à Alger où il gouverna, en attendant l'arrivée du pacha Salah-Raïs qui succédait au fils de Kheïr-ed-din, 1551-1552 (958-960 hég.).

C'est dans le Bordj el-Andalous que le pacha Ramdan fit placer le canon à sept bouches qu'il prit à Fez en 1576 (984 hég.). Le Bordj el-Andalous, qu'on appelle également Bordj el-Bahar, le fort de la Mer, sert de magasin aux débarras de l'administration de la douane.

Le Bordj ez-Zoubia, le fort du Fumier, à cause des immondices qu'on jetait près de là, plus connu des Européens sous le nom de *fort Neuf*, a été construit à l'extrémité N. d'Alger, près de la mer, en face de l'ancien cimetière, aujourd'hui esplanade Bab-el-Oued, par Moustafa-Pacha, en 1806 (1220 hég.), sur l'emplacement d'un ancien bastion construit par Ramdan-Pacha, en 1576 (984 hég.). Ce fort est élevé sur plusieurs étages de voûtes solidement construites, dont une partie sert aujourd'hui de prison et de pénitencier militaires. C'est là également que M. Doyère a été chargé par l'État de faire ses belles expérimentations de l'ensilage des grains et de la destruction des charançons, sur des milliers d'hectolitres de blé; expériences si intéressantes au point de vue de l'alimentation de notre armée d'Afrique.

Bordj Setti-Takelilt ou *d'Ali-Pacha*. Ce fort, connu des Européens sous les noms de *fort des Vingt-Quatre-Heures* ou *fort Bab-el-Oued*, a été commencé en 1567-1568 (975 hég.), par Mohammed-Pacha, ainsi qu'il résulte d'une inscription turque placée naguère au-dessus de la porte et qui figure au musée d'Alger, sous le numéro 29; mais Ali-el-Euldje, le Renégat, surnommé encore el-Fortas, le Teigneux, successeur de Mohammed, peut passer pour le véritable fondateur de ce fort qu'il a fait construire presque en totalité. Haëdo nous apprend que ce bordj s'élevait auprès du cimetière musulman, sur une petite roche, mais que, commandé par plusieurs points, dans la région du S., il pouvait être facilement battu. Son nom de Bordj Setti-Takelilt, signifie fort de Notre-Dame-la-Négresse. En entrant dans ce fort, on trouvait à droite, sous le vestibule, un banc en maçonnerie, qui s'étendait sous un arceau surmonté, sur un côté, d'une petite niche creusée dans la muraille. Selon la tradition locale, cette niche indiquait l'endroit où se trouvait la tête de la maraboute, qui était enterrée sous le banc. En démolissant la khaloua ou ermitage de Sitti-Takelilt, on n'a pas trouvé d'ossements sous le banc, ni de tête dans la niche; peut-être avaient-ils disparu depuis l'occupation française. Bref, le fort, complétement démoli, ne nous arrêterait pas plus longtemps, s'il ne s'y rattachait le souvenir d'un événement qui a produit, ces dernières années, une émotion profonde chez la population algérienne. Nous voulons parler de Geronimo, martyrisé dans ce fort, le 18 septembre 1569, et dont le squelette retrouvé, le 27 décembre 1853, dans le saillant N. E., a été transporté en grande pompe, le 28 mai 1854, dans la cathédrale d'Alger. C'est M. Berbrugger qui, il y a une quinzaine d'années, parcourant, puis traduisant une histoire d'Alger par Haëdo, appela l'attention sur Geronimo; ce Maure devenu chrétien, n'ayant point voulu renier sa foi nouvelle, fut jeté vivant dans une caisse à pisé, par ordre d'Ali-Pacha; deux siècles et demi après les paroles prophétiques de l'historien Haëdo se trouvaient vérifiées : « Nous attendons de la bonté divine de pouvoir tirer un jour Geronimo de cet endroit et de réunir son corps à ceux de beaucoup d'autres saints martyrs, dont le sang et la mort bienheureuse ont consacré ce pays, afin de les placer tous en lieu plus commode et plus honorable pour la gloire du Seigneur qui nous a laissé, à nous autres captifs, de tels saints et de tels exemples. »

M. Berbrugger se demande si la désignation de fort des Vingt-Quatre-Heures, connue seulement des Européens, n'aurait pas quelques rapports avec le drame de Geronimo qui, depuis le jour où Ali-Pacha ordonna la mort du captif, jusqu'au lendemain où il subit son supplice, se renferme exactement dans la limite de vingt-quatre heures. Cette explication séduit au point de vue de la simplicité et de la probabilité et en vaut certainement bien d'autres.

Le Bordj-Ramdan, dans le milieu des vieux remparts de Bab-el-Oued, dégagé aujourd'hui d'un côté, par la percée faite en face de la rue du Tigre, a été construit par Ramdan-Pacha en 1576 (984 hég.), en même temps que le bastion remplacé par le Bordj-ez-Zoubia. Les casemates du Bordj-Ramdan, qui paraît avoir été important, sont occupées par un débitant de boissons.

La Kasba est un nom donné à plusieurs citadelles en Algérie, nom qui a pour racine le mot *kesseub*, haut roseau. Une kasba est donc une citadelle sur une hauteur; celle qui domine Alger, du point culminant de l'O. au sommet du triangle de la ville, serait la plus ancienne et la seule forteresse que possédait Selim-Ben-Teumi, à laquelle Aroudj fit ajouter de nouveaux travaux, lorsqu'il devint maître d'Alger, en 1516 (932 hég.). Le pacha Arab-Ahmed en fit nettoyer et recreuser les fossés, en 1572 (980 hég.). Elle fut incendiée sous Moustafa, à la suite d'une explosion de la poudrière, en 1616 (1025 hég.). Sous le pachalik d'Husseïn-Khodja, les Koulour'lis, fils de Turcs et de Mauresques, s'étant révoltés, se renfermèrent dans la Kasba où ils se firent sauter; ceux qui échappèrent à ce désastre furent massacrés ou jetés à la mer, 1629 (1040 hég.). Sous Moustafa-Pacha, de 1799 à 1806 (1213 à 1220 hég.), un chaouch nommé Toubeurt décapita en un jour, devant la Kasba, 132 Arabes qui avaient déserté. Ce Toubeurt vivait encore en 1842. Ali-Ben-Ahmed qu'on appelait aussi Ali-Khodja, Méguer-Ali, Ali-Loco (le fou), avant-dernier dey d'Alger, s'étant aliéné l'esprit de la milice, fit transporter nuitamment ses trésors à la Kasba, où il s'enferma avec une garde à lui, pour échapper au sort de ses prédécesseurs, 1er nov. 1817 (1232 hég.). Les janissaires des casernes Bab-Azzoun s'insurgèrent en apprenant cette nouvelle, mais Ali les maîtrisa par la décapitation d'un grand nombre d'entre eux. Le soufflet donné par son successeur Husseïn à notre consul, dans le fameux pavillon, est le dernier épisode qui précède la reddition d'Alger, et par conséquent celle de la Kasba, en 1830.

A cette dernière époque, la citadelle d'Alger et le palais des deys étaient entourés de grands murs en briques garnis de deux cents canons et mortiers qui menaçaient la ville et la campagne; on y entrait par une seule porte en marbre blanc, dans un angle formé par la réunion de deux rues. On remarquait, à gauche de cette porte, un corps de garde et une vaste volière fermée par une grille de bois, remplie de tourterelles et de pigeons blancs. Au-dessus et dans le milieu du mur, on voyait sortir d'une meurtrière la gueule peinte en rouge d'une énorme pièce de canon placée là pour tirer dans la rue en cas de révolte!

Après avoir franchi la porte, on arrivait sous une voûte noire à laquelle étaient suspendus, comme dans les casernes, des vaisseaux et des lanternes. Au point où cette voûte faisait un coude, se trouvait une fontaine en marbre blanc, sans cesse alimentée par un jet d'eau. De là on arrivait à une allée découverte qui conduisait : à droite, au palais du dey et à plusieurs batteries, à gauche à la poudrière et aux batteries dominant la ville. La cour assez vaste du palais transformé en caserne, est pavée en marbre blanc, et entourée, comme toutes les maisons mauresques, d'une galerie couverte formée par une rangée d'arcades que soutiennent des colonnes de marbre blanc. Une fontaine, également en marbre, est le seul ornement de la cour, si l'on en excepte un platane d'une grande beauté, placé à l'angle opposé de la fontaine, et que la tradition suppose contemporain de Barberousse.

A l'époque de la prise d'Alger, un des côtés de la galerie, celui de droite, beaucoup plus orné que les autres, était couvert de glaces de toutes les formes et de tous les pays. D'après le récit d'un des spectateurs de l'expédition, Merle, secrétaire du général de Bourmont, cette galerie avait pour tous meubles quelques tapis de Smyrne, une pendule de Boule, un petit meuble en laque dans les tiroirs duquel se trouvaient un Koran, un calendrier turc et quelques boîtes de parfums, enfin un baromètre anglais monté sur une table en acajou. Dans toute la longueur de cette galerie régnait une banquette, recouverte, à l'une de ses extrémités, d'un tapis de drap écarlate bordé d'une frange de même couleur; c'est sur ce tapis que se plaçait le dey, quand il tenait son divan, qu'il rendait la justice, ou qu'il donnait audience aux consuls ou aux marchands étrangers.

Au fond de cette même galerie, était la porte du trésor, armée de grosses serrures et d'un fort guichet en fer; elle donnait entrée à des corridors sur lesquels on ouvrait des caveaux sans fenêtres ni soupiraux, coupés dans leur longueur par une cloison de quatre pieds à peu près. C'est là qu'étaient jetées en tas des monnaies d'or et d'argent de tous les pays, depuis le boudjou d'Alger jusqu'à la quadruple du Mexique. Au-dessus du trésor, étaient les appartements du dey et de ses femmes; la partie du palais qui regarde la ville, renfermait deux salles remplies d'armes précieuses, et une autre salle pour les poinçons et instruments nécessaires à la fabrication des monnaies. La face N. du second étage, qui n'avait point jour sur la cour, servait de logement aux officiers du dey. Le palais était enfin terminé par une terrasse garnie d'une balustrade en bois peint en rouge et en vert. C'est là qu'étaient le mât du pavillon et l'énorme lanterne allumée toutes les nuits. Les pachas Ahmed et Husseïn avaient fait leur observatoire de cet endroit.

L'intérieur de la Kasba renfermait une mosquée, salle carrée avec un dôme octogone retombant sur d'élégantes colonnes en marbre blanc, une salle d'armes, des bains, une ménagerie avec des tigres et des lions, des jardins avec des autruches, des treilles, une vaste poudrière dont le dôme avait été mis à l'abri de la bombe par une double couverture de ballots de laine, un parc à boulets, des pavillons pour les beys qui venaient rendre compte de leur administration, des écuries, des magasins, tout cela enclavé dans de hautes murailles de quarante pieds, terminées par une plate-forme à embrasures garnies de canons de tous calibres.

Telle était, en 1830, la Kasba dont le dernier dey n'était sorti que deux fois, pour aller à son jardin de Bab-el-Oued. C'est maintenant une immense caserne traversée par la route d'El-Biar, route qui a fait disparaître la plus grande partie des jardins qui vivifiaient cette agglomération de bâtiments de toute sorte.

Les casernes.

« En 1650, dit Laugier de Tassy, on construisit cinq bâtiments ou corps de logis très-beaux, qu'on appelle casseries ; ce sont des casernes pour les soldats turcs qui ne sont pas mariés ; ils y sont logés, de trois en trois, dans une chambre spacieuse, proprement et bien servis par les esclaves que le deylik donne à cet effet, parmi lesquels il y en a qui sont uniquement pour nettoyer et entretenir ces maisons. Il y a des fontaines dans les cours de ces bâtiments pour faire les ablutions avant la prière. Dans chaque caserne on loge six cents soldats ; ceux qui sont mariés, et ce sont ordinairement les renégats, logent où ils veulent et à leurs frais, et sont exclus des casernes du gouvernement. »

Cette date de 1650 est probablement encore celle de la restauration d'une partie de ces casernes ; on en comptait sept en 1830.

1° *Dar Yenkcheria m'ta Bab-Azzoun*, la maison des janissaires de Bab-Azzoun, près de la porte d'Azzoun ; c'était la caserne la plus grande sous tous les rapports, aussi l'appelait-on *el-Kebira*, et encore *m'ta Labendjia* ou des buveurs de petit-lait, parce que les janissaires qui l'habitaient avaient la coutume, lorsque la mauvaise saison diminuait les arrivages, d'aller attendre les Arabes à Aïn-Rebot, village de l'Agha, pour se procurer cette denrée. Une inscription traduite par M. Bresnier fait remonter la construction de la caserne Bab-Azzoun à 955 de l'hégire (1548 de J.C.), et un acte de 1008 (1599) en attribuait la fondation à Hassen-Agha, mort en 952 (1545). Dar Yenkcheria m'ta Bab-Azzoun était un foyer permanent de révoltes ; de ses murs sont sortis plusieurs deys ou hauts dignitaires. Ces parvenus se sont quelquefois souvenus de leur caserne, et plusieurs d'entre eux ont fait arranger d'une manière splendide les humbles chambres où ils avaient longtemps couché comme soldats, consacrant le souvenir de cette libéralité par des inscriptions gravées généralement sur marbre ; c'est ainsi qu'on y lisait celle de Husseïn-Kaznadjar (trésorier), 1172 (1758), et qu'on y lit encore celles d'Ismaël-ben-Ismaël, Khaznadjar, 1183 (1769) ; d'Hassen Pacha-ouzen-Hassen 1211 (1796) et d'Ibrahim, agha des Arabes, 1242 (1826), cette dernière au-dessus de la porte d'une pièce à double colonnade en marbre et revêtue de carreaux de faïence. L'Ibrahim en question était gendre du dernier dey, et c'est lui qui perdit la bataille de Staouéli, le 19 juin 1830. Le lycée a été installé dans cette caserne, qui, sauf des aménagements intérieurs et la suppression d'une fontaine, a encore conservé son immense cour, ses cloîtres au rez-de-chaussée et au premier étage, et ses piliers supportant de belles treilles.

2° *M'ta el Kharratin*, la caserne des Tourneurs, rue Bab-Azzoun, entre les rues Boza et de l'Aigle; on la nommait ainsi, à cause de la grande quantité de tourneurs qui avaient leurs boutiques dans cet endroit de la rue Bab-Azzoun. La tradition prétend que cette caserne est la plus ancienne d'Alger, et qu'elle fut bâtie par Kheir-ed-Din. Les documents cités par M. Devaulx ne sont pas antérieurs à 1008 (1599-1600). Les pachas sortis de la caserne des tourneurs, sont : Mohammed, 1133 (1720-1721); Ali, 1138 (1725-1726); Mohammed, 1192 (1778); Kour-Mohammed, 1224 (1809-1810) et El-Hadj-Ali, 1228 (1813).—Composée de deux bâtiments à un étage, et ornée de fontaines à bassin carré abritées par une coupole retombant sur des colonnes, cette caserne, après avoir servi d'hôpital civil, a été affectée, dans ces derniers temps, aux services du trésor et des postes. Les salles au 1er étage, sur la rue Bab-Azzoun, renferment les produits algériens de l'exposition permanente.

3° *M'ta el Khoddarin-Kedima*, l'ancienne caserne de la rue des Fruitiers ou caserne de la rue Médée n° 95, dite supérieure, *el Fokania*, par rapport à celle qui est située au-dessous. On remarquait sous son porche un petit vaisseau pendu à la voûte, et contre les parois, de très-grandes côtes de baleine; le vaisseau signifiait-il le droit qu'eurent les janissaires de prendre part aux expéditions des corsaires, sous le pacha Mohammed-ben Salah-Raïs (1566 à 1568, 974 à 976)? Des chaînes pendaient devant la porte ; si un criminel à la recherche d'un asile ne pouvait pénétrer jusque dans la caserne, il saisissait une de ces chaînes en criant: « Cher'a'llah ia soultan! » et il était sauvé. Il n'existe pas dans les archives de mention antérieure à 1071 (1660), au sujet de Dar m'ta el Khoddarin; cet édifice est invariablement appelé la caserne des janissaires, ancienne. On y remarque une fontaine, et sur un de ses côtés, une mosquée, dite Djama baba-Ali, convertie en caserne comme le reste de l'édifice.

4° *M'ta el Khoddarin-Djedida*, caserne neuve de la rue des Fruitiers et caserne dite de la rue Médée, inférieure, *esfelania* ou *tahtania*, par rapport à la précédente. Ahmed-ben-Ali, pacha en 1220 (1805), sortait de cette caserne.

5° *Sta Moussa*, au coin de la rue des Consuls et de la rue de la Marine. Les turcs l'appelaient la caserne de maître Moussa, parce que ce Maure andalous, auquel on attribue la construction de l'aqueduc du Hamma, y demeurait en qualité de janissaire. On la nommait encore m'ta Bab-Dzira, Porte d'Alger, à cause de sa proximité de cette porte. C'est aujourd'hui la caserne Lemercier, du nom du colonel de génie mort en mer le 7 déc. 1836, à bord du *Montebello*, au retour du siége de Constantine, par suite de fatigues de guerre.

6° *M'ta Deroudj*, caserne des Escaliers, en face de Sta Moussa : on l'appelait également m'ta el Douamès, nom du quartier dont elle était proche. Moustafa-ben-

Ibrahim, 1214 (1799), et Omar-ben-Mohammed, 1230 (1814), avaient habité m'ta Deroudj, quand ils n'étaient que janissaires. Le bâtiment qui a remplacé la caserne est occupé par la Banque de l'Algérie.

7° *M'ta el Makaroun*. C'est à tort qu'on a voulu voir dans ce nom de Makaroun l'explication suivante : que la caserne était habitée par de vieux Turcs édentés, qui vivaient de macaroni. Dar Makaroun s'est primitivement appelée El Mokrin 1678 (1089), puis El Mokriyen 1725 (1138), et enfin Makroun ou Makaroun, 1813 (1228). On y a installé la pharmacie centrale militaire. La mosquée construite par Abdi-Pacha, en face de Dar Makaroun, est occupée par des écuries appartenant à l'artillerie.

De ces sept casernes, trois ont donc conservé leur destination première ; nos troupes sont en outre logées dans la Kasba, aux Tagarins et dans deux vastes bâtiments construits entre la Kasba et les Tagarins.

La bibliothèque et le Musée.

La bibliothèque publique d'Alger (jours d'ouverture, les lundis, mercredis et vendredis de midi à cinq heures. Vacances pendant les mois d'août et de sept.), dont la fondation se préparait depuis 1835, fut définitivement constituée en 1838, au moyen de dons d'ouvrages faits par les divers départements ministériels, auxquels vinrent se joindre des manuscrits arabes recueillis par M. A. Berbrugger, conservateur, à Alger, ainsi que dans nos expéditions militaires de Maskara, de Tlemcen et surtout à la prise de Constantine. Installée d'abord dans une dépendance de l'ancienne caserne de janissaires de la porte d'Azzoun, elle le fut plus tard dans une maison mauresque de la rue des Lotophages. Les collections de manuscrits et d'imprimés n'ont cessé depuis lors de s'accroître, tant à l'aide des achats effectués sur de faibles crédits (10 000 francs, dont la moitié pour le personnel), que grâce aux envois des divers ministères et aux dons provenant des particuliers.

Dans son état actuel, la bibliothèque d'Alger, sans pouvoir rivaliser encore avec les établissements analogues de France, où s'accumulent depuis des siècles toutes les productions des lettres, des arts et des sciences, possède déjà assez de livres en tous genres, 9000 volumes, pour offrir des sujets d'études variées et de bons éléments de travail. Le nombre des lecteurs et des visiteurs, assez restreint dans l'origine, s'accroît chaque jour dans une proportion remarquable. Le chiffre moyen des lecteurs s'élève à une quarantaine par séance, dont un quart d'indigènes lettrés. Les visiteurs sont très-nombreux. La bibliothèque renferme 1° des imprimés, 2° des manuscrits, 3° des cartes, plans et collections d'estampes. La bibliothèque possède aussi quelques collections de papiers, dont la majeure partie provient, ou d'archives des consulats, ou de la compagnie d'Afrique, documents fort utiles pour l'histoire des relations commerciales et diplomatiques des puissances européennes, et surtout de la France avec l'ancienne Régence d'Alger ; elle possède également beaucoup de lettres originales, turques ou arabes, fort intéressantes, au double point de vue de l'histoire et de l'étude des langues. Les manuscrits arabes, au nombre de sept cents, renferment plus de deux mille ouvrages se divisant en plusieurs parties qui sont : la théologie, le droit, les langues, les belles-lettres et les sciences, et dans ces dernières, cent et quelques ouvrages précieux, à tous les titres, sur l'histoire, la géographie, les voyages, la biographie et la bibliographie. Les cartes, collections d'estampes et plans, sans être nombreuses, n'en sont pas moins curieuses et importantes, puisqu'en grande partie elles sont relatives à l'Algérie.

Le Musée, commencé en même temps que la Bibliothèque, et ouvert au public aux mêmes jours, a grandi et s'est développé successivement ; il se divise en plusieurs sections : minéralogie, fossiles, inscriptions, statues, médailles et échantillons divers. La minéralogie offre plus de douze cents échantillons apportés des divers points de l'Algérie. Le nombre des fossiles est peu considérable ; on y remarque des dents d'éléphant, trouvées dans la marne marine de Douéra, et des impressions de poissons provenant de la province d'Oran. Les inscriptions sont de deux genres : les unes, et ce sont les plus nombreuses, appartiennent à l'époque de la domination romaine, la plupart votives ou tumulaires ; les autres sont arabes et turques, et, comme les premières, fort intéressantes pour l'histoire du pays.

Parmi les statues et fragments de statues, provenant de tous les points de l'Algérie, on remarque un Neptune, une Vénus, un Bacchus et un hermaphrodite trouvés dans des fouilles à Cherchel, un tombeau à bas-relief, trouvé à Dellîs ; puis, dans un autre ordre d'antiquités, des fragments de mosaïques, des moulins, et une sella balnearis, des lampes, des lacrymatoires, de petits ustensiles en bronze, en terre, des pots, des plats, des briques et des tuiles romaines.

Les médailles, dont la collection assez nombreuse augmente de jour en jour, appartiennent généralement au bas empire. Une suite de monnaies arabes ne comprend encore que quelques anciennes pièces du Mar'reb, dont plusieurs en or, en argent ou en cuivre, remontent aux khalifes fatimites ; des monnaies indigènes frappées à diverses époques dans les différentes villes de l'Algérie ; des monnaies africaines ou européennes, qui avaient cours en Algérie. Le Musée possède également la collection à peu près complète de la monnaie dite chkôthi, dont la compagnie française de la Cale se servait dans ses transactions avec les indigènes. Fait avec des piastres d'Espagne, que l'on coupait à différents poids, le chkôthi correspondait identiquement à la valeur du rïal-boudjou et de ses subdivisions, dans les différentes provinces de l'Algérie.

Fondé dans le double but de réunir et de conserver les objets d'art antique épars en Algérie, ainsi que les documents qui sont de nature à jeter quelque jour sur les questions scientifiques et historiques ayant trait à ce pays, le Musée renferme des collections en tous genres, précieuses pour l'art, pour l'histoire et pour la science. Il pourra devenir un jour un établissement fort important et fort utile. Les dons des particuliers contribueront, sans aucun doute, à lui faire atteindre ce but si désirable sous tous les rapports, et c'est ici le cas de déplorer l'envoi fait dans le temps, à Paris, d'antiquités provenant, en grande partie, de la province de Constantine, pour former le noyau d'un musée algérien. Des inscriptions puniques, latines et arabes, des lampes en bronze, des fragments de statues, les admirables bustes de Ptolémée et de Juba, et surtout la belle et complète mosaïque de Constantine, figurent dans ce musée ouvert quelque temps au public, dans un long et froid corridor du Louvre, et fermé aujourd'hui.

La Bibliothèque et le Musée sont installés, comme on l'a dit plus haut, rue des Lotophages, dans une maison mauresque; mais cette maison vaut, à elle seule, la peine d'être vue et étudiée en détail; le marbre, les carreaux faïencés, le bois sculpté et peint, sont autant de motifs d'une ornementation riche et élégante. On recommandera surtout aux visiteurs le plafond de la salle de lecture.

Sous le titre de *Livret de la Bibliothèque et du Musée d'Alger*, M. A. Berbrugger a publié un catalogue descriptif des richesses que renferment ces deux établissements.

Le théâtre.

Les Algériens ne connaissaient point d'autre théâtre que celui de *Garagousse*, le soir, pendant le mois du ramadan. Ce spectacle était une espèce d'ombres chinoises, ayant pour public des vieillards, des jeunes gens et surtout des enfants. M Théophile Gauthier, dans son voyage à Constantinople, rend compte d'une représentation de Garagousse qui, à Tophani comme dans la rue de la Kasba, est identiquement le même impudique personnage. « La cour (à Alger l'intérieur voûté et enfumé d'un café) était remplie de monde. Les enfants et surtout les petites filles de huit à neuf ans abondaient; de leurs beaux yeux étonnés et ravis, épanouis comme des fleurs noires, elles regardaient Karagheus se livrant à ses saturnales d'impuretés et souillant tout de ses monstrueux caprices. Chaque prouesse érotique arrachait à ces petits anges naïvement corrompus, des éclats de rire argentins et des battements de mains à n'en pas finir; la pruderie moderne ne souffrirait pas qu'on essayât de rendre compte de ces folles atellanes, où les scènes lascives d'Aristophane se combinent avec les songes drôlatiques de Rabelais; figurez-vous l'antique dieu des jardins habillé en Turc et lâché à travers les harems, les bazars, les marchés d'esclaves, les cafés, dans les mille imbroglios de la vie orientale, et tourbillonnant au milieu de ses victimes, impudent, cynique et joyeusement féroce. On ne saurait pousser plus loin le dévergondage d'imagination obscène.... » Mais ce que M. T. Gauthier n'a pu voir à Constantinople, c'est qu'à Alger, dans l'une des scènes de cette monstrueuse farce, Garagousse, et cela après 1830, luttait contre plusieurs soldats français et les envoyait à la potence, après les avoir vaincus à sa manière. Le scandale de cet étrange spectacle dura jusqu'en 1843. Les ombres chinoises disparurent enfin par ordre de la police. Ce Garagousse ou mieux Karakouche, oiseau noir, n'est autre que Bohha-ed-din, gouverneur du Kaire sous Salah-ed-din; il avait fait démolir des mosquées et des tombeaux pour élever une citadelle sur leur emplacement, et les habi-

ALGER. — LE THÉÂTRE.

tants se vengèrent en lui donnant ce nom de Kara-Kouche et en le faisant le bouc émissaire de toutes les lubricités si communes dans la vie orientale.

Aussitôt après la prise d'Alger on songea à construire un théâtre; mais provisoirement on appropria pour cet usage une maison mauresque de la rue de l'État-major. C'est sur ce théâtre que pendant plusieurs années, sous l'habile direction du bon et intelligent Honoré Curet, on joua des vaudevilles, des comédies, des drames, et on chanta l'opéra français et italien; par exemple, il arrivait quelquefois que l'orchestre se trouvait réduit à cinq ou six musiciens : la raison en était le départ des colonnes expéditionnaires, et forcément, des musiciens militaires engagés au théâtre pendant les loisirs de la garnison.

Plus tard, on construisit un second théâtre sur la place du Gouvernement, *le théâtre de Mayeux*, qui a disparu dans l'incendie de la Djenina en 1845. C'était un long boyau, avec un orchestre et un parterre autour desquels couraient des galeries au rez-de-chaussée et au premier étage; des vaudevilles en un acte étaient joués sur ce théâtre par des artistes dont quelques vieux Algériens français peuvent se rappeler encore la célébrité. N'oublions pas *le théâtre de la Bosa*, qui fleurissait de 1846 à 1848. Si son audacieux directeur, le danseur Laurençon, n'y put faire fortune, ce ne fut certainement pas faute du feu sacré et du diable au corps que doit posséder tout directeur-auteur-acteur. Laurençon, pour donner une idée de sa prodigieuse et incroyable activité, fit jouer sur le théâtre de la Bosa, dont la scène avait 12 pieds carrés, le *Naufrage de la Méduse*, cette grande machine pour laquelle la vaste scène de l'Ambigu était à peine suffisante. Mais le *Naufrage de la Méduse* fut le naufrage de Laurençon, auquel jusqu'alors rien n'avait semblé impossible. C'est à la Bosa, transformée en club, en 1848, que le comte de Raousset Boulbon préludait à ses exploits futurs. Ce gentilhomme si chevaleresque, si accompli, devait, à quelques années de là, jouer un terrible rôle dans la tragédie de la Sonora!

Le cirque Audibrand, élevé en planches sur l'esplanade Bab-el-Oued, en 1847, était encore un des théâtres d'Alger, mais, pas plus que *le cirque Desormes*, qui l'avait précédé d'une dizaine d'années, il n'eut chance de réussite; quel intérêt pouvait offrir, dans le pays de la Fantasia, le galop éternellement concentrique de chevaux éreintés et poussifs, surmontés de maillots plus ou moins sales et rembourrés? que pouvaient signifier ces pantomimes militaires, ces coups de fusil pour rire, dans cette Algérie où l'air vibrait de véritables coups de fusil? Le cirque bientôt fermé fut transformé plus tard, comme le théâtre de la Bosa, en club; puis ses planches firent place aux constructions de l'arsenal de l'artillerie. *La salle Gambini*, au faubourg Bab-Azzoun, servait de salle de concert; Oll-Bull et Émile Prudent, ces deux grands artistes, y ont joué dans le vide. Nous mentionnons enfin *les cafés chantants de la Perle* et *Germain*, de tumultueuse mémoire. Le café de la Perle a seul survécu, et a transporté son orchestre, ses chanteurs et son public, du passage Duchassaing à la rue de la Flèche.

Cependant Alger grandissait; sa population augmentait, et on fit enfin construire un théâtre en rapport avec la ville et la population. Il a été élevé sur la place Bresson, par MM. Chassériau et Ponsard; sa façade est de 30 mèt., elle est décorée d'un portique percé de 7 ouvertures; des colonnes, des mascarons, des statues ornent cette façade ; deux foyers, dont un est réservé aux fumeurs, ont vue sur la mer ; quant à la disposition de la salle qui contenait primitivement 1119 places, elle a été récemment remaniée par MM. Dumay et Bullot, et contient 1534 places; la décoration, de Cambon, est gris clair et or avec des draperies rouges ; l'éclairage au gaz est insuffisant. Le théâtre d'Alger est subventionné; on y joue l'opéra, le drame et la comédie. Le théâtre de la rue de l'État-major a été transformé en école dirigée par les frères de la doctrine chrétienne.

Les fontaines.

L'aménagement des eaux, leur distribution, ainsi qu'un bon système d'égouts, étaient des conditions essentielles d'hygiène et de salubrité, dans les centres de population en Algérie; les Romains y ont laissé de nombreux vestiges de leurs constructions gigantesques, notamment des aqueducs et des citernes qui ont pu être rendus par nous à leur destination primitive. Les indigènes qui, d'ailleurs, construisaient peu d'ouvrages importants, ont utilisé, autant que possible, les eaux des sources voisines des centres d'habitation; aussi existe-t-il, en Algérie, un très-grand nombre de fontaines et d'abreuvoirs de construction arabe.

Les quatre acqueducs amenant l'eau dans les fontaines d'Alger étaient, avant 1830 et sont encore : à 5 kil., l'aqueduc du Hamma, dont la source est près du café des Platanes, entrant dans Alger par Bab-Azzoun; c'est celui qui fut construit en 1622 par Sta-Moussa, le Maure andalous, janissaire de la caserne qui portait son nom, maintenant caserne Lemercier; l'aqueduc de Telemli, à Moustafa supérieur, entrant par la Porte-Neuve, après un parcours de 2 kil.; l'aqueduc d'Aïn-Zeboudja, dont la source est à 19 kil. aux environs de Ben-Aknoun, entrant dans la Kasba par les Tagarins, et l'aqueduc de Birtraria, amenant les eaux de la vallée du fort l'Empereur et entrant par Bab-el-Oued.

Mais tous ces aqueducs, tels que les Maures nous les avaient laissés, étaient mal tracés et mal construits; au lieu d'avoir une pente continuellement descendante, de leur source jusqu'à la ville, ils offraient, dans plusieurs parties, des contrepentes, qui faisaient perdre à l'eau de la vitesse qu'elle avait acquise, et diminuaient ainsi le volume total débité. Les parties de ces aqueducs, construites en souterrain, étaient en général d'une exécution défectueuse; les terres, mal soutenues, étaient sujettes à s'ébouler, ce qui engorgeait les canaux et arrêtait le cours de l'eau; puis, autres inconvénients, les parties de ces aqueducs en tuyaux de poterie et traversant Alger, suffisantes pour la ville arabe, rompaient sous le poids de nos voitures. L'aqueduc d'Aïn-Zeboudja, par suite de nos travaux de route nécessités pour le passage de notre armée, le siége et la prise du

ALGER. — LES FONTAINES.

fort l'Empereur, ne fonctionnait plus.

Tous ces aqueducs ont été restaurés ou reconstruits en totalité; leur parcours et leur pente ont été rectifiés, des tuyaux en fonte substitués aux tuyaux en poterie, et enfin, comme il arrivait souvent qu'après des pluies abondantes, les eaux étaient troublées et un peu terreuses, des filtres ont été établis à chaque source, pour que ces eaux soient continuellement dans un état de pureté et de limpidité parfaites.

Les quatre aqueducs d'Alger, et trois autres conduites moins importantes, fournissent un débit journalier de cinq millions et demi de litres d'eau alimentant près de cent fontaines et des établissements publics et particuliers.

Les bornes-fontaines laissant couler l'eau pour l'arrosage, à certaines heures et au moyen d'une clef, sont, comme le gaz, connues à Alger. Les fontaines monumentales, si on peut leur donner ce nom, sont fort rares; on compte celles de la place de Chartres, de la grande Mosquée à l'extérieur, de la place du Gouvernement; toutes ont été décrites plus haut; les quelques belles vasques en marbre sculpté, du jardin Marengo, sont mauresques; leur appropriation seule est française. Les fontaines mauresques finiront par disparaître, mais on peut encore en étudier les différents types dans les anciennes casernes de la rue Médée, de la rue Bab-Azzoun, de la rue Makaroun, et dans la grande Mosquée à l'intérieur, où elles sont abritées par une coupole retombant sur quatre colonnes; dans les rues de la ville haute, où elles sont adossées contre les maisons, dans un enfoncement dessi- nant une arcature, et à la marine, près du pavillon de l'amirauté, ces dernières ornées de marbre et de faïences. La belle fontaine adossée à la douane, surmontée de son auvent peint en vert et rouge, était le type du genre; on l'a malheureusement détruite, comme bien d'autres. Nous citerons enfin les fontaines-abreuvoirs des Tagarins et de Bab-el-Oued. On en rencontre souvent de semblables aux environs d'Alger.

Établissements d'instruction publique.

Alger possède une académie; une société historique algérienne publiant, tous les deux mois, un bulletin de ses travaux, sous le titre de *Revue africaine*; une école préparatoire de médecine et de pharmacie, à l'hôpital du dey; une chaire pour la langue arabe, professée dans une des salles de la bibliothèque, par M. Bresnier, et un cours de mécanique appliquée, professé par M. Simon, à la bibliothèque également; un lycée, rue Bab-Azzoun; un collége arabe-français, place d'Isly; des écoles françaises communales et privées pour garçons et filles; des écoles maures-françaises et israélites-françaises pour garçons et filles également; une école de dessin dirigée par M. Bransoulié, rue du Lézard.

Établissements et sociétés de bienfaisance.

L'hôpital civil, à Moustafa inférieur, contenant près de 500 lits; *le dépôt des ouvriers*, au faubourg Bab-Azzoun, où les ouvriers et les colons sans destination et sans travail, trouvent, à leur arrivée de France, un refuge, des aliments et de l'ouvrage, en attendant leur placement; *le bureau de bienfaisance; les maisons des sœurs de Saint-Vincent de Paul, des sœurs de Saint-Joseph, des sœurs de l'Espérance, des dames du Bon-Pasteur; les sociétés de Saint-Vincent de Paul, de Saint-François-Régis; le comité des secours pour les protestants; la loge maçonnique de Bélisaire; le mont-de-piété*, dont le taux est de douze pour cent, et enfin *une caisse d'épargne*.

Industrie.

Un peuple qui n'avait avec les autres que de rares communications, qui demeurait systématiquement étranger aux sciences et aux arts jadis cultivés par lui avec tant d'éclat, dont le gouvernement, par sa nature propre aussi bien que par les ressources qui le faisaient vivre, devait demeurer isolé au milieu des États qu'il mettait à rançon, ne pouvait jouir d'une grande prospérité commerciale et industrielle. La race turque, à qui appartenait le pouvoir, ne manifestait pas, sur ces côtes, plus de tendance au progrès que partout ailleurs; les Arabes divisés, travaillés par des querelles intestines, rendus, depuis plusieurs siècles, aux habitudes de la vie agricole et pastorale, n'étaient point conviés par leurs maîtres à prendre part au mouvement des nations européennes. Dans un tel état des sociétés africaines, leurs rapports avec les peuples étrangers étaient nécessairement fort limités, et parmi les produits qu'ils empruntaient aux autres pays, on pouvait presque compter au premier rang les instruments de guerre et les moyens de destruction.

L'industrie était dans l'enfance, et à peu près au niveau des besoins auxquels elle devait pourvoir. Sauf la fabrication des étoffes de laine destinées aux burnous, aux haïks, que tissent les femmes arabes sous la tente, l'industrie manufacturière était renfermée dans les villes. Plusieurs localités étaient renommées pour la bonté de leurs étoffes appropriées aux usages du pays. La fabrication des tissus de soie, des tapis, des mousselines brodées d'or ou d'argent, du maroquin, des broderies plus ou moins riches pour les vêtements ou pour le harnachement des chevaux, tels étaient, avec les professions qui s'appliquent aux constructions, au travail des métaux et aux besoins de la vie civile ou de la guerre, les objets de l'industrie dans l'ancienne Régence. Dans les villes que nous occupons, quelques-unes de ces fabrications ont décliné, d'autres se sont perfectionnées par l'imitation.

Il existait dans ces villes un certain nombre de fondouks et de bazars, où les producteurs de l'intérieur et les marchands de produits indigènes ou exotiques vendaient à tout venant. Le trafic des marchandises de toute nature se faisait par les Maures et les juifs, dans des boutiques étroites et basses, où le marchand, nonchalamment assis à côté de son maigre étalage, semblait craindre de montrer ce qu'il avait à vendre, tant il était dangereux de paraître posséder beaucoup. Quelques Maures, qui venaient acheter en Europe, revendaient aux détaillants les marchandises qu'ils avaient importées. Les juifs, courtiers habituels de toutes les affaires d'argent, intermédiaires de presque toutes les transactions, travaillaient à peu près seuls les métaux précieux. Il est peut-être

ALGER. — INDUSTRIE.

inutile de dire que les achats et ventes se faisaient toujours au comptant, que le crédit était inconnu aussi bien que les valeurs représentatives du numéraire; mais les juifs, par leurs rapports avec leurs coreligionnaires d'Italie et de France, pouvaient et savaient en user.

Les professions manuelles étaient divisées par classes, entre diverses corporations ou associations homogènes, tout comme dans notre France féodale, et des rues ou parties de rue portaient aussi le nom des professions qui y étaient exercées. Chaque corporation avait à sa tête un chef nommé *Amin*. On comptait à Alger les corporations des maçons, des chaufourniers, des tailleurs, des passementiers, des brodeurs, des selliers, des fabricants de crosses, des armuriers, des chaudronniers, des étameurs, des forgerons, des tanneurs, des cordonniers, des fabricants de pantoufles, des fabricants de bâts, des teinturiers, des menuisiers, des tourneurs, des potiers, des épiciers, des parfumeurs, des barbiers, des fabricants de nattes, des pêcheurs, etc. Tous ces métiers appartenaient aux *Maures*. Venaient ensuite les corporations de Berranis ou gens du dehors : les *Mzabi*, bouchers, meuniers, âniers, baigneurs; les *Biskri*, bateliers, portefaix, porteurs d'eau; les *Nègres* (ousfan), manœuvres et chargés du blanchiment des maisons; les *Kabiles*, journaliers, jardiniers, cultivateurs; les *Mziti*, mesureurs de blé à la Rahbah; les *Lar'ouati*, porteurs et mesureurs d'huile. Les *juifs* étaient orfèvres, bijoutiers, changeurs, et frappaient la monnaie d'or, d'argent, d'alliage et de cuivre, pour le compte du gouvernement, dans les bâtiments de la Djenina d'abord, et plus tard de la Kasba.

Par suite des modifications inévitables que cette distribution consacrée du travail a dû subir, et du mélange, parmi les professions diverses, d'Européens de presque toutes les nations, les corporations des Berranis ont seules été consacrées par des règlements plus récents, parce que c'était le seul moyen de contrôler une population étrangère à la ville d'Alger et sans cesse renouvelée. Quant aux autres corporations, la survenance et l'accroissement de la population européenne leur ont porté nécessairement dommage. La concurrence entre les indigènes et les Européens ne pouvait exister. Quelques petites boutiques occupées par des brodeurs, des tailleurs, des cordonniers, des épiciers, des marchands de tabac et des cafetiers, voilà tout ce qui reste du commerce algérien. Nous ne parlons pas ici des quelques Maures et juifs installés dans les bazars, et vendant, sous la dénomination d'articles indigènes, beaucoup plus de marchandises françaises que de marchandises importées de l'Algérie, de la Tunisie ou du Maroc.

Voir l'introduction pour le commerce des Européens.

Exposition permanente des produits de l'Algérie.

L'exposition est ouverte les jeudis et les dimanches, rue Bab-Azzoun, dans l'ancienne caserne des Tourneurs, occupée en dernier lieu par l'hôpital civil. Un catalogue comprenant près de 4000 numéros se vend 0,25 c. dans le local même.

M. le chef de bataillon Loche est le directeur de l'exposition permanente d'Alger qui, comme celle de Paris, au palais de l'Industrie, offre à l'étude des colons et des étrangers une collection complète de tous les produits du pays, en minéraux, végétaux et objets manufacturés. A ces utiles échantillons, M. Loche a joint une très-belle collection d'histoire naturelle.

Voici comment sont classés les échantillons : 1re SECTION. *Règne minéral*, 866 échantillons, n°s 1 à 866.— 2e SECTION. *Règne végétal* : § I. Bois, 311 éch., n°s 867 à 1177. — § II. Liéges, 59 éch., n°s 1178 à 1236. — § III. Céréales, 118 éch. n°s 1237 à 1354. — § IV. Plantes, graines, fruits alimentaires, 112 éch., n°s 1355 à 1466.— § V. Graines oléagineuses, 25 éch., n°s 1467 à 1491.— § VI. Plantes fourragères, 10 éch., n°s 1492 à 1501.— § VII. Plantes tinctoriales, 45 éch., n°s 1502 à 1546.— § VIII. Plantes textiles, 147 éch., n°s 1547 à 1693.— § IX. Plantes diverses, 18 éch., n°s 1694 à 1711.— § X. Tabacs, 104 éch., n°s 1712 à 1815.— § XI. Sucs et produits végétaux, 93 éch., n°s 1816 à 1909. — 3e SECTION. *Règne animal*.— § XII. Produits et dépouilles d'animaux, 94 éch., n°s 1910 à 2003.— § XIII. Teintures animales, 8 éch., n°s 2004 à 2012.— 4e SECTION. — § XIV. Armes, 78 éch., n°s 2013 à 2090.— § XV. Bijoux, 31 éch. n°s 2091 à 2121.— § XVI. Sellerie, équipements de cavalerie, 38 éch., n°s 2122 à 2159.— § XVII. Chaussures, 26 éch., n°s 2160 à 2185. — § XVIII. Vêtements, 72 éch., n°s 2186 à 2257. — § XIX. Tapisseries, tissus, laines ouvrées, 132 éch., n°s 2258 à 2389.— § XX. Instruments aratoires et autres, 25 éch., n°s 2390 à 2414. — § XXI. Ustensiles de ménage, 93 éch., n°s 2415 à 2507.— § XXII. Poteries, 133 éch., n°s 2506 à 2640. — § XXIII. Sparteries, 90 éch., n°s 2641 à 2730. — § XXIV. Objets divers, 91 éch., n°s 2731 à 2821.— *Histoire naturelle* : Mammifères, 69 éch.; Oiseaux, 357 éch.; Œufs, 357 éch.

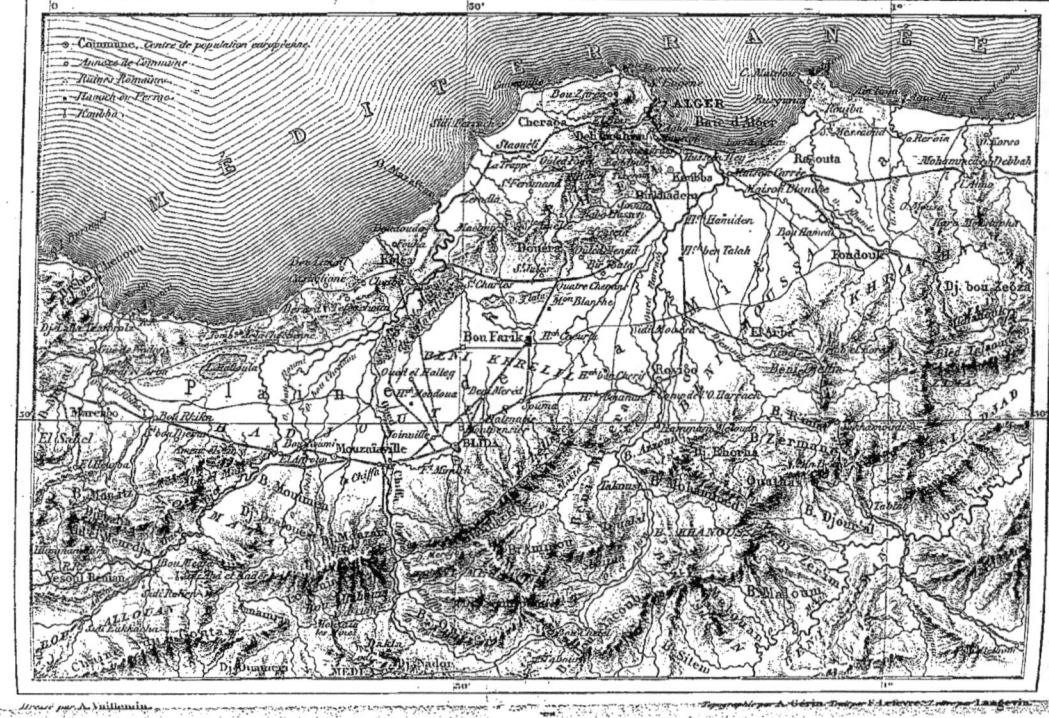

ENVIRONS D'ALGER.

D'Alger à la pointe Pescade: Le jardin du Dey; le fort des Anglais; Saint-Eugène; la pointe Pescade. — *D'Alger au Frais-Vallon*: Le Frais-Vallon; Aïoun-Skhrakna (eaux minérales). — *D'Alger au Bou-Zaréa*. — *D'Alger à El-Biar*: Le fort l'Empereur; El-Biar; le café d'Hydra. — *D'Alger à Sidi-Ferruch*: Cheraga; Aïn-Benian; la Trappe; Staouéli; Sidi-Ferruch. — *D'Alger à Birkhadem*: Moustafa supérieur; la colonne Voirol; Birmandraïs; Birkhadem. — *D'Alger à Koubba*: L'Agha; Moustafa inférieur; le Jardin d'essai; le Ruisseau; Koubba. — *D'Alger à Matifou*: Husseïn dey; la Maison-Carrée; le fort de l'Eau; la Rassauta; Rusgunia; Matifou.

« Tous les environs d'Alger, a dit un voyageur, sont enchanteurs. La côte de Provence, parsemée de ces gracieuses bastides qui font les délices de la vie et le charme de la vue, semble reproduite ici; on dirait que la nature a voulu en donner la copie de l'autre côté de la mer et renfermer la Méditerranée entre deux rives éclatantes de fraîcheur et de beauté; avec cette différence, que le soleil d'Afrique plus chaud, plus ardent, imprime à ces rivages plus d'énergie et de fécondité.... Il y a huit à dix lieues de promenades charmantes autour d'Alger, à cheval ou en voiture; on parcourt tantôt des allées de parc, tantôt de ces belles routes de la Suisse, tracées au milieu de beautés sauvages et escarpées; et, çà et là, la mer toujours majestueuse, azurée et dont les yeux et l'imagination ne se lassent jamais.... » Les environs d'Alger sont généralement desservis par des omnibus ou corricolos qui, pour quelques centimes, transportent le voyageur dans un rayon de 4 à 8 kilomètres. On trouvera des voitures à volonté pour les excursions plus lointaines. Quant au promeneur à pied, il pourra, hardiment et sans se perdre, visiter au hasard une foule de points, en allant à travers les vieilles voies romaines et les anciens sentiers arabes inconnus des voitures.

D'ALGER A LA POINTE PESCADE.

Omnibus à la place Bab-el-Oued: Saint-Eugène, 30 c.; Pointe Pescade, 40 c.

Les premiers Européens venus à Alger peuvent se rappeler le *cimetière chrétien*, situé entre la mer et les fours à chaux, au pied des fortifications actuelles, entouré d'un petit mur et d'une haie d'aloès, dont l'emplacement avait été payé par un père capucin, confesseur de don Juan d'Autriche, avec le prix de la rançon que lui avait envoyé son impérial pénitent. La vague a fini par ronger le cimetière, et l'ingratitude des hommes a oublié le nom du capucin qui sacrifia sa liberté pour le repos, dans une terre bénie, des esclaves, jusqu'alors jetés à la mer, quand ils mouraient. Haëdo nous apprend que, sous Hassen-ben-Kheïr-ed-din, il fut permis aux chrétiens d'avoir un cimetière à

Bab-el-Oued et un autre à Bab-Azzoun, probablement à l'époque où ce pacha régnait pour la troisième fois à Alger, c'est-à-dire de 1563 à 1567 (970 à 976 hég.).

Des cabarets, des fours à chaux, quelques usines, des cabanes de pêcheurs, des barques tirées sur la grève, bordent la route en avant et en arrière de l'oued qui a donné son nom au faubourg ouest d'Alger; c'est entre ce faubourg et le Jardin du Dey, que se trouve la cité Bugeaud, adossée aux dernières pentes du Bou-Zaréa et non loin des carrières dont les pierres ont servi, en grande partie, à l'enrochement des jetées du nouveau port d'Alger.

Le Jardin du Dey et ses bâtiments ont été créés par Baba-Hassen, qui régnait de 1791 à 1799. Les constructions connues sous le nom de *Salpêtrière*, en avant et sur le bord de la mer, ont été terminées par M. Schultz, consul de Suède, en 1815 (1230 hég.), sous le deylik de El-Hadj-Ali-Amaciali. La maison de plaisance et la maison de la poudre, *Dar-el-Baroud* ou salpêtrière, servent aujourd'hui d'hôpital militaire. Là où se sont promenées les beautés captives d'un harem, se promènent plus prosaïquement, en capote et en bonnet de coton, les malades ou convalescents appartenant à l'armée ou à l'administration civile; là où se raffinaient le salpêtre et le charbon, se confectionnent les tisanes et les emplâtres. C'est à côté de la salpêtrière que plongent les câbles du télégraphe électrique sous-marin, pour les communications directes entre l'Algérie et la France.

Après la salpêtrière, la koubba perchée sur un rocher schisteux que la route a taillé à pic, est celle de *Sidi-Yacoub*, un de ces santons idiots si communs dans les pays musulmans, santons parce qu'ils sont idiots et auxquels tout est permis, y compris certains droits dont les maris sont si jaloux dans tous les pays, et dont l'usurpation est alors regardée par les musulmans comme une faveur inespérée, une bénédiction du ciel.

Les *fontaines des Génies* sont situées en face de la koubba, sur le bord de la mer; on a décrit dans l'introduction le spectacle curieux qu'offre cet endroit, le mercredi de chaque semaine. Au delà, on voit une ancienne batterie turque, transformée en cabaret.

Le fort des Anglais, s'avançant sur une des nombreuses pointes rocheuses qui forment, d'Alger à Mers-ed-Debban, une série de petites anses, s'appelle en arabe *Bordj Kalet el-Foul*, fort du champ des fèves, et encore *Bordj Ali-Paha*. Il fut bâti sur la fin du règne d'Husseïn, 1580 (988 hég.), par le corsaire Djafar qui lui succéda la même année. Plus tard, le fort fut réparé par El-Hadj-Ali-Agha, sous le pachalik d'Ismaël, ainsi que le constate une inscription portant le nom d'Ali et le millésime de 1079 de l'hégire, qui correspond à l'année chrétienne 1770. Ce fortin, qui ne saurait offrir une sérieuse résistance, sert de caserne à quelques hommes de l'infanterie.

Le cimetière européen est en face du fort des Anglais.

3 kil. Saint-Eugène; *Restaurant du pont suspendu*. Le village de Saint-Eugène, annexé à la commune d'Alger le 31 janv. 1848, est une agglomération de jolies villas entourées de jardins et s'éparpillant de la vallée des Consuls à la mer; c'est le Moustafa de l'O. d'Alger. A

partir de Saint-Eugène, la route, parallèle à la mer, monte et descend jusqu'à la pointe Pescade, laissant à g. les haies de joncs, de roseaux, d'aloès, de cactus, d'oliviers et de lentisques servant de clôture à des propriétés isolées, et à droite des terrains vagues, pelés, plantés d'arbres rares que le vent a courbés d'une singulière façon.

6 kil. *La pointe Pescade* ou *Mersed-Debban* (le port des mouches), forme, comme Saint-Eugène, depuis le 31 janv. 1848, une annexe d'Alger. Le bordj qui couronne la pointe Pescade, a été bâti en 1671 (1081 hég.) par El-Hadj-Ali-Agha, le même qui construisit le fort des Anglais. Ce fut, dit la chronique, à l'occasion d'une galère chrétienne qui, jetée à la côte en cet endroit, remit en mer devant les Algériens. Le bordj, dont la petite garnison comptait 15 janissaires, a été restauré en 1724 (1136 hég.) et en 1732 (1145 hég.), en vue de faire face aux attaques des Européens, sans cesse insultés, malgré le renouvellement des traités de paix. C'est à la pointe Pescade qu'on fit, dans les premiers temps de l'occupation, des essais de marais salants. De la pointe Pescade part un aqueduc jaugeant, par 24 h., 300 mèt. cubes d'eau, destiné à alimenter les fontaines, bassins et abreuvoirs de la route. On ne quitte pas cette localité sans rendre une visite au cafetier maure, dont la petite maison, blanchie à la chaux, est abritée du soleil par une vigne, des figuiers et un treillis en roseau. Là, tout en savourant un épais café, la vue se porte soit sur le Bou-Zaréa, soit sur l'immense horizon de la bleue Méditerranée.

Les cavaliers et les piétons peuvent pousser plus loin l'excursion et s'enfoncer dans les gorges si pittoresques de *Radjel-Affroun*, formées par les contre-forts boisés du Bou-Zaréa.

D'ALGER AU FRAIS-VALLON.

3 kil. La moitié du parcours peut se faire en omnibus, jusqu'à la poudrière.

« Lorsqu'au sortir de la porte de l'Oued, on est arrivé, par la route du faubourg, jusqu'au grand ravin au milieu duquel s'efforce de naître la cité Bugeaud, tournant brusquement le dos à la mer, on a en face de soi la poudrière. De la base du mamelon qu'elle couronne, et de chaque côté, un chemin aux contours multipliés s'élève dans le massif du Bou-Zaréa. On ne quitte pas la rampe Est, la moins escarpée et la plus courte aussi des deux : elle conduit, en quelques minutes, à l'entrée du *Frais-Vallon*. A partir de ce point, la scissure de la montagne se resserre entre deux berges de plus en plus escarpées, retraite ombreuse et paisible, toujours abritée, comme l'indique son nom, des ardeurs du soleil. Un ancien sentier arabe, rendu carrossable par de récents terrassements, sans que la hache et la pioche en aient trop mutilé la voûte verdoyante, sillonne à mi-côte le flanc gauche de ce coin de nature suisse, qu'on dirait avoir été transporté, d'un seul bloc, des Alpes au fond d'une anfractuosité du Sahel. Bientôt, à 2300 mèt. d'Alger, la voie s'abaisse et s'arrête brusquement, dans un défilé si étroit, que la place semble avoir manqué pour continuer le déblai. Un café indigène, de construction mauresque, avec une fontaine à ses pieds, borde l'oued, presque à sec l'été, et qui gronde, l'hiver, en franchissant la cascade, au devant d'un moulin. Trois arêtes montagneuses, séparées par d'abrupts ravins, bornent tout à coup l'horizon. Un sentier sinueux escalade perpendiculairement le versant, derrière l'usine. Après une ascension de quelques minutes, se présente l'entrée d'une petite villa arabe. C'est l'avenue directe et naturelle d'Aïoun-Sr'ak'hna. Au bout d'un jardin couvert d'orangers, de grenadiers, de figuiers et d'amandiers, sourdent plusieurs sources d'eau commune, filtrant librement à travers le gazon et le sable, ou encaissées dans des bassins. L'une d'elles, renfermée dans une petite koubba, d'où elle coule dans un puisard, se distingue par son isolement particulier, et l'espèce de préférence qui lui a été visiblement accordée. La koubba est celle du Sidi-Medjber et mieux Djebbar, marabout vénéré des musulmans d'Alger. Une tradition, encore conservée, recommande aux femmes divorcées qui veulent retrouver un mari, de faire trois voyages à cet endroit privilégié. Le résultat, assure la légende, n'a jamais déçu le vœu des pèlerines. Les eaux de la source de Sidi-Medjber sont ferrugineuses, alcalines, carbonatées; sont-elles les restes actuels d'anciennes éruptions refroidies par le temps ou déviées par les convulsions géologiques du Bou-Zaréa? Sans se prononcer témérairement pour l'affirmative, on admettra volontiers peut-être que les propriétés martiales, toniques de ces sources, entraient pour beaucoup dans les bénéfices conférés, par la merveilleuse fontaine, aux veuves bientôt consolées et en quête de nouveaux hymens. La source d'Aïoun-Sr'akhna, par son heureuse composition et par sa proximité urbaine, offre désormais à la ville d'Alger les bienfaits d'un agent précieux, au double point de vue de l'hygiène et de la médecine. Comme moyen hygiénique, elle fournit une eau potable que nous appellerons de luxe. Comme moyen médical, elle constitue une richesse, ne fût-ce que locale, richesse ambitionnée par toutes les villes et qui doit contribuer à l'agrément et à la prospérité de la capitale de l'Algérie. Il est à désirer que l'exploitation de cette source soit bientôt autorisée et réglementée. » (A. Bertherand.)

D'ALGER AU BOU-ZARÉA.

Omnibus, 1 fr. 10 c. la place. Mulets à Bab-el-Oued : 4 fr. pour la journée; 2 fr. 50 c. pour la demi-journée; 1 fr. pour la course de une heure et demie.

La route passe devant les fours à chaux de Bab-el-Oued, la cité Bugeaud et les carrières de calcaire bleu, dont les blocs ont été employés pour les travaux du port d'Alger. Au pied de la poudrière, la route se divise, allant à gauche au *Frais-Vallon*, et continuant à droite, par une montée rapide d'abord, à *Bir-Semmam*, et enfin au Bou-Zaréa.

6 kil., le **Bou-Zaréa**, le père de la semence, l'endroit fertile, v. de 1600 âmes, annexé à la commune d'Alger, le 31 janv. 1848. Sa position sur une montagne du même nom, élevée de 400 mèt., en fait le vrai belvédère des environs d'Alger; de quelque côté qu'on se porte, la vue s'étend sur une suite de magnifiques panoramas.

On peut visiter à 1 kil. au-dessus

du village la petite mosquée de Sidi Nouman et les koubbas ombragées par des palmiers nains.

La chapelle de Notre-Dame d'Afrique domine la route par laquelle on peut revenir à Alger, dite route de la *Vallée des Consuls*, parce que de ce côté, au-dessus de Saint-Eugène, les consuls de France, d'Angleterre et des États-Unis y avaient leurs maisons de campagne. L'ancien consulat de France est affecté à la résidence d'été de Mgr l'évêque; un petit séminaire y est installé.

D'ALGER A EL-BIAR.

Omnibus : d'Alger au commencement d'El-Biar, 75 c.; d'Alger au Bivac des Indigènes, 60 c.

Deux rampes conduisent du bas d'Alger à la porte du Sahel, où commence la route d'El-Biar. L'une, du côté de Bab-el-Oued, dite rue Valée (gouverneur de l'Algérie d'oct. 1837 à déc. 1840), suit le contour du jardin Marengo à g., laissant à dr. les ateliers du génie, la koubba de Sidi-Saâd, et la prison civile. La route traverse ensuite la Kasba, puis passe devant une fontaine mauresque et le quartier d'artillerie élevé sur l'emplacement des anciennes écuries du dey, à l'endroit dit *les Tagarins*, nom d'émigrés andalous. C'est là qu'aboutit l'autre rampe, dite rue Rovigo (gouverneur de l'Algérie de déc. 1831 à mars 1833); elle commence après le théâtre et monte en corniche, à partir de sa rencontre avec la rue d'Isly, à l'endroit où était la koubba de Sidi-Ali-Zouaoui, dont la fontaine, encore existante, possédait des eaux merveilleuses pour toutes les guérisons; cette fontaine n'est fréquentée aujourd'hui que par les lavandières européennes.

Quand on a franchi la porte du Sahel, on laisse à dr. l'emplacement sur lequel s'élevait le *fort de l'Étoile*, bâti en 1568 (976 hég.) par Moustafa, renégat sicilien, sous le pacha Mohammed-ben-Sala-Raïs, et détruit plus tard par l'explosion des poudres, auxquelles avait mis feu, par jalousie, une des femmes de l'agha qui commandait ce fort.

2 kil. Le *fort l'Empereur* ou Sultan-Kalassi, a été bâti en 1545 (937 hég.), par Hassen, successeur de Kheïr-ed-Din, au sommet du Koudiat-el-Saboun, la colline du savon, sur l'emplacement où Charles-Quint fit établir son camp et transporter son artillerie, le 25 oct. 1541, après en avoir chassé quelques Turcs et pris quatre pièces de canon. Ce fort fut réparé en 1742 (1155 hég.), sous Ibrahim-ben-Ramadan, à la suite d'un incendie occasionné par le feu du ciel. Plus tard, le 4 juill. 1830, avant de se retirer, les Turcs en firent sauter la tour ronde qui contenait la poudrière, et le général de Bourmont y reçut ensuite la capitulation du dey d'Alger. Le fort l'Empereur sert de caserne à 200 hommes et de prison disciplinaire pour les officiers. On appelait encore cette citadelle *Bordj Moulaï-Hassen*, du nom du pacha qui la fit élever, *Bordj Bou-Lila*, le père de la nuit, peut-être parce que Charles-Quint s'installa sur son emplacement dans la nuit du 24 au 25 oct. 1541, et enfin *Bordj el-Taouss*, le fort des paons, parce qu'un dey y faisait élever de ces oiseaux.

Le bâtiment terminé en dôme, au tournant de la route et au pied du fort l'Empereur, abrite le *regard* des eaux de l'aqueduc, qui alimentent la partie haute de la ville d'Alger.

5 kil. **El-Biar** (les puits), 1680 hab., annexe de la commune d'Alger. Ce n'est point un village compacte, mais une suite de maisons indigènes et européennes, cabarets ou petites boutiques bordant la route, villas ou fermes éparpillées à droite et à gauche dans de charmantes positions. Parmi ces dernières on remarque à gauche, sur une hauteur, l'ancienne ferme Fruitié, transformée en *couvent des jeunes filles du Bon-Pasteur*; on y compte : 1° *la classe de préservation* pour les jeunes filles qui se trouvent exposées dans le monde et que leurs parents, la plupart sans fortune, ne pourraient faire recevoir ailleurs ; 2° *la classe de Saint-Louis*, où arrivent ordinairement, dénuées de tout, couvertes de haillons et dans un état moral et physique déplorable, des enfants de 8 à 14 ans, abandonnées et instruites au mal dès le berceau ; 3° *la classe des pénitentes et Madeleines*, renfermant des jeunes filles qui viennent librement ou qui sont amenées par leurs parents, pour réparer par le repentir une vie déjà pleine de désordres. Plusieurs sont devenues d'excellentes femmes de ménage et de bonnes mères de famille ; d'autres, ne voulant pas s'exposer aux dangers du passé, ont été admises, après une épreuve plus ou moins longue, à se consacrer à Dieu, sous le nom de Madeleine.

Un chemin vicinal de 2 kil. part d'El-Biar, au-dessous des anciens consulats d'Espagne et de Suède, et va rejoindre la route de Birmandraïs, près de la *colonne Voirol*. A moitié chemin, un sentier conduit, en quelques minutes, au *café d'Hydra*, à côté d'une roche ombragée par d'énormes saules pleureurs et d'où s'échappe une source.

D'El-Biar également, à l'endroit dit *Bivac des Indigènes*, une route conduit au *Bou-Zaréa* par *Bir-Semmam*, en plongeant sur le *Frais-Vallon*.

D'ALGER A SIDI-FERRUCH.

26 kil. — Service des diligences de Kolea jusqu'à Staouéli. Voitures à volonté, chevaux et mulets.

5 kil. **El Biar** (Voir ci-dessus).

6 kil. Le *Bivac des Indigènes* ; la route se bifurque, à g. pour Douéra, à dr. pour Kolea. Jusqu'au village de Cheraga, on monte et on descend à travers des haies touffues d'oliviers, d'aloès, de cactus, qui bordent les haouchs arabes, devenus autant de fermes françaises. En face de la koubba à moitié fendue, qui surplombe la route, à quelques centaines de mètres du Bivac des Indigènes, on voit un bassin carré qui rappelle un douloureux épisode des premiers jours de notre conquête : c'est près de ce bassin ou de cette fontaine, qu'un bataillon entier du 20e régiment de ligne fut égorgé, son chef n'ayant pas fait garder par quelques hommes armés tous ceux qui nettoyaient leurs armes. Avant d'arriver à Cheraga, on découvre un vaste et splendide panorama décrivant, depuis Sidi-Ferruch jusqu'au Djebel-Chenoua, une immense courbe jalonnée par les villages de Fouka, de Bou-Ismaïl, de Castiglione, le Kbour-er-Roumia et Tipaza.

12 kil. **Cheraga**. Ce village a été créé par un arrêté du 22 août 1842, à l'entrée de la plaine de Staouéli,

sur le territoire d'une ancienne tribu qui a disparu et dont il a pris le nom. Sa population, qui est de 2000 âmes, y compris celle de Guyotville, a eu pour noyau des colons venus du départ. du Var et principalement de Grasse ; on y récolte des céréales de toute sorte ; les fermes de MM. Fruitié et Mercurin sont à visiter. M. Mercurin a ajouté à la culture des céréales celle des arbres et arbustes odoriférants, dont il distille les produits. Plusieurs autres industries sont également en pleine activité dans ce centre qui compte des moulins à huile et à blé, une briqueterie et une fabrique de crin végétal. Cheraga, constitué en commune le 31 déc. 1856, a pour annexes Staouéli et Guyotville.

Un chemin vicinal conduit de Cheraga à Guyotville; sa longueur est de 6 kil. à travers un sol mamelonné et couvert de broussailles qui commencent à disparaître pour faire place aux plantations de vignes. A moitié chemin et à 2 kil. à l'O. au-dessous de l'*Haouch-Kalaâ*, on rencontre une centaine de dolmens qui méritent de fixer l'attention des archéologues. Ces tombes appartiennent probablement à une légion armoricaine. Cette opinion peut s'appuyer sur une inscription tumulaire trouvée à Aumale (*V.* Route 14). On y lit qu'un nommé Gargilius, tribun, commandant des vexillaires et d'un corps indigène, était aussi chef d'un cohorte bretonne, décurion d'Auzia (Aumale), et de la ville romaine de Rusgunia (Matifou), en l'année 263 de l'ère chrétienne, correspondant au règne de Gallien. Des hachettes, des couteaux et des dards de flèche en silex ont été trouvés près de ces dolmens.

Guyotville (du comte Guyot qui fut directeur de l'intérieur de 1840 à 1846) a été créé sur l'emplacement d'*Aïn-Benian*, au bord de la mer, par un arrêté du 19 avr. 1845, qui autorisait un colon à établir en cet endroit un centre de vingt familles de pêcheurs. L'administration a repris plus tard la direction de ce village qui avait peu prospéré et qui commence aujourd'hui à sortir d'une situation malheureuse. A 1 kil. O. de Guyotville, à la pointe dite *Ras Knater*, on rencontre des ruines, et principalement celles d'un aqueduc.

Quand on reprend la route de Sidi-Ferruch, on laisse à 1 kil. à peu près de Cheraga, sur la g., les koubbas de *Sidi-Khralef* ; c'est là que se livra, le 24 juin 1830, le combat qui suivit la bataille de Staouéli, et dans lequel périt un des fils du général de Bourmont. Aujourd'hui le champ de bataille est devenu une plaine fertile comme toutes celles qui avoisinent la Trappe ; une croix plantée sur le bord de la route, à g., indique une des limites du périmètre concédé aux trappistes.

17 kil. *La Trappe de Staouéli*. Bonne aub. en face de la Trappe. Écurie et remise.

Lorsqu'en 1830 l'armée française eut opéré son débarquement à la pointe de Sidi-Ferruch, elle aperçut l'armée algérienne campée sur un large plateau éloigné de 6 kil., qui domine de 150 mèt. env. la mer dont il est séparé par une chaîne de mamelons stériles et de dunes de sable peu élevées. Ce plateau, couvert d'une végétation assez active, et arrosé par plusieurs sources, était fréquenté de temps immémorial, pendant la belle saison, par les bergers arabes. Le capitaine Boutin, qui l'avait reconnu en 1808, lui avait donné le nom de *plateau des Tentes*. Son vrai nom est *Staouéli*, et ce fut là que fut livré, le 19 juin 1830, le combat sanglant qui nous ouvrit la route d'Alger et nous assura la possession de l'Algérie. Le plateau, redevenu désert, fut traversé par quelques chasseurs ou touristes dont les pieds venaient souvent se heurter contre des boulets et des éclats de bombes et d'obus. Treize ans plus tard, un arrêté du 11 juill. 1843 autorisait les Trappistes à fonder dans le voisinage du camp et du lieu où se donna la bataille, un établissement agricole; la concession du terrain comprenait une étendue de 1020 hect. limitée au N. par la mer, au S. par l'oued Bridia, à l'O. par l'oued Boukara et la plaine, et à l'E. par la plaine. Le 19 août de la même année, les Trappistes vinrent planter leur tente à l'ombre des bouquets de palmiers près desquels s'étaient dressées les tentes luxueuses d'Ibrahim, gendre d'Hussein-Dey, et des beys d'Oran et de Constantine. Le lendemain, ils célébraient sur un autel de gazon la mémoire des guerriers tombés glorieusement à Staouéli, puis commençaient, à leur tour, à livrer d'autres combats, ceux du travail, tout en priant et en faisant la charité. Les premières années furent rudes, malgré les subventions en argent, en bestiaux, en semences, le concours de cent cinquante condamnés militaires pour la construction et les défrichements, et enfin les aumônes pieuses et les ressources personnelles de quelques religieux. Mais, grâce au révérend père François Régis, qui réunissait toutes les qualités nécessaires à l'accomplissement de la mission dont il avait été chargé, les trappistes surmontèrent tous les obstacles, et le désert de Staouéli fut transformé comme par magie. Une abbaye, une ferme, des ateliers, un moulin à farine où l'eau arrive par un aqueduc, un matériel considérable, un nombreux bétail, de belles plantations d'arbres, des vignes couvrant une étendue de plus de 6 hect., un verger, des cultures diverses sur une immense étendue, constituent la colonie agricole de Staouéli, où les trappistes pourront enfin, selon leurs désirs, distribuer autour d'eux, à tous ceux qui en auront besoin, les fruits de leurs économies, sans compter le bien qu'ils ont fait et qu'ils font en prêchant d'exemple la résignation et la patience aux malheureux, la charité aux riches, l'amour du travail et la persévérance aux ouvriers, et la vraie fraternité à tous!

Quand on a franchi la porte d'un avant-corps dont l'entrée est formellement interdite aux femmes, ainsi qu'on peut le lire sur une des parois de la loge du concierge, on aperçoit en avant de l'abbaye le groupe célèbre des palmiers qui abritent désormais la statue de la sainte Vierge dont le nom, sous le titre de Notre-Dame de Staouéli, est le vocable de la Trappe, d'abord monastère et érigée en abbaye en 1846. L'abbaye proprement dite, dont la première pierre a été posée sur un lit de boulets et d'obus provenant du champ de bataille, forme un rectangle de 50 mèt. carrés; le milieu est occupé par un jardin entouré d'un cloître à deux rangs d'arcades au rez-de-chaussée et au premier étage; ce cloître est l'œuvre d'un frère, Italien d'origine, qui mourut après l'avoir achevé, en 1848.

La chapelle, qui occupe toute une aile, la cuisine et le réfectoire au rez-de-chaussée, les dortoirs pour cent trappistes, et l'infirmerie au premier étage, sont d'une simplicité plus que primitive. Là on ne trouve que le strict nécessaire, et encore ! Des inscriptions qui rappellent le néant et les misères de la vie, celle-ci entre autres : *S'il est triste de vivre à la Trappe, qu'il est doux d'y mourir !* couvrent l'extérieur et l'intérieur des murs. Des écriteaux indiquent à chaque religieux les corvées du cloître ou les travaux extérieurs de la saison. A g. de l'abbaye, est la ferme proprement dite, grand carré de 60 mèt., avec son beau et immense matériel et ses troupeaux. Le cimetière est à dr. et bien des trappistes y reposent déjà ! Un mur clôt l'étendue de 50 hect. qui renferme les bâtiments, le verger, les vignes, l'orangerie et les cultures industrielles. Quand on sort de la Trappe, on peut acheter, chez le frère concierge, des médailles et des chapelets.

Le v. de **Staouéli**, à 2 kil. N. de la Trappe, a été créé par un décret impérial du 25 mars 1855. C'est une annexe de Cheraga. Placé au milieu de hautes broussailles qui commencent à faire place aux cultures, ce v. reçoit les eaux de l'oued-Boukara, par une dérivation faite au-dessus du moulin des trappistes.

26 kil. **Sidi-Ferruch.** A 6 kil. de la Trappe, vient aboutir à dr. de la route de Kolea, un chemin de 3 kil. qui conduit à Sidi-Ferruch, ainsi que l'indique l'inscription d'une petite pyramide élevée par le génie militaire, à la rencontre des deux routes. Les cultures de la Trappe ont fait place aux broussailles qui couvrent les terrains accidentés, visités quelquefois par les panthères, mais toujours habités par les sangliers, les ratons, les tortues et les porcs-épics. Quelques plantations de pins avoisinent la presqu'île de Sidi-Ferruch ou de *Torre chica.*

Sidi-Ferruch, et mieux Sidi-Feredj, était un marabout en grande vénération chez les Algériens. Au nombre des miracles qu'il fit, la tradition a conservé le suivant : Un matelot espagnol voulant emmener, par surprise, Sidi-Feredj en Espagne, fut tout étonné, après une nuit de navigation, de se retrouver en vue de la presqu'île qu'il avait quittée. « Fais-moi remettre à terre, lui dit le marabout, et ton vaisseau pourra reprendre sa route. » Sidi-Feredj fut débarqué, et comme après une seconde nuit, le navire se retrouvait encore à la même place, et cela parce que Sidi-Feredj avait oublié ses babouches sur le pont, l'Espagnol les prit, se hâta de les rapporter à leur propriétaire, et lui demanda, comme grâce, de rester auprès de lui et de le servir. L'Espagnol, devenu fervent musulman, vécut et mourut avec Sidi-Feredj. Tous deux furent enterrés dans la koubba qui va bientôt disparaître, comme a déjà disparu, depuis longtemps, la châsse ornée de drapeaux, qui couvrait leur sépulture.

La presqu'île de Sidi-Ferruch est célèbre par le débarquement de l'armée française, opéré le 14 juin 1830. Cette plage solitaire, qui n'était jusqu'alors qu'un point de reconnaissance pour les navigateurs, offrit alors l'aspect et le mouvement d'une ville, dont les contingents algériens des trois provinces cherchèrent inutilement à inquiéter la population militaire. C'est de Sidi-Ferruch que partit notre armée, qui fit son entrée à Alger après les étapes brillantes mais sanglantes de Staouéli, de Sidi-Khralef et du fort l'Empereur.

Sidi-Ferruch est aujourd'hui un village créé le 13 sept. 1844, et annexé à Cheraga, en vue d'une population de pêcheurs et de jardiniers-maraîchers ; mais on n'y compte encore que des cabaretiers dont l'existence a été assurée par la clientèle des ouvriers civils et militaires employés à la construction de l'immense caserne-citadelle qui couronne le sommet de la presqu'île.
— Plus tard et comme ailleurs, par la force des choses, les cabaretiers redeviendront ce qu'ils doivent être, des colons sérieux.

On visitera à Sidi-Ferruch : 1° *le nouveau fort*, dont la caserne peut contenir 2000 hommes ; la porte monumentale est surmontée de trophées dus au ciseau de M. Latour d'Alger; on y lit cette inscription :

ICI LE XIV JUIN MDCCCXXX,
PAR ORDRE DU ROI CHARLES X,
SOUS LE COM. DU G. DE BOURMONT,
L'ARMÉE FRANÇAISE
VINT ARBORER SES DRAPEAUX,
RENDRE LA LIBERTÉ AUX MERS,
DONNER L'ALGÉRIE A LA FRANCE.

2° *L'église* de saint Janvier, située au N. O. du fort, et dont il ne reste qu'une mosaïque, le baptistère et l'abside. 3° *La koubba de Sidi-Ferruch*; et 4° enfin à l'O. une *batterie turque* dont le feu fut éteint bientôt après le débarquement de notre armée en 1830. Des débris de poteries trouvés à Sidi-Ferruch et les ruines de l'église de Saint-Janvier prouvent surabondamment l'existence d'un établissement romain sur ce point de l'Algérie. Mgr Dupuch, premier évêque d'Alger, a cru y retrouver les *casæ favenses* de Morcelli, mais nous citons sans affirmer.

D'ALGER A BIRKHADEM.

10 kil. — Omnibus, voitures à volonté. Diligences pour Birkhadem; on ne retient pas ses places.

On quitte Alger par la rue d'Isly à laquelle aboutit la porte monumentale de Constantine. La route, passant alors entre l'Agha et le pied des montagnes que domine le fort l'Empereur, ne tarde pas à s'engager, par une rampe en lacets, au milieu de blanches villas mauresques entourées de jardins, dont l'ensemble constitue Moustafa supérieur. Les principales propriétés se présentent dans l'ordre suivant en venant d'Alger : le couvent des dames du Sacré-Cœur, l'ancienne campagne Lieutaud, celles de MM. Litchlin, Gilet, et le palais d'été du gouverneur général.

3 kil. **Moustafa supérieur** forme, avec Moustafa inférieur, une des six annexes de la ville d'Alger; sa population est de 3600 âmes.

5 kil. *La colonne Voirol*, au point culminant de la route, entre Alger et Birmandraïs (210 mèt.); on lit, sur le socle de cette colonne entourée d'une grille, le nom du général Voirol et le millésime de 1834, année pendant laquelle la route fut achevée par l'armée. Alger, vue de cet endroit, offre, par un ciel pur, le tableau magique de la ville, de son port, de ses faubourgs, ayant pour cadre la montée verdoyante de Moustafa. — A droite de la colonne aboutit le chemin vicinal d'El-Biar. A partir de cette même colonne, la route, taillée sur le flanc d'une montagne et bordée d'un ravin boisé au

fond duquel coule l'oued-Khrenis, descend jusqu'à Birmandraïs.

7 kil. **Birmandraïs**, et mieux *Bir-Mourad-Raïs*, le puits de Mourad le Corsaire, centre créé le 22 avr. 1835, annexé à Birkhadem. Ce v. compte avec Saoula 950 hab.; il est situé au fond d'un fort joli vallon, et les restaurants installés près de la fontaine arabe indiquent assez que cet endroit est fréquenté par la population algérienne. Un chemin parallèle à l'oued-Khrenis, connu sous le nom de *ravin de la Femme sauvage*, à g. de Birmandraïs, conduit, à 5 kil. de là, au Ruisseau, entre le jardin d'essai et Koubba.

De Birmandraïs à Birkhadem la route monte et descend, laissant à droite et à gauche les cultures ou les jardins entourés de haies touffues, et au milieu desquels on aperçoit de blanches maisons mauresques.

10 kil. **Birkhadem**, le puits de la négresse, 1600 hab., dont moitié indigènes; ce v., créé le 16 nov. 1842, a été constitué en commune, le 31 déc. 1856; c'est une agglomération de fermes et de villas arabes et françaises. On remarque sur la place, en face de l'église, une fort jolie fontaine mauresque alimentée par un aqueduc, mais qui, comme celle de Birmandraïs, a beaucoup perdu de son cachet par suite des constructions qu'on y a ajoutées. A 2 kil. N. O., par le chemin de ceinture, on arrive à *Tixeraïn*, petit ham. dépendant de Birkhadem, et qui a possédé un camp se reliant à la première ligne de défense, après la prise d'Alger. A 2 kil. également, mais au S. O., sur la route de Douéra, **Saoula**, annexe de Birkhadem, créée le 17 fév. 1843, dans un pays fertile et bien arrosé.

D'ALGER A KOUBBA.

Omnibus : Moustafa inférieur ou le champ de manœuvres, 20 c. — Le Jardin d'essai, 40 c. — Le Ruisseau, 45 c.

Quand on a franchi les nouveaux remparts, la route court jusqu'à l'Agha, sans ombre, brûlée du soleil, entre une bordure d'aloès et de cactus, laissant à g., après le fort Bab-Azzoun, l'usine à gaz, l'embarcadère du chemin de fer d'Alger à Blida, le lazaret et les lavoirs militaires, et à droite un vaste champ servant de marché aux bestiaux, au milieu duquel s'élève une ancienne fontaine arabe, et quelques baraques en planches, pour les receveurs arabes ou les cafetiers.

2 kil. **L'Agha**, à l'endroit dit Aïn-Rebot, petit ruisseau qui va à la mer, est un faubourg annexé à la commune d'Alger le 31 janvier 1848; on y compte plusieurs établissements industriels qui ont remplacé, en grande partie, les casernes de la cavalerie turque et l'ancien palais mauresque où descendait l'agha qui exerçait là une juridiction à laquelle servaient les oliviers de la route; car quelques-uns de ces arbres, aujourd'hui centenaires, ont été plus souvent chargés de pendus que d'olives! La route se bifurque à l'Agha, montant à droite à Moustafa supérieur, descendant à gauche à Moustafa inférieur.

3 kil. **Moustafa inférieur** s'étend des dernières pentes de Moustafa supérieur, dont il est une section, jusqu'à la mer. On y voit le quartier de cavalerie du 1er régiment de chasseurs d'Afrique; l'hôpital civil situé précédemment rue Bab-Azzoun, à Alger; et, au milieu des jardins, ou bordant la route, des

marchands de vin, des aubergistes et des restaurateurs.

A deux pas de là, *le champ de manœuvres*, vaste plaine magnifiquement encadrée par Alger, la mer, le Hamma et les plateaux de Moustafa supérieur. C'est là que les chasseurs viennent s'exercer à l'équitation et au maniement des armes. Le champ de manœuvres sert également de champ de Mars pour les revues, et enfin, pendant le mois de septembre, de *turf* sur lequel Français et indigènes se disputent le prix des courses.

4 kil. A droite de la route, *la koubba de Sidi-Mohammed-Abder-Rhaman-Bou-Kobrin*. Ce marabout, originaire d'Alger, florissait sous Moustafa-Pacha, c'est-à-dire entre les années 1798 et 1805. Peu de temps avant sa mort, il s'était établi chez les Beni-Ismaïl, tribu centrale du pays des Guechtoula, la plus puissante de cette confédération du canton de Bour'ni. Cet homme avait fondé une confrérie religieuse qui eut d'autant plus de succès, qu'elle était toute nationale et ne dépendait pas, comme les autres, de chefs nés et vivant dans des pays étrangers. Aussi ses compatriotes, en apprenant qu'il était mort, envoyèrent chez les Beni-Ismaïl quelques-uns de leurs frères algériens les plus résolus et les plus habiles, qui réussirent à rapporter son corps ; on l'enterra au *Hamma*, dans l'endroit où s'élève sa koubba, et où il demeurait probablement avant son départ pour le Djurdjura. Quand les Kabiles s'aperçurent que la tombe avait été violée, ils entrèrent dans une grande colère, mais ils ne tardèrent pas à s'apaiser lorsque, vérification faite, ils reconnurent que le corps du saint était intact et à la place où on l'avait inhumé. Et cependant ce même corps se retrouvait également intact au Hamma. L'illustre marabout s'était miraculeusement dédoublé, ce qui lui fit donner le surnom de *Bou-Kobrin*, l'homme aux Deux Tombes! L'ordre religieux de Mohammed-ben-Abder-Rhaman jouit d'une telle réputation dans le pays, et possède ou du moins a possédé une si grande valeur politique, que l'émir Abd-el-Kader eut soin de s'y faire affilier, à l'époque où il espérait encore faire entrer les Kabiles dans la vaste confédération hostile qu'il organisait contre nous (voir les ouvrages de MM. *de Neveu* et *Carette*). La koubba, renfermant la châsse de Bou-Kobrin, au-dessus de laquelle est placée l'inscription donnant la généalogie du marabout, est close, ainsi que la maison de l'oukil ou gardien, par un mur entouré d'un cimetière qu'ombragent des oliviers, des lentisques et des cactus. Le vendredi de chaque semaine, ce cimetière est égayé par la visite de femmes mauresques plus ou moins mariées, qui peuvent certainement venir là pour faire leurs dévotions et se souvenir des morts; mais en tout cas, ces dévotions sont précédées ou suivies de causeries et de goinfreries bruyantes; il n'est pas rare de voir alors beaucoup de ces Mauresques à visage découvert; honni soit qui mal y pense. A certaines époques de l'année, les Arabes viennent faire de brillantes chevauchées à la koubba de Bou-Kobrin.

5 kil. Le *café des Platanes*. « Le lieu, dit M. E. Fromentin, est assurément fort joli. Le café, construit en dôme, avec ses galeries basses, ses arceaux d'un bon style

et ses piliers écrasés, s'abrite au pied d'immenses platanes d'un port, d'une venue, d'une hauteur et d'une ampleur magnifiques. Au delà, et tenant au café, se prolonge par une courbe fort originale une fontaine arabe, c'est-à-dire un long mur dentelé vers le haut, rayé de briques, avec une auge et des robinets primitifs, dont on entend constamment le murmure, le tout très-écaillé par le temps, un peu délabré, brûlé du soleil, verdi par l'humidité, en somme, un agréable échantillon de couleur qui fait penser à Decamps. Une longue série de degrés bas et larges, dallés de briques posées de champ, et sertis de pierres émoussées, mènent, par une pente douce, de la route à l'abreuvoir. On y voit des troupeaux d'ânes trottinant d'un pied sonore, ou des convois de chameaux qui y montent avec lenteur et viennent plonger vers l'eau leurs longs cous hérissés, avec un geste qui peut, suivant qu'on le saisit bien ou mal, devenir ou très-difforme ou très-beau.... »

Le *jardin d'Essai* ou la pépinière du gouvernement est situé en face du café des Platanes. C'est un terrain de près de 40 hectares, dont le soleil, l'eau et le savant directeur, M. Hardy, ont su faire, en dehors de son utilité incontestable, la plus belle promenade des environs d'Alger. Une avenue plantée alternativement de palmiers et de lataniers, s'étendant du café des Platanes à la mer, des massifs de bananiers, d'orangers, de citronniers, des plantes exotiques en pleine terre ou en serre, font du jardin d'Essai un endroit vraiment enchanteur; mais c'est là que l'*utile dulci* n'est surtout point un mensonge, si l'on songe qu'en dehors des cultures d'essai, de 4000 variétés de plantes et d'arbres cultivés, M. Hardy livre annuellement à la colonisation près de 200 000 pieds d'arbres. En somme, le jardin d'Essai créé, en 1832, sur un terrain d'une étendue de 5 hectares, est huit fois plus grand aujourd'hui, et possède, en dehors de ses cultures en pleine terre, des serres chaudes, une magnanerie, des machines pour l'égrenage du coton, etc., etc. A un jour donné, on fera probablement pour le jardin d'Essai ce que la Société zoologique d'acclimatation a fait récemment au bois de Boulogne, et les autruches que M. Hardy est parvenu à faire élever au Hamma formeront le noyau d'une future ménagerie dont les colons tireront parti; l'Algérie n'a pas encore dit son dernier mot. — Les demandes de végétaux et de graines se font à l'administration de la pépinière centrale, au bureau de la comptabilité, et expressément au comptant ou contre des valeurs en remboursement. Tous les renseignements désirables : catalogue des végétaux et des graines, coût des emballages, frais de toutes sortes, sont donnés aux personnes intéressées.

C'est au Hamma, sur l'emplacement du jardin d'Essai, que Charles-Quint fit commencer le débarquement de ses troupes, 24 000 hommes, le 23 octobre 1541; huit jours après, le 31, il rembarquait les débris de son armée sur les vaisseaux échappés à la tempête du 26, et ralliés à grand'peine par Doria à Matifou.

6 kil. Le *Ruisseau* ou l'*oued-Khrenis*, point d'arrêt des omnibus. On peut de là continuer, à pied ou à cheval, la promenade en longeant le ruisseau jusqu'à Birmandraïs (4 kil.), par le ravin boisé de la *Femme Sauvage*, sobriquet donné par antithèse

à une jeune débitante d'absinthe, qui avait son établissement en cet endroit, vers l'année 1844.

A partir du ruisseau la route monte jusqu'à Koubba, dominant à gauche les cultures maraîchères qui s'étendent jusqu'à la mer, et à droite, l'ancien sentier arabe bordé de lentisques et d'oliviers.

8 kil. **Koubba**, ancien camp, et ensuite village dont la création remonte au 21 septembre 1832. Sa constitution en commune date du 17 décembre 1856. La position de Koubba sur une hauteur est des plus belles et des plus salubres. De là, on domine tout le Hamma et la rade décrivant sa courbe d'Alger à Matifou, jalonnée par les villages de Moustafa inférieur, de Husseïn-Dey, de la Maison-Carrée et du Fort de l'Eau. Koubba, qui compte 1140 habitants, possède une maison d'orphelins, dite de la Sainte-Enfance, un séminaire et une église dont l'immense coupole s'aperçoit de loin. C'est au camp de Koubba que furent formés les premiers bataillons d'Afrique avec des soldats sortant des compagnies de discipline, auxquels on a donné le nom de zéphirs. Voici l'origine de cette appellation que beaucoup de personnes, qui ont écrit sur l'Algérie, semblent avoir ignorée. Les bataillons d'Afrique, au nombre de trois aujourd'hui, en comptaient primitivement deux; la conduite plus qu'excentrique des soldats qui les composaient, fit donner, par une plaisante réminiscence d'un célèbre ballet mythologique, au premier bataillon le surnom de Flore et au second celui de Zéphir; ce dernier nom devint ensuite commun aux deux bataillons, et par extension, au troisième dès qu'il fut créé.

D'ALGER A MATIFOU.

Voitures à la journée. — Omnibus ou carrioles jusqu'à la Maison-Carrée quelquefois.

3 kil. **Moustafa inférieur** et le *Champ de manœuvres*.

5 kil. Le *jardin d'Essai*, V. page 77, mais du côté de la mer. A quelques pas de là, sur la plage et non loin de *l'oued-Khrenis*, plus connue sous le nom du *Ruisseau*, on voit la koubba de *Sidi-Belal*, à moitié enfoncée sous les sables. « C'est là que les nègres d'Alger viennent chaque année célébrer l'*Aïd-el-Foul*, la fête des Fèves. Cette fête a toujours lieu un mercredi, à l'époque appelée Nissam par les indigènes, c'est-à-dire celle où commence à noircir la plante qui porte les fèves. Jusque-là, les nègres s'abstiennent de manger de ce légume. Les traditions ne sont nullement d'accord au sujet de Sidi-Belal, si fort en honneur parmi les nègres; quelques-unes croient pouvoir le rattacher au Belal, esclave noir de Mohammed, qui embrassa l'islamisme l'un des premiers. Cette version ne paraît guère admissible, malgré l'identité du nom de Belal, qui fut effectivement le premier noir musulman. Affranchi par Mohammed, il avait été chargé par lui de la surveillance des fontaines. Mais les sacrifices et les cérémonies de la fête s'accordent peu avec l'honneur qu'on veut lui faire. Les nègres, dans leur pays natal, sont encore tous adonnés à l'idolâtrie; ils ne reconnaissent en rien la religion de Mohammed, à laquelle ils ne sont initiés qu'après être tombés au pouvoir des musulmans. En reproduisant donc à Alger une fête

qui leur rappelle le pays natal, il est peu probable qu'ils aient en vue de glorifier un souvenir des premiers jours de l'islamisme. Si l'on considère en outre que, sous le gouvernement turc, alors que toutes les fêtes musulmanes étaient célébrées avec une rigoureuse observation, jamais les nègres n'avaient évoqué la mémoire de leur patron, et qu'ils n'ont commencé à le faire qu'à l'abri de la tolérance que nous accordons à tous les cultes, on sera conduit à en chercher une autre origine.

« Le nom de Belal semble rappeler Belus, ou Baal, ou Bel, ce dieu importé en Afrique par les Phéniciens, et à qui l'on offrait des sacrifices d'animaux de toute espèce; et l'Aïd-el-Foul pourrait n'être autre chose qu'une trace, persistante à travers les siècles, du culte rendu à ce faux dieu. Du reste le sacré est mêlé au profane dans le cérémonial de cette fête, qui consiste d'abord à célébrer le *Fatha*, ou prière initiale du Koran, et à égorger ensuite un bœuf, des moutons, des poulets, au milieu de danses et de chants. Le bœuf destiné au sacrifice est préliminairement couvert de fleurs; sa tête est ornée de foulards, et ce n'est qu'après que les sacrificateurs ont exécuté des danses dans lesquelles ils tournent sept fois dans un sens, et sept fois dans un autre, que la victime reçoit le coup mortel. La manière dont l'animal subit la mort, soit qu'il tombe subitement sous le couteau qui l'a frappé, soit qu'il s'agite dans une pénible et lente agonie, est le sujet de pronostics heureux ou malheureux qu'interprètent aussitôt les aruspices noirs.

« Après le sacrifice, commence la danse nègre. La troupe des enfants du Soudan se dirige vers un bassin carré rempli d'eau, consacré à *Lella Haoua*, sainte femme qui est également en grande vénération chez eux; dans ce moment on voit des individus hommes ou femmes, que le trémoussement appelé *djedeb* a violemment impressionnés, se précipiter ruisselants de sueur dans les flots de la mer, d'où leurs compagnons ont souvent grand'peine à les retirer. D'un autre côté et sous des tentes improvisées, les négresses s'occupent à faire cuire les fèves, les premières que les nègres doivent manger de l'année, et qui servent d'assaisonnement au mouton et au kouskoussou, base du festin. Tout le reste de la journée se passe en danses et en chants auxquels la musique appelée *derdeba*, c'est-à-dire l'horrible tapage si aimé des nègres, sert d'accompagnement. Les autres musulmans, habitants d'Alger, s'abstiennent en général d'assister à ce spectacle. Il n'en est pas de même des femmes qui, probablement excitées par les récits de leurs négresses, y viennent en foule. Il est juste de dire cependant que les femmes qui appartiennent aux principales familles ne figurent pas dans ces réunions. » (*E. de Rouzé.*)

6 kil. **Husseïn-Dey**, 1400 habit., est une agglomération de villas, d'usines, de fermes, de maisons de jardiniers et de guinguettes, dont la création en village remonte au 25 mai 1845. Son annexion à la commune de Koubba date du 31 déc. 1856. Husseïn-Dey doit son nom au dernier pacha d'Alger qui possédait là une maison de plaisance, servant aujourd'hui d'entrepôt pour les tabacs de la province. L'ancienne caserne où a été formé le 4ᵉ régiment

de chasseurs d'Afrique, dissous après de brillants états de services, mais pour servir de noyau au régiment des chasseurs à cheval de la garde impériale, est devenue aujourd'hui une importante métairie.

C'est à Husseïn-Dey que débarqua Diego de Vera, à l'instigation du fils de Selim-ben-Teumi, réfugié à Oran. 400 Espagnols furent faits prisonniers et Diego reprit la mer avec une flotte que la tempête avait détruite en partie, 1516 (922 hég.).

A quelques centaines de mèt. de Husseïn-Dey, sur la plage, entre la mer et une de ces batteries à fleur d'eau qui jalonnent le rivage, d'Alger à la Maison-Carrée, on voit un petit cimetière musulman qui rappelle, ainsi que la batterie, une autre expédition espagnole, celle d'O'Reilly, aussi désastreuse que les expéditions de Diego et de Charles-Quint. Arrivé dans la rade d'Alger, le 30 juin 1775 (1er Djoumad-el-Oued, 1189 hég.), avec 6 vaisseaux de ligne, 14 frégates, 24 galiotes à bombes et autres bâtiments de guerre, 344 navires de transport et 23 000 hommes d'infanterie et de cavalerie, O'Reilly prit position entre l'Harrach et l'oued-Khrenis. Les Turcs d'Alger avaient disposé leurs forces à Aïn-er-Rebot (l'Agha) et au Khrenis, tandis que Salah, bey de Constantine, campait à l'Harrach et Mohammed, bey du Titeri, à Tementfous (Matifou). Au bout de sept jours, un jeudi, un grand nombre de navires tirèrent sur les batteries de l'Harrach et du Khrenis. Le samedi suivant, l'armée espagnole débarqua au Khrenis, et elle engagea le combat, en s'avançant jusqu'aux jardins où les Algériens s'étaient retranchés. Les beys de l'Est et du Titeri arrivèrent alors avec leur contingent, amenant avec eux plus de 500 chameaux dont ils se faisaient un abri. Les Espagnols furent culbutés, regagnèrent avec peine leurs navires, et laissèrent dans leur fuite un immense matériel de guerre, après avoir eu 600 hommes tués et 1800 blessés. Les musulmans perdirent 200 hommes qu'on enterra au pied de la batterie qui, pour cette raison, porte encore aujourd'hui le nom de *Toppanat-el-Moudjehadin*, batterie des champions de la guerre sainte. On a donné également ce nom à la batterie de la rive g. de l'oued-Khrenis; mais sur la carte, en quatre feuilles, du Sahel et de la Mitidja, 1854, le cimetière des Moudjehadin est placé au delà de Husseïn-Dey. L'année de cette expédition est appelée par les musulmans *Am-er-Remel*, l'année du sable, parce que O'Reilly débarqua sur la plage sablonneuse qui s'étend, comme on l'a dit plus haut, entre l'Harrach et l'oued-Khrenis.

La route d'Alger au cap Matifou a, jusqu'à présent, suivi le contour de la rade, entre une petite plage à g. et de verdoyants jardins et de belles cultures à dr.; mais, au delà de Husseïn-Dey, des dunes de sable assez élevées succèdent à la végétation. Arrivé sur le bord de l'Harrach, la route tourne brusquement à dr. cette rivière, à sec en été, torrent en hiver, et va la passer sur le pont bâti par Hadj-Ahmed dey, en 1697 (1108 hég.), et restauré ou reconstruit par Ibrahim-ben-Ramdan, en 1736 (1149 hég.), ainsi que le constate une inscription en turc, placée sur le parapet de dr.

12 kil. **La Maison-Carrée.** Les vrais noms de la Maison-Carrée de l'Harrach, qui n'a rien de commun

avec celle de Nîmes, sont *Bordj-el-Kantra* (fort du Pont), *Drâa-el-Harrach* (le monticule de l'Harrach), *Bordj-el-Agha*, *Bordj-Yahhia* (le fort de l'Agha, le fort de Yahhia). Sa construction remonte à la première année du pachalik d'Abdi, en 1724 (1136 hég.) C'était sous les Turcs une espèce de caserne d'où l'Agha tombait à l'improviste sur les tribus, pour les châtier ou les forcer à payer l'impôt. Après 1830, elle fut appropriée par le génie militaire, pour défendre le passage de l'Harrach et surveiller le côté E. de la Mitidja qu'elle domine dans cette partie.

Ce poste militaire, qui pouvait contenir un bataillon, ne fut d'abord occupé que du mois de novembre au mois de juin de chaque année; pendant les autres mois, les exhalaisons des marais de la plaine le rendaient inhabitable. Aujourd'hui que la colonisation a pris définitivement racine en Algérie, les environs de la Maison-Carrée ont été assainis par des travaux de culture et d'écoulement des eaux. Le Bordj-el-Harrach est devenu un pénitencier pour les indigènes, et un joli village s'est élevé au pied de cette citadelle qui fut pendant 15 ans l'objet d'attaques et de défenses héroïques. Fondé par décret du 2 août 1851, le village de la Maison-Carrée compte aujourd'hui une population de 1200 hab., y compris les deux tiers d'indigènes; il a été annexé à la commune de la Rassauta le 31 déc. 1856.

18 kil. **Le Fort de l'Eau**. De la Maison-Carrée au Fort de l'Eau, la route va droit à l'E. pendant une distance de 4 kil., puis remonte au N., jusqu'au village auquel le fort turc, *Bordj-el-Kifan*, bâti sur le bord de la mer, par Djafar pacha, en 1581 (989 hég.), a donné son nom qu'il doit lui-même à l'excellente eau d'un puits creusé dans son intérieur. Ce centre, exclusivement habité par des Mahonnais, a été créé par décret du 11 janv. 1850 et rattaché à la commune de la Rassauta, le 31 déc. 1856. Le village du Fort de l'Eau, un des plus beaux qu'il soit possible de voir, est là pour montrer ce que peut faire le petit colon venu en Algérie, non dans l'espoir chimérique de s'enrichir en quelques années, mais pour devenir possesseur définitif du lot de terrain qui lui a été concédé, ou des jardins qu'il a eus à loyer. Les Mahonnais du Fort de l'Eau, comme leurs compatriotes débarqués dans toutes les parties de l'Algérie, sont les premiers maraîchers du pays.

20 kil. **La Rassáuta**, et mieux Rasouta, était une propriété du deylik où les Turcs avaient installé un haras. Plus tard, le prince de Mir, réfugié polonais, ayant obtenu la concession de ce vaste domaine, y tenta un essai de colonisation, assez malencontreux pour l'époque, 1835 à 1837. La tribu des *Arib* fut installée sur une partie de ce territoire, par ordonnance du 22 déc. 1846. Enfin un village qui compte aujourd'hui 500 hab., y fut créé par décret du 22 août 1851; la commune y a été constituée le 31 déc. 1856. Deux des annexes de la Rassauta, *Aïn-Beïda* et *Aïn-Taya*, sont situées à 10 kil. N. E., non loin de la mer; leur création remonte au 30 sept. 1853. La route qui conduit à ces deux hameaux, passe par l'Haouch Ben-Daly-Bey, ancienne propriété domaniale.

24 kil. L'*oued-Khramis*; une de ces batteries basses qu'on a pu déjà

voir, au sortir d'Alger, défendait l'embouchure de cette petite rivière, sur sa rive g.

26 kil. 1/2. **Rusgunia**. Les ruines de cette ville occupent un vaste espace de forme circulaire, mais un peu allongé ; elles sont limitées à l'ouest par la côte, qui est légèrement escarpée. Quelques édifices, composés de demi-voûtes, et des tronçons de colonnes épars, semblent indiquer les restes d'anciens bains; des fragments de mosaïques, des pierres frustes, des inscriptions, des médailles, ont été recueillis là, à différentes époques. L'étude des anciens itinéraires indique que la cité romaine, qui dut être assez considérable, était celle de Rusgunia. Les épigraphes assez rares, trouvées sur place ou apportées à Alger, et dont la provenance est régulièrement établie par MM. Berbrugger, Renaudot, Karstensen, viennent confirmer l'identité des ruines actuelles avec Rusgunia; en voici une publiée par M. Berbrugger dès le 28 janv. 1837, et alors inédite :

```
     L. TADIO L. FIL. QVIR
            ROGATO
    DEC. AED. IIVIR. IIVIR.
     Q. Q. RVSG. ET RVSG.
       CONSISTENTES OB
      MERITA QVOD FRV
       MENTVM INTVLERIT
        ET ANNONAM PAS
      SV.... CIT INCRESCERE
           AERE COLLATO
```

« A Lucius Tadius, fils de Lucius (de la tribu) Quirina (surnommé) Rogatus; — les décurions, les édiles, les duumvirs et les duumvirs quinquennaux de Rusgunia et les habitants de Rusgunia, à cause de ses mérites et parce qu'il a fourni du froment et contribué à l'approvisionnement (public). Par souscription. »

Cette inscription est encastrée dans la voûte d'un des magasins de vins de la Pêcherie à Alger, magasins qui ont été bâtis avec des pierres apportées de Matifou. Un vieux Maure a dit à M. Berbrugger, à l'époque où il copiait cette inscription, qu'il l'avait remarquée lorsqu'on la posa, parce qu'elle fut alors le sujet d'une dispute entre les ouvriers musulmans et les esclaves chrétiens employés à la construction, les uns voulant cacher les lettres en dedans de la paroi, et les autres les placer en évidence. Ces derniers l'emportèrent fort heureusement.

Pline nous fait savoir que Rusgunia était une colonie d'Auguste, qu'il place immédiatement à l'E. d'Icosium (Alger). Une stèle phénicienne recueillie dans les ruines semblerait donner une origine encore plus ancienne à cette colonie maritime, qui fut, dit-on, célèbre, mais il n'y reste aucune trace de port. Il ne faudrait pas, du reste, juger de l'importance de Rusgunia par ce qu'on en voit aujourd'hui. Dès le commencement du xvie s., Léon l'Africain constate que les pierres romaines de Matifou avaient été employées à relever « presque toutes les murailles d'Alger, » et depuis cette époque les Turcs y ont été chercher des matériaux tout préparés pour les constructions publiques. Les indigènes appellent les ruines de Rusgunia *Medina Takious* (ville de Takious), et ils en font le théâtre de l'aventure des Sept-Dormants. (Voir dans le Koran, le chap. xviii : *D. la Caverne*, verset 8.) On trouve le même nom et la même légende appliqués à d'autres localités des pays musulmans.

Les Arabes, qui ne voient que la recherche des trésors, là où l'archéologue recueille, quand il le peut, des documents historiques, supposent naturellement que les ruines de Rusgunia renferment d'immenses richesses. A 2 kil. E. de Rusgunia, on peut visiter la carrière qui en a fourni les matériaux.

27 kil., *Matifou*, annexe de la Rassauta, petit ham., créé comme Aïn-Taya et Aïn-Beïda par décret du 30 sept. 1853; il prend son nom du cap Matifou ou mieux *Tementfoust*. L'ancien fort turc de Matifou, *Bordj-Tementfoust*, bâti par Ramdan-Agha, sous le pachalik d'Ismaël, en 1661 (1071 hég.), et remis en état de défense en 1685 (1096 hég.), sous Mezzo-Morto dey, à la suite du bombardement d'Alger, était gardé par une petite *nouba* ou garnison de 15 hommes. C'est de la terrasse de ce fort, aujourd'hui démantelé, que partait le coup de canon qui signalait aux Algériens l'arrivée d'un nouveau pacha dont le prédécesseur, si toutefois il vivait encore, quittait la Djenina et se rendait dans une hôtellerie de la rue de la Marine. Haédo prétend cependant que le pacha, arrivant de Constantinople, passait quelques jours dans cette même hôtellerie, en attendant le déménagement de l'ancien pacha.

C'est à Matifou que, il y a trois siècles, le puissant empereur Charles-Quint s'embarquait, après son expédition désastreuse contre Alger, en 1541, « abandonnant au rivage les débris de sa flotte et les cadavres de ses soldats, laissant aux captifs chrétiens le désespoir, aux pirates leur insolente impunité. » C'est à la suite de cette expédition que Charles-Quint, redoutant les sanglants sarcasmes de l'Arétin, lui fit don d'une chaîne d'or. L'Arétin, pour tout remercîment, soupesa la chaîne dans sa main et dit : « Elle est bien légère pour une si grande défaite ! »

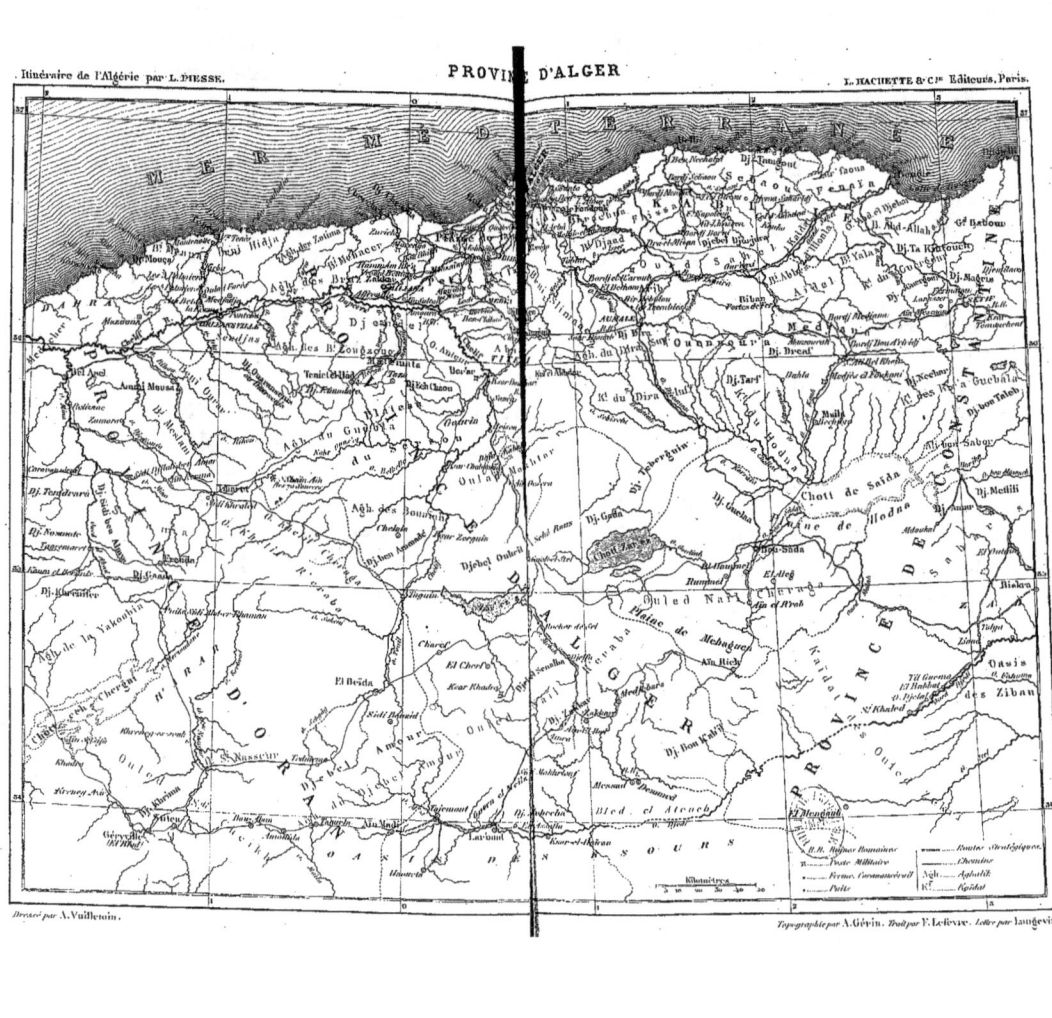

ROUTES DE LA PROVINCE D'ALGER.

ROUTE 1.
D'ALGER A KOLEA,

37 kil. — Service de diligences plusieurs fois par jour.

23 kil. d'Alger à l'embranchement de la route de Sidi-Ferruch (*V.* environs d'Alger page 70).

26 kil. **Zeradla**; on y arrive après avoir franchi les ravins, — lits de ruisseaux en été, de torrents en hiver, — de l'oued-Bridja, de l'oued-Kouinin, de l'oued-Akbar et de l'oued-el-Kalaâ. Zeradla, créé le 13 sept. 1844, sur le territoire d'une ancienne tribu annexé à Kolea le 21 nov. 1851, n'est encore jusqu'à présent qu'un centre de bûcherons et de charbonniers; l'industrie finira, à force de défrichements, par y conquérir un sol qui sera mis plus tard en culture. L'administration des forêts a formé à Zeradla un établissement intéressant à visiter.

33 kil. **Douaouda**. On arrive à ce village, après avoir traversé l'oued-Mazafran sur un pont américain long de 100 mèt. et large de 6 mèt. A partir de ce pont, la route monte, tantôt à travers les broussailles, tantôt à travers de beaux massifs verdoyants. Douaouda a été créé, comme Zeradla, sur l'emplacement qu'occupait une ancienne tribu, par décret du 5 juill. 1843, et annexé à Kolea le 21 nov. 1851. Ce centre, dont le sol était primitivement couvert de broussailles qui ont fait place aux céréales et aux cultures industrielles (tabac et coton), jouit d'une grande aisance.

37 kil. **Kolea**. (*Hôtel* de Paris. *cafés:* de la Poste, de la Place; *cercle civil; cercle militaire, service de diligences* pour Alger.)

Histoire. Kolea, bâtie sous le pachalik d'Hassen ben Kheïr-ed-din, en 1550 (957 hég.), a été primitivement peuplée d'Andalous ou Maures venus d'Espagne. « Cette ville, dont les annales, jusqu'à la prise d'Alger, ne comptent que le terrible tremblement de terre qui la détruisit, en 1825, ainsi que Blida, était pour les musulmans de l'Algérie une espèce de Mekke où se rendaient, en pieux pèlerinage, les Arabes des environs. La mosquée et la koubba visitées par les pèlerins, étaient celles de *Si-Embarek*, un homme des Hachem de l'Ouest, qui quitta sa tribu avec deux domestiques et vint à Miliana; comme il était pauvre, il renvoya ses domestiques, qui descendirent sur les bords du Chelif et donnèrent naissance à la tribu des Hachem de l'Est, qu'on y retrouve encore. Si-Embarek se rendit à Kolea, et là, il s'engagea comme khramès (métayer qui cultive au cinquième) chez un nommé Ismaïl; mais Si-Embarek, au lieu de travailler, ne faisait que dormir. Pendant ce temps, chose merveilleuse, les bœufs attelés à sa charrue marchaient toujours de telle façon, qu'au bout du jour ils avaient fait leur ouvrage. On rapporta ce prodige à Ismaïl qui, voulant s'en assurer de ses propres yeux, se cacha un jour près de là, et vit Embarek couché sous un arbre, tandis que ses bœufs labouraient. La tradition même ajoute que les perdrix, pendant ce temps, s'approchaient de Si-Embarek pour lui enlever sa vermine ! Ismaïl, se précipitant alors à ses genoux, lui dit : « Tu es l'élu de « Dieu; c'est toi qui es mon maître, « je suis ton serviteur. » Aussitôt, le ramenant chez lui, il le traita avec le plus profond respect. Sa réputation de sainteté s'étendit bientôt au loin : de toutes parts, on venait solliciter ses prières et lui apporter des offrandes. Ses richesses ne tardèrent pas à devenir considérables; mais son influence était plus grande encore, et les Turcs eux-mêmes la respectaient. Les descendants de ce saint personnage furent, à leur tour, regardés comme les protégés de Dieu; en leurs mains habiles, cette puissance était toujours restée considérable » (*Castellane*).

Lors de la guerre avec les Français, Ben-Allal-ben-Embarek, un instant notre allié, se rappela son passé et se rallia à Abd-el-Kader, qui le nomma son khalifa (lieutenant) à Miliana; plus tard nous le retrouvons au combat d'El-Malah dans la province d'Oran, où il commandait les derniers bataillons réguliers d'Abd-el-Kader. Le 11 novembre 1843, cerné de tous côtés, perdant tout espoir de salut, il se détermina à vendre chèrement sa vie : d'un coup de fusil, il tua le brigadier Labossage, du 2ᵉ chasseurs d'Afrique; d'un coup de pistolet, il abattit le cheval du capitaine, aujourd'hui général, Cassaignoles; puis d'un autre coup de pistolet, blessa légèrement le maréchal des logis de spahis Siquot, qui venait de lui assener un coup de sabre sur la tête. Dégarni de son feu, il mit le yatagan à la main; ce fut alors que le brigadier Gérard termina cette lutte désespérée, en le tuant d'un coup de fusil. — La tête de Ben-Allal fut envoyée à Alger, au bureau arabe, où ses coreligionnaires purent se convaincre de sa mort; puis tête et corps, réunis dans un même cercueil, furent inhumés, avec les honneurs militaires, à Kolea dans la koubba des Embarek, élevée près de la mosquée du même nom, et qu'ombragent un palmier et un cyprès dont la semence vient de la Mekke, toujours selon la légende.

Kolea, située sur le revers méridional des collines du Sahel, à 130 mètres au-dessus du niveau de la mer, au milieu de vergers, et arrosée par des eaux abondantes et pures, a été visitée pour la première fois, en 1831, par l'armée française. En 1832, la ville fut rudement imposée; en 1837, on y fit une nouvelle reconnaissance. Le voisinage du bois des Kharezas, à quelques kilomètres ouest de là, au bas des collines, était le lieu des réunions habituelles des indigènes les plus hostiles à notre domination. Cette partie du Sahel, mal couverte par les camps de Douéra et de Maelma et par quelques postes trop faibles pour résister à des incursions sur un terrain sillonné de sentiers, qui en facilitaient l'accès à un ennemi habitué au pays, et de ravins profonds, qui gênaient l'action rapide d'une troupe où l'exposaient à tout instant à tomber dans des embuscades, fut définitivement occupée en 1838. Le maréchal Valée ordonna l'établissement du camp de Kolea, sur un mamelon sud de la ville, dont l'entrée fut d'abord interdite aux Européens. De ce camp, sentinelle avancée, on pouvait observer les débouchés des sentiers et surveiller le rivage de la mer. Des postes extérieurs ou blockhaus furent organisés à Mohammed-Chérif, à Ben-Aouda, à Fouka, à Mokta-Khrera, et les années suivantes, de 1839 à 1841, on ouvrit la route de Kolea à Douéra. Kolea, devenue centre de population civile sous l'autorité militaire, par arrêté du 17 février 1840, fut administrée plus tard par un commissaire civil; en vertu d'un autre arrêté du 21 décembre 1842. Une justice de paix y a été installée, le 9 décembre 1847; un décret du 21 novembre 1851 a érigé en commune la ville de Kolea, rattachée ensuite à la sous-préfecture de Blida, le 26 février 1852. La population de Kolea est aujourd'hui de 2700 individus.

Description. Kolea était composée, comme Blida, de maisons à un rez-de-chaussée, bâties en pisé, s'appuyant souvent les unes contre les autres, au moyen de contre-forts en charpentes ou en troncs d'arbres, un mur ceignait la ville, d'où s'élançaient çà et là quelques minarets. Aujourd'hui, comme à Blida, le vieux mur d'enceinte a disparu, les rues tortueuses, couvertes de vignes, ont fait place aux rues alignées et bordées de maisons à l'européenne; la salubrité y a sans doute gagné, mais le pittoresque a complétement disparu. — La seule mosquée affectée au culte musulman a été dégagée des maisons qui s'appuyaient contre elle, comme les échoppes contre nos vieilles cathédrales. La mosquée de Sidi-Embarek a été convertie en hôpital; la koubba seule a été respectée. — Le *jardin des Zouaves*, au bas de la ville, mérite la visite du voyageur. C'est tout à la fois une orangerie et un joli jardin anglais plantés sur les terrains ravinés de l'Ank-Djemel, Cou du Chameau, au fond desquels coulent et murmurent les ruisseaux qui vont se jeter plus bas dans l'oued-Mazafran.

Environs. **Fouka** est située au nord et à 4 kil. de Kolea, sur le chemin prétentieusement appelé route de Blida à la mer. Ce village de 420 habitants a été commencé vers la fin de 1841, par le génie militaire, pour recevoir, comme Beni-Mered, des militaires libérés, qui contribueraient à la garde de *l'obstacle continu* commençant à quelques pas de là près de la koubba de Sidi Abd-el-Kader, pour aller finir à Blida de ce côté ouest. Fouka ou Aïn-Fouka est l'ancien centre de population romaine que l'itinéraire d'Antonin désigne sous le nom de *Casæ calventi*. M. Berbrugger a fait des fouilles dans cette localité dès 1839. Des tombeaux, des bronzes, des poteries, des médailles s'y rencontrent de temps en temps; mais on n'a, jusqu'à présent, découvert à Fouka aucun monument épigraphique important. Ce village, dont la création remonte au 25 avril 1842, a été annexé à la commune de Kolea, le 21 novembre 1851. Il est fort bien exposé, sa situation est charmante, et ses habitants cultivent les céréales et la vigne. A 1 kil. de Fouka, sur le bord de la mer, sont groupées quelques maisons appartenant à des pêcheurs, qui vivent en transportant le produit de leur industrie à Kolea et jusqu'à Blida. Cette localité, nommée Notre-Dame de Fouka, avait été créée par ordonnance royale du 7 janvier 1846, en vue d'y établir un entrepôt commercial; ce projet n'a pas abouti.

Chaïba, à 4 kil. S. O. de Kolea, sur la route de Castiglione, est une colonie militaire, section de Tefeschoun, créée à la fin de 1852, sur l'emplacement occupé par les bâtiments de la vaste propriété de Haouch Chaïba-el-Fokani, appartenant autrefois à M. Fortin d'Ivry. Entre Chaïba et le Mazafran, c'est-à-dire sur le revers méridional du Sahel, on a créé, en 1851, les ham. suisses de *Messáoud*, de *Saïr*, de *Berbessa* et de *Zoudj-el-Abbès*, pour des cultivateurs venus du Bas-Valais. La population de ces ham. compte 330 hab. tant Suisses que Français.

Une industrie tout à fait locale, exercée par les Arabes de Chaïba et du Farghen, est celle de la pêche des sangsues : cette pêche se pratique sur une étendue de 20 à 25 hect. dans les marais qui sont la continuation de ceux de l'oued-el-Halleg. Les Arabes pêchent annuellement 10000 sangsues qu'ils vendent à Kolea et à Bou-Farik; mais cette industrie doit disparaître devant les travaux de la colonisation et le desséchement des marais.

Castiglione, à 10 kil. de Kolea, comprend les deux villages de *Bou-Ismaïl* et de *Tefeschoun*, créés en 1848. Castiglione a été constitué en centre le 11 février 1851, et annexé à la commune de Kolea, le 31 déc. 1856. Bou-Ismaïl, sur le bord de la mer, pourvu d'eaux abondantes et de terres d'excellente qualité, est dans une situation prospère. On a trouvé à Bou-Ismaïl des tombes, des médailles, une amphore servant d'ossuaire et une inscription chrétienne remontant au IIIe siècle ; mais rien qui pût indiquer le nom de la station romaine sur l'emplacement de laquelle est ce village. Tefeschoun, distant de Bou-Ismaïl de 3 kil., est situé plus à l'O. dans une même position, et les conditions de bien-être y sont également les mêmes.

Bérard (nom de l'officier de marine qui a reconnu et décrit les côtes de l'Algérie) est un village de récente création, 13 oct. 1858, situé sur l'emplacement de l'Aïn-Tagoureit, près de la mer, et à 4 kil. O. de Tefeschoun.

Le tombeau de la chrétienne est à 20 kil. O. de Kolea. On y arrive par deux routes muletières, l'une suivant, à travers les broussailles, le sommet des crêtes du Sahel algérien, l'autre longeant le *bois des Kharesas* et l'oued-Djer jusqu'au *lac Halloula*. Le tombeau de la chrétienne, en arabe *Kbour-er-Roumia*, aurait été, suivant Marmol et d'autres historiens aussi mal informés, la sépulture de Cava, fille du comte Julien, gouverneur de l'Afrique ; aujourd'hui que les moyens d'investigations historiques sont plus répandus, on sait que ce monument, dont Pomponius Mela révélait l'existence sur la côte, entre Alger et Cherchel, a servi de sépulture à toute une famille de rois maures. M. le docteur Judas donnerait, au moyen de légendes bilingues sur des médailles de Juba, la véritable signification des mots Kbour-er-Roumia. En effet, sur ces médailles on lit d'un côté, en latin, Rex Juba, et de l'autre, en punique, Juba Roum-

Melcal (Juba hauteur du royaume). M. Judas conclut en disant que le monument a dû s'appeler d'abord *Kbour-Roumim*, tombeau des hauts et des rois, mais que la terminaison punique *im* a fait place plus tard à la terminaison qualificative et collective *ia* des Arabes, d'où, Kbour-Roumia ou tombeau de la chrétienne. M. le docteur Leclerc a ingénieusement avancé que ce tombeau pouvait bien être celui de Syphax, roi de Massæsyliens, comme *Medr'acen* était celui de la famille de Massinissa.

Le peuple arabe, qui croit à l'existence de trésors dans tout monument extérieur ou souterrain dont il ne peut s'expliquer l'origine et l'usage, a sa légende du tombeau de la chrétienne. Un arabe de la Mitidja, Ben-Kassem est son nom, ayant été fait prisonnier de guerre par les chrétiens, fut emmené en Espagne où, vendu comme esclave à un vieux savant, il ne passait pas de jour sans pleurer sur la captivité qui le séparait pour jamais peut-être de sa famille. « Écoute, lui dit un jour son maître, je puis te rendre à ta famille et à ton pays, si tu veux me jurer de faire ce que je vais te dire, et en cela il n'y aura rien de contraire à ta religion. » Ben-Kassem, sûr de ne point perdre son âme, jura. « Tout à l'heure, continua le savant, tu t'embarqueras; quand tu reverras ta famille, passe trois jours avec elle; tu te rendras ensuite au tombeau de la chrétienne, et là, tu brûleras le papier que voici, sur le feu d'un brasier, et tourné vers l'orient. Quoi qu'il arrive, ne t'étonne de rien et rentre sous ta tente. Voilà tout ce que je te demande en échange de la liberté que je te rends.» Ben-Kassem exécuta ponctuellement ce qui lui avait été recommandé; mais à peine le papier qu'il avait jeté dans le brasier fut-il consumé, qu'il vit le tombeau de la chrétienne s'entrouvrir pour donner passage à un nuage de pièces d'or et d'argent, qui s'élevait et filait, du côté de la mer, vers le pays des chrétiens. Ben-Kassem, immobile d'abord à la vue de tant de trésors, lança bientôt son burnous sur les dernières pièces et il put en ramener quelques unes; quant au tombeau, il s'était refermé de lui-même. Le charme était rompu. Ben-Kassem garda longtemps le silence, mais il ne put, à la fin, se retenir de conter une aventure aussi extraordinaire, qui fut bientôt connue du pacha lui-même. La chronique veut que ce pacha soit Salah-Raïs qui régna de 1552 à 1556 (960 à 963 hég.). Salah-Raïs envoya aussitôt un grand nombre d'ouvriers au tombeau de la chrétienne, avec ordre de le démolir et d'en rapporter les trésors qu'ils y trouveraient. Mais le monument avait été à peine entamé par le marteau des démolisseurs, qu'une femme, la chrétienne sans doute, apparaissant sur le sommet de l'édifice, étendit ses bras vers le lac, au bas de la colline, en s'écriant : « Halloula! Halloula, à mon secours! » et aussitôt une nuée d'énormes moustiques dispersa les travailleurs, qui ne jugèrent pas à propos de revenir à la charge. Plus tard, et cette fois la légende merveilleuse est muette, Baba-Mohammed-ben-Otsman, pacha d'Alger de 1766 à 1791 (1179 à 1206 hég.), fit démolir à coups de canon, et sans plus de succès, le revêtement E. du tombeau de la chrétiennne.

Kbour-er-Roumia forme un immense socle, large de soixante mètres, haut de onze; il devait avoir douze côtés. On voit au nord une imposte formant une croix qui a pu donner naissance à la fable de la chrétienne. Sur le socle s'échelonnent les 53 degrés, hauts chacun de 58 centimètres, d'un immense cône écrasé à son sommet. Des fouilles qui n'ont pu encore être complétement poursuivies par M. Berbrugger, en 1855 et 1856, et comme cela eût été à désirer, ont permis cependant de dégager le monument dans lequel le savant bibliothécaire a pu pénétrer jusqu'à 14 mèt. de profondeur horizontale. Quant au trou appelé par les Arabes *menfous* ou soupirail, qui se trouve au sommet du cône, ce n'est pas une entrée, mais le résultat de tentatives faites pour pénétrer dans le tombeau, car après avoir fait enlever la terre et les éclats de pierre qui garnissaient le fond de ce trou, M. Berbrugger a retrouvé le noyau du monument. En somme, les curieux qui visitaient le tombeau, avant les fouilles, n'avaient sous les yeux qu'un amas gigantesque de pierres taillées, les unes à leur place, les autres entassées confusément autour de la base, avec quelques débris de colonnes, de socles et de chapiteaux ioniens, mais sans caractère précis de cet ordre; aujourd'hui l'aspect monumental se révèle; si l'on poursuit ces travaux de fouilles si bien commencés, Kbour-er-Roumia fournira, à l'aide d'une restauration complète ou partielle, un témoignage irrécusable de l'état de l'architecture chez les peuples africains dans l'antiquité.

A 800 mèt. environ au N. E. du tombeau, il y avait une des *stations romaines* passant sur les crêtes du Sahel, à en juger par une tour octogone, circulaire à sa base, des moulins à bras, une auge en pierre et surtout une belle citerne appelée par les Arabes *dar-ed-delam*, qui a donné son nom à la localité. Enfin, à 2 kil. O. vers la mer, on trouve les carrières ou cavernes (*Er Rir'an*) qui ont fourni les pierres pour le tombeau de la chrétienne et dared delam.

ROUTE 2.

D'ALGER A BLIDA,

PAR LA PLAINE.

48 kil. — Service de diligences plusieurs fois par jour.

10 kil. d'Alger à Birkhadem (*V.* environs d'Alger, page 74).

14 kil. à gauche, *la Ferme-Modèle*, ou Haouch Husseïn-Pacha; elle a servi pendant longtemps d'avant-poste, plutôt que de ferme expérimentale.

15 kil. *Le pont de l'oued-Kerma*, à la descente du Sahel; on y trouve quelques auberges et maisons isolées. C'est un peu au-dessus de cet endroit qu'on voit se dérouler le vaste panorama de la **Mitidja** et mieux *Mitîdja*. « Je pouvais, dit M. E. Fromentin, apercevoir et mesurer d'un coup d'œil le périmètre de cette plaine magnifique qui fut, avec la Sicile, le grenier d'abondance des Romains, et qui deviendra le nôtre, quand elle aura ses légions de laboureurs. J'aime la plaine, et celle-ci est une des plus grandes, sinon des plus vastes, que j'aie vues de ma vie. On a beau la parcourir à la française, sur une longue chaussée civilisée par des ornières, y trouver des relais, des

villages, et de loin en loin des fermes habitées : c'est encore une vaste étendue solitaire où le travail de l'homme est imperceptible, où les plus grands arbres disparaissent sous le niveau des lignes, très-mystérieuse comme tous les horizons plats, et dont on ne découvre distinctement que les extrêmes limites : à droite la ligne abaissée du Sahel; au fond, les montagnes de Miliana perdues dans des bleus légers; à gauche le haut escarpement de l'Atlas, tendu d'un vert sombre avec des neiges partout sur les sommets.... la partie basse de la plaine est cachée sous l'eau, beaucoup de fermes ont l'air d'être bâties sur un étang, et le marais de l'oued-el-Halleg, à peine humide pendant l'été, inonde deux lieues de pays.... ».

Au XIII° s., la plaine de la Mitidja était couverte de cultures; de villages et de villes. Les historiens rapportent que les habitants de cette région possédaient trente villes assez considérables pour pouvoir y faire la prière publique. Mendîl, chef des Ma-r'aoua, envahit ce pays, y porta la dévastation, et ne s'éloigna qu'après avoir tout ravagé. Quelque temps après, le même Mendîl livra bataille auprès de Mitidja (Blida) à Yahya-ibn-R'ania, partisan des Almoravides; mais, abandonné des siens, il resta prisonnier entre les mains de Yahya qui le fit mettre en croix, sur les murs d'Alger qu'il venait de soumettre, 1225 (622 hég.). Au XIV° siècle, les Thâleba, venus du Titeri, avaient leurs demeures dans la Mitidja. Quand les Beni-Merin se furent emparés du Mar'reb central, les Thâleba demeurèrent maîtres de la Mitidja, en payant l'impôt aux chefs qui gouvernaient la ville d'Alger; mais ayant pris part à plusieurs révoltes contre Abou-Hammou, sultan de Tlemcen, ce dernier les bloqua dans les montagnes de l'Atlas, les fit capituler, envoya leur chef à Tlemcen où il le fit tuer, et la tribu fut bientôt ruinée par la confiscation de ses biens, l'esclavage et la mort. Au XV° s. et au commencement du XVI°, les Beni-Teumi occupaient la Mitidja; on a vu plus haut que Sélim-Ben-Teumi, émir d'Alger et chef de la tribu, ayant appelé Aroudj à son secours contre les Espagnols, fut tué par celui-ci qui se fit proclamer souverain à sa place.

La Mitidja, de Marengo, à l'O., jusqu'à la mer, au N. E., décrit un immense cercle ayant vingt-quatre lieues de longueur, et cinq dans sa plus grande profondeur; elle est bornée au N. par la mer et le Sahel, au S. par l'Atlas. — M. MacCarthy divise judicieusement la Mitidja en trois parties très-distinctes : *la partie orientale* limitée par l'Harrach, où se trouvent Rovigo, l'Arbâ, Rivet, la Foudouk, Bou-Hamedi, la Maison-Blanche, le Fort-de-l'Eau, Rouiba, la Rer'aïa, l'Alma, et dont le territoire est occupé en outre par les Khrachna et les Beni-Moussa; *la partie centrale* où l'on trouve Blida, Bou-Farik, Joinville, Montpensier, Dalmatie, Beni-Mered, Souma, Bouïnan, Chebli, Bir-Touta, les Quatre-Chemins et l'oued-el-Halleg; sa population indigène forme la tribu des Beni-Khrelil; *la partie occidentale* comprend les villages de la Chiffa, de Mouzaïaville, de Bou-Roumi, de l'Affroun, d'Ameur-el-Aïn et de Marengo, tous placés au pied de l'Atlas; les Hadjoutes occupent le milieu de cette troisième partie. C'est la région centrale que parcourt la route d'Alger à Blida, en décrivant, de l'oued-Kerma à Blida, un angle obtus, dont les Quatre-Chemins forment le point d'intersection.

23 kil. *Bir-Touta*, le Puits-du-Mûrier, ou le 4ᵉ *blockhaus*, petit hameau où les diligences relayent; création du 15 décembre 1851, faisant partie de la commune de Bou-Farik. Ce nom de 4ᵉ blockhaus rappelle qu'il y avait là une de ces huttes en bois, plus larges du haut que du bas, dans lesquelles on pénétrait par le sommet, au moyen d'une échelle qui, en cas d'alerte, s'enlevait, et alors les quelques hommes enfermés dans ce petit fort, dont l'enceinte en planches était à l'abri des balles, pouvaient résister à un coup de main, et défendre les environs, au moyen de meurtrières. Ces blockhaus, sorte de corps de garde composé de vingt à trente hommes, étaient jetés ainsi, d'espace en espace, pour la sûreté des routes sur lesquelles, sans parler de la guerre d'Afrique proprement dite, il y avait des malfaiteurs et des maraudeurs isolés qui attaquaient les Français comme les Arabes eux-mêmes. Le ravitaillement des blockhaus ne se faisait pas toujours sans coups de fusil; les annales militaires de l'Algérie gardent le souvenir des ravitaillements meurtriers et glorieux de 1836.

27 kil. *Les Quatre-Chemins*, autre annexe de Bou-Farik, située en effet à la rencontre de la route d'Alger à Blida par Douéra, et d'Alger à Blida et à Koléa par la plaine. A partir de ce hameau, la route court, presque droite, du N. au S. O.

34 kil. **Bou-Farik.** (*Hôtels*: Mazagran, du Commerce; *cafés*: Mazagran, du Commerce, de la Poste. Le *service des diligences* d'Alger à Blida donne à Bou-Farik toutes les facilités possibles de transport, pour les habitants et les voyageurs.)

Bou-Farik était, en 1830, un marais inhabitable, rempli de sangliers et de bêtes fauves; quelques rares sentiers le traversaient; prenant avec difficulté leur direction sur les terrains les plus fermes, ils aboutissaient tous à un endroit un peu plus élevé, au milieu duquel on trouvait un puits ombragé par trois arbres aux branches desquels flottaient de petits bouts de corde; et quelquefois à ces cordes, un corps humain se balançait dans l'espace; ces arbres étaient des gibets, la justice des Kaïds. Tous les lundis, les Arabes se réunissaient sur ce point central de la Mitidja, échangeaient leurs bestiaux, leurs marchandises, et se hâtaient de quitter ce lieu pestilentiel, pour retourner à leurs tentes avant la nuit, dont l'approche était redoutée par tout homme prudent, en possession de quelque argent produit de son marché.

En 1835, le général Drouet d'Erlon établit un camp à Bou-Farik, premier poste de notre armée dans la plaine, et la commandant; ce camp entouré de parapets pouvait contenir 1500 hommes et 600 chevaux. Quelque temps après, le maréchal Clauzel décréta la création d'une ville qu'une flatterie décora du nom de Medina-Clauzel. L'exécution première ne fut pas heureuse; l'enceinte de Bou-Farik fut d'abord tracée sur de vastes proportions: un rectangle de 750 mètres sur 1100, fermé par des bastions en terre et entouré de fossés comblés aujourd'hui. Les rues étaient alignées sur le plan, les hôtels construits ou projetés; mais toutes les parties distendues de cette ville nouvelle, affaiblies, énervées longuement, semblaient périr à leur naissance, tout comme les colons décimés par la fièvre. Bou-Farik, bâti sur un terrain malsain, dans un endroit où, selon le dicton, les corneilles elles-mêmes ne pouvaient vivre, Bou-Farik, à force de travaux d'assainissement exécutés par des colonies sans cesse renouvelées, finit par devenir prospère; les fièvres terribles avaient disparu. « Bou-Farik est en pleine prospérité. Plus de malades, plus de fiévreux. Les Européens s'y portent mieux qu'ailleurs. Pendant que tant d'hommes y mouraient empoisonnés par la double exhalaison des eaux stagnantes et des terres remuées, les arbres, qui vivent de ce qui nous tue, y poussaient violemment comme dans du fumier. A présent c'est un verger normand, soigné, fertile, abondant en fruits, rempli d'odeur d'étable et d'activité champêtre, la vraie campagne et les vrais campagnards.... Il a fallu pour se l'approprier dix années de guerre avec les Arabes et vingt années de luttes avec un climat beaucoup plus meurtrier que la guerre. » (*E. Fromentin*).

Bou-Farik, ville de 4000 âmes, dont la création remonte au 27 septembre 1836, est administrée depuis le 17 février 1840 par un commissaire civil. Bou-Farik tient, sans conteste, le premier rang parmi les localités agricoles de la Mitidja, dont elle est destinée à devenir l'entrepôt. Le camp *d'Erlon*, érigé plus tard en pépinière, a été concédé avec 86 hect. de terres environnantes, en tout 125 hect., par décret du 16 août 1851, au P. Brumauld, à condition de consacrer pendant vingt ans ces immeubles à une maison d'apprentissage agricole ou professionnel pour de jeunes orphelins qui arrivent en grande partie du dép. de la Seine. Cette maison, succursale de Ben-Aknoun (*V.* p. 97), compte à peu près aujourd'hui deux cents apprentis.

Le *marché*, où se réunissent tous les lundis 3 à 4000 indigènes des tribus voisines, amenant des denrées de toutes sortes et principalement des bestiaux, où arrivent les bouchers européens et les colons des environs, se tient à dr. de la route, en sortant de Bou-Farik. Un grand caravansérail réunissant des écuries, une mosquée, des cafés, des bureaux de perception, etc., a été construit sur l'une des extrémités du marché, dont le spectacle est fort curieux.

Les annexes de Bou-Farik sont: *Bir-Touta* et *les Quatre-Chemins*, citées plus haut; puis à 8 kil. E., sur la route de Sidi-Moussa, *Chebli*, 175 âmes, renommée pour sa culture des tabacs et créée le 21 juill. 1854; *Souma*, 270 âmes, création du 20 sept. 1845, à 7 kil. S. de Bou-Farik, au pied de l'Atlas, sur la route qui relie Blida au Fondouk; *Bouïnan*, création du 5 déc. 1857, à 8 kil. E. de Souma, sur la même route, dans une charmante position au pied d'une gorge boisée d'orangeries et d'oliviers séculaires; à 3 kil. entre Bou-Farik et Chebli, le hameau de *Souk-Ali* et la belle exploitation agricole de M. Borely Lassapie.

41 kil. **Beni-Mered**, 600 âmes. Cette localité possédait, dès 1839, une redoute avec un blockhaus; on y entretenait un petit poste de cavale-

rie pour la correspondance et la sûreté de la route entre Bou-Farik et Blida; à la fin de 1841 le génie militaire y construisit, en même temps qu'à Fouka, un village destiné à recevoir des militaires libérés, et à contribuer à la garde de *l'obstacle continu* dont les travaux venaient d'être commencés. Par arrêté du 16 janv. 1843, sa population était exclusivement composée de colons militaires; par arrêté du 15 déc. 1845, le village fut agrandi et peuplé de colons civils; son annexion à la commune de Blida est du 31 janv. 1848. Beni-Mered est aujourd'hui un beau village que sa situation à égale distance de Bou-Farik et de Blida, 7 kil., ne peut que rendre de plus en plus prospère. Sur la place du village, traversée par la route, on remarque une fontaine surmontée d'un obélisque; ce monument, élevé par souscription à la mémoire de Blandan et de ses vingt-deux frères d'armes, rappelle une des plus belles pages de nos annales militaires de l'Algérie. « Le 11 avr. 1841, dit M. de Castellane, la correspondance d'Alger partit de Bou-Farik sous l'escorte d'un brigadier et de quatre chasseurs d'Afrique; le sergent Blandan, seize hommes d'infanterie du 26º régiment de ligne, rejoignant leur corps, et un sous-aide major, faisaient route avec eux. Ils cheminaient tranquillement, sans avoir aperçu un Arabe, quand tout à coup, du ravin qui précède Beni-Mered, trois cents cavaliers s'élancèrent sur la petite troupe. Le chef courut au sergent et lui cria de se rendre. Un coup de fusil fut sa réponse; et, se formant en carré, nos soldats firent tête à l'ennemi. Les balles les couchaient à terre un à un, les survivants se seraient sans perdre courage. « Défendez-vous jusqu'à la mort, s'écria « le sergent, en recevant un coup « de feu; face à l'ennemi! » et il tomba aux pieds de ses compagnons. De vingt-trois hommes, il en restait cinq, couvrant de leur corps le dépôt qui leur était confié, quand un bruit de chevaux lancés au grand galop réveilla leur ardeur. Bientôt, d'une nuée de poussière, sortirent des cavaliers qui, se précipitant sur les Arabes, les mirent en fuite : c'était Joseph de Breteuil et ses chasseurs. A Bou-Farik, il faisait conduire les chevaux à l'abreuvoir, lorsqu'on entendit la fusillade. Aussitôt ne laissant à ses hommes que le temps de prendre leurs sabres, M. de Breteuil partit à fond de train suivi des chasseurs montés au hasard. Le premier, il se jeta dans la bagarre, et, grâce à sa rapide énergie, il put sauver ces martyrs de l'honneur militaire. Aussi le sauveur fut-il compris dans la récompense glorieuse : la même ordonnance nomma membres de la Légion d'honneur M. de Breteuil et les cinq compagnons de Blandan. »

48 kil. **Blida.** (*Hôtels* : de la Régence, 1er ordre; de France, du Périgord, des Bains; *cafés* : Français, d'Orient, du Commerce, des Arts, de France, Laval; *cercle militaire; théâtre; le Tapis vert* (Tivoli d'été); *bains maures; direction des Postes; Télégraphie électrique; service de diligences* pour Alger, Medéa, Miliana et Cherchel; *marché arabe* tous les vendredis; *foire* annuelle du 15 au 20 août.)

Situation, aspect général. Blida est située à 185 mèt. au-dessus du niveau de la mer, par 0° 50' de longitude O. et 36° 60' de latitude N., à l'entrée d'une vallée très-profonde, au pied du petit Atlas qui l'abrite du côté du midi. Le dernier contre-fort auquel elle est adossée, couvert d'arbres et cultivé jusqu'à son sommet, lui verse des eaux abondantes qui alimentent de nombreuses fontaines et arrosent les jardins et les orangeries qui font à la blanche ville une verte ceinture, de quelque côté qu'on l'aborde.

Histoire. Blida, El-Boleïda (la petite ville), ne remonte pas, comme bien des localités de l'Algérie, aux époques de la domination romaine; nulle trace, nulle ruine, du moins ne le font supposer; c'est à tort que Shaw a vu dans Blida la *Bida colonia*, et que d'autres savants l'ont fait succéder à *Sufasar*. Dans la table géographique de l'histoire des Berbères d'Ibn-Khaldoun, M. de Slane cite *Mitidja*, ville située dans la plaine du même nom et sur l'emplacement de la ville actuelle de Blida. El-Bekri veut que Mitidja soit également *Kazrouna* située un peu plus haut que Blida. Mitidja, Kazrouna et Blida étaient-elles une seule et même ville? toujours est-il qu'elles furent ruinées plus tard par les tribus zenatiennes, ainsi que toutes les villes centrales du Mar'reb; beaucoup restèrent inhabitées, on n'y trouvait plus un seul foyer allumé, on n'y entendait plus le chant du coq; elles finirent par disparaître complètement. Blida, la ville aux murailles blanches et étincelantes, visitée par le soleil au milieu des massifs verts d'orangers et de citronniers dont le parfum la trahissait au loin, se releva plus tard.

Mohammed-ben-Yussef, de Miliana, le marabout voyageur, dont les dictons sont restés populaires en Algérie, a dit de Blida : « On vous appelle une petite ville, et moi je vous appelle une petite rose! » Mais Blida la parfumée, séjour du plaisir, et du plaisir facile, s'appelait aussi « la Kabah (la courtisane). » Quoi qu'il en soit, Blida, comme toutes les villes heureuses, n'avait aucune page d'histoire. On sait que, sous la domination turque, son importance était grande par le chiffre élevé de sa population, ses relations commerciales avec la province du Titeri, l'étendue et la richesse de ses jardins. Mais un terrible tremblement de terre la détruisit du 2 au 7 mars 1825, ensevelissant sous les décombres des mosquées, des synagogues, des maisons et la moitié de ses habitants, 7000! Après ce désastre, les survivants voulurent abandonner Blida et tracèrent à 2 kil. plus loin, au N. O., une autre enceinte, mais les constructions de la nouvelle ville avancèrent peu et enfin elles ne furent point continuées, puisqu'en 1830, le 25 juill., lors de l'excursion militaire du général de Bourmont, qui faillit tourner si mal, l'armée trouva Blida encore debout et rebâtie en partie. Le 19 nov. de la même année, le maréchal Clauzel n'y put pénétrer qu'après un combat et l'évacua à son retour de Médéa. Le 20 nov. 1834, Blida, refuge des mécontents, est prise, saccagée puis évacuée par le duc de Rovigo. Le 3 mai 1838, le maréchal Valée occupe Blida sans coup férir; afin de ne point provoquer l'émigration, les troupes s'établissent hors de l'enceinte, dans deux camps. D'ailleurs, la ville elle-même, comme toutes les villes mauresques, ne se fût point prêtée à l'installation des casernes et de l'administration militaire. On interdit aux Européens tout établissement et toute acquisition d'immeubles à Blida. Ces exceptions temporaires étaient commandées par l'intérêt général. Les deux camps furent établis, l'un, dit camp supérieur, à l'O., sur l'emplacement où on a construit depuis le v. de Joinville, et l'autre, dit camp inférieur, à l'E., à l'endroit où s'élève le v. de Montpensier. Mais en 1839 les nécessités de la guerre firent définitivement occuper Blida. Plus tard, avec la tranquillité, le moment étant venu de faire de cette ville un centre européen, un commissariat civil fut créé par décret du 8 mai 1841, et son titulaire remplaça l'adjoint civil au commandant militaire, qui administrait jusque-là les quelques premiers colons, cantiniers ou petits marchands amenés à Blida par la concentration de nombreuses troupes. Ce noyau de population civile ne comptant, en 1842, que 4 à 500 habit., s'élève aujourd'hui à près de 3500, qui joints aux 4500 indigènes, forment un total de 8000 hab. Blida est le ch.-l. de la division militaire d'Alger, d'une sous-préfecture et le siége d'un tribunal de 1re instance. Les cultes catholique, israélite et musulman y ont leurs officiants.

Description. L'ancien mur en pisé des Arabes a fait place à un mur en pierre de 4 mèt. de hauteur, percé de 6 portes qui sont celles : d'Alger, du Camp des chasseurs, d'El-Zaouïa, d'El-Rabah, d'El-Sebt et d'El-Kebir. Ainsi que la plupart des villes de l'Algérie, Blida est un mélange de constructions arabes et françaises; mais une spéculation imprudente et trop hâtive y a laissé çà et là inachevées des maisons qui semblaient vouloir atteindre à un cinquième étage. Blida formait autrefois une ville compacte percée de quelques rues et de beaucoup d'impasses; elle possède maintenant des places et des rues bien alignées; ses monuments sont : les hôtels de la division militaire, de la sous-préfecture et de la mairie, le théâtre, les casernes et l'hôpital. L'église catholique était installée provisoirement dans une vieille mosquée située sur un des côtés de la place d'armes, et que l'on vient de démolir pour la construction définitive de cette même église; les trois autres côtés de la place sont garnis de maisons à arcades, le *nec plus ultra* de la maçonnerie en Algérie. Les mosquées Ben-Sadoun et des Turcs sont toujours affectées au culte musulman. Quant aux jolies maisons mauresques, à un rez-de-chaussée, avec galerie et cour plantée de vignes et d'orangers, elles disparaissent de jour en jour, comme ont déjà disparu ces petites rues garnies de boutiques et de cafés abrités du soleil par des treilles au-dessus desquelles s'élançaient quelques minces et gracieux minarets.

Environs et promenades. On visitera : les *orangeries*, dont une grande partie a été détruite par les nécessités de la guerre et de la voirie; mais celles qui restent encore sont vraiment aussi belles à voir que productives pour leurs propriétaires; à l'O., aux portes de la ville, *le bois sacré* d'oliviers séculaires, où se tient le marché arabe du vendredi; sur la route d'Alger, à l'E., le *jardin public*, puis au S., et sur l'oued-el-Kebir, les minoteries françaises, les moulins arabes, et en remontant la même rivière, les trois *koubbas* de Mohammed-el-Kebir et de ses deux fils, but de pèlerinage des Arabes des environs. On indiquera enfin, en dehors de la porte d'el-Seht, l'immense panorama de la Mitidja constellée de villages et de fermes, terminée au N. par le Sahel que couronne à sa partie O. le tombeau de la chrétienne, et que l'oued-Nador sépare plus à l'O. encore du djebel-Chenoua.

Les annexes de Blida sont : à 2 kil. N., **Montpensier**, 200 hab., créé par arrêté du 21 juin 1843, sur l'emplacement du camp inférieur de 1837; **Joinville**, 250 hab., à 2 kil. O., créé le 3 juill. 1843, dans l'enceinte du camp supérieur; **Dalmatie**, 260 hab., à 4 kil. N. E., création du 3 sept. 1844; **Oued-el-Halleg**, 360 hab., à 10 kil. N. O., créé le 15 déc. 1851, et enfin Beni-Mered, v. p. 93.

ROUTE 3.

D'ALGER A BLIDA,

PAR LE SAHEL.

49 kil. — Service de diligences plusieurs fois par jour.

La route d'Alger à Blida, par le Sahel, n'est pas beaucoup plus longue que la route de la plaine; elle traverse le Sahel, et son tracé, tout militaire, suit les crêtes et s'appuie sur des points autrefois fortifiés et devenus aujourd'hui autant de villages.

5 kil., route d'Alger à El-Biar. (V. Environs d'Alger, page 69.)

6 kil. *Bivac des Indigènes*. — On prend la route de g.; celle de dr. mène à Kolea par Staouéli.

8 kil. *Ben-Aknoun*. C'est dans cette propriété rurale qu'a été fondé le premier orphelinat de garçons, ou maison d'apprentissage, sous la direction du P. Brumauld; cette maison a aujourd'hui pour annexe l'ancien camp d'Erlon à Bou-Farik. Ces deux établissements ont donné plus tard naissance à ceux de Misserghin, dans la province d'Oran, et de Medjez-Hamar, dans la province de Constantine. La position des orphelinats est aujourd'hui régularisée. Des traités ont été passés entre l'administration et les directeurs des quatre établissements de Ben-Aknoun, de Bou-Farik, de Misserghin et de Medjez-Hamar. Ces traités fixent principalement le genre d'instruction et d'apprentissage que doivent recevoir les élèves; les conditions du régime alimentaire et tout ce qui touche à l'entretien des enfants, tant en santé qu'en maladie; la distribution et l'emploi du temps; le prix de la pension à payer par l'administration; enfin les avantages que l'établissement doit faire aux élèves à leur sortie. 1° *Éducation*. — Elle consiste, pour tous, dans les soins physiques et moraux que les parents doivent à leurs enfants, et dans l'enseignement ordinaire des écoles primaires. On y joint, à mesure que les enfants en deviennent capables, l'enseignement agricole, ou celui d'une profession se rattachant essentiellement à l'agriculture, selon le goût et l'aptitude de chaque sujet. 2° *Régime alimentaire et entretien*. — Le régime alimentaire est celui des enfants de troupe dans les régiments. Il en est de même pour le logement, l'ameublement, l'habillement, et tout ce qui concerne l'entretien en état de santé et de maladie. 3° *Distribution du temps*. — Huit heures de travail manuel, deux heures de classe, huit heures et demie de sommeil, cinq heures et demie pour les exercices religieux, les repas, les ré-

créations et les soins de propreté, tel est l'emploi d'une journée de vingt-quatre heures pour chaque élève. Les enfants au-dessous de dix ans ne s'occupent pas de travaux manuels ; tout leur temps est partagé entre les classes de l'enseignement primaire, la récréation ou les exercices gymnastiques. 4° *Prix de la pension.* — La pension de chaque élève coûte à l'administration 0,90 cent. par jour, pour les enfants au-dessous de dix ans, 0,80 pour ceux de dix à quinze, 0,50 pour ceux de quinze à dix-huit. A partir de dix-huit ans jusqu'à vingt-et un ans, l'élève pourvoit par son travail, à son entretien et à toutes ses dépenses.

« Au jour de sa sortie, par suite de majorité, est-il dit par une clause spéciale du traité, le directeur devra munir l'élève d'une somme de cent francs au moins, et plus, selon les récompenses qu'il aura obtenues, successivement et progressivement, par sa bonne conduite et son travail, ou d'une somme proportionnelle dans le cas où, par suite de son appel sous les drapeaux, il quitterait la maison avant l'âge de vingt et un ans révolus. » De son côté, l'administration garantit à chaque élève qui, à sa sortie de l'orphelinat, se fixera en Algérie, comme travailleur agricole, une concession de 4 à 6 hectares, suivant la nature et la situation du sol. L'administration de l'Algérie suit avec autant de sollicitude que d'intérêt les résultats que peuvent donner les maisons où sont recueillis les enfants trouvés, abandonnés ou orphelins, et dont la réussite peut avoir des conséquences si fécondes pour l'avenir d'une classe déshéritée et pour le peuplement de la colonie.

Ben-Aknoun compte de 2 à 300 élèves.

A moitié route de Ben-Aknoun et de Deli-Ibrahim, on rencontre à g. un chemin vicinal conduisant à El-Achour, Draria et Kaddous. **El-Achour**, à 14 kil. d'Alger, a été créé par décret du 12 avr. 1842, sur le territoire d'une ferme domaniale, à l'endroit où les sources de l'oued-Kerma prennent naissance. **Draria**, à 16 kil. d'Alger, a été créé par décret du 10 janv. 1842, sur le territoire de tribus passées à l'ennemi en 1839. La population, qui est de 850 hab., joint à l'industrie agricole l'exploitation de carrières de pierres. **Kaddous**, à 18 kil. d'Alger, est un ham. créé par arrêté du 23 avr. 1835, sur un terrain excellent, où, dit M. V. Bérard, on construisait, du temps des Maures, une sorte de poterie pour les conduits et canaux, dont le nom est resté à la localité. El-Achour, Draria et Kaddous ont été annexés à la commune de Deli-Ibrahim le 21 déc. 1856.

11 kil. **Deli-Ibrahim.** En 1832, sous l'administration du duc de Rovigo, des familles alsaciennes présentant un total de 416 individus, étant arrivées du Havre à Alger, par suite d'avis qui les avaient détournées de se rendre en Amérique, on songea à les établir dans deux villages aux environs ; telle fut l'origine des villages de Deli-Ibrahim et de Koubba. Créé le 21 sept. 1832, sur un plateau élevé de 250 mèt. duquel on aperçoit la Méditerranée, et près d'un avant-poste plongeant dans les ravins des environs et surveillant la plaine de Staouéli, Deli-Ibrahim a eu une existence fort précaire de 1833 à 1840, et les colons eurent à faire preuve, en maintes circonstances, d'un rare courage ; ils

surent toujours, même au plus fort de la guerre, se faire craindre de l'ennemi. Plus tard, lors de la création du camp de Douéra et de l'ouverture de la route qui y conduit, l'exploitation de l'industrie des transports entre Alger, Douéra et les autres camps, amena l'aisance à Deli-Ibrahim ; mais cette aisance, due à des causes de guerre qui ne pouvaient toujours durer, fut obtenue ensuite au moyen des seules et vraies ressources de l'agriculture. Deli-Ibrahim, pourvu aujourd'hui d'eaux abondantes pour ses irrigations et ses bestiaux, cultive principalement les céréales, le tabac et la vigne. Ce village, érigé en commune par décret du 31 déc. 1856, compte 600 hab.

A 800 mèt. de Deli-Ibrahim, un chemin vicinal, s'embranchant à g. sur la route de Douéra, conduit à El-Achour, Draria et Kaddous, dont nous avons parlé plus haut.

A 2 kil. 1/2 et cette fois à dr., on arrive par un autre chemin vicinal à Ouled-Fayed, distant de Deli-Ibrahim de 5 kil. Le village d'**Ouled-Fayed**, ancien avant-poste, occupe le territoire de tribus émigrées. Il a été créé par décret du 2 déc. 1842, sur une hauteur de laquelle on domine la plaine de Staouéli et la Méditerranée. Les habitants d'Ouled-Fayed, au nombre de 300, se livrent à la culture maraîchère et à l'élève des bestiaux. Ouled-Fayed a été annexé à la commune de Deli-Ibrahim, le 31 décembre 1856.

19 kil. Baba-Hassen, v. créé par arrêté du 8 mars 1843, sur le territoire d'une ancienne ferme domaniale, a été annexé à la commune de Douéra le 21 nov. 1851, et compte aujourd'hui 170 hab.

23 kil. **Douéra** (la petite maison). *Hôtels:* du Sahel et de Strasbourg. — Auberges. — *Café* de Strasbourg. — *Bureau de poste.* — *Service direct de diligences* pour Alger. — Location de chevaux et de voitures. — *Marché* tous les jeudis. — *Foire* les premiers dimanches de mars et de novembre.

Douéra a d'abord été un camp établi en 1834, dans le but d'avoir des troupes à portée de la plaine et pouvant la surveiller, ainsi que le marché de Bou-Farik où se réunissaient tous les lundis 3 à 4000 Arabes. C'est dans cette vue que l'on ouvrit, en même temps, une partie de la route traversant les marais et conduisant au marché. Cependant il s'était formé spontanément à Douéra, à l'abri du camp, une petite agrégation de maisons sans plan d'alignement, sans concessions régulières, servant aux cantiniers et petits marchands qu'attirent toujours une nombreuse garnison et le passage des troupes. On pensa que, vu sa position centrale, son incontestable salubrité, la vaste étendue des terres qui l'environnaient et l'existence d'un camp et d'un hôpital permanents, Douéra était appelée à devenir le chef-lieu administratif et commercial du Sahel, comme elle en était depuis quelques années le point militaire le plus important. Un centre de population fut donc créé à Douéra par arrêté du 17 mars 1842; son emplacement occupe une superficie de 30 hect., non compris les établissements militaires; il est entouré par un mur percé de créneaux et ouvert par trois portes : d'Alger, de Blida et de Maelma. Un commissariat civil et plus tard une justice de paix furent institués dans ce nouveau centre dont les habitants, comme ceux de Deli-Ibrahim, eurent de la peine à se tirer d'affaire, lorsque la garnison fut évacuée et que les transports militaires se firent par la route de la plaine; mais ils comprirent que les travaux des champs pouvaient seuls améliorer leur position. Douéra, constituée en commune le 21 nov. 1851, compte une population de 2700 hab.; « c'est, dit M. Mac Carthy, une jolie petite V. tout agricole, et l'entrepôt des contrées voisines. Sa principale rue, plantée d'arbres et qui n'est, du reste, qu'une partie de la route d'Alger, a presque tous les agréments d'une promenade très animée. On peut facilement voir en la parcourant tout ce que Douéra a de remarquable, son église, l'ancien camp, et les bâtiments d'un moulin à vapeur assez importants. » Douéra a pour annexes : Baba-Hassen, dont nous avons parlé plus haut, puis, à 8 kil. O., **Maelma**, 225 hab., créée le 2 avr. 1844, et bâtie par les condamnés militaires; en face de Maelma, on voit l'emplacement de l'ancien camp qui, dès les premiers temps de la conquête, fut élevé avec ceux de Douéra et de Bou-Farik, pour couvrir d'autres camps moins éloignés d'Alger, et pour se rapprocher de la Mitidja, afin d'en maîtriser l'étendue le plus possible. Ce poste commandant un pays accidenté et difficile, entre la mer et la plaine, a joué un certain rôle; les zouaves, chargés de sa défense, eurent à soutenir plusieurs engagements contre les Arabes, principalement le 16 mars et le 1er déc. de l'année 1835; à 5 kil. entre Douéra et Maelma, **Sainte-Amélie**, 210 hab., création du 23 mars 1843; ce v. a été construit par des condamnés militaires sur les terrains de l'Haouch ben-Omar; quelques ruines romaines, avec leur pavage en mosaïque, ont été signalées à Sainte-Amélie; à 8 kil. N. O., **Saint-Ferdinand**, 207 hab., créé par arrêté du 16 janv. 1843, a été construit également par les condamnés militaires, à l'endroit dit Bou-Kandoura, sur un plateau entre Deli-Ibrahim et Douéra, où venaient se réfugier les partisans indigènes qui, de là, se répandaient dans le N. du Sahel et jusqu'au Bou-Zaréa. Saint-Ferdinand est divisé en trois groupes : le v. proprement dit, et les deux ham. de *la Consulaire* et du *Marabout d'Aumale*. On peut se rendre d'Alger à Saint-Ferdinand et à Sainte-Amélie par Ouled-Fayed, le trajet est plus court, mais on quitte la diligence à Deli-Ibrahim; à 3 kil. E. de Douéra, **Crescia**, 227 hab., sur l'emplacement de Ben-Kadri; ce v. et ceux de Maelma, Sainte-Amélie et Saint-Ferdinand, ont été annexés à la commune de Douéra, le 21 nov. 1851.

26 kil. *Ouled-Mendil*, ham. dépendant de Douéra, sur les pentes du Sahel. « De ce point la Mitidja se déroule entière aux regards. Large d'env. 5 lieues, la Mitidja s'étend jusqu'aux montagnes qui s'élèvent sur une ligne parallèle aux collines du Sahel de l'E. à l'O., de la baie d'Alger au fond de la plaine. A l'E. le voyageur aperçoit le Fondouk; droit devant lui, dans la plaine, les ombrages de Bou-Farik; à dr. au pied de la montagne, Blida et ses bois d'orangers; puis la coupure de la Chiffa et le col de Mouzaïa, célèbre par tant de brillants assauts dont le souvenir restera dans notre histoire militaire; plus loin, l'oued-Djer et l'oued-Bou-Roumi qui ont

ru couler le sang de nos soldats; au centre, l'oued-Halleg, le tombeau d'un des bataillons réguliers d'Abd-el-Kader; enfin le lac Halloula, la vallée qui mène à Cherchel, et à l'O., aux dernières limites de l'horizon, près du territoire de ces Hadjoutes fameux, l'effroi de la banlieue d'Alger, le Chenoua qui jette dans les airs son piton gigantesque, à quelques pas du tombeau de la chrétienne. » (*Castellane*).

28 kil. *Les Quatre-Chemins*, p. 92.

Le petit v. de *Saint-Jules*, création du 22 sept. 1843, à 2 kil. N. O. des Quatre-Chemins, et le ham. de *Saint-Charles*, à 6 kil. O. des Quatre-Chemins, dépendent de la commune de Douéra.

49 kil. **Blida**. (Voir p. 94).

ROUTE 4.

D'ALGER A CHERCHEL,

114 kil. — Service de diligences.

48 kil. D'Alger à Blida (*V*. route 2).
56 kil. **La Chiffa**, sur la rive g. de la rivière de ce nom, torrentueuse en hiver, à sec en été; au point d'intersection de la route de Medéa, 250 hab.; création du 22 déc. 1846; annexion à la commune de Mouzaïaville, le 31 déc. 1856.

59 kil. *Ancienne route de Medéa* par le col et les mines, et route de *Miliana* par l'oued-Djer.

60 kil. **Mouzaïaville**, entre l'oued-Mererou et l'oued-Gueroud, deux petits affluents de l'oued-Chiffa, a été créée le 22 déc. 1846, et constituée en commune le 31 déc. 1856. Sa population est de 650 hab. Le grand marché du Sebt (samedi) a été transporté, en 1855, du Haouch-Smara au village de Mouzaïaville.

Cette translation a été plus avantageuse aux centres et aux fermes situés dans le rayon de Mouzaïaville, à cause de la facilité des communications, qui permet à différents marchands de Blida et notamment aux maraîchers de fournir aux colons, privés de moyens d'irrigation, les légumes qu'ils ne pourraient produire eux-mêmes. Le marché est en outre très-fréquenté par les indigènes, surtout par les Mouzaïa et les Soumata, qui y apportent les produits de leurs montagnes : chèvres, volailles, œufs, miel, cire, figues, et par les Hadjoutes qui y amènent des bestiaux.

On pourra visiter les ruines romaines d'*el-Hadjeb*, à 1/2 kil. S. de Mouzaïaville. Les fouilles faites jusqu'à présent dans cette localité, fouilles dues au hasard, ont amené la découverte d'un bas-relief plus qu'érotique, d'une assez bonne statue de Bacchus adolescent, offerte et déposée au musée d'Alger par le colon Nicolet, et d'une inscription tumulaire de l'évêque Donatus, tué dans la guerre des Maures et inhumé le 6 des ides de mai de l'année provinciale 456 (de J.-C. 493), sous le règne du roi vandale Guntamund.

64 kil **Bou-Roumi**, au confluent de l'oued de ce nom et de l'oued-Bou-Chouaou, affluents de l'oued-Djer. Colonie agricole de 1848; constitution du centre le 11 fév. 1851; annexion à la commune de Mouzaïaville le 31 déc. 1856; population 80 hab.

66 kil. **El-Affroun**, colonie agricole de 1848; constituée en centre le 11 fév. 1851; annexée à la commune de Mouzaïaville le 31 déc. 1856; 270 hab. L'*oued-Djer*, à 1 kil. de là, est traversée par la route; son

mince filet d'eau, torrent en hiver, coule sur un large lit cailouteux entre les oliviers et les lauriers roses, et va former au N. E., à sa jonction avec la Chiffa, la rivière du Mazafran.

72 kil. **Ameur-el-Aïn**, colonie agricole de 1848; constituée en centre le 4 juill. 1855, et annexée à Marengo, le 31 déc. 1856; 212 hab.

80 kil. **Bou-Rkika**, sur l'oued de ce nom. Colonie agricole de 1848; création en 1849; peuplement avec des transportés en 1852; annexion à la commune de Marengo, le 31 déc. 1856. L'embranchement des routes de Cherchel et de Miliana est à quelques pas, au delà du village; et c'est un spectacle assez curieux et plein de mouvement que celui des diligences de Blida, de Miliana et de Cherchel, arrivant en même temps à Bou-Rkika, où se fait entre les diverses voitures un échange de voyageurs.

86 kil. **Marengo**. Colonie agricole de 1848; création du 17 sept. de la même année; constitution du centre, le 11 fév. 1851; institution d'un commissariat civil, le 13 janv. 1855; constitution de la commune, le 31 déc. 1856; population 700 hab. Ce grand et beau village, centre d'une future ville, est situé à l'extrémité occidentale de la Mitidja, au pied des montagnes des Beni-Menacer, près de l'oued-Meurad; un barrage, entrepris dès 1855, et consistant en une digue transversale de 17 mèt. de hauteur, retient les eaux d'amont de l'oued-Meurad et forme un vaste réservoir destiné aux irrigations des terres de Marengo. Un marché important, dit de l'Arbâ des Hadjoutes, se tient chaque vendredi à Marengo; il est fréquenté et approvisionné par les Hadjoutes, les Beni-Menad, les Beni-Menacer et les Chenoüa.

La route presque droite de Blida à Marengo, jalonnée par de jolis villages adossés aux dernières pentes de l'Atlas, sert de limite S. à la Mitidja, formant dans cette partie O. un long triangle dont le Sahel au N. et la Chiffa à l'E. forment les deux autres côtés. Les terres, les bois, les rivières ou ravins, et le lac Halloula, circonscrits dans ce triangle, appartenaient aux Hadjoutes, administrés aujourd'hui par un Khalifa, dépendant du bureau arabe divisionnaire de Blida. Les *Hadjoutes* sont célèbres dans nos annales militaires; les combats de l'oued-Djer, du Bou-Roumi, de la Chiffa, des bois des Kharesas, livrés contre eux de 1831 à 1842, feraient croire que nous aurions eu affaire à une tribu comptant un nombre considérable de fusils, si on ne se rappelait que les Mouzaïa, les Soumata, les Beni-Menad et les Beni-Menacer prêtaient leur concours à leurs amis de la plaine. Aujourd'hui les colons et les Arabes labourent, côte à côte, le terrain hérissé autrefois de blockhaus, de redoutes, et traversé par ce fameux fossé dit enceinte continue.

Le *lac Ha'loula*, sous le tombeau de la chrétienne, est célèbre par ses chasses aux canards et aux cygnes sauvages; les Hadjoutes y pêchent des sangsues. Cette vaste nappe d'eau, dont la formation remonterait à un siècle tout au plus, au dire des Arabes, serait le résultat des alluvions déposées par l'oued-Djer, sur sa rive g., au coude qu'il décrit en arrivant vers le Sahel. Le desséchement du lac, en cours d'exécution depuis 1855, promet de rendre bientôt au labour, dans un excellent emplacement, 15 000 hect. env. de terres cultivables.

Une route de 12 kil., parallèle à l'oued-Meurad, puis à l'oued-Nador, conduit dans une direction N. de Marengo au v. maritime de **Tipasa** que les Arabes appellent *Tefacedt*, (gâté, ruiné). C'était une colonie de vétérans, fondée par l'empereur Claude, qui lui accorda le droit latin. Cette ville est mentionnée par Ptolémée et l'itinéraire d'Antonin. C'est de Tipasa que partit en 371 le comte Théodose, pour expéditionner dans l'*Anchorarius* (Ouaransenis), contre les Mazices et les Musones alliés du rebelle Firmus. Le roi vandale Huneric, 484, ayant envoyé un évêque arien aux catholiques de Tipasa, pour les obliger à embrasser l'hérésie d'Arius, une grande partie de la population s'enfuit en Espagne et ceux qui ne purent s'expatrier, ayant refusé d'apostasier, eurent la main droite et la langue coupée.

L'existence de Tipasa de l'O. (il y avait une autre Tipasa dans la province de Constantine), prouvée par les faits historiques ci-dessus, l'est encore par les ruines qui couvrent le sol en dedans et en dehors de son ancienne enceinte. Les principales sont celles de l'église, carré long de 60 mèt. sur 30, à l'E.; d'un théâtre à l'O.; d'un quai; de citernes voûtées près du port, alimentées par l'aqueduc de l'oued-Nador, dont on retrouve des restes jusqu'auprès de Marengo, et qu'on pourra facilement rétablir quand la nouvelle population de Tipasa sera plus importante; d'un prétoire et d'un gymnase au S. O., de maisons particulières et enfin de tombeaux. L'épigraphie n'a donné jusqu'à présent que l'inscription encastrée dans les murs du Fort-de-l'Eau à l'E. d'Alger, et l'Alpha et l'Oméga, monogramme du Christ, découpés dans une imposte du mur N. de l'église, que nous avons vue en 1843.

L'emplacement de Tipasa, concédé par décret impérial du 12 août 1854, à M. Demonchy, fut vendu, après le décès de ce dernier, à M. Rousseau, qui en a fait la rétrocession à la famille Demonchy. Celle-ci s'occupe de faire exécuter les conditions imposées au concessionnaire primitif, pour le peuplement de cette ancienne cité romaine.

Le port de Tipasa, bien abrité des fréquents vents d'O. par le *Chenoua*, est destiné à acquérir une certaine importance commerciale; un poste de douane y est installé. L'administration s'occupe d'études relatives à un débarcadère, et de quelques ouvrages propres à assurer l'embarquement et le débarquement des marchandises. Tipasa, qui ne compte encore qu'une faible population, 30 hab., a été annexée à Marengo le 31 déc. 1856.

99 kil. **Zurich.** La route de Marengo à Zurich est très-pittoresque et très-accidentée; elle s'engage dans les derniers contre-forts des montagnes des Beni-Menad, et arrive à Zurich après avoir traversé l'oued-el-Hachem, dépourvue de ponts comme l'oued-Djer et le Bou-Roumi. Le village de Zurich, colonie agricole de 1848, est situé entre Marengo et Cherchel, au bord de l'oued-el-Hachem, dans un endroit appelé par les indigènes Enser-el-Aksob (Source des roseaux). La puissante famille des Berkani, nos ennemis jusqu'en 1843, y avait une ferme. Le village a été bâti sur les

ruines d'une villa romaine ; on y a trouvé des inscriptions et des sous d'or du v⁰ siècle appartenant à Honorius et à Marcien. Zurich, dont la population est de 211 hab., a été constitué en centre le 11 fév. 1851 et annexé à Cherchel le 17 juin 1856. Un marché arabe assez important, dit Souk-el-Khramis, s'y tient tous les jeudis. La route de Zurich à Cherchel court, dans une direction N. O., à travers la belle et fertile vallée de l'*oued-el-Hachem,* enserrée par le Chenoua à l'E. et par les Beni-Menacer à l'O. On peut admirer les ruines imposantes d'un aqueduc romain avant de quitter la vallée. La route passe ensuite sur plusieurs ravins, en longeant la mer. Les koubbas des Berkani, le bureau arabe et l'abattoir s'élèvent près de la mer à dr. de la route en avant de la porte de Cherchel.

114 kil. Cherchel. (*Hôtel et café* du Commerce, *hôtels* de la Poste et du Petit-Paradis. *Bureaux de poste et de télégraphie électrique; service de diligences* pour Alger et Miliana. *Bateaux à vapeur:* pour Alger, les 10, 20 et 30 de chaque mois. — Pour Oran, les 6, 16 et 26 de chaque mois, lorsque l'état de la mer le permet.)

Histoire. Cherchel est la colonie phénicienne de *Jol ;* plus tard, Juba II l'agrandit, l'embellit et en fait, sous le nom de *Cæsarea,* la capitale de la Mauritanie césarienne. Ptolémée, fils de Juba II, étant mort assassiné, son royaume est réuni à l'empire romain. Ruinée par Firmus, relevée par Théodose, ruinée de nouveau par les Vandales, la ville reprend quelque splendeur sous les Byzantins. Ibn-Khaldoun, bien longtemps après, nous apprend que Cherchel tombe au pouvoir des Merinides, en 1300 (699 H.) et qu'en 1348 (749 H.) Ali-ben-Rached, petit-fils de Mohammed Ibn-Mendil, soumet Cherchel en même temps que Bresk, Ténès et les autres villes de cette région. Les Andalous s'y réfugient à la fin du xv⁰ s.; Kheir-ed-Din s'en empare en 1520 (926 H.); Doria y brûle une partie de la flotte algérienne, puis, ayant voulu débarquer, il est battu et prend la fuite, 1531 (937 hég.).

Cherchel ne faisait plus parler d'elle, depuis trois siècles, lorsqu'on apprend que ses habitants avaient pillé un bâtiment de commerce français, surpris par le calme devant le port, le 26 décembre 1839. La réponse à cet acte de piraterie fut l'occupation de Cherchel, du reste déserte, le 15 mars 1840. Plusieurs attaques dirigées par les Arabes contre la ville, du 27 avril au 6 mai et les 15 et 16 août furent repoussées par le lieutenant-colonel Cavaignac. Les tribus voisines demandèrent alors à faire leur soumission et une partie des habitants rentrèrent dans leurs maisons. Un centre de population civile fut créé pour 100 familles le 20 sept. 1840 ; un commissaire civil fut installé le 8 mai de l'année suivante. La constitution de la commune date du 17 juin 1851. Cherchel qui, selon Edrissi, récoltait plus d'orge et de blé qu'elle n'en pouvait consommer, a une population de 3250 âmes, plutôt marchande qu'agricole ; centre d'un cercle militaire dépendant de la subdivision de Miliana, sa garnison est de trois à quatre cents hommes.

Description. Cherchel, située par 0° 8' O. de longitude et 36° 36' de latitude N., au pied d'une colline, sur le bord de la mer, est loin de comprendre l'emplacement total de Cæsarea qui avait près de 2000 mèt. de diamètre, tandis que la ville arabe n'en a guère que 700. Une enceinte percée de trois portes : d'Alger à l'E., de Miliana au S., et de Tenès à l'O., renferme des rues et des places qui ont fait tomber dans l'alignement beaucoup de maisons indigènes, dont le type présente généralement un rez-de-chaussée avec toiture en tuiles creuses, et une cour couverte d'une vigne. Quant aux bâtisses françaises, c'est toujours, casernes, logements administratifs ou logements particuliers, un ensemble de murailles plus ou moins percées de portes et de fenêtres sans aucun style. La Grande-Mosquée, servant d'hôpital militaire et civil, est peut-être le seul monument que l'on puisse citer ; la toiture est soutenue par des arcades en fer à cheval, reposant sur 80 colonnes antiques en granit vert, débris d'un temple romain ; le bâtiment construit pour les bains maures, à l'E., ne manque cependant pas d'un certain cachet arabe. Le fort Turc, sur l'esplanade, dominant le port et servant de caserne aux compagnies de disciplinés, est cité pour mémoire. Le port de Cherchel, important du temps des Romains, comblé ensuite par des tremblements de terre, a été creusé dès 1843 et agrandi, mais ce n'est encore qu'un bassin de deux hectares où peuvent se placer une quarantaine de navires de 100 à 150 tonneaux, qui y trouvent toujours un fonds de 3 à 4 mèt. Une petite jetée à l'O. de ce bassin relie le quai au môle fortifié sur lequel s'élève un beau phare à feu fixe de 3e ordre, qui a remplacé le fort Joinville. En avant de cette jetée, on a construit les bâtiments de la douane et la maison du commandant du port.

Archéologie. Il reste à énumérer les emplacements et les ruines des monuments de Cæsarea dont l'enceinte, souvent occupée aujourd'hui par des jardins et des terres en culture, enveloppait une superficie de 369 hect. Le *palais des rois*, coupé par une rue, montre une muraille et des corniches d'une grande proportion. Le *théâtre*, au centre de la ville, avait des gradins en pierre de taille, on s'en est servi comme d'une carrière. Les *citernes*, dont la principale, contenant près de 2 millions de litres d'eau, supporte une partie de la caserne, ont été réparées par le service des ponts et chaussées, et fournissent à Cherchel, comme elles fournissaient à Cæsarea, son approvisionnement d'eau. A l'E. les ruines d'un *cirque* où, suivant M. Victor Bérard, saint Marcian fut livré aux bêtes, et les époux saint Sévérien et sainte Aquila furent brûlés vifs, tandis que saint Arcadius était coupé en morceaux au théâtre. A l'O., les *thermes*, où l'on a retrouvé les statues de Neptune, de Vénus, d'un hermaphrodite, d'un faune, des têtes et des bustes qui ornent aujourd'hui le musée d'Alger. De récents déblais ont fait découvrir près de l'esplanade, des chapiteaux, des fûts, des frises d'une dimension grandiose ; en avant du port, on suit les traces de gigantesques constructions, de bassins, de mosaïques ; dans le port même, quand on le curait, on a retrouvé, au milieu de débris confus, une statue phénicienne, une barque romaine longue de 11 mèt., large de 4^m,50, chargée de poteries. Au dehors, sur la route de Cherchel à Zurich, à 1500 mèt., dans la propriété Riffard, un *hypogée* ou tombeau de famille appartenant à des affranchis de Juba; plus haut, des restes *d'aqueduc* et l'*amphithéâtre*. Enfin le *musée* de la ville, dans lequel on peut voir des statues qui, comme le tireur d'épines, un faune, une Diane chasseresse, une Vénus maritime, etc., sont des copies plus ou moins bien réussies des originaux conservés dans les musées européens. On remarque encore dans ce musée, malheureusement en plein air, des inscriptions dont aucune ne mentionne jusqu'à présent le nom de Cæsarea, des colonnes, des poteries, tuiles, briques, amphores, urnes cinéraires, vases de forme élégante qu'imitent les potiers maures et que portent les enfants et les jeunes filles de Cherchel avec une grâce tout à fait antique. Un riche *médaillier* très-bien classé par M. Lhotellerie, conservateur, complète l'ensemble du musée, ouvert au promeneur comme à l'archéologue. En somme, Cæsarea était une cité magnifique, et il suffira d'en fouiller intelligemment le sol pour y retrouver les richesses dont une partie n'a, jusqu'à présent, été découverte que par hasard.

Novi, à 7 kil. O. de Cherchel, est reliée à cette ville par une très-belle route. Colonie agricole de 1848, ce village a été fondé au lieu dit *Sidi R'ilas*, à 150 mètres de la mer, constitué en centre le 11 fév. 1851, et annexé à Cherchel le 17 juin 1856. Sa population, de 270 hab., cultive les céréales et la vigne. Des poteries, des médailles, des tombeaux, des fûts de colonnes ont été trouvés à Novi. M. Berbrugger a recueilli, en 1855, des inscriptions gravées sur des fragments de bornes milliaires qui formaient les piliers de soutien d'un hangar. Ces bornes étaient primitivement à deux kil. O. de Novi avec deux autres encore en place, que leur poids avait empêché de transporter. L'une de ces bornes était fruste; sur l'autre, placée aujourd'hui au musée d'Alger, sous le n° 183, on lit l'inscription suivante :

```
IMP. CAES. M. AV
RELIO   ANTONI
NO PIO FELICI
AVG. PONTIFIC.
MAXIMO   TRIB.
POTEST. COS. II
P. PA CAESAREA
    M. P. VI
```

« A l'empereur César Marc Aurèle Antonin, pieux, heureux, auguste, grand pontife, investi de la puissance tribunitienne, consul pour la deuxième fois, père de la patrie. A six milles de Cæsarea. »

Cette épigraphe offre à la fois le point de départ, Cæsarea, et le chiffre de sa distance, VI; elle a été trouvée ainsi que les autres à l'endroit même où elles avaient été originairement placées, et à une distance des ruines de Cæsarea qui correspond précisément au nombre des milles qu'elles énoncent; la démonstration est donc complète, évidente, et ne laisse rien à désirer.

ROUTE 5.

D'ALGER A MILIANA,

PAR BOU-RKIKA.

118 kil. — Service de diligences.

80 kil. D'Alger à Bou-Rkika (V. route 4).

La route qui, de Blida à Bou-Rkika

suit le pied de l'Atlas, laisse après ce dernier endroit la route de Cherchel à dr., et s'enfonce à g. dans une direction générale S. O., entre l'oued-Bou-Rkika à l'O. et les montagnes des Soumata à l'E. Arrivé sur le plateau du djebel-Ziberranin, on ne tarde pas à franchir l'oued-el-Hammam, affluent de l'oued-Djer, au-dessous de la jonction de l'ancienne route de Miliana à la nouvelle.

97 kil. **Vesoul-Benian** ou Aïn-Benian, colonie agricole de 1849; ce v., habité de 1852 à 1853 par des transportés politiques, reçut ensuite un peuplement de Francs-Comtois et prit le nom de Vesoul; remis à l'autorité civile le 22 déc. 1854, il a été constitué en commune le 31 déc. 1854; sa position sur un plateau élevé, dominant l'oued-el-Hammam au N., est fort belle; sa population est de 250 hab. qui se livrent à la culture des céréales, de la vigne, et à l'élève des bestiaux.

Hammam-Rir'a, les *Aquæ calidæ* des Romains, est située à 3 kil. N. de Vesoul-Benian; la notice suivante sur cette localité et ses eaux thermales, est empruntée à M. le docteur Lelorrain.

« Les eaux chaudes d'Hammam-Rir'a s'échappent du versant S. E. d'une montagne dont la hauteur mesure 600 mèt. au-dessus du niveau de la mer, et qui se détache, par une gorge profonde, des collines voisines. Au-dessus s'élance, à 1500 mèt., le piton aigu du Zakkar, dominant tous les autres pics de ce massif de soulèvements. La montagne a pour base principale une roche calcaire formée de dépôts successifs et ascensionnels laissés par les eaux. Elle présente toutefois des assises argileuses, du grès, du silex, que recouvrent des terrains marneux. Son élévation, comme celle de tout le chaînon qui constitue le petit Atlas, se rapporte, sans aucun doute, au système nommé soulèvement lent. Cette opinion est confirmée par l'absence complète de traces volcaniques et par le silence des géographes, des historiens et des voyageurs anciens. En effet, ils ne font mention d'aucune éruption dans le groupe des montagnes de la Mauritanie. Toutefois, les sources d'eaux thermales se rencontrent généralement dans les lieux où il existe des foyers volcaniques, et les nombreux tremblements de terre, qui chaque année agitent la montagne, paraissent indiquer l'existence d'un de ces foyers souterrains se dirigeant du S. E. vers le N.

« La partie supérieure de la colline présente un vaste plateau incliné, comme elle, vers le S. E.; là s'élevait une ville romaine à laquelle les eaux chaudes avaient donné leur nom, *Aquæ calidæ*. Des restes de murailles, d'énormes blocs de pierres taillées, des débris de colonnes, de chapiteaux, de portiques, les ruines d'un temple et de thermes, de nombreuses pierres tumulaires qui ont conservé leurs inscriptions, etc., attestent encore aujourd'hui la prospérité et la puissance de cette cité. Sa fondation paraît remonter à 32 ans après J.-C., sous le règne de Tibère; elle se rattachait à la ligne de défense à laquelle on doit la ville de Miliana; peut-être la richesse des sources thermales qui jaillissent des flancs S. du coteau sur le versant, l'avait-elle transformée en l'un de ces lieux de plaisance que l'on peut comparer à nos stations balnéiques modernes de France et surtout d'Allemagne,

Vichy, Baden, Hombourg; il est aisé d'en circonscrire le périmètre et l'étendue : assurément des fouilles pratiquées avec soin mettraient à jour de nouvelles découvertes. On y aurait songé déjà, si nos musées n'étaient pas si riches en antiquités romaines, et si ces ruines n'appartenaient pas à la période impériale, c'est-à-dire de décadence. Tout autour de cet éparpillement de pierres, se voient d'autres ruines, aussi éparses et plus informes. Il est fort difficile de les classer et de dire si ce sont les restes de forts détachés ou de maisons de campagne.

« On n'a point retrouvé les débris des aqueducs par lesquels arrivaient les eaux prises à la rivière, ni la route qui descendait dans la vallée et se dirigeait sur Miliana, ni les communications d'Aquæ calidæ avec les ports de la côte. Il y a lieu d'être étonné d'une absence aussi complète d'indices, quand on se rappelle la solidité monumentale que les Romains donnaient à leurs travaux. On ne peut que se livrer à des conjectures; il est probable qu'une route militaire franchissait par un trajet direct les montagnes interposées entre Aquæ calidæ, Tipasa et Cæsarea, en suivant à peu près le tracé de la route muletière qui conduit de nos jours à Marengo. Des sentiers, ou plutôt des chemins, trop larges pour avoir été pratiqués par les Arabes, semblent confirmer cette opinion.

« Quoi qu'il en soit, les édifices somptueux que les Romains élevaient partout où ils rencontraient des eaux minérales; leur passion pour les bains, dont on peut se faire une idée par la description qu'en a laissée Vitruve, nous obligent à reconnaître, même par ces ruines et ces débris informes, l'importance et la splendeur de la ville d'Aquæ calidæ, qui fut le rendez-vous général des malades et des amateurs de bains, à l'époque où florissaient *Cæsarea*, *Tipasa*, *Icosium*, etc. Aujourd'hui ce plateau est cultivé par les Arabes de la tribu des Beni-Menad; la charrue passe au milieu de débris que l'insouciance des indigènes a respectés, et que les nouveaux habitants enlèvent pierre par pierre, pour construire de chétives cabanes.

« La partie inférieure de la colline offre un sol plat, et forme une vallée étroite, favorable à la culture, arrosée par l'oued-Hammam qui, 10 kil. plus loin, se réunit à l'oued-Benian et prend le nom d'oued-Djer. Cette rivière torrentueuse inonde la vallée pendant la saison des pluies, et conserve, pendant l'été, de l'eau qui paraît provenir de sources nombreuses issues dans son lit même. Sur le versant, s'étalent des champs de blé et d'orge, des prairies naturelles, des massifs boisés où dominent le figuier, l'olivier, la vigne sauvage et quelques bouquets de roseaux et de lauriers-roses.

« Plus loin, vers le S., on découvre une forêt magnifique, qui semble vouloir donner un démenti à Salluste (*arbori infecundus ager*), où l'on voit s'élever, au milieu des buissons de lentisques, le chêne vert, le pin, le caroubier, le myrte, et d'autres espèces. Enfin, non loin des sources, vers le S. O., existe une mine de cuivre que les travaux de sondage ont mise à découvert. Les recherches se poursuivent encore, sans qu'il soit possible d'affirmer que le minerai soit assez riche pour en motiver l'exploitation. Ce site est l'un des plus beaux de la province : la vue se repose sans fatigue sur un paysage varié; elle se perd, d'un côté, dans la vallée où serpente l'oued-Hammam, jusqu'au petit village de Bou-Medfa, que l'on aperçoit au loin, assis à mi-coteau, près de la koubba : de l'autre, elle vient se briser sur la masse sombre du Zakkar et les collines cultivées ou boisées qui s'en détachent pour former la gorge profonde séparant Aquæ-Calidæ de Vesoul-Benian. On respire là un air pur et doux; l'élévation de la montagne met à l'abri des émanations paludéennes, nées des débordements de la rivière; on y jouit d'une température à peu près égale; les brises de mer, que n'arrête aucun obstacle, apportent matin et soir une fraîcheur qui tempère les chaleurs de l'été. Des essais de plantations de platanes ont parfaitement réussi, et donnent l'espoir que des plantations nouvelles, des travaux de défrichement et de culture, des irrigations bien entendues, l'aménagement et la distribution convenables des eaux, aujourd'hui perdues, transformeront cette colline en l'un des plus riants séjours de l'Afrique. La nature semble avoir accumulé tous les éléments nécessaires à cette brillante métamorphose. Par quelle singulière destinée certaines localités moins heureusement partagées sont-elles appelées à prospérer? Quel génie y conduit la foule, lorsque auprès des eaux chaudes de Hammam-Rir'a, le malade ne trouve pas même une misérable maison pour s'abriter? Inconcevable abandon, et de la part de l'administration et de la part de l'industrie privée!

« L'établissement thermal appartient au ministère de la guerre; il est situé sur le flanc de la montagne, aux deux tiers de sa hauteur; il a été construit sur les ruines d'anciens thermes romains. L'existence de piscines garnies de magnifiques dalles polies, la découverte d'une muraille en ciment romain, ne laissent aucun doute à cet égard.

« L'installation se compose de trois bâtiments rectangulaires, parallèles, exposés au levant, à rez-de-chaussée simple. Le premier renferme les logements des officiers de santé et d'administration, la pharmacie, la dépense, la cuisine et autres dépendances; le second est affecté aux malades; c'est une assez belle salle qui peut contenir 40 à 45 lits; les baigneurs civils y sont admis et traités aux frais de l'administration des hôpitaux, mais on comprend que les militaires dominent; dans le troisième bâtiment se trouvent les piscines et l'appareil à douches.

« Les piscines, au nombre de trois, belles, spacieuses, assez commodes, peuvent recevoir facilement plus de vingt baigneurs; l'eau s'y renouvelle sans interruption; le bain ne subit aucune variation de température; les principes minéraux se présentent aussi abondants qu'à la source.

« Mais, en somme, la construction toute provisoire de l'établissement militaire sera probablement remplacée par un édifice plus complet, lorsque les thermes auront pris, dans l'opinion des médecins et les habitudes des malades, le rang et l'importance que leur assignent la vivacité et l'abondance des sources.

« Les eaux d'Hammam-Rir'a s'échappent des flancs de la montagne et du plateau qui la couronne, par dix ou douze sources : elles proviennent probablement de terrains primordiaux, et forment une nappe très-large et très-profonde, à en juger par l'énorme quantité qu'elle fournit. Elles sourdent d'un terrain calcaire d'eau douce qui constitue la base de la colline, et, après avoir traversé les couches de terrains tertiaires, elles arrivent à la surface du col par des fissures naturelles. Cette disposition explique la différence de température des sources ; elles perdent pendant ce trajet souterrain une partie de leur calorique pour se mettre au niveau de température des couches les plus superficielles et de l'atmosphère. C'est également pendant ce trajet que, se faisant jour à travers des terrains remplis de minéraux, de sels, etc., qu'elles dissolvent, elles se chargent des principes auxquels elles empruntent leurs vertus médicinales. Il est impossible d'indiquer l'endroit précis où se forment ces combinaisons.

« Les eaux minérales d'Hammam-Rir'a ne possèdent pas toutes les mêmes éléments et les mêmes propriétés thérapeutiques. Les unes, plus abondantes, peuvent être comprises dans la classe si variée des eaux salines ; les autres, réduites à deux sources, dissolvent des composés de fer et doivent, par conséquent, être rangées parmi les eaux ferrugineuses.

« Les sources d'eau chaude saline sont nombreuses, et des travaux de sondage en feraient jaillir d'autres, si l'abondance de celles qui existent aujourd'hui n'excluait toute crainte pour leur avenir. Trois fontaines alimentent les piscines de l'établissement : deux sortent au même niveau et à 2 mèt. de distance d'une roche calcaire sur laquelle est assis l'un des murs du bâtiment. La première jaillit verticalement d'un puits assez profond, c'est la plus abondante : sa température est de 45 à 46°, elle donne à peu près 2400 litres par heure ; la seconde s'échappe horizontalement, sa température est de 42 à 43°, elle jauge 1560 litres par heure ; la troisième, plus élevée et moins riche, se rend dans le réservoir à douches ; elle n'a que 40° et fournit 250 litres. Il existe une quatrième source qui s'échappe à fleur de terre, au fond de la piscine inférieure, près du mur de séparation ; le Dr Lelorrain ne l'a aperçue que vers le mois de mai 1856 ; elle paraît aussi copieuse que la seconde source qui se déverse dans la piscine réservée aux officiers.

« Si l'on quitte les thermes pour prendre le sentier qui conduit dans la vallée au S. de l'établissement et rejoint la route de Miliana, on découvre, à 250 mèt., une source cachée par des massifs de lauriers-roses, et qui s'échappe de terre horizontalement ; sa température est de 44°. Cette eau chaude, assez abondante, ne paraît pas avoir été utilisée ; il n'y a là aucune trace de maçonnerie : depuis, on a creusé un bassin grossier qui sert à baigner les ânes, les chevaux ou mulets atteints d'engorgements des extrémités inférieures. Du côté opposé, en remontant vers le N., à 250 mèt., une nouvelle source s'échappe horizontalement d'un terrain calcaire, et se perd, après un court trajet, dans un bassin carré qui présente des traces de maçonnerie et que le gardien de l'établissement a mis en état de servir. Cette source, l'une des plus riches, a, au point d'émergence, 50 à 51°, et dans le bassin 44°; du reste, l'eau qui s'écoule du réservoir n'est pas en rapport avec la quantité qu'il reçoit, et tout fait supposer qu'une partie sort de terre, dans le bassin même, dont le fond est caché par des boues noirâtres : agitées, celles-ci laissent dégager de nombreuses bulles de gaz sulfhydrique. Cette piscine est spécialement réservée aux Arabes. Le génie militaire se propose, dit-on, de construire là un bâtiment dans le style mauresque, pour les besoins des indigènes.

« En parcourant le plateau, on rencontre plusieurs autres sources de même nature, moins importantes, qui n'ont pas été dégagées, et qu'il serait facile, par quelques travaux d'amélioration, de conduire à l'établissement, si celles que nous avons décrites ne suffisaient largement, et au delà, à la consommation actuelle. La plupart des sources sont postérieures à l'établissement d'Aquæ calidæ : il est probable que chaque secousse de l'un des tremblements de terre si fréquemment éprouvés dans la montagne, déchire violemment les roches et ouvre les terrains qui contiennent les eaux souterraines. Elles trouvent ainsi par des fissures nouvelles des issues qu'elles envahissent pour se précipiter à la surface du sol. Ces commotions ont également fait disparaître d'autres sources, ou leur ont donné une direction nouvelle. Les eaux minérales sont chaudes, incolores, claires et d'une limpidité peu ordinaire; leur odeur, presque nulle, devient sensible quand on agite le verre, elle est alors nauséeuse. Les sources thermales d'Hammam-Rir'a déposent sur les bords des bassins et des conduits, une matière verte végéto-animale très-abondante qui se développe à la surface de l'eau par l'influence de rayons lumineux. Cette matière, décrite sous le nom de baregine de tremella thermalis, se rencontre dans la plupart des eaux chaudes. Au-dessous on trouve un second dépôt blanchâtre qui se durcit et prend l'aspect de plâtre trempé dans l'eau; il semble formé de sels de chaux. Cette substance se solidifie, revêt les conduits d'une couche épaisse de 7 à 10 centim. : elle acquiert une dureté telle que l'on pourrait la confondre avec la crépissure des murs. En parcourant les sentiers de la colline, on rencontre des veines blanchâtres assez profondes, traces manifestes du passage des eaux. Ce dépôt se condense très-rapidement par le refroidissement; il est susceptible de prendre l'empreinte des objets qu'on laisse séjourner dans les bassins et de former, comme certaines sources incrustantes du Puy-de-Dôme et de Clermont-Ferrand, des dessins que l'on appelle improprement des pétrifications.

« Les tremblements de terre assez fréquents qui agitent la montagne rendent les sources plus abondantes; les eaux se troublent, charrient des sables, deviennent boueuses, et prennent une odeur sulfureuse des plus prononcées. Le Dr Lelorrain a été témoin de ce phénomène. Le 6 juin 1855, vers 7 heures 20 minutes du matin, une secousse de plusieurs secondes se fit sentir dans la direction du S. E. vers le N. Quelques heures après, les eaux avaient perdu de leur limpidité, sans éprouver de changement de température.

« La première analyse des caux

salines d'Hammam-Rir'a est due à M. Tripier. Cet habile chimiste a trouvé sur 1000 grammes d'eau :

Chlorures	de sodium..... de magnesium. }	0,900 gr
Sulfates	de soude...... de magnésie... de chaux....... }	0,100 1,350
Carbonates	de chaux...... de magnésie... }	0,240
		2,590

« Une autre analyse faite par M. O. Henry se rapproche beaucoup de celle de M. Tripier. Toutes deux, ainsi qu'une troisième, faite par M. Duplat, peuvent donner une idée des propriétés thérapeutiques des eaux, qu'elles soient prises en boisson ou sous forme de bains. Sans vouloir donner la nomenclature complète des maladies, on citera d'une manière générale quelques maladies de la peau, l'eczéma entre autres ; les névralgies, les douleurs, principalement la névralgie sciatique, la grande classe des affections rhumatismales; les contusions, foulures, entorses et luxations, accompagnées de roideur des articulations et de gêne des mouvements; les plaies par armes à feu ont été assez heureusement modifiées.

« Les sources ferrugineuses jaillissent à des distances plus éloignées, elles sont au nombre de deux, l'une chaude et l'autre froide, et présentent cette particularité, de donner entre toutes ces eaux chaudes, tempérées ou froides, minérales ou naturelles qui s'échappent des flancs de la montagne, les degrés extrêmes de température.

« En suivant le sentier qui, de la source N. affectée aux Arabes, se dirige vers le sommet du plateau, on rencontre au milieu des ruines de la partie supérieure de la ville romaine, la source ferrugineuse chaude que décèlent les vapeurs abondantes qui s'en dégagent. L'eau sort de terre verticalement par dix ou douze petits jets; elle est claire, transparente, sa température est de 69°, de 75° selon M. l'ingénieur Ville, qui en a fait faire l'analyse suivante :

Eau........		1000 gr
Chlorure de sodium.........		0,5326
Sulfates	de chaux...... de magnésie... de soude......	0,8266 0,2726 0,4280
Carbonates	de chaux...... de magnésie...	0,2866 0,0500
Sulfate de soude		0,2746
Silice		0,0066
Oxyde de fer et traces de phosphates		0,0266
Matières organiques.........		indét.
Total......		2,7042

« Sa saveur est styptique, par le refroidissement elle devient plus sensible et rappelle le goût de l'encre.

« La source ferrugineuse froide, distante de près de 2 kil. de l'établissement, et à quelques pas au-dessous du sentier qui rejoint la route de Blida, près du camp appelé camp du Scorpion, s'échappe de terre horizontalement, protégée par un mur grossier de récente construction. Elle sert de but de promenade aux malades qui vont puiser et boire à la source même. Cette eau, d'une limpidité parfaite, est froide à 17 ou 18°, sa saveur fraîche et piquante laisse un goût atramentaire sensible, son odeur est nulle. A la source on n'aperçoit pas de bulles de gaz, cependant mise avec soin en bouteille, l'eau laisse dégager une certaine quantité d'acide carbonique quelquefois suffisante pour briser les flacons. Cet acide lui donne cette saveur aigrelette piquante, qui en fait une boisson rafraîchissante très-agréable, analogue à l'eau de Seltz. M. Tripier donne l'analyse suivante des eaux acidules gazeuses d'Hammam-Rir'a, pour 1000 grammes d'eau :

Chlorures	de sodium.....	0,1957 gr
	de magnesium.	0,1850
Sulfates	de chaux......	0,7828
	de magnésie..	0,5570
	de soude.....	
Carbonates	d'ammoniaque.	traces.
	de chaux.....	0,8070
	de magnésie..	
	de strontiane.	0,0015
Dépôts ocreux.............		0,0300
Total......		2,5590

« Comme cette eau se décompose très-rapidement et que cette analyse a été faite à Alger, il est probable qu'une autre analyse faite sur les lieux mêmes donnerait des résultats différents.

« Les propriétés médicales du fer et de ses composés sont connues et appréciées. Le fer est un de ces rares médicaments appelés héroïques; son action est lente, insensible, silencieuse, mais réelle et positive. La source ferrugineuse froide est employée tous les jours pendant le cours de la saison thermale, et elle agit merveilleusement sur les organisations affaiblies par la fièvre, la diarrhée, la dyssenterie, les engorgements du foie, qui portent le cachet de l'intoxication paludéenne, sans parler de cette foule d'affections nerveuses qui reconnaissent pour cause un appauvrissement du sang, la chlorose ou l'anémie, etc.; elles ne résistent pas à l'action prolongée des médicaments. » (Dr *Lelorrain*).

De Vesoul-Benian à Miliana, la route, se dirigeant d'E. en S. O., contourne d'abord le *Zakkar-Cher-gui*, dont le plus haut sommet atteint 1631 mèt., puis franchit l'oued-Souffay, pour suivre alors les pentes du *Zakkar-R'arbi*, élevé de 1534 mèt., et au pied duquel est assise Miliana. Le Zakkar-R'arbi se prolonge à l'E. et à l'O., en se reliant à la chaîne des montagnes. Ses extrémités touchent au territoire de deux tribus voisines, les *R'ira* et les *Beni-Menacer*. Sans être dépourvue de terre végétale, cette montagne apparaît d'autant plus aride, qu'on l'examine plus près de son sommet; mais à mesure qu'on descend, on voit son versant méridional se couvrir de verdure, d'arbres fruitiers et de jardins.

118 kil. **Miliana** (*Hôtels* : d'Isly, du Commerce. — *Cafés* : du Commerce, de Paris, des Quatre-Nations. — *Cercle et Bibliothèque militaires.* — *Musée d'antiquités*, sous les galeries de l'hôtel de la subdivision. — *Service de diligences* pour Alger et Orléansville. — *Voitures* de louage et roulage. — *Bureaux de poste* et de *télégraphie électrique*. — *Marché arabe*, tous les vendredis à la porte du Zakkar).

Histoire. — A défaut d'épigraphie constatant, jusqu'à présent, l'identité des deux villes, les études de géographie comparée, de plus en plus cultivées en Algérie, ont amené à fixer, d'une manière certaine, l'emplacement de la *Malliana* des Romains sur celui qu'occupe aujourd'hui Miliana. Les restes d'un monument important au centre de la ville, disparu définitivement pour l'alignement des nouvelles rues, des blocs, des bas-reliefs disséminés dans les constructions particulières et dans les murs d'enceinte, des fragments de statues, des chapiteaux, des fûts de colonnes supportant la koubba d'un marabout, des tombeaux servant de pierres d'ablution dans les mosquées, et enfin des médailles, ces ruines disséminées sur tous les points de Miliana attestent l'origine et la prospérité d'une ville romaine, isparue comme tant d'autres vers le vᵉ s., pour faire place plus tard au xᵉ s., ivᵉ de l'hégire, à Miliana, fondée en même temps qu'Alger et Lemdia ou Medéa par Bologguin, fils de Ziri.

La ville arabe, dans les luttes nombreuses et sanglantes qui désolèrent le Mar'reb, dut, comme les autres villes, changer souvent de maîtres. Il serait trop fastidieux et sans aucun intérêt de raconter ici tous les faits cités par Ibn-Khaldoun à propos de Miliana; en voici un cependant pour lequel nous ferons exception. Après la prise de Tlemcen par Abou-Zekeria, tout le Mar'reb central, de Tlemcen à Bougie, obéissait à la domination hafside; un jeune ambitieux Abou-Ali, fils d'un savant jurisconsulte et traditionniste Aboul-Abbas-el-Miliani, voulut se faire proclamer seigneur de Miliana. Mais la ville ayant été assiégée et prise d'assaut par l'émir Abou-Hafs et l'infant don Henri, frère du roi de Castille Alphonse X; Ibn-Mendil, émir des Mar'aoua, reçut le commandement de Miliana; quant à Abou-Ali, il parvenait à s'échapper, par un aqueduc, chez les Beni-Yacoub, 1261 de J. C., 659 hég. Miliana, tombée au pouvoir des Turcs après la prise de Tlemcen, 1516 de J. C., 922 hég., fit partie du beylik du Titeri. En 1830, après la chute du dey Husseïn, l'empereur du Maroc en fit prendre possession par un lieutenant qui, du reste, n'y put rester longtemps. Abd-el-Kader, dont la puissance grandissait de jour en jour, occupa à son tour Miliana et y installa, dès 1834, comme khalifa, Ali-Ben-Embarek, notre ancien agha de la Mitidja.

Cependant l'occupation de Medéa, 17 mai 1840, devait amener celle de Miliana; nos troupes s'en emparèrent le 8 juin suivant. A notre approche, les Arabes avaient évacué la ville en y mettant le feu; aussi ne présentait-elle, lorsque nous y entrâmes, qu'un amas de ruines, et c'est à peine si l'on put, après beaucoup de travail, en réparant les maisons qui avaient le moins souffert, ménager un abri pour les troupes pendant l'hiver. « Bloquée étroitement par les soldats réguliers d'Abd-el-Kader, en 1840 et 1841, cette ville ne put communiquer avec Alger, durant cette période, qu'au moyen de rares convois escortés par de fortes colonnes, et encore ces ravitaillements ne se faisaient-ils jamais sans quelque engagement sérieux avec l'ennemi. Au mois d'octobre 1840, le général Changarnier venait se porter au secours de Miliana, dont la garnison, décimée par la nostalgie, la famine et le maladie, avait presque succombé sous sa tâche; des douze cents hommes commandés par le brave colonel d'Illens, sept cents étaient morts, quatre cents étaient à l'hôpital; à peine si les autres avaient la force de tenir leurs fusils; et, pour peu qu'on eût tardé de quelques jours, la ville se voyait prise, faute de défenseurs. De tous les points que nous avons occupés en Algérie, continue M. de Castellane, Miliana est peut-être la ville où nos soldats ont eu à supporter les plus rudes épreuves. » Autran a écrit sur cet épisode de nos guerres d'Afrique, un poëme bien émouvant qui est la traduction en vers, comme il le dit lui-même, du journal du colonel d'Illens.

Les expéditions de 1842 changèrent la face des choses. Abd-el-Kader dut chercher un refuge dans la province d'Oran: les environs de Miliana devinrent tranquilles, et la route du Gontas, ouverte par l'armée, au commencement de 1843, permit aux Européens de circuler facilement entre cette ville et Blida. C'est à partir de cette époque qu'une population civile commença à s'installer à Miliana; elle s'accrut rapidement, et les constructions nouvelles ou restaurées remplacèrent la ville délabrée dans laquelle l'armée était entrée en 1840. La création d'un commissariat civil à Miliana date du 4 novembre 1850; cette ville, maintenant administrée par un sous-préfet, possède en outre une justice de paix. Miliana est le chef-lieu de la cinquième subdivision militaire de la province d'Alger.

Description. Miliana est située par 0° 6' de longitude occidentale et 36° 40' de latitude septentrionale, dans les montagnes de l'Atlas, au pied du Zakkar-R'arbi, et à 900 mèt. environ au-dessus du niveau de la mer; son climat est assez rigoureux en hiver. — Suspendue en quelque sorte au penchant de la montagne et bâtie sur le flanc d'un rocher dont elle borde les crêtes, elle est bornée au nord par le mont Zakkar, au sud par la fertile vallée du Chelif, à l'est par un ravin qu'elle domine à pic, et à l'ouest par un plateau arrosé d'eaux vives qui appellent et favorisent la culture.

La forme de Miliana est celle d'un rectangle allongé, arrondi aux angles, ayant 600 mèt. du nord au sud, et 350 de l'est à l'ouest. La ville est défendue par une kasba au sud, et des murailles reconstruites sur celles des Romains, des Arabes et des Turcs, et percées de deux portes, l'une au nord, dite du Zakkar, l'autre à l'ouest, dite du Chelif ou d'Orléans. Deux larges rues, aboutissant à ces portes, ont été ouvertes dans la direction des vents régnants à Miliana; elles sont bordées de beaux platanes. Les places du Zakkar et de l'Église contribuent à aérer la ville. Quant aux rues arabes, ce qui en reste est étroit et tortueux, mais de nombreuses fontaines, alimentées par les sources du Zakkar recueillies dans un château d'eau, y répandent la fraîcheur et y entretiennent la propreté.

Les maisons mauresques qui ont échappé à l'incendie de 1840 et à l'alignement de la cité française, sont toutes composées d'un rez-de-chaussée et d'un étage, construites en pisé blanchi à la chaux, et sont couvertes en tuiles; presque toutes renferment des galeries intérieures et quadrilatérales, soutenues assez souvent par des colonnades en pierre et à ogives surbaissées. Miliana n'offre aucun monument de création française; on ne saurait donner ce nom aux casernes, manutentions, hôpital et bâtiments édifiés pour les différents services militaires et civils. — L'hôtel de la subdivision abrite sous ses galeries les débris de Malliana qui ne sont pas transportés à Alger; ils ont été recueillis par les soins de la Commission historique fondée en 1860. L'église est un chétif bâtiment indigne de sa destination. A la prise de Miliana, on y comptait 25 mosquées dont huit, assez vastes, jouissaient d'un certain renom. Elles furent pour la plupart affectées au service du casernement et de l'hôpital, l'une d'elles fut même convertie en théâtre. — Aujourd'hui il ne reste que la grande mosquée, la mosquée neuve et celle où repose Ben-Yussef; cette dernière n'avait d'abord pas échappé au sort des premières, elle avait été changée en caserne; mais comme elle était en grande vénération, à cause du marabout qui y était enterré, on la rendit au culte musulman. Sidi Mohammed-ben-Yussef était l'homme vertueux et pauvre qui vint, il y a 400 ans, finir ses jours à Miliana; il faisait des miracles et disait la vérité qu'il traduisait par des dictons rimés, souvent sarcastiques et, en tous cas, célèbres dans la province d'Alger. Miliana ne fut pas épargnée par lui; il disait d'elle que les femmes y commandaient et que les hommes y étaient prisonniers. Les Embarek de Koléa étaient également originaires de Miliana. Un kaïd de cette ville, Yahya, fut pacha d'Alger, de janvier à juin 1557 (964 hég.).

On peut visiter en dehors de Miliana la belle pépinière de l'avenue de Blida, les cascades de l'oued-Boutan et de l'oued-Rehan, qui font tourner une quinzaine de moulins à farine, tant français qu'arabes, et l'ancienne fonderie d'Abd-el-Kader. La fertilité du territoire de Miliana, l'un des plus abondamment arrosés de l'Algérie, son marché arabe du vendredi, son industrie minotière que favorise la multiplicité des chutes d'eau, sont des sources certaines et permanentes de prospérité pour une population qui compte aujourd'hui 5300 hab., dont les 2/3 indigènes.

ROUTE 6.

D'ALGER A MILIANA,

PAR L'OUED-DJER.

117 kil. — Cette route est l'ancienne route ouverte par l'armée; nous l'indiquons aux touristes auxquels il sera indifférent d'aller à pied, à mulet ou à cheval. — Service de diligences jusqu'à Blida.

55 kil. D'Alger à la Chiffa (*V. R. 4*).

Entre la Chiffa et Mouzaïa, on commence à gravir les collines qui séparent la plaine de la Mitidja de la vallée de l'*oued-Djer*, dans laquelle on entre bientôt, en traversant souvent l'oued-Djer coulant tantôt dans des prairies, tantôt entre des touffes de lauriers-roses, de chênes verts et de lentisques; on rencontre quelques gourbis servant autrefois de postes aux Arabes chargés de la sûreté de la route, de relais pour les courriers, et aujourd'hui, comme autrefois, de café et d'abri pour les voyageurs.

86 kil. **Bou-Medfa**, sur un plateau élevé, colonie agricole de 1848, est un village de 250 hab., annexé à Vesoul-Benian le 31 déc. 1856. — A 2 kil. de Bou-Medfa sur une haute montagne qui domine le village on voit la koubba de *Sidi Abd-el-Kader*, qui a donné son nom au petit hameau faisant partie de Bou-Medfa. Nous disons, une fois pour toutes, que cet Abd-el-Kader, auquel on a élevé tant de koubbas ou petits bâtiments à coupoles, n'est autre que le marabout de Bar'dad. V. p. 49.

On peut, à Bou-Medfa, reprendre la nouvelle route de Miliana par un embranchement de 10 kil.

96 kil. Vesoul-Benian, p. 107.
117 kil. Miliana, p. 113.

ROUTE 7.
D'ALGER A MILIANA,
PAR AFFREVILLE.

126 kil. — Service de diligences jusqu'à Blida.

86 kil. D'Alger à Bou-Medfa (*V. R.* 6).

La route continue dans la direction S. O., en longeant et en traversant l'oued-Adelia. Les montagnes vont en s'étageant jusqu'au *col du Gontas*; on laisse à g. la petite koubba de *Sidi Eukkacha*, et après avoir franchi le col du Gontas, on descend jusqu'à une maison isolée bâtie sur l'emplacement de l'ancien *bivouac des trembles*, où l'on trouve une fontaine, mais où il n'y a plus de trembles.

110 kil. **Aïn-Sultan**, v. agricole de 1849 ; affecté en 1852 aux transportés politiques, remis à l'administration civile, le 31 déc. 1854. et enfin annexé à la commune de Miliana le 31 déc. 1856. Sa population est de 220 hab. dont quelques indigènes.

120 kil. **Affreville**. Le nom de ce village lui a été donné en mémoire de l'archevêque de Paris, tué en juin 1848. Affreville, v. de 1017 hab., dont 920 Arabes, créé le 9 oct. 1848, à l'entrée de la vallée de l'oued-Boutan, a été annexé à la commune de Miliana, le 17 juin 1854. Un marché arabe s'y tient tous les jeudis. — On a découvert à plusieurs reprises, à Affreville, des sculptures grossières, d'autres plus finies, des inscriptions, épitaphes ou dédicaces, une de ces dernières donnant l'année provinciale 222 ou 261 de J. C., et enfin des médailles. Affreville a été fondée sur l'emplacement de *Zuccabar* ou *Colonia Augusta*, qui florissait à l'ombre de Malliana. C'est ainsi que sur presque tous les points de l'Algérie, la civilisation française ne fait que reprendre en quelque sorte, à de longs siècles d'intervalle, l'œuvre interrompue de la civilisation romaine.

126 kil. Miliana, p. 113.

ROUTE 8.
D'ALGER A ORLÉANSVILLE.

210 kil. — Service de diligences.

118 kil. D'Alger à Miliana (*V. R.* 5).

124 kil. Affreville (*V.* ci-dessus).

On traverse une première fois l'oued-Boutan après Affreville, et une seconde fois, à 10 kil. de là, sur le *pont du Hakem*. Les cavaliers et les piétons peuvent aller retrouver ce pont, plus directement, en longeant l'oued-Rehan (la rivière des moulins).

132 kil. **Lavarande**, nom d'un général de brigade tué au siège de Sébastopol, est un village créé le 10 juill. 1857.

Du pont du Hakem au *pont d'Omar pacha*, la route court entre l'oued-Rehan et le Chelif; c'est près du pont d'Omar pacha que fut étranglé, à son retour d'Alger, Kara Bar'li, bey d'Oran de 1812 à 1817. En ce dernier endroit, des prolongements du djebel-Doui-el-Arib empiètent sur la vallée et ne laissent au Chelif qu'un passage fort étroit. Les mamelons qui dominent le défilé constituent une excellente position militaire que les Romains ne durent pas négliger. En effet, les distances indiquées par l'itinéraire d'Antonin, entre Malliana (Miliana) et Oppidum Novum (El-Kadra), deux endroits dont la synonymie est connue, fixent à g. du pont l'emplacement de *Tigava castra*, non loin et en avant du télégraphe aérien d'*Aïn-Defla* (la fontaine des lauriers-roses); on rencontre là quelques tombes, des pierres ni nombreuses, ni très-apparentes, l'indication enfin d'un simple camp, c'est-à-dire un de ces établissements qui ne laissent pas de grandes traces sur le sol.

149 kil. **Duperré**, nom de l'amiral qui commandait la flotte lors de l'expédition d'Alger, v. de 200 hab., au pied du djebel-Doui, et dont la création remonte au 6 sept. 1857. Au delà de Duperré, à dr., quand on a dépassé les prolongements du Doui-el-Arib, la vallée du Chelif s'élargit, mais non loin de là on rencontre une longue et étroite colline qui coupe transversalement la vallée, en face du confluent de l'oued-Ebda; sur cette colline, connue sous le nom *d'El-Kadra* (la verte), sont dispersées les ruines *d'Oppidum Novum*, qui occupent une grande étendue; le Chelif les contourne à l'E., au N. et à l'O. Sur les côtés de cette presqu'île, on voit les débris de l'aqueduc qui amenait à la colonie romaine les eaux d'Aïn-el-Kadra; un reste de pont sur le Chelif, des débris de quais et de gradins en pierres de taille qui retiennent les terres de la colline, par étages successifs, un cimetière à l'E. où les tombes ont la forme de coffres en pierre, une vaste citerne qui recevait les eaux du djebel-Doui, au N. E., attirent principalement l'attention. L'inscription signalée dès 1842, par M. le commandant Puillon Boblaye, déterminant, d'une manière précise, le nom d'Oppidum Novum donné à la ville romaine, a été retrouvée sur l'emplacement même des ruines, par M. le lieutenant Guiter; la voici :

C. VLPIO C. F.
QVIR. MATERN.
AEDIL. IIVIR. IIVIR
QQ. OMNIBVS
HONORIBVS
FVNCTO PRINCI
PI LOCI AERE
CONLATO
OPPIDO N°.

« A Caïus Ulpius, fils de Caïus, de la tribu Quirina, surnommé Maternus, édile, duumvir, duumvir quinquennal, ayant exercé toutes les fonctions honorifiques, et premier citoyen du municipe. Monument élevé au moyen d'une collecte pécuniaire à Oppidum Novum. »

Cette inscription fixe un nouveau et solide jalon sur la voie antique dont le point de départ était aux frontières de la Tingitane (Maroc), et celui d'arrivée à Rusucurru (Dellis). Oppidum Novum a été fondée par l'empereur Claude et fut peuplée avec des vétérans. A la fin du Ve siècle, cette ville avait un évêque du nom de Benantius mort dans l'exil, après avoir été, avec tant d'autres, chassé de son siége par le roi vandale et arien Hunéric, en 484. Quant à la ville arabe d'*El-Kadra* qui avait succédé à Oppidum Novum, El-Bekri nous apprend qu'elle était considérable, qu'elle possédait un grand nombre de jardins, et qu'elle était bâtie sur le bord d'un fleuve, le Chelif, qui coulait à grand bruit et faisait tourner plusieurs moulins. Il ne reste plus aucun vestige d'El-Kadra; les ruines de sa devancière sont seules debout.

De Duperré à Orléansville, la

route suit constamment la gauche du Chelif.

168 kil. *L'oued-Rouina.* A 1 kil. en avant de cette rivière, et à égale distance de la route, à gauche, à l'endroit dit *Zedin*, on voit les ruines d'une autre ville romaine dont le nom n'a point encore été retrouvé ; il n'y a pas d'eau dans cette localité ; on en amenait au moyen d'un aqueduc dont les restes existent encore. Au delà de l'oued-Rouina, auberge et caravansérail des Attafs; plus loin, à gauche de la route, télégraphe aérien et *village arabe des Attafs.*

183 kil. *L'oued-bou-Recht* est un ruisseau que l'on traverse un peu avant l'emplacement d'un marché arabe qui se tient le mercredi, *Souk-el-Arbâ.* Au delà de l'oued-bou-Recht, on passe entre les ruines du *djebel-Tmoulga* à g., et celles de *l'oued-Tar'ia* qui se jette dans le Chelif à dr. Les ruines de l'oued-Tar'ia, qu'on appelle aussi ruines des Beni-Rachid, sur le territoire de l'aghalik des Braz, sont évidemment celles de *Tigauda Municipium;* leur importance, combinée avec la direction de la grande route centrale romaine, suffit pour établir la synonymie; la comparaison des distances indiquées par l'itinéraire la met hors de doute. On voit en cet endroit les restes de beaux monuments, substructions de remparts, aqueduc très-long dont beaucoup de parties intactes, et qui amenait l'eau de l'oued-Tar'ia (rivière de la reine). Les Arabes appellent cet aqueduc *Ksar ben-el-Soltan* (château de la fille du Sultan), et prétendent qu'il amenait l'eau d'Aïn-Soltan, fontaine située dans la montagne du Techta. Les ruines de Tmoulga, sur la rive g. du Chelif, appartiennent à un camp romain.

193 kil. *L'oued-Fodda* (la rivière d'argent), célèbre dans nos annales militaires de 1841 à 1844, traverse la route et se jette dans le Chelif, un peu au-dessous d'un bordj et d'une maison à l'européenne où demeure le kaïd des Braz. Cet endroit était connu sous le nom, maintenant oublié, de Beni-Ouariſen ; on y trouvait quelques boutiques (El-Bekri). Ici la vallée de Chelif se resserre brusquement et devient un étroit défilé entre les Beni-Rached et les Ouled-Khosseïr, tandis que la vallée de l'oued-Fodda, au contraire, apparaît fort longue et annonce un passage principal pour arriver à l'Ouaransenis. La route traverse des collines de médiocre hauteur, pour rentrer dans la vallée de Chelif. On a, sur la dr., le pays des Beni-Rached, aux collines argileuses et nues, monotones, mais derrière lesquelles est une contrée abondante en eaux, en beaux jardins et forêts. Plus loin, on rencontre des ruines romaines d'une grande importance. Peu à peu on redescend dans la vallée de Chelif, dont l'aridité désolante dépasse toute croyance. Sur le gris terne d'un terrain semblable à de la boue desséchée, on aperçoit au loin deux lignes blanches : Ponteba et Orléansville.

204 kil. **Ponteba**, l'aïn-Chellala des Arabes, v. de 246 hab., colons et maraîchers, colonie agricole de 1848, constituée en centre, le 11 fév. 1851, annexée à la commune d'Orléansville, le 31 décembre 1856.

Entre Ponteba et Orléansville, près de la maison ou ferme *Bernandes*, on visitera un hypogée ou tombeau de famille, caveau de 15 à 18 mèt. de diamètre, avec mosaïques et inscriptions, et plus près d'Orléansville, des ruines d'une ancienne villa romaine.

La *pépinière*, à 300 mèt. en avant d'Orléansville, a été créée en 1843; c'est un but de promenade.

210 kil. **Orléansville**. *Hôt.* : de l'Europe, des Bains, *restaurant* Leconte. — *Cafés* : Gracieuse, de la Colonie, de la porte de Tenès, des Amis, de Sébastopol, d'Isly. — *Cercle militaire*. — *Bains maures*. — *Bureaux des postes et de télégraphie électrique*. — *Service des diligences* pour Tenès et Miliana; on trouve aussi des voitures de louage et des chevaux.

Histoire. — Le 23 avril 1843, le maréchal Bugeaud, parti de Miliana pour aller combattre, comme Théodose, les descendants des Mazices, dans les rudes montagnes de l'Ouaransenis, descendait la vallée du Chelif. Il s'arrêtait le 26 à *El-Esnam* (les idoles), pour y faire sa jonction avec le général Gentil, venu de Mostaganem. El-Esnam, au confluent du Chelif et du Tir'aout, était un amas de ruines disposées dans une forme irrégulière, d'une étendue d'environ 600 mèt. sur 300. Sur cet emplacement, qui n'était autre que celui de *Castellum Tingitii*, le maréchal commençait, le 27 avril, la fondation d'Orléansville, par la construction d'un camp autour duquel se groupaient les premiers colons. Située sur la rive g. du Chelif, la position topographique et stratégique d'Orléansville lui donnait une importance incontestable; aussi la ville s'éleva-t-elle promptement. Elle est reliée à Tenès et à Miliana par deux voies carrossables, dont la dernière, devant passer par Mostaganem, Orléansville, Miliana, Blida et Alger, affranchira tout l'ouest et le centre de nos possessions africaines, du caprice et des difficultés de la navigation.

Orléansville (1500 hab.), située par 1° de longitude ouest et par 36° 15' de latitude nord, à 210 kil. d'Alger, 92 de Miliana et 53 de Tenès, est le chef-lieu de la sixième subdivision militaire d'Alger. Sa création, comme centre de population civile, date du 14 août 1845; l'institution d'un commissariat civil, du 21 novembre 1851, et la constitution de la commune, du 31 décembre 1856. Orléansville vit et se soutient par le commerce de consommation que motive la présence d'une garnison, et aussi par des transactions avec les indigènes. Le grand marché de tous les dimanches, qui se tient sous les murs de la ville, à la porte de Miliana, réunit 5000 indigènes qui amènent des chevaux, des bestiaux, et apportent des denrées de l'Ouaransenis, et du sel venant du S.; l'apport de chaque marché peut être estimé à 200 000 fr.

Description. — La forme générale du plateau au milieu duquel est bâtie Orléansville, le voisinage des hautes montagnes du S. où la neige persiste une grande partie de l'année, la direction O. E. de la vallée du Chelif, expliquent pourquoi cette contrée est exposée à des chaleurs excessives en été et à des vents très-violents en hiver. Les Arabes disent : « Le pays est sain auprès de Chelif, quand l'hiver n'a pas été pluvieux, mais alors il n'est pas fertile. Il est fertile quand l'hiver a été pluvieux, mais alors il n'est pas sain ! » Des plantations publiques groupées dans l'intérieur de la ville et autour des glacis, plusieurs jardins, des fontaines bien entretenues, l'aménagement des eaux du

[ROUTE 8] D'ALGER A ORLÉANSVILLE. 121

Tir'aout, donnent aujourd'hui à Orléansville un air de verdure et de fraîcheur qui contraste heureusement avec l'aridité des environs et fait mentir le proverbe arabe. Orléansville est entourée d'un mur bastionné, défendu par un fossé, excepté du côté de Chelif, et percé de quatre portes qui prennent, de leur position, le nom de Tenès au N., de Miliana à l'E., de l'Ouaransenis au S., et de Mostaganem à l'O. Comme dans toutes les villes de création moderne, les rues d'Orléansville sont bien alignées et coupées à angle droit; les bâtiments les plus importants sont affectés aux différents services militaires et civils, ce sont : l'hôtel de la subdivision, les casernes, l'hôpital, la sous-préfecture, l'hôtel de la justice de paix, ceux du trésor, des postes et du service télégraphique, l'église, le théâtre et l'abattoir. Les bains maures, au milieu de plantations, ont seuls un aspect monumental. Les places d'Armes, de la Mosaïque et du Marché, sont ornées de fontaines qui y entretiennent la fraîcheur et la propreté.

Antiquités. — Si Orléansville est peu intéressante au point de vue de l'art moderne, la ville romaine de Castellum Tingitii offre à l'archéologue quelques sujets d'étude. En nivelant et en déblayant les rues dans le courant de l'année 1843, on a découvert la basilique de Saint-Reparatus, dont le plancher forme une mosaïque de 23 mèt. sur 15. Cette mosaïque, rouge, blanc et noir, grossièrement exécutée, est ornée de cinq inscriptions dont deux forment des espèces d'abracadabra sur les mots : Sancta Ecclesia et Saturninus Sacerdos; voici l'inscription de Sancta Ecclesia, orthographiée avec un seul c : sur un carré couvert de lettres, la lettre *s* occupe l'intersection des deux diagonales ou le centre de la septième ligne : partant de là, on lit, dans tous les sens, les mots *sancta eclesia*, répétés un grand nombre de fois.

```
A I S E L C E C L E S I A
I S E L C E A E C L E S I
S E L C E A T A E C L E S
E L C E A T C T A E C L E
L C E A T C N C T A E C L
C E A T C N A N C T A E C
E A T C N A S A N C T A E
C E A T C N A N C T A E C
L C E A T C N C T A E C L
E L C E A T C T A E C L E
S E L C E A T A E C L E S
I S E L C E A E C L E S I
A I S E L C E C L E S I A
```

La troisième inscription donne l'épitaphe de saint Reparatus, mort le onzième jour des kalendes de l'an 436 de l'ère mauritanienne. La quatrième se rapporte à la fondation de la basilique :

```
         PRO
CCLXXX ET V. XII KAL.
DEC. EIVS BASILICAE
FVNDAMENTA POSITA
SVNT ET FA      MA
PROV. CCLXX
MENTE HABEAS
SERVVM DEI
    DEO VIVAS
```

« En l'année provinciale 286, le douzième jour avant les kalendes de décembre (20 novembre 325), ont été posés les fondements de cette basilique qui a été terminée dans l'année provinciale deux cents.... Aie présent à l'esprit le serviteur de Dieu, pour que tu puisses vivre en Dieu. » Une cinquième inscription ne contient que ces mots : « Semper pax. » Au mois de septembre de 1843, on exhuma, dans la même église, une tablette de marbre que l'on croit avoir servi de table d'autel et sur laquelle on lisait : « Beatis apostolis Petro et Paulo. » On a trouvé quelques autres inscriptions à Orléansville, dont plusieurs sur briques ; presque toutes sont chrétiennes, chose assez rare en Algérie ; la plupart figurent au musée d'Alger. Sur les ruines d'une deuxième église on a élevé l'hôpital.

Dans le lit souvent à sec du Ti-r'aout (en kabyle, enfantement), à 3600 mèt. de la ville, coule une source dont un canal en maçonnerie amenait les eaux à la cité romaine. Cette construction hydraulique a été réparée et utilisée dès 1843.

Aucune inscription n'a indiqué jusqu'à ce jour le nom de Castellum Tingitii: quelques archéologues ont voulu voir dans Orléansville l'emplacement de *Sufasar*, parce qu'ils ont lu sur la liste des évêques d'Afrique un Reparatus de Sufasar ; ou bien encore, la ville de *Sisga*, parce qu'une inscription qui, depuis, a servi à l'enrochement d'une des piles du pont d'Orléansville, mentionnait ce nom. « Mais, toutefois, en l'absence de documents épigraphiques donnant le nom de Castellum Tingitii, l'étude du tronçon de route de Miliana à Orléansville présente :

Malliana,   Miliana.
Tigava Castra,   Le pont du Chelif.
Oppidum Novum. Duperré.
Tigauda,   Ruines de l'O. Tar'ia
Castellum Tingitii, Orléansville.

« La direction générale obligée suivait incontestablement la vallée du Chelif ; car c'eût été courir de gaieté de cœur au-devant des plus grandes difficultés de terrain, que de s'en écarter. » (*Berb.*)

ROUTE 9.

D'ALGER A TENÈS.

263 kil. — Service de diligences.

210 kil. D'Alger à Orléansville (*V*. R. 8).

On sort d'Orléansville par la porte de Tenès, au nord, pour traverser le Chelif, sur un pont à l'américaine.

A 600 mètres, *La Ferme*, ancien établissement militaire où, dès 1845, quatre-vingt-quatre hectares de terrain avaient été mis en culture. Colonie agricole en 1848, constituée en centre le 11 fév. 1851, La Ferme a été annexée à la commune d'Orléansville dont elle est le faubourg.

Quand on a quitté ce village, si, du mamelon où passe la route, on se retourne vers Orléansville, on voit cette ville traçant sa longue ligne blanche rayée de filets verts, au milieu d'un bassin tantôt gris, tantôt rouge, borné à l'E. et à l'O. par des étranglements de la vallée et s'élevant graduellement, au N. et au S., par une double série de collines opposées qui s'échelonnent en amphithéâtre. Excepté les arbres plantés dans la ville et dans ses environs les plus immédiats, aucun grand végétal n'apparaît sur toute l'étendue du plateau. Quelques rares touffes de jujubiers sauvages constellent çà et là, de leur pâle verdure, ces steppes argileuses, et empêchent qu'on ne les confonde avec le lit desséché d'un vaste lac ou l'immense cratère d'un volcan vaseux observé entre deux éruptions très-rapprochées.

222 kil. *Aïn-Beïda* (la fontaine blanche), ferme et maison isolées que l'on rencontre, après avoir tra-

versé une vallée monotone, près de l'oued-Ouarhan, à sa jonction avec l'oued-el-Hahid.

Au delà d'Aïn-Beïda, à g. de la route, on rencontre une koubba en l'honneur d'Abd-el-Kader de Bar'dad, et plus loin, à dr., celle de Sidi Mammar-ben-Mokhrala, dominant le petit village arabe des *Oulad Farès*, composé d'une vingtaine de maisons et de quelques tentes.

231 kil. *Les cinq palmiers*, ferme et maison isolées; au delà, à dr., le petit village arabe des *Heumis*, créé en 1849.

238 kil. *Les trois palmiers*, ham., aub. et relais; noyau d'un futur village.

241 kil. *Kirba*, maison isolée et télégraphe aérien. Le pays parcouru jusque-là, monotone et brûlé, devient, à partir de l'oued-Allala, montueux et boisé. La route, parallèle à la rivière, passe au fond des gorges qui ressemblent, en petit, à celles de la Chiffa; avant de s'y engager, on peut visiter, à droite, un ancien *castrum* dont les pierres ont été en grande partie employées par le génie militaire, pour la construction des ponceaux jetés sur les ravins qui coupent la route. Ce castrum n'est pas, du reste, le seul que l'on puisse observer sur la route d'Orléansville à Tenès; la vallée de l'oued-Ouarhan, où passait la voie romaine, de *Castellum Tingitii* à *Cartenna*, était gardée par d'autres petits postes fortifiés dont on rencontre encore les ruines.

256 kil. **Montenotte**, v. de 660 hab., créé à l'endroit dit Aïn-Defla (fontaine des lauriers-roses), par le capitaine d'état-major, aujourd'hui colonel Lapasset. Colonie agricole de 1848, constituée en centre le 11 fév. 1851, annexée à Tenès le 17 juin 1854, Montenotte, située sur la rive dr. de l'oued-Allala et traversée par une route fréquentée, doit sa principale aisance aux transports des marchandises de Tenès à Orléansville; le voisinage des mines y détermine également un certain mouvement commercial. *La Smala* des spahis de Tenès est située sur un plateau, entre la vallée de l'Allala et la plaine de Montenotte, dans une contrée agréablement boisée. *Les mines* de cuivre, de fer et de plomb, concédées le 14 mai 1849, pour quatre-vingt-dix-neuf ans, sont situées à 2 kil. E. de Montenotte, et à dr. Le voisinage de la mer et la facilité des transports leur donnent une grande valeur, et les bois qui les avoisinent sont, au besoin, un auxiliaire utile pour l'exploitation de ces richesses minérales. Le petit village *des Mines*, habité par des ouvriers mineurs et autres, a été annexé à Montenotte le 7 juin 1854.

Au delà de Montenotte, la route, jusqu'à Tenès, est taillée dans le roc. L'emplacement de l'ancien *camp des Gorges*, occupé longtemps par les chasseurs à pied, est situé au-dessus du village.

262 kil. **Vieux-Tenès**, à dr., sur un plateau élevé, contourné à l'E. par l'oued-Allala. Cette petite ville arabe serait fort ancienne, s'il faut en croire la tradition qui rapporte qu'un pharaon en fit venir d'habiles sorciers dont il opposa les prestiges aux miracles de Moïse. Sans remonter aussi loin dans les annales fabuleuses, El-Bekri nous apprend que Tenès fut bâti en l'an 262 de l'hégire (875-876 J. C.), par des marins de l'Andalousie, qui venaient passer l'hiver dans le port de Tenès, et qu'il fut peuplé par

deux colonies andalousiennes dont l'une était venue de *El-Bira* (Elvira) et l'autre de *Todmir* (Murcie). Plus tard, Tenès, ville des Mar'aoua, une des grandes tribus du Mar'reb central, passe sous la domination des Beni-Merin de Tlemcen, en 1299 (699 hég.). Kheir-ed-Din s'en empara en 1520 (926 hég.). Ses habitants avaient une détestable réputation de voleurs et de pirates. « Ahmed-ben-Youssef, le saint de Miliana, confiant dans son caractère sacré, s'étant hasardé chez les Tenésiens qui ont toujours été très-mal famés, ceux-ci, qui comptaient parmi leurs nombreux défauts une dose remarquable d'incrédulité, résolurent d'éprouver le pieux marabout. Ils lui servirent à souper un chat dont ils avaient dissimulé les apparences, avec toute l'adresse du plus habile gargotier de la banlieue parisienne. Mais Sid Ahmed-ben-Youssef était trop bon marabout ou trop fin gastronome pour être dupe d'un piège aussi grossier et ne pas reconnaître la vérité au premier coup d'œil. Indigné de la tentative, il lança un formidable *Sob!* Cette interjection usitée pour chasser les chats trop importuns, effraya tellement l'animal mis à la broche que, tout rôti qu'il était, il partit au galop à la grande stupéfaction des Tenésiens. C'est alors qu'Ahmed-ben-Youssef, se levant avec majesté, jeta à la face de ses hôtes indignes cette allocution devenue proverbiale en Algérie : « Tenès, ville bâtie sur du fumier; son eau est du sang; son air est du poison; par Dieu, Sid Ahmed n'y couchera point! » (*Berb.*) Après ce jugement, le marabout de Miliana n'eut que le temps de prendre la fuite sur sa mule. Une des montées argileuses, au-dessus de Montenotte, a gardé le nom d'Ahmed-ben-Youssef parce que sa mule, s'y étant abattue, se releva miraculeusement et disparut au moment où les Tenésiens étendaient la main pour saisir Ahmed. Tenès, cependant, ne recélait point que des voleurs; Abou-Aïd-Allah Mohammed, l'historien des Beni-Zian, mort en mars 1494 (899 hég.), est né dans cette ville. Vieux-Tenès dont les anciens remparts ne renferment, à très-peu d'exceptions, que des masures en ruines, une grande mosquée et la mosquée de Lella-Aziza, est habité par mille à douze cents indigènes faisant le commerce de grains ou exerçant le métier de journaliers et de portefaix. Quelques Mahonnais se sont établis dans le ravin, au pied de cette ville, et tirent pour leur industrie horticole un merveilleux parti du terrain arrosé par des eaux courantes et à l'abri du soleil. Vieux-Tenès, constitué en centre le 31 juillet 1851, a été annexé à Tenès, le 17 juin 1854.

253 kil. **Tenès**. *Hôt.:* de France, de la Poste, du Commerce. — *Cafés.* — *Cercles civil et militaire.* — *Bureau des postes et de télégraphie électrique.* — *Service* de diligences pour Orléansville. — *Bateaux à vapeur* pour Alger les 10, 20 et 30 de chaque mois, et pour Oran les 6, 16 et 26 de chaque mois.

Histoire. — Entre la mer et la route d'Orléansville, surgit un ressaut de terrain, très-escarpé de l'E. au N., peu saillant vers l'O. et presque au niveau avec le grand chemin du côté du S. Là, sur une surface plane où s'élève aujourd'hui Tenès, était la ville phénicienne d'abord, romaine ensuite de *Cartenna*, ou peut-être une des *Cartennæ* dont le Vieux-Tenès serait la seconde? Des remparts encore debout, des mosaïques, des fûts de colonnes, des traces d'un monument considérable au centre même des ruines, des citernes, des silos, des tombeaux à l'O., enfin de nombreuses inscriptions et des médailles, tout indiquait suffisamment, lors d'une première reconnaissance de cette localité, l'emplacement d'une ville romaine. Voici une épigraphe (N° 52 des inscriptions recueillies au musée d'Alger) de la plus haute importance, découverte à Tenès même; elle établit que là était l'ancienne *Cartenna colonia* et que les *Baquates* (Βακούται) mentionnés par Ptolémée occupaient l'intérieur de la province d'Oran; d'ailleurs, cette épigraphe est destinée à perpétuer la mémoire d'un fait historique :

```
C. FVLCINIO MF QVIR
OPTATO ..LAM AVG. II VIR
QQ.PO..IF II VIR AVGVR
AED Q.....OBI QVI·
INRVP....E BAQVA
TIVM CO..NIAM TVI
TVS EST ...TIMONIO
DECRETI . ORDINIS ET
POPVLI .ARTENNITANI
ET INCOLA. PRIM. IPSI
NEC ANTE VLLI
AERE C.NLATO.
```

« A Caïus Fulcinius, fils de Marcus, de la tribu Quirina, surnommé Optatus, flamine augustale, duumvir; édile, questeur, lequel, dans une rupture avec les Baquates, a protégé la colonie, comme le témoigne le décret du corps municipal et de la population de Cartenna; et les habitants ont accordé cet honneur à lui le premier et à aucun autre auparavant par souscription. »

L'histoire de Cartenna est peu connue; Pline nous apprend que cette ville était le chef-lieu de la deuxième légion. Rogatus, évêque donatiste de Cartenna, joue un certain rôle dans l'histoire africaine. Il avait modifié l'hérésie de Donatus et comptait quelques sectaires qui, de son nom, s'appelaient Rogatistes. Ce personnage, très-peu évangélique, mit à profit l'éphémère domination de Firmus (372), pour exercer de cruels traitements envers ses ennemis religieux et politiques. Du reste, l'hérésie, née dans les murs de Cartenna, ne fit pas de grands progrès; car sous l'épiscopat de Vincentius, successeur de Rogatus, on ne comptait guère que deux évêques qui en fussent infectés. Cartenna a-t-elle disparu lors de l'invasion vandale ou de l'invasion arabe? on ne le sait.

La position de Cartenna, reconnue une première fois par le général Changarnier, le 27 déc. 1842, fut choisie par le maréchal Bugeaud, le 1er mai de l'année suivante, pour la création d'un centre de population et de force militaire, à l'abri d'un coup de main ou d'une incursion des Arabes, entre Miliana, Mostaganem et Orléansville, et pouvant servir de port à cette dernière ville, créée à la même époque, et dont les communications par terre n'étaient pas toujours faciles. Les développements du nouveau Tenès furent rapides.

Description. — Tenès, sur la côte septentrionale de l'Afrique, par 1° 2' de longitude O. et 36° 60' de latitude N., à 34 lieues marines d'Alger, et à 150 kil. par terre, compte une population de 2300 hab.; sa création civile est du 14 janv. 1848, sa constitution en commune du 17 juin 1854; Tenès est la résidence d'un commissaire civil, d'un juge de paix, et le chef-lieu d'un cercle militaire dépendant de la subdivision d'Orléansville.

Circonscrit par la ligne des fortifications anciennes dont le rempart moderne suit à peu près les contours, Tenès forme un rectangle de 700 mèt. sur 400 avec des rues larges, bien alignées, plantées d'arbres et bordées de jolies maisons, autant, toutefois, que notre architecture privée peut être jolie. Quant aux monuments, il ne faut pas s'attendre à en rencontrer à Tenès; les édifices romains sont depuis longtemps écroulés, et l'église, l'hôpital, les casernes, la douane, qui répondent très-bien aux exigences de leur destination spéciale, ne sont pas précisément des œuvres d'art. Les curiosités de la ville sont : les citernes, les silos, les hypogées qui constituaient une Cartenna souterraine et que l'administration et les particuliers ont utilisés pour en faire des magasins ou des caves. Quatre portes donnent accès au dehors : les portes de France et de Mostaganem à l'O., la porte d'Orléansville au S. et la porte de Cherchel à l'E.; c'est par cette dernière que l'on descend au quartier de la Marine, où s'élèvent la maison du commandant du port et les bâtiments de la douane. En avant, s'élance, vers le large, une jetée en bois longue de 28 mèt., appuyée à une culée en maçonnerie. Le premier étage sert de promenoir aux flâneurs, et le rez-de-chaussée, d'embarcadère ou de débarcadère, selon les circonstances et quand la mer est calme.

Environs de Tenès. — Les excursions aux environs de Tenès, à travers les bois et les rochers, sont très-pittoresques; nous avons suffisamment indiqué, plus haut, celles qu'on peut faire au Vieux-Tenès, à Montenotte, à la Smala et aux mines. Il en est d'autres qui intéresseront l'archéologue; M. le colonel Lapasset a signalé dans le cercle de Tenès trente-huit localités dans lesquelles on peut observer des ruines plus ou moins considérables, entre autres celles de *Yer'roum*, plus spécialement indiquées par M. Pommereau; elles sont situées à 20 kil. O. de Tenès et à 10 de la mer, sur la rive dr. de l'oued-Tarzoulit, où elles occupent une superficie de 7 à 8 hect. On voit assez distinctement à Yer'roum les traces d'une enceinte de ville, les restes d'une conduite qui y amenait l'eau de 2500 mèt., des tombeaux, des moulins à huile; mais pas une inscription, pas un marbre. « Ces ruines, jusqu'à preuve du contraire, dit M. Pommereau, pourraient bien être celles d'*Arsenaria* que l'on place sur le bord de la mer entre *Portus Magnus* (Vieil Arzeu) et *Cartenna* (Tenès). »

C'est aux confins de la province d'Alger et d'Oran, entre Tenès, la mer et le Chélif, qu'est situé le Dahra (nord, en arabe). Cette contrée montagneuse, longue d'env. 25 lieues et large de 10, est habitée par des Kabiles. Les terres, remarquables par leur fertilité, sont bien cultivées. On y trouve des vergers magnifiques, et la principale branche du commerce consiste dans la vente de figues séchées; mais, protégés par le Chelif, recevant rarement la visite des agents de l'autorité, les gens du Dahra ont une industrie plus fructueuse encore : les uns sont voleurs, d'autres recèlent les objets volés. Ces derniers habitent pour la plupart la petite ville de **Mazouna**, située au centre même du Dahra. Bâtie par les Mar'aoua, sur les ruines d'un ancien poste romain, elle joua un certain rôle dans les guerres qui déchirèrent l'Algérie au moyen âge; plus tard, elle devint la résidence des beys de l'ouest, en attendant qu'ils s'installassent à Maskara puis à Oran. Les subdivisions de Mostaganem et d'Orléansville sont chargées de maintenir l'ordre dans le Dahra. Cette contrée fut le théâtre et des exploits et des brigandages de Bou-Maza, qui se battait bravement contre les Saint-Arnaud et les Canrobert, quand il n'assassinait point, pour les voler ensuite, les rouliers, sur la route d'Orléansville à Tenès.

ROUTE 10.

D'ALGER A TENIET-EL-HÂD.

190 kil. — Service de diligences d'Alger à Miliana; route muletière de Miliana à Teniet-el-Hâd.

118 kil. D'Alger à Miliana (*V*.R. 5).
124 kil. Affreville (*V*. R. 7).
152 kil. Caravansérail d'*Anseur-el-Louza*; l'oued-el-Louza, à droite de la route, est un des affluents du Chelif. A 5 kil. sud-ouest du Caravansérail, on peut aller visiter un ruisseau salé, qui vient déboucher dans la rive droite de l'oued-el-Louza. Les berges de ce ruisseau sont formées de schiste ardoisier, noirâtre, dont les couches sont fort minces. Entre les feuillets de ce schiste, on remarque, sur six à huit cents mètres environ de longueur, suivant le lit du ravin, de petits suintements d'eau salée qui coulent à la surface du sol avec une très-faible vitesse. Ces filets d'eau salée, avant de s'épancher au dehors, remplissent les petites dépressions transversales qui existent dans le lit du ravin, suivant les joints de stratification. Aussi, par l'action des rayons solaires, l'eau s'évapore en partie et le sel cristallise en formant, à la surface du sol, un dépôt continu de deux à trois millimètres d'épaisseur, que des femmes et des enfants des tribus voisines enlèvent journellement avec une raclette en fer. Cette exploitation, qui occupe une cinquantaine de personnes par jour, se fait depuis un temps immémorial, et a rendu le lit du ravin lisse comme une table, sauf quelques légères dépressions parallèles à la stratification des couches.

176 kil. *L'oued-Rerga*; on côtoie cette rivière jusqu'à Teniet-el-Hâd.

190 kil. **Teniet-el-Hâd** (le col du dimanche), chef-lieu d'un cercle militaire de la subdivision de Miliana, et village de 320 habit.; ce dernier créé le 2 août 1858: *auberge, bureau des postes, pépinière; marché arabe*, très-important, tous les dimanches.

Le poste militaire de Teniet-el-Hâd, établi en 1843, pour surveiller les communications de l'Ouaransenis avec l'est d'Alger, et où les troupes, qui se ravitaillaient avant à Miliana, venaient prendre des vivres, des cartouches ou verser des troupeaux de prise à l'administration, est assis sur un mamelon, à 10 kil. des plateaux de Sersous; le village européen est à sa gauche; à sa droite, on voit les jardins de la garnison et l'habitation de l'agha. L'élévation de la position de Teniet-el-Hâd, 1161 mèt. au-dessus de la mer, y rend les chaleurs modérées. Le voisinage de hautes et nombreuses montagnes couvertes de neiges une partie de l'année, entretient l'abondance des eaux dont la qualité, du reste, ne laisse rien à désirer. La température moyenne de la localité peut être évaluée entre 17° et 18° centigrades. Le pays présente l'aspect le plus pittoresque. On rencontre près de Teniet-el-Hâd des carrières abondantes soit de gypse blanc saccharoïde, soit de pierre à plâtre ordinaire, soit de sable provenant de la pulvérisation naturelle d'une roche dioritique. Les environs de Teniet-el-Hâd possèdent deux belles forêts, parsemées de roches de grès blanc propre à l'aiguisement et à la construction; la première, sur la rive droite de l'oued-Derder, est boisée de chênes blancs à glands doux, de pins d'Alep, de pistachiers, de frênes; un chemin carrossable de 3 kil. conduit à l'ouest du camp, dans le milieu de l'autre forêt de trois mille hectares environ, formée d'un dixième de chênes et de neuf dixièmes de cèdres remarquables par leurs gigantesques dimensions (5 à 6 mèt. de circonférence sur 18 à 20 mèt. de hauteur).

C'est dans cette dernière forêt que se trouvent plusieurs *sources minérales*. La plus volumineuse et la plus habituellement fréquentée, est située à 3 kil. de Teniet-el-Hâd, presque sur le bord de la grande route ouverte pour l'exploitation de la forêt. Des vestiges de toiture en planches prouvaient encore, en 1848, que cette source avait été l'objet de quelque attention, depuis l'occupation militaire de la localité. Effectivement, dès le commencement de la belle saison, un camp de convalescents était régulièrement établi sur le bord de cette source, et se recrutait de la plupart des hommes affaiblis par de nombreuses rechutes de fièvres intermittentes, de diarrhées, de dyssenteries, etc. Au bout d'un temps assez court, les malades étaient complétement mis en état de reprendre leur service. Les Arabes ne paraissent pas avoir tenté l'usage de ces eaux; peu de personnes passent à Teniet-el-Hâd sans les aller visiter. Examinées à la source même, les eaux sont très-limpides, claires, fraîches, inodores, d'une température moyenne de 12° c., non gazeuses, incolores, d'une saveur vive, mais aussitôt suivie d'un goût très-prononcé d'astriction qui rappelle celui de l'encre. Elles laissent déposer à l'air une couche ocreuse, ainsi que le constatent aisément, sur les bords mêmes du bassin, les divers objets, plantes, cailloux, que le liquide a touchés aux points de l'immersion dans la source. Le débit est abondant et constant en toute saison. Dès 1848, le docteur E. L. Bertherand, auquel nous empruntons en grande partie cette notice sur Teniet-el-Hâd, évaluait à 1800 litres par jour le débit de cette source. Nul doute que quelques travaux bien appropriés augmenteraient la quantité actuelle d'écoulement. M. Vatonne, ingénieur des mines, a tenté à Alger une analyse par laquelle il est démontré que ces eaux sont ferro-carbonatées et contiennent plus de sel de fer que les eaux de même ordre qui jouissent d'une certaine réputation, soit en France, soit à l'étranger. Ainsi :

Bussang (dans les Vosges) n'en renferme que...............	0 ^{gr},017
Campagne (Aude)............	0 ,008
La source de la Reinette à Forges (Seine-Inférieure).......	0 ,022
Mont-Dore (Puy-de-Dôme)....	0 ,022
Pougues (Nièvre)............	0 ,020

Enfin l'eau de Teniet-el-Hâd est presque aussi riche en sels de fer que : Kronthal (Nassau) et la Géronstère à Spa, qui en ont toutes deux près de 0,030. La source de Teniet peut donc être rangée, avec raison, à côté des sources ferrugineuses froides analogues, telles que celles de Bagnères de Bigorre, Cransac, Bourbon-l'Archambault, Soultzbach, Châteldon, Provins, Schwalbach, Oressa en Corse, etc. Le docteur E. L. Bertherand, chargé en 1848 du service médico-chirurgical de l'hôpital de Teniet-el-Hâd, a expérimenté l'emploi thérapeutique de la source des Cèdres. Sur sa demande, un service, régulièrement établi par le train des équipages, pourvoit quotidiennement l'hôpital d'une moyenne de 150 litres d'eau : un bassin fut en même temps construit en face de la source, afin d'en récolter les eaux en plus grande abondance. L'éloignement de la source et les limites de l'approvisionnement quotidien n'ont pas permis d'essayer l'eau ferrugineuse sous forme de bains. Tout porte à croire cependant, d'après les observations consignées par le docteur E. L. Bertherand, que l'on en tirerait un excellent parti. Enfin, quelque incomplets qu'aient pu être les résultats obtenus sur une petite échelle, on ne saurait se dissimuler que l'emploi de l'eau ferro-carbonatée de Teniet-el-Hâd a été d'un grand secours, au double point de vue économique et pharmaceutique. On ne peut que désirer la création, près de la source, d'un dépôt régulier de convalescents, analogue à ceux d'*Hamman-Rir'a* et d'*Hammam-Meskhroutin*, qui ont tant de succès. Beaucoup de militaires que des affections fébriles, intestinales, propres au climat de l'Afrique, rappellent chaque année en France, beaucoup de colons, forcés de quitter leurs intérêts pour aller se faire traiter en France, trouveraient aux sources minérales de Teniet-el-Hâd un secours thérapeutique d'une importance réelle, en faveur de laquelle l'expérience a déjà surabondamment prononcé. Tous achèveraient ainsi leur guérison, sans quitter les conditions atmosphériques propres au pays dans lequel ils se sont acclimatés avec plus ou moins de peine; ils rencontreraient de plus, dans le site pittoresque et salubre de Teniet-el-Hâd, une influence qui se combinerait puissamment avec l'action physique des eaux. On pourrait encore tirer un parti avantageux de la proximité de ce liquide ferrugineux, en l'amenant, soit au camp, soit au village, au moyen d'un aqueduc, qui suivrait la courbe de la montagne sur le flanc de laquelle coule la source. La distance à parcourir est minime, et la dépense exigée par les travaux serait bien compensée par l'avantage d'alimenter abondamment le camp et d'avoir, dans l'hôpital surtout, ou à sa proximité, une eau minérale constamment à la disposition de ceux auxquels elle convient à des titres précieux. N'a-t-on pas, du reste, par un moyen analogue, amené à Alger des eaux de plusieurs lieues de loin?

On peut visiter, à 25 kil. E. de Teniet-el-Hâd, chez les Matmata, au pied N. O. de djebel-Ech-Chaou, dont le sommet est élevé à 1810 mèt. au-dessus de la mer, les ruines de *Taza*, un des établissements militaires d'Abd-el-Kader ; c'était une espèce de château fort ou bordj dans lequel l'émir renfermait les prisonniers français; il fut incendié par les Arabes eux-mêmes, à l'approche de la colonne du général Baraguey d'Hilliers, le 26 mai 1841.

ROUTE 11.
D'ALGER A MEDÉA.

90 kil. — Service de diligences.

48 kil. D'Alger à Blida (*V.* R. 2). On quitte Blida par Bab-el-Sebt. La route court en ligne droite pendant 7 kil. env., à travers les belles cultures de la Mitidja et les vergers de l'oued-el-Kebir, jusqu'au large lit de la Chiffa qu'elle franchit, en descendant et en remontant les pentes ménagées de ses berges; et, laissant à droite le village du même nom, elle commence à côtoyer la gauche de la Chiffa qui ne tarde pas à couler, encaissée dans cette immense coupure de l'Atlas, qu'on aperçoit de si loin. Si, avant de s'engager dans la gorge, on se retourne vers le point de départ, les yeux éblouis s'arrêtent sur le tableau magique de la Mitidja, des longues collines du Sahel et de la mer qui se montre par la coupure du Mazafran. La *Gorge de la Chiffa* est une des merveilles de l'Algérie, une des beautés du monde; dans une coupure à pic de cinq lieues de long, la route a été conquise, tantôt sur le rocher qui la surplombe de 100 mèt. et que la mine a dompté, tantôt sur le torrent qui lui cède une partie de son lit. Les lichens, les herbes de toute espèce poussent dans les fentes des rochers; dans les places plus favorisées, où la terre végétale n'a pu être enlevée, de véritables forêts se dressent sur vos têtes. La Chiffa s'est frayé, à travers les rochers, un chemin tortueux, et reçoit, dans sa course vagabonde, les cascades qui tombent des sommets escarpés. Cependant, il n'y a pas bien longtemps encore, ce n'était pas sans un certain sentiment d'effroi que l'on passait près de la *Roche pourrie* dont des blocs échappés venaient quelquefois intercepter la route. Le 26 nov. 1859, à la suite de pluies torrentielles, la roche s'écroula en grande partie; l'ingénieur Bert fit démolir le reste à coups de canon, et 100 000 mèt. cubes de roches et de terres précipitées dans le torrent ont fait cesser une cause de dangers menaçant jusqu'alors les voyageurs. Avant d'arriver au pont de l'oued-Merdja, on laisse, à l'endroit dit le *camp des Chênes*, une maison isolée. L'oued-Merdja se jette dans la Chiffa, à droite; près de là, est située l'exploitation des mines de fer et de cuivre concédées le 23 avr. 1852. Lorsqu'on a traversé le pont de l'oued-Merdja, la route passe à droite de la Chiffa qu'elle côtoie jusqu'à l'oued-Ouzera; elle remonte alors ce dernier torrent, pendant 4 kil., dans une direction S. E., puis revenant ensuite brusquement au S. O., elle ne tarde pas à contourner le djebel-Nador, pour arriver à

90 kil. **Medéa** (*Hôt.* : du Gastronome; *cafés* : de la Place d'Armes, du Commerce, de France, de l'Esplanade; *brasseries; cercle et bibliothèque militaires; direction des postes; télégraphie électrique; service de diligences* pour Blida et Alger; *location* de chevaux et de mulets).

Situation et aspect général. — Medéa et mieux El-Medïa, corruption du nom berbère Lemdïa, à 90 kil. d'Alger, 42 de Blida, est située par 0° 40' de longitude O. et 36° 25' de latitude N. sur un plateau incliné au S. E., dont le sommet s'élève à 940 mèt. au-dessus du niveau de la mer. Ses maisons couvertes en tuiles, comme dans toutes les localités élevées de l'Algérie, s'échelonnent de la moitié au sommet du plateau; quelques minarets la dominent çà et là, et un aqueduc à deux rangs d'arceaux arrive à la ville du côté de l'E. En face de Medéa au S., le plateau sablonneux appelé par les Arabes *Msalla*, a reçu le nom de l'officier de zouaves, *Ouzaneau*, qui y fut tué.

Histoire. — Medéa, selon M. MacCarthy, serait l'ancienne station romaine de *Medix* ou *ad Medias*, ainsi appelée parce qu'elle était à égale distance de *Tirinadi* (Berouaguïa) et de *Sufasar* (Amoura). Il est toujours certain que Medéa a été bâtie sur l'emplacement d'un établissement romain, et aux dépens des matériaux de cet établissement. C'est un fait dont il est facile de se convaincre, en examinant les maisons. La partie inférieure de l'aqueduc offre aussi des traces de travail antique; et, en le réparant depuis la conquête, on a trouvé des médailles romaines dans les assises inférieures. Mais ce qui est incontestablement antique, c'est le rempart, à l'angle N. O. de la ville. De ce côté, les fouilles nécessitées pour la construction de l'hôpital ont fait découvrir des substructions romaines. Les documents épigraphiques signalés dès 1848 par M. Berbrugger, et qu'on n'a pu retrouver, et ceux qu'a récemment recueillis M. le docteur Maillefer à Medéa et à Lodi, n'ont apporté aucune lumière sur le véritable nom ancien de Medéa. Le général Duvivier a bien donné, dans le temps, à M. Berbrugger, la copie d'une inscription, qui se lisait, disait-il, près de la kasba, à l'époque où il visita Medéa pour la première fois, en juillet 1830; la voici telle quelle, mais on ajoutera que l'original a dû disparaître très-promptement; car jamais, parmi les plus anciens habitants ou visiteurs de Medéa, aucun n'en a eu connaissance :

```
         D. M.
       M. HERENN
      IO CASSIANO
    MIDIAE CIAE AED
      ....CVR   III
      CIAE... ....X
```

Après la formule funéraire et le nom du défunt, arrivent trois lignes d'une lecture fort douteuse, où l'on a voulu voir *Midix colonix*.... etc., mais toute interprétation ou discussion pécherait ici par la base, car la copie est incomplète et fautive, et l'existence même de l'original n'est pas exempte de toute espèce de doute. Des découvertes ultérieures viendront peut-être restituer son véritable nom à cet établissement romain.

Nous voyons reparaître Medéa vers le milieu du IVe s. de l'hégire, X[e] de notre ère, dans l'une des trois villes fondées par Bologguïn-Youssef, fils de Ziri, et portant le nom de *Lemdïa*, tribu Sanhadjienne; le mot *Lemdani* s'emploie encore avec la signification de natif de Medéa. En 1155-56 (350 hég.), le sultan marocain Youssef-ben-Tachefin construit ou reconstruit l'aqueduc de la ville. Au VIIe s. de l'hég., XIIIe de notre ère, Medéa tombe au pouvoir de Mendil de la tribu de Mar'aoua. En 1289 (688 hég.), Osman-ben-Yar'moracen, sultan de Tlemcen, s'empare de l'Ouaransenis et va faire le siége de Medéa qui était au pouvoir des Oulad-Aziz, tribu Toudjinide. En 1303 (703 hég.), Abou-Yahya, le Mérinide, s'empare de Medéa et y construit la citadelle qu'on y voyait encore avant sa reconstruction par notre armée. En 1366 (767 hég.), Abou-Zian enlève Medéa à son cousin Abou-Hammou, sultan de Tlemcen. Toute cette aride nomenclature de faits se rapportant à Medéa est puisée dans Ibn-Khaldoun, et prouve le rôle important qu'à joué Medéa, pendant la longue période de guerres qui ensanglantèrent l'Afrique septentrionale, sous les dynasties musulmanes.

Après la formation du pachalik d'Alger par les frères Aroudj et Kheir-ed-Din, Medéa, sous la domination turque, devint le ch.-l. du Titeri et forma un beylik qui comprenait, dans la province d'Alger, tout ce qui ne dépendait pas immédiatement de la circonscription de cette ville. L'Algérie étant tombée en notre pouvoir, le maréchal Clauzel destitue le bey de Medéa, part le 17 nov. 1830, avec sept mille hommes, passe le col de Mouzaïa le 21, et après un combat glorieux, il entre dans Medéa, y installe le bey Omar, et laisse dans la place un corps de douze cents hommes, qui, après avoir été attaqués les 27, 28 et 29 nov., rentrent à Alger le 4 janv. 1831. Le bey bloqué, dans la ville d'abord, puis dans sa maison, fut ramené à Alger par le général Berthezène, successeur du maréchal Clauzel. Ce dernier, ayant repris le gouvernement de l'Algérie, nomma un nouveau bey Mohammed-Ben-Husseïn, et confia, pour l'installer, une nouvelle expédition au général Desmichels, en avr. 1836. On laissa au bey six cents fusils, cinquante mille cartouches et six mille francs; mais un mois après, El-Berkani, khalifa d'Abd-el-Kader, s'empara des fusils, des cartouches, de l'argent et du bey qu'il envoya à l'émir. Plus tard, en 1840, après le combat du 17 mai au Mouzaïa, notre armée arriva de nouveau à Medéa qui fut définitivement occupée. Vivement attaquée à plusieurs reprises, la ville fut ravitaillée en août 1840 et en mai 1841, à la suite d'expéditions glorieuses. Depuis lors Medéa ne fut plus inquiétée. Medéa est le ch.-l. de la 4e subdivision militaire d'Alger. Sa population civile, qui est de 7500 âmes, a d'abord été administrée par un commissaire civil, dès le 4 nov. 1850, et elle l'est par un sous-préfet, depuis le 13 oct. 1858.

Description. — L'ancienne ville arabe de Medéa a disparu à peu près, au milieu des constructions françaises, qui se sont élevées de toutes parts : elle a été éventrée par des places et des rues, qui n'ont laissé d'arabe que ce qui n'a pas dépassé l'alignement. La place principale, dite place d'Armes, est plantée d'arbres et ornée d'une fontaine en bronze à son centre; viennent ensuite les places Napoléon, Mered, du Marché européen, du Marché arabe, du Marché aux bestiaux. Les principaux édifices sont : la caserne et l'hôpital, sur l'emplacement de l'ancienne kasba au sommet de la ville, la manutention, le campement, la direction du génie, qui a compris dans son enceinte une ancienne mosquée dont le minaret sert de poste d'observation, la mosquée Mered affectée au culte catholique, la mosquée laissée aux musulmans, et plusieurs fontaines alimentées par

[ROUTE 11.] D'ALGER A MEDÉA.

l'aqueduc; au dehors, l'abattoir, l'aqueduc et la ferme des spahis. Medéa est entourée de murs percés de 5 portes : d'Alger, du Nador, de Miliana, Seraouï et des Jardins.

Medéa doit à sa grande élévation, 940 mèt., une végétation qui n'a rien d'africain; les ormes y sont très-nombreux ; les environs, d'ailleurs charmants, sont couverts de vignobles qui donnent des vins déjà renommés, et dont la qualité s'accroît tous les jours. La superficie des vignes plantées dans l'arrondissement de Medéa était, en 1859, de 313 hectares; le produit de 780 hectolitres de vin et de 16 000 kilogrammes de raisin consommé en grappes. La récolte a été d'une abondance extraordinaire et les propriétaires, pris au dépourvu, n'ont point eu assez de futailles vides. La culture des céréales est fort belle, elle alimente plusieurs minoteries. La récolte des fruits est généralement abondante. Si Ahmed-ben-Youssef a dit : « Medéa est une ville d'abondance ; si le mal y entre le matin, il en sort le soir. » Medéa est le principal entrepôt des laines, des bestiaux et des graines de la subdivision.

Environs de Medéa. — A 3 kil. S. E., **Damiette**, 350 âmes; ce v., bâti dans un endroit élevé, sur l'emplacement dit *Aïn-Chellaba*, est une colonie agricole de 1848 : sa constitution en centre est du 11 fév. 1851; son annexion à la commune de Medéa, du 17 juin 1854. Culture des céréales et des vignes. — A 3 kil. N. O., **Lodi**, 320 âmes, à l'endroit dit Drasma, au pied du piton du Dakla, dans une situation très-agreste, est une colonie agricole de 1848, constituée en centre le 11 fév. 1851, et annexée à la commune de Medéa le 18 juin 1854. — A 10 kil. N. O., et à 8 kil de Lodi, **Mouzaïa-les-Mines**, 370 âmes, création du 22 sept. 1844, annexée à la commune de Medéa le 17 juin 1854, délimitation du 12 août 1856. Ce petit v., le *Velisci* des Romains, au pied du versant méridional de l'Atlas, entre les gorges profondément déchirées de la Chiffa, à l'E., et les rampes ravinées du Tenia (col) du Mouzaïa à l'O., a été créé par l'industrie métallurgique dont l'établissement principal le commande. Les murailles crénelées de cette espèce de forteresse attestent les préoccupations défensives de ses fondateurs au début de l'entreprise. En effet, les oliviers séculaires qui projettent leur feuillage sur les habitations naissantes, rappellent, dans les fastes militaires de l'Algérie, *le bois sacré* et les glorieux mais sanglants combats de 1840 et 1841, contre les bataillons réguliers d'Abd-el-Kader.

Une *source minérale* est située à 2 kil. au moins du village de Mouzaïa-les-Mines, sur la rive droite de l'oued. Pour y arriver, on descend, de l'auberge du village, par une pente assez roide, dans le champ de lauriers-roses, qui remplit le lit du ruisseau. Un petit sentier frais et ombreux remonte à gauche et côtoie, pendant les deux tiers du parcours, la conduite, qui amène dans l'usine la force motrice nécessaire à la machine soufflante. Après vingt minutes de marche, on rencontre la prise d'eau; de là au point d'émergence de la fontaine, il n'y a pas plus de 60 m. La source sourd à la base d'un rocher marneux du terrain tertiaire, en deux points rapprochés de 50 c. aboutissants à deux fissures visibles un peu plus haut. Deux petits bassins la reçoivent, fermés en partie par le roc, et en partie par une légère maçonnerie, qui a été élevée récemment, pour faciliter le puisement de l'eau. Le trop-plein se déverse par-dessus le bord, et va rejoindre, à quelques pas plus loin, l'oued-Mouzaïa, dont le niveau est d'un demi-mètre à peine inférieur à celui des deux bassins. Cet aménagement est l'œuvre de M. Pouzols, ingénieur des mines, anciennement attaché à l'exploitation, et qui, le premier, en 1851 ou 1852, paraît avoir fixé l'attention sur une fontaine restée ignorée jusqu'alors. Chose remarquable! Tandis que les eaux minérales de l'Algérie sont si bien connues et estimées des indigènes, rien n'indique qu'ils aient jamais fréquenté celles de Mouzaïa. Peut-être faut-il attribuer cette indifférence à la situation de la source au milieu d'affleurements cuprifères, d'où la croyance qu'elle devait renfermer des principes toxiques. En hiver, à l'époque des grandes pluies, le ruisseau, dont le lit s'élève brusquement contre la montagne, roule avec fracas d'immenses quantités d'eau, et la fontaine, complétement submergée, se perd dans le torrent général.

Recueillie sous le déversoir par lequel elle s'échappe de la roche, l'eau de Mouzaïa est limpide et inodore, d'une saveur sensiblement aigrelette, un peu saumâtre à l'arrière-goût, et même légèrement métallique. Sa température paraît très-variable de 16 à 30°; son produit, diversement estimé, a été évalué par M. Simon, garde-mines de Mouzaïa, à 2 litres 75 par minute, soit 165 litres par heure, ou 3960 litres par 24 heures. En Algérie, du reste, rien n'est sujet à changer comme le rendement des sources, selon les saisons et l'abondance variable des pluies d'hiver.

L'eau alcaline gazeuse de Mouzaïa peut remplacer avec avantage l'eau de Seltz et l'eau de Saint-Galmier. C'est pour la population laborieuse du village une boisson agréable au goût, apéritive, relevant les forces digestives déprimées pendant les ardeurs estivales. On lui attribue généralement la vertu de préserver de la fièvre. A Medéa, qui n'est qu'à une dizaine de kil. de la source, l'eau jouit de la même réputation, et figure avec avantage sur la table de la bourgeoisie et des maîtres d'hôtel, qui peuvent assurer le renouvellement de leur approvisionnement.

Le pic de Mouzaïa, élevé de 1608 mèt. au-dessus du niveau de la mer, domine les montagnes enserrées à l'E. et au S. par la Chiffa, et à l'O. par l'ancienne route de Medéa, passant par le fameux *Tenia* ou col, haut de 1043 mèt., et témoin de plusieurs combats, comme nous l'avons déjà dit. C'est dans ce centre que, vers la fin du XIIe s., une émigration partie des montagnes du Rif marokain, sous la conduite de Sidi Ahmed-Ben-Ali, chercha un refuge et forma la tribu actuelle des Mouzaïa.

« Pendant plusieurs siècles, les Mouzaïa ne firent que se défendre contre leurs voisins dont ils avaient envahi le territoire. Ces guerres constantes avaient tellement diminué la population, que le plus vieux des Mouzaïa n'avait pas encore de *barbe entre le nez et le menton*. Ils allaient être exterminés, lorsqu'ils virent venir de l'O. un vieillard à barbe blanche qui ne marchait que sur les crêtes des montagnes, en franchissant les vallons. Ce saint homme se nommait Si Mohammed-Bou-Chakour (l'homme à la hache). A sa volonté, et par la puissance divine, tous les ennemis des Mouzaïa se trouvèrent réunis au pied de la montagne; Si Mohammed conduisit les Mouzaïa au milieu de cette assemblée. A sa voix, toutes les haines disparurent. Pour récompenser leur soumission, Si Mohammed leur promit à tous de fertiliser le pays; prenant alors sa hache, il fendit la montagne, et un torrent impétueux inonda la Mitidja; cette rivière qui surgissait fut appelée la rivière de la guérison, oued-Chefa, parce que ses eaux eurent la vertu de guérir instantanément les blessures reçues par les combattants des deux partis.

« Lorsqu'il eut accompli ce miracle, Si Mohammed retourna à la montagne, accompagné des Mouzaïa. Rentrés chez eux, et tout en le remerciant de la paix qu'il leur avait donnée, les Mouzaïa demandèrent à Si Mohammed de faire en leur faveur un miracle pareil à celui de la plaine, pour fertiliser leurs coteaux. Alors Si Mohammed alla s'installer sur Tamezguida (le pic de Mouzaïa), en ordonnant aux Mouzaïa de lui monter chaque matin une cruche d'eau, et, chaque jour, il inondait le pays, en versant sa cruche d'eau sur le sommet du piton. Le tombeau de Si Mohammed-Bou-Chak'our est à l'extrémité du pic, à côté du point géodésique que l'on y a établi. Les Mouzaïa l'ont encore en grande vénération; tous les ans, avant les labours et les moissons, ils vont, en pèlerinage, lui faire des ovations. Autour du tombeau, il y a environ 500 cruches, et c'est une œuvre pie de les remplir d'eau. Dans les années de sécheresse, on y va faire des rogations pour la pluie.

« A l'époque de la guerre, les Mouzaïa ont joué un grand rôle, par suite de leur position géographique, notamment dans les combats qu'ils eurent à soutenir contre nous, aux divers passages du col; cependant ils n'ont jamais fourni qu'une faible partie des contingents qui défendaient leur territoire. Les Mouzaïa étaient, pour le haut Chelif et le Titeri, ce que les Hadjoutes (Hadjadjet) furent pour la plaine, et les Beni-Menacer pour la Kabilie du centre : un nom autour duquel venaient se grouper les populations insurgées. Chez les Mouzaïa, les tolba sont renommés pour leur science et les femmes le sont pour leur beauté. Les Mouzaïa comptent un peu plus de 2000 âmes et peuvent lever 300 fusils.

« Au point de vue du pittoresque, outre le pic, la route de Medéa, l'ancienne route par le col, les villages de Lodi et de Mouzaïa-les-Mines, on peut encore visiter, dans la fraction de Bou-Alahoum, au milieu d'une forêt de chênes séculaires, au pied et à l'O. du pic, à 5 kil. N. de Mouzaïa-les-Mines, un lac d'une étendue de 2 hectares. Des bois nombreux couvrent, du reste, les montagnes des Mouzaïa; les essences dominantes qui les composent sont : le chêne à glands doux, le chêne-liège, le chêne yeuse, le chêne vert, le chêne kermès, l'érable champêtre, le micocoulier, l'orme, le caroubier, le houx, le pin d'Alep, l'olivier, le philarea, le lentisque, le thuya, le genévrier, le genêt épineux, et quelques mûriers. »   (*F. Pharaon.*)

ROUTE 12.

D'ALGER A LAR'OUÂT.

456 kil. — Service de diligences jusqu'à Medéa ; route stratégique de Medéa à Lar'ouât.

90 kil. D'Alger à Medéa (*V.* R. 11).
93 kil. Damiette, page 133.
108 kil. *Ben-Chikao*, poste télégraphique aérien; bordj et smala de spahis. — A 2 kil. de Ben-Chikao, à dr. de la route, le djebel *Hassen-ben-Ali*, haut de 1244 mèt., prenant son nom des Kabiles qui habitent les montagnes et les vallées, de 20 à 30 kil. S. E. de Medéa; leur pays est très-boisé dans certaines parties et fournit à Medéa des bois de construction et de chauffage; les vallées sont bien cultivées.

Au delà de Hassen-ben-Ali, on rencontre les *Abid:* ils habitent un pays très-riche; c'est sur leur territoire que la route passe dans la plaine de Berouaguïa, de *Berouack*, espèce de jonquille, qui couvre cette localité, en quantité innombrable.

122 kil. *Berouaguïa;* Djafar, un des derniers beys du Titeri, y avait fait bâtir un haras, transformé aujourd'hui en maison de commandement, près de laquelle se tient un marché tous les lundis. Une belle fontaine entretient en cet endroit des prairies abondantes. On peut visiter près de là encore des *sources thermales*, acidules, ferrugineuses; la plus abondante pénètre, au sortir du bouillon, dans un bassin naturel enclavé dans le roc et servant de piscine pour les Arabes: la température est de 41° sur le bord du bassin. A g. enfin de la route, on visitera des *ruines romaines* fort importantes. M. Léon Renier y a recueilli plusieurs inscriptions dont l'une lui a donné le nom ancien de la localité, *Tanaramusa castra;* cette station, indiquée sur l'itinéraire d'Antonin, jalonnait la route de *Calama* de Mauritanie à *Rusucurrum;* on la cherchait dans la Mitidja. La découverte de M. L. Renier, qui la place au S. de l'Atlas, a donc une certaine importance, puisqu'elle déplace du même coup la plupart des stations de cette route.

Au delà de Berouaguïa, le centre de la vallée où passe la route est occupé par les *Chorfa*, fraction administrative des Abid, avec lesquels ils sont mortifiés d'être confondus, eux la fleur de la noblesse musulmane. Le mot Abid, esclave, s'applique aux tribus d'origine nègre. Les Chorfa descendent de Moulaï Edris du Maroc, et sont originaires des Flitta de Maskara. Vers l'an 940 de l'hégire (1533), un de leurs ancêtres, Si Mohammed-ben-Soltan, était lieutenant et compagnon d'un prince tlemcénien nommé Abou-Mohammed-Abd-el-Ouahed. A la suite de revers essuyés par ce prince, la famille émigra. Si Mohammed avait été tué, et son fils Yahya-ben-Soltan, devenu chef de la famille, la conduisit au pays des Beni-Sliman, chez lesquels il mourut en 964 (1556). La piété des Slimani lui a élevé une koubba qui est encore aujourd'hui en grande vénération. L'installation des Chorfa, chez les Beni-Sliman, n'était que provisoire. Si el-Khelfa, fils de Sidi-Yahya-ben-Soltan, vint s'installer définitivement au centre de la vallée qu'ils occupent encore aujourd'hui, sur des terrains appartenant aux Beni-Hassen, aux Hassen-ben-Ali et aux Beni-Sliman, et qui leur furent donnés par ces tribus à titre d'apanages. D'après leur charte, ce territoire est inaliénable ; par conséquent, tous les titres d'achat présentés à la commission chargée d'étudier l'emplacement du v. de Berouaguïa n'ont aucune valeur réelle, si l'on accepte comme authentiques les quelques mots de la généalogie des Chorfa, à l'article Si el-Khelfa, qui constitue le droit simple d'occupation.

Les Chorfa n'ont joué un rôle politique en Algérie qu'à une époque assez reculée, et sur laquelle M. F. Pharaon n'a pu recueillir des faits exacts. Si vous acceptez l'hospitalité d'un Chorfa, il vous racontera qu'un Si Yahya quelconque (tous les Chorfa se nomment Yahya ou Khelfa) allait en guerre avec son chapelet seulement : lorsqu'il était en présence de l'ennemi, il prenait ce chapelet et à chaque grain qui glissait sous ses doigts, au nom d'une épithète de Dieu, l'âme d'un ennemi quittait son corps, pour aller s'engloutir aux enfers. Il terminera en regrettant que le chapelet ne se compose que de 99 grains, car il ne compte pas les grains des Fath'a qui sont ceux de la miséricorde. Le chapelet existe encore : il est appendu à la tête de la châsse de Si el-Khelfa, dans la *koubba* qui s'élève à 6 kil. de Berouaguïa. La fraction des Chorfa compte environ 300 âmes ; c'est une population laborieuse et intelligente. Les Chorfa étaient exempts d'impôts et de corvées sous tous les gouvernements ; le général Marey-Monge est le dernier chef français qui leur ait accordé cette faveur.

La route, arrivée à la vallée de l'*oued-el-Hakoum*, infléchit au S. O. jusqu'aux *Ouled-Hamza*, près du Chelif, et suit alors la dr. de ce fleuve pendant une distance de 6 kil. jusqu'au ksar Boukhrari.

150 kil. **Boukhrari** et non Boghari, cramponné sur le dos d'un mamelon aride, est un village fortifié, fondé en 1829 par quelques marchands originaires de Lar'ouât, circonstance à laquelle il doit son aspect tout saharien. Un indigène, appartenant à la famille de Sidi el-Boukhrari, s'associa à leur création qui reçut alors le nom de marabout. Le ksar est placé à 200 mèt. au-dessus de la vallée du Chelif, au bord d'un plateau rocheux, à la base duquel s'élève un caravansérail de construction française, devant lequel se tient tous les lundis un marché important. Boukhrari sert de comptoir et d'entrepôt aux nomades, et il est naturellement devenu le centre des affaires qui se font entre cette partie du Tell et le Sahara.

Bor'ar (la grotte) est situé sur l'autre rive du Chélif, et à 4 kil. N. O. de Boukhrari. Bor'ar, qui était d'abord une ferme, fut choisi par Abd-el-Kader, pour l'emplacement d'un de ses établissements militaires. El-Berkani, son lieutenant à Medéa, fit construire à Bor'ar, dès le mois de juillet 1839, un fort ayant la forme d'un carré long Ce fort contenait des magasins, une manutention, des fours, des casernes pour quelques centaines d'hommes ; il était armé de canons. Abd-el-Kader avait fait creuser sous Bor'ar de vastes silos dans lesquels les tribus déposaient le grain de l'achour. Cet établissement devait bientôt disparaître, comme les autres postes créés par l'émir. Pendant que le gouverneur général détruisait Tagdemt et prenait Maskara, le général Baraguey d'Hilliers, parti de Blida le 18 mai 1841, déposait un convoi à Medéa, traversait le pays des Abid, bivaquait sur l'oued-el-Hakoum, et arrivait le 23 en vue de Bor'ar, incendiée la veille par les Arabes qui se retiraient. Nos troupes n'eurent qu'à achever sa destruction.

Ce point, qui avait une très-grande importance pour les Arabes, n'en avait pas une moins grande pour les Français; il domine toute la première plaine du Sahara et surveille les mouvements des tribus nomades; situé à l'entrée de la vallée par laquelle le Chelif pénètre dans les terres cultivées, et qui est une des voies de communication les plus fréquentées par les tribus du Sahara, lorsqu'elles viennent dans le Tell, il garde, pour ainsi dire, une des principales portes de la province. Bor'ar est donc devenu le chef-lieu d'un cercle qui relève de Medéa. C'est aujourd'hui une belle redoute bâtie sur la pente rapide des parties supérieures d'une montagne, à 900 mèt. au-dessus du niveau de la mer. Cette grande élévation lui donne de tous côtés d'admirables vues, au N. sur tout le Tell de Medéa, au midi sur les vastes steppes que le regard franchit pour s'arrêter seulement à 80 kil. de là. Aussi l'a-t-on surnommé, avec quelque raison, le Balcon du Sud. Bor'ar se compose de deux parties bien distinctes : la redoute, qui est la partie la plus importante, et le village. La redoute renferme tous les bâtiments d'administration, un hôpital, une caserne, un pavillon d'officiers, la manutention, la maison du commandant supérieur, celle du génie; au-dessus de son enceinte, sur le plateau, se trouve le bureau arabe, et au-dessous une pépinière qui sert de promenade; le village en est voisin; on y compte environ 400 hab. Un marché considérable se tient tous les lundis dans la vallée, sous le canon de la place.

Bor'ar est situé sur le territoire des *Oulad-Anteur*, qui, quoique montagnards, repoussent la qualification de Kabiles ; ils ont la prétention, un peu hasardée, d'être les descendants d'Antar, le héros d'un des plus célèbres poëmes arabes; toute la fable de ce poëme est à l'état de tradition chez eux, et ils ont adapté chaque événement aux localités qu'ils habitent. Ils montrent les champs de bataille de leur héros, et racontent qu'il fut tué au dernier gué du Chelif.

Une route directe, à travers le pays des Haoura et des Beni-Hassen, conduit en huit heures de Medéa à Bor'ar; la distance est de 50 kil., mais continuellement dans les montagnes, et à travers de magnifiques forêts de chênes et de pins.

Au delà de Ksar Boukhrari, en dehors de la route, au S. E., on rencontre les ruines de Saneg, l'*Usinaza* des Romains.

Saneg, chez les *Oulad-Mokhtar*, bornée au N. N. O. par Chébat-Aïcha, au S. S. E. par l'oued-Menala, au N. 3/4 E. par Tenit-Rasfa et au S. O. par Draâ Saneg, présente les ruines d'une ville. La forme de l'enceinte est celle d'un rectangle irrégulier de 300 mèt. de longueur sur 200 de largeur; elle était formée d'un mur de 2 mèt. d'épaisseur. On y a trouvé des pierres taillées en grand nombre, quelques colonnes, auges, rainures de porte, meules coniques, fragments de poterie, un couvercle de sarcophage. Sur les ruines mêmes et près de l'oued-Doufana, s'élèvent les murs en ruine de deux ksour ou villages arabes. Une inscription, découverte à Saneg par M. Caussade, est encastrée aujourd'hui à Bor'ar, dans un mur de l'hôtel du commandant supérieur; elle a été rétablie ainsi par M. Berbrugger :

IMP. CAES. L. SEPTIMVS SEVERVS PIVS PERTINAX AVG. ARABICVS ADIABENICVS PARTHICVS MAXIMVS PONTIFEX MAXIMVS TRIBVNICIAE POTEST. XII IMP. XI COS. III PROCOS — ET IMP. CAES. M. AVRELIVS ANTONINVS PIVS AVG. TRIB. POT. VII COS II - ET IVLIA AVGVSTA IMP. CAE. L. S. SEVERI PERTINACIS AVG. ARABICI ADIABENICI PARTHICI MAXIMI ET M. AVRELI ANTONINI PII ET L. S. GETAE NOBILISSIMI CAESARIS MATER M. VSINAZENSEM PER...... PROCVRATOREM SVVM CONSTITVFRVNT.

Cette inscription nous apprend que l'empereur César Lucius Septimius Severus, le pieux (surnommé), Pertinax.... et l'empereur César Marcus Aurelius Antoninus, le pieux.... et Julia, auguste femme de l'empereur César L. S. Severus Pertinax.... et mère de Marcus Aurelius Antoninus le pieux et de Lucius Septimus Geta.... ont constitué le municipe d'*Usinaza*, par l'intermédiaire de leur procurateur. On trouve Usinaza dans la liste des évêchés, au IVe et au Ve s., sous la forme très-peu altérée d'Usinadis; la permutation du *z* en *d* tient à l'existence, dans les idiomes de l'Afrique septentrionale, d'une espèce de *d* qui participe un peu de la prononciation du *z*.

Quand on a quitté Boukhrari pour suivre la route de Lar'ouât, on entre dans la vallée du Chelif. Ici nous laissons parler le peintre et poëte, M. Fromentin, l'auteur d'*un Été dans le Sahara* : « Cette vallée ou plutôt cette plaine inégale et caillouteuse, coupée de monticules et ravinée par le Chelif, est à coup sûr un des pays les plus surprenants qu'on puisse voir. Je n'en connais pas de plus singulièrement construit, de plus fortement caractérisé, et même après Boukhrari, c'est un spectacle à ne jamais oublier. Imaginez un pays tout de terre et de pierres vives, battu par des vents arides et brûlé jusqu'aux entrailles; une terre marneuse, polie comme de la terre à poterie, presque luisante à l'œil tant elle est nue ; et qui semble, tant elle est sèche, avoir subi l'action du feu; sans la moindre trace de culture, sans une herbe, sans un chardon; des collines horizontales qu'on dirait aplaties avec la main ou découpées par une fantaisie étrange en dentelures aiguës, formant crochet, comme des cornes tranchantes, ou des fers de faux; au centre, d'étroites vallées, aussi propres, aussi nues qu'une aire à battre le grain; quelquefois, un morne bizarre, encore plus désolé, si c'est possible, avec un bloc informe posé sans adhérence au sommet, comme un aérolithe tombé là sur un amas de silex en fusion; et tout cela, d'un bout à l'autre, aussi loin que la vue peut s'étendre, ni rouge ni tout à fait jaune, ni bistré, mais exactement couleur peau de lion. Quant au Chelif, qui, 40 lieues plus avant dans l'ouest, devient un beau fleuve pacifique et bienfaisant, ici c'est un ruisseau tortueux, encaissé, dont l'hiver fait un torrent, et que les premières ardeurs de l'été épuisent jusqu'à la dernière goutte. Il s'est creusé dans la marne molle un lit boueux qui ressemble à une tranchée, et, même au moment des plus fortes crues, il traverse sans l'arroser cette vallée misérable et dévorée de soif. Ses bords taillés à pic sont aussi arides que le reste; à peine y voit-on accrochés à l'intérieur du lit, et marquant le niveau des grandes eaux, quelques rares pieds de lauriers-roses, poudreux, fangeux, salis, et qui expirent de chaleur au fond de cette étroite ornière, incendiée par le soleil plongeant du milieu du jour. D'ailleurs ni l'été, ni l'hiver, ni le soleil, ni les rosées, ni les pluies, qui font verdir le sol sablonneux et salé du désert lui-même, ne peuvent rien sur une terre pareille. Toutes les saisons lui sont inutiles; et de chacune d'elles, elle ne reçoit que des châtiments. Rien de vivant, ni autour de nous, ni devant nous, ni nulle part; seulement, à de grandes hauteurs, on pouvait, grâce au silence, entendre par moments des bruits d'ailes et des voix d'oiseaux : c'étaient de noires volées de corbeaux qui tournaient en cercle autour des mornes les plus élevés, pareilles à des essaims de moucherons, et d'innombrables bataillons d'oiseaux blanchâtres aux ailes pointues, ayant à peu près le vol et le cri plaintif des courlis. De loin en loin, un aigle au ventre rayé de brun, des gypaètes tachés de noir et de gris clair, traversaient lentement cette solitude, s'interrogeant d'un œil tranquille, et, comme des chasseurs fatigués, regagnaient les montagnes boisées de Bor'ar. Après une succession de collines et de vallées symétriques, limite extrême du Tell, on débouche enfin, par un étroit défilé, sur la première plaine du sud. La perspective est immense; devant nous se développaient 24 ou 25 lieues de terrains plats sans accidents, sans ondulations visibles. La plaine, d'un vert douteux, déjà brûlée, était, comme le ciel, toute rayée dans sa longueur, d'ombres grises et de lumières blafardes. Un orage, formé vers le milieu, la partageait en deux et nous empêchait d'en mesurer l'étendue. Seulement, à travers un brouillard inégal, où la terre et le ciel semblaient se confondre, on devinait par échappées une ligne extrême de montagnes, courant parallèlement au Tell, de l'E. à l'O., et vers le centre, les sept pitons saillants ou sept têtes qui leur ont fait donner le nom de Sebâ Rous.... A huit heures, nous arrivions au bivac : et nous mettions ensemble pied à terre, au milieu des tentes des Oulad-Mokhrtar.... Le lendemain, après une petite marche de cinq ou six heures, nous campions à Aïn-Ousera. »

208 kil. *Aïn-Ousera*, où s'élève un caravansérail, était situé près de marais dangereux qu'on a desséchés au moyen d'un canal de 940 mèt. Deux sources-fontaines remplissent aujourd'hui un immense abreuvoir de 2400 mèt. de superficie.

248 kil. *Guelt-el-stel* (la citerne du seau) possède également un caravansérail. Cette station est au pied du djebel-Kaïder et à g. de Sebâ Rous. Le bois de chauffage y abonde.

290 kil. Le *Rocher de sel*. Caravansérail sur l'oued-Melah ou Djelfa; bois de tamarins. Le gîte de sel gemme du djebel-Sahari, vulgairement appelé Rocher de sel (Rang-el-Melah), peut être considéré comme le résultat d'une éruption de boue argilo-gypseux et de sel gemme,

qui se serait fait jour à travers les assises superposées des terrains crétacés inférieurs et tertiaires moyens; ces deux terrains sont fortement redressés autour du gîte éruptif et lui forment, à l'extérieur, une double enveloppe. Des fragments de roches crétacées et tertiaires, éparses et encastrées à la surface du gîte de sel gemme, viennent confirmer cette manière de voir. Le sel gemme est très-abondant dans le Rang-el-Melah; il y forme des talus très-abrupts, qui atteignent 35 mèt. de hauteur et peuvent suffire à une exploitation à ciel ouvert, faite sur une grande échelle, pendant une longue série d'années. Ce sel est gris bleuâtre en masse, et zoné de diverses nuances à peine distinctes les unes des autres: il n'est pas stratifié. La face supérieure de l'amas de sel gemme est très-irrégulière; elle est recouverte presque partout par un magma composé de fragments à angles vifs, d'une roche silicatée de couleur variable, jaune, verte, rouge, violette, réunis par un ciment grisâtre, qui est un mélange d'argile et de petits cristaux de gypse.

Tout cet ensemble d'argile et de sel se ravine avec la plus grande facilité par l'action des agents atmosphériques; de plus, la dissolution du sel par les eaux souterraines donne lieu à de grands vides intérieurs qui s'effondrent de temps en temps, et produisent à la surface du gîte des crevasses et des entonnoirs plus ou moins larges, plus ou moins profonds. Toutes ces causes réunies déterminent des accidents bizarres, fantastiques, qui font du Rocher de sel un magnifique spectacle pour le voyageur, arrivant fatigué par la monotonie de la route.

Plusieurs sources, très-riches en sel marin, émergent du Rocher de sel et vont se jeter dans l'oued-Melah; leurs bords se couvrent de croûtes salines par l'évaporation spontanée. L'administration a fait disposer le long de ces sources des bassins en argile damée, où les eaux salées sont emmagasinées et déposent par cristallisation des couches de sel marin de 10 ou 12 centimèt. d'épaisseur. Ce sel est employé par les garnisons de Bor'ar, de Djelfa et de Lar'ouât. Il est très-pur et comparable au sel gemme blanc du Rang-el-Melah; mais le sel gris est souvent mélangé de nodules de roches argileuses, et trop impur pour être employé à l'alimentation, à l'état brut. Les Arabes se servent de préférence du sel en roche, qu'ils exploitent à ciel ouvert à l'aide de scies. Cette exploitation est très-difficile, à cause de la dureté de la roche, et ne paraît pas se faire aujourd'hui sur une grande échelle. Pour subvenir aux besoins naissants de l'armée, il suffit d'augmenter, le long des sources, le nombre des bassins de cristallisation. Ces sources bien aménagées peuvent fournir annuellement 14 000 tonneaux de sel, ce qui correspond à une population de 1 400 000 âmes. Si l'on voulait tirer un grand parti industriel du gîte de sel gemme, il faudrait exploiter directement la roche saline elle-même. Cette exploitation se ferait d'abord à ciel ouvert, dans un grand cirque naturel de 100 mèt. env. de diamètre à la base, et d'un abord très-facile; plus tard, elle devrait être remplacée par une exploitation souterraine par puits et galerie. Les produits de la mine fourniraient, par un simple triage, du sel assez pur pour être employé à l'état brut ; mais il en résulterait de nombreux déchets, dont on tirerait parti en les dissolvant avec l'eau de l'oued-Melah et en faisant cristalliser spontanément les dissolutions, qu'on opérerait dans des bassins en argile damée disposés le long de la rivière.

Les *Oulad-Goumrini*, aidés par les *Oulad-Sidi-Ahmed*, ont fait sur l'oued-Melah, à 6 kilomètres ouest du Rocher de sel, un magnifique barrage qui assure l'irrigation de 1800 hectares de terrains, dont plus de 300 sont déjà en culture.

Taguin, où le duc d'Aumale s'empara de la smala d'Abd-el-Kader, le 14 mai 1843, est situé à 70 kil. ouest-nord du Rocher de sel.

Du Rocher de sel à Djelfa, la route côtoie la rive droite de l'oued-Melah, laissant d'abord à gauche, et plus tard à droite, les ruines de plusieurs ksour.

314 kil. **Djelfa** (1100 mèt. au-dessus du niveau de la mer) est un des nouveaux postes établis sur la route de Lar'ouât ; un marché important s'y tient tous les dimanches. Sauf un moulin français, tout l'établissement est situé sur la rive gauche de la rivière de ce nom et consiste en un bordj ou maison de commandement, un petit hameau, une smala de spahis et le camp du bataillon d'Afrique. Ce poste est placé sur une pente peu inclinée à l'est du djebel-Senalba couvert de vastes forêts, et du Zebdeba, aujourd'hui connu sous le nom de *redoute Lapasset*. Du côté du bordj et dans un lointain vaporeux s'élève le Seba-Mokhran, qui domine le massif du Ksar-Zakkar; plus près à l'est, sont quelques mamelons couverts de halfa et de genévriers. La rivière, qui s'appelle oued-el-Haoura vers ses sources et oued-Djelfa vers son cours moyen, prend le nom d'oued-el-Melah à sa partie inférieure qui débouche dans la Sebkhra occidentale du *Zar'ez*. A sa partie supérieure, l'oued-Djelfa est profondément encaissée; ses berges ravinées se composent de terres d'alluvion de différentes nuances et au-dessous desquelles il y a une couche d'argile bitumineuse. Les environs de Djelfa étaient couverts de marais qu'on a desséchés depuis notre occupation de ce point; on a établi, dès 1855, des rigoles qui conduisent les eaux de ces marais dans l'oued-Djelfa, et le terrain a pu être livré à la culture.

Le bordj de Djelfa, ainsi que l'indique une inscription placée au-dessus de sa porte d'entrée, a été bâti en quarante jours, aux mois de novembre et de décembre 1852, par la colonne expéditionnaire du général Yussuf. sous le gouvernement du maréchal Randon. C'est un vaste corps de logis élevé carrément au-dessus d'une enceinte de murs bas. On y a installé la maison du khalifa des Oulad-Naïls, dont Djelfa est le centre, et un bureau arabe. C'est tout à la fois une maison de commandement, un caravansérail et une forteresse.

M. Fromentin, qui peint comme il écrit, a exposé au salon de 1859 un tableau du poste de Djelfa, dont M. Th. Gauthier a donné une description aussi vraie que pittoresque. « L'audience chez un khalifa nous fait assister à une scène de la vie du désert. La féodalité et la grande existence antique se sont conservées au Sahara. Ce khalifa ne ressemble-t-il pas à un baron du moyen âge, recevant ses hommes-liges et ses tenanciers sur son perron, et plus encore à un patricien romain accueillant, le matin, ses clients sous son portique? Le burnous joue la toge à s'y méprendre, et les hauts piliers ou colonnes de briques supportant la toiture ont l'air d'un vestibule d'atrium. Le patron est à demi couché sur des carreaux, dans ses blanches draperies, écoutant avec une dignité ennuyée et distraite ce que lui disent, courbés vers son oreille, de grands drôles superbement déguenillés. Sous le porche, adossés au mur blanc de chaux, des familiers, des serviteurs, sont couchés, le pan de leur manteau sur la bouche pour tamiser la poussière qu'apporte l'air brûlant, alanguis par cet énervement oriental, cette lassitude de chaleur, cette courbature de soleil que M. Fromentin sait si bien rendre. Leurs figures pâles, exsangues, impassibles, dépassent en lividité la *faccia smorta* italienne; des yeux de diamant noir, à demi clignés, y vivent seuls, et par leur regard farouchement tranquille en corrigent la morbidesse un peu efféminée. D'autres, debout, s'accolent aux piliers comme des plantes lasses qui ne peuvent se soutenir et cherchent un appui. Sur un degré de l'escalier, grimace, accroupi, ainsi que dans une scène de Paul Véronèse, le bouffon ou plutôt le fou au sourire idiot et vague, mais entouré de respect, car les musulmans croient que Dieu remplit ces cerveaux laissés vides par la pensée humaine. Sur le devant sont jetés des burnous, des harnais, des armes, de hauts chapeaux ornés de plumes d'autruche, tout ce vestiaire bizarre, amour du coloriste, où la lumière s'accroche en paillettes étincelantes. Au second plan, des cavaliers encaissés par leurs hautes selles, les pieds dans leurs larges étriers, le fusil en travers de l'arçon, attendent les ordres du khalifa ; au fond, soulevant un tourbillon de poussière lumineuse, rentre au galop un goum revenant d'expédition avec tout l'échèvèlement de la fantasia arabe ; au-dessus s'étale le ciel splendidement morne du désert. »

Le docteur Reboud a signalé un des premiers à l'attention des archéologues des *ruines romaines* situées à Djelfa et aux environs, ruines rares et peu importantes, quant au nombre et à l'étendue des postes observés, mais toutefois pleines d'intérêt, parce qu'elles indiquent d'une manière certaine le point où la puissance romaine s'est arrêtée, point que la domination française a déjà laissé derrière elle et que, sans doute, elle dépassera bien davantage encore. Ces postes sont placés sur le bord des rivières dont les eaux ne tarissent pas, et semblent avoir été construits pour défendre des cols ou des défilés. Le poste romain de Djelfa, sur la rive droite de la rivière, entre le bordj et le moulin, a quarante pas de large sur quarante-cinq de longueur; autour de la cour intérieure, il y a de nombreuses chambres dont on peut encore tracer le plan. Les murs sont bâtis en pierres bien appareillées sans emploi de ciment; leur épaisseur est de soixante centimètres environ. Le docteur Reboud a trouvé dans ce poste des débris de briques et de poteries, des fragments de pilastres et colonnes en grès du pays et des documents épigraphiques; une seule inscription tronquée ne laissait lire que ces fragments *donatus.... An-*

narietana.... et *Zaresis....* *Elius.* Cette inscription n'offre à l'examen qu'une simple liste de noms propres parmi lesquels *Zaresis* attirera seul l'attention si on veut y voir le nom latin des lacs salés de Zar'ez.

Sur la rive gauche de l'oued-Djelfa et un peu en avant du point précédent, à côté de la route qui conduit à *Debdeba* et à la forêt, on reconnaît facilement la trace d'une construction assez analogue à celle de la rive droite. Il existe enfin sur les deux rives de l'oued, à quelques centaines de mètres, en aval du moulin, un très-grand nombre de tombeaux de dimensions variables, et qui, par leur forme, rappellent assez bien les monuments celtiques. Ces sépultures consistent en une fosse revêtue de quatre dalles plus ou moins grandes, et recouvertes, à vingt ou trente centimètres au-dessus du sol, d'une ou deux autres dalles également en grès rougeâtre du pays. Chaque tombeau est circonscrit par une petite enceinte de fragments de roches; quelquefois l'enceinte est double. L'ouverture d'un de ces tombeaux n'a fait trouver que quelques fragments de tibias et une hache celtique.

Les *Oulad-Naïl* ou Beni-Naïl ou Nouaïl, enfants de Naïl-Ebn-Ameur-Ebn-Djabeur, constituent une des fractions de la grande tribu arabe des Zor'eba, et sont venus dans l'Afrique septentrionale vers le milieu du xie siècle de notre ère; ils forment aujourd'hui une très-forte confédération de tribus qui occupent, au delà de la troisième chaîne de l'Atlas, un vaste territoire touchant à l'est à Bou-Sada et aux Ziban dans la province de Constantine, et aux lacs de Zar'ez et au Djebel-Amour à l'ouest. Ils cultivent un peu de céréales, quand ils peuvent établir des canaux d'irrigation; leurs troupeaux sont nombreux et très-renommés; ils possèdent beaucoup de chameaux. Les Oulad-Naïl dont les femmes travaillent la laine, ont des relations commerciales avec le Sahara, dont ils apportent dans le Tell les dattes, les plumes d'autruche, les fins tissus de laine. Ils ont quatre dacheras dans le djebel-Sahari, qui leur servent de dépôt et comptent environ trois cents habitants chacune. Ces dacheras, autour desquelles il y a quelques jardins et un peu de culture, sont *Charef*, *Messad*, où l'on voit des ruines romaines, *Demmed* et *Zakkar*. Nous avons dit plus haut que le khalifa des Oula-Naïl était installé à Djelfa.

346 kil. *Aïn-El-Ibel* (fontaine des chameaux), caravansérail: près de là se trouve le ksar d'*Amra*, amas misérable d'une trentaine de masures, bâties en pisé, ruinées, croulantes, d'aspect funeste, et qu'on dirait abandonnées. On le confond presque toujours avec les rochers jaunâtres dont la haute ceinture enferme entièrement le village du côté du couchant; on y voit cependant des jardins bien arrosés.

416 kil. *Sidi-Makhrlouf*, caravansérail bâti sur un plateau de roches et de sable, au bord d'un ravin où sont des sources. A gauche, près des palmiers, on voit la koubba du marabout qui a donné son nom à la localité. Cette koubba, comme toutes celles du Sahara, est un petit bâtiment carré terminé par un dôme en pain de sucre au lieu d'être arrondi comme dans le Tell. On est dans la région des scorpions et des

lefâ (vipères cornues très-dangereuses).

De Sidi-Makhrlouf à Lar'ouât, le chemin passe dans des terrains plats couverts de halfa et de broussailles épineuses ; l'horizon est bordé de montagnes : le *Guern-el-Meila*, à droite, et à gauche, le djebel *dakla* et le djebel *zebecha*. La route tourne à gauche du *zebecha*, à travers des mamelons de sable jaune, puis le terrain s'abaisse pour laisser voir, au milieu de la plaine, deux monticules séparés par une ligne noire de palmiers et couverts de maisons défendues par une ceinture de murs et de tours. C'est Lar'ouât.

456 kil. **Lar'ouât.** *Hôtel* des Touristes ; *café* des Lauriers ; *brasserie* du Désert ; *cercle militaire ; bains maures ; bureau des postes ; télégraphie électrique*.

Position, situation générale. Lar'ouât, *El-Ar'ouât*, *Laghouat*, ville de 4000 âmes, chef-lieu d'un cercle dépendant de la subdivision de Medéa, est situé par 0° 50 de longitude orientale et 33° 95 de latitude septentrionale ; elle forme deux amphithéâtres qui se font face, sur les flancs de deux mamelons allongés dans le sens de l'E. à l'O., et dont les sommets sont distants l'un de l'autre d'environ 1800 mèt. C'est entre ces deux mamelons que les canaux d'irrigation amènent les eaux de l'oued-Mzi et alimentent la ville dans sa plus petite largeur. Les jardins de palmiers et les vergers s'étendent au nord et au sud de la ville.

Description. Lar'ouât, visitée d'abord en 1844 par le général Marey Monge et prise d'assaut en décembre 1852 par le général depuis maréchal Pélissier, bien que formant un même tout, était jadis, en réalité, composée de deux villes distinctes, habitées par deux populations, les oulad-Serrin à l'ouest, et les Hallafs à l'est, presque constamment en état de lutte et qui s'étaient créé chacune une vie à part. Lar'ouât a donc conservé la fidèle empreinte de cet état politique dans sa disposition topographique. Mais, depuis le jour de son occupation définitive, l'aspect intérieur de Lar'ouât a été tellement modifié, que ceux qui l'ont vue alors la reconnaîtraient à peine. Son enceinte, très-notablement agrandie, est percée de cinq portes qui sont : bab Cherkia, à l'E. ; bab Nebka, au S. ; la porte du Sud ; bab Nouader, à l'O. ; et la porte des caravanes, au S. E. ; de nouvelles rues ont été percées, la plupart des autres complétement rectifiées, et un nivellement général en a rendu le parcours plus aisé. L'espace vide, ingrat, fangeux, irrégulier, étroit où s'élevait la maison, résidence des premiers commandants supérieurs, d'abord bain maure, puis bureau arabe, est devenu une vaste place rectangulaire dite place Randon, qui embellirait beaucoup de grandes villes européennes. Les deux extrémités de son grand axe sont occupées par deux bazars indigènes, dont l'un, dit du Chikhr-Ali, est surmonté d'une coupole mauresque qui renferme l'horloge ; l'un de ses grands côtés est formé par l'hôtel du commandant supérieur et par le cercle militaire : le second par le pavillon du génie et par le bureau arabe ; ces quatre édifices n'étant pas contigus, laissent la vue se perdre, par les intervalles qui les séparent, dans les profondeurs des jardins.

C'est dans la partie occidentale de la ville, que se trouve le *dar Seffa*, la maison des roches plates ou kasba de Ben-Salem, nom de l'ancien khalifa qui la fit construire; c'est un vaste bâtiment où l'on a installé l'hôpital, un casernement et des magasins. Une rue, en partie bordée d'arcades, conduit de la place Randon à la porte puis à l'avenue percée dans les palmiers, pour y faire aboutir la grande route du nord. La mosquée, dite Pélissier, appropriée pour l'usage du culte catholique, une école dans une maison mauresque, un abattoir, un jardin d'essai, complètent les monuments ou établissements d'utilité publique de la ville.

Quant aux anciennes rues de Lar'ouàt, en voici l'exacte description faite par M. T. Gautier, comme celle du Bordj de Djelfa, d'après un tableau de M. Fromentin : « Une rue de Lar'ouât ne plairait pas aux amateurs du progrès, qui demandent pour toutes les villes de l'univers, trottoirs, macadam, alignement, becs de gaz et numéros sur lave de volvic. De chaque côté de la voie accidentée comme un lit de torrent à sec, s'élèvent des maisons, les unes en saillie, les autres en retraite; celles-ci surplombant, celles-là se penchant en arrière et se terminant par un angle carré sous un ciel d'un bleu intense, calciné de chaleur. Grands murs blancs, petites fenêtres noires semblables à des judas, portes basses et mystérieuses, tout un côté dans le soleil, tout un autre dans l'ombre; voilà le décor. Au premier coup d'œil, la rue paraît déserte; à l'exception d'un chien pelé qui fuit sur les pierres brûlantes, comme sur le sol d'un four, et d'une petite fille hâve se dépêchant de rentrer, quelque paquet au bras, on n'y distingue aucun être vivant; mais suivez, quand votre regard sera moins ébloui par la vive lumière, la tranche d'ombre bleue découpée au bas de la muraille à droite, vous y verrez bientôt une file de philosophes pratiques allongés l'un à côté de l'autre, dans des poses flasques, exténuées, semblables à des cadavres enveloppés de leurs suaires, qui dorment, rêvent ou font le kief, protégés par la même bandelette bleuâtre. Lorsque le soleil gagnera du terrain, vous les verrez se lever chancelants de somnolence, étirer leurs membres, cambrer leur poitrine avec un effort désespéré, secouer leurs draperies pour se donner de l'air, et, traînant leurs savates, aller s'établir autre part jusqu'à ce que vienne la nuit apportant une fraîcheur relative. A Lar'ouât, le bonheur, comme l'entend Zafari :

Dormir la tête à l'ombre et les pieds au soleil,

serait incomplet; il faut aussi que les pieds soient à l'ombre, sans quoi ils seraient bientôt cuits. »

Les maisons de Lar'ouât sont construites en briques crues, argileuses, auxquelles elles devaient jadis une teinte grise générale qui a à peu près disparu sous le badigeonnage à la chaux. Le profil extérieur de Lar'ouât a, du reste, peu changé. A la place de deux grosses tours entre lesquelles se fit la brèche, on a élevé le *fort Bouscarin*, contenant une caserne d'infanterie pour 400 hommes, un pavillon d'officiers et des magasins; et la tour blanche, extrémité orientale de la ville, a fait place à *la tour Morand*. On sait que le général Bouscarin et le commandant des zouaves Morand moururent des suites de blessures reçues devant

Lar'ouât. L'oasis a la plus riche végétation qu'il soit possible de voir : la vigne, le figuier, le grenadier y croissent, mêlés à tous les arbres à fruits du midi de la France. Le roi de cette végétation luxuriante est le palmier, l'arbre au port majestueux, à la tige svelte et élancée, au feuillage toujours vert; on en compte à peu près 25 000 à Lar'ouât. De grands barrages construits sur l'oued-Mzi ont rendu possible la culture en céréales d'une grande partie (1000 hect.) de la vaste et fertile plaine restée inculte jusque-là. On a aussi envoyé à Lar'ouât, pour l'amélioration des races sahariennes, un troupeau de mérinos, qui donne de remarquables résultats. Tout concourt donc à faire de Lar'ouât l'entrepôt d'un commerce assez considérable avec les tribus voisines et celles des autres localités du Sahara; première grande étape de la route de Tenboktou et des régions de l'Afrique intérieure, elle est appelée à devenir d'ailleurs le chef-lieu politique de l'Algérie méridionale.

Les ksours appartenant à la confédération des Lar'ouâtis avant la prise de Lar'ouât, et administrés aujourd'hui par le commandant du cercle de cette dernière ville, sont : Tajemout, Aïn-Madi, El-Haoueta, El-Assafia et Ksar-el-Haïran.

Tajemout (la pluie), à 31 kil. N. O. de Lar'ouât, a été fondée sur un petit mamelon à la base duquel coule l'oued-M'zi, par une émigration de Lar'ouâtis chassés à la suite de guerres intestines; elle compte une centaine de maisons entourées d'assez beaux jardins. « Je ne connais pas, dit M. Fromentin, de village arabe qui se présente avec plus de correction, ni dans des conditions de panorama plus heureuses que Tajemout, quand on l'approche en venant de Lar'ouât. Il couvre un petit plateau pierreux qui n'est qu'un renflement de la plaine, et s'y développe en forme de triangle allongé. La base est occupée par un rideau vert d'arbres fruitiers et de palmiers; les saillies anguleuses d'un monument ruiné en marquent le sommet. Un mur d'enceinte collé contre la ville, suit la pente du coteau et vient, par une descente rapide, se relier, au moyen d'une tour carrée, aux murs extérieurs des jardins. Ces murs sont armés de distance en distance de tours semblables; ce sont de petits forts crénelés, légèrement coupés en pyramides et percés de meurtrières. La ligne générale est élégante et se compose par des intersections pleines de style avec la ligne accentuée des montagnes du fond.... Le ton local est gris, d'un gris sourd que la vive lumière du matin parvenait à peine à dorer. Une multitude de points d'ombre et de points de lumière mettait en relief le détail intérieur de la ville, et de loin, lui donnait l'aspect d'un damier irrégulier de deux couleurs. Deux koubbas posées à droite, sur la croupe même du mamelon, l'une rouge, l'autre blanche, faisaient mieux apparaître encore, par deux touches brillantes, la monochromie sérieuse du tableau.... A mesure que nous approchions, tournant les jardins pour entrer par l'est, l'aspect de Tajemout changeait, les montagnes s'abaissaient derrière la ville; et tout ce tableau oriental se décomposant de lui-même, il ne resta plus, quand nous en fûmes tout près, qu'une pauvre ville, mise en ruine par un siège, brûlée, aride, abandonnée, et que la solitude du désert semblait avoir envahie.... »

Aïn-Madi, à 48 kil. O. de Lar'ouât, et au S. E. du djebel Amour ou djebel Rached, est « une petite ville située sur un mamelon, dans une plaine légèrement ondulée. Son enceinte, qui a la forme d'une ellipse, est une forte muraille dont les créneaux, coiffés de petits chapiteaux, sont d'un effet pittoresque. Une zone de jardins, d'une largeur de 150 mèt. environ, l'enveloppe de toutes parts. Mais ces jardins impitoyablement ravagés par Abd-el-Kader commencent seulement à rendre moins triste ce ksar autour duquel tout est aride et pelé. » (*Mac Carthy*.)

Aïn-Madi appartenait en entier à la famille de Si-Ahmed-Tsidjani ou Tedjini, marabout qui a fondé un des ordres religieux auxquels sont affiliés une grande partie des Algériens. Mohammed-el-Kebir, à la suite d'une expédition contre Lar'ouât, ayant eu à se plaindre d'un affront qui aurait été fait à un de ses soldats par un habitant d'Aïn-Madi et n'ayant pu obtenir satisfaction de cet affront, assiégea Aïn-Madi, la prit, la pilla et rasa ses murs; Tedjini parvint à s'échapper et se retira au Maroc, 1785 (1199 hég.). Cinq ans plus tard, Tedjini fit entourer Aïn-Madi d'une muraille haute de douze mèt. et épaisse de deux, avec flanquements et nombreux créneaux. Hussein, dernier dey d'Alger, craignant l'influence de Tedjini et de ses khrouan (affiliés) dans les régions sahariennes, ordonna à Hassan, bey d'Oran, de reprendre Aïn-Madi; le bey ne put s'emparer de la ville, mais il se retira après avoir reçu une forte contribution en argent, 1820. Le dernier siége soutenu par Aïn-Madi a été fait en 1838, par Abd-el-Kader. La ville fut prise et rasée, sauf la maison ou kasba de Tedjini, dans laquelle l'émir avait demeuré.

El-Haoueta (la petite muraille), à 42 kil. S. O. de Lar'ouât et 20 kil. S. E. d'Aïn-Madi, est un ksar de quarante à cinquante maisons, bâti sur une hauteur dominant un ravin dans lequel est une source qui, après avoir arrosé les jardins, va se perdre dans les sables.

El-Assafia, à 10 kil. N. E. de Lar'ouât, sur une dérivation de l'oued-M'zi ou oued-Djedi, est un ancien ksar qui a fait longtemps la guerre à la ville de Lar'ouât. Selon une chronique locale, les gens de Lar'ouât promirent une forte somme au marabout El-Hadj-Aïssa pour qu'il obtînt du ciel la perte d'Assafia; celui-ci consentit et une grêle épouvantable détruisit de fond en comble Assafia, qui, comme les autres ksours, était bâtie en briques de terre séchées au soleil. Les Lar'ouâtis ayant atteint leur but refusèrent le payement stipulé à El-Hadj-Aïssa; celui-ci, pour se venger, leur prédit qu'ils se déchireraient toujours entre eux; puis il prit les gens d'Assafia sous sa protection et fit rebâtir leur ville dont la moitié fut détruite, et l'autre moitié fortement endommagée en 1842 dans les luttes entre El-Hadj-Larbi, khralifa d'Abd-el-Kader, et Ahmed-ben-Salem, chef de Lar'ouât.

Ksar-el-Haïran (ksar des Jardinets), à 24 kil. E. de Lar'ouât, sur la rive droite de l'oued-Djedi, compte une centaine de maisons entourées de jardins peu considérables, faute de moyens suffisants d'irrigation, l'oued-Djedi étant souvent à sec. Ksar-el-Haïran, bâti il y a soixante ans par Ahmed-ben-Salem, a, comme El-Assafia, été détruit en grande partie par El-Hadj-Lârbi, en 1842.

ROUTE 13.

D'ALGER A OUARGLA.

800 kil. — On a consulté pour l'itinéraire d'Alger à Ouargla, à partir de Lar'ouât, les notes de MM. le général Durrieu, le colonel Marguerite, Berbrugger, le docteur Reboud, Maccarthy et Duveyrier. Les distances kilométriques entre les différents points de cet itinéraire ne sauraient être établies bien régulièrem nt, les routes changeant de direction suivant les saisons ou le caprice des guides. Il serait, du reste, difficile aux touristes de parcourir nos limites sud de l'Algérie autrement qu'avec les caravaniers, ou mieux encore avec les petites colonnes expéditionnaires allant visiter les lointaines oasis soumises à notre domination.

456 kil. d'Alger à Lar'ouât, V. R. 12.

De Lar'ouât à Daïa-el-diba, au delà de Ras-el-Châab, on compte environ 44 kilomètres, dont 28 au milieu de daïas ou petits bois de betoums et de cédrats. Ces daïas sont espacées de 1 à 4 kilomètres les unes des autres; elles contiennent de 15 à 80 betoums chaque; elles rompent par leur riant aspect la monotonie du pays plat et légèrement ondulé qui se trouve au sud de Lar'ouât. *Daïa-el-diba* est la première étape de Lar'ouât au Mzâb. C'est là qu'il conviendra de creuser un puits pour bien jalonner la route; le bois s'y trouve en grande quantité.

De Daïa-el-dila à Tilr'remt, la distance est de 60 kil. Ce pays est toujours plat, légèrement ondulé; le sol est sablonneux, résistant et couvert de chihh. La route est parsemée de magnifiques daïas dont les arbres donnent un ombrage épais très-apprécié dans ce pays. On remarque, dans toutes les daïas, de jeunes betoums poussant au milieu des touffes de jujubiers sauvages; c'est grâce à cet abri qu'ils peuvent se développer sans crainte d'être broutés par les troupeaux.

La daïa de *Tilr'remt* est la plus grande de celles que l'on rencontre sur cette route; elle contient environ trois cents betoums et une grande quantité de jujubiers sauvages et de bois mort. Plusieurs ravins, dont quelques-uns ont jusqu'à deux lieues de parcours, y amènent les eaux pluviales. Lorsque cette daïa se remplit, elle ressemble à un lac et conserve l'eau pendant trois ou quatre mois.

Le puits creusé par Brahim-el-Djemel a environ 29 mètres de profondeur; il offre cette particularité d'une excavation très-grande dans le rocher, laquelle s'étend horizontalement sous la daïa. Cette excavation peut, à l'époque des crues, recevoir une bonne partie des eaux pluviales, et constitue un réservoir considérable. Il sera facile de faire un caravansérail à Tilr'remt à peu de frais; les matériaux, bois, chaux, terre, sont à pied d'œuvre.

De Tilr'remt à Berrian, on compte 24 kil.; à 8 kil. de Tilr'remt, le terrain devient rocailleux, les daïas cessent, on entre dans le *chebka* (filet) des Beni-Mzab. On voit là en effet un immense filet de rochers et de rocailles dont les mailles sont formées en relief par des crêtes découpées en tout sens. Il n'y a un peu de végétation que le long des ravins; le reste est d'une aridité complète. C'est bien alors le pays décrit par Ibn Khaldoun. « Les ksours des *Mozabes* sont des bourgades situées en deçà des sables, à cinq journées du midi des montagnes du Titteri, et à 2 journées ouest des Beni-Rir'a. Mozab est le nom du peuple qui fonda ces bourgades; elles occupent les sommets de plusieurs collines et rochers d'accès difficile, qui s'élèvent au milieu d'un pays brûlé par la chaleur. Vers le sud, à la distance de quelques parasanges et au milieu de l'Areg, se trouve le désert, où l'on meurt de soif, et la région appelée *Hammada* (l'échauffée), dont le sol brûlant est couvert de pierres noires. Bien que la population de ce pays soit maintenant désignée par le nom de Mozab, on y reconnaît des familles Abd-el-Ouadites, Toudjinites, Mozabites et autres descendants de Ouacin, sans compter leurs dépendants Zénatiens. Leurs édifices, leur culture et les dissensions qui éclatent parmi eux quand leurs chefs se disputent le pouvoir, tout cela rappelle l'état de choses qui existe chez les Rir'a et dans le Zab. »

Les *Beni-Mzab*, dit M. Berbrugger, d'après les savants du pays, vivaient d'abord en Syrie; ils en sortirent du temps du prophète et devant ses armes. C'est un d'entre eux, leur docteur Abd-er-Rahman-benou-Meldjoun, qui a tué le khalife Ali. Ils ont habité ensuite auprès de la Sebkhra-Saharia, canton de Djerba, et aussi dans le Djebel-Nefoussa, à l'ouest de Tripoli de Barbarie. Ils tiraient leur origine d'Arabes de l'Irak : et il y a encore aujourd'hui dans l'Ouran des gens de leur secte; quand ils se rencontrent à la Mekke, ils ne manquent pas de fraterniser.

Une série d'aventures qu'il serait trop long de raconter, mais dont l'origine est toujours quelque persécution motivée par leur hétérodoxie, les amena dans l'affreux pays appelé aujourd'hui le Mzab et qui se nommait alors Oued-Mezar, appellation dont il est resté des traces dans le Tmizert qu'on rencontre entre Bounoura et Melika. Arrivés dans cet endroit désolé, que personne ne devait songer à leur disputer, pensaient-ils, ils s'y fixèrent, en arabe *azebou*. De là, disent-ils, leur nom d'*Azzaba*. Cependant, avant leur arrivée, il y avait dans la contrée, des Ouaslia qui durent se retirer devant les armes triomphantes d'Ammi-Mohammed ou Boubakeur, chef des Beni-Mzab. Telle est la version de ces derniers, car une autre autorité attribue cette conquête à Ammi-Mohammed-el-Saeh, une illustration de Blidt-Ameur, petite oasis à environ 26 kilomètres au S. O. de Tougourt.

M. O. Mac Carthy ajoute : « Les Libadites, que leurs doctrines signalaient à la haine fanatique des populations arabes orthodoxes, chassés du Tell au XIe s., à la suite de guerres acharnées, se retirèrent dans les profondeurs du désert, aux environs de Ouargla, mais ils n'y trouvèrent pas la paix qu'ils demandaient pour donner carrière à leurs instincts industriels et commerciaux. C'est alors qu'on les vit se choisir une retraite plus ignorée encore au milieu des vallées sinueuses et de difficile accès, où se cachent les premières eaux du Mzab, dont ils prirent le nom. Ils y élevèrent successivement sept ksours administrés chacun par une assemblée de douze notables soumise à l'influence supérieure du chef de la religion, appelé Chîkhr-Baba.

[ROUTE 13]   D'ALGER A OUARGLA.   151

Mais cette influence ne se fait sentir que dans les grandes questions de principes et d'intérêt général. Hors de là, les djemas agissent sans contrôle, pour tout ce qui touche aux intérêts particuliers des villes et à leurs rapports entre elles. »

Il y a, dans quelques ksours des Beni-Mzab, un autre élément de population qu'on appelle la zaouïa, et le colonel Marguerite explique ainsi le rôle étrange qu'elle joue parmi eux. Presque chaque ville possède une tribu d'origine arabe, qui vit avec elle de temps immémorial ; chaque fraction de la ville a sa fraction de tribu, chaque maison a sa tente et chaque mzabi, pour ainsi dire, a son homme lige, qui lui sert de berger, d'homme de peine, de courtier, de courrier, etc. Ces relations intimes ont créé une grande solidarité entre les Beni-Mzab et leurs clients ; mais ces derniers, qui sont restés arabes par les mœurs, le caractère et les alliances, jouent un double jeu ; ils sont bien les serviteurs particuliers de tels ou tels mzabis, mais ayant conservé leur constitution primitive, ils se reconstituent à volonté en tribu compacte et se font acheter par ceux des Beni-Mzab qui veulent, dans un intérêt quelconque, se créer un fort parti dans la confédération. Les zaouïas sont donc constamment sollicitées par tel ou tel individu, tel ou tel parti, et elles se font acheter tantôt par l'un, tantôt par l'autre ; elles mettent ainsi leurs services à l'enchère. Actuellement il y a trois tribus dites zaouïas, chez les Mzab : les Medabih à R'ardeïa, les Ouled-Yahhia à Berrîan, et les Attatcha à Guerâra. Les autres villes en avaient autrefois, mais elles ont eu le bon sens de les chasser, pour couper court à leurs intrigues, et à présent elles s'en trouvent bien.

On a dit dans l'introduction que les Mzabis venant à Alger et dans les autres villes du littoral et de l'intérieur, formaient une corporation ; on ne reviendra donc pas sur ce sujet.

Les sept villes ou ksours des Beni-Mzabis sont : Berrîan, R'ardeïa, Mellika, Bou-Noura, El-Ateuf, El-Guerâra et Beni-Isguen.

Berrîan (le lieu abondant en eau), la première des villes du Mzab, que l'on rencontre en venant de Lar'ouât, dont elle est distante de 128 kil. au S. E., est un groupe de 400 maisons sur une pente douce, au flanc de la vallée de l'oued-el-Bîr et au centre d'une oasis de 2000 palmiers bien entretenus donnant des dattes de bonne qualité. On a beaucoup parlé de l'industrie des Beni-Mzab et des laborieux travaux auxquels ils se livrent. On a dit vrai ; tout le monde travaille. Dès la pointe du jour, hommes, enfants, vieillards sortent de la ville et vont dans les jardins tirer l'eau des puits (quelques-uns ont quarante mètres de profondeur), pour arroser les palmiers. Les barrages sont faits avec un art admirable. Il y en a plusieurs sur chaque torrent qui se détourne dans l'oasis, l'oued-Soudan, l'oued-Baulek, l'oued-Zergui et l'oued-Madeur'a. Ces barrages retiennent l'eau dans l'oasis pour l'alimentation des puits. Il serait difficile de faire mieux que ce qui existe.

R'ardeïa, à 535 mètres au-dessus de la mer et à 36 kil. S. de Berrîan, chef-lieu de la confédération de l'oued-Mzab, compte une population de 10 à 12000 âmes, et dispose d'environ 3000 fusils. Quand on arrive de Lar'ouât, on entre dans cette ville par la grande avenue de l'oasis, dont les arbres fruitiers, les vignes grimpantes et les cimes de quatre-vingt mille dattiers forment les trois étages de verdure. R'ardeïa, bâtie au pied des montagnes qui dominent le flanc sud de la vallée de l'oued-Mzab, offre aux yeux, comme les autres villes de la confédération, la forme d'une pyramide dont le sommet est couronné par une mosquée; les maisons sont étagées les unes au-dessus des autres; leurs terrasses sont soutenues par des arcades qui s'ouvrent au dehors. On dirait une ruche. Toute la ville est entourée d'une enceinte de pierres et de briques crues de trois mètres de hauteur, percée de six portes dont la principale s'appelle el-Rahba; elle est encore flanquée de tours dont chacune peut renfermer cinquante combattants. Les rues sont larges et bien percées Les mosquées sont au nombre de six. Le marché, où se réunissent les habitants et les Arabes du dehors, est situé dans une plaine, près de la porte du Sud.

Beni-Isguen (les gens du Milieu), à 2 kil. de R'ardeïa, dont elle était la rivale et dont elle contre-balançait la supériorité par l'homogénéité de sa population (n'ayant pas de zaouïa), est bâtie en amphithéâtre sur une croupe abrupte placée au confluent des vallées de l'oued-Mzab et de l'oued-Ntissa.

Mellika (la Royale), la ville sainte du Mzab, à 1 kil. S. O. de R'ardeïa, sur un rocher de la rive g. de l'oued-Mzab.

Bou-Noura (la Lumineuse), sur un mamelon isolé, à 600 mèt. en aval de Beni-Isguen, n'est point en aussi bon état que les autres ksours; elle porte les traces profondes des dissensions intestines qui ensanglantèrent jadis le Mzab.

El-Ateuf (la Courbure), est à 6 kil. au-dessous de Bou-Noura, sur les hauteurs de la rive dr. de l'oued-Mzab. On y compte env. 300 maisons et 1800 à 2000 âmes. Elle doit pour le bon état de ses constructions et de ses plantations, être placée après R'ardeïa et Beni-Isguen.

El-Guerâra (le Gîte d'étape), à 65 kil. E. de Berrian, renferme 700 maisons et 5 à 6000 âmes. Elle est assise sur un rocher arrondi dont le sommet est occupé par la Djema et ses dépendances. Les rues sont assez larges et coupent la ville régulièrement; on y voit quelques marchands de fruits du pays, dont les boutiques sont à moitié remplies de noyaux de dattes. De la galerie à arcades de la maison des hôtes (bit-el-diaf), qui est construite dans la partie la plus élevée de la grande place, on découvre le bassin où se trouve l'oued-Zer'ir et où commence l'oued-Zeguiègne; de là, la vue s'étend également sur l'oasis entière qui renferme 20 000 palmiers; sur la petite plaine de Foulla couverte de petits champs de légumes et de céréales; sur le barrage qui amène les eaux dans les fossés des jardins, et enfin sur les dunes dont les croupes mobiles ondulent au midi. Çà et là, quelques koubbas couronnent les points culminants des environs de la ville; on voit entre autres celle de sidi Abd-Allah-bou-Attatcha, dont la zouïa de Guerâra porte le nom, près des jardins et non loin d'une haute porte couronnée de créneaux et de mâchicoulis.

A 3 kilomètres O. de Guerâra, sur une colline isolée, très-abrupte du côté du couchant, on voit les ruines d'un village indigène qu'on appelle *Ksir-el-Hamar*, le petit château rouge, à cause de la couleur du sol et des matériaux qui y sont épars. Au milieu de ces vestiges, M. Berbrugger a trouvé les substructions d'une tour de trois mètres environ de diamètre; ces ruines appartiennent à une construction romaine qui aura sans doute été faite par des ouvriers romains pour quelque chef indigène, à peu près comme nous bâtissons aujourd'hui des maisons de commandement pour nos khralifas et nos agas. Cette ruine isolée ne prouve donc pas plus l'occupation romaine dans ces contrées éloignées que certaines fermes et maisons de commandement bâties par nos maçons européens, pour le compte des chefs et des grands propriétaires indigènes, ne prouveraient en ce moment l'existence d'un établissement français dans les endroits où on les rencontre. Il y avait et il y a encore une autre question, celle de la vitalité impossible dans ces contrées pour l'Européen. Nous voulons parler de la grande chaleur et du manque d'eau à certaines époques de l'année.

On se rend encore de Lar'ouât à R'ardeïa par *Ras-Nili*, le *Col de Madhjez*, les *puits de Balloh*, et *l'oued-Adira*.

On se rend de R'ardeïa à Ouargla par El-Ateuf.

On longe ensuite la vallée de l'oued-Mzab jusqu'à *Anit-el-Mokhtar*. Là, vers une vaste dilatation de l'oued, on entre dans la partie du *Guentras* que de petites et nombreuses dépressions du sol ont fait surnommer chechïa (calotte); bientôt on aperçoit au loin la masse conique de l'Argoub de Melela.

Tout le pays parcouru, vaste plaine saharienne, bas-fond où se jettent l'oued-En-s'a, l'oued-Mzab, l'oued-Mia et d'autres torrents inconnus, est nommé *Heicha*. La Heicha est coupée de dunes; çà et là s'y élèvent des pitons isolés et s'y rencontrent des sebkhra. Les villes de Ngouça et de Ouargla sont construites au milieu des sables; si, jusqu'au 1er janvier 1857, elles n'avaient jamais été visitées par de véritables colonnes d'infanterie et de cavalerie française, elles l'avaient été, en 1851, par M. Berbrugger.

L'oasis de **Ngouça**, capitale ruinée des Beni-Babia, qu'entourent, en partie, quelques dunes élevées, et dont le sol se couvre d'efflorescences salines, renferme 70 ou 80 000 palmiers-dattiers, sans compter ceux qui sous le nom de djali (isolés) sont épars sur le sable, à quatre ou cinq kilomètres de la ville. Ngouça possède 25 puits artésiens d'une profondeur de cinquante mètres, coffrés en troncs d'arbres et tout semblables à ceux de Tougourt, dans l'oued-R'ir; leur eau, amère et salée, se déverse sans cesse dans des fossés profonds et étroits et sert à l'arrosement des dattiers.

Tous les habitants de Ngouça, qui ont la couleur et les traits de la race nègre, cultivent, en dehors de la ville et dans le sable, de chétifs arbres fruitiers, des légumes, du coton, du tabac et une espèce de luzerne. Ces jardins sont arrosés au moyen de puits non artésiens, peu profonds et dont l'eau, moins saumâtre que celle des puits artésiens, versée d'abord dans un bassin situé au-dessus du sol, se répand dans les petits carrés ensemencés, où elle est dirigée par une rigole enduite de chaux et creusée dans la partie supérieure d'une très-étroite chaussée en terre. Pour extraire l'eau des puits, les indigènes se servent du système de levier comme en Europe. De Ngouça à Ouargla on compte 24 kilomètres à travers des dunes et des terrains salés ; la marche devient pénible pour les chevaux, qui enfoncent dans le sable jusqu'à mi-jambe, tandis que les chameaux avec leurs gras et larges pieds y laissent à peine l'empreinte de leurs pas. On chemine de dunes en dunes, tantôt marchant, tantôt glissant sur leurs pentes mouvantes.

Ouargla, à 800 kilomètres d'Alger, par le 31° degré de latitude nord et le 2° de longitude est, est située dans un immense fond de dattiers qui, par des effets de mirages fréquents dans le désert, semblent se balancer au-dessus d'une belle nappe d'eau resplendissante de lumière ; effets produits par des flaques d'eau salée, un chot et le sol couvert d'un sel aussi blanc que la neige, et que les femmes des Chaamba-ben-Rouba portent au marché. Les habitants de Ouargla, noirs comme ceux de Ngouça, sont au nombre de 7000, répartis dans 700 à 800 maisons. Les Beni-Ouargla, peuple Zenatien, descendent de Ferîni, fils de Djana ou Chana, qui a pour aïeul Ham ou Cham ; ils sont frères des Izmerten, des Meudjira, des Sebertira et des Nomaleta ; de toutes ces tribus, celle des Ouargla est maintenant la mieux connue. Elle n'était qu'une faible peuplade habitant la contrée au midi du Zab, quand elle fonda la ville qui porte encore son nom et qui est située à huit journées de Biskra en tirant vers l'ouest. Ouargla se composa d'abord de quelques bourgades voisines les unes des autres, qui finirent par se réunir et former une ville considérable dont les Beni-Ouargla firent une place forte pour leur servir d'asile.

Ibn-Khaldoun cite un Abou-Yezîd le Nekkarite qui s'y réfugia en l'an 325 (de J. C. 937), après avoir pris la fuite pour éviter l'emprisonnement. En 774 (de J. C. 1372), le révolté Abou-Zian réussit à se jeter dans Ouargla. Nous citons ces deux faits historiques parce qu'ils viennent à l'appui des prétentions des gens de Ouargla, qui disent que leur ville est la plus ancienne du désert. Nous ajouterons encore, et toujours d'après Ibn-Khaldoun, que l'émir Abou-Zekeria le Hafside, étant devenu souverain de l'Ifrikia, eut l'occasion de parcourir le désert pendant sa marche à la poursuite d'Ibn-R'aniâ ; comme il passait par Ouargla, il en fut émerveillé, et voulant ajouter à l'importance de cette ville, il y fit bâtir l'ancienne mosquée dont le haut minaret porte encore inscrits sur une pierre le nom du fondateur et la date de sa construction, 626 (de J. C. 1228-9.). El-Aïachi, le pèlerin marocain, cite cette mosquée dont le minaret domine la ville, et qu'il visita lors de son arrivée à Ouargla, 1074 (1663 de J. C.).

La ville de Ouargla est le poste du désert par laquelle les voyageurs qui viennent du Zab doivent passer, quand ils veulent se rendre dans le Soudan avec leurs marchandises.

Les nombreuses maisons de Ouargla, agglomérées et contiguës, forment un ensemble régulier percé de rues longues et étroites. Sur les murs de beaucoup de ces maisons, bâties en pisé et en pierre à plâtre (*timehered*) et revêtues d'un crépissage, on peut lire souvent la date de leur construction et un verset du Koran écrit en caractères saillants. Au-dessus des portes basses et à angles arrondis, figurent de grossiers dessins formés de lignes droites qui se coupent d'une manière plus ou moins oblique; dans les vides qui séparent ces lignes brillent des bols et des tasses en faïence bleue, fixés dans le mur. Sur les blanches terrasses des maisons, on voit souvent des femmes au teint noir et vêtues d'étoffe bleue, tourner leur fuseau chargé de laine. On compte trois mosquées à Ouargla, dont l'une tombe en ruine sans que les habitants paraissent se soucier de la relever; une autre, celle de Lella-Aza, est fréquentée par les Mzabis de l'endroit; du haut de son minaret élevé, on embrasse le coup d'œil de la ville entière et les 150 000 dattiers qui l'entourent d'une immense ceinture de verdure. Ouargla a six portes qui communiquent chacune avec l'oasis au moyen d'un pont jeté sur le fossé que l'on remplit d'eau à volonté. Ces portes, reliées par une enceinte fortifiée en très-mauvais état, précèdent, pour la plupart, un passage voûté et profond; d'énormes blocs qu'on y a roulés, et autour desquels serpente le chemin, en font un défilé d'un accès difficile et dangereux en temps de guerre.

Le djebel-Krima est un des pitons isolés qui s'élèvent dans la plaine; à quelques kilomètres de Ouargla, il est constitué par une terre rougeâtre, semblable à du sable durci par l'action des eaux, et mêlé de galets et de concrétions gypseuses que l'on prendrait pour de longues tiges pétrifiées. La partie supérieure de ce piton est ondulée; on y trouve du silex. Le petit village de Nouissat, où un chérif de Ouargla, surnommé le Tlemçani, s'était fait construire une kasba aujourd'hui en ruine, est situé en avant du djebel-Krima.

C'est dans ces contrées qu'on récolte le fruit du drin, nommé *loul*, dont on fait de la farine.

Le récit suivant d'une chasse à l'autruche, dû au colonel Marguerite, dépeindra l'aspect du pays parcouru et les mœurs de quelques-uns de ses habitants.

« La chasse à l'autruche se fait principalement sur l'immense plateau qui se trouve situé entre Lar'ouat au N., les Beni-M'zab, au S., l'oued-Zergoun à l'O. et l'oued-Atsaar et Dzioua à l'E. Ce plateau est, en hiver, le pays de parcours des Larbaâ et Oulad-Naïls, tribus nomades qui y font pacager leurs troupeaux de moutons et de chameaux.

« Pour le nomade et le chasseur, ce pays a un charme infini. L'horizon n'a pour limite que la faiblesse de la vue. Dans les ondulations de terrain naissent de nombreuses *daïas;* les Arabes nomment ainsi de petits bois de betoums et de cédrats (pistachiers et jujubiers sauvages); les premiers sont des arbres d'une très-haute taille, comparables aux beaux chênes verts de nos forêts du Nord. Dans ces petits bois, dont on peut compter jusqu'à une centaine dans un tour d'horizon, se trouvent une quantité de gazelles, outardes, lièvres, perdrix, gangas, et d'autres espèces encore plus chères aux naturalistes qu'aux chasseurs. Le reste du sol est couvert d'arbustes et de plantes dont les principaux sont : les saliolas ligneuses, l'hélianthème, l'armoise, le ranthérium, l'aristide graminée, etc., etc., qui composent les pâturages de nos troupeaux du S. et du gibier, et leur donnent cette chair succulente et parfumée si estimée des gourmets.

« Il n'y a cependant point de cours d'eau vive ni de sources dans ce vaste territoire; les orages accidentels et les rares pluies d'hiver, alimentent seuls les réservoirs naturels qui se forment dans les dépressions de terrain, dans les daïas et dans le thalweg des vallées. Ces réservoirs ou mares, appelés r'edirs (traîtres) par les indigènes, en raison de leur peu de durée et des déceptions nombreuses qu'ils ont causées aux gens altérés, ne conservent leurs eaux que pendant une période de quarante à cinquante jours, dans la saison froide. En été, ils la conservent bien moins longtemps encore, d'où la nécessité pour les nomades, à l'époque de la sécheresse, d'abandonner, bien malgré eux, ces terres de parcours, et de remonter vers le N., dans la région des eaux vives.

« Ce plateau devient donc complétement désert depuis le mois de mai jusqu'au mois d'octobre; c'est à peine s'il est sillonné par les rares caravanes qui, malgré la saison avancée, se rendent encore du Tell au Mzab et à Tougourt. C'est alors que les autruches, chassées des régions méridionales par un soleil ardent, envahissent notre Sahara et viennent chercher l'ombre et les pâturages dans les daïas.

« La chasse à courre à l'autruche se fait dans la saison la plus chaude de l'année: elle dure environ quarante cinq jours, du 25 juin au 10 août. « C'est la chaleur plus encore « que la vitesse des chevaux qui tue « l'autruche, » disent les Arabes, et l'expérience a suffisamment démontré cette vérité.

« Tous les Arabes ne chassent pas l'autruche; ce noble exercice est, comme la chasse au faucon, le privilége de quelques tribus seulement qui, avant l'établissement de notre domination dans ce pays, y joignaient l'industrie moins licite du pillage des caravanes. Ces tribus sont les Mekhralif-el-Djereub, les Chaamba, les Atatiha et les Oulad-Saïah.

« Chasser et piller a été jusqu'à ces derniers temps la vie par excellence de ces gens-là. Ces Arabes de proie sont merveilleusement organisés pour cette existence pleine d'émotions, de mouvement et surtout de privations: secs, nerveux, l'œil perçant, le jarret infatigable, possédant la faculté de supporter la soif et la faim jusqu'à leurs dernières limites, ainsi les a faits le désert!

« Les Mekhralif-el-Djereub sont les plus renommés parmi les forbans du Sahara, pour leurs anciennes prouesses. Aujourd'hui, ils sont encore chasseurs, mais ils ne pillent plus les caravanes. Les autres Arabes s'étonnent de l'effet qu'a produit notre domination sur eux; nous n'oserions cependant affirmer que quelques regrets ne viennent parfois troubler la paix profonde à laquelle ils se voient forcés. « Nous « remercions Dieu, disent-ils sou- « vent, de la paix présente! Nous « ne mangeons plus que ce qui est « à nous, le produit de nos chasses « et de nos troupeaux. Les Français « nous ont appris à distinguer notre « bien de celui du prochain (ce qui « était assez confus autrefois dans « notre esprit); mais nous espérons « que Dieu nous tiendra compte de « cette conversion. Il faut bien que « nos vertus présentes rachètent « nos peccadilles du passé; nous

« avons tous quelques âmes sur la
« conscience; Dieu seul est parfait! »

« Quelques âmes sur la conscience, disent ces bons Merkhalif-el-Djereub (c'est-à-dire galeux, nom que leur a valu leur rapacité); ils sont, en s'exprimant ainsi, fort modestes. Toumi, un de leurs chefs, dans ses moments d'expansion, en a avoué dix-neuf. « J'ai tué dix-neuf indivi-
« dus en combattant les caravanes;
« c'est peut-être plus qu'il n'est per-
« mis à un bon croyant, qui doit
« glaner son existence comme il
« peut. Après tout, nous n'avons fait
« que ce que nous ont montré nos
« pères; mais néanmoins, cela me
« préoccupe, quand j'y songe, pour
« le jour du jugement! »

« Il faut dire bien vite que, en dehors des méfaits antérieurs dont la conscience des Mekhralif peut être chargée, méfaits, du reste, inévitablement et toujours plus ou moins pratiqués chez les Arabes qui échappent aux gouvernements, ils sont hospitaliers, serviables et francs comme des chasseurs. Leur société, pour quiconque connaît leur langue et leurs usages, est pleine d'intérêt. Il va sans dire que l'on peut actuellement parcourir avec eux, en toute sûreté, le pays qui sert de théâtre à leurs chasses.

« Disons un mot de l'outillage nécessaire pour rester trois semaines ou un mois dans ce *pays de la soif*, comme le nomment les Mekhralif. Le chameau en est, avant tout, l'auxiliaire indispensable; sans cet excellent animal, qui possède la faculté de rester, en été, quatre à cinq jours sans boire, on ne saurait vivre dans le désert. Il faut donc, selon le nombre de jours que l'on prévoit devoir passer sans trouver d'eau, se procurer deux, trois, quatre chameaux par chasseur. On les charge au départ de tonneaux pleins d'eau, d'orge et de quelques vivres; il faut se munir, en outre, de fers, de clous, pour entretenir en bon état la ferrure des chevaux; de beaucoup de sel pour saler les dépouilles des autruches forcées. On n'emporte pas de tentes; le feuillage des betoums est un abri bien préférable à tout autre dans cette saison. Chaque chasseur prend, avec son fusil, une quantité de poudre, de balles et de plomb, suffisante pour assurer sa subsistance pendant le temps de la chasse.

« Avant le départ, on fait toujours explorer le pays par deux ou trois éclaireurs montés sur des meharis (chameaux de course qui possèdent, avec les mêmes qualités que les autres, celle de pouvoir faire vingt ou trente lieues par jour), afin d'être bien renseigné sur la région où se trouvent le plus d'autruches, et pour découvrir quelques redirs qui auraient conservé de l'eau. Cette dernière découverte est surtout importante, parce qu'elle permet aux chasseurs de renouveler la provision d'eau sans parcourir de grandes distances, et parce que l'on est sûr de trouver, dans le voisinage, des autruches qui ont pris l'habitude de venir s'y désaltérer.

« Les chevaux destinés à courre l'autruche doivent être entraînés de huit à quinze jours avant la chasse. La méthode des Mekhralif consiste à priver le cheval de fourrage, à lui diminuer la ration d'orge et à lui faire faire progressivement, en plein midi, des courses de deux à quatre lieues. Ils ressemblent alors à des coursiers fantastiques, tant ils sont maigres par suite de l'entraînement.

« Rien de plus pittoresque que l'installation d'un bivac dans une daïa; les chasseurs se dispersent par groupes de trois ou quatre, sous les plus beaux betoums à l'ombrage touffu; on décharge les chameaux qui se mettent à paître les herbes et les arbustes au milieu du camp; on attache les chevaux; on visite et on assujettit leur ferrure au besoin; on allume des feux; on prépare le repas; on fait son lit. Cette besogne, pour les Mekhralif, est des plus simples; le sol des daïas est leur duvet ordinaire. Quant aux Européens, ils doivent se munir de leur lit de cantine.

« Il est d'usage, dans les réunions de chasseurs d'autruches, de tenir un conseil, le soir, sur les opérations du lendemain. On y décide des points où il faut envoyer les rabatteurs, qui doivent ensuite lancer les autruches vers l'endroit où vont se poster les coureurs.

« Il y a deux manières de forcer l'autruche, selon que l'on court le *bedou* ou le *gaad*. Le bedou, de *beda* (a commencé), indique que le chasseur force l'autruche sans relais et la prend avec le même cheval, qui court ainsi depuis le commencement de la lutte jusqu'à la fin. C'est la chasse la plus difficile, celle qui demande le plus de science et les meilleurs chevaux; elle ne se fait guère qu'isolément. Quand les chasseurs sont en nombre, on chasse toujours au gaad (poste, embuscade). Cette chasse, comme son nom l'indique, consiste à placer les coureurs à un endroit convenu, près d'un tertre ou d'un arbre culminant, d'où on voit venir de loin les autruches que deux rabatteurs sont allés lancer.

« Il y a aussi une troisième chasse à l'autruche; elle se fait en tout temps par des piétons qui vont s'embusquer dans les endroits où viennent paître les autruches. C'est un genre d'affût qui demande la plus grande patience; quelquefois, les chasseurs attendent les autruches pendant quinze jours. On affûte encore l'autruche au moment de la ponte, en se postant près du nid.

« Ce qui rend le gaad possible, c'est que les autruches suivent presque toujours la direction dans laquelle elles sont lancées, avec une tendance néanmoins à incliner vers l'O. Les rabatteurs, qui connaissent la situation de l'embuscade, se basent sur sa direction pour le *lancer*; mais cette opération n'en est pas moins fort difficile et très-fatigante, parce qu'il faut d'abord explorer le pays dans un tiers ou un demi-tour d'horizon, à quatre ou cinq lieues du gaad, pour trouver les autruches, et qu'ensuite, après les avoir lancées dans la bonne direction, il faut les y maintenir en manœuvrant en conséquence, tout en courant le plus vite possible, pour fatiguer à moitié les autruches avant leur arrivée au gaad.

« On ne choisit donc que des chasseurs émérites pour rabattre sur le gaad; aussi est-il d'usage chez les Mekhralif, dans leurs *kanouns* (canons, règles) sur la chasse, que la moitié des autruches tuées par le gaad appartient aux rabatteurs.

« Malgré le profit qui attend les rabatteurs si la chasse réussit, ces derniers se font toujours beaucoup prier pour jouer ce rôle, parce qu'il est difficile, qu'il fatigue énormément les chevaux, au point de les priver souvent de la chasse suivante, et ensuite parce que les autruches font quelquefois défaut, soit qu'on n'en trouve pas, ou que, malgré les efforts des rabatteurs, elles changent de direction, effrayées par une caravane ou toute autre cause. C'est alors pour ces derniers une grande déception, et les pauvres diables rentrent au bivac tout marris et l'air penaud. Ils savent que les plaisanteries et même les reproches ne leur seront pas ménagés; leur susceptibilité et leur amour-propre subissent un rude échec qui leur fait jurer par Sidi Abd-Allah qu'ils ne feront plus le métier de rabatteurs.

« Les rabatteurs ne lancent jamais les autruches avant l'heure où ils savent que le gaad est à son poste; ils reconnaissent cette heure lorsque le soleil a atteint le zénith; quand l'ombre est à peu près d'aplomb, ils la mesurent avec leur baguette de cédrat en la tenant verticale; c'est l'heure de midi.

« L'autruche, lorsqu'elle est en troupe, fascine tellement le chasseur, que toute autre idée que celle de courir après et de l'atteindre quand même ne saurait entrer dans la cervelle du chasseur; toute préoccupation pour sa conservation personnelle ou celle de son cheval disparaît; la possibilité de s'égarer, chose assurément fort grave, ne le touche point; il n'a plus qu'un unique but : l'autruche qui est devant lui et qu'il veut atteindre à tout prix! *El Nâam idjebed el kalb ou el aïn!* disent les Mekhralif. « L'autruche tire le cœur et « l'œil! » Sous l'empire de cette puissante attraction, on chasse avec frénésie!

« Tant que les autruches courent réunies, les chasseurs ne forment qu'un groupe; mais lorsqu'elles sentent qu'elles seront bientôt forcées, un suprême instinct les porte à se disperser afin d'augmenter leurs chances de salut; c'est alors que chaque chasseur choisit la sienne. Ordinairement on suit pour cela l'ordre dans lequel on est placé, c'est-à-dire que les autruches qui se détachent à droite sont suivies par ceux qui sont à droite, celles qui vont à gauche par ceux qui sont à gauche, et toujours ainsi en se fractionnant individuellement. On les vise autant que possible à la tête, et lorsqu'elles sont abattues, on les saigne, suivant la coutume, car on sait que les musulmans ne mangent la chair des animaux que lorsqu'ils les ont préalablement saignés, en prononçant la formule : « Au nom de Dieu, Dieu seul est « grand! »

« Après la chasse, les chevaux sont l'objet de tous les soins; on les fait boire, on leur laisse brouter l'herbe de la daïa, et peu après on leur donne l'orge.

« Quant à l'autruche, les Mekhralif conservent assez longtemps sa chair, qui a la plus grande analogie avec celle du bœuf, et sa graisse qui, suivant eux, est un spécifique pour tous les maux. La chair qui n'est pas immédiatement mangée, est découpée en lanières et séchée au soleil; traitée ainsi, elle se conserve des mois entiers. Tout sert, tout est bon dans l'autruche, les plumes se vendent, la chair se mange, la peau des cuisses et du cou sert à conserver la graisse, la plante des pieds sert à faire des semelles de brodequins pour les piétons, les nerfs plus ou moins dédoublés donnent un fil ou un cordonnet très-fort, propre à coudre le cuir. Aussi les Mekhralif ont-ils l'habitude de dire, quand ils font une affaire avantageuse : *Kis il ndam, zhem ou niche* « C'est comme l'autru-« che, plumes et graisse. »

« Les dépouilles de l'autruche sont achetées dans le Mzab par les indigènes et des Juifs d'Alger, de Tunis et même de Tripoli, les peaux de mâles à raison de 150 à 170 fr. chacune, et deux peaux de femelles comme une peau de mâle. Les Mekhralif, n'oubliant pas tout à fait leur ancien métier de pirates, ne manquent jamais de pratiquer une supercherie vis-à-vis des Juifs peu connaisseurs; ils déguisent en peaux de mâles les peaux de femelles dont les plumes sont presque noires, en leur ajoutant quelques belles plumes des premiers, et ils considèrent la chose comme une bonne plaisanterie.

« En somme, à la chasse à l'autruche, au Sahara, l'Européen peut se croire dans la *Prairie*, en compagnie des Peaux-Rouges. Les scènes auxquelles il assiste, sont bien celles de la prairie, sans le vieux trappeur, il est vrai, mais aussi sans l'appréhension d'être scalpé. » (Colonel *Marguerite*.)

ROUTE 14.

D'ALGER A AUMALE.

111 kil. — Service de diligences, l'été.

9 kil. d'Alger à Koubba (*V.* environs d'Alger, page 75).

13 kil. Descente des dernières pentes du Sahel d'Alger, au milieu de belles campagnes qui entourent les habitations isolées des anciens Turcs ou des Maures; on traverse l'Harrach au *Gué de Constantine*, pour entrer dans la partie est de la Mitidja, sur le territoire des Beni Moussa.

24 kil. **Sidi-Moussa**, à la jonction des trois routes de Bou-Farik, de Rovigo et d'Aumale, v. créé le 22 août 1851, et annexé à la commune de l'Arbâ, le 31 décembre 1856. Du gué de Constantine à Sidi-Moussa, la route passe au milieu de terres bien cultivées appartenant aux fermes françaises, autrefois indigènes (haouch), de Baraki, d'Erbeïh, de Beni-Talah, du Kaïd-Hassen, de Ben-Smaïn, de Ben-Zouaoui et de Ben-Yussef. Entre Sidi-Moussa et l'Arbâ, la route continue par les fermes de Guellabou, de Ben-Nouar-el-Louz, de Ben-Dennoun, de Ben-Mezli et de Beni-Dali-Ali. Rien de plus pittoresque que l'haouch arabe ou turc, blanchi à la chaux, aux fenêtres étroites et grillées, encadré d'orangeries et de vergers. Quelquefois la ferme européenne vient s'enchevêtrer dans la construction musulmane, quand elle ne la remplace pas complétement. La Mitidja, si unie, si monotone quand on la voit des hauteurs de l'Atlas ou du Sahel, gagne beaucoup à être parcourue; alors les plans sont mieux accusés, les groupes d'arbres ou les arbres isolés, palmiers ou oliviers séculaires, se détachent sur l'horizon, la moindre maisonnette prend un caractère, et on a, en somme, un ensemble de paysages variés.

32 kil. **El-Arbâ**, à la jonction des routes du Fondouk et d'Aumale, a eu de tout temps un marché arabe très-important. le mercredi ou quatrième jour (arbâ) de chaque semaine. Le camp installé autrefois par notre armée dans cette localité, pour la sûreté de nos communications et de nos opérations militai-

res, a fait place à un beau et riche village de 2700 âmes, créé le 5 janvier 1849, et constitué en commune le 31 décembre 1856. L'oued-Djema, affluent de l'oued-Harrach, à gauche, arrose de grandes cultures, des plantations, et fait mouvoir quelques moulins. On peut se rendre également à l'Arbâ par la Maison-Carrée; de ce point à l'Arbâ, la route va droit, pendant 17 kilomètres, direction sud-sud-est, à travers les fermes d'Aïn-Skhouna, de Karmous-ben-Hamdan, de l'oued-Felit, de Turki, de Tordjman, de Chtob-el-Fokani, de Ben-Ouada, de Ben-Lachet, de Ben-Hassen, de Ben-R'alis, de Ben-Sliman (si remarquable, à M. Bastide), de Ben-Semmam et de l'Agha. Le village de **Rivet**, créé le 5 janvier 1856 et annexé à la commune de l'Arbâ, le 31 décembre de la même année, est situé sur la route du Fondouk, à 2 kil. de l'Arbâ; on y remarque une belle orangerie. Ce village doit son nom au général de brigade Rivet, qui a conquis ses grades en Algérie, et a été tué au siége de Sébastopol.

40 kil. *Melab-el-Koran*. La première auberge que l'on rencontre, quand, après avoir quitté le pied de l'Atlas, à l'Arbâ, on est arrivé à l'un de ses premiers sommets, est bâtie en cet endroit.

45 kil. *Sakhamoudi*. C'est le point culminant, 1000 mètres au-dessus de la mer, de la route d'Alger à Aumale, qui, en cet endroit, domine de profonds ravins dans lesquels périrent, en janvier 1848, des soldats du train, surpris par une tourmente de neige. Sakhamoudi possède une auberge et quelques colons.

52 kil. *Aïn-Beurd*, la fontaine froide, ancien poste télégraphique aérien, et auberge.

61 kil. *Tablat*, l'ancienne Tablata, chef-lieu d'une marche militaire sous les Romains (*Mac Carthy*), et récemment poste magasin de notre armée, est aujourd'hui un hameau de 60 habitants, avec auberges et relais L'oued-Zar'ouat vient se jeter dans l'oued-Isser à 4 kilomètres plus bas.

84 kil. *El-Bethom*, les Pistachiers, auberge; entre Tablata et ce point, on rencontre les moulins de *Si-Allal* alimentés par l'oued-Zar'ouat, et *Chez-Pichon*, maison isolée.

91 kil. à gauche de la route, *Aïoun-Bessem*; ruines romaines du fort hexagonal de *Castellum Auziense*; des inscriptions tumulaires ont été trouvées en cet endroit par M. Charoy.

92 kil. **Bir-Rebalou**, village créé le 29 juillet 1858, dans la plaine des Arib; des Arabes y ont fait établir; sur l'oued-Zar'ouat, des moulins à la française.

99 kil. Les *Trembles*, auberge et colons.

111 kil. **Aumale**. *Hôtels*. — *Cafés* Perrot, Serié, Ginol, Léchelle. — *Brasserie*. — *Cercle militaire*. — *Bureaux des postes et de télégraphie électrique*. — *Service de diligences pour Alger*, l'été.

Aumale, l'*Auzia* des Romains, le *Sour-R'ozlan* (rempart des gazelles) des Arabes, est située par 36° 15 de latitude septentrionale, et 1° 20' de longitude orientale, au pied N. du djebel-Dira, à 850 mètres au-dessus de la mer, sur les bords d'un escarpement qui domine l'oued-Lekahal (la rivière noire).

Histoire. Auzia, ville municipale dont la fondation remonte au règne d'Auguste, quelques années avant l'ère chrétienne, était; suivant Tacite, construite sur un plateau uni, entouré de rochers et de bois. Elle avait 700 mètres de longueur sur une largeur moyenne de 350, et sa population urbaine pouvait être de trois mille âmes. — Auzia, momentanément au pouvoir de Tacfarinas, fut reprise par les généraux romains Camille et Dolabella, qui combattirent ce rebelle de l'an 17 à l'an 25 de J. C. — Les monuments épigraphiques recueillis à Sour-R'ozlan font présumer que l'époque de la splendeur d'Auzia remonte à la fin du IIe siècle. Dans la guerre de Firmus contre le gouverneur Romanus, sous Valentinien Ier, vers l'an 365 de J. C., Auzia fut la base d'opérations du rebelle, qui y battit Théodose, et ne succomba que par les intrigues et l'or des Romains. A partir de cette époque, le nom d'Auzia ne se trouve plus dans les historiens; à quelle époque fut consommée sa ruine? jusqu'à présent aucune lumière n'est venue éclaircir ce fait.

Ibn-Khaldoun nous apprend qu'au XIIe siècle Abou-Bekr-Ibn-Zor'li, s'étant vu enlever le territoire de *Dehous*, la vallée de l'oued-Sahel, par les Riâh, fit un appel aux Beni-Amer, et que les Riâh furent défaits à Sour-R'ozlan, nom donné par les Arabes à Auzia.

Les Turcs, maîtres de la plus grande partie de l'Algérie, n'oublièrent pas de relier les routes extérieures et intérieures de la Kabilie par des forteresses qui pussent assurer leurs communications, servir de magasins ou de dépôt pour les grains de l'achour, et au besoin de refuge. Ils comprirent l'importance de la position de Sour-R'ozlan entre le djebel-Dira et l'oued-Sahel, et ils élevèrent un fort carré de soixante-dix mètres de côté, dans lequel ils entretinrent une nouba ou garnison de soixante-neuf hommes. Ce poste exerçait la plus salutaire influence sur la tranquillité des tribus environnantes, et donnait une grande force au kaïd de l'outhan du Dira, pour la surveillance du marché de Sour-R'zolan. Ce marché important, dit des Oulad-Dris, se tenant de temps immémorial tous les dimanches, était et est toujours fréquenté par les Oulad-Dris, les Oulad-Farah, les Oulad-Bou-Arif, les Oulad-Sidi-Amer, les Oulad-Sidi-Barkat, les Oulad-Selama et les Oulad-Sidi-Moussa, toutes tribus occupant le djebel-Dira ou ses alentours. Les denrées apportées sur ce marché sont des tissus de laine, des ouvrages de halfa (sparteries), des cuirs, des dattes, des figues, des fruits, des céréales, des volailles, des œufs, de l'huile, du sel, du tabac. On y amène des chameaux, des chevaux, des mulets, des ânes, des bœufs, des moutons et des chèvres.

Cependant, en 1843, une expédition militaire, commandée par le général Marey-Monge, alla dans le pays des Oulad-Dris explorer les ruines d'Auzia; cette ville avait subi la destruction la plus complète, toutes les habitations étaient rasées, tous les matériaux dispersés, toutes les tombes violées, tous les mausolées renversés; l'enceinte seule, qui pourtant n'avait pas été épargnée, encadrait encore à peu près cet amas de débris, s'élevant sur quelques points à deux ou trois mètres de hauteur et traçant des lignes très-irrégulières. Quant au bordj turc, pour la construction duquel on s'était servi des plus belles pierres, qui étaient autant de monuments épigraphiques, ses murailles étaient presque détruites. C'est en 1846 seulement que le gouvernement se décida à établir sur les ruines d'Auzia et de Sour-R'ozlan un poste militaire permanent, qui prit le nom d'Aumale. Ce poste, à 111 kil. S. S. E. d'Alger et à 112 E. de Medéa, fermait à tous les agitateurs les portes de la Kabilie, aujourd'hui soumise, et la grande route du Djurjura au pays des Oulad-Naïl. Cet établissement doit avoir plus tard une grande importance commerciale, puisque, de tous ceux qui couvrent la ligne méridionale du Tell, il est le plus rapproché d'Alger et ouvre la communication la plus courte entre la capitale de l'Algérie, et ce qu'on appelle le petit désert.

Description. Aumale, qui ne forme pour ainsi dire qu'une longue rue de mille mètres, est entourée d'un mur crénelé et percé de quatre portes : d'Alger, de Bou-Sada, de Sétif et de Medéa. Ses constructions principales sont : l'hôtel du commandant de la subdivision militaire, les casernes, les magasins du génie et de la manutention, l'église et la mosquée, cette dernière en dehors de la ville, sur la place du marché.

Archéologie. Aumale est beaucoup plus curieuse par les débris d'Auzia, sa devancière, que par ses monuments modernes, dont on n'a pu donner qu'une sèche nomenclature. Mais ces débris de palais, de temples, de maisons, ne consistent que dans quelques fûts de colonnes, des tombeaux, une statue en bronze doré, des briques, des tuiles, des bijoux et des médailles moyen-bronze de Gordien. L'épigraphie est beaucoup plus riche. Les inscriptions tumulaires réhabilitent, par exemple, Aumale au point de vue sanitaire, puisqu'un relevé fait sur cinquante huit épitaphes donne, pour l'âge des défunts, les indications suivantes : un centenaire de 120 ans, deux nonagénaires, deux octogénaires, cinq septuagénaires, huit sexagénaires, six quinquagénaires, onze quadragénaires, trois morts de 35 à 38 ans; huit de 20 à 27; quatre de 10 à 18, et cinq de 1 à 6 ans. Des observations analogues recueillies sur plusieurs points de l'Algérie, prouvent également en faveur de la salubrité de toute cette contrée à l'époque romaine.

Les inscriptions votives sont nombreuses; nous citerons celle de Gargilius qu'on pouvait lire sur le bordj turc de Sour-R'ozlan, et donnée depuis longtemps par Shaw :

```
Q. GARGILIO   Q F
PRAEF. COH       BRITANIAE
TRIB CO          MAVRCAE
AMIL   PRAE. COH. SING ET VEX
EQQ MAVROR IN TERRITORIO.
AVZIENSI PRETENDETIVM
DEC DVARVM COLL AVZIEN
SIS ET RVSCVNIENSIS ET PAT
PROV OB INSIGNEM IN CI
VES AMOREM ET SINGVLA
REM ERGA PATRIAM AD FEC
TIONEM ET QVOD EIVS VIR
TVTE AC VIGILANTIA  FA
RAXEN REBELLIS CVM SA
TELLITIBVS SVIS FVERIT
CAPTVS ET INTERFECTVS
ORDO COL AVSIENSIS
INSIDIIS  BAVARVM DE
CEPTO PP F DD VIII KAL
FEBR. PR. CCXXI.
```

Gargilius était décurion d'Auzia et de Rusgunia, *V.* page 82, mais M. Berbrugger cite une autre dédicace à un certain Primanius, qui était décurion d'Auzia, de Rusgunia, et d'une autre troisième colonie, celle d'Équizetum, que M. Berbrugger place à 7 kil. ouest du bordj Medjana.

Les environs d'Aumale sont fort curieux à visiter au point de vue du pittoresque et de la science. Le *djebel-Dira* forme un massif de 50 kil. de l'est à l'ouest sur 30 kil. du nord au sud; son piton principal, au sud-ouest d'Aumale, a 1810 mètres au-dessus du niveau de la mer. Du djebel-Dira est coulent sur toutes ses pentes de nombreuses sources qui entretiennent d'excellents pâturages pendant toute l'année; mais à cause de sa hauteur le froid s'y fait vivement sentir en hiver, et la neige y tombe en abondance. Le Dira est très-boisé, on y trouve de beaux massifs de chênes. La fertilité de cette contrée a donné lieu à une légende populaire que les Arabes racontent avec la plus naïve crédulité : Il y a, disent-ils, sur le sommet du djebel-Dira, des prairies si riches que les maîtres du pays, les Roumi, y élevaient de nombreux troupeaux de vaches. Au printemps, ces vaches fournissaient du lait en si grande abondance, que l'on en emplissait d'immenses réservoirs d'où, par des conduits, il s'échappait en ruisseaux et descendait pur et frais jusqu'au pied de la montagne. Les indigènes montrent encore le lit de ce ruisseau merveilleux.

22 kil. N. O. d'Aumale, *sources sulfureuses*, chez les Kseur, près de l'oued-el-Hammam : l'une d'elles tombe en douche du rocher; les Arabes et les Kabiles vont en foule faire usage de ces eaux, et l'énorme quantité d'ex-voto qui pendent aux arbres d'alentour prouve combien elles sont salutaires; elles sont très-chaudes et contiennent beaucoup de soufre. L'autre source sort au bas du rocher qui est entouré d'une épaisse végétation et qui forme une baignoire naturelle.

11 kil. S. E. d'Aumale, la *R'orfa* (chambre) *des Ou'ad-Selama;* cet ancien établissement militaire, avec burgus ou tour au centre, est placé au point culminant d'une colline d'où l'on découvre la naga des Oulad-Sidi-Aïssa, dans les steppes qu'on appelle vulgairement le petit désert. Les environs de la R'orfa sont semés de pierres de taille et d'autres matériaux qui manifestent qu'un petit centre de population s'était formé sous la protection de la forteresse. La R'orfa des Oulad-Selama, comme celle des Oulad-Meriem à l'ouest, avec laquelle elle a une ressemblance de forme et de position qui indique une analogie de destination, était un des *burgi* de l'époque romaine, jalonnant la frontière militaire d'Auzia. La R'orfa des Oulad-Selama surveillait à la fois les montagnes de la grande Kabilie, les steppes du petit désert et un des défilés du sud. A environ 4 kilomètres de là, sur le côté gauche du chemin et en face d'un petit mamelon rocheux, un trou béant donne accès dans un souterrain assez profond et très-long se dirigeant du sud-ouest au nord-est. Cet endroit s'appelle *Matmora* (silos) *mta Oulad-Selama*.

26 kil. O. d'Aumale, ruines de **Sour-Djouab** sur le chemin arabe, ancienne voie romaine d'Auzia à Rubræ (hadjar Er-Roum). On passe d'abord, à 12 kilomètres, par le territoire des *Oulad-Farah;* on trouve sur le bord du ruisseau du même nom, qui va se jeter dans

l'Oued-Zar'ouat, un petit monument romain que les Arabes ont nommé *kasr-bent-es-soltan;* les murailles étaient encore en bon état du temps des Turcs, qui se servirent souvent de cette construction comme d'un magasin de dépôt; M. le docteur Maillefer a signalé sur le même territoire, près de la demeure du kaïd, des traces de grands travaux qui paraissent avoir eu pour but l'accumulation et la conservation des eaux pluviales et autres. — A 18 kilomètres, quand on a dépassé le pays des *Oulad-Bou-Arif*, on traverse le ruisseau qui est au fond du *Guelt-er-Rous*, la mare des têtes, dont le nom rappelle en cet endroit une sanglante exécution ordonnée par le bey du Titeri, après une révolte de la tribu des Oulad-Meriem. Au delà, dans un pays accidenté, boisé et bien arrosé, est située la *R'orfa des Oulad-Meriem*, bâtie en pierres de taille et s'élevant à trois mètres au-dessus du sol; on a indiqué plus haut la destination de ce genre de construction.

On arrive enfin à *Sour-Djouab*, le *Rapidi* de l'itinéraire d'Antonin, et peut-être le *lamida* de Ptolémée, à 26 kil. d'Aumale, et 72 kil. S. E. d'Alger à vol d'oiseau. Les ruines de Rapidi couvrent une colline qui s'allonge d'est en ouest, baignée au nord et au sud par deux petits affluents du haut Isser, qui se réunissent à sa pointe occidentale. « Dans les légendes locales, les destinées d'Auzia et de Rapidi sont intimement liées. R'ozlan était maître de la première de ces villes, et son fils Toulig était seigneur de la seconde. Ils se rencontraient de temps en temps à la R'orfa des Oulad-Meriem, pour causer d'affaires ou donner cours à leurs affections réciproques. Ici, la tradition, passant brusquement de l'époque romaine à une autre, qui lui fut sans doute très-postérieure, raconte ainsi la manière dont la ville fut abandonnée : un certain Ben-Aouda vivait à *Chabet-el-Guitran*, le ravin du goudron, dans la montagne située au sud de Sour, et vendait du goudron aux gens de Rapidi; un jour qu'il s'y rendait pour son commerce habituel, il trouva la place abandonnée et s'empara de tout ce qu'on y avait laissé de précieux, ce qui le rendit possesseur d'une grande quantité d'or et d'argent, à ce que dit la légende qui ne juge pas à propos de nous informer pourquoi la population se retira, et surtout pourquoi elle n'emporta point ses trésors. Pour rentrer dans le domaine de la réalité, continue M. Berbrugger, je rappellerai que la petite tribu des Djouab est en assez mauvaise intelligence avec les Beni-Sliman, ses puissants voisins, qu'elle accuse d'usurper une partie de son faible territoire avec l'aide des chrétiens qu'ils ont trompés; un de leurs vieillards me disait à ce sujet : « Depuis des siècles les ruines « que tu visites s'appellent Sour-« Djouab; si les Beni-Sliman nous « l'enlèvent, il faudra donc donner « un démenti à l'histoire. » L'enceinte de Rapidi est encore très-visible; une grande muraille dans l'intérieur appartenait sans doute à la citadelle; un conduit amenait dans cette ville l'eau de l'Aïn-Adjena, belle source située à deux kilomètres de là. On a trouvé un buste de Jupiter dont la tête seule mesure cinquante-cinq centimètres. Les inscriptions tumulaires sont nombreuses; elles sont souvent gravées au-dessous de bas-reliefs assez grossièrement exécutés; en voici une fort intéressante :

> DIS MAN.
> L. LICINIVS LICINI F.
> EQ. ALAE THRACVM V.
> A XX MILITAVIT A IIII
> LICINIVS RVGISVS
> FECIT.

« Aux dieux mânes. Lucius Licinius, fils de Lucinius, cavalier de l'escadron des Thraces, qui a vécu vingt ans et servi pendant quatre ans. Épitaphe gravée par les soins de Licinius Rugisus. »

On retrouve donc à Rapidi la cavalerie des Thraces, dont la présence a déjà été signalée sur plusieurs points de la voie intérieure. Il était difficile de choisir un endroit plus convenable pour y faire vivre cette cavalerie et l'utiliser au point de vue militaire; aussi était-il question en 1855 d'établir à Sour-Djouab une smala de spahis; les hommes de sens se rencontrent, même à des siècles de distance. Deux autres épigraphes d'Hadjar-Roum, Rubræ, donnent les noms de fantassins de la cohorte des Sardes; cavaliers thraces et fantassins sardes se retrouvent concurremment avec les Parthes sur toute la ligne intérieure de l'Algérie, par suite du système des Romains qui tenaient à dépayser leurs auxiliaires. Pendant que ceux d'Europe venaient tenir garnison en Afrique, la cavalerie mauritanienne était en Pannonie, en Belgique, etc., et l'infanterie de cette nation stationnait en Bretagne, en Thébaïde, pendant que les Bretons étaient aux environs d'Alger, ainsi que les dolmens de Staouéli peuvent le faire supposer, page 71.

Voici l'épitaphe d'une centenaire à ajouter à celles d'Aumale et des autres parties de l'Algérie :

> SATVRA VIXIT A.
> C A. P. M

Satura vixit annis C aut plus minus, « Satura a vécu cent ans environ. »

Les ruines de Rapidi jalonnaient à la fois la grande voie intérieure des communications anciennes et la primitive limite militaire des Romains, limite sur laquelle ils paraissent s'être repliés après la révolte de 297 :

Auzia............	Aumale.
Rapidi...........	Sour Djouab.
Tirinadi..........	Berouaguïa.
Oppidum novum...	Duperré.
Castellum Tingitii.	Orléansville.
Albulæ...........	Sidi-Ali-ben Youb.
Rubræ...........	Hadjar-er-Roum.

De Sour-Djouab à *Berouaguïa* (page 136), 46 kil. La route, facile et très-pittoresque, passe sur le beau plateau *des Beni-Sliman*, à travers les territoires des Oulad-Tan, des Oulad-Ziana et des Oulad-Ahmed-Sidi-ben-Youssef.

ROUTE 15.

D'ALGER A ROVIGO.

32 kil. — Diligences et corricolos.

24 kil. d'Alger à Sidi-Moussa (*V.* R. 14).

On quitte à Sidi-Moussa la route d'Aumale, à gauche, pour suivre, à droite, celle de Rovigo, qui va au sud en passant par les Haouchs d'El-Koblan, de Ben-Mered, et de Roumili-R'arbi.

32 kil. **Rovigo** (nom du gouverneur de l'Algérie, de décembre 1831 à mars 1833), village commencé en

1849, définitivement installé le 22 août 1851, et annexé à la commune de l'Arbâ le 31 décembre 1856; sa population, essentiellement composée d'agriculteurs, est, avec celles de Sidi-Moussa et de Rivet, autres annexes de l'Arbâ, de 1420 habitants.

A 2500 mètres de Rovigo, sur la rive gauche de l'Harrach, était un *camp* créé, en même temps que celui du Foudoñk, en 1838. Au delà, on visitera Hammam-Melouan.

« Au pied de l'Atlas, l'Harrach débouche des gorges de la montagne, et sillonne la plaine dans une plate et rocailleuse vallée qui encadre ses capricieux détours. En remontant ces gorges, vers le midi, le voyageur s'avance insensiblement, par un chemin d'abord facile, complanté d'oliviers et d'arbustes en taillis; vers le fond, la coupure de la montagne se rétrécit brusquement, au point de ne plus laisser pour chemin que le torrent, encaissé entre des berges abruptes, d'une hauteur sombre et sévère. On peut se croire ici au milieu de certains gaves de nos Pyrénées. Bientôt, vous n'aurez plus d'autre ressource que de marcher dans le courant même de la rivière, vous n'atteindrez le but qu'après l'avoir traversée sept fois, d'une rive à l'autre, sur un parcours de 8 kil.

« Un bouquet touffu d'oliviers dérobe, jusqu'au dernier moment, la koubba de *Sidi-Sliman*, et ce qui frappe d'abord la vue, c'est la hutte en roseaux, café maure et corps de garde à la fois du kaïd d'**Hammam-Melouan**. Ce nom, en arabe, signifie *bain coloré*; il provient, vraisemblablement, des dépôts divers, blanchâtres, ocracés, que l'eau abandonne, tant sur la terre où son trop-plein se déverse, que sur les débris végétaux qui flottent à sa surface. Les indigènes rapportent-ils cette coloration à quelque phénomène surnaturel? Toujours est-il qu'ils attribuent à la source une grande vertu et des qualités merveilleuses. Dès que la saison des pluies a cessé de rendre impraticable le chemin de la piscine, les gens du pays s'acheminent, sur la recommandation spéciale du marabout, vers ce pèlerinage renommé. A leur point de vue, c'est faire acte de religion et de salubrité à la fois, et ce qui assure avant tout le succès des eaux, c'est le génie qui préside à leur efficacité.

« Des deux constructions qui existent aujourd'hui sur les eaux d'Hamman-Melouan, la première qu'on rencontre est la koubba; la seconde, un simple puisard. La koubba mesure cinq mètres carrés environ d'étendue; ses murs, en pisé, sont épais. On pénètre dans l'intérieur, d'abord dans un petit vestibule, puis dans le bain placé dans une sombre niche, à peine éclairée par une crevasse pratiquée dans la voûte, et où l'on ne distingue rien d'abord. Quand l'œil s'est fait à l'obscurité, on reconnaît à ses pieds un bassin rectangulaire, de deux mètres de long sur un mètre de large et de soixante centimètres de profondeur, rempli d'une eau chaude assez claire. La température de la petite salle paraît élevée, la vapeur humide qui la remplit gêne un peu la respiration. Contre les murs de la pièce, règne, tout autour, un banc de grossière maçonnerie qui participe du délabrement général de l'édifice. Entre autres explications plus ou moins bizarres que les Arabes donnent de la construction de cette koubba, nous avons recueilli celle-ci : il y a fort longtemps, un bey très-riche, dont la fille était percluse de tous ses membres, par suite de rhumatismes, assembla en consultation tous les savants du pays. D'un commun accord, ils prescrivirent l'immersion de la malade dans le trou fangeux où se réunissaient alors les produits de la source. La guérison ne fut pas longue à attendre. Le père reconnaissant édifia, de ses propres deniers, le petit monument que sa pieuse votivité a fait jusqu'ici épargner par les générations successives, mais que le temps a moins respecté. Des musulmans, d'une foi plus robuste, affirment que la koubba n'est pas l'œuvre des hommes. Elle serait sortie de terre miraculeusement, toute bâtie, de par la volonté d'un très-grand saint qui, ayant employé toute sa vie à prier et à pratiquer la vertu, voulut encore, après sa mort, être utile à ses frères en Mohammed.

« Le vendredi, jour saint pour tout fidèle musulman, est le jour qu'il faut choisir de préférence, pour aller se régénérer à la source vénérée. On y rencontre alors quelques familles campées sous les oliviers qui entourent la koubba. Les nattes et les tapis couvrent le sol, les haïks pendent aux branches des arbres séculaires, le cheval et la mule broutent à côté du feu du bivac où le café s'apprête. C'est d'abord aux femmes à prendre leur bain. Entrées dans la piscine, elles s'y déshabillent et s'immergent aussitôt, ce qui se sait au dehors par les *you, you, you, you* suraigus dont elles font retentir la montagne. Elles croient ainsi rendre hommage à la mémoire du saint protecteur de ces lieux salutaires. La baignade ne dure pas au delà de quelques minutes : alors commencent les mystères religieux. C'est le plus souvent une poule sacrifiée vivante, dont le foie et les entrailles, violemment arrachés du corps et jetés dans le ruisseau, vont se perdre au loin ; ce sont des bougies allumées et bientôt éteintes, avec énonciation de paroles cabalistiques; des morceaux de vêtements, des cheveux de personnes aimées ou haïes, des versets du Koran, de la poudre, cent objets divers cachés et ficelés dans du papier que l'on insère dans les anfractuosités de la vieille muraille de la koubba. Désirs de vengeance et d'amour, espoir de fortune et de santé, tout se formule ici avec ferveur à voix basse, et quelquefois dans le silence de l'adjuration mentale. La prière et les vœux accomplis, on rajuste les vêtements, on avale le café, les hommes fument, les femmes devisent à part, et la famille reprend la route du douar, abandonnant avec confiance, jusqu'à l'an prochain, les amulettes qu'elle a offertes au génie de la source, et dont elle rêve les plus heureux résultats.

« Des sources nombreuses qui sourdent à Hammam-Melouan, deux seulement sont abondantes : la source de la koubba et la source du puisard; dans l'état actuel, leur débit est d'environ 2 litres 50 par seconde. M. l'ingénieur des mines, Fayard, pensé qu'en réunissant les diverses issues, aujourd'hui éparpillées, du réservoir thermal, on obtiendrait aisément un produit de 4 litres par seconde, soit 345 mètres cubes par vingt-quatre heures, ce qui suffirait à une consommation quotidienne de 600 bains. Prise à ce point de provenance, l'eau, un peu plus salée à la koubba que dans le puisard, est d'une amertume fraîche, analogue à la saveur de l'eau de mer, d'ailleurs limpide, claire, inodore, très-légèrement onctueuse au toucher, et du poids spécifique de 1,0225 (de Marigny) ou de 1,0245 (Tripier). Sa température, mesurée avec beaucoup de soin, à divers moments de la journée, paraît être, terme moyen, de 39 à 40° centigrades. Son analyse a donné une proportion considérable de sel marin, 26 gr. 50; elle égale ainsi presque celle de la Méditerranée, qui est de 30 gr. 182. Ce qui distingue plus spécialement l'eau d'Hammam-Melouan, c'est donc l'abondance du sel ainsi que des autres matières salines qu'elle renferme, comparativement à plusieurs sources renommées par leur salure soit en Algérie, soit en France, soit à l'étranger. On trouve pour un kilogramme d'eau de *Nauheim* 31 gr. 434 de sels dont 27 gr. 333 de chlorure de sodium, et pour un kilogr. d'eau d'Hammam-Melouan 29 gr. 428 de sels dont 26,350 de chlorure de sodium. Or, on sait que l'eau de Nauheim est la plus riche en salure de toutes les eaux connues et employées en Europe. Les sels qui entrent dans la composition des eaux d'Hammam-Melouan, se retrouvent aussi dans d'autres sources thermales salées de France et d'Italie. On citera, parmi les plus conformes, Bourbonne-les-Bains, Balaruc et Lucques. Ces eaux chlorurées simples sont fort vantées dans les cas de goutte, arthrite, rhumatismes, chlorose, engorgements abdominaux, principalement du foie et de la rate.

« Nous avons dit plus haut, le grand usage que les Maures et les Juifs d'Alger faisaient des eaux thermales salines d'Hammam-Melouan pendant la belle saison de l'année. Si leur grande confiance dans ce moyen de traitement, comme pour toute autre médication d'ailleurs, découle chez eux plutôt d'une foi superstitieuse que d'une conviction scientifique impossible à exiger des *tobba* (médecins), il faut pourtant aussi, dans la célébrité des eaux de Rovigo, faire la part d'une induction réellement fondée sur une longue série de faits pratiques — Depuis quelques années, beaucoup d'Européens atteints de douleurs, de maladies cutanées, d'affections internes ou externes diverses, s'y sont rendus, et nous avons pu nous convaincre, personnellement, des effets généralement salutaires qu'ils ont obtenus. Les eaux peuvent se boire et se prendre en bain, demi-bain et douche. » (*Docteur Payn.*)

Le docteur Payn, en terminant sa notice, expose un projet d'établissement thermal à Hammam-Melouan même. Le docteur A. Bertherand, dans un contre-projet, démontre la nécessité d'amener les eaux à Rovigo. Quel que soit le projet adopté, il en résultera des avantages que l'emploi des eaux d'Hammam-Melouan ne manquera pas de procurer à la santé des valétudinaires de l'Algérie et à la prospérité de sa colonisation.

ROUTE 16.

D'ALGER AU FONDOUK.

32 kil. — Corricolos, voitures à volonté.

12 kil. d'Alger à la Maison-Carrée (*V.* environs d'Alger, page 78).

19 kil. **La Maison-Blanche**, à

la bifurcation des routes de Dellis à gauche, du Fondouk à droite. Ce village, qui compte 150 Européens et près de 1200 indigènes, a été annexé à la commune de la Rassauta, le 31 décembre 1856.

27 kil. **Bou-Hamedi**, 300 habitants, dont la moitié indigènes, créé par décret du 26 mai 1856, et annexé à la commune du Fondouk le 31 décembre 1856.

32 kil. **Le Fondouk**, 400 Européens et 3800 indigènes, création du 14 octobre 1844; constitution de la commune le 31 décembre 1856. Ce village, situé sur les pentes du dernier ressaut des montagnes, dont le pied est baigné à l'est par l'oued-Khremis, et sur la future route d'Alger à Constantine, a succédé au camp établi un peu au-dessus, au commencement de l'année 1838. Un marché assez important se tient au Fondouk.

ROUTE 17.

D'ALGER A DELLIS,

110 kil. — Service de diligences l'été, jusqu'à Souk-ed Djema.

19 kil. d'Alger à la Maison-Blanche (*V.* R. 16).

25 kil. **Rouïba**, création du 30 septembre 1853, annexe de la Rassauta; à l'embranchement du chemin d'Aïn-Taya, à gauche.

29 kil. **La Rer'aïa**, 310 habitants, au milieu de plaines bien cultivées. Ce village, créé le 14 octobre 1854, a été annexé à la commune du Fondouk, le 31 décembre 1856. Le vaste territoire de La Rer'aïa, enserré au nord par la mer, au sud par la route d'Alger à Dellis, à l'est et à l'ouest par des cours d'eau, renferme, outre des cultures, des orangeries, des vergers, des pépinières et des bois de haute futaie.

36 kil. **L'Alma**, ou *Bou-Douaou*, est une annexe de la commune du Fondouk, créée le 25 juillet 1856, sur le territoire des *Khrachna*, auprès de l'oued-Bou-Douaou, qui se jette dans la mer, à 6 kilomètres de là. Entre l'oued-Bou-Douaou et l'oued-Korso, on laisse à g. de la route la belle ferme dite de l'oued-Korso, une des plus grandes exploitations agricoles des environs d'Alger. Un personnel de quarante travailleurs fait valoir une étendue de deux mille hectares de terres dont plus de quatre cents sont déjà défrichés.

41 kilomètres après l'oued-Korso, on voit à dr. de la route la koubba de *Mohammed-Ed-Debbah* (l'égorgeur); envoyé par le pacha d'Alger pour soumettre les Kabiles, il fonda Bordj-Tizi-Ouzou (voir page 174), d'où il dirigeait ses sanglantes expéditions, jusqu'au jour où il fut tué dans un combat à Tala-Amara, contre les Iraten.

A partir de cet endroit, la route s'engage dans le col des Beni-Aïcha. C'est là que commence le pays kabile. Les Romains y avaient une forteresse dont on retrouve quelques débris. Au point culminant du col, apparaît le massif imposant du Djurdjura, dont les cimes sont couvertes de neige. Quand on a dépassé le col, la route traverse l'Isser ou l'Isseur; cette rivière, formée par la réunion de l'oued-Meleh et de l'oued-Za'rouât, dont les eaux viennent du Kef-el-Akhrdar et du Djebel-Dira au sud-ouest, a un parcours de 121 kilomètres, à partir de ses confluents, ou de 206, si on le prend du Kef-el-Akhrdar. Au delà de l'Isser et à 3 kilomètres, on passe l'oued-Djema dans un lit très-large et presque sans eau.

65 kil. Sur la rive droite au bord de la route, à l'endroit dit *Souk-ed-Djemâ*, s'élève un vaste caravansérail d'un côté, et un bureau arabe de l'autre; ce dernier, avec ses arcades en fer à cheval, ses tourelles et sa koubba, a un cachet monumental qui fait honneur au goût de M. Rattier, son architecte. Le Souk-ed-Djemâ, marché du vendredi, de la tribu des Isseur, est très-important. Les tribus du Titeri et du Sebâou y viennent acheter ou échanger leurs produits. L'Isseur et l'oued-Djema coulent au milieu d'une vaste plaine appelée à avoir quelques centres de population, car elle a de belles terres, et c'est à Souk-ed-Djema qu'aboutissent les routes de Dellîs, du Fort-Napoléon et de Drâ-el-Mizan.

81 kil. *l'Azib-ben-Zamoun;* la route de Dellîs est également jusqu'à ce dernier point celle du Fort-Napoléon. Elle laisse à droite le Bordj-Menaïel, ancien oppidum romain (*Vasara?* Baron Aucapitaine), sur les ruines duquel les Turcs élevèrent une petite forteresse dans laquelle résidaient un kaïd et quelques canonniers. Ce poste à l'entrée de la Kabilie, sur le territoire des *Flissa-oum-el-Lil*, se reliait avec ceux du Sebâou et de Tizi-Ouzzou, de Drâ-el-Mizan et de Bor'ni, sur les versants nord du Djurdjura, et avec celui de Bouîra ou Hamza, sur le versant sud. C'est aujourd'hui une maison de commandement. L'Azib-Zamoun (ferme de Zamoun) rappelle le nom d'un des vaillants lieutenants d'Abd-el-Kader, dans les combats de la Kabilie, 1843 à 1844. On a construit un caravansérail dans cet endroit où la route se bifurque pour aller au Fort-Napoléon et à Dellîs; un marché arabe important s'y tient tous les jeudis. A 5 kil. sud-est du caravansérail, au pied de la chaîne granitique des *Flissa*, on rencontre une carrière de marbre blanc employé comme pierre à chaux pour bâtir le caravansérail; cette carrière, qui s'étend en longueur sur plus d'un kilomètre, pourra être exploitée à ciel couvert, quand on aura des débouchés pour ses produits.

94 kil. **Reybeval** (Aïn-Bar'lia), nouveau centre créé au mois de juin 1860.

De l'Azib-Zamoun à Dellîs, la route, dont la direction générale depuis Alger était celle de l'est, va au nord-nord-est rejoindre la route de Dellîs au Fort Napoléon, en passant par les montagnes des *Oulad-Dreuh*, et en traversant l'oued-Sebâou. L'oued-Sebâou, comme toutes les rivières arabes, reçoit successivement plusieurs noms des pays qu'elle parcourt. Prenant sa source aux ruines de Tok'bal chez les Beni-Hidjeur, au pied du col d'Akfadou (col du vent), c'est d'abord l'oued-Bou-Behîr, puis l'oued-Sebâou et l'oued-Amr'aoua, et enfin l'oued-Nessâ et l'oued-Beurrâg, au-dessus de son embouchure qui est à 6 kilomètres ouest de Dellîs. — Mais nous ne connaissons généralement que sous le nom d'oued-Sebâou cette rivière la plus importante de la grande Kabilie, qu'elle coupe à peu près en deux. La route, parallèle à l'oued-Sebâou, tantôt à gauche, tantôt à droite, la quitte à huit kilomètres environ avant Dellîs, non loin du village de Ben-Nechoud.

100 kil. **Ben-Nechoud**, dans la petite vallée de l'oued-Nessâ, créé en 1854, a été annexé à la commune de Dellîs, le 31 décembre 1856.

110 kil. **Dellîs**. *Hôtels* de la Colonie et du Gastronome. — *Cafés* de l'Europe et de l'Algérie. — *Cercle et bibliothèque militaires*. — *Postes et télégraphie électrique*. — *Moyens de transport*, chevaux et mulets.

Bateaux à vapeur : pour Alger, les 9, 19 et 29 de chaque mois; pour Bone, les 3, 13 et 23 de chaque mois.

Histoire. Dellîs ou Tedellis, située à 1° 50 de longitude est, et à 36° 90 de latitude nord, a d'abord été fondée par une colonie carthaginoise. Les Romains y formèrent plus tard un établissement appelé *Rusuccurus*, qui devint une puissante cité sous l'empereur Claude (l'an 50 de J. C.). Les anciens remparts visibles surtout à l'ouest, les citernes romaines de Sidi-Soussan, des mosaïques, un magnifique sarcophage, déposé aujourd'hui au Musée d'Alger, des médailles et des amphores trouvées dans les fondations de l'hôpital et de la mosquée, tels sont les vestiges de Rusuccurus, dans lequel on retrouve le *Rousoukkour* (le cap des poissons) des Carthaginois. — Ce dernier nom trouverait son explication dans les eaux poissonneuses qui baignent la base du rocher allongé sur le flanc est duquel est située Dellîs.

Détruit par un tremblement de terre ou par les invasions, Rusuccurus fournit plus tard ses ruines pour la construction de la ville arabe de Dellîs. Ibn-Khaldoun nous apprend qu'après avoir fait partie du royaume de Bougie, elle fut concédée par El-Mansour à Moezz-ed-dola-Ibn-Somadeh, souverain d'Almeria, qui vint chercher un asile auprès de lui, quand l'Espagne fut prise par les Almoravides, 1088 (481 hég.) à 1104 (498 hég.). Plus tard, en 1363 (765 hég.), l'émir Hafside Abou-Abd-Allah, s'étant rendu maître de Bougie pour la troisième fois, enlève Dellîs aux Abd-el-Ouadites et y installe une garnison et un gouverneur; mais attaqué à son tour par Abou-Hammou, il lui envoie une ambassade et obtient une suspension d'armes moyennant la cession de Dellîs et le mariage de sa fille avec Abou-Hammou. Il est encore fait mention, à cette époque, d'un directeur de douane à Dellîs, ce qui faisait supposer une certaine importance commerciale.

Tributaire de l'Espagne, après la prise de Bougie en 1509, Dellîs devient un instant le siège du gouvernement de Kheir-ed-din, lorsqu'il partagea la régence d'Alger avec son frère Baba-Aroudj (Barberousse). — Dellîs, habitée par une population de pêcheurs et de jardiniers habiles, ne fait alors plus parler d'elle. Une première soumission de ses habitants, en 1837, est suivie plus tard de la prise de la ville par le maréchal Bugeaud, le 7 mai 1844, lors de son expédition chez les Flissa; les combats des 12 et 17 du même mois nous assurent définitivement la tranquille possession de Dellîs. Sa création comme centre de population européenne date du 2 mars 1845, sa constitution en commune et l'institution d'un commissariat civil, du 31 décembre 1855. On y installe enfin le chef-lieu d'une des subdivisions militaide la province d'Alger.

Description. Dellîs se compose de

deux parties bien distinctes : le quartier arabe au nord et le quartier européen à l'est, tous deux en grande partie sur un plateau incliné de 70 à 80 mètres, duquel se détache le long promontoire connu sous le nom de Cap-Bengut, et auquel Dellis doit sinon un port, du moins un bon mouillage où les bâtiments peuvent se mettre à l'abri des vents d'O. et de N. O.

La ville arabe, avec ses ruelles étroites bordées de maisons blanchies à la chaux, à moitié croulantes, et entre lesquelles on a souvent, pour les empêcher de tomber, contre-bouté des poutrelles recouvertes çà et là de vignes, offre dans ses échappées sur la mer quelque ressemblance avec certains des hauts quartiers d'Alger, c'est-à-dire un ensemble à la fois pittoresque et misérable. La ville européenne descend jusqu'à la mer. — Comme dans tout centre nouvellement créé, on a dû songer à la construction et à l'installation de bâtiments qui se ressentent peu du style monumental. Quelques rues, dont les principales sont celles d'Alger, d'Isly, de Mogador et de la Marine, aboutissent aux places de l'église et du Marché. L'hôpital, le bureau arabe, l'église, la mosquée, l'abattoir, la douane, la direction du port, constituent le nouveau Dellis. Une muraille de 1800 mètres de développement entoure la ville au sud, à l'ouest et au nord; elle est percée de cinq portes : d'Alger, d'Isly, des Jardins, d'Aumale et d'Assouaf. — C'est près de la porte des Jardins, à l'endroit dit Sidi-Moussa, que les Arabes tiennent une foire six fois par an. — Leur marché de tous les jours se fait dans l'intérieur, près du bureau arabe et du fondouk élevé pour eux. Dellis est l'entrepôt d'une partie de la Kabilie occidentale et fait un assez grand commerce d'huiles et de fruits secs.

Environs. Le touriste visitera en dehors de Dellis : le *quartier des Jardins* à l'ouest, remarquablement entretenus par les indigènes, et dans lesquels on récolte des raisins blancs vendus sur le marché d'Alger; le *marabout de Sidi-Soussan* situé à 210 mètres d'altitude, dominant la ville; et près de là sont de grands bassins étagés les uns sur les autres que les Romains avaient creusés sans doute pour suppléer à la pauvreté des sources qui alimentaient alors Rusuccurus, et que l'on pourrait, au besoin, remettre en état de service, à peu de frais. On peut encore visiter à 4 kil. E. de la ville, sur le bord de l'oued-Oubay, à son embouchure dans la mer, les *salines* de MM. Hoskier et Aupied; à 23 kilomètres N. E., les ruines romaines de *Tagzirt* ou de *Cheurfa*, et à 4 kilomètres au delà, les ruines de *Taksebt*, romaines également.

ROUTE 18.

D'ALGER AU FORT-NAPOLÉON.

125 kil. — Service de diligences l'été.

81 kil. d'Alger à l'Azib-ben-Zamoun. (*V.* route 17.)

A 91 kil. de l'autre côté de l'oued-Sebaôu, sur un rocher qui domine la rivière, se dressent les murailles du *Bordj Sebaou*, construction turque qui jouait un grand rôle dans les guerres des Algériens avec les Kabiles. Ces derniers montrent avec orgueil, dans un puits voisin du fort, les crânes blanchis des soldats turcs massacrés lors du soulèvement des tribus, au moment de l'invasion française, en 1830.

Au delà du bordj Sebaôu, à 4 kil. N. E., on rencontre le village de *Taourga* (la fourmilière), dont les maisons, construites dans le genre de celles d'Alger, sont entourées de vergers et habitées par des Turcs ou des Coulour'lis qui jouissent d'une grande réputation comme brodeurs de selles. On trouve dans ce village quelques *ruines romaines*.

100 kil. **Tizi-Ouzou**, 200 hab. Ce village, dont la création remonte au 27 octobre 1858, est dominé par le *Bordj Tizi-Ouzou* (fort du col des Genêts), situé au sommet d'un col de 3 kil. de largeur environ, encaissé entre deux hautes chaînes de montagnes. Le bordj de Tizi-Ouzou a été bâti par les Turcs sur des *ruines romaines*; de fortes murailles forment ses remparts, et dans leur épaisseur sont pratiqués quelques réduits casematés servant de chambres pour la garnison; la porte ouverte sur la vallée est pratiquée sous une large voûte qui en défendait l'accès. Au milieu de la cour, se trouvent un puits et une koubba.

Nous ne parlons ici que du Bordj tel qu'il existait au temps des Turcs et lorsque sa garnison ou nouba comptait trois seffra d'artilleurs, soixante-dix hommes environ, commandés par un kaïd qui gouvernait le pays d'alentour et présidait les marchés à l'aide de son khodja. Son moyen d'action le plus efficace consistait dans l'emploi de colonies militaires ou smala habilement placées; la plus remarquable était la tribu Mar'zen des *Amraoua*, qui avait une excellente cavalerie, grâce à sa position au centre d'une plaine renommée pour sa fertilité. Elle interceptait les relations commerciales des Kabiles et rasait leurs moissons, lorsqu'ils ne payaient pas l'impôt. Aussi, après la chute des Turcs, les Amraoua furent en butte à l'animosité des tribus voisines. Les Amraoua ont conservé la réputation d'excellents soldats; ils forment un goum infatigable, et ceux qui servent aux spahis ou aux tirailleurs se sont constamment fait remarquer par leur fidélité et leur intrépidité.

En 1757 (1171 hég.), Ali, pacha d'Alger, supposant que le bey Mohammed (dont il a été parlé à propos de Bordj Tizi-Ouzou, page 170) pourrait exercer une certaine prépondérance dans le pays du Sebaôu et sur la confédération des Aït Iraten, grâce à sa parenté avec la famille maraboute de Bou-Kettouche, l'envoya au Bordj Tizi-Ouzou organiser une expédition considérable. Mais le bey devait trouver la mort à Tala Amara, au centre même des Beni Iraten, non loin de la Zaouïa de Tizi Rached et de l'endroit où s'élève aujourd'hui le Fort Napoléon. La tradition rapporte que dans les troupes qui entouraient le bey se trouvaient six frères nés à Alger; cinq furent tués; le sixième, furieux de les voir périr pour l'ambition d'un chef, lui tira un coup de fusil dans le dos. Comme en tout récit il faut nécessairement du merveilleux, les Kabiles racontent que le bey Mohammed ayant la réputation d'être invulnérable par le plomb et le fer, le soldat turc chargea son fusil avec des pièces d'argent. Cet incident détermina la retraite. Grâce au courage de la cavalerie des Amraoua, les Turcs se reformèrent et regagnèrent Tizi-Ouzou, Bordj Sebaôu, le Korso et Alger; le corps du bey

Mohammed, qu'ils avaient pu enlever, fut inhumé sous une koubba monumentale qui domine la route à l'entrée de la vallée du Korso. (*V.* page 170.)

Nous n'entrerons pas dans le détail des révoltes, des luttes et des coups de main qui eurent lieu jusqu'à la prise d'Alger par les Français, et dans lesquels les Bel-Kassem-ou-Kassi, dont le descendant est aujourd'hui notre bach Agha du Sebaôu, jouèrent un grand rôle. A l'arrivée des Français, la nouba et le kaïd évacuèrent Tizi-Ouzou, qui fut pillé par les Kabiles. Cette position, pas plus que les autres, ne servit aux Kabiles, quand nous nous présentâmes dans la vallée du Sebaôu. C'est en 1851 seulement qu'une petite colonne, sous les ordres du général Cuny, releva le bordj de Tizi-Ouzou, où l'on installa Bel-Kassem-ou-Kassi, qui avait fait sa soumission à la France.

En 1854, on a ajouté au bordj quelques constructions. Nos troupes l'occupèrent définitivement en 1855 et jetèrent dès lors les bases d'un établissement qui prend chaque jour un développement sensible. Ce village, bâti au-dessous du camp, est peuplé de cabaretiers, de petits marchands ou de cultivateurs. L'ensemble du bordj turc et des constructions nouvelles constitue un solide établissement militaire : une ligne à crémaillère, transversale à la vallée, protège le fort et le village contre tout coup de main et vient se relier au bastion S. E. des fortifications. L'enceinte bastionnée du fort renferme des bâtiments qui peuvent s'approprier, suivant les circonstances, à des dépôts de vivres, de malades, ou au logement de troupes valides. Mille hommes et tout l'accessoire personnel et matériel que comporte ce chiffre y seraient facilement installés.

« Tout cet ensemble de constructions se trouve sur un des points culminants du col; le village et le fort ont pour trait d'union le Jardin des Zouaves, ainsi nommé parce que leurs pioches, leur sueur et leur intelligence l'ont fait ce qu'il est aujourd'hui. Sous le canon de la place se tient tous les samedis le marché du Sebt, très-fréquenté et abondamment pourvu de tout ce qui peut intéresser les populations environnantes : bestiaux, chevaux, mulets, étoffes, armes, fers, laines, cuirs, etc., tout s'y trouve, jusqu'aux aiguilles et aux petits miroirs de juif ambulant. Le mamelon de Tizi-Ouzou, comme tous ceux que soulève en vagues la plaine du Sebaôu jusqu'au djebel Faraoun, est nu comme un nid d'hirondelle. Pas un arbre, pas un arbuste; à peine une rare broussaille servant de limite à deux champs; mais, en revanche, le massif du djebel Belloua s'élève majestueusement entre Tizi-Ouzou et le Sebaôu, comme pour protéger le fort contre le vent du N. Ses flancs boisés, verdoyants et broussaillés, reposent l'œil lassé de la monotonie de la vallée; la riche et vaste smala de Tizi-Ouzou étale ses nombreux gourbis sur les premières pentes du Belloua. Si vous avez un jarret de zouave ou de chasseur de chamois, montez ces pentes rapides et vous serez dédommagé en arrivant au sommet. » (*G. Rey*).

A 107 kil., *Sikh-ou-Meddour*, et mieux Icikhren-ou-Meddour (les ravins de Meddour), ruiné dans la dernière expédition de la grande Kabilie.

Si de Tizi-Ouzou les regards se

reportent vers l'Orient, ils parcourent toute la belle et large vallée de l'oued-Sebaôu, qui coupe, pour ainsi dire, la Kabilie en deux parties : à gauche ils s'arrêtent sur la longue chaîne littorale qui va de Dellîs à Bougie; à droite, sur les derniers versants de tous les contre-forts qu'envoient au loin les hautes cimes du Djurdjura, et les plateaux profondément ravinés du territoire des Zouaoua, versants escarpés, aux pentes abruptes, tout hérissés de roches, plongeant sur la vallée comme pour défendre l'accès des régions intérieures.

125 kil. Le **Fort-Napoléon**. Cet établissement militaire, le plus important que nous possédions dans la grande Kabilie, a été élevé pendant la dernière expédition, au centre même des *Beni Iraten*, qu'on n'avait pu jusqu'alors comprimer. Le maréchal Randon en posait la première pierre le 14 juin 1857, et cinq mois après il était terminé; il n'avait fallu que vingt jours pour relier le fort à Tizi-Ouzou, par une route carrossable. Si l'on pense que tout était à créer, on ne saurait alors trop admirer le courage et l'activité de nos soldats, quittant le fusil pour la pioche et la truelle, et l'intelligence de nos officiers. Le Fort-Napoléon est placé sur un plateau élevé de plus de 800 mèt. au-dessus du niveau de la mer, au lieu dit en arabe *Souk-el-Arba*, d'un grand marché qui s'y tient le mercredi. Une enceinte flanquée de dix-sept bastions offre un développement de 2000 mètres; elle est percée de deux portes : celle d'Alger et celle du Djurdjura; l'intérieur, surface de 12 hect. fortement accidentée, est coupé de rues larges sur lesquelles s'élèvent tous les bâtiments militaires qui constituent l'installation et le bien-être d'une forte garnison; et l'activité coloniale y a pris un tel développement que plus de quatre-vingts maisons particulières ont déjà été construites sur les deux côtés de la rue ou route centrale de la citadelle.

A 10 kil. S. du Fort-Napoléon, sur la rive gauche de l'oued Beni-Aïssi, chez les *Beni-Yenni*, Aït-Lh'assen; ce grand village est habité par 4 à 5000 Kabiles renommés dans tout le pays comme fabricants d'armes et de bijoux, et exerçant, à l'égal des gens de Mazouna (dahra), l'honorable profession d'ouk'af, recéleurs. A 10 kil. E. N. E., **Djema-Sah'aridj**, la mosquée du bassin, la *Bida-colonia* des Romains (Mac Carthy), village des *Beni-Fraoussen*, dans une vallée affluente à celle de l'oued Sebaôu, avec des sources abondantes.

L'aspect de Djema-Sah'aridj, quand on y entre en venant de l'est, est parfaitement en rapport avec les idées que peut susciter la connaissance de son passé. On aperçoit tout d'abord un grand emplacement jonché de débris antiques et entouré d'habitations d'un assez bon aspect ; là se tient le marché, sur un sol où de nombreux réseaux de murs à fleur de terre attestent l'occupation romaine. A gauche, on côtoie le bassin en grandes pierres taillées auquel Djema-el-Sah'aridj doit son nom : tout autour se dressent un grand nombre de blocs d'environ un mètre de hauteur sur une largeur et épaisseur de moitié. Plusieurs blocs sont aussi encastrés dans les maisons voisines. Sur l'autre côté du marché s'élève la mosquée petite et basse, accostée d'un minaret de modeste apparence, mais cependant d'un certain aspect. En poursuivant vers l'est, on rencontre deux autres fontaines, toutes deux également construites en pierre de taille. On arrive enfin, à l'extrémité orientale de la ville, vers une petite butte sur laquelle se détachent, au milieu des tombes, plusieurs pans de murs d'un mètre de largeur. Cette butte domine Djema-Sah'ridj et supportait probablement une citadelle.

A 18 kil. S. E., **Kouko**, village des *Beni-Itour'ar*, sur une montagne escarpée entre deux affluents de l'oued-Sebaôu. M. Mac Carthy dit que Kouko représente le *Turaphilum* romain. Quelques pierres de taille et une citerne construite en briques datant de l'époque romaine sont les seuls restes du poste qui devait protéger la plaine à travers laquelle passait la route de *Rusuccurus*, Dellis, à *Saldæ*, Bougie. En tout cas, ce petit village eut jadis une grande importance politique; c'est par son nom que l'historien espagnol Marmol désigne au XVIe siècle toutes les tribus du Djurdjura, et en 1730 il était encore le chef-lieu des *Zouaoua*. On n'y comptait alors que 1600 habitants qui, en dehors de leurs beaux et riches jardins, fabriquaient les meilleures toiles de la Barbarie.

Laugier de Tassy a écrit une histoire du royaume d'Alger en 1725, histoire qui n'est pas exempte de nombreuses erreurs; il a donné sur Kouko quelques pages curieuses. Est-ce à tort qu'il fait de ce village la capitale d'un royaume dans la confédération kabile? Une inscription arabe, près de la mosquée, qualifie de sultans les anciens chefs de Koukou. Il est très-véridique lorsqu'il dit : « Quoique le dey d'Alger fasse tout son possible pour retirer de Kouko les tributs, garames et tailles qu'il exige des autres, il ne peut en venir à bout à cause de la difficulté de la montagne, où les troupes ne peuvent aller sans s'exposer à tomber dans des embuscades. On ne peut y parvenir que d'un côté avec beaucoup de peine, et les habitants peuvent facilement, en faisant rouler des rochers, abîmer une grande armée.... Les montagnes du Kouko sont abondantes en grains, en fruits, en bestiaux; il y a de belles vallées, de charmants coteaux, d'agréables prairies et d'abondantes sources de très-bonne eau. C'est là que se réfugient ordinairement, avec leur argent, les deys d'Alger lorsqu'ils craignent la mort ou qu'ils veulent abandonner le pesant fardeau du gouvernement; mais quelquefois ils ne sont pas les maîtres de prendre ce parti et on les prévient lorsque leur dessein est pénétré. »

ROUTE 19.

D'ALGER A DRA-EL-MIZAN.

95 kil. — Service de diligences jusqu'à Souk-ed-Djemâ; de Souk-ed-Djemâ à Drâ-el-Mizan, route muletière ou stratégique.

65 kil. d'Alger à Souk-ed-Djema (*V. R.* 17).

De Souk-ed-Djema à Drâ-el-Mizan, direction générale sud-est; gorges de l'oued-Djema; on tourne le flanc occidental des Flisset-oum-ellil, dans un pays accidenté où coule l'oued-Djema que l'on traverse plusieurs fois; puis au delà de l'oued-Tamdir'at, affluent de l'oued ed-Djema, on franchit un col resserré entre les Beni-Khralfoun et les Flissa.

De là on aperçoit tout à coup Drâ-el Mizan assis sur une colline fauve, au fond d'une longue vallée tourmentée, dépouillée d'arbres dans les terres basses, boisée sur les flancs, et que semble fermer comme une muraille gigantesque le Djurdjura couvert de neige.

95 kil. **Drâ-el-Mizan** (en arabe, le contre-fort de la balance), dans la vallée de l'oued-Tamdir'at, a été créé en 1855, pour surveiller la Kabilie occidentale et assurer notre conquête; sa position superbe au centre des Nezlioua *Flisset-oum-el-lil* et *Maatkas*, des *Beni-Khralfoun* à l'ouest, des *Guechtoula* à l'est, lui donne comme au Fort-Napoléon une très-grande importance. Drâ-el Mizan forme deux quartiers bien distincts : le *camp* qui peut contenir un millier d'hommes, et le *village*, créé le 30 décembre 1858 : sa population, dont le noyau composé de petits marchands et de cantiniers, plaie inévitable des corps d'armée, remonte à 1855, est aujourd'hui de 150 à 160 individus, dont la majeure partie se livre au jardinage et à l'agriculture ; un moulin à huile et un moulin à blé fonctionnent pour les Européens et les Kabiles.

A 12 kil. E. *Bordj-Bor'ni*, bâti par les Turcs pour observer les Guechtoula et la vallée de l'oued-Bor'ni, remplaça une simple enceinte élevée plus bas et que la garnison avait abandonnée après le massacre d'une partie des siens. Les Romains avaient également élevé un poste à l'entrée de ce pays, celui d'*Isatha*, pour fermer l'accès de la plaine aux montagnards Quinquegentiens. Bordj-Bor'ni fut occupé par une forte troupe que commandait Si-Mohammed, bey du Titteri, 1754 (1167 de l'hégire). Nul parmi les chefs turcs ne connaissait mieux les hommes et les choses kabiles; il était, par les femmes, petit-fils de Sid Ameur-el-Kadhi-Bou-Kettouch, chef des marabouts des Aït Iraten, dont l'influence s'étendait fort loin sur les confédérations berbères ; de plus, dans sa jeunesse, Mohammed, étant venu voir ses parents maternels, reçut une excellente instruction dans les zaouïas alors célèbres des Iraten. Nous le retrouvons plus haut au Bordj-Tizi-Ouzou.

Bordj-Bor'ni est aujourd'hui une maison de commandement; on voit près de là un moulin à huile construit par un Européen. Le tombeau de *Sidi Abd-er-Rahman-bou-Kobrin* abrité par un simple gourbi et non par la koubba traditionnelle, est situé à 6 kil. S. de Bordj Bor'ni, dans la montagne des *Guechtoula*. On ne reviendra pas sur ce personnage célèbre dont il a été parlé page 76.

On visitera les sources de *Ben-Haroun* à 12 kil. S. S. O. de Drâ-el Mizan, à droite de la route de *Bordj-Bouïra*. Ben-Haroun est situé sur le territoire de la tribu des *Harchaoua*. Les quatre ou cinq villages dont se compose sa localité se détachent, d'une manière pittoresque, au milieu de quelques bouquets d'arbres et de gros massifs rocheux, sur les pentes du djebel-Hellala, contre-fort méridional du bassin de l'oued-Djema, l'un des affluents supérieurs de l'Isser.

« Ben-Haroun tire son nom d'un marabout très-vénéré, Sidi-R'assen-ben-Haroun, enterré sous un bouquet de beaux ormes qui projettent leur feuillage à 4 ou 500 mètres des sources minérales. Le tombeau du saint personnage n'est autre chose qu'une enceinte rectangulaire de pierres sèches couvertes en chaume, comme un gourbi. Trois fontaines d'une eau extrêmement fraîche et limpide sourdent à l'ombre d'un petit bois sacré et doivent constituer une des plus abondantes origines de l'oued-Bou-Haroun ou Edjeleta. Ce ruisseau court au pied des villages, de l'est à l'ouest, dans la direction de l'oued-Djema lui-même, 4 kilomètres plus bas.

« Placées entre deux petits villages, dans un pli de terrain argileux qui aboutit, d'une part, à un ravin par lequel ses eaux se rendent à l'oued, et, d'autre part, se fond insensiblement avec les terres voisines, les sources gazeuses des Harchaoua se trouvent, d'après M. Ville, ingénieur des mines du département d'Alger, à peu près sur la ligne de contact du terrain nummulitique et du terrain tertiaire moyen. Leurs points d'émergence sont assez nombreux : mais on en compte quatre principaux. Trois s'écartent peu les uns des autres, le quatrième sort à quarante ou cinquante mètres des précédents. Aucun récit, aucune tradition locale ne paraissent se rapporter à ces richesses minérales; les habitants du pays en ignoraient complétement l'existence, ou du moins n'y avaient attaché aucun prix. Cette indifférence pour des sources intéressantes, mais froides, s'expliquerait par l'absence même de thermalité et l'importance exclusive que l'esprit merveilleux des indigènes attribue à l'élévation de la température dans la formation des sources minérales, telle que l'expliquent de temps immémorial les légendes arabes. Ces sources sont remarquables par leur richesse en sels minéraux, et principalement en sels de soude, chlorure, sulfate et carbonate. C'est en 1851 qu'un corps d'armée française, bivaquant à Ben-Haroun, découvrit le premier les sources gazeuses et appela sur elles l'attention. Leur proximité de Drâ-el-Mizan en fit bientôt rechercher l'usage par la garnison et la population civile réunies dans ce nouveau poste édifié pour observer la Kabilie du Djurdjura. En 1857, quelques travaux d'appropriation ont été prescrits par le commandant du cercle, M. Beauprêtre. Ils consistent, pour chaque source, en un bassin entouré de quatre petits murs de pierres, recouverts par un toit très-bas et presque horizontal. Le peu d'abondance du produit des sources, l'exiguïté des bassins naturels, l'absence de toute installation balnéique, ont fait que, jusqu'à ce jour, l'eau n'a encore été employée que comme boisson. »

(*Docteur Lasnier.*)

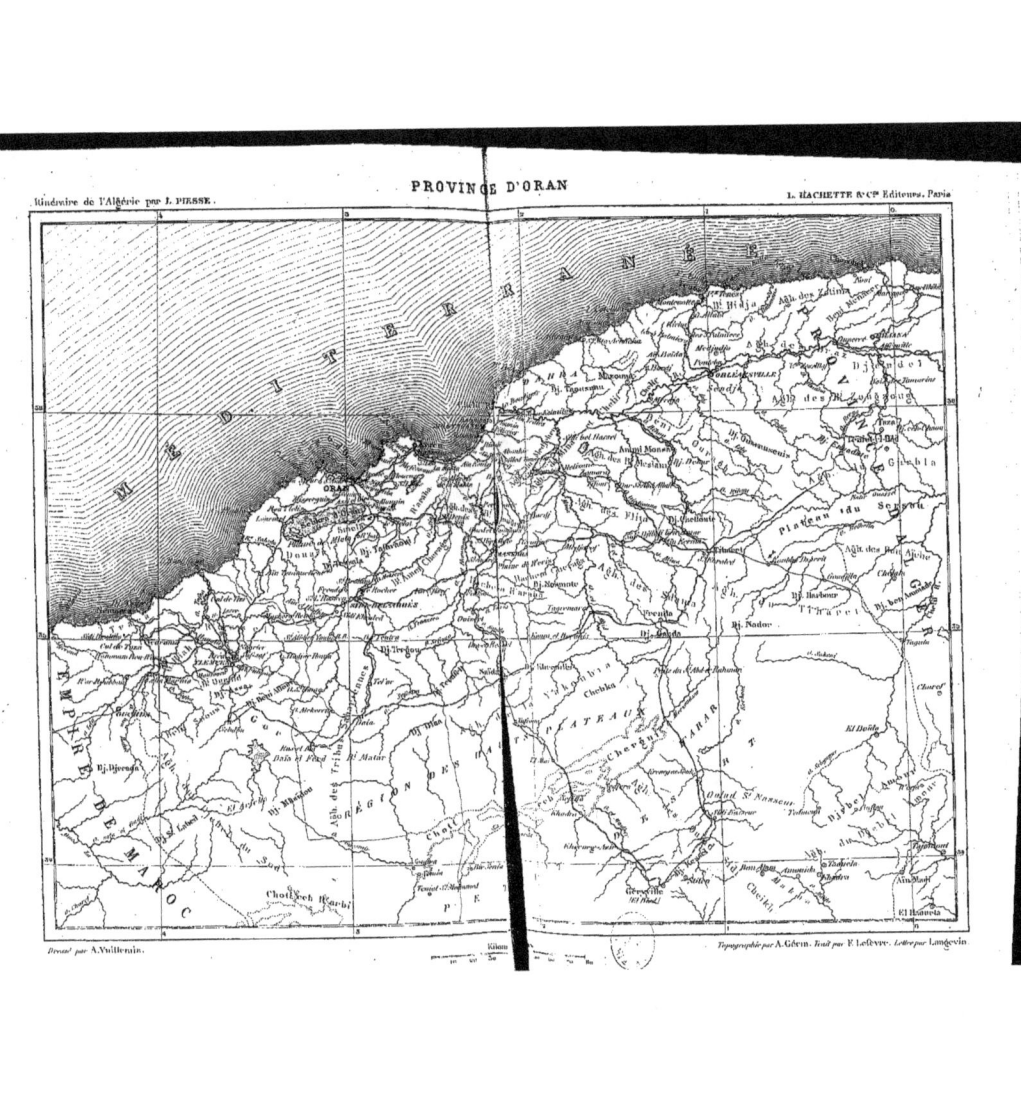

DEUXIÈME SECTION.

PROVINCE D'ORAN.

ROUTE 20.

D'ALGER A ORAN,

PAR MER.

410 kil. — Service de bateaux à vapeur de l'État. Départ d'Alger les 4, 14 et 24 de chaque mois, à 8 h. du soir; arrivée à Oran, les 6, 16, 26, quand le temps le permet. — Prix des places : 2ᵉ cl. 50 fr. 40 c.; 3ᵉ cl. 35 fr. 60 c., nourriture non comprise. Les bulletins sont délivrés à l'administration des postes, rue Bab-Azzoun. — Le gouvernement dispose des places de 1ʳᵉ cl., ainsi que d'une partie de celles de 2ᵉ et de 3ᵉ cl., pour ses agents civils ou militaires, et pour toute personne chargée d'une mission. (Voir l'introduction pour les autres renseignements.)

D'Alger à Sidi-Ferruch, la côte s'arrondit. On rencontre d'abord, au delà du jardin du Dey, la pointe des Consuls, sur laquelle est bâti le joli village de **Saint-Eugène**; les maisons de campagne et les jardins couvrent de la base au sommet les montagnes qui forment l'ensemble du *Bou-Zaréa*.

A partir de la *pointe Pescade*, le Mers-ed-debban ou port aux Mouches des Arabes et les versants des montagnes n'offrent plus, du côté de la mer, qu'une teinte d'un vert grisâtre assez uniforme, jusqu'au *cap Caxine*, facile à reconnaître par le petit sommet d'une colline située à un mille vers le S. O., et connue sous le nom de *Djerba*, qui prend dans quelques positions une forme conique saillante. Entre ce point et *Ras Knater*, le cap aux arcades (on voyait encore ces arcades au temps d'El-Bekri), on trouve, au milieu de falaises d'une hauteur uniforme, des carrières d'où l'on a tiré presque tous les matériaux qui ont servi à construire une partie des anciennes fortifications d'Alger. Le village maritime de **Guyotville** ou d'**Aïn-Benian** est situé près de là (*V.* p. 71).

De Ras Knater à **Sidi-Ferruch**, *Mersa-Hour* des Arabes, la côte forme une grande anse bordée de dunes peu élevées et couvertes de petits arbustes. La presqu'île de Sidi-Ferruch, large d'environ un tiers de mille, s'avance d'un mille vers le N. O. et forme ainsi deux baies très-ouvertes, remarquables par les grandes plages et les dunes qui la bordent; une bande de rochers escarpés la défend du côté de la mer. Sidi-Ferruch est reconnaissable par la tour, *Torre chica* la koubba du saint qui lui a donné son nom, et la nouvelle citadelle construite à l'O. (*V.* p. 73).

A un mille au S. de Sidi-Ferruch, un petit ruisseau où l'on peut faire de l'eau assez facilement vient se jeter dans la mer, à travers les sables; la côte; à partir de là, suit une direction générale vers le S. O.; elle est peu élevée jusqu'au Ras-el-Amouch, où elle paraît former une baie très-profonde, du moins c'est ainsi qu'on en juge quand on est au mouillage de Sidi-Ferruch; cette illusion est causée par la hauteur des terres qui forment le cap, et le creux d'une grande vallée qui se trouve derrière lui au Sud.

Une plage de plus de trois milles de long conduit de l'*oued-Bridja* à l'*oued-Mazafran*, la rivière jaune; c'est le nom que prend l'*oued-Chiffa* quand elle a reçu les eaux de l'*oued-Djer*, et de l'*oued-Bou-Roumi*, au pied du Sahel dont elle coupe le massif pour arriver à la mer. Le village qu'on aperçoit sur une légère hauteur; avant l'oued-Mazafran, est celui de **Zeradla**; la koubba qui vient ensuite est celle de Sidi Abdel-Kader-Bou-Djel.

Après le Mazafran, des plages et des falaises forment alternativement le bord de la mer. On voit à quatre milles, sur une espèce de cap, la koubba et le village de **Fouka**, et à la base de ce cap, *Notre-Dame de Fouka* ou *Fouka maritime* (*V.* p. 87). A partir de Fouka, les terres s'élèvent un peu et forment un petit mamelon à sommet très-obtus, où l'on voit une élévation en forme de pyramide qui est le *Kbour-er-Roumia* (*V.* p. 88). Les villages situés entre Fouka et ce dernier point sont ceux de **Bou-Ismaïl**, de **Castiglione** et de **Bérard**.

Plus à l'ouest et avant le Ras-el-Amouch, on peut se mettre à l'abri des vents d'O. dans une baie assez ouverte. La rivière qui se jette dans la partie orientale de cette baie s'appelle l'*oued-Nador* ou l'*oued-Gourmat;* les ruines et les constructions nouvelles situées près de là sont celles de **Tipasa** (*V.* p. 103).

Le pâté montagneux du *Chenoua*, auquel appartient le Ras-el-Amouch, occupe une grande surface de l'E. à l'O.; la hauteur de son sommet principal est de 900 mèt. Le Chénoua, dont la population kabile est renommée pour ses élégantes et originales poteries, se détache des montagnes de l'intérieur par une vallée assez large, ce qui est cause que de loin le Ras-el-Amouch paraît comme une presqu'île, surtout quand on vient de l'O. A son extrémité la plus avancée vers le N., surgit l'île *Beringel*, rocher nu d'environ 20 mèt. de hauteur.

Entre le cap Caxine et le Ras-el-Amouch, comme on l'a fait remarquer, les terres qui forment le cordon de la côte ne sont pas hautes; elles font partie du Sahel d'Alger; derrière elles se trouve la Mitidja et plus loin la chaîne du petit Atlas dont on distingue très-bien, du bateau à vapeur, la coupure de la Chiffa entre les pics des Beni-Sala et des Mouzaïa et plus à l'O. le Soumata et le Zakkar.

Les terres du Ras-el-Amouch s'abaissent peu à peu vers l'O. et finissent par une pointe très-allongée à l'extrémité de laquelle il y a deux petits îlots; au delà on voit un léger enfoncement et une belle plage où se trouve l'embouchure de l'*oued-el-Hachem*. La côte suit une direction uniforme, sans aucune sinuosité profonde; l'intérieur offre un paysage varié et surtout très-accidenté. On remarque aussi les cultures, dont l'étendue augmente à mesure qu'on approche de Cherchel, reconnaissable à sept ou huit milles par une pointe fortifiée sur laquelle s'élève un phare. On distingue très-bien aussi l'ancien fort turc dominant cette pointe. A mesure que le bateau avance, les terres s'élèvent; on découvre les deux koubbas des *Berkani* et enfin **Cherchel** se détachant sur un magnifique fond de verdure (*V.* p. 104).

De Cherchel à Tenès, la côte suit une ligne presque régulière vers l'O., sans offrir de grands enfoncements ou des baies commodes pour mettre les bâtiments à l'abri. Les terres de l'intérieur sont hautes; elles se présentent sous plusieurs plans qui s'élèvent d'autant plus qu'ils sont plus éloignés.

A quatre milles de Cherchel et non loin de la mer, on aperçoit le village de **Novi** (*V.* p. 106), et à trois milles plus loin, une montagne isolée qui a la forme d'un cône tronqué; il y a quelques roches à son pied. Les cultures qui couvrent tout le pays aux environs de Cherchel deviennent de plus en plus rares, à mesure qu'on s'éloigne de cette ville. A quatorze milles de Cherchel, on rencontre une pointe basse liée à un petit mamelon. On y arrive en suivant une côte légèrement courbée vers le S. et bordée de quelques belles plages.

Au N. O. de cette dernière pointe et à la distance de trois milles et demi, le rocher noir sortant de 2 mèt. à peine hors de l'eau est connu par les Maures sous le nom *Dzirt-el-Acheuk*, l'îlot des amants, parce que, suivant l'inévitable légende, deux amants vinrent y terminer leur existence. A un mille et demi à peu près de ce rocher, la koubba de *Sidi-Brahim-el-Akhrouas* s'élève sur une falaise très-haute terminant une presqu'île exactement semblable à celle de Sidi-Ferruch. Les ruines qui couvrent une partie de cette presqu'île sont celles de *Brekche*, nom qui se retrouve sur nos anciennes cartes sous la forme *Bresk*. Ibn-Khaldoun parle des siéges soutenus à Brekche en 684 de l'hég. (1284-1285) par l'aventurier Zirem ou Ziri-ben-Hammad, qui s'était emparé du gouvernement de Brekche pour y maintenir son indépendance contre Otsman-ben-Yar'moracen, sultan de Tlemcen, et en 694 (1295) par Tabet contre le même Otsman. Enfin en 708 (1308-1309), le sultan Abou-Hammou fait mourir Zirem qui avait demandé l'amnistie, et supprime le conseil des cheikhs de Brekche, c'est-à-dire l'indépendance de la ville. La ville indigène de Brekche avait succédé à la ville de *Gunugus*, colonie d'Auguste. Ptolémée l'appelle *Kanoukkis*, mais sa véritable orthographe est fixée par l'inscription n° 88 du musée d'Alger, où l'on trouve l'ethnique *Gunugitanus* joint à un nom propre.

D......
CAECILIAE IVLIANAE MAXIMI
FILIAE GVNVGITANAE VIXIT ANNIS
XV MENSIBVS IIII H. S. E. S. T. T. L
Q. MEMMIVS EXORATVS
VXORI OPTIMAE FECIT.

Cette inscription a été rapportée de Cherchel par M. Berbrugger.

A g. de Brekche, le mamelon conique de *Kef-el-Araïs*, le rocher des nouveaux mariés, se détache de la terre et paraît comme une île. Est-ce là qu'il faut chercher le port de l'île d'*Ocour* signalé par El-Bekri à 20 milles E. de Tenès ? M. de Slane le croit.

A 8 milles de Kef-el-Araïs, l'*oued-Dahmous* vient se jeter dans la mer ; cette rivière, qui sert de limite aux cercles de Cherchel, chez les *Beni-Zioui*, et de Tenès, chez les *Beni-Haoua*, est dominée par les ruines d'*El-Bordj* (la forteresse), qui sont peut-être celles de *Cartili*.

A 9 milles au delà, vient la *baie du Assanin*. M. Berbrugger, qu'il nous faut toujours citer, y a remarqué une ancre énorme ; les indigènes disent qu'elle provient du naufrage d'une frégate française qui vint échouer dans cet endroit il y a une soixantaine d'années. Cette ancre est peut-être celle du navire de l'infortuné Dumont, qui resta plus de trente ans prisonnier des Algériens et ne fut délivré qu'en 1816, lors de l'expédition de lord Exmouth.

A 3 milles de la baie du Assanin, on arrive devant *la baie des Souhalia*. C'est une crique fort petite ; la route serpente au-dessus à une grande hauteur ; on trouve là, près de l'embouchure de l'*oued-Boucheral*, les ruines d'un petit port romain qui avait à la fois une valeur maritime et continentale, car, en même temps qu'il défendait le débarcadère, il protégeait la communication entre Cherchel et Tenès.

La baie de Léonie ou de *Tarar'nia* est située avant le cap Tenès. Le nom de Tarar'nia est indigène, l'autre est celui de Mlle d'Isly, fille du maréchal Bugeaud et femme du général Feray, ancien commandant supérieur du cercle de Tenès. Quand les vents de l'O. empêchent d'aborder à Tenès et qu'il y a urgence de communiquer avec cette ville, le bateau à vapeur vient jeter l'ancre dans la baie de Léonie, qui offre un excellent mouillage. Cela se pratique depuis l'échouement de *l'Etna* ; on a un peu arrangé la route intermédiaire pour ce motif. Au fond de la baie on trouve, comme chez les Souhalia, un poste romain en ruines, qui devait défendre ce mouillage excellent par les vents d'O. régnant en hiver. Un peu au-dessus de ce poste et sur l'*oued-bou-Yakoub*, on remarque les ruines d'une construction antique que les habitants du pays qualifient de moulin romain.

Le *cap Tenès*, appelé encore le cap de *Sidi Merouan*, est formé par une grosse masse de rochers escarpés qui occupent de l'E. à l'O. une longueur de 3 milles ; il est plus haut et plus avancé que les autres points de la côte, ce qui l'isole et le rend facile à reconnaître. Lorsque l'on commence à l'apercevoir, en venant de l'est ou de l'ouest, il est comme coupé à pic, un peu arrondi vers le haut, avec une petite pointe à son sommet. Quand on a doublé le cap Tenès, on arrive devant la falaise sur laquelle a été bâti le nouveau Tenès. Les bâtiments qui venaient autrefois au vieux Tenès pour faire des chargements de blé mouillaient à 1 mille environ de cette falaise, au pied de laquelle les barques ou sandales peuvent seules venir s'amarrer.

Tenès, voir p. 124.

La côte, à partir de Tenès, est assez droite jusqu'à la première pointe, où se trouve un petit îlot très près de terre ; elle s'arrondit ensuite peu à peu en tournant vers le S. O. et en faisant quelques sinuosités jusqu'à l'île Colombi. Elle est formée par des falaises entrecoupées de plages. Les terres qui avoisinent la mer sont hautes.

Entre Tenès et l'île Colombi, à l'embouchure de l'*oued-Tar'zout*, au-dessous des ruines de *Hierum*, il y a une petite crique; les gens du pays prétendent qu'autrefois on pouvait remonter la rivière assez loin.

L'île *Colombi* ou *Palombas*, ainsi nommée à cause de la grande quantité de pigeons qui viennent l'habiter, est un rocher d'une petite étendue, de 26 mètres de hauteur, éloigné de la côte de moins d'un demi-mille.

Après l'île Colombi, la côte se courbe vers le S. O., formant une rentrée peu profonde, mais d'une grande longueur et bordée d'une belle plage; sur celle-ci sont distribuées quelques roches noires qui forment autant de petits ports où les barques viennent se mettre à l'abri. Il y avait autrefois un grand commerce sur cette partie de la Régence, où l'on prenait du blé et de la cire. Cette baie se termine à l'ouest par le *cap Mar'oua* peu avancé mais remarquable, parce que là finissent les terres hautes qui, depuis Ras-el-Amouch, avoisinent la mer.

Du cap Mar'oua au cap Ivi, la côte n'est plus qu'une suite de falaises ou de terres peu élevées, formant un plateau assez étendu vers l'intérieur et au bout duquel paraissent quelques sommets de montagnes. Lorsqu'on arrive à la pointe Mar'oua, le sol change d'aspect; à l'ouest, il est d'un vert sombre et on y voit peu de terrains défrichés, tandis qu'à l'est, les vallons et les collines sont presque entièrement couverts de cultures; on remarque là sur un sommet isolé et rocailleux une grande koubba d'Abd-el-Kader-el-Djilali, célèbre dans le pays par les pèlerinages continuels qu'y font les habitants de l'intérieur.

Quand on a doublé la pointe de Mar'oua, la côte fait une légère courbure; elle est bordée jusqu'à perte de vue d'une immense plage de sables et de dunes boisées à demi. Alors se montre au loin le cap Khramis, qui est très-bas.

Le *cap Khramis* a pour partie saillante une falaise rouge taillée à pic. Il prend son nom d'une rivière qui coule à l'ouest, et à l'embouchure de laquelle se trouve le village arabe de *Sidi Mta-Achacha*, où l'on venait autrefois prendre du blé comme à Mar'oua. Plus à l'ouest encore on découvre à une grande distance une koubba bâtie sur le haut d'une falaise, à droite d'une rivière appelée l'*oued-Kaddous*. Après la koubba la falaise est interrompue et forme une baie très-profonde et très-couverte avec une plage assez grande; elle règne ensuite d'une manière uniforme le long de la côte. Tout ce pays est d'un aspect triste; on n'y voit ni troupeaux, ni cultures, ni habitants.

Une pointe basse et rocheuse vient ensuite; puis on arrive à *la baie de Teddert*, reconnaissable de loin aux grandes dunes qui la bordent. Les montagnes se rapprochent de plus en plus de la mer.

Le *cap Ivi* est également très-bas; mais derrière lui et à peu de distance, les montagnes du Chelif s'élèvent jusqu'à 320 mètres.

L'embouchure du Chelif est à 5 milles du cap Ivi. *Le Chelif*, la plus grande rivière de l'Algérie, naît à l'est de Tiharet d'un groupe de sources appelé *Sbaïn Aïoun*, les soixante-dix sources; il court d'est en ouest sous le nom de *oued-Nahr-Ouasel*, le fleuve qui commence, pendant une distance de 140 kilomètres, et reçoit alors l'*oued-Sebgad* qui descend du *djebel Amour* et dont les sources sont prises par quelques écrivains et quelques indigènes pour la véritable origine du Chelif. Remontant ensuite au nord, il prend le nom de Chelif. Il revient sur l'ouest, entre Medéa et Miliana, se jeter à la mer après avoir reçu les eaux de l'*oued-Fodda*, de l'*oued-Isli*, de l'*oued-Rihou* et de l'*oued-Mina*. A droite et à gauche de l'embouchure du Chelif s'élèvent de grandes montagnes; la vallée qu'elles laissent entre elles est large et devient ainsi facile à reconnaître de loin. Les montagnes de la rive gauche conservent la même hauteur pendant l'espace de 2 milles environ, après quoi elles s'abaissent graduellement, de sorte que ce ne sont plus que des terres basses et de moyenne hauteur qui forment la grande baie entre le Chelif et le cap Ferrat. Dans quelques endroits même, elles sont si basses qu'elles disparaissent à 12 ou 15 milles, et l'on ne voit plus alors que quelques sommets des montagnes de l'intérieur dans un grand éloignement.

A 4 milles du Chelif et près de la côte, on aperçoit les blanches maisons du village de Karouba (*V.* Route 27).

Le mouillage de Mostaganem est à 2 milles plus loin. La douane, la maison du capitaine du port, un ancien fort avec un canon annonçant l'arrivée des navires qui portent les dépêches, quelques auberges ou maisons de pêcheurs adossées à la falaise, à droite d'un ravin, et enfin une jetée de 50 mètres, forment la partie maritime de la ville de Mostaganem, bâtie sur une hauteur à un demi-mille de la mer. Le mouillage de Mostaganem n'est souvent pas bon en hiver, et les voyageurs doivent aller s'embarquer ou débarquer à Arzeu.

Mostaganem, voir Route 27.

De la pointe du Chelif à la pointe de la *Salamandre*, la côte suit une direction générale S. O., sans beaucoup de déviation; en face de la pointe de la Salamandre et sur la colline, on aperçoit le village de **Mazagran** projetant sur le ciel son église et sa colonne monumentale qui font, à distance, un assez bon effet (*V.* Route 27).

A 1 mille et demi de la pointe de la *Salamandre*, nom d'un navire échoué en un endroit, une plage très-longue répond à un terrain bas de l'intérieur; puis viennent des roches et des terres plus élevées; la côte tourne alors peu à peu vers l'ouest pour former le fond de cette grande baie où l'on voit, à l'extrémité d'une grève qui forme le creux, l'embouchure de la *Makta*.

A égale distance de Mostaganem et de la Makta, les maisons blanches que l'on aperçoit disséminées près de la côte sont celles du v. de **La Stidia** (*V.* Route 27).

Sur la rive g. de la Makta, la côte forme une pointe de rochers bas s'avançant vers le N. à la distance d'un tiers de mille, à l'abri de laquelle les caboteurs peuvent se mettre. Les Maures appellent ce petit mouillage *Mers-ed-djedjad*, le port aux poules, c'est le *Mersa Aïn Feroudj* d'El Bekri, port qui offrait, dit ce géographe, un hivernage bon et sûr; on y trouvait quelques puits contenant de l'eau.

Dans cet endroit, les terres qui avoisinent la mer sont un peu plus élevées que dans le reste du fond du golfe; elles continuent à être ainsi, mais en diminuant de hauteur jusqu'à la baie d'Arzeu. A 4 milles et demi de la Makta, on découvre sur le haut de la colline et au milieu de terres bien cultivées *le vieil Arzeu* ou **Saint-Leu**, le *Botioua* des arabes, puis **Damesme** et **Moulaï-Magoun**; quelques batteries basses de récente construction annoncent bientôt la ville d'**Arzeu** (*V.* Route 27).

La baie d'Arzeu offre un excellent mouillage dans toutes les saisons aux bâtiments ordinaires de commerce, et, en général, à ceux qui sont au-dessous de la force d'une frégate.

D'Arzeu au cap Carbon, la côte est dentelée et remplie d'un grand nombre de débris de roches; *le cap Carbon* est la partie la plus au N. de cette masse de terres qui forment le cap Ferrat: il a un mamelon arrondi, assez élevé, mais qui, dans certaines positions, le fait paraître isolé, surtout lorsqu'on est au N. O. à une grande distance.

Le cap Ferrat est situé à 2 milles à l'ouest. Beaucoup plus élevé que le précédent, composé de roches présentant une surface raboteuse et des coupes abruptes, il se rattache au groupe de montagnes interposées entre la baie d'Arzeu et la baie d'Oran, et dont le sommet le plus élevé, le djebel Orous, a 631 mèt.; il sert de point de reconnaissance aux bâtiments qui fréquentent ces parages.

Entre le cap Ferrat et la pointe de l'Aiguille, la côte se creuse; elle présente dans cet espace des accidents très-variés, des éboulements, des falaises coupées. *La pointe de l'Aiguille*, nommée encore *Pointe Abuja*, *Seba Faraoun*, est formée par un amas de roches escarpées; un rocher pyramidal d'environ 54 mèt. de hauteur, l'aiguille, ressemble assez de loin à un bâtiment à la voile.

Quand on a doublé la pointe de l'Aiguille, la côte se dirige au S. et puis au S. S. O., jusqu'à *la pointe de Canastel*, où elle forme une baie assez grande, fréquentée par les barques du pays; le petit village de **Christel** est situé à égale distance de ces deux pointes. La montagne des Lions ou, de Saint-Augustin domine la pointe de Canastel; cette montagne est remarquable par sa forme, sa hauteur, 612 mèt., et son isolement; vue du cap Ferrat, elle a la forme d'un cône; son sommet apparaît aplati du N. et de l'O.

La falaise qui règne d'une manière générale jusqu'à la pointe Canastel et continue encore au delà, diminue ensuite progressivement de hauteur jusqu'auprès d'Oran.

Le bateau à vapeur dépasse Kerguenta, faubourg d'Oran et point de départ du futur chemin de fer de la province, puis Oran, dont le port n'est pas encore achevé. A la pointe du fort *la Moune*, la côte tourne à l'O., se courbe ensuite en remontant vers le N.; elle se joint enfin au fort de Mers-el-Kebir qui s'avance comme un môle vers l'E., et forme ainsi un des meilleurs abris qu'on puisse trouver sur tout le littoral de l'Algérie. C'est aussi le seul port où, quant à présent, les grands bâtiments puissent séjourner pendant l'hiver.

MERS-EL-KEBIR.

Bateliers. Tarif : Le jour, par personne, 0f,50; par colis, 0f,40. La nuit, par personne, 0f,75; par colis, 0f,50. Aller et retour immédiat : par personne, 0f,50. Les militaires non gradés et les enfants payent demi-place. Lorsque les vents sont frais et que le batelier est obligé de prendre un ou plusieurs matelots de renfort, les prix peuvent être augmentés de moitié; si la mer est grosse et les vents violents, les prix sont doublés.

Hôtels. — *Cafés.* — *Calèches et fiacres* pour Oran, prix : 0,75 c. par place et 50 centimes par colis. Pour une voiture entière, 3 fr.; aller et retour, 5 fr.

Histoire.

Mers-el-Kebir ou le grand port des Arabes, le *Portus divinus* des Romains, ville de 1400 âmes, était en 1162 (557 hég.) un des arsenaux importants de la marine militaire de l'Almohade Abd-el-Moumen. Les sultans de Tlemcen, au rapport de Léon l'Africain, y firent bâtir une petite ville vers le XVIe s.; mais il est certain qu'elle fut construite par les Maures, au temps de leur domination en Espagne, et alors les commerçants chrétiens de l'Aragon, de Marseille et des républiques italiennes, venaient y débarquer leurs marchandises ou y chercher un refuge contre la tempête. A la chute de Grenade et à la suite de l'expulsion des Maures de l'Espagne, Mers-el-Kebir devint un véritable nid de forbans, qui laissaient peu de repos aux navires de la Chrétienté. Les Portugais, pour mettre un terme aux pirateries des musulmans, occupèrent une première fois Mers-el-Kebir, de 1415 à 1437, et une seconde fois, de 1471 à 1477.

Le duc de Medina-Sidonia se présenta, en 1497, devant Oran et Mers el-Kebir; mais, n'ayant pu s'en emparer, il se borna à la prise de Melilla, sur les côtes du Maroc.

Don Diégo Hernandez de Cordova débarque, en sept. 1505, à la plage des Andalous, située à l'O. de Mers-el-Kebir, s'empare des hauteurs qui dominent cette place, la canonne pendant que l'amiral don Ramon de Cordova la démantèle du côté de la mer, et emporte la forteresse, après un siége de cinquante jours, le 23 oct. 1505. Cordova fut nommé gouverneur de Mers-el-Kebir, dont la garde n'était pas sans péril, puisqu'on avait à repousser des attaques presque journalières.

Dans la nuit du 17 mai 1509, la flotte et l'armée du cardinal Ximenès arrivaient devant Mers-el-Kebir; Oran tombait le lendemain au pouvoir des Espagnols. Dès lors l'histoire de Mers-el-Kebir se confond avec celle d'Oran, dans les différentes entreprises des Turcs contre cette dernière ville.

En 1556 (963 hég.), Hassen le Corse, pacha d'Alger, successeur de Salah-Raïs, assiégeait Oran, pendant que son amiral cherchait à s'emparer de Mers-el-Kebir; mais le sultan des Turcs, Soliman Ier, ayant rappelé la flotte qu'il avait envoyée à Hassen, ce dernier fut obligé de discontinuer son entreprise.

Le 4 mai 1563 (970 hég.), Hassen, fils de Kheir-ed-Din, se présente devant Mers-el-Kebir, bloquée par mer par son capitan pacha. Ce fut alors, dit M. H. Fey, que le fort de San Miguel, petit ouvrage dont il reste encore, au point culminant de la montagne, quelques ruines qui commandent le port, fut enlevé par les Turcs, qui massacrèrent presque tous les défenseurs; mais cinq cents janissaires y périrent. Don Martin de Cordova repoussa avec peu de soldats les assauts réitérés d'Hassen, et, après dix-huit jours de siége, la place fut débloquée par l'arrivée de 35 galères sous les ordres de François de Mendoza. Hassen battit en retraite sur Mostaganem, et sa flotte ayant pu s'échapper fit route pour Alger.

A la prise d'Oran, en 1708 (1119 hég.), par Sidi Hassen, khralifa de Mohammed Baktache, pacha d'Alger, la citadelle de Mers-el-Kebir, minée et croulante, est prise d'assaut, et plus de 3000 Espagnols y sont massacrés par les Turcs.

Le 30 juin 1732 (1145 hég.), sous le règne de Philippe V, le comte de Montemar débarque à l'E. du cap Falcon, bat les Arabes dans la plaine des Andalous et entre le lendemain, 1er juillet, dans Oran. L'agha turc, Ben Dabiza, qui commandait Mers-el-Kebir, se rendait au bout de quelques jours d'une lutte sanglante.

Dans l'année qui suivit le tremblement de terre de 1790, Oran capitulait devant les Turcs et entraînait Mers-el-Kebir dans sa chute, 12 sept. 1791 (1206 hég.).

Plus tard, après la prise d'Alger, et pendant les conférences entre le bey Hassen et le capitaine d'état-major de Bourmont pour la reddition d'Oran, le capitaine Leblanc, commandant le brick *le Dragon*, débarque avec son équipage et s'empare de Mers-el-Kebir, sans résistance de la part de la garnison. A la nouvelle de la révolution de Juillet, les Français se retirent de cette place, après en avoir fait sauter les fortifications du côté de la mer.

Lorsque enfin on voulut reprendre Oran, le général de Damremont s'installa, dès le 14 déc. 1830, dans les forts de Saint-Grégoire et de Mers-el-Kebir; de cette époque datent l'occupation définitive de ce dernier point et les travaux de réparation et d'agrandissement successifs, qui font aujourd'hui de la citadelle de Mers-el-Kebir la gardienne du port et la sentinelle avancée d'Oran.

Diverses inscriptions qu'on retrouve çà et là sur les murailles espagnoles de Mers-el-Kebir, consacrent le souvenir de quelques siéges, les noms de rois d'Espagne ou de gouverneurs; ainsi :

Le siége par Hassen-Pacha, en 1563.

L'attaque repoussée par le vicomte de....., en 1570.

La reddition de Mers-el-Kebir par les Turcs, en 1732.

Les améliorations apportées à la citadelle par le général du génie Argaïn, en 1748.

Le nom de Philippe II « roi catholique régnant sur les Espagnols et le nouveau monde situé à l'occident, 1566. » Voici le texte de cette orgueilleuse inscription :

DIVO PHILIP
II HISP. ET
NOVI. ORBIS
OCCID. VISC
REGE. CA. 1566.

Les noms de Castelviros, gouverneur en 1669, et de Monte-Hermosa, gouverneur en 1698.

Toutes ces inscriptions plus ou moins bien conservées ont été recueillies avec beaucoup de soin par M. Léon Fey, dans l'histoire d'Oran qu'il a écrite d'après d'excellents documents anciens ou modernes.

Description.

La forteresse de Mers-el-Kebir est située sur l'extrémité de la pointe rocheuse qui s'avance dans la baie, comme une jetée naturelle. Quant à la petite ville, elle s'accroche pour ainsi dire et d'une façon très-pittoresque, de la base au sommet de cette pointe, à l'O. de la forteresse. Il ne faut point y chercher des monuments curieux au point de vue de l'art. Toutes les constructions, église, douanes, entrepôt, port, quais, phare à feu tournant, sont faites dans les limites d'un budget étroit, et répondent strictement à leur destination. Les fontaines, abreuvoirs et lavoirs, sont alimentés par les eaux du Ras-el-Aïn, amenées d'Oran au moyen d'une conduite en maçonnerie, et remplacent les anciennes citernes dans lesquelles étaient recueillies les eaux de pluie, suffisantes au temps des Espagnols et des Turcs.

Nous avons dit plus haut que Mers-el-Kebir était, quant à présent, le seul port des côtes de l'O. de l'Algérie ; il est probable qu'il perdra de son importance commerciale, quand les travaux du port d'Oran seront terminés.

Mers-el-Kebir est plein d'animation les jours d'arrivée ou de départ des bateaux à vapeur de Marseille et d'Alger. A terre, sur les quais, ce sont les voitures attendant ou déposant les voyageurs ; les cavaliers ou les piétons allant au-devant d'un ami ou le reconduisant. En mer, ce sont les canotiers espagnols et italiens qui se disputent, en hurlant, les voyageurs et leurs bagages, et les canotiers plus pacifiques de la douane, du capitaine du port et du capitaine de la santé. Puis, quand le bateau a fui à l'horizon ou jeté l'ancre dans la rade, quand les canots sont revenus s'amarrer aux quais et que les voitures ont repris la route d'Oran, Mers-el-Kebir retombe dans sa monotonie ordinaire.

La distance de Mers-el-Kebir à Oran est de 8 kil. Au temps des Espagnols et durant les premières années de notre occupation, on suivait, pour se rendre à la ville, un sentier étroit qui, montant par des pentes constantes, rasait le fort Saint-Grégoire à 400 pieds au-dessus des maisons d'Oran. A chaque moment, que le cheval bronchât, que la mule butât, et l'on courait risque d'être précipité dans la mer. Tous ces dangers n'existent plus maintenant. Les soldats de la garnison d'Oran, quittant le fusil au retour d'une expédition, prirent la pelle et la pioche, et, sous la direction des officiers du génie, ouvrirent une route suivant le contour de la baie, après avoir taillé dans le roc vif sur une longueur de 2400 mèt., et percé un tunnel de 50 mèt.

A 1 kil. de Mers-el-Kebir, on rencontre le petit village maritime de **Saint-André**, qu'il ne faut pas confondre avec un autre village du même nom, dépendant de la commune de Maskara. Les cabarets y sont aussi nombreux que les maisons de pêcheurs ; et vienne le dimanche, Saint-André, but de promenade des ouvriers et des militaires, est alors très-bruyant.

Au delà, sur l'emplacement dit amphithéâtre de Mers-el-Kebir, une société industrielle a mis en vente des lots de terrains à tous prix, destinés à se couvrir de villas, qui seront reliées à Saint-André par l'avenue de *Chasseloup-Laubat.*

Avant d'arriver à l'établissement thermal du bain de la Reine, la route franchit, sur un ponceau, un ravin connu sous le nom de *Salto del cavallo*, le saut du cheval; ce nom est la consécration de l'événement rapporté par Ibn Khaldoun. L'Almoravide Tachefin-ben-Ali, surpris à Oran par son rival l'Almohade Abd-el-Moumen, et voyant la déroute de sa troupe, s'enferma dans un *ribat*, couvent fortifié et redoute, qui se trouvait près de là, et il y fut cerné par les Almohades, qui allumèrent plusieurs feux alentour de l'édifice. Quand la nuit fut venue, Tachefin monta à cheval et sortit du fort; mais étant tombé dans un des précipices dont la montagne était sillonnée, il y perdit la vie, et sa tête fut envoyée à Tinmelel, ville au S. du Maroc, dans la chaîne de l'Atlas portant le même nom. Cet événement eut lieu le 27 de Ramdan 539 (mars 1145). Le général Walsin Esterhazy raconte ce fait différemment. Ce serait volontairement, et pour échapper aux soldats d'Abd-el-Moumen, que Tachefin fuyant avec une de ses femmes, compagne de ses fatigues et de ses dangers, aurait lancé son cheval du haut du rocher, 537 (1142). Le Saut du cheval est-il le *Solb-el-Kelb*, le roc du chien, duquel se serait précipité Tachefin, et dont Abd-el-Moumen changea le nom en celui de *Solb-el-Fath*, roc de la Victoire?

Le bain de la Reine, à 5 kil. de Mers-el-Kebir et à 3 kil. d'Oran, était fréquenté par les Arabes, bien avant l'occupation d'Oran par les Espagnols; un marabout de la Yacoubïa, Sidi Dedeïoub, a fait usage de ces eaux thermales, le premier, pour la guérison d'un grand personnage atteint de la lèpre, du temps des Beni Zian de Tlemcen. Cette cure merveilleuse attira bientôt une affluence considérable de gens venus de la Tunisie et du Sahara. A la prise d'Oran, le cardinal Ximenès fit également usage de ces eaux, adoptées par la noblesse espagnole, et auxquelles les visites réitérées de Jeanne, fille d'Isabelle la Catholique, firent donner le nom de bain de la Reine.

« La réputation qu'obtint cette source, dit M. L. Fey, se conserva intacte chez les Arabes. A l'époque de l'évacuation définitive d'Oran, le bey Mohammed-el-Kebir fit ordonner des cérémonies religieuses afin de procéder à la purification nécessaire pour effacer les souillures que la seule présence des chrétiens avait produites. Jusqu'en 1830, ce bain fut de nouveau le but de nombreuses visites. Accourus de tous les points de la Régence, les vrais croyants s'y portaient en foule; mais les eaux, redevenues impures aux yeux des indigènes, ont été de nouveau délaissées par eux, pour celles de Bou-Hadjar, dans la chaîne du Tessala, au S. d'Oran. Ensevelie sous des rochers qui s'éboulèrent, lors de l'ouverture de la route de Mers-el-Kebir, la source courait grand risque d'être perdue à tout jamais, lorsqu'un sieur Martinetti entreprit de la dégager et y réussit non sans beaucoup de sacrifices. »

« Les sources thermales du bain de la Reine, dit à son tour le docteur A. *Bertherand*, sourdent sur le bord de la mer à 3 ou 4 mèt. au-dessus de son niveau.... Une rampe assez douce conduit à la source principale qui alimente abondamment les thermes : là, est une grotte, creusée dans un rocher très-dur de trois mètres de hauteur, longue de sept et demi, de sept environ de largeur. Au fond de cette excavation très-sombre, dont l'entrée ne permet le passage qu'à une seule personne, un banc de quartzit du terrain secondaire laisse échapper les eaux par une sorte de puits profond de 2 mèt. 20 cent. Son ouverture, de même forme que l'aire de la grotte au milieu de laquelle il est situé, permet de circuler facilement alentour; un plancher jeté sur l'orifice sépare ce bassin de réception du reste de l'excavation et agrandit d'autant sa partie inférieure : il a permis dans l'origine d'y placer huit baignoires à titre de premier essai. Une pompe à bras servait à faire monter l'eau. Plus tard on a construit, sur le bord de la mer, un petit établissement de bain plus commode pour les baigneurs que l'ébauche grossière dont on vient de parler.

« L'installation actuelle de l'établissement se compose de deux bâtiments séparés. Le premier, formant angle avec l'autre à l'endroit des sources, renferme une douzaine de baignoires isolées, construites en maçonnerie; l'eau y est versée par des tuyaux aboutissant à un conduit principal, disposé à la hauteur et le long de la terrasse du bâtiment. Dans le second, qui est adossé au flanc des rochers, se trouvent une piscine et un appareil à douches. La piscine est assez spacieuse pour recevoir douze à quinze baigneurs... L'appareil à douches distribue l'eau à travers plusieurs tubes correspondant à trois petits cabinets séparés.

« L'eau sourd par quatre trous dont le plus gros peut avoir 10 cent. de diamètre. Trois sont du côté de la montagne en face de la porte d'entrée, le quatrième tourne le dos à Mers-el-Kebir et regarde l'Orient. Ces quatre sources fournissent ensemble une quantité d'eau qui peut être évaluée à 250 litres par minute, et déversent ensuite dans la mer, avec 3 mèt. de chute.

« Les eaux du bain de la Reine sont très-claires, très-limpides et inodores. Leur saveur, franchement saline, un peu âcre, prend légèrement à la gorge. Leur densité est de 1.0078 comparée à celle de l'eau distillée.

« En entrant dans la grotte, on perçoit une légère odeur de soufre; mais une observation un peu attentive ne tarde pas à faire reconnaître que cette odeur n'appartient pas en propre à la source, et qu'elle résulte du contact de résidus organiques et de la décomposition des sulfates à l'air libre. En effet, les meilleurs réactifs n'ont pu faire reconnaître, dans les quantités expérimentées, le moindre atome de soufre. La température de la grotte mesure 32° centigrades; celle de l'eau accumulée dans le puits donne 35°. Mais si, à l'aide d'une pompe adaptée à un tuyau directement mis en rapport de continuité avec un des trous, on prend la température au point le plus rapproché possible de l'émergence, on obtient 45° et même 47°,50.

« Constitution de la source :

Eau............	1000^{gr}
Chlorure de sodium............	5,956
— de magnesium........	4,317
Sulfate de magnésie............	0,420
Carbonate de chaux............	1,078
Silice......................	0,809
	12,580

« Les eaux du bain de la Reine sont efficaces pour les affections rhumatismales anciennes, l'arthrite chronique, certaines névralgies et même la goutte. La présence des sels de magnésie et de soude leur donne une vertu légèrement laxative qui semble devoir convenir au traitement interne et externe de certaines cachexies spéciales au pays. En dehors de ces cas purement médicaux, les propriétés virtuelles de la source paraissent, comme celles de toutes les eaux salines analogues, s'adapter beaucoup mieux aux lésions chirurgicales des tissus osseux, fibreux, cartilagineux et musculaires, à certaines dermatoses, aux rhumatismes en général, aux rétractions tendineuses, fausses ankyloses, entorses chroniques, etc.

« Aujourd'hui, malgré l'imperfection des divers appareils en usage dans l'établissement des bains de la Reine, il est déjà possible, comme dans tous les thermes entièrement organisés, d'y prendre l'eau en bains, en boisson, et aussi sous forme de douches. Mais pour que les eaux thermales rendent tous les services qu'on est autorisé à en attendre, il conviendra que l'administration supérieure ou l'industrie privée réalise dans l'aménagement et l'appropriation de la source aux besoins thérapeutiques, des progrès plus satisfaisants encore que ceux déjà obtenus. »

Quand on a quitté le bain de la Reine, on ne tarde pas à passer dans un tunnel, long de 50 mèt.

A quelques pas de là, et avant d'arriver au fort de la Moune, on trouvait une curiosité naturelle que les travaux de la mine, ouverts pour la route, ont fait disparaître presque entièrement. C'était, à l'endroit appelé par les Espagnols *la Cueva de las Palombas*, la grotte des Colombes; cette grotte était tapissée de coquillages bivalves adhérents les uns aux autres sans mélange d'aucun corps étranger; on en voit encore quelques-uns sur le bord de la route: le musée d'Alger en possède de fort beaux échantillons.

On entre dans Oran par le *fort de la Moune*. Quand la voiture a côtoyé quelques minutes encore le rivage, elle s'engage bientôt entre la douane et l'arsenal, dans la rue d'Orléans, pour s'arrêter place Kléber si le voyageur descend dans le bas de la ville, ou pour continuer sa route par le boulevard Oudinot et la rampe des Jardins si le voyageur descend sur la place Napoléon.

ORAN.

1° *Renseignements généraux* : Hôtels; Café-restaurant; Cafés, Brasserie, etc.; Cercles; Journaux; Imprimeurs; Libraires; Théâtre, prix des places; Bains; Postes; Télégraphie électrique; Trésor; Passe-ports; Voitures à volonté; Diligences; Canotiers; Bateaux à vapeur. — 2° *Situation, direction et aspect général.* — 3° *Histoire.* — 4° *Description* : le Port; les Remparts; les Portes; les Forts; les Casernes; les Places; les Rues; Passages et Bazars; les Marchés; les Maisons; Monuments religieux; Édifices publics. — Le Théâtre. — Les Fontaines. — Établissements d'instruction publique; Établissements et Sociétés de bienfaisance; Industrie.

RENSEIGNEMENTS GÉNÉRAUX.

Hôtels : *de France*, place Napoléon; *d'Orient*, place Kléber.

Café-restaurant de la Promenade de Létang.

Cafés : *de Paris, du Commerce*, rue Philippe.

Café-concert, place Napoléon.

Café-brasserie du Ravin, à la porte Napoléon.

Cercle littéraire. C'est, dit un de ses membres, un cercle de causerie, un salon de lecture, une bibliothèque, une réunion d'amis. Les jeux d'argent y sont formellement interdits. **Cercle du Commerce**, créé en 1858, maison Trobriant, rue Philippe. Salon de lecture et salles de jeux. On est admis dans ces deux cercles sur présentation.

Journaux. *L'Écho d'Oran*, journal politique, commercial et d'annonces, paraissant les mardis, jeudis et samedis. — *Le Courrier d'Oran*, comme le précédent, politique, commercial et d'annonces, paraissant les lundis, les mercredis et les vendredis.

Imprimeurs éditeurs : MM. Perier, éditeur de *l'Écho d'Oran*, et d'ouvrages relatifs à Oran, boulevard Oudinot, n° 9; Dedebant, éditeur du *Courrier d'Oran*, rue Philippe.

Libraires-papetiers : MM. Dedebant et Alexandre, rue Philippe.

Théâtre, près de la promenade de Létang. Prix des places :

Loges de 1re............	15 f.	»» c.
— de 2e............	10	»»
Fauteuil d'orchestre....	3	»»
Stalle................	2	50
Parterre.............	1	25
Galerie.............	1	50
Amphithéâtre.........	»	50

Bains : *bains français*, place Philippe; *bains maures* derrière la mosquée de la rue Philippe, *V.* pour les heures d'ouverture, p. 2.

Postes au-dessus de la place Kléber. Les bureaux sont ouverts au public tous les jours de 8 h. à 10 h. du matin et de midi à 5 h. du soir. Le départ des dépêches pour la France a lieu tous les jeudis, à 10 h. du matin : pour Alger les 9, 19 et 29 de chaque mois, le matin également. Les dépêches de France pour Oran arrivent, ou plutôt doivent arriver tous les dimanches au matin; celles d'Alger les 6, 16 et 26 de chaque mois.

Télégraphie électrique pour la France et l'Algérie. Les bureaux sont situés derrière l'hôtel de France près de la place Napoléon.; *V.* l'introduction pour le tarif.

Trésor, dans le local occupé par la poste. Heures d'ouverture pour les payements et les versements, comme à Alger. *V.* p. 3.

Passe-ports. On les fait légaliser et on les retire au bureau central de police, près de l'église Saint-Louis, de 8 à 10 h. du matin et de midi à 4 h. du soir.

Calèches à 4 places : 16 fr. la journée, 8 fr. la demi-journée, 2 fr. l'heure, 1 fr. 50 c. les h. suivantes.

Voitures à 2 places : 10 fr. la journée, 5 fr. la demi-journée, 1 fr. 50 c. l'heure, 1 fr. les h. suivantes.

Messageries générales.

Entreprise Bordenave, place Kléber.

Ligne de Tlemcen avec arrêt à *Aïn-Temouchent.*

Ligne de Sidi Bel-Abbès.

Ligne de Maskara avec arrêt à *Saint-Denis-du-Sig.*

Ligne de Mostaganem avec arrêt à *Arzeu.*

Service particulier et de jour pour *Aïn-Temouchent, Saint-Denis-du-Sig* et *Arzeu.*

Service des dépêches et des voyageurs entre *Oran* et *Alger*, passant par *Mostaganem, Relizan, Orléansville, Miliana* et *Blida.* — La durée du voyage est de 65 h. y compris les heures de repas aux stations et la nuit passée à Orléansville. — Le départ d'Oran a lieu tous les jours impairs à 5 h. du soir.

Canotiers, *V.* le tarif de Mers-el-Kebir, p. 188.

Bateaux à Vapeur.

1° POUR FRANCE.

Service de l'État (Messageries impériales), touchant à *Valence;* départ tous les jeudis à 10 h. du matin.

Service particulier (Arnaud Touache), touchant à *Alicante, Barcelone* et *Cette;* départ tous les jeudis également.

2° POUR ALGER.

Service de l'État (marine impériale), les 9, 19, 29 de chaque mois.

3° POUR CADIX.

Service de l'État (marine impériale), mais ne prend que les dépêches; départ une fois par mois. Pour les autres renseignements, *V.* l'introduction.

SITUATION, DIRECTION ET ASPECT GÉNÉRAL.

Oran, V. de 23 000 hab., dont près de 7000 indigènes, ch.-l. du départ. et de la division d'Oran, résidence de tous les chefs supérieurs des différents services administratifs, tant civils que militaires, est située au fond d'une baie par 35° 44 de lat. N. et 2° 98′ de longit. O. Sa forme générale est celle d'un triangle un peu irrégulier dont la mer forme la base, le Château-Neuf l'angle N. E., le fort de la Moune l'angle N. O. et le fort Saint-André le sommet au S. Oran est bâtie sur les deux flancs d'un ravin auquel elle doit son nom (*Ouahran*, la coupure), et au fond duquel coule l'*oued-Rehhi*, la rivière des moulins, recouverte en partie par le boulevard Oudinot. Le plateau O. comprend l'ancienne ville espagnole, le port et la vieille Kasba. C'est là que les Espagnols, qui ont possédé Oran de 1509 à 1708 et de 1732 à 1791, c'est-à-dire pendant près de deux siècles et demi, ont laissé des traces nombreuses de leur domination, encore visibles malgré le tremblement de terre de 1790. Le Château-Neuf et la nouvelle ville s'élèvent en amphithéâtre sur la partie E. On retrouve plus particulièrement de ce côté les maisons mauresques et juives qui s'étendent de la place Napoléon au fort de Saint-André, autant toutefois que les alignements ou les constructions françaises ne les ont pas fait disparaître ou remplacées. Mais ce qui appartient bien toujours aux Espagnols, c'est cette formidable ceinture de forts, qui étreignait la ville de tous côtés pour la défendre contre les attaques incessantes des Arabes ou des Turcs.

Oran n'est plus aujourd'hui le bagne de l'Espagne et la ville où tous les seigneurs mécontents et tombés en disgrâce étaient exilés, ce qui ne les empêchait pas de mener grand train de vie. « La population, d'environ 3000 âmes, dit M. F. Mornand, ne se composait que d'Espagnols; il y avait en outre dans la ville six ou sept mille hommes de garnison et un nombre à peu près égal de *presidarios*, galériens, employés aux travaux de fortification. Un labeur de galérien peut seul expliquer, en effet, une telle débauche de moellons, un pareil luxe de bâtiments. Soldats, forçats et habitants s'entendaient au reste à merveille. Les uns et les autres se faisaient la vie très-douce. Les soldats ne veillaient pas sur les forçats, qui s'en allaient, toutes les fois que la fantaisie leur en prenait, grossir le nombre des renégats espagnols au Maroc, où l'on trouvait des villes entières peuplées de ces réfugiés. Les forçats épargnaient aux soldats toute fonction autre que celle de faire la sieste et de fumer la cigarette. Les bourgeois fraternisaient humainement avec ces deux classes intéressantes de l'ordre social. Cette touchante fusion ne contribuait pas peu à rendre Oran ce qu'elle était, un véritable lieu de délices, s'il faut en croire du moins ce que disent les chroniques contemporaines. Nuit et jour, à ce qu'elles raportent, ce n'était dans la ville que jeux, collations, danses, comédies, courses de taureaux et sérénades sous les fenêtres. On avait surnommé Oran *la corte chica* (la petite cour). C'était un bagne de plaisance.... » Nous croyons que ce tableau est bien chargé, car les soldats, pour leur compte, eurent autre chose à faire que de songer à leurs plaisirs, au milieu des sièges, des sorties qui leur laissaient peu de loisirs.

Oran, tour à tour arabe, espagnole et turque, est aujourd'hui une ville française bien percée, bien bâtie, bien aérée, dans laquelle la population européenne circule avec l'activité fiévreuse que donne le mouvement des affaires commerciales dans les colonies. On y voit encore défiler comme dans une lanterne magique, les militaires de tous grades et de tous corps, zouaves, turcos, chasseurs à pied et à cheval, spahis, artilleurs; — les juifs portant le costume de leurs compatriotes du Maroc : la lévite, le pantalon à pied et le bonnet noir;

— les juives splendidement belles, et couvertes de robes damassées d'or et de soie, quand elles ne sont pas laides et sordidement vêtues; — les Espagnols venus des villes ou des *huertas* de l'Andalousie, vêtus de grègues blanches, de l'alhamar, couverture de grosse laine rouge, et le mouchoir roulé autour de la tête, costume qui trahit son origine mauresque; — les mañolas gaies, vives, bruyantes, remplissant comme à Alger les fonctions de bonnes d'enfants ou de ménagères, mais n'ayant plus rien de national dans leurs vêtements auxquels elles ont en partie substitué la crinoline; — les Maures, insouciants, fatidiques, ne se trouvant pas trop étonnés de circuler au milieu des Européens; — puis, comme dans tous les grands centres de l'Algérie, les différentes races d'indigènes venus de dehors et se partageant tous les petits métiers dont nous avons déjà parlé.

Tel est Oran vu dans son ensemble et d'un premier coup d'œil.

HISTOIRE.

Des médailles appartenant à différentes époques de la domination romaine ont été trouvées à Oran; faut-il en inférer que cette ville soit bâtie sur les ruines d'un établissement romain? Quelque ingénieux que puisse être le système d'investigations dont le résultat serait de démontrer qu'Oran est la *Quiza municipium* d'Antonin ou la *Quiza Xenitana* de Pline, nous ne saurions, jusqu'à preuve plus concluante, adopter ce système. D'ailleurs Antonin, dans son itinéraire de la province d'Afrique, place Quiza entre *Portus magnus*, Arzeu et *Arsenaria*, Yer'rum. Voici, du reste, le tronçon compris entre le *Flumen Salsum*, le Rio-salado des Espagnols, l'oued-Malah des Arabes et *Cartenna*, Tenès, deux points bien déterminés aujourd'hui.

Flumen-salsum	l'oued-Malah.
Portus divinus	Mers-el-Kebir.
Portus magnus	Arzeu.
Quiza	?
Arsenaria	Yer'rum.
Cartenna	Tenès.

Pline, de son côté, liv. V., ch. II, place égalemement Quiza Xenitana entre Portus magnus et Arsenaria. Faut-il donc chercher Quiza et Arsenaria au fort de *Bal*, derrière le cap Mar'oua et à Yer'rum?

Oran eut pour fondateurs, dit El Bekri (traduction de M. de Slane), Mohammed-ben-Abi-Aoun, Mohammed-ben-Abdoun et une bande de marins andalous qui fréquentaient le port de cet endroit. Ils accomplirent leur entreprise après avoir obtenu le consentement des Nefza et des Mosguen, tribus qui occupaient cette localité. Les Mosguen faisaient partie de la grande tribu berbère des Azdadja. Ces Andalous fondèrent Oran en l'an 290 (902-903 de J. C.). Ils y séjournèrent jusqu'en l'an 297; alors une foule de tribus se présentèrent devant la ville et demandèrent l'extradition des Beni Mosguen. Les Andalous ayant refusé de les livrer, Oran fut saccagée et brûlée, ce qui eut lieu dans le mois de Doul-kada 297 (910 J. C.). Au mois de châban de l'année suivante, la ville commença à se relever et devint plus belle qu'auparavant; elle ne cessa de s'agrandir et de prospérer jusqu'à l'an 343 (954 J. C.). A cette époque Yalaben-Mohammed-ben-Salah l'Ifrenide s'en empara et transporta sa population dans la ville qu'il venait fonder, connue sous le nom d'*Ifgan* ou *Fekkan*, dont M. de Slane signale les ruines à cinq lieues S. S. O. de Maskara, au confluent de l'oued-Fekkan et de l'oued-Hammam. Oran, dévastée et brûlée pour la seconde fois, resta dans un état d'abandon pendant quelques années. Les habitants ayant alors commencé à y rentrer, la ville se releva de nouveau.

Oran est encore enlevée d'assaut en 475 (1082 J. C.) par les troupes almoravides, sous les ordres de Mohammed-ben-Tinamer le Messoufien.

En 479 (1086 J. C.) Youssef-ben-Tachfin, prince almoravide, s'empare de l'Afrique, du Sahara à la Méditerranée. Le pouvoir de ses successeurs va en diminuant et le dernier, Tachfin ben-Ali, fuyant devant les cavaliers de l'Almohade Abd-el-Moumen, périt entre Oran et Mers-el-Kebir (*V.* p. 191).

Abd-el-Moumen, administrateur remarquable, protecteur des lettres et des sciences, meurt en 558 (1163 J. C.), au milieu des préparatifs d'une expédition maritime, organisée en partie à Oran et à Mers-el-Kebir.

A la chute des Almohades, 667 (1269 J. C.), Oran passe sous l'autorité des Mérinides.

Oran est emportée d'assaut par l'Abd-el-Ouadite-Abou-Hammou sur les Mérinides, qui sont passés au fil de l'épée, 761 (1380 J. C.).

« En moins d'un demi-siècle, dit M. L. Fey, Oran passa neuf fois sous différents pouvoirs.... Ben-Abbad réussit à se maintenir à la tête du gouvernement des Oranais à la condition qu'il se reconnaîtrait vassal du royaume de Tunis, 841 (1437 J. C.). Oran reçut dans ses murs vers cette époque le célèbre Moulaï-Mohammed, surnommé le Gaucher et quinzième roi de Grenade, obligé de fuir devant ses sujets insurgés. Mohammed fixa sa résidence à Oran, afin de correspondre plus facilement avec les membres de son parti. A la mort de Ben-Abbad, Oran obéit aux Beni-Zian de Tlemcen. Sous cette nouvelle domination, Oran jouit d'une grande prospérité, elle devint l'entrepôt d'un commerce très-actif et très-étendu. Marmol et Alvarès Gomès en rendent témoignage. L'ivoire, les dépouilles d'autruche, les peaux de bœufs tannées, la poudre d'or, les esclaves noirs, les céréales étaient d'inépuisables sources de richesses pour les habitants, qui excellaient aussi dans la fabrication des étoffes de laine et dans celle des armes blanches. Les Vénitiens, les Pisans, les Génois, les Marseillais et les Catalans achetaient à l'envi ces produits, et écoulaient par contre des étoffes, des verroteries, de la quincaillerie grossière et du fer. »

On comptait à Oran, suivant Alvarès Gomès, plus de 6000 maisons, des mosquées splendides, des écoles qui rappelaient les fameux enseignements de Cordoue, de Séville et de Grenade; de vastes entrepôts sur des quais populeux, des bains renommés et des édifices publics remarquables ajoutaient à l'éclat de cette cité florissante. Malheureusement le luxe et les richesses portèrent les Oranais aux excès les plus condamnables; les mœurs

ORAN. — HISTOIRE.

se corrompirent.... Sidi-Mohammed-el-Hâouari, ayant visité Oran, frémit à la vue de tant de corruption et s'écria douloureusement : « Oran, ville de l'adultère, voici une prédiction qui s'accomplira : l'étranger viendra dans tes murs jusqu'au jour du renvoi et de la rencontre. » (Le jugement dernier.)

La mort d'El-Hàouari eut lieu en 843 (1439 J. C.); sa prédiction fut accomplie soixante-dix ans après, par l'arrivée des Espagnols à Oran.

Au commencement du XVIe s., les villes maritimes du Mar'reb, épuisées par les fréquentes révolutions dans lesquelles s'abîmait l'empire des Arabes et des héritiers de leur ancienne prospérité commerciale, s'adonnaient presque exclusivement à la piraterie. Elles s'étaient recrutées, dans les dernières années du siècle précédent, de tous les Maures chassés d'Espagne, et ceux-ci nourrissaient une double haine contre les ennemis de leur religion, qui les avaient violemment arrachés à leur patrie. Faire les chrétiens esclaves, piller leurs navires, ravager leurs terres, ce n'était à leurs yeux que des représailles légitimes, assez justifiées par le souvenir amer de leurs récentes défaites, l'espoir d'en tirer vengeance et de reconquérir une part des biens dont on les avait dépouillés.

C'est à la nécessité de réprimer ces pirateries qu'il faut attribuer les expéditions qui signalèrent le nom espagnol sur la côte d'Afrique; elles se rattachaient probablement à un grand projet de croisade en Terre-Sainte, pour lequel Ferdinand d'Espagne, Emmanuel de Portugal et Henri d'Angleterre conclurent un traité d'alliance offensive et défensive au mois de mars 1506. Ce projet dut échouer par la nécessité où se trouvèrent les princes alliés de secourir le Saint-Siége, alors en querelle avec la France.

Dès l'année 1502, Ximénès représentait à son souverain le bien que la religion retirerait d'une guerre entreprise contre les musulmans d'Afrique, et la gloire qui en rejaillirait sur sa couronne.

Un tel projet devait tenter l'esprit chevaleresque de Ferdinand, qui s'était déclaré le champion de tous les intérêts de l'Église; mais le cardinal, n'écoutant lui-même que l'ardeur de son zèle aspotolique, n'avait pas prévu les difficultés qui l'arrêtèrent dès le premier pas. L'ignorance où se trouvait alors le gouvernement espagnol sur l'état des contrées d'Afrique les plus voisines de l'Espagne, le manque de renseignements précis sur la position des villes, sur leurs forces de terre et de mer, sur leurs ressources de tout genre, et par-dessus tout, la difficulté de les faire explorer, donnaient naissance à de grands embarras. Il fut un instant question de commencer l'attaque par la petite ville d'Honeïn, presque limitrophe, à l'E., de l'empire du Maroc. Cette place maritime était peuplée de corsaires, et on présumait qu'elle renfermait beaucoup de richesses enlevées aux chrétiens; mais des renseignements fort précis donnés par un certain Jérôme Vianelli, marchand vénitien, qui avait longtemps voyagé en Afrique, déterminèrent le gouvernement espagnol à diriger ses premiers efforts contre un autre point de la côte. Ce point était le port de Mers-el-Kebir, qu'on se représentait alors comme la clef de toute l'Afrique.

L'expédition résolue, un obstacle se révéla, qui faillit en ajourner indéfiniment l'exécution : l'argent manquait; le trésor de l'État avait tellement été appauvri par la dernière guerre contre les Maures d'Espagne, qu'il ne pouvait suffire aux dépenses d'une grande expédition. Ce fut alors que le cardinal Ximénès promit au roi de subvenir lui-même aux frais de la guerre pendant deux mois. Sans plus de retard, il équipa une flotte assez considérable, et réunit une armée formée de tout ce qu'il y avait de noble et de courageux dans les Espagnes : car c'était à qui s'enrôlerait pour la guerre sainte.

Le 3 septembre 1505 (911 hég.), la flotte partit de Malaga, relâcha le 8 à Almeria, et passa le 11 dans la rade de Mers-el-Kebir Le siège dura plusieurs jours sans résultat; mais les assiégés, à la veille d'être réduits, conclurent une trêve à l'expiration de laquelle ils devaient rendre la ville, si les secours qu'ils attendaient de Tlemcen n'arrivaient pas. En effet, ce secours ayant manqué, ils capitulèrent. C'était le 23 octobre, cinquante jours après le départ de la flotte de Malaga. Les troupes catholiques prirent possession de la place, relevèrent les fortifications qui avaient le plus souffert du siége, et ayant laissé une bonne garnison, remirent à la voile.

Les Espagnols conçurent d'abord une trop haute idée de cette conquête et le général D. Gonzalve de Ayora écrivit à Ximénès : « Nous avons maintenant conquis l'Afrique à moitié; » puis il ajoutait qu'on pourrait se contenter de concentrer dans Mers-el-Kebir une garnison respectable, et d'y faire quelques travaux de fortification qui rendraient imprenable une place déjà si bien défendue par la nature : son occupation par les chrétiens en serait bientôt l'effroi de toute la contrée, et assurerait au loin leur domination. Mais Ximénès, qui entendait quelquefois mieux la guerre que les généraux, ne pensa pas tout à fait ainsi. L'occupation bornée à Mers-el-Kebir lui paraissait impuissante : ce n'était, à ses yeux, qu'une trouée faite à la côte d'Afrique, rien de plus. Il songeait à s'emparer d'une place, sinon plus forte militairement, du moins plus à même d'offrir des ressources et des moyens de s'étendre dans le pays. Celle d'Oran lui semblait réunir ces conditions, et une défaite essuyée par la garnison de Mers-el-Kebir dans un engagement avec les Maures de cette ville le 15 juillet 1507 (913 h.), le décida tout à fait à diriger une expédition de ce côté.

Ici se présentaient de nouveaux obstacles : l'enthousiasme de Ferdinand s'était beaucoup refroidi; d'un autre côté, le trésor était vide; mais le cardinal ne se découragea pas, et il s'engagea de nouveau à avancer tous les fonds nécessaires, à la charge, par le roi, de lui en faire le remboursement lorsque l'état de ses finances serait amélioré.

Trois années se passèrent dans les préparatifs de cette guerre qui devait appeler sur l'Espagne l'attention de toute l'Europe. Enfin au commencement de mars 1509 (915 hég.), une flotte composée de 80 grands vaisseaux, de 10 galères et de plusieurs centaines de bâtiments de transport, et d'une armée de 15 000 hommes, attendait dans le port de Carthagène le moment favorable pour mettre à la voile. La flotte ne leva l'ancre que le 14 mai, par un bon vent, et fit voile pour Mers-el-Kebir, où elle arriva le soir de la veille de l'Ascension. Le cardinal descendit à terre avec les officiers de sa suite et y passa la nuit. Le lendemain, au point du jour, le signal du débarquement fut donné, et l'armée vint se ranger en bon ordre sur le rivage. Après avoir célébré une messe solennelle, le cardinal donna ses dernières instructions à ses généraux, et, la croix à la main, il se présenta devant le front de l'armée, qu'il encouragea par de chaleureuses paroles : les soldats y répondirent par d'unanimes acclamations, et l'on se mit en marche. On arriva devant Oran, sans presque avoir rencontré d'obstacles, et, avant la fin de cette journée, la bannière espagnole flottait victorieusement sur la kasba de la ville maure.

Les Espagnols, au rapport de leurs historiens, ne perdirent que 30 hommes dans cette journée ; mais ces vainqueurs venus au nom d'une religion de paix et d'humanité souillèrent leur victoire par des actes d'une barbarie peu chrétienne. Il n'y eut point de quartier pour les infidèles, et plus d'un tiers de la population musulmane fut impitoyablement massacré. Le nombre des prisonniers s'éleva à 6 ou 8000 ; le butin fut considérable : 60 canons de siége et un grand nombre de machines de guerre tombèrent au pouvoir des Espagnols ; les mosquées, tous les édifices publics furent pillés, et on ne respecta pas davantage les maisons particulières. Les richesses énormes que la piraterie y avait accumulées, furent abandonnées à la cupidité des généraux et des soldats : quant à Ximénès, il ne se réserva que quelques manuscrits arabes et certains objets de prix qu'il donna, à son retour en Espagne, à la cathédrale de Tolède et au couvent de Sainte-Ildefonse de Madrid.

La prise d'Oran répandit la terreur dans toute la contrée : on l'apprit à Tlemcen par 80 Maures qui avaient échappé au carnage ; l'effroi fut si grand, que le sultan se renferma dans la citadelle et que les habitants, prenant les armes, se mirent en état de défense. Ils massacrèrent sans pitié ni merci tout ce qu'il y avait de négociants chrétiens dans leur ville, confondant les juifs dans cette boucherie. Les petites villes voisines d'Oran furent abandonnées, et leurs habitants s'enfuirent devant les armes victorieuses des chrétiens ; il y en eut même qui émigrèrent jusque dans le royaume de Fez. La conquête eût pu s'étendre sans obstacle et s'affermir en s'agrandissant, mais les Espagnols ne surent pas profiter des chances que la fortune leur offrait.

Le premier soin du cardinal Ximénès, en prenant possession d'Oran, fut d'y installer sur des bases dignes d'elle cette religion au nom et pour les intérêts de laquelle la conquête avait été entreprise. Les mosquées furent converties en églises, un hôpital fut établi sous le patronage de saint Bernard ; enfin deux couvents de franciscains et de dominicains furent fondés. L'institution d'un tribunal de l'inquisition vint bientôt compléter tous ces pieux établissements. D'un autre côté, les fortifications de la place furent rétablies sans retard, et on y ajouta d'autres travaux.

La garnison d'Oran ne fut jamais de plus de 1500 hommes. Ces forces étaient bonnes tout au plus à protéger les lignes espagnoles contre les incursions quotidiennes des tribus ennemies; mais s'agissait-il d'un siége à soutenir, ou d'une campagne sérieuse à entreprendre, leur insuffisance nécessitait de la part de l'Espagne des envois de troupes considérables. Ces déplacements fréquents et dispendieux étaient une charge d'autant plus lourde, que l'occupation bornée d'Oran ne la compensait par aucun avantage; d'un autre côté, l'Espagne se trouvant, depuis le commencement du XVIe siècle, mêlée à tous les grands intérêts qui s'agitaient en Europe, la politique lui faisait un devoir de ménager ses forces déjà trop disséminées, et elle ne pouvait envisager qu'avec crainte toute circonstance qui l'obligeait à dégarnir ses ports et ses provinces. Ces considérations faillirent entraîner, en 1574, l'abandon d'Oran. Mais la mort de Sélim II, empereur des Turcs, vint délivrer le gouvernement espagnol des craintes que les préparatifs de la Porte contre l'Espagne, Oran et Mers-el-Kebir, à la suite du combat de Lépante, lui avaient d'abord inspirées. Le projet d'évacuer Oran fut indéfiniment ajourné.

Les Espagnols avaient laissé s'élever, sans obstacle, la puissance des Turcs en Algérie, et ceux-ci les avaient chassés insensiblement de toutes leurs positions de la côte; Oran seul résistait; mais Hassen-ben-Kheir-ed-Din, à la suite de sa tentative infructueuse contre cette place, en 1563 (970 hég.), comprit que le seul moyen d'affaiblir la puissance espagnole était de créer dans la province, aux portes mêmes d'Oran, une autorité forte et homogène, en état de résister ou d'attaquer par elle-même. C'est pour atteindre ce résultat qu'il réunit les différents pouvoirs indépendants, que les kaïds des diverses villes se partageaient, entre les mains d'un bey dont il fixa la résidence à Mazouna, entre Mostaganem et Tenès, à une lieue au N. du Chélif. Cette nouvelle puissance ne laissait échapper aucune occasion de harceler les chrétiens, de soulever contre eux les tribus qui jusqu'ici étaient restées neutres, et elle obtint, dans plusieurs rencontres, de petits avantages; mais les premières attaques sérieuses qu'elle tenta ne furent pas couronnées de succès. En 1622 (1032 hég.), les janissaires du Beylik essuyèrent une sanglante défaite dans les plaines de l'Habra, et lorsque, quelques années après, le bey Châban, sous prétexte de châtier les Beni-Amar qui, pour se soustraire au joug des Turcs, avaient fait alliance avec les Espagnols et s'étaient mis à leur solde, vint assiéger Oran, son armée éprouva une défaite complète, et lui-même fut tué sous les murs de la place.

Cependant le divan d'Alger épiait avec une incroyable persistance le moment de tomber sur les chrétiens d'Oran, et de rejeter ces hôtes incommodes au delà de la mer, lorsqu'en 1708 (1119 hég.), des circonstances propres à seconder l'exécution de ce dessein se présentèrent. Philippe V venait de succéder sur le trône d'Espagne au dernier descendant de Charles-Quint. L'Espagne divisée, affaiblie, absorbée par des intérêts plus prochains, n'accordait qu'une attention bien faible à sa possession d'Afrique.

C'est alors que Moustafa-bou-Chelar'em, bey de la province d'Oran, qui avait depuis peu transporté le siége de Beylik à Maskara, reçut du dey d'Alger l'ordre de rassembler toutes ses troupes et d'aller mettre le siége devant Oran. Philippe V était cependant parvenu à réunir assez de bâtiments, de troupes et de munitions, pour faire quelque temps face à l'ennemi; malheureusement la trahison du comte de la Vera-Cruz livra à l'archiduc Charles les forces destinées à la défense d'Oran. En l'absence des secours qu'elle attendait, la place, qui n'offrait pas grande résistance, se défendit bravement; mais elle fut enfin obligée de capituler. Oran devint le chef-lieu du gouvernement de l'Ouest et la résidence ordinaire du bey.

Plus tard, lorsque Philippe V se vit affermi par le traité d'Utrecht sur le trône que l'Europe lui avait si longtemps disputé, il fit les préparatifs d'une expédition destinée à chasser les Turcs d'Oran. Rien ne fut négligé pour en assurer le succès. Le roi ordonna une levée de 30 000 hommes, confia le commandement de divers corps de l'armée à ses plus habiles généraux, et investit le comte de Montemar du commandement en chef.

La flotte, composée d'une trentaine de bâtiments armés et de plus de cinq cents bâtiments de transport portant 25 000 hommes de débarquement, partit d'Alicante le 25 juin 1732 (1145 hég.). Un vent contraire l'ayant forcée de relâcher au cap Palos, elle n'arriva que le 29 près du cap Falcon. Le débarquement s'opéra le lendemain, et le 1er juillet, avant la fin de la nuit, Oran et ses châteaux forts avaient capitulé; une affaire d'avant-garde avait décidé du sort de la place. Les Espagnols perdirent en tout 150 hommes; on trouva dans la place 146 pièces de canon, beaucoup de mortiers et des vivres en abondance.

Les Turcs firent, peu de temps après, une vaine tentative pour reprendre la place; de son côté, le gouvernement espagnol n'épargna aucune dépense pour s'y maintenir. Les anciennes fortifications furent restaurées et on en éleva de nouvelles. Les relations avec les tribus devenant plus difficiles, la garnison fut augmentée. Cependant la reprise d'Oran n'avait pas même rétabli entièrement la situation déjà si précaire que les Espagnols s'étaient faite dans la province. Les indigènes, refroidis par une première retraite, s'éloignèrent d'eux plus encore que par le passé, et l'histoire d'Oran pendant soixante années fut uniquement celle d'une place de guerre ou d'un port sans importance. Cette possession sans avenir végétait misérablement, lorsqu'une grande catastrophe vint fournir à l'Espagne un prétexte pour en rejeter le fardeau.

Dans la nuit du 8 au 9 octobre 1790 (1205 hég.), un affreux tremblement de terre se fit sentir à Oran et dans les environs. Il fut d'abord de vingt-deux secousses consécutives, avec de très-faibles interruptions, et se renouvela très-fréquemment jusqu'au 22 novembre. Il s'ensuivit la ruine des édifices, maisons, forts et fortifications de la place, la perte du tiers de la garnison et celle d'un grand nombre d'habitants. Le reste de la garnison se trouvait dans la plus affreuse détresse : elle n'avait plus ni tentes, ni baraques, ni hôpitaux, plus même de médicaments pour les malades et les blessés; elle avait perdu ses magasins de vivres et de munitions. Pour comble de malheur, le bey de Maskara, Mohammed-el-Kebir, profitant de la consternation générale, se présenta en ennemi devant la place, et les troupes espagnoles, frappées de terreur et réduites au désespoir, allaient avoir à lutter contre une armée de 30 000 hommes. Cependant des renforts furent envoyés à Oran, de Carthagène, de Majorque et de Cordoue, et, à force d'énergie et d'habileté, le commandant général parvint à défendre ses ruines jusqu'au mois d'août de l'année suivante.

A cette époque, la régence d'Alger entama avec le gouvernement espagnol des négociations pour un traité de paix et de commerce analogue à celui qui avait été conclu en 1786. Le bey de Maskara reçut alors du dey d'Alger l'ordre de retirer son armée et de suspendre les hostilités. Les Espagnols commencèrent à respirer; ils profitèrent de cette trêve pour capituler honorablement. Par une convention, passée entre le gouverneur d'Oran et le bey Mohammed, il fut arrêté que les fortifications ne seraient pas détruites, que la ville serait évacuée dans un délai fixé, et que les Espagnols emporteraient leurs canons en bronze et leurs approvisionnements. Les troupes et les habitants chrétiens furent transportés à Carthagène. Mohammed, qui était resté sous les murs de la ville jusqu'à l'entière évacuation, y fit son entrée dans les premiers jours du mois de mars 1792. Ainsi finit, par le délaissement de la dernière ville qu'ils tenaient sans aucun profit pour eux, l'occupation des Espagnols dans l'ancienne régence d'Alger. Après 250 ans remplis sans doute de luttes glorieuses, mais employés à s'assurer seulement la possession du littoral, ils furent fatalement conduits à l'abandon d'Oran.

Les Turcs, maîtres d'Oran, s'empressèrent de démolir les constructions qui avaient coûté tant de peine à leurs prédécesseurs. Ce fut un élan général pour détruire tout ce qui existait; il fallut changer ces demeures, faites pour les usages de la civilisation, en maisons de boue, en galeries étroites, ne prenant jour que dans l'intérieur et destinées à cet autre ordre de mœurs et d'idées.

Les beys se succédèrent, succombant généralement à des intrigues, parce qu'ils devaient leur élévation à des intrigues. Gouverner pour eux, c'était tirer du pays le plus de revenus à leur profit et à celui du dey. Ils étaient aidés à cet effet par un khralifa et deux aghas. Le bey et le khralifa se partageaient la province, pour aller tous les ans lever l'impôt, qui n'était guère payé qu'à la condition de plus d'un combat. Le tribut était porté à Alger par le khralifa; le bey n'y allait en personne que tous les trois ans.

Voici un rapide aperçu sur les beys de l'Ouest. Nous avons déjà dit que Hassen-ben-Kheir-ed-Din, ayant échoué dans ses tentatives sur Oran, créa dans la province dont cette ville ne fut que plus tard la capitale, une autorité forte et homogène, capable d'attaquer comme de se défendre, et qu'il remit cette autorité à un bey nommé *Bou Khredidja*, qui fixa sa résidence à Mazouna, entre Mostaganem et Ténès, 971 (1563). L'administration de ce bey, douce envers les populations paisibles, fut impitoyable pour les tribus turbulentes.

Soudg, son successeur, eut à réprimer les insurrections suscitées par un agitateur, Mohammed-ben-Ali, qu'il fit décapiter. Souâg mourut empoisonné par sa femme.

Seïah, originaire de Mazouna même, mourut après avoir exercé le pouvoir pendant onze ans; il combattit l'insurrection sans pouvoir la réprimer.

Sâad, 4ᵉ bey, ramena les populations insurgées sous la domination turque.

De Sâad à Mohammed-ben-Aïssa, la chronique compte dix beys dont, jusqu'à plus amples investigations, on ignore les noms et les actions.

Mohammed-ben-Aïssa, 15ᵉ bey, porte ses armes jusqu'au désert d'Angad, pour y châtier les tribus nomades.

Châban, 6ᵉ bey, meurt sous les murs d'Oran, en dirigeant une attaque contre la Kasba, 1098 (1686).

Moustafa-bou-Chelar'em, l'homme à la moustache, 17ᵉ bey, s'empara d'Oran en 1119 (1708); il résida dans cette ville jusqu'à sa reprise par le duc de Montémar en 1145 (1732). Moustafa battit alors en retraite sur Mostaganem; ses diverses tentatives pour reprendre Oran échouèrent; il mourut d'hydropisie en 1149 (1737). C'est Mohammed qui transféra le premier le siége du beylik à Maskara, point beaucoup plus central que Mazouna.

Yussef, 18ᵉ bey, fils du précédent, meurt de la peste, à Tlemcen, après avoir gouverné pendant un an, 1151 (1738).

Moustafa-el-Hamar, le rouge, 19ᵉ bey, mourut empoisonné, après un règne tranquille de dix années, 1161 (1748).

Kaïd-ed-deheb, d'or, à cause de ses largesses quand il entra au pouvoir, 20ᵉ bey, gouverna trois ans et se réfugia au bout de ce temps d'a- bord chez les Espagnols d'Oran, et plus tard à Tunis, pour échapper aux intrigues de la famille de Bou-Chelar'em.

Mohammed-el-Hedjâmi, 21ᵉ bey, fut assassiné neuf mois après son entrée au pouvoir, 1166 (1752). Ce règne si court fit donner à Mohammed le surnom de *Ed djedda*, le petit d'un animal qui n'a pas encore atteint l'âge d'un an.

Othman, 22ᵉ bey, reprit Tlemcen, insurgée sous Yussef, et mourut à Maskara, où il fut enterré après avoir gouverné pendant neuf ans, 1185 (1771).

Hassen, 23ᵉ bey, de 1186 à 1188 (1772 à 1774). Il se réfugia à Constantinople, puis au Kaire, pour échapper au ressentiment du pacha d'Alger.

Ibrahim-el-Miliani, 24ᵉ bey, contribua, avec un contingent de 10 000 hommes, à la défaite d'O'Reilly, sur la plage d'Husseïn-dey, en 1189 (1775). *V.* p. 80. Il mourut, l'année suivante, à Maskara.

Hadj Khrelil, 25ᵉ bey, trouvé mort dans sa tente, en allant pour soumettre Tlemcen, encore une fois en révolte, 1194 (1779).

Mohammed-Lekahal, le noir, plus connu sous le surnom d'*El-Kebir*, le grand, 26ᵉ bey; il reprit Oran aux Espagnols, et fit son entrée en 1206 (1791). Mort en 1214 (1799).

Othman-ben-Mohammed, fils du précédent, 27ᵉ bey. Déposé au bout de trois ans, il fut exilé à Blida, puis envoyé comme bey à Constantine. Il périt chez les Kabiles de l'oued-ez-Zehour, dans une expédition contre Ben-Arach, marabout Derkaoui, (révolté).

Moustafa-el-Manzali, 28ᵉ bey, gouverna une première fois, de 1216 à 1219 (1802 à 1805), et fut déposé pour n'avoir pas su repousser les attaques de Ben-Cherif et de Ben-Arach.

Mohammed Mokallech, 29ᵉ bey, comprima la rébellion des tribus soulevées par Ben-Cherif et Ben-Arach; mais la paix fit de cet homme énergique un débauché sanguinaire et un dilapidateur. Ahmed, pacha d'Alger, le fit étrangler après toutefois qu'on lui eut appliqué sur la tête une calotte en fer rougie au feu, 1221 (1807).

Moustafa-el-Manzali, 30ᵉ bey, revint au pouvoir; il remit si bien l'ordre dans les finances du beylik, que le pacha le rappela à Alger, au bout d'un an, pour en faire son khraznadji, ministre des finances, 1221 (1807).

Mohammed-el-Rekid, le menu, et encore *Bou-Kabous*, l'homme au pistolet, et *El Meslour*, l'écorché, 31ᵉ bey, comprima les tribus révoltées et battit leur chef *Bou-Terfas*, à Nedroma. Il méconnut l'autorité du pacha, et ce dernier envoya l'ordre de le tuer. Mohammed eut la figure écorchée vive, le ventre ouvert, et fut accroché par le milieu du dos à un croc en fer, 1226 (1812).

Ali Kara Bar'li, 32ᵉ bey, administrateur habile, excita la jalousie du pacha Omar, qui le fit étrangler au pont du Chelif, comme il revenait d'Alger, où il était allé porter le *denouch* ou impôt de la province, 1232 (1817).

Hassen, 33ᵉ bey, eut à repousser ou à prévenir la révolte des Arabes, entre autres de Mahi-ed-din, père d'Abd-el-Kader. Il fut impitoyable, même aux siens, et confondit souvent les innocents avec les coupables. Quand Alger fut prise, Hassen voulut abandonner Oran, et sollicita la protection de l'autorité française. Notre armée entra dans Oran le 4 janvier 1831; trois jours après, le bey faisait route pour Alger, puis pour Alexandrie, et enfin la Mekke, où il mourait au bout de quelques mois.

Le maréchal Clauzel, dans l'appréhension d'une guerre continentale, afferma, moyennant un million de redevance annuelle, le beylik d'Oran à Sidi Ahmed, de Tunis; ce dernier envoya à Oran son khralifa Kheir-ed-din, dont l'autorité, méconnue par les indigènes, pouvait nous donner de sérieux embarras; mais le traité du maréchal Clauzel n'ayant pas été approuvé par le gouvernement français, le général de Faudoas vint prendre possession définitive d'Oran, le 17 août 1831.

Les généraux qui se sont succédé, depuis le général de Faudoas, au commandement de la division d'Oran, sont :

1831, le général Boyer.
1833, le général Delmichels.
1835, le général Trézel.
1836, le général de Létang.
1837, le général de Brossard.
1838, le général Guéhineuc.
1840, le général de Lamoricière.
1848, le général Cavaignac.
1848, le général Pélissier.
1854, le général de Montauban.
1857, le général de Martimprey.
1860, le général Walsin Esterhazy.
1861, le général Deligny.

DESCRIPTION.

Nous avons consulté, pour l'histoire des agrandissements successifs d'Oran, d'anciens plans en notre possession, les voyages de Shaw, l'ouvrage de M. L. Fey, et un manuscrit espagnol, n° 2880, de la Bibiothèque impériale, manuscrit sans titre, mais parlant exclusivement d'Oran, et dont l'auteur n'est autre que Don Eugenio de Alvaredo e Saavedra Martinès de Lerma, commandant général de la place d'Oran, de 1772 à 1790. Ce manuscrit, qui fut achevé le 16 mai 1773, pourrait bien être une première copie de l'original portant la date du 31 déc. 1772, déposé au ministère de la guerre à Madrid, et dont M. L. Fey a eu connaissance par une seconde copie.

A la prise d'Oran par les Espagnols, en 1509, la ville, loin d'offrir, selon les récits souvent exagérés des musulmans, les quais, les places, les bazars, les mosquées aux minarets étincelants d'une cité riche et heureuse, se composait d'habitations lourdes, mal construites, entassées dans un périmètre fort restreint sur le plateau appelé plus tard *la Blanca*. Successivement, mais plus tard, la ville forma trois quartiers séparés les uns des autres par des remparts, *la Marine*, *la Blanca* et *la Kasba*.

Sur un plan relatif à l'attaque d'Oran, par Bou-Chelar'em, en 1708, la ville forme un massif compacte sur la gauche de l'oued-Rehhi; elle est un peu éloignée de la mer et comprend la Kasba. Au-dessus de cette dernière, on voit le village d'*Iffri*, abandonné par les Maures, alliés des Espagnols. Quant au port ou rivage, aucun établissement n'y figure, soit par oubli du dessinateur, soit parce qu'il n'y en avait pas encore à cette époque. Sur la rive droite de l'*oued-Rehhi*, sont échelonnés *le fort Saint-Philippe*, *le fort Saint-André* et *le château de Rossacalper* (sic) ou Château-Neuf; ces deux derniers, reliés par les *tours Gourde et Madrigal*. *La tour de la Zuguïa*, *le fort Saint-Grégoire* et *le fort Sainte-Croix* complètent, du côté O., la défense d'Oran, qui comptait alors 500 maisons particulières. Bou-Chelar'em resta maître d'Oran jusqu'en 1732. Shaw, qui visita cette ville en 1730, la décrit ainsi: « Oran est une ville fortifiée, qui a près de 800 toises de circuit. Elle est bâtie sur le penchant et au pied d'une haute montagne qui s'élève au N. N. O., et du sommet de laquelle deux châteaux commandent la place. On voit sur le bord de la mer, à quelques centaines de toises, Mers-el-Sr'ir, le petit port........ A une très-petite distance, à l'O. de la montagne dont il vient d'être question, il y en a une autre appelée, je crois, Mazetta, le plateau du Marabout, qui est plus élevée que la première. Elles sont d'ailleurs séparées par une vallée, ce qui fait que leurs sommets paraissent entièrement isolés, et servent de point de direction aux navires en mer. Au S. et au S. E., sont deux autres châteaux bâtis au niveau de la partie inférieure de la ville, mais entre lesquels serpente aussi une vallée profonde qui forme comme un fossé naturel dans la partie méridionale de la place. Au haut de cette vallée, en passant sous les murs, se trouve une source d'eau excellente, qui a plus d'un pied de diamètre. Le ruisseau qui en sort suit les sinuosités de la vallée et alimente abondamment les fontaines de la ville. Toute cette vallée offre une multitude d'objets pittoresques, tels que des plantations d'orangers, des chutes, des cascades, dont les eaux coulent à travers des bosquets d'une délicieuse fraîcheur. Près de la source, il y a un autre château qui défend la ville et les matamores ou fossés, où les Arabes conservent leur blé.

« La ville d'Oran n'a que deux portes, qui sont toutes deux du côté de la campagne. Celle qui est appelée la porte de Mer, parce qu'elle est la plus voisine du port, est surmontée d'une grande tour carrée que l'on pourrait armer en cas de besoin. Près de l'autre, appelée porte de Tlemcen, on a élevé une batterie. La Kasba ou citadelle est située au N. O., dans la partie la plus élevée de la place. Le côté opposé, c'est-à-dire vers Mers-el-Sr'ir, est défendu par un bastion régulier. On peut juger par ce qui précède, qu'Oran est une place fort importante, et que sans la peur panique qui s'empara des habitants, lors du débarquement des Espagnols, ils auraient pu opposer une sérieuse résistance. Durant que les Espagnols restèrent maîtres d'Oran, ils y bâtirent plusieurs belles églises et édifices publics, dans le goût des anciens Romains, mais avec moins de solidité. Ils ont aussi imité les Romains, en plaçant dans les frises et autres parties de leurs bâtiments des inscriptions en leur langue, qui donnent une médiocre idée de leur style lapidaire. »

Une vue cavalière d'Oran, datée de sept. 1732, nous montre cette ville quelques mois après sa reprise par le duc de Montemar. Le dessin est grossier d'exécution et inexact dans ses proportions, mais sa légende offre des renseignements précieux pour la reconstitution d'Oran à cette époque. *Les forts* qui la défendent sont toujours ceux qu'on a cités plus haut; des jardins l'entourent à l'E.; *ses portes* sont celles *de Tlemcen* au S. E., de *Canastel* au N. E. et de *Malorca* à l'O.; les monuments religieux sont : l'*église de Sainte-Marie, les couvents de Notre-Dame de la Merci, de Saint-Dominique et de Saint-François*, *les ermitages de Notre-Dame de Carmen*, *de Saint-Roch et de Saint-Sébastien ; les moulins* tournent sur l'oued-Rehhi, près de la mer ; on voit enfin sur *le port*, avec ces moulins et ces trois ermitages, un grand bâtiment, *la corrale de las barcas*, espèce de chantier et d'abri pour les barques ou petits navires.

A cette époque, la ville s'étendit au dehors et franchit le ravin, d'une manière timide à la vérité.

En 1770, Oran compte 532 maisons particulières et 42 édifices publics.

Quand Mohammed-el-Kebir eut fait son entrée dans Oran, en 1791, il s'occupa de repeupler la ville. Le pacha Hassen y dirigea d'Alger quelques-uns de ses protégés et plusieurs personnages influents qui lui étaient suspects. Un appel fut fait à Medéa, Miliana, Tlemcen, Maskara, et aux autres villes de l'intérieur ; il en vint d'Ouchda et même de Fez. Quelques chefs des Beni-Ameur, des R'arabas, des Smelas et des Douairs, s'y fixèrent. Afin de donner de l'élan au commerce, le bey distribua à vil prix des terrains situés entre le Château-Neuf et le fort Saint-André, à la seule condition d'y bâtir des alignements donnés, et les livra à des juifs accourus de Nedroma, de Mostaganem, de Tlemcen et de Maskara. Ce quartier, régulièrement percé aujourd'hui, est construit sur la crête du ravin E. de l'oued-Rehhi, et forme, avec la partie qui s'étend jusqu'au boulevard Oudinot, ce qu'on appelle la ville neuve, pour la distinguer de la ville espagnole ou vieille ville. Cette dernière n'était guère, quand nous primes possession d'Oran, qu'un amas de décombres. Tous les travaux neufs ou de restauration qui firent d'Oran la ville française actuelle sont l'objet de la description suivante.

Le Port.

Il est certain que le port d'Oran a eu quelque importance au temps des Arabes, alors que Marseille, Barcelone et les républiques marchandes de l'Italie avaient des comptoirs sur les côtes barbaresques. On n'en saurait dire de même tant qu'Oran appartint aux Espagnols; le port ne servait alors que de point de relâche pour les troupes et les vivres qu'on amenait dans la place. Les indications suivantes compléteront celles que nous avons déjà données plus haut sur la topographie de cette partie d'Oran jusqu'à notre arrivée.

Si l'on abordait en face de la ville, on rencontrait, à droite : *le corps de garde du Môle*, détruit pour l'élargissement du quai; *la batterie du Môle*, *la Toppanat-bou-Alem* des Turcs, construite en 1748 et démantelée en 1832; *la petite douane; les chapelles de Notre-Dame de Carmen, de Saint-Roch et de Saint-Sébastien*, toutes trois disparues, la première dans les bâtiments de la douane, la seconde dans la rue d'Orléans, la troisième dans les magasins de l'Arsenal; et avec cette dernière disparurent également *la Tuilerie du roi, le magasin au charbon et le magasin à l'orge*.

Revenant sur la gauche, on voyait *les magasins voûtés*, taillés dans le roc de 1786 à 1788 et servant d'abri aux barques pendant la tempête; au-dessus de ces magasins, *la Caserne* construite en 1746 et démolie pour l'ouverture de la rue Charles-Quint. Plus à gauche encore, le beau bâtiment dit *de Sainte-Marie*, élevé en 1764 et affecté alors, comme aujourd'hui, au service des subsistances militaires; les bâtiments qui lui font suite servaient de *greniers à sel*.

Derrière Sainte-Marie était le *quartier des Mineurs*, et à droite de ce dernier, dans la rue actuelle de l'Arsenal, les Maures de paix, *Moros de paz*, ou cavaliers indigènes au service de l'Espagne, avaient leurs gourbis renfermés dans des murailles et formant ainsi un quartier à part.

Les quatre moulins du roi s'échelonnaient le long de l'oued-Rehhi, de la mer à la porte de Canastel. Le premier, dit *Petit-Moulin*, à l'embouchure du ruisseau, a complétement disparu; le second, ou *Grand-Moulin*, a été recouvert par les remblais de la rue Charles-Quint; le troisième, dit *Moulin du ravin*, et le quatrième, dit *Moulin de Canastel*, tournent toujours.

Le quartier de la Marine, avant 1832, était donc peu considérable; une douane, une manutention, des hangars, des ateliers pour la marine, l'artillerie et le train des équipages, y ont été construits par l'État; les particuliers, le haut commerce surtout, y ont fait bâtir des maisons et de vastes magasins pour entrepôts. Là où n'existait qu'un mauvais village de pêcheurs, s'est élevée une ville tout entière.

Aussitôt après son installation dans Oran, le service des ponts et chaussées fit restaurer et curer un petit bassin de refuge existant dans la rade et qui, n'ayant pas été entretenu depuis longtemps par les

Espagnols, était entièrement obstrué par les sables. Un des éboulements de la montagne qui surplombe le port combla de nouveau le bassin en 1835. Rétabli depuis, il servit à abriter les barques et les chalands pendant les grosses mers. Plus tard on commença un bassin dont la superficie de quatre hectares est renfermée par le quai Sainte-Marie et des jetées. L'une d'elles remplace en partie celle que les Espagnols avaient poussée, en 1736, dans la même direction de l'O. à l'E., et qui fut emportée deux ans après par une effroyable tempête.

Cependant Oran est devenue une ville importante qui se développera beaucoup plus encore par la suite. Placée comme elle l'est, un grand avenir lui est réservé en raison de sa situation. A quelques lieues des côtes d'Espagne, elle deviendra le centre du commerce et des échanges de ce pays avec une partie de l'Algérie. Quand le réseau espagnol aboutira à Carthagène, qui est à quelques heures de la mer d'Oran, et se rattachera aux chemins de fer français du côté des Pyrénées, il se trouvera être la route obligée des voyageurs qui voudront éviter une longue traversée. Dans ces prévisions, un projet émané de M. l'ingénieur du département d'Oran pour l'agrandissement du port a été envoyé avec invitation de le faire remanier, conformément à des indications contenues dans un rapport de l'inspecteur général des ponts et chaussées Reibell. Ce projet de M. Reibell, qui représente le dernier état de la question, portera la superficie du port d'Oran de 25 à 37 hectares et donnera satisfaction, non-seulement aux intérêts du commerce, mais encore, et temporairement du moins, aux besoins de la marine militaire.

Les Remparts.

Un des premiers soins du cardinal Ximénès, après la prise d'Oran, fut d'en faire relever les fortifications; l'enceinte en pisé des Arabes fut remplacée par de solides murailles en pierre commandées au S. par la Kasba et au N. E. par le fort qui est devenu aujourd'hui le Château-Neuf. D'autres forts isolés, nécessités pour les besoins de la défense d'Oran, sans cesse bloqués ou attaqués, furent successivement ajoutés aux précédents.

« Construite, dit M. L. Fey, d'une manière très-irrégulière sous le rapport du tracé, parce qu'il était absolument nécessaire qu'elle se pliât aux inégalités et aux exigences du terrain, l'enceinte avait 2557 mètres de développement. A partir de la porte de Tlemcen, elle suivait les promenades publiques, ombragées de peupliers, où est situé aujourd'hui le boulevard Oudinot; contournait, pour faire face à la marine, le plateau où est l'hôpital; rentrait un peu pour soutenir les terres à pic sur lesquelles repose l'église Saint-Louis, et venait enfin aboutir à la porte du Santon, d'où elle formait encore un angle rentrant pour venir s'appuyer à l'O. au *bastion de Sainte-Isabelle*, ainsi qu'au bastion nommé *la garde des lions*, dépendance de la Kasba; comme sa contre-partie, elle avait son point de départ à l'E. de cette forteresse. Prenant pour base la porte de Tlemcen, par où l'on arrivait de l'intérieur, nous trouverons aussitôt : *le bastion de Saint-François*, immédiatement après avoir

ORAN. — REMPARTS ET PORTES.

dépassé l'abreuvoir; *la tour Saint-Dominique*, qui est parfaitement visible à l'angle S. du boulevard Oudinot; son intérieur et ses dépendances sont affectés au service des lits militaires; *le bastion des bains*; l'ancienne salle des morts de l'hôpital est sur son emplacement, dans le rentrant de l'enceinte au milieu du boulevard Oudinot.... *La tour de Saint-Roch*, qui a disparu presque entièrement pour faire place au bastion que l'on construisit en 1852, afin de prévenir les éboulements des terres sous lesquelles repose l'aile N. de l'hôpital neuf; *la guérite des Escaliers*, qui a disparu également, ainsi que les escaliers; *la guérite des Sept-Vents*, qui était située sur le bord de l'escarpement avoisinant la maison d'éducation des sœurs Trinitaires.... *Le conduit royal*, dit « de la Vieille-Mère; » ce conduit, s'appuyant à la Kasba, près de l'entrée de la rue Tagliamento, achève l'enceinte de *la Ciudad d'Oran*. »

Après l'occupation définitive d'Oran, en 1831, on dut songer à en faire une place assez forte pour qu'elle fût en rapport avec son importance. Une muraille crénelée relie aujourd'hui le Château-Neuf avec le fort Saint-André, tandis qu'à l'O. on a conservé les anciens remparts espagnols au moyen de nouveaux travaux de restauration. Tous les forts et ouvrages avancés dont on parlera plus bas furent également, dès cette époque, remis en état de défense. Le périmètre actuel d'Oran dans ses remparts est de 72 hectares.

Les portes.

Oran n'eut longtemps que deux portes, *la porte de Tlemcen* ou *du Ravin*, au pied et à l'E. de la vieille Kasba, aujourd'hui disparue, et *la porte de Canastel* ou *de la Mer*, qui n'est autre que la voûte de la place Kléber, sous laquelle s'engage la rue par laquelle on monte à la mairie ou au trésor et aux postes.

Une troisième porte, celle d'*El-Santo*, fut ouverte plus tard à l'O.; le chemin de Mers-el-Kebir, passant sous le fort Saint-Grégoire, y aboutissait; l'inscription gravée au-dessus de cette porte « ANO DE 1754, » pourrait faire supposer qu'elle n'a été construite qu'à cette époque, sous le gouvernement de Louis-Philippe d'Arcos; mais nous avons tout lieu de croire que la porte d'El-Santo est celle de *Malorca*, indiquée sur un plan d'Oran portant la date de septembre 1732.

On compte aujourd'hui : la porte précédente, par laquelle on va à Santa-Cruz, et, à l'E., *la porte Napoléon*, sur la place de ce nom; c'est l'ancienne barrière de Rosalcasar, défendue par un corps de garde construit, en 1740, sous don José Avallejo; cette porte, placée autrefois sur le chemin d'Oran à Canastel, s'ouvre aujourd'hui sur les routes de Kerguenta et d'Arzeu; *la porte Saint-André*, en face de la mosquée convertie en église, est, comme la précédente, commandée par un corps de garde fortifié, bâti au temps des Espagnols; c'est à la porte Saint-André qu'aboutissent les routes de Tlemcen, de Sidi Bel-Abbès et de Maskara; *la porte de la Kasba*, au-dessus de la porte d'El-Santo, et *la porte du fort de la Moune*, par laquelle on entre en venant de Mers-el-Kebir.

Les forts.

Les forts d'Oran sont, par ordre d'ancienneté :
La vieille Kasba, 903; reconstruite en 1509;
Le Château-Neuf, 1331;
La Mouna, 1509;
Sainte-Thérèse, 1557;
Saint-Philippe, 1563;
Saint-Grégoire, 1589;
Saint-André, 1693;
Santa-Cruz, 1698 à 1708;
Sainte-Barbe, 1739;
Voici l'ordre dans lequel ils se présentent en commençant par l'angle N. E. d'Oran :
Sainte-Thérèse.
En remontant au S. O. :
Le Château-Neuf;
Sainte-Barbe;
Saint-André;
Saint-Philippe, à l'extrémité S. O.
Au N. O. de Saint-Philippe, et de l'autre côté de l'oued-Rehhi :
La vieille Kasba.
Et, échelonnés du sommet du Mourdjadjo à la mer, dans la direction S. O. à N. E. :
Santa-Cruz;
Saint-Grégoire;
Et enfin la Moune.
C'est dans cet ordre qu'on va faire l'historique des forts d'Oran.

Le fort Sainte-Thérèse, situé au N. E. du Château-Neuf et surveillant la plage de Kerguenta, aurait été bâti par le comte d'Alcaudète en 1557-1558. Il a été reconstruit de 1737 à 1738 par don José de Vallejo. C'est dans ce fort que Othman-ben-Mohammed, 27ᵉ bey, et fils de Mohammed-el-Kebir, déposait toutes ses richesses lorsque, pour échapper à la mort, il voulait prendre la fuite par mer. Othman, devenu plus tard bey de Constantine, périssait chez les Kabiles de l'oued-Zehour.

La batterie du Petit-Maure, el Morillo, ou de *Santa-Anna*, placée au-dessous de la promenade du Château-Neuf et armée de quelques pièces de canon pour la défense de la côte, a été élevée de 1740 à 1741 sous don José Vallejo.

Le Château-Neuf. Les trois grosses tours reliées entre elles que l'on voit encore dans la partie ouest du Château-Neuf, constituaient, avant l'expédition de Ximénès, le seul ouvrage commandant Oran, sur la rive dr. de l'oued-Rehhi. On a attribué leur fondation aux Vénitiens, qui, venant trafiquer avec les États barbaresques, avaient besoin de sauvegarder leurs intérêts comme leurs personnes, dans les nombreuses révolutions qui agitaient le Mar'reb au moyen âge. D'autres historiens prétendent que ces tours furent construites par une commanderie maltaise de l'ordre de Saint-Jean de Jérusalem, autorisée à s'établir sur ce point de la côte, ce qui paraît peu probable. Un ouvrage arabe intitulé l'*Halfaouïa*, dit enfin qu'elles furent élevées en même temps que le Bordj-el-Mersa ou Mers-el-Kebir, par le sultan merinite Aboul-Hassen, qui régnait de 731 à 739 (1331 à 1339). Toujours est-il que l'ensemble de ces travaux était connu sous le nom de *Bordj-el-Mehal*, le fort des Cigognes, et *Bordj-el-Ahmar*, le fort Rouge, dont les Espagnols firent *Rosas-cajas*, les maisons rouges, devenues *Rosalcazar*, *Rosalcaper*, etc.

Le premier gouverneur espagnol établit son quartier à Bordj-el-Ahmar; d'autres travaux d'agrandissement, commencés en 1563, après la retraite du pacha Hassen-ben-

Kheir-ed-din, furent continués jusqu'en 1701; cette dernière date est consacrée par une inscription surmontée de l'écusson royal d'Espagne, portant les noms de Philippe V et du marquis de Casasola; cette inscription est placée sur la face droite du demi-bastion de gauche, dans le front qui longe le ravin.

Bordj-el-Ahmar était devenu par ces travaux le Château-Neuf; sa prise par les Turcs en chouâl 1119 (1708) suivait de près celle d'Oran, et les cinq cents hommes qui le défendaient étaient faits esclaves.

Une inscription placée sur la porte d'entrée du Château-Neuf rappelle que, « sous le règne de Charles III et sous le commandement de don Juan Martin Zermeno, on fit cette porte, on construisit les voûtes pour le logement de la garnison, et l'on réédifia le château en ce qui concerne la partie qui regarde la mer. »

Une deuxième inscription en arabe, placée au-dessus de la précédente, donne l'année de la reddition d'Oran par les Espagnols en 1206 (1791), sous le pachalik d'Hassen, reddition obtenue par le bey Mohammed-ben-Othman, plus connu sous le nom de Mohammed-el-Kebir.

Le Château-Neuf devint la résidence des beys d'Oran. La partie qu'ils occupaient était une délicieuse demeure, moins fantastique que celle des beys de Constantine, mais plus confortable. Le pavillon destiné au harem était un séjour aérien, situé au point culminant du château et d'où l'on jouissait d'une vue ravissante. Le bey, du haut de ce joli kiosque, plongeait son regard dans toutes les maisons placées sous ses pieds et étendait ainsi sur la ville son invisible surveillance.

Un jardin de roses et de jasmins séparait ce pavillon du corps du palais. Dans l'intérieur du palais étaient deux parties bien distinctes: l'une, habitation du bey, l'autre, palais proprement dit, où il trônait en souverain absolu. Une galerie couverte mettait l'une et l'autre partie en communication. Le génie militaire a détruit toute la beauté de ce séjour; mais en dépoétisant ce palais, destiné à un seul homme, il l'a par compensation transformé en une immense caserne où demeurent non-seulement des troupes, mais presque tous les chefs des services militaires. Le général commandant la division occupe le logement des beys.

Le général de Fitz-James et le colonel Lefol, du 21e régiment de ligne, reposent dans le bastion du Château-Neuf, qui porte le nom du colonel.

Le fort San-Miguel, qu'il ne faut pas confondre avec le fort du même nom, situé au-dessus de Mers-el-Kebir et ruiné par Hassen-ben-Kheir-ed-din, commandait le ravin qui sépare Oran de Kerguenta, à l'est du Château-Neuf. Le fort San-Miguel, qu'on appelait encore *Bordj-el-Francès*, bâti en 1740, a été démoli par Mohammed-el-Kebir, en 1791.

Le réduit Sainte-Barbe, placé à l'angle que fait le mur d'enceinte entre le Château-Neuf et le fort Saint-André, c'est-à-dire à 400 mètres de l'un et de l'autre, a été construit en 1734, sous le gouvernement de D. José Vallejo; il a probablement remplacé un autre ouvrage que nous voyons désigné sous le nom de *Tour Gourde*, sur le plan de 1707 que nous avons cité plusieurs fois. Le réduit de Sainte-Barbe sert de prison préventive pour les indigènes.

Le fort Saint-André, Bordj-ed-Djedid, le fort Neuf, Bordj-es-Sbahihïa, le fort des Spahis, est situé à l'est, entre le fort Saint-Philippe et le Château-Neuf. Il a été construit en 1693. Nous le voyons figurer sur le plan portant le millésime de 1707; placé entre le fort Saint-Philippe et la Tour Gourde, il domine le village d'Yffri ou Yfre, où demeuraient les *Maures de paix*, dont il était séparé par l'oued-Rehhi: son armement était alors de 36 canons, tandis que le Château-Neuf n'en avait que 30, le fort Saint-Philippe 6, le fort Santa-Cruz 15, et le fort Saint-Grégoire 8; cet armement n'étonnera pas quand on saura que le fort Saint-André commandait tous les abords d'Oran à l'est. Il n'a donc point été bâti en 1733 par le duc de Cansano, successeur du comte de Montemar, mais tout au plus restauré, un an après la reprise d'Oran par les Espagnols. Une explosion de poudre fit sauter le fort Saint-André le 4 mai 1769; trois compagnies du régiment de Zamora y périrent.

Le fort Saint-André a été remis en état de défense après 1831.

Le fortin ou lunette Saint-Louis, à droite de la route de Tlemcen, et à 200 mètres du fort Saint-André, a été construit en 1736, sous le règne de Philippe V, par D. José Vallejo, ainsi que le constate la longue inscription latine que l'on peut lire sur la porte d'entrée de cet ouvrage.

Le fort Saint-Philippe, ou fort des Beni-Zeroual, situé au sud-ouest d'Oran, au-dessus du ravin de Ras-el-Aïoun, la tête des sources, a été construit sur l'emplacement du château des Saints, *Castillo de los Santos*, élevé par le marquis de Gomarès, après la prise d'Oran, sur un des points culminants des mamelons ravinés qui entourent Oran, et dont la prise par Hassen-Corse, en 1556 (963 hég.), et la destruction par Hassen-ben-Kheir-ed-din, en 1563 (970 hég.), avaient démontré la nécessité d'un ouvrage moins exigu ou moins vulnérable.

La prise d'Oran en 1708 dut entraîner celle du fort Saint-Philippe.

Bou-Chelar'em, chassé d'Oran en 1732, revint à la fin de cette année pour reprendre la capitale de son beylik; son attaque se porta principalement sur Saint-Philippe; mais il dut se retirer devant le courage des défenseurs.

Les assauts de Mohammed-el-Kebir, repoussés en 1791 par les gardes wallones au fort Saint-Philippe, ont rendu célèbre le nom du chevalier de Torcy. « A l'attaque du 18 septembre 1791, le contingent des Beni-Zaroual, du Dahra, fut presque anéanti dans une lutte entre le bey de Maskara et les Espagnols, et c'est depuis ce combat que le fort de Saint-Philippe ou Ras-el-Aïn reçut le nom de Bordj-Beni-Zeroual, qu'il conserve encore chez les indigènes. » (L. Fey.)

Le chevalier de Torcy est décédé le 6 juillet 1852, à l'âge de 82 ans.

Le fort Saint-Philippe, démantelé par ordre du pacha d'Alger, après la capitulation d'Oran, a été réparé depuis notre occupation.

Les ruines du fort que l'on trouve en avant de Saint-Philippe, sont celles de *San-Fernando* ou *Bordj-bou-Benika*, nommé également *Bordj-Ras-el Aïn*. Il avait été construit par le comte d'Alcaudète, de 1557 à 1558, après l'expédition d'Hassen-Corse, et fut détruit lors de la prise d'Oran, en 1708.

La vieille Kasba ou *Castillo viejo*, où sont installés le conseil de guerre, la prison militaire et une caserne, domine du sud au sud-ouest la Blanca et la Marine. Aucune inscription, aucun vestige d'architecture remontant à une époque reculée, ne peuvent faire assigner une date certaine à la fondation primitive de cette forteresse. On affirmerait presque, cependant, qu'elle a été construite en même temps que la ville de Mohammed-ben-Ahi-Aoun et de Mohammed-ben-Abdoun. Oran devait en effet, comme toutes les autres villes du Mar'reb, être protégée par des travaux de défense dont la Kasba était le couronnement.

Voici par ordre chronologique tous les faits relatifs à la Kasba.

Quand Oran était pris par les troupes de Ximénès, en 1509, le gouverneur, retiré dans la Kasba, dont il ne pouvait plus longtemps prolonger la défense, ne remettait les clefs de cette citadelle qu'au cardinal en personne.

Quelque temps après la Kasba était complétement rasée pour être réédifiée.

Il fut un instant question, à la suite des attaques d'Oran par Hassen-Kaïd, en 1556, et Hassen-Pacha-ben-Kheir-ed-din, en 1563, d'abandonner cette ville : c'était du moins l'avis de la commission envoyée d'Espagne à Oran; mais Philippe II en ayant décidé autrement, on augmenta les travaux de fortification et ceux de la Kasba prirent un grand développement; il paraît même que ce fut avec une économie dont le secret est perdu aujourd'hui. L'inscription suivante, placée à l'entrée est de la Kasba, en fait foi :

EN EL AÑO D. 1589 SIN COSTAR
A SU MAGESTAD MAS QUE EL
VALOR DE LAS MADERAS HIZO
ESTA OBRA DON PEDRO DE
PADILLA SU CAPITAN GENERAL
I JUSTICIA MAYOR DE ESTAS
PLAZAS POR SU DILIGENCIA
I BUENOS MEDIOS

« L'an du Seigneur 1589, don Pedro de Padilla, capitaine général et grand justicier de ces places, fit construire cet édifice sans autres frais pour Sa Majesté que la valeur des bois. »

Un des bastions nord de la Kasba regardant la ville, le bastion des artilleurs, *baluarte de los artilleros*, aujourd'hui démantelé, porte engagée dans sa maçonnerie une longue inscription tronquée par les balles turques et sur laquelle on lit le nom de Charles II et celui de Requesens, baron de Castel-Viros, gouverneur d'Oran de 1665 à 1682, qui fit construire les remparts de la Kasba, du côté de la ville.

A la prise d'Oran en 1708 (1119 hég.) par Moustafa ben Yussef, plus connu sous le nom de Bou-Chelar'em, le gouverneur de la Kasba se rendit, à la condition que la garnison (560 hommes) aurait la vie sauve.

Bou-Chelar'em habita la Kasba pendant 24 ans, c'est-à-dire jusqu'en 1732. Trois inscriptions arabes, placées dans trois cours différentes, mentionnent les travaux qu'il fit exécuter pour la construction de deux bains et d'un magasin. La Kasba se divisait alors en deux parties bien distinctes : le palais proprement dit, demeure des gouverneurs espagnols, habité également par Bou-Chelar'em, situé dans la partie haute et comprenant des hôtels, une chapelle, une ménagerie; la partie inférieure renfermait le casernement militaire et civil; l'arsenal et la poudrière; la partie centrale, dont le local est affecté au conseil de guerre, était occupée par les femmes du bey.

Bou-Chelar'em dut abandonner Oran et la Kasba, où il avait vécu si tranquille et si heureux, devant les troupes du comte-duc de Montemar, 1732 (1145 hég.).

Dans la nuit du 8 au 9 oct. 1790 (1205 hég.), la haute Kasba, ébranlée par le tremblement de terre, croula de toutes parts, effondrant de ses débris une partie de la ville.

Mohammed-el-Kebir accourut alors de Maskara pour prendre Oran, tenta vainement de s'emparer de la Kasba; ce n'était qu'à la suite de négociations qu'il entrait plus tard dans la ville et dans les forts.

Après 1831, la vieille Kasba a servi et sert encore de caserne à une partie de nos troupes; mais le palais des gouverneurs espagnols et de Bou-Chelar'em n'a pas été relevé.

La Kasba communique avec la ville au moyen de deux portes dont l'une correspond à l'ancienne voirie et l'autre à une rue carrossable ouverte par le génie.

On voit au S. O. de la Kasba, les ruines d'une redoute connue sous le nom de la *Campana*, la Cloche; et au N. O. en montant au Santa-Cruz, d'autres ruines appartenant également à une redoute et lunette, qui, avec la précédente et les autres beaucoup plus rapprochées : de la *barrera*, la barrière, de *St-Pierre, de Santa-Isabel, de la Guardia de los leones*, la garde des lions (cette dernière probablement située proche de l'ancienne ménagerie du palais), complétaient le système de défense de la Kasba.

Le fort de *Santa-Cruz*, couronnant le sommet du pic d'Aïdour, à 400 m. au-dessus de la mer, et auquel on arrive en sortant d'Oran par la porte d'El-Santo, a pris le nom du gouverneur D. Alvarès de Bazan y Sylva, marquis de Santa-Cruz, qui le fit construire de 1698 à 1708. Les indigènes l'appellent *Bord-ed-Djebel*, le fort de la montagne, ou bien encore *Bord-el-Mourdjadjo*, du nom de cette montagne.

Il fut pris d'assaut après deux jours de siége, le 27 djoumad-et-tàni (1119) 1708, et sa petite garnison, 106 hommes et 6 femmes, fut faite prisonnière.

Attaqué en 1145 (fin de 1732), par Bou-Chelar'em, qui en fit sauter une partie au moyen de la mine, le fort Santa-Cruz tint bon, et Bou-Chelar'em dut renoncer à ses projets de reprendre Oran, et battre en retraite sur Mostaganem.

Rasé en 1735, à l'exception du ravelin ou demi-lune que l'on voit encore aujourd'hui, le fort fut complètement reconstruit, et terminé en 1738, sous D. José Avallejo.

Mohammed-el-Kebir le fit miner sans résultat en 1790, et n'en devint maître que par la reddition d'Oran. Il le fit démanteler par ordre du pacha d'Alger, qui redoutait la puissance de son lieutenant.

Santa-Cruz a été restauré dans ces derniers temps, de 1856 à 1860.

« Le fort Ste-Croix, dit M. F. Mornand, est juché à l'ouest de la ville, sur un pic, ou plutôt sur une aiguille de pierre, une gigantesque stalagmite, du haut de laquelle l'œil, embrassant une immense étendue de mer, découvre, quand le temps est beau, jusqu'à la côte de Carthagène. Ce fort est considéré, non sans quelque raison, comme imprenable. Non-seulement il serait impossible de s'en emparer par escalade, mais on se demande comment des créatures humaines, présidarios ou autres, ont pu, sans ailes, hisser jusqu'à ce nid d'aigle les matériaux nécessaires pour la construction d'un fort. Cette œuvre aérienne tient vraiment du prodige... On dirait d'un ouvrage avancé de cette fameuse Néphélococcygie bâtie jadis sur les nuages, au dire du grand comique grec, par les cigognes, les hirondelles, les grues d'Afrique, les hérons et autres architectes de la république empennée. *

Les Arabes disent que, lorsqu'il fut question de commencer les travaux, on ne savait comment faire arriver à une si grande hauteur l'eau nécessaire à la préparation du mortier. Les moyens de transport faisaient défaut, lorsqu'un cheickh des *Hamian* offrit aux Espagnols toutes les outres de sa tribu, et ce fut dans ces outres que l'on transporta l'eau à dos d'hommes.

La petite chapelle située à quelques mètres au-dessous du fort de Santa-Cruz a été élevée en 1849, à l'occasion du choléra.

Le fort St.-Grégoire, que les Arabes appellent *Bordj Hassen-ben-Zahoua*, a été construit en forme d'étoile irrégulière avec les matériaux et sur l'emplacement d'un château au sommet duquel, au dire de l'historien Gomez, on voyait briller pendant la nuit un feu qui rappelait le phare des Grecs. Saint-Grégoire complétait ainsi avec la Moune la défense d'Oran du côté de l'ouest, et gardait en même temps le chemin de Mers-el-Kebir, qui, à cette époque, passait à mi-côte du Mourdjadjo. L'inscription suivante, recueillie avec beaucoup d'autres par M. L. Fey, nous donne la date de la construction du fort Saint-Grégoire.

..... ANO DE 1589 REINANDO EN L..
...ANAS...
..... E SECUNDO .... ACABO.. . CA......
... PEDRO DE PADILLA SV
CAPITAN GEN....

L'an 1589, le roi Don Philippe II régnant dans les Espagnes, don Pédro de Padilla, son capitaine général, fit achever ce château.

A la prise d'Oran en 1708, le fort Saint-Grégoire fut attaqué par Hassen, Khalifa du pacha Mohammed Baktache, commandant les Turcs avec Bou-Chelar'em. Ce ne fut qu'après un siége de 37 jours, du 28 djoumad et-tâni au 15 de châban 1119, et après avoir été minée trois fois, que la forteresse fut enlevée d'assaut; son héroïque garnison fut massacrée presque entièrement.

On a dit plus haut que le fort Saint-Grégoire fut occupé par le général de Damremont le 16 déc. 1830; il a été réparé en 1845.

Le fort de la Moune, de la Guenon, *Castilla de la Mona*, est ainsi appelé à cause des bandes de singes qui en auraient occupé les environs, surtout au sommet du Djebel Mourdjadjo; il est connu également sous le nom de *Bordj-el-Ihoudi*, le fort du juif, que lui ont donné les indigènes, pour éterniser la trahison d'un juif nommé Ben-Zouaoua, et d'après Marmol, Cetorra, qui, d'accord avec D. Diego de Cordova, aurait facilité la prise d'Oran par les Espagnols, en introduisant nuitamment une partie des troupes dans ses magasins situés près d'une des portes de la ville, sur le bord de la mer. Le fort de la Moune, à cheval entre la mer et la route d'Oran à Mers-el-Kebir, sur l'emplacement même des magasins de Ben Zouaoua, a dû être bâti par D. Diego de Cordova, bien que le seul monument épigraphique qu'on y lisait, il y a quelques années, portât la date de 1563, l'année peut-être de travaux de réédification.

Le fort de la Moune fut emporté d'assaut et sa garnison passée au fil de l'épée par les Turcs de Bou-Chelar'em, le 18 châban (1119) 1708. Le comte de Montemar le fit restaurer en 1732. Il sert aujourd'hui de caserne aux compagnies de discipline.

Les casernes.

Dans une ville toute militaire comme l'était Oran, les casernes ne manquaient pas, aussi bien aux troupes venant y tenir temporairement garnison qu'aux *desterrados*, exilés, dont on se servait pour opérer des sorties et faire du butin ; toutes ont disparu dans le nivellement ou la reconstruction de la ville. Nos troupes sont logées à *la vieille Kasba*, au *Château-neuf*, à *Saint-Philippe* et à *Kerguenta*.

Le magasin du campement, installé dans l'ancienne mosquée d'El Hâouri, *le magasin des subsistances militaires* auquel a été affecté le bâtiment espagnol de Sainte-Marie, sur le quai de ce nom, et *l'hôpital militaire*, vaste construction élevée en face de l'église Saint-Louis, complètent la nomenclature des établissements militaires.

Telle est *la ville militaire*, à la surface du sol : la partie souterraine ne serait pas moins curieuse à étudier ; car les Espagnols avaient fait communiquer leurs forts entre eux au moyen de galeries obscures et profondes ; mais aujourd'hui de nombreux éboulements ont rendu la plupart des passages impraticables.

Les places.

On en compte trois dans la ville neuve :

La place Napoléon, circonscrite au N. par la maison Lasry, à l'E. par les remparts, au S. et à l'O. par des masures et quelques maisons neuves qu'occupent plusieurs marchands de boissons. Les rues Napoléon, de Vienne, Philippe, et des Jardins, aboutissent à la place Napoléon, la plus grande et la plus animée d'Oran.

La place des Carrières, entre les rues de Vienne et Napoléon. La petite mosquée convertie en église fait face à la porte Saint-André, par laquelle entrent et sortent presque toutes les diligences de la province.

La place du Théâtre, près de la promenade de Létang.

Dans la Blanca : *la place de l'Église*, entre l'église Saint-Louis et le campement ; *la place de l'Hôpital*, ancienne place d'armes sous les Espagnols, sur laquelle on voyait la statue équestre, en marbre, de Charles IV, élevée en 1772, par D. Eugenio de Alvaredo ; *la place aux Herbes*, rue Ponteba, sont plutôt des élargissements de la voie publique que des places véritablement dignes de ce nom. On en dira autant pour la *place Kléber*, vrai carrefour où viennent aboutir les rues Charles-Quint, d'Orléans, Philippe, et le boulevard Oudinot ; c'est au côté ouest de cette place qu'est adossée l'ancienne porte de Canastel ou de la Marine.

Les places d'Orléans et de Nemours, dans le quartier de la Marine, sont traversées par la rue d'Orléans. Un marché couvert aux poissons et aux légumes a été construit sur le côté sud de la place d'Orléans.

Les promenades.

La promenade de Létang, nom du général qui a commandé la division d'Oran de 1836 à 1837, commence près de la place du Théâtre et contourne à l'O., puis au N., le pied des fortifications du Château-Neuf, sur une longueur de 500 m. De la partie O., on embrasse l'ensemble de la vieille ville, la Blanca des Espagnols, et le port dominé par l'abrupt Mourdjadjo, sur lequel s'échelonnent de la base au sommet le fort de la Moune, le fort Saint-Grégoire, la chapelle des cholériques et le fort Santa-Cruz. Du côté N., la vue a pour horizon l'immensité de la Méditerranée. La promenade de Létang, plantée de vigoureux bella-ombra donnant en été un abri impénétrable aux rayons du soleil, est surtout fréquentée les jours de musique militaire. L'orchestre est installé à l'angle que fait la promenade près du café-restaurant.

Le *boulevard* ou *promenade Oudinot*, nom du colonel du 2e chasseurs d'Afrique, tué à la Makta en 1832, forme une large et belle chaussée, plantée d'une double allée d'arbres, s'étendant du pied de la Kasba, près de l'ancienne porte de Tlemcen, à la place Kléber. Les constructions du côté O. de ce boulevard ont remplacé une partie des anciennes fortifications. Si, de ce même endroit, on se retourne vers l'E., la ville mauresque apparaît avec ses maisons carrées, terminées en terrasse, badigeonnées en blanc et en rouge, et s'étageant en amphithéâtre de la rue des Jardins au fort Saint-André.

La rue de Turin, plantée d'arbres, est plutôt une promenade qu'une rue ; elle double la rue Philippe.

Les rues.

Les rues d'Oran sont généralement bien percées et bien aérées ; les voitures peuvent y circuler ; sauf dans quelques-unes à escaliers, et c'est principalement dans la Blanca qu'il faut chercher ces dernières ; encore ne sont-elles que des ruelles aboutissant du reste aux grandes artères.

Nous pourrons répéter au sujet des rues de la Blanca ou de la vieille Oran ce que nous avons dit pour les rues d'Alger : s'il est fâcheux qu'on n'ait point conservé les noms arabes de ces dernières, il est fâcheux également qu'on n'ait point conservé les noms espagnols des premières. Pourquoi n'avoir pas changé en même temps le nom de la ville ?

La Blanca, quartier tranquille s'il en fut, a pour rues principales :

La *rue du Vieux-Château*, longeant l'enceinte à l'ouest ; ses maisons, dont l'une servait de bagne aux esclaves chrétiens, ont conservé en partie leur cachet espagnol ; c'était la calle de la Carrera ;

La *rue de la Moskowa*, ou de la Amargura, Amertume, où étaient situés les fours de la manutention ;

La *rue de l'Hôpital* portait le nom de la Merced, qui rappelait l'ordre de la Merci institué pour la rédemption des captifs, et possédait par un triste contraste un bagne chrétien sous les Turcs et une caserne d'exilés, *desterrados*, sous les Espagnols!

La *rue de Montebello*, calle del Amor de Dios;

La *rue de Dresde*, calle de San-Jayme, où était une autre caserne d'exilés, dite de la Para.

Trois grandes rues coupent le quartier de la Marine :

La *rue de l'Arsenal*, longeant le pied des anciennes murailles nord de la Blanca;

Les *rues d'Orléans* et *de Charles-Quint*, décrivant toutes deux et parallèlement une S, de la place Kléber au port; elles sont naturellement occupées par les courtiers maritimes, les entrepositaires, les marins et les pêcheurs. Ces trois rues communiquent entre elles par d'autres plus petites.

On compte enfin dans la ville neuve :

Les *rues Napoléon*, *de Vienne*, *d'Austerlitz* et *de Wagram;* toutes quatre sont percées droites, parallèles, et s'étendent de la place Napoléon au fort Saint-André, dans le quartier juif.

La *rue Philippe*, commençant au carrefour Kléber pour aboutir place Napoléon, et la *rue des Jardins*, allant de l'ancienne porte de Tlemcen à la place Napoléon également, relient la vieille ville à la nouvelle. La rue Philippe, décrivant un angle dont la mosquée occupe le sommet, n'est autre que l'ancien chemin de Canastel, partant de la porte de ce nom pour arriver à la barrière de Rosalcazar, la porte Napoléon actuelle; on y admire encore quelques arbres plus que centenaires, les derniers qui restent de ceux qui furent plantés en 1734 par ordre de don José de Tortosa.

Les passages et les bazars.

On citera les passages pour mémoire; on ne saurait appeler ainsi quelques percées étroites et tristes d'aspect, faites seulement pour abréger les communications d'une rue à une autre. Quant aux bazars, si nous en exceptons celui de la maison Lasry, dans le haut de la rue Philippe, nous ne saurions les indiquer.

Les marchés.

Le marché couvert sur la place d'Orléans, pour le poisson et les légumes, et un autre marché, couvert également, situé dans la haute ville entre les rues de Wagram et des Jardins, n'ont rien de monumental. Les Arabes vendent du charbon, des fruits, de la volaille, des œufs, ainsi que des bestiaux, sur les espaces laissés libres par les constructions, entre les rues Philippe et de Turin, et en dehors des portes Napoléon et Saint-André. Tous les marchés sont journaliers. Le marché aux céréales seul n'a lieu que trois fois par semaine : les lundi, mardi et vendredi.

Les maisons.

Les maisons d'Oran sont presque toutes modernes et bâties à la française; elles ne sont ni plus belles ni plus laides qu'ailleurs, mais on frémit en les voyant élevées jusqu'à un quatrième et quelquefois un cinquième étage. Il semble vraiment, pour leurs propriétaires insouciants ou avides, que le tremblement de terre de 1790 soit lettre morte!

Les quelques maisons espagnoles encore debout n'ont rien du cachet national que l'on retrouve en Belgique et en Franche-Comté; nous voulons parler surtout de ces façades avec fenêtres grillées et balcons ventrus. Les Espagnols avaient du reste restitué à leurs maisons particulières d'Oran les dispositions des maisons mauresques de l'Andalousie.

On retrouve dans le quartier de la Marine une construction mauresque semblable à celles d'Alger, que nous avons décrites p. 41. C'est dans la haute ville, au quartier des Juifs et des Maures, entre les rues de Wagram et des Jardins, qu'il faut chercher, quand l'alignement ne les a pas fait tomber, les maisons indigènes petites, carrées, n'ayant généralement qu'un rez-de-chaussée, et dont la cour est abritée du soleil par une vigne. La forme extérieure de ces maisons, badigeonnées en blanc ou en rouge, se voit parfaitement bien du boulevard Oudinot.

Les monuments religieux.

Églises. *La cathédrale Saint-Louis.* Si jamais monument eut à subir des modifications et des destinations contraires, c'est bien certainement la cathédrale Saint-Louis d'Oran. Ce fut d'abord la chapelle d'un couvent de moines de Saint-Bernard, qui remplaça une mosquée transformée, après la prise d'Oran par Ximénès, en une église sous l'invocation de Notre-Dame de la Victoire. Cette chapelle devint ensuite l'église du Saint-Christ de la Patience. De 1708 à 1732, sous Bou-Chelar'em, elle servit de synagogue. Rendue au culte catholique par le comte de Montémar, elle tomba en ruine sous Mohammed-el-Kebir, et son abside, encore debout en 1831, fut conservée dans la réédification que fit de ce monument, en 1839, M. Dupont, architecte en chef de la province, prédécesseur de M. Viala de Sorbier.

La cathédrale de Saint-Louis est bâtie sur la place de l'Église et domine le quartier de la Marine, dont elle est séparée par une épaisse muraille destinée autrefois à servir de courtine aux travaux de défense de la ville espagnole, et aujourd'hui à maintenir les terres du plateau coupé à pic.

L'église a la forme d'un long parallélogramme divisé en trois nefs par des arcades à plein-cintre retombant sur des piliers. Le chœur regarde le nord et se termine en un cul-de-four, dont la partie supérieure est décorée d'une fort belle peinture due au pinceau de M. Saint-Pierre, élève de M. Picot, représentant le débarquement de saint Louis à Tunis; deux pendentifs, dans lesquels figurent saint Jérôme et saint Augustin, complètent cette décoration murale, faite d'après les indications de M. Viala de Sorbier. C'est derrière le chœur qu'il faut chercher ce qui reste de l'ancienne chapelle de Saint-Bernard, dont une partie est couverte encore d'ornementations en style Louis XV. Les armoiries sculptées sur pierre de Ximénès, surmontées du chapeau de cardinal, ont été retrouvées dans les décombres de l'église espagnole et placées comme clef de voûte à l'arc-doubleau qui précède le chœur; ces armoiries doivent être de quinze points d'échiquier d'azur et d'argent qui sont *Tolède*, et ne sont, autant que nous pouvons nous le rappeler, que de douze points, erreur du sculpteur.

Un buffet d'orgues est placé au-dessus de la porte d'entrée; il a été construit à Valence; ses tuyaux sont horizontaux et verticaux : ces derniers, qui ressemblent à autant de tromblons prêts à faire feu sur les fidèles, leur envoient, à ce qu'on dit, à défaut de mitraille, des notes très-discordantes.

Église Saint-André. Bou Chelar'em avait fait construire, de 1708 à 1732, non loin du fort Saint-André, une mosquée pour les *berrani* ou gens du dehors, que leur commerce attirait à Oran. Cette mosquée, détruite en 1732, fut remplacée par une grosse tour (la tour Gourde?) servant de corps de garde en temps de paix. Le bey Othman fit démolir cette tour en 1801 et en employa les matériaux à la construction d'une nouvelle mosquée. C'est celle qui, après avoir servi de magasin d'habillements pour les troupes, après 1830, fut transformée en église sous le vocable de Saint-André, 1844. Ce petit édifice n'a rien de remarquable : un minaret très-bas le signale à l'extérieur; l'intérieur, dans lequel on pénètre après avoir traversé une petite cour, se compose d'un rectangle coupé par plusieurs travées formées d'arcs en fer-à-cheval, retombant sur des colonnes unies et trapues. Quant à l'appropriation de cette ancienne mosquée au culte catholique, elle est des plus mesquines.

Les établissements des *Jésuites* et des *Dames trinitaires* possèdent des chapelles dans lesquelles le public est admis.

La petite chapelle située au pied de Santa-Cruz a été bâtie lors du choléra, en 1849.

Le *temple protestant* et la *synagogue* sont cités ici pour mémoire.

Les mosquées. — *La grande Mosquée* ou *Mosquée du Pacha*, Djamâ-el-Bacha, située au tournant de la rue Philippe, a été fondée sous le beylik de Mohammed-el-Kebir, par ordre de Baba-Hassen, pacha d'Alger, en mémoire de l'expulsion des Espagnols, avec l'argent provenant du rachat des esclaves chrétiens. L'inscription suivante, enlevée à la mosquée, où elle retrouvera sans doute sa place, et déposée longtemps à l'administration des domaines comme document justificatif, touchant les biens inaliénables. (*habous*) qui composaient la dotation de la mosquée, donne, en outre, la date de sa fondation.

« Cette mosquée a été fondée par le grand, l'élevé, le respectable, l'utile, notre maître Sidi-Hassen-Bacha ; — sa présence imposante continuera à détruire les ennemis de la religion, — à Oran, que Dieu conserve éternellement comme maison de foi ! »

Suit l'énumération des habous, tels que bains, boutiques et maisons, entourant la mosquée et consacrés pour son entretien.

L'inscription se termine ainsi :

« Ces habous ont été écrits dans le mois de Ramdan l'an 1210 (mars 1796), sous le commandement du victorieux Abou'l-Hassen-Sidi-Hassen-Bacha. »

La Mosquée du Pacha présente extérieurement un mur semi-circulaire terminé par des ornements dentelés. L'entrée s'ouvre sur un beau porche en forme de koubba. Sa partie supérieure est ornée d'une corniche à trèfles, supportée par des consoles ou corbeaux dont les motifs sont empruntés à l'art arabe le plus pur; des versets du Koran, en caractères koufiques, se détachant sur des palmettes et des rosaces, complètent la décoration du pavillon récemment restauré sous l'habile direction de M. de Sorbier, qui n'a eu en cela qu'à se rappeler les mosquées de Tlemcen. Quand on a franchi la porte d'entrée, on se trouve devant une fontaine en marbre blanc dont les eaux servent pour les ablutions des musulmans. On nous a dit que la vasque sculptée de cette fontaine venait d'Espagne, où elle avait été échangée contre une balancelle chargée de 5000 fr. de blé; c'est cher pour un morceau d'art d'un goût aussi douteux.

Le mur extérieur dont nous avons parlé, est doublé intérieurement d'une galerie où les musulmans viennent pour se mettre à l'ombre ou dormir.

La mosquée se compose d'une immense voûte retombant sur des colonnes basses et accouplées. Tout, dans ce monument, est nu et froid; il y aurait là prétexte à ornementations si le budget le permettait!

Le minaret placé sur la rue de la Mosquée est un des plus jolis que l'on connaisse en Algérie; il est octogone et va en s'amincissant.

La mosquée de Sidi El-Hâouri, édifiée sous le gouvernement du bey Othman le Borgne, fils de Mohammed-el-Kebir, a été affectée en grande partie au service du campement; elle est située en contre-bas de l'église Saint-Louis, et son minaret, décoré de trois étages d'arcatures trilobées, domine la koubba d'El-Hâouri, la seule partie qu'on ait conservée pour le culte musulman. La fondation de cette mosquée remonte à 1213 (1799-1800), ainsi qu'en fait foi une inscription engagée dans un pan de mur qu'on a dû abattre :

« Le prince des croyants.... a ordonné la construction de cette mosquée bénie en l'année 1213. »

Sidi El-Hâouri, en l'honneur duquel on éleva la mosquée qui porte son nom, était un grand marabout pour lequel les Arabes avaient autant de crainte que de respect. « A l'âge de dix ans, il savait déjà par cœur le Koran et avait acquis par cela même le titre de *hâfed*. A peine adolescent, il possédait la sagesse et marchait dans son sentier, dirigé par le guide tout-puissant. Il se rendit à Kelmitou pour y visiter un *ouali* (saint) éminent parmi les saints de Dieu et obtenir en sa faveur l'intercession de ses prières. Le ouali appela sur lui les bénédictions divines, afin qu'il pût être compté au nombre de ceux qui marchent dans la droite voie. Après s'être séparé du saint vieillard, Mohammed-el-Hâouri parcourut les contrées à l'E. et à l'O.; il s'enfonça dans le désert, au sein des lointaines solitudes. Il se nourrissait des plantes et des racines de la terre, des feuillages des arbres, et vivait au milieu des animaux féroces, qui ne lui faisaient aucun mal.

« Après avoir étudié la science à Bougie et à Fez, il accomplit son pèlerinage à la Mekke, visita Jérusalem, et, à son retour, alla se fixer définitivement à Oran, où, par son exemple et ses leçons, il tourna vers Dieu les cœurs de la multitude.

« On trouve, dans les écrits du temps, une foule de récits concernant ce personnage.... Ahmed-ben-Mohammed-ben-Ali-ben-Sahnoun, auteur du *Djoumani*, pièce de vers avec commentaires, composés en l'honneur du bey Mohammed-el-Kebir, raconte l'histoire suivante : Une femme avait son fils prisonnier en Andalousie; elle alla chez El-Hâouari pour se plaindre de son malheur. Le saint homme lui dit d'apprêter un plat de bouillon et de viande et de le lui apporter. La femme obéit et revint bientôt avec l'objet demandé. El-Hâouari avait une levrette qui nourrissait alors ses petits; il lui fit manger le plat apporté, puis, lui adressant la parole : « Va maintenant, dit-il, en « Andalousie, et ramène le fils de « cette femme. » La levrette partit à l'instant, et Dieu permit qu'elle trouvât le moyen de passer la mer. Arrivée sur la côte andalouse, elle rencontra le prisonnier, qui, ce jour-là, était allé au marché acheter de la viande pour une chrétienne dont il était l'esclave. La levrette, d'un bond, lui arracha cette viande des mains, prit sa course et se sauva dans la direction du rivage. Le jeune Arabe se mit à sa poursuite. La levrette franchit un canal; l'Arabe le franchit après elle; tous deux arrivèrent sur le bord de la mer, tous deux la traversèrent encore, par la toute-puissance de Dieu, et rentrèrent à Oran sains et saufs. » (*Gorguos*).

M. Berbrugger, qu'il faut toujours citer quand on parle de l'Algérie, nous a raconté dans le temps une légende semblable à celle d'Hâouri, mais dont le héros était Sidi Mansour, le marabout de la porte d'Azzoun, enterré maintenant au cimetière de Sidi Abd-er-Rahman.

El-Hâouri mourut en 843 (1439), à l'âge de 92 ans. On sait que, pour venger la mort de son fils, tué par les habitants d'Oran, il demanda à Dieu que cette ville devînt pendant trois cents ans la proie des chrétiens. Si la durée des deux occupations d'Oran par l'Espagne ne comporte pas un tel nombre d'années, il est à croire que l'occupation française compensera au delà ce qui manque à ces trois cents ans.

La mosquée de la place des Carrières a été décrite plus haut.

Les édifices publics.

La préfecture, sur le boulevard Oudinot, *la mairie* et *le service du trésor et des postes*, au-dessus de l'ancienne porte de Canastel; *le tribunal civil*, rue de la Moskowa; *la Banque*, sur la place de l'Église, et enfin tous les autres services de l'administration civile installés plus ou moins provisoirement, attendent avec raison des monuments, ou du moins des bâtisses plus en rapport avec leur destination. *La douane*, suffisante pour les besoins actuels, sera probablement agrandie en même temps que le port. *L'abattoir*, sur le bord de la mer, près du ravin, est-il bien à sa place près d'un quartier qui se couvre de constructions de jour en jour? *L'hôpital civil* est installé *provisoirement* dans le caravansérail situé en dehors d'Oran, non loin de la porte Saint-André. C'est un grand bâtiment carré avec cours intérieures. Sa mosquée, qui a été convertie en chapelle catholique, et sa décoration intérieure et extérieure, dont l'ogive mauresque forme le principal motif, donnent à ce monument un faux air oriental.

Le théâtre.

Les Espagnols possédaient à Oran un beau et grand théâtre qu'on appelait *le Colisée*, ou bien encore *théâtre de la Sonora*. Faut-il conclure de cette dernière appellation que le monument en question fut construit par don José de Galves, exilé à Oran en 1782, après avoir été fait marquis de la Sonora, où il avait été envoyé comme inspecteur général en 1779? L'hypothèse peut être admise. Les bâtiments du Colisée furent disposés, après 1831, pour recevoir les dépôts des corps de troupes envoyées dans la province d'Oran, et plus tard, ce qui restait de ces bâtiments fut confondu dans une partie de l'hôpital militaire actuel.

Le théâtre provisoire, situé près de la promenade de Létang, est très-petit, puisqu'il ne contient que 700 places; mais il est fort bien aménagé sous le rapport des dégagements et des places, d'où le public ne perd rien des jeux de la scène. Tout petit que soit ce théâtre, il prouve ce que pourra faire plus tard son architecte avec plus d'emplacement et d'autres matériaux.

On joue tous les genres, y compris le grand opéra, sur le théâtre d'Oran, pour lequel on compose des affiches dont la rédaction nous avait semblé jusqu'alors une mystification à l'endroit de certains directeurs de province. Voici l'affiche du théâtre d'Oran du 15 janv. 1860 :

LES LIONNES PAUVRES,

Comédie en 4 actes,

Par M. Émile Augier,

De l'Académie française.

APPROUVÉE PAR S. A. I. LE PRINCE NAPOLÉON.

Du reste, la pièce fut aussi bien jouée que possible par des artistes arrivant de Mostaganem, où ils venaient de chanter l'opéra-comique, ayant passé la nuit en diligence et obligés de faire une répétition au lieu de prendre un peu de repos.

Les fontaines.

L'oued-Rehhi, qui a de tout temps alimenté les fontaines d'Oran, a sa source apparente à 1000 mèt. de son embouchure, au milieu d'une gorge étroite dont les flancs escarpés sont composés de calcaires de nouvelle formation et riches en fossiles. Malgré un cours si peu étendu, son volume d'eau est assez considérable pour suffire aux besoins d'une population de 25 000 âmes, et sa pente assez rapide pour faire tourner des moulins. A l'origine de la source, *Ras-el-Aïn*, au-dessous du fort Saint-Philippe, et non loin de l'ancien village d'*Ifri*, aujourd'hui détruit, et habité autrefois par les Maures alliés des Espagnols, on a construit depuis l'occupation française un petit monument qui sert de corps de garde, et d'où partent deux canaux conduisant les eaux aux diverses fontaines des deux villes : ce qui lui a fait donner le nom de Château-d'Eau.

Les principales fontaines d'Oran sont situées places de Nemours et d'Orléans, rues Philippe, de Turin, du Vieux-Château, du Château-Neuf; de belles fontaines-abreuvoirs ont été construites au Château-Neuf, à l'ancienne porte du Ravin (boulevard Oudinot); un bassin, contenant 25 000 litres, sur le quai de la Moune, sert d'aiguade à la Marine.

Toutes ces fontaines, abreuvoirs ou bassin, n'ont rien de remarquable. La fontaine de la place d'Orléans, adossée à la halle couverte, et construite en 1789, sous Charles IV, par le conseil du Gouvernement, est surmontée d'un écu qu'on peut blasonner ainsi : « De gueules au lion d'or passant, chargé d'un soleil rayonnant de même, » et dans lequel M. L. Fey voit les armes de la ville d'Oran.

La fontaine de la rue Philippe rappelle le type des fontaines d'Alger; elle est adossée au mur; un arbre magnifique, un de ceux qui furent plantés sur l'ancien chemin de Canastel, l'ombrage. Près de cette fontaine, construite par le bey Ali-Kara-Bar'li en 1812, il y avait une petite boutique d'où le marchand, qui vendait du tabac, Hassen, est sorti pour devenir bey d'Oran de 1817 à 1830.

Établissements d'instruction publique.

Enseignement supérieur. — Cours public d'arabe vulgaire et littéral, professé par M. Combarel.

Enseignement secondaire. — 1° Collége communal; 2° école des Pères Jésuites.

Enseignement primaire. — Écoles publiques : 1° pour les garçons, l'école catholique, l'école protestante, l'école israélite; 2° pour les filles, 2 écoles catholiques, l'école israélite; 3° l'école mixte catholique; 4° une salle d'asile; 5° une classe d'adultes. — Écoles privées: 1° 5 écoles pour les garçons; 2° 6 écoles pour les filles; 3° une salle d'asile.

Ces divers établissements renferment un peu plus de 2000 élèves.

Établissements et sociétés de bienfaisance.

Un *bureau de bienfaisance*, une *caisse d'épargne*, une *société de secours mutuels*, l'*hôpital civil*, cité plus haut, une *loge franc-maçonnique*.

ENVIRONS D'ORAN.

Les environs d'Oran sont loin d'offrir, comme ceux d'Alger, des promenades délicieuses et variées dont on n'a que le choix. Ici le sol, longtemps aride et brûlé, commence à peine à changer d'aspect. Le palmier nain, le halfa, le jujubier sauvage, disputent encore l'espace aux cultures des légumes et des céréales, qui entourent les villages et les fermes groupés entre Oran et Arzeu, et reliés par des routes assez bonnes en été. On ne peut certainement pas nier qu'un grand progrès se soit accompli, dans les environs d'Oran, au point de vue de la colonisation; mais le touriste qui aura visité un village pourra se faire suffisamment l'idée de ce que sont tous les autres villages. C'est donc plus loin, au delà de cette nature monotone, qu'il faudra aller chercher, comme le dit si bien M. Mac Carthy, ce qu'il y a à voir et à admirer : « les paysages du massif tlemcénien, des territoires de Nedroma, de Sidi Bel-Abbès, de Maskara et de Saïda, les belles forêts de Daïa, le splendide amphithéâtre qui domine Frenda, les aspects variés des vallées de la rivière de Nemours, de l'oued-Chouli, de l'oued-Rihou, de la Mina; la riche campagne des environs de Mostaganem et les sites agrestes de son plateau; le joli bassin de Mazouna, les sites charmants du saut de la Mina, près de Tiharet et des cascades d'El Ourit, à 4 kil. de Tlemcen. »

Les villages annexes de la commune d'Oran sont : Kerguenta, à l'E.; la Sénia, au S.; Mers-el-Kebir, Aïn-el-Turk et Bou-Sfeur, à l'O.

Kerguenta ou *la Mosquée*, 3900 hab., séparée d'Oran par un ravin rempli de jardins, que contourne la route de Mostaganem, était, en

1832, un immense faubourg habité par des arabes Douaïr, Smela et R'araba, tous gens du mar'zen. Détruit sous le commandement des généraux Boyer et Desmichel, afin de dégager les abords de la place, il n'en restait qu'une mosquée élevée par Mohammed-el-Kebir, pour lui servir de tombeau ainsi qu'aux siens, et terminée en 1793, qu'on rendit défensive, et dont on augmenta ensuite les bâtiments destinés à fournir le premier casernement de cavalerie. C'est là, en effet, que fut formé le 2ᵉ régiment de chasseurs d'Afrique.

Plus tard, et grâce à l'initiative courageuse et intelligente de M. Ramoger, Kerguenta est devenue une petite ville très-animée; elle est coupée à angles droits par de larges rues; on y trouve une église, une école communale, une halle aux grains; le service forestier et le magasin pour les tabacs de l'État y sont également installés. Kerguenta a été annexée à la commune d'Oran, le 31 déc. 1856.

A 2 kil. S. de Kerguenta, on rencontre le **village nègre**, dit des *Djalis*, 1800 hab.; sa création date de 1845. Dans le but de débarrasser Oran, la place, les portes, les glacis, des nombreuses tentes et des gourbis élevés par les Berrani, Douair, Smela, R'araba, après leur expulsion de Kerguenta, M. le général de Lamoricière, alors gouverneur général par intérim, arrêta, le 20 janv. 1845, la création du village des Djalis (étrangers), appelé aujourd'hui le village nègre. L'emplacement fut fixé sur un terrain domanial, situé au delà de la première zone des servitudes de la place d'Oran. Aussitôt que la création de ce village fut arrêtée, des autorisations de bâtir furent délivrées à une foule d'Arabes, qui se mirent à l'œuvre pour substituer une maison à la tente ou au gourbi. La valeur des constructions de ce village peut être fixée au minimum à 200 000 fr. Une partie de la population, qui se livre à l'agriculture, loue des terres à nos colons, ou s'associe avec ces derniers pour le cinquième de la récolte.

8 kil. S. E. **La Sénia**, 620 hab., créée par arrêté du 10 juill. 1844 et du 29 oct. 1845, annexée à la commune d'Oran le 31 déc. 1856. On arrive à la Sénia par une route droite, plantée d'une double allée de mûriers. Les habitants de ce village se livrent, sur une grande échelle, à la culture maraîchère, dont les produits trouvent un facile débouché sur les marchés d'Oran. La Sénia possède une église et le dépôt des colons de la province.

On peut visiter aux alentours les belles exploitations agricoles de MM. Merceron, Arnault, Bou-Alem et Makhrlouf-Khralfoun.

8 kil. O. Mers-el-Kebir, *V.* p. 188.

14 kil. O. **Aïn-el-Turk**, la fontaine du Turc, 510 hab., créée par arrêté du 11 août 1850, annexée à Oran le 31 déc. 1856. Ce village est situé à égale distance de Mers-el-Kebir et du cap Falcon, sur la plage dite *des Andalous* ou de *Las Aguadas*; des maisons encadrées de verdure forment une rue principale dominée par une église, et terminée sur le bord de la mer par une place semi-circulaire, où l'on a construit une douane et une fontaine abreuvoir.

La plage d'Aïn-el-Turk servait toujours de point de débarquement aux janissaires d'Alger, lorsqu'ils venaient pour assiéger Oran. C'est également sur cette plage que débarqua, le 30 juin 1732, le comte de Montemar, parti d'Alicante le 15 ; il culbuta les Arabes, au nombre de 40 000, qui voulaient s'opposer à à la descente de ses troupes, et il entra le lendemain dans Oran, que les Espagnols avaient été forcés d'abandonner vingt-quatre ans auparavant, alors que cette ville était commandée par le comte de Santa-Cruz.

20 kil. O. d'Oran et 6 kil. S. O. d'Aïn-el-Turk. **Bou-Sfeur**, 150 hab., fondé en 1850, annexé à Oran le 31 déc. 1856. Ce village est situé au pied N. O. du Mourdjadjo et au fond de la plaine qui termine la plage des Andalous, ainsi nommée parce que les premiers Maures chassés d'Espagne, vinrent y débarquer. *Un hameau arabe* d'une trentaine de maisons a été créé près de Bou-Sfeur ; ses habitants, tous agriculteurs, sont dans une aisance convenable.

A 7 k. O. de Bou-Sfeur, près de la place située entre le cap Falcon et le cap Lindlès, on rencontre *la ferme des Andalous*, bâtie sur les ruines d'une ville romaine, *Castra puerorum ?*

ROUTE 21.

D'ALGER A ORAN,

PAR TERRE.

440 kil. — Service de diligences tous les deux jours. Trajet en 64 h., par Blida, Miliana, Orléansville (9 h. de séjour pour coucher), Relizan, Mostaganem et Oran.

210 kil. **Orléansville**, *V.* R. 8.
223 kil. L'*oued-Isly* descend de l'Ouarensenis et se jette dans le Chelif à 6 kil. de la route.

253 kil. L'*oued-Rihou* descend comme l'oued-Isly de l'Ouarensenis et va se jeter également dans le Chelif, à 4 kil. de la route, chez les Beni-Mammar.

261 kil. L'*oued-Djediouïa* descend des montagnes à l'O. de Tiharet, chez les Flitta, et se jette dans le Chelif à 3 kil. de la route.

Les plaines du Chelif, que l'on n'a point quittées jusqu'à présent, vont bientôt prendre jusqu'à Relizan le nom de plaines de la Mina, rivière qui coule à l'O. dans la direction du S. au N., et va grossir le Chelif dont il est le plus fort affluent.

290 kil. **Bel-Asel**, *V*, R. 27.
302 kil. **Relizan**, *V.* R. 28.
354 kil. **Mostaganem**, *V.* R. 27.
440 kil. **Oran**, *V.* R. 20.

ROUTE 22.

D'ORAN A TLEMCEN.

130 kil. — Service de diligences tous les jours pour Tlemcen ; tous les jours impairs pour Aïn-Temouchent.

On sort d'Oran par la porte Saint-André. Direction S. O., entre le djebel R'amera à dr., et les plaines, à peu près toutes cultivées, qui s'en vont finir à g. au grand lac salé ou *Sebkhra* d'Oran. Horizon bleuâtre des cimes du Tessala au S.

15 kil. **Misserguin** et mieux *Mserr'in*, 1288 hab. *Hôt.* du Lion-d'Or ; *auberges ; bureau des postes ; relais ; marché* hebdomadaire le vendredi.

Des médailles, moyens et grands bronzes du Bas-Empire, trouvées dans la propriété du docteur Maurer, peuvent-elles faire supposer l'existence d'un établissement romain à Misser'in, et faudrait-il alors voir dans cet établissement, d'après

M. L. Fey, la *Gilva* que M. Mac-Carthy place de l'autre côté du lac, à Ar'bal?

Sans remonter aussi loin, on sait que les beys d'Oran possédaient à Mserr'in une habitation de plaisance ombragée, embaumée et comme blottie au milieu des orangers, des citronniers et des grenadiers. Cette demeure délicieuse de mauresques recluses tomba en ruine après 1831. Vers la fin de 1837, on installa près de là, dans un camp retranché, une colonie de militaires cultivateurs, auxquels on substitua plus tard un régiment de spahis. Une belle pépinière fut créée sur ce point en 1842. Le 25 novembre 1844, on décréta un village dans le voisinage du camp, près duquel étaient déjà groupées les maisons ou baraques des cantiniers et petits marchands, noyau inévitable de toute colonie africaine auprès d'un établissement militaire. Les spahis ayant été transportés sur un autre point en 1851, les bâtiments de l'ancien camp furent, par décret 16 août de la même année, concédés à M. l'abbé Abram, avec les terrains qui y étaient affectés, la pépinière et des terres contiguës, le tout formant une superficie de 55 hectares. M. l'abbé Abram, en retour de cette concession, fondait un orphelinat pour 200 élèves sur les mêmes bases que ceux de Ben-Aknoun et du camp d'Erlon (*V.* p. 97). Par un autre décret du 20 avril 1854, la maison du général de Montauban a été concédée aux dames trinitaires d'Oran, pour y fonder un orphelinat de jeunes filles, qui reçoivent, au nombre de cent, l'instruction nécessaire à de futures bonnes ménagères de cultivateurs. Enfin un couvent de dames du Bon-Secours sert, comme à El-Biar, (*V.* p. 70), de refuge aux pauvres filles qui sont exposées, par l'abandon ou la misère, à faire le mal.

Mserr'in a été érigé en commune le 31 décembre 1856. On fait dans ce village beaucoup de culture maraîchère. L'industrie consiste en moulins à farine, en distillerie d'asphodèle et en fabrique de crin végétal. Le marché du vendredi est très-fréquenté par les indigènes, qui y amènent des chevaux et des bestiaux, et y apportent des céréales, des légumes et de la volaille.

On visitera à Mserr'in *la petite église*, construite, en style roman, par M. Viala de Sorbier, et la *pépinière* de l'orphelinat de garçons, qui peut livrer chaque année aux services publics et aux particuliers 40 000 pieds d'arbres d'essences forestière, fruitière et industrielle.

On visitera également à *Tensalmet*, ancien bourg au xe siècle, aujourd'hui détruit, 5 kil. O. de Mserr'in, la ferme et *la bergerie modèle*, où M. Bonfort entretient 1200 têtes de bêtes à laine, races mérinos et indigènes. C'est à Tensalmet que les troupes de Mserr'in, 860 hommes entraînés dans une embuscade, le 12 mars 1840, faillirent être massacrés par 6000 Arabes, et purent revenir au camp, grâce à la bonne contenance d'un bataillon d'infanterie du 1er de ligne, formant la réserve.

23 kil. *Aïn-Bridia*, localité où l'on trouve, près de la koubba de *Bou-Tlelis*, plusieurs mares près desquelles les bergers arabes ont coutume de venir abreuver leurs bestiaux.

Bou-Tlelis est le surnom d'un marabout nommé Ali; il vivait au xiv⁰ s., et il opéra pendant sa vie et après sa mort de grands miracles, entre autres celui qui lui fit donner son surnom. La tradition rapporte qu'un jour un envoyé d'un prince Mérinide, en guerre avec le roi de Tlemcen, vint demander à Ali une certaine quantité d'orge pour les chevaux de son maître. Le bonhomme, qui était un pauvre diable, entra chez lui et reparut un instant après, conduisant un lion, sur le dos duquel était un petit sac rempli d'orge. Il y en avait à peine pour le repas d'un cheval. A la vue du lion, l'envoyé du prince veut prendre la fuite; le marabout l'arrête et lui dit : « Conduis-moi à la tente du sultan. » Ils partent, pénètrent dans le camp et arrivent en présence du sultan. Celui-ci, à la vue du peu d'orge que lui présente Ali, entre dans une violente colère, il injurie le pauvre homme et le menace de le faire écorcher vif avec son lion. Le marabout, pour toute réponse, prend le sac qui est sur le dos du lion et verse au pied du prince l'orge qu'il contient. Déjà un gros tas était formé, il y en avait assez, et le sac n'était pas désempli. On cria au miracle, et Ali ne fut plus connu que sous le nom de *Bou-Tlelis*, l'homme au petit sac.

30 kil. **Bou-Tlelis**, 560 hab., colonie agricole de 1849. Le v., remis à l'autorité civile le 6 avril 1853, a été annexé à la commune de Misser'in le 31 décembre 1856. *Bureau* de distribution des postes.

42 kil. **Lourmel**, nom d'un général tué au siége de Sébastopol; création de ce village le 15 janvier 1856, à *Bou-Rechach*, près de l'extrémité occidentale de la Sebkhra. Les Espagnols avaient fait construire un fortin dans cet endroit, qui devint plus tard le gîte de la 2⁰ étape d'Oran à Tlemcen.

La Sebkhra ou Grand lac salé d'Oran, que la route côtoie depuis Misser'in, finit à 4 kil. au delà de Lourmel; de ce point au v. de Valmy, c'est-à-dire du S. O. au N. E., sa longueur est de 40 kil., sur une largeur moyenne de 8 kil. Une Sebkhra, on l'a déjà dit, est une terre que les eaux couvrent puis découvrent, en y laissant une légère couche de cristaux de sel formés par les chaleurs. On tire parti de ce sel; mais le dessèchement du grand lac offrirait, d'après le journal l'*Écho d'Oran*, des résultats financiers plus avantageux. Le lac a 32 000 hect. de superficie; les terres sont de nature, après le dessèchement, à devenir excellentes pour le labour, et elles sont évaluées à 200 francs l'hect., soit 6 400 000 francs, dont il faudrait défalquer 4 400 000 francs pour frais, faux frais et perte d'intérêts; le bénéfice net serait donc encore de 2 000 000.

55 kil. *Le Rio Salado*, le flumen Salsum, l'oued et Malah, en espagnol, en latin ou en arabe: la *Rivière-Salée*. Ce cours d'eau saumâtre, qui nourrit plusieurs espèces de poissons ainsi que divers coquillages et des tortues, prend sa source dans le massif du Tessala, au S. E., et va se jeter dans la mer, à 20 kil. de la route. C'est près du Rio Salado, que les historiens font mourir Aroudj; mais nos chroniqueurs modernes ont dit avec beaucoup plus d'autorité que le fondateur de la régence d'Alger a été tué sur la frontière du Maroc, en fuyant de Tlemcen pour échapper aux Espagnols.

A 3 kil. à g. du pont, à l'endroit dit *Medinet Aroun*, où s'élevait *Djeraoua Lazizou* au xe siècle, M. L. Fey a signalé la découverte de médailles moyens bronzes, dont une de Justinien, et d'une inscription votive au dieu Mercure, par Lucius-Acilius Glabrio, de l'année provinciale 111 (150, 151 de J. C.).

57 kil. *le bois de Chabet-el-Lham*. Les broussailles et taillis qui figurent sous ce nom, sur les cartes de la province d'Oran, méritent à peine, dans leur état actuel, une mention forestière. Ce bois pourra acquérir plus tard de l'importance, surtout par sa situation sur la route d'Oran à Tlemcen, quand sa végétation vigoureuse, protégée pendant quelques années contre les dévastations, les pâturages et les coupes déréglées, donnera des produits abondants.

Le nom de Chabet-el-Lham, défilé de la chair, rappelle le massacre des Espagnols commandés par D. Alphonse de Martinez, lorsqu'ils allaient porter secours à Abd-Allah, sultan de Tlemcen, en 1543; treize hommes seulement purent s'échapper et apportèrent à Oran la nouvelle de cette sanglante défaite, due à la trahison des contingents arabes.

72 kil. **Aïn-Temouchent**; *hôtel de France*; *bureau des postes*; *service de diligences* pour Oran, tous les jours pairs; *Relais*; *marché* tous les jeudis; *Minoteries* importantes; *jardin public*.

Aïn-Temouchent, l'ancienne *Timici* des Romains, le Ksar-ibn-Sênan des Arabes, 900 hab., créée par décret du 26 décembre 1851 et administrée, depuis le mois de janvier 1860, par un commissaire civil, est bâtie sur le bord d'un escarpement et au confluent de l'oued-Temouchent et de l'oued-Senan.

Les ruines de Timici ont été signalées à différentes époques, par M. Berbrugger en 1836, M. l'abbé Bargès en 1846, M. Raby Duvernay en 1849, M. L. Fey, en 1858. M. l'abbé Bargès décrit ainsi ces ruines : « De grandes pierres carrées, entassées çà et là les unes sur les autres, des pans de murailles encore debout avec des portes et des seuils, des dalles ayant servi de pavé, et restant encore fixées dans le sol, des fragments de briques, de verres et de vieux ustensiles gisant pêle-mêle au milieu des décombres et des buissons, qui en dissimulaient une partie à la vue, étaient les seuls restes d'une ville fondée probablement par les Romains. Le pays environnant se nomme Zîdour et appartient aux Ouled-Khralfa. Un Arabe de cette tribu m'a dit que Zîdour était le nom d'un roi romain qui avait régné autrefois dans la contrée. Je crois reconnaître dans ce nom une origine grecque ou latine, et, si je ne me trompe, c'est le mot Isidorus défiguré par les Arabes. Cet Isidore était peut-être le gouverneur de cette contrée. »

M. Noël, sous-officier du génie, a publié dans le 3e volume de la *Revue Africaine*, année 1859, le plan de Timici. L'enceinte assez irrégulière de cette V., orientée du N. O. au S. E., comprend une partie du marché situé en dehors d'Aïn-Temouchent et l'angle N. E. de cette dernière. Des fouilles faites depuis la visite de M. l'abbé Bargès ont mis à jour des moyens bronzes, un Trajan en argent; des sous d'or du Bas-Empire, des inscriptions tumulaires et votives, des bas-reliefs, dont l'un, représentant la mort de Cléopatre, se voit dans la cour d'honneur du Château-Neuf à Oran, et l'autre, un Bacchus indien, a disparu. M. l'abbé Bargès, dans ses *Souvenirs d'un voyage à Tlemcen*, parle de deux inscriptions qui n'ont point été retrouvées depuis son passage à Aïn-Temouchent. L'une d'elles, en lettres grecques et romaines, est assez curieuse.

```
      ΔΙSCE
     ·ACEΔO·
      OSIRI
```

« Cette pierre, à en juger par les trois trous dont elle est percée, a dû être fixée sur un mur, et, si je ne me trompe, placée sur le frontispice d'un temple consacré à Osiris, divinité dont le nom se lit dans l'inscription. J'ignore à quelle langue appartiennent les mots qui précèdent; je laisse aux savants antiquaires le soin et l'honneur de les déchiffrer. »

Victor de Vite, dans une liste d'évêques d'Afrique de la fin du ve siècle (484), cite un *Timicitanus episcopus*.

On retrouve plus tard au xe siècle, sur la route d'Oran à Tlemcen, et à l'emplacement de Timici, la ville arabe de *Ksar-ebn-Senan*.

De notre temps, Aïn-Temouchent, redoute entourée d'un large fossé, 3e étape militaire d'Oran à Tlemcen, est devenue une petite ville destinée à un grand avenir agricole, par sa situation sur une route au milieu de plaines fertiles.

84 kil. **Aïn-Kial**, la source des fantômes, 50 h., v. fondé par décret du 22 décembre 1855.

Aïn-Sefra, maison de cantonnier et relais.

100 kil. **Aïn-Tekbalet**. Une fontaine a été construite en cet endroit par les soins de l'autorité française. On a gravé sur cette fontaine une inscription arabe, qui consacre le souvenir de la halte faite en cet endroit par Sidi Bou-Medin il y a 700 ans. (Voir plus loin : *Environs de Tlemcen*.) C'est à gauche de la route qu'est la carrière de travertin calcaire ou marbre onyx translucide, blanc, rose, jaune clair, jaune orange, vert maritime, brun foncé. Les sultans de Tlemcen y faisaient tailler des colonnes, des vasques et des dalles pour leurs mosquées et leurs palais; l'industrie n'a su faire de nos jours, avec cette riche matière, que des garnitures de cheminée.

La route va toujours descendant ou montant à travers les terres couvertes de palmiers nains et de scilles. Rien n'est plus monotone; mais, quand on a gravi la montagne entrecoupée de ravins, et qu'on est arrivé au plateau qui domine l'Isser, on découvre une vue des plus magnifiques, surtout le matin. « Au loin s'étend une haute chaîne de montagnes, dont le pied plonge encore dans l'ombre. Peu à peu, les rayons du soleil levant éclairent leurs flancs mystérieux; des maisons blanches, des tours élevées, des remparts qui semblent nager dans les flots d'une lumière vaporeuse, des paysages d'une richesse magnifique se révèlent à la curiosité de nos regards. Vous avez devant vous l'ancienne capitale du Mar'reb moyen, la porte du *R'arb*, la clef de l'Occident, la première résidence des princes Edrissites, le siége d'un empire célèbre dans les fastes de l'Afrique septentrionale ; enfin, une cité dont les ruines sont dignes au plus haut degré des études et des explorations de la science. Cette apparition qui a lieu au moment du réveil de la nature entière et dans un lointain où les objets paraissent revêtus de formes vagues et incertaines, me semble tenir plutôt du rêve et de l'illusion, que de la réalité et de l'évidence. » (*L'abbé Bargès.*)

104 kil. *le Pont de l'Isser*, ham. créé par décret du 12 mai 1858. *Relais*.

L'oued-Isser ou Isseur, dont le nom est donné à une rivière de la Kabilie, voir page 170, prend sa source chez les Beni-Smiel, se dirige du S. au N. et de là à l'O., pour se jeter dans la Tafna, après un parcours de 80 kil. ; on y pêche des truites, des barbeaux et des anguilles.

111 kil. *l'oued-Amïeur*, dont on a fait l'*Amier* ou l'*Amiguier*, est un affluent de l'Isser. A 4 kil. delà, à g. de la route, on rencontre Bou-Djerar, où sont les vestiges d'un poste romain qui commandait la partie supérieure de l'oued-Amïeur.

125 kil. **Négrier**, nom d'un général tué en juin 1848, 130 h. ; ce v. créé le 11 juillet 1849 a été annexé à la commune de Tlemcen, le 17 juin 1854.

La route passe près de là, sur un pont jeté au-dessus de la Safsaf ou Sikkak, pour continuer jusqu'à Tlemcen, à travers des champs cultivés, des prairies, des vergers, et des bois d'oliviers. Après une montée de quelques minutes, on contourne Tlemcen à l'O., et l'on entre dans cette ville par la porte dite d'Oran.

130 kil. **Tlemcen**, *hôtel* de France ; *cercle militaire*, on y est admis sur présentation ; *café-brasserie*, de Flokner, le meilleur de toute l'Algérie ; *bains Maures* ; *libraire-papetier*, M. Des Ageux ; *bureau des postes* ; *télégraphie électrique*; *service des diligences* pour Oran, à l'hôtel de France ; *location* de chevaux et mulets pour les environs.

Situation, aspect général.

Tlemcen, V. de 17 500 âmes, dont 3000 Européens et 14 500 indigènes, est située par 3° 70' de longitude occidentale et 34° 95' de latitude septentrionale sur un plateau de 800 mèt. d'altit., au pied du rocher presque à pic de Lella Setti, qui la domine au S.

Lorsqu'on arrive du village de Négrier, « l'œil distingue, dit M. l'abbé Bargès, sur un plateau ménagé aux dernières pentes d'une montagne escarpée, l'antique reine du Mar'reb. On la reconnaît facilement à ses blancs minarets, à la couronne de tours et de créneaux qui l'entourent; à ses vieux remparts qui tombent en ruine devant les nouveaux; d'immenses vergers d'oliviers, une forêt de figuiers, de noyers, de térébinthes et d'autres arbres l'environnent de toutes parts et forment autour d'elle une vaste ceinture de verdure. A chaque pas que l'on fait le panorama se rétrécit, les édifices disparaissent et se cachent dans l'ombre; l'on n'aperçoit plus que les créneaux du minaret de la grande Mosquée qui lève encore sa tête au-dessus de cette vaste enceinte, et qu'on serait tenté de prendre pour un vaste nid d'oiseaux perché sur la cime d'un arbre.

« Au levant de Tlemcen, à la distance d'une demi-lieue, s'élève, au milieu des arbres et des jardins, le pittoresque village de Sidi Bou-Medin, avec sa grande mosquée, son minaret élégant et ses blanches maisons; c'est là que les souverains de Tlemcen, oubliant un instant les affaires sérieuses, venaient jadis converser familièrement avec les anachorètes qui peuplaient cette montagne; c'est le lieu que choisit le célèbre historien Abd-er-Rahman-Ibn-Khaldoun, pour s'adonner tout entier, loin du tumulte du monde, à l'étude des sciences et à la contemplation des choses divines. »

Plus près de Tlemcen et au levant encore, le minaret isolé que l'on aperçoit est celui d'Agadir, la primitive Tlemcen, l'ancienne Pomaria des Romains.

Du côté de l'O., un autre minaret, dont la base semble perdue au milieu de forêts d'oliviers, est celui de la mosquée détruite de Mansoura, la ville des Mérinides, qui a fait place à un modeste village.

Telle est Tlemcen extérieurement.

Que l'on pénètre maintenant au cœur de la ville, dans la grande mosquée, on aura, du haut de son minaret, l'idée la plus exacte de la configuration de Tlemcen.

Au S., c'est d'abord la place Saint-Michel donnant naissance aux rues Saint-Michel, Saint-Cyprien et Clauzel, aboutissant toutes trois au Mechouar; à l'O. de cette citadelle, ancien palais des émirs, le quartier des juifs, rasé en partie par les alignements, s'étend de la rue Haédo aux différentes constructions militaires; à l'E. c'est le quartier des maisons à moitié effondrées, où des Maures se logent comme dans autant de tanières.

Si maintenant on se retourne au N. O., on verra s'élever toute une nouvelle ville avec sa place et sa rue Napoléon bordées des édifices civils qui remplaceront la *Ratopolis*, dont les habitants trop nombreux menaçaient d'infester un beau jour tout Tlemcen. Au N. E., est situé le quartier des marchands avec ses fondouks et ses longues rues à petites boutiques. Enfin, du N. E. au S. E., parallèlement aux remparts, s'étendent encore des rues aux maisons croulantes et laissant étudier, mieux qu'on ne le ferait avec la meilleure description, les mille détails d'une architecture dont les Arabes dégénérés semblent avoir perdu les principes.

Voilà donc la Tlemcen actuelle dont Yahia-Ibn-Khaldoun disait: « C'est une ville solidement construite, jouissant d'une température agréable, pourvue d'eaux douces et possédant un territoire fertile et riche en productions. Placée sur le flanc d'une montagne, elle s'étend dans sa longueur, d'Orient en Occident; l'on dirait d'une jeune épouse assise mollement sur son lit nuptial. Les branches des arbres qui s'élèvent au-dessus de ses édifices sont comme les fleurons d'une couronne qui brille sur un front majestueux. Du flanc de cette montagne elle développe sa largeur sur une vaste plaine appropriée à la culture, dont les ondulations, pareilles à des bosses de dromadaires, sont déchirées par le soc de la charrue, dont la houe ouvre les entrailles, après que les nues ont versé sur la terre leur rosée bienfaisante. Des hauteurs voisines de Tlemcen se précipitent des ruisseaux qui fournissent aux habitants l'eau qui leur est nécessaire. Cette eau leur est amenée pure et limpide par plusieurs canaux et conduits souterrains, et elle est ensuite distribuée aux collèges et aux mosquées par le moyen des fontaines et des bassins. Elle passe également dans les maisons des particuliers et dans les établissements de bains, où elle est reçue dans des citernes et dans des réservoirs; l'excédant va arroser au dehors de la ville, les vergers et les champs. Par la réunion de ces avantages, Tlemcen est une cité dont la vue fascine l'esprit, dont la beauté séduit le cœur. Ceux qui veulent la célébrer ne sont pas embarrassés pour trouver des sujets de louange; aussi a-t-elle été longuement chantée et a-t-elle fourni matière à des poésies charmantes et suaves.... »

Abd-el-Kader, après avoir pris possession de Tlemcen, comparait la cité arabe à une amie dont il aurait conquis l'affection. « En me voyant, disait l'émir-poëte, Tlemcen m'a donné sa main à baiser; je l'aime comme l'enfant aime le cœur de sa mère; j'enlevai le voile qui enveloppait son long visage, et je palpitai de bonheur : ses joues étaient rouges comme un charbon ardent. Tlemcen a eu des maîtres, mais elle ne leur a montré que de l'indifférence; elle baissait ses beaux et longs cils en détournant la tête ; à moi seul elle a souri et m'a rendu le plus heureux des sultans. Je l'ai tenue par le grain de beauté qu'elle avait sur une joue, elle m'a dit : « Donne-moi un baiser et ferme-moi « la bouche avec la tienne. »

Que devait donc être, au temps de sa splendeur, la ville délabrée que chantait ainsi Abd-el-Kader? Il se la figurait sans doute telle qu'elle serait redevenue, s'il avait rétabli la nationalité arabe.

Histoire.

C'est un volume et non quelques pages qu'il nous faudrait pour résumer convenablement l'histoire de Tlemcen et faire la description de ses admirables monuments encore debout ou en ruine. Nous avons consulté avec fruit, pour les lignes trop courtes à notre gré, qui suivent, l'*Histoire des Berbères d'Ibn Khaldoun*, traduite par M. de Slane; l'*Histoire des Beni-Zian* et le *Voyage à Tlemcen*, de M. l'abbé Bargès, et enfin le beau travail de M. C. Brosselard sur les *Inscriptions de Tlemcen*, publié dans la *Revue africaine*, nos 14 à 27.

Le berceau de Tlemcen est à Agadir, élevée elle-même sur les ruines de Pomaria, qui, suivant M. l'abbé Bargès, avant de devenir colonie romaine, devait servir de résidence à quelques chefs indigènes des Mar'raoua, Μαχουρέβιοι des géographes grecs, Macurebi de Pline, branche des Zenata, connue des anciens sous les noms de Massyléens et de Massésyliens.

Pomaria, ainsi nommée, à cause sans doute des magnifiques bois d'oliviers, des arbres fruitiers de toute espèce, des sources et des jardins qui faisaient de cette localité privilégiée un vaste verger, Pomaria, point secondaire, sous les Romains, était un camp comme Lella Mar'nia, Nedroma et Ouchda, situé dans la partie occidentale de la Mauritanie Bogudienne, devenue plus tard Mauritanie césarienne; elle possédait au IIIe s. de notre ère, sous Gordien le Jeune, un corps de cavalerie commandé par un préfet, personnage consulaire, et chargé d'éclairer les mouvements des tribus ennemies.

Deux inscriptions recueillies, la première sur une pierre de l'angle N. O. du minaret d'Agadir et la seconde sur un banc de la cour du beylik, transporté depuis au musée de Tlemcen, donnent les noms : de Pomaria, du Dieu qui protégeait cette ville, du préfet et enfin du corps de la cavalerie.

DEO
SANCTO
AVLISVAE
FL. CASSI
ANVS PRAE
FEC. ALAE
EXPLORA
TORVM
POMARI
ENSIVM

« Au dieu saint Aulisva, Flavius Cassianus, préfet du corps des explorateurs pomariensiens. »

DEO INVICTO
AVLISVAE
. . . .
. . . .
ALAE EXPL PO
MAR. GORDIA
NAE ET PROC
AVG N.

« Au dieu invincible Aulisva.... de l'aile exploratrice pomariensienne gordienne, et procurateur de notre auguste empereur. »

Si ces deux inscriptions, signalées par MM. l'abbé Bargès en 1846, Mac Carthy en 1850, et Caussade en 1851, ne suffisaient pas pour établir la synonymie de Pomaria avec Tlemcen, nous renverrions dès à présent le lecteur à une troisième inscription découverte à Lella Mar'nia, et donnant la distance de cette dernière localité à Pomaria. (*V.* p. 267.)

D'autres inscriptions, découvertes à Agadir et au cimetière des Juifs, appartiennent à des monuments funéraires et nous reportent généralement à la deuxième partie du ve s. de notre ère, époque de la grande persécution des Vandales ariens.

Victor de Vite cite dans sa liste des évêques (484 J.-C.), celui de Pomaria, *Episcopus Pomariensis*.

Nous n'avons aucune donnée certaine sur Pomaria, lors de l'invasion arabe.

Tlemcen (**Agadir**), dit Ibn-Khaldoun, capitale du Mar'reb central et métropole des États zénatiens, eut pour fondateurs les Beni-Ifren, dans l'ancien territoire desquels elle est effectivement située.

L'historien Ibn-Rakik raconte qu'Aboul-Mouhadjer, gouverneur de l'Ifrikïa, après Okba-ben-Nafi, viie siècle de notre ère et i^{er} de l'hég., pénétra jusqu'à Tlemcen, et que les sources situées près de cette ville furent appelées Oïoun-el-Mouhadjer, en souvenir de lui.

Les Idrissides. En 790 de J.-C. (174 de l'hég.) *Idris-ben-Abd-Allah* soumet le Mar'reb-el-Aksa; il obtient de Mohammed-Ibn-Kazer, émir des Zenata, la possession de Tlemcen, et après un séjour de quelques mois, pendant lequel il posa les fondements de la grande mosquée, il reprend la route du Mar'reb-el-Aksa, installant à Tlemcen son frère comme gouverneur. — Quand les Fatemides eurent subjugué le Mar'reb, leur allié Moussa-Ibn-Abil-Afia marcha sur Tlemcen l'an 931 de J.-C. (319 de l'hég.), et détrôna l'Idrisside qui y commandait, *El-Hassen* fils *d'Aboul-Aïch*. Les Idrissides avaient donc gouverné pendant 140 ans.

Les Fatemides régnèrent jusqu'en 955 de J.-C. (344 de l'hég.), c'est-à-dire pendant 24 ans. Tlemcen leur fut alors enlevée par les troupes d'Abd-er-Rahman, roi de Cordoue. *Yala-Ibn-Mohammed* l'Ifrenide, maître du pays des Zenata et du Mar'reb central, obtint de ce dernier le gouvernement de Tlemcen.

Les Ifrenides. Les successeurs de Yala régnèrent pendant 125 ans à Tlemcen, jusqu'à ce que leur empire fût détruit par les Almoravides, 1080-1 de J.-C. (473 de l'hég.)

Les Almoravides. En 1080-1 de J.-C. (473 de l'hég.), le sultan *Abou-Yakoub-Youssef-ben-Tachfin*, premier roi de la dynastie des Almoravides ou des Marabouts, envoya son général Mazdali à la tête de 20 000 hommes, pour faire la conquête de Tlemcen. Celui-ci s'empara de la ville, la saccagea et y fit mettre à mort le fils du gouverneur Moala-ben-Yala. Une garnison fut laissée dans Tlemcen (Agadir), et Tagrart, bâtie sur l'emplacement du camp almoravide, ne forma plus tard qu'une seule ville avec Agadir. « Sous les Almoravides, dit M. C. Brosselard, une ère nouvelle commence; les princes de cette dynastie, hommes de gouvernement non moins que guerriers éminents, dignes héritiers des traditions de Youssef-ben-Tachfin, ne se contentent pas d'agrandir leur empire par la force des armes; ils s'appliquent à le rendre prospère par les institutions. Tlemcen participe aux bienfaits de cette politique nouvelle. L'œuvre d'Idris, le génie remarquable, le politique habile, qui, ayant pressenti l'importance de la position de Tlemcen et tous les avantages qu'on en pouvait tirer, y avait jeté les fondements d'une grande cité, l'œuvre d'Idris, incomprise et délaissée par ses successeurs, se continue, s'agrandit, se complète sous les Almoravides. La ville naissante prend corps et pousse avec vigueur; sa population s'accroît, ses relations s'étendent, son commerce se fonde, elle est dotée de grands monuments, elle se met à l'abri par des remparts solides contre les coups de main aventureux; elle accueille les étrangers, même les chrétiens, à qui elle laisse la liberté de leur culte. C'est la civilisation qui succède à la barbarie. »

Les Almoravides régnèrent 65 ans à Tlemcen; le dernier de ces princes fut *Tachfin-ben-Ali;* assiégé par Abd-el-Moumen, il s'enfuit vers Oran, où il périt (*V.* p. 191) 1145 de J.-C. (539 de l'hég.). Les partisans des Almoravides se renfermèrent dans Agadir, où ils se maintinrent pendant l'espace de quatre ans. Agadir fut alors emporté d'assaut par les Almohades, et les Almoravides furent pour toujours anéantis à Tlemcen.

Les Almohades. *Abd-el-Moumen*, après avoir ruiné Tlemcen de fond en comble et en avoir fait massacrer les habitants, releva les murs de cette ville, invita d'autres populations à s'y fixer, et nomma un gouverneur, Sliman-ben-Ouanouden, qu'il remplaça ensuite par son fils *Abou-Hafs*. Le commandement de la ville appartint depuis lors à un membre de la famille royale. « Les émirs Almohades, continue M. C. Brosselard, ne se montrent pas moins bons appréciateurs de l'importance de Tlemcen. Ils y attirent une population nouvelle pour combler les vides faits par la guerre;

ils en relèvent les fortifications, ils l'embellissent par la construction de riches monuments, ils travaillent à l'envi à en faire une métropole. » Tlemcen prit son plus grand developpement sous *Abou-Iram-Moussa*, fils du sultan *Youssef* et gouverneur de Tlemcen; il y fit ériger quantité d'édifices et de monuments, recula les limites de sa circonscription et fit entourer le tout d'un nouveau mur d'enceinte qui fut commencé en 1161 de J.-C. (566 de l'hég.). — « Agadir et Tlemcen furent mises en état de défense par *Aboul-Hassen*, fils d'Abou-Hafs, dit à son tour M. l'abbé Bargès, 1185 de J.-C. (581 de l'hég.), en prévision des attaques d'Ibn-R'ania, dernier représentant des Almoravides, qui, s'étant emparé successivement de Bougie, d'Alger, de Medéa et de Miliana, menaçait d'envahir le reste du Mar'reb et de ruiner l'empire naissant des Almoravides. » C'est à cette époque que les habitants de Tiharet et d'Archgoul (Rachgoun), deux villes ruinées par les Beni-Hillal, se réfugièrent à Tlemcen, dont ils triplèrent la population.

« En 646 de l'hégire (1248 de J.-C.), une révolution considérable s'accomplit dans les destinées de Tlemcen. De ville déjà florissante, mais considérée cependant comme un point secondaire dans le vaste empire almohade, qui embrassait à la fois l'Afrique occidentale et les pays conquis par les Musulmans en Espagne, Tlemcen devint à son tour siège d'un gouvernement et capitale d'un royaume particulier. Le Berber Yar'moracen-ben-Zian, émir de la tribu des Abd-el-Ouad, génie hardi et entreprenant, homme de guerre, aventureux et rusé politique, est l'auteur de cette révolution. Il bat et tue l'Almohade Ali-es-Saïd-ben-el-Moumen, à Temzezdekt, au midi d'Ouchda, enlève Tlemcen, s'y fait proclamer souverain et fonde ainsi une dynastie nouvelle. » (*C. Brosselard.*)

Le règne des Almohades à Tlemcen avait duré cent trois ans, de 539 à 646 de l'hég. (1145 à 1248 de J.-C.). Il finit avec *Ali-es-Saïd*, fils d'El-Moumen.

Les Abd-el-Ouadites. *Yar'moracen*, en rivalité continuelle avec les Merinides, issus comme les Abdel-Ouadites de la grande tribu des Zenata, fut battu en 679 de l'hég. (1280-1 de J.-C.) par le Merinide Abou-Youssef-Yakoub-ben-Abd-el-Hak, dont les fils devaient régner bientôt à Tlemcen, et mourut en 681 de l'hég. (1283 de J.-C.), en recommandant à son fils *Othman* de ne point lutter contre les Beni-Merin et de se tenir à l'abri des remparts de Tlemcen, s'il était attaqué. — *Abou-Saïd-Othman*, successeur de Yar'moracen, fit la paix avec Abou-Youssef, puis avec Abou-Yakoub, fils d'Abou-Youssef; mais ayant donné asile à un ancien ministre du sultan Merinide, celui-ci, après avoir ruiné le pays en 695 de l'hég. (1295-6 de J.-C.) et assiégé inutilement Tlemcen pendant sept mois, 697 hég. (1298 de J.-C.), vint commencer le long siège qui devait durer huit ans et trois mois, en 698 de l'hég. (mars 1299 de J.-C.). Abou-Saïd-Othman mourut pendant la cinquième année de ce siége, en 703 de l'hég. (1303-4 de J.-C.), après un règne de vingt-deux ans. — *Abou-Zian*, fils d'Othman, lui succéda; le siège continuait, la famine désolait Tlemcen, quand Abou-Yakoub mourut assassiné par un esclave dans la ville de Mansoura, qu'il avait fait élever à l'ouest de Tlemcen, sur l'emplacement de son camp, pendant la quatrième année du siége. Abou-Thabet, petit-fils d'Abou-Yacoub, auquel on suscite des conspirateurs, fait la paix avec Abou-Zian et se retire de Mansoura. Abou-Zian meurt en 707 de l'hég. (1308 de J.-C.). Son frère Abou-Hammou Moussa Ier lui succède et meurt assassiné par son propre fils, Abou-Tachfin Ier, en 718 de l'hég. (1318 de J.-C.). Tachfin, renouvelant les fautes de son aïeul Othman et donnant asile aux mécontents du Mar'reb-el-Aksa (Maroc), est assiégé par Abou-Saïd le Merinide en 730 de l'hég. (1329-30 de J.-C.). Le fils d'Abou-Saïd, Abou-Hassen-Ali, connu sous le nom de Sultan Noir, reprend en 735 de l'hég. (1335 de J.-C.) le siége interrompu par la mort de son père quatre ans auparavant, et s'empare de Tlemcen le 27 ramdam 737 (1er mai 1337). Abou-Tachfin mourut bravement à la tête des siens, au Mechouar, son dernier refuge. En lui finit le règne de la branche aînée des Abd-el-Ouadites.

Les Merinides annexèrent Tlemcen à leur empire, mais ils ne gardèrent leur conquête que vingt-deux ans; Tlemcen eut alors pour sultans : *Abou-Hassen-Ali*, 737 à 749 de l'hég. (1337 à 1348-9 de J.-C.), *Abou-Einan-Farès*, étranglé par son ministre en 759 (1358 J.-C.), et *Es-Saïd*, fils d'Abou-Einan, pendant quelques mois seulement.

« Tlemcen n'eut pas à regretter leur domination passagère : ils travaillèrent à l'embellir et y laissèrent quelques beaux monuments. » (*C. Br.*)

Les Abd-el-Ouadites. *Abou-Hammou-Moussa II* reprit le royaume de Tlemcen aux Merinides en 760 de l'hég. (1359 de J.-C.), trois mois après la mort d'Abou-Einan. Les Abd-el-Ouadites régnèrent jusqu'en 960 de l'hég. (1553 de J.-C.).

« A son apogée, leur souveraineté s'exerça dans les limites géographiques qui constituent aujourd'hui les provinces d'Alger et d'Oran. Tlemcen atteignit alors son plus haut degré de prospérité. Au dire des historiens les plus dignes de foi, sa population était de vingt-cinq mille familles ou environ 125 000 âmes. Elle était décorée de monuments publics et importants.... ses relations commerciales s'étendaient même aux villes maritimes les plus importantes de la Méditerranée.... Tlemcen était un foyer de lumières.... ses rois aimaient les sciences, les arts et les lettres.... Ils avaient une cour nombreuse et brillante, une armée disciplinée et aguerrie; ils frappaient monnaie à leur coin.... Tlemcen, en un mot, était à cette époque, où le génie des nations européennes se réveillait à peine de son long sommeil, une des villes les mieux policées et les plus civilisées du monde.

« Avec les premières années du XVIe siècle, la décadence de Tlemcen commença. La conquête d'Oran par les Espagnols (1509) découronne la royauté Zianite.... elle se fait l'humble vassale du lion de Castille. D'un autre côté, une nouvelle puissance se lève à l'Orient. Deux aventuriers de génie, les frères Barberousse, préludent par des conquêtes partielles au morcellement du royaume de Tlemcen. Alger, siége de l'odjak, prend les allures d'une capitale nouvelle. Un autre

État se fonde avec les lambeaux arrachés aux États Abd-el-Ouadites. Le moment vient où l'orgueil des émirs de Tlemcen doit s'abaisser. Salah-Raïs, pacha d'Alger, se montre sous les murs de leur capitale, et la ruine de leur royaume, qui n'était déjà plus que l'ombre de lui-même, est définitivement consommée (1553). Le fils du dernier sultan de la dynastie Abd-el-Ouadite, fuyant devant l'armée turque, se réfugie à Oran; il demande asile et protection aux Espagnols, se fait baptiser, et, sous le nom de don Carlos, il passe à la cour de Philippe II, où il s'éteint dans l'obscurité.

Gouvernement des Turcs. « Tlemcen, annexée aux États de l'odjak, devient le siège d'un aghalik. Le gouvernement essentiellement militaire des Turcs détruisait, mais n'édifiait pas. A ce contact, la civilisation n'avait qu'à perdre, rien à gagner. Tlemcen va s'affaiblissant de plus en plus; sa population industrieuse et polie émigre pour se soustraire aux brutales algarades de la soldatesque; la vie se retire de ce corps sans âme. Des luttes intestines, des intrigues de caserne, des exécutions capitales, voilà l'affligeant spectacle que Tlemcen présente pendant deux cent soixante-dix-sept années, où elle se débat sous l'étreinte barbare de la milice turque (1553 à 1830 de J.-C.). » (*C. Brosselard.*)

Gouvernement de la France. Après la chute d'Husseïn, dey d'Alger, Abd-er-Rhaman, empereur du Maroc, voulut s'emparer de Tlemcen. Les Koulour'lis ou fils de Turcs se défendirent dans le Mechouar pour le compte des Turcs, puis des Français, qui les prirent à leur solde. Cependant les Marocains, qui occupaient les autres parties de la ville, se retirèrent devant Abd-el-Kader, en 1834, en vertu du traité de février 1834. Le maréchal Clauzel, après l'expédition de Maskara, se dirigea sur Tlemcen où il entra le 12 janvier 1836. Il frappa un impôt sur les habitants, puis partit en laissant dans le Mechouar le capitaine Cavaignac avec un bataillon. On sait tout ce qu'eut à souffrir cette héroïque petite garnison. Le général Bugeaud, après avoir battu Abd-el-Kader à la Sikkak, le 6 juillet 1836, ravitailla Tlemcen, qui fut également ravitaillée au mois de novembre suivant par le général de Létang; or, à cette dernière époque, la garnison ne mangeait plus que des demi-rations d'orge ! Abd-el-Kader, mis en possession de Tlemcen par le traité de la Tafna du 20 mai 1837, en fit sa capitale; il chercha vainement à restaurer à son profit l'empire des anciens émirs; mais, le 30 janvier 1842, Tlemcen était définitivement occupée par la France. Chef-lieu de la cinquième subdivision militaire d'Oran, Tlemcen est la résidence d'un général ayant sous ses ordres près de 3000 hommes. La population civile, administrée dès le 4 novembre 1850 par un commissaire civil, a depuis le 13 octobre 1858 un sous-préfet. La création d'un tribunal de 1re instance date de 1860.

DESCRIPTION.

Les remparts et les portes.

Les Tlemcéniens, ceux du moins qui acceptent tout sans contrôle, disent que Tlemcen avait autrefois sept enceintes; et de fait on serait tenté de le croire, quand, après une rapide exploration de la V.

et de ses environs immédiats, on a circulé au milieu des ruines de murs et de portes, isolées ou continues, dont on ne saurait raisonnablement expliquer l'ensemble à une première inspection.

On a vu plus haut que Tlemcen se composait autrefois de deux V. séparées. La plus ancienne, bâtie avec les matériaux et sur l'emplacement de *Pomaria*, était appelée *Agadir*; la seconde, fondée en 473 de l'hég. (1080-1 de J. C.), par l'almoravide Aben-Youssef-ben-Tachfin, s'appelait *Tagrart*. Agadir et Tagrart, séparées l'une de l'autre par l'espace d'un jet de pierre, avaient chacune son enceinte. Toutes deux furent ensuite entourées d'un rempart commun ; plus tard enfin, à mesure qu'Agadir se dépeuplait et tombait en ruine, Tagrart s'agrandissait d'autant, reculant ses murs qui l'étouffaient, ou les réparant pour se mettre à l'abri des invasions ennemies, et il arrivait alors qu'Abou-Yacoub, le Merinide, entourait Tlemcen et ses remparts, dont il faisait le siége, d'un mur de circonvallation, bordé d'un fossé très-profond, 698 de l'hég. (1299 de J. C.), et que Abou'l-Hassen-Ali, le Sultan Noir, faisait construire des tours assez hautes pour dominer ces mêmes remparts, et desquelles on pouvait surveiller l'approche des convois de ravitaillement, 735 à 737 de l'hég. (1335 à 1337 de J. C.).

Tlemcen n'a eu en somme que trois enceintes. Ce qui restait en 1842 de celle que le génie militaire a presque entièrement remplacée aujourd'hui, attestait encore son étendue ; comme pour beaucoup de V. du Mar'reb, trois de ses côtés se terminaient à des ravins plus ou moins escarpés, qui en rendaient l'accès difficile; on ne pouvait l'aborder que par le S. O., point où la plaine se rattache aux hauteurs voisines.

L'enceinte de Tlemcen présentait au N., de Sour Hammam à Sidi-Haloui, un développement de 900 mèt. et de 700 à l'E.; les côtés S. et O., mesuraient chacun 800 mètres. Le développement total de 3200 mèt., donnait une superficie de 64 hectares, dont la Tlemcen des derniers temps n'occupait guère que la moitié. Tout le côté O. et la plus grande partie du côté N., où s'élève maintenant la nouvelle V., ne présentaient qu'un immense terrain, sur lequel quelques cultures disputaient l'espace aux ruines.

Ce qui reste des remparts arabes, surtout au S., permet encore d'étudier le système de fortification, tel qu'on l'entendait avant l'emploi du canon : une forte muraille en pisé relie des tours carrées de 5 mèt. 40 de côté, espacées de 9 en 9 mèt. à peu près, et également en pisé, tellement travaillé que la pierre n'est pas plus dure.

Abou'l-Feda comptait treize portes à Tlemcen, sans doute en y comprenant celles d'Agadir. Léon l'Africain n'en a vu que cinq, « très-commodes et bien ferrées, » disait-il. Les portes actuelles sont : au N. O. *la porte du Nord*, sur l'emplacement de *Bab-el-Kermadi*, la porte des Tuiliers, qui soutint un assaut des Espagnols, en 1518 ; — au N. E., *la porte de Ziri*, nom d'une mosquée aujourd'hui en ruine, qui est près de là. La porte de Ziri, qu'on appelait encore la porte d'Ali et la porte El-Halouat, conduit, par une pente très-brusque, à la mosquée de Sidi Haloui ; — à l'E., *la porte de l'Abattoir*, conduisant à Agadir, et *la porte de Bou-Medin*, ancienne porte El-Akbet, de la montée, conduisant à El Eubbad où est située la koubba de Bou-Medin; — à l'angle S. E., la porte mauresque, dite *Bab-ed-djiad*, porte des coursiers; c'est un massif de 18 mèt. 50 de large, sur 9 de profondeur et 9 de hauteur, percé d'une ouverture de 3 mèt., et fermé autrefois par une double porte à herse; un escalier, placé à l'angle intérieur O., donne accès à une plate-forme, de laquelle on pouvait défendre la porte, en jetant sur les assiégeants tous les projectiles dont l'usage a précédé celui de la poudre; Bab-ed-djiad, fermée par une simple porte en bois, est encore, telle quelle, un curieux spécimen de l'architecture militaire au moyen âge; — après Bab-ed-djiad, vient la porte extérieure de Mechouar ou *porte du Sud*; puis, à l'angle S. O., la *Porte des Carrières*, l'ancienne *Bab-el-hadid*, la porte de fer; — à l'O., enfin, la *porte de Fez*, l'ancienne Bab-el-Guechout, conduisant à Mansoura, et *la porte d'Oran*, à double voie, conduisant à la route d'Oran et à celle de Lella Mar'nia. Toutes ces portes, à l'exception de Bab-Ziri et de Bab-ed-djiad, ont été construites par le génie militaire; elles n'ont rien de monumental, se ressemblent toutes et répondent strictement à leur destination.

Les places.

La place d'armes ou esplanade, devant le Mechouar, bordée d'arbres et de boutiques occupées généralement par les marchands de tabac et les débitants de boissons, sert de promenade; on y fait d'excellente musique militaire, deux fois par semaine.

La place Saint-Michel, sur laquelle se trouvent la grande mosquée, la mairie et le musée, et l'ancienne Medersa-ed-djedid ou collége neuf, servant aujourd'hui à l'administration militaire; ce dernier monument doit bientôt disparaître pour l'achèvement régulier de la place qu'il coupe en deux.

La place des Victoires, où est situé le marché couvert, non loin et à l'E. de la place Saint-Michel.

La place Bugeaud, où se trouve l'ancienne Kissarïa, quartier des marchands chrétiens, au moyen âge, convertie en caserne de cavalerie.

La place Napoléon, dans le quartier en construction, sur la partie N. O. de Tlemcen.

Les rues.

Nous ne referons pas, pour les rues de Tlemcen, le travail que nous avons fait pour les rues d'Alger; il suffira de savoir que la population comprenait quatre classes: les marchands, les artisans, les militaires et les gens de loi, ayant chacune son quartier, et que les artisans avaient en outre leurs professions diverses localisées dans des rues différentes.

Quant aux noms des rues anciennes ou modernes, Tlemcen n'a rien à envier à Alger. Si cette dernière a son impasse *Orali*, (voir p. 38), la première possède son impasse *Indersa*, lisez: Impasse Aïn-el-Medersa (impasse de la fontaine de l'école religieuse). On voit, du reste, qu'il n'y avait pas encore de primes pour l'étude de la langue arabe en 1842.

On peut diviser les rues en plusieurs classes : celles qui restent de la ville arabe, mal percées, étroites, souvent voûtées, mais quelques-unes couvertes de vignes et rafraîchies par des fontaines ; les nouvelles rues arabes, longues files de maisons à un rez-de-chaussée, ouvertes de boutiques basses ; les principales sont : les rues de Maskara, de la Sikkak, Khaldoun, Souika, des Forgerons, de l'Huilerie, etc. ; les rues hybrides, moitié arabes, moitié européennes ; les rues dont l'alignement, tracé dans les décombres, attendent une bordure de maisons neuves ; les rues complétement nouvelles, s'élevant dans le quartier Napoléon.

Les rues du quartier des Juifs, à l'ouest, ont généralement leurs maisons coupées en deux par les alignements, « maisons basses et obscures, dans lesquelles on descend, comme dans une cave, par un escalier de plusieurs marches ; des murs lézardés ou tombant en ruine sont tapissés extérieurement de bouse de vache et percés de deux ou trois trous, en guise de fenêtres ; ajoutez à ce tableau des enfants sales et plus qu'à moitié nus, se chamaillant dans les cours des maisons ou dans le coin des rues, et faisant aboyer les chiens. D'un autre côté, suivez-nous, si vous le pouvez, dans ce dédale de rues et d'impasses, où l'on ne rencontre ni boutiques, ni hommes, ni bêtes ; traversez avec nous ces longs passages couverts où, pour marcher, il faut ôter son chapeau et se courber presque jusqu'à terre, si l'on ne veut pas se rompre la tête contre les poutres et les solives des maisons superposées. L'existence de ces rues presque inaccessibles, l'intérieur de ces maisons qui ne ressemblent pas mal à des cavernes de brigands, en un mot, l'aspect misérable que présente ce *ghetto*, s'explique quand on se rappelle les avanies et les vexations de toute espèce que les Juifs étaient forcés de subir sous l'empire des beys turcs, et même antérieurement, sous le règne des sultans de Tlemcen. L'histoire nous apprend qu'à la mort d'Abou-Abd-Allah, l'an 923 de l'hégire (1517 de J.-C.), le quartier des Juifs fut saccagé, et que depuis cette fatale époque, ils ont presque toujours été en proie à la misère et à la détresse. S'il y en avait dans le nombre qui possédassent des richesses, ils avaient soin de les soustraire à l'avarice des dominateurs du pays, en affectant les dehors de la pauvreté. Aujourd'hui encore, malgré leur affranchissement politique et la sécurité que leur assure l'égalité des droits avec les musulmans, leurs anciens oppresseurs, ils conservent des restes de cette habitude qu'ils ont contractée sous les terreurs de la tyrannie..... » (*L'abbé Bargès*.) Voilà un tableau d'un quartier et de ses habitants fidèlement tracé, et aussi vrai en 1861 qu'en 1846, époque où il fut écrit.

Les maisons.

Tlemcen a été tant de fois saccagée, qu'il ne faut pas chercher l'architecture arabe ailleurs que dans les mosquées, où les vainqueurs et les vaincus se prosternaient tour à tour.

Quant aux maisons, elles furent souvent réédifiées, et si l'on y trouve à l'intérieur comme à l'extérieur quelques détails des belles époques de l'art sous les dominations Almohades, Abd-el-ouadites ou Merinides, ce n'est que de loin en loin et comme par exception.

Les maisons de Tlemcen, bâties en brique, en moellon ou en pisé, n'ont généralement qu'un rez-de-chaussée, et sont couvertes en tuiles; certaines communiquent, comme à Alger, par des voûtes jetées d'une rue à l'autre, et presque toutes, quoique la chaux ne soit pas rare, ne sont pas blanchies extérieurement, ce qui leur donne un aspect sombre et triste.

Les maisons à un étage sont rares; la partie surplombant le rez-de-chaussée s'appuie sur des poutrelles ou bien sur des cordons en briques, qui vont en s'amincissant jusqu'au mur inférieur. Les angles sur la rue sont quelquefois abattus, et donnent lieu à des motifs d'ornementation profilant à la partie supérieure des quarts de cercles superposés et d'un ensemble léger et gracieux.

Les portes d'entrée sur la rue sont plutôt carrées qu'ogivales; elles sont surmontées d'un auvent étroit, recouvert en tuiles creuses, s'appuyant sur deux jambages peu saillants, et s'arrêtant au-dessus de l'imposte. Les fenêtres sont aussi rares et aussi étroites que partout ailleurs; nous en avons cependant rencontré quelques-unes à double arcade, retombant sur de jolies colonnettes, et surmontées d'une série de petits arceaux qui forment comme des stalactites ou des gâteaux d'abeilles.

Après avoir franchi la porte, puis la skiffa ou antichambre traditionnelle, dans laquelle s'arrêtent d'habitude tous ceux qui ne sont pas de la maison, on entre dans une cour entourée d'arcades qui s'appuient sur des piliers carrés; les bandeaux qui surmontent ces arcades, ne sont point décorés de briques vernissées comme à Alger, mais de losanges, de triangles ou de trèfles ménagés dans la superposition des briques ou dans le pisé dont est faite la maison.

La cour est souvent ornée d'un bassin ou d'une fontaine, qu'ombrage une vigne, un figuier, un grenadier ou un oranger.

Les appartements sont toujours longs et étroits, leurs parois unies ou recouvertes d'une dentelle en plâtre. Des cuisines, les seules pièces où il y ait des cheminées, des bains, des citernes, complètent la distribution des maisons arabes, dont on pourra voir le type dans celle habitée par Abd-el-Kader lorsqu'il assiégeait le Mechouar, et occupée aujourd'hui par l'administration des lits militaires.

Tout ce qui précède, renferme des données générales.

Quelques maisons sont construites comme celles d'Alger, *V.* p. 41. Le café du cercle militaire est installé dans l'une d'elles.

Monuments religieux.

Église. Le chétif bâtiment provisoire de la rue Clauzel, dans lequel le culte catholique a été installé en 1845, est devenu insuffisant, et fera bientôt place à un monument plus digne de sa destination, et rappelant mieux les anciennes traditions chrétiennes de Pomaria, qui possédait un évêque, d'Agadir et de la Tlemcen des Beni-Zian, qui avaient des églises où venaient prier les soldats auxiliaires des musulmans ou les commerçants européens de la Kissaria.

Synagogues. La principale est celle d'Allal-ben-Sidoun, nom d'un savant rabbin, mort il y a plus de cent ans, et en grande vénération chez les Juifs. On compte encore quelques autres synagogues de moindre importance, mais n'offrant rien de bien remarquable au visiteur.

Mosquées. Si Hammadi-ben-el-Sekkal, ancien kaïd de Tlemcen, a donné, en 1846, à M. l'abbé Bargès, la liste de soixante et une mosquées tant intérieures qu'extérieures. Déjà, à cette époque, le plus grand nombre de ces monuments religieux tombaient en ruine; les alignements en ont fait depuis disparaître beaucoup d'autres. Mais ceux qui sont encore debout suffisent pour attester l'ancienne splendeur de Tlemcen, et attireront toujours l'attention et l'admiration du vrai touriste qui n'écrira point sur ses tablettes, comme a pu le faire un fonctionnaire public : « Il y a de l'Orient à Constantine; à Tlemcen, il n'y a que du Berbère et du Vandale ! »

Djama Kebir, la grande mosquée, présente extérieurement un vaste bâtiment carré, de 50 mèt., blanchi à la chaux, percé de huit portes et flanqué, à son angle N. O., d'un minaret rectangulaire, bâti en briques, orné sur ses quatre faces de colonnettes en marbre, et revêtu de mosaïques formées par de petites pièces de terre cuite vernissée de plusieurs couleurs, et découpées de façon à combiner les dessins d'ornements les plus variés. Ce minaret a près de 35 mèt. d'élévation; on monte à sa plate-forme par 130 marches. — L'intérieur de la grande mosquée est occupé par une cour de 12 mèt. sur 21, dallée en onyx, au centre de laquelle une fontaine, également en onyx ou marbre transparent, déverse l'eau nécessaire aux ablutions. Cette cour est circonscrite, au levant et au couchant, par des travées d'arcades qui viennent se relier, au midi, au vaisseau principal, long de 50 mèt. et large de 20, plus spécialement réservé à l'assemblée des fidèles. 72 colonnes supportent les arceaux en ogive des treize travées de long et des six de large, qui divisent ce vaisseau. — Le mihrab, placé au fond de la travée centrale ou septième travée, se trouve, contrairement à l'usage, orienté au S.; c'est la seule partie de l'édifice qui, avec la coupole à jour dont elle est couronnée, se distingue par son ornementation. Dans l'inscription entrelacée d'arabesques qui décore le pourtour supérieur de cette coupole, on lit la date de la fondation de la mosquée, mois de djoumad deuxième, 530 de l'hég. (1136 de J.-C.). Cette date correspond au règne de l'almoravide Ali-ben-Youssef, dont le nom a été effacé de l'inscription par les Almohades, après la mort de Tachfin, à Oran, *V.* page..... — Le minaret a été construit par Yar'moracen, premier roi de la dynastie Abd-el-Ouadite, qui régna de 637 à 681 de l'hég. (1239 à 1282 de J.-C.), c'est-à-dire pendant près de 44 ans. C'est au sujet de ce minaret que Yar'moracen, sollicité par ses courtisans d'y faire inscrire son nom, leur répondit : *Houhou issent Reubbi*, « Non, Dieu le sait !... » La tradition veut que Yar'moracen ait été enterré au fond de la première travée, à droite du mihrab. Le lustre, en bois de cèdre, recouvert en lames de cuivre, ayant un diamètre de 2 mèt. 50 c., et tombant du plafond au milieu des petits lustres en cristal de roche et des lanternes découpées en laiton ou en fer-blanc, serait un don de Yar'moracen. — Entre le mihrab et l'emplacement du tombeau disparu, il y avait une bibliothèque, fondée et donnée à la grande mosquée par le sultan Abou-Hammou-Moussa, deuxième arrière-petit-fils et sixième successeur de Yar'moracen; M. C. Brosselard a découvert et expliqué l'inscription qui fait mention de cette donation.

Quand on sort de la grande mosquée par le côté E., on arrive devant un petit oratoire qu'ombrage un énorme cep de vigne, et dans lequel est enterré *Ahmed-ben-Hassen-el-R'omari*, originaire de la tribu berbère du R'omara. Ahmed n'était pas un savant docteur, mais un homme juste, servant Dieu et vivant en ascète. On le trouva mort dans la grande mosquée, 870 de l'hég. (1466 de J.-C.). Transporté dans la petite maison qu'il s'était choisie pour retraite, il y fut enterré, et comme Dieu lui accorda, après sa mort, le pouvoir de soulager, même de guérir toutes sortes d'infirmités physiques et morales, il est sans cesse visité. Le quatrain suivant, placé au-dessus de la porte de l'oratoire, a été traduit par M. C. Brosselard :

Elles se répandent les vertus de ce sanctuaire,
Pareilles à la lumière de l'aurore ou à l'éclat des astres.
A vous que de grands maux affligent, celui qui doit les guérir,
C'est ce soleil de noblesse et de science, Ahmed !

Djama Abou'l Hassen. Cette petite mosquée est située au coin de la rue Haédo et de la place par laquelle on entre dans Tlemcen, quand on vient d'Oran. Cet édifice, plus que modeste à l'extérieur, ne se distinguerait pas des maisons voisines, s'il n'était surmonté d'un petit minaret dont les quatre faces sont ornées de colonnettes et de mosaïques. L'intérieur de la mosquée présente une surface de 100 mèt. carrés, divisée en trois travées par de larges et belles arcades en fer à cheval, retombant sur six colonnes en onyx, dont deux, engagées dans le mur du fond, supportent la naissance de la voûte du mihrab. Rien de plus beau, de plus riche que les sculptures qui ornent les parois de la mosquée; elles ont été restaurées, autant que l'a permis le budget, par M. Maigné, sous la direction de M. Viala de Sorbier. Un plafond en cèdre délicatement sculpté laisse encore voir des traces de peinture polychrôme. Ce précieux spécimen de l'art arabe a été élevé, ainsi qu'on peut le lire sur l'inscription placée au milieu de la troisième travée, à droite du mihrab, en l'honneur de l'émir Abou-Ibrahim-ben-Yahia-Yar'moracen, l'an 696 de l'hég. (1296-97 de J.-C.), après son décès. Tlemcen était alors gouvernée par Abou-Saïd-Othman, fils aîné de Yarm'oracen, qui régna de 681 à 703 de l'hég. (1283 à 1303-4 de J.-C.). M. C. Brosselard suppose, et avec beaucoup de probabilité, que le nom d'Abou'l Hassen donné à la mosquée est celui du célèbre jurisconsulte Abou'l-Hassen-Ibn-Yakhlef-et-Tenessi, qui y professa sous le règne d'Abou-Saïd. Convertie en magasin à fourrages, après la prise de Tlemcen en 1842, Djama Abou'l Hassen est devenue depuis six ans le local d'une école arabe-française, dirigée par M. Pignon.

Djama Oulad-el-Imam, à l'O.,

et non loin de la porte de Fez, l'ancienne Bab-el-Guechout des Arabes, n'a de remarquable que son minaret rectangulaire, haut de cinquante pieds, dont les encadrements, recouverts de faïences vernissées, sont assez bien conservés. L'intérieur est nu, misérable, si l'on en excepte quelques versets du Koran, qui forment toute l'ornementation du pourtour ogival du mihrab; encore sont-ils maigrement sculptés. La célébrité dont jouit cette mosquée est due au souvenir de deux frères, Abou-Zeïd-Abd-er-Rahman et Abou-Aïssa, fils de l'imam de Brekch, tous deux d'un immense savoir, et que le sultan Abou-Hammou-Moussa Ier attira à sa cour. Il fit bâtir pour eux, 711 de l'hég. (1310 de J.-C.), un collège ou medersa, une mesdjed pour la prière et une zaouïa; de cette fondation, il ne reste que la mosquée.

Djama Sidi Brahim, située non loin de Djama-Oulad-el-Imam, n'a, pas plus que cette dernière, rien de remarquable. Le tombeau de Sidi Brahim, entouré d'un mauvais mur à hauteur d'appui, est placé en dehors de la mosquée. Tout cela est triste et mesquin.

Djama Sidi el-Haloui. Avant de parler de la mosquée et du tombeau situés au N. E. et en dehors de Tlemcen, au bas de la porte de Ziri, il ne sera pas inutile de dire quel était le personnage légendaire connu sous le nom de Sidi el-Haloui. — Abou-Abd-Allah-ech-Choudi naquit à Séville, où il fut kadi; puis, quittant patrie, honneurs et fortune, se couvrant de haillons et prenant le bâton de pèlerin, il passa la mer, arriva à Tlemcen où, contrefaisant le fou, il laissait la foule s'ameuter et crier après lui. Cela se passait vers l'an 665 de l'hég. (1266 de J.-C.), sous le règne de Yar'moracen. Cependant Ech-Choudi vendait, sur la place publique, des bonbons et des pâtes sucrées, *halaouat*, d'où le surnom d'*Haloui* que lui donnèrent les enfants, puis lorsque, par ses bouffonneries, il avait rassemblé assez de monde autour de lui, il changeait tout à coup de ton et de langage, et se mettait à discourir en controversiste consommé sur la religion et la morale, et la foule se retirait confondue et pleine d'admiration. Baba-el-Haloui ne tarda pas à passer pour un oracle; son but était atteint, il fut salué *ouali*, saint, et il ne fut plus question que de ses miracles. Sidi el-Haloui mourut dans un âge avancé, et fut enterré hors de Bab-Ali, Bab-Ziri aujourd'hui, en 705 de l'hég. (1305-6 de J.-C.), sous le règne d'Abou-Zïan, peu de temps après la levée du fameux siège de huit ans. — La fin de cette histoire, déjà assez merveilleuse par elle-même, n'est cependant pas la vraie; voici celle à laquelle seule tout bon musulman doit ajouter foi. — Le bruit de la renommée d'El-Haloui n'ayant pas tardé à arriver jusqu'au sultan, celui-ci lui confia l'éducation de ses deux fils; mais desservi par la jalousie du vizir, qui le fit passer pour sorcier, El-Haloui fut décapité, et son corps abandonné, sans sépulture, à la voracité des bêtes fauves et des oiseaux de proie. « ... La haine du grand vizir était satisfaite. Dieu seul n'était pas content. Le peuple aussi faisait entendre des murmures et des plaintes. Or, voici que le soir qui suivit cette terrible exécution, le bououab ou gardien des portes criait comme à l'ordinaire : la porte ! la porte ! afin que les retardataires qui se trouvaient encore dehors se hâtassent de regagner leur logis, quand tout à coup une voix lugubre retentit au milieu du silence de la nuit : « Gardien, ferme ta porte ! va dormir, gardien ! il n'y a plus personne dehors, excepté El-Haloui, l'opprimé ! » Le gardien fut saisi d'étonnement et de terreur, mais il se tut. Le lendemain, le surlendemain, pendant sept jours, la même scène miraculeuse se renouvela. Le peuple, qui eut vent de ce qui se passait, murmura tout haut. Le sultan ne tarda pas non plus à connaître ce miracle, et voulut s'assurer par lui-même de son évidence; il se rendit chez le bououab, et quand il eut entendu El-Haloui, il se retira, disant : « J'ai voulu voir, j'ai vu. » Il était juste comme l'est tout sultan des légendes, et l'aurore du lendemain éclairait le supplice du grand vizir, qui fut enseveli vivant dans un bloc de pisé que l'on posa justement vis-à-vis de l'endroit où le pauvre ouali avait été décapité, et où son corps gisait sans sépulture : on refaisait alors les remparts de la ville. Pour que la réparation fut complète, la volonté royale décida qu'un tombeau, digne de la sainteté de la victime, lui serait élevé. On y déposa pieusement ses restes..... » (*C. Bros.*) Cette légende est commune au kabile Sidi Ali-el-Medloum des Beni-bou-Messâoud, à Abd-el-Hack, de Bougie, et à Sidi Ali-Zouaoui-el-Biskri, dont M. Berbrugger nous a raconté la légende, il y a une vingtaine d'années. Seulement, Ali-Zouaoui n'était qu'un pauvre porteur d'eau, accusé injustement de vol, et son histoire n'est arrivée que sous les Turcs, il y a donc évidemment plagiat; mais ce qui est plus extraordinaire, c'est que la mort du vizir, renfermée dans un bloc de pisé, fut plus tard celle de Geronimo au fort des Vingt-quatre heures, *V.* p. 51. Il semblerait donc que le supplice d'être enterré vivant de cette manière, faisait partie, depuis longtemps, des différentes applications de la peine de mort chez les musulmans.

Le petit bâtiment qui recouvre la pierre tumulaire sans inscription de Sidi el-Haloui, s'élève sur le tertre où le saint fut, dit-on, décapité ; un caroubier séculaire l'abrite de son large et sombre feuillage. Plus bas, la mosquée surgit, blanche et étincelante de mosaïques, d'un immense massif de verdure. Sur le bandeau qui surmonte l'arcade ogivale du portail, la date de 754 de l'hég. (1353 de J.-C.) remet sur la voie des noms, écaillés par le temps, du fondateur Farès-ben-Abou'l-Hassen-Ali, le Merinide. Moins grande que Djama Kebir, la mosquée d'El-Haloui offre intérieurement la même disposition à peu près : cour avec fontaine, entourée de cloîtres et d'un principal corps de bâtiment, où se trouve le mihrab; les arcades de la travée principale retombent sur huit magnifiques colonnes en marbre translucide (onyx), dont les chapiteaux offrent tout ce que l'on peut imaginer de plus exquis, comme spécimen de l'ornementation arabe. Le portique du mihrab repose sur deux de ces colonnes engagées : on lit sur le chapiteau de droite de l'une d'elles : « Mosquée consacrée à la mémoire du cheikhr El-Haloui, » et sur le chapiteau de gauche : « ... L'ordre d'édifier cette mosquée est émané de Farès, prince des croyants. » Les arabesques des murs, recouverts, ainsi que les colonnes, d'un grossier badigeon à la chaux, ont revu le jour. Le plafond est, comme celui de Djama Abou'l-Hassen, en bois de cèdre sculpté. Le minaret, dont le faîte est souvent habité par des cigognes, est décoré, sur ses quatre faces, de compartiments dans lesquels sont inscrites d'élégantes arcades faïencées; l'escalier de ce minaret a 89 marches.

Djama el-Mechouar. Ibn-Khaldoun raconte ainsi l'origine de cette mosquée : « Le sultan Abd-el-Ouadite Abou-Hammou-Moussa Ier s'étant fait donner des otages dans une expédition entreprise contre les villes et les tribus de la partie orientale de ses États, 717 de l'hég. (1317-18 de J.-C.), leur assigna pour demeure la citadelle même du Mechouar, et leur permit de s'y construire des habitations particulières, de prendre femme et d'élever une mosquée, pour y célébrer la prière du vendredi. Ce fut là, ajoute Ibn-Khaldoun, une des prisons les plus extraordinaires dont on ait ouï parler. » Cette mosquée, où vinrent prier tour à tour les Abd-el-Ouadites, les Merinides et les Turcs, où Abd-el-Kader vint, comme à Maskara, prêcher la guerre sainte, est devenue, depuis l'occupation française, un magasin annexe de l'hôpital militaire. La colonne du musée de Tlemcen, V. page 252, est tout ce qui reste de son intérieur; le minaret, encore debout, a 30 mèt. d'élévation; comme ceux des autres mosquées, il est carré, mais tout en briques, sans faïences émaillées, et couvert par des panneaux décorés d'arcades entrelacées.

On peut encore comprendre dans les monuments religieux, *El Mdersa-ed-djedid*, le collége neuf, un de ceux dans lesquels les plus savants professeurs enseignaient la théologie, la jurisprudence et les hautes sciences. Ce collége, fondé par Tachfin, qui monta sur le trône en 718 de l'hég. (1318-19 de J.-C.), fait face à la grande mosquée, et son entrée s'ouvre sur le côté occidental; il disparaîtra pour la régularité de la place Saint-Michel, et sert en attendant à l'administration militaire, pour l'emmagasinage des vins de l'armée.

Les édifices civils.

On élève dans le nouveau quartier du N. O. des bâtiments pour *la sous-préfecture, la mairie, le palais de justice, les administrations du trésor, des postes, du télégraphe électrique*, et *la douane*, installés provisoirement d'une façon plus que mesquine.

Les édifices militaires.

Le Mechouar, bâti en 540 de l'hég. (1145 de J.-C.) sur l'emplacement où l'almoravide Youssef-ben-Tachfin avait fixé sa tente, pendant qu'il assiégeait Agadir en 462 de l'hég. (1069 de J.-C.), servit de demeure aux gouverneurs Almohades et plus tard aux rois de la dynastie des Abd-el-Ouadites. Il fut appelé du nom de Mechouar (lieu où l'on tient conseil), parce que c'est là que les rois de Tlemcen réunissaient leurs ministres pour délibérer sur les affaires de l'État.

Les historiens arabes sont tous d'accord pour parler des splendeurs du Mechouar, des richesses merveilleuses qu'il renfermait, des cours brillantes où, protecteurs des sciences, des lettres et des arts, les Beni-Zian et les Merinides, ces derniers pendant peu de temps, il est vrai, attireraient les savants, les poëtes et les artistes. C'est au Mechouar qu'Abou Tachfin « possédait un arbre d'argent sur lequel on voyait toutes sortes d'oiseaux de l'espèce de ceux qui chantent. Un faucon était perché sur la cime. Lorsque les soufflets qui étaient fixés au pied de l'arbre étaient mis en mouvement et que le vent arrivait dans l'intérieur de ces oiseaux, ceux-ci se mettaient à gazouiller et faisaient entendre chacun son ramage, qui était facile à reconnaître, à cause de sa ressemblance avec le naturel. Lorsque le vent arrivait au faucon, on entendait l'oiseau de proie pousser un cri, et à ce cri, les autres oiseaux interrompaient tout à coup leur doux gazouillement..... » C'est encore au Mechouar que le sultan Abou-Hammou-Moussa II célébrait la fête du *Mouloud* (naissance du prophète) avec beaucoup plus de pompe et de solennité que toutes les autres. « Pour cela, il faisait préparer un banquet auquel étaient invités indistinctement les nobles et les roturiers. L'on voyait, dans la salle où tout le monde était réuni, des milliers de coussins rangés sur plusieurs lignes, des tapis étendus partout et des flambeaux dressés de distance en distance, grands comme des colonnes. Les seigneurs de la cour étaient placés chacun selon son rang, et des pages revêtus de tuniques de soie de diverses couleurs circulaient autour d'eux, tenant des cassolettes où brûlaient des parfums, et des aspersoirs avec lesquels ils jetaient sur les convives des gouttes d'eau de senteur, en sorte que, dans cette distribution, chacun avait sa part de jouissance et de plaisir. Ce qui excitait surtout l'admiration des spectateurs, c'était la merveilleuse horloge qui décorait le palais du roi de Tlemcen. Cette pièce de mécanique était ornée de plusieurs figures d'argent, d'un travail très-ingénieux et d'une structure solide. Au-dessus de la caisse, s'élevait un buisson, et sur ce buisson était perché un oiseau qui couvrait ses deux petits de ses ailes. Un serpent qui sortait de son repaire, situé au pied même de l'arbuste, grimpait doucement vers les deux petits qu'il voulait surprendre et dévorer. Sur la partie antérieure de l'horloge étaient dix portes, autant que l'on compte d'heures dans la nuit, et à chaque heure, une de ces portes tremblait en frémissant ; deux portes plus hautes et plus larges que les autres occupaient les extrémités latérales de la pièce. Au-dessus de toutes ces portes, et près de la corniche, l'on voyait le globe de la lune qui tournait dans le sens de la ligne équatoriale, et représentait exactement la marche que cet astre suivait alors dans la sphère céleste. Au commencement de chaque heure, au moment où la porte qui la marquait faisait entendre son frémissement, deux aigles sortaient tout à coup du fond des deux grandes portes, et venaient s'abattre sur un bassin de cuivre, dans lequel ils laissaient tomber un poids également de cuivre qu'ils tenaient dans leur bec : ce poids, entrant par une cavité qui était pratiquée au milieu du bassin, roulait dans l'intérieur de l'horloge. Alors le serpent, qui était parvenu au haut du buisson, poussait un sifflement aigu, et mordait l'un des petits oiseaux, malgré les cris redoublés du père qui cherchait à les défendre. Dans ce moment, la porte qui marquait l'heure présente, s'ouvrant toute seule, il paraissait une jeune esclave, douée d'une beauté sans pareille, portant une ceinture en soie rayée. Dans sa main droite, elle présentait un cahier ouvert, où le nom de l'heure se lisait sur une petite pièce écrite en vers; elle tenait la main gauche appliquée sur sa bouche, comme quand on salue un khalife.... » (*Mohammed-et-Tenessi*, traduction de M. l'abbé Bargès.) L'horloge ou Mendjana du Mechouar, construite par le mathématicien tlemcénien Ibn-el-Fahham en 760 de l'hég. (1358-59 de J.-C.), a donc précédé de près de deux cents ans celle de Strasbourg, faite par Conrad Dasypodus, en 1574, et restaurée dans ces derniers temps par M. Schwilgué.

Léon l'Africain a dit du Mechouar: « Du côté du midi, est assis le palais royal, ceint de hautes murailles en manière de forteresse, et par dedans, embelli de plusieurs édifices et bâtiments avec beaux jardins et fontaines, étant tous somptueusement élevés, et d'une magnifique architecture. Il a deux portes, dont l'une regarde la campagne, et l'autre (là où demeure le capitaine du château) est du côté de la cité. »

Il ne reste du Mechouar que la mosquée, voir page 249, et la muraille crénelée, flanquée de deux tours au nord-est. Cette citadelle, située au sud de la ville, et dans laquelle se sont succédé tant de gouvernements différents, ne pouvait, en stratégie, avoir qu'une action imparfaite sur Tlemcen, qu'elle voyait peu; elle est de forme rectangulaire, d'environ 460 mètres sur 280; ses longues faces sont parallèles à la montagne et dirigées de l'est à l'ouest. C'est dans les décombres du palais et des maisons du Mechouar que Moustafa-ben-Ismaïl et plus tard le capitaine Cavaignac, aux prises avec les horreurs de la famine et n'ayant à peine que de quoi se défendre, surent résister aux ennemis qui les entouraient de toutes parts.

Le Mechouar renferme aujourd'hui *un hôpital, des casernes* pour l'infanterie, le génie et l'artillerie, *la sous-intendance, la manutention, la prison, le campement* et *la poudrière;* de vastes cours et de beaux jardins permettent à l'air d'arriver et de circuler dans toutes ces constructions essentiellement militaires.

L'ancienne *Kissaria*, devenue quartier de cavalerie, *la caserne* de Gourmela, *la gendarmerie*, la nouvelle enceinte (voir page 240) et les ouvrages extérieurs *de la Tour des moulins, du Plateau des carrières* et *de lella Setti*, complètent la nomenclature des constructions ou édifices appropriés au casernement des troupes et à la défense de Tlemcen.

Le musée.

Le musée installé dans le jardin de la mairie, place Saint-Michel, a été formé par le sous-préfet, M. C. Brosselard, alors qu'étant commissaire civil, il consacrait déjà aux sciences historiques et épigraphiques les rares loisirs que lui laissaient les préoccupations d'une municipalité à créer.

Les inscriptions, fragments d'architecture et objets divers qui composent le musée de Tlemcen, sont encore peu nombreux, mais tous ou presque tous rappellent une époque, une date historique, et méritent à ce titre l'attention de l'archéologue et du touriste.

Les voici par ordre d'ancienneté :

L'inscription : DEO INVICTO AVLISVAE, voir page 236.

Diverses pierres tumulaires au nombre desquelles celle élevée par Antonius Januarius, préfet de cavalerie, à son fils Antonius Donatus. Le corps de cavalerie dont il s'agit, est celui des explorateurs pomariensiens ou de l'aigle exploratrice pomariensienne gordienne, cité plus haut.

Une borne milliaire portant une indication itinéraire de treize milles, posée, sous Antonin le Pieux, par son procurateur Titus Ælius Decrianus, mais sans désignation de localité.

La coudée royale de Tlemcen décrétée par Abou-Tachfin en 1328 de J.-C. (728 hég.), mesurant 47 centimètres au lieu de 48, pour favoriser le commerce des indigènes et des Européens attirés à Tlemcen et logés dans un quartier bâti à part, *la Kissaria*, où fut retrouvée par M. le lieutenant-colonel Bernard, la plaque en marbre sur laquelle est gravée la coudée.

Des boulets en marbre ramassés dans les rues et dans les maisons de Tlemcen, « Hadjar-el-Medjanek, » pierres de catapulte mesurant jusqu'à un mètre et demi et deux mètres de circonférence et pesant de 100 à 130 kilogrammes. Ces boulets proviennent du siège de Tlemcen par le Merinide Abou'l-Hassen-Ali, pendant les années 1335 à 1337 de J. C. (735 à 737 hég.)

L'épitaphe sur marbre translucide d'Abou-Abd-Allah-ben-Abou-Naceur, roi de Grenade mort dans l'exil à Tlemcen, en châban 899 (juin 1494). Cette épitaphe a été découverte déchiffrée par M. C. Brosselard.

Fût de colonne en marbre translucide de $2^m,18$ de haut sur $1^m,52$ de circonférence, portant à sa partie supérieure un cartouche en forme d'écusson contenant une inscription qui nous apprend qu'un Yahia-ben-Abd-Allah, citoyen de Tlemcen, est mort en 1567 de J. C. (975 hég.), léguant à la mosquée du Mechouar une rente d'un dinar et demi d'or (15 fr.), fondation pieuse pour lui ouvrir le paradis.

Fûts et chapiteaux provenant de la mosquée et du palais de Mansoura.

Les fontaines. — Le Saridj.

Tlemcen a été de tout temps abondamment pourvue d'eau : ses fontaines sont alimentées par les nombreux ruisseaux, entre autres l'oued-Kissa et l'oued-Kalla, qui descendent des montagnes, mais dont il était facile aux ennemis de détourner le cours en cas de siège.

Comme jusqu'à présent les fontaines de Tlemcen n'ont rien de bien monumental, si l'on en excepte la fontaine de la place Saint-Michel, ombragée de quelques arbres, et les quelques vasques en marbre translucide des mosquées, nous ne nous y arrêterons pas et nous ne parlerons que du *Saridj* ou bassin, vaste construction hydraulique située en dehors de la ville, entre les portes d'Oran et de Fez.

Le Saridj, long de 220 mètres du nord au sud, large de 150 mètres de l'est à l'ouest, et profond de 3 mètres, est entièrement recouvert d'une maçonnerie en béton ayant plus d'un mètre d'épaisseur; des contre-forts viennent de distance en distance contribuer à la solidité des parois. C'est Abou-Tachfin, roi de Tlemcen de 1318 à 1337 de J. C. (718 à 737 hég.), qui fit construire le Saridj; et comme on doit encore à ce prince la construction d'autres édifices destinés à servir « aux plaisirs de ce monde et aux agréments de la vie », M. l'abbé Bargès en conclut que le Saridj pouvait bien être destiné à une naumachie, puisque la ville de Maroc en possédait une cent ans avant celle de Tlemcen. Barberousse (Aroudj) y fit noyer les princes Zianides qui l'avaient appelé à leur secours.

Le Saridj utilisé en 1846 comme bassin d'irrigation, au moyen de vannes et de tuyaux d'écoulement, était à sec dans l'hiver de 1859-1860; est-il définitivement réparé?

Marchés. — Industrie et commerce.

La ville de Tlemcen a un territoire de banlieue partout arrosable, entièrement défriché, couvert de plantations, où les arbres fruitiers, en immense majorité, sont l'objet de soins intelligents. La culture maraîchère est largement pratiquée, tant par les Européens que par les indigènes; ces derniers y joignent la production d'une variété particulière de tabac très-estimé et qui se consomme en poudre.

Les marchés quotidiens sont toujours parfaitement approvisionnés de bétail, de laines, de céréales, de fruits. Ils se tiennent à la porte d'Oran (intérieure), sur la place de la Kissaria, sur la place des Victoires, et dans les fondouks des quartiers essentiellement arabes.

L'industrie arabe consiste en ouvrages de laine, tanneries, moulins à farine, huileries, fabrication de babouches, sellerie et bois de fusil. L'industrie européenne se réduit à la minoterie et à la fabrication de l'huile, et elle est très-florissante.

Cependant il y a loin de l'état actuel du commerce à celui qui se faisait alors que Tlemcen, capitale du Mar'reb central, était un des comptoirs les plus considérables et les plus accessibles au commerce étranger. La partie de la ville située au nord était spécialement consacrée au commerce, elle était divisée en quartiers distincts où chaque branche d'industrie avait sa place marquée.

La caserne des spahis est tout ce qui reste de la fameuse *Kissaria*, où les Pisans, les Génois, les Catalans et les Provençaux venaient trafiquer avec les musulmans. « Cette petite cité tout européenne, dit M. C. Brosselard, dont les consuls avaient seuls le gouvernement, avait reçu le nom de Kissaria, mot de la langue franque qui signifie enceinte de murailles renfermant une agglomération d'individus. Indépendamment des boutiques, des magasins et des logements particuliers, elle renfermait un entrepôt commun, des fours, des bains, un couvent de frères prêcheurs et une église; des pavillons chrétiens se déployaient fièrement au-dessus de ses portes, dont la garde était confiée par les consuls à leurs nationaux à tour de rôle. La consigne était sévère, et nous apprenons, par certains traités, que, passé le coucher du soleil, les transactions étant suspendues, nul indigène ne pouvait plus pénétrer dans l'intérieur des fondouks, sans une autorisation expresse des consuls. » C'est dans la Kissaria qu'a été retrouvée la tablette de marbre sur laquelle est gravé l'étalon de la coudée royale de Tlemcen, longue de 47 centimètres au lieu de 48 et octroyée par Abou-Tachfin en 1328 de J. C. (728 hég.) pour favoriser les commerçants.

Il y a tout lieu d'espérer que la prospérité commerciale de Tlemcen reprendra son essor quand une route, déjà commencée, reliera définitivement cette ville avec Rachgoun, son port naturel, dont elle n'est distante que de 60 kilomètres.

ENVIRONS DE TLEMCEN.

Agadir, à l'E. Sorti de Tlemcen par la porte de l'Abattoir, on ne tarde pas en effet à passer devant l'abattoir, vaste construction très-bien distribuée et aérée, dans laquelle les bouchers chrétiens, juifs et musulmans ont des salles différentes pour tuer et préparer les bestiaux destinés à la consommation de Tlemcen ; on arrive ensuite dans Agadir, entièrement déserte, convertie en jardins et en vergers.

Agadir ou Ar'adir, *murailles de ville*, était, on le sait maintenant, la Tlemcen primitive, bâtie sur l'emplacement de Pomaria, dont les débris se voient en partie à la base du minaret de la porte de Sidi Daoudi et au cimetière des juifs.

De l'an 55 de l'hég. (675 de J. C.), où Agadir fut prise par Mouhadjir, lieutenant d'Okba, à l'an 472 (1079), où elle fut en partie minée puis relevée par l'Almoravide Abou-Yakoub-ben-Tachfin, tous les événements relatifs à Tlemcen doivent l'être à Agadir.

Lorsqu'en 539 de l'hég. (1144 de J. C.), Tachfin-ben-Ali, dernier roi Almoravide, assiégé par Abd-el-Moumen, s'enfuit de Tlemcen pour aller périr sous Oran, Tagrart, la nouvelle Tlemcen, ayant été prise d'assaut, les partisans de Tachfin se renfermèrent dans Agadir, où ils se maintinrent pendant l'espace de quatre ans, c'est-à-dire jusqu'en 544 de l'hég. (1149 de J. C.).

L'histoire des deux villes se confond désormais.

« Le quartier d'Agadir, dit M. l'abbé Bargès, était encore très-peuplé au XIVe s.; mais les guerres presque continuelles que les rois de Tlemcen eurent à soutenir contre les princes des États voisins ayant considérablement affaibli la population de cette ville, les Tlemcéniens, qui se trouvaient trop au large dans la vaste enceinte d'Agadir, abandonnèrent à peu près ce quartier.... Sous la domination des Turcs, qui succéda à celle des Beni-Zian, la plupart des habitants se retirèrent dans le royaume de Fez et dans le Maroc. Agadir désolée se vit transformer en une triste solitude; les matériaux des anciens bâtiments servirent à la construction de nouvelles habitations; les juifs enlevèrent les pierres taillées pour leur cimetière; il ne reste debout que le minaret de la mosquée et une partie des remparts.... »

Agadir était circonscrite par un fort talus en escarpement, excepté au S. et dans une partie de l'E., où elle plongeait sur le ravin de l'oued-Kala. De son enceinte en pisé, tant de fois abattue et tant de fois relevée, il ne reste plus, à moitié debout, que les murs du N. et ceux de l'E.

Un *minaret* est tout ce qui a échappé à la destruction de la mosquée construite en 173 de l'hég. (789 de J. C.), mais qui avait dû être plusieurs fois réédifiée. car le minaret, tour carrée de 50 à 60 mèt. d'élévation, n'accuse point une origine aussi ancienne. Sa base repose jusqu'à une certaine hauteur sur des pierres taillées venant de Pomaria, et dont quelques-unes se trouvent placées en dehors, du côté des inscriptions qui les couvrent; nous avons compté huit de ces inscriptions encore lisibles; deux au N. E., cinq au S. E. et une au N. O.: cette dernière est la plus importante, puisqu'elle donne le nom de la ville romaine, *V*. p. 236. D'autres inscriptions sont également visibles dans l'intérieur du minaret; remercions donc l'architecte musulman qui, sans le vouloir sans doute, nous a conservé des documents dont la lecture a permis de rectifier quelques points de la science historique et géographique.

M. l'abbé Barges a décrit le grand réservoir placé dans la partie méridionale d'Agadir, dont la destination primitive était sans doute de fournir de l'eau aux divers établissements de ce quartier. Il est d'une parfaite conservation, et on pourrait y amener les eaux d'Aïn-er-Ribat, pour les faire servir à l'irrigation des jardins qui occupent aujourd'hui l'emplacement des anciennes constructions. Ce réservoir s'appelait Bassin ou *Saridj-er-Ribat*. Il y avait donc là un ribat ou forteresse-couvent, construit par les premiers conquérants et destiné à tenir le pays en respect.

La *Porte d'Agadir* ou de Sidi Daoudi, à l'orient, est la seule qui soit encore debout; ses montants en pierres de taille arrachées aux ruines romaines supportent une élégante arcade mauresque, ou en fer à cheval, bâtie en briques qui ont dû être recouvertes autrefois de brillantes mosaïques vernissées; cette porte, comme son second nom l'indique, conduit à la koubba de Sidi Daoudi.

Sidi Daoudi-Ibn-Nacer, qui était considéré comme le patron de Tlemcen avant que Sidi Bou-Medin l'eût détrôné, mourut vers l'an 430 de l'hég. (1038-39 de J. C.). Le petit monument dans lequel il repose est carré, percé de fenêtres basses grillées et d'une jolie porte ogivale surmontée d'un auvent recouvert en tuiles creuses; la toiture est terminée en coupole (koubba). Ce tombeau, situé en face et au bas de la porte d'Agadir, à g. du ravin de l'oued-Kala, est encadré par un ravissant paysage.

C'est à partir de là que commence le *bois de Boulogne*, nom prétentieux, à considérer l'étendue de cette promenade préférée des Tlemcéniens, mais bien justifié par les sentiers ombreux et la fraîcheur délicieuse qu'y entretiennent les sources abondantes se jetant ensuite en cascades dans l'oued-Kala. Au milieu de cette oasis si verte et si riche apparaissent çà et là des koubbas blanchies à la chaux, sur lesquelles le soleil vient jeter ses étincelantes paillettes à travers l'ombrage épais d'arbres centenaires. D'autres koubbas, et c'est le plus grand nombre, sont en ruine. L'une d'elles, construite en briques, octogone et percée d'arcades sur ses huit faces, mérite l'attention du promeneur; elle a été élevée, dit-on, en l'honneur de la fille d'un sultan de Tlemcen.

On peut rentrer en ville par la porte de Sidi Bou-Medin, et remonter alors le cours de l'oued-Kala; ce sera encore une manière d'étudier la configuration d'Agadir.

6 kil. N. **Négrier**, *V*. p. 233.

4 kil. N. E. **Saf-Saf**, 70 hab.; création du 6 mai 1850; annexion à la commune de Tlemcen, le 17 juin 1854. Ce village, placé sur la rive g. de l'oued-Saf-Saf ou Sikkak, est entouré de magnifiques oliviers d'un grand rapport pour les habitants. A 5 kil. au-dessus de Saf-Saf, M. le colonel Bernard possède une belle exploitation agricole.

26 kil. E. **Hadjar-Roum**. De Tlemcen à l'oued-Saf-Saf, 4 kil.; de l'oued-Saf-Saf à l'oued-Chouli, affluent de l'oued-Isser, 16 kil.; de l'oued-Chouli à Hadjar-Roum, 6 kil.; la route passe alors sur la lisière des bois des Beni-Smiel, futaies et taillis de chênes verts et de chênes à glands doux, que l'absence de bonnes voies de communication empêche d'utiliser.

Hadjar-Roum, les pierres romaines, l'ancienne Rubræ ou Arina? située dans la vallée des *Oulad-Mimoun*, et signalée depuis longtemps par les reconnaissances militaires, a été explorée et décrite par M. Mac-Carthy. « L'emplacement d'Hadjar-Roum, dit ce jeune savant dans son *Algeria romana*, est considérable; le site, un des plus beaux que l'on puisse voir. Les deux chaînes de la vallée supérieure de l'Isser, arrivées à leur terme, s'écartent et voient s'étendre à leur base une belle plaine qu'arrosent les eaux limpides de la rivière et que terminent de vastes escarpements perpendiculaires de tufs rougeâtres (*Rubræ*). On dirait une immense terrasse d'où l'œil, d'abord gêné à droite et à gauche par des accidents de terrain plus ou moins prononcés, s'élance bientôt vers le nord, libre de tout obstacle, pour aller chercher à travers les plateaux du Tell, aux dernières bornes de l'horizon, les sommets arrondis du Tessala, à 50 kilom. de là. Sur des plans beaucoup plus rapprochés, à la base même des escarpements qui servent de limite à la plaine, le regard plane sur un bassin dont les terres toujours chargées de riches moissons, sont, en outre, merveilleusement disposées pour la création de plantureuses prairies; c'est ce canton qui est si connu à Tlemcen sous le nom de *vallée des Oulad-Mimoun*. A sa tête, au pied d'un mur de rochers qui dominait jadis une vieille kasba, on voit s'échapper d'une fissure profonde les eaux brillantes d'une admirable source qui arrose le vallon. Tout autour, des arbres, des jardins, les derniers restes de la belle végétation qui devait couvrir autrefois ce terrain très-accidenté. Mais ce qui rend ce site particulièrement remarquable, ce qui fait qu'on ne saurait plus l'oublier après l'avoir vu une seule fois, c'est le groupe de petites montagnes qui le dominent immédiatement du côté du soleil couchant; il faut les voir surtout, dressant aux dernières heures du jour, sur le fond calme du ciel, leur profil accentué, bizarre. L'une d'elles, avec sa crête déchiquetée, ressemble à une scie renversée et inclinée; l'autre à un double piton qui, vu de l'ouest, apparaît au loin comme un cône unique, isolé, placé là pour guider les voyageurs. Tel est le grand paysage au milieu duquel s'étendent les ruines auxquelles les Arabes ont donné le nom d'Hadjar-Roum, les pierres romaines. »

Il n'entre pas dans notre cadre de discuter les moyens d'investigation dont les résultats sont, depuis quelques années, si précieux pour la géographie comparée. Quand nous n'avons pu visiter une localité, quand nous n'avons pu étudier sur place, ou dans des documents depuis longtemps dignes de foi, la synonymie des noms anciens et modernes de cette localité, nous nous estimons très-heureux de profiter des recherches de nos confrères sur l'Algérie. Ceci dit une fois pour toutes.

M. Mac-Carthy a recueilli à Hadjar-Roum, dont la partie principale, vaste rectangle orienté nord et sud, offre une superficie d'environ 12 hectares, une quarantaine d'inscriptions qui, toutes, sont restées muettes relativement au nom de l'ancienne ville de Rubræ ou Ad-Rubras. Ces inscriptions sont généralement tumulaires; quelques-unes sont votives; parmi les premières, on remarque les épitaphes de quatre octogénaires; deux parmi les secondes mentionnent la présence, à Rubræ, de la deuxième cohorte des Sardes. Voici celle que M. Mac-Carthy a copiée sur un autel renversé près d'une chapelle, *Sacellum*, placée au milieu d'un bouquet d'arbres et d'un terrain assez riche pour faire croire à la présence d'un ancien bois consacré :

DIANAE DEAE
NEMORVM COMITI
VICTRICI FERARVM
ANNVA VOTA DEDI
FANNIVS IVLI
ANVS PRAEFECTVS
COHORTIS II
SARDORVM

« A Diane, déesse des bois, compagne toujours victorieuse des bêtes féroces, Fannius Julianus, préfet de la deuxième cohorte des Sardes, a dédié des sacrifices annuels. »

Une troisième inscription mentionne le nom d'*Ala finitima*, aile finitime, corps de frontière ; ce sont les deux seuls mots qui aient échappé à la destruction d'une longue inscription. Enfin une quatrième donne ces mots parfaitement lisibles :

AVRELIVS IRO
NIVS EQES (*sic*) NE
ARTORVM

« Aurelius Ironius, cavalier des Neartiens. »

« Qu'étaient ces Nearti ? Un corps indigène encore ? C'est ce qu'une exploration plus profonde du sol d'Hadjar-Roum expliquera peut-être. » (*M. C.*)

Nous rappellerons au sujet de ces différents corps de frontières, ce que M. Berbrugger a dit de la cavalerie de Thraces campés à *Rapidi*, Sour Djouab. *V.* p. 116.

Les millésimes relevés sur les inscriptions de Rubræ, donnent pour le plus ancien l'année de la province 211 (251 de J. C.), correspondant au règne de Géta, et pour le plus récent, l'année 481 (521 de J. C.), comprise dans la seconde époque de la période vandale.

2 kil. S. E. **El-Eubbad** ou Sidi Bou-Medin. Entre le bois de Boulogne et le versant N. du djebel Terni, de Tlemcen à El-Eubbad, la route traverse le vaste champ des morts, *Mokbara*, où s'amoncellent depuis des siècles les tombes des Tlemcéniens ; le temps les a peu respectées, et le seul monument encore debout est celui que l'on voit à dr., sur une petite éminence, et dont les murs crénelés, blanchis à la chaux, se détachent sur le fond vert des lentisques et des caroubiers. Un toit en tuiles termine, en place de

la koubba traditionnelle, le bâtiment quadrangulaire dans lequel repose, sous un catafalque, *tabout*, recouvert de riches étoffes et de bannières aux couleurs islamiques, vertes et rouges, un grand savant en toutes sciences, Sidi Mohammed-es-Senoussi, né en 830 de l'hég. (1426-27 de J. C.), et décédé en 895 (1489). A côté de lui, un second tabout beaucoup plus simple renferme le corps de son frère Sidi Ali-el-Tallouti, jurisconsulte.

Plus loin, au pied du minaret en ruine de la mosquée disparue d'El-Eubbad-es-Sefli inférieur, une petite koubba abrite le tombeau de Mohammed-Ibn-Ameur, décédé en 745 de l'hég. (1344 de J. C.), et de son fils Mohammed, mort en exil à Bougie, 756 (1355). L'inscription tumulaire de ces deux personnages célèbres dans les annales de l'histoire tlemcénienne a été découverte par M. C. Brosselard, qui en a donné une traduction dans sa monographie de Tlemcen.

A g. de la route, auprès d'une petite source, en face du minaret précédent; on visitera les ruines élégantes, aux arcades dentelées, d'une autre koubba, celle d'Abou-Ishak-Ibrahim-et-Tiyar, sultan marabout, qui mourut à Tlemcen, en 695 de l'hég. (1295-96 de J. C.). « Il fut, dit Mohammed-et-Tenessi, l'historien des Beni-Zian, la gloire de son siècle par son savoir et sa piété, et on lui attribue une foule de miracles. » Il possédait notamment, dit-on, le don de se transporter par enchantement d'un lieu dans un autre, d'où son nom significatif d'et-Tiyar (l'homme volant).

Quand on a dépassé la Mokbara, un chemin raviné, montueux, ombragé par des caroubiers, des aloès et des cactus-raquettes, conduit en quelques minutes à El-Eubbad.

« Ce village est dans une position des plus pittoresques; on le dirait suspendu aux flancs de la montagne et comme immergé dans des flots de verdure. Les jardins, étagés en amphithéâtre et arrosés par des courants d'eau vive, véritables massifs d'oliviers, de figuiers et de grenadiers, qu'enlacent les vignes vierges et le lierre sauvage, forment une décoration splendide. Nulle part la nature ne s'est montrée plus prodigue de ses dons, et ce site enchanteur, de l'avis de tous ceux qui, par un soleil brûlant, sont venus y chercher de l'ombre et de la fraîcheur, dépasse en originale beauté les plus riches fantaisies écloses du cerveau du peintre ou du poëte qui cherche ses impressions dans la nature. Indépendamment du rare avantage d'offrir un attrait si grand et si mérité à la curiosité du touriste algérien, El-Eubbad aspire à une autre renommée. Faisant remonter bien haut son origine, il se pique, par-dessus tout, de sa noblesse religieuse.... On y voit encore les ruines d'un ribat ou couvent de religieux guerriers, qui florissait au temps des Almohades.... Sous les successeurs d'Abd-el-Moumen et pendant les trois siècles qui suivirent, El-Eubbad jouissait d'un grand renom et avait toute l'importance d'une ville.... Il se divisait en deux quartiers; l'un, El-Eubbad supérieur, qui occupait l'emplacement du village actuel, et l'autre, El-Eubbad inférieur, qui s'étendait sur une partie des terrains consacrés aujourd'hui aux sépultures musulmanes. On comptait alors à El-Eubbad cinq mosquées à minaret et un grand nombre d'oratoires où s'exerçait la piété d'une population de fervents musulmans venus de tous les pays. C'était comme l'annexe religieuse de Tlemcen-la-Guerrière. L'un a subi le sort de l'autre.... Toutefois, le souvenir de sa splendeur passée n'est pas éteint : il vit toujours dans la mémoire des pieux musulmans aussi bien que dans l'histoire; il y a plus, il est consacré par des monuments remarquables qui ont déjà traversé plusieurs siècles et qui ne sont pas près de périr. C'est là pour El-Eubbad une bonne fortune, à laquelle il devra de perpétuer sa célébrité.

« C'est à l'extrémité orientale et au point culminant du village actuel qu'il faut chercher les monuments dont nous parlons. Ils sont au nombre de trois réunis en un seul groupe; le tombeau du marabout Sidi Bou-Medin, puis la mosquée et la medersa placées par les musulmans sous l'invocation de ce saint personnage. » (*C. Brosselard.*)

Choaïb-Ibn-Husseïn-el-Andalosi, surnommé Abou-Median, et dans le langage populaire Sidi Bou-Medin, naquit à Séville vers 1126 (520 de l'hég.), sous le règne du sultan Almoravide Ali-Ibn-Youssef-Ibn-Tachfin, le même qui fit bâtir la grande mosquée de Tlemcen.

Destiné de bonne heure par sa famille à la profession des armes, une vocation irrésistible entraînait Choaïb vers la science; libre enfin de s'adonner à son goût pour l'étude, il suivit pendant quelque temps les écoles de Séville, passa à Fez pour s'y livrer aux hautes études théologiques. Sa véritable vocation ne tarda pas à se révéler aux yeux clairvoyants de ses professeurs, déjà le marabout perçait sous l'étudiant, déjà le surnaturel et le merveilleux se faisaient jour et se glissaient dans cette vie qui devait plus tard faire partie du domaine de la légende.

La première grande ville que visita ensuite Bou-Medin fut Tlemcen; mais comme il recherchait la solitude, il se retira sur la montagne au-dessus d'El-Eubbad et alla se mettre en oraison auprès du tombeau de l'ouali (saint) Sidi Abd-Allah-ben-Ali, en grande vénération encore à Tlemcen, mort en 1077 (470 hég.).

Bou-Medin, continuant son voyage vers l'Orient, arriva à la Mekke où il rencontra le fameux Sidi Abd-el-Kader-ed-Djilali (*V.* p. 49), qui l'initia à l'ordre des Khrouan dont il était le chef.

L'humilité dont Bou-Medin faisait profession ne l'empêchait pas de se poser en apôtre et de s'affirmer lui-même en maître de la révélation. Un saint placé aussi avant dans les bonnes grâces du Très-Haut devait posséder le don de faire des miracles. Il y parut bien par une foule d'actes surnaturels.

« Certain thaleb, » continue M. Ch. Brosselard, « auquel nous avons toujours recours pour tout ce qui touche à Tlemcen, certain thaleb que sa femme avait mécontenté certaine nuit et qui, à raison de ce cas, méditait de s'en séparer, sortit de bon matin pour aller consulter Sidi Bou-Medin sur le parti qu'il devait prendre. Il était à peine entré dans la salle où se tenait le cheikh que celui-ci, élevant la voix et apostrophant son disciple : « Garde ta « femme et crains Dieu, » lui dit-il. Cette citation du Koran, sourate 33, verset 37, répondait si à propos aux préoccupations du mari offensé, que la surprise le cloua sur place.

« Et comment avez-vous su la cause de ma démarche ? se hasarda de dire le thaleb, car, j'en jure Dieu, je n'en avais parlé à âme qui vive.

« — Lorsque vous êtes entré, repartit Bou-Medin, j'ai lu distinctement ces paroles du livre sur votre burnous, et j'ai deviné vos intentions. »

« Il est inutile d'ajouter que le thaleb garda sa femme : mais l'histoire ne dit pas si depuis ils firent meilleur ménage. »

La légende de Sidi Feredj (*V.* p. 73) s'applique également à Sidi Bou-Medin. On a déjà vu, à propos de Sidi el-Haloui, la même communauté de légende avec d'autres marabouts. L'imagination des Arabes est pourtant assez riche pour se passer de ces emprunts.

Sidi Bou-Medin professa successivement à Bar'dad, à Séville, à Cordoue et à Bougie ; il s'établit définitivement dans cette dernière ville, où la science était en grand honneur.

Desservi par des envieux auprès du sultan Yakoub-el-Mansour l'Almohade, il fut appelé à Tlemcen par ce prince qui voulut le voir et l'interroger lui-même. Le marabout se rendit aux ordres de Yakoub, et lorsque arrivé à Aïn-Tekbalet, il apercevait Tlemcen, il indiqua à ses compagnons le ribat d'El-Eubbad et s'écria comme inspiré : « Combien ce lieu est propice pour y dormir en paix l'éternel sommeil ! » Puis arrivé à l'oued-Isser, il mourut en disant : « Dieu est la vérité suprême. » 1197-98 (594 hég.). Sidi Bou-Medin avait donc environ 75 ans. Transporté à El-Eubbad, il fut enterré dans un endroit où se trouvaient déjà les restes de plusieurs oualis de distinction.

Mohammed-en-Nasser, successeur d'El-Mansour, fit élever un magnifique mausolée à la mémoire de Bou-Medin. C'est ce monument, embelli depuis par Yar'moracen-ben-Zian et par le sultan Merinide Abou'l-Hassen-Ali, qui subsiste encore.

Une porte en bois, peinte d'arabesques multicolores, ouvre sur une galerie dallée en petits carreaux de faïence. A droite est la mosquée ; à gauche la koubba.

On arrive à la koubba en descendant par plusieurs marches dans une petite cour carrée à arcades retombant sur des colonnes en onyx. Les parois de cette cour sont décorées avec des inscriptions arabes représentant le temple saint de la Mekke, les pantoufles du prophète ou quelque animal fantastique. Des cages où gazouillent des oiseaux sont appendues aux murs ou aux colonnes. A droite de l'escalier sont les tombes de quelques personnages privilégiés ; à gauche on voit « un puits dont la margelle en marbre est profondément entaillée par le frottement de la chaîne, qui sert depuis un temps immémorial à y puiser une eau réputée salutaire entre toutes, au dire des musulmans. »

De cette cour on entre de plain-pied dans la koubba où se dresse, sous un dôme percé de fenêtres étroites à travers lesquelles arrive, par des vitraux de couleur, une lumière discrète, un cénotaphe en bois sculpté recouvert d'étoffes lamées d'or et d'argent, de drapeaux de soie brodés d'inscriptions ; c'est là que repose depuis plus de six siècles et demi Sidi Bou-Medin, « l'*Ouali*, le K'otb, le R'out; l'Ouali, c'est-à-dire l'ami, l'élu de Dieu, le saint; le K'otb, littéralement le pôle, dans le langage mystique, le saint par excellence, celui qui occupe le sommet de l'axe autour duquel le genre humain bon ou mauvais accomplit son évolution; le R'out, l'être unique, le recours suprême des affligés, le sauveur. » (*C. B.*)

Des œufs d'autruche, des cierges, des lustres, des lanternes historiées et des étoffes pendent du plafond au-dessus du tombeau : aux murs, couverts d'arabesques richement ciselées et fouillées, sont accrochés des tableaux et des miroirs, et ce qui nous a fort désappointé, un cartel octogone en fer-blanc verni, dans lequel une horloge de pacotille marquait neuf heures et demie.

A côté de Bou-Medin un autre cénotaphe renferme les restes de Sidi Abd-es-Selam-et-Tounin, un des disciples aimés qui vint finir ses jours près du tombeau de son maître.

On montre la place où fut inhumé l'émir Almohade Es-Saïd, tué dans un combat à Temzezlekt, contre Yar'moracen, le fondateur de la dynastie des Beni-Zian. On montre également la place où a été enterré « Mohammed-ben-Abd-Allah, mort assassiné, environ l'heure du Fedjer, le vendredi, douze du mois de Moharrem-el-Haram, le premier de l'année 1273... » c'est-à-dire sur la route de Tlemcen à Oran, dans la nuit du 11 au 12 septembre 1856, comme l'indique l'inscription verticale placée au-dessus de la tête de notre ancien agha.

La Mosquée, rectangle de 30 mèt. sur 18, ne le cède en rien à la koubba pour la richesse de son architecture étudiée aux plus belles sources de l'art arabe.

Dans un portail en arcade, décoré de mosaïques en faïence et d'inscriptions parmi lesquelles on lit : « L'érection de cette mosquée bénie a été ordonnée par Ali, fils d'Abou-Saïd-Othman....1338-39 (739 hég.), » un escalier de onze degrés taillés sous une coupole décorée d'arabesques conduit à une porte en bois de cèdre massif, revêtue de lames épaisses de cuivre dont des motifs losangés forment le principal ornement; les anneaux, les pentures et les gonds sont également en cuivre d'un riche travail. Cette porte, fabriquée aux frais d'un Espagnol pour prix de sa liberté, aurait été jetée à la mer, mais serait ensuite arrivée miraculeusement à El-Eubbad par l'intervention de Sidi Bou-Medin! Un minaret, placé à droite du portail et couvert entièrement de faïences, complète l'ensemble de la façade principale, à laquelle la perspective manque malheureusement.

L'intérieur de la mosquée se compose d'un portique, d'une cour et de la mosquée proprement dite dans laquelle on vient prier; au fond du portique, ou cloître en arcades soutenues par douze colonnes, on trouve l'entrée du minaret, dans lequel on monte par un escalier de 92 marches; la cour carrée, de 12 mètres de côté, est dallée en carreaux de faïence; une vasque en marbre près de laquelle les musulmans viennent faire leurs ablutions est placée au milieu; la mosquée, à laquelle deux portes latérales donnent accès à g., est formée par huit travées d'arcades, quatre sur quatre. Les murs du portique et de la mosquée sont couverts d'ornements sculptés ; le mihrab, dont l'arcade repose sur deux colonnes en onyx, est également fouillé avec une délicatesse dont on ne peut se faire une idée qu'en se reportant aux chefs-d'œuvre de l'Alhambra et des mosquées du Kaire. Il faudrait épuiser toutes les formules d'admiration pour décrire convenablement la koubba et la mosquée d'El-Eubbad, chose difficile surtout si on ne veut pas retomber dans des redites continuelles. « La chaire ou minbar, à droite du mihrab, donnée il y a vingt ans à la mosquée par Abd-el-Kader, est en bois de cèdre sculpté dans le goût ancien, mais avec des enjolivements où la décadence de l'art n'est que trop visible. »

La Medersa ou collège pour les hautes études est contiguë à la mosquée, du côté de l'O. ; elle a été fondée par Abou'l-Hassen le Merinide en 747 hég. 1347 ; cette date figure dans l'inscription en l'honneur de ce sultan, décorant les quatre faces intérieures du monument. La medersa, qui, avant son état de dégradation, ne le cédait en rien, dans son genre, à la mosquée, se compose d'une cour terminée au fond par la salle servant à la fois de mosquée et d'école, et entourée à droite et à gauche d'un cloître sur lequel s'ouvrent d'étroites cellules destinées aux tolba. Les murs couverts de sculptures n'ont pu être restaurés ; l'eau qui suinte du rocher contre lequel est adossée la medersa, en est malheureusement la cause.

Ce monument, tel qu'il est, offre en somme un intérêt d'autant plus grand qu'il est demeuré comme un spécimen à peu près unique des édifices de ce genre ; c'est là, d'ailleurs, que Mohammed-es-Senoussi et Abd-er-Rahman-Ibn-Khaldoun, l'historien des Berbères, ont professé le haut enseignement.

On peut se rendre de la medersa au café maure, de la petite terrasse d'où l'on admirera le profil de Tlemcen, et cela sans crainte des bandits nombreux autrefois qui venaient s'inspirer auprès du tombeau de Sidi Medin, pour assassiner ensuite les chrétiens.

4 kil. S. S. E. d'El-Eubbad ou 6 kil. de Tlemcen. *La Cascade* ou *El-Ourit*. On arrive par une route pittoresque au ravin d'El-Ourit, endroit ravissant où le Saf-Saf déverse ses eaux du haut de la montagne. « Qu'on se figure une muraille de rochers élevée de 80 mètres, large de 200 ou 300 et disposée circulairement comme dans un cirque. Tout le long des parois de cette muraille de rochers, s'élèvent, grimpent, tombent et s'enlacent des fouillis de plantes, d'arbustes de toutes formes, de toutes sortes. L'eau se précipite en nappes du haut des rochers, comme un grand fleuve qui aurait rompu sa digue, et la végétation qui recouvre les parois de ce vaste cirque est tellement épaisse que ces nappes d'eau filtrent, pour ainsi dire, au travers de ce feuillage merveilleux et arrivent en poussière de diamant à la base des rochers. »

4 kil. N. O. **Bréa**, nom d'un général tué en juin 1848, v. de 180 hab., entre le ravin d'Aïn-el-Hout et la route de Nemours ; constitution légale, 11 juillet 1849 ; annexion à la commune de Tlemcen, le 17 juin 1854.

6 kil. N. O. *Aïn-el-Hout*, v. arabe.

« Aïn-el-Hout, la fontaine ou la source des poissons, alimente un étang où nagent à l'envi une multitude de poissons aux couleurs étincelantes. Suivant la légende, Djafar, fils d'un roi de Tlemcen, courant un jour une gazelle, parvint jusqu'à la délicieuse oasis d'Aïn-el-Hout. La fille du seigneur de l'endroit se baignait dans ce moment sur le bord de l'étang. Surprise et poursuivie par Djafar, c'est en vain qu'elle lui demandait grâce, Djafar ne voulait écouter que la passion qui le transportait. Aïcha : c'est le nom de la jeune fille, se voyant sur le point d'être saisie, plongea sans hésiter dans les profondeurs de l'onde, où elle resta métamorphosée en poisson aux couleurs mélangées d'or, de nacre et d'argent. Telle est l'origine du nom que porte la localité. » (M. l'abbé Bargès.)

8 kil. N. O. *Aïn-el-Hadjar*, v. arabe.

11 kil. N. O. **Hanaïa**, 245 hab., colonie placée au-dessus d'une ancienne ville arabe dont il existe encore un beau minaret. Créée en 1851 sur la route de Lella Mar'nia à Nemours et de Rachgoun, au débouché principal de la vallée de la Tafna; annexée à la commune de Tlemcen, le 17 juin 1854.

M. Mac-Carthy a signalé à 1600 mèt. d'Hanaïa des ruines romaines couvrant un espace de 1 hect. 1/2 à peu près.

3 kil. S. O. **Mansoura**. Lorsque l'on sort de Tlemcen par la porte de Fez, construction du génie militaire qui a remplacé la Bab-el-Guechout des Arabes, on ne tarde pas à rencontrer sur la route qui mène à Mansoura « le petit monument élevé à la mémoire de *Sidi bou-Djema*. Ce n'est pas un édifice de luxe, tant s'en faut ; il n'y a rien de grandiose dans son architecture.... C'est un tombeau simple comme l'homme dont les restes y sont déposés. Une petite cour carrée à ciel ouvert, fermée par un mur blanchi à la chaux, avec une porte en ogive qui ne manque pas d'un certain cachet d'élégance : voilà tout le mausolée. Mais le site est charmant. Une treille séculaire ombrage les abords du modeste sanctuaire ; un ruisseau d'eau vive coule auprès, et, tout alentour, de riches vergers, pleins d'ombre et de fraîcheur, étalent leur luxuriante végétation à perte de vue. » (*C. B.*)

Bou-Djema, qui vivait il y a plus de cinq siècles, était né dans les montagnes des Trara, où il était berger; une voix intérieure lui ayant crié d'abandonner son pays et de poursuivre ailleurs d'autres destinées, il partit et marcha jusqu'à ce que la voix lui dit de s'arrêter, devant Tlemcen, à la porte d'El-Guechout. Bou-Djema, assis sur une pierre dont il ne bougeait, devint pour tout le monde l'hôte de Dieu, et à force de recevoir il finit par donner à son tour. On en fit bientôt un ouali, un saint à seconde vue et à miracles; Bou-Djema, le chevrier, devint Sidi Bou-Djema; le sultan le prit en amitié et ne dédaignait point de le consulter. Bou-Djema vécut de longs jours, quittant rarement son siége de pierre, ne changeant jamais ses haillons que lorsqu'ils l'abandonnaient, et laissant croître toute sa barbe. On le trouva mort un beau jour, et il fut enterré à l'endroit où les Tlemcéniens avaient l'habitude de le voir.

La koubba de Baba-Safir, située à gauche et en avant de la porte qui semble à cheval sur la route, est celle d'un saint homme de Turc venu à Tlemcen à la suite d'Aroudj.

Bab-el-Khremis, appelée encore la porte de l'armée, qui précède de 500 mèt. les ruines de Mansoura, est bâtie en briques rouges d'une belle conservation; elle a 10 mèt. de hauteur sur 4 de profondeur; son ouverture, terminée par une large et belle arcade en fer à cheval, a 4 mèt. 1/2 de large. Cette porte isolée aujourd'hui, et que l'on pourrait prendre pour un arc de triomphe, faisait partie du fameux mur de circonvallation élevé par Abou-Yakoub le Merinide, lors du premier siége de Tlemcen en 1299 (698 hég.).

A 500 mèt. de Bab-el-Khremis commence l'enceinte de Mansoura. On a vu plus haut, p. 239, comment Abou-Yakoub jeta les fondements de cette ville destinée à écraser sa rivale. Laissons parler Ibn-Khaldoun. « A l'endroit où l'armée avait dressé ses tentes, s'éleva un palais pour la résidence du souverain. Ce vaste emplacement fut entouré d'une muraille, et se remplit de grandes maisons, de vastes édifices, de palais magnifiques, et de jardins traversés par des ruisseaux. Ce fut en 702 (1302) que le sultan fit bâtir l'enceinte des murs, et qu'il forma ainsi une ville admirable, tant par son étendue et sa nombreuse population, que par l'activité de son commerce et la solidité de ses fortifications. Elle renfermait des bains, des caravansérails et un hôpital, ainsi qu'une mosquée où on célébrait la prière du vendredi, et dont le minaret était d'une hauteur extraordinaire. Cette ville reçut de son fondateur le nom d'El-Mansoura, c'est-à-dire la Victorieuse. De jour en jour elle vit sa prospérité augmenter, ses marchés regorger de denrées et des négociants venus de tous les pays; aussi prit-elle bientôt le premier rang parmi les villes du Mar'reb. » (Traduit par *M. de Slane.*)

La paix ayant été rétablie, Mansoura fut complétement évacuée. 1307 (706 hég.). Mais sept ans plus tard, de nouvelles mésintelligences éclatant entre les Beni-Zian et les Merinides, Abou'l-Hassen, le sultan Noir, venait prendre position à Mansoura, et commençait aussitôt l'investissement de Tlemcen, août 1335 (735 hég.).

Pendant ce second siége qui dura deux ans, Abou'l-Hassen releva Mansoura et s'y fit construire, après la prise de Tlemcen et la mort de Tachfin, 1338 (737 hég.), un palais qui devint sa résidence favorite. Mais lorsque les Beni-Zian eurent reconquis Tlemcen, El-Mansoura, témoignage d'une sanglante défaite et d'une cruelle invasion, fut frappée d'un arrêt de destruction, cette fois sans appel, car les Merinides ne devaient plus songer à la relever.

Cinq siècles ont passé sur les ruines de Mansoura; il ne reste debout qu'une partie de son enceinte et le minaret de la mosquée.

Les remparts de Mansoura, offrant la forme d'un trapèze d'un développement de 4095 mèt., comprenaient une superficie de cent hectares. Ces remparts en pisé, épais de 1 mèt. 1/2 et hauts de 12, étaient percés de quatre portes bien orientées aux quatre points cardinaux; ils ont à peu près disparu à l'E. et au S.: c'est au N. et principalement à l'O. qu'on pourra étudier ce système de murailles reliant de 40 en 40 mèt. des tours bastionnées et à créneaux.

La mosquée et le minaret sont situés sur un petit mamelon du côté de l'O. La mosquée, rectangle de 100 mèt. sur 60, orienté du N. E. au S. O., ne présente plus aujourd'hui que son mur en pisé qui était percé de treize portes. Les fouilles faites à l'intérieur ont amené la découverte de ces magnifiques colonnes en marbre translucide dont les musées d'Alger, de Tlemcen et l'exposition permanente des produits algériens à Paris possèdent quelques-unes.

Le minaret, orienté au N. contrairement à l'usage et dans l'axe du mihrab, est percé d'une porte monumentale servant d'entrée principale; c'est un point de ressemblance avec quelques portes de nos églises ouvertes dans des clochers romans. La porte du minaret, enfouie en partie, dessine une belle arcade mauresque dont la pierre, quoique rongée par le temps, laisse encore voir une riche dentelle dans laquelle venait s'enlacer l'inscription dont M. C. Brosselard a donné la traduction. « .... Abou-Yakoub-Youssef-ben-Abd-el-Hak ordonna la construction de cette mosquée.... »

Le minaret haut de 40 mèt. pouvait, lorsqu'il était complet, en avoir 45. Les panneaux qui le décorent portent encore les traces d'une mosaïque en carreaux vernissés; des doubles fenêtres, dont l'arceau retombe sur des colonnettes en onyx, éclairaient l'escalier disparu avec la face S. du minaret. On ne manquera pas de dire au touriste que le sultan Merinide ayant hâte de voir terminer la mosquée, fit construire le minaret par des ouvriers musulmans et des ouvriers chrétiens ou juifs, et que la partie S. de ce minaret aujourd'hui détruite est précisément celle qui a été élevée par les mécréants.

Il reste encore de l'ancienne Mansoura *un canal* en pisé, qui alimentait les fontaines et les réservoirs publics encore bien conservés utilisés par les colons; *un pont* voûté, large de 40 mèt., bâti en briques, jeté sur le ravin qui coupe la route près de la porte orientale.

Un vaste espace entouré de murs, une tour à demi écroulée, un bassin et d'autres vestiges signalent au point culminant de Mansoura, à l'extrémité du village français, l'emplacement d'un édifice qui n'était autre que le palais du sultan, ainsi qu'il résulte de l'inscription d'un chapiteau découvert à 2 mèt. de profondeur dans des fouilles faites par M. Jalteau, maire : « La construction de cette demeure fortunée, palais de la Victoire, a été ordonnée par le serviteur de Dieu, Ali, émir des musulmans, fils de notre maître l'émir des musulmans Abou-Saïd, fils de Yakoub, fils d'Abd-el-Hak; elle a été achevée en 745 hég. (1344-45). »

De nouvelles fouilles faites en cet endroit par M. Maigné, sous la direction de M. C. Brosselard, à 3 mèt. de profondeur, ont amené la découverte de socles, de fûts, de carrelages émaillés et de débris de mosaïques.

Le petit village de **Mansoura**, 140 hab., qui a succédé au bout de cinq cents ans à la ville d'Abou-Yakoub et d'Abou'l-Hassen, a été créé par décret du 6 mai 1850 et annexé à la commune de Tlemcen le 14 juin 1854.

ROUTE 23.

D'ORAN A NEMOURS,

PAR TERRE.

218 kil. — Service de diligences jusqu'à Tlemcen. — Chevaux et mulets de Tlemcen à Nemours.

130 kil. d'Oran à Tlemcen, voir route 22.

Trois routes conduisent de Tlemcen à Nemours; la plus directe, 67 kil., traverse le territoire des *Trara*, Kabiles de l'ouest, soumis depuis peu de temps et auxquels le voyageur isolé ne doit accorder qu'une médiocre confiance. Cette route, ou plutôt ce sentier tracé au milieu d'un pays très-pittoresque ressemblant à la Kabilie de l'est, ayant comme elle ses villages posés au flanc des montagnes, n'est praticable que pour les chevaux et les mulets. Les points par lesquels on passe sont :

Bréa, à 4 kil. de Tlemcen (V. p. 262).

Hanaïa, à 11 kil. (V. p. 263).

L'*oued-Zitoun*, caravansérail, à 22 kil.

Mekerra-Guedara, caravansérail sur la Tafna, à 32 kil.

Aïn-Kebira, à 42 kil.

Nedroma, à 51 kil. (V. p. 270).

Nemours, à 67 kil. (V. p. 272).

La seconde route, longue de 81 kil., se dirige sur Lella-Mar'nia par le village de **Mansoura**, 3 kil.; l'*oued-el-Hatchan*, 22 kil.; le bois du *oulad-Ria*; *El-Bridj*, sur la Tafna, 28 kil.; **Lella-Mar'nia**, 45 kil.; **Nedroma**, 65 kil.; et **Nemours**, 81 kil.

Cette route, ainsi que la troisième, que nous décrirons plus particulièrement, est une voie carrossable, mais autant que peut l'être une voie ouverte par l'armée pour le passage des prolonges et de l'artillerie, où les voitures légères et suspendues courent grand risque d'être brisées dès le premier accident de terrain; peu ou point de remblais et de déblais, une colonne en marche perdrait trop de temps à les faire; quant aux rivières, on sait déjà qu'elles ont peu d'eau en été, et la plus profonde à traverser dans cette direction, la *Tafna*, monte à peine au poitrail du cheval.

Voici maintenant la troisième route, à laquelle les observations précédentes s'appliquent également.

130 kil. d'Oran à Tlemcen.
134 kil. **Bréa**, *V*. p. 262.
141 kil. **Hanaïa**, *V*. p. 263.
145 kil. *Koubba de Sidi Moussa*.
152 kil. Caravansérail de l'*oued-Zitoun*, sur la rivière de ce nom, qui va se jeter à 7 kil. N. O. dans la Tafna, après avoir reçu les eaux de l'*oued-Bou-Mestar* et de l'*oued-Bou-Messaoud*.
155 kil. L'*oued-Sidi-Brahim*, affluent de l'oued-Zitoun.
160 kil. *Koubba de Sidi-L'hassen*, à dr. de la route.
169 kil. L'*oued-Bridj*, affluent de la Tafna.
172 kil. *Hammam-Bou-R'ara*, au confluent de la Tafna et de l'*oued-Ouerdefou*, source thermale, 54°; elle est ombragée par un bouquet de palmiers et forme une délicieuse oasis au milieu de la plaine. Les Arabes disent que le marabout Bou-R'ara, pour récompenser les fidèles qui lui élevaient une koubba, fit jaillir cette source et lui donna en outre la vertu merveilleuse de guérir toutes les infirmités et de rendre fécondes les femmes stériles;

les beys d'Oran et, plus tard, Abd-el-Kader ont visité cette source. L'autorité française a fait construire à Hamman-Bou-R'ara deux piscines pour l'usage des Arabes; d'autres piscines doivent être construites également pour les Européens.

174 kil. *Bled-Chaba*, près du barrage de l'Ouerdefou; une smala de spahis a été installée dans cet endroit, dont les terrains excellents sont très-favorables pour la culture.

182 kil. **Lella Mar'nia**. *Auberges; bureau de poste; télégraphie électrique; location de chevaux et mulets; caravansérail; marché arabe*, très-important, le dimanche.

Lella Mar'nia, à 14 kil. E., 10 kil. N. E. de la frontière marocaine et à 24 kil. N. E. d'*Ouchda*, fut un établissement phénicien d'abord, puis romain, appelé **Syr**, nom qui rappelle le *Sour*, rempart, des Orientaux. Syr était en effet un camp de 400 mèt. sur 250 mèt. de côté, entouré d'un fossé profond, flanqué de tours carrées, et où l'on entrait par quatre portes. Un grand nombre d'inscriptions tumulaires, votives, ou de bornes milliaires, découvertes lors de la construction de la redoute, en 1844, et une épaisse couche de cendres, de charbons, de débris retrouvés dans tous les environs à une profondeur à peu près uniforme, ont prouvé l'existence de cette station, qui a dû être détruite par un incendie.

Les ruines de Syr ont été explorées à diverses époques par MM. le capitaine d'artillerie Azéma de Montgravier, en 1843; le chef d'escadron d'état-major Callier, en 1844; le commandant de Caussade, en 1845 et 1851; et, plus récemment, par MM. Mac-Carthy, le colonel de Montfort, Ditson et L. Fey.

Voici l'inscription d'une borne milliaire, que nous donnons parce qu'elle ne laisse aucun doute, comme nous l'avons dit plus haut, sur l'identité de Syr avec Lella Mar'nia et de Tlemcen avec Pomaria (*V.* p. 236).

IMP. CAES.
M. AVREL.
SEVERVS
. . . .
PIVS FELIX
AVG. MIL.
ARIA POSV
PER. P. FL.
CLEMEN
PRO. S.
AN SYR POMAR
M.P. XXVIIII
SIG. M.P. XXXVI.

« L'empereur César Marcus Aurelius Severus.... le pieux, l'heureux, l'auguste, a posé ces bornes milliaires par les soins de son procurateur Clément. De Syr à Pomaria, 29 000 pas; de Syr à Siga, 36 000 pas. »

Siga, la première capitale de Syphax, et dont Rachgoun était le port, *portus Sigensis*, était à 4 kil. S. de ce dernier point.

Arrivons maintenant à la période arabe. Lella Mar'nia est le nom d'une sainte femme qui repose dans la koubba que l'on voit à g. du camp.

« Lella Mar'nia, comblée des biens célestes, montra dès son enfance une aptitude extraordinaire pour l'étude et les sciences; l'esprit du bien étant en elle, elle eut bientôt approfondi toutes les connaissances humaines, et, jeune encore, elle ouvrit une école où les

Arabes et les Kabiles se portaient en foule pour écouter ses leçons. Lella Mar'nia acquit en peu de temps une réputation telle, que tous les savants du pays ne rougirent pas de s'incliner devant elle et de la proclamer leur maître. La beauté de Lella Mar'nia égalait sa science, mais la bonté de son cœur était plus grande encore; ses biens, ses conseils étaient pour tous, et Dieu la récompensait en lui distribuant à large main tous les trésors et en lui donnant le pouvoir prestigieux qu'il accorde à ses envoyés; elle opéra de nombreux miracles; elle fit couler des sources où on n'en avait jamais vu auparavant; au temps de la moisson, elle se promenait dans les champs, et les moissonneurs, sur ses traces, faisaient de prodigieuses récoltes; aussi les Arabes émerveillés ne connurent bientôt plus d'autre arbitre, et la regardèrent comme un envoyé d'Allah. Deux tribus étaient-elles en guerre, Lella Mar'nia apparaissait, et les combattants, posant les armes, venaient se jeter à ses genoux. Lella Mar'nia fit deux fois le pèlerinage de la Mekke, et mourut dans un âge peu avancé, après avoir désigné l'endroit où elle désirait être inhumée. C'est le lieu même où se trouve encore aujourd'hui la koubba dans laquelle, disent les Arabes, elle ne cesse de faire des miracles. Ses enfants, à cause de cette haute réputation, ont adopté le nom de Ould-Mar'nia, au lieu de prendre celui de leur père, et ses arrière-petits-fils, qui vivent encore, ont conservé ce nom. Chaque année, les Arabes des environs, dont la vénération pour Lella Mar'nia n'est pas encore éteinte, viennent en grande pompe célébrer à la koubba la gloire de la sainte. » (*L. Provençal*.)

Le poste de Lella Mar'nia a été créé en 1844, à l'ouverture de la campagne contre l'empereur du Maroc. Sentinelle avancée placée à l'entrée du désert d'Angad et à six lieues d'Ouchda, ce poste rendit d'importants services pour le ravitaillement des troupes dans cette campagne, qui se termina par la fameuse bataille d'Isly, gagnée près de la rivière de ce nom, à 40 kil. S. O., par le maréchal Bugeaud.

Le camp retranché de Lella Mar'nia, imprenable pour les Arabes, est entouré d'un mur crénelé avec fossés et glacis : les bastions formant les quatre angles du carré de l'enceinte sont armés de canons. L'intérieur renferme deux casernes pour 300 hommes, deux pavillons pour les officiers, un hôpital-ambulance pour 100 malades, des ateliers pour le génie, une cave pour l'administration des subsistances, un parc à fourrages et au bois et un magasin à poudre.

Bien que Lella Mar'nia n'existe pas encore comme centre de population civile, la colonisation européenne tend chaque jour à s'y développer. Le chiffre des colons est de 140; la plupart étaient, comme dans tout centre qui commence, attirés plutôt par des intérêts commerciaux que par ceux de la propriété, état de choses qui tend à se modifier par les demandes de concessions de terres, et qui se modifiera encore plus lorsque l'insalubrité du pays aura tout à fait disparu. Les travaux d'assainissement qui ont été déjà exécutés, ont produit leur effet salutaire : les maladies sont plus rares et la culture prend plus d'essor. Les canaux d'irrigation, établis au moyen de la petite rivière de l'Ouerdefou, qui serpente au S. du camp, portent au loin dans la plaine la fraîcheur et la fertilité, et d'heureux résultats ont bientôt fait connaître qu'on ne s'adressait pas à un sol ingrat.

Le marché arabe qui se tenait autrefois et depuis très-longtemps aux environs de la koubba, à l'O. du camp, se tient aujourd'hui à l'E., près d'un caravansérail d'un aspect presque monumental. Sur ce marché, l'un des plus importants de la subdivision de Tlemcen, abondent les laines, les tissus, les nattes, les céréales, les chevaux, les mulets et surtout le bétail.

Une route conduit de Lella Mar'nia à R'ar-Roubban, sur la frontière même du Maroc.

R'ar-Roubban, dont on a fait Gar-Roubban, est le nom de la localité où la société Dervieu et Cie exploite une mine de plomb argentifère, la seule concédée jusqu'à présent dans la province d'Oran. La concession des mines de R'ar-Roubban ne date que du 16 juin 1856; elle embrasse le droit d'exploiter le sous-sol dans un périmètre de 3300 hectares, sur lequel sont groupés cinq chantiers différents. La production du minerai de plomb d'une teneur de 50 à 60 pour 100 (la teneur en argent est de 20 à 130 grammes par quintal métrique de minerai pur), a donné jusqu'à présent 1600 tonnes représentant au port d'embarquement environ 350 000 francs. On espère doubler plus tard cette production. Peu d'exploitations en Europe atteignent un résultat aussi important. La population de R'ar-Roubban est de 750 individus; les trois quarts sont Européens. Une caisse de secours et de prévoyance a été instituée pour les ouvriers.

R'ar-Roubban, par sa situation, donne, pour ainsi dire, la main à Ouchda, la ville marocaine la plus voisine de notre frontière. L'heureuse circonstance qui donne à R'ar-Roubban des éléments importants de richesses naturelles, le désigne comme le point où le commerce pourra s'établir graduellement et avec les moindres sacrifices, quand les entraves apportées par notre législation douanière auront complétement disparu. Nous pourrons alors à notre tour approvisionner par voie d'échange les marchés du Maroc, sur lesquels n'arrivent jusqu'à présent que les marchandises anglaises.

186 kil. *L'oued-Mouila*, affluent de la Tafna. C'est près de cette rivière qu'il faut chercher l'établissement romain de *Severianum*, appelé sans doute ainsi en l'honneur d'Alexandre Sévère, et situé, comme l'indique la borne milliaire suivante, à 3 milles ou 4443 mèt. de Syr (Lella Mar'nia).

```
       IMP CAES
      M. AVRELIVS
      SEVERVS PIVS
   FELIX AVG. P. P. COS
       DIVI MAGNI
        ANTONINI
       FILIVS DIVI
      SEVERI NEPOS
     MIL. NOVA POSVIT
      PER P. AELIVM
       DE CRIANVM
       PROC. SVVM
       AN SEVERIA
           NVM
           SYR
          MP III.
```

Severianum, comme le dit M. Mac-

Carthy, faisait sans doute partie de la ligne de postes qui, à des distances peu éloignées, jalonnaient la première partie de la route de Syr à *Ad fratres* (Nemours), c'est-à-dire de Syr à Nedroma, passant, comme le fait la route moderne, par le col de Bab-Taza. Mais il n'y avait rien de semblable entre Nedroma et la mer, parce que la nature plate et très-découverte du pays n'exigeait pas qu'on prît de grandes précautions de défense, l'œil embrassant pour ainsi dire sans obstacles l'espace de 16 kil. qui s'étend de l'un à l'autre.

Entre Lella Mar'nia et Nedroma, le pays est très-accidenté, très-boisé et très-pittoresque.

196 kil. *Aïn-Tolba*, caravansérail bâti par le génie militaire.

197 kil. *Bab-Taza*, point culminant du col de Taza, 1100 mèt. Il y a là, près d'une fontaine, *une auberge* tenue par le sieur Sahut, établi depuis quinze ans dans cet endroit. Le vaguemestre arabe lui apporte très-régulièrement les journaux de Paris. Les voyageurs abondent peu à Bab-Taza, et ceux qui y passent sont très-heureux de rencontrer Sahut, dont la bonne humeur fait passer la cuisine. A part quelques coups de fusil donnés ou reçus, Sahut n'a pas trop à se plaindre des maraudeurs qui viennent visiter son établissement.

On descend de Bab-Taza à Nedroma, par une pente rapide de 5 kil.

202 kil. **Nedroma**, ville exclusivement habitée par des indigènes israélites et mahométans, a un *marché* fréquenté toutes les semaines, le jeudi, par 3 ou 4000 indigènes algériens ou marocains. Les Européens s'y rendent aussi pour l'achat des bestiaux. Les céréales et les laines sont l'objet d'un commerce très-important.

Nedroma, la Kalama des Romains? située à 20 kil. de Lella Mar'nia, 16 de Nemours et 25 S. E. de la frontière marocaine, a été bâtie en 555 de l'hég. (1160 de J. C.), par Abd-el-Moumen l'Almohade, sur les ruines d'une immense ville berbère dont l'origine et l'histoire se sont perdues, mais dont le nom a été conservé : *Medinet-el-Betha*. Assise sur le revers nord du djebel Filaoussen, au pied du col de Taza, le long d'une rivière, l'oued-Tleta, abondante et boisée, devant la plaine fertile de Mezaourou, à 4 lieues de la mer, à laquelle elle aboutit facilement, Nedroma n'eut pas de peine à grandir. « La légende arabe n'a pas manqué à la naissance de Nedroma. Abd-el-Moumen était campé à Aïn-Kebira, près d'une grande fontaine sur la montagne, au-dessus de l'emplacement futur de Nedroma, quand un de ses fidèles serviteurs, un derviche nommé Si Ahmed-el-Bejaï, l'avertit qu'un complot pour l'assassiner la nuit suivante, était tramé par ses propres officiers. Il était trop tard alors pour en arrêter l'effet, et le seul moyen d'éviter la mort, d'après el-Bejaï, était de mettre sous la tente du prince, avec ses propres habits, quelqu'un qui se ferait tuer à sa place. Le généreux derviche s'offrit lui-même, et fut assassiné. Mais le lendemain, quand les meurtriers se préparaient au partage des dépouilles du sultan, celui-ci, paraissant tout à coup au milieu d'eux, comme un vengeur envoyé du ciel, les glaça de terreur, et, profitant de ce moment, les fit arrêter. Ils étaient nombreux, et il fallait une grande prison pour les enfermer. Il en fit bâtir une aussitôt, au bord même de la fontaine où il était campé. C'est là l'origine des grandes ruines qu'on voit à Aïn-Kebira, *V.* page 266. Puis, ayant levé son camp, l'empereur descendit vers la plaine de Mezaourou, où il éleva un tombeau et une koubba au fidèle Bejaï. A côté du nouveau marabout, et autour de la kasba ou prison, où furent renfermés les conspirateurs, fut bâtie une nouvelle ville appelée Nedroma; elle n'eut d'abord d'autre population que la garde nombreuse laissée à la kasba. Plus tard, comme Nedroma était un des points les plus voisins de la côte d'Andalousie, elle reçut un accroissement considérable des Maures chassés d'Espagne, dont quelques descendants existent encore dans cette ville, conservant la clef de leur maison de Grenade ou de Cordoue.

« Il est permis de supposer qu'en bâtissant Nedroma, le sultan Abd-el-Moumen eut l'intention d'en faire une ville importante qui lui assurât la route de Tlemcen, comme il s'était assuré le passage dans ses États d'Espagne, en bâtissant la ville de Gibraltar. La position de Nedroma, les ruines d'Aïn-Kebira sont favorables à cette manière de voir. » (D'' *A. Verdalle.*)

L'histoire de Nedroma ressemble à celle de beaucoup d'autres villes du Mar'reb, sans cesse désolées par les guerres continuelles des compétiteurs qui se succèdent si fréquemment dans cette partie de l'Afrique.

Nedroma, d'après Ibn-Khaldoun, a été assiégée par Youssef-ben-Yakoub, en 1295 (695 hég.), lors d'une deuxième expédition de ce sultan contre Tlemcen. L'année suivante, elle fut de nouveau assiégée par le sultan Mérinide, qui fut encore obligé de se retirer après l'avoir, pendant quarante jours, foudroyée sans succès avec ses catapultes (*medjanek*).

En 1298 (698 hég.), Nedroma, à bout de ressources et ne pouvant être secourue, se rend.

En 1335 (735 hég.), Nedroma est emportée d'assaut par Abou'l-Hassen, et ses habitants passés au fil de l'épée.

En 1348 (747 hég.), l'Abd-el-ouadite Abou-Thabet enlève d'assaut Nedroma, qui s'était insurgée.

Nedroma, dit M. Viala de Sorbier, est admirablement située; c'est sur une plus petite échelle, comme ville et comme paysage, la position de Tlemcen. Les vieilles murailles de Nedroma, flanquées de tours crénelées, rappellent les fortifications de son ancienne capitale; elles rappellent encore le moyen âge et les croisades, où nous avons échangé avec les enfants de Mohammed nos créneaux et nos merlons contre leurs arcs en trèfles et leurs légères colonnettes. Intérieurement, une seule place, grande comme la cour de nos hôtels, dégage l'entrée de la mosquée principale dont le minaret, brodé comme ceux de Tlemcen, est malheureusement recouvert d'un lait de chaux qui vient, à chaque *ramdan* (mois du jeûne pendant le jour, et du plaisir pendant la nuit), lui faire perdre sa finesse d'ornementation. Ce minaret est indispensable dans la vue générale de la ville, dont il complète le caractère arabe. Le reste donne une triste idée de la civilisation des gens de Nedroma dans notre siècle. Des rues sales, tortueuses, mal pavées; un abattoir en plein vent sur la voie publique, des monceaux d'immondices, des mares infectes d'eau croupie indiquent assez qu'il n'existe ni police ni voirie à Nedroma. Cette ville peut contenir 2000 hab., et a pu jadis en renfermer le double. Le seul Européen établi à Nedroma, est un Espagnol qui tient un café à la manière des Arabes.

218 kil. **Nemours.** Cette ville ne possède qu'un seul *hôtel* contenant trois lits, l'un, celui du maître de l'établissement, et les deux autres occupés par des fonctionnaires. Le voyageur est donc réduit à demander l'hospitalité aux habitants avec lesquels il est en relation. — *Cafés* Paulmiès et Corrieux. — *Cercle militaire* où l'on est admis sur présentation. — *Bureau des postes.* — *Télégraphie électrique.* — *Location* de chevaux et mulets. — *Marché* français et arabe tous les jours.

Nemours (1000 hab.) est située à 36 kil. E. de la frontière du Maroc, par 4° 30' de longitude O. et 35° 10' de latitude N. La côte algérienne, qui court constamment O. S. O. depuis le cap de Fer N. E. de Philippeville, jusqu'à l'Océan, se trouve à Nemours par la même latitude qu'El-Kantara, première oasis de la province de Constantine, située à 280 kil. de la mer. Si aucune ruine n'est venue jusqu'à présent attester la domination romaine dans cette localité, la géographie comparée nous a donné, pour Nemours, le nom de *Ad Fratres*, dont la position est bien positivement indiquée par les roches des *deux frères* à l'O.

« Mais si Rome a tout à fait disparu, il n'en est pas de même des Arabes; ils nous ont laissé Djama-R'azaouat (la mosquée des pirates). Placée à l'E. de la crique, sur un rocher d'une aridité affreuse, inaccessible du côté de la mer, à pentes très-roides vers la terre, isolée et dominant de toutes parts, comme il convient à un oiseau de proie, R'azaouat dresse encore aujourd'hui au-dessus de Nemours, sur un ciel toujours bleu, la vigoureuse silhouette de ses ruines, nichée de pirates autrefois. A la pointe du cap, la mosquée qui lui a donné son nom; à l'autre extrémité du rocher, une autre mosquée tombant en ruine; autour d'elles, les autres ruines amoncelées d'une misérable enceinte de rocailles mêlées à celles plus misérables encore de la ville; et, dominant tout cet ensemble, comme un grand seigneur debout au milieu de ses vassaux inclinés, un immense pan de mur flanqué de deux grosses tours carrées, souvenir magnifique de la royale Tlemcen du XIVe siècle. » (*A. Verdalle.*)

Le port de Nedroma, dit un géographe arabe, est formé par le Mâcin, rivière dont les bords portent beaucoup de fruits. Dans cette localité se trouve un bon mouillage, dominé par deux châteaux et un beau ribat, que l'on fréquente avec empressement dans l'assurance d'obtenir la bénédiction divine. Si quelqu'un commet un vol ou un acte d'impudicité dans cet édifice, il ne tarde pas à subir le châtiment de son crime. Les gens du pays regardent cela comme une chose certaine, et l'attribuent à la sainteté du lieu et à la faveur que Dieu a bien voulu lui accorder.

Nemours, résidence d'un colonel commandant le cercle dépendant de la subdivision de Tlemcen, et d'un commissaire civil installé dès le 13 octobre 1853, a été bâtie au pied O. de Djema-R'azaouat en 1844, lors de la guerre avec le Maroc, pour servir, comme elle sert encore aujourd'hui, de point de ravitaillement aux colonnes expéditionnaires. Son port, ou du moins la plage qui en tient lieu, n'est pas abordable par tous les temps.

Les rues de Nemours sont droites et bien alignées; elles aboutissent à deux places dont l'une est décorée d'une fontaine monumentale en marbre du pays. Le presbytère, l'église provisoire en planches, l'abattoir, l'administration des douanes, la direction du port avec caserne de marins, la porte de Touent, à l'E., et celle de Nedroma, à l'O., sont les constructions auxquelles on est libre d'appliquer le nom de monuments.

Environs. A 1500 mètres de la porte de Nedroma, on a élevé un *tumulus* en maçonnerie, surmonté d'une simple croix de bois noir. C'est là qu'un détachement français de quelques hommes a été écrasé par des milliers d'Arabes au moment où, après avoir franchi plusieurs lieues en pays ennemi et avoir tenu tête dans maints combats aux masses arabes, ils allaient arriver sous le canon de la ville.

La *koubba de Sidi Brahim* est située à 10 kil. S..O. de Nemours; là encore succombèrent, moins 14 hommes, après une défense surhumaine de trois jours, ceux qui avaient échappé à l'embuscade du 22 septembre 1845, dans laquelle Abd-el-Kader avait attiré le colonel Montagnac avec 350 chasseurs d'Orléans et 60 hussards. Tout le monde connaît le récit de ce désastre héroïque; tout le monde connaît encore les noms de Courby de Cognord, Froment-Coste, Dutertre, Géraud et Lavaissière. — M. Courby de Cognord est aujourd'hui général: Froment-Coste, représenté sur le tableau de la Smala, à Versailles, et qui semble déjà conduire son bataillon à la boucherie de Sidi Brahim, fut tué un des premiers; Dutertre, nouveau Régulus, fut décapité pour avoir encouragé Géraud à la résistance dans la cour de la koubba; le chasseur Lavaissière fut le seul qui put revenir avec sa carabine, que la duchesse d'Orléans lui échangea contre une carabine d'honneur.

O Providence! C'est à Sidi Brahim que s'accomplit le dernier acte de la vie politique d'Abd-el-Kader en Algérie! C'est à Sidi Brahim qu'Abd-el-Kader, après avoir franchi le *Kis* et le col de *Kerbous*, se rencontra avec le général de Lamoricière.

« Des deux côtés, on arriva à peu près à la même heure, à deux heures de l'après-midi, l'émir cependant le premier; il portait, comme toujours, le simple costume arabe: haïk de laine blanche, tortillé autour de la tête avec la corde en poil de chameau, double burnous blanc, couvert par un troisième burnous noir; les bottes plissées en cuir rouge et les longs éperons. Il montait, comme la veille, son cheval gris, maigre et de mince apparence; sa belle jument noire était vivante, mais, blessée au passage de la Mlouïa, elle suivait avec les mulets. Un bandage roulé autour d'un de ses pieds semblait indiquer une blessure. Ses officiers n'étaient pas montés plus brillamment que lui et paraissaient tous blessés; en somme, c'était un triste spectacle, si l'on songe que c'étaient là un sultan et les derniers restes de ses sujets, sultan reconnu par nous, ayant Maskara pour capitale, Tekdemt pour arsenal, et dans ses États la royale Tlemcen; sultan qui eut la gloire de raviver un instant la nationalité arabe, de prouver qu'il en était seul capable, et que peut-être il y serait parvenu, si l'esprit de propagande musulmane ne l'eût poussé à une nouvelle guerre sainte au mépris des traités. Du reste, grâce à cette guerre, la faute immense de la Tafna fut réparée; la province d'Oran est à nous; la mosquée de Maskara, où Abd-el-Kader prêcha la guerre sainte, nous sert de grenier à foin, et un brave colon français cultive des choux autour des orangers de Kachrou, où le sultan passa sa jeunesse et dont il fit plus tard son palais.

« En attendant le général de Lamoricière, Abd-el-Kader eut le temps de reconnaître le champ de bataille de Sidi Brahim „ où, par une coïncidence étonnante, par une fatalité bien capable de frapper l'esprit superstitieux des musulmans, la fortune le livrait aux mains des Français, deux ans après sa victoire, à la place même où il l'avait remportée.

« Quand le général fut arrivé, quatorze escadrons de chasseurs d'Afrique et de spahis, commandés par le colonel Montauban, formèrent la haie. Abd-el-Kader, suivi de ses lieutenants, accompagné du général de Lamoricière, passa au milieu des troupes, comme pour une revue, les tambours battant aux champs, les soldats présentant les armes. On a dit qu'à ce spectacle, à ces honneurs rendus au malheur, l'émir, sans doute par un sentiment d'orgueil, releva un instant la tête. Bientôt on passa devant la koubba de Sidi Brahim; les officiers mirent le sabre à la main, les soldats portèrent les armes, les clairons sonnèrent aux champs, nos fanons s'inclinèrent. « Qu'est cela? » dit l'émir. On lui répondit : « C'est « l'hommage rendu au courage des « nôtres, le jour où Dieu te donna « la victoire. »

« De là à Nemours, l'émir ne dit pas un mot; il se renferma dans cette dignité silencieuse, si conforme à sa situation présente, et qui d'ailleurs est le plus beau caractère de cette race arabe dont on dit chaque jour trop de mal. Quand on arriva à Nemours, Abd-el-Kader fut conduit auprès du duc d'Aumale, qui lui promit de ne pas le faire conduire à Alger, où il avait à craindre les ennuis d'une exhibition à la curiosité publique. Comme le lendemain le duc d'Aumale rentrait en ville, après avoir passé une revue des troupes, Abd-el-Kader vint au-devant de lui, sur sa jument noire, mit pied à terre et la lui offrit en lui disant : « C'est le « dernier cheval que je monte ; « prends-le, je désire qu'il te porte « bonheur. »

« Le dernier sacrifice était accompli. Abd-el-Kader pouvait quitter maintenant la terre de ses aïeux, où il ne restait plus de place pour lui. » (Dr *A. Verdalle*.)

Le gouvernement de Louis-Philippe ne jugea pas à propos de ratifier la parole donnée par le duc d'Aumale, de faire conduire Abd-el-Kader, hors de l'Algérie, dans la localité que l'émir désignerait. Conduit aux îles Sainte-Marguerite, puis à Pau et à Amboise, c'est de cette dernière prison qu'il sortit, par la volonté de l'empereur Napoléon III, pour se rendre à Brousse, et de là en Syrie, où sauvant des chrétiens d'Asie, il reçut (qui aurait pu l'imaginer avant 1847?) le grand cordon de la Légion d'honneur.

ROUTE 24.

D'ORAN A NEMOURS,

PAR MER.

La route d'Oran à Nemours par mer, beaucoup plus directe que celle de terre, n'est, quant à présent, desservie que par les bâtiments de l'État, qui ne prennent pas de voyageurs. La création d'un port à Rachgoun et l'extension du commerce à Nemours nécessiteront, avant peu, un service régulier de bateaux à vapeur pour ces localités. Le présent itinéraire complète la description de la côte ouest de l'Algérie.

De Mers-el-Kebir au cap Falcon la côte tourne au S. O., présentant à la mer une muraille de rochers pendant plus d'un mille; elle change ensuite d'aspect et de direction, remonte au N.-O., vers le cap Falcon et forme une baie très-grande et très-ouverte, bordée de sables et de falaises, connue sous le nom de *las Aguadas*, où le duc de Montemar débarqua en 1732, pour la reprise d'Oran, *V*. p. 203. Le joli village bâti près de là en amphithéâtre est celui d'Aïn-el-Turk, *V*. page 227.

Le cap Falcon est très-bas; on trouve à l'O une baie plus profonde que la précédente, bordée également de plages et de falaises, qui augmentent insensiblement de hauteur à mesure qu'on approche du *cap Lindlès*; celui-ci est formé par des terres hautes, dont les arêtes se dirigent vers l'intérieur et vont rejoindre la chaîne qui finit à Mers-el-Kebir; il est bordé de rochers, qui font seulement le contour ou la ceinture du cap. Vis-à-vis le milieu de la baie, à la distance de 4 milles, il y a un îlot bas qui porte le nom d'*île Plane* et qui sert de refuge à une quantité considérable d'éperviers.

Du cap Lindlès au cap Figalo, la direction générale de la côte est le S. O. Les terres sont de moyenne hauteur, assez uniformes, presque toujours appuyées sur des roches au bord de la mer. *Le cap Sigale* est le point le plus saillant qui existe entre les caps Lindlès et Figalo; à 3 milles environ du cap Sigale se trouvent deux petites criques nommées par les Arabes *Mersa Madar'* et *Mersa ali-bou-Nouar*. Au large, à 6 milles, dans la direction N. O., sont les *îles Habiba*, qui n'ont rien de remarquable.

En continuant vers le S. O., la côte s'élève; elle devient escarpée et présente au N. une muraille inaccessible; on y remarque un mamelon appelé *Aoud-el-Fras*, haut de 370 mètres et visible dans toutes les directions; au S. de celui-ci, un autre mamelon de 400 mèt., visible quand on est au large, se nomme le *djebel-Mzaïta*.

Le cap Figalo est un des caps les plus avancés de la côte; il est très-escarpé, presque taillé à pic; son sommet paraît arrondi, de quelque côté qu'on le regarde ; de ce point au cap Hassa, on rencontre à égale distance *le rio-salado* des Espagnols, l'*oued-el-malah* des Arabes, le *flumen-salsum* des Romains; cette rivière n'a donc pas changé de nom; son embouchure est à l'extrémité N. E. d'une petite baie, dont la pointe S. O. s'avance beaucoup plus que l'autre.

Le cap Hassa, et mieux Oulhasa, tient à une montagne isolée, voisine de la mer, qu'on distingue à une grande distance ; à 2 milles environ avant d'y arriver, et à l'embouchure de l'*oued-R'azer*, près de *Sidi Djelloul*, M. le capitaine du génie Karth a reconnu, dit M. Mac-Carthy, les ruines de *Camarata*; mais, d'après quelques critiques, ce ne serait là que le port de Camarata, *portus Camaratx*, représenté par les ruines de *Si Sliman*, situées à 4 kil. plus haut, sur la rive dr. de l'oued-R'azer et sur le chemin de *Timici*, Aïn-Temouchent, à *Siga* Takebrît, dont le tracé est encore très-reconnaissable. El Bekri dit: « A l'orient d'Archgoul (Raschgoun), est située *Aslen*, frère en berbère, autre ville à 8 milles E. de l'embouchure de la Tafna, sur une hauteur désignée sous le nom d'Oussa. Cette V. forte, dont l'origine remonte à une haute antiquité, est entourée d'une muraille en pierre et renferme une mosquée et un bazar. Les habitants appartiennent à la tribu des *Mar'ila*. Elle domine une rivière qui se jette dans la mer à l'E. de la place, et sert à l'arrosage de leurs jardins et arbres fruitiers. La muraille d'Aslen est dégradée et ruinée de tous les côtés, par le courant d'une rivière. Abd-er-Rahman, le souverain espagnol, s'étant rendu maître d'El Aslen, la fit rebâtir de nouveau.... » Rien n'empêche l'Aslen des Arabes d'être la Camarata des Romains.

L'île d'Archgoul, Harchgoun, dont nous avons fait *Rachgoun*, est située à l'O. du cap Oulhasa, à la distance de 7 milles, et au N. d'une petite anse, bordée d'une plage de sables, où se jette la Tafna.

L'*oued-Tafna*, la plus grande rivière de la province d'Oran, prend sa source dans les montagnes des *Beni Snous*, au S.; elle se grossit de quelques cours d'eau, notamment de l'*Isser*, et vient, après un parcours d'une centaine de kil., se jeter dans une anse de 1800 mèt. d'ouverture, située à l'extrémité occidentale du golfe de Harchgoun ou Rachgoun. La partie O. de cette anse est terminée par une pointe entourée de rochers, dont le plus gros est éloigné vers le large. L'extrémité est formée par une langue de terre étroite, sur laquelle on voit une tour carrée en pisé, de construction mauresque et appartenant à l'ancienne V. arabe d'Archgoul; à peu de distance de la tour, à environ un mille, vers l'E., on remarque un rocher pyramidal, très-aigu, à peine éloigné d'une encablure de la côte.

C'est en remontant la Tafna, dans une longueur de 4 kil., que l'on rencontre à *Takebrît* les voûtes, l'emplacement de *Siga*, la première capitale de Syphax, dont le port, *Portus Sigensis*, a également disparu.

A Portus Sigensis, succéda, vers le Xe siècle, la V. arabe d'*Archgoul*; elle possédait, selon El Bekri, un beau djama, mosquée, de sept nefs, dans la cour duquel étaient une grande citerne et un minaret solidement bâtis; elle renfermait aussi deux bains, dont un était de construction antique. Bab-el-Fotouh, la porte des Victoires, regardait l'occident; bab-el-Emir, la porte de l'Emir, était tournée vers le midi, et bab Mernissa vers l'orient. Toutes ces portes étaient cintrées et percées de meurtrières. L'épaisseur des murs était de huit empans (1 mèt. 880 c.). Le côté N. était celui qui pouvait offrir le plus de résistance à l'ennemi. Dans l'intérieur se trouvaient plusieurs puits de bonne eau, qui ne tarissaient jamais et qui suffisaient à la consommation des habitants et de leurs bestiaux. Au S. de la V. était un faubourg. Archgoul, un moment puissante, fut détruite en même temps que Tiharet par les *Beni Hillal*, pendant la guerre d'Ibn-R'ania contre les Almohades, au xii⁰ siècle de notre ère; et ses habitants vinrent grossir le nombre de ceux de Tlemcen.

Lorsqu'en 1835, le gouvernement français reconnut que la province d'Oran était le principal foyer de la résistance des Arabes, il résolut d'y faire sentir sa puissance. Les expéditions de Maskara, de Tlemcen et de Rachgoun, eurent lieu, et, comme conséquence de l'occupation du Mechouar de Tlemcen, on créa l'établissement de la Tafna et celui de l'île de Rachgoun. Les travaux consistaient en deux forts, placés sur les rives de la Tafna; les forts Clauzel et Rapatel, réunis par une ligne intermédiaire, protégeaient les débarquements; deux redoutes, placées à 600 mèt. de l'embouchure de la rivière, permettaient d'avoir de l'eau potable. L'île de Rachgoun, l'*insula Acra* des Romains, à 2 kil. de la terre ferme et ayant 800 mèt. de long sur 200 dans sa plus grande largeur, escarpée dans tout son pourtour, excepté du côté S. O., fut pourvue de bâtiments servant de logement et de manutention.

L'abandon de Tlemcen entraîna celui de la Tafna et de l'île.

L'importance que prennent de jour en jour les centres de l'intérieur ouest de la province d'Oran, peut faire justement supposer le prochain rétablissement d'un port à la Tafna; plusieurs projets ont déjà été présentés, celui entre autres d'un bassin de 60 hectares, dont la dépense serait de 6 millions de francs. Des intérêts nombreux sont attachés à la réalisation de ce dernier projet.

De la Tafna au cap Noé, la côte prend une direction assez uniforme, avec quelques dentelures, mais sans enfoncements remarquables; elle présente presque partout des murailles rocheuses, et les terres s'élèvent de plus en plus. On voit aussi deux gros rochers ou îlots peu éloignés de la côte, et auprès desquels les barques du pays trouvent un abri. A quatre milles avant d'arriver au cap Noé et à peu de distance du second îlot, on aperçoit une tour sur un mamelon voisin de la mer, le *His-Ouerdani* d'El Bekri, le *portus Cæcilii* des Romains? A un mille plus près et sur le bord d'une petite rivière est le *bordj Amer*.

Le cap Noé, cap Onaï et mieux cap Noun, Honeïn, formé par des terres hautes et coupées à pic du côté de la mer, ne se distinguerait cependant pas facilement sans le *djebel-Tadjera*, situé près de là, dont le sommet tronqué et aplati est élevé de 864 mèt. A l'E. de ce cap, il y a une petite anse avec une plage, où les bâtiments du pays peuvent se réfugier et se tirer à terre; on voit tout près du bord de la mer les ruines d'Honeïn, V. qui a disparu dans les premiers temps de la domination espagnole à Oran. Le *Hisn honein*, d'après El Bekri, dominait un bon mouillage qui était très-fréquenté par les navires. La forteresse d'Honeïn, entourée de beaux jardins, était occupée par une tribu nommée *Koumïa*, dont est sorti Abd-el-Moumen, premier souverain de la dynastie Almohade.

C'est sur ce point de la côte qu'on cherchera le *Portus Gypsaria* de Ptolémée, l'*Artisiga* d'Antonin.

A l'O. du cap Noé, la côte est encore escarpée et forme un léger enfoncement pour se relever ensuite et former le *cap El-Kada*; il est très-difficile à reconnaître de loin, car il est formé par des terres plus basses que celles des environs, vers l'intérieur.

Nemours, *V*. p. 272.

A 7 milles de Nemours, l'*oued-Kouarda*, le *Popletum flumen* des Romains, vient se jeter dans la mer, près de *Mersa* ou port des *Beni-Aïad*.

Le *cap Milonia* paraît isolé ou détaché du côté de l'intérieur, à cause des terrains bas qui l'entourent à l'E. et à l'O. A quatre milles à peu près de ce cap, la côte forme un enfoncement que les Arabes nomment *Foum*, bouche, *Hadjeroud*; c'est là que se jette l'*oued-Hadjeroud* ou *Kis*, qui, remontant au S. E., nous sépare du Maroc, dont la *Moulouïa* devrait être la limite naturelle avec l'Algérie, comme elle fut celle de la Mauritanie Tingitane avec la Mauritanie Césarienne, et plus tard, celle du royaume de Fez avec le royaume de Tlemcen.

ROUTE 25.

D'ORAN A SIDI BEL-ABBÈS.

82 kil. — Service de diligences tous les jours.

On sort d'Oran par la porte Saint-André; la route, bordée d'une double allée de mûriers, va droite jusqu'à la Senia, entre des cultures maraîchères ou de céréales au milieu desquelles apparaissent des fermes ou des maisons de jardiniers.

8 kil. **La Senia** (*V*. p. 227).

De la Senia à Valmy, landes et palmiers nains; le terrain n'est cultivé qu'aux abords des villages.

14 kil. *Msoulen*, localité avec quelques maisons, mieux connue sous le nom de *Le Figuier*, à cause du célèbre figuier connu, dès les premiers temps de la conquête, comme le seul arbre à dix lieues à la ronde, et auprès duquel fut établi un camp non moins célèbre.

14 kil. **Valmy**. 410 habitants. Création du 4 février 1848; constitution de la commune, le 31 décembre 1856.

A 6 kil. E. de Valmy et 15 kil. S. E. d'Oran, **Mangin**, nom d'un capitaine d'état-major, tué en juin 1848, 185 hab. — Colonie agricole de 1848, annexée à Valmy, le 31 décembre 1856.

A 8 kil. N. E. de Valmy et 12 kil. S. E. d'Oran, **Sidi Chami**, 550 hab.; création du 16 décembre 1845, constitution de la commune, le 31 décembre 1856. Les annexes de Sidi Chami sont à 10 kil. N. O. et à 5 kil. E. d'Oran, **Arcole**, création du 14 février 1848; on y voit une jolie *chapelle* dans le style ogival, due à M. Viala de Sorbier; — à 6 kil. O. et 10 kil. S. O. d'Oran, l'*Étoile*; — à 4 kil. S. O. et à 12 kil. S. O. d'Oran, *Hasi-el-Biod*; — Arcole, l'Étoile et Hasi-el-Biod, dont la population est d'environ 180 hab., ont été rattachées à Sidi Chami, par décret du 31 décembre 1856.

A partir de Valmy, la route est parallèle pendant quelques kilomètres au bord oriental de la *Sebkhra* d'Oran (*V*. p. 230). On a souvent de cet endroit le magique spectacle du mirage. La montagne qui part d'Oran et va s'abaissant pendant dix lieues au S. O., semble se détacher en pics ou en caps comme sur une mer intérieure.

21 kil. Route d'Arbal; direction S. O. pendant 16 kil., au milieu des plaines fertiles de *Mleta*, situées entre la Sebkra et le *djebel-Tessala*. C'est dans ces plaines que campent les nombreuses et puissantes tribus des *Douair* et des *Smela* venus, si on en croit la tradition, du Maroc, 1707, au temps du bey Bou-Chelar'em, à la suite du chérif Moulaï-Ismaïl; battus par le bey de Maskara, ils se soumirent à lui, devinrent ses auxiliaires fidèles et contribuèrent puissamment à chasser les Espagnols d'Oran. On sait que les Douair et les Smela, dont l'active coopération de vingt ans contribua si puissamment à donner la paix et la sécurité à la province d'Oran, se rallièrent à notre cause à la suite du traité conclu entre leur vaillant chef Moustafa-ben-Ismaïl, tué à notre service en 1844, et le général Trézel; c'est au Figuier, le 16 juin 1835, que fut signé ce traité.

Arbal et mieux *R'bal*, au pied N. du Tessala, est une localité pleine des ruines romaines de *Gilva Colonia*, au milieu desquelles M. Mac-Carthy a découvert l'inscription suivante :

DIANAE VICTRICI
C. IVLIVS MAXIMUS
PROC. AVG.
PREPOSITVS LIMITI

« A Diane victorieuse. Caïus Julius Maximus, procurateur de l'empereur, commandant de la marche frontière. »

La date manque sur cette inscription; faut-il la rapporter au v° s., à l'époque où l'empire déclinant, le gouvernement byzantin se vit obligé, afin de mettre ses possessions d'Afrique à l'abri des populations sahariennes, de les couvrir par une ligne continue de marches militaires qui embrassaient les parties australes de la Tripolitaine, de la Byzacène, de la Numidie et de la Mauritanie? Telle est la question soulevée et résolue tout à la fois par M. Mac-Carthy.

Dans l'histoire moderne, nous voyons Aroudj battre Abou-Hammou, sultan de Tlemcen, près d'Arbal, en 1517. Marmol, l'historien espagnol, cite cette localité au sujet d'une promenade faite en 1529 par le comte d'Alcaudète, gouverneur d'Oran, à travers les populations soumises. « Le comte prit la route d'Akhbeil, qui est une ville ruinée; et comme il fut proche, plusieurs Maures des alliés lui vinrent offrir leurs services. Ils venaient par famille ou lignée, comme ils ont coutume, chacun selon son rang. »

Une population active et laborieuse anime maintenant Arbal. Nous voulons parler de l'exploitation agricole de M. Jules Dupré de Saint-Maur, la plus belle de la province d'Oran, et peut-être de toute l'Algérie, qui a pris, par autorisation du ministre de la guerre, du 31 décembre 1851, le titre de *ferme modèle*. M. Dupré de Saint-Maur, propriétaire par concession et acquisitions de 2160 hectares de terrain, n'a rien négligé pour remplir les conditions qui lui avaient été imposées; on peut évaluer à plus d'un million les dépenses qu'il a faites. La guerre était à peine achevée, lorsqu'il s'est établi; il a donc dû s'entourer d'une grande muraille. Elle forme une vaste enceinte où sont disposées toutes les constructions : maisons d'habitation avec jardin d'agrément, logement d'ouvriers, écurie, étables, bergerie modèle, hangars; puis une chapelle, une boulangerie, une brasserie, une distillerie, une forge, des ateliers de charronnage, une tuilerie et un moulin à vent; enfin des silos en maçonnerie, pouvant contenir 9000 hectolitres. Le personnel, employés et ouvriers, comprend une centaine de personnes.

Reprenant la route d'Oran à Sidi bel-Abbès, on rencontrera, entre Valmy et Sainte-Barbe, au lieu dit la Butte rouge, un nouvel embranchement allant retrouver au-dessous de Bel-Kheir la route passant par le col de Tafaraoui.

30 kil. **Sainte-Barbe**, appelée également *Le Tlelat*, nom de la petite rivière sur le bord de laquelle s'élève ce village, à la bifurcation des routes de Sidi bel-Abbès et de Maskara. — Création du 4 décembre 1846; constitution de la commune, le 31 décembre 1856. Marché arabe tous les mardis. Sainte-Barbe, 370 hab., est un assez beau village, dont toutes les concessions, parmi lesquelles celle de M. Adam, sont en culture.

32 kil. *Sidi bel-Kheir*, ham. annexé à Sainte-Barbe, le 31 décembre 1856.

De Sidi bel-Kheir au *col des Oulad-Ali*, la route est parallèle à l'oued-Tlelat à g. et au *djebel-Tafaraoui* à dr.

46 kil. *El-Djemâ*, v. arabe des Oulad-Ali, 180 hab.; marché tous les vendredis, au confluent du Tlelat et du petit ruisseau de *Bou-Thareg*, sur le plateau qui domine ce village.

C'est à dr. de ce village, sur les pentes orientales du Tessala, qu'il faut chercher les ruines d'un fort ayant la forme d'un rectangle allongé, mais altéré dans la régularité de ses lignes par la nécessité de suivre les contours de la base rocheuse sur laquelle on l'avait assis. Le grand axe, orienté à peu près comme celui de la montagne, a une longueur de 45 mèt.; l'entrée est tournée vers le N. E. La largeur, plus inégale que la longueur, est en moyenne de 25 mèt. Ce fort, que les Arabes nomment *Djemâ* et qui était, selon M. Cusson d'Oran, une redoute espagnole, pouvait contenir 200 hommes de garnison.

58 kil. *Aïn-Imber*.

66 kil. *Les Trembles*, ham. de 80 hab.; auberges, au confluent de *l'oued-Sarnou* et de *l'oued-Mekena*.

72 kil. **Sidi Brahim**, 120 hab., v. créé en 1851, annexé à la couronne de Sidi bel-Abbès, le 31 décembre 1856; il domine la belle vallée du même nom, dont les terres fertiles sont arrosées au moyen d'anciens barrages arabes reconstruits en maçonnerie.

78 kil. *Le Rocher*, 50 hab., petit ham. annexé à Sidi bel-Abbès, le 31 décembre 1856.

79 kil. *Moulaï-Abd-el-Kader-Assassena*, v. arabe, primitivement occupé de 1847 à 1850 par une smala de Spahis.

82 kil. **Sidi bel-Abbès**. *Hôtels* : de France, de Flandre, de Paris, de Bayonne. — *Cafés* : de Paris, d'Hiver. — *Café chantant* de l'Univers. — *Théâtre*. — *Cercle militaire*, admission sur présentation. — *Bureau de poste*. — *Télégraphie électrique*. — *Service de diligences* pour Oran.

tous les jours. — *Location* de chevaux et mulets. — *Marché* quotidien pour la consommation journalière. — *Marché aux grains*, ouvert également tous les jours. — *Marché arabe*, tous les jeudis, en dehors de la ville.

Situation. Sidi bel-Abbès, V. de 5000 hab., ceux de la banlieue compris, s'élève sous le méridien d'Oran, au centre d'une vaste et fertile plaine, arrosée par l'oued-Mekerra et au S. E. du djebel-Tessala.

Histoire. Né d'hier, Sidi bel-Abbès n'a point de passé; son histoire se confond avec celle de nos jours. La nécessité d'observer et de contenir les riches et nombreuses tribus qui formaient la puissante confédération des Beni-Amer, l'une des plus remuantes et des plus habilement travaillées par les partisans de l'émir Abd-el-Kader, détermina l'autorité française à occuper leur territoire. Une colonne, commandée par le général Bedeau, partit d'Oran, le 12 juin 1843, arriva le 17 au milieu de ces tribus, et, le lendemain, les soldats commençaient à construire sur la rive dr. de la Mekerra, en face et à peu de distance de la Koubba de Sidi Bel-Abbès, une redoute qui prit le nom de ce marabout. Il était facile, de ce point avancé, de se porter rapidement sur les tribus dans lesquelles l'agitation se manifestait.

Dans les premiers jours de 1845, une forte colonne était partie pour aller chez les *Oulad-Sliman*, laissant la garde de la redoute aux convalescents hors d'état de supporter les fatigues de la marche. Le 30 janvier, au matin, cette faible garnison voit une bande d'Arabes se diriger vers la redoute, sans apparence hostile. Les hommes qui la composent, couverts de haillons, n'ayant qu'un simple bâton à la main et récitant des prières, se présentent devant la redoute, où on les laisse pénétrer sans défiance, croyant qu'ils vont en pèlerinage à la koubba voisine, et que la curiosité seule leur fait visiter un établissement aussi nouveau pour eux. Tout à coup, le dernier se précipite sur le factionnaire de la porte d'entrée, et d'un coup de son bâton le renverse dans le fossé. En même temps, ceux qui étaient entrés, tirant des armes cachées sous leurs burnous, se ruent sur nos soldats surpris par une attaque si subite et si imprévue. Mais cette surprise dure peu. Grâce au sang-froid et à l'énergie de l'officier comptable de l'hôpital militaire, les soldats les plus valides se rallient, reprennent l'offensive et mettent bientôt en déroute ces fanatiques qui cherchent en vain à fuir. Ces insensés furent tous exterminés au nombre de cinquante-huit. La tribu des Oulad-Brahim, d'où étaient sortis ces malheureux fanatiques, auxquels appartenait le marabout dont les prédications les avaient excités, fut sévèrement châtiée.

Ce fait d'armes est le seul qui s'attache au nom de Sidi bel-Abbès. Son histoire, toute pacifique désormais, n'est plus que celle de la population et de la colonisation. Le stationnement d'une garnison amena de ces cantiniers empoisonneurs et de ces marchands frauduleux qui suivent toujours les soldats. Ceux-ci attirèrent à leur tour quelques jardiniers, quelques ouvriers d'art, et il se forma près de la redoute un noyau de population installée sous des tentes, des gourbis, et des baraques en planches. La fertilité du territoire environnant, devenu propriété de l'État par suite de l'émigration au Maroc des Beni-Amer, au nombre de 25 000, l'abondance de ses eaux, sa salubrité, sa position avantageuse au point de vue stratégique, déterminèrent le Gouvernement à occuper ce point d'une manière définitive; un décret, en date du 5 janvier 1849, y créa une ville de 2 à 3000 habitants. La ville de Sidi bel-Abbès, ch.-l. d'une des subdivisions militaires de la province d'Oran, a été érigée en commune le 31 décembre 1856; elle est administrée par un commissaire civil depuis le 1er juillet 1857; l'installation d'une justice de paix remonte au 7 décembre 1853.

Description. Sidi bel-Abbès, entouré par un mur crénelé, bastionné, et par un fossé, est traversé par deux rues principales de 25 mèt. de largeur qui aboutissent aux quatre portes prenant de leur position les noms d'Oran au N., de Daïa au S., de Maskara à l'E. et de Tlemcen à l'O. Sidi bel-Abbès comprend deux quartiers : le quartier civil avec son *église*, son *théâtre*, son *marché couvert*, son *hôtel de ville*, ses *écoles*, etc; le quartier militaire avec ses *casernes* de cavalerie et d'infanterie, ses *bâtiments* pour le génie, l'artillerie, les subsistances militaires, son *hôpital*, son *cercle* d'officiers. Des eaux abondantes prises à la Mekerra alimentent de nombreuses fontaines, entretiennent la fraîcheur et contribuent à la salubrité de la ville. Sidi bel-Abbès, fondé en 1843, sous le nom de *Biscuit-Ville*, et complétant à cette époque la série de postes-magasins qui, de vingt en vingt lieues, de trois en trois marches d'infanterie, de deux en deux marches de cavalerie, s'élevaient sur deux lignes parallèles du bord de la mer à l'intérieur, dans toute l'étendue de la province d'Oran, Sidi bel-Abbès est aujourd'hui une ville toute française, sortie grande et belle avec sa corbeille de verdure, dans l'espace de dix années seulement, d'un marécage de la Mekerra. Il y aurait injustice, dit M. V. de Prunières, auquel nous empruntons quelques lignes de sa notice sur Sidi bel-Abbès, à ne pas reconnaître hautement les immenses services rendus à Sidi bel-Abbès par l'ancien 1er régiment de la légion étrangère, devenue 2e régiment. Les colons ont trouvé dans ce régiment une aide désintéressée et bien précieuse, surtout dans les premiers temps, où les ouvriers faisaient presque complétement défaut.

Environs. On visitera d'abord, à la porte de Daïa, la belle *pépinière*, ancienne ferme de la légion étrangère.

Au N. O. :

8 kil. **Frenda**. 200 hab., y compris ceux d'*El-Braïka*, annexée à la commune de Sidi bel-Abbès, le 31 décembre 1856. — Marché arabe tous les jeudis.

16 kil. *Aïn-Zertita*, un des points dominants du Tessala, est couvert de ruines appartenant, comme celles d'*Aïn-ben-Soltan* et d'autres pitons encore, à une série de petits postes ou vedettes chargés de surveiller la plaine.

20 kil. *Le djebel-Tessala*. La distance que nous donnons de Sidi bel-Abbès au djebel-Tessala, est celle que l'on parcourt pour arriver à un des trois sommets principaux de cette montagne. Quand on a gravi

l'un de ces sommets, on est émerveillé, dit M. le capitaine Davenet, de l'immensité du panorama qui se déroule devant les yeux. Vers le N., c'est la plaine de la Melata tout entière avec son fond jaunâtre que le sel parsème de points d'une blancheur éblouissante; au delà, c'est le massif un peu élevé du R'amera, qui sépare cette plaine de la mer et qui détache à l'E. le massif conique de Santa-Cruz, entre Oran et Mers-el-Kebir; plus à dr., saillit le *djebel-Kahar* ou montagne des lions, au pied de laquelle l'œil cherche nos petites colonies. Puis ce sont les collines de Mostaganem, et enfin, sur un plan beaucoup plus rapproché, le massif du Tafaraoui qui montre seulement l'extrémité noirâtre de son cône, entre les deux pitons qui l'accompagnent, et le terrain tourmenté, coupé, haché, qui le sépare du Tessala. Au N. E., on suit la vallée de la Mekerra, qui va se perdre vers les montagnes de Maskara, après avoir tracé ses innombrables méandres sur le vaste bassin où s'épanouit la ville neuve de Sidi bel-Abbès.

Le Tessala est le baromètre du pays : « quand il met son bonnet de nuit, la colonie de Sidi bel-Abbès se réjouit, il pleuvra. »

Au S. O. :

6 kil. **Sidi L'Hassen.** 430 hab. Ce centre, situé près de la Mekerra, sur la route inachevée de Sidi bel-Abbès à Tlemcen, a été créé le 18 novembre 1857.

Au S. :

3 kil. 1/2. *Sidi Amran*, 250 hab. Village arabe, au milieu des figuiers de Barbarie et des vergers.

5 kil. *Bou-Khrenifis*, smala de spahis.

10 kil. **Sidi Khraled**, 200 hab.

Centre européen sur la Mekerra. — Cultures maraîchères par les Allemands et les Espagnols.

24 kil. *Sidi Ali-ben-Youb*, 170 hab., village arabe. — Smala de spahis. — Maison de commandement.

Des ruines romaines assez considérables, dans lesquelles les colons sont venus parfois chercher des matériaux de construction, quand ils ne les mutilaient pas inutilement, attestent qu'un poste important existait sur ce point, où toutes les terres, d'une grande fertilité, sont aujourd'hui livrées à la culture.

Les travaux de MM. Berbrugger, Mac-Carthy, A...., capitaine de la légion étrangère, et Davenet; capitaine d'état-major, ont désormais fixé le nom ancien des ruines de Sidi Ali-ben-Youb : *Albulæ* ou *Ad Albulas*. Cet établissement était un de ceux échelonnés sur la voie centrale des Romains, depuis Carthage jusqu'à la frontière orientale de la Tingitane. Comme *Rapidi*, Sour Djouab (*V.* p. 166), comme *Rubræ*, Hadjar-Roum (*V.* p. 256), Albulæ, poste frontière, était gardée par des corps auxiliaires. Deux inscriptions, l'une votive, l'autre tumulaire, en font foi. Voici la première :

```
        IMP. CAESAR
        L. SEPTIMIO
        SEVERO PIO
        PERTINACI
      AVG. ARB. ADIA.
       PARTH. MAXIM.
       TRIB. POTEST.
       VIIII. IMP.. IC...
        IIII
        EQ. ALAE IIII
        PAR.... E
        ANTONINE.
```

« A l'empereur César Lucius Septimus Severus, pieux, surnommé Pertinax, Auguste, Arabique, Adiabénique, Grand Parthique, investi sept fois de la puissance tribunitienne, acclamé onze fois (?) imperator.... consul (?) trois fois. — Les cavaliers de la quatrième aile (corps de cavalerie), parthique Antonine. » (*A. Berbrugger.*)

La seconde mentionne un Aurelius Donatus, cavalier des *Osdroènes*. Les Osdroènes ou Osrhoënes étaient voisins des Parthes, et puisqu'il se trouvait de ceux-ci à Albulæ, la présence des autres n'a rien que de très-probable en soi-même.

Les ruines d'Albulæ consistent principalement en un rectangle de 170 mèt. sur 180 orienté du N. N. E. au S. S. O., dont les fondations présentent un mur de 0^m,80 d'épaisseur; des lampes funéraires chrétiennes, des médailles, des débris de poterie, des ustensiles en bronze, des inscriptions, ont été trouvés dans cet endroit par M. le capitaine A.... Ce dernier avait également vu à Albulæ une borne milliaire indiquant la distance de ce poste à Rubræ et à Tessala; il fit une copie de l'inscription de cette borne qu'il égara d'autant plus malheureusement que la borne fut perdue plus tard.

A 1 kil. des ruines d'Ali-ben-Youb, on trouve *Hammam-Sidi-Ali-ben-Youb*, source thermale très-abondante, d'une température de 23°, dont l'eau, complètement inodore, n'a qu'un goût fade; il y a des vestiges antiques en cet endroit, et c'est là qu'on a trouvé l'inscription que nous avons donnée plus haut et qui se voit aujourd'hui à la porte du cercle militaire de Sidi bel-Abbès.

Au S. E. :

28 kil. de Sidi bel-Abbès. **Tenira**, centre de population créé le 30 janvier 1858.

54 kil. *Telar'*, poste et smala de spahis, près du barrage de l'*oued-Talimet*.

70 kil. **Daïa**, la mare, appelée encore par les Arabes Sidi bel-Kheradji, au milieu d'une forêt de pins et de chênes, à la tête des eaux de l'Habra, occupée depuis le 24 avril 1845; poste-magasin, sur la route d'occupation des hauts plateaux entre Sebdou et Saïda. La garnison est de 200 hommes, la population civile est presque nulle, 20 colons à peu près.

ROUTE 26.

D'ORAN A MASKARA.

96 kil. — Service de diligences tous les jours avec arrêt à Saint-Denis du Sig.

30 kil. D'Oran à Sainte-Barbe du Tlelat (*V*. R. 25).

Quand on a dépassé le Tlelat, dont les travaux de barrage auront des résultats importants pour l'agriculture, on atteint bientôt la lisière de la *forêt de Moulaï-Ismaïl*. Située à 35 kil. d'Oran, cette forêt contient une superficie de 12 240 hect., y compris les parties sur lesquelles sont établis les *R'arabas*. Une route de ceinture de 10 mèt. de large a été ouverte sur le pourtour des massifs, excepté au N. O., où ils confinent le lac de *El-Melah*, dit *les Salines d'Arzeu*. Le peuplement de la forêt, composé d'oliviers, de thuyas, de lentisques et de sumac-thisgra, forme un taillis très-irrégulier, dont les ressources consistent en bois de chauffage, et en souches de thuya employées pour l'ébénisterie.

C'est dans cette forêt que don Alvarès de Bazan, marquis de Santa-Cruz, essuya une défaite complète en 1701. Six ans plus tard, en 1707, le chérif marocain Moulaï-Ismaïl, qui donna son nom à la forêt, y vit périr son armée entière, lorsqu'il venait ravager les environs d'Oran et voulait s'emparer de cette place. On raconte que le soir de sa défaite, lorsqu'il fuyait le champ de bataille, suivi de quelques officiers, Ismaïl, se tournant vers eux, leur dit amèrement : « Oran est comme une vipère à l'abri sous un rocher ; malheur à l'imprudent qui y touche ! » On montrait au milieu de la forêt un vieil olivier sauvage tout couvert de petits morceaux d'étoffe et dont le pied était encombré de pierres ; c'était l'arbre sous lequel s'arrêta Moulaï-Ismaïl. Toute femme qui avait son mari en guerre, fidèle à la croyance populaire, jettait en passant une pierre au pied de l'olivier et attachait à ses branches un morceau des vêtements de l'absent, afin de le préserver du mauvais sort.

C'est encore dans la forêt de Moulaï-Ismaïl que le colonel Oudinot fut tué, en 1835, dans une brillante charge, à la tête de son régiment (2ᵉ chasseurs d'Afrique).

52 kil. **Saint-Denis du Sig.** 2250 hab. *Auberges. Bureau de poste. Télégraphie électrique. Service de diligences* pour Oran. *Marché* tous les dimanches.

Nous avons vu dans l'auberge de M. Wicq une lithographie représentant un camp retranché avec quelques blockhaus, au milieu de marais insalubres s'étendant à perte de vue. A ce camp a succédé Saint-Denis, dont la création remonte au 20 juin 1845. L'installation d'un commissariat civil date du 15 janvier 1855 ; celle d'une justice de paix, du 5 décembre 1857. La constitution de la commune est du 31 décembre de la même année.

Saint-Denis, où doit aboutir le premier réseau des chemins de fer de la province d'Oran, dont le parcours, d'une longueur de 59 kil., suivra à peu près le tracé de la route actuelle, est le foyer d'activité de la plaine qu'arrose et fertilise le Sig, en lui donnant son nom. Au milieu d'un pays où toutes les cultures prospèrent et où l'on compte déjà plus d'un établissement remarquable d'exploitation et d'industrie agricole, Saint-Denis est devenu tout naturellement un fort marché où affluent chaque dimanche de 7 à 8000 Arabes et les Européens des nombreux centres de colonisation qui l'environnent.

Saint-Denis a la forme d'un quadrilatère, divisé en îlots rectangulaires bordés de maisons et de jardins. Les places et les rues sont plantées d'arbres, et des eaux courantes y entretiennent la fraîcheur. D'autres plantations publiques, disséminées sur les anciens remparts en terre, font à la petite ville une verte ceinture.

On visitera à Saint-Denis du Sig :

L'église, élevée par le service des bâtiments civils, au moyen des fonds de l'État et d'un don de 10 000 fr. de MM. Masquelier et de Saint-Maur, propriétaires dans la province d'Oran. Cette église, construite d'après les plans et sous la direction de M. Viala de Sorbier, est une fort jolie réminiscence du style roman du XIIᵉ s. La nef, qui a deux bas côtés, se termine en cul-de-four ; la charpente des combles est apparente ; le clocher, haut de 24 mèt., terminé par une toiture à double bât, est placé sur le côté O. de l'abside.

L'hôpital civil pour 180 malades dont le nombre sera porté à 300 par des constructions en aile.

Le pont construit en 1859 par l'administration des ponts et chaussées à l'entrée O. de Saint-Denis sur la rivière du Sig ou Mekerra dont les berges sont très-élevées. Ce pont, en pierre de taille et moellon piqué, est d'une seule arche dont l'ouverture a 20 mèt. de diamètre; sa longueur est de 54 mèt.; sa largeur, de 9 mèt.; sa hauteur, de 13 mèt. 54 cent.

La pépinière; l'établissement Masquelier et plusieurs *minoteries*, celle de Mme Merlin entre autres, sont encore à visiter.

Le barrage du Sig est à 4 kil. S. de Saint-Denis. On s'y rend par un chemin qui coupe le lit souvent à sec de la rivière et qui passe près de gourbis des R'arabas, entourés de figuiers de Barbarie ou cactus-raquettes.

La Mekerra, rivière du bassin de Sidi bel-Abbès, prend le nom de *Sig*, en pénétrant dans la vallée de ce nom. A son débouché dans cette plaine, le Sig présente un étranglement dont le seuil est formé par une épaisse couche de calcaire cristallin, jaune, coquillier et de formation tertiaire. Les Turcs avaient su profiter de cette heureuse disposition de terrain pour établir un barrage qui servait à arroser la plaine du Sig, sur les deux rives de cette rivière. En peu d'années la plaine s'était couverte de riches cultures et de nombreuses habitations: mais une inondation emporta le barrage, et la plaine redevint inculte.

Un nouveau barrage fut commencé en 1843 par le génie militaire sous la direction du capitaine Chaplain, à la place de l'ancien barrage turc, en vue d'exhausser les eaux pour les dériver à dr. et à g. de la rivière. Ce barrage, tout en pierre de taille, a 30 mèt. d'ouverture, 9 à 10 mèt. d'épaisseur, 10 mèt. de hauteur au-dessus du fond du lit et 4 mèt. de profondeur en dessous. Le barrage a été rattaché par ses deux extrémités à ce banc puissant de calcaire cristallin dont on a parlé plus haut. Des aqueducs ménagés dans l'épaisseur de la maçonnerie et garnis de vannes permettent de vider le bassin d'amont où s'accumule l'eau de la rivière. Deux massifs de maçonnerie, également munis d'aqueducs et de vannes, ont été établis de chaque côté du barrage à l'origine des deux grands canaux d'irrigation de la vallée, afin d'en fermer l'accès à l'eau au moment des grandes crues. Ces travaux ont coûté 150 000 fr. Les canaux d'irrigation ont une pente moyenne d'un demi-millimètre par mètre. Par suite de l'inclinaison du sol, on a obtenu des chutes variables de 1 à 3 mèt., qui sont utilisées pour des usines.

En 1858, le service des ponts et chaussées, sous la direction de M. l'ingénieur en chef Aucour et de M. l'ingénieur Mollard (à l'obligeance duquel nous devons cette notice), a construit un second barrage superposé à celui du génie, afin de retenir une très-grande quantité d'eau en approvisionnement. Il consiste en un mur de 15 mèt. 50 de hauteur totale jusqu'à sa plate-forme; au niveau de l'assiette dressée sur le premier barrage il a 9 mèt. d'épaisseur. La face du mur en amont est parfaitement verticale, et celle d'aval est inclinée de manière qu'à 12 mèt. 50 de hauteur l'épaisseur du mur se trouve réduite à 5 mèt. 68, et cette face se termine ensuite par un plan vertical jusqu'au sommet qui se trouve couronné par une corniche de 0,50 de haut et de 0,40 de saillie. La longueur du mur, prise à la partie supérieure, est de 102 mèt. et à la partie inférieure de 48 mèt. 70, au niveau du socle. On a ménagé dans le mur deux ouvertures destinées à donner des chasses de l'amont à l'aval; ces chasses sont nécessaires pour enlever les dépôts terreux qui laisseraient les eaux dans le bassin d'amont. Les prises se font au moyen de tuyaux et de robinets-vannes en fonte que l'on manœuvre dans deux chambres ménagées dans l'épaisseur des murs et dont l'entrée se trouve en aval. La quantité d'eau que peut accumuler ce barrage est de 3 275 000 mèt. cubes. La dépense a été d'environ trois cents mille francs.

« La première pierre du barrage, dit M. Jules Duval, était posée le 27 juin 1858 ; les travaux achevés à la fin d'avril 1859, assez à temps pour sauver de la sécheresse la récolte de la plaine. Pendant cette durée de dix mois, 25 maçons et 100 manœuvres employés journellement ont mis en place 10 000 mèt. cubes de maçonnerie. On éprouve un vif et légitime sentiment de la puissance de l'homme en se promenant sur la plate-forme du barrage. On contemple en amont cette vaste nappe d'eau qui reflue à 4 kil. de distance entre de hauts et abrupts escarpements de roche ; à vos pieds se déroule le lit de la rivière entièrement desséché, mais remplacé à droite et à gauche par deux larges canaux où coulent à pleins bords des eaux fécondantes; et au loin la vaste plaine du Sig, verdoyante d'arbres, de tabacs, de cotons, au plus fort des ardeurs caniculaires. La dépense du nouveau barrage, 300 000 fr., auxquels il faut ajouter les 150 000 fr. du premier travail, celui du génie, donnent un total de près d'un demi-million. Grâce à ce demi-million, 2000 hectares reçoivent pendant l'hiver assez d'eau pour assurer leurs récoltes; pendant l'été, 800 hectares de cultures industrielles sont garantis contre la sécheresse: l'accroissement du revenu d'une seule année couvrira de bien près les frais. Voici comment l'agriculture vivifie les avances qui lui sont faites et comment les campagnes, si elles savaient plaider leur cause, feraient honte aux villes de leurs improductives folies. »

Des études ont été faites dernièrement pour construire un autre barrage sur la Mekerra, dont la contenance pourrait être de 36 000 000 de mèt. cubes d'eau.

L'Union du Sig, à 3 kil. E. de Saint-Denis et non loin de la route; la première grande concession de la province d'Oran a été faite à la Société de l'Union agricole d'Afrique, plus connue sous le nom d'Union-du-Sig. L'ordonnance du 8 novembre 1846 lui avait concédé une étendue de 3059 hectares, près du village de Saint-Denis, dont la fondation avait été arrêtée l'année précédente. L'Union-du-Sig avait en vue l'association du capital et du travail : d'après ses statuts, tout ouvrier pouvait, moyennant un coupon de 50 fr. payable par cinquième, devenir actionnaire participant à la propriété et aux bénéfices de l'entreprise. En attendant, un assez bon nombre d'actions avaient été souscrites en France par des personnes jalouses de propager la civilisation sur la terre africaine. Ce n'était pas une petite affaire que d'entreprendre une pareille tâche, alors surtout qu'Abd-el-Kader n'était point encore sorti de la province d'Oran. L'Union-du-Sig avait choisi d'excellentes terres; la plupart étaient irrigables et ne demandaient pas beaucoup de débroussaillements pour être mises en valeur; mais peu d'ouvriers européens se souciaient d'aller gagner la fièvre en cet endroit, et c'est tout au plus si les maçons y voulaient venir au prix de 10 fr. par jour. Il fallait bien cependant construire, cultiver et planter; l'administration avait de plus exigé des concessionnaires, pour la sûreté des ouvriers, que l'établissement fût entouré de murailles et défendu par des bastions.

En 1850, l'Union-du-Sig était néanmoins parvenue, grâce au dévouement et à l'intelligence de ses premiers directeurs, à créer une des exploitations agricoles les plus complètes de la province. Un bulletin périodique tenait tous les actionnaires au courant; des comptes-rendus approfondis leur étaient soumis annuellement.

Pour être en bénéfice, il lui suffisait que la réforme douanière vînt relever, par la franchise d'entrée en France, le prix des produits agricoles, tellement avilis jusque-là, que, forcément, on travaillait en perte; d'ailleurs, les conditions sanitaires s'étaient beaucoup améliorées, et il n'y avait plus qu'à attendre les avantages qui devaient découler des produits naturels de la colonie. C'est l'Union-du-Sig qui, la première, avait inauguré la culture du tabac dans la province; elle l'avait entreprise sur une étendue de 50 hectares et avait bâti un vaste séchoir, le plus vaste du pays. C'est elle aussi qui, la première, avait propagé la culture du coton. Grâce au moulin qu'elle avait fait construire, les colons avaient pu manger d'excellent pain de blé dur, qui ne leur revenait qu'à 25 cent. le kilogramme, tandis que partout ailleurs ils payaient de 35 à 40 cent. de mauvais pain de farine exotique. Aujourd'hui un titre définitif de concession attribue à l'Union-du-Sig une étendue de 1800 hectares qu'elle cultive avec le plus grand succès. Dans un avenir plus ou moins éloigné, la propriété de l'Union-du-Sig égalera certainement la propriété de Bou-Farik, ce premier centre de la Mitidja.

Parmi les belles fermes qui rayonnent autour de Saint-Denis du Sig, nous citerons celle de MM. Capmas, Masquelier, Ferré et Sibour.

En quittant Saint-Denis, la route suit d'abord le pied des collines, dans la plaine du Sig, sur une longueur de 6 kil., après avoir laissé à droite la magnifique usine de MM. Masquelier frères, du Havre, servant à l'égrenage des cotons et à l'exploitation de leur vaste propriété; elle entre ensuite dans les montagnes en côtoyant une vallée pittoresque coupée de ravins couverts de hautes broussailles, désignées sous le nom de *forêt de Bou-Ziri*. Cette forêt, d'une contenance de 4000 hectares, est bornée au N. par la route de Maskara, à l'E. par l'oued-el-Hammam, au S. par l'oued-Tenira et à l'O. par la forêt de Guetarnia ; au point le plus élevé du passage, 12 kil. du Sig, la route descend jusqu'à l'oued-el-Hammam, 10 kil. plus loin.

74 kil. **L'Oued-el-Hammam**, sur la rivière de ce nom, 190 hab. C'était d'abord un petit fortin destiné à surveiller la route, à égale distance de Saint-Denis et de Maskara, dans lequel, lors de la révolte de 1845, un cantinier, ancien sous-officier, tint tête aux Arabes avec deux vigoureux compagnons, jusqu'à ce qu'il fût dégagé par un détachement se rendant à Maskara. Des transportés prussiens ont formé ensuite le premier noyau d'un village créé par décret du 10 novembre 1857, et entouré d'une enceinte continue flanquée de bastions aux angles.

Les eaux de la rivière ne sont pas potables. Un barrage en aval donnera une valeur incalculable aux terres de l'*Habra*, plaine située à 12 kil. et faisant suite à celle du Sig.

En sortant de l'Oued-el-Hammam, la route s'élève en traversant une chaîne de montagnes nommée *djebel-Tifroura*, mais qui a reçu de nos soldats en expédition le surnom assez significatif de *Crève-Cœur*; elle est ouverte en corniche sur le côté N. d'un ravin profond et boisé, connu sous le nom de *forêt des Beni-Chougran*, d'une contenance de 3600 hectares et peuplée de pins d'Alep, de thuyas, de lentisques, de chênes verts et d'oliviers.

Du point culminant de la route, à 12 kil. de l'Oued-el-Hammam, on découvre par un beau temps le rocher de Santa-Cruz qui domine Oran. La hauteur de ce point au-dessus du niveau de la mer est de 700 mèt.; à partir de là, la route descend par de faibles pentes jusqu'à Maskara.

96 kil. **Maskara**. *Hôtels* : Tourlonias et Piot. — *Cafés* : Garcia, Gillot, Meyer, Touffel. — *Cercle militaire*. — *Théâtre*. — *Bains* français et maures. — *Librairie* de Mme Gillot; *papeterie* de M. Renard. — *Bureau des Postes*. — *Télégraphie électrique*. — *Service de diligences*, pour Oran, tous les jours. — Location de chevaux et de mulets.— *Marchés* intérieur et extérieur tous les jours. — *Marché arabe* trois fois par semaine.

Situation. Maskara est située par 2° 22′ de longitude occidentale et par 35° 36′ de latitude septentrionale, à 600 mèt. d'altitude, sur le versant méridional de la première chaîne de l'Atlas, appelé *Chareb-er-Rih*, la lèvre du vent, de ce que les brumes de l'hiver et les brises du N. n'y arrivent qu'après avoir franchi cette chaîne qui cache les horizons de la mer.

Histoire.

On n'a pas de données certaines sur l'origine de Maskara; selon les traditions locales, elle aurait été construite par les Berbères, sur les ruines d'une cité romaine, qui comprenait l'enceinte actuelle de la V., plus une grande portion de terrain entre l'Argoub-Ismaïl et la plaine de R'eris; cette cité, selon Shaw, serait *Victoria*, que M. Mac-Carthy place beaucoup plus à l'O., à *Aïn Zertita*, dans le djebel-Tessala.

L'étymologie du mot Maskara, soit qu'elle vienne d'*Oum'askeur*, la mère des soldats, ou plus simplement de *Maskeur*, lieu où se rassemblent les soldats, atteste une ancienne réputation guerrière qui semble justifiée par tout ce que nous savons de son histoire, du moins dans les temps modernes.

Maskara n'a point échappé aux sanglants sarcasmes que sidi Ahmed-ben-Youssef, le marabout de Miliana, laissait tomber sur chaque localité de l'Algérie, et arrivés jusqu'à nous sous forme de dictons: « J'avais conduit des fripons prisonniers, sous les murs de Maskara; ils se sont sauvés dans les maisons de cette ville. — « Si tu rencontres quelqu'un gras, fier et sale, tu peux dire : *C'est un habitant de Maskara.* » — Ahmed-ben-Youssef disait aussi des Hachem, cantonnés autour de Maskara : « Une pièce fausse est moins fausse qu'un homme des Hachem. »

C'est à Maskara que Bou-Chelar'em, afin d'empêcher les Espagnols de s'étendre dans le pays, transféra le siége du beylik, établi jusqu'alors à Mazouna; mais ce fut d'abord sur les ruines d'une ancienne V., connue dans le pays sous le nom de *Belad-el-Keurt*, à 4 kil. plus au S. O., et qui était occupée par une tribu berbère de ce nom.

Nous avons donné ailleurs, *V.* page 205, la liste des beys qui se succédèrent à Maskara, jusqu'en 1206 de l'H. (1791 de J.-C.), époque à laquelle Mohammed-el-Kebir prit possession d'Oran. C'est à ce bey que Maskara doit son plus beau temps de splendeur.

Sous Moustafa-el-Manzali, bey d'Oran Ben-Cherif, Khralifa de Ben-Arach, le derkaoui, s'empara de Maskara, dont il massacra la garnison turque ; mais il ne tarda pas à en être chassé par Mohammed Mokallech, successeur de Moustafa, 1210 de l'H. (1805 de J.-C.).

En 1830, les Koulour'lis ayant capitulé et rendu Maskara aux Hachem, furent attirés par ceux-ci dans les plaines de R'eris, et massacrés sur les bords de l'*oued-Ersebia.*

L'empereur du Maroc fit installer en 1831 un lieutenant à Maskara, et l'en retira presque aussitôt.

Abd-el-Kader, fils de Mahi-ed-din, de la tribu des Hachem, reconnu émir des croyants par ses compatriotes et inauguré en cette qualité, le 28 septembre 1832, établit le siége de sa puissance à Maskara, dans laquelle il fit son entrée, ne possédant sur lui qu'un seul boudjou, noué dans le coin de son haïk ; il est vrai qu'une contribution de 20 000 boudjous, frappée aussitôt sur les juifs et sur les Mzabis de la ville, lui assurait les premières ressources.

En 1835, l'émir, instruit des projets d'expédition du maréchal Clauzel, enleva les richesses de Maskara et renvoya sa famille dans le Sahara ; s'étant opposé inutilement à notre marche, il fut abandonné par une partie de ses troupes qui retournèrent piller Maskara avant notre arrivée. Cependant, après dix jours de marche et de combats multipliés, l'armée expéditionnaire réunie à Oran, le 26 novembre 1835, arriva à Maskara le 7 décembre. Le bey Ibrahim, que le maréchal Clauzel voulait installer dans cette V., ayant paru peu tenté d'y rester, à cause de l'impossibilité d'entretenir, d'un point si éloigné alors, des rapports avec les établissements français et de s'appuyer sur une force respectable, on résolut de la brûler. On fit des amas de combustibles dans les édifices publics et dans les maisons particulières ; tout se prépara pour le départ et pour le vaste incendie, qui devait achever la ruine de Maskara, au moment où les dernières troupes quitteraient la V. Après trois journées de séjour, le 9 décembre, l'armée put voir une dernière fois les flammes qui dévoraient la malheureuse cité.

A la nouvelle de l'évacuation de notre armée, Abd-el-Kader revint la suivre à la tête de quelques cavaliers. En passant devant Maskara, il vit sa capitale entourée par un nuage de feu et de fumée; il campa près de l'Argoub-Ismaïl, n'ayant plus qu'une misérable tente en lambeaux. Cependant, l'armée était à peine rentrée à Oran, le 16 décembre, que toutes les tribus se soumettaient de nouveau à Abd-el-Kader.

Plus tard, en 1837, après le traité de la Tafna, un commissaire, M. de Menouville, fut envoyé en résidence à Maskara, pour veiller à son exécution. Le capitaine Daumas, aujourd'hui général de division et sénateur, lui succéda et résida auprès de l'émir jusqu'au 16 octobre 1839, époque à laquelle Abd-el-Kader recommença les hostilités.

Le maréchal Bugeaud ayant résolu de prendre possession de Maskara, partit de Mostaganem, le 18 mai 1841, à la tête d'une colonne, et arriva, le 25 mai, après plusieurs petits combats d'arrière-garde et de flanc, devant Takdemt, qu'il trouva évacuée et où il entra pendant un combat très-vif entre les zouaves et la cavalerie ennemie qui occupait les hauteurs voisines. Après avoir fait sauter le fort de Takdemt, la colonne reprit la route de Maskara, suivie à distance par la cavalerie d'Abd-el-Kader, qui évita d'engager le combat.

Quand nos troupes entrèrent dans Maskara, 30 mai 1841, tous les habitants avaient émigré, et la V. était couverte de ruines. Une forte garnison y fut laissée; la fin de cette année et les deux années suivantes ayant été consacrées à une guerre active, Abd-el-Kader se réfugia sur les frontières du Maroc, et les tribus qui jusque-là s'étaient montrées les plus dévouées à sa cause firent leur soumission. La sécurité commençant à régner dans le pays, la circulation put s'établir librement entre Oran et Maskara à la fin de 1843.

Il n'était venu, dans le principe, avec les troupes d'occupation, que quelques ouvriers civils et le petit nombre d'individus qui marchent d'ordinaire à la suite de l'armée. Une partie des anciens habitants rentra avec la paix, dans Maskara, et plusieurs colons, attirés par l'espoir du commerce, vinrent s'y établir et élevèrent des constructions. Ainsi commença la nouvelle ville.

Maskara, qui compte aujourd'hui 7500 hab., dont 2500 Européens, non compris une garnison de 1800 hommes, est le ch.-l. d'une subdivision militaire de la province d'Oran, et d'une sous-préfecture du département d'Oran.

Indépendamment de l'importance politique et militaire que Maskara doit à sa situation, la nature l'a dotée d'un grand avenir comme centre commercial et industriel. Le sol et le climat y sont également favorables à la culture des céréales, du tabac, de la vigne et de l'olivier. La culture de la vigne, surtout, a pris de grands développements et fournit désormais un vin renommé en quantité et en qualité. Le commerce de la minoterie et des huiles est également important. Les indigènes tissent des burnous noirs, dits *zerdani*, qui jouissent d'une grande réputation dans tout le Mar'reb. Il se tient trois fois par semaine à Maskara un des plus considérables marchés de la province.

Description.

Assise sur deux mamelons séparés par un ravin, au fond duquel coule l'*oued-Toudman*, Maskara comprend cinq parties bien distinctes : *Maskara*, *Argoub-Ismaïl*, *Baba Ali*, *Aïn-Beïda* et *Sidi Ali-Mohammed* ; ces quatre dernières peuvent être regardées comme les faubourgs de la V., qui se trouve à leur centre, sur la rive g. de l'oued-Toudman, au S. de Baba-Ali, à l'E. de l'Argoub, au N. d'Aïn-Beïda et à l'O. de Sidi Ali-Mohammed. Maskara est un mélange de constructions françaises et de bâtisses arabes ; ces dernières conservent leur apparence de saleté et de misère ; mais, en somme, Maskara, s'élevant au pied de la terrasse verdoyante du Chareb-er-Rih, et dominant la fertile plaine de l'Eghris (*R'eris*), aux larges horizons, produit sur le voyageur une impression des plus agréables.

Les remparts embrassent, dans un pourtour de 3 kil., Maskara et ses faubourgs, moins celui de Baba-Ali ; ils sont percés de cinq *portes* : d'Oran, de Baba-Ali, de Mostaganem, de Tiharet et de Sidi Mohammed ; une grille en fer ferme le passage pratiqué dans l'enceinte des eaux de l'Aïn-Toudman. Les *places* sont au nombre de huit ; la place principale est connue sous les noms de place d'Armes, place du Beylik, place Louis-Philippe, place Napoléon ; la place du Nord sert pour le marché aux grains. Les *rues* sont assez bien percées ; on remarque celles de Nemours, d'Orléans, de Louis-Philippe. Quatre *ponts* relient entre eux les quartiers séparés par l'oued-Toudman ; deux maintiennent la circulation des habitants, les deux autres sont éclusés pour régler les eaux, l'un, à leur entrée dans la V., l'autre, à leur sortie à env. 500 mèt. des murs.

Les trois *mosquées*, dont le plan forme un quinconce de piliers reliés par des arceaux parallèles supportant la toiture des nefs, sont de beaucoup inférieures, sous le rapport de la construction et du style, aux mosquées de Tlemcen et mêmes à celles d'Alger et d'Oran. Leurs minarets sont dépourvus de style. L'une de ces mosquées, convertie en *église*, est située sur la place Napoléon ; la deuxième, conservée au culte musulman, est près de cette place ; la seule inscription qu'on y lit, dans la cour, se rapporte à un Mohammed-ben-Sarmachik, calligraphe lapidaire, 1164 de l'H. (1750 de J.-C.) ; la troisième mosquée, dite d'Aïn-Beïda, située près des remparts de ce quartier, au milieu des bâtiments militaires, sert de magasins à blé ; elle possède un mihrab, décoré d'arabesques en stuc grossièrement sculptées, au milieu desquelles une inscription, due à Mohammed-Sarmachik de Tlemcem, nous apprend le nom du fondateur de la mosquée, Mohammed-el-Kebir, et donne la date de 1175 de l'H. (1761 de J.-C.). C'est à Aïn-Beïda qu'Abd-el-Kader prêchait la guerre Sainte, comme il devait la prêcher à Tlemcen.

Les bâtiments civils sont : l'hôtel de la sous-préfecture, la justice de paix, les écoles et salles d'asile, l'abattoir. Les *bâtiments militaires* comprennent : le Beylik, ancien palais de Mohammed-el-Kébir, mais n'ayant rien d'extraordinaire; on y a placé l'horloge de la V.; les casernes d'infanterie et de cavalerie; l'hôpital militaire; la poudrière, le bureau arabe. Ce dernier, ainsi que la construction affectée pour les bains maures, a un cachet arabe qui n'est pas dépourvu de style; il a été élevé par le service des bâtiments civils.

Le *théâtre* de Maskara est en bois; aucune troupe d'arrondissement ne l'a encore desservi; mais des zéphirs du 2e bataillon y donnent des représentations, et quelques-uns remplissent parfois avec beaucoup de vérité les rôles de femme.

Quatre *fontaines*, alimentées par l'oued-Toudman, donnent de l'eau aux différents quartiers de Maskara. La fontaine de la place Napoléon est la plus remarquable : elle est formée d'une vasque en marbre, qui décorait autrefois le Beylik. L'*oued-Toudman* prend sa source à 3 kil. N. O. de Maskara, et reçoit, entre Baba-Ali et la V., les eaux de l'Aïn-bent-es-Soltan, qui viennent du S. E. Le ravin de l'oued-Toudman, qui sépare Maskara de l'Argoub-Ismaïl, commence au N. par un vallon, large au départ, mais se rétrécissant au bas. Un rocher taillé à pic forme alors un versant où l'eau se précipite en cascade, et de ce point, en descendant vers la plaine, les bords sont fermés par des rochers escarpés, et le ravin devient très-profond; les rochers disparaissent ensuite, et le ravin s'élargit de nouveau en approchant de la plaine; il a été convertie en cet endroit par les soins de l'ancien commissaire civil, M. Lafaye, sur une longueur de 200 mèt. et sur une étendue de trois hectares, en *jardin public* qui a remplacé le foyer d'infection compromettant pour la salubrité.

On visitera, à 1 kil. de Maskara, la belle *pépinière* placée à l'entrée de la plaine de R'eris, qui s'étend sur 11 lieues de largeur et 10 de longueur.

Environs, au N. sur la route de Maskara à Mostaganem par Aïn-Nouissy; 24 kil. *Caravansérail de Habra*, sur la rivière de ce nom. L'*Habra*, continuation de l'oued-el-Hammam, après sa jonction avec l'*oued-Ksob*, arrose une partie des belles plaines de *Ceirat* et va ensuite se perdre dans les marais de la *Makta*. — 28 kil., **Perrégaux**, nom d'un général de brigade mort au second siège de Constantine, des suites de sa blessure reçue à côté du général de Damrémont; ce village créé, le 29 juillet 1858, sur l'emplacement d'une ancienne redoute, fait partie de l'arrondissement de Maskara. Un marché arabe s'y tient tous les jeudis. Au N. E., 3 kil., **Saint-Hippolyte**, 70 h. Ce v., créé en 1847, et dont la constitution légale date du 22 janvier 1850, est une des annexes de Maskara; il est situé sur la route de Maskara à Mostaganem par Aboukir et sur le plateau de l'Aïn Toudman.

Plus au N. E. encore, 6 kil., *Cascade de Sidi Daho*. — 20 kil., **El Bordj**, petite V. arabe. — 28 kil., **Kala**, autre petite V. arabe, suspendue au flanc d'une montagne abrupte, la *Kala haouara*, d'Ibn Khaldoun, aujourd'hui le centre d'une active fabrication de tissus de laine et surtout de tapis à longue laine (*Frach*), et d'autres tapis en laine et en jonc. — Nous avons raconté sommairement, à propos de Baba-Aroudj, *V.* page 10, les événements relatifs à la prise de Kala, 924 de l'H. (1518 de J.-C.), où la garnison turque fut passée au fil de l'épée, par les Espagnols que commandait le colonel don Martin de Argote.

Au S. O., à 2 kil., **Saint-André**, 290 h., créé en 1847, constitué le 22 janvier 1850, et annexé à Maskara le 17 juin 1854. Ce v. est le premier centre que l'on rencontre sur la route de Saïda. — 20 kil., Aïn-el-Hammam-bel-Hanefia, source d'eaux minérales, d'une température de 50° à leur sortie du rocher, et de 44° dans l'intérieur des piscines. Les eaux d'Aïn-el-Hammam sont très-limpides, incolores, sans odeur, d'une saveur un peu crue et légèrement âpre; elles sont aussi un peu alcalinées, et leur pesanteur spécifique est de 1103. Les eaux d'Hamman-bel-Hanefia étaient connues des Romains; voici l'inscription trouvée dans cette localité, déposée depuis, à la direction du génie, à Maskara, et signalée par M. le docteur Leclerc:

```
        AQVARV
       M SIREN
       POPCIVS
       QVINTVS
       DECAIOC
       PRAÉ....
       AMR CIVV
     O QVS PCOIII.
```

« Il serait intéressant, dit M. le docteur Leclerc, de savoir s'il s'est conservé quelque légende locale qui explique cette dédicace « aux.... des eaux.... par Porcius Quintus, décurion. » Une autre inscription, mais tumulaire, trouvée également à El-Hammam, donne le nom d'un octogénaire.

Au S., 30 kil., *Benian*, où, comme l'indique son nom, il y a des ruines romaines, parmi lesquelles M. le docteur Leclerc a copié trois inscriptions tumulaires, intéressantes au point de vue de la constatation d'un centre romain dans cet endroit de l'Algérie, peut-être un poste se rattachant à ceux dont nous avons déjà parlé.

Au S. E., 20 kil., *Kachrou*, sur la route de Frenda. « En parcourant de l'œil la vaste plaine du R'eris et la chaîne de montagnes qui la borne au S., on y découvre un point qui n'est pas seulement digne de fixer l'attention par le bouquet d'arbres d'un vert sombre qui le distingue du ton général des rochers calcaires de ces montagnes arides : en ce point est une source dont l'eau limpide s'écoule à travers une orangerie de haute futaie; quelques caroubiers, dont la force et la hauteur indiquent le grand âge, répandent à l'entour l'ombre et la fraîcheur; enfin des constructions mauresques, en partie ruinées, y servent d'habitation au colon locataire du domaine. Cet endroit, nommé Kachrou, et dont les arbres séculaires abritent la koubba de Sidi Mahi-ed-din, a un grand intérêt historique, puisque c'est là qu'Abd-el-Kader passa sa jeunesse et qu'il fut proclamé émir des croyants par les Hachem, les Beni-Amer et les R'araba. » Nous donnons ici sa biographie extraite du dictionnaire des contemporains, de M. *G. Vapereau*.

Sidi el-hadj-Abd-el-Kader-ben-Mahi-ed-din, est né vers 1807, aux environs de Maskara, sur le territoire des Hachem. Doué d'une intelligence précoce, il expliquait, dès l'enfance, les passages les plus difficiles du Koran. Plus tard il se distingua par son éloquence et sa connaissance de l'histoire nationale, en même temps que par sa fervente piété, et mérita les titres de marabout et de taleb, c'est-à-dire de saint et de savant. Il ne négligeait pas non plus les exercices du corps et surpassait tous les Arabes par son habileté à manier le cheval et les armes. Le dey d'Alger, redoutant son ambition, voulut le faire assassiner. Abd-el-Kader put s'enfuir en Égypte avec son père et se trouva pour la première fois en contact avec la civilisation européenne, au Kaire et à Alexandrie. Il alla visiter alors le berceau du prophète, à la Mekke, et se recommanda encore par ce saint pèlerinage à l'attention de ses compatriotes.

Quand il revint en Algérie, Alger était au pouvoir des Français et la domination turque anéantie dans la province. Les tribus bes voisines d'Oran, crurent le moment favorable pour reconquérir leur indépendance : elles se soulevèrent, sous le commandement du père d'Abd-el-Kader, battirent les Turcs et s'emparèrent de Maskara. Les habitants de la V. voulurent reconnaître Mahi-ed-din pour émir, mais il se déchargea de cet honneur sur son fils, dont l'autorité s'étendit bientôt de proche en proche jusqu'au grand désert.

Dès lors l'histoire d'Abd-el-Kader est l'histoire de la conquête française en Algérie. Encouragé par ses premiers succès, il se mit à prêcher la guerre sainte et vint avec 10 000 cavaliers assiéger Oran, (1832). Il fit preuve d'un grand courage et ne se décida à la retraite qu'après une lutte de trois jours. L'année suivante, le général Desmichels battit Abd-el-Kader dans des escarmouches sanglantes et mit garnison sur deux points importants de la côte, Arzeu et Mostaganem. Cependant l'influence de l'émir allait croissant ; il devint bientôt le seul chef des diverses tribus soulevées contre la domination française, et put attaquer Tlemcen. En 1834, il conclut avec le général Desmichels un traité qui, faisant du Chelif la limite de ses possessions, lui constituait un véritable royaume, avec Maskara pour capitale, entre l'empire de Maroc, les provinces d'Oran, du Titeri et d'Alger, lui livrait tout le commerce de la province d'Oran et lui donnait le temps de dresser ses troupes contre nous, d'établir un gouvernement régulier, en un mot, de reconstituer la nationalité arabe. Le cabinet français, abusé, avait cru se décharger sur lui des embarras de l'occupation.

Il lui en créa bientôt de nouveaux. Après avoir comprimé, avec l'aide de la France, une révolte dangereuse, excitée par quelques chefs jaloux de son autorité, il passe le Chelif et s'empare de Medéa. Le général Trézel, qui avait remplacé, en 1835, le général Desmichels à Oran, marcha contre l'émir et l'atteignit sur les bords de la Makta ; mais, entouré par 20 000 cavaliers, il dut battre en retraite, après des prodiges de valeur, abandonnant à l'ennemi son ambulance et ses bagages. Cette victoire redoubla le fanatisme des Arabes et jeta la consternation dans notre armée. On choisit alors pour gouverneur de l'Algérie le maréchal Clauzel, qui partit accompagné du duc d'Orléans. Il commença par semer la mésintelligence entre les chefs arabes; puis avec un corps de 8000 hommes, il se dirigea vers Maskara qu'il trouva évacuée, et dont il ordonna la destruction. De là, il alla occuper Tlemcen, où se distingua le commandant Cavaignac.

Les premiers succès véritables contre l'émir furent obtenus par le général Bugeaud, qui parvint à débloquer le général d'Arlange, enfermé dans son camp, et rompit le prestige attaché au nom et à la fortune d'Abd-el-Kader. Toutefois, pour faciliter notre seconde expédition contre Constantine, il offrit la paix à son ennemi vaincu et lui fit, par le traité de la Tafna (30 mai 1837), des conditions encore plus avantageuses que celles du traité Desmichels. L'émir profita de la paix pour resserrer le lien de fédération entre les diverses tribus arabes, se créer des intelligences dans les provinces françaises et s'approvisionner de munitions de toute sorte. Puis, quand il se crut prêt pour recommencer la guerre, il trouva des prétextes d'hostilités dans certaines clauses mal définies du traité de la Tafna, et, en novembre 1839, fit massacrer nos colons. Alors le duc d'Orléans et le maréchal Valée commencèrent cette rude campagne de 1840, signalée par la victoire de Mouzaïa et par la prise de Médéa et de Miliana. Ils réduisirent l'ennemi à la défensive, mais sans pouvoir assurer la tranquillité des populations algériennes. On vit bien alors qu'il fallait une lutte acharnée pour en finir avec Abd-el-Kader, et le général Bugeaud fut nommé gouverneur. Il changea la tactique suivie jusqu'alors, augmenta les colonnes d'attaque, leur donna une plus grande légèreté et organisa ce système de r'azzias qui, en portant nos armes jusqu'aux limites du désert, fit naître bientôt la famine parmi les Arabes. Maskara fut prise, en décembre 1841, et un grand nombre de tribus firent leur soumission. Abd-el-Kader redoubla d'efforts, souleva les Kabiles de Bougie, et recula pas à pas vers le désert, avec les tribus fidèles à sa cause. La prise de sa *Smala* par le duc d'Aumale, en février 1843, le força à se réfugier sur le territoire de l'empereur de Maroc, Abd-er-Rahman, qui l'avait presque toujours soutenu sourdement jusque-là, et qui se décida, en 1844, à attaquer les positions françaises. La victoire complète du général Bugeaud sur les troupes marocaines, à Isly (14 août), et le bombardement de Mogador et de Tanger par le prince de Joinville, guérirent pour toujours l'empereur de l'envie de protéger ouvertement Abd-el-Kader. Mais l'infatigable émir sut encore trouver chez les peuples fanatiques du Maroc, et malgré leur souverain, des secours en hommes et en argent qui lui permirent de se jeter de nouveau sur l'Algérie. En 1845, la plaine de la Mitidja se trouva encore une fois menacée, et le général Bugeaud dut recommencer cette guerre de marches et de contre-marches, de poursuites et de r'azzias continuelles, qui, empêchant son adversaire d'établir un gouvernement régulier, devait aboutir à sa soumission. Il fallut encore deux ans pour réduire Abd-el-Kader, qui profitait de l'hospitalité d'Abd-er-Rahman pour pratiquer des intelligences dans le Maroc et y préparer une révolution à son profit. Il parvint à soulever en sa faveur un certain nombre de peuplades et contraignit l'empereur à faire cause commune avec les Français contre lui. Après une tentative inutile contre la V. d'Ouchda, l'émir remporta deux victoires sur les troupes marocaines, dont la plupart refusaient de le combattre, s'empara d'un de leurs camps, puis de la V. de Taza, et se tourna de nouveau contre les possessions françaises. Enveloppé bientôt par des forces supérieures, il fut contraint de fuir, et après la mort de ses derniers partisans, il vint se rendre au général de Lamoricière, sous la condition d'être mené à Alexandrie ou à Saint-Jean-d'Acre. Il fut embarqué pour la France avec sa famille, et après avoir été détenu quelque temps au fort Lamalgue, à Toulon, puis au château de Pau, il fut enfin installé au château d'Amboise. L'Assemblée nationale, plusieurs fois saisie des réclamations du prisonnier, jugea qu'il ne pouvait sans inconvénient revoir la terre d'Afrique. Il fut enfin mis en liberté par l'empereur Napoléon III, à l'occasion même de la proclamation de l'empire (2 décembre 1852), et en témoigna la plus vive reconnaissance. Il s'embarqua, le 21 du même mois avec toute sa suite, pour Brousse, où il vécut dans la retraite jusqu'au tremblement de terre qui détruisit cette V. en 1855. Il passa alors à Constantinople.

Depuis, il s'est établi à Damas, où, au mois de juin 1860, il prit généreusement la défense des chrétiens contre les fureurs meurtrières des Druses, et mérita d'être fait grand-croix de la Légion d'honneur.

ROUTE 27.

D'ORAN A MOSTAGANEM.

80 kil. — Service de diligences tous les jours.

La partie de la route qui conduit d'Oran à Arzeu se dirige vers le N. E. et traverse une plaine jadis entièrement dépouillée d'arbres, mais couverte presque partout de palmiers nains et de broussailles, qui ont fait place aux cultures des colons installés généralement dans cette partie de l'Algérie, depuis 1848. Les mouvements de terrain ne sont jamais heurtés; ce sont des pentes adoucies, sillonnées par quelques ravins peu profonds; ces collines dérivent de la montagne des Lions ou *djebel Kahar*, qu'on laisse à g., à moitié chemin.

Le premier village que l'on rencontre après avoir quitté Oran par la place Napoléon et Kerguenta, est:

15 kil. **Hasi-bou-Nif**, 190 hab.; création en 1848; annexion à la commune de Fleurus, le 31 déc. 1856. Le mot hasi signifie un endroit bas, un puits.

16 kil. *Si Ali*. Exploitation agricole.

17 kil. **Hasi-Ameur**, 200 hab.; création en 1848; annexion à la commune de Fleurus, le 31 déc. 1856.

20 kil. **Fleurus**, 275 hab.; v. créé le 14 févr. 1848 et constitué en commune le 31 déc. 1856. — **Hasi-ben-Okba**, 195 hab., à 3 kil. N. O. de

Fleurus, et à 19 kil. d'Oran, a été créé en 1848. Ce v., comme Fleurus, dont il est une annexe, est situé au commencement de la plaine de *Telamin*. — **Hasi-ben-Fereah**, 180 hab., à 3 kil. S. E. de Fleurus et 23 kil. d'Oran ; créé en 1848 et annexé à Saint-Louis le 31 déc. 1856. — **Saint-Louis**, 400 hab., à 5 kil. S. E. de Fleurus et 25 kil. d'Oran ; création du 4 déc. 1846 ; colonie agricole en 1848 ; constitution de la commune le 31 déc. 1856.

28 kil. **Saint-Cloud**. *Hôtel* et *café de la rotonde. Auberges. Bureau des postes.*

Saint-Cloud, 1300 hab., dont 500 indigènes, a été fondé au lieu dit *Goudiel*, le 4 déc. 1846 ; une justice de paix y a été installée le 6 juil. 1850, et la création de la commune date du 31 déc. 1856. « Saint-Cloud, dit M. Mac Carthy, s'élève dans la plaine, au terme des mouvements de terrain que forme et que domine enfin le djebel Kahar. Sa population fut, dans l'origine (1848), presque entièrement composée de Parisiens qui l'ont fortement empreinte de ce cachet d'élégance et de recherche propre aux habitants de la grande ville, et c'est par la même raison que l'on y retrouve ce qui est l'un des attributs des faubourgs de la capitale de l'Empire, une petite salle de spectacle, des guinguettes et des bals champêtres. Sa principale rue, partie de la route d'Oran, est plantée d'arbres et embellie par une fontaine richement ombragée, vis-à-vis de laquelle est un beau lavoir. » Saint-Cloud possède encore une église, un temple protestant et des écoles pour les garçons et les filles.

On exploite à *Tazout*, 4 kil. N. E. de Saint-Cloud, une mine de plomb argentifère, n'occupant jusqu'à présent qu'une centaine d'ouvriers établis en partie dans le petit hameau de *San-Fernando*, dont la création remonte aux 13 févr. et 12 mars 1847. — Le v. maritime de **Christel**, dont la population est, avec celle de Sainte-Léonie, de 260 hab., a été bâti par MM. Veyret et Delboso, concessionnaires de la localité en vertu d'un décret du 12 mars 1847, et annexé à Saint-Cloud le 31 déc. 1856. Christel, à 7 kil. N. E. de Saint-Cloud et 21 kil. E. d'Oran, est situé sur l'emplacement de l'ancien v. espagnol de *Canastel*, où se faisaient les approvisionnements en légumes frais, en fruits et en charbon pour la place d'Oran. « De tout temps, dit M. L. Fey, la tribu des *Hamian* occupe son territoire ; ces Arabes ont toujours la même profession, aussi les autres indigènes les désignent-ils habituellement sous le nom de charbonniers. — **Kléber**, 245 hab., à 6 kil. S. E. de Saint-Cloud et 34 kil. d'Oran ; création en 1848 ; annexion à la commune de Saint-Cloud le 31 déc. 1856.

30 kil. **Mefessour**, 250 hab. ; création en 1848 ; annexion à la commune de Saint-Cloud le 31 déc. 1856.

32 kil. **Sainte-Léonie**, 260 hab., y compris ceux de Christel. Ce v. a été créé le 4 déc. 1846, et annexé à Saint-Cloud le 31 déc. 1856.

35 kil. **Moulaï-Mâgoun**, 180 hab. ; colonie agricole de 1848 ; annexion à la commune d'Arzeu, le 31 déc. 1858.

37 kil. **Arzeu-le-Port**. *Hôtel de la Régence.* — *Cafés : Ferand, Dupuis, Dubosq.* — *Cercle civil et militaire.* — *Bureau des postes.* — *Télégraphie électrique.* — *Service*

de diligences pour Oran, Mostaganem et Alger. — *Service des bateaux à vapeur de l'État :* pour Oran, les 6, 16, 26 de chaque mois; pour Alger, les 9, 19, 29 de chaque mois.
— *Marché :* tous les jours pour les légumes; tous les mercredis pour les bestiaux, les grains et le sel.

Histoire. Arzeu ou *Arzeou* et non *Arzew*, situé par 2° 42' de longitude ouest et 36° 54' de latitude N., a été bâtie sur une partie de l'emplacement du *Portus Magnus* des Romains, dont le développement devait comprendre l'ensemble du littoral depuis la Makta à l'E. jusqu'à la pointe d'Arzeu à l'O.

C'est encore sur les ruines de Portus Magnus, et il n'est point ici question des ruines de Botïoua ou de Saint-Leu que nous retrouverons plus loin, que dut s'élever l'un des arsenaux maritimes d'Abd-el-Moumen, de 1142 à 1160 de notre ère. Edrissi, le géographe arabe du XII° s., dit : « Arzeu est un bourg considérable où l'on apporte du blé que les marchands viennent chercher pour l'exportation. Les Italiens s'y rendaient comme à Mazagran et à Oran aux XIV° et XV° s. Plus tard, les Turcs eurent à Arzeu des magasins servant de dépôt, et le mouillage était défendu par un petit fortin ou batterie de côte. Les grains, le sel, les sparteries, le kermès qu'on trouve dans les montagnes voisines, étaient les matières exportées d'Arzeu, où elles arrivaient à dos d'âne, de mulet et de chameau. On voyait encore, en 1830, à l'O. et à 200 mèt. du môle, sur un ressaut de la colline, une réunion de quinze baraques qui servaient de logement au capitaine du port, au khodja (secrétaire), et à plusieurs familles qui cultivaient quelques jardins; ces baraques, qui ont définitivement disparu, étaient tout ce qui restait de l'Arzeu d'Abd-el-Moumen et des Turcs.

« En 1831, dit M. Jules Duval, le kadi de Botïoua (vieil Arzeu) ne fit pas de difficulté de pourvoir de vivres et de chevaux nos troupes d'Oran, bloquées dans la place. Abd-el-Kader commença les hostilités par s'emparer de la personne de ce vénérable docteur de la loi, et après avoir pillé Arzeu, l'emmena à Maskara où on le fit étrangler. Le général Desmichels profita de l'exaspération que cette nouvelle excita dans la population d'Arzeu, pour s'en emparer le 4 juil. 1833. En conséquence du traité du 25 févr., conclu entre ce général et l'émir, trois oukils de ce dernier furent envoyés à Oran, à Mostaganem et à Arzeu. Ben-Mahmoud, désigné pour Arzeu, ne tarda pas à démontrer d'une manière brutale aux négociants français établis dans la ville, pour le commerce des grains, qu'Abd-el-Kader voulait avoir le monopole de ces transactions de première main vis-à-vis des Européens. La guerre recommença, et, au mois de juin 1835, Arzeu devint le refuge du petit corps d'armée d'Oran, après le désastre de la Makta. Sa position fut attentivement étudiée. Le traité de la Tafna nous en assura la possession. Ce ne fut que le 12 août 1845, qu'il parut une ordonnance royale, portant qu'une ville de 1500 à 2000 âmes serait fondée au lieu dit Arzeu-le-Port, et qu'un territoire de 1800 hectares y serait annexé, pour être concédé aux Européens qui viendraient s'y établir. Le peuplement n'eut lieu qu'en 1846. La localité fut érigée en district par décret du 4 novembre 1850, et, pourvue d'un commissariat civil. Le décret du 19 sept. 1848 y créa treize villages, qui en furent détachés par le décret du 21 déc. 1856, en conséquence duquel le commissariat civil y fut supprimé et la commune constituée. »

La population actuelle d'Arzeu est de 1100 hab., dont près de 500 Espagnols et quelques indigènes. La grande majorité des Français venus à Arzeu ont voulu se livrer au commerce. Des constructions d'une certaine importance ont été élevées dans ce but et ont absorbé des capitaux considérables; l'événement n'ayant pas justifié les espérances, tous ceux qui possédaient encore quelques ressources sont allés chercher fortune ailleurs; il n'est resté que les individus les plus nécessiteux; poussés par le besoin, ils se sont livrés à l'agriculture, et, à force de travail, ils sont parvenus à une situation aisée. Cependant, la population française d'Arzeu est plutôt commerciale et industrielle qu'agricole.

La principale, ou pour mieux dire l'unique cause de malaise de la population d'Arzeu est dans le mauvais état des routes, où tout transport devient impossible à cause de l'élévation des prix. Tous les avantages que son excellent port doit procurer à la ville et à la partie orientale de la province d'Oran sont ainsi complétement perdus. Ce port est une impasse où rien ne peut être embarqué ni débarqué, faute de bonnes voies de communication pour aller dans l'intérieur. Il est donc urgent, en attendant une ligne ferrée qui relierait Arzeu à Mostaganem, d'améliorer les routes qui aboutissent à Arzeu et d'y rendre le roulage possible.

Description. Arzeu est entourée d'une *enceinte*, simple chemise percée de deux *portes* : de Mostaganem et d'Oran. On compte trois *places* : d'Isly, Philippe et Clauzel; sur cette dernière se tient le marché de tous les jours. Les *rues*, comme dans toutes les villes de récente création, sont bien alignées et coupées à angle droit; des plantations sur les trois places et sur le boulevard extérieur reposent un peu la vue de l'aridité des alentours. L'*église*, la *mairie* et l'*abattoir* sont les seules constructions auxquelles on puisse raisonnablement donner le nom de monuments. Des maisons particulières ont été affectées au service de la poste, de la télégraphie électrique, des finances, de la police, de l'école. Les *eaux*, qui alimentent la ville, assez bonnes quoique légèrement saumâtres, sont amenées des ravins de Sainte-Léonie et de Moulaï-Mâgoun, et de Tsemamid à Saint-Leu. Le *port*, dont le développement est tel que dans l'état actuel il peut donner un abri assuré à plus de deux cents navires de toutes grandeurs et suffire à un mouvement commercial des plus importants, est à peine animé par l'embarquement ou le débarquement de quelques passagers et de rares colis, les jours de passage du bateau à vapeur. La *direction du port* et le *casernement* des marins n'ont rien de remarquable. Le *phare*, réverbère sidéral dont la lumière porte à neuf milles, est placé sur un îlot, au N. de la batterie ou *fort de la pointe*, qui termine l'extrémité O. de la rade d'Arzeu.

Arzeu est incontestablement appelée à devenir par son port un centre considérable; mais en somme, et quant à présent, le touriste y passera rapidement, rien ne saurait y appeler sérieusement son attention.

On ne quittera pas Arzeu sans aller visiter les salines, à 16 kil. S., où le sel se cristallise par l'évaporation naturelle, sur un lac d'une étendue de 12 kil. et d'une largeur de 3 kil., puis les ruines de Saint-Leu, de Botïoua ou du vieil Arzeu ; on leur donne indifféremment ces trois noms. On arrive aux ruines par un chemin vicinal parallèle à la mer et à la route d'Oran à Mostaganem. Le premier village que l'on rencontre est celui de **Damesme**, nom d'un colonel tué en juin 1848. Ce v., de 150 hab., à 8 kil. d'Arzeu, colonie agricole de 1848, a été constitué le 11 févr. 1851, et annexé à la commune d'Arzeu le 31 déc. 1856.

Saint-Leu, 9 kil. d'Arzeu, 680 hab., y compris la population de Moulaï-Mâgoun, vient ensuite. Créé le 4 déc. 1846, peuplé avec une colonie agricole de 1848, il a été, comme Damesme, constitué en centre le 11 février 1851, et annexé à la commune d'Arzeu le 31 déc. 1856. C'est à l'E. de Saint-Leu qu'est situé le v. arabe des *Botïoua*, originaires du Marok, à une journée O. de Mellila.

« Au vieil Arzeu, Botïoua, sont les ruines de l'ancienne colonie romaine de Portus Magnus, aussi importante par l'étendue de terrain qu'elle occupait que par sa position et son développement. Ces ruines couvrent, dans la direction de l'E. à l'O., un coteau aboutissant d'un côté aux débouchés des vastes plaines de la Mina, de l'Habra, du Sig et de Meleta ; et de l'autre, par une pente douce, à une plage sablonneuse et totalement impropre au mouvement de la navigation.

« Les ruines de Botïoua sont occupées par une fraction du *Hamian*, demi-nomades qui habitent une grande partie de l'année sous des maisons grossières, formées avec les débris des anciennes constructions elles-mêmes, dont les terrassements, les voûtes, les citernes sont utilisés pêle-mêle avec d'inextricables buissons de broussailles et de figuiers de Barbarie.

« Dans ces cases, dont la construction remonte à une époque reculée, entrent des matériaux de toute espèce, corniches, fûts de colonnes et pierres sculptées ou couvertes d'inscriptions ; mais les Arabes, jaloux de leur intérieur et redoutant pour leur tranquillité domestique les visites intéressées des curieux ou des archéologues, peut-être aussi par un sentiment de haine invétérée contre le *Roumi* et les monuments qui se rattachent à sa domination, ont eux-mêmes mutilé, martelé et rendu méconnaissables les fragments qui pouvaient offrir quelque intérêt, et ils cachent avec soin les débris qui peuvent rester à leur connaissance, parce qu'ils craignent encore de livrer au Roumi des trésors imaginaires.

« La partie supérieure et moyenne du coteau est couverte de citernes de forme cubique en général, solidement maçonnées en briques et ciment romain ; leur nombre prouve l'absence totale de sources potables à toutes les époques. On trouve fréquemment des restes d'aqueducs découverts, qui devaient servir à régler l'écoulement des eaux pluviales. La dimension des citernes est très-variable, mais les matériaux appartiennent tous à la période romaine.

« La partie inférieure du coteau est

soutenue par des terrasses considérables encore debout. Vers le centre, on trouve une excavation dont l'entrée a été modifiée par trois arches élevées en maçonnerie; vis-à-vis sont les vestiges d'une construction analogue, qui devait avoir pour but l'établissement d'une galerie couverte et se relier peut-être à un édifice important qui a disparu.

« Sur la dr., et un peu en avant, subsistent encore cinq pans de murailles dont la partie supérieure était reliée par des voûtes ; leurs débris sont gisants sur le sol.

« Au pied du coteau, et encore plus à dr., des assises solides qui servaient de base à un monument considérable se voient encore; l'édifice a disparu. C'était, selon toute probabilité, un bain, condition de première nécessité chez les Romains; du pied même des assises jaillissent deux sources qui alimentent les bains : celle de g., très-saumâtre, peu propre aux usages domestiques, est plus abondante; elle disparaît sous le sol pour reparaître à quelque distance et remplir un vaste abreuvoir de construction française. L'autre source est une eau douce, plus potable, qui se perd également dans le sol et reparaît au delà de la route, où elle sert aux usages domestiques des Arabes et d'une partie de la population européenne.

« A un sentier, qui monte des sources au sommet du coteau, aboutissent des restes d'aqueduc.

« Du côté opposé à la route d'Oran à Mostaganem se trouvent les ruines intéressantes d'une maison romaine; elles couvrent un rectangle d'environ 20 mèt. de côté; les terrasses, les toitures, les murs même jusqu'à hauteur d'appui ont disparu ; mais le rez-de-chaussée, avec ses murs de refend, qui divisent les passages et les diverses salles ou appartements, est resté intact, avec ses mosaïques variées et brillantes. On y retrouve la distribution complète d'une maison de luxe.

« Dès les commencements de l'occupation française, le commandement militaire d'abord, puis l'administration civile, l'ont fait respecter; on l'a entourée d'un mur dans l'enceinte duquel ont été déposés les pierres tumulaires de grande dimension, les fragments d'architecture et de sculpture qui paraissaient mériter d'être conservés.

« Près de la maison romaine, et sur un point un peu plus élevé, reparaît la seconde source dont il a été question; un aqueduc, dont il reste des vestiges, conduisait les eaux dans l'intérieur de la maison, où l'on voit encore plusieurs réservoirs. Aux environs de la maison romaine, comme sur différents points du coteau, on a retrouvé, en grande quantité, non-seulement des briques et du ciment, mais beaucoup de débris de poteries grossières, de verreries, des amphores, des jarres de grande dimension et enfin des médailles romaines et des monnaies arabes carrées remontant au XIIe s., frappées sous le règne d'Abd-el-Moumen. » (Colonel *de Montfort*.)

Dans un travail sur l'épigraphie de Botïoua, M. Berbrugger a signalé l'inscription suivante :

   SEX CORNELIO
   SEX FIL QUIR HO
   NORATO PORT
   MILIT EQUESTRIB
   EXORNATO PROC

SEXAGENARIO
PROC MESOPOTA
MIAE ET MAV EX TES
TAMEN EIVSDEM
M CAECIL CAECI
LIANUS HERES

qu'il traduit ainsi :

« A Sextus Cornelius, fils de Sextus Cornelius (de la tribu) Quirina, (surnommé) Honoratus, honoré de grades équestres, à Portus Magnus, procurateur à 6000 sesterces d'appointements, procurateur de la Mésopotamie et de la Mauritanie ; d'après son testament, Marcus Cæcilius Cæcilianus, héritier. »

Une seconde inscription, à la mémoire d'un certain Julius Extricatus, lui donne entre autres titres celui de *Dispensateur de la république de Quiza* : DISP. REIP. Q. Il n'y a rien, ajoute M. Berbrugger, qui doive étonner dans la rencontre du nom de *Quiza* sur une inscription apportée d'une ville antique, qui paraît être *Portus Magnus*. N'avons-nous pas à Aumale une dédicace à un personnage que l'on y intitule décurion d'*Auzia*, de *Rusgunia* et d'*Equizetum*, villes beaucoup plus éloignées l'une de l'autre que Quiza ne l'était du Grandport, dont une distance de 60 kil. seulement la séparait ?

Quand on reprend la route d'Oran à Mostaganem, qui, à partir d'Arzeu, devient constamment parallèle à la mer, on ne tarde pas, après avoir dépassé les territoires cultivés de Damesme et de Saint-Leu, à entrer dans les broussailles et les palmiers nains ; on arrive ainsi jusqu'à une montée au bout de laquelle on rencontre un poste de gendarmerie dominant la *Makta*

et non loin de *Mers-ed-Djedjad* (V. p. 186). On longe la Makta jusqu'à un tertre sablonneux sur lequel s'élève l'*hôtel de la Poste*, où les voyageurs peuvent déjeuner pendant que l'on relaye.

37 kil. *Pont de la Makta*. La route, désormais excellente, est bordée pendant 4 à 5 kil. de massifs boisés dont les essences principales sont composées de thuyas, de genévriers, de chênes verts et de lentisques, mais trop rabougris et bons seulement à servir d'abri naturel pour les semis à faire dans le but de repeupler la forêt en pins d'Alep, qui se contentent de terrains secs et sablonneux comme ceux des environs de la Makta.

9 kil. **La Stidia** ou plutôt *Ain-Sdidia*, la source ferrugineuse ; 440 hab. ; création du 4 décembre 1846 ; annexion à la commune de Rivoli, le 31 décembre 1856. Les colons de ce village, presque tous prussiens, ont commencé par défricher pendant la nuit le bois qu'ils allaient vendre le lendemain à Mostaganem pour acheter de quoi manger ; ils sont aujourd'hui dans l'aisance.

Ouréa, 50 hab. Ce hameau, créé en 1850, a été annexé à la commune de Mostaganem, le 14 juin 1854.

82. kil. **Mazagran**. 860 hab. *Auberges* et *cafés*.

Mazagran, la *Tamazar'an* d'El-Bekri, était, d'après cet écrivain arabe, une ville murée possédant une mosquée ; Edrissi parle de la fertilité de ses environs et de ses cultures de cotonniers. Mazagran, qui dut suivre les destinées de Mostaganem, appartenait en dernier lieu aux souverains de Tlemcen, puis aux Turcs. C'est sous la domination de ces derniers que le comte d'Alcaudète, gouverneur d'Oran, s'empara de Mazagran, le 20 août 1548, pour échouer ensuite contre Mostaganem. Dix ans plus tard, le 26 août 1558, le brave comte d'Alcaudète mourut dans une seconde entreprise sur Mostaganem, au siège de laquelle devaient être employés 13 boulets en marbre tirés du portail de Mazagran. C'est en voulant ramener ses troupes débandées, qu'il fut entouré par les Turcs et tué. Hassen-ben-Kheir-eddin, pacha d'Alger, rendit le corps du comte à son fils, qui le fit transporter à Oran.

La prise de Mostaganem, en 1833, amena naturellement celle de Mazagran, dont les maisons furent habitées et les jardins cultivés par des Arabes acceptant notre domination ; comme ces Arabes craignaient, en 1839, les r'azzias d'Abd-el-Kader, ils demandèrent du secours : c'est alors qu'ils reçurent une petite garnison qui ajoutait bientôt une nouvelle page à notre histoire militaire. Mazagran fut attaquée le 15 décembre 1839 par Moustafa-ben-Tami; mais le khalifa d'Abd-el-Kader fut obligé de se retirer à Maskara, après avoir éprouvé des pertes. Il se présenta de nouveau devant Mazagran du 3 au 6 février 1840; on sait la défense faite par le capitaine Lelièvre, qui, attaqué dans un réduit en pierre sèche, mais dominant la position, repoussa avec 123 soldats du 1er bataillon d'Afrique, plus connu sous le nom de zéphirs, l'assaut donné pendant quatre jours de suite par 2000 Arabes. « Le temps a réduit aujourd'hui à sa juste valeur le retentissement exagéré que l'engouement du moment, que l'enthousiasme d'une sorte de succès, au milieu des mécomptes de tous les jours, fit donner à ce combat. Son importance a été ramenée à ce qu'elle doit être, une vigoureuse défense de poste; mais cet exemple vint prouver une fois encore ce qu'on savait déjà, ce que l'expérience de la période de guerre qui allait suivre devait confirmer encore davantage, que les Arabes sont complétement inhabiles à s'emparer du moindre point fortifié, lorsqu'il est bien défendu. » (*Colonel Walsin Esterhazy*.)

Les masures desquelles les Arabes assiégeaient la petite garnison sont devenues autant de riantes maisons d'un village français créé le 18 janvier 1846 et annexé à la commune de Mostaganem, le 14 janvier 1854. Mazagran, bâtie en amphithéâtre, en vue de la mer, est terminée dans sa partie supérieure par l'église et la colonne commémorative du fait d'armes de 1840. L'*église*, à laquelle on accède par un bel escalier de vingt marches, est précédée d'un péristyle à trois arcades, et flanquée à l'E. d'une tour ou clocher carré; tout cela est crénelé, arrangé dans un style gothico-mauresque d'un goût contestable, mais aussi beau que tout ce qu'on invente généralement aujourd'hui. On lit sur la façade :

CET-ÉDIFICE-A-ÉTÉ-CONSTRVIT-
AVEC-LE-PRODVIT-NATIONAL-D'VNE-
SOVSCRIPTION-
EN-COMMÉMORATION-
DV-FAIT-D'ARMES-DE-MAZAGRAN.

L'intérieur de l'édifice est des plus mesquins.

La *colonne*, d'ordre corinthien, est placée dans la partie E. de l'ancien réduit; elle est surmontée d'une statue de la France tenant un drapeau d'une main et de l'autre une épée dont la pointe s'enfonce en terre. L'inscription suivante est gravée sur le socle de cette colonne :

ICI-LES-III-IV-V-VI-FÉVRIER-MDCCCXL
CENT-VINGT-TROIS-FRANÇAIS-
ONT-REPOVSSÉ-DANS-VN-FAIBLE
RÉDUIT-
LES-ASSAVTS-D'VNE-MVLTITVDE-
D'ARABES.

En somme, l'église et la colonne de Mazagran offrent de fort belles lignes, et tout ce qu'on a le droit de demander, c'est que les abords de ces deux monuments ne restent plus dans le déplorable état de malpropreté où nous les avons vus.

Le *haras* de Mostaganem, dont la création est due au général Lamoricière, est situé à g. de la route, à égale distance (2 kil.) de Mazagran et de Mostaganem. Plus bas, du côté de la mer, s'étend le vaste hippodrome sur lequel les courses, célèbres dans la province d'Oran, ont été inaugurées le 11 novembre 1847.

86 kil. **Mostaganem** et mieux *Mostar'anem*. Hôt. : de l'Univers; de la Régence; de France. — *Cafés* : de Paris; de la Bourse; du Commerce. — *Cercle civil*; *cercle militaire*. — *Théâtre*. — *Bains français* et *bains maures*, ces derniers ouverts pour les hommes du soir au matin. — *Libraires papetiers* : MM. Châtelain; Marignan. — *Bureau des Postes*. — *Télégraphie électrique*. — *Service de diligences* pour Oran, Alger et Relizan. — *Voitures de place*, 3 fr. l'h. — *Service des bateaux à vapeur de l'État* : pour Oran, les 6, 16 et 26 de chaque mois; pour Alger, les 9, 19 et 29 de chaque mois, quand la mer le permet; il est plus sûr, autrement, de s'embarquer à Arzeu. — *Marchés* français et arabes tous les jours.

Situation, aspect général. Mostaganem est situé sur un plateau de 85 mèt. de hauteur, à 1 kil. de la mer, par 2° 9′ de longitude occidentale et 35° 57′ de latitude N.; elle se compose de deux parties bien distinctes séparées par le ravin cultivé de l'*Aïn-Seufra*, la source jaune; la partie E., appelée *Matmore*, à cause des nombreux silos que les Turcs y avaient creusés pour déposer les grains, renferme les principaux établissements militaires; la partie O. est occupée par la ville de *Mostaganem* proprement dite. C'est au N. de cette dernière qu'il faudra chercher ce qui reste encore de la ville arabe, tandis qu'au S. s'élève le quartier européen, quartier bien aéré, plein de mouvement et qu'on prendrait, sans les indigènes qu'on y rencontre, pour une de nos jolies villes-frontières de France.

Histoire. Sous le règne de l'empereur Gallien, l'Afrique septentrionale fut désolée par d'effroyables tremblements de terre; un grand nombre de villes du littoral furent submergées, et des sources d'eau salée jaillirent dans plusieurs endroits. Peut-être faut-il attribuer à ces catastrophes l'aspect abrupt de la côte de Mostaganem, qui effectivement semble conserver les traces d'un affreux bouleversement. Sans doute alors une partie du rivage, et avec elle le port romain de *Murustaga*, Mostaganem, furent engloutis par la Méditerranée. La formation des lacs salés d'Arzeu et la Sebkra d'Oran peut se rapporter aux mêmes causes.

Les géographes arabes font mention de Mostaganem, petite ville située dans le fond d'un golfe, entourée de murailles avec des bazars, des bains, des jardins, des vergers, des moulins à eau, mais ils ne disent rien de précis sur la fondation de cette ville. On attribue à Youssef-ben-Tachfin l'Almoravide, la fondation de *Bordj-el-Mehal*, l'ancienne citadelle de Mostaganem, convertie en prison aujourd'hui. Youssef régnait de 1061 à 1106 de J.-C. (453 à 500 de l'hég.). Ibn-Khaldoun nous apprend qu'en 1281-2 (680 de l'hég.), Yar'moracen ayant investi un de ses parents, Ez-Zaïm, du gouvernement de Mostaganem, ce dernier levant l'étendard de la révolte contre son bienfaiteur, la ville fut bloquée, et Ez-Zaïm, capitulant, s'en alla en Espagne. Mostaganem tomba au pouvoir des Mérinides en 1300 (699 de l'hég.), et l'un d'eux, Abou-Einan, fils d'Abou'l-Hassen, fit construire la mosquée en 1342 (742 de l'hég.). On sait encore que l'impitoyable Ahmed-ben-Youssef de Miliana a dit des habitants de Mostaganem « qu'ils se hâtaient de relever les talons de leurs belr'as, larges pantoufles, pour courir plus vite après un bon morceau. »

Mostaganem passa en 1516 du pouvoir du sultan de Tlemcen sous la domination des Turcs; elle fut alors agrandie et fortifiée par Kheir-ed-Din. De cette époque date l'importance de Mostaganem, importance qu'avait bien comprise le comte d'Alcaudète, qui voulut s'emparer de la ville en 1558, comme on l'a vu plus haut. Attirées par la fertilité du sol, de nombreuses familles maures vinrent se fixer sur le territoire de Mostaganem; de grandes exploitations agricoles furent entreprises; la culture du coton fut alors importée avec succès dans cette partie de l'Algérie. Les villes de Mostaganem, de Tijdit et de Mazagran comptaient alors ensemble une population d'environ 40 000 âmes, et ne tardèrent pas à devenir le centre d'un commerce florissant.

Les invasions espagnoles, les incursions des Arabes, l'incurie ou l'avidité des gouverneurs turcs, paralysèrent dans la suite ce mouvement agricole et industriel, et en 1830, lors de la prise d'Alger, les habitants du territoire de Mostaganem produisaient à peine les objets nécessaires à leur consommation.

A l'époque de la conquête d'Alger, des Turcs et des Koulour'lis d'Alger, de Mazagran et de Mostaganem, se retirèrent dans la forteresse de cette dernière ville; ils étaient au nombre d'environ 1200; ils y furent rejoints par 157 Turcs de la milice algérienne d'Oran, lorsque les troupes françaises prirent possession de cette dernière place.

Pendant l'année de 1832 et les six premiers mois de 1833, Mostaganem, dont les défenseurs recevaient une solde régulière de la France, ne céda point aux attaques réitérées des Arabes, non plus qu'aux suggestions d'Abd-el-Kader, jusqu'au moment où, craignant de la voir tomber au pouvoir de l'ennemi, le général Desmichels s'en empara et y plaça une garnison française, juillet 1833.

Mostaganem, dont le rôle fut complétement passif de 1833 à 1840, fut d'abord gouvernée par un bey, en vertu d'un arrêté du

8 mai 1835. L'institution d'un commissariat civil date du 8 mai 1841; la constitution de la commune du 31 janvier 1848. Une justice de paix fonctionne depuis longtemps et un tribunal de première instance a été établi le 6 février 1856. Mostaganem, ville de 8600 hab., ch.-l. de la deuxième subdivision militaire de la division d'Oran, est aujourd'hui administrée par un sous-préfet.

Description. On a dit plus haut que Mostaganem comprenait deux quartiers distincts : la ville proprement dite à l'O., et Matmore à l'E.; séparés tous deux par le ravin de l'Aïn-Seufra; ils ont été entourés depuis 1841 d'un *mur d'enceinte* commun, crénelé et percé de cinq *portes* : du Chelif, au N.; des Medjer, à l'E.; de Maskara, au S.; d'Arzeu et de la Marine, à l'O. Les *places*, au nombre de quatre, sont : la place d'Armes ou de la Halle, entourée de bâtiments à arcades sur deux de ses faces; on y trouve l'église, la mairie, le théâtre, les hôtels et les cafés principaux; la place du Sig ou du Marché; la place des Cigognes, devant l'ancien fort des Mehal; et la place de l'hôpital à Matmore. On citera les *rues* suivantes : Avenue du 1er de ligne, plantée d'arbres; Napoléon, à arcades; de Tlemcen; des Jardins, parallèle au ravin dans sa partie S. au N. *Les monuments religieux* sont : l'église sur la place d'Armes, n'ayant rien de remarquable; on y voit quelques copies plus ou moins bonnes de tableaux de maîtres; l'oratoire protestant; la synagogue; ces deux derniers sans caractère également. L'hôtel de la sous-préfecture, l'hôtel de la mairie, le tribunal civil sont des *édifices publics* fort bien distribués. Le *théâtre*, sur la place d'Armes, est une construction insuffisante sous tous les rapports; on y joue l'opéra comique, le drame et le vaudeville dans la saison d'hiver. Une *halle aux grains*, une *poissonnerie*, un *caravansérail*, répondent aux besoins du commerce et de l'approvisionnement journalier, et complètent la nomenclature des édifices civils. *Les édifices militaires* comprennent, à Matmore, une caserne d'infanterie, un hôpital pour 1000 lits et d'anciennes koubbas affectées au service de l'administration militaire; dans l'une de ces koubbas a été inhumé le fameux bey de l'E., Bou-Chelar'em. Une seconde caserne d'infanterie a été installée à Mostaganem, dans une mosquée dont le minaret octogone tombe en ruine. Le beau quartier de cavalerie qui a longtemps été occupé par le 4e régiment des chasseurs d'Afrique, devenu le régiment des chasseurs de la garde impériale, est situé au bas et à l'O. de Mostaganem.

Mostaganem possède une école communale de garçons, une école arabe-française et une école juive-française; une école et salle d'asile pour 500 jeunes filles, tenue par les dames trinitaires; une société de secours mutuels; un bureau de bienfaisance et une loge maçonnique dite des trinosophes africains.

Les environs immédiats de Mostaganem offrent comme but de promenade : *le jardin public*, à la porte de Maskara, dont les massifs sont presque toujours verts en toutes saisons; un aquarium garni de plantes sert de baignoire à des mouettes et des goëlands apprivoisés. — *Tijdit*, village arabe sur la rive droite de l'Aïn-Seufra, et dont les maisons blanchies à la chaux se détachent sur le fond vert grisâtre des cactus-raquettes. — *La Marine*, V. p. 186. — *La Salamandre*, hameau de pêcheurs construit à la pointe de ce nom, à 1 kil. S. O.

Environs. Au N., à 4 kil., **Kharouba**, hameau d'une trentaine d'hab., dominant les dunes; sa création date de 1848; il a été rattaché à la commune de Mostaganem le 31 décembre 1856.

Au N. E., à 5 kil. **Pélissier**, nom du maréchal, duc de Malakof. Ce village, 240 hab., s'appelait d'abord *les Libérés*, parce qu'il était effectivement peuplé de militaires sortant du service. Sa fondation est de 1846; sa constitution en commune date du 31 décembre 1856. — A 4 kil. de Pélissier et 9 kil. de Mostaganem, **Tounin**, 290 hab. Colonie agricole de 1848; constitution du centre le 11 février 1851; annexion à la commune de Pélissier, le 31 décembre 1856. — A 8 kil. de Pélissier. 13 kil. de Mostaganem, **Aïn-bou-Dinar**, 200 hab.; colonie agricole de 1849; constitution du centre, le 4 juillet 1855; annexion à la commune de Pélissier, le 31 décembre 1856. On a rattaché à la commune de Pélissier, le groupe de fermes, de maisons et de jardins, connu sous le nom de *Vallée des jardins* et situé à 4 kil. E. de Mostaganem. Une route carrossable dessert cette vallée, but de promenade des habitants de Mostaganem. On peut faire cette excursion en commençant par Mazagran et en revenant par Pélissier, le parcours est alors de 20 kil.

A 20 kil. **Aïn-Tedlès**, 400 hab. Colonie agricole de 1848; constitution du centre le 11 février 1851, et de la commune le 31 décembre 1856.

Le village d'Aïn-Tedlès s'élève sur un plateau dominant le Chelif dont il est éloigné de 2 kil. Ce beau village possède une pépinière que le gouvernement a fait planter dans un frais ravin. — *Marché arabe*, tous les lundis. — A 5 kil. N. O. d'Aïn-Tedlès, et 25 de Mostaganem, *le Pont-du-Chelif*, 200 hab.; création en 1859; constitution du centre, le 4 juillet 1855 : annexion à la commune d'Aïn-Tedlès, le 31 décembre 1856. Ce village prend son nom d'un beau pont construit sur le Chelif par les Espagnols, esclaves des Turcs, et restauré dans ces derniers temps par les Français. M. Outrey, dans son *Dictionnaire de toutes les localités de l'Algérie*, et M. V. Bérard dans son *Guide de l'Algérie*, disent que le Pont-du-Chelif n'est autre que le *Quiza Municipium* des Romains; nous ne saurions l'affirmer jusqu'à preuve plus concluante. — A 4 kil. E. d'Aïn-Tedlès, 24 kil. de Mostaganem, **Sour-Kelmitou**, le rempart des Affligés, et non *Sourk-el-Mitou*, moins encore *Souk-el-Mitou;* 270 hab. Création en 1848; constitution du centre, le 11 février 1851; annexion à la commune d'Aïn-Tedlès, le 31 décembre 1856. *Marché arabe* une fois par semaine. Sour-Kelmitou bâti comme Aïn-Tedlès sur un plateau, à 2 kil. du Chelif, au milieu de beaux vergers, était une ville arabe très-ancienne dont il reste quelques ruines; Ibn-Khaldoun (traduction de Slane) dit à propos de cette ville : « Quant aux Beni-Amer, le sultan se réserva les villes de ce territoire à l'exception de Kelmitou et de Mazouna, dont il concéda la première à Abou-Bekr et la seconde à Mohammed, tous deux fils d'Arif, 767 hég. (1365).

Au S., à 4 kil., **Mazagran**, V. p. 303, — et 8 kil., **Rivoli**, 430 hab.; colonie agricole de 1848; création du centre, le 11 février 1851; de la commune, le 31 décembre 1856. Les annexes de Rivoli sont : à 6 kil. de Rivoli, 14 kil. de Mostaganem, **Aïn-Nouisi**, 265 hab., colonie agricole de 1848; à 19 kil. **la Stidia**, V. p. 303.

Au S. E., à 12 kil., **Aboukir**, 215 hab., au lieu dit *les Trois-Marabouts*; colonie agricole de 1848; constitution du centre, 11 février 1851; de la commune, le 31 décembre 1856. — Les annexes d'Aboukir sont : à 4 kil. O. et 12 kil. de Mostaganem par un chemin direct, **Aïn-si-Cherif**, 200 hab., et à 4 kil. S. E., 16 kil. de Mostaganem, **Bled-Touaria**, 340 hab. Ces deux villages, colonies agricoles de 1849, ont été constitués en centre, le 4 juillet 1855, et annexés à la commune d'Aboukir, le 31 décembre 1856.

ROUTE 28.

D'ORAN A TIHARET,

PAR MOSTAGANEM.

226 kil. — Service de diligences jusqu'à Relizane. De Relizane à Tiharet, route stratégique.

86 kil. d'Oran à Mostaganem (*V.* R. 27).

98 kil. **Aboukir** (*V.* ci-dessus).

121 kil. Gué de l'*oued-Ilil*, près de la koubba de *Sidi-Mekhrdad*. L'oued-Ilil ou Mesrata prend sa source entre El-Bordj et Kalâ, et va se jeter, après un parcours de 40 kil. dans l'oued-Mina, non loin de Sidi Bel-Asel.

141 kil. **Relizane**. *Auberges.* — *Bureau de distribution des postes.* — *Service direct* de diligences pour Mostaganem. — *Relais* pour la diligence d'Oran à Alger et d'Alger à Oran. — *Marché arabe* important, toutes les semaines.

Les Romains connaissaient la fertilité des plaines de la Basse-Mina, car ils ont créé à Relizane un établissement dont il reste quelques vestiges et près desquels ont été trouvés des sous d'or du Bas-Empire.

Les Turcs avaient établi un barrage sur la Mina, qui a été refait par nous lorsque la petite ville de Relizane, décrétée par arrêté du 24 janvier 1857, eut pris tout à coup un rapide essor. On compte aujourd'hui à Relizane cent maisons habitées par 400 colons environ.

La route de Relizane à Alger par Orléansville monte au N., parallèlement à la Mina, pendant une distance de 14 kil. jusqu'à Sidi Bel-Asel, situé également sur la Mina. *Bel-Asel*, redoute et caravansérail, compte quelques colons, dont le nombre ne tardera sans doute pas à s'augmenter. — *Marché arabe* tous les samedis. On voit près de là la résidence du khralifa de la Mina et du Chelif.

L'*oued-Mina* prend sa source dans le pays des *Sdama*, au S. O. de Tiharet, côtoie les Flitta, débouche ensuite au S. O. de la grande plaine à laquelle elle a donné son nom, coule en ligne droite de Relizane à Bel-Asel et là, obliquant à dr., elle suit pendant 14 kil. cette nouvelle direction pour aller se jeter dans le Chelif, après un parcours total de 120 à 130 kil.

163 kil. **Zamora**, nouveau v., au pied des montagnes couvertes de forêts de sumac; sur l'une de ces

montagnes on a élevé une koubba en l'honneur du général Moustafa-ben-Ismaïl, le chef des Douair et des Smela, notre fidèle allié depuis 1835, tué, à 80 ans, non loin de *Tifour* et de Zamora, en voulant ramener ses cavaliers saisis d'une incroyable panique. « .... En arrivant sur l'oued-Temda, Moustafa commença à être inquiété par de rares groupes de cavaliers, avec lesquels il dut tirailler pour les maintenir à distance. Les mulets de bagages, les chevaux même des cavaliers du goum étaient chargés outre mesure des dépouilles de la dernière r'azzia sur les Hachem.... Moustafa aurait dû se rabattre sur Sidi Djilali-ben-Omar, où il eût trouvé la colonne d'escorte qui ramenait les prisonniers à Maskara ; mais, par une obstination fatale, il tint à honneur de ne point invoquer cette facile protection, et il continua sa route. Les quelques cavaliers dont les chevaux n'étaient point chargés de prises, maintinrent l'ennemi toute la journée en usant contre lui leurs dernières cartouches. A quatre heures, cette foule, marchant sans ordre et sans précaution, s'engagea dans les terrains boisés et difficiles qui séparent la vallée de la Menasfa de la plaine basse de la Mina. Les guides de ce convoi de bagages s'égarèrent dans le labyrinthe d'étroits chemins qui coupent ce pays accidenté.... Pendant qu'au milieu des cris et du tumulte, la foule, agglomérée à l'entrée du passage, commençait à s'écouler lentement, quelques coups de feu tirés à l'improviste sur les flancs dégarnis et en tête de cette cohue confuse, par des hommes cachés dans les bois, vinrent encore augmenter la confusion et le désordre.... Cependant Moustafa s'avançait, imposant silence par sa présence aux cris et aux vociférations tumultueuses.... Ayant reconnu l'obstacle qui arrêtait le mouvement, et apprécié la gravité de la situation, Moustafa s'élance, le fusil haut, contre ces invisibles et inabordables ennemis, lorsqu'il tombe mortellement frappé d'une balle dans la poitrine. L'épouvante s'empare alors de cette multitude que l'énergie morale du chef soutenait encore : une aveugle panique précipite, les uns sur les autres, chevaux et cavaliers qui fuient dans toutes les directions, laissant aux mains de l'ennemi leurs drapeaux et le corps de leur chef.... Moustafa fut reconnu par un homme étranger à la tribu des Chorfa, à sa main droite mutilée par une blessure reçue dans nos rangs au combat de la Sikkak.... Abd-el-Kader traita avec générosité les dépouilles de son ennemi vaincu, la tête et la main droite ; il les fit ensevelir pieusement. Quant au corps mutilé de Moustafa, il fut enlevé le surlendemain, pendant la nuit, par les siens, transporté à Oran, où, après les honneurs rendus à sa sépulture, en raison du grade qui lui avait été conféré dans l'armée, il eut de la peine à trouver un tombeau ! » (*Cl. Walsin Esterhazy.*)

171 kil. *Dar-Sidi-Abd-Allah.* Poste et fermes isolées sur la rive g. de l'oued-Djediouïa.

De Dar-Sidi-Abd-Allah à Ammi-Mousa on compte 40 kil. ; la première moitié de la route se dirige au N. E., en passant par le fameux territoire de *Guerboussa*, si longtemps impénétrable. Des montagnes affreusement déchirées, des ravins succédant aux ravins, des

[ROUTE 28] D'ORAN A TIHARET.

bois épais; des cavernes étroites disparaissant au milieu des taillis et des terres grisâtres, tel est le pays où pendant longtemps les Flitta, ces rebelles incorrigibles, ont trouvé un refuge assuré. L'autre partie de la route va de l'O. à l'E. **Ammi-Mousa**, ou le *Khramis des Beni-Ourar'*, fondé en 1840, était d'abord un petit fort, dépôt de munitions et de vivres, construit comme tous nos postes de l'intérieur sur une ligne parallèle à la mer; il permettait à nos colonnes d'avancer durant la guerre, sans traîner à leur suite un lourd convoi, ce qui les rendait aussi mobiles que l'ennemi. Ammi-Mousa est devenue un cercle de la subdivision de Mostaganem, et, au pied du mamelon sur lequel elle est élevée, une centaine de colons se sont installés dans les anciens et beaux jardins cultivés par la première garnison. On trouve à Ammi-Mousa des *auberges* et des *bains maures*. Un *marché* arabe s'y tient tous les jeudis.

196 kil. *Caravansérail d'Aïn-Raouïa*, chez les Oulad-Ameur.

226 kil. **Tiharet**, la Station, en berbère. *Auberges*. — *Bains maures*. — *Distribution des postes*. — *Pépinière*. — *Marché arabe* tous les lundis.

Tiharet occupe l'emplacement d'un établissement romain qui représente probablement, selon M. Mac Carthy, l'ancienne *Tingartia*, siége d'un évêché au ve s. de notre ère; M. le docteur Leclerc y a recueilli des inscriptions de tombes chrétiennes remontant à la même époque. Plus tard, la tribu arabe des Berkadjenna éleva dans cet endroit un château fort, nommé Tihert-la-Vieille; El-Bekri raconte que cette peuplade, ayant entrepris de bâtir Tihert, trouva chaque matin l'ouvrage de la veille renversé; c'est alors que les Berkadjenna construisirent Tihert-es-Sofla, la basse Tihert, laquelle était Tihert-la-Neuve, à cinq milles O. de Tihert-la-Vieille. Le Tiharet français date de 1843. Au début de la belle et décisive campagne de cette année, pendant que le maréchal Bugeaud fondait Orléansville sur les ruines romaines d'El-Asnam, près du Chélif, le général de Lamoricière commençait, en relevant aussi les ruines romaines à Tiharet, le rétablissement de cette ligne de postes de la frontière du Tell, base d'opération d'où Abd-el-Kader s'élançait contre nous, à l'origine de la lutte. Ces établissements à la limite des terrains cultivables, ces haltes à l'entrée du désert, allaient nous permettre, soit de prendre l'ennemi à revers, s'il pénétrait sur les derrières de nos colonnes, soit de retrouver, sur ces points éloignés, de nouvelles forces pour le poursuivre, s'il s'enfonçait dans le Sud.

Tiharet, fondée le 21 avril 1843, sur un groupe qui appartient aux dernières pentes du *djebel-Guezzoul*, entre deux ravins, forme deux quartiers distincts renfermés dans une enceinte bastionnée percée de trois portes. On entre dans le quartier des colons par la porte du N. ou de Maskara; cette partie de la ville se compose d'une grande rue principale, dans laquelle on trouve un fondouk de vingt-quatre boutiques et un caravansérail pour les juifs. La population civile est de 700 âmes environ, y compris les indigènes. Le quartier militaire, dit *le fort*, comprend deux casernes d'infanterie, un quartier de cavalerie, des magasins, un hôpital, une chapelle et un cercle pour les officiers. La garnison est de 500 hommes.

Sidi Khraled, à 1 kil. S. de Tiharet, est un village d'une quarantaine de maisons, entouré de belles exploitations agricoles.

On visitera à 10 kil. O. de Tiharet *la ferme des Spahis*, établie à *Takdemt*, dont le nom rappelle un des établissements d'Abd-el-Kader, incendié par les Arabes la veille de notre arrivée et ruiné complétement par nos colonnes le 25 mai 1841. Bâtie sur un versant qui fait face au N., Takdemt se présentait en un amphithéâtre encadré dans d'affreux escarpements de granit, dont le pied et les flancs, largement déchaussés, forment un profond ravin, surtout du côté de l'O. Cette petite ville, relevée en 1836 par Abd-el-Kader, est la *Tihert-la-Neuve*, d'El-Bekri ? « La ville de Tihert est environnée d'un mur percé de trois portes. Elle est située sur le flanc d'une montagne nommée Guezzoul. La citadelle domine le marché de la ville et porte le nom d'El-Masouma, l'inviolable. Une rivière venant du côté du midi, et appelée la Mina, passe au S. de la ville.... » Il ajoute ensuite : « Dans le mois de Safer 144 (mai-juin 761), Abd-er-Rahman (le Rostemide) s'étant enfui de Kaïrouan avec les gens de sa maison et la partie de ses trésors la plus facile à emporter, les Ibadites, qui s'étaient ralliés autour de lui, le reconnurent pour leur chef et se décidèrent à bâtir une ville qui pourrait leur servir de point de réunion. Ils s'arrêtèrent à l'endroit qu'occupe Tihert de nos jours, et qui à cette époque était couvert d'une épaisse forêt. Abd-er-Rahman s'étant installé sur un terrain carré et dépourvu d'arbres, les Berbères se dirent : « Il vient de se loger sur un *Takdimet*, » c'est-à-dire sur un tambour de basque. La figure carrée du terrain leur avait suggéré cette comparaison. » (*Traduction de Slane.*) M. le docteur Baudens, qui a raconté longuement la prise de Takdemt (*Musée des Familles*, année 1841, p. 310), dit : « Mes recherches archéologiques m'ont fait découvrir dans le haut de la ville des assises de pierre parfaitement taillées, que je fais remonter à l'époque de la domination romaine : ce qui m'a confirmé dans cette pensée, c'est la découverte d'une partie de maison qui, évidemment, est l'œuvre des Romains.... Un fût de colonne brisée, qu'à son chapiteau orné de feuilles d'acanthe on reconnaissait pour être de l'ordre corinthien, annonçait que cette maison avait dû être celle de quelque patricien de Rome. » Ces débris viennent peut-être de Tingartia.

Goudjila, à 60 kil. S. E. S. de Tiharet, est le premier ksar que l'on rencontre sur la route du Djebel-Amour. Ce village servit de dépôt à Abd-el-Kader pour ses armes et ses munitions lorsqu'il eût abandonné Takdemt.

ROUTE 29.

D'ORAN A TIHARET,

PAR MASKARA.

205 kil. — Service de diligences d'Oran à Maskara. Route stratégique de Maskara à Tiharet.

96 kil. d'Oran à Maskara. *V.* route 26.

[ROUTE 30] D'ORAN AUX OULAD-SIDI-CHEIKH.

De Maskara à Tiharet, la direction générale est celle de l'E.; la route, traversée par de nombreux ruisseaux, décrit une courbe dont le centre est à Fortassa.

101 kil. *Ben-Yaklef*, v. arabe dont les maisons et les jardins sont entourés de haies de cactus. Un Européen a utilisé une chute d'eau près de Ben-Yaklef, pour un moulin à farine.

132 kil. *Caravansérail de Medjaref.* L'oued-Medjaref est un ruisseau qui va se jeter à 10 kil. au N. du caravansérail dans l'oued-Mina.

155 kil. *Fortassa*, au confluent de la Mina et de l'oued-Tat. Cette localité est célèbre dans nos annales militaires; elle se trouve entre les Hachem au S., et les Flitta au N.

159 kil. *Sidi Djilali-ben-Amar.* Poste militaire et smala de spahis près de la koubba de ce nom.

205 kil. **Tiharet**. *V.* p. 311.

ROUTE 30.

D'ORAN AUX OULAD-SIDI-CHEIKH,

PAR TLEMCEN.

431 kil. d'Oran à Mor'ar-Tahtania, l'oasis la plus méridionale du groupe O. du ksour des Oulad-Sidi-Cheikh.

Nous avons consulté pour les itinéraires 30, 31 et 32, d'Oran aux Oulad-Sidi-Cheikh, les travaux ou notices de MM. le général de Martimprey, le colonel de Colomb et les docteurs F. Jacquot et L. Leclerc. Les distances kilométriques entre les différents points de ces itinéraires ne sauraient être établies bien régulièrement, comme on l'a déjà dit à propos de la route d'Alger à Ouargla. Les difficultés de parcourir ces contrées lointaines sont partout les mêmes, et nous souhaitons aux touristes désireux de les visiter l'occasion des tournées militaires, faites de temps en temps par les commandants de nos postes-frontières.

130 kil. d'Oran à Tlemcen. *V.* R. 22.

De Tlemcen à Sebdou, la route, rude et escarpée, contourne d'abord *Lella-Setti*, et passe ensuite sur le territoire boisé des *Beni-Ournid*, qui sont tous bûcherons et charbonniers. Le plateau de *Terni*, 1400 mèt., est le plus élevé de tous ceux que traverse la route avant de descendre à Sebdou; c'est sur ce plateau, à *Aïn-R'afer*, à l'O., que Mohammed-ben-Abd-Allah, qui essaya un instant le rôle d'Abd-el-Kader, fut battu par le général Cavaignac.

165 kil. **Sebdou**, la lisière, plus connue des Arabes sous le nom de *Tafraoua*, était d'abord une de ces petites places militaires comme Saïda, Takdemt, Bor'ar, élevées sur les limites du Tell par Abd-el-Kader. Occupée et détruite par nos troupes en 1844, elle est maintenant un poste militaire, près duquel sont venus s'établir quelques colons. C'est entre ce premier poste, à l'O., et Teniet-el-Hâd, à l'E., que sont jalonnées, sur la route dite des hauts plateaux, **Daïa**, *V.* p. 284, **Saïda**, *V.* p. 317, et **Tiharet**, *V.* p. 311. Le camp retranché en avant de Sebdou renferme le parc aux bœufs et l'abattoir.

214 kil. *El-Aricha*, localité dans laquelle on trouve de l'eau et du bois.

On entre ensuite dans le *Goor*, nom donné aux vastes plaines dont la végétation est réduite à quelques espèces de plantes seulement. D'autres plaines de même aspect, mais plus pauvres en eau, succèdent au Goor, et on atteint ensuite le *chot-el-R'arbi* ou de l'ouest, dont la direction va du S. E. au N. E.; une espèce d'étroite jetée le divise en deux parties, précisément sur notre limite avec le Maroc; la partie appartenant au Maroc s'appelle le *chot des Maïa*; la partie située sur notre territoire s'appelle le *chot des Hamïan*.

La grande tribu des *Hamïan* occupe dans le sud de la province d'Oran tout le territoire compris entre les chots El-R'arbi, Ech-Chergui, et les ksour des Oulad-Sidi-Cheikh.

Aucune montagne n'accidente le Goor et le chot que les petites chaînes du djebel Guettar, au S., le djebel *Anteur*, au N., et le djebel Amara, au centre; on franchit ce dernier avant d'arriver à Aïn-ben-Khrelil.

320 kil. *Aïn-ben-Khrelil*. « Cette redoute, dit M. Mac Carthy, située derrière le chot de l'O., dans une prairie, à 1100 mèt. d'altitude, a été élevée pour assurer la tranquillité d'un pays toujours assez troublé, en attendant que nous puissions occuper Figuig, le véritable angle S. E. de l'Algérie. »

Il n'y a ni ruisseaux ni fontaines dans cette contrée. « Il ne faut pas prendre au sérieux les longues lignes tracées sur la carte des steppes et du Sahara, excepté dans le massif des ksour, où elles indiquent des courants de quelque étendue et souvent assez volumineux; partout ailleurs, elles représentent des rivières et des ruisseaux qui n'existent pas, où les pluies et les orages jettent des eaux qui ne sauraient y rester; mais en creusant à une petite profondeur, on trouve presque toujours de l'eau dans les bas-fonds indiqués par ces lignes et dont le tracé est alors justifié. » (M. C.)

Les quelques puits que l'on rencontre renferment une eau saumâtre qui soulève le cœur et donne à la viande une odeur de putréfaction.

Quand on a quitté Aïn-Ben-Khrelil, on entre dans une zone coupée de montagnes sablonneuses et arides, de lignes de dunes sans aucune végétation, de plaines et de vallées dont la flore n'est guère plus variée que celle du Goor et du chot. Quelques sources sourdent dans le sable; l'herbe verdit, les moissons jaunissent, les dattiers s'élancent sur leurs bords et forment de fraîches oasis. Les ruisseaux ou rivières qui naissent de ces sources n'ont pas un long cours, le sable les absorbe bientôt; leur lit, quelquefois à sec, indique le chemin que suivent les eaux avant d'arriver au Sahara central, qui les engloutit. Les quelques buissons qui verdissent le long des berges, les montagnes et les oasis, concourent à donner à ce pays une physionomie particulière bien distincte de celle des plaines situées plus au N. On les reconnaît généralement sous le nom de *ligne des oasis des Oulad-Sidi-Cheikh*.

374 kil. **Aïn-Sfisifa**, la source du petit peuplier, est la première oasis que l'on aborde en venant d'Oran par Tlemcen; c'est aussi la plus importante; elle possède environ 250 maisons habitées par 1000 à 1100 âmes. Aïn-Sfisifa est bâtie en amphithéâtre, sur un plateau incliné à l'E. et taillé à pic à l'O. L'absence de palmiers rend la vue de Sfisifa bien moins agréable que celle des autres oasis; les jardins s'offrent sous l'aspect d'une longue bande tortueuse encaissée au fond d'un ravin parcouru par un ruisseau; un aqueduc en bois amène dans le Ksar des eaux réparties

avec une grande régularité entre les habitants. Les koubbas isolées ou réunies par groupes sont fort nombreuses à Sfisifa.

416 kil. **Mor'ar-Foukania**, d'en haut, occupe un angle formé par deux chaînes de montagnes; elle possède une mosquée et un caravansérail; ses habitants, au nombre de 600, cultivent les dattiers.

431 kil. **Mor'ar-Tahtania**, d'en bas, est plus important que Mor'ar-Foukania; sa population est de 800 hab. L'oasis est une véritable forêt de palmiers, longue de 3 kil. La source qui l'arrose est limpide et fraîche, mais se perd bientôt. Le Ksar possède une mosquée avec un minaret. On trouve sur des rochers de Mor'ar-Tahtania des dessins semblables à ceux que M. le docteur F. Jacquot a déjà rencontrés à Tïout. *V.* plus bas.

Revenant à Aïn-Sfisifa, on se dirige vers les autres oasis situées à l'E.

404 kil. **Aïn-Sefra**, construite en pierres, a une physionomie caractérisée; c'est un ksar mieux bâti et mieux fortifié que les autres; ses maisons sont aussi plus propres et plus spacieuses qu'ailleurs; elles sont séparées par des ruelles moins étroites et moins sombres. Les habitants, au nombre de 800, se disent tous marabouts. Aïn-Sefra est adossée à une grande ligne de dunes qui a plusieurs lieues de longueur. Pas un brin d'herbe ne moutonne leurs pentes lisses et brillantes. Quand la tempête s'élève, le sable déferle contre les murs du ksar et de l'oasis, comme les vagues que la mer en courroux précipite sur les rochers du rivage. Sans cesse les dunes menacent de combler les rues et de faner le panache des trois ou quatre palmiers qui s'élèvent au-dessus des autres arbres.

416 kil. **Tïout** est dans une position très-pittoresque. De magnifiques bouquets de dattiers et des rochers bizarres, surmontés de masures en ruines, se mirent dans les eaux limpides du fort ruisseau qui les arrose. Les jardins sont étendus et la végétation variée. On admire les vignes gigantesques qui s'enlacent aux amandiers, aux pêchers et aux figuiers. Le bassin qui forme le barrage jeté sur le ruisseau disparaît sous une foule de grandes herbes aquatiques, hantées par des nuées de courlis, de pluviers, de bécassines, de pigeons, de poules d'eau, et visitées la nuit par les gazelles et les antilopes. Le ksar est moins heureusement situé que les autres pour la défense, en cela qu'il n'est point isolé, mais comme noyé dans les jardins. Il est bâti en terre, si ce n'est la porte de ville, appelée Bab-Sidi-Ahmed-ben-Youssef, et les arcades mauresques de la mosquée. La population de Tïout est de 700 âmes.

M. le docteur Félix Jacquot a trouvé et décrit de curieux dessins tracés en lignes creusées sur le flanc vertical de roches situées en tête de l'oasis. Ces dessins, dit-il, doivent remonter à une époque très-reculée, si on en juge par les temps auxquels nous reportent les costumes et les scènes. Les guerriers y sont encore représentés avec des plumes sur la tête et armés d'arcs et de flèches. On y voit figurer un éléphant, animal qui n'a pas paru dans ces contrées depuis les anciennes époques. Le lien du mariage ou de la famille est indiqué par un trait unissant les divers personnages.

De Tîout à Asla, on compte 40 kil. La direction de la route est N. E. V. pour Asla et les autres oasis du centre des Oulad-Sidi-Cheikh la route 2.

Aïn-Sfisifa, Mor'ar-Foukania, Mor'ar-Tahtania, Aïn-Sefra et Tîout sont les ksour où les *Hamian-R'araba* déposent leurs effets de prix, leurs grains et leurs provisions. Les Sahariens de ces ksour ne sont point, à proprement parler, sujets des Hamïan, mais ceux-ci les entraînent à partager leur politique, en vertu de l'influence que leur donnent leur puissance bien supérieure et leurs guerriers beaucoup plus nombreux. Les différents villages du Sahara algérien de l'O. ne sympathisent point entre eux; ils se jalousent, se surveillent, mais ne se livrent pas de combat. Chaque ksar se gouverne par lui-même sans s'inquiéter de son voisin, à l'aide de la djemâ, sorte de conseil municipal formé par les chefs des quartiers ou notables de l'endroit. Un lien commun rassemble pourtant les ksour; ce lien, c'est l'autorité morale et traditionnelle des Oulad-Sidi-Cheikh, tribu de marabouts très-vénérés, qui passent pour descendre en ligne directe du prophète. Les Oulad-Sidi-Cheikh sont bien moins nombreux que les Hamïan; ils ne sont pas guerriers; toute leur autorité tient donc au prestige de leur origine sainte. Leur chef, Si-Hamza, auquel nous avons donné l'investiture du khalifat, s'est fait construire un pied-à-terre, une sorte de maison de plaisance dans chaque ksar; on profite de son séjour pour soumettre à son tribunal suprême les procès pendants et les points en litige.

ROUTE 31.

D'ORAN AUX OULAD-SIDI-CHEIKH,

PAR GÉRYVILLE.

406 kil. d'Oran à El-Abiod-Sidi-Cheikh. (*V.* les observations p. 313, pour les distances kilométriques et la manière de voyager.) D'Oran à Maskara, service de diligences. De Maskara à Géryville, route stratégique. De Géryville à El-Abiod-Sidi-Cheikh, route de caravanes.

96 kil. d'Oran à Maskara, *V.* R. 25.

99 kil. **Saint-André**, *V.* p. 294. Après avoir quitté ce village, on longe dans sa limite O. la belle plaine de *l'Eghris* et mieux *R'eris*, occupée par les *Hachem*, d'où est sorti Abd-el-Kader.

112 kil. *L'oued-Fekkan*, petit ruisseau allant se perdre dans l'oued-Taria. Ibn Haukal parle de Fekkan sur la route de Tlemcen à Maskara, comme d'une localité possédant un château, des bains et un moulin. D'après El-Bekri, les Zenata, grande fraction des Berbères, avaient à Fekkan un marché considérable.

134 kil. *Ouïsert*, poste-magasin sur la rive gauche de *l'oued-Taria* qu'il domine. C'est un petit fort carré long, de 100 mèt. sur 50, bastionné aux quatre angles. Les environs de Ouïssert, accidentés et rocailleux, sont médiocrement fertiles; on y a installé une smala de spahis.

154 kil. *Caravansérail de Draer-Remel*, à 200 mèt. et sur la rive gauche de *l'oued-Saïda* ou *Meniarin*, affluent de l'oued-Taria. La route côtoie cette rivière à gauche, puis à droite jusqu'à Saïda, au mi-

lieu d'un beau pays boisé et cultivé.

176 kil. **Saïda**. *Auberges.* — *Bureau des postes.* — *Marché arabe* tous les lundis. *Pépinière*.

Poste militaire et centre de population européenne, Saïda a été créée au commencement de 1854, sur une butte placée à la base de longues crêtes qui limitent vers le N. les hauts plateaux. L'enceinte de Saïda renferme dans sa partie orientale une caserne, un pavillon d'officiers, un hôpital et des magasins pour une garnison de 200 hommes et 50 chevaux; la partie occidentale est occupée par une population civile de 250 à 300 Européens dont la majeure partie se livre aux travaux d'agriculture. L'industrie compte à Saïda une scierie et des moulins à farine.

« Nous ne saurions passer outre sans dire un mot de la vieille Saïda, la *Saïda* d'Abd-el-Kader, occupée et minée par nos troupes le 27 mars 1844, distante de la nouvelle de de 2 kil. Un peu plus au S. O., un cours d'eau, après avoir serpenté sur les déclivités des hauts plateaux, se fraye subitement un passage à travers une dislocation de la montagne, et un kil. plus loin, se fait jour derrière la vieille Saïda. Les berges sont souvent coupées à pic et d'une hauteur qui égale leur écartement, 100 mèt. Sur les pentes les moins roides poussent l'olivier, l'amandier et le térébinthe. Au fond de la gorge, le torrent roule à travers les roches couvertes de vignes et de lauriers-roses. C'est sur un talus adossé à la berge septentrionale et au point où débouche la gorge, qu'Abd-el-Kader avait bâti Saïda; cette ville était carrée et il avait complété son système de défense, sur les trois autres faces, par de fortes murailles qui subsistent encore à moitié. » (*D. L. Leclerc.*)

208 kil. *Tafraoua*, poste, dont l'enceinte peut avoir 50 mèt. carrés. — Puits et marais ou *R'dir*.

214 kil. *Caravansérail d'el-Maï*, construit en 1856. De Tafraoua à El-Maï, la route traverse le point culminant des hauts plateaux, dont la seconde partie est la mieux caractérisée; c'est la pleine mer en calme plat; on est enfin dans la patrie des gazelles.

233 kil. *Le chot-ech-chergui* ou de l'Es, a une longueur de 140 kil. sur une largeur variable de 10 à 20; sa direction générale va, comme celle du chot-el-r'arbi, du S. O. au N. E. « Les eaux qui aboutissent au chot-ech-chergui ne sont autre chose que des eaux pluviales, c'est-à-dire intermittentes. La surface du chot est composée d'un mélange de sable et de détritus gypseux. Le sulfate de chaux y afflue partout à l'état micacé. Tantôt ce sont des fragments épars, de la largeur et de l'épaisseur de la main, tantôt ils sont groupés et forment de petites buttes. C'est sans doute à la présence de ces nombreuses facettes, reluisantes au soleil, ainsi qu'aux différences dans l'état thermométrique des couches d'air, qu'est dû le phénomène du mirage que l'on manque rarement d'observer toutes les fois qu'on traverse les chots.... Les chots sont peuplés de gazelles dont les crottes musquées se rencontrent fréquemment, non-seulement sur les pelouses du voisinage, mais au milieu des sables. Au mois d'avril 1854, l'Arabe qui me servait de guide, prit en moins d'un quart d'heure deux petites

gazelles endormies, en s'avançant avec précaution et jetant son burnous par-dessus. C'est ainsi que les prennent les Arabes, qui, au printemps, en apportent fréquemment sur les marchés du Tell, à Saïda, à Tiharet, à Teniet-el-Hâd, au prix de trois à cinq francs. » (*D. L. Leclerc.*)

La route traverse le chot-ech-chergui alternativement sur des bandes sablonneuses faciles à parcourir quand le temps est sec et sur la terre ferme.

250 kil. *Caravansérail de Sefsifa*. On trouve là plusieurs sources au milieu de tamarisques dont quelques-uns atteignent des proportions colossales. A quelques centaines de mètres plus loin, trois petites koubbas en l'honneur de Sidi Moussa et de Sidi Bel-Yahïa sont étagées sur les flancs de la colline.

260 kil. *Khadra*. De Sefsifa à Khadra la route suit les bords du chot, en décrivant une immense courbe saillante à l'O. La koubba dominant au N. est celle de Lella-Khadra (la Verte), au milieu d'un petit cimetière, où les Arabes nomades des environs viennent enterrer leurs morts.

Voici, à propos d'el-Khadra et du chot-ech-chergui, une légende qui trouve ici sa place; elle rapporte qu'au temps des idolâtres, ceux-ci, jaloux de ne pas avoir été dotés d'une mer, comme tant d'autres peuples, se mirent en devoir d'en creuser une, et envoyèrent en même temps d'innombrables caravanes pour rapporter des outres d'eau de l'Océan; mais Dieu, irrité de tant d'audace, les fit tous périr, détruisit leur belle ville située près de Khadra, laissant subsister, en témoignage de l'impuissance des hommes, ces lacs informes et sans profondeur qu'on appelle les chots. Voilà comment les Arabes, plus poëtes que savants, expliquent un fait purement géologique.

287 kil. *Khreneg-Azir*, la gorge des Romains, lieu d'étape sur la rive gauche de l'oued-el-Abiod, dont le bassin se trouve subitement étranglé en cet endroit par des collines d'un côté et de l'autre par une montagne aux flancs rocheux et abrupts, parsemés de buissons de romarins.

Avant d'arriver à Géryville, on traverse dans une longueur de 3 kil. une gorge étroite, sinueuse au fond de laquelle coule l'oued-el-Biod, qui est plutôt un ruisseau qu'une rivière.

316 kil. **Géryville**, ch.-l. d'un cercle dépendant de la subdivision de Maskara, est située à 1300 mèt. d'altitude à l'O. du *djebel-Kessel*, et à l'E. du *djebel-Delâa*, près de la rencontre du 34° de latitude N. avec le 1° de longitude à l'O. du méridien de Paris. C'est une redoute, carré long de 200 mèt. sur 100, renfermant une caserne, un pavillon d'officiers, des magasins et un hôpital. Notre khralifa, Si-Hamza a fait bâtir en dehors une belle maison de commandement, près de l'endroit où campent les troupes de passage, les caravanes ou les convois. Un peu plus loin, une douzaine de maisons abritent quelques Français, juifs et Mzabis attirés par le commerce. Géryville dit M. le docteur L. Leclerc dans sa curieuse notice sur les oasis de la province d'Oran, a pris son nom du colonel Géry, qui le premier parut dans le pays, à la tête de nos colonnes. Dans le printemps de 1845, le colonel Géry se

[ROUTE 31] D'ORAN AUX OULAD-SIDI-CHEIKH. 319

portait en avant de Brizina (*V.* p. 328), tuait une cinquantaine d'hommes aux Oulad-Sidi-Cheikh commandés par Si-Hamza et forçait Abd-el-Kader à rentrer dans le Maroc. En 1846, le colonel Renault débusquait Abd-el-Kader de Chellala (*V.* p. 325) et de l'Abiod-Sidi-Cheikh (*V.* p. 322). En 1847, il pénétrait jusqu'à Bou-Semr'oun (*V.* p. 324), tandis que le général Cavaignac s'avançait jusqu'à Tiout (*V.* p. 315). En 1852, le commandant Deligny, aujourd'hui général de division, s'emparait de la personne de Si-Hamza. L'année suivante, Si-Hamza fut nommé khralifa du sud, et la création d'un poste fut décidée sur l'emplacement d'un petit ksar en ruine du nom d'*El-Biod;* ce poste est Géryville.

De Géryville à Stiten, 15 kil.; *V.* R. 33.

Direction S. O. Le pays qui sépare Géryville de Sid el-Hadj-ben-Ahmeur, est formé de plateaux ondulés, traversés au N. et au S. O. par une chaîne du djebel-Kessel, nue et rocheuse à la base, boisée aux sommets. Le chemin coupe cette chaîne par un col d'un accès facile et se dirige ensuite vers l'O. sur la koubba de Sid el-Hadj-ben-Ahmeur.

352 kil. *Sidi-el-Hadj-ben-Ahmeur*, enterré dans la koubba à laquelle il a donné son nom, est venu il y a environ deux siècles s'établir sur les bords de l'*oued-Sebeïhi* où il fonda un ksar, ruiné aujourd'hui, mais dont ses descendants viennent cultiver les jardins. L'autre koubba située un peu plus bas a été élevée en l'honneur d'Abd-el-Kader-el-Djilali; *V.* p. 49 ce que nous avons déjà dit sur ce grand saint musulman.

Le pays que l'on traverse pour arriver de Sid el-Hadj-ben-Ahmeur aux Arbâouat (les deux villages d'Arbâ) change d'aspect à mesure que l'on avance vers le S.; il devient plus rocheux, plus aride; il est coupé par des ravins peu profonds; l'horizon est borné de tous côtés par des montagnes peu élevées, mais escarpées, profondément déchirées, entièrement dépourvues de végétation, et au-dessus desquelles se dresse le *Djebel-bou-Nokta*.

386 kil. **Les Arbâouat.**

« On est encore à 8 ou 10 kil. des Arbâouat, lorsqu'on les aperçoit; ils s'élèvent sur la rive gauche de l'*Oued-Gouleïta*.... Ces deux ksour, entourés de murs d'enceinte, flanqués de tourelles ayant la forme de pyramides carrées fort élancées et tronquées à leur sommet, le tout percé de petits créneaux ronds, se confondant presque avec les berges de la rivière, à cause de leur couleur terreuse; de loin, ils ressemblent à un de nos châteaux du moyen âge. On est étonné de ne pas voir sur les tourelles le profil d'un archer et de ne pas entendre le beffroi ou le cor qui annonce l'arrivée d'une chevauchée: bientôt, sans doute, les chaînes du pont-levis grinceront et le héraut d'armes viendra nous reconnaître!

« Hélas, cette fantasmagorie s'évanouit à mesure que nous approchons; le château féodal devient un affreux amas de bâtisses en pisé, qui cependant, grâce aux tourelles, conservent un certain cachet pittoresque; aux dames châtelaines se promenant sur les terrasses se sont substituées de malheureuses femmes, étiolées, jaunes, couvertes de haillons sordides, produit de la vie sédentaire des ksour du S., de la fièvre, des ophthalmies et d'autres maladies sans nom....

« Il faut remonter jusqu'au xiv⁰ s. à peu près, pour trouver l'origine des Arbâouat. A cette époque Sidi Mâmmar-ben-Abia, descendant de Sidi Abou-Bekr-Saddik, beau-père du prophète, chassé de Tunis par son frère qui y commandait, vint s'établir sur l'oued-Gouleïta. Ses enfants y construisirent un ksar, miné aujourd'hui et connu sous le nom de *Ksar-Cherf*, vieux château. Plus tard des dissensions intestines partagèrent sa descendance en deux parties : les *Oulad-Saïd* et les *Oulad-Aïssa*. Ces derniers, vaincus et chassés de leurs maisons, allèrent se réfugier dans le Tell, sur les bords de l'oued-Taria. Mais après leur départ, vint une invasion de Zegdou ; trop faibles pour leur résister, les Ouled-Saïd furent obligés de fuir dans les montagnes, abandonnant leur ksar qui fut ravagé et démoli. Au lieu de relever ses ruines, ils en construisirent un autre sur les bords de l'oued-Gouleïta. Peu de temps après, Sidi Sliman-ben-Semaha, descendant direct de Sidi Mâmmar-ben-Alia, ramena les Ouled-Aïssa du Tell, et rétablit la concorde entre les Capulets et les Montaigus de ce coin de terre ; mais, dans la crainte sans doute qu'elle ne fût pas de longue durée, s'ils étaient voisins et en contact journalier, il fit élever à ses protégés un ksar à peu près pareil à celui de leurs rivaux, également sur les berges de la rive gauche, à 1 kil. environ en amont. Ce dernier ksar fut appelé *Arbâ-Foukani*, Arbâ d'en haut ; et, par opposition, celui des Oulad Saïd prit le nom d'*Arbâ-Tahtani*, Arbâ d'en bas.

« Maintenant ces deux Arbâ ont à eux deux 65 maisons, et environ 500 hab. Toute trace des anciennes querelles n'a pas disparu, et il est facile de reconnaître dans leurs relations un vieux ferment de haine. Mais le cheikh qui les commande réside à Arbâ-Tahtani, et, aujourd'hui comme autrefois, les Oulad-Saïd ont l'avantage sur les Oulad-Aïssa. Pourtant les deux partis se sont beaucoup modifiés depuis ; ils ont même dérogé, par suite de mésalliance, et reçu parmi eux des Arabes, des *Oulad-Ziad*, des *Oulad-Moumen*, et à tel point, que les Oulad-Sidi-Cheikh, descendant de Sidi Mâmmar-ben-el-Alia, nobles et chefs religieux du pays, les acceptent à peine pour cousins.

« L'histoire détaillée de ces deux bicoques serait trop longue et sans intérêt ; il faudrait d'ailleurs, pour la dire, puiser dans des légendes miraculeuses, qui seules, à cause de leur merveilleux, se sont transmises de génération en génération jusqu'aux vieillards qui les racontent maintenant en les défigurant. Je ne veux cependant pas être irrévérend envers les marabouts vénérés auxquels les deux ksour durent souvent leur salut, au point de ne pas signaler en passant leurs koubbas construites en moellon et blanchies à la chaux. Elles sont au nombre de quatre qu'on désigne par les noms des marabouts dont elles abritent les tombes : *Sidi Mâmmar-ben-Alia*, le fondateur des Arbaouât, *Sidi Aïssa-ben-Alia*, *Sidi Brahim-ben-Mohammed*, ses descendants, et *Sidi Bou-Thheil*, de la famille de *Sidi Abd-el-Kader-ed-Djilani*.

« Lorsque le bey Mohammed-el-Kebir, après avoir saccagé Chellala, vint camper devant les Arbâouat pour leur infliger le même sort, un tourbillon noir sortit de la koubba de Sidi-Mâmmar et alla renverser la tente du bey turc, qui, effrayé par cette menace du saint, se retira. Sidi-Mammar ne devait pas moins à sa lignée.

« Ces quatre koubbas ont été édifiées il y a à peine 150 ans, par Sidi ben-ed-Din, le chef des Oulad-Sidi Cheikh. Il n'avait songé d'abord qu'aux marabouts de sa famille et pendant que trois dômes s'élevaient déjà sur leurs tombes, celle de Sidi bou-Tkheil restait *Haouïta*, petite muraille entourée de quelques pierres et surmontée, comme toutes les haouïta possibles, de quelques chiffons éraillés par le vent et la pluie. Il paraîtrait que la jalousie est un sentiment d'outre-tombe, même parmi les plus saints marabouts, car Sidi ben-ed-Din, s'en retournant à El-Abiod-Sidi-Cheikh, fut arrêté en son chemin par Sidi Bou-Tkheil, qui s'était débarrassé de son suaire pour lui reprocher en termes assez vifs son manque d'égards envers lui. Sidi ben-ed-Din fut sensible à ces reproches mérités et Sidi Bou-Tkheil eut sa coupole, sous laquelle il a dormi parfaitement tranquille depuis. Ces koubbas sont entretenues par la piété des fidèles, qui les blanchissent souvent à la chaux et les décorent de tapis et de foulards. Chacune d'elles a son mokaddem, espèce de sacristain qui est chargé de recueillir les offrandes, d'en faire l'emploi, et qui vit grassement aux dépens de son saint.

« Dire maintenant la vie des malheureux ksouriens d'Arba, c'est dire celle de tous les ksouriens du S., et c'est bien difficile. Il est des misères qui défient la description et qu'il faut voir pour les comprendre. Quelques jardins, dans lesquels ils cultivent des légumes et un peu d'orge; le lait et le beurre de quelques chèvres; des arbres fruitiers, figuiers, grenadiers, pêchers, abricotiers, dattiers, dont les fruits dégénérés sont toujours dévorés avant leur maturité, telles sont leurs ressources. Ils y joignent le maigre salaire payé par les nomades qui leur confient leurs provisions de grains, de dattes et de beurre. Les femmes, en tissant, gagnent les vêtements de tous; elles font les burnous, les haïks, les habaïa pour les nomades, et elles ont pour salaire une quantité de laine égale à celle qu'elles mettent en œuvre; avec cela elles habillent leurs maris, leurs enfants et elles-mêmes.

« .... Nous entrâmes dans un des ksour par une porte surmontée d'une terrasse à mâchicoulis. A peine étions-nous engagés dans un couloir étroit, principale rue du ksâr, que, quoique encore en plein en air, nous fûmes suffoqués par une odeur indéfinissable, produit des ordures entassées depuis des siècles, du beurre rance qui remplissait les magasins et surtout, je crois, de cette agglomération, dans un espace très-restreint, de créatures humaines couvertes de haillons crasseux et que jamais ablution ne purifia.... Nous poussâmes plus en avant dans ces ruelles, dans ces impasses formées par des masures bâties en briques informes cuites au soleil, et couvertes de terrasses que soutiennent des perches de genévrier ou de tamarix, que les habitants tirent du djebel Bou-Nocta ou de l'oued-Gouleïta. On s'étonne vraiment que ces misérables maisons puissent tenir debout. On trouverait avec peine, au milieu de ce fouillis bizarre, un pan de mur vertical, une ligne droite de plus de deux mèt.; mais on voit, en revanche, de ces inclinaisons qu'un architecte nierait. On passe presque avec effroi sous ces murs qui semblent avoir été déjetés par un tremblement de terre et retenus, avant leur chute, dans un équilibre impossible, par une puissance en lutte avec celle de la pesanteur.... Permis à qui voudra de trouver de la poésie dans la vie sauvage des habitants des Arbâouat, au milieu de ces vêtements, de ces ustensiles, de ces mœurs, qui cependant rappellent les temps bibliques. La poésie, dans ce pays-ci, est exclue des lieux où les hommes s'entassent; elle s'envole de devant les passions mesquines, le froissement des petits intérêts, la sordide négligence des races primitives; elle s'épanouit au contraire largement chez les nomades, qui s'isolent, autant que possible, de tout contact humain et vivent dans les larges déserts face à face avec Dieu.... » (*Lieutenant-colonel de Colomb.*)

La route de Arbâouat à El-Abiod va droit au S.; on suit encore l'oued-Gouleïta pendant 8 kil.; à 4 kil. plus loin, on s'engage dans le *Teniet-ez-Zeïar*, col large et commode coupant le dernier de ces soulèvements de terrains parallèles entre ceux qui vont en s'abaissant depuis la chaîne du Kessel jusqu'aux plaines sahariennes. « En sortant de Teniet-ez Zaïr, on voit à droite la chaîne ondulée du *Tismert*, se perdant vers l'O. dans les vagues d'un horizon sans limites; devant soi les cinq ksour d'El-Abiod au milieu de quelques bouquets de palmiers élancés, dominés par les dômes blancs de leurs koubbas, se détachent du fond doré de grosses dunes de sables, tandis qu'à g. l'œil s'égare dans le profond Sahara. »

406 kil. **El-Abiod-Sidi-Cheikh.** Au milieu d'une légère dépression du sol, dans une plaine qui peut avoir dix lieues de long sur une largeur moindre, et sur le bord de l'*oued-Abiod* ou *oued-R'aris*, s'élève la koubba de Sidi Cheikh, autour de laquelle sont groupés, sur de petites buttes, cinq ksour, deux à l'E. *ksar-ech-chergui* et *ksar-Sidi-Add-er-Rahman*; trois à l'O., *ksar-el-Kebir* ou de *Sidi el-hadj-Ahmed*, *ksar-Oulad-bou-Douaïa* et *ksar-Abi-R'eraba*. La population totale de ces deux koubbas, renfermant cent et quelques maisons, peut être de 2000 âmes.

Le ksar-ech-chergui est le plus grand; sa fondation remonte à l'an 1220 de l'hég. Il n'est pas peuplé en raison de son étendue. Comme tous les autres ksours, il est entouré d'un fossé. La poste est placée au S., à côté d'une plantation de palmiers. Au N. les koubbas de *Sidi bou-Kars*, de *Sidi Mohammed-ben-Abd-Allah*, de *Sidi ben-ed-Din* et de *Sidi Abd-el-Hakem*, tous quatre fils de Sidi Cheikh, sont renfermées dans une enceinte; elles se ressemblent toutes, sauf que celle de Sidi bou-Hafs est plus grande que les autres.

A 200 mèt. au N. de ksar-ech-Chergui s'élèvent le ksar et la koubba de Sidi Abd-er-Rahman. Le ksar ne compte que trois maisons; sa koubba est surmontée d'une grande et de quatre petites coupoles. Le ksar-el-Kebir ou de Sidi el-Hadj-Ahmed et sa mosquée ont été fondés par Sidi Cheik; ksar-oülâd-bou-Daouïa et ksar-Abid-R'eraba sont d'une fondation plus récente. Ksar-Abid-R'eraba est habité par des nègres depuis longtemps attachés à la famille, et qui ont leur part dans les offrandes apportées à la koubba de Sidi Cheikh. M. le le colonel de Colomb dit à ce sujet : « Sidi Cheikh, craignant sans doute que ses enfants, s'il leur confiait les revenus de sa zaouïa, ne les détournassent à leur profit au lieu de les employer en œuvres pieuses et en aumônes, confia l'administration de ses revenus à ses nègres affranchis.... Ces nègres et leurs descendants ont, pendant longtemps, mérité la confiance qu'eut en eux leur saint maître ; mais aujourd'hui, ils font ce qu'auraient fait, 150 ans plus tôt, ses fils et ses petits-fils ; ils prennent pour eux le bien des pauvres et des pèlerins. De beaux chevaux, de riches harnachements, des troupeaux gras et nombreux, attestent que les riches revenus de la zaouïa ne reçoivent plus la sainte destination que leur assigna celui qui sut les créer. Les pauvres, les nombreux pèlerins qui visitent la tombe de Sidi Cheikh et celles de ses descendants, s'aperçoivent que les Abid (esclaves nègres), extrêmement avides pour recueillir leurs dons, mettent trop peu d'empressement à leur offrir l'hospitalité qu'ils leur doivent. Sidi Cheikh, qui fit, durant sa vie et après sa mort, tant de miracles dont l'utilité paraît contestable, devrait bien sortir de sa tombe pour fustiger ces esclaves infidèles et pour remettre ses descendants dans la voie de la vertu qu'il leur avait si bien tracée. »

Il est temps de parler de Sidi Cheikh, qui sut se créer par son savoir, sa justice, son esprit de conciliation, son adresse, une si grande influence que les ksour et les tribus du Sahara de la province d'Oran, des *Harar*, des *Lar'ouat du Ksal*, des *Hamian* et du *djebel-Amour*, sont communément regardés comme faisant partie des Oulad-Sidi-Cheikh.

Sidi Cheikh, qui vivait au XVIIe s., descend de Sidi-Mâmmar, le fondateur des Arbâouat ; il était fils de Sidi Mohammed et de Chefiria, fille de Sidi Ali-bou-Saïd, dont la koubba est à Rassoul. Nous renvoyons aux notices de M. le colonel de Colomb et de M. le docteur Leclerc, les lecteurs curieux des récits légendaires qui racontent pour ainsi dire toute la vie du grand marabout. Nous nous contenterons d'emprunter au docteur L. Leclerc l'histoire à la suite de laquelle Sidi Cheikh, qui s'appelait d'abord Abd-el-Kader, changea de nom. « Un jour une femme de l'Abiod, appuyée sur la margelle d'un puits, y laissa tomber l'enfant qu'elle avait au bras. Dans son désespoir, elle s'écrie : *Abd-el-Kader ! Abd-el-Kader !* Incontinent, notre Abd-el-Kader s'élance à travers la terre, saisit l'enfant au moment où il allait toucher l'eau, et le remet à sa mère. Cependant l'invocation maternelle s'était fait entendre jusqu'à Bar'dad. Du fond de sa tombe, l'autre Abd-el-Kader était accouru fendant les terres et les mers. Quand il arriva, son assistance était inutile. « Pour-
« quoi m'a-t-on appelé ? » demanda-t-il. Abd-el-Kader le Saharien lui expliqua le fait. « Je suis plus grand
« saint que toi, répondit le Djilani,
« et pour qu'à l'avenir on ne nous
« confonde plus, tu cesseras de
« t'appeler Abd-el-Kader, tu t'ap-

« pelleras Sidi Cheikh. » Ce nom resta donc à notre saint homme. »

Sidi Cheikh mourut à Rassoul; sentant sa fin approcher, il recommanda qu'après sa mort on le mît sur sa mule, d'autres disent une chamelle, et qu'on la laissât aller; qu'à la première pause qu'elle ferait, on descendît son corps pour le laver, et qu'on l'enterrât dans l'endroit même de la deuxième pause. La mule s'arrêta une première fois près d'une fontaine appelée depuis Aïn-el-Mer'acil, fontaine des Lotions; la seconde fois elle s'arrêta à El-Abiod, où l'on enterra Sidi Cheikh.

« La koubba de Sidi Cheikh peut avoir en hauteur une dizaine de mèt., dont un tiers pour la grande coupole et les deux autres tiers pour la partie basse ou cubique. Aux quatre coins de la terrasse sont des coupoles plus petites.... Une partie vestibulaire y est attenante du côté du N., haute de moitié, longue du double. A la distance de quelques mèt. règne un mur d'enceinte d'un mèt. d'élévation, relevé en pointe aux angles et au milieu de chacune de ces faces, parallèlement à la terrasse de toutes les koubbas. L'édifice est soigneusement blanchi et dans un parfait état de conservation. On entre par la partie vestibulaire, d'où l'on pénètre à dr. dans la chambre funéraire. Au milieu s'élèvent quatre piliers se raccordant en arcades; dans l'intervalle, au-dessous de la grande coupole est le tombeau de Sidi Cheikh, recouvert d'un catafalque, *tabout*, sur lequel sont tendues de riches étoffes de soie. De beaux tapis couvrent le sol et de petites lucarnes laissent pénétrer une faible lumière. » (Dr L. Leclerc.)

On compte en droite ligne d'El-Abiod-Sidi-Cheikh à Bou-Semr'oun, direction S. O., 40 kil.

Bou-Semr'oun a pris son nom d'*El-Ouali-es-Saleh-Abou-Semr'oun*, enterré dans cet endroit; c'est du moins ce que nous apprend, dans sa relation de voyage du Maroc à la Mekke, le pèlerin Moula-Ahmed (traduction de M. Berbrugger). Le ksar de Bou-Semr'oun est bâti sur la rive gauche de l'oued du même nom. Son enceinte est percée de trois portes : deux à l'ouest et une à l'est; on arrive à celle-ci par un pont en bois de palmier, jeté sur le fossé d'enceinte. « En entrant par la porte de l'est, percée en ogive, on arrive bientôt à une place entourée de bancs en pierre; une rue couverte, également garnie de bancs, vient y aboutir. Au nord se détache de la place une rue, la plus longue et la plus régulière de toutes, mais aussi la plus sale : on pourrait l'appeler : *Via stercoraria*.... Bou-Semr'oun est le ksar le plus infect, le plus malsain, mais aussi le plus industrieux que nous ayons rencontré. La pierre entre en notable proportion dans les constructions. Les maisons ont généralement un rez-de-chaussée et un premier étage. Au rez-de-chaussée sont une sorte de cuisine, des écuries et un tas hideux d'immondices. Le premier étage est habité constamment, à part le moment des fortes chaleurs. Les serrures sont confectionnées en bois et d'une façon aussi ingénieuse qu'originale.... La mosquée de Bou-Semr'oun, située au milieu du ksar, est bien bâtie : elle a un minaret carré terminé par une petite flèche. Dans tous les édifices publics, on se ressent ici du voisinage de Figuig, renommée pour ses maçons.... A côté de Bou-Semr'oun est un cimetière très-étendu.... au milieu des tombes s'élèvent quatre koubbas; la plus considérable en l'honneur de Sidi Ahmed-Tedjini, le marabout d'Aïn-Madi (*V*. p. 148), est plus grande et plus grandiose que le tombeau de Sidi Cheikh à El-Abiod. La porte regarde le ksar; elle est percée en ogive sarrazine. Au-dessus sont deux arcatures ogivales accouplées. Latéralement une double baie à trèfles longuement pédiculés, est percée dans un carré. Les mêmes baies et les mêmes ogives sont reproduites aux trois autres côtés. Au-dessous de la terrasse règne une sorte de frise, d'un demi-mètre de largeur, que partagent des bandes verticales de manière à circonscrire des carrés où se détachent en relief comme des croix de Saint-André, ce qui fait entrevoir à certains visiteurs la main d'un architecte chrétien. Les quatre coins et la partie moyenne sont marqués par des saillies angulaires supportant des œufs d'autruche et descendant au niveau de la frise par une série de 7 ou 8 escaliers. La coupole est taillée à huit pans et a la coupe ogivale.... » (Dr *L. Leclerc*.)

La population de Bou-Semr'oun est de 4 à 500 hab., l'élément berbère y prédomine.

De Bou-Semr'oun à Chellâla-Gueblia, la distance est de 18 kil., direction nord-est. Quand on sort de Bou-Semr'oun on longe, pendant 3 kil. environ, les palmiers de l'oasis, au bout de laquelle sont les ruines du ksar des *Oulad-Moussa*. Il ne reste de la mosquée, le plus beau ou plutôt le seul vrai morceau d'architecture de tous les ksours, qu'un minaret et quelques vestiges de voûtes. Ce minaret est carré et peut avoir de 15 à 20 mètres de hauteur. Sa façade regarde au levant; elle est remplie par une quadruple série d'arcatures ogivales d'un très beau style.

Chellâla-Gueblia, ou Chellâla du midi, est bâtie sur un immense banc de grès d'une puissance de plusieurs mètres; sa forme est celle d'un quadrilatère entouré d'une enceinte relevée par trois tours carrées à sa partie septentrionale. Les rues et les habitations de ce ksar sont tout aussi infectes qu'à Bou-Semr'oun. Près de la place est une modeste mosquée. Chellâla ne contient pas plus d'une centaine d'habitants; ils sont *chorfa* (pluriel de cherif), par le fait de leur ancêtre Abd-er-Rahman, qui vint de l'ouest et fonda le ksar à une époque indéterminée.

Chellâla-Dahrania, ou Chellâla du nord, à 6 kil. nord-ouest de Chellâla-Gueblia, occupe l'angle sud-ouest d'un petit bassin d'une demi-lieue de large, formé par le *djebel-Brahim* au sud, et par le *djebel-Goudjaïa* au nord. Chellâla est bâtie en pierre. Quatre rues principales partent de la place publique. On voit à l'angle nord-est une petite mosquée. Les maisons, plus propres qu'ailleurs, sont généralement à un étage. La population peut être évaluée à 4 ou 500 âmes.

Les jardins de Chellâla sont bien cultivés, des eaux abondantes facilitent leur irrigation; mais on n'y voit pas ou presque pas de palmiers.

Dans le cimetière, placée sur une butte au sud, et dominant le ksar, on remarque la *koubba de Lella Fatma* qu'on dit être la fille de Ben Youssef de Miliana, dont nous avons souvent eu l'occasion de citer les dictons satiriques sur les villes de l'Algérie. Derrière cette butte, et plus au sud, s'élève la *koubba de Sidi Mohammed-ben-Sliman*, père de Sidi Cheikh. Cette koubba est construite comme celle d'El-Abiod ; nous n'en ferons donc pas la description.

El-Asla, à 14 kil. sud-ouest de Chellâla Dahrania, compte 400 hab. ; elle coiffe un monticule rocheux, un clair ruisseau traverse l'oasis parmi les cultures. Sur l'une et l'autre rive s'allongent des jardins plantés de dattiers, de figuiers et de grenadiers. L'oasis n'a pas plus d'un quart de lieue de longueur sur une largeur quatre ou cinq fois moindre.

ROUTE 32.

D'ORAN AUX OULAD-SIDI-CHEIKH,

PAR TIHARET.

606 kil. d'Oran à Brezina. (*V.* les observations page 149.)

226 kil. d'Oran à Tiharet par Mostaganem. (*V.* R. 28.)

De Tiharet à Frenda, direction S. O. C'est entre ces deux points que M. le colonel Bernard a signalé trois édifices que les indigènes appellent *djedar*, et qui se trouvent vers les sources de la Mina ; ils ont 50 à 60 m. de face, et sont construits avec de grandes et belles pierres de taille très-bien travaillées. « Je suis monté, dit M. le colonel Bernard, sur l'un de ces édifices, et j'ai trouvé une entrée formée de deux chambranles en pierre de taille, couronnés d'un linteau monolithe ; l'envoûtement à gradins et l'escalier lui-même sont bâtis également avec des matériaux de grand appareil. Nous n'avons pu descendre que cinq marches, n'ayant aucun outil pour écarter les obstacles qui nous empêchèrent d'aller plus loin.... » Le nom de djedar, donné par les Arabes à ces monuments, n'a rien de spécial : les indigènes l'appliquaient jadis à toutes les villes romaines ruinées ; il ne signifie pas autre chose, dans leur langue, qu'un lieu entouré de murs. On lit dans l'histoire des Berbères d'Ibn Khaldoun, traduite par M. de Slane, le passage suivant qui se rapporte aux djedar : « Ibn-er-Rakik rapporte qu'El-Mansour (étant à la poursuite des Louata, qui avaient participé à la révolte d'Ebn-Yesel, seigneur de Tiharet), rencontra dans cette expédition des monuments anciens auprès des châteaux qui s'élèvent sur les trois montagnes. Ces monuments étaient en pierre de taille, et vus de loin, ils présentaient l'aspect de tombeaux en dos d'âne. Sur une pierre de ces ruines, il découvrit une inscription dont on lui fournit l'interprétation suivante : Je suis Soleiman le serdéghos (stratégos). Les habitants de cette ville s'étant révoltés, le roi m'envoya contre eux, et Dieu m'ayant permis de les vaincre, j'ai fait élever ce monument pour éterniser mon souvenir. » M. le commandant Dastugue a pris plus tard une copie de cette inscription devenue très-fruste, et il l'a communiquée à M. de Slane, qui n'a pu lire que les mots *Salomo* et *stratégos*. Il s'agit ici de Salomon, le général de Justinien, qui aurait alors porté ses armes jusqu'à Takdemt.

272 kil. *Frenda*, poste militaire. Smala de spahis.

304 kil. *Puits de Sidi Abd-er-Raman*.

324 kil. Extrémité E. du *choi-ech-chergui*, *V.* p. 317.

362 kil. *Khreneg-es-souk*, le dé-

[ROUTE 32] D'ORAN AUX OULAD-SIDI-CHEIKH. 327

filé du marché; on a signalé des ruines près de cet endroit.

376 kil. *Koubbab de Sidi Nasseur.* Les Oulad-Sidi-Nasseur, qui comptent 300 tentes, sont marabouts, plus religieux que guerriers; ils cultivent la rive droite de l'oued-Sidi-Nasseur, souvent à sec et parallèle à la route des ksour; ils s'écartent peu des koubbab (pluriel de koubba) où sont enterrés leurs pères, et reviennent les visiter fréquemment. Une fête annuelle, dont les femmes font les honneurs, se célèbre auprès des tombeaux, et les Arabes, passionnés pour tout ce qui est merveilleux, ont conservé jusqu'à nos jours une croyance qui ne contribue pas peu à maintenir la sainteté du marabout. Tout pèlerin voyageur qui arrive près des koubbab de Sidi Nasseur, harassé de faim et de fatigue, n'a qu'à s'endormir sous leur abri tutélaire, en murmurant certaine prière sacramentelle, et, pendant la nuit, des esprits célestes et bienfaisants lui serviront un repas de gourmet, et l'étoile du matin le trouvera, à son réveil, frais, dispos et parfaitement restauré. Serait-ce, par hasard, Sidi Nasseur qui, le premier, aurait fait dire : Qui dort dîne?

De Sidi Nasseur à Géryville, la route suit toujours le lit de la rivière qui coule, quand il y a de l'eau, du S. au N. pour aller se jeter dans le chot. On passe ensuite entre les chaînes du *djebel Khrima*, à d., et du *djebel Kessel*, à g.

420 kil. **Géryville**, et de Géryville à **El Abiod-Sidi-Cheikh**, *V.* R. 31.

433 kil. **Stiten.** Ce ksar est situé dans l'enfoncement formé par l'un des débouchés de *Tenict-Guetarnïa* sur l'*oued-Stiten*, affluent de l'oued-Sidi Nasseur. Il a la forme d'un rectangle de 150 m. environ sur 60, ses maisons sont bâties en pierres sèches, ainsi que la muraille qui l'entoure. Cette ceinture est flanquée de quatre tours informes et a une hauteur de 2 m. 50 c. sur 30 à 40 c. d'épaisseur. Au S. règne un fossé, à l'E. et au N. un escarpement, et à l'O., du côté de la montagne, quelques constructions en forme de kasba, qui semblent placées là pour protéger le ksar. Ce système de défense, qui peut être important pour des Arabes, ne serait pas capable d'arrêter plus de quelques heures une colonne française. Stiten contient environ 200 masures; des ruelles tortueuses les mettent en communication et aboutissent toutes à une rue principale qui partage le ksar de l'E. à l'O. et qui se rattache aux deux portes les plus importantes; une troisième porte est située au S. Les habitants se livrent à la fabrication du goudron, et tissent des étoffes de laine; ils donnent aussi des soins particuliers à leurs jardins, qui bordent le ravin et consistent en de petits champs clôturés, ensemencés d'orge et plantés de nombreux arbres fruitiers et de vignes. Stiten est la station la plus rapprochée, en droite ligne, en venant du Tell : elle est intermédiaire au djebel-Amour, aux Makna, aux Oulad-Sidi-Nasseur, aux Hamïan-Cheraga et aux Harar dont le territoire s'étend jusqu'à son voisinage.

443 kil. *Aïn-Mer'asil.* C'est l'endroit où, selon la légende, la mule ou la chamelle de Sidi Cheikh s'arrêta, pour qu'on lavât le corps du marabout. *V.* p. 324.

471 kil. **R'asoul.** Ce ksar doit son nom à une magnésite ou pierre à savon qui est très-employée par les Arabes. R'asoul est située dans une

position plus forte et bien plus pittoresque que celle de Stiten ; elle est bâtie sur un promontoire qui se détache de la chaîne du *djebel-Riar*, dont les hauts sommets l'abritent du vent du nord. Au pied du ksar coule un petit ruisseau dont toutes les eaux sont employées à arroser des champs de blé et d'orge. Les maisons, au nombre de 100 environ, sont construites en pisé, et semblent, par leur ton uniforme et terreux, avoir été taillées dans le sol lui-même. Au nord, un petit fortin renferme des magasins et protége cette partie plus accessible. Les habitants s'adonnent à la culture du jardinage et des céréales. La fabrication des étoffes de laine occupe ceux qui n'ont pas d'industrie particulière, si ce n'est le commerce des peaux d'une espèce d'antilope (Beggueur el-ouach), produit de leur chasse.

Au S. de R'asoul est située la *Koubba de Sidi Ali-bou-Saïd*. Cet Ali venu de l'O., on ne sait trop à quelle époque, aurait fondé R'asoul. Ses descendants, mêlés à des Beni-Zer'oual et à des Lar'ouat, existent encore. « Les habitants, dit M. de Colombe, prétendent qu'un des miracles d'Ali-Bou-Saïd les préserva des Zegdou (tribu marocaine) ; ces terribles ennemis avaient entouré le ksar, et n'attendaient, pour le prendre et le piller, que le lever du soleil, lorsqu'une colonne de feu sortit du tombeau du marabout, courut dans le camp des Zegdou, brûla leurs bagages et leurs vêtements jusqu'à la peau, et les mit en fuite. » Voilà une légende qui ressemble un peu à celle de Sidi Mâmmar ; mais on a pu voir déjà que les Arabes ne se faisaient pas faute du *bis repetita placent*.

Après avoir quitté R'asoul, la route devient très-pittoresque, et traverse le pays le plus tourmenté et le plus haché qu'il soit possible de voir : d'abord par *Khreneg-el-Temeur*, le défilé des Dattes, ainsi nommé parce qu'une caravane revenant du Gourara, chargée de dattes, s'y étant engagée par la pluie, ses chameaux glissèrent sur les dalles qui le pavent, s'abattirent, et on fut obligé de les décharger. C'est un passage extrêmement difficile et très-étroit. La route passe ensuite, quand l'*oued-Seggueur* est à sec, dans le *Khreneg-el-Arouïa*, coupure étroite dans le rocher, dont les parois polies par l'action des eaux s'élèvent à pic à près de 50 m. Nos soldats, frappés de l'étrangeté de cette ouverture qui, d'une contrée montagneuse et tourmentée, les faisait tout à coup entrer dans les plaines sahariennes, lui donnèrent le nom qui lui convient le mieux : Porte du Désert. Les Arabes l'appellent *Khreneg-el-Arouïa*, parce qu'une arouia, femelle de l'aroui, la franchit d'un bond désespéré pour échapper aux chasseurs qui la poursuivaient. Une coupure semblable sur laquelle les Romains ont jeté un pont d'une seule arche, et qui donne entrée dans le Sahara de la province de Constantine, en avant d'el-Kantra (le pont), s'appelle *Foum-Sahara*; la bouche du Sahara.

506 kil. **Brezina**. Ce ksar est bâti en pisé, comme celui de R'asoul, et renferme une cinquantaine de masures dans une enceinte assez irrégulière et munie d'un petit fossé. Il est situé à l'extrémité de l'oasis que protégent des autres côtés trois forts à tours crénelées : le principal de ces forts est le Bordj-Sidi-Kad-

dour. Douze ou quinze mille palmiers, dont les dattes ne mûrissent qu'à moitié, si l'on excepte les dattes précoces, *el ferrana*, qui sont excellentes, ombragent de nombreux jardins, séparés par de petits murs de clôture en pisé, et plantés d'arbres fruitiers de toutes espèces. Des puits à bascule, abondants, peu profonds, fournissent une eau excellente. Les irrigations sont facilitées au moyen de petits réservoirs où l'on élève l'eau pour la distribuer ensuite dans des rigoles. Brezina est le point d'arrivée et de départ des caravanes qui vont dans les oasis des Beni-Mzab. Elle est située à 60 kil., en ligne droite, au N. E. d'El-Abiod-Sidi-Cheikh.

Un Arabe de Brezina, lors de l'expédition du colonel Géry, en avril et mai 1845, aux Oulad-Sidi-Cheikh, a donné l'exemple d'un dévouement sublime, dont la colonne expéditionnaire tout entière fut témoin.

Brezina, vierge encore du contact de l'étranger, se reposait à l'ombre de ses palmiers, confiante dans la protection de Dieu et de son infranchissable barrière, quand tout à coup la nouvelle de l'arrivée des *enfants de la puissance*, c'est ainsi qu'on a surnommé nos soldats dans le désert, vint jeter la terreur au milieu de ses paisibles habitants. Chacun veut fuir et emporter ce qu'il a de plus précieux; mais le temps presse; déjà s'élève et grandit à l'horizon le nuage de poussière soulevé par l'armée ennemie.

Au milieu de l'épouvante générale, un homme s'offre pour se dévouer au salut de ses compatriotes. Il sort de la ville, et s'avance au-devant de la petite armée française. Admis en la présence du chef, il se présente comme un humble *regab*, émissaire; il parle des bonnes dispositions de ses frères, qui n'attendent que l'arrivée des troupes pour faire leur soumission; puis il offre de guider la colonne dans les défilés inextricables d'El-Arouïa. On accepte ses services, et sans craindre la mort certaine qui le menace, il entraîne toute la colonne dans une direction opposée. Le regab expie sa trahison; mais, heureux du succès de son dévouement, il meurt en répétant : « Ils n'arriveront pas aujourd'hui, et mes frères auront le temps de mettre leur vie, leur fortune en sûreté. » Il était trop tard, en effet; quand la colonne atteignit Brezina, le lendemain, 30 avril, la ville était déserte.

Tous les ksours que l'on vient de parcourir constituent un des groupes qui subissent, on l'a déjà dit, l'influence des Oulad-Sidi-Cheikh et sont regardés comme en faisant partie; cependant Stiten appartient aux *Harar;* R'asoul et Brezina, aux *Lar'ouat du Kessal*.

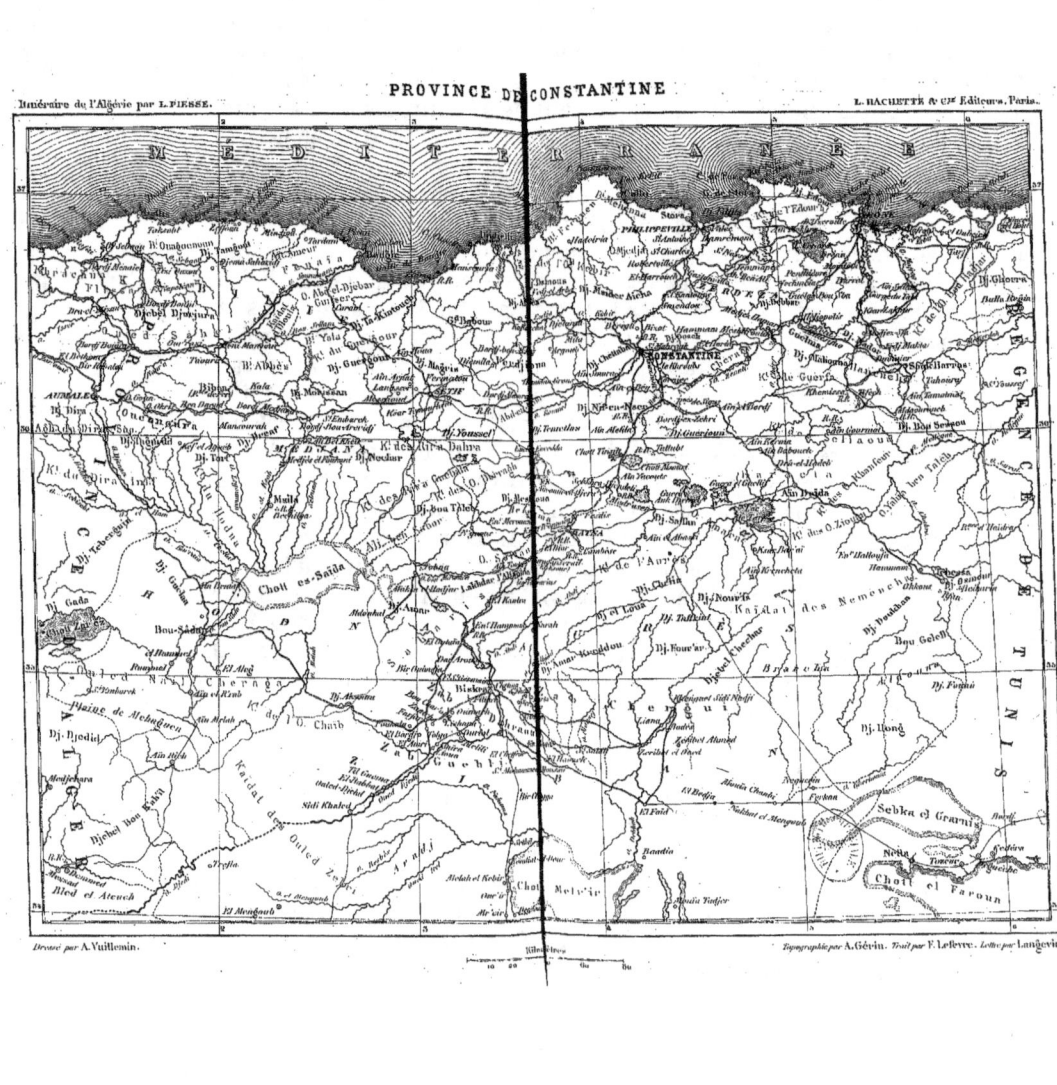

TROISIÈME SECTION.

PROVINCE DE CONSTANTINE.

ROUTE 33.

D'ALGER A CONSTANTINE,

PAR MER.

458 kil. — 1° 375 kil. d'Alger à Philippeville. Service de bateaux à vapeur de l'État. Départ d'Alger les 3, 13 et 23 de chaque mois. Les bulletins de passage sont délivrés à l'administration des postes rue Bab-Azzoun. (Pour les autres renseignements, *V.* l'introduction.) — 2° 83 kil. de Philippeville à Constantine. Service de diligences.

Le bateau à vapeur se dirige d'abord sur le *cap Matifou* et mieux *Tementfous*. Pendant la première heure de traversée, on a le splendide panorama de la baie d'Alger. Nous avons décrit plus haut Moustafa et ses villas, le jardin d'essai, Koubba, Husseïn-dey, la coupure de l'Harrach, la Maison-Carrée, le fort de l'Eau, Rusgunia et Matifou (voir p. 75 à 83).

Quand on a dépassé le cap Matifou, on voit à l'E., à un quart de mille au plus, un groupe de petits rochers dont le plus remarquable, appelé *Sandja*, peut avoir 8 à 9 mèt. d'élévation. Il y a des jours où le mirage le fait paraître très-

grand. A deux milles plus à l'E., on rencontre d'autres rochers appartenant à une localité que les Arabes nomment *Mersa Toumlilin*; c'est là que le *Sphinx*, un des deux bateaux à vapeur qui firent partie de l'expédition d'Alger en 1830, vint se briser par une nuit brumeuse, en juillet 1845, à son retour de Bône. Plus loin encore, on trouve un autre groupe rocailleux appelé *Aguelli*; les bateaux qui faisaient le cabotage d'Alger à Dellis et au cap Tedlès, venaient souvent se mettre à l'abri entre ce groupe et la côte.

Entre le cap Matifou et le cap Bengut, des terres basses et uniformes dessinent le cordon de la côte, en se courbant vers le milieu, et lorsque l'on passe à 10 ou 12 milles au large, ce qui est le cas le plus ordinaire, ces terres paraissent former un enfoncement très-profond; cette illusion est causée par la présence des montagnes qui se trouvent au delà de la Mitidja.

On appelle *cap Bengut* toutes ces hautes terres qui sont de 24 à 33 milles à l'E. N. E. du cap Matifou. Lorsqu'on le voit en face, c'est-à-dire au S., on distingue trois montagnes principales; celle du milieu, qui est la plus élevée, 600 mèt., s'appelle *Bouberak*, du nom de l'*oued-Bouberak* qui coule à son pied du côté E. Les deux autres montagnes ont reçu les noms de *Dellis* et de *Djinet*. A l'O. de Djinet, on remarque la petite anse ou *Mers-ed-Djadje*, le port des poules ; plus au S., l'*Isser*, le Serbetis de Ptolémée, termine son cours à travers des terres basses et boisées.

De la *pointe Djinet* à la pointe de Dellîs, la côte est droite et presque entièrement occupée par des plages ; l'oued-Bouberak et l'*oued-Sebdou* y débouchent par deux grandes vallées, à travers lesquelles on aperçoit dans l'intérieur des espaces immenses couverts de belles cultures. Un peu avant Dellîs commencent les roches qui bordent le pied des montagnes et qui ne sont interrompues que par des bandes de sables fort étroites.

La *pointe de Dellîs* ou cap Bengut, que les indigènes appellent *Ras-el-Tarf*, le cap taillé, et *Ras-el-Hout*, le cap des poissons, est longue, étroite ; elle s'avance comme un môle pour protéger le mouillage de la petite ville contre la mer et les vents d'O. Les coteaux voisins de la mer sont remarquables par la manière et les soins avec lesquels ils sont cultivés : c'est une suite de jardins d'un aspect agréable. Lorsqu'on double la pointe de Dellîs, on aperçoit dans l'intérieur des terres, vers le S. S. E., une montagne isolée nommée *Djebel-Beni-Sliman* ; son sommet, couronné par une excavation intérieure, semblable au cratère d'un volcan, est facile à reconnaître.

90 kil. **Dellîs**, (*V*. p. 172).

A partir de Dellîs, la côte va presque toujours dans une direction E., sans sinuosités remarquables ; il faut en être bien près pour suivre quelques légers enfoncements ou reconnaître des pointes qui disparaissent pour peu qu'on les voie de face. Il y en a cependant une qui s'avance un peu plus que les autres ; c'est le *cap Tedlès* formé par un petit mamelon et défendu du côté de la mer par des roches nues et fortement inclinées ; il est peu élevé et le paraît d'autant moins que les terres des environs sont hautes ; sur son sommet, il y a un village kabile nommé *Sidi Khraled*. C'est entre ce point et Dellîs, sur le territoire des *Chorfa*, fraction des *Beni-Ouaguenoun*, que sont situées les ruines de *Taksebt* et de *Tagzirt* (Iomnium?). Le cap Tedlès est facile à reconnaître par les cultures nombreuses qui l'entourent ; toutes les collines qui s'élèvent en amphithéâtre derrière lui sont entièrement défrichées ; aussi voit-on dans quelques endroits des groupes de maisons couvertes en tuiles, et constituant les villages kabiles. Dans la partie la plus élevée des montagnes situées au S. du cap Tedlès, on remarque un bouquet d'arbres près duquel les kabiles se réunissent pour tenir un marché ; cet endroit, connu sous le nom de *Beni-Abd-Allah*, est à 920 mèt. au-dessus du niveau de la mer.

En continuant à s'avancer vers l'E., la terre la plus saillante que l'on rencontre est le *cap Corbelin*, assez élevé, d'une couleur roussâtre, et facile à reconnaître par les bandes inclinées que forment les différentes couches de roches dont il est composé. A l'O. de ce cap on trouve une petite baie et un mouillage pour les vents d'E. appelé *Mers el-Fahm*, le port au charbon, parce que c'était là que les barques et les sandals venaient chercher le charbon de bois qu'ils transportaient à Alger. C'est sur le flanc du cap Corbelin qu'est assis le village de *Zeffoun*, au milieu des ruines romaines de *Rusazus?* Au S. du cap, est le *djebel-Tamgout*, élevé de 1300 mèt.; il domine tout le premier plan des terres hautes dont la côte est bordée depuis Dellîs; il s'aperçoit de loin et conserve presque toujours sa forme à peu près conique; ses environs, ainsi que toutes les hauteurs qui avoisinent Mers-el-Fahm, sont bien cultivés.

Après les terres du cap Corbelin qui se prolongent encore à l'E. S. E., en s'élevant progressivement dans un espace de 4 milles, on arrive à un petit enfoncement qui paraît d'abord et où l'on s'attend à trouver un excellent abri; mais cette illusion est causée par une profonde et belle vallée qui vient aboutir à cet endroit et où l'on se figure que la mer pénètre. Là commence une longue plage de sables derrière laquelle est un terrain plat. Les montagnes élevées sont loin dans l'intérieur. Cette plage se termine à l'E., par des falaises basses et pierreuses qui conduisent à une petite montagne conique, remarquable par les cultures dont elle est couverte depuis la mer jusqu'à son sommet. De là au cap Sigli, on aperçoit aussi des terres cultivées, on découvre une autre montagne conique voisine de la mer, semblable à la précédente, mais peu élevée; viennent ensuite des falaises noires et basses bordant la côte.

Le *cap Sigli* est formé par des terres de moyenne hauteur. Qu'on vienne de l'E. ou de l'O., il paraît s'avancer beaucoup en mer; son sommet est remarquable par des blocs de rochers disposés d'une manière bizarre et qui ressemblent beaucoup à des ruines; c'est par une pente assez douce qu'on peut descendre jusqu'à son pied qui est environné d'une multitude de petits rochers de formes très-irrégulières, mais qui ne sont pas écartés vers le large. On y voit un îlot d'une couleur rousse, diversement haché en tout sens, à peine séparé de la côte et tout à fait aride.

Du cap Sigli au cap Carbon la côte suit à peu près la direction de l'E. S. E. Les terres sont d'abord hautes et diminuent peu à peu jusqu'auprès du Gouraïa; elles sont en général assises sur des couches de roches qui les défendent de la fureur de la mer et parmi lesquelles on voit cependant des intervalles où il y a du sable.

A peu de distance à l'E. du cap Sigli, il y a une petite crique qui peut servir d'abri aux bateaux caboteurs et dans laquelle vient se jeter l'*oued-Flidoun*, ruisseau qui prend sa source, non loin de là, chez les *Aït-Ameur*. A cinq milles plus loin est une pointe qui s'avance un peu plus que le reste de la côte; elle paraît saillante à cause de l'enfoncement brusque qu'on trouve après elle, et cet enfoncement lui-même semble encore agrandi par les ravins qui viennent y aboutir. Entre cette plage et l'île Pisan, on rencontre, à un demi-mille de terre, une petite roche qui est presque à fleur d'eau.

L'*île Pisan* ou de *Djeribia*, l'île de Djouba d'el-Bekri, est un rocher de 510 mèt. de longueur; son sommet tronqué et incliné vers l'O., a environ 50 mèt. d'élévation; ses flancs sont garnis de quelque végétation surtout vers le Sud. M. L. Féraud, interprète de l'armée, raconte, dans une très-intéressante monographie de Bougie, une curieuse légende à propos de l'île Pisan. « Moula-en-Naceur, le fondateur de Bougie, emmena un jour dans une promenade au milieu du golfe, Sidi Mohammed-el-Touati, un saint personnage qui vivait dans l'ascétisme le plus absolu. « Admire, lui dit-il, « les progrès de mon entreprise et la « splendeur dont brille aujourd'hui « Bougie.... » Sidi-Touati blâma son ambition et sa passion aveugle pour le luxe et la manie des créations. « Tu oublies, disait-il, l'instabilité « des choses humaines ; apprends « donc que les monuments que tu « t'obstines à élever à grands frais « tomberont en ruines, seront ré- « duits en poussière ; et la renom- « mée que tu espères fonder sur leur « durée, s'écroulera comme eux « avant le temps. » Moula-en-Naceur paraissant sourd à toute exhortation, le marabout ôte son burnous, le déploie devant le sultan, lui cachant ainsi la vue de Bougie. A travers ce rideau improvisé et devenu transparent, En-Naceur aperçut Bougie des temps modernes, ruinée et presque inhabitée. En-Naceur, vivement impressionné et comme frappé d'aliénation mentale, renonça aux honneurs, abdiqua en faveur de son fils Moula-el-Aziz, et, à quelque temps de là, disparut une nuit. On fit pendant quatre ans les recherches les plus minutieuses pour découvrir sa retraite. Enfin une barque de pêcheurs aborda un jour, par hasard, l'îlot de Djeribia (l'île Pisan), au N. de Gouraïa. Les marins bougiotes trouvèrent sur ce rocher un anachorète presque nu et réduit à un état prodigieux de maigreur : c'était Moula-en-Naceur.

Comment avait-il vécu pendant quatre ans sur ce roc aride et solitaire? C'est ce que la légende explique en ajoutant que chaque fois qu'En-Naceur plongeait la main dans la mer, un poisson venait s'attacher à chacun de ses doigts. Moula-el-Aziz et tous les grands de son empire se rendirent à l'îlot de Djeribia pour ramener le sultan fugitif. En-Naceur, inébranlable dans sa résolution, persista dans son isolement et mourut enfin sur son rocher. »

A un mille et demi de l'île Pisan est une pointe terminée par un mamelon arrondi ; puis vient une plage ; et, après elle, la côte s'élève et présente à la mer une muraille perpendiculaire de grands rochers qui règnent, sans être interrompus, jusqu'au cap Carbon et même dans la baie de Bougie. Au commencement et à peu de distance du rivage on remarque dans ces rochers plusieurs cavernes très-grandes, qui sont très-visibles lorsque l'on côtoie à la distance de 3 milles.

Le *cap Carbon* est formé par la partie N. E. d'une grande masse de rochers presque nus et d'un rouge fauve, dont le sommet, surmonté de la koubba de Lella-Gouraïa, s'élève à 700 mèt. au-dessus du niveau de la mer. Dans certaines positions, S. E. 1/4 E. et au N. O. 1/4 O., il paraît comme un pain de sucre qui n'est joint à la terre principale que par un col moins élevé et plus étroit que lui. Cette partie extrême du cap est perforée de part en part dans une direction N. et S., et pour cette raison a été appelée *Metskoub*, pierre percée. La mer y pénètre en y conservant une certaine profondeur, puisque des barques du pays passent au travers. Mais la mer n'aurait pas toujours baigné cette percée dont la tradition a fait la retraite du fameux Raymond Lulle, quand il vint en Afrique au XIII⁰ s., pour convertir les musulmans au catholicisme. A Bône, d'abord, où il ne fit point de prosélytes, on respecta du moins sa vieillesse; mais il n'en fut pas de même à Bougie où il fut lapidé; des Génois l'ayant recueilli pendant la nuit l'emportèrent sur leur vaisseau, et Raymond Lulle put vivre assez longtemps encore pour expirer en vue de l'île Majorque, sa patrie.

A partir du cap Carbon la côte tourne au S. jusqu'à la pointe écartée sur laquelle un phare a remplacé l'ancienne koubba de *Sidi el-Mlih* et une batterie de 4 canons. Cette pointe s'appelle le *cap Bouak*, parce qu'un garde, chargé de signaler les navires paraissant à l'horizon, sonnait, lorsqu'une voile était aperçue, d'un instrument nommé *bouk*, d'où est venu le nom de bouak, le sonneur de bouk. La côte forme ensuite une baie dans laquelle est bâtie Bougie et où l'on trouve un bon mouillage et un excellent abri pour toutes les saisons, particulièrement contre les vents du N. au N. O. et à l'O. Le mouillage qui présente le plus de sécurité est celui de l'anse de *Sidi Yahia*, mais elle ne peut contenir qu'une quinzaine de navires.

210 kil. **Bougie** (*V*. R. 37).

De Bougie, la côte s'incline régulièrement vers le S. et remonte ensuite avec une espèce de symétrie jusqu'au cap Cavallo. La première partie de cette grande courbe au commencement de laquelle l'oued-Sahel ou Bou-Messaoud se jette au bas de Bougie, est occupée par des plages d'une largeur remarquable, indice presque certain qu'elles sont souvent tourmentées par la mer. La seconde partie est rocailleuse, entrecoupée de quelques plages, plus dentelée que la première; on y remarque deux pointes, voisines l'une de l'autre, formées par des terres assez élevées et dont les mamelons arrondis ressemblent de loin à deux îles. On voit derrière elles, vers l'intérieur, des montagnes escarpées couronnées de rochers arides, et plus loin le *djebel Babour*. Un peu plus à l'E. de ces deux pointes, à égale distance de Bougie et de Djidjelli, 45 kil. environ, et à l'endroit dit *Ziama*, on trouve sur un petit promontoire élevé de 10 à 15 mèt. au-dessus de l'embouchure de l'*oued-Djermouna* des ruines romaines assez remarquables signalées dès le mois de juin 1851, lors d'une expédition en Kabilie, par le général de Saint-Arnaud, et plus récemment, en 1856, par M. Pelletier, inspecteur des bâtiments civils à Bougie. Ces ruines consistent principalement en une enceinte flanquée de demi-tourelles et encadrant une ville qui pouvait avoir une superficie de 16 hectares, en pierres de taille, en colonnes encore debout, en chapiteaux corinthiens et en débris d'un édifice qui sert aujourd'hui d'étable. Au nombre des inscriptions recueillies par M. Pelletier à Ziama, il en est une digne de fixer l'attention, parce qu'elle donne le nom du municipe romain qui est celui de *Choba*.

IMP. CAES. L. SEPTIMIO PIO
PERTINACE (sic) AVG.
BALNAE MVNICIPVM.
MVNICIPII AELII CHOBAE P. P. FACTAE
DEDICANTIBVS FABIO M. FIL. QVIR
VICTORE M. AEM FIL. ARN. HONO
RATO II VIRIS. A. P. CLVII.

M. Berbrugger traduit ainsi : « A l'empereur César Lucius Septimius Severus, pieux, surnommé Pertinax, Auguste. Bains des citoyens libres du municipe d'Ælius Choba, construits aux frais du public et dédiés par Fabius, fils de Marcus, de la tribu Quirina, surnommé Victor; et par Marcus, fils d'Æmilius, de la tribu Arnienne, surnommé Honoratus, tous deux duumvirs, en l'an de la province 157. »

« La date qui termine cette inscription, continue M. Berbrugger, répond à l'année 197-198 de J. C. C'est l'époque où Septime-Sévère, débarrassé de ses rivaux Pescennius Niger et Albin, restait seul maître de l'empire. Le moment du triomphe est naturellement celui des hommages; et les citoyens libres de Choba n'auront pas voulu laisser échapper cette occasion de saluer le soleil levant. »

En continuant de suivre la côte, ce que ne fait pas le bateau à vapeur qui coupe droit de Bougie au cap Cavallo, on arrive à l'île de Mansouria située très-près de terre, de manière à offrir un bon abri pour les navires ordinaires de commerce; l'île est peu élevée et communique à la terre ferme par une chaîne de roches hors de l'eau. Les montagnes des environs sont élevées et forment un gros massif sur lequel cette île est toujours projetée, ce qui est cause qu'on la distingue difficilement.

Le *cap Cavallo* est une terre assez élevée qui s'avance vers le N. N. O., en diminuant progressivement de hauteur et formant une pointe aiguë. Quand on le voit de près, il présente un profil accidenté. A l'E. de ce cap il y a plusieurs petites îles, îlots ou rochers; l'une d'elles, très-remarquable par sa forme conique, est connue sous le nom de *Zirt-el-Heil*. Des petits bâtiments peuvent mouiller au S. de Zirt-el-Heil. Les terres qui avoisinent cette baie sont bien cultivées; les hauteurs sont couronnées par de beaux bois. Toute la vallée située à l'E. du cap Cavallo se présente en général sous un aspect des plus riants.

Entre le cap Cavallo et Djidjelli, on rencontre une roche isolée, d'un rouge de feu, que les Arabes ont appelée pour cette raison *El-Afia*. De cette roche à Djidjelli, il n'y a à signaler que les deux petites criques où les bateaux du pays viennent quelquefois chercher un abri. La côte est formée ensuite par un cordon de roches basses et uniformément placées comme les pierres d'un quai; c'est sur l'une d'elles qu'apparaît d'abord, quand on vient d'Alger, le phare de Djidjelli. La ville profile ensuite sa silhouette dont le quartier arabe, un palmier, le quartier neuf, une koubba et une petite citadelle forment les principaux contours.

280 kil. **Djidjelli**, *V*. R. 38.

De Djidjelli au cap Bougiarone, la côte suit à peu près l'E. N. E., presque en ligne droite; elle est formée en grande partie par des plages et par quelques falaises. D'abord les terres qui avoisinent la mer sont basses; elles se font remarquer par la manière dont elles sont cultivées et par une assez belle végétation. On rencontre ensuite une montagne isolée qui se termine à la mer par des falaises; elle a 980 mèt. de haut, et son isolement la fait paraître très-élevée; dans plusieurs directions, on voit son sommet divisé en deux parties. Après la pointe qui suit cette montagne commence une plage d'une grande étendue située vis-à-vis une vallée profonde par laquelle débouche l'*oued-el-Kebir*, l'*Ampsaga* des anciens. L'oued-el-Kebir, formée au-dessous de Constantine par la réunion de l'oued-Roumel et de l'oued-Bou-Meurzoug, se jette dans la mer près des ruines de *Tucca*, après un parcours N. O. de 130 kilomètres, dans des pays fertiles et boisés. Immédiatement après l'oued-el-Kebir, les terres sont élevées et escarpées du côté de la mer. Il y a des criques tellement cachées par les coupes abruptes des rochers, qu'il est très-difficile de les y découvrir.

A l'E. de ces pointes rocailleuses, on trouve encore une assez grande plage; la côte se courbe vers le N. et forme une baie nommé *Mers-el-Zitoun*, le port des olives, dont l'importance commerciale était autrefois très-grande. « Les marchands de la Méditerranée, dit M. Élie de la Primaudaie, qui allaient au Port-des-Olives, vendre pour de l'huile, des draps, des toiles et d'autres objets manufacturés, retiraient de ce commerce d'échange de grands avantages; mais cette huile mal travaillée, d'un goût très-âcre, d'une odeur insupportable, ne pouvait être employée que pour la fabrication des savons. Au commencement du xviie s., les huiles de la Kabilie approvisionnaient en grande partie les savonneries de Marseille. » Est-ce à Mers-el-Zitoun qu'il faut chercher les *Paccianæ-Matidiæ* de l'itinéraire d'Antonin et de la table de Peutinger? Dans le milieu de la baie de Mers-el-Zitoun, on voit vers l'intérieur une vallée étroite où coule l'*oued-Zhour*, la rivière fleurie. Après Mers-el-Zitoun se trouve le premier des sept caps dont est composé le *cap Bougiarone*, le Tritum des anciens, le *djebel-et-Rhamon* d'Edrissi, le *djebel-Goufi* et le *Seba-Rous* des Arabes d'aujourd'hui, à cause des sept caps dont les crêtes nombreuses s'étendent de Mers-el-Zitoun à Collo; quant à ce nom de Bougiarone donné par les Italiens et les Génois qui fréquentaient autrefois cette côte pour la pêche du corail, il dérive de *Bugiare* qui signifie trouer; cette explication, dit M. de la Primaudaie, concorde parfaitement avec le mot grec Treton, Τρητόν, dont la signification est la même. Le cap Bougiarone est le point le plus au N. de toute la côte de l'Algérie, il est formé par une grande masse de terres, qui occupe une étendue de plus de 16 milles à l'E. et à l'O. et dont le sommet le plus élevé a 1100 mèt., et se trouve à peu près au centre. Sa surface est en général très-accidentée; elle est couverte d'un nombre infini de mamelons, entre lesquels on remarque de grands espaces défrichés et des habitations. Tout le contour de la partie de l'O. et du N.-O. a une forme arrondie. Il est bordé de grandes masses de rochers qui le défendent de la mer; on trouve de grandes profondeurs d'eau dans les environs: c'est dans cette partie que viennent pêcher les corailleurs. Au N. et à l'E., le terrain qui touche à la mer est moins élevé, il est bordé de falaises et découpé par des baies profondes où viennent se réfugier les corailleurs.

Quand on a contourné les pointes de *Ras-el-Kebir*, de *Bou-Sebaou* et d'El-Djerda, on arrive dans la baie de Collo, qui offre un abri contre les vents du N. O. à l'O.

335 kil. Collo, 300 indigènes et quelques Européens, est située par 4° 25' de longitude E. et 37° 2' de latitude N., sur une des anfractuosités que forme à sa base le flanc oriental du massif élevé du djebel-Goufi (Seba-Rous).

Histoire. Des ruines anciennes, des fragments d'inscriptions et quelques médailles, trouvés dans la ville même ou aux environs, ne laissent aucun doute sur l'origine romaine de Collo, le *Kollops magnus* de Ptolémée, le *Chullu* de la table de Peutinger, le *Chulli municipium* de l'itinéraire d'Antonin, la *Minervia Chullu*. Morcelli, dans son *Africa Christiana*, cite un évêque de Collo. Plus tard, au moyen âge, les géographes arabes mentionnent le Mersa-el-Collo, l'*Ancollo* des cartographes européens. En l'an 1282 (681 de l'hég.), le roi Pierre d'Aragon se trouvait avec sa flotte à Collo où il s'était rendu sur l'invitation d'Abou-Bekr-Ibn-Ouizir, afin de faire la guerre à l'émir Abou-Ishac le Hafside, quand il apprit la nouvelle des vêpres siciliennes. Il partit aussitôt pour Palerme où il se fit couronner roi de Sicile. En l'an 1520 (927 de l'hég.), Kheir-ed-Din s'empara de Collo; cet événement amena la soumission de Constantine. C'est à Collo, en 1711 (1123 de l'hég.), que Charkan-Ibrahim, désigné pour remplacer à Alger le pacha Ali, est forcé de relâcher par la tempête, et il y meurt; voir p. 234. Collo est enfin occupé le 11 avril 1843 par le général Baraguey-d'Hilliers. Telle est la sèche nomenclature des événements historiques que nous avons pu recueillir sur Collo, beaucoup plus connue par ses annales commerciales.

Collo, renommée au temps des Romains comme ville manufacturière, possédait surtout, au dire de Solin, des ouvriers qui excellaient à teindre les étoffes en pourpre. Les Pisans et les Génois venaient au moyen âge échanger leurs draps et leurs métaux contre de la cire, des cuirs et des céréales. Des négociants français fréquentaient déjà dans les dernières années du XVIe s. cette ville qui devenait de 1604 à 1685 une des échelles les plus importantes de la Compagnie d'Afrique. L'ancien établissement du *Bastion*, qui entretenait un agent à Collo, en tirait annuellement 400 quintaux métriques de cire, des céréales, du miel, de l'huile, du corail, du suif, un peu de coton et 130 à 150 000 peaux non tannées. Les relations commerciales des Français avec Collo furent souvent interrompues et durent naturellement être subordonnées aux relations de nos établissements de la Cale et du Bastion avec les États barbaresques; toujours est-il qu'elles vont en diminuant et deviennent nulles de nos jours. L'occupation française, en créant Philippeville, attirait sur ce point la plus grande partie des échanges qui se faisaient jusqu'alors à Collo, le principal port de Constantine. Un marché arabe se tient tous les vendredis à Collo, il est peu important, et c'est aujourd'hui tout ce qui reste des splendeurs du commerce de Collo, du XIIIe au XVII siècle.

Description. Une mosquée recouverte en tuiles, et flanquée d'un minaret carré à l'E., a été construite près de la plage, en 1756-57 (1170 de l'hég.), par Ahmed-Bey, grand-

[ROUTE 33] D'ALGER A CONSTANTINE. 339

père d'El-Hadj-Ahmed, dernier bey de Constantine. Derrière cette mosquée, et sur l'emplacement d'un ancien bordj turc, s'élèvent deux grands pavillons dans lesquels sont installés les différents services militaires de la ville naissante. A droite et à gauche de la mosquée et de ces deux pavillons, au milieu de jardins où dominent les oliviers et les cactus, des maisons blanchies à la chaux et couvertes de tuiles, voilà Collo. Quant à son port, où mouillaient autrefois les galères romaines, il est très-bon, les navires peuvent s'y réfugier contre les vents d'O., dont il est garanti par la pointe d'El-Djerda; mais son peu d'étendue ne lui permet pas de recevoir un grand nombre de bâtiments.

Les environs de Collo, tels qu'on peut les voir du bateau à vapeur, présentent le tableau le plus varié et le plus pittoresque. Au S., c'est une plaine d'une belle étendue, couverte d'une riche végétation au milieu de laquelle s'élève une montagne conique toute boisée, que les habitants de Collo ont appelée *Roumadia*, la Charbonnière, et qui, du large, paraît comme une île au fond du golfe; l'*oued-Guebli*, prenant sa source au S. E., chez les *Ouled-Mjedja*, traverse cette vallée et vient se jeter à la mer dans l'E. de la baie. A droite et à gauche, de grandes masses s'élèvent graduellement; toutes les collines sont couronnées de bois.

La partie occidentale de la baie de Collo se termine par un terrain de moyenne hauteur qui porte le nom de *Ras-Fraou*. A l'E. de ce cap, la côte, vers le large, a ses flancs garnis de roches, excepté dans quelques sinuosités où l'on voit du sable. Après le *Ras-Rebeltefa*, on rencontre l'*île de Collo* qui, à cause de sa masse et de son étendue, offre un abri aux barques ou sandals. L'île de Collo a environ 60 mèt. de hauteur; son sommet est arrondi et de couleur roussâtre; elle est habitée par un grand nombre d'oiseaux d'espèces différentes, des milans, des éperviers ayant leurs nids à côté de ceux des goëlands, des hirondelles de mer, des pétrels et même des pigeons. Cet assemblage se présente plusieurs fois sur les rochers et les îlots qui bordent la côte de l'Algérie.

De là au *cap Bibi*, il y a une baie assez profonde garnie d'une plage; un demi-mille avant d'y arriver, on rencontre un rocher conique moins élevé que l'île Collo. Le cap ou Ras-Bibi s'avance en pointe étroite et se reconnaît aux divers mamelons qui le composent et à l'îlot dont nous venons de parler. La pointe que l'on rencontre ensuite s'appelle *Tzour-Ahmed-Djerbi*; elle est soutenue par de grandes roches.

L'*îlot d'Asrah* est un rocher pyramidal entièrement nu et détaché de la côte; on le reconnaît en venant du N. O. et de l'E.; il disparaît dans la plupart des autres positions, étant projeté sur des terres de même couleur. La côte, en cet endroit, tourne rapidement au S. et forme une baie ouverte au fond de laquelle est une plage, et, vers l'intérieur, une vallée assez profonde couverte de bois.

A l'E. de la plage, ce sont de grands escarpements de rochers, des masses arrondies qui forment les sinuosités de la côte. L'*île Srigina*, qui est éloignée de celle-ci de moins d'un demi-mille, est un rocher couronné par un des phares de Stora. Le bateau à vapeur passe entre cette île et un gros cap après lequel la côte tourne au S., en conservant le même aspect ; quelques ravins profonds divisent ces masses de terrains, en leur donnant, auprès de Stora, des formes de pyramides assez remarquables.

370 kil. **Stora**. *Canots* : en été 30 c. par personne et par colis au-dessous de 15 kilog.; en hiver, le jour 50 c., la nuit 75 c. — *Voitures*, pour Philippeville : en été 75 c., par personne et par colis; en hiver, le jour 1 fr., la nuit 1 fr. 50 c.; les voyageurs qui aiment mieux faire le trajet à pied, trouvent à Stora des commissionnaires avec des chariots ou des charrettes à bras; les prix sont débattus.

Stora, joli village de 600 h., a été annexée à la commune de Philippeville, le 31 janvier 1848: adossée à une montagne à pic, elle est dominée par une église qui se détache sur le fond des chênes-lièges. Ce petit monument, qui s'offre tout d'abord à la vue, est la chose la plus baroque que l'on puisse imaginer; sa façade présente l'ensemble d'une pyramide dont les arêtes se relèvent verticalement pour former le clocher; une porte cintrée surmontée d'un œil-de-bœuf complète cette façade; les autres côtés sont à l'avenant. Cette église modèle semble sortir d'une boîte de Nuremberg. D'autres monuments, plus dignes de ce nom, attireront à Stora l'attention des touristes; nous voulons parler des belles citernes romaines sises à mi-côte, et de la grande voûte romaine sous laquelle coule une fontaine. Les citernes de Stora sont alimentées par l'*oued-Cheddi*, ruisseau des Singes, dont les eaux tournent la montagne, au moyen d'un tunnel conservé jusqu'à nos jours, trouvé et restauré par le génie militaire.

Stora, le *Mers-Estora* d'Edrissi, l'*Istoura* d'El-Bekri, était le port de *Rusicade* (Philippeville). Les Génois le fréquentaient au XVIe s., et, plus tard, ils furent remplacés par les Français; mais la compagnie du Bastion n'y entretenait aucun agent. « S'il faut en croire les Arabes, dit M. E. de la Primaudaie, le mouillage de Stora est de tous les ports celui qui présente le plus de sûreté; mais le capitaine Bérard observe avec raison que les Arabes ne sont pas habitués à manœuvrer de grands navires et que les plus petites criques suffisent pour mettre à l'abri leurs sandals et leurs barques. Une tardive expérience, achetée au prix de nombreux désastres, nous a appris ce qu'on doit penser du port de Stora... En 1841, au mois de février, une de ces horribles tempêtes, trop communes sur la côte d'Afrique, dont la soudaineté et l'effroyable violence épouvantent les plus braves, vint détruire en quelques heures les illusions qu'on se faisait sur Stora. La rade fut bouleversée de fond en comble, et presque tous les navires qui étaient à l'ancre, entre autres la gabarre de l'État *la Marne*, se brisèrent contre les rochers. On raconte que l'île de Srigina, haute de près de 20 m., qui forme au N. la pointe de la baie, disparut plusieurs fois sous les eaux pendant l'épouvantable tourmente. En 1854, on vit se renouveler cet affreux désordre : dans un seul coup de vent, 28 navires furent jetés à la côte. Un document du ministère de l'Algérie évalue à plus de 1 500 000 fr. les pertes éprouvées annuellement sur le mouillage de Stora. »

Le port de Stora ne présente de sûreté que pendant la belle saison, et le gouvernement a enfin compris la nécessité de doter Philippeville d'un port dont les travaux ont reçu un commencement d'exécution et, on doit l'espérer, ne tarderont pas à être terminés.

La route de Stora à Philippeville est longue de 5 kil.; son parcours, entre la mer qu'elle surplombe à une grande hauteur, et les pentes boisées de la montagne dans laquelle elle est taillée, est des plus pittoresques. On passe bientôt devant l'abattoir, près du beau ravin des *Beni-Melek*, et l'on entre dans Philippeville par la porte de Stora. Les piétons peuvent, sinon abréger cette route, du moins en faire une partie en prenant dès Stora un sentier à travers bois.

375 kil. **Philippeville.** *Hôtels*: de l'Orient, de la Régence, du Luxembourg. — *Cafés*: de Foix, de Paris, de la Perle. — *Cercle* civil; *Cercle* militaire. — *Journaux*: Le Zeramna, paraissant tous les mercredis; l'Écho de Numidie. — *Libraires*: Mme Rouchas, Mme Hurlin. — *Imprimeurs*: MM. Chevalier et Luth. — *Théâtre*. — *Bains français*. — *Bureau des Postes*. — *Télégraphie électrique*. — *Passe-ports*, ils sont demandés à Stora, et remis à Philippeville au bureau de la police. — *Service de diligences* pour Jemmapes, El-Harrouch et Constantine. — *Bateaux à vapeur*: pour Alger, les 7, 17, 27 de chaque mois; pour Bône, les 5, 15, 25 de chaque mois et tous les lundis (service de Marseille à Tunis); pour France, tous les mardis.

Situation, aspect général. Philippeville, située par 4° 35' de longitude E., et 36° 52' de latitude N., est bâtie sur deux mamelons séparés par un long ravin qui forme aujourd'hui la rue Impériale; elle est bornée par la mer au N.; par la vallée du Saf-saf qu'elle domine, à l'E. et au S.; et par le ravin des Beni-Melek à l'O. De création moderne, Philippeville ressemblerait tout à fait à une ville du continent, sans une partie de sa population, composée d'Anglo-Maltais, d'Espagnols et d'indigènes. Philippeville, qui est pour ainsi dire la porte de la province de Constantine, offre une grande animation les jours de départ ou d'arrivée des bateaux à vapeur, animation qui sera continuelle lorsque le port, étant terminé, pourra recevoir en tout temps les navires de commerce et autres que les tempêtes d'hiver éloignaient de nos côtes algériennes.

Histoire. Les inscriptions trouvées dans les ruines dispersées sur le sol de Skikda, démontrent suffisamment l'existence, en cet endroit, d'une ville romaine qui était dédiée à Vénus, *Rusicade*, dont le nom d'origine phénicienne *Rus-Cicar*, *Rus-Sadeh*, le cap de la plaine, s'est presque conservé jusqu'à nos jours das le *Ras-Skikda* des Arabes. Nous reproduisons l'inscription suivante, parce qu'on y lit l'ancien nom de Philippeville.

GENIO COLONIAE
VENERIAE RVSICADIS
AVG. SACR
M. AEMILIVS BALLATOR
....
PECVNIA POSVIT
....

L'histoire parle peu de Rusicade; mais l'étendue et la magnificence des ruines de cette ville attestent le rang important qu'elle devait tenir dans la province. La notice de l'église d'Afrique la mentionne au nombre des villes épiscopales; on connaît même trois de ses évêques : Verulus, qui assista en 260 au concile de Carthage, et dont les schismatiques firent un martyr; Victor, en 305, qui, accusé et convaincu d'avoir livré aux païens les saintes écritures, en rejeta le crime sur Valentianus, le gouverneur romain; Faustinius, qui se rendit à la conférence de Carthage où le donatisme fut solennellement jugé et condamné.

Léon l'Africain dit, au XVIe siècle, que *Sucaicada*, Skikda, peut-être *Souk-el-Akda*, le marché du dimanche, avait des habitations et des magasins pour les négociants génois.

Après la prise de Constantine, le maréchal Valée voulut faire aboutir le commerce de l'intérieur à un point du littoral plus rapproché que celui de Bône. Les Arabes indiquèrent le port de Stora et Skikda, où Constantine entretenait depuis longtemps le peu de relations qu'elle avait avec l'extérieur. Au printemps de 1838, le général Négrier fut chargé d'une reconnaissance sur Stora; il atteignit Rusicade sans combat sérieux; la plus courte voie entre Constantine et la mer fut ainsi retrouvée, et le maréchal Valée, étant venu s'établir avec une colonne de 4000 hommes sur les ruines de la ville romaine, en achetait le terrain pour 150 francs aux Kabiles qui l'occupaient, et y jetait, le 7 octobre 1838, les fondations du Fort de France, près duquel devait bientôt s'élever et grandir Philippeville.

Philippeville est donc d'origine tout européenne; elle est le chef-lieu d'un arrondissement et le siége d'un tribunal de première instance. Sa population, qui compte aujourd'hui près de 9000 hab., dont 1300 Anglo-Maltais, 400 Espagnols et 1000 indigènes, est administrée par un commissaire civil, le 8 mai 1841; par un sous-directeur de l'intérieur, le 10 décembre 1842, et enfin par un sous-préfet, le 9 décembre 1848. L'installation d'une justice de paix date du 18 mai 1841; la constitution de la commune, du 9 février 1842. Chef-lieu d'un cercle militaire de la division de Constantine, Philippeville a une garnison de 1800 hommes, composée principalement d'infanterie et d'un escadron de train des équipages militaires.

Description. Nous citerons pour mémoire le *port* de Philippeville, consistant jusqu'à présent dans un débarcadère souvent submergé, c'est-à-dire inabordable, mais qui ne tardera pas à être remplacé par un véritable port, que les intérêts de l'humanité réclamaient aussi vivement que les intérêts du commerce. En attendant, les Maltais viennent recueillir sur la partie sablonneuse, qui s'étend sous la place de la marine, les objets antiques de toute sorte : pièces de monnaie, bagues, pierres gravées, fragments d'or et d'argent que la mer, dans ses jours de tempête, rejette sur la plage.

La ville est entourée d'un *rempart* crénelé qui suit toutes les sinuosités du terrain; ce rempart est percé de trois *portes* : de Stora à l'ouest, de Bône à l'est, et de Constantine au sud; c'est en dehors de cette dernière que se tient le *marché* arabe, qui est très-important.

On compte 5 *places* : la place de la Douane entre la douane et la mer, près de la porte de Stora ; — la place de la Marine, s'ouvrant en éventail sur la mer qu'elle domine, et bordée de cafés et d'hôtels ; c'est le lieu de rendez-vous et une des promenades des habitants de Philippeville; de cette place, la vue, bornée à l'est, est magnifique à l'ouest : on a le panorama de la baie de Stora, de l'île Srigina, et pour horizon la mer toujours splendide ; — la place Corneille, sur laquelle est le théâtre ; — la place de l'Église, située, comme la précédente, près de la rue Impériale, mais du côté opposé, c'est-à-dire à l'est ; on y fait de la musique militaire pour les promeneurs ; — la place Belizaire, au centre du *Bou-Yala*, mamelon ouest de Philippeville, elle est bordée d'arbres ; le marché aux légumes et aux poissons s'y tient tous les jours.

Les *rues* de Philippeville sont droites et larges ; l'emplacement de la ville, sur des hauteurs, fait que beaucoup sont à escalier ; la plus longue est la rue Impériale : elle commence à la place de la Marine pour finir à la porte de Constantine. Elle est donc l'artère principale où viennent aboutir toutes les autres : ses maisons sont généralement bâties à arcades ; quelques-unes sont malheureusement inachevées, et sembleraient plutôt détruites par le tremblement de terre du mois d'août 1856.

Les *monuments religieux* sont l'église et la mosquée. — L'église, sur la place de ce nom, ressemble à toutes les églises dont les plans, discutés par de bons administrateurs sans doute, mais par de médiocres artistes, ne produisent, quand ils sont exécutés, que de tristes monuments, au grand désespoir des architectes entravés à chaque instant par la mesquinerie du budget. — La mosquée est un bâtiment carré couronné d'une coupole et flanqué d'un minaret octogone, qui va en s'amincissant. Elle est bâtie sur le versant S. E. de Bou-Yala, et produit un assez bel effet. — Les protestants n'ont pas de temple digne du nom de monument.

Les *édifices civils*, sauf la douane et l'abattoir, n'ont rien de remarquable ; la mairie, l'hôtel de la sous-préfecture, le bureau des postes sont installés dans des maisons que rien ne distinguerait des autres sans le drapeau tricolore placé au-dessus de la porte d'entrée.

Des casernes et un hôpital pour 600 lits, un parc d'artillerie, des bâtiments pour les différents services de l'administration des campements et des vivres, constituent les *édifices militaires* qui dominent la ville du côté E.

Le *musée* archéologique « doit sa naissance, ainsi que nous l'apprend son conservateur M. J. Roger, dans l'introduction du catalogue des richesses que contient ce musée, à S. A. I. le prince Napoléon, alors que, chargé du ministère de l'Algérie et des colonies, il adressait, en janvier 1859, une circulaire aux fonctionnaires publics de l'Algérie, par laquelle il leur recommandait, dans le sens le plus étendu, d'aviser à la conservation des ruines, vestiges et débris de la domination romaine. Le musée, continue M. J. Roger, doit sa création à M. de Toulgoët, préfet du département de Constantine, et son importance à M. A. Wallet, maire de Philippeville, dont le dévouement et l'intelligence artistique se sont manifestés par une encourageante protection, depuis le mois de juillet 1859. » Ce musée, installé dans l'ancien théâtre romain, qui constitue à lui seul un des plus curieux monuments de Rusicade, renferme des statues, des bustes, divers fragments d'architecture et des épigraphes, inscriptions votives ou funéraires; nous ne saurions mieux faire pour la description de tous ces objets d'art, que de renvoyer au catalogue fort bien rédigé par M. J. Roger, et dans lequel on trouve, en outre, la nomenclature raisonnée des médailles, poteries ou fragments de poterie et objets divers réunis dans la salle de numismatique et de céramique.

Le cercle militaire possède deux tombeaux qui méritent d'être vus.

On visitera également les grandes citernes du fort d'Orléans; la mosaïque de la maison Nobelli, dont le dessin, d'une très-belle exécution, représente Amphitrite ou toute autre déesse maritime, entourée de poissons aux couleurs éclatantes; les colonnes, chapiteaux et frises déposés sur la place Corneille, et dont les dimensions énormes font supposer, avec raison, que ces débris appartenaient à un édifice grandiose, peut-être le temple de Bellone, dont M. Roger pense avoir retrouvé l'emplacement; les longues arcades qui ont longtemps servi de quai à Philippeville. La propriété Butler, à 1 kil. de la ville, renferme une fort belle mosaïque décorant le plancher de la salle de bain d'une ancienne villa probablement. On pouvait voir encore, il y a plusieurs années, en avant du cimetière actuel, les derniers vestiges des arènes de Rusicade.

L'inspection de toutes ces ruines conduit à croire à l'existence de trois quartiers différents. Sur le plateau occupé par l'hôpital militaire et sur le talus, on a retrouvé des petites citernes et des fondations de maisons peu considérables. Là devait se trouver un quartier dans lequel rien ne fait supposer des constructions importantes; aucune des inscriptions qui y ont été trouvées ne se rapporte à un citoyen romain. — Le fond de la vallée, la plage et la base orientale du Bou-Yala étaient couverts d'édifices. Au point culminant de la rue Impériale, on voyait, lors de la création de Philippeville, une tour qui devait faire partie d'un système de fortifications dont on retrouve encore çà et là des pans de murs. — La croupe septentrionale du Bou-Yala était entièrement couverte de maisons. Les citernes s'y rencontrent à chaque pas, et les plus importantes sont celles du fort d'Orléans citées plus haut, et celle qui sert de fondations à la porte de Stora. C'est dans ces parages que se trouve la belle mosaïque de la maison Nobelli. Le théâtre romain (musée) semblait marquer une des extrémités de ce dernier quartier.

Le *théâtre* de Philippeville paraît bien mesquin, et il l'est surtout quand on vient de parler du théâtre et des arènes de Rusicade, où les colons d'alors venaient, en foule, applaudir aux jeux de la scène, aux combats de gladiateurs et aux chasses de bêtes fauves, comme le témoigne une inscription retrouvée à Philippeville et déposée au musée d'Alger. Le théâtre actuel, élevé sur d'anciennes citernes, au milieu de la place Corneille, et pouvant contenir 6 à 700 personnes, est assez bien distribué, mais très-mal décoré et éclairé; il est desservi par la troupe de Constantine. Les acro-

[ROUTE 33]   D'ALGER A CONSTANTINE.   345

bates de passage y donnent également des représentations.

Les *fontaines* sont abondamment alimentées, surtout par les magnifiques citernes restaurées récemment, et par les eaux du ravin du Beni-Melek.

Enfin, et pour compléter les renseignements sur Philippeville, nous dirons que cette ville possède comme *établissements d'instruction publique:* un collège communal, des écoles de garçons dirigées par les frères de la Doctrine chrétienne, des écoles de filles dirigées par les sœurs de Saint-Vincent de Paul; et, comme *établissements de bienfaisance:* un bureau de bienfaisance et une société de secours mutuels.

Environs. A l'O., le *ravin des Beni-Melek*, et **Stora** (*V.* p. 340).

Au S. la route se dédouble; l'embranchement de dr. conduit à **Saint-Antoine** (*V.* ci-après); l'embranchement de g., tracé dans la belle plaine de la Saf-Saf, mène à la *pépinière*, distante de Philippeville de 2 kil. — 5 kil. **Damrémont**, nom du gouverneur général tué devant Constantine, v. de 100 hab. créé sur la rive g. de la Saf-Saf, le 26 août 1844, et annexé à la commune de Philippeville le 31 janvier 1848. — 6 kil. **Valée**, nom du gouverneur général qui a succédé au général de Damrémont, v. de 250 hab., créé, comme Damrémont, par décret du 26 août 1844, et comme lui, annexé à la commune de Philippeville, le 31 janvier 1848.

A l'E., 8 kil., en passant par la belle concession que fait exploiter M. Barrot, **Filfila**, au pied de la montagne de ce nom. « Il y existe, dit M. Mac-Carthy, des carrières de marbre blanc propre à la statuaire, devenues depuis quelques années le centre d'une exploitation assez considérable pour qu'on ait été obligé d'y installer un maire et une partie du mécanisme administratif propre aux véritables communes. » Ce nouveau centre de 200 hab. a été annexé à la commune de Jemmapes, le 31 décembre 1856. Il est relié par une route à Philippeville et à Bône, mais les chargements de marbre se font sur les lieux mêmes.

En attendant l'achèvement complet du chemin de fer de Philippeville à Constantine, le voyageur devra retenir sa place à la diligence pour cette dernière ville, et marchander si l'administrateur s'appelle toujours Reboul, puisque nous trouvant dans le coupé avec deux autres voyageurs, nous avons payé 15 fr., tandis qu'un autre en avait payé 12 et le troisième 10.

Nous donnons les distances kilométriques à partir de Philippeville.

La route de Philippeville à Constantine est à peu près celle des Romains, surtout entre El-Harrouch et El-Kantours. Les ruines qui jalonnent cette route sont indiquées plus bas.

6 kil. **Saint-Antoine**, 250 hab., v. créé le 6 août 1844, dans la belle vallée du *Zeramna* et sur l'oued de ce nom, qui va se jeter dans l'oued-Saf-Saf; annexé à la commune de Philippeville, le 31 janvier 1848. Un chemin vicinal relie Saint-Antoine à Damrémont, 6 kil.

16 kil. **Saint-Charles**, 700 hab., dont 500 indigènes; au confluent de l'oued-Saf-Saf et de l'*oued-Zerga;* création du 6 avril 1847. Marché aux bestiaux, le mercredi. De Saint-Charles à El-Harrouch on trouve des ruines romaines éparses, mais

nulle part d'agglomération importante.

21 kil. **Gastonville**, 340 hab.; création du 16 novembre 1847, au lieu dit Bir-Ali, le puits d'Ali; colonie agricole de 1848; constitution du centre du 11 février 1851. A l'O. de Gastonville, et à la rencontre de la route de Robertville avec l'ancienne voie romaine, on voyait en 1849 les substructions d'un édifice, des citernes, une mosaïque transportée à Gastonville.... Tous ces débris indiquent-ils la station de *Villa Sele ?* Robertville, 340 hab., à 6 kil. O. de Gastonville et à égale distance N. O. d'El-Harrouch; sa création date également du 16 novembre 1847. On a observé sur l'emplacement de Robertville des ruines assez étendues pour y faire supposer l'existence d'une petite bourgade.

27 kil. **El-Harrouch**. 400 hab. y compris la population d'El-Kantours. *Hôt.* de l'Aigle. — *Auberges.* — *Cafés.* — *Bureau des postes.* — *Relais.* — *Marché arabe*, le vendredi.

« El-Harrouch, dit M. Mac-Carthy, est le centre de population le plus considérable qu'il y ait entre Philippeville et Constantine. Élevé à l'abri d'un camp formé en ce lieu au mois de septembre 1844, et dont il a fini par prendre la place, ce village, aujourd'hui dans un état prospère, est situé au confluent de la Saf-Saf ou *oued-el-Harrouch* et de l'*Entsa*. Il s'y tient tous les vendredis un marché où les huiles de la Kabilie, les céréales, les laines, les peaux et les tissus sont l'objet de transactions importantes. A 5 kil. de là, est une puissante minoterie, remarquable par sa construction et ses agencements. » On visitera à El-Harrouch la ferme du 3ᵉ bataillon d'Afrique (Zéphirs). C'est ici le cas de relever une erreur que commettent et commettront sans doute encore quelques écrivains peu soucieux de la véracité des documents auxquels ils ont recours. On croit communément qu'El-Harrouch est le berceau du Zéphir. Nous avons raconté, p. 78, l'origine des bataillons d'Afrique, créés d'abord au nombre de deux.

42 kil. *El-Kantours*, non loin des ruines de *Kentouria* (Mac-Carthy) ou de *Ad centuriam* (V. Bérard), est un hameau dépendant d'El-Harrouch; on y trouve quelques auberges, et les diligences y relayent. El-Kantours est situé au plus haut point de la route, 808 mèt., sur la grande crête de partage, que doit percer un des tunnels du futur chemin de fer de Philippeville à Constantine. La vue du pays que l'on vient de parcourir est des plus belles à El-Kantours; au delà des *Toumiet*, ou les deux mamelles, parce qu'effectivement deux collines jumelles affectent cette forme, on aperçoit, à une distance de 15 kil., le village d'El-Harrouch, dominant la belle vallée de l'Entsa que ferment à l'horizon des collines boisées.

53 kil. **Smendou** ou **Condé**, 210 hab., village fondé, le 9 septembre 1847, sur l'emplacement d'un ancien poste où, comme à El-Harrouch, l'armée venait camper et se ravitailler, lors de la création de Philippeville. Ce village n'offre absolument rien de curieux pour le touriste; mais au point de vue de la colonisation, Smendou, par sa position au milieu de terres fertiles et bien arrosées, ne doit pas manquer de prospérer. Smendou pos-

sède quelques *auberges*, une *distribution de postes*; un *marché arabe* s'y tient tous les lundis.

62 kil. *Aïoun-Saad*, ham. de récente création.

68 kil. **Bizot**, nom d'un général du génie, tué à Sébastopol; ce village a été créé à l'endroit dit El-Hadjar, par décret du 15 janvier 1856, pour 20 familles.

71 kil. *Le Hamma*, petit hameau dans une vallée où des ruisseaux d'eaux thermales, hamma, entretiennent une fertilité et un luxe de végétation difficile à décrire; nous y avons vu le palmier du Sahara côte à côte avec le peuplier de l'Europe.

Une pierre épigraphique trouvée au Hamma, en 1857, par M. Cartier, conducteur des ponts-et-chaussées, offre d'autant plus d'intérêt qu'elle appartient à la catégorie des documents géographiques; sa lecture a permis à M. Cherbonneau de constater deux faits nouveaux : 1° que le Hamma portait le nom d'*Azimacia*, sous la domination romaine ; 2° que ce mot Azimacia, d'origine numide devait signifier sources chaudes, eaux thermales.

MEMORIAE. L. SIT
TIVS. AVGVSTALIS. AMA
TOR. REG. SVBVRBANI. SVI.
AZIMACIANI. QVEM (*sic*) A. SOLO. AE
DIFICAVIT. SIBI. SVISQUE. FECIT.
BONIS BENE.

« Souvenirs funéraires! — L. Sittius, prêtre augustal, amateur du séjour de sa villa d'Azimacia qu'il a entièrement construite, à partir des fondations, a élevé ce monument à lui et aux siens. — Bonheur aux bons. »

Un autre document, acte de notoriété traduit par M. Bresnier, nous apprend que le Hamma était devenu un bois sauvage, où se réfugiaient des lions et autres bêtes féroces, et se cachaient des bandes de voleurs et de partisans, pour intercepter les routes, se saisir des personnes, commettre des assassinats et des vols, à la suite du renversement de la puissance ottomane et quelque temps après la soumission de Constantine, en 1520. Le Hamma s'appelait alors *El-Fahs-el-Abiod*, la campagne blanche.

80 kil. *Le Pont-d'Aumale*, ham. près du pont jeté sur le Roumel.

83 kil. **Constantine**.

CONSTANTINE.

1° *Renseignements généraux* : Hôtels; Cafés; Café chantant; Cafés arabes; Cercles; Journaux; Revue; Imprimeurs libraires; Théâtre; Bains; Postes; Télégraphie électrique; Trésor; Voitures à volonté; Diligences; Bateaux à vapeur. — 2° *Situation, direction et aspect général.* — 3° *Histoire.* — 4° *Description* : les Remparts; les Portes; les Forts; les Casernes; les Places; les Rues; Passage; les Marchés; les Maisons; Monuments religieux; Édifices publics. — Le Théâtre. — Les Fontaines. — Établissements d'instruction publique; Établissements et Sociétés de bienfaisance; Industrie.

RENSEIGNEMENTS GÉNÉRAUX.

Hôtels : *de l'Orient*, rue Combes; *de France*, rue de la Poste; *des Colonies*, place de Nemours.

Cafés : *Moreau*, place du Palais; *Charles*, place du Palais.

Café chantant, rue de la Poste.

Cafés arabes dans tous les vieux quartiers de Constantine.

Cercles : *du commerce; militaire*. On y est admis sur présentation.

Journaux : *L'Africain*, paraissant les mardis et les vendredis, 20 fr. par an; édité par M. Guende, place du Palais; *L'Indépendant*, édité par M. Marle, rue Damrémont.

Revue : *Annuaire de la Société archéologique de la province de Constantine*, paraissant tous les ans, édité par MM. Alessi et Arnolet, rue du Palais; 3 fr. pour les membres de la Société et 4 fr. pour les autres abonnés.

Libraires éditeurs, imprimeurs et papetiers : MM. Alessi et Arnolet; Guende; Marle.

Musée, à la mairie et place Négrier.

Théâtre, près de la place de Nemours.

Bains : *bains français*, M. Carbonel; *bains maures*, V. p. 2.

Postes, rue de la poste; pour les heures d'ouverture, voir p. 3. Des signaux, hissés sur un mât, place du Palais, annoncent l'arrivée des courriers de France et du littoral algérien.

Télégraphie électrique, voir l'introduction.

Trésor, voir p. 3.

Voitures à volonté.

Location de chevaux et mulets.

Service de diligences tous les jours pour *Batna*; *Biskra*; *Setif*; *Philippeville*.

Service des dépêches et des voyageurs, entre *Constantine* et *Alger*, l'été, deux fois par semaine.

Bateaux à vapeur, voir Philippeville, p. 341.

SITUATION, DIRECTION ET ASPECT GÉNÉRAL.

Constantine, V. de 35 000 âmes, dont 6000 Euroéens, ch.-l. de la province, résidence du général commandant la province, du préfet et de tous les chefs supérieurs de l'administration, siége d'un tribunal de première instance, d'un tribunal et d'une chambre de commerce, d'une chambre consultative d'agriculture, est située par 37° 24′ de latit. N. et 3° 48′ de long. E., à 408 kil. d'Alger, 83 de Philippeville et 156 de Bône.

Constantine est bâtie sur une presqu'île contournée par la rivière et dominée par les hauteurs de Mansoura et de Sidi Mecid, dont elle est séparée par une grande et profonde anfractuosité où coule l'oued-Roumel, qui reçoit le Bou-Merzoug au S. de la ville. Le plateau sur lequel Constantine est assise, a la forme d'un trapèze dont les angles font face aux quatre points cardinaux et dont la plus grande diagonale, dirigée du N. au S., c'est-à-dire de la kasba à Sidi Rached, présente une inclinaison de 110 mèt.

Le Roumel s'approche de la ville par son angle S., où il forme une cascade; il coule ensuite dans un grand ravin le long des côtés S. E. et N. O. dont il défend l'approche. Arrivé à l'extrémité septentrionale où est bâtie la kasba, le Roumel forme une nouvelle cascade et quitte la ville en continuant son cours vers le N. Cette rivière présente une circonstance singulière; à la pointe d'El-Kantra, ses eaux s'engouffrent pendant quelques instants sous terre et reparaissent ensuite pour disparaître de nouveau; ces pertes successives forment des ponts de 50 à 100 mèt. de largeur.

Sur le troisième côté, entre l'angle N. de la Kasba et l'angle O., nommé El-Açous, le terrain est très-escarpé.

Le quatrième côté, regardant Koudiat-Ati, entre Bordj-el-Açous et Sidi Rached, est le seul par lequel la presqu'île tient au massif dont elle a dû être séparée par un effroyable cataclysme. Ce côté est bordé de rochers qui diminuent de hauteur à mesure que l'on s'éloigne du ravin et que l'on se rapproche du point le plus élevé du contre-fort, où ils cessent de former une enceinte naturelle. C'est là le seul point par lequel la ville soit facilement abordable.

Des hauteurs dominant Constantine, on peut se faire une idée de la configuration de cette ville que les Arabes disent ressembler à un burnous étendu dont le capuchon serait formé par la kasba. El-Bekri l'a surnommée *Belad-el-haoua*, la cité aérienne ou la cité du ravin, haoua signifiant également air et ravin.

Constantine est divisée en deux quartiers dont la physionomie est bien tranchée : le quartier européen et le quartier arabe.

Le quartier européen, dans lequel on retrouve le mouvement de nos grandes villes de la métropole, forme, au N. O., un peu plus du tiers de la ville et comprend les vastes bâtiments de la kasba, l'église, l'ancien palais d'Ahmed-bey, la préfecture, la mairie et les hôtels de la banque, du trésor et des postes. Les constructions qui ont remplacé les maisons arabes bordent des rues coupées à angle droit et allant aboutir aux places de Nemours et du Palais. La population européenne est de 6000 âmes, non compris la garnison qui est de 5000 hommes de troupes de toutes armes.

Le quartier arabe compte près de 30 000 hab.; il ressort de ce chiffre que Constantine est et sera longtemps encore une ville essentiellement indigène. C'est le centre où aboutit le commerce de l'intérieur, dont les Arabes de la ville sont les intermédiaires intelligents et traditionnels. C'est à Constantine que l'on retrouve la couleur locale qui tend à disparaître de plus en plus des autres villes de l'Algérie. Rien n'est plus curieux à visiter que cette fourmilière qu'on appelle le quartier arabe, où les rues et les impassses, étroites et tortueuses, à ciel ouvert ou voûtées, font le labyrinthe le plus inextricable qu'on puisse imaginer. Un grand nombre de marchands et d'artisans occupent ces petites boutiques que nous avons déjà eu l'occasion de décrire et dans lesquelles cependant sont souvent entassées une grande quantité de marchandises. Mais ce qui étonnerait le plus, c'est ce nombre prodigieux de cordonniers installés dans des rues entières, si l'on ne savait que tous les indigènes de la province viennent s'approvisionner de chaussures à Constantine. Ailleurs, le boucher, l'épicier, le fruitier, le tailleur, le brodeur, le potier, le forgeron, le marchand de tabac, le cafetier, le barbier occupent concurremment les autres boutiques.

L'animation que présentent les rues arabes ne forme pas un des spectacles les moins curieux de Constantine. Asseyez-vous sur le banc qui garnit la devanture de cette niche occupée par un cafetier, faites-vous servir une tasse de café, et tout en dégustant ce nectar selon les uns, ce brouet selon les autres, vous verrez défiler devant vous l'Arabe drapé dans son burnous comme un sénateur romain, le Kabile avec son outre d'huile, le Biskri avec sa koulla d'eau, la Mauresque, dont le voile est bleu au lieu d'être blanc comme à Alger, la Négresse marchande de pain, le juif colporteur, la juive, plus belle à Constantine que partout ailleurs; voici encore le kadi, grave comme la loi qu'il est chargé d'interpréter, le taleb, commentateur infatigable des commentateurs du Koran; puis enfin le spahis au burnous rouge et le turco vêtu de bleu, soldats indigènes servant plus ou moins de trait-d'union entre les populations européennes et indigènes.

Tout ce monde qui va, vient, se mêle et se coudoie offre un tableau extrêmement original. C'est du Decamps ou du Marilhat à l'état de nature.

HISTOIRE.

« Peu de cités dans le monde, dit M. Cherbonneau, l'historien de Constantine, comme M. Berbrugger est l'historien d'Alger, et M. Brosselard celui de Tlemcen, ont subi autant de révolutions que Constantine, soit en raison de son importance politique, soit à cause des richesses de son sol. S'il faut en croire la tradition, elle a été assiégée et conquise quatre-vingts fois. La première mention qui en soit faite remonte à l'histoire des Numides, qui l'appelaient *Cirta*, d'un mot emprunté sans doute à leur propre langue. Tour à tour capitale de Syphax, de Massinissa, de Micipsa, d'Adherbal, de Juba le Jeune, elle devint ensuite ch.-l. de la province romaine de Numidie, et fut érigée en colonie par Jules César, pour récompenser le corps de partisans avec lequel Publius Sittius Nucerinus lui avait rendu de si utiles services pendant la guerre d'Afrique; elle fut dès lors appelée *Cirta Sittianorum* et *Cirta Julia*. »

Les Romains regardaient la ville de Constantine comme la plus riche et la plus forte de toute la Numidie, dont elle était en quelque sorte la clef. Les principales routes y aboutissaient. Strabon nous apprend qu'elle renfermait des palais magnifiques et que, sur l'invitation du roi Micipsa, une colonie grecque s'y était établie et y avait apporté les arts industriels de la Grèce. Le roi Massinissa s'en empara dans la première guerre punique. Jugurtha employa tous les moyens possibles pour s'en rendre maître, et c'est de cette position centrale que Métellus et Marius dirigèrent avec tant de succès contre lui tous leurs mouvements militaires.

Ruinée en 311, dans la guerre de Maxime contre Alexandre, paysan pannonien, qui s'était fait proclamer empereur en Afrique, rétablie et embellie sous Flavius Constantin, en 313, cette ville quitta alors son ancien nom de Cirta pour prendre celui de *Constantine* qu'elle porte encore aujourd'hui.

Lorsque, dans le ve s., les Vandales envahirent la Numidie et les trois Mauritanies, et détruisirent toutes leurs villes florissantes, Constantine résista à ce torrent dévastateur. Les victoires de Bélisaire la retrouvèrent debout; la conquête musulmane semble l'avoir respectée, à en juger par les ruines délaissées dont le pays est partout ailleurs couvert. Les traces de constructions romaines restées sur le sol de la ville prouvent qu'il y en avait de colossales.

Les écrivains arabes désignent Constantine sous le nom de *Kosantina*, *Kosamthina* et *Kostantina*.

Constantine est assiégée par l'émir Okba-ben-Nafi dans les premiers temps de l'islamisme; elle figure également dans les guerres de Kahina ou Damia-bent-Inkak, la reine héroïque des Berbères.

Nous renverrons à Ibn-Konfoud ou à son compilateur, Ibn-Khaldoun, les lecteurs curieux de connaître tout au long les moindres détails sur l'histoire de Constantine, prise et reprise par les Hafsides et les Merinides, dépendant tantôt de Tunis, tantôt de Bougie, ou devenant elle-même capitale.

Constantine se gouverna en république depuis la fin du xive s. jusqu'au commencement du xvie. Se soumettant alors à Kheir-ed-din, après qu'il eut pris possession de Collo, 1520 (926 de l'hég.), elle devint le ch.-l. de la province de l'Est.

Alors, disent les indigènes, cette ville était bien déchue de son ancienne splendeur; on y voyait plus de gourbis que de maisons, et les mosquées étaient les seuls édifices qui parussent avoir résisté aux ravages de la guerre. La population des environs n'était pas nombreuse; toutes les tribus de la contrée se faisaient la guerre entre elles; l'agriculture était délaissée. Tel était l'état de la province dont les Turcs venaient de se rendre maîtres et qu'il s'agissait de gouverner.

La province de Constantine était administrée, pour le dey ou pacha d'Alger, par un *bey*, à la nomination directe de celui-ci et révocable à sa volonté. Le bey était, dans sa province, l'unique délégué du souverain pour toutes les branches de l'administration. Tous les autres pouvoirs émanaient du sien et n'étaient responsables qu'envers lui, comme lui-même l'était envers le dey, avec qui il correspondait seul et directement. Il jouissait d'une grande indépendance pour tous les détails de l'administration; mais le dey s'était réservé le pouvoir politique et le pouvoir législatif. Le bey ne pouvait donc ni faire sans ordre la guerre aux États voisins ni changer les usages établis.

Les grands fonctionnaires du beylik étaient : le khralifa ou lieutenant du bey, le kaïd-ed-dar, l'aga, le bach-kateb, le khraznadjar et le cheikh-el-belad. Le *khralifa* était, après le bey, le plus haut personnage de la province. Il suppléait le bey dans toutes les affaires que celui-ci ne se réservait pas directement. Il était, de plus, spécialement chargé de la rentrée des impôts des tribus du Sahara et de l'administration d'une partie du domaine de l'État. Il avait sous ses ordres une garde de deux cents cavaliers, commandés par un officier qui portait le titre d'agha-khralifa.

Le *kaïd-ed-dar*, ou intendant du palais, était chargé de la comptabilité militaire, de l'administration du palais, de celle de la plus grande partie du domaine de l'État, de la police de la capitale, et du bit-el-Mal, successions vacantes. L'*agha*, et mieux *ar'a*, avait le commandement des troupes de la province, celui de plusieurs tribus et la gestion de plusieurs biens du domaine. Le *bach-kateb* était le premier secrétaire du bey. Il jouissait, par la nature de ses fonctions, d'une très-haute considération auprès de tous les fonctionnaires qui avaient le plus grand intérêt à s'en faire un ami. Outre ses fonctions à l'intérieur, il avait le commandement de plusieurs tribus. Cinquante cavaliers étaient placés sous ses ordres. Le *khraznadjar* était le trésorier du beylik. Enfin, à la tête de l'administration urbaine, était le *cheikh-el-belad*, chef de la ville; il avait sous ses ordres les amins ou syndics des diverses corporations industrielles; le mokkaddem, ou chef des juifs, et divers agents chargés de maintenir l'ordre et la propreté de la ville.

Nous avons dit dans l'introduction quelle était l'organisation des tribus, organisation commune à toute l'Algérie.

Tous les six mois, le bey envoyait son khralifa à Alger, avec de riches présents pour le dey. Le dey lui envoyait de son côté, lorsqu'il était satisfait de son administration, un kafetan par le retour du khralifa. L'omission de ce cadeau était le signe infaillible d'une disgrâce, que le bey n'apprenait le plus souvent que par l'arrivée de son successeur, et quelquefois par le firman qui lui ordonnait de mourir. Aussi lorsque le khralifa revenait d'Alger avec le kafetan désiré, de grandes réjouissances avaient lieu dans le palais du bey. Les populations y prenaient part, comme dans tout l'Orient en cas analogues, par une contribution extraordinaire appelée *bechara*.

Le bey était obligé de se présenter à Alger tous les trois ans, pour rendre compte de son administration et verser au trésor de la Régence le tribut triennal, *denouche*, de

100 000 boudjoux, 180 000 fr., auquel il était assujetti. C'était pour lui une périlleuse épreuve à laquelle sa dignité ne survivait pas toujours.

La plus grande incertitude règne quant aux premiers beys qui se succédèrent dans le commandement de Constantine. Une liste chronologique que M. Cherbonneau a entre les mains et qu'il croit exacte parce qu'elle s'accorde avec les documents fournis par les registres domaniaux, porte à 44 le nombre des beys de Constantine; nous regrettons pour notre part que M. Cherbonneau n'ait point encore publié cette liste, qu'il complétera sans doute avec des documents neufs et intéressants comme ceux qu'il a déjà eu occasion de donner, à propos de quelques-uns de ces beys, Salah, entre autres, dont le nom est aussi célèbre à Constantine que celui de Mohammed-el-Kebir à Oran.

Force nous sera donc de donner incomplète la chronologie des beys de Constantine, puisée dans les notes de M. Cherbonneau et dans une histoire des derniers beys de cette province, par M. Vayssettes.

....

Ali-ben-Salah.
1125 de l'hég. (1713 de J.-C.). *Kolian - Husseïn - bou - Koumïa.* Chargé par le pacha d'Alger de diriger une expédition contre Tunis, et d'établir sur le trône le prétendant que les intrigues de cour en tenaient très-éloigné, il entra dans cette capitale à la tête des troupes algériennes et pacifia la régence.

1147 (1734). *Zerg-Aïn-ho,* l'homme aux yeux bleus; mort assassiné.

.... *Hassen - bou - Hanek.* C'est peut-être le premier qui se soit occupé de changer la physionomie de la ville et l'ait dotée de quelques monuments élégants, entre autres la mosquée de Sidi el-Akhdar. Il eut un imitateur intelligent dans Salah-bey. Bou-Hanek mourut en 1167 (1753-54).

....

1171 (1758). *Ahmed - el - Kolli,* aïeul du dernier bey de Constantine.

1185 (1771). *Salah.* Né à Smyrne, en 1725, soldat de l'odjak à Alger, il fut envoyé avec sa compagnie à Constantine, en 1758. Ahmed-el-Kolli, le nomma kaïd des Haracta et lui donna sa fille en mariage. Élevé à la dignité de khralifa au bout de trois ans, il remplaçait quatorze ans plus tard son beau-père. Salah vint au secours des Algériens, lors de l'expédition d'O'Reilly, en 1775 (1189 de l'hég.), voir p. 80. Il organisa les Ziban et l'Oued-Rir', en 1788 (1203 de l'hég.). Salah possédait le génie de l'administration, qualité bien rare chez les Turcs de l'Algérie; il bâtit des mosquées, des maisons pourvues de rentes et consacrées à l'hospitalité des pèlerins. La construction du pont de Constantine tourna à sa perte; des hommes malveillants insinuèrent au pacha d'Alger que Salah, en amenant l'eau à Constantine, voulait se rendre indépendant. Le pacha envoya un nommé Ibrahim pour remplacer Salah; mais Ibrahim ayant été assassiné, le pacha envoya un autre gouverneur, Husseïn, qui assiégea Salah dans son palais. Ce dernier, ne pouvant résister, se rendit à la condition qu'on le laisserait sortir en compagnie et sous la sauvegarde du cheikh-el-islam, Abd-er-Rahman.

ben-Lefgoun, dont il tint un pan du burnous ; mais celui-ci, à peine dans la rue, secoua son burnous et abandonna Salah aux chaouchs qui l'étranglèrent. Il fut enterré dans la medersa de Sidi-el-Kettani, qu'il avait fait construire en 1775 (1189 de l'hég.).

1207 (1793). *Husseïn-ben-bou-Hanek* : devenu fou après deux ans d'un gouvernement paisible, il fut étranglé sur l'ordre du pacha d'Alger.

1209 (1795). *Moustapha-ben-Sliman el-Ouznadji*, le fabricant de poudrières ; il avait été pendant vingt ans bey du Titeri ; nommé successeur de Husseïn-ben-bou-Hanek, il fut étranglé après deux ans de règne, sur les plaintes de Jean-Bon-Saint-André, consul de France à Alger, pour s'être opposé, à plusieurs reprises, aux livraisons de grains qui se faisaient à la compagnie d'Afrique, établie à la Cale.

1212 (1797). *Hadj-Moustafa*, surnommé El-Inglis, parce qu'il avait été fait prisonnier par un corsaire anglais ; son règne fut signalé par la paix et le bon marché des vivres : un sac de blé, 160 litres, ne se vendait que un franc ! Mais les désordres de son fils, qu'il tolérait, le firent destituer au bout de six ans. Rappelé à Alger, il s'enfuit à Tunis, où il mourut empoisonné.

1218 (1803). *Othman-ben-Mohammed-el-Kebir* avait été bey d'Oran, (voir page 205) ; pendant qu'il percevait les impôts, Constantine fut assiégée par Mohammed-ben-el-Harch le Derkaoui ; Mohammed, forcé de lever le siége, se retira chez les Kabiles de l'oued-el-Kébir ; Othman, s'étant mis à sa poursuite, périt avec ses Turcs sur l'oued-Zhour.

1219 (1804). *Abd-Allah-ben-Ismael* eut à repousser les attaques d'un nouvel agitateur. Son passage au pouvoir fut signalé encore par la disette, la famine et la mortalité. La guerre éclata de nouveau entre Alger et Tunis. Comme Abd-Allah faisait des représentations au dey d'Alger au sujet de la remise de la Cale aux Anglais, le dey envoya l'ordre de lui donner mille coups de bâton et de le faire décapiter.

1221 (1806). *Husseïn-ben-Salah*, battu par les Tunisiens, s'enfuit vers Djemila ; puis, ayant reçu des secours d'Alger, il revint délivrer Constantine, et poursuivit les ennemis jusque sous Tunis ; mais, vaincu à son tour, il paya de sa tête sa défaite.

1222 (1807). *Ali-ben-Youssef*. Une conspiration ayant été ourdie contre lui par un nommé Ahmed-Chaouch, pendant qu'il faisait les préparatifs d'une expédition contre Tunis, il périt assassiné avec l'agha d'Alger, en fuyant de la mosquée de Souk-er-Rezel, où il était entré faire ses prières.

1223 (1808). *Ahmed-Chaouch*, dit *el-Kebaïli*, parce qu'il avait habité longtemps en Kabilie, était encore connu sous les noms de bey *Rasho*, le bey de sa tête, *Dra-ho*, de son bras, *Rouh-ho* de sa volonté. Son court passage au pouvoir, quinze jours, fut signalé par de sanglantes débauches et la dilapidation complète du trésor public. Voulant marcher sur Alger pour s'y faire proclamer dey, il fut trahi par les siens et décapité.

1223 (1808). *Ahmed-et-Tobbal*, successeur d'Ahmed-Chaouch, fut bon administrateur et réorganisa les finances ; mais il fut étranglé sur l'ordre du pacha d'Alger pour avoir fait des fournitures de blé au juif Bacri.

1226 (1811). *Mohammed Naamân* suivit la politique ferme et équitable de son prédécesseur. Battu par les Tunisiens, il mécontenta le pacha d'Alger, qui ordonna qu'on le mît à mort. Il fut étranglé dans son fauteuil, à Msila, comme il revenait d'une autre expédition chez les gens de Bou-Sada et des Oulad-Madhi.

1229 (1813). *Mohammed Tchakeur*, un des plus sanglants despotes de Constantine, signala son règne par des exécutions sans nombre et des r'azzias, jusqu'au jour où son protecteur, Omar, pacha d'Alger, l'entraînant dans sa chute, il périt étranglé à la kasba.

1233 (1818). *Kara-Moustafa*, tué au bout d'un mois de règne.

1234 (1818). *Ahmed-el-Mamlouk*, révoqué au bout de six mois.

1234 (1818). *Mohammed-el-Mili*, surnommé *Bou-Chettabia*, règne deux ans et est destitué.

1235 (1820). *Ibrahim-el-R'arbi*, étranglé au bout d'un an, pour avoir fait de l'opposition au dey d'Alger.

1236 (1821). *Ahmed-el-Mamlouk*, nommé pour la seconde fois, est assassiné par les siens au bout de deux ans.

1238 (1823). *Ibrahim*, révoqué en 1826.

1241 (1826). *Manamanni* est bientôt exilé à Miliana par les intrigues d'Hadj-Ahmed, qui lui succède.

1141 (1826). *Hadj-Ahmed*... « Hussein-pacha le mit à la tête du beylik de l'Est. Il gouverna onze ans et fut tout à fait indépendant de 1830 à 1837. Avant la signature de la capitulation d'Alger, Hadj-Ahmed, qui s'était battu vaillamment contre les Français, essaya de persuader à son maître de le suivre à Constantine avec ses trésors. Fort heureusement pour lui, Hussein n'en fit rien; mais son gendre Ibrahim se montra plus confiant et eut lieu de s'en repentir. En effet, lorsqu'il eut livré une somme d'argent considérable, cachée dans la maison de campagne de son beau-père, le bey le renvoya à Alger complètement dépouillé. Après cet acte de félonie, Hadj-Ahmed voulait rentrer à Constantine; il en trouva les portes fermées : sa déchéance avait été proclamée par la garnison turque. Mais que pouvait faire contre son ambition et son activité une milice indisciplinée, pour laquelle il professait le plus profond mépris? En peu de jours, il rassembla sous ses drapeaux une armée de Kabiles, et, après avoir ressaisi le pouvoir, s'attribua le titre de pacha, qui lui fut confirmé par la Porte. Un forgeron de la tribu des Beni-Fergen, appelé Ben-Aïssa, devint son ministre, pour ne pas dire son exécuteur des hautes œuvres. Comme si l'extermination des Turcs et le meurtre des principaux habitants de la ville ne suffisaient qu'imparfaitement au maintien de son autorité, il déchaîna sa fureur contre les tribus que révoltaient ses exactions : la r'azzia fut érigée en système. Il en était venu à ce degré d'audace qui fait qu'un souverain, foulant aux pieds la loi et la religion, ne voit plus dans le peuple qu'une espèce de bétail qu'on exploite et qu'on égorge sans pitié. Ainsi, à la suite d'une expédition contre les Abd-en-Nour, il rapporta quatre cents têtes qu'il avait fait couper dans cette tribu, et cet horrible trophée fut exposé sur les remparts de la ville pendant plusieurs jours. Ceux qui ont écrit sa biographie ont oublié de dire qu'il professait un profond dédain pour la propriété particulière, et que la plus grande partie des matériaux employés dans la construction de son palais a été extorquée aux plus riches habitants de Constantine. Son insatiable convoitise trouvait un perpétuel aliment dans les femmes, les chevaux et les trésors de ses sujets; malheur à ceux qui en possédaient.

« Lorsqu'il se fut débarrassé des janissaires, il les remplaça par des Kabiles et par des cavaliers du désert, qui, étrangers au reste de la population, se comportaient comme en pays conquis. Tous ces excès n'étaient pas faits pour lui assurer un appui contre les menaces de la France. Mais l'horreur du nom chrétien est si grande chez les musulmans, qu'il vit même les victimes de sa tyrannie défendre avec acharnement son drapeau. En 1837, il expia son orgueil par la perte de sa capitale, et c'est à partir de ce moment qu'il passa onze années dans l'Aurès à soutenir contre nos troupes une lutte dont le résultat était facile à prévoir. La politique du commandant de Saint-Germain mit un terme à cet état de choses. Hadj-Ahmed, ayant fait sa soumission entre ses mains, fut amené à Constantine dans les premiers jours de juin 1848, et il y reçut l'hospitalité dans ce palais où il avait exercé naguère le pouvoir suprême.

« Après trois jours passés à Constantine, il fut transporté à Alger, où le gouverneur général lui fit une réception dont il parle en ces termes dans ses mémoires : « C'était « un mardi, 27 redjeb 1264 (30 juin « 1848). Je fus présenté au gouver- « neur général qui me fit entendre, « au nom de la France, des paroles « dignes de cette grande nation (que « Dieu la glorifie!). » Une maison mauresque, située au bas de la ville, fut affectée à la demeure du bey déchu, avec un traitement de 12 000 fr. Hadj-Admed était arrivé à Alger, atteint d'un catarrhe chronique de la poitrine et brisé par les fatigues d'une vie errante. Ses jours étaient comptés; il mourut au mois d'août 1850. Suivant son désir, il fut inhumé dans la mosquée de Sidi Abd-er-Rahman. » (*A. Cherbonneau.*)

Nous avons dit plus haut comment Constantine tomba en notre pouvoir. Les généraux qui se sont succédé dans le commandement de Constantine, sont :

1837 le colonel Bernelle;
« le général Négrier;
1838 le général Galbois;
1841 le général Négrier;
1843 le général Baraguey-d'Hilliers;
« le général duc d'Aumale;
1845 le général Bedeau;
1848 le général Herbillon;
1850 le général de Saint-Arnaud;
1852 le général de Mac-Mahon;
1855 le général Maissiat.
1857 le général Gastu;
1859 le général Desvaux.

DESCRIPTION.

Nous avons puisé les principaux éléments de la description de Constantine dans les nombreux travaux publiés par M. Cherbonneau, mais principalement dans ses deux notices suivantes : *Constantine et ses antiquités; Inscriptions arabes de la province de Constantine.*

Constantine, dont l'origine se perd dans la nuit des siècles, doit son nom primitif à la position qu'elle occupe sur le rocher abrupt dont le Roumel fait une sorte de presqu'île; **Cirta**, dans la langue numidique, désignait un rocher.

Le nom de Cirta apparaît pour la première fois dans l'histoire à l'époque de la deuxième guerre punique. Tite Live nous apprend que Syphax la choisit pour sa capitale. Ce prince y avait un palais, et la ville était déjà si forte que Massinissa, vainqueur de son rival, n'osa point l'attaquer, quoiqu'il fût à la tête d'une armée considérable.

Strabon dit : « Cirta, résidence royale de Massinissa et de ses successeurs, ville très-forte et magnifiquement ornée de toute sorte d'édifices et d'établissements qu'elle doit principalement à Micipsa... »

Salluste parle des plaines fertiles qui se déploient à l'est et au sud de la ville : « Haud procul ab oppido « Cirta campi patentes, » et de son importance militaire : « Neque pro- « pter naturam loci, Cirtam armis « expugnare poterat Jugurtha. »

On a déjà vu comment Cirta, ruinée en 311, fut relevée en 313 et prit le nom de Constantine.

Saint Optat, évêque de Mila, dit qu'un faubourg considérable, du nom de *Mugx*, touchait à Constantine; a-t-il voulu parler du village de Sidi-Mabrouk, bâti autour de la basilique, dont il ne reste que la place de l'abside et des deux chapelles pavées en mosaïque?... Voici maintenant une autre preuve qui n'est point à dédaigner. A Rome, la porte qui s'ouvrait sur le marché aux bœufs s'appelait *Mugonia*, du mugissement des troupeaux. Or, la tradition dit que, de temps immémorial, les troupeaux destinés au ravitaillement de la ville furent parqués et gardés sur le plateau de Mansoura.

Pendant l'occupation berbère, à l'époque où florissait la dynastie des Beni-Hafs, Constantine, qui était après Tunis le plus beau fleuron de leur couronne, et qui eut même l'honneur de voir naître plusieurs de leurs rois, possédait un faubourg dans le triangle compris entre la roche des Martyrs, la pyramide Damrémont et le marché kabile. Le fait nous est attesté par une note d'Ibn-Bathouta : « En 725 (1325 de J.-C.), nous nous arrêtâmes près des murs de Constantine : mais une pluie torrentielle étant venue troubler notre sommeil, nous fûmes obligés, au milieu de la nuit, de rechercher un refuge dans les maisons voisines. »

Edrissi dit à son tour : « La ville de Constantine est peuplée et commerçante; ses habitants font le trafic avec les Arabes et s'associent entre eux pour la culture des terres et pour la conservation des récoltes. Le blé qu'ils gardent dans des souterrains, y reste souvent un siècle sans éprouver aucune altération. Ils ont beaucoup de miel et de beurre, qu'ils exportent à l'étranger, et ils sont très-riches. Cette ville est bâtie sur une espèce de promontoire isolé, de forme carrée; il faut faire plusieurs détours pour y monter. On pénètre par une porte, située du côté de l'ouest, dans l'intérieur de la place, qui est très-grande. On y remarque des excavations où les habitants enterrent leurs morts, et, de plus, un édifice très-ancien, de construction romaine, dont il ne reste plus que les ruines. On y voit également un autre édifice de la même époque, jadis destiné aux jeux scéniques et dont l'architecture ressemble à celle de Terma (Taormina) en Sicile. Constantine est entourée de tous côtés par une rivière. Les murs d'enceinte n'ont partout que trois pieds de haut, si ce n'est du côté de Mila. La ville a deux portes : l'une, celle de Mila, du côté de l'ouest; l'autre, appelée porte du Pont, et située du côté de l'est... Il existe dans toutes les maisons des souterrains creusés dans le roc; la température constamment fraîche et modérée qui y règne contribue à la conservation des grains. Quant à la rivière, elle vient du côté du midi, entoure la ville du côté de l'ouest, poursuit son cours vers l'Orient, puis tourne vers le nord pour aller se jeter enfin dans la mer, à l'ouest de la rivière de Sahar (oued-Zhour). Constantine est une des places les plus fortes du monde; elle domine des plaines étendues et de vastes campagnes ensemencées de blé et d'orge. Dans l'intérieur de la ville, on voit un abreuvoir dont on peut tirer de l'eau en temps de siége. »

Le voyageur el-Abderi (fin du XIII° siècle), dit que « Constantine ressemble à une belle femme vêtue de haillons, à un homme généreux qui n'a plus d'argent, à un guerrier que des blessures empêchent de soulever ses armes.... Elle renferme de beaux restes de l'antiquité et des édifices d'une structure prodigieuse, la plupart en pierre de taille. »

Les siéges nombreux que Constantine avait eu à soutenir, avaient apporté plus d'une fois la destruction dans l'emplacement qui commandait l'issue principale, et ce ne fut que sous le gouvernement turc qu'on releva tout à fait le quartier de Koudiat-Ati, assigné particulièrement aux ouvriers et aux marchands kabiles, tels que taillandiers, tisserands, huiliers et fabricants de nattes. On y voyait naguère des fondouks, quelques sebbalâ ou fontaines publiques, des msalla ou oratoires en plein vent, et trois mosquées de Sidi el-Hilouf, Sidi Ali-el-en'djal et Sidi Bou-Kosseïa. Shaw, qui visitait l'Algérie il y a un peu plus d'un siècle, a laissé la page suivante sur Constantine : « La langue de terre au sud-ouest, près de laquelle se trouve la principale porte de la ville, a environ 50 toises de large, et est entièrement couverte de débris renversés, de citernes et autres ruines, qui se prolongent jusqu'à la rivière et s'étendent ensuite parallèlement à la vallée. Telle était la position et l'étendue de Cirta. Constantine n'est pas, à beaucoup près, aussi grande, et n'occupe que l'espèce de promontoire dont il a été question.

« Outre une multitude de ruines en tout genre répandues sur cet emplacement, il existe, au milieu de son enceinte, une réunion de citernes, destinées probablement jadis à recevoir l'eau du Physgiah, qui y parvenait par un aqueduc. Il y a environ vingt-deux citernes, qui occupent un espace de 25 toises carrées. L'aqueduc est plus endommagé que les citernes; mais ce qui en reste prouve le génie des Cirtésiens, qui ne craignirent point d'entreprendre un ouvrage d'une aussi prodigieuse dimension. Au bord du précipice, situé au nord, sont les débris d'un grand et bel édifice. On y voit quatre piédestaux, chacun de 7 pieds de diamètre, qui paraissent avoir appartenu à un portique. Ils sont d'une pierre noire peu inférieure au marbre, et qui paraît avoir été tirée des roches sur lesquelles la ville s'élève. Les piliers formant les côtés de la principale porte de la ville, qui sont d'une belle pierre rougeâtre, comparable au marbre, sont artistement sculptés. On voit, incrusté dans un mur du voisinage, un autel en beau marbre blanc, et en saillie un vase bien conservé. La porte du côté du sud-est est du même style d'architecture que la porte principale, quoique plus petite ; elle s'ouvre du côté du pont, qui traversait la vallée dans cet endroit. »

« Constantine, dit enfin M. Cherbonneau (et c'est la conclusion des citations précédentes), est moins grande que ne le fut Cirta. Il y avait jadis une ville intérieure et une ville extérieure : la seconde plus étendue que la première, bien qu'elle n'en fût que le faubourg et l'annexe. C'est une notion qui ressort de l'inspection des lieux. En effet, par l'étude raisonnée des blocs de maçonnerie, des pans de mur et des citernes épars sur le sol, comme les anneaux d'une chaîne subitement brisée, on peut deviner que Constantine n'a pas toujours été emprisonnée dans les remparts que nous voyons aujourd'hui, et qui semblent une exagération de ceux qu'un bouleversement de la nature lui avait préparés, en séparant le rocher du Mecid de Mansoura. Elle s'étendait à l'ouest depuis le four à chaux Amat jusqu'à Bellevue, près du cimetière musulman ; au sud-ouest, jusqu'au Bardo ou quartier de cavalerie, et elle embrassait la colline de Koudiat-Ati, ainsi que le bas-fond de la rive gauche du Roumel, l'*Ampsagas* des anciens, dans un système de murailles interrompues et tellement dégradées, qu'elles sont réduites actuellement à des tronçons que semble avoir engloutis la végétation luxuriante de ce site extraordinaire. »

Nous pouvons maintenant décrire la moderne Constantine.

Les remparts.

Les remparts de Constantine, à l'exception de la brèche faite en 1837, et qui a été relevée, sont à peu près dans l'état où ils se trouvaient lors de la prise de possession par l'armée française. Ces remparts, dont une partie date des Byzantins, courent de l'O., au-dessus de la porte Valée, jusqu'à la pointe S. de Sidi Rached. Au N., à l'E. et au S. E., sauf les murs de la kasba et quelques parapets ou palissades trop rares pour la sûreté des imprudents, l'enceinte consiste dans les rochers infranchissables que bordent le Roumel, la route en lacet de Philippeville et le sentier des Cascades.

Les portes.

Le géographe arabe Edrissi dit que Constantine avait deux portes : l'une, celle de Mila ou de l'oued, du côté de l'O. ; l'autre appelée porte du Pont, située du côté de l'est.

Plus tard Ben-Konfoud, né à Constantine vers le milieu du XIVe s., en compte six : bab-er-Rouâh ; bab-ed-Djedid ; Bab-el-Oued ; Bab-el-Djabia ; bab-Heninecha et bab-el-Kantra.

Bab-er-Rouâh, la porte du Vent, supprimée bien avant 1837, regardait le N. ; elle était percée dans la partie des remparts qui dominent le moulin Lavie et les thermes de

Sidi Mimoun. « Bab-er-Rouâh, dit M. le colonel Foy, était une poterne au-dessus du bain, dans un mur romain construit en ce point, pour fermer une large fente de l'étage supérieur des escarpements qui formaient de ce côté la défense du capitole. De l'intérieur, on arrivait à la poterne par un escalier en pierre de taille, et au dehors à Sidi Mimoun, soit par des rampes tracées dans les talus qui séparent les étages successifs, soit par une série de marches étroites taillées dans le rocher, et dont on retrouverait encore aujourd'hui les traces. Le génie militaire a fait déblayer, en 1838, l'escalier donnant intérieurement accès à la fausse porte. Tout cela a été remplacé par le mur de fortification qui constitue l'enceinte de l'hôpital à l'ouest. »

Bab-ed-Djedid, la porte Neuve, qui touchait à l'hôtel du Trésor, entre Bordj-el-Açous et la nouvelle porte Valée, a été condamnée peu de temps après que la place tomba en notre pouvoir.

Bab-el-Oued, la porte de la Rivière, fut de tout temps, au dire des historiens, l'entrée principale. C'est un fait qui ressort de la note suivante extraite par M. Cherbonneau de l'ouvrage d'Ibn Konfoud : « L'émir Khraled assiégea Constantine durant plusieurs mois; enfin on entama des pourparlers à Bab-el-Kantra.... Ben-el-émir quitta alors Bab-el-Oued, où il surveillait la défense, et se rendit au quartier d'El-Kantra afin de voir par lui-même ce qui se passait.... Mais, pendant ce temps-là, on ouvrait la porte de la Rivière et le sultan faisait son entrée, monté sur une grande mule et la couronne en tête, aux applaudissements de la population. Cet événement se passait en l'année 704 (1304 de J. C.). » Bab-el-Oued occupait à peu près la même place que la porte Valée, et elle était orientée de la même manière. Au second siége de Constantine, les deux batteries de brèche avaient été établies, l'une un peu en avant de la pyramide Damrémont, l'autre à la rencontre des deux routes de Setif et de Batna. Or, de là on ne pouvait pas plus voir Bab-el-Oued, qu'on ne voit aujourd'hui la porte Valée. La brèche avait été ouverte dans la partie comprise entre le flanc g. du bastion actuel de la place de la brèche et l'alignement de l'extrémité N. du grand pan de mur romain, qui est encore debout à l'angle S. de cette place.

Bab-ed-Djabia, porte de la Piscine ou de l'Abreuvoir, près de laquelle le trop-plein des réservoirs de Koudiat-Ati venait autrefois former une nouvelle provision d'eau, tant pour les habitants du quartier que pour les bêtes de somme, est encore debout, entre la porte Valée et la pointe de Sidi Rached; son entrée est masquée et s'ouvre de côté en regardant le S.; sur un pied-droit de cette porte on lit deux inscriptions latine et grecque.

Bab-Heninecha, porte du Tunnel, supprimée comme bab-er-Rouâh, bien avant 1837, était située entre bad-ed-Djabia et le Roumel; elle aurait été construite pour donner aux habitants qui demeuraient dans la partie S. de Constantine, la facilité d'aller faire la provision d'eau, et cela à la suite de la destruction d'une écluse ou d'un barrage qui avait jusqu'alors retenu les eaux du Roumel. « Lorsque la conduite des eaux, continue M. Cherbonneau, fut interrompue par la détérioration du canal, on bâtit une muraille depuis la porte Djabia jusqu'à l'endroit où le Roumel se précipite entre les deux escarpements du ravin. Au-dessus, fut posée une voûte, *heninecha*, dont la solidité pouvait mettre les passants à l'abri des projectiles. Puis, afin d'éviter l'encombrement, on ménagea deux voies à l'intérieur de ce couloir : l'une donnant passage à ceux qui descendaient à la rivière, l'autre aux personnes qui montaient. Mais Salah-bey, qui cherchait partout des pierres toutes taillées pour les édifices dont l'exécution occupa les dernières années de son gouvernement, ne vit dans le heninecha qu'une carrière facile à exploiter, et il le fit disparaître pièce à pièce. »

Bab-el-Kantra, la porte du Pont, à l'angle E., ainsi nommée à cause du pont jeté sur le Roumel, *V*. p. 376, était percée primitivement sur le pont même ; mais l'assaut donné, en 1836, par notre armée, sur ce point, quoique sans résultat, fit comprendre au bey Ahmed qu'il était plus prudent de masquer cette entrée en la dirigeant vers le S.

De toutes ces portes il ne reste aujourd'hui que bab-ed-Djabia et bab-el-Kantra, qui ont reçu quelques modifications plus en rapport avec notre système de défense. Quant à la *porte Valée*, elle est l'entrée principale de Constantine comme le fut de tout temps bab-el-Oued dont elle occupe à peu près l'emplacement, ainsi que nous l'avons dit plus haut.

Fortifications.

Nous citerons pour mémoire le *Bordj-Açous*, tour carrée byzantine enclavée dans le rempart entre l'angle N. O. et la porte Valée.

La *kasba* occupée par les Romains, les Berbères, les Arabes, délaissée par les Turcs et rebâtie par les Français, est placée sur le point le plus élevé de Constantine, à une altitude de 640 mèt., entre la rue Damrémont et les profonds ravins du Roumel.

Les Romains en avaient fait leur capitole et leur citadelle, et les immenses et belles citernes qu'ils y ont construites existent encore. Quant aux ruines d'une église édifiée, en 330, par ordre de l'empereur Constantin, que l'on croit avoir retrouvées en 1839, elles ont complétement disparu.

Comme les Romains, les Berbères dominèrent à la kasba dont ils relevèrent les remparts. Sous la dynastie des Hafsides, Constantine fit partie du royaume de Tunis, et en l'an 666 (1268 de J. C.) le sultan Abou-Zakaria, qui en avait fait sa résidence, fut enterré dans la mosquée de la kasba. L'édifice du *Midjlès*, tribunal supérieur, avait été construit dans la kasba par l'émir Abou-Abd-Allah, en 720 (1320 de J. C.). L'inscription suivante traduite par M. A. Cherbonneau, renfermant les maximes politiques de l'émir Abou-Abd-Allah, était placée dans le Midjlès :

« Lorsque j'ai à nommer des fonctionnaires, je prends des hommes de race.

« Si j'ai des conseils à demander, je m'adresse aux personnes renommées pour leur sagesse.

« Je n'ai pas pour principe absolu d'investir de l'autorité les jeunes gens au préjudice des vieillards.

« En fait de promesses ou de menaces, je ne reviens jamais sur ma parole.

« Et si j'ai à frapper un coupable, je mesure le châtiment à la gravité du crime, et non à la violence de ma colère. »

Cette dernière maxime aurait dû être méditée souvent par les beys de Constantine!

La kasba ne rappelle, sous la domination turque, que le nom du kaïd-el-kasba, chargé de la police de la ville pendant la nuit, de l'exécution des sentences portées contre les criminels, et de la surveillance des filles de joie. Le kaïd-el-kasba remplissait donc les ignobles fonctions du mezouar d'Alger.

Cependant la kasba, sans avoir sous Ahmed-bey l'importance qu'elle avait sous les Berbères et les Romains, servait encore de citadelle, puisque les Arabes s'y battaient à outrance, dans une suprême et dernière défense contre le général Rulhières, qui entra un des premiers dans la kasba. C'est alors que, désespérant de notre générosité, une partie de la population, hommes et vieillards, femmes et enfants cherchèrent précipitamment la fuite en glissant le long de cordes attachées aux murailles de la kasba; mais le poids de ces grappes humaines fit rompre les cordes, et le lit du ravin se couvrit bientôt de monceaux sanglants et sans forme! On sut depuis qu'on avait fait croire aux femmes que les Français étaient des mangeurs d'enfants!

Le premier soin de l'administration militaire fut de dégager les abords de la kasba et de l'isoler complètement; elle renferme aujourd'hui trois casernes pour l'infanterie, le génie et l'artillerie, un hôpital pour 1500 malades, un arsenal et une manutention.

Les restes glorieux des Combes, des Vieux, des Serigny et de leurs frères d'armes reposent au sommet de la kasba sous un monument funéraire élevé par l'armée et la population civile, en novembre 1852. Aux premiers jours de l'occupation, les corps de ces héroïques soldats, morts sous le feu de l'ennemi et sous le drapeau de la France, aux deux expéditions de 1836 et de 1837, avaient été déposés dans une modeste enceinte située à quelques pas de la brèche d'assaut. Un nom gravé sur une pierre et une inscription tracée sur un minaret avaient été les premiers monuments dédiés à leur mémoire. Mais la pierre était ignorée et le minaret avait disparu.

Le génie a fait encastrer dans les murs de la kasba, regardant la rue Damrémont, des inscriptions qui, au nombre de plus de vingt, offrent un grand intérêt pour la science épigraphique. L'une d'elles, par exemple, qui date du règne d'Alexandre Sévère, c'est-à-dire de l'une des années 221 à 235, est une dédicace faite par la république des Cirtensiens, RESPVBLICA CIRTENSIVM, à son patron Publius Julius Junianus Martialianus; une autre est dédiée à Titus Cæsernius, patron des quatre colonies, PATRONO QVATVOR COLONIARVM; les quatre colonies dont il est ici question sont les *coloniæ Cirtenses*, groupe politique composé de *Cirta*, Constantine; de *Rusicade*, Philippeville; de *Mileu*, Mila; de *Chullu*, Collo, dont les citoyens étaient généralement inscrits sur les rôles de la tribu Quirina.

Les places.

La place ou *esplanade Valée*, nom du général qui prit Constantine, en 1837, entre les remparts et le faubourg de Koudiat-Ati, est plantée d'arbres en allées et en quinconces; elle occupe l'emplacement de l'ancien cimetière arabe sur lequel fut établie la batterie de brèche, lors du second siége, non loin du minaret qu'on pouvait voir encore il y a quelques années; il appartenait à la mosquée de Bou-Kosseïa, qu'Ahmed-bey fit raser avec le faubourg de Koudiat-Ati, croyant ainsi rendre impossible une nouvelle attaque des Français. C'est au pied de ce minaret que furent enterrés, en 1837, nos officiers tués sur la brèche; leurs corps furent depuis transportés à la kasba. (*V.* p. 362.)

La place de Nemours ou *place de la Brèche*, séparée de la précédente par la porte Valée, est une des plus animées de Constantine, puisque c'est par elle qu'entrent ou sortent toutes les voitures européennes, tous les convois arabes, tous les voyageurs, cavaliers ou piétons.

La place de Nemours, où aboutissent les rues Combes, Caraman, de la Poste, et le chemin de ronde de l'ouest, est de création française; on a démoli, pour l'ouvrir, un îlot de constructions arabes, dont faisait partie la maison de Ben-Aïssa, le célèbre lieutenant d'Ahmed-bey.

La place du Palais, au centre du quartier européen, entre les rues Damrémont et Caraman, prend son nom du palais d'Ahmed-bey, qui la borne au N., et sert aujourd'hui de demeure au général commandant la division. L'église, l'hôtel de la banque, les cafés Moreau et Charles bordent les autres côtés de la place du palais, sur laquelle on hisse le signal annonçant l'arrivée, à Philippeville, des courriers de France et d'Alger.

La petite place des Fainéants est située également dans le quartier européen.

La place des Caravanes ou *Négrier*, nom d'un général qui a commandé la province de Constantine et qui a été tué en 1848, forme un long triangle aigu, bordé au N. par le quartier des juifs, à l'O. par la mosquée de Salah-bey, les bâtiments de la sous-intendance militaire et les petites boutiques des orfévres juifs, et à l'E. par le musée provisoire. La place Négrier, plantée d'arbres et ornée d'une fontaine, serait une agréable promenade si on n'y rencontrait tous les marchands de ferrailles et de guenilles, qui en occupent l'espace avec leurs affreuses marchandises. Là encore, comme au bazar d'Orléans à Alger, on peut assister à la vente à la criée des bijoux, hardes et meubles arabes, qui se fait sous la surveillance de *l'amin-el-dellalin*, syndic des encanteurs, et de *l'amin-el-fodda*, contrôleur des matières précieuses.

La place de la Grande-Mosquée est un élargissement de la rue Combes, une espèce de carrefour où viennent aboutir les rues Fontanilhes et Rouaud.

La place des Chameaux, à l'O. du quartier arabe, est bordée d'un côté par la caserne des janissaires, occupée maintenant par les tirailleurs; la petite mosquée qui s'élevait sur le côté N. a été démolie et remplacée par les bâtiments de l'école communale.

La place des Galettes ou *Rahbat-es-Souf*, marché à la laine, entre la rue Combes et la rue Vieux; elle est occupée en partie par un marché couvert.

La place de Sidi Djellis, entre les rues Vieux et Perrégaux.

La place d'El-Kantra, à l'E.,

entre les remparts plongeant sur le ravin du Roumel, la rue Perrégaux et la mesdjed de Sidi Seffar.

Les rues.

Nous avons déjà dit que Constantine était divisée en deux quartiers bien distincts, l'un européen, l'autre indigène, séparés par la rue Caraman, en attendant qu'ils le soient par la rue de France, qui, partant de la place de Nemours pour aboutir au boulevard de l'E., empruntera une partie de son parcours à la même rue Caraman, nom d'un général mort à la suite des fatigues qu'il avait ressenties aux deux siéges de 1836 et 1837.

Comme les rues d'Alger, d'Oran et de Tlemcen, les rues de Constantine ont été débaptisées. La chose était toute naturelle pour le quartier européen, où des rues nouvelles ont fait disparaître les anciennes. La même raison n'existait pas pour les rues du quartier arabe, qui ont conservé leur aspect primitif.

Mais au moins les nouveaux noms donnés aux rues de Constantine ont le mérite de rappeler au prix de quels glorieux et sanglants sacrifices la ville fut prise, et les noms des Damrémont, des Perrégaux, des Combes, des Sérigny, des Richepanse, des Vieux, des Hacket, des Grand, des Sanzai, des Desmoyen, des Rouaud et des Leblanc, ainsi que les numéros des régiments qui prirent part à l'assaut, ne sont pas près d'être oubliés.

Les principales rues françaises sont : la *rue Damrémont*, isolant à l'E. une partie de la kasba; la *rue Caraman*, allant de la place de Nemours à la mosquée de Salah-bey et limitant, comme on vient de le dire, les quartiers français et indigène; la *rue du Palais*, entre les places de Nemours et du Palais; la *rue Cahoreau*, partant de la rue Combes et finissant *rue Leblanc*.

La plus longue rue arabe est la *rue Perrégaux;* elle commence à la porte Ed-Djabia et aboutit à la place d'El-Kantra, c'est-à-dire qu'elle traverse toute la partie de la ville arabe comprise entre le N. E. et le S. O.; les *rues Fontanilhes, Rouaud, Vieux* et *Hacket* sont situées entre la rue Perrégaux et la *rue Combes;* cette dernière, qui va de la place de Nemours à la place des Galettes ou Rabah-es-Souf, est une des plus curieuses à visiter dans la vieille Constantine. Qu'on se figure une rue étroite, très-longue, allant en descendant, à partir de la place de Nemours, bordée de petites boutiques de marchands d'étoffes, mzabis, juifs ou arabes, de maréchaux ferrants, de cordonniers, de selliers, de brodeurs, de cafetiers. Sur ces boutiques, sans premier étage et recouvertes en tuiles, vient s'ajuster comme une autre toiture en planches d'un vaste hangar, trouée çà et là et laissant passer quelques vigoureux jets de lumière qui viennent éclairer d'une façon imprévue marchandises, marchands et acheteurs. Plus loin, quand la rue est à ciel ouvert, on aperçoit les minarets de la grande mosquée et de la mosquée Sidi el-Akhrdar.

C'est dans la même rue, au coin de la rue Cahoreau, que l'on voit le *tétrastyle*, monument formé de quatre arcades pour la consolidation desquelles le conseil municipal de Constantine a voté une somme de 1000 fr. « En perçant la rue Cahoreau et en démolissant une masure mauresque, on exhuma un temple grec qui tournait son frontispice vers les deux principales arcades du tétrastyle; et l'existence d'un large parvis, d'où les fidèles assistaient aux sacrifices, fut révélée. De nouvelles découvertes ne tardèrent pas à suivre la première : une mosaïque, une frise élégante, deux lions, une inscription latine; une tête crénelée présumée celle de Cirta, et un mascaron, tête gigantesque de Jupiter, enchâssé dans une des parois de l'escalier de Souk-el-Asr, au-dessus du quartier des juifs.

La rue Combes doit son nom au colonel du 47e régiment de ligne, mort au second siège de Constantine. Le colonel de Lamoricière venait d'être grièvement blessé à la tête de la première colonne d'assaut. Le colonel Combes, qui arrive le remplacer avec la seconde colonne, est atteint de deux balles; luttant avec la mort, ce héros vient rendre compte au duc de Nemours du succès de l'opération, manifeste le regret de ne pouvoir survivre à la victoire, puis expire.

Passage.

Le passage Carrus, entre les rues Combes et Caraman, n'a rien qui le distingue particulièrement. Il est ouvert dans une fort belle maison à arcades; mais les boutiques qui en font partie sont des plus modestes et ne ressemblent nullement aux boutiques élégantes que l'on croit toujours rencontrer dans un passage.

Les maisons.

Les maisons de Constantine, généralement bâties en pisé ou en briques crues, et dont les assises sont souvent faites avec des pierres romaines, n'offrent pas de grandes différences avec celles d'Alger. Ic comme là-bas, c'est toujours la cour entourée de cloîtres, avec des arceaux en fer à cheval supportant un ou plusieurs étages, mais surmontés cette fois d'une toiture en tuiles, nécessitée par la position élevée de la ville que les pluies torrentielles et la neige viennent visiter. Quelquefois les galeries, au lieu d'être à arceaux, sont à plates-bandes. La distribution des chambres est la même; elles sont longues et étroites et offrent des retraits ou alcôves faisant saillie sur la rue. Quelques maisons sont pourvues de citernes.

Les murs extérieurs sont décorés à leur partie supérieure d'arcatures en pierre ou en brique; les balcons retombent, comme à Alger, sur des porte-à-faux en poutrelles de cèdre; mais le plus souvent ils sont soutenus par des montants en maçonnerie.

La porte d'entrée en bois, historiée de clous à grosse tête et d'anneaux, est surmontée d'un arc mauresque dans lequel sont quelquefois fouillées de gracieuses arabesques. Lorsqu'une main, pour éloigner le mauvais œil, n'est pas sculptée au-dessus de la porte, elle est naïvement peinte en rouge, à moins qu'elle ne soit l'empreinte d'une main naturelle trempée dans le sang d'un mouton ou d'un bœuf.

Le *harem* de Sala-bey, dans lequel on a installé un pensionnat de jeunes filles, près de la place Négrier; *Dar-ben-Lefgoun*, rue Fontanilhes; *Dar-el-bey*, rue Caraman; l'*hôtel* du Trésor et des Postes, rue des Postes; la *sous-intendance* militaire, place Négrier, offrent les types de l'architecture privée à Constantine.

Monuments religieux.

Église *de Notre-Dame des Sept douleurs*, entre la place du Palais et la rue Caraman.

La mosquée Souk-er-Rezel, affectée au culte catholique, a été bâtie en 1143 (1730 de J.-C.), par le Marocain Abbas-ben-Alloul-Djelloul, bach-kateb ou secrétaire général du gouvernement auprès du bey de Constantine Hussein-ben-Koumïa. Abbas consacra la mémoire de cette œuvre pieuse, en faisant placer au-dessus de la porte principale une inscription en vers où son nom se trouvait gravé au premier tiers du cinquième vers. Mais le bey, envieux de la renommée de son bach-kateb, voulut partager la dépense et, après la mort d'Abbas, substitua son nom au sien sur l'inscription qu'on peut voir maintenant dans la salle des archives du bureau arabe, au palais de l'ex-bey Ahmed.

La mosquée Souk-er-Rezel est un assez beau spécimen de l'architecture arabe; des colonnes en granit, hautes de 4 mèt., et provenant en partie des ruines de *Tatlubt*, poste militaire romain à 14 lieues S. de Constantine, la divisent en trois travées; les parvis sont incrustés d'arabesques finement découpées et fouillées. Le minbar musulman, transformé en chaire chrétienne, est un précieux travail de marqueterie. Mais la mosquée a subi le sort de toutes les mosquées algériennes converties en églises. Elle a été agrandie; sa toiture est surplombée d'une coupole octogone un peu écrasée. Elle forme désormais un monument hybride, et l'architecte, M. Meurs, y a dépensé plus de talent qu'il n'en aurait fallu pour construire une église neuve.

Temple protestant, derrière la grande mosquée.

Synagogue, entre la place Négrier et le boulevard de l'E., dans le quartier affecté aux juifs par Salah-bey.

Mosquées. Sans être aussi nombreux qu'à Alger, les établissements religieux de Constantine : *Djama*, mosquée à minbar ou chaire; *Mesdjeb*, mosquée sans minbar; *Zaouïa*, chapelle avec ou sans sépulture, école; *Bit-es-Salat*, salle de prières, dépassaient, avant 1837, le chiffre de 70, énorme pour une population de 25 000 musulmans, mais qui n'étonnera pas quand on saura l'excessive dévotion des habitants, et l'introduction en ville des confréries religieuses ou *khrouan*. Nous décrirons ou mentionnerons les principaux de ces édifices réduits aujourd'hui de près de moitié par suite de démolition ou d'appropriation à un autre usage.

Djama-Kebir, au centre de Constantine, entre la place El-Betha, le marché aux cuirs et l'hôtel des mines, a dû être construite sur les ruines d'un temple païen; sa toiture est, en effet, soutenue par des colonnes dont quelques-unes, notamment celles que l'on voit à dr. et à g. du mihrab, occupent leur position primitive. M. Cherbonneau cite deux inscriptions qui, trouvées en cet endroit, peuvent faire croire à l'existence d'un panthéon. L'une provient d'une chapelle consacrée à Vénus, ainsi que l'indiquent la première ligne : VENERI AVGVSTAE SACRVM, et les deux flambeaux qui l'accompagnent. L'autre appartient à la chapelle de la Concorde : elle fait partie du piédestal d'une statue enfouie peut-être à quelques pas de là. Sur ce piédestal enclavé transversalement dans le pan occidental du minaret, à 2 mèt. 70 du sol, on lit :

```
        CONCORDIAE
        COLONIARVM
        CIRTENSIVM
          SACRVM.
    C. IVLIVS. C. FIL. QVIR.
       BARBARVS QVEST.
      AED. STATVAM QVAM
         OB HONOREM
       AEDILITATIS POLLI.
     CITVS EST SVA PECV
          NIA POSVIT
            L. D. D. D.
```

« Concordiæ coloniarum Cirtensium sacrum. Caius Julius Caii Quirina Barbarus quæstor ædilis statuam quam ob honorem ædilitatis pollicitus est sua pecunia posuit. Locus datus decreto decurionum. »

Quoi qu'il en soit, Djama-Kebir est postérieure au VIᵉ s. de l'hég., comme l'atteste une épitaphe arabe gravée très-grossièrement sur une pierre noirâtre qui fait partie du soubassement de la galerie occidentale. M. Cherbonneau en a donné la traduction dans l'Annuaire de la Société archéologique de la province de Constantine. année 1853. « Ci-gît Mohammed Ibrahim-el-Merrâkechi, décédé dans le mois de.... de l'année 618 (1221 de J.-C.). »

Djama-Kebir présente extérieurement de grands murs unis, troués de lucarnes et percés d'une grande porte peu monumentale. Quand on a franchi cette porte, on se trouve dans une cour spacieuse, dallée et entourée d'un cloître; à dr., un minaret carré de 3 mèt. de côté élève sur une base, dont les matériaux se composent de cippes, de fragments de corniches, de moulures et d'inscriptions, ses trois étages de colonnettes, de style différent, que termine une galerie à jour, restaurée dans ces derniers temps; à g. de cette cour, cinq portes en bois sculpté et historié de clous et d'anneaux ciselés, donnent entrée dans la mosquée, dont le vaste vaisseau, à peu près carré, est divisé en cinq nefs, correspondant aux cinq portes, par 47 colonnes, dont 12 engagées et deux doubles ; presque toutes ces colonnes, sauf celles du fond, près du mihrab, sont dissemblables de forme et de hauteur; l'égalité de diamètre de quelques-unes a été naïvement obtenue au moyen de cordes enroulées autour du fût et recouvertes d'un crépi de mortier et de chaux ; la même hauteur de quelques autres, au moyen d'un tronçon de colonne, d'un bloc carré ou tout simplement informe ! Ces colonnes supportent une toiture dont les poutres apparentes et sans ornementation sont recouvertes en tuiles creuses. Les murs de la mosquée sont intérieurement ornés d'un cordon d'arabesques grossièrement fouillées. Les lucarnes, par lesquelles glisse un demi-jour favorable au recueillement et à la prière, sont découpées, en arabesques également, dans la pierre ou le plâtre. Des tapis, des nattes, des lampes de toutes les formes, un minbar ou chaire, et un tribunal maleki, complètent l'installation de Djama-Kebir.

Il y a loin de ce monument aux belles mosquées de Tlemcen et même d'Alger; cependant, tel qu'il est, il mérite la peine d'être visité.

Djama Rahbah-es-Souf, la mosquée du marché à la laine, sur la place du même nom et au bout de la rue Combes, date du Vᵉ s. de l'hég.; elle est, avec la grande mosquée et la mosquée de la kasba, aujourd'hui détruite, une des plus anciennes de Constantine. Distraite du culte dès le commencement de l'occupation, elle a été convertie par l'administration militaire en magasin à orge, puis en hôpital civil. Son minaret, sillonné de lézardes, a été abattu en 1850.

Djama Souk-er-Rezel, la mosquée du marché à la laine filée, a été convertie en église, comme on l'a dit plus haut. *V*. p. 366.

Djama Sidi el-Akhdar, rue Combes, est affectée au rite hanéfi. Commencé par ordre d'Hassan, bey de Constantine, cet édifice fut achevé vers la fin de Châban 1156 (1743 de J.-C.); il comprend la mosquée proprement dite, bâtie sur des voûtes, dont l'une enjambe une partie de la rue Combes, et une salle en contre-bas sur laquelle s'ouvre une galerie consacrée à la sépulture du bey fondateur et de ses descendants.

La mosquée d'El-Akhdar, malgré le mauvais goût et le clinquant de son ornementation, est une des plus belles de Constantine; des colonnes en marbre, qui n'ont rien du style mauresque, la divisent en cinq nefs; les murs sont revêtus de carreaux de faïence venant de Livourne ou de Florence; de riches tapis turcs couvrent le sol; de jolis lustres en cristal de roche et des lanternes en cuivre ou en fer-blanc tombent des voûtes dont les poutres équarries sont peintes en vert et en rouge; le jour arrive par les vitres blanches de fenêtres carrées.

Sur les *mchahed* en marbre blanc ou pierres tombales de la salle des morts, on lit les noms de personnages célèbres à Constantine, ceux entre autres de : Hassan-ben-Hanek, qui fit construire la mosquée d'El-Akhdar, mort en 1167 (1753-54 de J.-C.); Hussein, fils de Bou-Hanek, successeur de Salah-bey, mort étranglé en 1209 (1794-95 de J.-C.); Hassouna, fils du précédent, qui périt en tombant avec sa jument dans le ravin de Constantine, lorsqu'il traversait El-Kantra, 1214 (1799 de J.-C.).

N'oublions pas de mentionner le minaret qui se trouve sur l'alignement de la rue Combes, au coin de la voûte; il est octogone, terminé par un balcon en renflement, recouvert d'un auvent, et ne mesure pas moins de 25 mèt. de hauteur; c'est un des plus gracieux spécimens de ce genre de minarets.

La *Medersa* de Sidi el-Akhdar, fondée par Salah-bey et attenante à la mosquée, a son entrée sous la voûte de la rue Combes. Après avoir monté quelques marches, on arrive à une petite cour autour de laquelle étaient disposées les cellules des étudiants et une salle très-vaste, coupée par deux arcades et réservée pour les leçons qui, selon l'usage des musulmans, sont toujours précédées d'une prière. Le professeur s'asseyait sur un tapis dans la niche, en forme de coquille, qui occupe la moitié de la salle, vers l'orient, et les étudiants se rangeaient devant lui, sur des nattes. Cette salle, dont la destination n'a pas changé quant à l'enseignement, puisque M. Cherbonneau y professe aujourd'hui le cours public d'arabe, est décorée d'un bandeau sculpté et enluminé, qui serpente sans interruption sur les quatre murs. C'est une inscription arabe creusée au ciseau dans une largeur de 15 cent. Le type de l'écriture accuse une main étrangère au pays. On y reconnaît le *neskri* avec quelques variantes. M. Cherbonneau a donné la traduction de cette inscription, spécimen de dévotion locale, qui se résume en préceptes et aphorismes remplis de métaphores; elle se termine ainsi : « La construction de cette medersa a été achevée dans le mois de doù'l-hidja, l'an 1193 (1779 de J.-C.). — Louange à Dieu, le maître des mondes! »

Djama Sidi el-Kettani, sur la place Négrier, et à l'extrémité de la rue Caraman, est encore connue sous le nom de mosquée de Salah-bey, qui la fit construire en 1190 (1776 de J.-C.).

« Vers la fin du XIIᵉ s. de l'hég., dit M. Cherbonneau, l'espace compris entre l'extrémité de la rue Caraman, la manutention, la place de Sidi Djelis et la porte d'El-Kantra, ne ressemblait en rien au reste de la ville. C'étaient des buttes et des déclivités de terrain où l'herbe poussait librement, tant elles étaient peu fréquentées. On n'y apercevait que quelques maisons de médiocre apparence, au milieu desquelles s'élevaient les mesdjed de Sidi Seffar et de Sidi Tlemçani. La ville habitée semblait s'arrêter à ce carrefour que les indigènes appellent *Mekad-el-haout*, la poissonnerie. Salah-bey, le seul gouverneur de la province qui ait eu des instincts d'administration régulière, s'occupait à la même époque des embellissements de Constantine.

« Il bâtit successivement la medersa de Sidi Kettani, la mosquée du même nom et le harem qui se développe tout le long de la place Négrier. Il concéda tous les terrains vagues, situés au delà, aux juifs disséminés autrefois dans les diverses parties de la ville, à condition qu'ils y construiraient des maisons; et voilà comment il est arrivé qu'une nation aussi industrieuse qu'attachée à la religion de ses pères, et séparée par ses mœurs du reste de la population, s'est groupée dans le nouveau quartier qui lui était assigné, sous le regard protecteur du bey.

« On pénètre dans la mosquée de Sidi Kettani par une grande porte cintrée qui s'ouvre sur un large escalier en marbre mi-parti de blanc et de noir. La bande de marches noires est destinée aux fidèles qui entrent. Au haut de l'escalier, on se trouve dans une cour pavée en marbre blanc et autour de laquelle circule une galerie. Le minaret est placé du côté opposé. A l'E. sont les deux portes de la salle des prières. En y rentrant, on a devant soi une niche festonnée d'arabesques et soutenue par quatre colonnettes; c'est le mihrab où se prosterne l'iman, afin de regarder l'orient, quand il dirige la prière. La mosquée forme un carré long. Le plafond est un assemblage régulier d'ais coloriés en rouge et en vert, avec quelques rosaces. Des colonnes en marbre blanc supportent les arceaux qui divisent en plusieurs nefs ce vaste espace où sont ménagées deux coupoles au-dessus et dans la direction du mihrab. Des faïences aux mille dessins lambrissent les parois. Des tapis du Sahara et de Constantinople couvrent le sol. Le luminaire est composé de grands lustres en cristal tout chargés de girandoles. Au fond de la salle, et du côté opposé au Mihrab, se développe une longue tribune, comme dans toutes les mosquées hanefites; mais le morceau capital, c'est la chaire ou minbar, établie à droite du mihrab. On ne sait, en effet, ce qu'on doit admirer le plus, ou de l'art ou de la matière; presque toutes les variétés de marbre y sont réunies.

La *medersa* de Sidi el-Kettani a été construite par Salah-bey, en 1189 (1775 de J.-C.). « On y enseignait autrefois la grammaire, la jurisprudence, l'interprétation du koran, le dogme de l'unitéisme et les traditions mohammédiennes. Mais comme une institution d'origine hanefite avait peu de chance de résister aux réformes introduites par les successeurs de Salah-bey, elle ne tarda pas à tomber dans un abandon complet et la science y devint muette.... Elle s'est relevée sous le régime de l'administration française. Une vingtaine de tolba, appartenant au rite malekite, y sont entretenus aux frais de leur tribu respective et reçoivent, sous la direction de professeurs indigènes, une instruction purement musulmane, c'est-à-dire conforme aux connaissances exigées par le koran. Dans le système mahométan, le pouvoir temporel est si étroitement uni au pouvoir spirituel, qu'ils sont inséparables. Le koran n'est pas seulement un guide religieux, c'est un code politique et civil qui règle toutes les relations des hommes entre eux et sert pour ainsi dire de mécanisme à la société. » (*Cherbonneau.*)

Les tombeaux de Salah et de sa famille sont placés au fond de la cour de la medersa et entourés d'une balustrade en marbre.

Djama Sidi Maklouf a été bâtie dans le quartier Tâbia, aujourd'hui la batterie basse, rue Leblanc, par des juifs qui exerçaient le métier de maçons. Abou'l-Hassen-Ali-ben-Maklouf, qui mena une existence très-pieuse à Constantine, mourut le 29 de dou'l-hidja 586 (1190 de J.-C.). Il ne reste aujourd'hui de sa mosquée que la medersa où se tiennent les séances de la société archéologique de la province.

Djama Abd-er-Rahman-el-Mnâteki, rue Vieux. « Abd-er-Rahman-el-Mnâteki était venu du Maroc. Il entra dans la mosquée des Ferraïn, qui était située dans le quartier des vanniers, aujourd'hui rue Vieux, et là, il pratiqua, au fond d'une cellule, l'ascétisme le plus rigoureux, jeûnant chaque jour et partageant toutes ses heures entre la prière et la lecture des livres saints. A sa mort, qui arriva en l'année 1022 (1611 de J.-C.), un de ses plus fervents admirateurs, le kaïd-el-Bab, ou directeur de l'octroi de ville, voulant racheter ses péchés par une œuvre pie, consacra sa fortune à l'édification d'une mosquée sous l'invocation de Sidi Abd-er-Rahman. Il choisit l'emplacement de la mosquée de Ferraïn; mais il eut soin de respecter la makbara, chambre funéraire où reposaient les restes du saint. *Ou hakk Sidi Abd-er-Rahman!* « par Sidi-Abd-er-Rahman! » est un des serments les plus usités dans la population. Ceux qui le violent sont frappés de cécité, « et je ne m'étonne plus, ajoute M. Cherbonneau, qu'il y ait tant d'aveugles à Constantine. »

Mesdjeb Sidi Seffar occupe le point le plus élevé de la place d'El-Kantra. Abou-Abd-Allah-es-Seffar, savant dans les traditions mohammédiennes, est décédé le 5 redjeb 750 (1350 de J.-C.). Sa Mesdjeb a été appropriée, dans ces derniers temps, pour une crèche fondée par Mme de Mac-Mahon, et son minaret, surmonté d'une croix, ressemble à un clocher de nos églises européennes. Ce minaret est carré, percé d'ouvertures qui semblent attendre l'abat-son, et recouvert d'une toîture en bâtière. Ce type se rencontre dans les mosquées de Constantine, avec les minarets octogones et à auvents.

Zaouïa des ben Lefgoun (el Fekoun), rue Vieux. Sur une tombe en forme de coffre ouvert, dans une des chambres de la zaouïa, on lit cette inscription traduite par M. Cherbonneau : « Ceci est le tombeau du vertueux, du saint Abou-Mohammed-Abd-el-Kerim, fils du savant mufti Abou-Zakaria-Yahïa-el-Fekoun. Il fut mufti et professeur, le doyen des docteurs de l'Islam et le modèle des hommes. Il mourut un jeudi, premier jour du mois de redjeb le très-désiré, l'an 988 (1580 de J.-C.). » Cet Abou-Mohammed est un des personnages les plus éminents de la famille qui parvint à substituer son influence religieuse à celle de Sidi Abd-el-Moumen, lors de l'avénement des Turcs. Ses descendants ont conservé jusqu'en 1838 le titre de cheikh-el-Islam, que l'administration a supprimé avec raison.

La *zaouïa de Sidi Abd-el-Moumen*, mort le 4 safar 1023 (1614 de J.-C.), a été réparée par le janissaire Salah khodja, fils de Moustafa, fils de Mohammed-Metmeli, l'an 1183 (1769 de J.-C.), ainsi qu'il résulte d'une inscription que l'on voit sous le porche et dont elle décore la porte. « Avant la domination turque, c'était la famille de Sidi Abd-el-Moumen qui exerçait la plus grande influence à Constantine, où régnait le parti arabe représenté par les oulad-Saoula et par leurs nombreux adhérents. Étant maîtresse de l'autorité religieuse, elle avait en quelque sorte la direction des esprits. La tradition veut que Sidi Abd-el-Moumen s'opposât à l'entrée du bey envoyé par Kheir-ed-din pour prendre possession du pouvoir. Il encouragea les oulad-Saoula à fermer les portes de la ville. En présence de cet obstacle inattendu, le bey, qui avait pris position sur e plateau de Mansoura, aima mieux temporiser. Il ne se doutait pas qu'une famille rivale de celle du marabout devait seconder par la trahison l'accomplissement de ses désirs. En effet, les ben-Lefgoun s'introduisirent dans son camp, et lui donnèrent à entendre que Sidi Abd-el-Moumen n'étant attaché qu'à l'autorité spirituelle, il n'était pas impossible d'entrer en accommodement avec lui; que le seul moyen de briser sa résistance, c'était de lui promettre le maintien de sa position. Des lettres furent échangées entre le bey et le chef religieux de Constantine. Celui-ci, oubliant la prudence naturelle aux Arabes, ou plutôt trop confiant dans le caractère religieux dont il était revêtu, se rendit avec quelques amis seulement au Mansoura où l'attendait une diffa splendide. Il fut empoisonné par les Turcs; on écorcha son cadavre, et sa peau bourrée de paille fut envoyée à Alger en manière de trophée.... » (*Cherbonneau*).

Zaouïa de Naamâne, rue dr 26ᵉ de ligne. On y voit le tombea de Zohra, fille de Mohammed-Naamâne, gendre de Zergaïn-Ho, khlifa sous Abd-Allah bey; et bey lui même en 1811.

Zaouïa de ben-Djelloul, rue Sérigny. Le jurisconsulte Ahmed-ben-

Abd-el-Djelil, de la famille des ben-Djelloul, mort le 21 safar 1201 (1786 de J.-C.), y est enterré.

L'inscription placée au-dessus de la porte d'une maison française, bâtie en 1849, rue Sanzai, contient l'épitaphe de Yahïa-Ben-Yahïa-el-Focili, mort le 7 de rbi-el-eouel 676 (1277-1278 de J.-C.) et enterré dans une zaouïa dont la maison en question a pris la place.

Nous signalerons enfin rue Combes, entre la grande mosquée et la mosquée de Sidi el-Akhrdar, une construction religieuse élevée sur des substructions romaines; on arrive d'abord par un escalier de quelques marches à une petite terrasse ombragée de vignes, et de laquelle on plonge sur la rue qui montre à l'horizon le minaret de Sidi el-Akhrdar. On entre ensuite dans une chambre où est enterré un marabout de l'ordre de Tedjini du Maroc. Nous avons vu à côté de ce tombeau un vieillard ascète, à longue barbe blanche, à figure parcheminée, qui prie, jeûne et dort là depuis trente ans. Il nous a rappelé le saint François d'Assise de Bénouville, à propos duquel M. T. Gautier dit si bien :
« La mort mêle ses tons de cire jaune aux teintes mates de l'hostie sur cette tête émaciée, consumée d'extase, et nageant déjà dans les effluves de la béatitude céleste. » Nous ajouterons cependant que la haine du roumi arracha un instant le marabout à son extase.

Édifices publics.

Dar-el-bey, la maison du bey, a été bâtie par Husseïn-ben-bou-Hanek, successeur de Salah, de 1793 à 1795, et lui a servi de demeure ainsi qu'aux autres beys jusqu'à Hadj-Ahmed. Ce palais, d'une construction fort massive, occupe un assez vaste emplacement entre la rue Caraman et la rue Combes. Extérieurement, il a plutôt l'air d'une prison que d'une demeure princière; son entrée est sous une voûte. Intérieurement, il offre la distribution ordinaire des maisons mauresques. Le local où logeaient les femmes du bey formait une aile à part, séparée du reste des bâtiments par une cour au niveau du sol de la rue.

Sur une tablette en marbre placée autrefois au-dessus de la porte principale de Dar-el-bey, et déposée aujourd'hui à la direction des affaires arabes, on lit cette inscription traduite par M. Cherbonneau, et dont le style emphatique manque tout à fait d'à-propos :

« L'étoile du palais s'est levée sous d'heureux auspices,

« Et ses parterres se sont embaumés du parfum de la cassie,

« Et le palais merveilleux lui a emprunté un charme nouveau.

« L'aspect de cet édifice élève l'âme,

« Et les salles qu'il renferme sont brillantes comme autant de jeunes filles pudibondes,

« Au visage resplendissant, aux regards langoureux, dont le sein ruisselle de pierreries,

« Dont les habits sont parsemés de perles et d'or pur.

« Ce sont des salles magnifiques dont la splendeur éblouit,

« L'éclat de leur beauté jette le trouble dans les sens.

« Gloire à Dieu qui a prêté des formes si gracieuses à sa structure!

« On y reconnaît la main libérale de l'illustre bey, du brave des braves,

« Husseïn, fils d'Hassen-bey, de sainte mémoire, lequel a trouvé grâce devant la bonté infinie de l'Éternel.

« Si tu désires, lecteur, connaître la date de ce monument, prononce ces mots :

« Construction de Husseïn, le héros sans rival. »

On trouve dans cette dernière phrase, formant un de ces chronogrammes pour lesquels les musulmans ont un goût particulier, la date de 1208 (1793-1794 de J.-C.).

Le rez-de-chaussée de Dar-el-bey a été converti en écuries pour les spahis ; les étages supérieurs sont affectés au logement des officiers ; et la partie du palais appelée *deriba*, où demeuraient les femmes du bey, est occupée par le campement et les lits militaires.

Le *palais d'Hadj-Ahmed*, auquel il manque une façade et une entrée dignes de sa destination, a été construit, peu de temps avant la prise de Constantine, par le dernier bey, avec des matériaux extorqués aux plus riches habitations de la ville. Ce palais, qu'on a souvent comparé à une de ces féeriques demeures décrites dans les *Mille et une nuits*, n'aurait rien de remarquable sans les trois jardins entourés de galeries, qui en font comme une fraîche oasis au milieu des rues européennes où alternent la poussière et la boue. On ne manquera pas de faire remarquer au visiteur les fresques naïves qui décorent les parois des galeries, fresques représentant ici un combat naval, et là Stamboul, Masr ou Iskanderia ; qu'elles soient l'œuvre d'un mahométan ou d'un chrétien, ces peintures sont exécutées d'après l'orthodoxie la plus pure de l'art musulman, on n'y voit figurer aucun personnage.

Le palais comprend aujourd'hui l'installation du général commandant la division ; de l'état-major général ; du bureau arabe divisionnaire, du conseil de guerre et du bureau arabe subdivisionnaire.

El-Hadj-Ahmed n'habita son palais que quelques mois, une première fois comme souverain, une seconde fois comme prisonnier. Était-ce ainsi que devaient s'accomplir les vœux de ses adulateurs, formulés dans une inscription que l'on voit entre le cabinet du général et la salle où se tient la commission consultative ?

« Au nom de Dieu clément et miséricordieux. — Pour le maître de ce palais, paix et félicité, une vie qui se prolonge tant que roucoulera la colombe, une gloire exempte d'avanies, et des joies sans fin jusqu'au jour de la résurrection. »

Les autres édifices publics sont : la *préfecture* ; la *mairie* ; le *tribunal* ; l'*hôtel de la Banque* ; le *trésor et les postes* ; tous n'ont absolument rien de monumental.

Nous ne saurions passer sous silence *Dar-el-Mena*, la maison d'asile, ou maison appartenant aux ben-Lefgoun, dont l'entrée est située rue Fontanilhes, n° 4. Les ben-Lefgoun étaient, ainsi qu'on l'a dit plus haut, en puissance de l'autorité religieuse, sous la domination turque, et à ce titre leur maison était sacrée et inviolable, comme nos églises au moyen âge. La tradition rapporte qu'un bey s'y étant réfugié, vécut pendant trois mois dans la chambre qui est au-dessus de la porte, et qu'il en sortit sain et sauf, le ressentiment du pacha d'Alger, qui voulait sa mort, s'étant apaisé. La tradition ajoute que depuis lors, quand un bey tombait en disgrâce, le pacha avait soin de donner l'ordre de faire placer deux chaouchs à la porte des ben-Lefgoun, afin d'empêcher le malheureux bey d'en franchir le seuil.

Bâtiments militaires.

Le *palais d'Ahmed-bey*, hôtel du général commandant la division et *Dar-el-bey*, affecté à des logements d'officiers et au campement, sont décrits ci-dessus.

La kasba renferme, comme on l'a dit plus haut, un *arsenal*, une *manutention*, un *hôpital militaire*, et trois *casernes*. Les autres casernes sont : *Dar-yenkcheria-m'ta-rahbah-ed-djemel*, la caserne des janissaires de la place des Chameaux, occupée par le 3e régiment des tirailleurs indigènes, plus connus sous le nom de turcos; la *caserne des spahis*, rues Fontanilhes et Perrégaux, et la *caserne des chasseurs d'Afrique*, au Bardo, sur la rive gauche du Roumel, au bas de Koudiat-Ati.

La *direction de la poudrerie* est rue Perrégaux, et la *poudrerie*, au-dessous des cascades du Roumel.

Le musée.

Les documents épigraphiques, quelques morceaux d'architecture et de sculpture auxquels viennent se joindre des collections particulières assez importantes, soit par dons, échanges ou acquisitions, forment le noyau d'un musée qui s'enrichit continuellement à la suite des fouilles faites dans la ville ou aux environs; ils sont répartis provisoirement en deux sections : l'une à la mairie, l'autre à la place Négrier.

Les *collections de la mairie* sont réparties dans quatre grandes armoires vitrées; la première à gauche en entrant, dans la salle des séances du conseil municipal, renferme des pots, des seaux, des lampes en terre, une lampe en bronze à six becs avec sa chaîne, des tuiles, des fragments de mosaïques et des débris géologiques.

La deuxième armoire contient des plats, des tasses en terre vernissée, et la belle collection de lampes funéraires décrites par M. Cherbonneau.

La troisième, à droite de la cheminée, de menus objets en verre, des bagues en or, avec ou sans pierres gravées, des colliers, des armillæ ou bracelets d'homme en bronze, des fibules, des boucles, des miroirs, des lampes, des clous, des clefs, des statuettes, celle, entre autres, d'une victoire ailée, haute de 23 centimèt., découverte sous le sol de la kasba, le 18 juin 1858, et offerte au Musée par MM. les colonels du génie Lebreton et Rabot. Cette statuette en bronze est le bijou du musée.

La quatrième armoire à gauche de la cheminée renferme des amphores, des carreaux, des tuyaux, des vases, des statuettes en terre et des fragments de bas-reliefs en terre également.

Toutes ces collections, ainsi que 2000 médailles, dont 500 en argent, toutes à fleur de coin, ne sont ni classées, ni cataloguées; la majeure partie provient des acquisitions faites, pour une somme de 10 000 fr., à M. Costa, entrepreneur de bâtiments, l'un des plus intrépides et des plus grands collectionneurs de l'Algérie.

Les *antiquités* réunies dans une cour, en contre-bas de la place Négrier, réclament impérieusement un local où elles soient à l'abri des intempéries. Elles se divisent en poteries, telles que amphores, tuiles et tuyaux; en débris de sculpture et d'architecture, parmi lesquels une tête de Cérès ou de femme représentant Cirta, des lions venant du temple de la rue Cahoreau, un autel à Vénus, des frises et des chapiteaux; et enfin en monuments épigraphiques, pierres tombales ou votives, qui se subdivisent en inscriptions arabes, romaines et puniques.

Nous signalerons, parmi les inscriptions tumulaires romaines, les suivantes, à cause du grand âge où sont arrivées les personnes qu'on y mentionne.

D. M.
C. SABELLIVS
DILECTVS
V. A. LXXXX.
H. S. E.

« Aux dieux mânes. C. Sabellius dilectus (aimé ou chéri) a vécu 90 ans. Il est ici. »

D. M.
M. MVNDICIVS
SATVRNINVS.
V. A. LXXXXV.
H. S. E.
O. T. B. Q.

« Aux dieux mânes. M. Mundicius Saturninus a vécu 95 ans. Il est ici. Repose en paix. (*Ossa tibi bene quiescant.*) »

D. M.
VMBRIA. MATRONICA
. . . .
V. A. CXV
H. S. E.
O. T. B. Q.

« Aux dieux mânes. Umbria Matronica... a vécu 115 ans. Elle est ici. Repose en paix. »

Cette inscription et la précédente sont gravées sur la même pierre.

D. M.
C. IVLIVS
PACATVS
V. A.
CXX.

« Aux dieux mânes. C. Julius Pacatus (Tranquille) a vécu 120 ans. »

Nous avons donné des inscriptions où fragments d'inscriptions mentionnant le nom de *Cirta*; en voici une autre mentionnant le nom de *Constantine*, et par conséquent très-intéressante au point de vue de l'histoire de cette ville.

LARGITATE DD NN PP AVGG
CONSTANTI ET . . . .
CEIONIO ITALICO CLARISSIMO
ATQVE CONSVLARI VIRO EXIMI
O AC SINGVLARI VIRTVTVM
OMNIA OB MERITA ERGA SE
ET PROVINCIAM CONTI
NENTIAE PATIENTIAE
FORTITVDINIS LIBERALI
TATIS ET AMORIS IN OMNES
PRAECIPVI ORDO FELICIS
COLONIAE CONSTANTI
NAE PROVINCIA NVMI
DIA PATRONO POSVIT.

M. Cherbonneau restitue le nom de *Julianus* à côté du nom de l'empereur Constantius. On sait, dit-il, que Constance II associa Julien à l'empire, en 355, et qu'il mourut en 361. C'est entre ces deux dates que doit être placée la dédicace offerte par le conseil supérieur de la colonie constantinienne et par la province de Numidie à Ceionius, personnage consulaire; en reconnaissance de toutes les vertus qu'il avait déployées et de l'amour sans exemple qu'il leur avait témoigné. Ceionius Rufius Albinus, que l'on a surnommé le philosophe, avait partagé les honneurs du consulat avec Flavius Julius Constantius, en l'année 335 de J.-C.

Un piédestal, sur lequel on lit AMPHITHEATRI, appartenait à l'amphithéâtre de Constantine, élevé à Koudiat-Ati, et désigné par les Arabes, avant sa destruction, sous le nom de *Fondouk-er-Roum*, le caravansérail des chrétiens.

Les inscriptions puniques, au nombre d'une quarantaine, exerceront longtemps encore la patience des philologues qui, faute d'accord et d'une interprétation qu'ils n'ont pas su ou voulu rendre commune, les lisent d'une manière différente.

Constantine renfermait, au moment de la conquête française, un grand nombre de ruines romaines, dont la plupart ont disparu dans les travaux de construction de notre établissement. Celles que l'on peut visiter encore sur place, sont :

Les *citernes*, restaurées, et les *inscriptions*, à la Kasba. V. p. 361.

Les *citernes* de la rue Abd-el-Hadi et de la rue du Troisième-Bataillon-d'Afrique.

Le *tétrastyle* de la rue Combes. V. p. 364.

Les *inscriptions* de la grande mosquée, V. p. 366; de Dar-el-Bey, rue Caraman; de la porte Ed-Djabia, V. p. 360.

Le *Mascaron*, ou tête de Jupiter, place Négrier.

Et au dehors :

Les débris d'épaisses *murailles* en avant de Rab-ed-djabia.

Le *tombeau de Præcilius*, sous Bordj-el-Açous. V. p. 385.

L'*inscription des martyrs*, près du Roumel. V. p. 383.

Le *pont*, ou El-Kantra. V. ci-dess.

Et enfin l'*aqueduc*. V. p. 385.

Le théâtre.

Le théâtre de Constantine, situé à l'entrée de la rue de la Poste, est ouvert pendant l'hiver, les mardis, jeudis et dimanches. On y joue tous les genres. Le répertoire est très-varié, trop varié même, et on ne peut que plaindre le directeur et les acteurs, chargés d'amuser un public d'abonnés qui, à Constantine comme ailleurs, est exigeant, difficile, blasé, inamusable.

Nous n'avons rien à dire du théâtre comme monument, sinon qu'il est indigne d'une grande ville telle que Constantine.

Il y a dans un caveau de la rue Damrémont une espèce de *café-chantant* où la musique, les romances et les chansonnettes comiques alternent avec des représentations de *Guignol*. L'individu chargé de faire mouvoir et parler les pantins ne manque pas d'un certain esprit, esprit salé il est vrai, mais approprié à la localité et aux auditeurs.

Le pont ou El-Kantra.

Cinq ponts, jetés sur le ravin, de l'E. au S., donnaient autrefois accès à la ville; deux autres traversaient le Roumel, l'un en amont à cent pas de l'endroit où ce fleuve reçoit les eaux du Bou-Merzoug; l'autre en aval, au bout de la prairie qu'on appelle *Menia*.

Six de ces ponts sont en ruine; la cause de leur destruction a été diversement expliquée, mais nous nous rangeons avec M. Cherbonneau au témoignage d'Ibn-Konfoud, historien de Constantine et natif de cette ville. « Ben-el-Emir, dit-il, avait à peine été nommé Kaïd de Constantine qu'il se déclara indépendant et prêcha la révolte contre l'émir Khraled, en 704 (1304 de J.-C.). Lorsqu'il apprit que son souverain quittait Bougie et s'avançait à la tête d'une armée formidable, il fit démolir les ponts de la ville.... »

Un seul est encore en partie debout; « ce pont, d'origine romaine, jeté entre la porte à laquelle il donne son nom et le plateau de Mansoura, est situé sur le bord amont de la plus longue des voûtes naturelles qui se trouvent sur le Roumel et dont l'intrados a 70 mèt. au-dessus des eaux du Roumel. Quelques détails donneront une idée de ses gigantesques proportions. La clef de voûte de l'arcade naturelle sur laquelle s'assied le monument est à 41 mèt. au-dessus de l'étiage de la rivière. L'épaisseur minima de la voûte est, en cet endroit, de 16 mèt. Le point le plus bas des fondations du pont se trouvait donc à 57 mèt. au-dessus de l'étiage.

« Ainsi posé sur cette voûte naturelle, le pont présentait aux regards deux rangées d'arches superposées. On reconnaît encore plus facilement les restes de l'ouvrage primitif, et l'ancien travail romain est facile à retracer.

« Il se composait à l'étage inférieur de deux piles, de deux arches et de deux demi-arceaux s'appuyant, d'un côté sur les piles, de l'autre sur le rocher; l'étage supérieur était formé de 6 arches. On retrouve encore comme appartenant à ces premières constructions presque tout l'étage inférieur, et, à l'étage supérieur, la culée de gauche, la dernière pile de droite et la culée de la même rive »

Le pont était, selon Shaw, un chef-d'œuvre dans son genre. La galerie et les colonnes des arches étaient ornées de corniches, de festons, de têtes de bœuf et de guirlandes. L'entre-deux de chaque arche était surmonté de caducées et d'autres figures. Quant aux sculptures placées entre les deux principales arches, elles ont été fort mal décrites par Shaw. Les deux éléphants se faisant face sont d'un travail très-grossier qui semble appartenir à une époque fort reculée; l'autre pierre sculptée, qui, comme la précédente, semble avoir été encastrée dans le pilier par l'effet d'un caprice de l'architecte, représente une femme vêtue si légèrement qu'il est facile de deviner sous les draperies le modelé de son corps.

« Vers l'année 1793, ce pont avait été reconstruit par Salah-bey, sous la direction de don Bartolomeo, architecte de Mahon. Ce travail devait être effectué avec des pierres apportées des Baléares; mais il n'arriva qu'un seul chargement à Stora, parce que le bey trouva que les matériaux lui revenaient ainsi beaucoup trop cher, et se décida à en extraire sur place auprès d'une ancienne fortification de campagne connue sous le nom de batterie tunisienne. » (*A. Berbrugger*.)

« La reconstruction du pont de Constantine, ajoute M. Cherbonneau, était certainement une œuvre d'une utilité immense pour la population de cette ville; elle tourna néanmoins à la perte de son auteur. Des hommes malveillants ayant insinué au pacha d'Alger qu'en amenant de l'eau à Constantine, son lieutenant n'avait d'autre but que de se rendre indépendant, celui-ci le destitua et le fit mettre à mort. C'est à Husseïn-ben-bou-Hanek, successeur de Salah, que l'on dut l'achèvement d'El-Kantra. »

Le pont et la porte servirent de point d'attaque à nos troupes, en 1836. Dans la nuit du 22 au 23 octobre, qui suivit leur arrivée sur le plateau de Mansoura, une reconnaissance fut opérée par le capitaine du génie Hacket. La nuit suivante une colonne précédée des sapeurs du génie chargés de faire sauter la porte, fut lancée sur le pont ; le capitaine Hacket fut tué, et le général Trézel, grièvement blessé, fut obligé de remettre le commandement des troupes au colonel Héquet, qui, ne pouvant humainement continuer une attaque inutile et meurtrière, la fit cesser. Presque en même temps le commandant de Richepanse et le capitaine Grand tombaient frappés à mort devant la porte Ed-Djabia qu'on avait également essayé de faire sauter. Le jour qui suivit cette nuit funeste éclaira la retraite de notre armée, retraite qui fit tant d'honneur au maréchal Clauzel et dans laquelle le commandant Changarnier se faisait glorieusement connaître.

Le 18 mars 1857, à 7 heures et demie du matin, une des piles supérieures d'El-Kantra, la plus rapprochée des murs, s'étant écroulée, entraîna dans sa chute les deux arceaux qu'elle supportait, ainsi que 22 mèt. de la conduite d'eau qui alimentait la ville. Cet accident obligea à démolir la plus grande partie du pont et on y procéda à coups de canon, le 30 mars suivant. En démolissant la partie supérieure de la culée droite, on mit à jour deux blocs dont les fragments d'inscription pouvaient faire penser que le pont avait été construit de l'an 138 à 161 après J.-C., sous le règne d'Antonin-le-Pieux. Mais M. Cherbonneau suppose que ces deux pierres faisaient partie de l'arc de triomphe élevé à Mansoura et détruit par le Salah-bey, pour la reconstruction d'El-Kantra. On a commencé sa réédification, et une de ses nouvelles parties sera métallique.

Fontaines et aqueducs.

Dans une ville bâtie comme Constantine sur un rocher aride, la question des eaux a dû être de tout temps la plus grande préoccupation des habitants.

Les citernes romaines de la Kasba, qui étaient les principaux réservoirs, étaient alimentées par les eaux du Djebel-Ouach, élevé, à 12 kil. N. E., de 1300 mèt. au-dessus de la mer. Ces eaux arrivaient dans un château d'eau à Mansoura, et s'écoulaient ensuite, en décrivant un siphon, jusqu'à l'aqueduc dont une pile est encore visible sur les rochers inférieurs du ravin.

Un autre aqueduc tantôt apparent, tantôt souterrain, amenait les eaux du Bou-Merzoug à Koudiat-Ati, où elles étaient recueillies dans des citernes pour être distribuées ensuite dans les fontaines de Constantine par des conduits en terre cuite.

Les débris de ces tuyaux, retrouvés jusqu'à ce jour dans les travaux de voirie, accusent quatre provenances distinctes signalées par les ethniques des lieux de fabrication :

TIDITNI : Tidditani, aujourd'hui *Khraneg* ;

VZELITAN : Uzelitani, aujourd'hui *Oudjel* ;

AVZVRENSES : Audurus, sur la route de Bône?
CEMELLENSES : Gemellæ, sur le territoire de Lambèse à Sétif?

Ces aqueducs durent être détruits pendant les invasions vandale et arabe, et tout ce que nous savons des époques qui suivirent la domination romaine, c'est que peu de maisons de Constantine étaient pourvues de citernes.

On a vu plus haut que Salah bey fit reconstruire El-Kantra, par lequel l'eau arrivait dans la ville. C'est également sur les ruines de ce pont que les eaux de l'oued-Berarit et des sources qui abondent sur le plateau de Mansoura, traversent le ravin par un siphon, pour remonter ensuite alimenter les citernes de la Kasba. La quantité d'eau amenée ainsi est de 600 mèt. cubes par jour; mais elle est encore insuffisante, et il est question, sur l'initiative de M. Lapaine, préfet de Constantine, d'amener les eaux des sources de Fesguïa, situées à 70 kil. S.; elles donneraient par jour et par habitant 250 litres d'eau, non compris l'alimentation actuelle qui serait réservée pour la boisson.

L'esplanade Valée et les places Négrier, Rahbah-es-Souf, Sidi Djellis, sont pourvues de fontaines publiques.

Société savante. — Instruction publique.

Une société archéologique, fondée à Constantine, en 1852, par les soins de MM. le général Creuly et A. Cherbonneau, publie tous les ans, depuis 1853, un annuaire rempli de documents très-intéressants, et dont l'abondance est loin d'être épuisée, car la province est riche, et tous ses monuments ne sont pas encore connus.

Enseignement supérieur : cours public d'arabe vulgaire et littéral, professé par M. A. Cherbonneau, dans l'ancienne Medersa de Sidi el-Akhrdar, rue Combes.

Enseignement secondaire : collége communal.

Enseignement primaire : 1° établissements publics : écoles de garçons : deux écoles catholiques, une école israélite, une école arabe-française; — écoles de filles : une école catholique, une école de jeunes filles musulmanes; — écoles mixtes : une salle d'asile, une classe d'adultes. — 2° Établissements privés : six écoles de garçons, quatre écoles de filles. Tous ces divers établissements comportent un total de 1500 élèves.

Établissements et sociétés de bienfaisance.

On compte à Constantine : un *hôpital civil*, installé dans l'ancienne mosquée de Rahbah-es-Souf; une *crèche*, fondée par Mme de Mac-Mahon, dans l'ancienne mesdjed de Sidi Seffar, place d'El-Kantra; une *salle d'asile*, rue Caraman; un *asile indigène*, rue Fontanilhes, près de la grande mosquée; un *bureau de bienfaisance*; une *société de secours mutuels*; une *société de Saint-Vincent de Paul*; une *société franc-maçonnique*; et une *caisse d'épargne*.

Les marchés et les fondouks.

Le *marché aux grains*, à Koudiat-Ati, est le plus important de l'Algérie; il s'y fait annuellement pour neuf ou dix millions d'affaires, et le droit de mesurage ne rapporte pas moins de 250000 fr. par an à la municipalité.

Le *marché aux légumes* se tient tous les matins, jusqu'à dix heures, sur la place de Nemours.

Le *marché aux cuirs*, pour les Arabes, se fait rue Perrégaux, et le *marché aux burnous*, place des Chameaux.

Les *fondouks aux haïks, aux burnous et aux tapis*, sont situés rue Vieux et rue Hacket.

Le *fondouk aux huiles*, rue Vieux.

Les ventes à la criée des objets, bijoux et meubles arabes, se font place Négrier, et les ventes à l'encan, par commissaire-priseur, place du Palais et sur l'esplanade Valée.

Industrie et commerce.

L'agriculture a été de tout temps la principale richesse de la Numidie, l'élément le plus fécond de son industrie et de son commerce. Les historiens anciens vantent la fertilité des plaines de Cirta. Numide, Romaine, Arabe ou Turque, Constantine était le grand marché sur lequel les grains et les bestiaux s'échangeaient contre les produits apportés par les caravanes du Sahara et plus tard par les marchands européens dont les comptoirs étaient établis à Bône, à Stora, à Collo et à Bougie.

En dehors du commerce actuel fait par les Européens et les Indigènes, deux grandes industries se partagent, en quelque sorte, la population indigène de Constantine : 1° *la fabrication des ouvrages en peau;* 2° *la fabrication des tissus de laine.*

La fabrication des ouvrages en peau occupe : les tanneurs, les selliers et les cordonniers.

Les *tanneurs*, au nombre de 200, sont répartis dans une quarantaine d'établissements situés au-dessus du ravin d'El-Kantra, entre le boulevard du Sud et la rue Perrégaux. Ils fournissaient autrefois les outres en peau, nécessaires au service du palais du bey et de l'armée. Ils achetaient en retour, à moitié prix, les cuirs des boucheries, et obtenaient pour rien ceux des bœufs et des moutons abattus par les juifs; pendant six mois de l'année, ils payaient toutes les peaux de moutons à raison de 15 c.; mais ils devaient au beylik, pour ce privilége, une somme de 1800 fr. par an. Aujourd'hui, que les charges et priviléges sont supprimés, ils achètent leurs cuirs aux Kabiles, sur le pied de 4 à 10 fr.; ceux de bœuf; 75 c. à 2 fr., ceux de chèvre; 50 c. à 1 fr., ceux de mouton. Les cuirs préparés sont portés chaque jour à un marché situé près de la grande mosquée, et là s'approvisionnent les selliers et les cordonniers.

Les *selliers*, établis dans des boutiques situées au centre de la ville, ont à satisfaire à la fois aux commandes des habitants de Constantine et des Arabes du dehors. Les selliers confectionnent, outre les harnachements du cheval, tous les objets en cuir qui entrent dans l'équipement d'un cavalier : les bottes appelées *temak;* le portefeuille, *djebira;* les cartouchières; les gibernes que portent les Kabiles. Tous ces articles de sellerie sont souvent d'un travail très-recherché et les prix en sont élevés. L'ensemble de cette industrie livre chaque année au commerce pour plus de 600000 fr. de produits.

Les *cordonniers*, occupant des rues entières de Constantine, sont au nombre de plus de 500, patrons et ouvriers compris ; ils se partagent en deux corporations : les cordonniers pour hommes et les cordonniers pour femmes, ayant chacun leur *amin* ou syndic particulier. Les cordonniers emploient généralement des enfants, et une boutique ayant deux ouvriers peut confectionner dans un jour quatre paires de souliers d'une valeur totale de 12 fr., ce qui représente pour toute l'année un produit de environ 8 à 900 000 fr.

La fabrication des tissus de laine, dont les Européens commencent à s'occuper, est plus importante encore que la fabrication des ouvrages en peaux, parce qu'elle tient aux habitudes nationales des Arabes et qu'elle occupe un grand nombre de bras. La fabrication des tissus de laine comprend cinq sortes de produits : les haïks, les burnous, les gandouras, les tellis et les tapis.

Les *haïks*, vêtements de qualité inférieure, presque exclusivement à l'usage des habitants des montagnes et des classes pauvres, sont fabriqués par des métiers réunis au nombre de 5, 8 et quelquefois 12 dans des maisons isolées : leur prix varie de 3 à 12 fr., selon la dimension. Le nombre des haïks fabriqués à Constantine, avant la conquête, était d'environ 60 000 chaque année : il a diminué aujourd'hui.

Les *burnous* se tissent dans l'intérieur des familles : il n'est pas de maison où l'on ne trouve au moins un métier, et toute femme qui ne sait pas tisser est peu estimée. On peut évaluer à 25 000 le nombre des burnous confectionnés à Constantine ; leur prix varie de 15 à 30 fr., suivant la finesse de la laine et la qualité du tissu. Les *gandouras* sont des tissus de laine mélangés de soie, auxquels leur finesse donne l'aspect de la mousseline. Le nombre de ces vêtements confectionnés à Constantine est assez restreint. Outre les burnous confectionnés dans Constantine et dans les tribus, on en trouve dans le commerce de plusieurs autres qualités; ce sont : les burnous *sousti*, importés de Sousa, dans la régence de Tunis; les burnous *djeridi*, fabriqués dans le Beled-ed-djerid de Tunis ; les burnous de Zamoura, qui sont rayés gris et blanc; les burnous *bidi*, entièrement gris, faits par les Beni-Abbès et les tribus de la chaîne des Biban ; enfin les burnous noirs de la province d'Oran, *zerdani*. Les burnous sousti sont les plus fins; les djeridi sont plus chauds et aussi souples; quant à ceux des autres qualités, ils sont considérés comme des vêtements pour l'hiver et la saison des pluies.

Les *tellis*, dont il est généralement fait usage pour les transports, sont des sacs en laine, à raies de couleurs mélangées; ils sont confectionnés, comme les burnous, dans l'intérieur des maisons; il n'est pas de famille qui n'en emploie 3 ou 4 chaque année.

Les *tapis*, quoique de bonne qualité, et imitant ceux du Levant, ne sont qu'un objet de fabrication très-secondaire. Le voisinage de Tunis, les relations fréquentes avec Alger, l'usage des tapis de Smyrne généralement répandu, ont arrêté le développement de cette branche de fabrication.

Autour de ces grandes industries s'en groupent d'autres moins importantes : des meuniers, des bouchers, des fruitiers, des jardiniers, des épiciers, des cafetiers, des marchands de tabac, des maçons, des menuisiers, des serruriers, des potiers, des vanniers, des bourreliers, des marchands d'étoffes, des teinturiers, des passementiers, des tailleurs, des barbiers et des baigneurs.

En somme, on peut dire qu'il n'existe pas de ville en Afrique dont la population soit plus laborieuse et plus active que celle de Constantine.

Environs de Constantine.

Le tour des remparts. Quand on sort de Constantine par la porte Valée, on a en face de soi la colline du *Koudiat-Ati*, au pied de laquelle les Romains, les Arabes et les Turcs élevèrent, tour à tour, un faubourg souvent détruit dans les siéges, à cause de sa position près de l'entrée principale de la ville.

Koudiat est redevenu, sous les Français, un faubourg de grande ville, avec ses auberges, ses maisons de roulage, ses forgerons, ses charrons; il a pris une telle extension qu'on y a nommé un commissaire de police.

Les *cimetières français et arabe* sont situés au S. E. de Koudiat-Ati, qui fut de tout temps le champ des morts. « C'est, dit M. Cherbonneau, dans les entrailles du Koudiat-Ati que l'on ramassera les ossements des générations qui ont habité successivement le rocher de Cirta. La surface et la base de cette grande colline n'ont produit encore que quelques centaines de dalles gravées inhabilement. Il faut attendre, pour rendre à la lumière les débris de la nécropole ancienne, que le dérasement s'opère sur une grande échelle et sur plusieurs points. Tout ce que je puis faire actuellement, c'est de suivre de l'œil chaque coup de pioche qui se donne au pied de cette butte dont le sort demeure incertain jusqu'à ce jour.....»

La *pyramide* élevée en l'honneur du général Damrémont, est placée entre les routes de Setif et de Batna; on lit sur la face nord :

ICI
FUT TUÉ
PAR UN BOULET
EN VISITANT
LA BATTERIE DE BRÈCHE
LE 12 OCTOBRE 1837
VEILLE DE LA PRISE DE CONSTANTINE
LE LIEUTENANT GÉNÉRAL
DENYS COMTE DE DAMRÉMONT
GOUVERNEUR GÉNÉRAL
COMMANDANT EN CHEF
L'ARMÉE FRANÇAISE EXPÉDITIONNAIRE

Une traduction en arabe de cette inscription est gravée sur la face sud. Lieutenant général a été rendu par l'onomatopée *lioutenan djeneral*, gouverneur général par *sultan-ed-djezaïr*, sultan d'Alger, le mot *khralifa* eût été mieux compris; 12 octobre, par 12 *oktoubr*, quand on avait la date correspondante de l'hégire. Ce pauvre échantillon d'un nouveau style lapidaire n'a rien à envier à certaines enseignes des rues d'Alger : les rues de la *Vouictouire* (Victoire) et *Bourt-Nouf* (Porte-Neuve)!

Le comte Denys de Damrémont fut tué, comme le dit l'inscription, à la place même où s'élève la pyramide, alors que, quittant le plateau de Mansoura, il venait pour inspecter les batteries de brèche de Koudiat-Ati. Un boulet parti des embrasures percées vis-à-vis la caserne des janissaires, entre Bab-el-Oued et Bab-ed-Djabia, l'atteignit au flanc; son chef d'état-major, le général Perrégaux, fut en même temps frappé d'une balle à la tête et mourut peu après.

Le général Valée, prenant par rang d'ancienneté le commandement en chef de l'armée, fit activer le feu des batteries, et le lendemain, 13 oct., Constantine était prise après un assaut des plus meurtriers.

En se dirigeant de la porte Valée vers la pointe de Sidi Rached, on passe devant *Bab-ed-Djabia*, en avant de laquelle était autrefois la mosquée de Sidi Hilouf, où l'on professait un cours de jurisprudence; puis on descend à travers les aloès, les cactus et les tas de fumier, à l'*abattoir;* cet édifice est divisé en trois parties, pour les chrétiens, les musulmans et les juifs; à quelques pas de là et sur la rive gauche du Roumel également est le *Bardo,* ancien quartier de cavalerie turque, occupé maintenant par le 3e régiment de chasseurs d'Afrique.

La *pointe de Sidi Rached* forme l'extrémité S. du rocher de Constantine. On l'appelle ainsi à cause d'un marabout de ce nom, qui y fut enterré. C'est de cet endroit que l'on précipitait dans le Roumel les femmes adultères.

Lorsqu'on a franchi un pont d'une seule arche jeté au bas de Sidi Rached, sur la rivière qui, en cet endroit, commence à s'engouffrer dans le ravin finissant au N. au-dessous de la Kasba, on arrive auprès d'une *source thermale* recouverte d'une chambre voûtée dans laquelle les indigènes prennent des bains. Le trop-plein de la source tombe dans un bassin carré où nos soldats viennent lessiver leur linge; les tanneurs arabes viennent aussi y faire subir une première préparation à leurs cuirs dont il font tomber le poil. Léon l'Africain décrit ainsi cette source : « Des degrés taillés et martelés à force de ferrements; et joignant iceux une petite loge faite à voûte et cavée en la manière de ces marches, de sorte que les colonnes, bases, chapiteaux, le plan, le niveau du pavé, le couvent et le logement sont tout d'une pièce, et en ce lieu les femmes de la cité descendent pour laver la buée. »

A quelques pas de là se dresse une roche plane et presque perpendiculaire, sur laquelle est gravée l'inscription suivante :

IIII NON SEPI PASSIONE MARTVR
ORVM HORTENSIVM MARIANI ET
IACOB ΔATI IAPI RVSTICI CRISPI
TATI MELTVNI ΡICIORIS SIIBANI EGIP
TIII SCI DI MEMORAMINI IN CONSPECTV
DNI CVORVM NOMINA SCITIS
QVI FECIT IN Δ XV^a.

que M. le général Creuly lit ainsi : *Quarto nonas septembres passione martyriorum hortensium Mariani et Jacobi Dati Japini Rustici Crispi Tati Meltuni Victoris Silvani Egiptini* (?) *sancti Dei* (ou *dici*) *memoramini in conspectu domini quorum nomina scit is qui fecit indictione quinta decima.*

Ce document célèbre se rapporte aux chrétiens martyrs Marius et Jacob et à leurs compagnons, comme eux humbles jardiniers de la banlieue, qui eurent le courage de mourir pour la foi. Torturés à Cirta en 259, ils furent exécutés à Lambèse quelques jours après et mis au rang des saints.

Des fouilles entreprises au-dessous de cette inscription ont dû être abandonnées, ayant été complétement stériles, bien qu'on les eût poussées à une assez grande profondeur. N'aurait-il pas mieux valu bâtir en cet endroit une petite chapelle qui mit à l'abri l'inscription dont le temps a déjà altéré les caractères ? « Est-ce qu'il ne nous importe pas, en même temps, de prouver à la population indigène que la religion du Christ a régné dans les murs de Constantine avant celle de Mohammed, et que nous avons autant de respect pour nos saints qu'ils ont de dévotion pour leurs marabouts? » (*A. Cherbonneau.*)

Remontant un sentier tracé au-dessus de la roche des Martyrs, on ne tarde pas à regagner le *Mansoura* par une route parallèle au ravin du Roumel, au sommet duquel se trouvent suspendues les maisons qui disparaîtront pour former le boulevard du Sud. Ces maisons sont occupées par des potiers, des tanneurs et des propriétaires de ruches à miel d'une forme on ne peut plus simple : des cylindres en terre cuite. Ce qui étonne le plus, c'est que les abeilles puissent vivre au milieu de cette atmosphère puante et corrompue par l'odeur du cuir en préparation.

On a quelquefois à déplorer la mort de quelques-uns de ces Arabes travaillant si près du précipice, tandis que les fumeurs de hachich en descendent impunément les pentes à pic, au risque de se rompre vingt fois le cou, pour se réunir et fumer.

On ne saurait oublier les nuées de corbeaux dont les croassements assourdissent les passants.

L'étroite et longue plaine qui s'étend entre Mansoura et le ravin a dû former dans les temps anciens un des quartiers extérieurs de Constantine, à laquelle il était relié par plusieurs ponts dont les amorces sont encore parfaitement visibles. C'est dans cette plaine que Peyssonnel a vu un arc de triomphe dont il a fait la description dans les termes suivants : « Trois grandes portes le forment : celle du milieu a environ 25 pieds de large; les autres sont proportionnées, mais plus petites. On n'y voit ni bas-reliefs ni inscriptions. Quelle que soit l'origine de ce monument, on est porté à croire qu'il occupait l'extrémité d'un hippodrome parallèle à l'encaissement du Roumel, et bordé par une muraille qui soutenait les terres de l'étage supérieur. L'ignorance des Musulmans, trop souvent prise pour de l'imagination, avait doté l'arc de triomphe du nom de *Kasr-el-Ghoula* « le château de la fée malfaisante. » Salah bey fit démolir ce portique, inutile à ses yeux, dont les meilleures pierres furent employées par l'ingénieur Mahonnais chargé de la reconstruction du pont reliant Mansoura avec la pointe est de Constantine. Soixante ans plus tard, le reste des matériaux fut employé par le génie militaire aux deux fontaines qui avoisinent la ville.

On peut se faire une idée de la configuration de Constantine sur le point culminant du *Meçid*, où l'on arrive après avoir franchi un petit ravin qui le sépare de Mansoura, et avoir passé devant le *cimetière juif*. Meçid prend son nom d'un marabout dont la koubba en ruine surplombe la Kasba de 70 mètres.

Descendant et remontant le ravin du Roumel par le chemin ménagé près du *pont* qui s'est écroulé en 1857 (*V*. p. 376), on reviendra à la porte Valée, en traversant les rues Perrégaux, Rouaud et Combes, pour continuer le tour des remparts à l'ouest et au sud.

Un sentier à travers l'amas de gourbis où logent pêle-mêle une foule d'Arabes déguenillés, entre la ville et la route de Philippeville, conduit d'abord au pied du Bordj-el-Açous qui, au temps des Romains, n'était point masqué, non plus que la partie inférieure, du côté de Djabia à Sidi Rached, par d'énormes talus de terres et de décombres. Le *tombeau de l'orfévre Præcilius*, découvert le 15 avril 1855, démontre qu'en cet endroit on pouvait compter au moins 30 mètres entre le sol primitif et les premières assises de cet édifice.

La découverte du tombeau de Præcilius est due à des fouilles dirigées au pied de Bordj-el-Açous, à l'endroit où l'on supposait qu'avaient dû jaillir les eaux thermales alimentant un bain public fréquenté jusqu'en 1797, et supprimé par Hadj-Moustafa-Englis bey, à la demande des baigneurs indigènes. Le caveau qui renfermait le tombeau était couronné par une terrasse à laquelle on arrivait au moyen d'un escalier extérieur et tournant; l'intérieur était décoré de peintures à fresque et de mosaïques. Sur un sarcophage renfermant, quand on l'a ouvert, un squelette complet, une inscription, en vers latins beaucoup trop longue pour trouver ici sa place, relatait que le mort nommé Præcilius avait vécu 100 ans après avoir mené une existence joyeuse avec ses amis, agréable et sainte avec sa femme. M. F. Bache a publié dans l'*Annuaire* 1856-1857 *de la Société archéologique de la province de Constantine*, un très-curieux article sur le tombeau de Præcilius.

Le sentier, rasant le pied des rochers, passe au-dessus du *moulin Lavie* et d'une source thermale, et l'on arrive bientôt devant le Roumel qui se précipite en cascades gigantesques et bouillonnantes jusqu'au pied du jardin de la *poudrerie*. Ces cascades encadrées par des rochers hauts de 300 mèt. sont un des plus grandioses spectacles que l'on puisse imaginer.

Quelquefois le lit du Roumel est presque à sec, et l'on peut alors, en y descendant, s'avancer jusqu'à la première arche naturelle jetée entre la Kasba et Sidi Meçid. De cette première arche on voit très-bien la seconde, beaucoup plus profonde.

L'aqueduc romain est situé à 1800 mèt. S. E. de la porte Valée, au delà du Bardo, un peu au-dessus du confluent du Roumel et du Bou-Merzoug. Les restes de cet édifice dont on rapporte la construction à Justinien, les plus considérables comme les mieux conservés de Constantine, se composent de cinq arceaux en pierre de taille dont le plus élevé n'a pas moins de 20 mèt. de hauteur. Il servait de trait d'union entre le Djebel-Guerioun et le Koudiat-Ati, et jetait dans les réservoirs de cette dernière colline les eaux du Ras-bou-Merzoug.

A 3 kil. S. E., **Sidi Mabrouk**, ham. situé sur les pentes du Mansoura. Le haras et la remonte de chevaux de Constantine y sont installés. C'est aussi près de cette localité couverte d'habitations, au milieu de jardins bien arrosés, qu'ont lieu tous les ans les courses de chevaux. Sidi Mabrouk, au temps des Arabes, servait de lieu de rendez-vous à la jeunesse dorée de Constantine.

La **Pépinière** est au delà de Sidi Mabrouk, et également sur la rive dr. du Bou-Merzoug, à l'endroit dit *Karia*. C'est une des plus jolies promenades des environs de Constantine.

A 3 kil. N. O., sur la route de

Mila, le *hameau de Salah-Bey*. « Que dirait le lecteur, si je passais sous silence la riante oasis qui couronne le mamelon situé en face de Constantine, au N. O., et lui sert de pendant dans cet immense paysage? Derrière cette zaouïa à dôme blanc, sous ces frais ombrages, n'y a-t-il plus rien qui retrace les souvenirs du passé?... C'est à ce séjour enchanteur que des Sybarites venaient demander l'oubli des affaires. C'est là qu'ils trouvaient les avantages que Constantine refuse à ses habitants, l'eau, l'espace et l'ombre. L'un d'eux s'est donné le plaisir de graver sur le marbre l'expression de son bonheur :

DE MEIS TVMVLIS AVIS ATTICA PARVV
LA VENIT—ET SATIATA THYMO STIL
LANTIA MELLA RELINQVIT—MI VO
LVCRES HIC DVLCE CANENT VIRIDANTI
BVS ANTRIS—HIC VIRIDAT TVMVLIS
LAVRVS PROPE DELIA NOSTRIS—ET
AVRO SIMILES PENDVNT (*sic*) IN VITIBVS
VVAE....

« Le mignon volatile de l'Attique revient de mes collines,

« Et rassasié de thym, distille en ce séjour de doux rayons de miel.

« C'est pour m'enchanter, que les oiseaux feront résonner de leur ramage les grottes verdoyantes.

« Ici reverdit le laurier de Délos, sur le penchant de mes coteaux;

« Et les grappes dorées se balancent aux rameaux de la vigne. »

« Vers la fin du dernier siècle, il n'y avait autour de la villa romaine qu'un champ de fèves et de maïs. Salah-Bey eut la fantaisie d'en faire une demeure princière. Il y planta des arbres, répara le large bassin d'où part tout le système d'irrigation, et bâtit à côté du bassin une maison avec une colonnade tournée vers le N. E. Alors il était loin de prévoir que sa destinée le condamnerait un jour à fonder près de là une chapelle expiatoire pour apaiser les remords de sa conscience, et, s'il faut dire la vérité, pour satisfaire cette superstition musulmane contre laquelle son génie naturel n'avait pas su le défendre.

« Tandis que Salah-Bey gouvernait la province, et s'efforçait de lutter contre les préjugés de son temps; tandis que d'une main, il écrasait la révolte incessante des tribus, et que de l'autre il rallumait le flambeau des sciences, un marabout influent et vénéré, Sidi-Mohammed, dirigeait contre son autorité une opposition acharnée. Salah-Bey surveilla ses démarches.... le fit prendre et le condamna à mort, malgré sa popularité.... Au jour marqué, une foule nombreuse de fanatiques se pressait sur le lieu de supplice, comme pour défier la justice du bey. Mais le chaouche fit son devoir, et la tête de Sidi Mohammed roula sur le sol ensanglanté. On dit qu'en ce moment le corps du marabout se transforma en corbeau, et que l'oiseau de sinistre augure, après avoir poussé des croassements lamentables, s'élança à tire-d'aile vers cette maison de plaisance où devaient s'écouler des jours heureux. Il y jeta une malédiction, puis il disparut pour toujours. Averti de ce miracle, le bey.... pour calmer les mânes de sa victime, fit élever sur l'emplacement où le corbeau s'était abattu, l'élégant mausolée à coupole blanche, que l'on désigne sous le nom de Sidi Mohammed-el-R'orab, Monseigneur Mohammed le corbeau. » (*A. Cherbonneau.*)

ROUTE 34.

D'ALGER A CONSTANTINE.

PAR TERRE.

408 kilomètres. —Service de diligences, les lundis et les mercredis, pendant l'été. Trajet en 70 h. par Aumale et Setif.

111 kil. d'Alger à Aumale (*V.* R. 14).
122 kil. L'*oued-Goumara.*
138 kil. L'*oued-Okhris.*
144 kil. L'*oued-Kebila.*
161 kil. *Koubba de Ben-Daoud*, à dr. de la route, sur les pentes N. du *djebel-Ouennour'a.*
187 kil. A dr. de la route, dans le kaïdat des Mzita, **Mansoura**, petite ville kabile, sur la pointe N. d'un contre-fort du *djebel-Kteuf.* Les *Mzita*, fraction des Kabiles, au S. O. de Bougie, émigrent dans les grandes villes; à Alger, ils sont employés aux marchés aux grains, quand ils ne sont pas marchands de grains eux-mêmes, et ils forment une corporation ayant leur amin, comme la corporation des Nègres, des Kabiles, des Biskris, des La r'ouatis, etc.

215 kil. **Bordj-Bou-Areridj.** *Hôtel* et *auberges.—Bureau des postes. —Télégraphie électrique. — Haras. — Marché arabe*, tous les jeudis.

Vers le milieu de 1841, Hadj-Mohammed, khralifa d'Abd-el-Kader, établi dans les env. de Msila, avait réussi à jeter une telle crainte parmi les populations de la Medjana, qu'elles avaient toutes déserté la plaine, et s'étaient retirées dans les montagnes. Il fallait faire cesser cet état de choses. En conséquence, le lieutenant général Négrier quitta Constantine le 29 mai, et se rendit à Msila à la tête d'une forte colonne. Il fit reconnaître l'autorité d'El-Mokhrani notre khralifa, et prit en même temps les dispositions nécessaires pour mettre le lieutenant d'Abd-el-Kader dans l'impossibilité de nuire. C'est alors que fut créé le poste de Bordj-bou-Areridj.

Situé sur un mamelon, près d'un ruisseau et à peu près au centre du bassin de la *Medjana*, formé de plaines plates ou ondulées et connu depuis des siècles pour sa fertilité proverbiale, Bordj-bou-Areridj, ch.-l. de cercle, dépendant de la subdivision de Setif, a vu se grouper, depuis 1855, autour de ses bâtiments militaires, une cinquantaine de maisons dont les habitants ne se découragent pas, malgré les fièvres qui viennent souvent les visiter; ils font du jardinage en attendant qu'ils soient mis en possession des terres fertiles et des prairies qui leur promettent des ressources inépuisables. La population de Bordj-bou-Areridj est de 500 hab., dont les Européens forment la moitié.

La petite ville de **Zamoura**, entre la montagne de ce nom et *l'oued-Cheer*, est à 20 kil. N. de Bordj-bou-Areridj. Zamoura, où se tient tous les dimanches un marché important, est entourée de jardins et de quelques dacheras soumises à l'autorité d'un kaïd; elle avait autrefois une garnison de 100 Turcs, qui contenait les Kabiles et servait de point d'appui pour les communications avec Bougie. Cette garnison ayant été à peu près abandonnée à elle-même, après la prise d'Alger, les habitants continuèrent cependant à lui fournir des vivres, parce qu'elle les mettait à l'abri des insultes des Kabiles du voisinage et maintenait l'ordre les jours de marché.

Les *Biban* ou *Portes-de-Fer* se trouvent à 40 kil. N. O. de Bordj-bou-Areridj. Avant d'y arriver, on passe d'abord au pied de *Bordj-Medjana*, le *Castellum Medianum* des Romains, une des résidences du bach-agha Mokhrani. Les Biban, placées sur la route de Constantine à Alger par Setif, sont formées par des roches verticales au fond desquelles coule l'*oued-Mekhlou*. C'est le 28 octobre 1859, à midi, qu'une colonne composée de 3000 hommes sous les ordres du maréchal Valée et du duc d'Orléans, commença le passage de ces redoutables roches que les Turcs n'avaient franchies qu'en payant tribut, et où n'étaient jamais parvenues les légions romaines. Quatre heures suffirent à peine à cette opération. Après avoir laissé sur le flanc de ces immenses murailles dressées par la nature à une hauteur de plus de 100 pieds, cette simple mais significative inscription : « ARMÉE FRANÇAISE, 1839, » la colonne se dirigea vers le territoire des Beni-Mansour.

On pourra lire le *Journal de l'expédition des Portes-de-Fer*, rédigé par C. Nodier, d'après les notes du duc d'Orléans, dans un splendide volume illustré par Raffet et imprimé, en 1844, à l'imprimerie royale. Les points principaux de la marche de la colonne expéditionnaire furent Stora, Constantine, Mila, Djemila, Setif, l'oued-bou-Sela, les Biban, Bordj-Hamza, le Fondouk et Alger. — *V.* la table pour ces différentes localités.

C'est à 20 kil. N. E. des Biban et à 35 kil. N. O. de Bordj-Bou-Areridj qu'il faut chercher **Kala**, *Gala* ou *Guela* sur quelques cartes; Kala est le château d'*Abou-Taouil*, le siége de l'empire des Sanhadja, « c'est, dit M. de Slane, dans sa traduction d'El-Bekri, la *Kala-Hammad* des historiens de l'Afrique. » Ce château, et la ville qui en dépendait, devaient toute leur importance à Hammad, fils de Bologguin et fondateur de la dynastie Hammadite. Il acheva de bâtir et de peupler cette métropole vers la fin du IVe s. de l'hég. (Xe de J.-C.)

Kala, chez les Beni-Abbès, une des plus fortes tribus de la Kabilie, bien déchue de son importance, est bâtie sur un rocher très-élevé : on ne peut s'y rendre que par deux chemins praticables pour les mulets et aboutissant aux deux portes. Les maisons sont en pierres et couvertes en tuiles; elles n'ont pas de jardins. A grande portée de canon est une colline de même hauteur que celle où est assise la ville. On y trouve des fontaines d'eau courante en grand nombre. Kala était jadis un lieu d'asile pour tous ceux qui cherchaient à se dérober à la justice ou à la vengeance des beys et des individus puissants des villes du littoral. Ceux qui s'y réfugiaient achetaient une propriété sur le sol de la tribu et devenaient enfants de Kala.

La position de cette ville la signalait à l'ambition des Turcs, qui en convoitaient les richesses et qui n'ont jamais pu s'en rendre maîtres. Située près du défilé des Biban, que leurs armées devaient nécessairement franchir pour aller d'Alger à Constantine, elle eût été pour eux de la plus haute importance, et c'était pour n'avoir pu la soumettre qu'ils étaient obligés de lui payer une sorte de tribut toutes les fois qu'ils voulaient passer le défilé qu'elle commande et dont elle est la clef.

« Les curieux qui ont visité Guela, ont parlé de son site, des quatre pièces de canon dont l'origine, malgré toutes les recherches, reste assez obscure ; du tissage des burnous, principale industrie de la localité ; et enfin, complément pour un article sur Guela, de la cordiale hospitalité que l'on y reçoit. Mais aucun d'eux n'a songé à visiter les maisons dans lesquelles les ouled-Mokhran et les principaux propriétaires de la Medjana emmagasinent leur butin et tiennent en réserve un approvisionnement de grains.

« On montre difficilement le trésor ; la clef de l'immense bahut dans lequel il est renfermé, est rarement laissée entre les mains du gardien. Quant au grain, il est contenu dans un immense récipient, ouvrage en sparterie, tressé avec du halfa, très-évasé du bas, étranglé du haut, ayant la forme d'une cruche (*kalga*), et pouvant contenir de 40 à 50 hectolitres.

« J'ai visité plusieurs maisons et j'ai trouvé dans celle du kaïd des Ayadh, Si Mohammed ben-Abd-Allah, un zarra contenant, m'a-t-on assuré, 40 sâas. Le grain est là depuis 40 ans, le fait est authentique ; on m'en a donné un échantillon pris à la surface, je l'ai trouvé dans un état parfait de conservation. Il y a quelques années, on m'en a montré qui avait 50 ans : l'époque où il avait été placé dans le zarra était attestée par écrit.

« Les gens de Guela attribuent cette longue conservation du grain, non au récipient dans lequel il est renfermé, mais à la grande pureté d'air qui règne sur leur rocher.

« Dans les autres villages, comme dans la plupart des villages kabiles, le grain est placé dans des jarres en terre, cuites au soleil, contenant 3 ou 4 hectolitres.

« Guela, considéré en tous temps, par les Arabes, comme inaccessible, est depuis longtemps un lieu sûr, où toutes les tribus de la plaine plaçaient leurs richesses ; les emmagasinements du grain ont donc été, dans le principe, une mesure de précaution. Aujourd'hui, une partie du butin a été retirée, et si on y envoie encore du grain, c'est, chez beaucoup, une habitude de famille, une tradition ; très-souvent aussi c'est pour se conformer à la volonté d'un mourant, qui recommande de conserver à Guela telle quantité de grains pendant tant de temps ; ce cas est fréquent. » (*L'Africain*).

227 kil. *Koubba de Sidi Embarek*, à dr. de la route.

236 kil. *Télégraphe* aérien d'*Aïn-Beida*, à g. de la route.

240 kil. *Koubba de Sidi Nab*, à dr. de la route.

246 kil. *Caravansérail* d'*Aïn-Tagrout*, à dr. également.

258 kil. *Caravansérail* d'*Aïn-Zada*, sur l'emplacement de ruines romaines, au milieu desquelles l'inscription suivante a été découverte :

```
.... CAES. M. AV
.... O. SEVERO. AN
.. NINO. PIO. FIL
AVG. D. N. PAR. BRIT.
MAXIMO. COS. IIII CO
LONI. CAPVT SAL
TVS. HORREORVM
ET KALEFACELENCES
PARDALARIENSES
ARAM. PRO. SALV
TE. EIVS. CONSA
CRAVERVNT. ET. NO
MEN. CASTELLO.
```

QVEM CONSTITVE
RVNT. AVRELIANI
.... ANTONINIA..
.. POSVERVNT
D. D.
AN. P. CLXXIII

L'ère provinciale commençant à l'an 40 de l'ère chrétienne, cette inscription est donc de l'année 213, cinquième du règne de Caracalla.

Faut-il voir dans Aïn-Zada le *caput saltus*, l'*horrea* ou l'*horreis cœliæ* des Romains?

278 kil. **Setif** (*V.* p. 392).
408 kil. **Constantine** (*V.* p. 346).

ROUTE 35.

DE CONSTANTINE A SETIF,

PAR LES CARAVANSÉRAILS.

130 kil. — Service de diligences pour Setif, tous les jours, et pour Alger, passant par Setif, deux fois par semaine.

La route, se dirigeant pendant une douzaine de kilomètres du N. E. au S. O., va ensuite de l'E. à l'O., en décrivant une immense courbe, dont le caravansérail de Mamra occupe à peu près le centre.

La région de *Chettâba*, qui d'une part est contiguë au territoire civil de Constantine, et s'avance de l'autre, en manière de promontoire, jusqu'au 18ᵉ kil. de la route, est, sous le point de vue archéologique, une des plus intéressantes des environs de Constantine. Le djebel-Chettâba a été habité sous la domination romaine par des populations laborieuses et commerçantes dont on voit encore sur le sol de nombreux établissements, depuis *sakiet-er-Roum*, le canal des Romains, jusqu'à la belle fontaine des *oulad-Rahmoun*, laquelle a perpétué le nom ancien de la localité dans celui d'*Aïn-Fououa*, en latin *Phua*.

M. Cherbonneau, qui a exploré le Chettâba à plusieurs reprises, dit que lorsqu'on y rencontre, sur une étendue de 8 lieues, quelques pauvres gourbis en pierre sèche ou en pisé, on a peine à se figurer que Cérès et Mercure y aient eu leurs prêtres, leurs autels et leurs fêtes.

La région du Chettâba se divisait, au temps du paganisme et dans les premiers siècles de l'ère chrétienne, en deux circonscriptions territoriales : l'une qui vivait sous la protection du château d'Arsacal, *Castellum Arsacalitanum*, vers le S. E. de la montagne ; l'autre qui portait le nom de *respublica Phuensium*, au N. O.

Une série de ruines conduit à *R'ar-ez-zemma*, la grotte des inscriptions, improprement appelée la grotte des martyrs; ces ruines appartiennent à d'anciens bourgs importants qui ont eu jadis leurs conseils municipaux, leurs temples, leurs églises, des forteresses et des arcs de triomphe.

Parvenus à l'entrée de la grotte que la nature a taillée en ogive, on jouit d'un magnifique panorama. M. Cherbonneau qui a exploré cette grotte, en 1855, y a obtenu un classement de 23 inscriptions lisibles, frustes ou calcinées par les feux qu'allument dans cette retraite les bergers arabes des environs, lorsqu'ils viennent s'abriter contre la neige ou les pluies. Les lettres G D A S forment invariablement la première ligne de ces inscriptions; M. Cherbonneau les explique ainsi : *Genio domus augustæ sacrum.* « Au génie protecteur de la famille impériale. » Voici la copie d'une de ces inscriptions :

```
    G D A S
    L. NON.
     FELICE
  MAG. PHVENS.
```

« Au génie protecteur de la famille impériale, Lucius Nonus Felix étant maire ou directeur de la circonscription des Phuensiens. »

La découverte d'un temple romain à Aïn-Fououa a amené l'autre découverte de stèles dont deux se terminent, l'une par les mots RP. PHVENS et l'autre par ceux-ci : RES PHVENSIVM. Voilà donc le lien qui rattache la grotte sacrée du Chettâba à la colonie romaine fixée au N. O. de cette montagne. On a vu plus haut que le nom du pagus s'est perpétué jusqu'à nos jours, sans la moindre altération. Les stèles sur lesquelles sont gravées les inscriptions ci-dessus sont encastrées dans les murs d'une maison construite dans les bois du Chettâba, à l'endroit dit *Beau-Désert*.

D'Aïn-Fououa à *Aïn-Kerma*, la fontaine du figuier, au bas du R'ar-ez-zemma, en doublant la pointe méridionale du Chettâba, il n'y a que 6 kil. Ce petit coin de la Numidie jouissait d'un climat très-salubre, comme l'attestent plusieurs inscriptions recueillies par l'infatigable savant M. Cherbonneau.

```
      D. M.
   M. IVLIVS
     ABAEVS
   V. A. CXXXI
     H. S. E.
```

« Aux dieux mânes. M. Julius Abæus a vécu 131 ans. Il repose ici. »

```
      D. M.
      IVLIA
     GAETVLA
    V. A. CXXV
     H. S. E.
```

« Aux dieux mânes. Julia Gætula a vécu 125 ans. Elle repose ici. »

```
      D. M.
   M. CASSIVS
  GRACILIS. VETE
  RANVS. V. A. CXX.
      H. S. E.
```

« Aux dieux mânes. M. Cassius Gracilis, vétéran, a vécu 120 ans. Il repose ici. »

Aïn-Kerma était évidemment l'emplacement d'un poste romain auprès duquel s'étaient groupés quelques établissements agricoles. M. Cherbonneau y a vu seulement des restes de maisons sur les gradins d'une colline et une assez belle mosaïque au bord du ravin qui entoure cette élévation.

On arrive à *Arsacal*, qui fut le siège d'un évêché vers la fin du IVe s., en revenant de la grotte par une route romaine reconnaissable à une série de petits postes échelonnés, sillonnant au S. E. les derniers contre-forts de Chettâba, et venant s'arrêter non loin de la deuxième station télégraphique de la ligne de Setif, au pied de la montagne, en forme de cône tronqué, que les indigènes appellent *El-Goulia*, la petite forteresse. Des pans de murailles en pierre de grand appareil en couronnent la cime sur plusieurs points, notamment du côté où la place est accessible. Ce plateau a été une ville habitée par plusieurs milliers de cultivateurs. L'inscription suivante, découverte à El-Goulia par MM. Creuly et Cherbonneau, nous donne le nom précis de la ville :

```
        CERERI
      AVG. SACR.
      IVLIA. MVS
     SIOSA. KASA
     RIANA. EX.
       CONSENSV.
     ORDINIS. CAS
     TELLI. ARSA
       CALITANI.
      SVA PECVNIA.
         FECIT.
        L. D. D. D.
```

« Autel à Cérès Auguste. Julia Mussiosa de Kasar l'a érigé à ses frais avec l'autorisation du conseil municipal du château d'Arsacal. »
« La ville d'Arsacal, dit M. L. Renier, avait une administration municipale (consensu ordinis). C'était une cité qui eut son évêque comme toutes les cités, lors de l'établissement du christianisme... On ne connaît, quant à présent, qu'un seul évêque d'Arsacal, appelé Servus; il assista, en 484, à une assemblée d'évêques convoqués à Carthage par le roi vandale Huneric, et fut déposé et condamné à l'exil à cause de son attachement au catholicisme... Le mot *Kasariana* est-il l'ethnique désignant le lieu de naissance de Julia Mussiosa? *Kasarianus* ou son équivalent, *casariensis*, serait-il devenu, par l'ignorance ou la volonté d'un copiste italien, *cæsariensis*? La localité désignée par ce dernier ethnique devait être peu éloignée d'Arsacal, car nous voyons dans un des deux passages où elle est mentionnée l'évêque de *Sitifis* (Setif) prendre la défense de ses habitants contre leur évêque, qui était donatiste. »

15 kil. **Aïn-Smara**, création du 5 août 1854.
25 kil. L'**Oued-Decri**, création du 16 déc. 1854, près du ruisseau de ce nom, sur lequel on a jeté un beau pont de trois arches.
38 kil. *Caravansérail d'Hammam-Grous* et **Atmenia**, v. créé le 16 déc. 1854.
60 kil. *Aïn Lafia*.
76 kil. *Caravansérail de Bordj Mamra*, au centre du kaïdat de la tribu des *Abd-en-Nour*. Le beylik avait autrefois un dépôt de grains dans cette localité où l'on voyait une mosquée, en ruine aujourd'hui.
104 kil. *Caravansérail des Eulma*. On a restauré en cet endroit une *fontaine romaine* bien connue des voyageurs qui fréquentent la route de Constantine à Setif. Cette fontaine a un débit journalier de 64 800 litres.
122 kil. *Ksar-Temouchent*, ou Aïn Temouchent. A cent mètres environ au S. de la fontaine, sur une pente légèrement ascendante qui mène au mamelon et au télégraphe, M. le docteur Bertherand a observé des ruines assez étendues, et dans le bouleversement desquelles on reconnaît encore, à fleur de terre, des alignements de murs rasés, avec des traces de poternes et des angles de rues. Une mosaïque représentant un sujet maritime a été découverte à Aïn-Temouchent et transportée à Setif, à la direction du génie.
130 kil. **Setif**. *Hôtels*: de France, d'Italie, de Paris. — *Cafés*: Pons, Combes, Dufour. — *Théâtre*. — *Cercle militaire*. — *Cercle du Commerce*. — *Imprimeur - libraire*, V⁰ Vincent. — *Direction des Postes*. — *Télégraphie électrique*. — Ser-

vice de diligences pour Constantine, tous les jours; pour Alger, deux fois par semaine. — *Marché* arabe tous les dimanches.

Situation. Setif, ville toute moderne, élevée à 1085 mètres au-dessus de la mer, sur une partie de l'emplacement de l'ancienne *Sitifis* des Romains, est située par 3° 5' de longitude orientale, et 36° 10' de latitude N., 130 kil. O. de Constantine et 82 kil S.-E. de Bougie.

Histoire.

Au temps de la domination des Romains, Setif, *Sitifis colonia*, était devenue, tant par son importance même que par sa position centrale, l'un des points les plus considérables de leurs possessions en Afrique. Lorsque, après le soulèvement des tribus comprises sous le nom général de Quinquégentiens, 297 de J.-C., la métropole adopta un nouveau classement des territoires et des populations, la Mauritanie Césarienne fut divisée en deux provinces, régies toutes deux par un præses, président ou subdélégué du préfet du prétoire d'Italie, un des administrateurs de l'Afrique septentrionale. L'une de ces provinces conserva la dénomination de Mauritanie Césarienne; l'autre emprunta de Sitifis le nom de *Mauritanie Sitifienne*. Les nombreuses voies de communication qui liaient à ce chef-lieu presque toutes les villes principales des autres provinces, prouvent assez le rang élevé qu'il occupait parmi les contrées soumises à la puissance romaine en Afrique.

Grâce à sa position géographique, le rôle historique de Sitifis dut être, et fut en effet des plus importants pendant toute la période de la domination romaine. Les établissements qu'elle créa acquirent un développement remarquable, et malgré le terrible tremblement de terre qui l'ébranla en 419, et les ravages qui suivirent les invasions successives des Vandales et des Arabes, des traces imposantes de ses édifices et de ses fortifications subsistaient encore lors de notre occupation. Les restes de l'enceinte romaine, tels qu'ils existaient au XVIe s., permettaient, au rapport des historiens, d'évaluer le circuit de ses murailles à près de 4000 mètres. Les vestiges que nos troupes ont retrouvés témoignent du caractère de solidité et de durée que les Romains avaient su imprimer à leurs établissements dans cette partie de leurs possessions.

Setif était le siège d'un évêché, et saint Augustin dit, à propos du tremblement de terre de 419, que près de deux cents païens, terrifiés par ce phénomène, demandèrent le baptême.

Au moyen âge, les historiens arabes font encore mention de la prospérité de Setif, sinon comme capitale, du moins comme centre de population. Son sol avait conservé son ancienne réputation de fertilité, et ses plantations de cotonniers sont citées avec éloge par les écrivains de cette époque. El-Bekri dit : « Setif est une ville grande et importante, dont l'origine remonte aux temps antiques. La muraille qui l'entourait fut détruite par les Ketama, partisans d'Abou-Abd-Allah-el-Chiaï, et cela, pour la raison que les Arabes leur avaient enlevé cette ville et les avaient obligés à payer la dîme chaque fois qu'ils voulaient y entrer. Elle est maintenant sans murs; mais elle n'en est pas moins bien peuplée et très-florissante. Les bazars sont en grand nombre et toutes les denrées y sont à bas prix...»

Sous le funeste régime établi par la conquête turque, Setif dut participer au mouvement de décadence et de dépérissement qui atteignit toutes les parties de la régence. Les guerres d'invasion avaient renversé ses murailles et jonché le sol des débris de ses monuments. Le défaut de sécurité pour les habitants sédentaires de son territoire, ruina son agriculture et ne lui laissa que son vieux renom de fertilité. Mais, comme pour attester son ancienne splendeur, au milieu des ruines qui encombraient son enceinte désertée, on continua à tenir à Setif un marché périodique, où les habitants de toutes les parties de la province, autrefois comprise dans le royaume de Bougie, venaient échanger leurs denrées et se fournir des produits nécessaires à leurs approvisionnements et à leur industrie.

L'heureux emplacement de Setif, la fécondité de son territoire, l'importance de sa position centrale, et jusqu'aux souvenirs qui se rattachaient à son passé, devaient naturellement appeler sur elle notre attention lorsque nos armes pénétrèrent dans la province de Constantine. Le caractère pacifique des tribus environnantes, plus adonnées que partout ailleurs à la culture des terres et depuis longtemps soumises à une administration régulière, promettait une domination facile et une grande sécurité. Ces raisons déterminèrent d'abord l'établissement d'un poste à Setif. Une partie de l'enceinte romaine en assez bon état de conservation permettait d'y laisser 5 à 600 hommes parfaitement à l'abri de toute attaque de la part des Arabes. Plus tard, lorsque nos relations s'étendirent dans cette partie de la province, Setif fut regardée comme favorablement située pour un entrepôt de vivres et de munitions, qui donnerait la facilité d'agrandir encore le cercle dans lequel s'exerçait notre influence, à mesure que les opérations de l'armée nous mettraient en contact avec des populations nouvelles. On commença donc à y construire un hôpital et quelques magasins. Enfin, lorsque après les événements du mois de nov. 1837, Abd-el-Kader redoubla d'efforts pour faire soulever les tribus de l'O. de la province de Constantine, Setif, par sa position, devint la clef de toutes les opérations militaires qui devaient faire avorter les tentatives des lieutenants de l'émir, et assurer la tranquillité de la province. Le gouvernement fit de Setif le ch.-l. d'un arrond. et y plaça un maréchal de camp. Mais, depuis, les postes établis entre Constantine et Setif ayant été supprimés, la position de ce poste dut être plus fortement organisée, pour agir vigoureusement dans toutes les directions, sans avoir à compter, comme par le passé, sur les ressources et les secours qu'il tirait incessamment de Constantine. La dénomination d'arrondissement fut changée en celle de subdivision, et l'on y installa un corps de 2400 à 2600 hommes de toutes armes (15 oct. 1840).

La création d'un centre de population civile à Setif, qui compte aujourd'hui 2300 Européens et un millier d'Arabes, date du 11 fév. 1847; un commissaire civil y a été installé le 21 nov. 1851; la constitution de la commune est du 17 juin 1854. Le commissariat civil est devenu sous-préfecture, le 13 oct. 1858. Setif est enfin devenu le siège d'un tribunal de 1re instance, en 1860.

Description.

Setif comprend deux parties bien distinctes : la ville proprement dite, et le quartier militaire; ce dernier est élevé sur le côté O. S. de l'ancienne enceinte romaine. On y arrive par les *portes* Napoléon et de Bougie; la *place* Napoléon en occupe le centre. Les *bâtiments* construits pour loger une garnison de 2500 hommes sont : une caserne d'infanterie, un quartier de cavalerie, un hôpital, une manutention, un abattoir, un hôtel pour le commandant de la subdivision, un pavillon d'officiers.

La ville est située au S. du quartier militaire; elle est entourée d'une *enceinte* percée de trois *portes*: d'Alger, de Biskara et de Constantine. C'est près de la porte d'Alger que se tient tous les dimanches le marché fréquenté par 8000 Arabes. — On compte quatre *places* : du Marché, de l'Église, Barral ou du Tremble, et du Théâtre. — Les *rues* sont larges et droites, les deux principales : de Constantine et Sillègue, nom d'un général qui a commandé la place de Setif, sont bordées d'arbres; or Setif n'en possédait pas un seul en 1837. — Une église, une mosquée, un bureau arabe, voilà les *monuments* à peu près dignes de ce nom. — Les différents services civils sont plus ou moins bien installés dans des maisons fort ordinaires. — Les soldats et sous-officiers de la garnison donnent sur un petit *théâtre*, au centre de Setif, des représentations de comédies et de vaudevilles, très-suivies. — De nombreuses *fontaines* alimentent la ville d'une eau pure et abondante. — L'*instruction publique* est donnée dans une classe d'adultes, deux écoles de garçons, deux écoles de filles et une salle d'asile; ces divers établissements réunissent près de 300 élèves.

Il nous reste à parler du *musée*, malheureusement en plein air, sur la *promenade* d'Orléans. Là se trouve réunie une collection de 150 monuments de toute espèce, dont la plus grande partie se compose d'inscriptions. M. Poulle, vérificateur des domaines, a signalé le monument épigraphique suivant

ANTIQVAM C......
SALOMON FORTI.....

qu'il complète ainsi : *Antiquam civitatem Sitifim Salomon fortissimus ædificavit* ou *munivit*. C'est l'acte qui constate la construction de l'enceinte de 150 mèt. de côté sur 120 dont deux faces existent encore : l'une longeant la place Barral, l'autre faisant face au marché arabe.

Nous signalerons également l'épitaphe d'un saint évêque, le contemporain et l'ami d'Augustin; un autel à Mars, génie de la colonie sitifienne fondée par des vétérans :

MARTI
DEO AUG.
GEN. COL.
. . . . .

et plusieurs autres inscriptions donnant le nom ancien de Setif :

...COL. N(er) VIANA SITIFIS...

La belle mosaïque trouvée à Aïn-Temouchent est déposée dans les bâtiments du génie.

Environs de Setif.

5 kil. N. E. **Fermatou**, sur la rive g. du Bou-Sellam, 106 h.

6 kil. E. **Khralfoun**, 70 h.
10 kil. E. **Mesloug**, 75 h.
2 kil. S. **Aïn-Sfia**, 40 h., sur la route du Bou-Taleb.
7 kil. N. O. **Lanasser**, ou *El-Anseur*, 70 h.

47 fermes rayonnent autour de ces hameaux; les principales appartiennent à MM. Bertrand, Vigliano, Estre, Marile, Tessère, Brégante, Pène.

Les villages suisses créés dans les 20 000 hectares concédés par décret impérial du 26 avr. 1853, à la Compagnie genevoise, sont :
8 kil. O. **Aïn-Arnat**.
11 kil. O. **Messaoud**.
12 kil. O. **Bouïra**.
14 kil. N. O. **Maouan**.
12 kil. N. O. **Ouricia**.
8 kil. E. **El-Hasi**.
6 kil. S. E. **Aïn-Trik**.
8 kil. S. **Aïn-Mela**.

La Compagnie genevoise, malgré son bon vouloir et ses capitaux, n'a point réussi. Il ne nous appartient pas d'en indiquer les causes; mais il est impossible que dans un temps donné tous les centres créés par cette compagnie, au milieu de plaines fertiles et bien irriguées, ne soient pas en pleine voie de prospérité.

On pourra visiter à l'E. de Setif, aux abords de la route de Constantine, les villages arabes de : **El-Hachechia**, 8 kil.; **Temlouka**, 7 kil.; **Tinnar**, 6 kil.

ROUTE 36.

DE CONSTANTINE A SETIF,

PAR DJEMILA.

Route stratégique. — Direction nord-ouest jusqu'à Mila.

3 kil. *Salah-Bey*. V. p. 386.
12 kil. l'*oued-Begrat*, affluent de l'oued-el-Kebir. On peut quitter la route pour remonter le cours de l'oued-Begrat et l'on arrive, en longeant les montagnes de gauche, à *Oudjel*; 15 kil. de la route. On trouve là des ruines romaines parmi lesquelles M. le colonel de Neveu a découvert une inscription, dédicace à Caracalla, 15e année de son règne, 212 de J.-C., par les Uzelitains :

IMP. CAES....
RES PUB. VZELITANORVM.

Oudjel est le nom que les indigènes donnent aujourd'hui à la localité. Sa ressemblance avec l'ethnique mentionné sur l'inscription est frappante, et la ville, d'origine probablement numide, devait s'appeler Uzel plutôt qu'Uzelis. Les Uzelitains fabriquaient des ouvrages en terre cuite. On a vu plus haut, page 378, qu'une partie des conduites d'eau de Cirta étaient construites en tuyaux portant, imprimés en relief, les marques VZELITAN ou VZELIT. A 500 mèt. environ du centre de la colonie d'Oudjel, et à l'extrémité orientale de la nécropole, recouverte d'une couche de terre peu épaisse, et dans laquelle M. Cherbonneau a relevé quelques inscriptions, s'élève un rocher dont la surface, à peu près unie, porte dix épitaphes disposées en forme de tableau et décorées la plupart d'un croissant. La maison qui domine l'ancien établissement des colons romains, appartient à Messerli-Ali, ancien turc d'Ahmed-Bey, devenu officier de spahis à notre service.

Revenant sur la route de Mila, on pourra la quitter de nouveau pour rencontrer, cette fois à droite, le cours de l'oued-el-Kebir ou Roumel jusqu'à une distance de 8 kil. où est situé *Khraneg*. « Par une sorte

[ROUTE 36] DE CONSTANTINE A SÉTIF. 397

d'exception aux lois naturelles, dit M. Creuly, la charpente si compliquée du nord de l'Afrique présente, pour ainsi dire à chaque pas, de brusques solutions de continuité où les eaux pluviales, s'échappant à travers la masse même qui se dressait comme un obstacle devant elles, courent se jeter en cascades dans un nouveau bassin. Le célèbre ravin du Roumel, sous Constantine, est un de ces curieux accidents géologiques; et plus bas, au point où les hautes collines de la rive gauche de l'*oued-Smendou* barrent la vallée du Roumel, une coupure non moins pittoresque donne passage aux eaux de ce fleuve et les transmet à la vallée de Smendou. A l'entrée de ce défilé, en arabe Khreneg, sur le banc de roc qui couronne la rive droite, s'élevaient jadis les murs d'une petite ville protégée, presque de tous les côtés, par d'infranchissables escarpements. » MM. Creuly et Léon Renier, qui ont visité Khreneg, ont publié plusieurs documents épigraphiques appartenant à cette localité et dont le plus curieux lui restitue son ancien nom de *Tiddis*:

```
    IVLIAE. AVG. MATRI
    CASTROR CONIVGI.
    IMP. CAES. DIVI. M. ANTO.
    NINI....
         RES PVB
       TIDDITANOR.
         D.   D.
```

La nécropole de Tiddis, en face et à 300 mèt. N. E. de Khreneg, d'une superficie de 10 à 12 hect., est traversée par une ancienne voie romaine, encore en usage aujourd'hui, laquelle se dirige en droite ligne vers le N., probablement sur Chullu (Collo), l'une des quatre colonies Cirtensiennes. C'est à peu de distance de là que se trouvent les fameuses carrières d'où l'on extrayait l'argile propre à la confection des vases, des lampes funéraires et surtout des conduites d'eau marquées TIDITNI, que l'on retrouve à Constantine avec celles d'Uzel.

Le *monument des Lollius*, monument circulaire, de 10 mèt. de diamètre sur 5 mèt. 1/2 de hauteur, est situé à 4 kil. de Khreneg, sur la rive dr. de l'oued-Smendou.

Revenant de nouveau sur la route de Mila, on traverse à 26 kil. de Constantine l'*oued-Koutoun*, affluent de l'oued-Kebir.

34 kil. **Mila**, l'ancienne *Mileum* des Romains, 2500 hab. *Distribution des postes.—Marché arabe*, tous les lundis et mardis.

Cirta, Milev, Chullu et Rusicade (Constantine, Mila, Collo et Philippeville), bien qu'ayant chacune le titre de colonie, n'avaient cependant qu'un seul corps de magistrature, et représentaient par la réunion de leur territoire celui que César avait donné à Sittius et à ses partisans. Trois inscriptions recueillies par M. Léon Renier, mais publiées cependant, dès 1853, par M. le général Creuly, ont confirmé ce fait; sur l'une on lit : PATRONO QVATVOR COLONIARVM ; et sur une autre : M. CAECILIVS.... PRAEFECTVS COLONIARVM MILEVITANAE ET RVSICADENSIS ET CHVLLITANAE....

Mila était le siège d'un évêché qui compte parmi ses évêques saint Optat; l'un des Pères de l'Église les plus vénérés, 370 de J. C.

Mila appartint plus tard à la puissante tribu berbère des *Ketama*. « La souche des Ketama étendit ses ramifications sur le Mar'reb et poussa des rejetons dans plusieurs parties de ce pays; mais après l'introduction de l'Islamisme, à la suite des bouleversements causés par l'apostasie des Berbères, cette tribu se trouva établie dans les campagnes fertiles qui s'étendent à l'occident de Constantine jusqu'à Bougie, et au midi de Constantine jusqu'au Mont-Auras. C'est dans ce territoire que les Ketama dressaient leurs campements passagers et faisaient paître leurs troupeaux : ils possédaient même toutes les villes importantes de cette région.... Sétif, Bar'aï, Nigaous, Belezma, Tiguist, Mila, Constantine, Skikda, Collo et Djidjelli. » (*Histoire des Berbères* d'Ibn Khaldoun, traduction de M. de Slane.)

« Au mois de Choual 378 (989 de J. C.), El Mansour, fils de Bologguin, dit à son tour El-Bekri, sortit de Kaïrouan et envahit le pays des Ketama. Arrivé dans le voisinage de Mila, il alla se présenter devant cette ville, avec l'intention de la livrer au pillage et d'exterminer la population; on venait de déployer les drapeaux et de battre les tambours, quand les femmes de la ville, jeunes et vieilles, sortirent au-devant d'El-Mansour avec leurs enfants. A ce spectacle, il fondit en larmes, et donna l'ordre d'épargner tous les habitants sans exception. Les ayant alors dirigés sur Bar'aï, il fit réduire leur ville en ruine. Ces pauvres gens venaient de partir pour leur destination chargés de leurs effets les plus faciles à emporter, quand ils furent attaqués et dépouillés par un corps de troupes sous les ordres de Maksen-Ibn-Ziri. Dès lors la ville de Mila resta quelque temps sans habitants. Aujourd'hui, elle est entourée d'une muraille de pierre et d'un faubourg; elle renferme un djamê, quelques bazars et quelques bains. Les environs de la place sont arrosés par des eaux courantes. La population de Mila se compose d'Arabes, de gens de la milice et d'hommes de race mélangée. C'est maintenant une des villes les plus importantes du gouvernement du Zab. Auprès de Bab-er-Rous, la porte aux têtes, qui est à l'orient de la ville, s'élève le djamê qui touche à la maison du gouverneur. Dans l'intérieur de la ville, auprès de la porte septentrionale, nommée Bab-es-Sofli, on voit une fontaine appelée Aïn-Abi-Seba; l'eau y arrive par un conduit souterrain qui part de la montagne nommée Ben Yarout; puis elle remplit une rigole qui traverse le bazar. En été l'eau devient rare ; on ne laisse couler la rigole que les samedis et les dimanches. Le faubourg renferme plusieurs bains. Dans la ville est une source appelée Aïn-el-Hamma, la source de la fièvre, dont les eaux, appliquées par aspersion sur le corps d'un fiévreux, lui rendent la santé, grâce à la bénédiction divine et à leur extrême fraîcheur. »

Mila est aujourd'hui une ville kabile où l'enchevêtrement des matériaux de toutes les époques promet, quand on entreprendra des reconstructions, des documents précieux pour l'histoire de la domination romaine. On visitera l'ancienne muraille, la fontaine romaine, et la mosquée, dont le minaret carré est des plus élégants.

Une première reconnaissance a été faite le 17 janv. 1838, par le général Galbois, à Mila, qui a été occupée définitivement dans ces derniers temps; une petite garnison est installée dans la kasba.

[ROUTE 36] DE CONSTANTINE A SÉTIF. 399

Quelques colons ont établi à Mila un moulin et une fabrique de poterie

De Mila au Bordj-bou-Akkas, direction O.

46 kil., l'*oued-Redjas*, affluent de l'*oued-Endja*, coulant parallèlement à la route, à une distance de 8 kil. La petite *mosquée* d'Eb-Bouchi est située sur la rive dr. de l'oued-Redjas, dans le territoire des ouled-bou-Hallouf, à 2 kil. S. de la route.

52 kil., l'*oued-el-Maïla* et ancien *bordj* des *Beni-Kecha*.

72 kil. *Bordj-bou-Akkas*, résidence de Bou-Akkas-ben-Achour, khralifa du *Ferdjioua*. Bou-Akkas, fils de Moustafa, étranglé par Tchakeur, bey de Constantine, succéda à son oncle Meggoura. Ce n'est qu'en 1851 qu'il vint faire sa soumission à la France et recevoir à Constantine, des mains du général Saint-Arnaud, le burnous d'investiture. Depuis cette époque l'Algérie ne compte pas de serviteur plus intelligent et plus dévoué. Le territoire du Ferdjioua est renommé depuis longtemps pour la sûreté de son parcours. Bou-Akkas, rencontrant un jour une femme seule, faisait mine de l'arrêter et de la voler, lorsque celle-ci, le prenant pour un véritable détrousseur de grand chemin, le menaça de la justice de Bou-Akkas. Les anecdotes de ce genre ne manquent pas sur notre khralifa, et s'il faut en croire les gens du pays, il en eût remontré à Salomon lui-même pour rendre la justice !

Du Bordj-bou-Akkas à Sétif, direction S. O.

92 kil. *Djemila*, dont les ruines remarquables attestent l'antique splendeur, a été prise par les voyageurs Shaw et Peysonnel pour *Gemellæ*, à cause sans doute de la consonnance des deux mots, ce qui n'est pas toujours un indice. Djemila est le nom d'une ancienne tribu, branche des Ketama, donné à l'ancienne ville de *Cuiculum*, *Res publica Cuiculitanorum*; ses ruines sont importantes. On citera : les restes d'une basilique chrétienne ; un temple quadrilatère à six colonnes ; un théâtre ; le forum, avec un temple dédié à la Victoire ; des bas-reliefs et de nombreuses inscriptions, entre autres celles-ci :

TELLVRI. GENETRICI.
RES. PVBLICA. CUICULITANOR.
TEMPLVM FECIT.....

enfin le bel arc de triomphe élevé à l'empereur Caracalla, à sa mère Julia Domna et à son père Septime-Sévère. Ce monument presque intact avait été jugé digne d'être transporté à Paris ; mais il vaut mieux, en somme, qu'il soit resté à sa place.

En déc. 1838, pendant une première reconnaissance faite à Sétif, un demi-bataillon étant resté à Djemila, se retrancha dans les ruines. Les Kabiles tentèrent, dans la nuit du 15 au 16, une attaque fort vive, qui fut vigoureusement repoussée : ces mêmes assaillants, grossis par des renforts accourus des montagnes, vinrent attendre au passage le corps expéditionnaire, et le suivirent jusqu'à Mila, sans réussir à l'inquiéter sérieusement. De là, ils retournèrent sur leurs pas pour aller attaquer de nouveau la garnison de Djemila portée à un bataillon entier, avec deux obusiers de montagne et quelques cavaliers. Cette garnison eut pendant six jours à se défendre contre des milliers d'ennemis ; elle leur fit éprouver de grandes pertes et ne se laissa pas un instant entamer. Cependant cette troupe courageuse était exposée à des privations cruelles; la situation, déjà périlleuse, pouvait le devenir davantage. Dans cette saison, le ravitaillement fut reconnu impossible; un régiment vint porter à la garnison de Djemila l'ordre de se rapprocher du Roumel, et Djemila fut pour le moment abandonnée. Occupée de nouveau en mai 1839, lors de l'expédition de Djidjelli, on y construisit un retranchement en terre et on y commença une caserne crénelée. Djemila fut définitivement évacuée en 1840.

108 kil. *Kasbaït*, à égale distance de Djemila et de Sétif. C'est la station romaine de *Mons* ; on y a trouvé les ruines d'une acropole, d'une porte, d'un pan de mur, d'une tour carrée, d'un temple, des tombes monumentales mais sans épitaphes ; les inscriptions découvertes jusqu'à présent dans cette localité sont peu importantes.

124 kil. **Sétif**, *V.* p. 393.

ROUTE 37.

DE CONSTANTINE A BOUGIE.

226 kil. — Service de diligences de Constantine à Sétif. — Route stratégique de Sétif à Bougie.

130 kil. de Constantine à Sétif (*V.* R. 35). Direction générale de Sétif à Bougie, N. O.

135 kil. **Fermatou** (*V.* p. 395).
142 kil. **El-Ouricia** (*V.* p. 396).
145 kil. **Mahouan** (*V.* p. 396).

El-Ouricia et Mahouan sont dominées à dr. par le *djebel-Magris*, dont le sommet principal est élevé de 1720 mèt. au-dessus de la mer.

163 kil. *Caravansérail d'Aïn-Roua*. Au-dessous de la belle fontaine qui sourd du milieu des rochers formant la base du *djebel-Anini*, sont des ruines considérables appartenant à l'ancien centre de *Ab Horrea Aninicensi*, dont la montagne a conservé le nom depuis l'époque romaine.

179 kil. *Caravansérail des Beni-Abd-Allah*.

193 kil. *Caravansérail des Guifser*; à 150 mèt. de là environ, sur la crête du *Drâ-el-Arbâ*, on voyait un poste romain dont les pierres ont servi à la construction du caravansérail, en 1853.

200 kil. *Caravansérail de l'oued-Amizour*; à 4 kil. O. de la route, chez les *Isnaguen*, on rencontre des ruines éparses, signalées ainsi que beaucoup d'autres par M. L. Féraud, interprète de l'armée.

216 kil. Pont de bateau sur l'*oued-Soummam* ou *oued-Sahel*. Cette rivière, qui prend sa source dans le djebel-Dira, se dirige d'abord au N. et tourne ensuite à l'E. le pied du Djurdjura, pour se jeter dans la mer, à 3 kil. au-dessous de Bougie, après avoir reçu, près des ruines d'*Akbou*, 60 kil. de Bougie, les eaux de l'*oued-Bou-Sellam*, qui prend sa source près de Setif.

225 kil. *Blokhaus Salomon*.

226 kil. **Bougie**. *Hôtels* : de la Marine, des Quatre-Nations. — *Café*, place de l'Arsenal. — *Brasserie.* — *Cercle militaire.* — *Bureau des postes.* — *Télégraphie électrique.* — *Location de chevaux et de mulets.* — *Service des bateaux à vapeur de l'Est* : pour Alger : les 8, 18, 28 de chaque mois; pour la ligne de Bone, les 4, 14, 24 de chaque mois. Les jours de départ sont subordonnés à l'état de la mer. — *Marché* aux grains, aux légumes, au bois et aux huiles, tous les jours dans l'intérieur de la ville ; *grand marché* arabe, hors de la ville, tous les jeudis.

[ROUTE 37] DE CONSTANTINE A BOUGIE.

Situation. — Aspect général.

Bougie est située par 2° 45' de longitude orientale et 36° 45' de latitude N. sur la côte N. O. du golfe de ce nom, à 210 kil. d'Alger et 164 kil. de Philippeville : elle est bâtie immédiatement au bord de la mer, sur le flanc méridional du Mont-Gouraïa, abrupt et escarpé, qui s'élève rapidement jusqu'à 680 mèt. Cette montagne forme un promontoire rocailleux courant de l'O. à l'E., et se terminant à la côte par le cap Carbon. Bougie est dominée par les hauteurs qui s'élèvent en amphithéâtre et presque à pic derrière elle. Cette position sur le flanc de la montagne, ses maisons écartées et les massifs d'orangers, de grenadiers et de figuiers de Barbarie qui les entourent, rendent son site éminemment pittoresque. Si l'on pénètre dans la ville, le désenchantement ne tardera pas à gagner le touriste, venu avec l'idée de rencontrer une ville prospère. Il y a loin, bien loin, de Bougie actuelle à Bougie, capitale d'un royaume et centre d'un commerce important. La création définitive d'un port et de routes carrossables se dirigeant sur Sétif et sur Alger et une plus large extension du territoire civil, tireront sans doute cette ville de l'état de marasme où elle est plongée malgré la fertilité des pays qui l'entourent, le bon vouloir des colons, et les capitaux des grands industriels.

Histoire.

Bougie, *Bedjaïa*, était, selon Pline, une des colonies fondées par Auguste dans la Mauritanie, dès la première annexion, 33 ans avant J. C. On sait que huit ans après, revenant sur cette mesure, il donna cette province africaine à Juba II, en dédommagement de ses États héréditaires définitivement incorporés à l'empire. Le nom romain de Bougie était Saldæ, ou, d'après une inscription conservée au musée algérien du Louvre :

COLIVL AVG SALDANT.....

colonia Julia Augusta Saldantium.

Les anciennes voies de *Cirta*, Constantine ; *Rusicade*, Philippeville ; *Sitifis*, Sétif ; *Rusuccurus*, Dellis, dont Saldæ était le passage ou le point de départ, attestent que c'était une place de commerce importante.

Saldæ était au vᵉ s. une des villes épiscopales, si nombreuses, de la Mauritanie Sitifienne. Un de ses évêques, Paschase, assistait, en 484, au concile de Carthage, convoqué par Hunérik.

Lorsque Bougie tomba au pouvoir des Vandales, elle fut, dit-on, leur capitale jusqu'à la prise de Carthage.

Bougie était-elle tout à fait ruinée lors de l'invasion arabe ? Ibn-Khaldoun nous apprend « qu'en l'an 460 (1067-68 de J. C.), En-Nacer s'étant emparé de la montagne de Bougie, localité habitée par une tribu berbère du même nom, y fonda une ville à laquelle il donna le nom d'*En-Nacerïa*, mais tout le monde l'appela Bedjaïa du nom de la tribu. Il construisit un palais d'une beauté admirable, qui porta le nom de château de la Perle (Kars-el-Louloua). Ayant peuplé sa nouvelle capitale, il exempta les habitants de l'impôt, et, en l'an 461, il alla s'y établir lui-même. »

Bougie passa successivement sous la domination des différentes dynasties musulmanes qui fondèrent des souverainetés en Afrique.

En 1151 (546 de l'hég.), l'Almohade Abd-el-Moumen s'empara de Bougie. Le roi Yahïa-ben-el-Aziz, dernier descendant d'En-Nacer, fut envoyé à Maroc. La famille des Beni-Hammad avait donc régné à Bougie pendant 84 ans.

Sous les Beni-Hafs, dont la domination succéda à celle des Almohades, les princes de la famille qui gouvernaient les provinces de Bougie et de Constantine, se déclaraient souvent indépendants et prenaient le titre de sultan.

En 1346 (747 de l'hég.), Bougie, conquise par les Merinides, rentra sous l'autorité des Hafsides. Incorporée de nouveau dans le royaume de Tlemcen, elle fut reprise en 1423 (826 de l'hég.) par Abou'l-Farès, qui la donna à son fils Abd-el-Aziz, pour la gouverner sous sa suzeraineté. Les descendants de ce prince se maintinrent dans ce petit État jusqu'en 1509.

L'histoire de Bougie est très-intéressante au point de vue de son importance commerciale.

Bougie, dont le mouillage a passé de tout temps pour le plus sûr de tout le littoral, était le point de la côte avec lequel les marchands européens entretenaient les rapports les plus étendus et les mieux suivis. Aux XIIe et XIIIe s., les marines, si florissantes alors, des républiques italiennes et des Catalans, étaient en possession presque exclusive de cette échelle.

Ces relations des Catalans avec la ville de Bougie, s'agrandissant peu à peu, finirent par prendre un caractère politique. Au commencement du XIVe s., l'Aragon exerçait une influence vraiment grande sur les rapports de cette souveraineté avec ses voisins. Bougie n'avait pas de marine et se trouvait ainsi presque sans défense. Les querelles, les rivalités sans cesse renaissantes avec les villes maritimes dont elle était le plus rapprochée, lui firent sentir le besoin de chercher un appui auprès d'une puissance assez forte pour la protéger, et ses relations journalières avec les Catalans la portèrent à se mettre sous la protection des rois d'Aragon. En 1309 (709 de l'H.), Abou'l-Baka-ben-Zekerïa conclut un traité d'alliance, traité quelquefois onéreux, avec le roi D. Jayme II, qui s'engageait à fournir à son allié, toutes les fois que besoin serait d'attaquer soit Alger, soit tout autre pays des maures ennemis de Bougie, un secours de dix galères tout armées.

La France n'était pas non plus restée étrangère au commerce de Barbarie. Les relations de Marseille avec l'échelle de Bougie n'étaient pas moins anciennes que celles des Pisans, des Génois et des Catalans, et, dès l'année 1220, elle avait un consul et un fondouk à Bougie. Les importations des négociants marseillais consistaient principalement en vins et en étoffes, et leurs exportations en tissus de laine.

Les exportations de Bougie étaient celles des laines, des grains, des huiles, des cires et des cuirs. Il faut ajouter à cette nomenclature le corail, dont la pêche fut longtemps le privilége exclusif des marins catalans; elle était encore dirigée en 1446 par un Barcelonnais.

Il paraît que les relations commerciales de Bougie avec les comptoirs européens de la Méditerranée n'excluaient pas la piraterie. « L'habitude de faire la course contre les chrétiens, dit Ibn-Khaldoun, s'établit à Bougie vers le milieu du XIVe s.

La course se fait de la manière suivante : une société plus ou moins nombreuse de corsaires s'organise; ils construisent un navire et choisissent pour le monter des hommes d'une bravoure éprouvée. Ces guerriers vont faire des descentes sur les côtes et les îles habitées par les Francs; ils y arrivent à l'improviste et enlèvent tout ce qui leur tombe sous la main; ils attaquent aussi les navires des infidèles, s'en emparent très-souvent et rentrent chez eux, chargés de butin et de prisonniers. De cette manière Bougie et les autres ports occidentaux de l'empire Hafside se remplissent de captifs; les murs de ces villes retentissent du bruit de leurs chaînes, surtout quand ces malheureux, chargés de fers et de carcans, se répandent de tous côtés pour travailler à leur tâche journalière. On fixe le prix de leur rachat à un taux si élevé qu'il leur est très-difficile et souvent même impossible de l'acquitter. »

Marmol nous apprend que le prince Abd-el-Aziz ayant le désir de s'enrichir, fit armer des fustes pour courir les côtes de la chrétienté. Le roi Ferdinand, déjà maître d'Oran, voyant les maux que causaient les pirates de Bougie, envoya contre eux don Pedro de Navarre.

« L'an 1509, et non 1510, le comte Pedro de Navarre cingla vers Bougie avec quatorze grands vaisseaux chargés de 15 000 hommes de troupes, et on ne l'eut pas plus tôt aperçu que, sans l'attendre, on s'enfuit dans les montagnes, quoiqu'il y eût plus de 8000 hommes pour la défendre. Il est vrai qu'ils s'imaginaient qu'après que don Pedro l'aurait pillée, il se retirerait aussitôt: mais il y bâtit un château sur la côte, à l'endroit où il y a une bonne rade, et mit garnison dans l'ancien, qui était sur le bord de la mer. »

Nous avons dit, page 9, qu'Aroudj, en 1512, et Kheir-ed-Din, en 1515, avaient inutilement tenté de s'emparer de Bougie.

« Enfin, l'an 1555 (963 de l'hég.), Salah-raïs, pacha d'Alger, vint assiéger Bougie par terre, avec plus de 40 000 hommes de combat, et par mer avec 22 fustes ou galères. Après s'être saisi du château impérial, que les Espagnols abandonnèrent parce qu'ils ne pouvaient pas bien se défendre, il assiégea le château de mer où il n'y avait que 40 soldats, et, après l'avoir battu cinq jours durant, l'emporta d'assaut. Ensuite il mit le siège devant le grand château où don Alphonse Peralta s'était enfermé avec le reste des troupes, et l'ayant battu 22 jours, comme il ne pouvait plus résister, le gouverneur, pour sauver les femmes et les enfants, le rendit par composition, à la charge qu'on le laisserait aller libre avec tous ceux qui étaient avec lui, et qu'on lui fournirait les vaisseaux pour passer en Espagne. »

Peralta, de retour en Espagne, fut arrêté par ordre de Charles V, jugé, condamné à mort et décapité publiquement à Valladolid pour avoir oublié l'exemple et la fin si glorieuse de Martin de Vargas (*V.* p. 29).

C'en était fait de la prospérité de Bougie. « Cette ville, autrefois fort grande et peuplée de quantité de corsaires que la beauté de son port y attirait de toutes parts, est maintenant ruinée (1630), et il ne s'y voit aucun navire. Ceux d'Alger, de qui elle dépend, empêchent le mieux qu'ils peuvent d'y équiper aucun vaisseau pour courir la mer, de crainte qu'ils ont que cela ne divertisse et ruine entièrement le commerce de leurs pirateries. » (*Le R. P. Dan.*)

Le chevalier d'Arvieux, qui visitait Bougie en 1674, dit à son tour : « On connaît aisément qu'elle a été fort grande ; mais elle n'est plus habitée que de 5 ou 600 personnes et de 150 soldats qu'on y envoie d'Alger. Ces soldats n'ont pas d'autre occupation que celle de garder les châteaux, qui sont au nombre de trois, et qui forment comme un triangle irrégulier.... Les soldats n'oseraient sortir de leurs forts et sont continuellement sur leurs gardes, à cause des Maures de la campagne qui ne leur font aucun quartier. Réciproquement ceux-ci n'en approchent que les jours de marché. Ces jours-là, il y a trêve, à cause des besoins pressants des uns et des autres. Mais les vendeurs ne s'aventurent jamais à venir dans Bougie. Dans la plaine, à un quart de lieue de la ville, on voit une grande halle où les Turcs et les Maures s'assemblent. Ils trafiquent paisiblement les uns avec les autres depuis le point du jour jusqu'à midi; mais dès que ce moment est venu, ils se séparent aussitôt afin d'éviter les querelles. »

Les indigènes expliquent à leur manière les causes de la décadence de Bougie. Un marabout, Sidi Bou-Djemlin, dont les Bougiotes, corrompus par un trop long contact avec les Européens, mirent en doute le pouvoir spirituel, ayant mangé d'une poule servie par eux et non égorgée selon la loi, acheva son repas et prononça la phrase sacramentelle : « Louanges à Dieu, » en portant le bout du doigt sur le plat. A cet attouchement, la poule apparut intacte et vivante, battit des ailes et chanta comme un coq. Après ce miracle, Bou-Djemlin, qui nous rappelle, dans cette circonstance, Ahmed-ben-Youssef et son chat (*V.* p. 124), lança l'anathème sous le coup duquel est encore Bougie :

« Les vieillards et les notables d'entre vous demanderont l'aumône, et vos jeunes gens pâtiront de misère. »

Or, bien que Bou-Djemlin ne connût point Virgile, il ajouta :

« Vour trairez vos bestiaux sans jamais écrémer leur lait.

« Vous labourerez sans jamais remplir vos greniers. »

Les habitations avaient fait place aux ruines, et une complète anarchie régnait dans Bougie, lorsqu'une flottille venant de Toulon et portant un petit corps d'armée commandé par le général Trézel, entra dans la rade le 29 septembre 1833; les troupes débarquèrent à dix heures du matin, malgré le feu des forts dont elles s'emparaient le soir. Mais ce ne fut qu'après une lutte de trois jours que Bougie tomba définitivement en notre pouvoir. Une inscription a consacré la mémoire de cet événement :

LVDOVICO PHILIPPO REGNANTE
ET TREZEL DVCE
MDCCC FRANCI HANC VRBEM
MARI AGGRESSI VI ARMORUM
BARBARIS ABSTVLERUNT
A. MDCCCXXXIII.

La garnison française fut souvent attaquée à différentes époques, surtout pendant les premiers mois de l'occupation.

Bougie, V. de 2000 hab., non compris la garnison, fut rattachée à la province d'Alger, et eut d'abord comme chef civil un commissaire

[ROUTE 37] DE CONSTANTINE A BOUGIE.

du roi, puis un commissaire civil, le 21 novembre 1848. Elle fait partie de la province de Constantine depuis le 10 mars 1850; la commune y a été constituée le 17 juin 1854, et le commissariat civil supprimé le 31 décembre de la même année. Bougie est le chef-lieu d'un cercle dépendant de la subdivision de Sétif; sa garnison est de 1500 hommes.

Description.

M. L. Féraud, interprète de l'armée d'Afrique, a publié dans la *Revue africaine*, sous le titre de *Notes sur Bougie*, une monographie très curieuse de cette ville. Nous avons eu recours à ce travail quand nos propres documents nous faisaient défaut.

Bougie, lors de notre prise de possession en 1833, comptait 21 quartiers qu'il serait assez difficile de reconstituer aujourd'hui, parce que, dès 1835, des raisons politiques, et surtout, le voisinage de peuplades constamment hostiles, décidèrent l'autorité supérieure à faire restreindre l'ancienne enceinte de la ville. Cette mesure eut pour résultat d'amener la ruine immédiate de plusieurs de ces quartiers, et de motiver, par conséquent, le départ de la majeure partie des habitants indigènes qui, ne pouvant pas ou ne voulant pas s'établir dans la nouvelle enceinte, émigrèrent en Kabilie, à Alger, Bone, Constantine et même Tunis.

Les quartiers encore debout, ou du moins dans lesquels les constructions françaises ont remplacé les masures arabes, sont : sur le bord de la mer, *Bab-el-Bahar* et *Dar-Senda*; près du fort Barral, *Sidi Abd-el-Hadi*; entre le fort Barral et le grand ravin, *Bab-el-Louz* et *Azib-Bakchi*; près de l'église actuelle, *Karaman*; à la rue Trezel, *Kâa-Zenkat* ; à l'arsenal, *Homt-ech-Cheikh*. La caserne et l'hôpital, au-dessus du fort Abd-el-Kader, ont remplacé une partie du quartier de *Bridja*.

Le port.

Le port romain de Saldæ devait comprendre la partie S. O. de la plage, qui s'étend de la Kasba au parc à fourrages; M. L. Féraud croit avoir vu dans les ruines, à la hauteur du blokhaus Salomon, les restes d'un môle ou d'une jetée, que la mer, en se retirant, a couverts de sable.

Le port arabe de Moula-en-Nacer commençant entre la Kasba et le Parc-aux-bœufs, dans l'endroit connu encore de nos jours sous le nom de *Dar-Senâa*, darse, arsenal maritime, chantier de construction, était formé par un large môle qui contournait les assises de la Kasba, passait sous la ville et arrivait enfin à la hauteur du fort Abd-el-Kader.

Plus tard, sous les Turcs, le môle avait disparu; mais c'était à Dar-Senâa que les Bougiotes halaient leurs navires, après les avoir dégréés, lorsque venait la mauvaise saison.

Bougie, à proprement parler, n'a pas de port aujourd'hui. La plage sans fond, qui touche la ville, n'a pas d'abri pour les gros temps de l'hiver; elle n'est praticable que dans la belle saison. Le seul mouillage qui présente quelque sécurité, est celui de l'anse de Sidi Yahïa, ainsi nommée d'une koubba située près de là; mais cette anse ne peut contenir que peu de navires et ne peut recevoir ceux de haut-bord. L'entrée, difficile par les vents de N. et N. O., est cependant praticable. On a proposé, dans le temps, d'en faire un grand port, en construisant une jetée de 600 mèt. qui, partant du cap Bouak, courrait vers le S.

« Si les laborieuses études et les projets présentés pour les ports de l'Algérie, par M. Lieussou, ingénieur hydrographe de la marine, mort aujourd'hui, sont quelque jour approfondis et mis à exécution, Bougie ne manquera pas d'acquérir une extension immense. » (L. Féraud.)

Les remparts.

Tous les peuples qui, depuis vingt siècles, ont successivement occupé Bougie, y ont laissé des traces de leur domination. L'enceinte des Romains est debout et reconnaissable sur un grand nombre de points. Elle ne comptait pas plus de 2500 mèt. de développement. Deux positions plus fortement occupées la protégeaient : ce sont les forts appelés plus tard Moussa et Bridja. Une simple ligne de murailles garantissait le contour du mouillage actuel au pied de la ville.

L'enceinte sarrazine remonte à l'époque où Bougie devint la capitale des Hammadites, 1067 (460 de l'hég.). C'était une muraille haute et continue, flanquée de tours, s'étendant le long du rivage, embrassant exactement la rade et tous les contours du terrain, jusqu'au dehors de Bougie, vers la partie plate de la plage, qui se raccorde avec la plaine. Un arceau en ogive reste encore debout aujourd'hui et sert d'entrée au point actuel de débarquement. Cet arceau est connu sous le nom de porte de Fatma ou des Pisans, et les Arabes, amants du merveilleux, ne manquent pas de dire que le bruit de cette porte tournant sur ses gonds s'entendait jusqu'à Djidjelli ! Deux murailles pareillement flanquées de tours gagnent le sommet de la montagne, en suivant jusqu'à pic la crête des hauteurs. Cette enceinte, qui a plus de 5000 mèt. de développement, ne présente sur toute son étendue que des ruines amoncelées : les tremblements de terre ont dû surtout contribuer à cette destruction.

L'enceinte actuelle, partant du fort Abd-el-Kader à l'O., s'élève d'abord au N. jusqu'au plateau de Bridja ; de là, elle suit le mur romain, traverse le ravin des fontaines pour remonter au fort Moussa, enfin de ce point elle va rejoindre la plage au delà de la Kasba.

Les portes.

Les remparts de Bougie sont percés de cinq portes : de *Fouka* et de la *Kasba* à l'O. ; de *Moussa* et du *Grand-Ravin*, *Bab-el-Louz* des Arabes, au N. ; d'*Abd-el-Kader*, à l'E. Les portes de la Kasba, de Moussa et d'Abd-el-Kader, communiquent avec les trois citadelles de ce nom.

Les forts et les casernes.

Le *Bordj-el-Ahmer*, le fort Rouge, dont les ruines se voient à mi-côte, entre la koubba de Sidi Touati et le Gouraïa, était avant sa destruction par les Espagnols le plus ancien de Bougie. Construit du temps de Moula-en-Naceur, en même temps que la grande muraille, il avait été réédifié à une époque plus récente et nommé *Bordj-bou-Lila*, le Fort élevé en une nuit : ce dernier nom était un de ceux du fort l'Empereur, à Alger; or, l'on sait désormais à quoi s'en tenir sur la plupart des appellations arabes. C'est au Bordj-el-Ahmer que Salah-Raïs vint s'établir pour reprendre Bougie aux Espagnols, 1555 (963 de l'hég.).

Le fort *Abd-el-Kader* ou fort de la mer, ébranlé par les secousses du tremblement de terre de 1856, était le seul qui existât à l'arrivée des Espagnols en 1509; bâti au S. E., sur une largeur de rochers, sa forme est irrégulière; il renferme une citerne et des souterrains.

La *Kasba*, au S. O., de forme rectangulaire, flanquée de bastions et de tours rasés en partie en 1853, a été construite par Pierre de Navarre. Les inscriptions suivantes donnent la date de sa fondation:

> FERDINANDVS
> V REX HISPA
> NIAE INCLYTVS
> VI ARMORVM
> PERFIDIS AGA
> RENIS HANC
> ABSTVLIT VR
> BEM ANNO
> MDVIIII.

« Ferdinand V, illustre roi d'Espagne, a enlevé cette ville par la force des armes aux perfides enfants d'Agar, en l'an 1509. »

> QVAM MVRIS
> CASTELLIS Q MV
> NIVIT IMP KA
> ROLVS V AFRICA
> NVS FERLINANDI
> NEPOS ET HA
> ERES SOLI DEO
> ONOR ET GLORIA
> ANNO 1545.

« Cette ville a été pourvue de murailles et de forteresses par l'empereur Charles-Quint l'Africain, petit-fils et successeur de Ferdinand. A Dieu seul honneur et gloire, l'an 1545. »

Charles-Quint se faisant surnommer l'*Africain* oubliait que deux ans auparavant, 1541, il était venu se réfugier à Bougie après avoir échoué contre Alger.

La Kasba, appropriée pour le casernement d'une partie de la garnison, renferme en outre les magasins des subsistances militaires et cinq citernes pouvant contenir 200 000 litres d'eau. La mosquée qui s'y trouve, également utilisée pour les services militaires, a été construite en 1797 (1212 de l'hég.) sous le pachalik de Moustafa-ben-Ibrahim.

Le *fort Barral*, au N. O., ancien *fort Impérial*, *fort Moussa*, a été élevé, comme la Kasba, par Pierre de Navarre, lors de la prise de Bougie en 1509. « Il est, dit M. L. Féraud, en très-bon état de conservation; un chemin couvert, d'après la tradition, le reliait à la Kasba. Une caserne a été construite par nous sur la terrasse du fort. Le général de Barral, blessé le 21 mai 1850 chez les Beni-Immel, et mort deux jours après à l'hôpital militaire de Bougie, fut inhumé dans ce fort, qui, à dater de ce jour, changea son nom de Moussa en celui de Barral. Le cercueil du général est déposé dans une niche pratiquée dans le mur, en face de la porte d'entrée, sous la voûte. » C'est près du fort Barral qu'on remarquait, dit le chevalier d'Arvieux, en 1674, une porte de la ville, assez bien conservée et flanquée de deux grosses tours rondes: c'est la porte Fouka.

Les ouvrages avancés sont : le *fort Gouraya*, au sommet de la montagne de ce nom, dominant la ville au N.; plus bas, à l'O., le *fort Clauzel*; et sur la plage, non loin de l'oued-Ser'ir, le *Blokhaus Salomon de Musis*, nom d'un commandant supérieur de Bougie, mort assassiné par les Kabiles, en 1836.

Les troupes sont logées dans la Kasba, le fort Barral, la *caserne* de Sidi Touati, près de la porte du Ravin, et la *caserne de Bridja*, à l'E. de la ville; près de cette caserne est l'*hôpital militaire*, pouvant contenir 600 lits.

L'*arsenal*, sur la place de ce nom; le *bureau arabe*, place Fouka; la *manutention*, à la kasba; le *campement*, près du débarcadère de la porte des Pisans; les *parcs* aux fourrages et aux bœufs, près de la porte Fouka, complètent l'installation des différents services militaires à Bougie.

Les places.

Place de l'Arsenal, dans le quartier dit Homt-ech-Cheikh; l'hôtel du commandant supérieur et l'arsenal bordent deux de ses côtés; le marché aux légumes et au bois s'y tient tous les jours. — *Place Louis-Philippe*. — *Place Fouka*, près de de la porte de ce nom; on y voit le bureau arabe et la mosquée de Sidi es-Soufi.

Les rues.

Les rues, suivant les pentes de la montagne sur laquelle Bougie est bâtie, sont cependant presque toutes carrossables : quelques-unes sont à escalier. Mais toutes commencent généralement à perdre de leur aspect primitif, car les jardins, les raîches tonnelles et les arbres de différentes essences qui y sont disséminés, tendent à disparaître de jour en jour, depuis le percement de nouvelles rues et la construction de quelques vastes et disgracieuses maisons, véritables casernes, dans lesquelles l'esprit de spéculation a plus de part que le bon goût. Les *rues Trézel* et *des Vieillards* sont les deux principales artères de la ville.

Les monuments religieux.

L'*église*, située dans la partie O. de Bougie, près de l'ancien quartier Karaman, n'a rien qui la distingue, sinon une immense coupole qui se voit de très-loin, surtout quand on est en mer. On remarque, sur la façade de cette église toute nouvellement construite, des armoiries données par nous ne savons quel collége héraldique. L'écu est chargé d'un croissant, d'une comète et d'une ruche : le croissant rappelle la domination arabe; la comète fait allusion à celle qui parut à l'époque où l'on construisait l'église, 1858; la ruche, enfin, doit être l'emblème de l'activité des colons et des populations kabiles, à moins qu'elle ne rappelle la cire dont on fait les bougies qui ont pris leur nom de Bedjaïa. Cet écu est supporté par un singe, ce qui s'explique par la présence de cet animal aux environs de Bougie.

D'autres villes, Blida et Philippeville, se sont fait des blasons plus ou moins bien appropriés. Philippeville a eu recours aux armes parlantes et a mis une cigale, en latin *cicada*, sur son écu; or, on sait déjà que l'ancien nom de Philippeville est Rusicade.

L'emplacement de l'église présente cette circonstance curieuse, qu'on a trouvé à trois mètres au-dessous du sol les fondations d'une mosquée encore debout en 1832; et à cinq mètres plus bas les assises en pierres de taille d'un temple de la colonie, comme le constate l'inscription qu'on y a découverte. La tradition des peuples a donc perpétué la destination religieuse de cet emplacement, temple d'abord, ensuite mosquée, aujourd'hui église.

Mosquées et zaouïas. — On en comptait 25 dans la ville et dans la banlieue. 4 sont encore affectées au culte musulman : *Djama-Sidi-es-Soufi*, place Fouka; — *Djama-Baba-Sefian-Tsouri*, près des Cinq-Fontaines; — *Koubba Sidi-Mohammed-Amokhran*, au-dessus de la porte du Grand-Ravin, à gauche du chemin du fort Clauzel. « Cette koubba, ruinée et abandonnée vers les premières années de notre occupation, a été restaurée en 1850. Le choléra, nommé par les Kabiles *taberrit*, faisait à cette époque de grands ravages dans les tribus de la vallée de l'oued-Sahel. Un des descendants du marabout eut la bonne idée d'exploiter la situation, en prétendant que son ancêtre lui était apparu en songe et lui avait dit que l'épidémie sévirait tant que son tombeau ne serait pas relevé; la nouvelle de cette manifestation ne tarda pas être répandue dans le pays; de tous côtés arrivèrent des offrandes expiatoires, et la koubba fut restaurée sous la direction du génie militaire. La cessation du fléau a été attribuée à l'intervention du saint marabout. » (*M. L. Féraud.*) — *Koubba Lella-Gouraïa*, dans le fort, au sommet de la montagne de ce nom.

Les autres mosquées ou zaouïas, qui n'ont échappé à la destruction que pour devenir des bâtiments ou des annexes de bâtiments militaires, sont : *Djama-Kebir*, à la Kasba, construite en 1797 (1212 de l'hég.), servant de caserne et de magasin des subsistances militaires; — *Djama-es-Souk*, dépendance du parc aux fourrages; — *Zaouïa Lella-Fatma*, dépendance de l'arsenal de l'artillerie; — *Djama-Sidi-Ahmed-en-Nedjar*, à la batterie du fort Abdel-Kader, caserne; — *Koubba Sidi-Yahia*, près de la mer, ancienne direction du port; — *Zaouïa Sidi el-Touati*, au delà de la porte du Ravin, caserne. Sidi el-Touati, contemporain d'En-Nacer (*V.* p. 334), était un des nombreux marabouts dont l'austérité autant que le savoir avaient fait donner à Bougie le nom de *petite Mekke.* « La zaouïa de Sidi el-Touati fut, jusqu'en 1828, le séjour de plus de 200 tolba, pépinière de kadis et de lettrés pour toute la contrée. Vers cette époque, les étudiants enlevèrent une jeune fille appartenant à l'une des meilleures familles de la ville, l'enfermèrent dans la zaouïa et l'outragèrent brutalement. Les Bougiotes se plaignirent à Hussein pacha, qui ordonna aussitôt le renvoi des tolba et la suppression de l'école. »

Archéologie.

Grandes citernes romaines, entre le fort Barral et la porte du Grand-Ravin; rue des Vieillards, maison Convert; *bassins-citernes*, au-dessus de la caserne de Touati. — *Bassins et fontaines*, sur la route du fort Abd-el-Kader, la direction du port. — *Cirque-amphithéâtre*, au-dessous de la porte du Grand-Ravin; la tombe du commandant Salomon de Musis est placée en quelque sorte au centre de la partie du cirque qui devait servir d'arène. — *Pierres de taille et colonnes* de la place Fouka. — *Débris divers*, à la Kasba, au port, au quartier des Cinq-Fontaines.

Des *médailles* et des *inscriptions* se rencontrent de temps en temps dans les fouilles faites pour élever de nouvelles constructions. L'inscription la plus intéressante, puisqu'elle donne le nom de la ville romaine, est au musée du Louvre. Mais il est probable que des fouilles dirigées dans un but purement archéologique amèneraient des découvertes d'une certaine importance.

Environs.

A 1 kil. O., le *blokhaus Salomon*, *l'Oasis*, dans les plaines de la Soummam.

A 2 kil. E., le *cap Bouak*, par la route du port et la koubba de Sidi-Yahïa (*V.* p. 335).

A 3 k. N., la *koubba Lella-Gouraïa*, au sommet de la montagne de ce nom. De cet endroit, on embrasse au N. O. et au S. E. la vue des côtes de l'Algérie, et à l'O. le réseau des montagnes kabiles.

A 5 kil. nord, la *vallée des Singes*.

On rencontre dans les environs de Bougie des ruines romaines, dont les plus remarquables sont : à *Taguemont*, 15 kil. N. O., les ruines d'un aqueduc qui amenait à Bougie les eaux d'Aïn-Arbalou ; à *Kseur*, 24 kil. S. O., un ancien camp fortifié ; et à *Tiklat*, 2 kil. de Kseur, les ruines considérables de *Tubusuptus*, parmi lesquelles une immense citerne, divisée en quinze compartiments de chacun $4^m,15$ de largeur sur $30^m,60$ de longueur, et 6 de profondeur du fond à la naissance des voûtes.

ROUTE 38.

DE CONSTANTINE A DJIDJELLI.

105 kil. — Route stratégique.

34 kil. de Constantine à Mila (*V.* R. 36).

45 kil. l'*oued-Endja*, affluent de l'oued-el-Kebir.

61 kil. l'*oued-Mechla*, affluent de l'oued-el-Kebir. On contourne, avant de traverser ce ruisseau, le flanc du *djebel-Ahrès*, dont le sommet principal a une hauteur de 1355 mèt. au-dessus de la mer.

70 kil. *Caravansérail de Fedj-el-Arbá*, en avant du *djebel-Damous*, dont le sommet est élevé de 1280 mèt. au-dessus de la mer.

88 kil. Caravansérail de *Fedj-el-Chebena*.

90 kil. l'*oued-Beur'ra*, affluent de l'*oued-Nil*.

95 kil. l'*oued-Djindjen*, qui se jette à 8 kil. S. E. dans la Méditerranée.

Tout le pays que l'on vient de parcourir est couvert d'un réseau de montagnes généralement boisées, et desquelles descendent une foule de ruisseaux. Des villages, habités par une population laborieuse, sont bâtis aux flancs de ces mêmes montagnes qui, s'étendant de l'E. de Bougie à Collo, forment ce qu'on appelle la petite Kabilie.

105 kil. **Djidjelli**. *Hôtels.* — *Cafés*: Impérial ; de France ; de l'Ancre ; de l'Espérance. — *Cercle militaire*: on est y admis sur présentation. — *Théâtre*, les jeudis et dimanches. — *Bains maures*. — *Bureau des postes*. — *Télégraphie électrique*. — *Marché arabe*, tous les jours. — *Location* de chevaux et de mulets. *Bateaux à vapeur de l'État* pour

[ROUTE 38] DE CONSTANTINE A DJIDJELLI. 411

Alger, les 8, 18, 28 de chaque mois; pour Bone, les 4, 14, 24 de chaque mois.

Situation, direction et aspect général.

Djidjelli, située par 3° 25' de longitude orientale et 36° 50' de latitude N., sur le bord de la Méditerranée, occupe une presqu'île rocailleuse, réunie à la terre ferme par un isthme fort bas, que dominent de près des hauteurs dont les crêtes sont couronnées par des ouvrages de défense. Djidjelli présente un port dans lequel on peut mouiller avec confiance dans la belle saison. Ce port, abrité au S. et à l'E. par les terres, est en partie défendu des effets des vents du N. par une ligne de rochers qui s'étend, E. O., à plus de 800 mèt., et se termine par plusieurs roches plus élevées sur l'une desquelles on a placé le phare. Ces roches pourront faire une bonne tête de môle; mais pour utiliser cette disposition naturelle, il faudra fermer complètement plusieurs intervalles, dont l'un large de 200 mèt., un autre de 100, lesquels laissent aujourd'hui entrer la lame du N. dans l'intérieur. Le gouvernement s'occupe, du reste, de créer un port à Djidjelli, et les navires pourront désormais s'y réfugier sans courir le risque du refus d'assurances de la part des compagnies, tant étaient terribles les inconvénients de la rade foraine.

Djidjelli, nouvellement éprouvée par le tremblement de terre de 1856, se relève de ses ruines et présente deux aspects bien tranchés : l'un de la vieille ville arabe, bâtie sur la presqu'île; l'autre de la ville française, s'étendant entre sa devancière et le pied des collines.

Presque tous les habitants sont originaires des contrées méridionales de l'Europe; ce sont, en général, des Provençaux, des Basques, des Espagnols, des Italiens et des Maltais, qui ont conservé les mœurs et les habitudes de leur pays. Les uns font le commerce ou s'adonnent à la culture des jardins : les Espagnols et les Maltais principalement exercent cette dernière industrie; les autres vivent des travaux de construction, où ils trouvent à s'employer comme manœuvres, carriers, mineurs et ouvriers d'art.

Histoire.

Igilgili, la *Djidjelli* actuelle, donnait son nom à un district de la Mauritanie. M. Léon Renier, dans son *Recueil des inscriptions de l'Algérie*, mentionne la suivante, gravée sur un fragment de colonne, faisant partie du petit nombre d'antiquités trouvées à la surface du sol et mal conservées à cause de la nature friable des pierres :

. . . .
COS PROCOS NEPOTI
DIVOR GORDIANO
RVM AB IGILGIL.
. . . .

« Imperatori Cæsari Marco Antonio Gordiano pro felici Augusto.... consuli proconsuli nepoti divorum Gordianorum. Ab Igilgili.... millia passuum. »

La colonie romaine d'Igilgili, fondée par Auguste, avait d'abord été une colonie marchande de Carthaginois. Communiquant par deux grandes voies avec Saldæ (Bougie) et Cirta (Constantine), elle devint également le marché sur lequel les gens de l'intérieur venaient échanger leurs produits contre les marchandises européennes.

Igilgili, comme presque toutes les villes de l'Afrique romaine, avait un évêché.

Les géographes arabes nous apprennent qu'Igilgili, devenue cité arabe, était toujours une place maritime et commerciale d'une certaine importance. « Les habitants de Djidjelli, disent-ils, sont très-sociables, amis des marchands et pleins de bonne foi dans leurs transactions. Ils s'adonnent presque tous à l'agriculture, quoique le sol qu'ils cultivent soit ingrat et ne produise guère que de l'orge, du chanvre et du lin. Les montagnes voisines, couvertes de magnifiques arbres fruitiers, leur fournissent en abondance des noix et des figues qu'ils transportent à Tunis. Ils entretiennent aussi avec les étrangers un grand commerce de cuirs, de cire et de miel. La ville possède deux ports : l'un au midi, d'un abord difficile, où l'on n'entre jamais sans pilote ; l'autre au nord, appelé Mers-Chara, parfaitement sûr, mais qui ne peut recevoir qu'un petit nombre de navires. »

« Ibn-Khaldoun dit qu'en 537 (1143 de J. C.), les Francs (Normands de Sicile) se présentèrent devant Djidjelli, dont les habitants s'enfuirent vers les campagnes et les montagnes voisines. Les Francs étant entrés dans la ville la détruisirent complétement, et mirent le feu au château de plaisance que l'émir Yahïa-Ibn-el-Aziz s'était fait bâtir. Après cet exploit, ils retournèrent chez eux. Ce Yahïa est le dernier émir Hammadite qui régna de 511 à 547 (1121-22 à 1152 de J. C.) ; il abdiqua en faveur d'Ab-el-Moumen.

« Edrissi raconte qu'à l'approche des Normands toute la population se réfugia dans les montagnes, où elle construisit un fort. Pendant l'hiver, elle revenait habiter la côte ; mais au retour de la belle saison, à l'approche de la flotte sicilienne, elle se retirait de nouveau dans l'intérieur du pays. Cela n'empêchait pas le commerce de prospérer. Les Kabiles se battaient pendant un jour ou deux, et venaient échanger le lendemain, avec une extrême confiance, leurs produits agricoles et industriels contre les marchandises normandes.

« Les Pisans, établis à Bougie, succédèrent aux Siciliens, et pendant plus d'un demi-siècle Djidjelli fournit aux négociants de Pise une grande partie des cuirs crus qu'ils employaient dans leurs nombreuses tanneries ; mais bientôt la concurrence des Génois, les navigateurs les plus actifs du moyen âge, que les Pisans rencontraient partout dans les marchés de l'Orient, porta un coup fatal au commerce très-lucratif que ces derniers faisaient à Djidjelli. Les Génois occupèrent ce point de la côte, dont ils se réservèrent à peu près le commerce exclusif.... Ils étaient encore les maîtres de cette position avantageuse lorsque le fameux corsaire Baba-Aroudj s'en empara, en 1514. Les habitants, qui avaient sans doute à se plaindre des Génois, avaient eux-mêmes appelé les Turcs. Aroudj assiégea le château où la garnison s'était retirée, et l'emporta dans un assaut. 600 Génois furent réduits en servitude, et un butin considérable fut partagé entre les soldats et les indigènes.

« Cet événement n'eut aucun résultat fâcheux pour le commerce de Djidjelli, et son port continua d'être fréquenté par les marchands européens. Les Génois eux-mêmes ne craignaient pas de s'y montrer de nouveau ; mais les négociants de Marseille, au rapport de Gramaye, y faisaient à cette époque les meilleures affaires; ils en tiraient principalement la cire et les cuirs. L'expédition du duc de Beaufort, en 1664, mit un terme à cette prospérité commerciale.

« La piraterie des Turcs d'Alger déshonorait depuis longtemps les nations maritimes de l'Europe ; ils croisaient sur toutes les côtes et attaquaient tous les pavillons. Pour tenir en bride ces audacieux forbans, le gouvernement de Louis XIV résolut de tenter un établissement militaire au milieu même de leur pays.... Après avoir hésité entre Bone, Stora, Bougie et Djidjelli, le gouvernement français se décida enfin, en 1663, pour ce dernier point. On avait consulté les officiers de marine les plus distingués, entre autres Duquesne, et tous avaient répondu qu'il était possible d'y établir à peu de frais un port excellent.... Le commandement général de l'expédition fut donné au duc de Beaufort. L'armée de terre, qui avait été placée sous les ordres du comte de Gadagne, était forte de 5200 hommes de troupes régulières, y compris un bataillon de Malte avec 120 chevaliers. Il y avait, en outre, 200 volontaires et 250 valets, et au moment du débarquement, l'armée fut renforcée de 20 compagnies des vaisseaux, formant un total de 800 hommes. La flotte, commandée par le chevalier Paul, se composait de 15 vaisseaux ou frégates, 19 galères et 20 autres petits bâtiments.

« L'expédition, partie de Toulon, le 2 juillet 1664, parut à la hauteur de Bougie le 21 du même mois. Le 22, à sept heures du soir, la flotte jetait l'ancre dans la rade de Djidjelli.

« Le lendemain, le débarquement s'opéra auprès d'une koubba où s'élève aujourd'hui le fort Duquesne.... Les Kabiles, qui étaient accourus en grand nombre pendant la nuit, se battirent avec courage. A trois heures, ils furent enfin obligés d'évacuer la ville. On n'y trouva que dix canons et des maisons si laides et si épouvantables qu'on pouvait à peine croire qu'elles eussent été habitées par des hommes. » Les troupes prirent position dans une petite plaine qui s'étend entre la ville et les montagnes, et s'y retranchèrent comme elles purent.

« .... Les Kabiles étaient indécis entre les Français et les Turcs. Ils n'aimaient ni les uns ni les autres. Malheureusement le duc de Beaufort ne sut pas fixer en sa faveur les irrésolutions des tribus.... Pendant ce temps, les Turcs approchaient de Djidjelli ; ils arrivaient devant la place le 4 octobre, et dirigeaient aussitôt une attaque vigoureuse contre le fort de l'Ouest. Le 22, quelques renforts arrivèrent de France. Le duc proposa une attaque générale du camp des Turcs, qui venaient de recevoir de l'artillerie de siége. Le conseil était bon, mais Gadagne ne voulut pas y consentir.... Désespérant du succès de l'entreprise, le duc de Beaufort mit à la voile le 27, et s'en alla croiser dans le golfe de Tunis. Le lendemain les Turcs ouvrirent le feu sur les postes extérieurs, qui furent bientôt enlevés. Les Turcs tournèrent enfin leurs pièces contre le camp lui-même.

« La position de l'armée devint alors très-critique. Les soldats étaient d'ailleurs complétement démoralisés. Une prompte retraite était devenue nécessaire, et le 31 octobre, au matin, l'opération de l'embarquement s'opérait, pendant qu'un jeune officier aux gardes, nommé Saint-Germain, et le comte de Gadagne faisaient des prodiges de valeur pour soutenir la retraite.

« Le mauvais succès de l'expédition de Djidjelli, qui avait si bien commencé, fut causé principalement par la négligence que l'on apporta à fortifier la place et à y réunir tout ce qui était nécessaire pour l'entretien des troupes. Cette imprévoyance était la suite naturelle de la division qui, dès les premiers jours, avait éclaté entre les chefs de l'expédition; mais le gouvernement avait aussi à se reprocher de n'avoir pas mis à la disposition des troupes des ressources assez grandes.

« La victoire que les Turcs venaient d'obtenir ne profita guère aux habitants de Djidjelli. Ils ne subirent pas une seconde fois le joug des chrétiens, mais ils perdirent tout ce qui faisait la richesse de leur ville, c'est-à-dire leur commerce avec l'Europe. A partir de ce moment, les négociants de la Méditerranée cessèrent de se montrer sur les marchés de Djidjelli. En 1725, lorsque Peyssonel visita cette ville, c'est à peine s'il y trouva 60 maisons. Les habitants entretenaient quelques rapports de commerce avec les comptoirs de Bone et de la Cale; mais ces relations, que les Turcs d'Alger voyaient avec mécontentement, ne prirent jamais une grande importance. » (*Élie de La Primaudaie.*)

En 1803, on voit le marocain Ben-Arach, le derkaoua, établir le centre de ses opérations de guerre à Djidjelli. Vers le mois de juin, six bateaux coralleurs, montés presque tous par des Français, furent capturés à la Cale par un de ses pirates sorti de Djidjelli : plusieurs Français furent massacrés et 54 tombèrent aux mains des pirates qui les conduisirent enchaînés auprès de Ben-Arach. La nouvelle de cet événement détermina le dey d'Alger à envoyer contre Ben-Arach trois gros bâtiments aux ordres du fameux Raïs-Hamidou. Cependant, l'année suivante, pendant l'expédition du Bey Othman à l'oued-Zhour, Ben-Arach faisait encore sortir des bateaux de Djidjelli avec ordre de saisir tous les bâtiments qu'ils rencontreraient, et de ne respecter que les anglais.

En février 1839, les Kabiles des environs de Djidjelli ayant fait prisonnier l'équipage du brick *l'Indépendant*, qui avait fait naufrage, voulurent en obtenir une rançon. C'est à la suite de cet événement que Djidjelli fut prise par le colonel de Sale, le 13 mai suivant. Mais l'occupation était restreinte, et la ville fut bloquée jusqu'à l'arrivée du général de Saint-Arnaud, qui lui assura enfin les routes de l'intérieur (1852).

Djidjelli, V. de 2000 hab., dont 1300 Européens, est le chef-lieu d'un cercle militaire dépendant de la subdivision de Constantine et d'un commissariat civil, depuis le 13 octobre 1858. Djidjelli est le centre d'un commerce assez actif en laines, tissus, cuirs, bois et grains, et deviendra sans doute une ville importante quand elle aura un port et des routes qui faciliteront l'exploitation de ses richesses forestières et métallurgiques.

La *description* de Djidjelli, après ce que nous avons dit plus haut de sa situation et de son port, sera bientôt faite ; que dire, en effet, de la vieille ville détruite en partie par le tremblement de terre du 21 août 1856, et de la nouvelle ville ? Quels monuments, quelles rues, quelles places faudra-t-il citer ? Les *édifices civils* : église, hôtel du commissaire civil, hôtel des postes, abattoir, etc., sont des constructions des plus modestes. Les *édifices militaires* : hôtel du commandant supérieur, caserne et hôpital, ressemblent aux édifices civils, sauf leur aménagement intérieur. Quant aux fortifications, elles consistent en un simple fossé entourant la ville, et en plusieurs fortins couronnant les crêtes et dominant Djidjelli. Ces fortins sont : en partant du S. E., le fort Duquesne sur un rocher limitant le port ; c'est près de cet endroit que vinrent débarquer, en 1664, le duc de Beaufort et le comte de Gadagne ; le blokhaus Valée et le fort Sainte-Eugénie, au S. ; la redoute Galbois, au N. O. ; plus au N. O. encore, le blokhaus Horain ; au-dessus de ce dernier, le fort Saint-Ferdinand ; et plus au N. encore, la Maison crénelée. C'est entre le fort Duquesne et le blokhaus Horain, à 200 mèt. de la nouvelle ville, qu'était située Igilgili.

ROUTE 39.

DE CONSTANTINE A BATNA.

120 kil. — Service de diligences.

3 kil. Sidi Mabrouk (*V.* p. 385).
16 kil. Le Kroubs, et mieux *Khrouroub* (masures, ruines), village créé le 6 août 1859, près de l'emplacement des ruines romaines, sur la rive droite de *l'oued-Bou-Meurzoug* ; un marché de bestiaux, le plus important de toute la province, s'y tient tous les samedis. On visitera au Khroubs une petite église bâtie dans le style ogival.

Entre le 16e et le 17e kil., on a trouvé dans la propriété de M. Joffre, maire du Khroubs, une colonne ou borne milliaire en marbre blanc, portant le nom ancien des habitants de la circonscription, avec la distance qui séparait leur ville de l'endroit où nous avons établi notre nouvelle colonie. Cette inscription incomplète, remontant, d'après M. Léon Renier, au règne de Caracalla, se termine ainsi :

. . . . .
. . . R.P. SILENSIVM.
XIII.

« Cette colonne, dit M. Cherbonneau, ne donne qu'un ethnique ; cependant nous pouvons apprendre avec certitude le nom de la localité en consultant l'*Africa christiana* de Morcelli, où il est dit : « *Silen-*
« *sis*. Ignota *Sila* est et a geogra-
« phis prætermissa : quam tamen
« in Numidia fuisse ex notitia disci-
« mus.* » Le même auteur attribue à l'église de Sila un évêque du nom de Donatus, qui figure le 82e sur la liste des évêques de la Numidie, appelés, en 484, par le roi Huneric, au concile de Carthage…. L'exploration raisonnée des régions environnantes me conduisit vers le S. à un défilé qui a conservé jusqu'à nos jours le nom de *Pagus*. Ce passage, resserré entre le *Mont-Guerioun* et la montagne du *Oulad-Tsabet*, s'appelle *Fedj-Sila* ; il abou-

tit à des ruines considérables qu'on traverse pour se rendre à Sigus. De l'église du Khroubs à cet endroit, où sont massés les décombres de nombreux établissements agricoles, il y a trois lieues. C'est donc là qu'il faut placer nécessairement la ville dont la borne milliaire m'a révélé le nom. »

19 kil., à 500 mèt. de la route, à g., *Aïn-Guerfa*, hameau annexe d'Aïn-el-Bey.

26 kil. **Oulad-Rahmoun**, sur la rive g. de l'oued-Bou-Meurzoug, créé le 6 août 1859. *Distribution des postes.*

Les v. du Khroubs et des Oulad-Rahmoun sont, dans la riche vallée de Bou-Meurzoug, dont l'étendue n'a pas moins de 45000 hectares, les deux principaux centres auxquels viennent se rattacher des hameaux et de nombreuses fermes.

On a trouvé dans la vallée, sur un tertre, parmi les vestiges d'une place d'armes, qui protégeait autrefois le Bou-Meurzoug, une inscription offrant un exemple de longévité extraordinaire et contrastant avec l'insalubrité naguère proverbiale du canton, celle de l'acatus, qui vécut 120 ans! (*V.* p. 375.)

40 kil. *La fontaine du Rocher*, à l'embranchement des deux routes de Constantine à Batna, par la vallée du Bou-Meurzoug et par Aïn-el-Bey. L'ancienne route d'Aïn-el-Bey abrége le parcours de 6 kil.; mais elle est plus montueuse; elle passe, à 2 kil., par le *polygone*; à 8 kil., par le *Fedj-Allah-ou-Akbar*, d'où on a une vue magnifique de Constantine; à 15 kil., par **Aïn-el-Bey**, v. créé sur l'emplacement d'une ancienne ville romaine, dont les traces nombreuses étaient encore visibles il y a quelques années. Le *caravansérail* d'Aïn-el-Bey a été converti en pénitentiaire pour les Arabes. C'est au-dessous d'Aïn-el-Bey, à dr. de la route, que se dresse le *Djebel-nif-en-n'seur*, le bec de l'Aigle; un des principaux pitons de cette montagne a, en effet, la forme d'une tête et d'un bec d'aigle.

45 kil. *Caravansérail d'Aïn-Mlilia,* près des ruines de l'ancienne Visalta (*Mac-Carthy*).

50 kil. *Aïn-Feurchi.* Ruines romaines et puits.

56 kil. les *Chotts* : *Tinsilt* à dr. et *Mzouri* à g. C'est entre deux lacs salés, remplis l'hiver d'une foule de cygnes et de canards sauvages, que passe la route.

Les ruines, désignées par le mot berbère *Tattubt* ou *Tattubet*, qui signifie ail, sont les restes d'un poste militaire, situé à 72 kil. de Constantine, vers le S., entre le djebel-Guerioun et le *djebel-el-Hanout*, sur la rive g. de l'*oued-Lercha*. On arrive à ces ruines en quittant la route de Batna, pour suivre à l'E., jusqu'à une distance de 16 kil., le sentier arabe qui longe la côte N. du lac de Mzouri.

70 kil. *Aïn-Yacouts*, la fontaine du diamant brut. On trouve en cet endroit un hameau et un *caravansérail*.

Le terrain, si dépourvu d'arbres jusqu'alors, surtout depuis Aïn-Mlilia, se couvre de genévriers et d'oliviers.

« La route, après avoir dépassé Aïn-Yacouts, descend bientôt dans une vaste plaine qu'elle traverse du N. E. au S. O., dans sa plus petite largeur, en se dirigeant vers la *fontaine chaude*, l'*Aïn-oum-ed-Djera* des Arabes, et le *djebel-Touda*, que couronne comme une koubba un

[ROUTE 39] DE CONSTANTINE A BATNA. 417

petit poste télégraphique. Lorsqu'on approche du pied du Touda, on aperçoit, à deux lieues sur la g., dans le col le plus apparent des hautes collines qui bordent la plaine à l'E., une construction considérable qui, vue à cette distance, présente la forme d'une pyramide très-écrasée, dont on distingue vaguement les degrés, et que l'œil prendrait aisément pour une grosse roche faisant saillie au milieu du col : c'est le Medr'asen. »

Ce monument que nous avons visité, et qui rappelle le tombeau de la Chrétienne (*V.* p. 88), a été signalé par Peyssonel, et étudié par le colonel Carbuccia, le docteur Leclerc, l'architecte F. Becker et le colonel Foy; c'est à ce dernier que nous empruntons la description du Medr'asen. Mais voici d'abord ce qu'en disait El-Bekri : « .... On passe de là au Kobr Madr'ous (le tombeau de Madr'ous), qui ressemble à une grosse colline, et qui est construit avec des briques très-minces et cuites au feu. Il est bâti en forme de niches peu grandes, et le tout est scellé avec du plomb. On voit sur cet édifice des figures représentant des hommes et d'autres espèces d'animaux. De tous les côtés, le toit est disposé en gradins; sur le sommet pousse un arbre. Dans les temps passés, on avait rassemblé du monde afin de renverser ce monument, mais cette tentative n'eut aucun succès.... » Sauf les briques, qui sont des pierres de taille, et les bas-reliefs qui ont disparu, cette description peut à la rigueur passer pour exacte.

« Quoi qu'il en soit, dit à son tour M. le colonel Foy, le Medr'asen, par la grandeur de ses proportions, le caractère de son architecture et le mystère de son origine et de sa destination, mérite à un haut degré l'attention des archéologues. Il a été souvent visité; nous en avons des vues et des descriptions nombreuses; mais tout n'a pas encore été dit sur lui, et je vais essayer d'ajouter quelque chose à ce qu'on sait déjà.

« Sa forme générale est celle d'un gros cylindre très-court servant de base à un tronc de cône obtus, ou plutôt à une série de 24 cylindres qui décroissent successivement et donnent ainsi sur le cylindre de base une suite de 24 gradins circulaires de 58 c. de hauteur et 97 c. de largeur à peu près. La plate-forme supérieure a 11 mèt. 70 c. de diamètre, et le gradin inférieur a 176 mèt. de pourtour. Il est évidé inférieurement en quart de cercle et forme ainsi une corniche très-simple que supportent 60 colonnes engagées, espacées de 2 mèt. 85 c. d'axe en axe, et ayant 2 mèt. 22 c. de hauteur de fût. Ces colonnes reposent sur un double soubassement peu apparent, aujourd'hui que les terres se sont amoncelées à son pied. On devait mesurer autrefois 5 mèt. de la corniche et 18 mèt. 35 c. de la plateforme, au niveau du sol, qui s'est relevée de 1 mèt. à peu près.

« A l'E. du monument, et précisément sur son diamètre O. E. prolongé, on reconnaît les traces à demi effacées d'une sorte d'avant-corps rectangulaire de 24 mèt. de largeur et de 14 à 15 mèt. de saillie, dont la construction, bien que se rattachant certainement à celle du monument principal, s'en distingue par le style, la solidité et le volume des matériaux. Le peu qui en reste et son effacement même indiquent des murs peu épais et des pierres de petit échantillon, qui, sans doute, auront été peu à peu enlevées par les Arabes ou plutôt les *Chaouia* du voisinage pour en bâtir leurs chaumières. J'imagine que cet avant-corps, qui semble ajouté après coup, et dont les deux murs latéraux se juxtaposaient aux parois du monument sans s'y engager, contenait, outre l'habitation, des gradins, divers accessoires inconnus, et l'escalier par lequel on montait sur les gradins et sur la plate-forme.

« .... Si, en s'aidant des pieds et des mains, on parvient à s'élever parmi les décombres jusque sur la corniche, et si, en se plaçant sur l'axe de l'avant-corps, on gravit les degrés comme pour monter à la plate-forme, on remarque dans le quatrième gradin, précisément sur la direction de l'axe en question ou du diamètre E. O., une étroite ouverture au fond de laquelle l'œil aperçoit un escalier intérieur.... L'entrée de cet escalier était bouchée par une des pierres du quatrième gradin moins large que les autres, et que l'on faisait glisser.... L'escalier a 1 mèt. 20 c. de large; il est obstrué à la sixième marche. Au fond devait se trouver un puits, comme dans l'intérieur des pyramides.

« En 1850, les recherches faites par le colonel, depuis général Carbuccia, se sont arrêtées au même endroit.

« Le Medr'asen ne doit pas être un massif plein, puisqu'on s'est ménagé le moyen de pénétrer dans son intérieur, et j'ajoute que cet intérieur ne saurait se réduire à l'escalier et au palier qui le terminent. Il y a certainement quelque chose au delà, et, à mon avis, ce ne peut être qu'une chambre sépulcrale, probablement commune à plusieurs membres d'une même famille ou d'une même dynastie.

« Lorsque, dans l'hiver de 1851, j'ai vu le Medr'asen pour la première fois, c'était une opinion bien arrêtée et basée sur le témoignage de tous ceux qui l'avaient visité, qu'on n'y voyait aucune inscription; ce n'est donc pas sans surprise que je reconnus que les entre-colonnements sont couverts de figures et de caractères dont la signification m'est inconnue. Je distinguai d'abord, en allant du N. E. vers le N., un bœuf harnaché et muselé, puis deux lévriers en pleine course, puis deux lièvres fuyant devant eux.... etc. »

La citation que nous avons faite plus haut d'El-Bekri semble donner raison à M. le colonel Foy. Quant à la destination du monument, c'est une autre question, qui a exercé naturellement bien des savants qui se sont occupés de l'Algérie. Medr'asen est-il le tombeau d'Aradion tué par l'empereur Probus, alors que ce dernier n'était encore que simple général commandant les armées romaines en Afrique? Est-ce le tombeau de Syphax? Le docteur L. Leclerc, dans une étude sur le Medr'asen et le Kobrer-Roumia, dit pour conclusion : « La famille de Massinissa régna pendant deux siècles sur le pays dont le Medr'asen occupe à peu près le centre; ce fut elle incontestablement qui le fit édifier. Toute autre hypothèse est interdite pour l'histoire. Mais quelle fut l'époque de cette édification? Nous en voyons deux entre lesquelles on pourrait hésiter : les dernières années de Massinissa et le règne de Micipsa. Nous admettrions de

[ROUTE 39] DE CONSTANTINE A BATNA. 419

préférence cette dernière. Micipsa régna trente années d'une paix non ininterrompue. Ne dut-il pas songer, pendant ses loisirs, à honorer dignement la mémoire de son illustre père, et ne fallait-il pas un monument tel que le Medr'asen pour aller à la taille du personnage héroïque de Massinissa? » M. Léon Renier dit de son côté : « J'ai visité le Medr'asen, *monument funéraire des rois de Numidie....* » Si les fouilles commencées par le général Carbuccia sont reprises un jour et menées à bonne fin, elles conduiront sans doute à d'intéressantes découvertes sur ce point historique.

N'oublions pas de dire que la brèche faite à coups de canon par Salah-Bey, dans le Medr'asen, avait pour but la découverte d'immenses trésors que les Arabes croient toujours renfermés dans les monuments dont ils ne peuvent s'expliquer l'origine et la destination.

A 5 kil. E. du Madr'asen, on visitera, sur le bord méridional du lac de *Chemora* ou *sebkhra-Djendeli*, un groupe considérable de ruines que les indigènes appellent *enchir Djendeli*, ruines de Djendeli, que M. Becker croyait être celles de *ad Lacum regium*, la ville d'au delà du lac royal.

Revenant sur la route de Batna, on ne tarde pas à atteindre :

95 kil. le hameau et le *caravansérail d'Oum-el-Isnam*, la mère des idoles ou des ruines, car le chemin en est, pour ainsi dire, semé depuis Constantine. Oum-el-Isnam est sur l'emplacement de la *Tadutti* des romains.

On quitte, après Oum-el-Isnam, les hauts plateaux, qui atteignent en cet endroit une altitude de près de 900 mèt., pour s'engager dans la vallée de l'*oued-el-Harrar*, qui conduit à Batna.

110 kil. **Fesdis**, nouveau village créé près de *Ksour-R'ennaïa*, le château de la chanteuse; ruines romaines à l'entrée d'une gorge, et moulin sur l'oued-Fesdis ou *oued-Batna*.

120 kil. **Batna**. *Hôtels* : de France ; d'Europe. — *Cafés* : de France; du Monde; de l'Univers; Roux. — *Cercle militaire.* — *Théâtre militaire.* — *Bains maures.* — *Librairie-papeterie* Legrand. — *Bureau des postes.* — *Télégraphie électrique.* — *Service des diligences* pour Constantine et Biskra. — *Omnibus* pour Lambèse. — *Location de chevaux et mulets.* — *Marché arabe* important tous les dimanches.

Batna, le *Bivac* en arabe, située par 35° 40′ de latitude N. et 3° 55 de longitude E., à 1021 mèt. au-dessus du niveau de la mer, à l'entrée d'une plaine immense, arrosée par de nombreuses sources, est de récente création ; sa fondation remonte au 12 février 1844, lors de l'expédition de Biskra. C'était un camp destiné à protéger la route du Tell au Sahara et à dominer les montagnes de l'Aurès.

Le camp d'abord établi à Batna même fut, deux mois plus tard, transporté à 2000 mèt. à l'E., près de ruines romaines, à l'endroit que les Arabes appellent *Ras-el-Aïoun-Batna*, tête des sources de Batna. C'est autour de ce camp que sont venues se grouper les quelques maisons qui devaient former le noyau du centre actuel, érigé en ville sous le nom de *Nouvelle-Lambèse*, par décret du 12 septembre 1848, et sous celui définitif de Batna, par décret du 20 juin 1849. Batna, V. de 2000 hab., dont 500 indigènes, non compris une garnison de 2000 hommes de toutes armes, est le chef-lieu de la 4ᵉ subdivision militaire de la province de Constantine; l'installation d'un commissaire civil remonte au 13 octobre 1858.

Le *camp* ou quartier militaire, comprenant de belles et vastes casernes, un hôpital et les magasins pour les différents services militaires, est entouré d'un mur de défense et d'un fossé; le mur est percé de quatre portes, qui prennent de leur position les noms de Constantine, Sétif, Biskra et Lambèse.

La ville est percée de larges *rues* coupées à angles droits et bordées de platanes. Les *maisons* n'ont généralement qu'un rez-de-chaussée.

Les principaux *édifices* sont l'église, les bains maures et le bureau arabe. Le jardin du général, la pépinière et les allées dites de la Prairie offrent de fort jolies promenades. La dernière est en même temps un musée archéologique où ont été groupés, il y a déjà longtemps, par les soins du colonel Buttafoco du 2ᵉ de ligne, des fragments de monuments provenant de Lambèse, entre autres une grande et belle colonne en granit noir, supportée par une base sur laquelle on lit les numéros des régiments qui prirent part à l'expédition des Ziban et de l'Aurès : 2ᵉ et 32ᵉ de ligne; 1ᵉʳ régiment de la légion étrangère; 3° régiment de chasseurs d'Afrique.

A 500 mèt. S., le v. indigène de **Batna**. On y visitera la mosquée dans laquelle se font les cours de l'école arabe française.

A 5 kil. N. O., la belle forêt de cèdres, d'une étendue de 4000 hectares, ne cède en rien, pour la beauté de ses arbres plusieurs fois centenaires, à la forêt de Teniet-el-Hâd (*V*. p. 128). C'est un des buts de promenade des environs de Batna.

A 10 kil. S. E. **Lambèse**. Colonie agricole, créée en septembre 1848. *Distribution des postes.* — *Omnibus* pour Batna. — *Marché* arabe tous les jours. — *Pénitencier* transformé en maison centrale de détention pour les condamnés indigènes.

Lambæsis, au pied N. O. de l'*Aurès*, aujourd'hui simple village, était une ville importante fondée au commencement de notre ère, et le quartier général de la 3ᵉ légion romaine, chargée de couvrir l'Afrique contre les incursions des Numides.

Il est, pour l'antiquité classique, des lieux bien autrement célèbres que Lambæsis; mais on trouverait difficilement une ruine plus riche et d'un aspect plus intéressant. On a dans Pompéï la ville enfouie sous les cendres et surprise dans toutes les occupations de la vie; Lambæsis nous montre la ville abandonnée de ses habitants et dont le temps seul a rongé les pierres au milieu d'une imposante solitude. L'invasion des Vandales dut porter la désorganisation dans cette garnison puissante, devenue le centre d'une population et d'un mouvement considérables. Sous Justinien, le génie de Rome, encore vivant, malgré les humiliations du Bas-Empire, fit un dernier effort dont on retrouve partout les traces. Devenue la *Tazzout* des Arabes, elle était abandonnée depuis longtemps par ces derniers, quand ses ruines furent visitées par l'armée française, lors de l'expédition des Ziban en 1844.

Les travaux commencés par M. le commandant de Lamarre, et continués par MM. le colonel Carbuc-

[ROUTE 39] DE CONSTANTINE A BATNA.

cia et Léon Renier, ont appelé depuis longtemps l'attention sur les ruines imposantes de Lambæsis, couvrant un terrain de 2600 mèt. de long sur 1800 de large; leur nomenclature complète serait trop longue; bornons-nous à un rapide aperçu des principales.

Un peu avant d'arriver à Lambæsis, la *voie romaine* très-bien conservée est bordée à droite et à gauche de *monuments tumulaires* de formes variées et couverts d'inscriptions.

A l'entrée de la ville, le grand monument carré, long de 28 mèt., large de 20, haut de 15, était le *prétoire* du légat; on en a fait un musée d'antiquités, renfermant des statues, des inscriptions, des objets divers trouvés dans des fouilles et qui ne pouvaient rester sur leur emplacement primitif.

Des 40 *portes* ou arcs de triomphe, vues par Peyssonel il y a plus de cent ans, et dont 15 étaient encore en bon état, quatre sont encore debout : la première, à 150 mèt. E. du prétoire; la seconde, à 1250 mèt. S. du même point; la troisième, à 2050 mèt. plus au S. encore; et la quatrième, à 80 mèt. E. de la troisième.

A 250 mèt. O. de la seconde porte, on voit quelques arceaux, restes d'un *aqueduc* qui amenait les eaux de l'*Aïn-Boubena*, et alimentait ainsi que l'*Aïn-Drin* la ville romaine.

A 100 mèt. plus à l'O. sont les ruines du *temple d'Esculape*. Quatre colonnes ioniques de 3 mèt. 70 c., appartenant à la façade, supportent une inscription qui nous apprend que ce petit temple a été construit par les ordres de Marc Aurèle et de Lucius Vérus, et dédié à Esculape et à la santé. Le terrain, déblayé autour de ce monument, a fait voir les colonnes reposant sur les dernières marches d'un escalier et a amené la découverte de statues d'Esculape, d'Hygie, et d'une mosaïque sur laquelle on lisait cette inscription qui pouvait convenir également à un temple chrétien :

BONVS INTRA MELIOR EXI.

A 200 mèt. O. du prétoire est un *cirque* bien conservé de 104 mèt. de diamètre, et dont les quatorze portes mesurent : douze, 2 mèt.; deux, 3 mèt.

Les inscriptions sont fort nombreuses. M. Léon Renier en a publié plus de 1500. Sur la plupart d'elles, on lit :

.... R. P. LAMBAESITANORVM.

.... République des Lambésitains.

GENIO. LAMBAESIS.
....
L. BAEBIVS. FAVSTIA
NVS. SIG LEG. TERTIAE
VOTVM SOLVIT.

« Genio Lambaesis.... Lucius Bae-
« bianus Faustianus signifer legionis
« tertiæ votum solvit. »

FORTVNAE
AVG.
RES. PVBL. LAMB.
DD. PP.

« Fortunae Augustae Respublica
« Lambaesitanorum decreto decu-
« rionum pecunia publica. »

Le titre de LEGIO. III. AVGVSTA. PIA. VENDEX, gravé sur la plupart des monuments, des briques et des tuiles, prouve que cette 3e légion habitait dans la ville et aux environs, et qu'elle était organisée de manière

ALG.

à pouvoir construire elle-même tous les monuments à son usage.

A une extrémité de Lambæsis s'élève le tombeau de Q. Flavius Maximus, un des préfets de cette 3e légion; c'est un monument carré terminé en pyramide, haut de 6 mèt., que firent construire, comme le dit l'inscription, les héritiers de Julius Secundus, centurion de la même légion, auquel Flavius Maximus avait, par testament, imposé l'obligation de lui élever ce tombeau du prix de 12 000 sesterces. Pour préserver ce monument d'une destruction imminente, le colonel Carbuccia en ordonna la dépose et la reconstruction pierre par pierre. Il en manquait une que les Arabes avaient enlevée dans leur recherche incessante des trésors : sur celle qui la remplaça, le colonel fit graver une inscription à la gloire du régiment qu'il commandait. Les cendres du général romain furent pieusement replacées dans son tombeau, et la garnison de Batna, conviée à cette conclamation d'un nouveau genre, défila devant le mausolée rétabli, en saluant le souvenir de la garnison romaine. On peut être un brave officier, un savant général, et n'avoir pas cette verve de poésie.

C'est au milieu de tous ces monuments qu'est assis le village qui a succédé à la Lambæsis des Romains, à la Tezzout des Arabes. Colonie agricole en 1848, puis affecté pendant quelques années aux détenus politiques, par une loi du 24 juin 1850, ce village est administré militairement, et les colons, en attendant leurs concessions définitives, bâtissent à l'envi, suivant en cela l'exemple d'Acilius Clarus, qui a consacré, par une inscription encastrée dans la maison du génie, le souvenir de son séjour en Afrique.

MŒNIA QVISQVE DOLET NOVA
CONDERE SVCCESSORI INCVLTO MANEAT
LIVIDVS HOSPITIO.
ACILIVS. CLARVS. V. COS. P. P. N.
SIBI ET SVCCESSORIB. FECIT.

« Qu'il reste à se morfondre dans son gîte barbare, l'égoïste qui s'affligerait de bâtir peut-être pour un successeur. Acilius Clarus, gouverneur de la province de Numidie, a construit ceci pour lui et ses successeurs. »

Lambèse n'est pas le seul endroit que le savant puisse visiter; la province de Constantine, si riche en monuments archéologiques, offre à l'explorateur, dans un rayon de 60 kil. autour de Batna, une ample moisson de documents signalés de jour en jour et dans ces derniers temps par MM. le commandant Payen et l'interprète Féraud.

Trois directions de voies antiques partaient de Lambæsis : l'une allait au N. O. à *Sitifis*, Sétif; l'autre au N. à *Cirta*, Constantine; la troisième à l'E. à *Theveste*, Tebessa, et continuait jusqu'à Carthage.

Sur la voie de Sitifis, qui avait plusieurs embranchements, on trouve : à 40 kil. N. O. de Batna, *Merouana*, à l'entrée d'un défilé, dans le voisinage de belles forêts, sur un cours d'eau, l'*oued-Merouana*, arrosant une plaine immense et fertile. Les ruines importantes qui couvrent cette localité sont celles de *Lamasba*, que Morcelli désigne comme un des évêchés de la province de Numidie, à laquelle aboutissaient cinq voies romaines dont on rencontre encore les vestiges. Le *Ksar Belezma*, fort ruiné, attenant à Merouana, est tout ce qui reste de l'ancienne ville de *Belezma* des *Mezata*, qui s'élevait, dit El-Bekri, au milieu d'une plaine couverte de villages et de champs cultivés. M. le commandant Payen a signalé à l'*enchir Kasria*, près des restes d'un édifice dont la forme semble indiquer un temple chrétien, une borne milliaire avec cette inscription :

```
        IMP. CAES. M. AVREL.
        SEVERO. ANTONI
        NO. PIO. FELICI. AVG.
        PART. MAX. BRIT.
        MAX. GER. MAX.
        PONT. MAX. TR.
        POT. XVII. IMP. III.
        COS. IIII. PROCOS.
        AD LAMASB.
        AM. LOMBINIANE.
              M. VIIII.
```

Or, cette distance de 9 milles, indiquée par la borne milliaire, est à peu de chose près celle qui existe entre l'enchir Kasria et Lamasba ou Merouana, puisque l'on compte en ligne droite un peu plus de 12 kil.

A 25 kil. N. E. de Merouana, et 30 kil. N. O. de Batna, est située *Zana*, l'ancien municipe de *Diana veteranorum*, au fond de l'angle rentrant formé par la rencontre du *djebel-Mestaoua* à l'E. et du *djebel-Messaouda* au S. Parmi les ruines qui couvrent une étendue de 4 kil. carrés on signalera: deux arcs de triomphe ; la porte monumentale d'un temple dédié à Diane; une forteresse byzantine de 70 mèt. carrés; les ruines d'un therme et d'un aqueduc alimenté par l'Aïn Soltan, à 8 kil. vers l'O., longeant le pied du djebel-Messaouda ; et enfin les ruines d'une basilique chrétienne divisée en 3 nefs, et dont l'autel encore debout est décoré, à sa face antérieure, d'une croix au centre de laquelle on lit le monogramme du Christ. Le nom de Fidentius, évêque donatiste de Diana, en 411, est arrivé jusqu'à nous. M. Léon Renier a relevé à Diana une cinquantaine d'inscriptions, embrassant une période de 127 ans, qui commence à l'avant-dernière année du règne d'Antonin le Pieux (160 de J. C.), et finit sous celui de Dioclétien et de Maximien Hercule en 287. Sur plusieurs de ces monuments on lit:

.... RESPVBLICA DIANENSIVM...

A 16 kil. N. O. de Zana et 46 de Batna, *Enchir Encedda*, anciennement *Nota petra*.

Entre l'enchir Merouana et l'enchir Encedda, à 70 kil. de Batna, sont les ruines de *Zaraï*, *Zraïa* aujourd'hui. On voit que le nom s'est conservé à peu près intact jusqu'à nos jours. Zaraï ou *Colonia Julia Zarai*, située chez les *Oulad-Sellam*, sur une des routes les plus fréquentées qui conduisaient du désert dans la Mauritanie Césarienne, était, vers le milieu du IIe s. de notre ère, le lieu de garnison d'une cohorte qui lui avait emprunté son nom (cohors colonorum Juliensium Zaraïtanorum), ainsi qu'il résulte d'une inscription de Lambæsis. M. le commandant Payen, parmi les 400 inscriptions tumulaires et autres qu'il a copiées dans cette localité, en a rencontré une donnant le nom de la colonie :

```
        IO. M. O.
        IMPCAES
        ALEXANDR
        IVLIA EM
        CASTOR. E
        ZARAIIAN
```

DEVOTVS. N
....
DEC. SPLENDID
....

Mais une des plus importantes et des plus curieuses est celle découverte par un maçon italien dans les fouilles exécutées pour l'établissement d'un moulin chez le Kaïd Si Mokhtar. M. Léon Renier a donné et rétabli le texte de cette inscription qui n'est autre qu'un tarif des droits de douanes, daté du 3e consulat de Septime-Sévère, c'est-à-dire de l'an 202 de notre ère, et sur lequel on lit qu'un esclave payait les mêmes droits d'entrée qu'un cheval : 1 denier et demi (1 fr. 25 c. à peu près!). Nous regrettons de ne pouvoir citer ce document tout au long, et nous renvoyons les lecteurs aux *Inscriptions romaines de l'Algérie* par M. Léon Renier. Zaraï était devenue la ville arabe de Zraïa, et Ibn-Khaldoun nous apprend qu'El-Mostanser-le-Hafside, sultan de Tunis, y fit décapiter les principaux chefs révoltés du *Douaouida*, qui y avaient proclamé la souveraineté de son frère Abou-Ishac. Les mosquées encore debout de Zraïa témoignent de la splendeur passée de cette ville.

A 20 kil. S. O. de Zraïa, 45 kil. en droite ligne d'enchir Merouana, M. le commandant Payen a découvert à *Kherbet-Zerga*, sur *l'oued-Beida*, près des ruines d'un temple, une inscription déterminant en cet endroit l'emplacement du château des Cellensiens, ou *Cella* :

.... CAS
TELLI. CELLENSES.....

Cella était un évêché de la Mauritanie Sitifienne.

On ne quittera pas cette partie O. de la subdivision de Batna sans visiter la ville de N'gaous, près de l'*oued-Barika*, à 30 kil. de l'enchir Merouana et 70 de Batna.

« N'gaous ou *M'gaous*, dit M. L. Féraud, avec ses grands arbres et ses belles fontaines, serait une ravissante bourgade, si les habitants avaient le soin de la débarrasser des décombres et des tas d'immondices qui l'obstruent sur tous les points. Quelques rigoles pour l'écoulement des eaux sont évidemment, à leurs yeux, des travaux de luxe, car j'ai remarqué que les rues étaient souvent interceptées par des cloaques infects, rendant la circulation assez difficile pour un Européen. La maison du kaïd, la seule qui soit à peu près confortable, est solidement construite en maçonnerie, sur d'anciennes voûtes romaines, servant aujourd'hui d'écuries : elle est accompagnée d'un superbe jardin, qu'arrose une rigole où l'eau coule en permanence.... N'gaous possède deux mosquées. La première celle de *Sidi Bel-Kassem-ben-Djenan*, située à peu près au centre de la bourgade, est construite en matériaux antiques, pierres et colonnes. Deux coupoles blanchies à la chaux la surmontent; le reste de la toiture est en terrasse. La seconde est celle de sidi Kassem, beaucoup plus connue sous le nom de *Djama-Seba-er-Rekoud*, mosquée des Sept dormants : elle est située à l'extrémité N. de la ville; également construite en pierres romaines, elle est recouverte en tuiles. Elle est divisée par trois rangées de colonnes, de cinq colonnes chaque, et dont deux portent des inscriptions.... Le tsabout ou châsse qui recouvre la cendre de Sidi Kassem, fondateur de la mosquée, est placé dans le fond, à droite en entrant. Un linteau mobile également en bois, placé sur le cercueil, porte une légende en caractères barbaresques gravés en relief, sur laquelle on lit que Sidi Kassem est mort au commencement de l'an 1033 de l'hégire (nov. 1623 de J. C.).

« La tradition raconte que Sidi Kassem, originaire du Hodna, était un homme pieux et très-savant, ne s'occupant jamais des choses de ce monde; il s'en allait de tente en tente, stimulant le zèle des musulmans pour les œuvres pieuses. Quelques années avant sa visite à N'gaous, sept jeunes gens de la ville, jouissant d'une réputation parfaite, disparurent tout à coup, sans que l'on en eût la moindre nouvelle. Un jour, Sidi Kassem arriva, et après s'être promené dans le village, alla chez un des principaux habitants et l'engagea à le suivre. Après avoir marché quelque temps, il lui montra un petit monticule formé par les décombres, en lui disant : « Comment souffrez-vous que l'on jette des immondices en cet endroit? Fouillez et vous verrez ce que cette terre recouvre. » Aussitôt on se mit à déblayer le terrain où on trouva les sept jeunes gens (sebaâ rekoud), dont la disparition avait causé tant d'étonnement, étendus la face au soleil, et paraissant dormir d'un profond sommeil. Le miracle fit, comme on le pense bien, très-grand bruit. Aussi, pour en perpétuer le souvenir, fut-il décidé que l'on bâtirait immédiatement une mosquée sur le lieu même, et qu'elle porterait le nom de Sebâ-er-rekoud, des Sept dormants. Il existe, en effet, dans la mosquée, à g. en entrant, une galerie en bois presque vermoulu, formant comme une sorte de chambre ou de carré réservé, dans lequel on pénètre par deux ouvertures. Là sont déposés côte à côte sept tsabouts, cercueils ou châsses en bois, à peu près d'égale dimension, sans inscriptions ni légendes, que l'on m'a dit recouvrir les dépouilles mortelles des sept dormants.

« Mais je n'ai point parlé encore de l'objet qui cause l'admiration des crédules musulmans, c'est-à-dire de la gigantesque guessâa (grand plat), dans lequel Sidi Kassem donnait à manger le kouskous aux 500 tolba qui vinrent s'installer à la mosquée pour y écouter sa parole instructive. Cette guessâa est tout simplement une énorme cuve en calcaire grisâtre de 1 mèt. 50°c. environ de diamètre extérieur, profonde de 25 c., épaisse de 15 c., comme on les rencontre souvent en Algérie, et dont le véritable emploi était de recevoir l'huile ou tout autre liquide d'un moulin romain.

« Après la prise de Constantine, El-hadj-Ahmed-Bey, errant de tribu en tribu, à la recherche de partisans, vint un instant s'établir à N'gaous. Pendant son séjour dans cette localité, il perdit sa mère, el Hadja-Rekïa, qui fut ensevelie dans la mosquée des Sept dormants. Le corps est déposé dans un angle du bâtiment, au fond, à gauche, entre les Sept dormants et le mur. Aucun tsabout, aucune pierre ne recouvre ce tombeau.

« Les habitants de N'gaous bâtissent déjà comme les Sahariens, c'est-à-dire avec le *toub* ou grosse brique cuite au soleil. Ce mode de construction peut être très-expéditif et peu coûteux, mais il n'est pas très-solide. Il arrive aussi qu'après une durée assez courte, leurs maisons s'écroulent et s'effondrent. Sur l'emplacement de l'ancienne on en construit une nouvelle, sans avoir, au préalable, enlevé les décombres. C'est l'origine des énormes buttes de terre que l'on rencontre à chaque pas, et de là vient la rareté des vestiges apparents des monuments antiques. »

M. L. Féraud a recueilli plusieurs inscriptions romaines à N'gaous, mais nous nous abstenons de les reproduire, puisqu'aucune ne donne le nom ancien de la localité.

Les ruines de ville que l'on rencontre à l'E. de Lambèse sont : à 8 kil. de cette dernière, et 18 de Batna, celles de *Verecunda* aujourd'hui *Markouna*, vicus sous Antonin le Pieux, municipe à partir de Marc Aurèle et de Lucius Verus.

Les principaux monuments sont un forum et un arc de triomphe sur l'attique duquel on lit :

RESPVBLICA. VERECVND.
DEDICANTE.
M. AEMILIO SATVRNINO
LEG. AVG. PR. PR.

« Respublica Verecundensium dedicante Marco Aemilio Saturnino legato augusti pro praetore. »

A 18 kil. S. E. de Lambèse et 28 kil. de Batna, l'*enchir Timegad*, l'ancienne colonie de *Tamugas* ou *Thamugadis*, où l'on voit encore un théâtre et un bel arc de triomphe.

Nous n'en finirions pas si nous voulions citer toutes les localités remplies de ruines qui jalonnent les anciennes voies de Lambæsis à Cirta et à Theveste.

Le touriste qui voudra faire la chasse au lion pourra explorer les forêts de l'Aurès de l'O. ; c'est dans cette montagne que le célèbre *Chassin* de Batna, l'émule des Gérard et des Bombonnel, a déjà tué une vingtaine de lions, dont trois dans une seule nuit.

ROUTE 40.

DE CONSTANTINE A BOU-SADA.

320 kil. — Service de diligences de Constantine à Batna ; route muletière de Batna à Bou-Sáda.

120 kil. de Constantine à Batna. (*V.* R. 39.)

De Batna à Tobna, direction S. O. d'abord par la route de Biskra.

130 kil. *Enchir-el-Biar*, ruines romaines.

146 kil. *Caravansérail des Ksour*, sur l'oued-Kantra, ruines de *Tagouzide*. De cet endroit, l'horizon est borné par le *djebel-Metlili*, distant de 30 kil.

On quitte aux Ksour la route de Biskra pour prendre à dr., entre les *Oulad-Soltan*, au N., et les *Lakhdar-l'Alfaouïa*, au S., le chemin de Tobna, qui côtoie et traverse l'*oued-Biham* ou *oued-Bou-Mazouch*.

204 kil. *Tobna*, l'ancienne *Tubuna* des Romains, ou *Tubonis* d'après l'inscription trouvée au barrage de l'oued-Barika, signalée par M. le commandant Payen, et sur laquelle on lit TVBONIS. La ville romaine étant devenue ville arabe eut à subir de rudes siéges dans les premiers siècles de l'invasion musulmane; saccagée à plusieurs reprises, elle se releva de ses ruines et fut repeuplée. El-Bekri dit: « Tobna est entourée d'une muraille en briques, et possède quelques faubourgs et un château. Dans l'intérieur du château se voit un djamê et un grand réservoir qui reçoit les eaux de la rivière de Tobna et qui fournit à l'arrosage des jardins appartenant à la ville. Quel-

ques personnes disent que Tobna fut bâtie, c'est-à-dire rebâtie par Abou-Djafar-Omar, 151 de l'hég. (768 de J. C.). La population, dont une partie seulement est arabe, est partagée en deux fractions qui sont toujours à se quereller et à se battre l'une avec l'autre. » Voici ce que dit Mohammed-ibn-Youssef : « Le château de Tobna, énorme édifice de construction ancienne, est bâti en pierre et couronné par un grand nombre de chambres voûtées; il sert de logement aux officiers qui administrent la province, et touche au côté méridional du mur de la ville; il se ferme par une porte en fer. » Tobna a plusieurs portes : le Bab-Khassan, beau monument construit en pierre, avec une porte de fer; le Bab-el-Feth, porte de la Victoire, située à la partie occidentale de la ville et se fermant aussi par une porte en fer; une rue dont les deux côtés sont bordés de maisons, s'étend à travers la ville, d'une de ces portes à l'autre; le Bab-Tehouda, la porte de Tehouda, qui regarde le midi, est aussi en fer et offre un aspect imposant. El Bab-ed-djedid, la porte neuve, est en fer; le Bab-Ketama est situé au nord de la ville. Au dehors de Bab-el-Feth est un vaste champ entouré d'un mur. Plusieurs ruisseaux d'eau douce parcourent les rues de la ville, dans laquelle on voit beaucoup de bazars.... La rivière de Tobna s'appelle le Beitham; chaque fois qu'elle déborde elle arrose tous les jardins et champs de la banlieue et procure aux habitants d'abondantes récoltes; aussi disent-ils que le Beitham est un « magasin de vivres, *Beit-et-tham.* » (Traduction de M. de Slane.)

De Tobna, la ville élégante entourée de frais jardins d'orangers et de plantations de cotonniers, il ne reste plus rien. Le castrum appartenant au siècle de Justinien, et mesurant 80 mèt. sur 25, montre ce que pouvait être la ville romaine. Ce castrum construit en pierres de taille renferme en quantité des fragments d'architecture, frontons, chapiteaux de colonne, bas-reliefs et inscriptions.

Le gouvernement a fait construire à 4 kil. N. O. de Tobna, sur l'*oued-Barika*, une maison de commandement; on y a bâti également un moulin à l'européenne, à turbine, très-fréquenté par les indigènes du voisinage, qui ont immédiatement compris qu'une pareille usine déchargeait leurs femmes d'un travail pénible.

Après avoir traversé l'oued-Bitham, on ira visiter, à 8 kil. S. E. de Tobna, *Mokta-el-hadjar*, ancienne carrière romaine qu'on dirait abandonnée d'hier, tant semblent récentes les traces des travaux du peuple conquérant. Mokta-el-hadjar veut dire coupe de pierres.

De Tobna à Mdoukal, direction S. S. O., à travers les sables et les touffes de chih et de halfa. On est dans la partie orientale du *Hodna*, pays de steppes, intermédiaire entre le Tell et le Sahara. Le Hodna, qui fit autrefois partie du Zab, est enserré entre deux régions montagneuses, le massif maritime et le massif de l'Aurès, développement du massif saharien; le fond est occupé par un lac salé ou chott où viennent se déverser à l'époque des pluies les eaux de la partie occidentale du hodna; on l'appelle *chott-es-saïda* ou *chott-de-Msila*, à cause de la ville de ce nom qui le domine au N. O., de même que les Romains l'appelaient *Salinæ tubonenses* à cause du voisinage de Tobna. Le lac est souvent à sec, et ses bords, surtout à l'O., offrent des effets de mirage des plus ravissants.

232 kil. **Mdoukal** est, comme N'gaous, Bou-Sâda et les Ksour qu'on a déjà visités dans le sud des provinces d'Alger et d'Oran, une bourgade bâtie en tôb, aux rues étroites, raboteuses et sales, et dont les habitants font un peu de jardinage, et fabriquent des tissus de laine. On visitera à Mdoukal la mosquée de Sidi Mohammed-ben-hadj, chétif et seul monument de l'endroit, dans lequel on entre en se courbant. Cette mosquée bâtie en toub offre un rectangle de 12 mèt., sur 8, divisé par trois travées de six arcades chaque, retombant sur des piliers informes en troncs de palmiers; à l'une des extrémités on communique par une porte dans la koubba de Mohammed-ben-hadj; une châsse ou tsabout en bois treillagé recouvre la sépulture du marabout; cette châsse, dans un grand état de délabrement, est ornée d'ex-voto dont de mauvais foulards en soie ou en coton font les frais; des œufs d'autruches et une assez belle lanterne tombent de la voûte.

A 500 mèt. E. de Mdoukal, une source thermale de 30° sort d'un amas de rochers de calcaire grossier à couches horizontales. Les eaux de cette source, coulant dans la direction de la ville, sont utilisées par les indigènes pour l'arrosement des palmiers.

De Mdoukal à Bou-Sâda, direction O.; montées et descentes jusqu'à l'oued-Msif.

266. L'*oued-Msif* ou *oued-Chaïr*, rivière de l'orge, prend sa source dans le *djebel-Bou-Khaïl*, non loin du ksar d'*Aïn-Rich*, au S. O., arrose un instant la plaine fertile de *Mehaguen* et va, après un parcours de 140 kil. se jeter dans le chott de Msila. Une maison de commandement a été bâtie près de l'oued-Msif, au sommet d'un mamelon où se trouvent des ruines romaines peu considérables.

De l'oued-Msif à Bou-Sâda, le terrain est sablonneux, couvert çà et là de broussailles épineuses de jujubiers, si bien nommés par nos soldats arrache-capotes, et de hautes touffes de halfa. C'est dans ces régions que l'on rencontre la redoutable vipère céraste ou vipère cornue.

320 kil. **Bou-Sâda**. *Distribution des postes*. — *Marché* arabe, tous les jours.

« Un certain Bel-Ouacha, homme de grande tente, de la tribu des Bedarna, possédait depuis longtemps les immenses terrains qui s'étendent du Hodna aux montagnes des Oulad-Naïl, lorsque vers le VIe s. de l'hégire, un chérif nommé Sliman-ben-Rabia, originaire de Saguit-el-Hamra, en Mor'reb, vint camper au pied du djebel-Msâd, à Aïoun Defla. Peu de temps après il fut rejoint par un taleb vénérable nommé Si Tamer, qui avait fait de savantes études dans les zaouïa et les mdersa de Fez. Si Tamer s'arrêta près des pierres taillées, vestiges d'anciennes constructions nazaréennes. Séduit par la beauté de la rivière, par la limpidité de la fontaine, le mor'rebin chassa les chacals qui demeuraient dans les roseaux; et, aidé par les gens de Si Sliman, il pétrit des briques et se construisit une maison où il s'adonna à la contemplation et à l'étude des livres.

« Quelques nomades du Oulad-Madhi et du Oulad-Naïl visitèrent le saint homme, dont la réputation de science et de justice ne tarda pas à s'étendre jusqu'à Msila et au delà. Des jeunes gens avides de profiter des leçons de Si Tamer se réunirent autour de lui et se construisirent quelques habitations qui formèrent le noyau d'une ville. Les Bedarna cédèrent tous leurs droits aux terrains environnants, moyennant 45 chameaux et 45 chamelles. Au moment où l'on terminait la mosquée, Si Sliman et Si Tamer devisaient ensemble sur le nom à donner à la cité naissante. Ils étaient encore indécis, lorsqu'une négresse vint à passer et appela sa chienne.... « Sâda!... Sâda!... » (heureuse! heureuse!) Ceci leur parut de bon augure, ils nommèrent *Bou-Sâda*, le père du bonheur, l'oasis dans laquelle était construite la ville nouvelle. L'oued-ben-Ouas, qui arrose ce petit pays, prit aussi le nom de Bou-Sâda.

« Plusieurs autres familles, notamment celle de Sidi Ataya, originaire de l'O., quelques-unes des Oulad-bou-Khallan de Msila, vinrent se réunir aux premières. Sid Azouz, père de la fraction de Zeroum, vint de Agrouat-el-Khessen, chez les Oulad-Sidi-Cheikh, d'autres m'ont assuré des environs de Tiharet, peu de temps avant la mort de Si Tamer. Enfin, il y a deux cents ans, les Moamin, issus de Mimoun des Oulad-Amer, arrivés du S. dans les anciens temps, quittèrent el-Hadjira, localité située entre Blidet-Ameur et Ngoussa, pour se fixer à Bou-Sâda; ils y construisirent la majeure partie de la ville basse, où ils ne tardèrent pas à former la fraction la plus considérable. Leur importance inquiéta les autres parties et ils furent expulsés à diverses reprises; mais ils rentrèrent toujours, grâce à ces dissensions perpétuelles qui agitent les bourgades Sahariennes.

« Les Oulad-Sidi-Harakt, les Achacha, les Oulad-Athik, autres fractions de Bou-Sâda, descendent de Si Tamer, dont on montre encore la maison auprès de Djema-el-Nerkla. Les Chorfa ont Si Sliman pour père. Plusieurs fois des familles juives des Beni-Abbès de la Medjana vinrent demeurer dans la ville où ils trouvaient de nombreux éléments de lucre; ils avaient un quartier à eux, et, chose remarquable, quelques-uns possédaient des armes et brûlaient la poudre. Des Mzabis venus par Djelfa et Aïn-er-Rich complétaient la population de Bou-Sâda, qui, grâce à son excellente position, mérita toujours son nom de père du bonheur. » (*Baron Henri Aucapitaine.*)

Le merveilleux, ajoute M. Berbrugger, ne joue aucun rôle dans cette légende, et l'école historique moderne, malgré la sévérité de ses principes de critique, ne doit pas dédaigner de recueillir ces récits primitifs qui font connaître le caractère des peuples chez qui ils circulent, s'ils n'enrichissent pas leurs annales de faits bien avérés.

Bou-Sâda, située par 35° 10′ de latitude N. et 1° 55′ de longitude E., à une altitude de 578 mèt., est bâtie sur un amphithéâtre dont le sommet est couronné par les constructions militaires servant de caserne à une garnison de 400 hommes, et la base entourée par les jardins de palmiers et autres arbres à fruits qu'arrose l'oued-Bou-Sâda. La ville a l'aspect tout à fait Saharien; son ensemble forme une masse compacte et grisâtre au-dessus de laquelle on cherche en vain le minaret traditionnel des villes musulmanes; deux koubbas, l'une de Sidi Ben-Attia à l'O., l'autre de Sidi Brahim au S. E., montrent leurs coupoles ovoïdes qui n'ont rien de monumental; deux portes, celle de l'O. et celle du S., donnent accès dans le Ksar. Il s'en faut que Bou-Sâda réponde à certaines descriptions qu'on en a données. Il s'y fait certainement un commerce d'échange assez considérable ; mais nous avons cherché en vain, à travers les rues de ce ksar, les 40 usines de savons, les fabriques d'armes, les cuves de teinturiers, les magasins où s'entassent les marchandises de l'Europe et du Sahara. Quelques juifs, dont le type de physionomie est aussi repoussant que celui des villes est régulier et beau, fabriquent de grossiers bijoux d'argent et de l'alcool de figues.

Bou-Sâda a été occupée le 15 nov. 1849 par une colonne sous les ordres du colonel Daumas, aujourd'hui général de division, à la suite de l'insurrection du Hodna et de Zaatcha. Le 29 du même mois le centre militaire de Bou-Sâda était constitué. Il n'y a encore qu'un très-petit nombre de colons européens sur ce point; la culture se réduit au jardinage; mais l'administration y constituera un territoire de colonisation. La pacification du S., l'ouverture de débouchés sur le littoral, la mise en culture des terres environnantes, sont les gages du progrès que l'avenir réserve à cette localité.

Msila est à 75 kil. N. E. de Bou-Sâda. — On s'y rend par le côté O. du Chott, en passant par *Aïn-Benian*, source thermale au milieu de quelques ruines romaines, à 28 kil. de Bou-Sâda. Le terrain est toujours celui qu'on a déjà parcouru, c'est-à-dire sablonneux, coupé par quelques arbres, et les touffes d'herbes, les coloquintes couvrent parfois le sable de leurs pommes jaunes et de leurs longues rames.

Msila, où l'on trouve un *caravansérail* tenu par un Français, est située par 35° 43′ de latitude N., et à 2° 14′ de longitude E., au N. O. du Hodna. « Msila, au dire d'El-Bekri, eut pour fondateur Abou'l-Kassem-Ismaïl-ben-Obeïd-Allah, le Fatimide, en 313 de l'hég. (935-26 de J. C.). Bâtie sur le bord de l'oued-Seher, aujourd'hui *oued-Kseub*, cette ville, continue le géographe arabe, est entourée de deux murailles, entre lesquelles se trouve un canal d'eau vive qui fait le tour de la place. Par le moyen de vannes, on peut tirer de ce canal assez d'eau pour l'arrosement des terres. Dans la ville on voit plusieurs bazars et bains, et à l'extérieur, un grand nombre de jardins. On y récolte du coton dont la qualité est excellente. Tout est à bas prix dans Msila; la viande surtout est très-abondante. On y rencontre des scorpions dont la piqûre est mortelle. »

La Msila de nos jours, qui a subi le sort des autres villes du Zab sous la domination des Arabes, est bien déchue de sa splendeur passée. Elle avait sous les Turcs une petite garnison, et elle a été occupée un instant par les Français en juin 1841. « Ses maisons, construites en touba, se dressent avec leur teinte terreuse au-dessus des jardins tous peuplés d'arbres fruitiers, qui bordent le bas du mamelon. Avant de pénétrer dans la ville du côté de la rive droite, on traverse un quartier entièrement neuf, composé d'une

[ROUTE 40] DE CONSTANTINE A BOU-SADA.

quinzaine de boutiques occupées surtout par des juifs, d'un caravansérail, et plus bas, d'un moulin mû par l'eau. Puis on descend par une pente fort rapide, dans le lit de la rivière, sur laquelle n'existe ni pont, ni passerelle; ce qui me paraît un inconvénient fort grave pour la facilité des communications. Après avoir atteint le haut de la berge de gauche, encore plus escarpée que celle qui lui fait face, on se trouve à Msila.

« Les rues, comme dans tous les villages kabiles ou sahariens, sont tortueuses, raboteuses, se terminant généralement en cul-de-sac; mais plus malpropres encore ici que partout ailleurs. Nulle part je n'ai vu contrevenir aux règlements de la police d'une manière aussi flagrante. L'édilité locale n'a décidément pas des idées bien nettes en matière de voirie....

« La ville de Pise s'enorgueillit à bon droit de sa tour inclinée. Eh bien! Msila en renferme non pas une, mais au moins dix de ce genre. Ce sont ses minarets formés de cubes en touba, étayés les uns sur les autres au moyen de rondins sur lesquels ils reposent, se retrécissant à mesure qu'ils s'élèvent et conservant leur aplomb, bien qu'il y ait au moins un mèt. d'inclinaison du sommet à la base. Il est vrai que le mérite peut bien en être rapporté au temps plutôt qu'à un plan arrêté d'avance par l'architecte; mais le fait existe.

« C'est dans l'une des dix-sept mosquées de Msila, celle de Bou-Djemeleïn, le patron de l'endroit, qu'on voit la tombe du malheureux Naâman, bey de Constantine, qui fut étranglé en ce lieu par ordre de son compétiteur Tchakeur-Bey.

Une double rangée de briques sur champ compose seule le mausolée, où l'on ne lit d'ailleurs aucune épitaphe, rien qui rappelle la mémoire de l'illustre défunt. » (*E. Vaysettes.*)

A 4 kil. O. E. de Msila, sont les ruines au ras de terre de *Bechilga*, ville déjà détruite au temps d'El-Bekri et dont les matériaux, transportés en grande partie à Msila, ont servi pour les constructions privées ou publiques dans lesquelles ils sont entassés sans ordre et sans goût. Le plus curieux de ces matériaux est une pierre faisant partie d'une grange de la maison du kaïd-Ben-Safar-et-Toumi. On lit sur cette pierre l'inscription dont le texte, publié plusieurs fois et d'une manière différente, dans la *Revue Africaine*, a été le sujet de bien des controverses. Voici le texte et la version de M. A. Poulle, vérificateur des domaines :

AEDIFICATAESTAFUNDAMENTAHVICCI
V...OVAIVSTINIANAZABISVBTEM
P...DOMNINOSTRIP...SIMIETINVICTISS

« Ædificata est a fundamentis huic
« civitas nova Justiniana Zabi sub
« temporibus domini nostri piissimi
« et invictissimi. »

« Ici a été bâtie, depuis ses fondations, la nouvelle ville de Zabi la Justinienne, sous le règne de notre empereur très-pieux et très-invaincu. »

Huic, dit M. Poulle, est évidemment une corruption de l'adverbe de lieu *hic*, dont la véritable signification paraît exprimer un regret : *hic Zabi fuit.*

A 36 kil. N. O. de Msila et au S. du *djebel-Tarf*, on rencontre à *Bled-Tarmont* des ruines romaines peu considérables. M. le docteur

Lacger y a copié, en 1841, une inscription gravée sur une colonne milliaire et rétablie ainsi par M. Berbrugger.

```
. . . . . . . .
. . . PROCOS
CVRANTE SAL
LVSTIO VIC
TORE PROCVR
EIVS AB A
TATILTI M
VI
```

Le mot essentiel est *Tatilti*, nom de la localité romaine.

ROUTE 41.

DE CONSTANTINE A BISKRA.

234 kil. — Service de diligences.

120 kil. de Constantine à Batna. V. route 39.

130 kil. *El-Biar*. Ruines romaines : *Ad Basilicam Diadumene?*

Entre El-Biar et les Ksour, le terrain s'élève et forme, à une hauteur de près de 1200 mèt. au-dessus de la mer, le point de partage des eaux entre les lacs intérieurs et le bassin du Sahara.

146 kil. *Caravansérail des Ksour* et au delà ruines romaines dites de *Tagouzide*.

154 kil. *Aïn Touta*, ruines romaines : *Symmachi?*

162 kil. *Caravansérail des Tamarins*, à l'entrée de la gorge dans laquelle la route s'engage avec *l'oued-Kantra* entre *djebel-Tilatou* à droite, et le *djebel-Gaous* à gauche. La route descend à travers d'affreux escarpements, et la diligence est souvent obligée de courir dans le lit même de l'oued-Kantra.

172 kil. Ruines romaines de *Ad duo flumina*, placées précisément à la rencontre de l'oued-Kantra avec un de ses nombreux affluents *l'oued-Fedala*.

Cependant les rochers s'écartent au point de former une petite vallée au fond de laquelle l'oued-Kantra se précipite par une immense coupure. Un chemin, taillé en corniche sur la rive droite de la rivière, passe, à l'aide d'un pont jeté sur le précipice, aux escarpements les plus accessibles de la rive gauche. Ce pont, *El-Kantra*, qui a donné son nom à l'oasis qu'il domine, est de construction romaine; il a une seule arche de 10 mèt. d'ouverture; sa largeur est de 4 mèt. 90 c.; sa hauteur au-dessus de la rivière, en temps ordinaire, de 14 mèt. 50 c. Peut-être doit-il sa conservation à son importance de tous les temps et à son utilité générale; sa possession rendait maître du passage du Tell dans le Sahara oriental de l'Algérie; passage si bien appelé par les Arabes : *Foum-es-Sahara*, bouche du Sahara. La position de ce pont est à la fois sauvage et pittoresque; la vue que l'on a de cet endroit vers la direction de l'oasis dont on aperçoit les premiers palmiers, est vraiment admirable.

Avant de traverser le pont, on remarquera sur le rocher, dans un encadrement qui a dû recevoir autrefois une inscription sur marbre ou sur bronze, une inscription plus moderne peinte sur un fond jadis blanc :

2ᵉ ET 31ᵉ DE LIGNE
2ᵉ DU GÉNIE
1844

rappelant les travaux de route et la réparation des abords du pont faits par ces différents corps de troupes.

[ROUTE 41] DE CONSTANTINE A BISKRA. 433

Quand on a dépassé le pont, on ne tarde pas à déboucher sur les beaux jardins d'El-Kantra.

179 kil. **El-Kantra**, *caravansérail* avec un bon hôtel français.

El-Kantra, le *Calceus Herculis* des Romains, devait être une position militaire très-importante. On rencontre pêle-mêle, dans les bâtisses en pisé de l'oasis, des fragments de fûts, de chapiteaux, de colonnes, des ornements d'architecture, des inscriptions qui rappellent, comme à Lambèse, le passage de la fameuse IIIe légion, entre autres :

```
       MERCVRIO.
      ET. HERCVLI.
       ET. MARTI.
        SACRAVIT.
          IVLIVS
          RVFVS
       LEG. III. AVG.
```

« Autel élevé à Mercure, à Hercule et à Mars, par Julius Rufus de la IIIe légion auguste. »

Le moindre déblai met à découvert des tombes romaines.

L'oasis d'El-Kantra est formée de la réunion de trois dacheras, qui sont : *Khrekar*, sur la rive g. de l'oued ; *Dahraouïa*, sur la rive dr. ; *Kbour-el-Abbas*, au confluent de l'oued-Kantra et de l'*oued-Bioda*, rivière blanche. Ces trois villages, au milieu des palmiers, sont entourés par un mur en pisé, assez fort pour résister autrefois aux attaques des maraudeurs et flanqué de tours desquelles on signalait ces mêmes maraudeurs.

La population des trois dacheras est de 1800 âmes. Les femmes tissent la laine ; les hommes cultivent les palmiers et un peu de céréales dans les jardins conquis par les irrigations sur les terrains d'alluvion des bords de la rivière, et arrosés au moyen de grossiers barrages et de canaux, *sakia*, qui portent partout la vie et la végétation sur tous les espaces qu'ils parcourent dans ces régions autrefois désolées.

Si la vue du pont est, comme nous l'avons déjà dit, des plus magnifiques, la vue de l'oasis, se détachant sur les masses gigantesques des rochers du djebel-Gaous et du *djebel-Essor*, ne l'est pas moins.

D'El-Kantra à El-Outaïa, la route passe sur des terrains remplis de cailloux roulés, et de fossiles parmi lesquels on voit des huîtres et des peignes en grande quantité.

195 kil. *Mguesba*, butte de ruines frustes : celles de *Burgum Speculatorum ?*

197 kil. *El-Hammam*, ou *thermes d'Aquæ Herculis*, au pied du *djebel-Khroubset*. Une piscine profonde de 4 à 5 pieds reçoit, en cet endroit, les eaux qui arrivent du Khroubset ; ces eaux, d'une odeur hépatique et d'une saveur saline assez prononcée, atteignent dans la piscine une température de 36°.

Avant d'arriver à El-Outaïa, « on laisse à dr., dit M. l'ingénieur Dubocq, une montagne élevée, dont les couches, profondément disloquées, sont formées de marnes, de gypse gris et de sel gemme : c'est le *djebel-R'arribou*, également appelé *djebel-el-Melah* ou montagne de sel…. Cet immense amas de sel est exploité grossièrement et d'une manière superficielle par les Arabes, qui enlèvent, au retour de la belle saison, les blocs que les pluies d'hiver ont dégagés et rendus plus faciles à abattre, pour les vendre sur les marchés voisins du Tell et des Ziban. »

179 kil. **El-Outaïa**; à côté est un *caravansérail*.

El-Outaïa, dont le nom signifie petite plaine, où l'on trouve des ruines romaines, celles entre autres d'un amphithéâtre, est l'ancienne *Mesar-Filia?* Ce ksar ou dachera, bâti sur une immense butte, ne montrait, il y a une dizaine d'années, qu'un seul palmier qui avait échappé à la destruction de l'oasis, dans les guerres du Sahara, à l'époque de la prise d'Alger, tandis que le malheureux village était brûlé et ses habitants massacrés. De nouvelles plantations de palmiers feront, dans quelques années, une verte ceinture à El-Outaïa, « dont les environs offrent un grand développement de cultures, mais qui sont loin d'atteindre celui qu'elles devaient présenter sous la domination romaine, si l'on en juge par les restes d'un aqueduc placé auprès du gué qui traverse la route d'El-Kantra, qui faisait arriver les eaux dans les parties supérieures de cette vaste plaine, et par les ruines assez considérables que l'on observe sur les deux bords de la rivière entre El-Kantra et El-Outaïa. » (*M. Dubocq.*)

Le *djebel-bou-R'ezal*, peu élevé, limite entièrement vers le S. la plaine d'El-Outaïa, et s'étend jusqu'au bord de la rivière que l'on traverse avant d'arriver au col de *Sfa*, par lequel passe la route. Lorsqu'on arrive au point culminant de ce col, l'œil découvre l'immense Sahara; à g., les contre-forts du djebel-Aurès; à l'horizon et à dr., le sable, toujours le sable constellé de taches noires (les oasis); ce qui faisait dire à Ptolémée que cette contrée ressemble à une peau de panthère. Tout en laissant le touriste à ses propres impressions, il nous est impossible de ne pas dire l'effet que produisit sur nos soldats la vue du Sahara, avec son horizon sans montagnes, et se confondant presque avec le ciel : « La mer ! La mer ! » s'écriaient-ils.

« En descendant vers Biskra, on retombe dans une série de collines d'une hauteur peu variable, jusqu'à la pente sud, sur un des mamelons de laquelle sont les ruines de l'ancien *fort Turc*, dans lequel l'odjac entretenait une petite garnison chargée de recouvrer les impôts et de veiller sur les mouvements des Sahariens.

« Avant d'arriver à Biskra, on rencontre encore quelques monticules isolés et régulièrement alignés. Le fort Saint-Germain a été établi sur l'un de ces monticules, qui a été dérasé pour sa construction, et dont on ne retrouve aujourd'hui les traces que dans les fossés du fort. »

232 kil. **Le Fort-Saint-Germain.** — *Hôtel* du Sahara. — *Cercle militaire.* — *Bains maures.* — *Bureau des postes.* — *Télégraphie électrique.* — *Service* de diligences pour Constantine. — *Location* de chevaux et mulets. — *Marché* tous les jours.

Le Fort-Saint-Germain, qui doit son nom à un commandant du cercle de Biskra, tué à Seriana, en 1849, à la suite de l'insurrection de Zaatcha, est le quartier français de la capitale des Ziban. Ce fort, qui renferme des casernes, un hôpital et tous les bâtiments nécessaires à l'installation d'une garnison, borne le côté E. d'une place plantée d'arbres et entourée de maisons au N. et au S., parmi lesquelles l'hôtel du Sahara et le cercle militaire;

[ROUTE 41] DE CONSTANTINE A BISKRA. 435

le jardin d'acclimatation, situé non loin du quatrième côté, à l'O., a été établi aux frais de l'État en 1851. On essaye dans cet établissement la culture des plantes tropicales, telles que le café, l'indigo, la vanille, la canne à sucre, le riz, le coton, le safran, le ricin, le sorgho, l'arachide, etc. Ces premiers essais permettent d'espérer que les Ziban pourront être dotés, dans quelques années, de nouvelles sources de richesses. On sait la magnificence végétative de ces localités privilégiées, où croissent en abondance le dattier, l'oranger, le citronnier, le grenadier, l'olivier, et un grand nombre d'autres végétaux aux fruits savoureux. Placées au milieu des sables, elles forment le plus admirable contraste avec l'aridité des terrains environnants.

234 kil. **Biskra** est située, par 36° 57' de latitude N. et 3° 22' de longitude E., à 111 mèt. au-dessus du niveau de la mer, sur l'oued-Kantra, qui a pris, à partir de sa jonction avec l'*oued-Abdi*, le nom d'oued-Biskra.

Histoire. « La ville de Biskra, l'*Ad-Piscinam* ou *Ouesker* des Romains, est, dit Ibn-Khaldoun, la capitale du Zab, région qui a pour limites Ed-Doucen du côté de l'occident, Tennouma (qui n'existe plus), et Badis du côté de l'orient. Le Zab est séparé de la plaine nommée El-Hodna par des montagnes dont la masse principale se dirige du N. au S., et dont plusieurs cols facilitent les communications entre les deux pays.... Le Zab est un pays étendu, renfermant de nombreux villages assez rapprochés les uns des autres, et dont chacun s'appelle un *Zab*, pluriel *Ziban*.... »

A l'époque où les Hammadites, rois des Sanhadja, demeuraient dans la Kâla-Beni-Hammad, les cheikhs, qui gouvernaient Biskra, appartenaient aux *Beni-Romman*, famille originaire de la ville. Quand Biskra se révolta contre Bologguin, vers l'an 450 (1058 de J. C.), à l'instigation de Djâfar-Ibn-Romman, elle fut prise d'assaut par l'armée sanhadjienne, et tous ses chefs furent transportés à Kâla, où Bologguin les fit mourir pour servir d'exemple. Aux Beni-Romman succédèrent les *Beni-Sindi*, dont la chute fut entraînée par celle des Sanhadja, 547 (1152 de J. C.).

Les Beni-Sindi furent remplacés par la famille des *Mozni* de la tribu des Latif, fraction des Athbedj : toutes les tribus du Zab ne sont que les débris de la tribu d'Athbedj; débris qui, n'ayant plus assez de force pour mener une vie nomade, se sont fixés dans les villages du Zab, à l'instar de leurs prédécesseurs en ce pays, les Zenata et les premières bandes des Arabes qui vinrent enlever l'Afrique aux Romains. Les Mozni, rivaux des Beni-Romman auxquels le gouvernement Hafside, qui avait succédé dans le Zab à celui des Almohades, 626 (1228 de J. C.), fut d'abord favorable, devinrent à leur tour gouverneurs du Zab. Raconter toutes les luttes de ces deux familles serait chose trop longue. En 693 (1293 de J. C.), El-Mansour-Ibn-Mozni, dont la famille avait été supplantée par les Beni-Romman, prenant parti pour Abou-Zekeria, sultan de Bougie, royaume de Tunis, parut sous les murs de Biskra, l'occupa avec les troupes que lui avait prêtées Abou-Zekeria, et sous prétexte de bâtir un logement pour ses gens, il construisit une citadelle, y installa des troupes, attaqua les Romman et les expulsa de la ville. Ayant consolidé son autorité de cette façon, il envoya au sultan Abou-Zekeria des sommes considérables provenant des impôts, et obtint, en retour, l'autorisation d'ajouter à la province qu'il administrait le Rir'a, l'Aurès, les villes de Ouargla, ainsi que Maggara (*Mogra*, misérable bourgade à 25 kil. E. de Msila), N'gaous et Msila, villes du Hodna.

Mansour eut à soutenir une longue guerre contre les Arabes morabets, partisans de Seada, qui voulait réformer les mœurs trop relâchées de ses coreligionnaires. Seada perdit la vie dans une attaque contre Biskra; mais ses partisans revinrent plusieurs fois mettre le siége devant cette ville, et abattirent les bois de dattiers qui l'entouraient, faisant ainsi la guerre à Mansour jusqu'au jour de sa mort.

Le fils de Mansour, Youssef, après avoir tour à tour, et selon les circonstances, reconnu l'autorité des Merinides et des Hafsides, se soumit enfin aux derniers, et continua jusqu'à sa mort à leur montrer une apparence de soumission. Il mourut en 767 (1365 de J. C.).

Ibn-Khaldoun (traduction de M. de Slane) nous apprend que de son temps, fin du XIV° s., Biskra était toujours gouvernée par les Mozni, pour le compte des sultans Hafsides.

Nous arrivons à l'époque où les frères Aroudj et Kheir-ed-Din fondent la régence d'Alger; sans doute les tribus sahariennes jugèrent le moment favorable pour devenir libres et s'affranchir de tous impôts. Biskra, Tougourt et Ouargla, malgré les montagnes et la longueur des routes qui les séparaient d'Alger, furent visitées, pillées et rançonnées par Salah-Raïs, troisième pacha, en 1553 (960 de l'hég.).

De cette époque date aussi la création de la citadelle, plus connue sous le nom de *bordj Turc*, élevée à la prise des eaux de l'oued-Biskra, nécessaires pour l'arrosage des palmiers; une garnison de 62 janissaires, renouvelée tous les ans, y fut laissée.

Le nom de Salah devait peser sur Biskra. La résistance opposée par cette ville au bey de Constantine, lorsque ce dernier allait châtier la ville de Tougourt, amena sa ruine: Salah-Bey la détruisit pour éviter tout retour de rébellion, fit massacrer les principaux cheiks, et ne laissa les habitants s'établir dans la même localité qu'à la condition de se fractionner dans plusieurs petits centres différents.

Salah-Bey alla quatre fois dans les Ziban, où il laissa, comme partout, des souvenirs de son esprit organisateur. Les partages des eaux si nécessaires aux palmiers n'étaient plus en harmonie avec les mutations nombreuses qu'avait subies la propriété. Salah-Bey fit faire le recensement des oasis, et divisa l'eau proportionnellement aux palmiers et aux autres arbres fruitiers. Ces partages servaient encore de base à la culture à l'époque où nous avons pris possession des Ziban.

C'est le 4 mars 1844 que Biskra fut occupée par le duc d'Aumale, qui y laissa une compagnie de soldats indigènes, commandée par cinq officiers et sous-officiers français. Leur massacre par de misérables fanatiques ne tarda pas à être vengé; une occupation mieux organisée nous rendit définitivement

[ROUTE 41] DE CONSTANTINE A BISKRA.

maîtres de Biskra le 18 mai suivant, et nous assura peu à peu la domination et la possession du Sahara dans cette partie E. de l'Algérie.

Biskra, cercle de la subdivision de Batna, a une population indigène de 4000 hab., répartis dans plusieurs villages, non compris la garnison et les quelques Français établis au Fort-Saint-Germain. Aucune concession n'a pu encore être donnée dans le cercle de Biskra. Cela ne sera possible que lorsque les barrages ou puits artésiens permettront de mettre en valeur les terrains d'excellente qualité qui, faute d'eau, sont actuellement stériles.

« Biskra, dit El-Bekri, possède beaucoup de dattiers, d'oliviers et d'arbres fruitiers de différentes espèces. Elle est environnée d'un mur et d'un fossé, et possède un djamê, plusieurs mosquées et quelques bains. Les alentours sont remplis de jardins, qui forment un bocage de six milles d'étendue. On trouve à Biskra toutes les variétés de la datte.... Les faubourgs de Biskra sont situés en dehors du fossé et entourent la ville de tous les côtés. On trouve à Biskra beaucoup de savants légistes; les habitants suivent le même rite que ceux de la ville de Médine. Une des portes de Biskra s'appelle Bab-el-Mokbara, la porte du cimetière; une autre, Bab-el-Hamman, la porte du bain; une troisième, Bal-eb-Mouldoun, la porte des mulâtres. La population de cette ville appartient à la race mélangée, dont le sang est moitié latin, moitié berbère.... La ville renferme dans son enceinte plusieurs puits d'eau douce; il y a même dans l'intérieur de la grande mosquée un puits qui ne tarit jamais. On voit aussi dans l'intérieur de la ville un jardin qu'arrose un ruisseau dérivé de la rivière.... »

El-Aïachi, pèlerin marocain, qui a visité Biskra en 1059 (1649 de J. C.), dit à son tour dans la relation de son voyage, traduite par M. Berbrugger : « .... La foule qui se pressait aux portes de Biskra fut cause que je n'y entrai que le mercredi, vers l'eucha (deux heures après le coucher du soleil). J'allai ensuite visiter Abou'l-Fadel, dont le tombeau est en dehors de la ville. A côté de ce monument est une mesdjid, autour de laquelle il y a des constructions habitées. Je pénétrai dans la mosquée, et montai dans le minaret, qui est un bel et solide édifice, remarquable par son élévation et son étendue. Une mule chargée peut arriver jusqu'au sommet, où conduit un escalier de 120 marches. La mosquée est grande et d'une solide construction; mais elle est peu fréquentée et peu habitée. Personne ne vient y enseigner ni y apprendre, ce qui m'étonna d'autant plus que Biskra peut passer pour une belle ville parmi les belles villes, que la population y est considérable, le commerce actif, et qu'il y vient beaucoup de monde, soit du Tell, soit du Sahara.... Cependant elle a déchu par le mauvais gouvernement des Turcs et par les hostilités des Arabes du dehors. Quand les uns l'avaient pressurée par des incursions passagères, après leur départ venaient les Bédouins, qui, à leur tour, exerçaient leurs rapines, apportant tout leur tribut de malfaisance envers cette malheureuse ville. Cet état de choses dura jusqu'à ce que les Turcs bâtirent un château fort à la source de la rivière qui fournit de l'eau à la ville, ce qui les rendit complétement maîtres du pays. Alors ils foulèrent et maltraitèrent les habitants tout à leur aise.... Sous l'empire de cette complication de maux, la population commença à diminuer, les habitations tombèrent en ruine, et, sans le grand commerce qui s'y fait et l'industrie dont ce lieu est le centre, ce qui est cause que les gens tiennent à y rester, Biskra eût été abandonnée. »

Voici maintenant ce qu'est de nos jours la *Biskra-en-Nokhel*, « la Biskra aux palmiers. » De la ville d'El-Bekri et d'El-Aïachi, il ne reste que l'emplacement sur lequel on pouvait voir, il y a quelques années encore, le minaret de la grande mosquée, dans lequel un officier qui n'avait pas lu la relation de voyage d'El-Aïachi monta avec son cheval qui se rompit les jambes à la descente. Au N. de cette immense place, s'élevant de plusieurs mètres au-dessus du sol de l'oasis, on voit la *kasba* construite en pisé, dans laquelle la garnison française résida jusqu'à l'achèvement du Fort-Saint-Germain. Ce vaste bâtiment sert aujourd'hui de résidence d'été au cheikh-el-Arab.

Les Biskris, obligés, à ce que rapporte la tradition, de quitter les ruines croulantes de leur ville, se divisèrent en autant de fractions que Biskra avait de quartiers, et ils donnèrent aux nouveaux centres de population les noms de ces quartiers qui étaient au nombre de sept.

Les villages, groupes de maisons et de tentes, dont la réunion forme la Biskra moderne, sont : *Bab-el-Khrokhra*, au N. de la kasba, *Bab-el-R'alek* à l'E., *Mçid* au S. E., *Koura* au S. O., *Bab-el-darb* à l'O.; et en deçà de l'oued-Biskra, *Gaddécha* au N. E.; et enfin *Filiach* au S. E. Tous ces villages sont bâtis en toub, et n'ont rien de remarquable que l'étrangeté de leur construction et le pittoresque de leur position au milieu d'une forêt de 140 000 palmiers, et de 6000 oliviers entre lesquels les indigènes font du jardinage et un peu de céréales.

On visitera au-dessus de Bab-el-darb la *koubba* à moitié enfouie dans les sables d'Abou'l-Fadel (est-ce l'Abou'l-Fadel, gouverneur du Zab en 678, 1279 de J. C.?) A Bab-el-Khrokhra quelques maisons baroques dont les balcons, percés de fenêtres en forme d'étoiles ou de triangles, retombent sur des colonnes faites de palmier et de débris appartenant à la ville romaine de Ad-Piscinam. A Bab-el-R'alek, la mosquée de Sidi Malek. Entre Bab-el-R'alek et la kasba, le cimetière où reposent nos officiers égorgés en 1844.

Nous avons trop souvent parlé du palmier-dattier, à propos des contrées sahariennes de l'Algérie, pour ne pas donner un extrait d'un remarquable mémoire sur la culture de cet arbre, par M. Hardy, directeur de la pépinière centrale à Alger.

« Le dattier (*Phœnix dactylifera*, L.) est l'arbre caractéristique des régions sahariennes. Son fruit, sous le nom de dattes, est la base de la nourriture des peuplades nomades ou sédentaires, de races blanche ou noire, qui sont disséminées dans ces immenses contrées. Le chiffre des individus composant ces peuplades est peut-être le double plus élevé que celui de la population venue de France. La culture du dattier étant prédominante dans ces contrées qui s'ouvrant chaque jour davantage à nos investigations, acquiert une véritable importance.

« La région des Ziban est le point de nos possessions du nord de l'Afrique où la culture du dattier occupe le plus de surface, où elle est le mieux entendue, et où ses produits ont le plus de qualité. A Biskra (lat. 36° 47′ 42″, altit. 111 mèt.), la température moyenne de l'année est de 22°, 9, d'après les relevés des trois années 1853 à 1855. Pendant cette période, le maxima extrême observé a été de 46° (juillet 1855), et le minima extrême + 3° (février 1854 et janv. 1855). Il gèle souvent sous l'influence du rayonnement nocturne, et il n'est pas rare de voir, sur les ruisseaux dont les eaux sont stagnantes, de la glace de plusieurs millim. d'épaisseur. On peut conclure que le dattier subit une sorte d'hivernage dans son aire véritable; que son évolution florale est soumise à la périodicité, et que, comme nos arbres du Nord, ses organes de la fructification ne se montrent que lorsque la température a repris une moyenne assez élevée.

« Les dattiers commencent à montrer leurs fleurs chaque printemps, lorsque la température moyenne est d'environ 18°. Cette moyenne arrive à Biskra vers la fin de mars. La fécondation s'effectue au fur et à mesure de l'anthèse des fleurs, sous l'influence d'une température moyenne diurne de 20° à 25. La maturité des dattes doit être achevée à l'automne, lorsque la température moyenne retombe au-dessous de 18°, ce qui arrive à la fin d'octobre. A une température plus basse, la saccharification s'arrête ou devient à peine sensible.

« Prenant le 31 octobre pour limite extrême, à Biskra, ces fruits ont mis, à partir du commencement de la floraison jusqu'à la maturité complète, 214 jours pendant lesquels ils ont reçu une somme de chaleur de 6362°,9. Ces chiffres donnent aussi approximativement que possible la mesure de la chaleur nécessaire pour faire mûrir complètement les fruits du dattier. Pendant les sept mois que dure le développement des fruits à Biskra, du 1er avril au 31 octobre, le mois de juillet, occupant le milieu de l'évolution, est le plus chaud : il distribue 1116° de chaleur.

« Les localités où le dattier mûrit le mieux ses fruits, sont caractérisées par l'absence presque complète des pluies. Connaissant la haute température de ces contrées, on sait d'avance que l'atmosphère y est d'une excessive sécheresse. Cependant le dattier n'y donne ses fruits qu'à la condition qu'une abondante irrigation baigne ses racines. C'est ce qui justifie le proverbe des indigènes : « Le dattier veut avoir sa « tête dans le feu et son pied dans « l'eau. » D'où il suit que la culture du dattier est une culture à irrigation au plus haut degré.

« Les eaux qui fournissent à l'irrigation de l'oasis de Biskra proviennent de plusieurs affluents qui prennent naissance dans un massif de hautes montagnes situées au N. de l'oasis, et connues sous le nom de djebel-Aurès. Ces divers cours d'eau réunis en un seul prennent le nom d'oued-Biskra, ou Raz-el-Ma (la tête de l'eau).

« En avant de l'oasis, à un endroit nommé le fort Turc, est établi un épi en maçonnerie pour servir à à la dérivation des eaux. C'est de ce point que les anciens dominateurs réduisaient les habitants de l'oasis, lorsqu'ils se refusaient à payer l'impôt, en interceptant l'eau nécessaire à l'arrosement des dattiers. Ce cours d'eau donne un débit régulier pendant l'été, c'est-à-dire à l'étiage, de 632 litres à la seconde, qui sont employés à l'irrigation de 1290 hectares complantés en palmiers, surface que représente l'oasis de Biskra et ses annexes.

« Le nombre de palmiers plantés sur cette surface est de 140 000; ils sont distribués sans ordre. Leur répartition, pour l'ensemble des terrains occupés, est à raison de 100 arbres environ par hectare. Pendant la période d'été, les arrosages, qui se répètent tous les cinq jours, se donnent 49 fois. La somme d'eau employée pendant cette saison est de 10 378 mèt. cubes par hectare. Chaque palmier reçoit 100^m,70 cubes d'eau pendant le même temps.

« Les arrosages, qui se répètent tous les quinze jours, se donnent sept fois environ dans le courant de l'hiver, et distribuent une somme d'eau de 1482 mèt. cubes d'eau par hectare, et 14^m,82 par palmier. Alors l'arrosage des palmiers n'emploie pas toute l'eau que débite l'oued-Biskra; le surplus est employé à l'irrigation des céréales.

« L'eau n'est pas répandue sur toute la surface du terrain. Chaque pied de palmier est arrosé individuellement : on creuse, près du tronc, une fosse à peu près circulaire; la terre extraite sert à butter l'arbre et à recouvrir les racines adventives, qu'il développe à sa base en grande abondance. Chacune de ces fosses peut contenir environ 2 mèt. cubes d'eau; elles sont remplies au moyen de rigoles qui les mettent en communication.

« Le dattier paraît indifférent à la nature de l'eau; il prospère également bien étant arrosé avec de l'eau saumâtre, avec des eaux thermales à un degré assez élevé, et avec de l'eau douce. La qualité des dattes paraît plutôt dépendre de la somme de chaleur que reçoit l'arbre que de la nature des eaux qui l'arrosent.

« Dans le Sahara, comme du reste dans toutes les régions où il est cultivé pour son fruit, le dattier est multiplié par les drageons qui se développent sur les troncs adultes. Par ce moyen, on perpétue, sans aucune chance de variation, les variétés dont les propriétés sont connues; tandis que les semis, dont les effets sont plus lents à se produire, laissent dans l'inconnu quant à la qualité du fruit à venir.

« Chaque arbre produit, dans sa plus grande force, de 8 à 10 régimes par an, donnant chacun 6 à 10 kil. de dattes ce qui fait en moyenne 72 kil. de dattes par arbre, 7200 kil. par hectare. Considérées en masse, les dattes valent, dans le désert, au moment de la récolte, une fois moins que le blé, c'est-à-dire que, dans l'échange, on a deux de dattes pour un de blé. Dans le Tell, au contraire, au moment de la moisson, les dattes valent deux fois le blé, c'est-à-dire que l'on a deux de blé pour un de dattes : d'où il suit que la valeur du blé et celle des dattes est la même; la différence qui peut exister s'établit par les frais de transport, de conversion et de magasinage. La culture du blé produit aux indigènes du Tell 6 quintaux à l'hectare dans les bonnes récoltes. La culture du dattier, dans le Sahara, produit un poids de dattes douze fois supérieur, à surface égale.

« Outre les dattes destinées à la consommation régulière, on récolte encore des dattes de luxe, qui sont préparées avec des soins spéciaux pour l'exportation, et qui se vendent beaucoup plus cher. Le dattier, cultivé et observé depuis un temps immémorial, n'a pas produit, entre les mains des indigènes, moins de variétés que nos arbres fruitiers les mieux cultivés. On compte 70 variétés de dattes dans les Ziban.

« Le dattier offre encore quelques autres ressources, qui sont utilisées sur place par les indigènes. Les rachis, que les indigènes nomment *djerid*, servent à faire des toitures, des plafonds, des clôtures. Les folioles servent à tresser des nattes, des paniers, des couffins. Les troncs refendus font les charpentes des maisons; mais ils fléchissent facilement et l'on ne peut leur donner une grande portée : cette circonstance oblige à faire les habitations très-étroites. Ces troncs servent encore à boiser les puits, à établir des ponts sur les canaux d'irrigation.

« Lorsque les dattiers sont vieux et près d'être sacrifiés, on en extrait la sève pour en faire du vin de palmier. D'autres fois, la partie cellulaire et naissante du bourgeon est enlevée, et donne alors un mets dont les indigènes font grand cas.

« Les fruits peuvent donner un alcool d'excellente qualité, mais on les emploie peu pour cet objet. En Égypte, selon Delile, on en retire tout le vinaigre qui se consomme dans le pays, et il est excellent. Les noyaux de ces fruits, ramollis dans l'eau, sont souvent donnés au bétail.

« Enfin, le dattier, par sa convenance parfaite au climat saharien, par les services multipliés qu'il rend aux populations du Sud, peut être considéré à bon droit comme l'arbre providentiel de ces régions; et l'on conçoit dès lors les soins, l'espèce de culte dont il est l'objet, car c'est par lui qu'elles sont rendues habitables. »

Environs. — Les Ziban se divisent toujours, comme au temps d'Ibn-Khaldoun, en trois parties : le *Zab-Chergui* ou de l'Est; le *Zab-Guebli* ou du Sud; le *Zab-Dahraoui* ou du Nord.

Il paraîtra plus ou moins intéressant aux touristes de parcourir toutes les oasis qui composent les Ziban; nous en donnons les distances prises de Biskra :

Le Zab-Chergui. Le premier groupe d'oasis du Zab-Chergui comprend au N. E. de Biskra :

8 kil. **Chetma.**

14 kil. **Sidi Khelil;** à 3 kil. N. de Sidi Khelil et 17 de Biskra, **Droh'.**

17 kil. **Seriana.**

21 kil. **Garta.**

Ces différentes oasis s'élèvent sur des collines qui occupent le pied du *djebel-Hamar-Khreddou*, la joue rouge, une des chaînes S. O. de l'Aurès, dont les puissantes assises de calcaire rougeâtre appellent de loin l'attention.

La route de Biskra à Khranguet-Sidi-Nadji, direction E. S. E., est une des plus curieuses à parcourir.

On quitte Biskra par Filiach, après avoir traversé l'oued-Biskra sur un pont. Le terrain est tour à tour sablonneux ou cultivé; à g. et se perdant à l'horizon, les montagnes qui font suite au djebel-Hamar-Khreddou; droit devant soi, on a une ligne noire de palmiers qui se découpe et prend une autre teinte à mesure que l'on approche de Sidi Okba, qu'elle cache.

20 kil. **Sidi Okba**, capitale religieuse des Ziban, comme Biskra en est la capitale politique.

« Okba-ben-Nafi, nommé deuxième gouverneur ou émir de l'Ifrikia par le khralife Moaouïa, en 50 de l'hég. (670 de J. C.), fonda la ville de Kaïrouan. Les Francs, dont la discorde avait affaibli la puissance, se réfugièrent alors dans leurs places fortes, et les Berbères continuèrent à occuper les campagnes jusqu'à l'arrivée d'Abou'l-Mohadjer, affranchi auquel le nouveau khralife, Yezid, fils de Moaouïa, venait d'accorder le gouvernement de l'Ifrikia.

« Le droit de commander au peuple berbère appartenait alors à la tribu d'Aureba et fut exercé par Koçeila, chef des Beranès. Il avait pour lieutenant Sekerdid-Ibn-Roumi. Chrétiens d'abord, ils s'étaient tous les deux faits musulmans lors de l'invasion arabe; mais ensuite, sous l'administration d'Abou'l-Mohadjer, ils renoncèrent à leur religion et rallièrent tous les Beranès sous leur drapeau. Abou'l-Mohadjer marcha contre les révoltés et, arrivé aux sources de Tlemcen, il les battit complétement et fit Koçeila prisonnier. Le chef berbère n'évita la mort qu'en faisant de nouveau profession de l'islamisme.

« En l'an 62 de l'hég. (681-2 de J. C.), sous le khralifat de Yezid, Okba vint prendre, pour la seconde fois, le commandement de l'Ifrikïa. A peine arrivé, il témoigna une grande antipathie pour Koçeila, à cause de l'amitié que ce chef portait à Abou'l-Mohadjer. Celui-ci essaya, mais inutilement, d'obtenir pour son protégé la bienveillance du nouveau gouverneur. Okba se mit alors en marche pour le Mar'reb.... Dans cette expédition, il défit les princes berbères qui, soutenus par les Francs, lui avaient livré bataille dans le Zab et à Tehert. Après avoir abandonné au pillage le bien des vaincus, il reçut la soumission de Julien, émir des R'omara, qui s'était présenté devant lui avec un riche cadeau. Julien lui indiqua les endroits faibles du pays.... Après y avoir fait beaucoup de butin et de prisonniers, Okba poussa jusqu'au bord de la mer, et revint ensuite, toujours victorieux.

« Pendant cette expédition, il ne cessa de témoigner un profond mépris pour Koçeila, qu'il retenait prisonnier auprès de lui, et, un jour, il lui ordonna d'écorcher un un mouton devant lui. Koçeila voulut confier cette tâche dégradante à un de ses domestiques; mais, forcé par Okba de s'en charger lui-même, il se leva en colère et commença l'opération. Chaque fois qu'il retirait sa main pleine de sang, du corps de l'animal, il la passait sur sa barbe et, interrogé par les Arabes au sujet de ce geste, il répondit : « Cela fait du « bien aux poils. » Un de leurs vieillards, qui entendit ces paroles, les avertit que c'était une menace de la part du Berbère. Abou'l-Mohadjer, ayant su ce qui venait de se passer, pria Okba de laisser le prisonnier tranquille : « Le prophète « de Dieu, ajouta-t-il, chercha à se « concilier les chefs d'entre les Ara- « bes, tandis que toi, tu prends « plaisir à indisposer le cœur d'un

[ROUTE 41] DE CONSTANTINE A BISKRA. 443

« homme qui tient un haut rang « parmi son peuple et qui se trouve « actuellement sur les lieux où il « déployait naguère une grande au- « torité, à l'époque où il était infi- « dèle. Je te conseille maintenant « de bien t'assurer de sa personne « et d'être en garde contre lui. »

« Okba ne fit aucune attention à ce discours et, parvenu à Tobna, il renvoya ses troupes, par détachements, à Kairouan, tant il croyait avoir effectué la conquête du pays et la soumission des Berbères. Resté à la tête d'un petit corps de guerriers, il se mit en marche pour Tehouda ou pour Badis, afin d'y établir une garnison. Les Francs s'aperçurent de son imprudence et formèrent le projet de le surprendre. Koçeila apprit leur intention par un message qu'ils lui firent parvenir, et il profita d'une occasion favorable pour en faire avertir ses parents et leurs alliés, les Berbères.

« Arrivé aux environs de Tehouda, Okba se vit attaquer à l'improviste par les Berbères, qui le suivaient depuis longtemps. Ses troupes mirent pied à terre, dégainèrent leurs épées et en brisèrent les fourreaux, dont ils sentaient bien qu'ils n'auraient plus besoin ; un combat acharné s'ensuivit, et Okba y succomba avec tous les siens. Ils étaient environ trois cents individus, les uns, anciens compagnons de Mohammed, les autres, disciples de ceux-ci. Tous trouvèrent le martyre sur le même champ de carnage. Abou'l-Mohadjer, qu'Okba avait gardé aux arrêts jusqu'alors et qui, ce jour-là, déploya la plus grande bravoure, resta parmi les morts.... Le corps d'Okba repose dans une tombe enduite de plâtre sur laquelle on a érigé une mosquée. Cet édifice s'appelle la mosquée d'Okba et forme un but de pèlerinage, un lieu saint dont la visite est censée attirer la bénédiction divine. » (*Ibn-Khaldoun, traduction de M. de Slane.*)

La mosquée de Sidi Okba, le plus ancien monument de l'islamisme en Algérie, est toujours debout ; elle est entourée d'un portique et sa terrasse est soutenue par vingt-six colonnes, dont les chapiteaux, diversement sculptés, sont ornés de peintures. Le minaret est carré et va en s'amincissant. El-Aïachi, qui a visité Sidi Okba en 1073 (1663 de J. C.), dit : « Les pèlerins croient que le minaret tremble lorsque quelqu'un touche le pilier et le secoue en disant : « Je jure par toi, ô minaret, « par la vérité de Sidi Okba et jus- « qu'à ce que tu remues ! » Quand j'y suis monté et que j'ai examiné les choses de près, je ne l'ai pas trouvé tel qu'on l'a rapporté ; mais j'ai vu que le fait allégué tient à la hauteur et à la légèreté du minaret : de sorte qu'en secouant fortement le pilier, on imprime un ébranlement qui se communique à tout l'édifice, ce que les pèlerins prennent pour un effet de leur invocation. » (*Traduction de M. A. Berbugger.*)

Nous avons cité ce passage de la relation du voyage d'El-Aïachi, parce que le droit d'examen pour un miracle, de la part d'un musulman, et cela en 1663, annonce un homme peu ordinaire.

« La plupart des personnes qui viennent visiter la mosquée, continue El-Aïachi, écrivent leur nom sur les murailles. » Nous avons visité Sidi Okba en 1847 et nous pouvons affirmer que ses murailles sont effectivement couvertes entièrement de noms arabes, auxquels sont venus se joindre, depuis 1844, les noms des visiteurs européens.

Le tombeau de Sidi Okba est dans une koubba, à droite du mihrab; le tsabout ou châsse qui recouvre l'émir, est des plus modestes : il a probablement remplacé l'œuvre d'art remarquable dont parle El-Aïachi. Des pièces d'étoffe de soie, brodées d'inscriptions arabes, sont jetées sur le tsabout. Une petite armoire, creusée dans le mur de la koubba, renferme quelques ouvrages dépareillés sur la religion, le droit et la grammaire. Sur un des piliers de la koubba on lit : « *Hada kobr Okba ibn Nafê rhamat Allah :* ceci est le tombeau d'Okba fils de Nafê, que Dieu le reçoive dans sa miséricorde. » Cette inscription, en caractères koufiques qui rappellent le premier siècle de l'hégire, est la plus ancienne de l'Algérie; nous l'avons copiée; elle mesure 1^m,28 sur 0^m,19; les lettres ont 0^m,13 de hauteur.

On ne quittera pas la mosquée sans s'arrêter devant une porte en bois d'un travail admirable et qui vient, dit-on, de Tobna dans le Hodna.

On montre, dans la maison du cheikh de Sidi Okba, le seul édifice qui, avec la mosquée, soit blanchi à la chaux; une inscription romaine venant de *Tehouda*, l'ancienne *Thabudeos*, dont les ruines se voient encore au N. de Sidi Okba.

Tehouda était, au temps d'El-Bekri, une ville qu'on nommait aussi *Medinet-es-Sihr*, ville de la magie; elle était de construction antique, bâtie en pierre, et possédait de grandes richesses. Dans l'intérieur on voyait plusieurs mosquées, bazars et caravansérails

On ne rencontre à l'E. de Sidi Okba, dit M. Dubocq, qu'un vaste terrain de parcours que les troupeaux fréquentent en hiver et dans lequel se trouvent, aux abords des cours d'eaux, des espaces cultivés en céréales, pour lesquelles on utilise les eaux que les rivières fournissent en hiver et au printemps jusqu'à la fonte des neiges qui couvrent les cimes de l'Aurès. A ce moment les blés et les orges ont atteint leur maturité; on les coupe et le terrain reçoit, au retour de la saison d'hiver, de nouvelles semences. Ces cultures sont assez développées à Garta, à Seriana, à Debbia, sur l'oued-el-Arab, à Zeribet et à Liana.

34 kil. L'*oued-Biraz*, près de la portion de cette rivière où les eaux reparaissent, à *Ras-el-Aïoun*, la tête des sources, 18 mèt. au-dessus du niveau de la mer. Le cheikh-el-Arab, notre khralifa dans les Ziban, y établit son campement d'hiver au milieu de bois de tamarisques. Nous souhaitons aux voyageurs qui visiteront la smala du cheikh-el-Arab, une hospitalité pareille à celle que nous y avons reçue : *diffa* splendide dans une tente aux étoffes précieuses, aux moelleux tapis; le lendemain, la chasse au faucon, se faisant comme aux temps féodaux, et la fantasia.

44 kil. **Aïn-Naga**, dachera sur une butte, sans palmiers.

54 kil. **Sidi Salah**, près de l'*oued-Mansef*, ressemblant à Aïn-Naga. L'absence des palmiers vient du manque d'eau.

Les effets de mirage sont fréquents dans cette partie du Zab-Chergui.

73 kil. L'*oued-el-Haguef*.

84 kil. **Zeribet-el-oued**, au confluent de l'*oued-Gouchtal* et de l'*oued-el-Arab*; ses palmiers, peu

[ROUTE 41] DE CONSTANTINE A BISKRA. 445

nombreux, sont disséminés au S. et sur la rive gauche de l'oued-el-Arab, où ils abritent la koubba de Sidi Hassen-el-Koufi. Sidi Hassen était un arabe du Hedjaz, venu à Zeribet-el-Oued, à une époque, il y a longtemps de cela, où l'oued-el-Arab était à sec ou du moins n'avait pas d'eau courante. « Donnez-moi une récompense, dit le marabout aux gens de Zeribet-el-oued, et le mal cessera. » On fit droit à sa demande et la rivière coula. C'est Moula-Ahmed, un autre pèlerin du Maroc, comme El-Aïachi, et dont M. Berbrugger a également traduit la relation de voyage, qui raconte le fait. La somme donnée à Sidi Hassen ne fut sans doute pas assez forte; car l'oued-el-Arab est de nouveau à sec, si ce n'est quand les orages de l'Aurès viennent la rendre torrentueuse.

De Zeribet-el-oued à Liana le terrain est parsemé de cailloux.

97 kil. **Liana**, sur la dr. de l'oued-el-Arab dont le lit est, en cet endroit, d'une largeur de 150 mèt. La mosquée de Liana, sous l'invocation de Bou-Sebâ-Hadj, est formée par quatre murs en pisé; des colonnes faites avec des troncs bruts de palmiers et couronnées de chapiteaux corinthiens ou doriques supportent une toiture en terrasse. Tout est nu et triste dans ce pauvre monument que ne recouvre pas même une couche de lait de chaux. Le minaret carré est bas et trapu, ses lignes ne sont pas précisément d'une rigidité parfaite. Les chapiteaux de la mosquée ne sont pas les seuls débris d'un établissement romain à Liana. On visitera, dans ce v., un puits maçonné en briques, et, près de l'oued-el-Arab, les amorces d'un aqueduc.

De Liana à Khrenguet-Sidi-Nadji, on remonte au N. E., en suivant l'oued-el-Arab. Après avoir contourné les âpres rochers du *djebel-Sfa*, on arrive devant Khrenguet, entourée d'une verte ceinture de palmiers.

107 kil. **Khrenguet-Sidi-Nadji** est de fondation moderne; elle fut bâtie, il y a 250 ans, par Sidi Embarek-bel-Kassem-ben-Nadji, un des ancêtres du kaïd actuel, et chef de la grande tribu des Oulad-Nadji qui, avant l'occupation turque, parcouraient toute la partie du Sahara désignée aujourd'hui sous le nom de Zab-Chergui, et les montagnes de l'Aurès, partie S. E.

Les quelques monuments que renferme Khrenguet ont été construits en pierre et en marbre, par des ouvriers tunisiens : aussi offrent-ils un caractère différent de celui des autres constructions des Ziban.

On visitera la *maison* du kaïd, dont la disposition intérieure est à peu près celle des maisons d'Alger. Elle ressemble au dehors à une haute forteresse dans laquelle on entre par une voûte. Les murs présentent des traces de balles dont la maison fut criblée pendant un siége que le kaïd eut à soutenir contre les *Nememcha* descendus de l'Aurès, vers la fin de 1846, voici pourquoi : Le kaïd, ayant été chargé par le général Bedeau de recouvrer les impôts dans le *djebel-Cherchar*, envoya à sa place son fils, qui, après avoir perçu ces impôts, tomba dans une embuscade dans laquelle il fut tué par les Nememcha. A peu temps de là, ces derniers envoyèrent quelques-uns des leurs auprès du kaïd pour traiter de la *dïa*, ou prix du sang, de son fils. Sidi Taïebben-Nadji, le kaïd, reçut les Nememcha, écouta leurs propositions qu'il parut accepter, puis leur fit fête. Le lendemain, comme les Nememcha se disposaient au départ, pour aller chercher le prix de la dïa, Sidi Taïeb fit tout à coup fermer les portes de sa maison, et, tirant son yatagan, il massacra tous ses hôtes. A la nouvelle de cette terrible vengeance, les Nememcha descendirent en foule de leurs montagnes et assiégèrent le kaïd jusqu'à ce que ce dernier fut délivré par la colonne du commandant de Saint-Germain.

La *Mosquée*, près de la maison, est la plus belle des Ziban. La cour, entourée d'un cloître dont les arcades sont supportées par des colonnes en marbre, est ornée, dans son milieu, d'un palmier qui ombrage un puits. La koubba sous laquelle repose le fondateur de Khrenguet-Sidi-Nadji, Embarek, mort en 1614, est près de la mosquée.

On escaladera enfin le *djebel-Tamozouz*, au pied duquel la ville est située, et sur le plateau duquel sont les ruines d'une citadelle bâtie également par les Tunisiens; de cet endroit la vue est fort belle.

On peut revenir à Biskra par la route suivante, sur laquelle se trouvent les autres oasis ou dacheras du Zab-Chergui.

12 kil. de Khrenguet et 100 kil. de Biskra, **Badès**, l'*Ad-Badias* des Romains. C'est aujourd'hui une pauvre dachera bâtie sur un tertre; des plantations de palmiers lui rendront plus tard la vie des autres oasis. Badès montre encore quelques restes du poste romain : un mur au S.; des colonnes et d'autres fragments d'architecture employés dans la koubba de Sidi Bekkari; et, derrière cette koubba, les traces d'une basilique.

Badès, d'après Ibn-Khaldoun, serait l'endroit où fut enterré le fameux Ibn-R'ania, mort en 631 de l'hégire (1233-4 de J. C.), après un règne de cinquante ans. Avec lui succomba l'empire que les Messoufa et les Lemtouna, tribus almoravides, avaient fondé en Ifrikïa, en Mar'reb et en Espagne.

7 kil. de Badès et 98 kil. de Biskra, **Zeribet-Ahmed**.

30 kil. de Zeribet-Ahmed et 94 kil. de Biskra, **El-Faïd**; c'est le nom collectif donné à deux dacheras situées entre l'oued-el-Arab et l'oued-Debbah; celle de l'O. appartient aux oulad-Ahmeur; celle de l'E. aux oulad-Bou-Khedidja. Une koubba et un palmier occupent le milieu du terrain entre les deux villages.

De Khrenguet-Sidi-Nadji, dont les jardins sont à 254 mèt. au-dessus du niveau de la mer, le sol va en s'abaissant à 182 mèt., à Badès, et à 41 mèt., alors au-dessous du niveau, à El-Faïd. La plaine, très-unie en cet endroit, où vont se perdre ses eaux pluviales et l'oued-el-Arab, donne d'abondantes moissons dont les gens d'El-Faïd vont échanger les produits au Souf, contre des dattes et divers objets venant de Tunis.

El-Faïd est le point le plus éloigné au S. E. de Biskra, dans le Zab-Chergui.

4 kil. d'El-Faïd, l'*oued-Debbah*, affluent de l'oued-el-Arab.

12 kil. d'El-Faïd, l'*oued-Rabah*, affluent de l'oued-el-Arab.

34 kil. d'El-Faïd et 60 kil. de Biskra. **Sidi Mohammed-Moussa**, près de l'oued-Djedi qui poursuit son cours à l'E. et va se perdre dans le chott Melr'ir. Sidi Mohammed-

Moussa est dans un lieu bas et marécageux, où poussent quelques palmiers et où l'on fait un peu de culture.

45 kil. d'El-Faïd et 49 de Biskra. **El-Haouch**; palmiers au S. et à l'E.; dunes sablonneuses et koubbas à l'O.

24 kil. de Biskra. Maison de commandement de *Taher-Rashou*, près des bois de tamarisques de *Saâda*. C'est au-dessus de Saâda, à *Mlaga*, que l'oued-Biskra va se perdre dans l'oued-Djedi.

On sort de Biskra par Koura pour visiter le **Zab-Guebli**.

16 kil. **Oumach**. Cette oasis, dont les environs sont réputés fiévreux, est arrosée par la source du même nom qui arrive des montagnes à 8 kil., au moyen d'un canal. Oumach est de fondation ancienne. En l'an 665 de l'hégire (1266-67 de J. C.), El-Mostanser, le sultan Hafside, la donna comme fief, avec Maggara dans le Hodna, à Mohammed-Ibn-Abd-el-Kaouï, émir du Beni-Toudjin, tribu puissante qui occupait autrefois le Sersou, au S. du Tell, à partir des sources de la Mina, et le Ouanseris jusqu'au Chelif.

28 kil. **Melili** et **Bigou**. Ces deux oasis sont séparées par la route, autant qu'on peut donner ce nom à des sables mouvants, et arrosées par l'*Aïn-Melili*, qui forme par son abondance un véritable cours d'eau allant se jeter dans l'oued-Djedi.

On rencontre çà et là quelques ruines que les sables n'ont pas tout à fait recouvertes. En faisant exécuter des fouilles à *Kasbat*, lieu situé entre Melili et Ourlal, le capitaine Pigalle a découvert une pierre votive sur laquelle on lit :... GEMELL. REGRESSI, les Gemellensiens de retour dans leur pays.... mais qui ne déterminerait pas en cet endroit un cantonnement de la légion *Gemella* ou l'emplacement de *Gemellæ*, qu'il faut chercher à l'E., entre Biskra et Tehouda.

34 kil. **Ourlal**. On y visitera le bâtiment assez curieux où s'assemblent les notables de l'endroit, composant la djema, espèce de conseil municipal. Ruines romaines.

36 kil. **Ben-Thious**. Cette oasis devait donner son nom à Ourlal et à Melili, car El-Bekri dit : « Les villes de Ben-Tious sont au nombre de trois et assez rapprochées les unes des autres. Chaque ville possède une djema... une de ces villes est habitée par des gens d'origine persane, appelés les Beni-Djordj. La seconde de ces villes est habitée par une peuplade de sang mêlé; la troisième est occupée par les Berbères... Ces villes, situées dans une plaine vaste et fertile, sont entourées de murs et de fossés. Dans ce canton, quand on a fini d'ensemencer un champ, l'on peut apprécier avec certitude, et sans risque de se tromper, la quantité de grains dont se composera la récolte... » El-Bekri ne reconnaîtrait plus aujourd'hui les pays qu'il a décrits.

La petite mosquée de Sidi Abd-er-Rahman-Ser'ir-el-Akhdar, avec sa koubba ovoïde, produit, au milieu des palmiers, un effet assez pittoresque; en face on remarquera un haut et large mur romain dont les pierres de grand appareil sont bien taillées; ce mur semble avoir appartenu à une forteresse.

42 kil. **Saïra**.

44 kil. **Lioua**. « L'oasis de Lioua à laquelle on arrive, d'abord en suivant le cours de l'oued-Djedi, joint à son industrie agricole l'extraction du salpêtre. Cette exploitation

se fait sur des terres prises dans la construction d'une partie de l'oasis, aujourd'hui en ruine, et sur les résidus des anciens lessivages, que l'on reprend, après un certain intervalle, dans les tas assez considérables qui existent au N. O. de l'oasis. Ces matériaux sont d'abord soumis à un lessivage d'eau froide dans des réservoirs en argile battue, d'une capacité de 2 hectolitres au plus, où on les laisse séjourner, au contact de l'eau, pendant un espace de deux ou trois jours. On soutire ensuite au moyen d'un conduit en roseaux, placé à la partie supérieure du réservoir et bouché par un fausset en bois, les eaux chargées des sels solubles que renfermaient les terres, et on les soumet à une première concentration dans des bassins exposés à l'action du soleil; la majeure partie du sulfate de chaux entraîné en dissolution se précipite sur les parois de ces bassins, et la concentration du nitre s'achève, au moyen de la chaleur, dans de petites chaudières en cuivre dont la capacité ne dépasse pas 10 à 15 litres.

« Cette industrie exercée à El-Kantra, Doucen et Tehouda, ne suffirait du reste pas à alimenter une raffinerie d'une manière régulière et continue. » (*M. Dubocq.*)

Plus au S. O., toujours sur la rive g. de l'oued-Djedi :

84 kil. **Ouled-Djelal.**

92 kil. **Sidi Khaled.**

Le **Zab-Dahraoui** est séparé par des sables ou des marécages du Zab Guebli, dans une longueur de 5 à 6 kil. On peut en visiter les oasis en se dirigeant de Ben-Thious à Bou-Char'oun. Mais nous prenons toujours Biskra pour point de départ.

31 kil. **Bou-Char'oun**, au milieu des dunes de sables, qui envahissent quelquefois les jardins de palmiers au sud. La mosquée de Sidi Aïssa-ben-Ameur à Bou-Char'oun est le monument le plus rebelle à la ligne droite qu'on puisse imaginer; son minaret, percé de nombreuses ouvertures, va en s'amincissant comme un obélisque ou une cheminée d'usine à vapeur; les coupoles qui couronnent l'édifice sont disgracieuses. L'architecte de cette mosquée est un nommé Mohammed-ben-Mahallen. Le tombeau de Sidi Mabrouk, un autre marabout de Bou-Char'oun, est abrité par une grosse tour carrée percée à sa partie supérieure d'une foule d'ouvertures en triangle; des espèces de perchoirs sortent des murs et contribuent à donner à ce bâtiment un faux air de pigeonnier.

De Bou-Char'oun à Lichana l'accumulation des sables continue.

35 kil. **Lichana**, oasis renommée pour ses magnifiques tapis en laine teinte des couleurs les plus vives, et ses dattes, *deglet-en-nour*, les meilleures de toutes celles que produit le Zab. La mosquée de Lichana est un peu plus régulière que celle de Bou-Char'oun, son minaret est moins élevé. Si nous citons ces bâtisses informes, c'est qu'elles sont, en somme, le spécimen de l'architecture monumentale dans les Ziban, et figurent à un degré plus ou moins bas de l'art.

36 kil. **Zaatcha**, célèbre par le siége qui amena sa ruine en 1849. Bou-Zian, ancien porteur d'eau à Alger, et cheikh de Zaatcha, voulant jouer le rôle de chérif, prétexta l'augmentation de la taxe des palmiers portée de 25 centimes à 40; son appel aux armes réveilla le fanatisme des populations voisines qui se portèrent en foule à Zaatcha et

[ROUTE 41] DE CONSTANTINE A BISKRA. 449

opposèrent pendant 52 jours la résistance la plus formidable, résistance qu'on ne peut s'expliquer, quand on ne connaît pas une oasis, c'est-à-dire une forêt où dominent les palmiers, formant des jardins entourés de murs et de ruelles étroites, au centre desquels se trouve la dachera. « C'était un cas tout à fait nouveau dans la science obsidionale que celui d'une place forte, perdue dans un épais massif, protégée par un labyrinthe qu'il s'agissait de canonner et d'emporter au fond d'un bois. Il n'est donc pas extraordinaire que nos troupes aient été surprises et arrêtées dans une opération pour laquelle Carnot ni Vauban n'ont pas à coup sûr tracé de règles. »

Zaatcha fut enfin prise d'assaut le 26 nov., par trois colonnes, sous les ordres des intrépides colonels Canrobert, de Barral et de Lourmel. Bou-Zian fut tué, et avec lui un nommé Hadj-Moussa, qui avait pendant quelque temps voulu opposer son pouvoir à celui d'Abd-el-Kader.

Le corps expéditionnaire, commandé par le général Herbillon, eut à subir des pertes cruelles : le colonel Petit du génie, le commandant Guyot, puis les Graillet, les Duhamel, les Rosetti, et tant d'autres trouvèrent la mort pendant les opérations du siége et au moment de l'assaut.

38 kil. **Farfar.**

40 kil. **Tolga** est la plus grande oasis des Ziban, après Biskra; elle comprend : *Tolga* proprement dit, *Zaouïa* et *Beffanta*. Tolga est une des plus anciennes villes du Zab ; mais les descriptions qu'en ont laissées les géographes et les historiens arabes ne sauraient s'appliquer à ce que l'on voit aujourd'hui.

Tolga, qui a été romaine, possède un castrum avec six tours bien conservées, dans lesquelles s'enchevêtrent les bâtisses des Sahariens.

Tolga renferme encore un grand nombre de mosquées, de zaouïas et de koubbas. La grande mosquée est construite en pierre, ce qui est assez rare dans les Ziban ; les chapiteaux et quelques colonnes appartiennent à l'époque romaine. La mosquée n'a point de minaret, elle est surmontée de coupoles demisphériques ou ovoïdes. La zaouïa la plus célèbre est celle de Sidi Ali-ben-Ameur ; on y garde quelques livres ayant trait à la religion et à la grammaire.

C'est à Tolga, viie s. de l'hégire, qu'un nommé Seeda entreprit la réforme des mœurs peu régulières de ses parents, compagnons et amis; il sut se créer bientôt des partisans, auxquels il donna le nom de sonnites, c'est-à-dire, respectant les prescriptions de la *Sonna*, ou recueil des actes et des paroles de Mohammed. Seeda et ses partisans opposèrent longtemps une sérieuse résistance à la famille des Mozni, gouverneurs des Ziban pour les sultans Hafsides.

C'est à Tolga encore que Si Meïoub, kaïd du Zab-Dahraoui, donna hospitalité au sergent-major Pelisse, le seul Français échappé au massacre de la kasba, à Biskra, en 1844, en attendant qu'il pût faire prévenir par un courrier le duc d'Aumale de ce qui se passait.

42 kil. **El Bordj.**

46 kil. **Foukala.**

48 kil. **El-Amri.**

« Le chemin qui relie le groupe d'oasis du Zab-Dahraoui à la plaine d'El-Outaïa, traverse le massif montagneux du *djebel-Matraf* au N.

de Lichana et de Zaatcha..... On rencontre d'abord deux mamelons isolés, entre lesquels passe le chemin, et dont les sommets ont été exploités par les Romains, sur une vaste échelle, pour les constructions dont on observe encore les ruines à Lichana, à Tolga, ainsi que dans les oasis d'Ourlal et de Melili. Le pourtour de ces collines est complétement enlevé aux environs du sommet. On retrouve encore dans leurs flancs taillés à pic les témoins des colonnes et des pierres d'appareil que l'on a extraites, et le dérasement des flancs de ces monticules leur a fait donner par les indigènes le nom d'*El-Meïda*, la table.

« En parcourant les Ziban, en parcourant les ruines et les villages délabrés qu'ils renferment, on est conduit à reconnaître que ce pays a joui autrefois d'une prospérité qu'il est loin d'atteindre encore, et qu'il sera facile de faire renaître en aménageant les sources existantes, en substituant des conduites régulières et durables aux rigoles que les Arabes font suivre aux eaux sur les flancs des rochers, et en établissant des barrages sur les cours d'eau, de manière à augmenter l'étendue des terrains que ces eaux peuvent féconder dans les diverses saisons de l'année. La culture des céréales et des dattiers pourrait ainsi recevoir tout le développement que comporte l'époque actuelle; et le seul but utile que l'on doive aujourd'hui chercher à atteindre avec la sonde, doit être d'établir, au moyen de forages artésiens, des centres de culture et des villages dans la région déserte qui sépare Biskra des oasis de l'Oued-Rir', qui sont exclusivement alimentées par des eaux souterraines, et d'attirer ainsi sur la route de Biskra à Tougourt, en augmentant la sûreté et la facilité du parcours, le mouvement des caravanes qui sillonnent la région S. de la province. » (*M. Dubocq.*)

Le vœu exprimé par M. l'ingénieur Dubocq a reçu et reçoit pleine satisfaction par l'impulsion qu'a su donner, ainsi qu'on le verra bientôt, M. le général Desvaux aux forages de nombreux puits artésiens dans les Ziban et dans l'Ouad-Rir'.

Il nous reste à dire qu'une partie des Zibanais émigrent dans les grandes villes de l'Algérie. (Voir l'Introduction.)

ROUTE 42.

DE CONSTANTINE A TOUGOURT.

440 kil. 1° 234 kil. de Constantine à Biskra; service de diligences; 2° 206 kil. de Biskra à Tougourt, route de caravanes (voir les observations page 145).

Les ouvrages, livres ou notices consultés pour cette route sont de MM. le général Desvaux, Dubocq, de Slane, Chevarrier, Berbrugger, Prax et Cherbonneau.

234 kil. de Constantine à Biskra. (*V.* Route 41.)

254 kil. L'oued-Djedi. (*V.* p. 148.) De là au Sethil, plateaux légèrement ondulés.

269 kil. *El-Chefeur*, puits.

279 kil. *Bir-Sedir*, puits.

283 kil. *Bir-Chegga*. Cette localité possédait, comme El-Chefeur et Bir-Sedir, un puits ou plutôt une mare, au fond de laquelle suintait une eau infecte. On y a foré en 1857 un puits débitant 90 litres par minute, qui a servi à en faire un gîte d'étape avec un café caravansérail; quelques maisons ont été bâties, quelques

palmiers et arbres fruitiers plantés. Comme ce puits n'était pas suffisant pour faire vivre les nomades qui se sont fixés à Chegga, on a fait un nouveau sondage donnant 100 litres d'eau par minute.

300 kil. *Sethil*, puits dans le lit de l'oued-el-Bahadj, à sec pendant la majeure partie de l'année. L'*oued-el-Bahadj* ou *oued-Itel*, prenant sa source dans le S. O. et se jetant dans le Chot-Melr'ir, a toujours de l'eau ; ses bords, dans le parcours de Biskra à Tougourt, sont le lieu de station habituelle des caravanes et des nomades.

307 kil. *Koudiat-ed-Dour*. Les plateaux viennent s'interrompre à cette double colline d'où l'on aperçoit le vaste marais salé ou *chot-Melr'ir*, et les premiers villages de l'ouad-Rir' apparaissent à l'horizon. La partie inférieure de la plaine dans laquelle on descend est marécageuse et couverte de nombreuses efflorescences salines ; elle se rattache au chot-Melr'ir, qui s'étend à g. de la route sur d'immenses espaces que le mirage transforme constamment aux yeux du voyageur. « C'est sur les collines de Dour, dit M. Berbrugger, que Sidi Okba, déjà fatigué des solitudes désolées qu'il venait de parcourir, s'arrêta pour contempler les steppes immenses qui se déroulaient devant lui. Pour peu que le mirage y aidât, il dut se croire en face d'une vaste mer. Le panorama était magnifique et capable d'enflammer l'enthousiasme d'un artiste ; mais le chef d'un peuple, qui abandonnait un pays de déserts pour chercher des terres fertiles, ne dut pas être enchanté du coup d'œil. Bref, après une courte inspection, Sidi Okba ne pensa pas que le Rir' méritât l'honneur de sa visite ; et renonçant à pousser plus loin, il *tourna* aussitôt bride vers le N. De là, les collines historiques où il inscrivit son *Nec plus ultra*, reçurent le nom de *Dour*, que l'on pourrait très-bien traduire par *tourne-bride*, si l'on s'en tenait à la valeur étymologique du mot. »

La salure des eaux du chot, qui se couvre, après la saison des pluies, d'une croûte d'efflorescences, doit être attribuée au dépôt des matières salines dont les eaux se chargent dans leur parcours, et qu'elles abandonnent ensuite lorsqu'elles sont absorbées par les rayons solaires, ainsi que cela s'observe dans tous les bassins fermés de l'Algérie. Le sable qui occupe le fond du chot est couvert en effet d'une croûte de sel assez considérable. Les indigènes en retirent, en le dissolvant dans l'eau et laissant cristalliser le sel dans de petits bassins, deux variétés de sels, l'une blanche et l'autre rouge.

Au delà de Melr'ir, le sol se relève.

322 kil. *Our'ir*, oasis inhabitée. Quelques palmiers sont arrosés par une source qui sort du pied d'un monticule, à g., sur lequel est assise la *Koubba Sidi El-Meurlifi*.

327 kil. *N'sira*, à droite de la route, est inhabitée comme Our'ir.

333 kil. **Mr'eir**, 500 hab. Cette oasis, d'une remarquable étendue, est pourvue d'eau, au moyen de puits creusés par les habitants, jusqu'à la rencontre d'une nappe souterraine qui remonte jusqu'à la surface du sol, et jaillit de manière à pouvoir ensuite être répandue à l'aide de rigoles dans les jardins. Ce sont, comme on le voit, de véritables puits artésiens creusés par la main

des hommes sur une section plus considérable que celle des puits forés à l'aide de la sonde, comme on pourra le voir plus loin (p. 460).

Dendoura est un groupe d'oasis à 6 kil. E. de Mr'eir.

340 kil. *Aïn-el-Kerma*, la source du Figuier. On ne voit là que des palmiers; mais on peut supposer qu'il y avait aussi en cet endroit, à une époque plus ou moins éloignée, d'autres arbres, parmi lesquels des figuiers. A 5 kil. O. d'Aïn-el-Kerma, oasis de **Gouira**.

344 kil. **Sidi Khelil**, oasis, arrosée par trois puits remontant à une époque assez ancienne. **El-Berd** est à 7 kil. S. E. de Sidi Khelil.

356 kil. *Drâ-Mtâ-Abd-er-Ziz*, monticule; sa hauteur à l'endroit où la route le traverse est de 39 mèt. au-dessus du niveau de la mer. De là on aperçoit un nouveau groupe d'oasis.

361. L'*oued-el-Melah*, petit ruisseau d'eau salée, coulant au milieu d'un terrain plat et allant se jeter à l'E. dans le *chot-el-Ahmar*, marais salé très-étendu.

363 kil. *Aïn-Rfihen*, la source du Corbeau, entourée de quelques palmiers. Des essais de curage ont été faits dans cet ancien puits.

370 kil. *Zaouiet-Riab*.

373 kil. *Aïn-Cheria*; eaux abondantes.

375 kil. **Our'lana**, oasis de 300 maisons, est arrosée par un puits et un étang, ou *bahar*, mer en arabe, très-profond, dont les eaux renouvelées par voies souterraines sont peuplées de poissons.

376. kil. **Djemâ**. C'est un village de 50 maisons avec une oasis de 5500 palmiers qui, jusqu'à l'établissement d'un puits artésien, n'étaient arrosés, mais insuffisamment, que par l'écoulement d'un étang semblable à celui d'Our'lana. Le puits artésien dont le forage, sous la direction de MM. l'ingénieur Jus et le sous-lieutenant Lehaut, a atteint une profondeur de 64 mèt., donne par minute un débit de 4600 litres. Ce succès a rempli tous les Sahariens de la circonscription d'Our'lana de la plus grande joie. Ce sondage et ceux de Sidi Amran et de Tamerna-Djedida prouvent que c'est dans cette région moyenne de l'Oued-Rir' que se trouve la nappe artésienne la plus abondante. Au reste, ce qui le démontre, c'est que nulle part ailleurs dans l'Oued-Rir' on ne retrouve les oasis, les villages plus groupés, plus rapprochés les uns des autres.

Sidi Amran est une petite oasis à 3 kil. E. de Djemâ, et 12 kil N.E. de Tamerna; elle était autrefois très-prospère. La tradition raconte qu'un marabout très-vénéré lança sur les habitants une malédiction, dont les terribles effets ne tardèrent pas à se faire sentir. Les puits se tarirent et l'oasis tomba en ruine. A l'époque actuelle, Sidi Amran ne comptait plus qu'une quinzaine de maisons, 5600 palmiers et 800 arbres fruitiers, insuffisamment arrosés, soit par le manque d'eau, soit par suite de leur trop grande élévation au-dessus de la source. Les anciens du pays prétendaient que les cheikhs de Tougourt avaient essayé à plusieurs reprises de faire creuser de nouveaux puits à Sidi Amran; mais ils n'avaient pu conjurer la malédiction qui pesait sur cette malheureuse oasis. Même en rejetant la superstition de la légende, les gens de l'Oued-Rir' prétendaient que, par la constitution du sol à traverser, un sondage à

[ROUTE 42] DE CONSTANTINE A TOUGOURT. 453

Sidi Amran présenterait des obstacles que nous ne pourrions vaincre. La réponse à cette incrédulité est aujourd'hui une magnifique source artésienne d'un débit de 4800 litres, qu'on a appelée *Aïn-el-Boïna*, la fontaine de la preuve. Avec cette fontaine, on pourra créer à Sidi Amran une oasis de 20 000 palmiers.

385 kil. **Tamerna-Kedima**, ou la Vieille, s'élève sur un mamelon, à l'E. d'une vaste plaine marécageuse ; elle présente quelques ruines assez considérables qui témoignent de sa grandeur déchue ; elle est entourée de dattiers et de belles cultures d'orge.

388 kil. **Tamerna-Djedida**, ou la Neuve, a été fondée il y a une cinquantaine d'années par le cheikh Brahim, auquel deux souverains ont succédé depuis dans le gouvernement de l'Oued-Rir'. La prospérité de cette oasis a longtemps reposé sur un seul puits que le même Brahim fit creuser, en donnant aux ouvriers une mesure de blé pour une mesure de sable extrait.

C'est dans cette oasis de l'Oued-Rir' que le premier puits artésien, grâce à l'initiative du général Desvaux, a été creusé en 1856. « Tout donnait lieu d'espérer un succès rapide. On se mit donc à l'œuvre avec une ardeur extrême, sous la direction de M. Jus, ingénieur civil, aidé du maréchal des logis Lehaut, du 3ᵉ de spahis, et d'un détachement de soldats de la légion étrangère. Le premier coup de sonde était donné dans le commencement du mois de mai 1856, et, le 19 juin, une véritable rivière de 4010 litres d'eau par minute, s'élançant des entrailles de la terre, venait récompenser le dévouement de nos soldats, et inaugurer la série de ces travaux qui feront bénir le nom français dans les populations sahariennes. La joie des indigènes fut immense : la nouvelle de ce forage se répandit dans le S. avec une rapidité inouïe. On vint de très-loin pour voir cette merveille. Dans une fête solennelle, les marabouts avaient béni la fontaine nouvelle, et lui avaient donné le nom de *Fontaine de la paix*. » (*Général Desvaux*.)

401 kil. **Sidi Rached**. Au delà de cette oasis envahie par les sables, le terrain s'abaisse vers une série de marécages que l'on traverse en laissant à gauche une ceinture à peine interrompue d'oasis, s'étendant comme une épaisse forêt jusqu'à Tougourt, et alimentées par des eaux souterraines qu'on atteint à des profondeurs variables.

403 kil. **Sidi Sliman**. Le sondage opéré dans cette oasis a donné 4000 litres à la minute.

405 **Ksour**. Son puits pratiqué au fond d'un ancien puits arabe, à 47 mèt. de profondeur, donne 3336 litres d'eau par minute. « Ce sondage et celui de Sidi Sliman, comme les puits des oasis de la Thébaïde, dans la haute Égypte, ont présenté, peu de temps après leur achèvement, le singulier phénomène de poissons qui habitent dans leurs eaux. Cet énorme courant donne-t-il lieu à une nappe souterraine assez puissante pour que des poissons y puissent circuler, ou bien est-ce à l'état de frai que l'eau les amène, et la reproduction a-t-elle lieu dans le canal souterrain ? C'est une question à étudier. Ce phénomène, du reste, ne s'observe presque jamais, nous le croyons, au moment même du jaillissement. » (*Général Desvaux*.)

408 kil. **Mgarin-Djedid** compte

200 maisons; elle a un marché très-fréquenté. C'est à Mgarin que fut livré, vers la fin de 1854, le combat qui amena la soumission de l'Oued-Rir'.

410 kil. **Mgarin-Kedima**, dépeuplée par la création de Mgarin-Djedida.

412 kil. **Sidi Megrib**.

416 kil. **R'omra**.

420 kil. **Zaouïa**.

424 kil. **Tebesbet**, 50 maisons. Tous les jardins sont établis à l'E. du village. Les dégâts causés par les sables que le vent d'O. amène sur les jardins, sont incessants; de grandes étendues de terrain ont été envahies ainsi, et condamnées à la stérilité, dans un intervalle que la mémoire des anciens habitants leur permet d'embrasser.

428 kil. **Ben-Aziz**.

430 kil. **Sidi Mohammed-Ben-Yahïa**.

440 kil. **Tougourt**, *Tekkert, Ticart, Téchort, Tuggurt*, capitale de l'Ouad-Rir, est située par 4° 2′ de longitude E., et 33° 23′ de latitude N., à l'extrémité S. de la province de Constantine, entre le pays des Beni-Mzab à l'O., et l'Oued-Souf à l'E.

Histoire.

« Lors des divisions qui éclatèrent dans le sein des peuples Zenatiens, les *Rir'a*, qui se composaient de plusieurs familles, se dispersèrent. Un grand nombre alla s'établir dans le pays qui sépare les bourgades du Zab d'avec le territoire de Ouargla. Ils y bâtirent plusieurs villes, villages et bourgades, sur le bord d'un ruisseau qui coule de l'O. à l'E. » Ce ruisseau, signalé par Ibn-Khaldoun, et qui a été l'objet de quelques controverses, est formé par la portion de l'eau des puits artésiens que les irrigations n'ont point absorbée; il est bien certain, dit M. Berbrugger, et il l'a observé sur place, qu'il existe une ligne de fond le long des plantations de palmiers de l'Oued-Rir', ligne qui aboutit au grand chot-Melr'ir. La population des ksour était très-nombreuse. « De nos jours, xive siècle, on appelle cette localité le pays des Rir'a; en effet, ils y sont en majorité, mais on y rencontre aussi des Sindja, des Beni-Ifren et d'autres peuplades Zenatiennes. L'union de ces populations ayant été brisée par les efforts des unes à dominer les autres, il en est résulté que chaque fraction occupe une ou plusieurs bourgades, et y maintient son indépendance. L'on rapporte qu'autrefois il y avait bien plus de monde qu'à présent, et l'on attribue la ruine du pays à Ibn-R'ania, qui, dans les guerres avec les Almohades, première moitié du xiiie siècle, avait fait des incursions dans toutes les provinces de l'Ifrikïa et du Mar'reb, et dévasté ce territoire dont il abattit les arbres et combla les sources d'eau. Des villages en ruine, des débris d'édifices et des troncs de dattiers renversés, semblent encore attester la vérité de cette tradition.

« Les dévastations faites par Ibn-R'ania ont laissé des traces encore visibles. Je citerai seulement, dit M. Berburgger, et comme échantillon, celles qui se rencontrent dans la partie septentrionale de l'Oued-Rir'. Un peu à l'E. de la route orientale de Tougourt à Biskra, entre Tougourt et Mr'eir, on trouve deux villes ruinées : *Adama* et *Djedlaoun*. Je les ai visitées toutes deux; je dois dire que les traces de la première ne m'ont guère paru visibles que dans la tradition. Il est vrai que le mode de construction des cités sahariennes (des briques séchées au soleil ou un mauvais pisé) ne permet pas que les ruines durent longtemps; une pluie abondante les a bientôt réduites en une boue qui se confond facilement avec le sol. Mais Djedlaoun, bâtie avec de grosses pierres gypseuses, montre encore ses murailles en talus, auprès d'une belle fontaine d'où s'écoule un ruisseau affluent de l'Oued-Rir'. Le défunt cheikh de Tougourt m'a dit que cette bourgade avait été bâtie par les Beni-Mzab, et dévastée il y a plusieurs siècles par des nomades. Des *achchan*, ou palmiers sauvages, se montrent en cet endroit, comme pour rappeler au voyageur que jadis la culture du dattier y prospérait. »

Dans le temps de la dynastie Hafside, le pays des Rir'a était placé sous l'autorité du chef Almohade qui gouvernait le Zab. Quand El-Mostancer, le souverain Hafside, tua dans un guet-apens le chef des Douaouida, cette tribu se vengea par la mort d'Ibn-Attou, cheikh Almohade gouverneur du Zab, et par la conquête de ce pays, du Rir'a et de Ouargla. Ensuite le gouverneur Hafside leur concéda ces conquêtes à titre de fief. Plus tard, le sultan de Bougie accorda le gouvernement de toutes ces contrées à Mansour-Ibn-Mozni, le même dont les descendants y exerçaient encore l'autorité, quand Ibn-Khaldoun écrivait son histoire des Berbères. Le chef de cette famille se conformait de temps en temps à l'ancien usage, et frappait une contribution extraordinaire sur les habitants de ces bourgades au nom du sultan. Il marchait alors contre eux avec des fantassins Zabiens et des cavaliers arabes; mais pour obtenir le concours des Douaouida, il était obligé de leur laisser la moitié des sommes perçues.

La plus grande de ces bourgades était et est encore Tougourt. Le gouvernement de Tougourt appartenait à la famille de Yousef-Ibn-Obeid-Allah, qui faisait partie de la tribu des Rir'a, ou, selon d'autres auteurs, de celle des Sindja.

La dynastie des Ben-Djellâb, qui tirait son origine des Beni-Merin ou Zenata, a gouverné à son tour Tougourt depuis le commencement du XVe siècle jusque dans ces derniers temps.

Tougourt a été assiégée, prise et saccagée à plusieurs époques.

En l'an 742 de l'hég. (1341-42 de J. C.), Mohammed-Ibn-Hakim, général des Hafsides, après avoir perçu l'impôt à Biskra, fit une expédition dans le Rir'a, s'empara de Tougourt et en enleva toutes les richesses. Est-ce à cette époque qu'il faut rapporter la destruction de la primitive Tougourt, bâtie à 2 kil. de la nouvelle, au milieu des palmiers de Nezla?

Haëdo nous apprend qu'en 1552, le roi de Ticart (Tougourt) ne voulant plus payer, comme par le passé, certains tributs au pacha d'Alger, Salah-Raïs entreprit une expédition contre ce prince au commencement d'octobre. « Il emmena 3000 arquebusiers, turcs ou renégats, 1000 cavaliers, et pas plus de deux pièces de canon. Il cacha soigneusement le but de sa marche, afin de surprendre son ennemi. Aussi il était déjà à quelques lieues de Tougourt, avec son camp, lorsque le roi de ce pays en fut informé. Celui-ci, n'osant sortir pour le combattre avec ce qu'il avait de monde, se laissa assiéger dans la ville, qui était très-forte, par le conseil de son gouverneur, car ce roi était encore fort jeune. Il espérait que ses vassaux ou les autres Mores et Arabes, ses voisins et amis, lesquels étaient tous grands ennemis des Turcs, viendraient le dégager.

« Salah-Raïs battit la ville pendant trois jours avec ses deux pièces; le quatrième, il donna l'assaut et la prit, avec grand carnage de ses habitants. Le roi, qui avait été pris vivant, fut amené devant le pacha, qui lui demanda pourquoi il avait osé combattre contre la bannière du Grand Seigneur, et manqué à la foi qui lui était due. Le jeune prince s'excusa sur son gouverneur qui avait autorité sur lui... Le pacha fit attacher ce dernier à la bouche d'un canon auquel on mit le feu. L'explosion déchira ce malheureux en pièces.

« Les habitants de Tougourt et des alentours, au nombre d'environ 12 000, de tout âge et condition, furent vendus comme esclaves. Le pays fut pillé et ravagé; après quoi Salah-Raïs emmena le roi, qui avait à peu près 14 ans. Salah alla ensuite attaquer Ouargla, puis il reprit la route d'Alger. En passant par Tougourt, il y laissa le jeune roi, qui s'engagea ainsi que les principaux du pays, auxquels on rendit la liberté, et auxquels on le confia, à demeurer fidèle et loyal envers les Turcs, et à leur donner annuellement un tribut de quinze nègres... » (*Traduction de M. A. Berbrugger.*)

A près de deux cents ans de là, Tougourt devait, comme Biskra, être prise d'assaut par un autre Salah. Salah, bey de Constantine, se contentait difficilement du tribut que lui payait Tougourt. Enfin, à l'avénement du cheikh Ferhat-Ben-Djellâb, il entama des négociations avec lui au sujet de cet impôt : mais on n'arrivait à aucun arrangement raisonnable. La principauté de l'Oued-Rir' avait défié tous les beys de Constantine ; elle crut pouvoir se moquer des menaces de Salah-bey. Cependant, vers la fin de l'année 1788, l'impôt de Tolga, Bou-Char'oun, Zaatcha et autres oasis, avait été versé entre les mains du khralifa à Lichana. Le moment parut favorable à Salah-bey, et, après dix-huit jours de marche, il planta ses tentes en vue de Tougourt, que protégeait un fossé profond et rempli d'eau. Les canonniers ouvrirent le feu contre la porte dite Bab-el-Khadra, au S., celle de Sidi Abd-el-Selam, et le quartier El-Tellis à l'O. Pendant ce temps, une partie des soldats abattaient à coups de hache les arbres qui constituent la richesse du pays. Le siége dura plusieurs semaines, et comme Salah-bey avait juré de détruire Tougourt de fond en comble, le cheikh, Ferhat, comprenant la situation, fit des propositions au bey. Il fut convenu que l'Oued-Rir' payerait les frais de la guerre, et un impôt de 300 000 réaux bacetas.

Il paraît que plus tard l'impôt ne fut plus payé régulièrement, car Ahmed, dernier bey de Constantine, assiégea Tougourt en 1821, mais il fut vigoureusement repoussé.

La prise de Biskra, en 1844, amena de la part de Ben-Djellâb, alors cheikh de Tougourt, la reconnaissance de notre autorité. A la mort du cheikh, en 1854, un usurpateur, du nom de Sliman, s'empara du commandement de l'Oued-Rir' et se déclara l'ennemi de la France. Mais au mois de nov. de la même année, le colonel Desvaux, aujourd'hui général, fut envoyé contre Sliman avec une petite colonne; le combat livré à Mgarin, par le commandant Marmier, et un court engagement devant Tougourt le 2 déc., nous ouvraient les portes de cette ville, dans laquelle le colonel Desvaux faisait son entrée le 5. Tougourt est depuis cette époque administrée en notre nom.

Description. La ville actuelle de Tougourt se trouve à 2 kil. de l'ancienne, qui était située au milieu des palmiers de Nezla; sa forme est à peu près ronde, et elle mesure dans son plus grand diamètre, du N. O. au S. E., un peu plus de 400 mèt. Bâtie sur un terrain incliné vers le S. E. qui se raccorde aux plateaux environnants dans toute la région occupée par les sables, cette ville est entourée d'un fossé rempli d'eau, de 15 mèt. de largeur et de 2 à 3 de profondeur, et dominé par un talus de 8 à 10 mèt. de hauteur dans la région O. Ce talus préserve la ville de l'envahissement des sables.

Les maisons qui avoisinent le fossé se relient entre elles de manière à faire une enceinte continue à laquelle on n'accède que par deux portes: *Bab-el-Bled* ou *Bab-el-khrokhra* au S. E., et *Bab-el-R'arb* ou *Bab-Abd-el-Selam*, au N. O. Une troisième porte, *Bab-el-Khadra*, qui ne s'ouvrait que pour le cheikh, ou en cas d'hostilité avec les nomades et les populations voisines, communique de la kasba aux jardins de Nezla.

Tougourt est divisée en plusieurs quartiers ou rues (zgag) qui sont: au N., *Zgag-el-Medjarrias*, juifs convertis; au N. E., *Zgag-el-oust-el-Kouadi*; à l'E., *Zgag-el-Mestaoua*, étrangers; au S. E., *Zgag-el-Abid*, nègres affranchis; au S., la *kasba*; à l'O., *Zgag-el-Hadara*, citadins; au N. O., *Zgag-el-Tellis*; au centre enfin, entre la kasba et la place, *Zgag-oulad-Mansour*. Ce que dit Ibn-Khaldoun de la double population de l'Oued-Rir', est arrivé traditionnellement jusqu'à nos jours. Ainsi à Tougourt, les *Beni-Mansour* se considèrent comme de vrais Rouar'a, et ils appellent les étrangers les *Mestaoua* qui ne sont séparés d'eux que par la rue dirigée du N. O. au S. E., de la porte d'Abd-el-Selam à la porte Khokha, et coupant la ville en deux parties égales. Ceci rend compte des discordes qui déchiraient la contrée et qui se manifestaient, il n'y a pas bien long-temps encore, comme il y a quatre siècles.

Les *maisons* de Tougourt sont pour la plupart construites comme dans tous les villages de l'Oued-Rir', en briques séchées au soleil; cependant celles des riches sont bâties en moellons de plâtre reliés par un mortier de plâtre cuit et de sable fin; elles sont généralement à un rez-de-chaussée; peu ont un étage au-dessus. Elles présentent à l'intérieur des galeries à arcades et de nombreux murs de refend destinés à diminuer la portée des brins de palmier qui supportent les terrasses. Ces murs sont percés par des baies cintrées d'un style très-lourd et d'un cachet tout spécial. Les terrasses sont quelquefois surmontées d'une espèce de potence qui sert à accrocher les outres dans lesquelles on fait rafraîchir l'eau.

La *kasba* ne diffère guère des habitations ordinaires que par son étendue; un ornement dentelé couronne sa terrasse à la façade principale, et de larges bancs sont adossés de chaque côté de la porte d'entrée. Quant à l'intérieur, il s'en faut que le luxe y règne; des murs nus, des parquets en terre foulée comme dans l'aire d'une grange et d'une propreté douteuse, quelques tapis, des coffres pour les hardes, voilà ce que le voyageur pourrait admirer, si le désir lui en prenait, dans l'ancien palais des Ben-Djellâb!

Les *Mosquées* sont au nombre de vingt, mais on en compte deux principales sur la place ou *souk*, au centre de la ville : la première dite *djama-Kebira*, et la seconde connue sous le nom de *djama-Meskin;* elles ont seules des minarets construits en briques cuites; elles ont de plus des tableaux de porte et des colonnettes en marbre. Une inscription gravée sur une plaque de marbre blanc et décorant la porte de djama-Kebir, relate que cette mosquée a été achevée par l'émir Ibrahim, fils de feu le cheikh Ahmed-ben-Mohammed-ben-Djellâb, en l'année 1220 de l'hég. (1805 de J. C.). Il ne peut être ici question que de la réparation de l'oratoire. Une autre inscription rapporte qu'un second Ibrahim-ben-Djellâb a restauré la grande mosquée en 1250 de l'hég. (1834 de J. C.). Les dalles dont elle est pavée, les colonnes qui en supportent la voûte, sont en marbre de Tunis. Ces matériaux, amenés à grands frais, ont été traînés sur le sable par un long attelage d'hommes et de chameaux.

Les *Marchés* se tiennent : l'un, le matin, sur la place de la mosquée; on y vend des laines, des tissus de laine et des dattes. L'autre, à la porte Khrokhra, est ouvert l'après-midi; on s'y approvisionne de légumes, de fruits, de bois à brûler, de viande de mouton et de chèvre.

L'*industrie* comprend 80 boutiques, à peu près, de cordonniers, de selliers, de forgerons, d'armuriers, d'orfévres, de menuisiers, de tailleurs, de barbiers, de boulangers, de marchands de haïks, de tabac, d'huile, et enfin de denrées diverses venant de Constantine ou de Tunis. Comme dans tous les pays sahariens, les femmes tissent la laine.

L'intérieur de Tougourt renferme trois *puits artésiens* dont l'un avoisine la porte des jardins Bab-el-Bled ou Bab-el-Khrokhra; les deux autres sont creusés dans le jardin de la kasba, qui renferme des arbres fruitiers, des dattiers et quelques cultures.

Tougourt a deux faubourgs, **Nezla** au S., et **El-Balouch** au N. E. C'est en avant d'El-Balouch que campent les filles des *Oulad-Naïl*, qui là, comme à Bou-Sada et dans d'autres localités du S., font métier de leurs charmes; l'endroit où elles dressent leurs tentes a pris le nom significatif de *dra-el-Guemel*, le mamelon des poux.

Le cimetière est situé à l'O., au delà des *zaouïas* de *Sidi Abd-el-Selam*.

Les magnifiques jardins où les cultures de céréales et de légumes se développent à l'ombre de 400 000 palmiers, sont plantés au S. et à l'E. de Tougourt; ils sont arrosés par des puits dont trois servent également à l'approvisionnement du marché du dehors de Nezla et de Balouch.

Temacin est à 20 kil. S. O. de de Tougourt; c'est, après cette dernière, l'oasis la plus importante de l'Oued-Rir'; elle a, comme elle, un mur à peu près circulaire d'un développement de 1500 mèt. Ibn-Khaldoun nous apprend que Temacin était gouvernée au XIVᵉ s. par les Beni-Ibrahim, famille appartenant à la tribu des Rir'a. Moula-Ahmed dit qu'elle obéissait en 1073 de l'hég. (1662 de J. C.), à un Ben-Djellâb, cousin de l'émir de Tougourt, et qu'on y voyait à cette époque un minaret solidement bâti, fort élevé, sur la porte duquel on lisait le nom de son architecte : Ahmed-ben-Mohammed-el-Fâci; et la date de sa construction : 817 de l'hég. (1414 de J. C.).

Temacin est entourée d'une forêt de palmiers qui sont pourvus d'eau au moyen de puits forés très-abondants.

M. le général Desvaux a fait opérer un deuxième forage dans l'oasis de Temacin, près de la *Zaouïa de Tamelh'at*. « C'est là, dit le général, que réside le chef de l'ordre religieux de Tedjini, sidi Mohammed-el-Aïd-Ben-el-Hadj-Ali. Il nous avait donné des preuves irrécusables de ses sympathies; son influence pénètre chez les Touaregs et jusqu'au Soudan. Nos projets d'avenir commandaient d'attacher encore plus fortement à notre cause ce marabout, dont on a peine à se figurer la puissance et qui rappelle les évêques du moyen âge. »

Une fontaine, dite de la Bénédiction, d'un débit de 35 litres par minute, et une autre dite de l'Amitié, d'un débit de 120 litres par minute, furent le résultat de deux sondages à Tamelh'at. Ces débits ne sauraient se comparer à celui de Tamerna, 4000 litres; mais la fontaine de l'Amitié fournissait, en somme, le double d'eau des puits indigènes. Le marabout donna une fête à nos soldats, les remercia devant toute la population de Temacin de leur discipline, et voulut les accompagner jusqu'aux limites de l'oasis.

La pensée d'essayer les forages a été réalisée depuis 1856. Le succès a été complet, et dans quelques oasis les résultats ont dépassé les espérances, puisqu'une vingtaine de puits artésiens, établis à des profondeurs qui varient de 60 à 160 mèt., offrent plus de 30 000 litres à la minute. Grâce à ces eaux, de nouvelles oasis ont été créées ; d'autres qui avaient vu leurs anciens puits comblés, perdus par les sables, sont repeuplées, et la vie reparaît où naguère était le désert. Les Arabes du S., obtenant ainsi de suffisantes récoltes, ne seront peut-être plus obligés, comme autrefois, de venir dans le Tell chercher pour leurs troupeaux des pâturages qu'ils trouveraient chaque jour plus difficilement; car à mesure que la colonisation s'avance et qu'en même temps se perfectionne la culture indigène, les espaces abandonnés jadis au parcours du bétail se restreignent de plus en plus.

Déjà, de Batna à Temacin, les puits artésiens ont jalonné la route, et ce n'est pas un des moins curieux spectacles de notre conquête que que celui des Arabes venant admirer ces merveilleuses fontaines que font jaillir au milieu du désert de petites escouades de soldats, si vite formés au travail du sondeur, et dont l'intelligence et le dévouement semblent encore grandis par l'œuvre qu'ils sont chargés de poursuivre.

Les Arabes qui regardent tous les chrétiens comme des sorciers et qui disaient que ces mêmes chrétiens, jaloux de ne pouvoir plus posséder le riche pays des oasis, avaient fait, par leurs maléfices, rentrer sous terre toutes les sources du Sahara, peuvent ajouter aujourd'hui que nous leur avons rendu ces sources.

Disons maintenant quelques mots sur le forage des puits par les Rouar'a. « L'emplacement des puits ne paraît soumis à aucune règle déterminée. Le seul instrument que l'on emploie pour les creuser est une sorte de houe à manche très-court et très-incliné sur le plan de l'outil, qui sert à la fois pour le travail des jardins, pour régler la distribution des eaux dans les divers quartiers, en déplaçant les petits barrages en terre établis sur les rigoles de distribution, et pour le commencement des puits. Deux montants verticaux établis sur l'emplacement où l'on se propose de creuser, et reliés à leur partie supérieure par deux traverses entre lesquelles est fixée une molette en bois, complètent l'installation nécessaire pour le travail. Un câble tressé avec des fibres ligneuses de la partie supérieure du palmier s'enroule sur la molette; il sert à monter et à descendre les ouvriers, ainsi qu'à l'extraction des matières et à l'épuisement des eaux. Un seul ouvrier travaille à la fois au fond du puits; il est accroupi, et la hauteur qu'il occupe dans cette position sert de terme de comparaison pour apprécier la profondeur des travaux; cette unité appelée kama équivaut à une coudée 1/4, soit à 0^m,625.

« On traverse, pour arriver à la nappe aquifère, 5 variétés de roches désignées par les indigènes sous les noms de :

« *Es-sbah*, gypse terreux qui forme le sol des environs de Tougourt;

« *Et-tin* ou *et-trab*, roche marneuse jaune rougeâtre, empâtant des cristaux de gypse ;

« *Et-tizaouïn*, mélange de sable siliceux, de plâtre et d'argile à structure arénacée.

« *El-hadjer*, roche gypseuse, rougeâtre et compacte.

« *El-mazoul*, argile d'un blanc verdâtre, très-compacte et très-grasse, au-dessous de laquelle se trouvent les sables aquifères.

« C'est à la partie supérieure de tizaouïn que l'on rencontre deux nappes d'eau saumâtre, fétide, qui obligent parfois, par leur abondance, à renoncer aux travaux; mais on les franchit habituellement en plaçant derrière les cadres de boisage un corroi formé d'argile et de fumier mélangés en proportion convenable, et le creusement se continue sans obstacle jusqu'à la nappe aquifère.

« Les puits sont boisés jusqu'à el-hadjer, que l'on atteint communément entre 30 et 40 mèt. Le coffrage est confié à des ouvriers spéciaux qui débitent le bois et posent les cadres dans le puits. Il se compose d'une suite de cadres jointifs de bois de palmiers refendus en six. On pose neuf à dix cadres par mètre courant. Ces coffrages, qui sont établis avec soin, descendent jusqu'au banc gypseux, au delà duquel on continue sans boiser.

« Pour travailler, les Rouar'a demeurent attachés au câble et se bouchent les oreilles avec de la graisse de chèvre. Dès qu'il voit sourdre l'eau, l'ouvrier fait un signal et on le remonte au jour; quelquefois l'eau jaillit avec tant de force, qu'elle ne permet pas de retirer l'ouvrier, qui est asphyxié; mais le plus souvent l'eau arrive lentement, en charriant avec elle une proportion assez considérable de sable argileux, qui obstrue le bas du puits sur 15 ou 20 pieds de hauteur. On favorise son arrivée au jour en enlevant ce sable avec des seaux que l'on manœuvre aussi rapidement que possible.

« La durée des puits est assez bornée : les brins de palmiers qui forment les cadres, peu résistants de leur nature, ne tardent point à se pourrir, les marnes détrempées par les eaux s'éboulent et viennent, au bout de peu d'années, réduire le volume des eaux. Il arrive souvent ainsi qu'un quartier qui s'est imposé les plus grands sacrifices pour creuser un puits, qui a coupé les plus beaux palmiers de ses jardins pour le boiser, voit les nouvelles plantations dépérir par le manque d'eau au moment où elles arrivent à être productives, et quelques puits tarissent au bout de 12 à 15 ans, sans que l'on puisse les nettoyer ou remplacer les boisages défectueux. » (*M. Dubocq.*)

L'introduction de nos méthodes de forage dans l'Oued-Rir', a été, comme on le voit, un immense bienfait pour les populations de cette partie du Sahara, excepté pour la corporation des plongeurs, *r'tass*, qui, obéissant à des sentiments de dépit, d'éloignement pour des procédés inconnus, montrent encore de la répugnance à prendre part à nos travaux. « J'ai tout fait, dit M. le général Desvaux, pour amener les r'tass à comprendre que, loin de ruiner leur industrie, nous voulions la rendre moins dangereuse. Malgré leur obstination, je ne renonce pas encore à les associer à notre œuvre ; ils conserveront le privilége du curage des puits, aux anciennes conditions. Le métier qu'ils exercent est des plus pénibles ; forcés de plonger pendant quelques minutes sous la pression d'une colonne d'eau de 30 à 40 mèt. de hauteur, il arrive parfois qu'ils sont asphyxiés. Toujours la phthisie les emporte après quelques années de cette périlleuse profession. Mais ils jouissaient d'une considération particulière, et étaient des hommes indispensables, fêtés, exempts d'impôts : ce prestige a disparu, et, au lieu de participer au progrès, ils sont restés stationnaires, cherchant même à dénigrer les procédés européens. Heureusement notre triomphe a été si éclatant, si considérable, qu'ils n'ont pu égarer l'opinion publique. S'ils persistent à ne pas entendre raison, je ferai instruire d'autres Rouar'a, et la lutte leur deviendra impossible.... »

La compagnie Degousée et C. Laurent, qui avait exécuté tant de forages dans les oasis de la haute Égypte, a confectionné le matériel et fait diriger les sondages artésiens dans le Sahara par M. l'ingénieur Jus, auquel fut adjoint le lieutenant Lehaut, dont on a eu à déplorer récemment la perte.

L'**Ouad-Souf**, et mieux, l'*Ouad-Izouf*, est située entre l'Oued-Rir' et la régence de Tunis. « Ce canton, tout de sables, dit M. Berbrugger, compte sept bourgades bâties en maçonnerie et qui se partageaient en deux fractions distinctes : les *Oulad-Scoud*, reconnaissant la suprématie du cheikh de Tougourt et comprenant : **Kouinin, T'ar'zout** et **Zgoum**; et les *Achache*, alliés de Temacin, établis à **El-Oued, Guemar, Behima, Debila** et à la **Zaouïa de Sidi Aoun**. Les Souâfa prétendent que du temps des chrétiens, l'*Oued-Izouf*, la rivière qui murmure, coulait dans leur contrée du nord au sud. Mais les chrétiens, forcés de se retirer devant l'Islam victorieux, l'enfermèrent sous terre ainsi que tous les autres oued sans eau que l'on rencontre dans ce canton. » On a vu plus haut que cette tradition est commune à l'Oued-Rir'.

L'ouad-Izouf a été visitée par le général Desvaux, à la suite de l'expédition de Tougourt en 1854. La population de ce pays est de 30 à 35 000 habitants, cultivant le dattier et faisant le commerce des caravanes.

ROUTE 43.

DE CONSTANTINE A TEBESSA.

188 kil. — Route stratégique.

16 kil. **Le Khroubs.** V. p. 415.

36 kil. *Bordj-ez-Zekri*, sur l'oued-Bou-Meurzoug; résidence du kaïd des Segnia. Près de là, au N., se trouve *Sigus*, un de ces endroits, dit M. le général Creuly, où l'on s'est complu en quelque sorte à détruire ce qu'on y a rencontré de monuments anciens. Mais, à cela près des ruines d'un temple, qui ont été exploitées comme carrière pour la construction de Bordj-ez-Zekri, c'est encore une mine vierge au point de vue de l'archéologie.

48 kil. *Aïn-el-Bordj*, maison de commandement et ruines romaines, près d'une belle source.

74 kil. *Aïn-Kerma*, source et ruines romaines sur la lisière de la forêt de Sidi Raïs.

82 kil. *Aïn Babouch*, sur *l'oued-Dahnam.*

94 kil. *Drâ-el-Hadeb;* ruines romaines.

106 kil. **Aïn-Beïda.** — *Auberges.* — *Bureau de distribution des postes.* — *Marché arabe*, les mercredis et les dimanches.

Aïn-Beïda, la source blanche, où l'on rencontre les ruines d'un poste romain dont le nom n'a pu encore être déterminé, a été occupée pour la première fois par notre armée, le 28 mars 1848. Chef-lieu d'un cercle militaire créé pour assurer notre domination sur les *Haracta*, Aïn-Beïda a bientôt vu s'élever autour de ses deux bordjs, construits en 1848 et en 1850, cent cinquante maisons, une église, une synagogue, auxquelles il faut ajouter les constructions du marché arabe et le *village des nègres* qui se trouvent en dehors des alignements de la ville naissante; la population, comptant 7 européens et quelques indigènes ou israélites en 1854, donne aujourd'hui le chiffre de 500 individus, dont les deux tiers européens. Les spahis, qui forment une partie de la petite garnison, sont installés en smala.

Le kaïdat des Harakta, qui a Aïn-Beïda pour ch.-l., était, sous les Turcs, un des plus importants de la province de Constantine, tant à cause de l'étendue de son territoire et de sa population qu'à cause de la position tout exceptionnelle de son kaïd. On choisissait toujours ce fonctionnaire parmi les plus proches parents du bey ou parmi les personnages les plus éminents du beylik, quelquefois appelés au pouvoir suprême : il avait le titre de kaïd-el-Aoussi ; c'est ainsi que Salah et plus tard Ahmed, avant d'être beys, avaient occupé cette charge. Lorsque nous nous emparâmes de Constantine, le fils d'Ahmed, à peine âgé de cinq ans, était kaïd-el-Aoussi.

La tribu des Haracta proprement

dite, dont le territoire touche, au N., à celui des Hanencha et des Guerfa ; à l'E., à celui des Ouled-Yahïa-ben-Thaleb ; à l'O., aux tribus de l'oued-Zenati, aux Amer-Cheraga et aux Zemoul ; au S., aux montagnes de l'Aurès, se divisait en quatre grandes fractions commandées chacune par un cheikh qui relevait directement des kaïd-el-Aoussi : 1° les *Oulad-Saïd* ; 2° les *Oulad-Siouan* ; 3° les *Oulad-Khranfeur* ; 4° les *Oulad-Eumara*. Cette seule tribu, ayant une population de 28 000 âmes, pouvait mettre à cheval plus de 4000 hommes ; elle comptait environ 1500 fantassins ; elle possédait des troupeaux de moutons innombrables, évalués à plus de 2 millions de têtes ; elle avait 25 000 chameaux et 6 à 8000 bœufs.

S'il a été partout extrêmement difficile d'organiser la société indigène au point de vue des intérêts français, et de l'amener peu à peu à exploiter les richesses naturelles du sol, les obstacles à vaincre ont été considérables surtout dans quelques contrées de l'Algérie, habitées par une population plus rebelle à notre contact. Le cercle d'Aïn-Beïda doit être classé parmi ces derniers. En effet la tribu des Haracta, qui l'occupe en entier, alliée des Turcs qui l'avaient soumise par la force des armes, vivait uniquement pour la guerre et par la guerre ; enfin, elle avait un long passé d'indépendance, de combats et de turbulente agitation, et elle dut conserver plus longtemps un esprit hostile à la domination française : aussi, lors de l'insurrection de 1852, ce furent les Haracta qui, les premiers, levèrent l'étendard de la révolte. Mais, à partir de 1854, ils commencèrent à s'adonner à la culture des terres ; ils vendirent une partie de leurs chameaux propres aux fuites rapides, et ils achetèrent des bœufs de labour. Sur beaucoup de points le gourbi se substitua à la tente, et sous l'empire de ce nouvel ordre de choses, la paix et le calme le plus parfait n'ont cessé de régner. Enfin les Haracta possèdent aujourd'hui des immeubles à Aïn-Beïda, des jardins maraîchers de 30 000 hect. de terrains cultivés en céréales.

L'*Aurès*, l'*Aourasious* des anciens, qui s'étend en partie au S. E. de la route de Constantine à Tebessa, est un pâté montagneux d'une superficie de un million d'hect., borné à l'E. par le djebel-Cherchar, au S. par les Ziban, à l'O. par le Hodna, au N. par l'oued-Barika ou oued-Chaïr, le djebel-Tougourt, Batna, Lambèse, Timegad et Aïn-Khrenchela. (*V.* route 39 pour la plupart de ces localités.) Les tribus établies aux montagnes de l'Aurès obéissaient à un cheikh. Cette contrée fournit beaucoup de bois de construction, des fruits de toute espèce, des noix surtout renommées. C'est dans ces montagnes qu'on a remarqué des tribus dont les habitants semblent appartenir, par le caractère de leur physionomie, à la race blonde. Une tradition arabe présente les Monts-Aurès comme un des principaux foyers et comme le dernier asile de l'indépendance de la race *Chaouïa*, avant qu'elle fût entièrement soumise. Les Chaouïa habitent des maisons et cultivent des jardins comme les Kabiles du littoral de la Méditerranée. Il faut croire que le besoin d'écouler leurs produits et de s'approvisionner à Constantine, fut longtemps le seul lien qui les retint sous l'autorité du pacha; l'intervention de l'infanterie régulière fut toujours nécessaire pour percevoir chez eux les contributions dues au Beylik. Voir l'Introduction pour de plus amples détails sur les Chaouïa.

140 kil. *Caravansérail de l'oued-Meskiana.* C'est un carré bastionné, avec bâtiment d'habitation et hangar-écurie, disposition commune à presque tous les caravansérails, dans lesquels le voyageur est toujours sûr de trouver une hospitalité plus ou moins confortable, plus ou moins coûteuse. Un pont et un moulin français ont été établis sur l'oued-Meskiana. El-Bekri, dans sa description de l'Afrique septentrionale, dit que Meskiana était un bourg situé sur une rivière.

156 kil. *Enchir-Halloufa*, localité où, comme son nom d'*Enchir* l'indique, on trouve des ruines romaines. Long défilé, site remarquable.

168 kil. *Hammam*, ruines romaines. Moulin européen.

178 kil. *Aïn-Chabrou*, source et ruines romaines.

188 kil. **Tebessa**. — *Auberges.* — *Bureau de distribution des postes.* — *Marché arabe*, les dimanches et les mardis.

Situation. Tebessa est située, par 35° 25′ de latitude N. et 5° 45′ de longitude E., à 16 kil. O. de la frontière de la Tunisie, et au pied des derniers mamelons N. du djebel *Ozmour*, contre-fort du *djebel-Doukkan*, qui lui-même est une des nombreuses ramifications de la grande chaîne de l'Aurès.

Histoire. Tebessa est la *Theveste* des romains... : CIVITAS THEVESTINORVM..., d'après une inscription trouvée à 4 mèt. au-dessus du sol, sur la face du rempart qui regarde du côté de Constantine. « Remarquant, dit M. Letronne, que ni Strabon ni Pline n'en ont fait mention, et qu'on voit paraître pour la première fois son nom dans la géographie de Ptolémée, puis avec le titre de *Colonia* dans l'itinéraire d'Antonin, j'ai cru pouvoir en conclure que, si l'établissement romain existait déjà lorsque Pline rédigeait son livre, il devait être peu considérable, et qu'il ne prit d'accroissement qu'après Vespasien et Titus. Ce sont là, sans doute, de simples inductions historiques, qui ont besoin d'être confirmées par les inscriptions qu'on pourra découvrir plus tard, à la suite d'une exploration complète de Theveste. »

Cette exploration a eu lieu depuis et a confirmé les conjectures de M. Letronne; M. le capitaine du génie Moll, auteur d'un mémoire historique et archéologique sur Theveste, publié dans l'annuaire de Constantine, année 1858-59, croit pouvoir faire remonter la fondation de cette ville à l'an 71 ou 72 après J. C. Theveste, selon lui, aurait commencé par être un camp, passager d'abord, permanent dans la suite, transformé en cité par un décret de Vespasien, et élevé par un des premiers Antonins au rang de colonie romaine. Au commencement du IIIe s., sous le règne de Septime-Sévère, Theveste avait atteint son apogée de richesse et de splendeur. C'est à cette dernière époque, continue M. le capitaine Moll, qu'il convient de faire remonter la construction de ses principaux monuments. Elle a dû se maintenir dans cet état de prospérité jusqu'au moment même de l'invasion vandale. Une inscription gravée sur l'arc de triomphe de Caracalla nous apprend que Theveste, détruite par les barbares, fut relevée de ses ruines par Salomon, successeur de Bélisaire, 543 de J. C., après l'expulsion des Vandales du N. de l'Afrique, qui eut lieu en 534.

Ibn-Khaldoun nous apprend qu'en l'an 333 de l'hég. (944-5 de J. C.), Aboud-Yezid s'empara une première fois de Tebessa, et qu'après l'avoir occupée une seconde fois, il en tua le gouverneur. On voit par cette citation que Theveste était devenue arabe.

El-Bekri dit : la ville de Tebessa est d'une haute antiquité et renferme beaucoup de monuments anciens; elle abonde en arbres et en fruits.

Au temps des Turcs, une petite garnison de 40 janissaires appuyait l'autorité du kaïd de Tebessa pour assurer la rentrée des contributions et protéger les caravanes qui se rendaient de Constantine à Tunis. Le kaïd, choisi parmi les hab. de la V., avait sous ses ordres, au dehors, un douar nommé el-Aazib.

Depuis la prise d'Alger, Tebessa, se gouvernant à peu près seule, était pour les tribus environnantes un terrain neutre où elles creusaient leurs silos et déposaient leurs grains pour les soustraire au hasard des querelles fréquentes qui leur mettaient les armes à la main les unes contre les autres. La plus puissante de ces tribus, celle des *Nememcha*, établie au S. de Tebessa, supportait peu facilement l'action de l'autorité centrale. Lorsqu'on pouvait envoyer des troupes sur son territoire, ce qui n'arrivait qu'à des intervalles irréguliers et souvent éloignés, on nommait un kaïd qui profitait de la présence de ces troupes pour percevoir les impôts. Mais, après leur départ, l'autorité du kaïd devenait à peu près illusoire, et souvent même ce fonctionnaire ne pouvait demeurer sans danger au milieu de ses administrés.

Tebessa, où une première reconnaissance militaire a été faite du 1er au 3 juin 1842, par le général Négrier, et une seconde en juillet 1846 par le général Randon, aujourd'hui maréchal, a été définitivement occupée en 1851 par le général de Saint-Arnaud, depuis maréchal, lors de son expédition à travers l'Aurès oriental. Une garnison a été laissée, dès cette époque, dans ce nouveau cercle destiné à contenir au besoin les Nememcha, comme le cercle d'Aïn-Beïda est destiné à contenir les Haracta.

Tebessa compte sans sa garnison une population de 1200 hab., dont environ 200 Européens attirés par les travaux du génie. Dès que la ville sera reconnue comme centre de population, beaucoup d'Européens viendront s'y établir, pour se livrer à l'agriculture et au commerce avec les tribus du pays et de la régence de Tunis. Le climat est tempéré; les eaux sont bonnes et abondantes; de grands et magnifiques jardins existent sous les murs mêmes de la ville; les environs sont fertiles; les montagnes environnantes sont couvertes de forêts; le pays est enfin couvert de ruines qui témoignent de son ancienne richesse. Un projet a été présenté pour la création d'un centre européen, et prochainement, sans doute, on pourra faire des concessions de lots à bâtir.

Description. C'est au milieu des ruines immenses de Theveste, vers la partie S. O. que s'élève la ville arabe de Tebessa, renfermée dans sa citadelle élevée par Salomon. La muraille encore debout de cette citadelle, haute de 12 à 15 mèt., épaisse de 2, large de 300 mèt. au N. et au S. et de 250 mèt. à l'O. et à l'E., est percée de trois portes : *bab-el-Kedima*, la vieille porte ou arc de triomphe de Caracalla, au N.; *bab-ed-djedid*, la nouvelle porte datant du temps des Byzantins, au S. E.; *bab-Aïn-Chela*, porte de la source de Chela, ménagée à l'angle S. E. de la kasba française. 12 tours à deux étages flanquent cette muraille.

La ville, sauf la *kasba* française à l'angle S. O., faisant face à la *kasba* turque à l'angle N. O., sauf encore quelques constructions européennes, est un amas de ruines dans lesquelles les Arabes se sont ménagé des logements, et au milieu desquelles surgissent l'arc de triomphe, le temple de Minerve et la mosquée.

L'*Arc de triomphe*, dont la masse principale offre un cube de près de 11 mèt., est du genre de ceux appelés *quadrifrons*. Chaque face représente un arc de triomphe ordinaire à une seule arche. M. le capitaine Moll pense que, d'après cette disposition, il devait de toute nécessité être isolé complétement et orner sans doute le milieu d'une place ou d'un établissement public. L'attique de la façade S. sert de piédestal à un petit édicule à 4 colonnes. Il est placé dans l'axe même de la porte et semble disposé pour recevoir une statue. L'arc de triomphe de Theveste, construit pendant les années 211, 212 et une partie de 213 après J. C., et dédié à Septime-Sévère, Julia Domna, sa femme, et Caracalla, son fils, est un véritable chef-d'œuvre d'architecture, et doit être rangé parmi les monuments les plus remarquables et surtout les plus rares de l'antiquité romaine. « Avant la découverte de ce monument, dit M. Letronne, il existait un seul arc debout, présentant le même caractère : c'est l'arc de Janus quadrifrons à Rome; mais, ajoute-t-il, ceux qui se rappellent la construction de ce dernier, conviendront que celui de Theveste est infiniment plus riche et plus élégant. »

« Vers la fin du ve s., continue M. Moll, Theveste fut abandonnée par ses habitants après avoir été saccagée par les Maures et détruite de fond en comble. L'arc de triomphe a dû subir le même sort, et sa démolition partielle remonte à cette époque. Plus tard, Salomon, en relevant les murs de l'antique cité, adopta pour le tracé d'un des côtés de sa citadelle le prolongement de la façade S. du monument; en fermant d'ailleurs, par une maçonnerie grossière, les arceaux des façades E. et O. ainsi que la partie supérieure de l'arceau N., il transforma de cette manière en porte de ville et tour de flanquement ce bel édifice dont les restes sont encore magnifiques. »

Le *temple de Minerve*, situé entre l'ancienne kasba turque et l'arc de triomphe, après avoir servi dans ces derniers temps de fabrique de savon, de bureau du génie, de cantine, de prison, a été transformé en église catholique. C'est un fort beau monument dans le style corinthien, placé à 4 mèt. au-dessus du sol, soutenu par 3 voûtes, auquel on arrivait par un escalier de 20 marches. Le temple de Minerve est large de 8 mèt. et long de 14 mèt. y compris le pronaos ou portique entouré de 6 colonnes, mais non surmonté,

[ROUTE 43]   DE CONSTANTINE A TEBESSA.   467

comme c'était l'usage, d'un fronton sans doute remplacé par des statues. Les fouilles entreprises par M. Moll ont amené la découverte d'un portique séparé du sanctuaire par un espace d'une largeur de 16 mèt. dans un sens et 24 dans l'autre. La façade principale de ce portique, qui donnait sans doute sur une grande place, est encore debout sur une longueur de 8 à 10 mèt.

La *Mosquée* est un chétif monument qui ne doit pas arrêter longtemps l'attention du voyageur.

On visitera enfin dans l'intérieur de l'enceinte byzantine, à l'E. de la kasba française, des ruines connues sous le nom de *Maison romaine*, et dont les dimensions peuvent faire supposer que c'était le palais de quelque famille importante du pays.

La ville byzantine, dont la citadelle ou Tebessa occupe l'angle S. O., renferme dans ses murailles, au N. et à l'E., de magnifiques jardins au milieu desquels M. le capitaine Moll a relevé 50 *tours*, 23 *bassins* et 7 *puits*.

Le *cirque*, présentant une arène circulaire de 45 à 50 mèt. de diamètre, environnée d'un massif de maçonnerie qui se terminait intérieurement par 15 ou 16 rangées de gradins, pouvant contenir 6 à 7000 spectateurs, est situé à 120 mèt. de l'angle S. E. de la kasba française, sur la rive g. du ravin qui traversait Theveste dans toute sa longueur et la partageait en deux parties à peu près égales. Ce monument n'offre rien de remarquable.

A 150 mèt. S. de la kasba commence le *conduit* romain, large de 80 c. et haut de 1ᵐ,30, déblayé sur une longueur de 300 mèt. et amenant les eaux de l'*Aïn-Chela*, dont le débit est de 50 à 60 litres à la minute.

Parmi les inscriptions relevées par M. le capitaine Moll dans les jardins de Tebessa, figure celle d'un Lucius Minucius Saturus qui a vécu 127 ans!

La ville romaine, dont la ville byzantine n'était qu'une partie, renferme des ruines de *camps*, des *nécropoles*, des *puits* et des *tours*; une *basilique* à 800 mèt. N. de la porte de Caracalla; la *koubba de Sidi Djab-Allah* à 300 mèt. N. E. de la basilique, monument romain hexagonal que les Arabes ont terminé en dôme et dans lequel ils ont fait une trouée, pour y déposer le marabout Djab-Allah; à 800 mèt. E. de la porte de Salomon, l'*Aïn-el-Bled*, d'un débit de 2000 litres à la minute, et dont la *chambre d'eau*, le *conduit* maçonné de 500 mèt. et l'*aqueduc* traversant le ravin, ont été restaurés par les Français.

Environs. Si l'on sait que Theveste était le point de jonction de 8 routes, on ne sera plus étonné de l'immense quantité de ruines datant de l'époque romaine proprement dite et de l'occupation byzantine, ces dernières en plus petit nombre, qui jonchent le sol aux environs de Tebessa.

Le touriste peu soucieux d'archéologie ne manquera pas, de son côté, de buts d'excursions. « Les montagnes environnantes, dit M. Moll, sont boisées pour la plupart jusqu'à leur sommet, et les accidents de terrain, tels que roches, ravins, cascades, qui se succèdent sans interruption pour ainsi dire, donnent au pays l'aspect le plus pittoresque. »

A 15 kil. O., ravins et grottes

d'*Okkous*. Ruines romaines, peut-être celles d'*Aquæ Cæsaris*.

A 6 kil. S., gorges de *Rfana* et ruines. Une route taillée dans le roc par les Romains, sur une longueur de 2 kil., porte encore les traces faites par les roues des voitures. « Les Arabes ont donné à cet endroit le nom de *Trik-el-Careta*, chemin de la voiture. Cette voie n'était peut-être qu'un simple chemin d'exploitation; les environs sont encore maintenant très-boisés et fournissaient sans doute à la ville des bois de toutes sortes, soit de construction, soit de chauffage. On y rencontre d'ailleurs quantité de carrières, dont une, entre autres, en marbre rouge de toute beauté. Un échantillon de ce marbre a été envoyé au musée de Constantine. Nous avons visité ces carrières; leur exploitation par les Romains est incontestable. » (*Cap. Moll.*)

A 30 kil. S. O., au-dessous d'Okkous et en quittant Rfana, on rencontre dans le *Bahiret-el-Mchentel* 4 groupes de ruines séparés l'un de l'autre de 5 à 600 mèt., et connus sous les noms suivants : 1° *Ksar-Bel-Kassem*, tour byzantine avec inscriptions; 2° *El-Bliba*; 3° *El-Met-Kedes*; 4° *Aïn-Khiar*. Dans une autre localité du Bahiret el-Menchtel, appelée *Soma-Tasbent*, M. Moll a signalé un tombeau, monument carré de 12 à 13 mèt. de hauteur, ayant à peu près la forme d'une tour, soma, à 2 étages, sur lequel on lit l'épitaphe d'un octogénaire.

A 30 kil. S., le *Bahiret-el-Arneb*, ou plaine des lièvres, renferme encore beaucoup de ruines et d'inscriptions tumulaires donnant les noms de plusieurs nonagénaires.

A 8 kil. S. E., au pied du *djebel Osmour*, défilé et gorges de *Troukla*.

A 10 kil. E., ruines de *Beïkaria*.
A 15 kil. N., forêt et ruines du *djebel-Dir*.

Enfin à 30 kil. N. E., sur le territoire tunisien, ruines importantes d'*Haïdra*, entre autres l'enceinte en partie écroulée et l'arc de triomphe.

ROUTE 44.

DE CONSTANTINE A GUELMA,

PAR EL-HARIA.

100 kil. — Route stratégique.

3 kil. **Sidi Mabrouk**. *V*. p. 385.
La route suit les pentes du *djebel-Ouach* dont les sommets principaux, élevés de 12 à 1300 mèt. au-dessus de la mer, se prolongent de l'O. à l'E.

12 kil. **El-Lamblek**, v. créé en 1854 pour 44 familles, est situé près de ruines romaines, dans un petit vallon, sur la rive g. du *drâ-el-Nagâ*.

17 kil. L'*Oued-Masin*, ham. sur le ruisseau du même nom.

26 kil. L'**Oued-Tarf**, v. créé en 1850 pour 50 feux, sur le ruisseau du même nom.

C'est non loin de l'Oued-Tarf, au S., sur un mamelon et à l'entrée du col du *Bou-R'areb*, qu'est situé *Ksar Mahdjouba*, le château de la Recluse. C'est un groupe de ruines appartenant à l'ancienne ville de *Seniore*, parmi lesquelles on remarque une tour carrée de 42 pieds de haut, et une belle source sortant d'une voûte en pierre de grand appareil.

30 kil. **El-Haria**, v. créé en 1856 pour 40 feux, et *caravansérail*, près de ruines romaines.

68 kil. *Caravansérail de l'oued-Zenati*.

77 kil. *Ras-el-Akba*, dont le sommet s'élève à 1000 mèt. au-dessus de la mer. C'est le point de jonction de la route ou du sentier que l'on vient de parcourir, avec la future route provinciale de Constantine à Guelma, qui sera ouverte au S. de la première.

88 kil. **Medjez-Hamar**, créée en 1849, et annexée à Guelma le 31 déc. 1856, rappelle le souvenir de la 2e expédition de Constantine, en 1837. Pour ne point laisser à Ahmed-Bey l'espoir qu'il nourrissait peut-être de gagner du temps et d'échapper encore cette année au péril dont il se sentait menacé, le général de Damrémont résolut de se rapprocher de Constantine en occupant fortement la position favorable de Medjez-Hamar, destinée à devenir le point de départ des opérations ultérieures; un vaste camp y fut tracé et devint bientôt une immense place d'armes. Le 20 sept. 1837, Ahmed en personne, à la tête de 10 000 hommes, espéra surprendre le camp, sur lequel les Arabes se précipitèrent avec fureur; ils furent repoussés avec des pertes considérables. L'armée expéditionnaire, partie de Medjez-Hamar le 1er oct. suivant, arrivait le 6 sous les murs de Constantine, qui tombait en notre pouvoir le 13.

L'ancien camp concédé d'abord, en 1849, avec 500 hect. de terrain, à M. l'abbé Landmann pour la création d'un orphelinat semblable à ceux de Ben-Aknoun, de Bou-Farik et de Misserguin (*V.* p. 97), fut remis ensuite à M. l'abbé Plasson, par décret du 26 juil. 1852. Au 31 déc. 1856, il était encore confié à la direction des religieux de l'ordre de Saint-Augustin. Depuis 1857, ces religieux ont renoncé à leur concession; l'orphelinat a été dissous, et les enfants ont été répartis dans les autres établissements du même genre en Algérie. Par suite, la concession est rentrée dans les mains de l'État, qui l'a donnée en location, en attendant qu'une occasion se présente d'en tirer meilleur parti.

La jonction de l'*oued Cherf* et de l'*oued-Zenati*, au-dessous de Medjez-Hamar, forme la *Seïbouse*, l'*Ubus* des anciens, qui, coulant d'abord de l'O. à l'E., remonte ensuite au N. et va se jeter dans la Méditerranée au-dessous de Bône.

100 kil. **Guelma**. *Hôt.*: Arriel, de l'Aigle, de Numidie, des Voyageurs. — *Cafés*: Arriel, Rougier, Baffo. — *Cercle* civil et militaire avec *Bibliothèque*. — *Libraires papetiers*: MM. Maréchal, Havard. — *Lithographie*, M. Maréchal. — *Bureau des Postes*. — *Télégraphie électrique*. — *Service de diligences* pour Bône. — *Omnibus* pour Hammam-Meskhroutin. — *Location* de chevaux et mulets. — *Marché arabe* les lundis et mardis.

Situation. Guelma est située par 5°5′ de longitude E. et 36°27′ de latitude N., à 2 kil. S. de la rive dr. de la Seïbouse et à 2 kil. 1/2 du *djebel-Mahouna*, dans une plaine sans grands accidents, qui descend en glacis doux depuis les dernières limites inférieures de cette montagne jusqu'à la rivière.

Histoire. Guelma est-elle sur l'emplacement de *Suthul*, formidable citadelle, dépositaire des trésors de Jugurtha, et sous les remparts de laquelle le prince numide fit éprouver un grave échec aux aigles romaines? Est-ce bien Suthul dont le peuple-roi fit disparaître le nom et les monuments pour y substituer la colonie militaire de *Calama*, détruite à son tour par les Vandales?

M. le commandant de Lamarre dit : « On a retrouvé à Guelma et aux environs du camp assez de bas-reliefs et d'inscriptions puniques et libyennes pour attester suffisamment que la colonie romaine succéda à une ville plus ancienne. Il semble même résulter d'une remarque du docteur Judas que les Romains n'avaient changé le nom de la ville que par leur manière de lire : ainsi Calama serait le nom ancien lu à rebours, c'est-à-dire de g. à dr. Si ce fait très-probable venait radicalement à être démontré, il trancherait le débat non encore vidé de la synonymie de Suthul et de Guelma. »

Guelma, telle que les Français la trouvèrent à la fin de 1836, était bâtie avec les matériaux provenant de l'ancienne Calama nommée pour la première fois par saint Augustin; mais l'emplacement qu'elle occupe n'était pas celui sur lequel fut jadis construite la véritable cité romaine. Celle-ci était devenue la proie soit des Maures révoltés, soit des Vandales ; probablement elle avait eu beaucoup à souffrir tant dans ses monuments et ses remparts que dans la personne de ses habitants. Ceux-ci, profitant d'un moment de répit, se construisirent une forteresse imposante à côté de l'ancienne Calama, dont ils employèrent une partie des matériaux. Mais, en 1836, le rempart de la seconde Calama était renversé sur tout son pourtour d'une manière irrégulière, et si la main des hommes avait contribué à cette destruction, un examen approfondi de la situation de certaines fractions restées encore debout, prouvait d'une manière incontestable qu'un ou plusieurs tremblements de terre avaient été la cause principale de la chute de cette citadelle.

Voici parmi les nombreuses inscriptions trouvées à Guelma une de celles qui figurent sur un monument élevé, au moyen d'une souscription, à Quintus Domitius Victor, patron de Calama :

Q. DOMITIO. Q. F.
QVIR. VICTORI.
PRAEF. COH. VI. BRITONN. (*sic*)
TRIB. MIL. LEG. X. FRETENSIS
TRIB. MIL. LEG. III. CYRENAICAE
CALAMENSES.
PATRONO.
AERE. CONLATO.

Le maréchal Clauzel, frappé de l'importance stratégique de Guelma, y établit un camp permanent destiné à surveiller le bassin de la Seïbouse et à préparer définitivement la conquête de la province de l'E. Guelma présentait des pierres de taille en immense quantité, des carrières de bon calcaire, des pierres à plâtre, du bois de chauffage à proximité. De belles casernes, un hôpital parfaitement installé, une place publique régulièrement tracée, des fontaines, des plantations, s'élevèrent, et bientôt le camp de Guelma, dont le colonel depuis général Duvivier fut le premier commandant, devint l'un des plus beaux établissements militaires de l'Algérie et le ch.-l. d'un cercle important. Telle est l'origine de la Guelma actuelle dont la création, comme centre de population européenne, remonte au 20 janv. 1845; cette population, de 200 âmes au 31 déc. 1845, en compte aujourd'hui près de 3600. Guelma, érigée en commune le 17 juin 1854, a été d'abord administrée par un commissaire civil, et par un sous-préfet depuis le 13 oct. 1858.

DE CONSTANTINE A GUELMA.

Description. Guelma, jolie ville neuve d'un aspect tout à fait européen, **placée en dehors de la vieille Calama, devenue sa citadelle**, est entourée d'un *rempart* crénelé dans lequel sont percées 5 *portes* qui prennent de leur direction les noms de Bône, de la Pépinière, de Constantine, de Medjez-Hamar et d'Announa.

Aux *places* de l'Église, Saint-Augustin, Saint-Cyprien, Coligny, de la Fontaine et du Fondouk viennent aboutir de belles *rues* plantées d'arbres pour la plupart et arrosées par de nombreuses bornes-fontaines. Les rues principales sont les rues Saint-Augustin; Saint-Louis, de Bône, d'Announa, de Medjez-Hamar, Mogador, Duquesne, Belizaire, Jean-Bart, Négrier, de La Fontaine, etc.

Une fort jolie église, un modeste oratoire protestant, une élégante mosquée, constituent les *édifices religieux*. Les *édifices militaires* sont: l'hôtel du commandant supérieur du cercle, 1 bureau arabe, 4 casernes et 1 hôpital. Quant aux *édifices civils*, sauf l'abattoir dont la destination a toujours été la même, on les citera pour mémoire.

Le *Musée* de Guelma, installé provisoirement dans les ruines d'un temple circulaire, rue Mogador, renferme des statues, des tombeaux, des autels, des inscriptions qui ont été ramassés par le génie militaire. Cette belle collection, susceptible de devenir plus riche au moyen des nombreuses ruines qui entourent Guelma, serait plus importante depuis longtemps, si la ville n'avait pas été rebâtie de nos jours par des constructeurs malheureusement pleins de dédain pour les objets d'art et pour les reliques des temps passés. Indépendamment de la Kasba reconstruite avec des matériaux romains, on visitera encore l'ancien théâtre, merveilleusement conservé.

Il nous reste à parler du commerce et de l'industrie assez prospères à Guelma, mais qui prendraient plus de développements encore, si de bonnes routes entre cette ville et Constantine et Bône étaient définitivement ouvertes. Là, comme pour presque toutes les villes de l'Algérie, est la question vitale. L'*industrie* principale consiste en minoteries, tanneries et briqueteries. Les *marchés* sont: le marché aux légumes, place Saint-Cyprien, tous les jours; le marché au bois, place Coligny, tous les jours également; le marché au blé et aux huiles, place de l'Hôpital, les mardis et les samedis; et enfin, le marché aux bestiaux, le plus important, les lundis et les mardis, au champ de manœuvre.

Les *promenades* immédiates de Guelma sont: l'Esplanade, prolongement de la place Saint-Augustin, le jardin des fleurs et la pépinière.

Environs. A 5 kil. N. **Héliopolis** et *Hammam-Berda*. (V. Route. 50.)

A 4 kil. E., **Millesimo**, 370 hab., village créé sur la rive dr. de la Seïbouse, colonie agricole de 1848; constitué en centre le 11 février 1851, annexé à la commune de Guelma, le 17 juin 1854.

A 8 kil. S. E., et 4 kil. de Millesimo, **Petit**, nom d'un colonel du génie, tué devant Zaatcha en 1849; 400 hab., colonie agricole de 1848; constitution du centre, 11 février 1851; annexion à la commune de Guelma, 17 juin 1854.

A 3 kil. S., le *djebel-Mahouna*, couvert de forêts, de clairières, de ravins et de rochers, au milieu desquels Gérard le tueur de lions a commencé sa renommée.

A 12 kil. S. O. par les sentiers, et 16 kil. par Medjez-Hamar, *Announa*, ville romaine dont le nom antique *Tibili*, longtemps ignoré, a été retrouvé par M. le général Creuly, sur l'inscription suivante, découverte dans des fouilles qu'il fit faire à Announa, au mois de mai 1856 :

FAVSTINAE....
IMP. CAES. ANTO.
NINI. AVG. AR.
MENIACI. PAR
THICI. MAXI
MI. MEDICI
THIBILITA
NI. P. P.
D. D.

« A Faustine Auguste, femme de l'empereur César Antonin Auguste, l'Arméniaque, le Parthique très-grand, le Médique, les Thibilitains, des deniers publics, par décret des décurions. »

Les ruines d'Announa couvrent la croupe d'un mamelon à pentes roides, enserré à l'E. par l'*oued-Cherf*, et au N. O. par l'*oued-Announa*. Les plus remarquables de ces ruines sont : au centre, un arc de triomphe de 4 mèt. d'ouverture, et qui devait avoir, d'après M. le commandant de Lamarre, 8 mèt. de haut sur 10 mèt. et demi de large; au N. O. de cet arc, un espace rectangulaire de 30 mèt. sur 20, avec des murs de 0,80 : à l'extrémité N. du plateau, au bord du fossé naturel qui le termine, des figures obscènes sculptées sur les parties restantes des murs de la ville; vers le S., une porte de ville et des bas-reliefs; en tournant vers l'O., des mosaïques, des fûts, des chapiteaux de 1 mèt.; plus à l'O. encore, des inscriptions tumulaires et une autre porte de ville; enfin sur le plateau au S. O., l'église dont les traces font encore voir la disposition : mesurant 12 mèt. 30 c. sur 15 mèt. 30, elle était divisée en trois nefs; celle du milieu était terminée par une abside de 4 mèt. 90 d'ouverture.

Les ruines d'Announa ont été étudiées et décrites à différentes époques, par MM. Berbrugger, Falbe et Temple, de Lamarre, Ravoisié et le général Creuly. Quant au voyageur Peyssonel, il les a parcourues rapidement et n'y a vu dans le temps, en fait d'inscriptions, que celle d'un tombeau d'un enfant de quinze ans, sans aucun intérêt pour la science.

A 6 kil. N. O., sur la future route de Guelma à Jemmapes, **Gastu**, nom d'un général qui a commandé la province de Constantine ; village nouvellement créé.

A 14 kil. O., *Hammam-Meskhroutin*, le bain des Maudits. Des omnibus conduisent de Guelma à Hammam, en passant près de la belle exploitation agricole de *Bou-Far*, appartenant à la famille Vigier, et par Medjez-Hammar.

« Une route tracée dans la vallée de la Seïbouse, et passant près de l'ancien orphelinat de Medjez-Hamar, rend facile et rapide la course de Guelma à Hammam-Meskhroutin. Mais le voyageur en quête d'impressions neuves et imprévues, préférera toujours les sentiers arabes qui sillonnent en zigzag les flancs des montagnes, s'il veut voir se dérouler devant lui les capricieuses beautés d'une nature orientale. Quelque route qu'il suive d'ailleurs, il devinera de loin l'emplacement des sources aux nuages de vapeur qui s'en échap-

ROUTE 44] DE CONSTANTINE A GUELMA. 473

ent comme de la surface de chaudières en ébullition.

« Elles sourdent sur la rive dr. de l'oued Bou-Hamden, qui réunie à 0 kil. plus bas à l'oued-Cherf, donne naissance à la Seïbouse. Le plateau d'où s'échappent ces eaux forme la partie inférieure d'un versant à pente douce, exposé au N., et n'offre pas moins d'intérêt par sa végétation que par les phénomènes géologiques anciens ou modernes dont il est le théâtre.

« Vues de haut, elles occupent le centre d'un large bassin, entouré d'une ceinture de montagnes modérément élevées. Sur le second plan, le *djebel-Debbar*, le *Taya*, le *Ras-el-Akba*, la *Mahouna*, contre-forts atlantiques, dont l'altitude varie entre 1000 et 1300 mèt., dessinent leurs crêtes abruptes aux quatre coins de l'horizon, et encadrent le pays le plus pittoresque qu'il soit possible d'imaginer. Des montagnes aux fronts chauves et dénudés, des plateaux couverts d'une végétation luxuriante et primesautière, des ravins profonds, deux ou trois cours d'eau torrentueux, cachés dans une épaisse forêt de lentisques, de lauriers-roses et d'oliviers, le tout noyé dans un océan de lumière et d'azur, telle est la perspective qui se déroule aux regards et frappe l'âme la plus prosaïquement constituée.

« Le nombre des sources est en quelque sorte illimité; des changements se sont opérés dans leur lieu de dégagement, à une époque reculée, et continuent de nos jours sur une moins large échelle. Il n'est pas rare, en effet, de les voir tarir dans un point pour ne plus reparaître, ou pour se faire jour dans un autre généralement plus déclive.

Quelquefois au contraire, et cette circonstance est à noter, en creusant le sol à de faibles profondeurs, on en fait jaillir de nouvelles.

« Elle sourdent par groupes ou bassins distincts, et MM. Hamel et Grellois en admettent six sous les noms de : sources de la Cascade, des Bains, de la Ruine, de l'Est, sources nouvelles et sources ferrugineuses. Les deux groupes de la Cascade et des Bains servent seuls aux besoins de l'établissement militaire; ils fournissent 84 000 litres d'eau à l'heure. La source ferrugineuse principale donne 4000 litres à l'heure.

« Un examen comparatif des eaux minérales connues, assigne à celles de Meskhroutin une des premières places, sous le rapport du débit, à côté de Loëche et d'Aix en Savoie ; Plombières ne fournit à l'heure

que...............	10 416 lit.
Baréges............	7 500
Saint-Sauveur........	6 000
Bourbonne...........	5 000

« Toutes les eaux thermales vont grossir l'oued-Bou-Hamden, après s'être réunies en un ruisseau important dans la topographie du pays de l'*oued-Chedakhra* ou *Sekhrouna*, rivière chaude; en s'y jetant, les sources de la cascade donnent naissance à une belle chute d'eau, et revêtent les ondulations du sol d'un vernis calcaire éblouissant de blancheur. Une teinte rouge uniforme remplace par moments la blancheur de la cascade. Elle résulte, pour M. le docteur Moreau, de Bône, des plantes textiles que les Arabes font rouir sur le griffon des sources.

« A mesure qu'elles s'éloignent de leur point de départ et s'épandent sur le sol, les eaux déposent les sels calcaires qu'elles tenaient en dissolution. Le dépôt s'effectue au lieu même d'émergence, quand la température approche du degré d'ébullition, et, en thèse générale, d'autant plus loin que la température est moins considérable. Par l'addition lente et progressive de nouveaux matériaux, une colonne s'élève autour de chaque source et produit à l'état de complet développement ces cônes bizarres qu'on croirait sculptés dans le roc, tant leur forme est régulière et bien dessinée. On en compte plus de cent ayant 3, 4 mèt. et plus de hauteur et autant de circonférence à la base. Une ouverture, existant suivant l'axe, représente le conduit ascendant d'une source tarie. La terre, qui s'y est accumulée avec le temps, en fait des espèces de pots à fleurs naturels, où les graines entraînées par le vent viennent germer. Quand, dans la brume du soir et à travers les vapeurs des sources, on voit de loin blanchir ces pyramides, on croit avoir sous les yeux, dit M. le docteur F. Jacquot, les pierres tumulaires d'un cimetière de géants.

« En présence de toutes ces choses, l'imagination ne pourrait manquer de se donner carrière. Dépourvu de notions scientifiques, ignorant des plus simples lois de la nature, l'Arabe fait appel au merveilleux pour expliquer les faits qui dépassent son intelligence, et voici, entre autres légendes spéciales à Hammam-Meskhroutin, celle qui a le plus de crédit.

Un Arabe riche et puissant avait une sœur, mais la trouvant trop belle pour la fiancer à un autre qu'à lui, il voulut l'épouser malgré l'interdiction formelle de la loi musulmane, malgré les remontrances et les supplications des anciens de la tribu, dont il fit rouler les têtes devant sa tente. Alors commencèrent les fantasia, les danses, terminées par un immense festin; puis, comme le couple maudit allait se retirer, les éléments furent bouleversés : le feu du démon sortit de terre, les eaux de leur lit, le tonnerre retentit effroyablement, puis, quand tout revint au calme, on retrouva l'Arabe et sa sœur, les gens de loi, les invités, les danseuses et les esclaves pétrifiés; les cônes représentent tous les acteurs de ce drame. Si, dans certains points, le sol résonne sous les pieds des chevaux, c'est la musique infernale de la noce. Si l'une des sources de la cascade rejette au dehors des corps ronds ou ovoïdes, gros comme de petites dragées, les indigènes ne manquent pas de vous dire que ces petits corps, *pisolithes*, formés dans une colonne liquide tenant des sels en solution, sont les grains de kouskoussou du repas de noce. Et, ajoutent-ils, quand vient la nuit, fuyez cet endroit; chaque pierre reprend sa forme, la noce recommence, les danses continuent, et malheur à celui qui se laisserait entraîner; quand le jour reviendrait, il augmenterait le nombre des cônes.

« Les eaux d'Hammam-Meskhroutin, celles de la cascade, comptent parmi les plus chaudes que l'on connaisse; leur température s'élève à 95°. Celles du Geyser, en Islande, sont de 109°, et de las Trincheras de 96°,6. Les Arabes utilisent cette haute température pour dépouiller de leurs parties solubles certaines plantes textiles qu'ils emploient à la confection de cordes et de nattes; pour laver leur linge et détruire les parasites dont il est trop souvent rempli ; pour faire cuire des œufs, des légumes, de la volaille, etc.

« Les sources de la ruine font monter le thermomètre à 90°. La source ferrugineuse a atteint 78°,25.

« Les eaux d'Hammam-Meskhroutin rentrent dans la classe des eaux salines ; chlorurées sodiques simples, selon M. Durand-Fardel ; tout aussi bien sulfatées calcaires, selon M. Hamel, le sulfate de chaux étant représenté par le même chiffre que le chlorure de sodium. Elles se rapprochent de plusieurs eaux thermales importantes et tiennent à la fois des Eaux-Bonnes, de Bagnères, de Plombières, de Loëche, de Bath, d'Aix en Savoie et de Hammam-Rir'a (Miliana).

« La source ferrugineuse sort des flancs de marnes ferrifères, sur la rive dr. de l'oued-Chedakhra, à environ 1000 mèt. de l'établissement militaire. C'est une eau ferrugineuse sulfatée identique presque aux eaux de Spa, de Bussang et de Pyrmont. L'existence d'une eau de cette nature à côté de sources salines et sulfureuses est d'une utilité reconnue. En permettant d'élargir le cercle des indications thérapeutiques, elle contribuera pour sa part à faire d'Hammam-Meskhroutin une station thermale des plus importantes.

« Les eaux d'Hammam-Meskhroutin se prêtent aux applications les plus larges de la médication thermale ; elles sont indiquées dans les cas suivants, pour lesquels de nombreuses guérisons ont été obtenues : hémiplégies et paraplégies, cachexies palustres, affections cutanées, accidents syphilitiques, névralgies sciatiques, plaies d'armes à feu, anthropathies, fistules, douleurs, engorgements glandulaires chroniques, ulcères atoniques, douleurs rhumatismales, arthritiques et musculaires.

« L'efficacité de ces eaux était du reste connue des Romains. Les *Aquæ Tibilitinæ* ont précédé Hammam-Meskhroutin. Ces thermes ont laissé des vestiges à différents endroits du plateau. Quelques piscines ont surtout résisté à l'action destructive du temps et des révolutions. L'une d'elles n'a pas moins de 55 mèt. de long ; mais la hauteur où elle est placée n'a pas permis de l'utiliser, les eaux ayant baissé de niveau depuis des siècles et ne sortant de terre qu'à un point de beaucoup inférieur. Les autres piscines, plus petites mais situées au-dessous des sources actuelles, ont repris leur ancienne destination ; restaurées par les soins du génie, elles ont formé jusqu'à ce jour les piscines de l'établissement militaire.

« De nouvelles baignoires, récemment terminées, sont au nombre de neuf, renfermées dans un grand bâtiment, et assez spacieuses pour que quatre à cinq personnes y prennent place à la fois. L'appareil a donc été installé dans une anfractuosité de rocher, et les bains de vapeur, établis dans une hutte en planches divisée en deux compartiments, laissent beaucoup à désirer.

« Toutefois, comme on peut le voir, le mode d'administration des eaux en douches, en bains de vapeur et de piscine, en boisson et par inhalation, a lieu à Hammam-Meskhroutin comme dans les établissements thermaux les plus fréquentés. Leur efficacité est authentiquement démontrée, et nul doute qu'on leur restituera, au profit de la colonisation algérienne, l'importance qu'elles avaient acquise au temps des Romains. » (*Docteur Hamel.*)

A 35 kil. N. O., en passant par Hammam-Meskhroutin, on visitera les belles grottes remplies de stalactites du *djebel-Mtaïa*.

ROUTE 45.

DE CONSTANTINE A GUELMA,

PAR LE KROUBS.

100 kil. — Route stratégique, suivie par l'armée aux deux expéditions de Constantine, et future route provinciale.

16 kil. **Le Kroubs** (*V.* p. 415).

18 kil. **Fornier**, annexe du Kroubs, créé par décret du 9 mars 1852, sur la rive dr. du Bou-Meurzoug, près du monument romain en ruine, connu sous le nom de *Soma*; Soma, en arabe, signifie tour, minaret.

37 kil. **Oued-el-Beurda**, v. près de ruines, sur la rivière du même nom, affluent du Bou-Meurzoug.

64 kil. *Koubba de Sidi Tamtam*, sur la rive g. de l'oued-Zenati.

77 kil. *Ras-el-Akba* (*V.* p. 469).

100 kil. **Guelma** (*V.* p. 469).

ROUTE 46.

DE CONSTANTINE A SOUK-HARRAS,

PAR GUELMA.

156 kil. — Route stratégique.

100 kil. de Constantine à Guelma (*V.* R. 44 et 45).

104 kil. **Millesimo** (*V.* p. 471).

108 kil. **Petit** (*V.* p. 471).

128 kil. Versants S. du *djebel-Nador* et *koubbab de Sidi Mabrouk*, *Sidi Amar* et *Sidi Bou-Aïcha*.

134 kil. **Medjez-Sfa**, v. créé le 2 septembre 1859, à la jonction des routes de Guelma et de Bône à Souk-Harras. Il y avait d'abord une seule auberge, tenue par un Européen sur ce point important en ce qu'il forme un lieu d'étape pour les troupes et une halte forcée pour les voyageurs.

144 kil. *Fedj-Makta*.

149 kil. **Duvivier**, nom d'un général tué à Paris en 1848, v. créé le 27 mai 1857, à l'endroit dit *Bou-Chagouf*.

156 kil. **Souk-Harras**. — *Hôtels* et *auberges*. — *Cafés*. — *Bureau de poste*. — *Télégraphie électrique*. — *Location* de mulets et de chevaux — *Marché* arabe très-important, les mercredis et les jeudis.

Histoire. — La V. de Souk-Harras, située par 36° 15′ de latitude N. et 5° 37′ de longitude E. à 4 kil. O. de l'*oued-Medjerda*, *Bagradas* des anciens, et à 35 kil. O. de la Tunisie, s'élève sur un petit plateau mamelonné. Des ruines couvrant un périmètre de 10 hectares sur ce plateau, attestent l'existence d'un établissement romain important, d'où on rayonnait dans les bassins de la Seïbouse, de la Medjerda et de la Mellaya. Diverses inscriptions, découvertes principalement par M. le capitaine J. Lewal, permettent d'assurer la synonymie de Souk-Harras avec Thagaste, siège d'un évêché. Voici les fragments essentiels de l'une d'elles :

```
MAMVLLIOM
FIL. . . . .
ORDO SPLENDI
DISSIMVS THA
CASTENSIVM
. . . . .
```

« A Marius Amullius, fils de Marius.... le très-splendide corps municipal des citoyens de Thagaste. »

Saint Augustin, que nous retrouverons plus loin, est né le 13 novembre 334, à Thagaste, dont Patrice, son père, était décurion.

Souk-Harras, le marché du bruit, est le nom qui a prévalu pour l'appellation de la ville actuelle. Mais d'après M. le capitaine J. Lewal, ce nom s'écrirait Souk-Ahras. « L'origine de ce mot, dit-il, vient de Souk, marché, et Ahras, nom d'un cordonnier qui possédait une petite boutique établie dans des ruines romaines, près de la fontaine nommée Aïn-el-Bouïra, à 2 kil. E. de la ville actuelle. Le marché, qui avait pris le nom du cordonnier, dut se déplacer, parce que les sources ne fournissaient presque plus d'eau. Il fut transféré aux ruines de Thagaste, que les indigènes nommaient *Sidi Messaoud;* mais on conserva au marché le nom d'Ahras sous lequel il était connu. »

Quoi qu'il en soit, Souk-Harras, ancien centre de commandement de la puissante tribu des Hanencha, fut, lors de la révolte de ces derniers, en 1852, érigé en poste militaire, annexe de Guelma, et en cercle militaire, dépendant de Bône, à la fin de 1855. Lors de l'établissement d'une garnison sur ce point, des cantiniers allèrent se fixer sous les murs du bordj, comme cela s'est fait près de tous les postes militaires en Algérie. Ensuite quelques colons européens, appréciant la position, vinrent s'y établir avec leurs familles. Ce noyau s'agrandit, des juifs, des Tunisiens, des Maures et des Mzabis y construisirent des magasins et des maisons; cette agglomération, formée au mois de mars 1856, présentait alors une population de 778 hab. occupant 139 maisons.

L'heureuse position de Souk-Harras, sur la jonction des routes de Tunis à Constantine et de Tebessa à Bône, l'importance du commerce qui s'effectue avec la régence de Tunis, la quantité de grains et de bestiaux que fournit cette contrée, l'étendue des forêts environnantes, bois de construction et liége, un marché très-important, des terres de qualité supérieure, de grandes facilités pour l'élevage du bétail, des cours d'eau abondants et un climat des plus salubres forment une réunion d'avantages qu'on chercherait difficilement ailleurs, et expliquent le développement rapide dû à la seule initiation des colons.

La création légale du centre de Souk-Harras, qui compte plus de 1300 hab., est du 15 septembre 1858; elle a été suivie de près, 13 octobre 1858, par l'institution d'un commissariat civil.

Description. — Il n'y a rien à dire sur les constructions de la nouvelle ville, assez bien alignées et distribuées. On visitera le bordj qui renferme la maison du commandant supérieur du cercle, le bureau arabe et les bâtiments pour une petite garnison. C'est dans ce bordj également que sont réunis les différents débris de monuments de Thagaste, tombeaux, pierres tumulaires, inscriptions. Voici, parmi ces dernières, celle d'une centenaire :

D. M. S.
CLAVDIA. RVFI
NA SACERDOS
MAGNA. PIA. VIX.
ANNIS. CIII.
H. S. E.

et cette autre :

THA
GASI
CHAE
RE

que M. le capitaine du génie Hartman explique ainsi, en faisant des deux dernières lignes le mot grec χαῖρε : « *Salut! Thagasiens!* »

Environs. — A 18 kil. N. O., forêts de *Fedj-Makta.*

A 12 kil. S., forêt du *djebel-Dakla.*

Le S. de Souk-Harras offre à l'archéologue, dans un rayon moyen de 25 kil., des points fort curieux à visiter, qui sont Khemissa, Tifech, Mdaourouch et Taoura.

A 28 kil. O. S. O., *Khemissa*, *Tubursicum Numidarum?* près de laquelle l'oued-Medjerda prend sa source, couvre de ses ruines une suite de collines rondes et verdoyantes: on remarque parmi ces ruines celles d'un théâtre, cachées en partie par une construction dont la destination est inconnue. Une source thermale sourd d'un bâtiment reconnaissable à sa porte cintrée. Les inscriptions tumulaires recueillies à Khemissa sont nombreuses; toutes sont latines, mais plusieurs d'entre elles présentent des prénoms romains associés à des noms qui appartiennent évidemment à une autre race, ceux par exemple cités par M. l'abbé Léon Godard : Namgedde, Malabatha, Soremita. Du reste, tout le pâté montagneux qui environne la Seïbouse paraît avoir été, du temps des Romains, habité principalement par des populations indigènes plus ou moins assimilées à la nation conquérante : et c'est là surtout qu'on rencontre le plus fréquemment des souvenirs libyens.

« L'inscription suivante fixe l'orthographe du nom de la tribu des *Musulames*, tribu qui joue un rôle dans la révolte de Tacfarinas ; ce nom offrait de nombreuses variantes dans les auteurs anciens : C. CORNELIVS.... PRAEF. COHOR. I. MVSVLAM. IN. MAVR.... « Caius Cornelius.... préfet de la première cohorte des Musulames en Mauritanie.... »

M. l'abbé Godard signale, entre Khemissa et Tifech, une citadelle dont les murs présentent des peintures frustes d'origine carthaginoise ; Dréa, selon le même, n'aurait été qu'un castellum destiné à défendre le défilé qui conduit de Tifech à Khemissa.

A 6 kil E. de Khemissa et 25 kil. S. O. de Souk-Harras, *Tifech*, *Tipasa?* El-Bekri dit : « Tifach est une ville d'une haute antiquité, remarquable par l'élévation de ses édifices.... Elle possède plusieurs sources, des terres en plein rapport et occupe une position sur le flanc d'une montagne. On voit dans cette ville beaucoup de ruines anciennes. » La ville arabe a complétement disparu.

A 20 kil. de Tifech et 26 S. de Souk-Harras, *Mdaourouch*, l'ancienne *Madaure*. On trouve dans ses ruines des restes de constructions intéressantes, des fragments de sculptures, des colonnes torses, et une forteresse byzantine, faite de matériaux divers, parmi lesquels des bas-reliefs et des inscriptions, celle-ci entre autres :

.... CLAVDIVS
.... VERI
TATIS AMATOR
VIXIT ANN. CV
H. S. E.

« .... Claudius.... ami de la vérité, a vécu 105 ans. Il repose ici. »

« Voilà, dit M. Léon Godard, une épithète très-convenable pour un habitant centenaire d'une ville savante. »

Apulée, philosophe, rhéteur et romancier latin, naquit dans la colonie romaine de Madaure, l'an 114 de J. C., à la fin du règne de Trajan. Il vint s'établir à Carthage à 34 ans, et il y épousa une riche veuve. Il mourut en 184, à l'âge de 70 ans, sous le règne de Commode. « L'ouvrage qui fera vivre le nom d'Apulée, dit M. A. Pierron, c'est le roman où il a développé le sujet si vivement esquissé par Lucien, les tribulations d'un âne qui avait été homme, et qui finit par reprendre sa dignité de bipède. L'âne d'or est un tableau complet de la vie et de la société au IIe siècle. Mais la barbarie dans le style s'étale complaisamment chez Apulée, et prend pour ainsi dire possession de la langue romaine. »

Saint Augustin fit une partie de ses études dans la même ville et la quitta à l'âge de seize ans, pour aller suivre un cours de rhétorique à Carthage.

A 9 kil. N. de Mdaourouch, établissement antique à *Aïn-Tamatmat*.

A 11 kil. E. de Tamatmat et 14 kil. S. E. de Souk-Harras, *Tahoura*.

« Elle présente ses ruines, dit M. A. Berbrugger, sur les pentes mamelonnées de la rive dr. d'un ruisseau, lequel prend naissance à une fontaine qu'on trouve sur la route, à 4 kil. de Tamatmat, et qui va se jeter dans la Medjerda, direction nord. Le mamelon le plus rapproché de ce ruisseau offre des pentes rocheuses escarpées sur trois faces abordables seulement du côté opposé. Ce mamelon est couronné par un petit fort dont les restes sont la partie la plus intéressante de ces ruines. »

ROUTE 47.

DE CONSTANTINE A SOUK-HARRAS,

PAR BÔNE.

De Constantine à Bône (*V.* les R. 48, 49, 50). — 85 kil. de Bône à Souk-Harras, route stratégique.

10 kil. L'*oued-Meboudja*, affluent de l'oued-Seïbouse.

11 kil. D'**Uzerville**, du nom du général Monk d'Uzer, qui a commandé à Bône, v. de 90 hab., créé par arrêté du 12 février 1845, sur l'embranchement de la route de Guelma, à dr.

20 kil. L'*oued-Ouisba*, affluent de Seïbouse.

25 kil. **Mondovi**, à l'endroit dit *koudiat-Menia*, sur la rive g. de la Seïbouse; 450 hab.; colonie agricole de 1848, constituée en centre le 11 février 1851.

32 kil. **Barral**, nom d'un général tué en Kabylie, en 1850. Ce v., appelé primitivement *Mondovi n° 2*, est également une colonie agricole de 1848, constituée en centre le 11 février 1851; sa population est de 300 hab.

Du village de Barral à Medjez-Sfa, la route passe sur la limite O. de la belle forêt des *Beni-Salah*, qui n'a pas moins de 20 000 hectares d'étendue.

37 kil. Gorges du *Tala*.

48 kil. *Caravansérail de Ksar-Zakour* et maison de commandement.

63 kil. **Medjez-Sfa**, *V.* p. 476.

85 kil. **Souk-Harras**, V. p. 476.

ROUTE 48.

DE CONSTANTINE A BÔNE,

PAR MER.

83 kil. de Constantine à Philippeville (V. R. 33, p. 341 à 347). — 100 kil. de Philippeville à Bône. On peut prendre passage sur les bateaux à vapeur de l'État, partant d'Alger les 3, 13 et 23 de chaque mois, touchant à Stora les 5, 15 et 25, et arrivant le même jour à Bône, à moins de mauvaise mer; le voyageur qui aime le confortable s'embarquera de préférence sur les bateaux des Messageries impériales faisant le trajet de Marseille à Tunis tous les vendredis, et touchant à Stora, puis à Bône tous les dimanches.

Une plage droite, uniforme et longue d'environ 6 milles conduit de Philippeville au cap-Filfila, connu des corailleurs sous le nom de cap Vert. Cette plage est bordée de dunes recouvertes de quelques broussailles; derrière elles sont des terrains bas d'une assez grande étendue, mis en pleine exploitation par les cultivateurs des v. Valée, Damrémont et de la concession F. Barrot. Le djebel-Filfila renferme, comme l'on sait, de belles carrières de marbre blanc déjà exploitées du temps des Romains.

Le grand enfoncement compris entre le cap Filfila et le cap de Fer appartient au golfe de Stora, l'ancien *Sinus Numidicus;* le fond y est presque partout mauvais. A l'extrémité S. de la plage, auprès d'un mamelon jaunâtre, on voit quelques ruines; à l'extrémité N., et après l'*oued-Chàref*, est une petite baie, le *Porto Antena* du moyen âge, la *Pariatanis* des itinéraires anciens? où les barques du pays viennent quelquefois chercher un abri

Le *cap de Fer* ou *Ras-el-Hadid*, qui a pris son nom des concrétions ferrugineuses que l'on rencontre à la surface de son sol et des riches mines de fer qu'on y exploitait au moyen âge, est formé par une masse étroite de terres élevées et garnies à leur base et à leur sommet de rochers gris entièrement nus. Son contour est assez dentelé; on voit dans la partie S. deux pitons isolés: l'un très-arrondi, situé du côté de la plage, l'autre tout à fait escarpé, plus à l'O., connu sous les noms de *Kef-Kala*, ou *Pic*, et haut de 340 mèt. L'extrémité O. de ces terres est encore plus mince et plus découpée que le reste; on l'appelle *Ras-Tekedid;* les corailleurs viennent y renouveler leur eau dans une petite baie assez profonde qui fait face au N.. A un demi-mille à l'O. de Tekedid, surgit un îlot ou roc de 27 mèt. de hauteur.

Lorsqu'on vient de Philippeville, le cap de Fer apparaît comme une île; les terres du S., par rapport à lui, sont trop basses pour être aperçues. Toute la partie qui fait face au N. présente une muraille de rochers. A quelque distance vers l'E., on trouve une petite baie dominée à sa partie orientale par la *koubba de Sidi Akkecha*. Les environs de cette baie sont cultivés et contrastent d'une manière agréable avec les terrains arides et rocailleux du cap de Fer.

De Sidi Akkecha au cap Toukouch, la côte, formée de falaises abruptes, décrit une courbe d'un aspect assez triste.

Le *cap Toukouch*, *Tacuata* des anciens, s'avance vers le N. en se séparant de la côte comme une presqu'île, de manière à offrir un abri pour les vents d'O. et d'E.

Toukouch est encore le *porto Entrocoxi* où les Pisans et les Génois, établis à Bône au xive s., venaient acheter des cuirs, des laines et de la cire aux montagnards du *Djebel-Edour'*. Beaucoup plus tard, en 1714, le bey de Constantine avait accordé à l'agence de Bône le privilége exclusif de faire des chargements de grains à Toukouch.

Les environs, du côté de l'E., sont bien cultivés, ainsi que tous les versants des montagnes qui bordent la côte jusqu'au *Ras-Arxin*. Ce cap est une montagne arrondie du côté de la mer. Sur un mamelon avancé, tout auprès de la mer, on voit une koubba que l'on aperçoit de très-loin; elle est à peu près à 3 milles du cap Arxin. Les falaises dominent dans cet endroit. Plus au S. un ravin profond aboutit à une petite crique que l'on prendrait au loin pour un port bien abrité. Peut-être est-ce là qu'il faut placer *Sulluco*, *Sublucu* ou *Collops parvus* des anciens itinéraires.

La côte se redresse ensuite vers le N. E.; elle est extrêmement escarpée et garnie de grands rochers qui forment une espèce de muraille jusqu'à la *Vache noire*. C'est ainsi que les Maures ont appelé une roche conique située à l'extrémité d'une pointe très-aiguë qui s'avance en mer comme un môle. A environ un mille de distance à l'E., on rencontre une seconde pointe à peu près semblable à celle dont on vient de parler, mais moins longue, se terminant aussi par une roche détachée qui, dans certaines positions, prend également la forme d'un cône. Tout ce qui avoisine la mer dans cet endroit est d'un aspect triste. A un mille et demi de cette dernière pointe, on voit un petit enfoncement au bout duquel il y a une plage puis un vallon verdoyant. La côte, dont le terrain est aride et désolé, reprend ensuite sa teinte grise jusqu'au cap de Garde.

Le *cap de Garde* ou *Ras-el-Hamra*, le cap Rouge, paraît comme une île, lorsqu'on vient de l'O.; son sommet se présente sous un angle très-obtus; à mesure qu'on avance, on découvre à sa g. un grand sommet sur lequel d'anciennes ruines ont fait place à un phare. Ce cap est formé par le prolongement d'une crête de montagnes de l'intérieur qui part de l'Edour'. Toutes les terres de ce cap, et principalement celles qui font face au N., sont d'une grande aridité; les nombreuses crevasses dont elles sont sillonnées, les déchirements occasionnés par la mer, les débris et les grandes masses de rochers qui l'entourent, tout y annonce la destruction. Lorsqu'on le double à petite distance, on y découvre plusieurs grottes d'une grande dimension.

« Le cap de Garde, dit M. de La Primaudaie, se termine à la mer par une véritable montagne de marbre blanc veiné de bleu, presque aussi beau que celui de Carrare. Les Romains avaient ouvert dans ses flancs deux carrières qui sont encore intactes; on y a trouvé des colonnes à peine ébauchées et même des blocs dans lesquels les coins étaient encore enfoncés pour les détacher de la masse. Ce marbre, qui a servi à tous les monuments et aux constructions d'Hippone, n'a que le défaut d'avoir le grain un peu gros, ce qui hâte sa destruction à l'air. On remarque aussi, incrustés dans la roche schisteuse du cap de Garde, un grand nombre de grenats, dont quelques-uns ont une grosseur assez considérable. Les anciens donnaient à ces pierres le nom de karkhedoniæ, « ainsi appelées, dit « Pline, parce qu'on les trouvait « dans le voisinage de Carthage. »

A l'E. du cap de Garde, la côte tourne brusquement vers le S. et la mer s'y précipite pour former un golfe profond où l'on trouve plusieurs mouillages. Le creux qui existe entre le cap et le fort Génois peut offrir un abri contre les vents d'O. et du N. O. Dans cet endroit la côte est bordée par des falaises de rochers ; il n'y a qu'une petite plage où les embarcations accostent facilement.

Le cap arrondi sur lequel a été bâti le *fort Génois*, est environné d'un grand nombre de roches peu éloignées de son pied. La côte se creuse ensuite vers l'O. et offre une baie assez commode où l'on trouve un bon mouillage. Le fort Génois, ainsi que son nom l'indique, a été bâti par les Génois au XVe s., pour protéger leurs barques de corailleurs, lorsque le mauvais temps les forçait de chercher un abri dans l'anse que ce fort dominait.

Du fort Génois au *mouillage des Caroubiers*, la côte n'est qu'une grande falaise continue, composée de roches et dirigée à peu près N. et S. ; elle tourne ensuite à l'O., formant une petite baie où vont ordinairement les corailleurs pour se reposer ou pour tirer leurs bateaux à terre et les réparer. On sait par les notes de M. Raimbert, ancien agent de la compagnie d'Afrique, que, du temps où cette compagnie avait le monopole du commerce, les assureurs de Marseille ne reconnaissaient que deux mouillages : celui du fort Génois, pour l'hiver, du 15 septembre au 15 mai, et celui du Cassarino pour l'été. Ils n'étaient nullement responsables lorsque des naufrages avaient lieu sur tout autre point. Il faut croire qu'une longue expérience leur avait appris tout le danger qu'il y avait à assurer des bâtiments mouillés pendant la mauvaise saison ailleurs qu'au fort Génois. Cependant quelques capitaines tentèrent, par la suite, de passer l'hiver aux Caroubiers ; ils furent favorisés par le temps, et comme les communications avec Bône y sont plus faciles, ce mouillage devint le port d'hivernage pour les convois de la compagnie ; les assureurs y consentirent, puisque en 1789, ils payèrent 11 bâtiments jetés à la côte en cet endroit.

Entre le mouillage des Caroubiers et Ras-el-Haman, on voit de grandes plages séparées par des falaises presque taillées à pic. Avant d'arriver à ce cap, on remarque une petite plage circulaire ; c'est là que se trouve l'aiguade qui fournit de l'eau à tous les bâtiments. Elle est connue chez les indigènes sous le nom d'aiguade française, parce que les commerçants français ont fait bâtir le puits qui renferme les eaux de cette source.

Le *Ras-el-Hamam*, le cap des Pigeons, le promontoire *Stoborron* de Ptolémée, massif de rochers taillés à pic du côté de la mer et couronné de quelque peu de végétation, a été ainsi appelé à cause de la quantité de pigeons qui viennent se réfugier dans les crevasses que présentent les diverses couches dont il est composé. A sa partie la plus proche de l'E., s'avance un îlot d'un seul bloc, remarquable par sa forme extraordinaire. Quand on le voit du mouillage des Casserins,

DE CONSTANTINE A BONE.

à l'E., il ressemble exactement à un *Lion*, aussi lui en a-t-on donné le nom; il a 17 mèt. de hauteur.

A partir du Lion, la côte court droit au S. O., formée par des roches presque perpendiculaires; à environ un demi-mille, elle rentre vers l'O. et forme une petite plage qui a reçu le nom de *plage des Caserins*, et où mouillent les bâtiments en attendant la création d'un port; les corailleurs y viennent souvent pour prendre du repos et se mettre à l'abri. Après cette plage, la côte continue jusqu'au fort de la *Cigogne*, qui s'élève à la pointe S. E. de Bône; son aspect est toujours le même, celui de grandes masses de rochers qui descendent rapidement à la mer et au milieu desquels il y a par intervalles quelques bouquets d'arbres et de cactus.

Le débarcadère de Bône, établi sur une jetée en pierres sèches, est placé à l'O. du fort de la Cigogne, et ferme de ce côté une petite anse peu profonde où les barques seules ont accès.

100 kil. **Bône.** *Hôt.* : de France, place d'Armes; de la Régence, rue de l'Arsenal; Jouvence, rue Fréart, Mayer, rue Bélizaire.—*Restaurant*: du Gastronome, rue de Rovigo; de Paris, place d'Armes. — *Cafés* : des Officiers; de Paris; de France. — *Cercle.* — *Théâtre.* — *Bains* français et maures. — *Imprimeur-libraire* : M. Dagand, éditeur du journal *la Seïbouse*, paraissant tous les 8 jours. — *Libraires-papetiers* : MM. Besson; Billard; Dresler. — *Bureau des Postes.* — *Télégraphie électrique.* — *Service de diligences*, pour Guelma et Philippeville. — *Location* de chevaux et de voitures. — *Service des bateaux à vapeur de l'État* pour Alger, touchant à Philippeville, Collo, Djidjelli, Bougie et Dellis, les 7, 17 et 27 de chaque mois. — *Service des bateaux à vapeur* des Messageries impériales, ligne de Marseille à Tunis : pour Tunis, tous les mercredis, pour Stora et Marseille, tous les lundis. — *Marché arabe*, près de la porte de Constantine.

Situation. — Aspect général.

Bône est située non loin de l'ancienne ville d'Hippone, par 5° 25′ de longitude E., et 36° 52′ de latitude N., à l'extrémité inférieure d'un des contre-forts de la chaîne de montagnes qui s'étend sur le bord de la mer, depuis le cap de Fer jusqu'au cap de Garde, au point où commence la plage du golfe de Bône et tout près de l'embouchure de l'oued-Bou-Djema et de l'oued-Seïbouse. Bône est sans contredit une des plus jolies villes de l'Algérie, mais qui attend aussi son port, ses routes et son chemin de fer. « Sous ce beau ciel, dit M. E. Bavoux, à travers cette atmosphère si limpide et transparente, au fond de cette belle rade dans laquelle entre majestueusement la mer azurée comme le ciel, se dessine élégamment la ville de Bône avec ses murailles blanches. Protégée par le fort Génois dont le nom trahit l'origine, elle est dominée par la kasba, construite sur le sommet de la seconde colline. Un rocher auquel la nature a donné la forme d'un lion semble l'un des hôtes de ces rivages, préposé là comme une sentinelle à la garde de la terre natale.... Bône a considérablement perdu de sa physionomie originale, grâce aux nouvelles rues percées à la française et garnies de boutiques de nos marchands, grâce à ses nouvelles places.... »

Histoire.

« La ville de Bône, dit El-Bekri, fondée à une époque très-reculée, était la demeure d'Augochtin, saint Augustin, grand docteur de la religion chrétienne. Elle est située auprès de la mer, sur une colline d'accès difficile qui domine la ville de Seïbouse. De nos jours elle porte le nom de *Medina-Zaoui*. Elle est à 3 milles de la ville neuve, et renferme des mosquées, des bazars et un bain. Les environs sont très-riches en fruits et en céréales. Bône la neuve, *Bone-t-el-Hadithâ*, fut entourée de murs un peu plus tard que l'an 450 (1058 de J. C.); elle possède auprès de la mer un puits taillé dans le roc et nommé Bïr-en-Nethra, qui fournit à presque toute la population l'eau dont elle a besoin. »

S'il faut en croire El-Bekri, Hippone, la ville de saint Augustin, n'aurait pas disparu en 78 de l'hégire (697 de J. C.), ou tout au moins les Arabes, après s'en être rendus maîtres à cette époque, l'auraient reconstruite et l'auraient appelée *Bouna*, corruption du mot Hippone. Quant à cet autre nom de *Medina-Zaoui*, la ville de Zaoui, il est possible, dit M. de Slane, traducteur d'El-Bekri, que Moez-Ibn-Badis, 4º souverain Zîride, ait donné la ville de Bône en apanage à son parent, Zaoui-Ibn-Zïri, qui, après avoir fait de Grenade la capitale d'un royaume berbère, rentra en Afrique, l'an 410 (1019-20 de J. C.).

Mais il s'agit de la Bône actuelle élevée, selon quelques-uns, sur l'*Aphrodisium* des anciens, et que les géographes arabes désignent sous le nom de Bouna; son autre nom de *Beled-el-Anab* ou *Annaba*, la ville aux jujubiers, qui lui vient de la grande abondance de jujubiers qui couvraient la campagne autour d'elle, ne lui a été donné qu'au XVIᵉ siècle.

Un autre historien arabe, Ibn-Haukal, qui visita Bône en 360 (970 de J. C.), dit : « La ville s'élève sur le bord de la mer et renferme de nombreux bazars. Parmi les objets de son commerce, on compte la laine, la cire, le miel et beaucoup d'autres marchandises qui sont très-recherchées, parce que les habitants se bornent généralement à un léger profit. La plus grande abondance règne dans cette ville; les jardins du voisinage produisent une grande quantité de fruits, et dans toutes les saisons, l'orge et le blé y sont pour ainsi dire sans valeur. Bône possède aussi de riches mines de fer. Le gouverneur de la ville, qui est indépendant, entretient un corps nombreux de Berbères, dévoués à sa personne et toujours prêts à agir, comme le sont les troupes établies dans les ribât. »

On a vu plus haut que Bône fut entourée de murs en 450 (1058 de J. C.).

Ibn-el-Athir nous apprend qu'en 547 (1152-53 de J. C.), la flotte de Roger, commandée par Philippe de Mehedia, vint assiéger Bône. Secondé par les Arabes, cet officier s'empara de la ville dans le mois de Redjeb, et réduisit les habitants en esclavage.

Le sultan Hafside Abou-Zakaria étant mort sous les murs de Bône, en 647 (1249 de J. C.), dans la 22ᵉ année de son règne, fut enterré dans la grande mosquée de cette ville; mais en 666 (1267 de J. C.), quelque temps avant le siège de Tunis par les chrétiens, on transporta son corps à Constantine.

Bône, qui, à cette époque appartenait, comme on le voit, aux sultans de Tunis, tombait cent ans après, pour quelque temps, au pouvoir d'Abou'l-Hassen le Merinide, qui y laissait comme gouverneur Abou'l-Abbas-el-Fadl le Hafside, auquel l'attachaient des liens de parenté, 748 (1347 de J. C.).

Mais Bône a des pages d'histoire beaucoup plus intéressantes que celles de ses guerres; nous voulons parler des relations commerciales qu'elle entretenait avec l'Italie et l'Espagne.

« Les Pisans avaient à Bône un établissement très-important. Ils y jouissaient des mêmes priviléges qui leur étaient concédés à Tunis et à Bougie. Dans l'enceinte de la ville, les hommes de la commune de Pise possédaient une fonde ou loge avec une église, un four et un bain pour leur usage particulier, suivant l'ancienne coutume, c'est-à-dire un jour par semaine. Aucun marchand, chrétien ou musulman, ne pouvait entrer dans la fonde destinée à la demeure des Pisans, si ce n'était avec leur permission, et les officiers de la douane n'étaient admis à y exercer leurs fonctions qu'en présence du consul, qui avait le droit de nommer des préposés pour veiller à la sûreté de l'établissement.

« Les Florentins, devenus au XVe s. les maîtres de Pise, remplacèrent les marchands de cette nation dans les ports de l'Afrique septentrionale; mais leur commerce maritime ne prit jamais une grande extension. Tous les ans, la flotte marchande, qui faisait le trafic sur la côte des États barbaresques, visitait Bône où elle s'arrêtait trois jours. Les Florentins y portaient leurs draps fameux et autres tissus de leurs fabriques qu'ils échangeaient contre des chevaux et des laines.

« Les Génois, ainsi que les Pisans, entretenaient avec les princes mahométans de l'Afrique des relations très-actives. A Bône, où ils pouvaient vendre et acheter toute espèce de marchandises, un terrain avec des maisons leur avait été concédé.

« Les Catalans fréquentaient aussi les marchés de Bône. Une étroite alliance existait entre les rois d'Aragon et les souverains de Tunis et de Bougie. Quand le blé manquait en Europe, on allait en acheter dans la Barbarie au taux stipulé par les traités : précaution sage, dit Depping, qui, dans ces temps peu favorables à l'agriculture, prévenait les famines, et qu'on n'aurait dû jamais abandonner en Europe. » Un négociant de Barcelone avait obtenu du roi de Tunis, en 1446, la ferme de la pêche du corail, dont l'importance commerciale était alors si grande.

« Les Vénitiens, qui avaient avec les États barbaresques des traités très-détaillés stipulant la liberté et la sûreté du commerce dans toutes les terres de la domination musulmane, et le droit d'y avoir des fondes régies par des consuls nationaux, se montraient peu à la Cale et à Bône. Les villes situées à l'O. d'Alger étaient surtout visitées par les marins vénitiens.

« Les Marseillais avaient également, et depuis 1220, des relations de commerce avec la ville de Bône, où ils se livraient à des échanges très-lucratifs qui fournissaient en grande partie de cuirs et de laines les fabriques de la Provence.

France fut plus tard redevable de ses établissements en Afrique à ces mêmes relations que les négociants de Marseille avaient conservées avec les États barbaresques. » (*M. Élie de La Primaudaie.*)

Bône au commencement du xvi⁰ s. appartenait encore à Tunis ; elle avait alors 300 feux et voici ce que Léon L'Africain dit de ses habitants : « Les hommes sont fort plaisants, dont les uns exercent le train de marchandise, les autres sont artisans et tissiers de toiles, lesquelles ils vendent en grande quantité aux cités de Numidie. Mais ils sont tant outre-cuidés et brutaux qu'outre qu'ils massacrent leurs gouverneurs, ils prennent encore cette présomption d'user de menaces envers le roi de Thuna, et de rendre la cité entre les mains des chrétiens, s'il ne leur donne ordre qu'ils soient pourvus de bons et suffisants gouverneurs.... »

Kheïr-ed-din, devenu pacha d'Alger, envoya une garnison dans la kasba de Bône ; mais en 1535, après la prise de Tunis par Charles V, les Turcs de Kheïr-ed-din quittèrent Bône et furent remplacés par des Génois sous les ordres de don Alvar Zagal. A la mort de ce dernier, les Génois se rembarquèrent après avoir détruit toutes les fortifications. Les Tunisiens reprirent possession de Bône, mais les Turcs d'Alger s'en emparèrent de nouveau quelques années après.

« En 1561, dit M. de La Primaudaie, Thomas Linchès et Carlin Didier fondèrent le Bastion de France ; l'établissement de la Maison de Bône date sans doute de la même époque. Les habitants de cette ville consentirent d'autant plus volontiers à traiter avec les deux Marseillais, qu'ils n'avaient eu qu'à se louer d'avoir accueilli autrefois les marchands de cette nation. La maison de Bône payait annuellement à la douane, pour droit d'entrée et de sortie de marchandises, 14 000 doubles ou 7000 livres, monnaie française.... »

Après la prise d'Alger, Bône ayant ouvert ses portes au général Damrémont, le 2 août 1830, garda jusqu'au 18 du même mois l'armée française. La ville fut alors évacuée par suite des événements de Juillet et de l'incertitude où l'on était de savoir si l'Algérie serait conservée. La kasba fut occupée le 13 septembre de l'année suivante par le commandant Houder et 125 zouaves, puis le 25 mars 1832 par les capitaines d'Armandy et Yussuf à la tête de 30 marins. Le général Monk d'Uzer vint enfin prendre possession de Bône le 26 juin suivant, et notre drapeau n'a pas cessé d'y flotter depuis.

Bône, qui, jusqu'à la prise de Constantine, fut la capitale civile et militaire de la province de l'Est, en est aujourd'hui un chef-lieu de subdivision et de sous-préfecture ; elle est encore le siége d'un tribunal de première instance, d'une justice de paix et d'un tribunal de commerce. La population est de 17 000 habitants européens et indigènes, non compris la garnison qui est de 4000 hommes.

Description.

Bône est bâtie sur un terrain fort inégal de forme rectangulaire, dont la plus grande longueur est dirigée dans le sens du méridien. La ville est baignée à l'E. et au S. par la mer ; le côté E. est une falaise élevée au pied de laquelle se trouve le mouillage particulièrement connu sous le nom de rade de Bône. A l'O.

de l'ancien fort de la Cigogne, le long de la côte S., se trouve la petite baie dont on a déjà parlé. La partie O. s'ouvre sur une campagne magnifique traversée par la route de Constantine. La partie N. enfin est dominée par le fort des Santons et la kasba.

Port. — On ne saurait donner ce nom à la petite baie dans laquelle les barques viennent chercher un abri. D'un autre côté, les mouillages des Casarins et des Caroubiers, bons en été, ne le sont pas toujours en hiver, et Bône qui se rappelle encore l'ouragan du 24 au 25 janvier 1835, dans lequel onze bâtiments périrent, attend donc un port, et pour l'accroissement de sa prospérité et pour la sécurité de la navigation.

Murs et portes. — Bône est entourée de deux enceintes. La première, haute d'environ 8 mèt. et d'un développement de 1600 mèt., est reliée par des tours carrées sans terrassement; c'est l'ancienne enceinte arabe réparée par le génie, et dont les habitants demandent la démolition à l'O. et au N., puisque la ville, qui s'est agrandie de ces deux côtés, a été entourée d'un nouveau mur crénelé plus en rapport avec la défense actuelle. Les murs sont percés de 6 portes : de la *Marine*, au S.; de *Constantine*, de *Saint-Augustin* et de l'*Aqueduc*, à l'O.; de *Damrémont* et de la *Kasba*, au N.

Forts. — L'ancien *fort de la Cigogne*, l'ouvrage le plus important, enclavé dans les murs mêmes de la ville, a été rasé pour faire place à une batterie commandant la rade.

La *kasba*, construite au XIVe s., par les sultans de Tunis, à 400 mèt. de Bône, sur une colline de 500 mèt. de hauteur, commande la ville qu'elle couvre entièrement du côté du N. On sait le rôle qu'y jouèrent les capitaines d'Armandy et Yussuf avec les marins du brick *la Béarnaise*; introduits dans la kasba par Ibrahim-bey, rival d'El-Hadj-Ahmed, bey de Constantine, au milieu de soldats turcs d'une fidélité douteuse, ils parvinrent à force de sang-froid et d'audace à protéger la place jusqu'à l'arrivée du général Monk d'Uzer. L'intérieur de la kasba est vaste, ses murs sont élevés; de nombreuses et nouvelles réparations y ont été faites à la suite de l'événement épouvantable dont ce fort fut le théâtre le 30 janvier 1837 : l'imprudence d'un garde d'artillerie ayant amené l'explosion du magasin à poudre, 200 hommes furent tués et 500 blessés ; les deux chambres du commandant furent emportées : sa femme et lui furent perdus dans les décombres. La kasba, après avoir servi de caserne dans les premiers temps de l'occupation, a été disposée en prison centrale pour les prisonniers aux fers; elle a été convertie un instant en maison de détention pour les transportés politiques.

La hauteur sur laquelle est bâtie la kasba se prolonge dans la direction du N. au S., et descend par divers étages dans la plaine. A l'E., elle se termine à la mer, et ses rameaux viennent finir à la *batterie des Caroubiers*, à la *batterie du Lion*, au mouillage et à la *batterie des Casarins*. A l'O., sur un des contre-forts inférieurs, s'élève le *fort des Santons* qui, avec la *redoute Damrémont*, construite un peu au-dessous, bat les abords de la ville à g. et éclaire toute la rive dr. vers la montagne.

Places et promenades. — La *place*

d'*Armes* est la principale de Bône; elle est plantée d'arbres formant un quinconce au milieu duquel un joli jardin circulaire entoure une fontaine. La mosquée borde un des côtés de cette place; les trois autres côtés sont occupés par des maisons à arcades. La *place du Commerce* est également plantée d'arbres et ornée à son centre d'une fontaine en marbre blanc. Le général commandant la subdivision et les directeurs de différents services civils ont leur hôtel sur cette place. La *place Rovigo* est ornée d'un jardin et d'une fontaine. La *place Rahba* est affectée au marché aux poissons. Le marché aux légumes se tient sur la *place de Constantine*, devant la porte du même nom. La promenade ou *cours Napoléon* est entre l'ancien et le nouveau rempart à l'O., ses deux extrémités sont occupées par l'église et le théâtre. La *pépinière*, en avant de la plaine de Bône, est encore une des belles promenades de la ville.

Rues. — Les rues étroites et tortueuses avec ces petites boutiques bien connues de Maures, de juifs et de Mzabis, ont fait place en grande partie aux nouvelles rues à l'européenne. Quelques-unes, comme les rues Suffren, Fréart, Philippe, sont escarpées par suite de l'inégalité du terrain. Les rues de Constantine, de Saint-Augustin et de Damrémont comptent parmi les plus belles de la ville de Bône.

Maisons. — Nous renvoyons à la page 41, pour la description des maisons mauresques de Bône, en tout semblables à celles d'Alger; quant aux maisons européennes, les plus remarquables se trouvent sur la place d'Armes, mais nous n'avons rien de plus à en dire.

Édifices religieux. — L'*église principale*, au N. du cours Napoléon, est une des plus belles de l'Algérie; elle est construite dans un style gréco-byzantin. Une autre église, plus modeste et longtemps la seule de Bône, a été installée dans une mosquée. Les protestants ont un *temple* et les juifs une *synagogue*.

La mosquée principale, *Djama-el-Bey*, orne un des côtés de la place d'Armes; elle a subi extérieurement un grand changement dans ces temps derniers; on lui a plaqué une façade mauresque en rapport avec son intérieur; et son ancien minaret a fait place à un autre. *Djama-Sidi-Khrelil* et *Djama-Sidi-Abd-er-Rhaman*, servent de zaouïa ou d'écoles religieuses à 80 élèves.

Édifices civils. — L'*hôtel de la sous-préfecture*, la *mairie*, le *tribunal*, l'*hôtel des postes et du trésor* n'ont rien de remarquable. La *prison* et l'*abattoir* répondent seuls à leur destination spéciale.

Édifices militaires. — *Caserne d'infanterie*, rue d'Orléans; *quartier de cavalerie*, à la porte Damrémont; *arsenal* et *ateliers du génie*, rue de l'Arsenal; *intendance*, *manutention*, *hôpital*, rue d'Armandy; *parc aux fourrages*, sur l'oued-Bou-Djema; *établissement disciplinaire*, au fortin de la Seïbouse; *prison des condamnés aux fers*, à la kasba.

Le *théâtre*, pouvant contenir 800 personnes, est décoré à la mauresque; il est situé près des remparts à l'extrémité S. du cours Napoléon: la troupe de l'arrondissement de Constantine y vient donner des représentations pendant trois mois de l'année.

Eaux, fontaines. — Les montagnes des environs possèdent des sources qui, de tout temps, ont été conduites à Bône par des aqueducs souterrains, réparés par les Français. Au moyen de ces aqueducs et d'un château d'eau, la distribution des eaux se fait dans tous les quartiers de la ville au moyen de nombreuses bornes-fontaines.

Établissements d'instruction publique. — Bône compte un *collége communal*; des *écoles primaires* publiques et privées; une *maîtrise* où l'on prépare les enfants pour entrer au petit séminaire d'Alger; une *école israélite*; une *école arabe-française*; deux *zaouïa* pour 80 tolba; un *pensionnat* et des *écoles* pour les jeunes filles, tenus par les sœurs de la doctrine chrétienne.

Établissements de bienfaisance.— Un *hôpital civil*; un *bureau* de bienfaisance; un *bureau* de charité; une *loge franc-maçonnique*; une *caisse d'épargne*, et un *orphelinat* de jeunes filles, à l'Edour', semblable à l'orphelinat de Misserguin (*V.* p. 229).

Commerce et marchés.—Le commerce de Bône, nous parlons du commerce d'exportation, consiste en céréales, huiles, cuirs, laines, cires, miels, bestiaux, minerais et fers aussi beaux que ceux de la Suède. Les transactions actuelles sont loin d'être aussi importantes qu'aux époques des républiques italiennes, mais ce n'est désormais qu'une question de temps.

Le *marché aux grains* se tient près de la mer, en dehors de la ville; le *marché aux légumes*, place de Constantine, devant la porte du même nom; le *marché aux poissons* et le *marché arabe*, place Rahba.

Environs.

10 kil. N., le *cap de Garde*. — Le territoire compris dans la banlieue de Bône peut être, à juste titre, appelé le jardin de l'Algérie. Il serait difficile, en effet, de trouver sur un même point plus de richesses agricoles de toute nature et plus de facilités pour les exploiter avec profit. La partie de cette banlieue située entre Bône et le phare du cap de Garde, aussi bien partagée que le reste de la commune en terres arables et en plantations arborescentes, est couverte d'une foule de petites fermes et d'habitations d'agrément.

La côte accidentée qui conduit au cap de Garde domine la Méditerranée. On sort de Bône par la porte de la kasba; on passe à 200 mèt. au pied de la kasba et devant le *cimetière maure*; à 500 mèt., un autre chemin conduit à la *batterie du Lion*, dominant le rocher de ce nom.

Revenant prendre la route, on arrivera bientôt au petit village de **Saint-Augustin**, créé le 14 février 1848. A 1600 mèt. est la *batterie des Caroubiers*. Le *fort Génois* (*V.* p. 482) est à 3 kil. de Bône. Du fort Génois au cap de Garde, on compte 3 kil. « C'est à ce cap, dit M. Poujoulat, que l'on visite de curieuses grottes situées au bord de pentes escarpées qui font face à la mer du côté de Stora. La première grotte que l'on rencontre semble taillée dans le roc; elle sert tour à tour d'abri et de demeures aux troupeaux et à leurs gardiens. Les deux autres grottes, appelées grottes des Saints, présentent d'étranges bizarreries : cavités, découpures, rocs suspendus, formes étranges qui rappellent les effets fantastiques de certains nuages errants dans le ciel ou immobiles à l'horizon du soir.... Ce nom de *grotte des Saints*, resté à ces creux de rochers, ne serait-il pas un souvenir de quatorze siècles, qui rappellerait les fidèles recueillis au jour du malheur dans le secret de ces asiles? Plus loin, on voit une profonde carrière de marbre, ancienne carrière remise en exploitation par les Français, et d'où les Romains ont tiré beaucoup de monuments pour Hippone.... Dans les fentes ou les interstices des marbres de la carrière croissent le caroubier, la vigne, le figuier et le nopal; cette végétation qui se montre sur les flancs de ces masses à pic, est une surprise pour le voyageur.... Au bout du cap de Garde, sur un amas énorme de rochers battus par les flots, s'élève le phare que l'on aperçoit à 10 lieues au large.

12 kil. O., le *djebel-Edough*, et mieux *Edour'*, le *Pappoua* des anciens. « Le Mont-Edough, dit M. Berbrugger, est le baromètre infaillible des habitants de Bône. Lorsque, pendant l'hiver, on voit les nuages arriver sur les flancs grisâtres et les envelopper d'une ceinture nébuleuse, on peut être assuré que la pluie ne tardera pas à tomber avec cette abondance qui caractérise les averses d'Afrique. » La route, se dirigeant d'abord pendant 5 kil. au N. O., revient ensuite au S. O. vers le sommet de la montagne; on rencontre à 2 kil. en avant le v. de **Bugeaud**, créé le 3 juin 1847, et dont la population est de 200 hab., plutôt bûcherons qu'agriculteurs. Le point culminant de l'Edough, haut de 1000 mèt. au-dessus de la mer, est au centre d'une magnifique forêt de chênes-liéges, exploitée par la Société Lecoq et Bertin; des sources, des cascades, des ravins, des débris d'aqueduc romain font de cette forêt un but de promenade des plus pittoresques.

6 kil. S. O., l'**Alélik**, centre créé le 30 juill. 1851, et fermes nombreuses dans la *vallée des Karesas*; on traverse pour y arriver les canaux de desséchement et l'*oued-Deheb* ou ruisseau d'or, sur les bords duquel est le v. de **Fabert**. L'usine de l'Alélik, fondée en 1847 et alimentée par les gisements des Karesas au N., de *Belelita* au S., et de *Mokta-el-Hadid* à 33 kil. O., produit annuellement 2000 à 2500 tonnes de fonte, dont la qualité éminemment aciéreuse ne peut être contestée. Ces fontes, fabriquées exclusivement au bois et à l'air froid, commencent à se vulgariser par suite des résultats qu'ont obtenus les premiers acheteurs, et surtout par les expériences qui en ont été faites à Sheffield, dans la fonderie de canons de Liége, et en France dans les usines de la marine. Il n'est pas douteux que, pour la fabrication des aciers, ces fontes ne soient supérieures aux fontes françaises, employées jusqu'à ce jour dans le commerce. On peut attribuer une importance d'intérêt public à l'existence de l'usine de l'Alélik, car il faut se rappeler qu'elle est la seule usine métallurgique de l'Algérie, et qu'elle deviendrait un puissant élément de défense pour cette possession dans le cas où ses communications avec la métropole seraient momentanément interrompues. Il serait facile alors de créer rapidement à l'Alélik une fonderie de projectiles et même de bouches à feu d'une qualité tout à fait supé-

DE CONSTANTINE A BONE.

rieure. En dehors de cette éventualité, il est du plus haut intérêt de savoir que l'industrie française peut aller chercher en Algérie, à l'usine de l'Alélik, des fontes aciéreuses de premier ordre et à des prix très-avantageux.

Le haras et le dépôt d'étalons de Bône sont installés à l'Alélik.

20 kil. S. O. et 14 kil. de l'Alélik, sur la route de Bône à Jemmapes, le *lac Fetzara*. Ce lac est situé dans une plaine qu'encadrent au nord es monts Edough, au S. des mamelons moins élevés; à l'O., elle s'ouvre sur la vallée inférieure de l'*oued-Sanhadja*, qui débouche non loin de là dans la mer; à l'E., elle se prolonge dans la vaste plaine qui se développe entre Dréan et Bône, sur les bords de la Seïbouse. Le niveau du lac est à 15 mèt. environ au-dessus de la mer. Sa superficie est de 10 à 12 lieues carrées. La profondeur moyenne de ses eaux est de 2 mèt.; la profondeur maxima, 2 mèt. 60 c.; leur niveau varie peu. Elles s'alimentent de divers cours d'eau qui descendent, au N. et au S., des montagnes environnantes. L'eau est amère et salée; cependant une source d'eau douce jaillit vers le milieu jusqu'à la surface.

Le Centre algérien disait, dans son numéro du 25 janvier 1857, que des ruines considérables venaient d'être découvertes vers le milieu du lac Fetzara par les conducteurs des ponts et chaussées, chargés d'y faire des sondages. Ces ruines en pierres de taille étaient voisines de la source d'eau douce dont on a parlé plus loin. Cette découverte éclaire un problème historique vainement discuté jusqu'à ce jour. Les géographes grecs et romains, non plus que les anciens itinéraires, ne font aucune mention de ce lac. Saint Augustin lui-même, évêque d'Hippone, à quelques lieues de là, n'y fait aucune allusion. Parmi les auteurs arabes, El-Bekri est le seul qui, sans le nommer, l'indique assez clairement pour qu'on ne puisse le méconnaître : il dit qu'il abonde en gros poissons et qu'il est fréquenté par le grèbe, auquel il donne le nom de kaïkel, « oiseau singulier par son industrie de faire des nids flottants. » Le silence général dans les temps anciens, le peu de notoriété dans le moyen âge portent à croire que ce lac est le résultat d'un affaissement du sol, produit pendant la période arabe par quelques tremblements de terre, et les ruines découvertes dans les eaux pourraient bien être celles de la station *ad Plumbaria*, dont les savants ont jusqu'ici cherché vainement les traces à 5 lieues d'Hippone, Bône, sur la route de Rusicade, Philippeville.

2 kil. S., *Hippone*, entre l'oued-Bou-Djema et l'oued-Seïbouse. On y arrive par la route de Constantine, après avoir traversé l'oued-Bou-Djema sur un ancien pont romain, non loin d'un des nombreux canaux de dérivation auxquels on doit enfin l'assainissement de la plaine de Bône, si longtemps redoutable par les émanations de ses marécages transformés aujourd'hui en jardins.

Hippone, l'ancien *Ubbo*, colonie marchande de Carthage, reçut des Romains le nom d'*Hippo regius*, de ce que, dès l'époque de la première guerre punique, le roi des Massæsyliens, attiré par la beauté du pays et la douceur du climat, venait camper près de là une partie de l'année. Quand la Numidie fut réunie à l'empire, Hippone, jusqu'alors capitale de Juba, devint colonie romaine et eut tous les droits de la cité. Au IIIe et au IVe s., Hippone était avec Carthage le plus opulent marché de l'Afrique romaine. « Cette époque de la décadence, dit M. de La Primaudaie, est celle de la plus grande gloire d'Hippone. C'est alors que les habitants, enrichis par le commerce, élevèrent ces magnifiques monuments de l'art antique, et exécutèrent ces aqueducs gigantesques, ces réservoirs immenses, ces grandes voies de communication, qui étonnent la civilisation moderne. C'est alors aussi qu'elle avait saint Augustin pour évêque. Converti depuis 4 ans, il fut ordonné prêtre à Hippone, en 390, à l'âge de 36 ans, par Valérius, qui le prit pour coadjuteur en 395. L'année suivante, Valérius étant mort, saint Augustin lui succéda. Ses *Confessions* datent de 397; c'est de 413 à 426 qu'il écrivit sa *Cité de Dieu*. Hippone eut le bonheur de posséder saint Augustin pendant 35 ans, et ce furent pour elle 35 années de la gloire la plus belle : Carthage n'était plus que la seconde ville de l'Afrique. L'année qui suivit la mort de saint Augustin, Hippone fut prise par les Vandales, août 431. Les habitants se défendirent avec un grand courage pendant 14 mois; mais l'empire romain croulait de toutes parts, et cette longue résistance qui, dans des circonstances meilleures, aurait pu sauver l'Afrique, ne servit qu'à exaspérer les vainqueurs. Maîtres d'Hippone, les Vandales la réduisirent en cendres. La cathédrale de saint Augustin fut seule respectée, et, par une providence particulière, la bibliothèque et les manuscrits du pieux évêque, qu'il avait légués en mourant à son église, échappèrent aux flammes. Reprise en 534 par Bélisaire, Hippone tomba en 697 au pouvoir des Arabes, qui achevèrent l'œuvre de destruction commencée par les Vandales. »

Cependant, s'il faut en croire El-Bekri, que nous avons cité plus haut, p. 484, Hippone aurait encore survécu, du temps des Arabes, sous le nom de *Medina-Zaoui*.

« L'enceinte de la ville antique embrassait à peu près 60 hectares. On remarque sur un espace de plus d'une demi-lieue de nombreux vestiges d'antiquités, des pans de murs rougeâtres, d'énormes fragments d'une maçonnerie épaisse et solide; mais le monument le plus remarquable et en même temps le mieux conservé, c'est l'établissement hydraulique, composé de plusieurs grands réservoirs et d'un aqueduc qui, prenant naissance dans les pentes du Mont-Edough, conduisait dans la cité royale les eaux de la montagne. »

Un peu plus haut que cette vaste citerne, sur un mamelon planté d'arbres de toute nature, on a élevé la statue en bronze de saint Augustin sur un socle en marbre blanc. De cet endroit, la vue que l'on a de Bône, de l'Edough et de la mer, est des plus magnifiques.

Entre le mamelon de Saint-Augustin et la Seïbouse, on rencontre un second mamelon, connu des Arabes sous le nom de *R'arf-el-Antran*, sur lequel est construit l'établissement disciplinaire pour les soldats. Au bas de R'arf-el-Antran, on voit encore sur le bord de la Seïbouse, et à 1000 mèt. de son embouchure, des fragments de maçonnerie, des éperons déchaussés, restes d'un ancien quai de débarquement. Là était le port d'Hippone ; là, en l'an 707 de Rome, la flotte de Métellus Scipion, partisan de Pompée, fut détruite par celle de Publius Sittius, lieutenant de César.

10 kil. S. **d'Uzerville**, à l'embranchement des R. de Guelma et de Souk-Harras (*V.* p. 479).

12 kil. S. **El-Hadjar**, création du 30 juillet 1851. Il y a dans ce v., annexe d'Uzerville, une fontaine romaine.

ROUTE 49.

DE CONSTANTINE A BONE,

PAR JEMMAPES.

156 kil. — 1° 67 kil. de Constantine à Saint-Charles. Service de diligences (*V.* R. 33, p. 345 à 347). — 2° 89 kil. de Saint-Charles à Bône. Service de diligences.

On peut aller de Constantine à Philippeville prendre directement sa place pour Bône par Jemmapes ; mais la route sera plus longue de 32 kil.

67 kil. Saint-Charles. *V.* p. 345.

72 kil. Pont sur l'*oued-Addarat*, affluent de l'oued-Saf-Saf ; forêts de chênes-liéges s'étendant du S. O. au N. E. jusqu'à Bône.

88 kil. **Jemmapes.** *Auberges. — Bureau des Postes. — Télégraphie électrique. — Service de diligences* pour Philippeville et Bône. — *Location* de chevaux et de voitures. — *Marché arabe*, important, tous les lundis.

Jemmapes, qui, maintenant, a l'air d'une petite ville, a été bâtie au centre de la vallée du *Fendek*. Sa création date du 14 fév. 1848 ; une colonie agricole y a été installée la même année. Constitué en commune, le 31 déc. 1856, le village de Jemmapes, dont la population est de 700 hab., est administré depuis la même époque par un commissaire civil.

Les annexes de Jemmapes sont : à 6 kil. E., **Sidi Nassar**, 140 hab., colonie agricole de 1849, et constituée en centre le 4 juill. 1855. — A 4 kil. S. O., **Ahmed-ben-Ali**, 120 hab. Colonie agricole de 1849, constituée en centre, également le 4 juill. 1855. Ahmed-ben-Ali est construit sur l'emplacement d'une petite ville romaine dont les ruines étaient désignées par les Arabes sous le nom de *Guermoucha*.

On rencontre à 4 kil. N. de Jemmapes, à l'extrémité orientale de de plaine d'*Emchekel*, au delà de celle du Fendek, sur un petit plateau dominant la rive g. de l'*oued-Emchekel*, les ruines d'une bourgade connues des Arabes sous le nom de *Ksar-Mta-el-Arribia*.

100 kil. Forêts de chênes-liéges de l'*As-s'afia*.

108 kil. Pont sur l'*oued-el-Kebir* ; cette rivière, connue encore sous le nom de l'oued-Senhadja, va se jeter dans le golfe de Stora, au-dessous du cap de Fer.

124 kil. *Caravansérail de l'Aïn Mokhra*, vaste enceinte entourée de murs et contenant divers bâtiments dans l'un desquels on a installé une assez bonne *auberge*.

A partir de l'Aïn-Mokhra, on côtoie le *lac Fetzara*. *V.* p. 491.

136 kil. Extrémité N. E. du lac Fetzara, l'un des points les plus remarquables de la province de Constantine ; à partir de là jusqu'à l'Alélik, une voie ferrée, parallèle à la route, assure les transports des minerais extraits de *Mokta-el-Hadid*.

150 kil. **L'Alélik**. *V.* p. 491.

156 kil. **Bône**. *V.* p. 483.

ROUTE 50.

DE CONSTANTINE A BÔNE,

PAR GUELMA.

160 kil. — 1° 100 kil. de Constantine à Guelma. Route stratégique. — 2° 60 kil. de Guelma à Bône. Service de diligences.

100 kil. de Constantine à Guelma. V. routes 44 et 45.

102 kil. Pont sur la Seïbouse.

104 kil. Héliopolis. V. p. 471. A 4 kil. O. de Héliopolis l'oued-**Touta**, sur le ruisseau du même nom; 85 habitants. Création en 1853; annexion à Guelma en déc. 1856.

106 kil. *Hammam-Berda* près de l'*oued-Bou-Sba*, ruines romaines et thermes. « La route qui y conduit est montagneuse, accidentée.... On ne tarde pas à apercevoir Hammam-Berda assis sur une colline verdoyante, et qui fut sans doute pour les Romains un lieu de plaisance, car l'on voit encore à mi-côte les restes d'anciens bains, des pierres, des colonnes, à présent recouvertes de branches touffues de lauriers et de vignes vierges qui, courant en désordre, se joignent et s'enlacent en berceaux, en gracieux festons au-dessus de la source, d'où l'eau s'échappe pour retomber dans un bassin entouré de grandes pierres que le temps n'a pu séparer. Ces eaux tout à fait thermales bouillonnent dans une cuvette naturelle en forme de vaste baignoire au fond de laquelle l'œil distingue à travers la limpidité de cristal un sable doux et fin. Délicieuse oasis jetée sur les plages africaines, et d'où la pensée, franchissant 250 lieues de distance, se reporte vers les eaux élégantes de Bagnères ou de Bade, pour les comparer à celles d'Hammam-Berda bien plus poétiques et bien plus agrestes.... » (*M. Bavoux*). On a quelquefois donné à Hamman-Berda le nom ancien d'*Aquæ tibilitanæ*; on sait que ces dernières sont le Hammam-Meskhroutin des Arabes.

109 kil. **Guelaa-Bou-Sba**, sur le ruisseau de ce nom, dans la vallée d'Hammam-Berda; 160 hab. *Bureau de poste;* création en 1853; annexion à la commune de Guelma, le 31 déc. 1856. Guelaa-Bou-Sba a été fondée sur les ruines de *Villa Serviliana*; l'inscription suivante, trouvée au milieu de ces mêmes ruines, permet de le supposer :

. . . . .
VSQF
QVIR
SERV
LIANVS
VALXX
IISE

118 kil. **Nechmeïa**, *l'ornière* en arabe, 170 hab. *Bureau de poste*, est un village créé le 28 fév. 1857 sur l'emplacement d'un ancien camp reliant en 1837 la route suivie par l'armée expéditionnaire de Constantine, et surnommé par nos soldats *camp des Scorpions*, à cause de la grande quantité de scorpions qu'ils trouvèrent en cet endroit.

126 kil. **Penthièvre**, 160 hab. *Bureau de poste*, création du 26 sept. 1847, au confluent de l'*oued-Berda* et de l'*oued-Gaïsse*. C'est une étape obligée pour les voyageurs et les voitures.

140 kil. **Dréan**, ancien camp créé à la suite de l'expédition de Constantine pour maîtriser la plaine. Nos soldats l'appelaient *le camp des puces*, nom convenable à bien des localités de l'Algérie.

[ROUTE 51] DE CONSTANTINE A LA CALE. 495

150 kil. **D'Uzerville.** *V.* p. 479.
158 kil. *Hippone.* *V.* p. 491.
160 kil. **Bône.** *V.* p. 483.

ROUTE 51.

DE CONSTANTINE A LA CALE,

PAR TERRE.

De Constantine à Bône (*V.* R. 48, 49 et 50). — 60 kil. de Bône à la Cale. Route muletière ou stratégique.

2 kil. *Hippone,* *V.* p. 491.
20 kil. *L'oued-Mafrag,* appelé encore *oued-Bou-Hadjar.* De l'oued-Mafrag au bordj-Ali-Bey, la route traverse les bois de la Mafrag, et la forêt de *Tonga.*
44. kil. *Caravansérail de Bordj-Ali-Bey,* au milieu de la forêt de chênes-lièges de Tonga.
50 kil. *Maison forestière,* au S. O. du lac *Guera-el-Melah* des Arabes.
55 kil. *Camp des Liéges,* au N. O. du second lac, *Guera-el-Oûbeira,* dont la route suit la rive nord pour remonter ensuite à La Cale.
60 kil. **La Cale,** *Auberges.* — *Location* de chevaux et de mulets. — *Bureau des Postes.* — *Télégraphie électrique.* — *Marché arabe* le jeudi.

Situation. La Cale ou *la Calle* est située sur la côte septentrionale de l'Afrique par 6°7' de longitude orientale et 36°55 de latitude N·; elle est entourée par la mer, excepté à l'E., où s'étend une plage de sable d'environ 150 m. de longueur et où se trouve la porte de terre. Dans toutes les autres directions la ville est défendue par des rochers inabordables. Elle est bâtie sur ces rochers. Sa longueur est de 350 m., et sa largeur de 60.

Histoire. La Cale est-elle la *Tunilia,* une des stations anciennes marquées sur la Table de Peutinger? En attendant que l'affirmative soit résolue, on sait que la Cale est le *Mers-el-Kharez,* le port aux breloques, ou le *Mers-el-Djoun,* le port de la baie, des Arabes. « A l'orient de Bône, dit El-Bekri, il y a une autre ville renommée Mers-el-Kharez, où se trouve le corail. La mer environne cet endroit de tous les côtés, à l'exception d'un chemin très-étroit; elle parvient même quelquefois à couper ce passage pendant la saison de l'hiver. Mers-el-Kharez est entourée d'un mur et renferme un bazar très-fréquenté. Depuis peu de temps on y a établi un débarcadère pour les navires. On construit à Mers-el-Kharez des vaisseaux et des bâtiments de guerre qui servent à porter le ravage dans le pays de Roum et les côtes de l'Europe. Cette ville est le rendez-vous des corsaires; il en arrive de tous les côtés, attendu que la traversée de là en Sardaigne est assez courte pour être effectuée en deux jours. Vis-à-vis de Mers-el-Kharez est un puits appelé Bir-Azrag, dont l'eau est malsaine; aussi dit-on proverbialement : « Il vaut mieux recevoir un coup de javelot que de boire au puits d'Azray. » Cette ville est infestée de serpents, et l'air y est si mauvais que le teint jaunâtre des habitants sert à les distinguer de leurs voisins; c'est à un tel point qu'ils ont presque tous une amulette suspendue au cou. Le revenu de Mers-el-Kharez s'élève à dix mille dinars, 100 000 francs. »

Ibn-Khaldoun nous apprend qu'en 686 (1287 de J.-C.), les Siciliens, commandés par le marquis Roger de Loria, battirent en brèche et prirent d'assaut Mers-el-Kharez. Ils y mirent le feu, après l'avoir pillée, et emmenèrent les habitants en captivité.

« Mers-el-Kharez, dit M. E. de La Primaudaie, avant d'être visitée par les marchands européens, était déjà un lieu de rendez-vous fréquenté par les navigateurs arabes, et le point central de nombreuses pêches de corail que l'on trouvait sur toute la longue côte qui s'étend de Benzert à Collo. On lit dans Ebn-Haukal que Mers-el-Kharez était habitée en 349 (960 de J.-C.) par des marchands très-riches et des courtiers pour la vente du corail; un commissaire inspecteur, établi par le khalife El-Mansour, y présidait à la prière, recevait les impôts et examinait les produits de la pêche. Au moyen âge, le corail était encore très-recherché : on l'employait comme parure, et il se débitait très-avantageusement. Celui qu'on pêchait dans le golfe d'*Azkak*, la petite baie de la Cale, était le plus estimé; au rapport des géographes arabes, il était supérieur en qualité à tous les coraux connus, notamment à ceux de Sicile et de Ceuta. On en vendait pour des sommes considérables, et, quoique explorés tous les ans par les marchands étrangers, les bancs des rochers de Mers-el-Kharez donnaient toujours du corail en grande abondance. »

La Cale s'appelait encore Mers-el-Kharez, lorsque des établissements français furent formés sur la côte de Barbarie, en vertu du traité de commerce conclu sous le règne de Hassen-ben-Kheir-ed-Din, traité qui accordait à la France : 1° le privilége exclusif de la pêche du corail le long de la côte d'Afrique dépendant de la régence d'Alger; 2° l'exportation annuelle d'une certaine quantité de grains, ainsi que des cuirs, des laines, des cires et autres productions du pays.

Ce privilége remonte à l'année 1560. A cette époque, un certain nombre de négociants, la plupart Marseillais et parmi lesquels on cite Thomas Linches et Carlin Didier, formèrent une association qui fut connue sous la dénomination de Compagnie d'Afrique jusqu'en 1799, époque de l'expédition des Français en Égypte. Le premier établissement qu'ils formèrent fut le *Bastion de France*, entre la Cale et le cap Rosa. Cet établissement eut à subir des vicissitudes diverses jusqu'en 1694, époque à laquelle la Compagnie crut devoir l'abandonner pour aller établir le siége de ses opérations à la Cale.

Des considérations de diverse nature déterminèrent ce choix. On doit citer entre autres l'avantageuse position du rocher isolé de la Cale, le joli port que cette position procure, la fertilité des environs, la bonté et l'abondance des eaux, l'heureuse configuration du terrain pour la défense militaire, enfin le voisinage des mers les plus riches en corail : aussi la Cale est restée, pendant plus d'un siècle, le centre de tout le commerce de la compagnie d'Afrique ; il y avait ensuite de simples comptoirs à Bône, à Collo, et, en dernier lieu à Tabarca, dans la régence de Tunis.

Avec tant de ressources, la Cale devait parvenir et parvint bientôt en effet à un état florissant. La Compagnie y entretenait dans les derniers temps un agent principal avec le titre de gouverneur, un certain nombre d'employés et une garnison de 50 hommes commandée par un capitaine.

L'établissement de la Cale profitait à nos provinces du Midi, auxquelles il offrait des matières premières utiles; il fut longtemps une excellente école de matelots pour notre navigation.

Au milieu de la guerre déclarée aux priviléges en 1789, ceux des compagnies commerciales ne pouvaient pas être épargnés. Toutes ces compagnies furent dissoutes, hors celle d'Afrique, mais la guerre maritime lui porta un coup funeste, et, en 1779, la saisie des propriétés de la Compagnie força les habitants de la Cale d'abandonner la colonie. Tout ce qu'ils laissèrent sur les lieux fut livré au pillage et à la destruction.

Sur ces entrefaites l'Angleterre, restée maîtresse de la Méditerranée, profita de son ascendant sur la régence d'Alger, pour se faire céder, en 1807, nos concessions d'Afrique moyennant une redevance annuelle de 267 500 fr.; elle les garda près de 10 années; notre reprise de possession ne date que de 1816. Nous n'avions alors à reprendre que des ruines; car l'expédition de lord Exmouth venait d'avoir lieu et avait été le signal de l'incendie et de la destruction presque complète de la Cale par les Arabes. La restauration des bâtiments dut en conséquence être le premier soin du Gouvernement.

Le privilége commercial fut concédé en 1822 à M. Paret, de Marseille, pour 8 années, et l'exploitation de la pêche du corail fut dirigée par le département des affaires étrangères. Ces deux systèmes d'exploitation étaient en pleine vigueur lorsque la guerre éclata tout à coup, en juin 1827, entre la France et Alger. L'abandon de la Cale et sa destruction par les troupes du dey en furent la suite.

La conquête d'Alger, en 1830, devait appeler l'attention du Gouvernement sur les avantages qu'il était permis d'attendre de la restauration de la Cale. Dès le commencement de 1831, cette affaire fut l'objet d'un examen approfondi de la part du département de la guerre. L'ordre fut donné au général commandant l'armée d'occupation, de faire faire une reconnaissance des ruines de la Cale, afin de déterminer jusqu'à quel point il serait possible d'en reprendre possession sans trop de dépenses ni d'effusion de sang. Cette reconnaissance fut faite au mois de mai 1831. A cette époque la Cale ne présentait que des masures abandonnées; Bône ne nous appartenait point encore, et l'occupation de la Cale présentait de grandes difficultés. Cette occupation, retardée jusqu'en 1836, fut définitivement consommée le 22 juillet par un détachement de spahis irréguliers.

La Cale, chef-lieu d'un cercle de la subdivision de Bône, a été créée en centre de population le 1er novembre 1838; la constitution de la commune date du 31 décembre 1856; les habitants au nombre de 1200, non compris une petite garnison, sont administrés par un commissaire civil depuis le 21 déc. 1842.

La pêcherie du corail, faite sous la surveillance d'un petit bâtiment de l'État, jette dans la Cale une grande animation pendant la belle saison. Cette pêcherie n'a rien perdu de sa réputation. On avait supposé un instant que la découverte de différents bancs de corail sur les côtes de la Sardaigne, de l'Espagne et de la Corse, ferait abandonner ceux de l'Algérie; il n'en a rien été. Le nombre des bateaux corailleurs était de 62 en 1832, de 245 en 1838, de 73 en 1855 et de 213 en 1858. Ces 213 bateaux dont 32 français, 45 espagnols et 5 divers, ont procuré au trésor une redevance de 152 800 francs. Il serait à désirer que les résultats obtenus par les bateaux français fussent assez satisfaisants pour encourager la marine algérienne à persister dans cette voie et à profiter des bénéfices d'un commerce que l'étranger seul a su jusqu'à ce jour exploiter avec fruit. Mais il faut le reconnaître, la situation faite aux pêcheurs français par le décret du 21 septembre 1793 en ce qui concerne la composition des équipages, crée à nos armateurs un véritable obstacle sur lequel l'attention de l'administration supérieure a été éveillée. Nul doute aussi que l'on ne parvienne, par un système de primes ou autrement, à déterminer les industriels algériens à travailler le corail, en même temps qu'on créerait pour la pêche un stimulant indispensable.

Ce n'est pas sortir de notre sujet que de dire comment se fait la pêche du corail. Le procédé pour extraire cette matière du fond de la mer est fort simple, et c'est toujours celui qu'on employait aux XIe et XIIe s. On prend une croix de bois de la longueur d'environ une coudée, au centre de laquelle on attache une pierre très-pesante, capable de la faire descendre et de la maintenir au fond de l'eau; on garnit ensuite de petites bourses, faites d'un chanvre très-fort, chaque extrémité de la croix, qu'on tient horizontalement au moyen d'une corde et qu'on laisse tomber dans la mer. Lorsque les pêcheurs sentent que la croix a touché le fond, ils lient la corde au bateau, puis ils rament à dr., à g. et circulairement sur les couches de corail. La pierre détache des rochers cette substance précieuse, qui tombe dans les filets ou demeure pendante aux bras de la croix.

Description. La Cale comprenait, au temps de la Compagnie d'Afrique, un grand nombre de beaux magasins, des quais, une église, un lazaret, des postes militaires, des bastions armés de canons, un ouvrage avancé dit du *Moulin*, une mosquée pour les Maures employés par la Compagnie, enfin tout ce qui pouvait être nécessaire au bien-être, à l'approvisionnement et à la défense d'une ville de 2000 âmes, bien qu'en certaines saisons la population descendît au-dessous de ce chiffre. Lors de la reconnaissance faite en 1831, quelques pans de murs, qui étaient encore debout, ne pouvaient servir qu'à faire reconnaître le tracé et la disposition intérieure des établissements. Les batteries avaient beaucoup souffert; la tour du Moulin, construite sur une hauteur isolée et munie de retranchements, était seule dans un assez bon état de conservation. Comme, lors de la prise de possession définitive de la Cale, en 1836, il n'était pas aussi nécessaire de fortifier la presqu'île sur laquelle elle est bâtie, et qu'il ne s'agissait alors que de se défendre contre les Arabes, on se contenta d'abord de relever les anciennes murailles. Ce n'est que dans ces derniers temps que la Cale a été entourée d'une nouvelle enceinte, renfermant tous les bâtiments militaires que comporte l'installation d'une petite garnison de 200 hommes, et tous les bâtiments civils nécessaires à l'administration et à une population tant sédentaire que flottante. On n'a du reste aucun monument saillant à signaler dans la Cale.

Environs. — Les Lacs. Le cercle de la Cale est couvert de riches forêts de chênes-liéges, exploitées en partie par MM. Du Bouchage et de Montebello. En avant de ces forêts, qui couvrent une superficie de plus de 15 000 hect., s'étendent trois grands lacs. Le plus petit, à 8 kil. O. de la Cale, communiquant avec la mer par un chenal, est connu dans le pays sous la dénomination de *Guera-el-Melah*, étang salé. Le second, situé à 5 kil. 1/2 S., porte le nom de *Guera-el-Gara* ou *El-Oubeira*. Le troisième, à 6 kil. O., est le *Guera-el-Hout*, étang des poissons. La petite rivière qui conduit les eaux de ce lac à la mer s'appelle *oued-el-Hout*, la rivière des poissons. Les bords de ces trois lacs sont garnis d'ormes, de saules, de frênes, de charmes et de peupliers de diverses espèces. Le territoire compris entre ces trois lacs et la mer a environ 16 lieues de circonférence. Plus de la moitié de ce sol est non-seulement cultivable, mais fertile et arrosée par de nombreux ruisseaux. Des projets de centres ont été étudiés et seront mis promptement à exécution. Il n'y a jusqu'à présent dans le cercle de la Cale d'autres agglomérations européennes que celles formées par les grandes exploitations minières et forestières où réside une population industrielle flottante, sans autres moyens d'existence que le produit de son travail quotidien.

12 kil. N. O., *le Bastion* ou *vieille Cale*, entre la mer et l'extrémité N. O. de Guera-el-Melah. Le Bastion, dont il ne reste plus qu'une tour en ruine, a été fondé en 1561, comme on l'a vu plus haut, par les deux Marseillais Linches et Didier, pour l'établissement de la Compagnie d'Afrique, en même temps que la Cale était occupée pour offrir un abri aux navires de cette même compagnie. Détruit en 1599 par les Turcs de Bône, sous le prétexte de la famine attribuée à l'exportation des grains, le Bastion fut rétabli en 1628.

Le P. Pierre Dan, auteur de l'*Histoire de la Barbarie*, a laissé la description suivante du Bastion à cette époque : « Le Bastion est situé sur le bord de la Méditerranée et regarde directement le N., du côté duquel il y a une petite plage où abordent d'ordinaire les barques de ceux qui vont pêcher le corail. Il y a deux grandes cours en ce bastion, la première desquelles est vers le N., où sont les magasins à mettre les blés et les autres marchandises, avec plusieurs chambres basses où logent quelques officiers; cette cour est assez grande. L'autre, qui est beaucoup plus spacieuse, se joint à la plage dont nous avons parlé, où l'on retire les bateaux et les frégates. Au bout de celle-ci se voit une belle et grande chapelle voûtée que l'on nomme Sainte-Catherine, au-dessus de laquelle il y a plusieurs chambres où logent le chapelain et les prêtres du Bastion; le cimetière est au devant, et un peu à côté, entre la chapelle et le jardin, se remarque l'hôpital où l'on traite les soldats, les officiers et les autres personnes malades. Entre ces deux cours, du côté du midi, il y a un grand bâtiment tout de pierres et de figure carrée : c'est la forteresse qui est couverte en plate-forme, munie de deux pierriers et de trois moyennes pièces de canon de fonte. Là est le corps de garde et le logement des soldats de la garnison divisé en plusieurs chambres. Vingt familles arabes campent autour de la forteresse, à dix pas hors de la porte qui regarde la terre ferme; ils se tiennent en ce lieu pour le service des habitants du Bastion. Ceux qui font leur demeure dans cet établissement sont tous Français et forment un total de 400 individus, tant soldats et officiers que gens de travail. Ils sont d'ordinaire tous entretenus aux dépens du Bastion, hormis les coralleurs auxquels la Compagnie paye le corail par livre, à raison du prix convenu, à condition toutefois que ceux qui font la pêche n'en oseraient vendre ni donner tant soit peu, sous peine de perdre leurs gages. On fait en ce lieu un trafic avantageux et riche, qui est de corail, de blé, de cire, de cuirs, de laines et de chevaux barbes, que les Maures et les Arabes voisins y viennent vendre à très-bon prix, et que l'on transporte par après en Provence. »

Le Bastion, détruit une seconde fois en 1637, puis relevé en 1640, détruit de nouveau quelque temps après, relevé en 1670, fut abandonné définitivement en 1694, époque à laquelle Pierre Hély, le nouveau gouverneur de la Compagnie d'Afrique, transporta l'établissement à la Cale.

16 kij. S. *Tarf*, maison de commandement sur le territoire des *Ouled-dieb* d'*Aïn-Khriar*. Le chemin longe les bords E. de Guera-el-Oubeira et traverse la plaine de *Messida*. A 32 kil. S. O. de Tarf et 48 de la Cale, *Aïn-Sultan*, maison de commandement du kaïd de l'*oued-Bou-Hadjar*, sur la limite N. E. de la forêt des *Beni-Salah*. Aïn-Sultan se trouve à la rencontre des routes de Bône, 42 kil., par l'oued-Bou-Hadjar et de Guelma, 64 kil., par Medjez-Sfa.

16 kil. S. E., *Koum-es-Souk*, maison de commandement près de la forêt de *Zitoun*, appartenant au cheikh des *Lakhdar ;* marché arabe tous les mercredis. Le chemin passe au S. de Guera-mta-el-Hout.

12 kil. E. *Kef-oum-et-Teboul*, le rocher des scories, entre Guera-mta-el-Hout et la frontière de Tunis. La Société Dervieu et Cie, déjà propriétaire des mines de R'ar Rouban, dans la province d'Oran (*V.* p. 269), et de celles des Beni-Akhil, entre Cherchel et Tenès, exploite les mines de Kef-oum-et-Teboul, pour l'extraction du minerai de plomb argentifère. L'établissement représente un capital d'environ 4 millions et occupe 4 à 500 ouvriers. Les travaux, poussés avec une intelligence et une activité remarquables, prennent une grande extension, et les résultats obtenus assurent à la Société un des premiers rangs dans l'industrie algérienne. Les bénéfices qu'elle réalise chaque année jettent dans le pays des sommes importantes, au profit des ouvriers mineurs et des indigènes qu'elle emploie pour conduire à la Cale les minerais exportés en France. Les premiers essais tentés par la Compagnie, au moyen d'un atelier de préparation mécanique construit à grands frais pour le lavage des minerais pauvres qu'elle avait délaissés d'abord, ont donné des résultats tels, qu'elle doit établir sur une grande échelle un atelier de lavage desservi par les eaux de l'*oued-Demet-Arba ;* une demande en concession a été faite dans ce but pour la

construction d'un canal de dérivation qui amènera dans l'établissement les eaux de cette rivière.

ROUTE 52.

DE CONSTANTINE A LA CALE,

PAR MER.

Les bateaux à vapeur de l'État, faisant le service de l'E., et devant arriver à Bône les 5, 15 et 25 de chaque mois, repartent les mêmes jours pour la Cale.

De Constantine à Bône. *V.* Routes 48, 49 et 50.

La plage, qui borde Bône, tourne au S. après l'avoir dépassée et correspond dans cet endroit à une immense vallée dont le sol bas et argileux a longtemps retenu, avant les travaux de desséchement, les eaux qui ne pouvaient s'écouler et contribuaient ainsi à l'insalubrité du climat. L'*oued-Bou-Djema* se jette à la mer à un demi-mille de Bône; un peu plus au S. est l'embouchure de la *Seïbouse* dans laquelle les grosses embarcations et les caboteurs du pays pourraient entrer et naviguer jusqu'à une assez grande distance de la mer.

Entre l'oued-Bou-Djema et l'oued-Seïbouse, on remarque le mamelon sur lequel était autrefois la ville d'*Hippone*.

La côte, à partir de la Seïbouse, se courbe peu à peu vers le S. E. et remonte à l'E. N. E. pour aller rejoindre le cap Rosa, à la distance de 13 milles. La première moitié de cette étendue est formée par des plages et des dunes, au S. desquelles on voit une plaine immense et bien cultivée. « Cette plaine renferme de magnifiques prairies, où le foin, la luzerne et les autres plantes fourragères viennent sans culture et se développent avec une vigueur admirable et une abondance qui tient du prodige; ces pâturages fournissaient autrefois au bey Ahmed de quoi payer son tribut annuel au dey d'Alger, et il lui restait encore 100 000 fr. de bénéfice. Dans une circonstance urgente, où il lui fallait trouver sur-le-champ une somme de 500 000 fr., la seule plaine de Bône les lui donna en quelques jours. » (*M. A. Berbrugger.*)

A l'E. de cette plaine, l'*oued-Mafrag* vient se jeter dans la mer, entre des hauteurs boisées d'un fort joli aspect. L'oued-Mafrag, qui descend de la forêt des Beni-Salah et dont le parcours a une cinquantaine de kilomètres, est l'*Armoniacum* de la Table de Peutinger, et l'*Armua* de Pline. Après cette rivière les terres s'élèvent peu à peu, les plages continuent encore jusqu'à trois milles; ensuite viennent des falaises rocailleuses, et la côte s'élève progressivement jusqu'au cap Rosa.

Le *cap Rosa*, le *ras Bou-Fhal* des Arabes, est formé par des terres peu élevées; le mamelon de l'intérieur, qui en fait la principale masse, a 330 mèt. de hauteur; le cap lui-même, composé de roches coupées à pic, n'a que 90 mèt. C'est le point de la côte où l'on pêche le plus beau corail et c'est aussi l'endroit où il est le plus abondant. L'Itinéraire d'Antonin signale deux stations, entre Thabraka et Hippo-Regius : *Nalpotes* et *ad Dianam*. Ce dernier point, dit M. E. de La Primaudaie, est le cap Rose; un temple de Diane, dont quelques débris subsistent encore, s'élevait autrefois sur le sommet du promontoire. Les Français avaient créé sur le cap Rosa un petit poste où demeurait un caporal avec 8 soldats et un interprète pour le négoce; mais ce poste fut plus tard abandonné en même temps que le Bastion, dans l'année 1677.

A l'E. du cap Rosa deux petites anses dont la première s'appelle le *Grand Canier* et la seconde le *Petit Canier*, à cause des roseaux qui naissent dans les environs sur le bord d'un ruisseau, forment au bord de la mer une aiguade facile à aborder. Lorsque le bastion de France existait, les bâtiments de commerce venaient quelquefois chercher un abri dans ses anses pour attendre un vent favorable. La côte est ici formée alternativement de falaises taillées à pic et de plages.

A 4 milles du cap Rosa, dans l'endroit où la côte paraît se creuser le plus, on remarque un coupé dans le terrain, semblable à l'entrée d'une rivière. C'est par là que la mer communique à un étang très-poissonneux dans lequel les corailleurs entraient très-souvent autrefois et qui était connu par eux sous le nom d'*étang du Bastion;* les Arabes le nommaient *Guera-el-melah;* c'est l'un des trois qui entourent la Cale.

A un peu moins de 2 milles de Guera-el-Melah, on voit sur un escarpement rougeâtre les ruines d'une tour qui appartenait à l'ancien *Bastion de France,* un des premiers établissements des Français en Afrique. (*V.* p. 499.)

A 1 mille du Bastion, s'avance une pointe de moyenne hauteur, connue sous le nom de *cap Mzera*.

La côte tourne ensuite à l'E. en se courbant un peu et vient former le *cap Gros,* dont les contours sont arrondis, et qui est reconnaissable de loin à ses terres élevées. On y voit dans la partie E., une saillie assez remarquable qui a été appelée *Bec de l'Aigle*, et qu'on distingue très-bien quand on vient de l'O.

A 2 milles du cap Gros et 23 de Bône, **la Cale**, (*V.* p. 495.) A l'E. de la Cale, la côte continue à être formée par des falaises parfois rocailleuses. On découvre de ce côté, à 4 milles de distance, une montagne conique que son isolement rend remarquable; c'est le *monte Rotondo*, le *Kef-Mestab* des Arabes; une petite rivière coule à son pied du côté de l'E. et vient se jeter à la mer tout près de lui; elle a longtemps servi de limite aux deux régences d'Alger et de Tunis; elle vient du lac *Mta-el-Hout,* l'un des trois cités plus haut et le plus à l'E.

A 4 milles 1/2 du Monte-Rotondo, est le *cap-Roux, kef-Rous,* formé de rochers de couleur rousse. Il est escarpé de tous les côtés. On y voit une grande rigole partant du sommet et descendant jusqu'à la mer, par laquelle on faisait descendre autrefois le blé qui avait été acheté aux Arabes et qui arrivait ainsi directement dans les bateaux. La Compagnie d'Afrique y avait un magasin dont les restes couvrent un roc qui paraît inaccessible.

Le cap Roux forme la tête de limite de nos possessions entre la province de Constantine et Tunis.

INDEX ALPHABÉTIQUE

DES VILLES, VILLAGES ET HAMEAUX DE L'ALGÉRIE.

ABRÉVIATIONS : — A, province d'Alger ; — O, province d'Oran ; C, province de Constantine.

A

El Abiod Sidi Cheikh, O......... 322
Aboukir, O...................... 309
El Achour, A.................... 98
Affreville, A................... 117
El Affroun, A................... 101
Agadir, O....................... 254
L'Agha ou l'Ar'a, A............. 75
Ahmed-ben-Ali, C................ 493
Aïn-Arnat, C.................... 396
Aïn-Beïda, A (Rassauta)......... 81
Aïn-Beïda, A (Tenès)............ 122
Aïn-Beïda, C.................... 462
Aïn-Benian, A (Guyotville)... 71, 181
Aïn-Benian, A (Vesoul).......... 107
Aïn-Beurd, A.................... 161
Aïn-el-Bey, C................... 416
Aïn-Bou-Dinar, O................ 308
Aïn-Bridia, O................... 229
Aïn-Guerfa, C................... 416
Aïn-el-Hadjar, O................ 262
Aïn-el-Hammam-bel-Hanefia, O.... 294
Aïn-el-Ibel, A.................. 144
Aïn-Imber, O.................... 280
Aïn-Kial, O..................... 232
Aïn-Madi, A..................... 148
Aïn-Mela, C..................... 396
Aïn-Naga, C..................... 444
Aïn-Nouissi, O.................. 309
Aïn-Rebot, A.................... 75
Aïn-Sefra, O................ 232, 315
Aïn-Sfia, C..................... 390
Aïn-Sfisifa, O.................. 314
Aïn-Si-Cherif, O................ 309
Aïn-Smarra, C................... 392
Aïn-Sultan, A................... 117
Aïn-Tamatmat, C................. 479
Aïn-Taya, A..................... 81
Aïn-Tedlès, O................... 308
Aïn-Tekbalet, O................. 232
Aïn-Trik, C..................... 396
Aïn-Temouchent, O............... 231
Aïn-el-Turk, O.................. 227
Aïn-Zertita, O.................. 282
Aïoun-Saad, C................... 347
Aït-l'Hassen, A................. 176
L'Alelik, C..................... 490
Alger, A.................... 1
L'Alma, A....................... 170
Ameur-el-Aïn, A................. 162
Ammi-Mousa, O................... 311
El-Amri, C...................... 449
L'Arba, A....................... 160
Arbal, O........................ 278
Les Arbaouât, O................. 319
Announa, C...................... 472
Archgoul, O..................... 276
Arcole, O....................... 278
El-Aricha, O.................... 313
Arzeu, O.................... 187, 298
El-Assafia, A................... 148
El-Asla, O...................... 326
El-Ateuf, A..................... 152
Atmenia, C...................... 392
Aumale, A....................... 161
Azib-ben-Zamoun, A.............. 171

B

Baba-Hassen, A.................. 99
Bab-Azzoun, A................... 75
Bab-el-Oued, A.................. 65
Badès, C........................ 446
Le bain de la Reine, O.......... 191
El-Balouch, C................... 446
Barral, C....................... 479
Le Bastion, C................... 499
Batna, C........................ 458
Behima, C....................... 461
Ben-Aknoun, A................... 97
Ben-Aziz, C..................... 454
Ben-Chikao, A................... 136
Ben-Haroun, A................... 178
Benian, O....................... 294
Beni-Isguen, A.................. 152

INDEX ALPHABÉTIQUE.

Beni-Mered, A.................... 93
Ben-Nechoud, A................... 172
Ben-Thious, C.................... 447
Ben-Yaklef, O.................... 313
Bérard, A........................ 88
Berbessa, A...................... 88
El-Berd, C....................... 452
Berouaguïa, A.................... 136
Berrian, A....................... 151
El-Bethom, A..................... 161
El-Biar, A....................... 69
Bigou, C......................... 447
Bir-Chegga, C.................... 451
Bir-Khadem, A.................... 74
Bir-Mandraïs, A.................. 75
Bir-Rebalou, A................... 161
Bir-Semmam, A.................... 68
Bir-Touta, A..................... 92
Biskra, C........................ 435
Bivac des Indigènes, A........... 72
Bivac des Trembles, A............ 117
Bizot, C......................... 347
Bled-Châba, O.................... 267
Bled-Touaria, O.................. 309
Blida, A..................... 90, 95
Bône, C.......................... 483
Bor'ar, A........................ 137
El-Bordj, O...................... 293
El-Bordj, C...................... 449
Bordj-Bor'ni, A.................. 178
Bordj-Bou-Akkas, C............... 399
Bordj-Bou-Areridj, C............. 387
Bordj-Bouïra, A.................. 178
Bordj-Sebaou, A.................. 173
Bou-Char'oun, C.................. 448
Bou-Farik, A..................... 92
Bougie, C........................ 400
Bou-Hamedi, A.................... 170
Bouïnan, A....................... 93
Bouïra, C........................ 396
Bou-Ismaïl, A.................... 88
Bou-Khrari, A.................... 137
Bou-Khrenifis, O................. 283
Bou-Kobrin, A.................... 76
Bou-Medfa, A..................... 116
Bou-Rchach, O.................... 230
Bou-Rkika, A..................... 102
Bou-Roumi, A..................... 101
Bou-Sada, C...................... 308
Bou-Semr'oun, O.................. 324
Bou-Sfeur, O..................... 228
Bou-Tlelis, O.................... 230
Le Bou-Zarea, A.............. 68, 181
Bréa, O.......................... 262
Brekche, A....................... 183
Brezina, O....................... 329
Bugeaud, C....................... 490

C

Le café des Platanes, A.......... 76
Le café d'Hydra, A............... 70
La Cale, C....................... 495

Le camp d'Erlon, A............... 93
Le Camp des Chênes, A............ 130
La Cascade, O.................... 262
Castiglione, A................... 88
Chaïba, A........................ 88
Chebli, A........................ 93
Chellala-Dahrania, O............. 325
Chellala-Gueblia, O.............. 325
Chéraga, A....................... 70
Cherchel, A...................... 104
Chetma, C........................ 441
Chiffa, A........................ 101
Chez Pichon, A................... 161
Les Cinq-Palmiers, A............. 123
Collo, C......................... 338
La colonne Voirol, A............. 70
Condé, C......................... 346
Constantine, C................ 348
La Consulaire, A................. 100
Crescia, A....................... 100
Cristel, O....................... 299

D

Daïa, O.......................... 284
Dalmatie, A...................... 97
Damesme, O....................... 301
Damiette, A...................... 133
Damrémont, C..................... 345
Dar-Sidi-Abd-Allah, O............ 310
Debia, C......................... 461
Deli-Ibrahim, A.................. 98
Dellis, A........................ 172
Dendoura, C...................... 452
Djelfa, A........................ 123
El-Djema, O...................... 280
Djema, C......................... 452
Djema-Sah'aridj, A............... 176
Djemila, C....................... 399
Djidjelli, C..................... 410
Douaouda, A...................... 85
Douera, A........................ 99
Drâ-el-Mizan, A.................. 177
Draria, A........................ 98
Drean, C......................... 494
Duperré, A....................... 118
Duvivier, C...................... 476

E

El-Eubbad, O..................... 254

F

Fabert, C........................ 490
El-Faïd, C....................... 446
Farfar, C........................ 449
Fermatou, C...................... 395
La Ferme, A...................... 122
La Ferme des Andalous, O......... 228
La Ferme modèle, A............... 90
Fesdis, C........................ 419
Le Figuier, O.................... 278
Filfila, C....................... 345

INDEX ALPHABÉTIQUE. 505

Fleurus, O..... 297
Fornier, C........ 476
Le Fort des Anglais, A............ 66
Le Fort de l'Eau, A............... 81
Le Fort l'Empereur, A............ 69
Le Fort Génois, C............... 482
Le Fort Napoléon, A............. 176
Le Fort Saint-Germain, C........ 434
Fortassa, O..................... 313
Fouka, A 87
Foukala. C...................... 449
Le Frais Vallon, A............... 67
Frenda (Maskara), O............ 282
Frenda (Tiharet), O............. 326

G

Garta, C........................ 441
Gastonville, C................... 346
Gastu, C........................ 472
Géryville, O..................... 318
Goudjila, O..................... 312
Guelaa-bou-Sba, C............... 494
Guelma, C...................... 469
Guelt-el-Stel, A................. 140
Guemar, C...................... 461
El-Guerara, A................... 152
Guyotville...................... 71

H

El-Hachechia, C................. 396
El-Hadjar, C.................... 493
Hadjar Roum, O................. 256
El-Hadjeb, A.................... 101
Le Hamma, O................... 76
Le Hamma, C................... 347
Hammam-Berda, C............... 494
Hammam-Bou-R'ara, O.......... 266
Hammam-Melouan, A........... 167
Hammam-Meskhoutin, C......... 472
Hammam-R'ira, A............... 107
Hammam Sidi Ali-ben-Youb, O... 284
Hanaïa, O...................... 263
El-Haouch, C................... 447
Haouch-Kalaa, A................ 71
El Haouëta, A................... 148
El-Haria, C..................... 468
El-Harrouch, C.................. 346
El-Hasi, C...................... 396
Hasi-Ameur, O.................. 297
Hasi-el-Biod, O.................. 278
Hasi-ben-Fercah, O.............. 298
Hasi-ben-Okba, O............... 297
Hasi-bou-Nif, O................. 297
Heliopolis, C.................... 471
Hippone, C..................... 491
Hussein-dey, A.................. 79

J

Le Jardin d'Essai, A............. 66
Le Jardin du Dey, A............. 67

Jemmappes, C................... 493
Joinville, A..................... 97

K

Kachrou, O..................... 295
Kaddous, A..................... 98
Kadra, C....................... 118
Kala, O........................ 293
Kala-beni-Hammad, C........... 388
El-Kantours, C.................. 346
El-Kantra, C.................... 433
Karouba, O..................... 186
Kef-oum-Teboul, C.............. 500
Kerguenta, O................... 226
Khalfoun, C.................... 396
Khamis des beni Ourar', O...... 311
Khemissa, C.................... 478
Kheneg, C...................... 397
Khenguet-sidi-Nadji, C.......... 445
Le Khroubs, C.................. 415
Kirba, A....................... 123
Kleber, O...................... 298
Kolea, A....................... 85
Koubba, A..................... 78
Kouinin, C..................... 461
Konko, C...................... 177
Ksar-el-Haïran, A............... 148
Ksour, C....................... 453

L

Le lac Halloula, A.............. 102
Lambèse, C.................... 420
Lambleck, C.................... 468
Lanasser, C.................... 396
Lar'ouat, A.................... 145
Lavarande, A.................. 117
Lella Mar'nia, O............... 267
Liana, C....................... 445
Lichana, C..................... 448
Lioua, C....................... 447
Lodi, A........................ 133
Lourmel, O..................... 230

M

Maelma, A..................... 100
La Maison-Blanche, A.......... 169
La Maison-Carrée, A........... 81
Mangin, O..................... 278
Mansoura, A................... 263
Mansoura, C................... 387
Maouan, C..................... 396
Le Marabout-d'Aumale, A...... 100
Marengo, A.................... 102
Maskara, O.................... 289
Matifou, A..................... 83
Mazagran, O................... 303
Mazouna, O.................... 126
Mdaourouch, C................. 478
Mdoukal, C.................... 308
Medéa, A...................... 130

506 INDEX ALPHABÉTIQUE.

Medjez-Hamar, C.................. 469
Medjez-Sfa, C..................... 476
Mefessour, O...................... 298
Melab-el-Koran, A................. 161
Melili, C......................... 447
Mellika, A........................ 152
Mers-el-Kebir, O.................. 188
Mesloug, C........................ 396
Messaoud, A....................... 88
M'gaous ou N'gaous, C............. 424
Mgarin-Djedida, C................. 453
Mgarin-Kedima, C.................. 454
Mila, C........................... 394
Miliana, A........................ 113
Millesimo, C...................... 471
Misserguin, O..................... 228
La Mitidja, A..................... 90
Mondovi, C........................ 479
Montenotte, A..................... 123
Montpensier, A.................... 97
Mor'ar-Foukania, O................ 315
Mor'ar-Tahtania, O................ 315
Mostaganem, O............... 186, 305
Moulaï-Magoun, O.................. 298
Moustafa-Inférieur, A............. 75
Moustafa-Supérieur, A............. 74
Mouzaïa-les-Mines, A.............. 133
Mouzaïaville, A................... 101

N

Nechmeya, C....................... 494
Nedroma, O........................ 270
Négrier, O........................ 233
Nemours, O.................. 266, 272
Nezla, C.......................... 458
Ngoussa, A........................ 153
Novi, A........................... 183

O

Oran, O...................... 181, 195
Orléansville, A................... 120
Ouargla, A........................ 154
Oudjel, C......................... 396
El-Oued, C........................ 461
Oued-el-Beurda, C................. 476
L'oued-Decri, C................... 392
Oued-el-Halleg, A................. 97
L'oued-el-Hammam, O............... 289
L'oued-Tarf, C.................... 468
L'oued-Touta, C................... 494
Ouïsert, O........................ 316
Oulad-Djelab, C................... 448
Ouled-Fayed, A.................... 99
Ouled-Mendil, A................... 100
Ouled-Rahmoun, C.................. 416
Oumach, C......................... 447
Ouricia, C........................ 396
Ourlal, C......................... 447
Ourlana, C........................ 452
El-Outaïa, C...................... 434

P

Pélissier, O...................... 368
Penthièvre, C..................... 494
Perrégaux, O...................... 293
Petit, C.......................... 471
Philippeville, C.................. 341
La pointe-Pescade A............... 67
Le pont d'Aumale, C............... 347
Le pont de l'Isser, O............. 233
Le pont de l'Oued-Kerma, A........ 90
Pontéba, A........................ 119

Q

Les Quatre-Chemins, A............. 92

R

R'ardaïa, A....................... 151
R'ar-Rouban, O.................... 269
R'asoul, O........................ 327
La Rassauta, A.................... 81
Relizan, O........................ 309
La Rer'aïa, A..................... 170
Reybeval, A....................... 171
Rivet, A.......................... 161
Rivoli, O......................... 309
Robertville, C.................... 346
Le Rocher, O...................... 280
Le Rocher de Sel, A............... 141
R'omra, C......................... 454
Rouiba, A......................... 170
Rovigo, A......................... 166
Le Ruisseau, A.................... 77
Rusgunia, A....................... 83

S

Saf-Saf, O........................ 256
Saïda, O.......................... 317
Saint-André (Oran), O............. 190
Saint-André (Maskara), O.......... 294
Saint-Antoine, C.................. 345
Saint-Augustin, C................. 489
Saint-Charles, A.................. 101
Saint-Charles (Oran), C........... 345
Saint-Cloud, O.................... 298
Saint-Denis-du-Sig, O............. 285
Saint-Eugène, A................... 181
Saint-Ferdinand, A................ 100
Saint-Hippolyte, O................ 293
Saint-Jules, A.................... 101
Saint-Leu, O...................... 301
Saint-Louis, O.................... 298
Sainte-Amélie, A.................. 100
Sainte-Barbe, O................... 280
Sainte-Léonie, O.................. 298
Saïr', A.......................... 88
Saïra, C.......................... 447
Sakhamoudi, A..................... 161
Saneg, A.......................... 138
Saoula, A......................... 75

INDEX ALPHABÉTIQUE. 507

Sebdou, O. 313
La Senia, O. 227
Seriana, C. 441
Setif, C. 392
Si-Ali, O. 297
Sidi Ali-ben-Youb, O. 283
Sidi Amran, O 283
Sidi Amran, C. 452
Sidi Belal, A. 78
Sidi Bel-Abbès, O 278
Sidi Bel-Kheir, O. 281
Sidi bou-Medin, O. 257
Sidi Brahim (Nemours), O. 273
Sidi Brahim (Bel-Abbès), O 280
Sidi Chami, O 278
Sidi Djilali-ben-Ahmeur, O. 313
Sidi Ferruch, A 73
Sidi l'Hassen, O. 283
Sidi Khaled (Bel-Abbès), O 283
Sidi Khaled, O. 312
Sidi Khaled, C. 448
Sidi Khalef, A. 471
Sidi Khelil, C 441
Sidi Khelil, C 452
Sidi Mabrouk, C 385
Sidi Makhrlouf, A. 144
Sidi Megrib, C 454
Sidi Mohammed-ben-Yahïa, C 454
Sidi Mohammed-Moussa, C. 446
Sidi Moussa, A 160
Sidi Mtâ-Achacha, O. 187
Sidi Nassar, C. 493
Sidi Okba, C. 442
Sidi Rached, C. 453
Sidi Salah, C. 444
Sidi Sliman, C 453
Sikh-ou-Meddour, A. 175
Smendou, C. 346
Souk-Ali, A. 93
Souk-ed-Djema, A. 171
Souk-Harras, C. 476
Souma, A. 93
Sour-Djouab, A. 165
Sour-R'ozlan, A. 161
Sour-Kelmitou, O. 308
Staouéli, A. 73
La Stidia, O. 303
Stiten, O. 327
Stora, C. 340

T

Tablat, A. 161
Tafraona, O. 317
Les Tagarins, A. 62
Taguin, A. 142
Tagzirt, A. 173
Tahoura, C. 479
Tajemout, A. 147
Takdemt, O. 312

Taksebt, A. 173
Tamerna-Djedida, C. 453
Tamerna-Kedima, C. 453
Tarzout, C. 461
Tebesbet, C. 454
Tebessa, C. 464
Tefeschoun, A. 88
Telar', O 284
Temlouka, C. 396
Tenès, A 124
Teniet-el-Hâd, A. 127
Tifech, C. 478
Tiharet, O. 311
Tinnar, C. 396
Tiout, O. 315
Tipasa, A. 103
Tixeraïn, A. 75
Tizi-Ouzou, A. 174
Le Tlelat, O. 280
Tlemcen, O. 233
Tolga, A. 449
Le Tombeau de la Chrétienne, A. 88
Torre-Chica, A. 73
Tounin, O. 308
Tougourt, C. 454
La trappe de Staouéli, A. 71
Les Trembles (Aumale), A. 161
Les Trembles (Bel-Abbès), O 280
Les Trois-Palmiers, A. 123

U

L'Union-du-Sig, O. 288
D'Uzerville, C 479

V

Valée, C. 345
Vallée des Consuls, A. 69
Valmy, O. 278
Vesoul-Benian, A. 107
Vieil-Arzeu, O. 187
Vieux-Tenès, A. 123
Village Nègre, O 227

Z

Zaatcha, C. 448
Zaouïa, C. 454
Zaouïa-Sidi-Aoun, C. 461
Zamoura, O. 309
Zamoura, C. 387
Zedin, A 119
Zeffoun, C. 333
Zeradla, A. 85
Zeribet-Ahmed, C. 446
Zeribet-el-Oued, C. 444
Zgoum, C. 461
Ziama, C. 335
Zoudj-el-Abbès, A 119
Zurich, A. 103

INDEX SYNONYMIQUE

DES LOCALITÉS ANCIENNES ET MODERNES.

(Le point d'interrogation indique le doute sur l'ancien nom; — *RR* signifient ruines romaines; — A est l'abréviation de province d'Alger; — O, de province d'Oran; — C, de province de Constantine.

A

Affreville, *Zuccabar, colonia Augusta*, A... ... 117
Agadir, *Pomaria*, O... ... 235, 254
Ahmed-ben-Ali, *RR*, C... ... 493
Akbou. *RR*, C... ... 400
Aïn Beïda, *RR*, C... ... 462
Aïn-Benian, *RR*, C... ... 432
Aïn-el-Bey, *RR*, C... ... 416
Aïn-el-Bordj, *RR*, C... ... 442
Aïn-Chabrou, *RR*, C... ... 464
Aïn-Feurchi, *RR*, C... ... 416
Aïn-Fououa, *Respublica Phuensium*, C... ... 390
Aïn-el-Hammam, *RR*, O... ... 294
Aïn-Kerma, *RR*, C... ... 462
Aïn-Mlilia, *Vis'd a*, C... ... 416
Aïn-Tamatmat, *RR*, C... ... 479
Aïn Temouchent, *Timici*, O... ... 231
Aïn-Touta *Sygmachi*, C... ... 432
Aïn-Zada, *Camul saltus*, C... ... 389
Aïn-Zertita, *Victoria?* O... ... 282
Aïoum-Bessem, *Castellum Auziense*, A... ... 161
Alger, *Icosium*, A... ... 6
Announa. *Ti ili*. C... ... 472
Arbal, *Gilva colonia?* O... ... 279
Archgoul, *Portus Sigensis*, O... ... 276
Arzeu, *Portus magnus*, O... ... 299
Aumale, *Auzia*, A... ... 71, 161

B

Badès, *ad Badias*, C... ... 446
Bahiret-el-Mchentel, *RR*, C... ... 468
Batna, *RR*, C... ... 419
Bechilga, *Zabi*, C... ... 431
Ben-Tnious, *RR*, C... ... 447
Berouaguia. *Tanaramusa castra*, A. 136
El-Biar, *ad Basilicam Diadumène?* C... ... 432

Bigou, *RR*, C... ... 447
Biskra, *ad Piscinam, Ouesker?* C.. 435
El Bordj, *Cartili?* O... ... 164
Bordj-Medjana, *Castellum Medianum*, C... ... 388
Bordj-Menaïl. *Vasara?* A... ... 171
Bordj-el-Zekri. *Sigus*, C... ... 462
Bougie, *Colonia Sildantium*, C... 401
Bou-Ismaïl, *RR*, A... ... 88
Brekche, *Gunugus*, A... ... 183

C

La Cale, *Tunilia?* C... ... 495
Le cap Arxin, *Collops parvus?* C... 481
Le cap Rosa, *Nalposes, ad Dianam?* C... ... 502
Charef, *RR*, A... ... 144
Cherchel, *Cæsarea*, A... ... 104
Le Chettaba, *Castellum arsacalitanum*, C... ... 390
Collo, *Collops magnus, Chulli municipium*, C... ... 338
Confluent du Roumel et du Bou-Meurzoug, *RR*, C... ... 385
Confluent de l'oued-Kantra et de l'oued-Fedala, *ad duo flumina*, C. 432
Constantine, *Cirta*, C... ... 348

D

Dellis. *Rusuccurus*, A... ... 172
Djebel-Anini, *Ab Horrea Aninensi*. C... ... 400
Djebel Dir, *RR*, C... ... 468
Djeddar, *RR*, O... ... 326
Djelfa, *RR*, A... ... 143
Djema Saharidj, *Bida colonia*, A. 177
Djidjelli, *Igigili*, C... ... 411
Djmila, *Cuiculum*, C... ... 399
Dra-el-Hadeb, *RR*, C... ... 462

INDEX ALPHABÉTIQUE.

E

Enchir Halloufa, *RR*, C............ 464
Enchir Kasria, *RR*, C............. 423
Les Eulma, *RR*, C................ 392

F

La ferme des Andalous, *Castrum puerorum?* O................. 228
La ferme Bernande, *RR*, A....... 119
Fornier, *RR*. C................. 476
Fouka, *Casæ calventi*, A......... 87

G

Gastonville, *RR*, C.............. 346
Guelaa-bou-Sba, *Villa Serviliana*, C. 494
Guelma, *Calama. Suthul?* C...... 469
Guyotville, *RR*, A............... 71

H

Hadjar-Roum. *Rubræ, Arina?* O.. 256
El Hadjeb, *RR*, A 101
Le Hamma, *Azimacia*, C......... 347
El Hammam, *Aquæ Herculis*, C.... 433
El Hammam, *RR*, C.............. 464
Hammam-Berda. *RR*, C.......... 494
Hammam-Meskhoutin, *Aquæ Tibilitinæ* C..................... 473
Hammam R'ira, *Aquæ Calidæ*, A... 106
Haouch Kalâ, *RR*, A............. 71
El Haria, *RR*, C................ 468
Hippone, *Hippo-Regius*, C....... 491
Hisn Honeïn, *Portus Gypsaria, Artisiga?* O..................... 278
Hisn Ouerdani, *Portus Cæcilii*, O.. 277

K

El Kadra. *Oppidum novum*, A.... 118
El Kantours, *Kantouria*, C. 346
El Kantra, *Calceus Herculis*, C ... 433
Kasbaït, *Mons*, C................ 400
Kasbat, *RR*, C................... 447
Kbour-Roumia. *RR*, A............ 88
Khremissa, *Tubursicum Numidorum*, C......................... 478
Khreneg, *Tiddis*, C 397
Khrerbet-Zerga, *Celia*, C........ 424
Le Khroubs, *Respublica Silensium*, C.. 415
Kouko, *Turaphilum?* A......... 177
Ksar-Madjouba, *Seniore*, C... ... 468
Ksar-Temouchent, *RR*, C........ 392
Kseur, *RR*, C................... 410
Ksour R'ennaïa, *RR*, C........... 419

L

Lac Fetzara, *ad Plumbaria*, C.... 491
Lambèse, *Lambæsis*, C......... 420

El Lamblek, *RR*, C............... 467
Lella Mar'nia, *Syr*, O............ 268
Liana, *RR*, C.................... 445

M

Marcouna, *Verecunda*, C......... 426
Matifou, *Rusgunia*. A............ 82
Mdaourouch, *Madaure*, C........ 478
Medéa, *ad Medias?* A.......... 131
Medinet-Aroun, *RR*, O......... 231
Medr'assen, *RR*, C.............. 417
Melili, *RR*, C................... 447
Merouana, *Lamasba*, C.......... 423
Mers-el-Kebir, *Portus Divinus*, C. 188
Mers-el-Zitoun, *Paccianæ Matidiæ*. C....................... 337
Messâd. *RR*, A.................. 114
Mguesba, *Burgum Speculatorum*, 433
Mila. *Mileum*. C................ 397
Milana. *Malliana*................ 113
Misserguin, *RR*, O.............. 228
Mouzaïa-les-Mines, *Velisci*, A..... 133

N

Nedroma, *Kalama?* O............ 271
Nemours, *ad Fratres*, O.......... 272
Ngaous, *RR*, C.................. 424
Novi, *RR*, A.................... 106

O

Okkous. *Aquæ Cæsaris*, C........ 468
Orléansville, *Castellum Tingitii*, A. 120
Oudjel, *Respublica Uzelitanorum*, C............................. 396
Oued-el-Beurda, *RR*, C 476
L'Oued-el-Kebir, *Tucca*, C... 337
L'Oued-Mouila, *Severianum*, O..... 269
L'Oued-Msif, *RR*, C............. 428
L'Oued-Taria, *Tigauda municipium*, A........................... 119
Oulad Farah, *RR*, A............. 164
Oum-el-Isnam, *Tadulti*, C... 419
Ourlal, *RR*, C................... 447
El-Outaïa, *Mesar filia*, C...... 434

P

Philippeville. *Rusicade*, C....... 341
Pont du Chelif. *Tigava Castra*, A.. 118
Pont du Chelif, *Quiza?* O........ 309

R

R'ar-ez-Zemma, *RR*, C........... 390
Ras-Arxin, *Coliops parvus*, C...... 481
Rfana, *RR*, C................... 468
R'orfa des Oulad Slama, *RR*, A... 164
R'orfa des Oulad Meriem, *RR*, A.. 165
Rovigo, *RR*, A................... 466

INDEX ALPHABÉTIQUE.

S

Saint-Leu, *Portus magnus*, O..... 301
Sainte-Amélie, *RR*, A............ 100
Salah-Bey, *RR*, C................ 386
Saneg, *Uzinaza*, A............... 139
Setif. *Sitifis colonia*, C........ 393
Sid Ali-Ben-Youb, *Albulæ*, O..... 283
Sidi Djelloul, *Camarata*, O...... 276
Sidi Ferruch, *RR*, A............. 74
Sidi Okba, *RR*, C................ 442
Soma, *RR*, C..................... 476
Sour-Djouab, *Rapidi*, A.......... 165
Stora, *RR*, C.................... 340

T

Tablat, *Tablata*, A.............. 161
Tagouzide, *RR*, C................ 426
Taguemont, *RR*, C................ 410
Tagzirt, *Iomnium?* A............. 173
Tahoura, *RR*, C.................. 479
Takdemt, *RR*, O.................. 312
Takebritz, *Siga*, O.............. 276
Taksebt, *RR*..................... 173
Tarmount, *Tatilli*............... 432
Tattbut, *RR*..................... 416
Tebessa, *Thereste*, C............ 464
Tefassed, *Tipasa*, A............. 103
Tehouda, *Tubudeos*, C............ 444
Tenès, *Cartenna*, A.............. 124
Tifech, *Tipasa?* C............... 478
Tiharet, *Tingartia*, O........... 311
Tiklat, *Tubusuptus*, C........... 410
Tizi-Ouzou, *RR*.................. 174
Tmoulga, *RR*, A.................. 119
Tobna, *Tubuna*, C................ 426
Tolga, *RR*, C.................... 449

Z

Zana, *Diana Veteranorum*, C...... 423
Zedin, *RR*, A.................... 119
Zeffoun, *Ruzasus*, A............. 333
Ziama, *Choba*, C................. 335
Zraïa, *Zaraï*, C................. 423
Zurich, *RR*...................... 103

PARIS. — IMPRIMERIE DE CH. LAHURE ET Cie
Rue de Fleurus, 9

LK 8
124
D

DE MARSEILLE
EN ALGÉRIE ET EN ORIENT

ALGÉRIE — TUNISIE
TURQUIE D'EUROPE — ROUMANIE
HONGRIE — ÉGYPTE

ÉTABLISSEMENTS DIVERS

CLASSÉS DANS L'ORDRE SUIVANT :

	Pages.		
Marseille	2	Pesth	10
Alger	3	Bucharest	10, 11
Blidah	3	Alexandrie	12, 13
Constantine	3, 4	Le Caire	14, 15
Tunis	5	Constantinople	16

MARSEILLE

GRAND HOTEL LOUVRE ET PAIX

RÉPUTATION UNIVERSELLE

DEUX ASCENSEURS (breveté)

Le plus grand des hôtels de Marseille ayant sa façade en plein midi

BAINS A TOUS LES ÉTAGES

HYDROTHÉRAPIE A L'HOTEL

250 chambres et salons. Table d'hôte, restaurants, salons de lecture et de musique. Fumoirs. Billards. Jardin d'hiver. *Prix modérés.*

Georges BERTHOLD, propriétaire

LE BUREAU DÉLIVRE DES BILLETS DE CHEMINS DE FER

N. B. — Cet Établissement est le seul à Marseille où les omnibus et les voitures entrent dans une cour couverte à l'instar du Grand-Hôtel à Paris.

Service télégraphique à l'hôtel.

GRAND HOTEL DE BORDEAUX & D'ORIENT

F. GONZALEZ, propriétaire, 11 et 13, *boulevard du Nord*. — Excellente situation près de la Gare, de la Cannebière, des Allées de Meilhan, et de la ligne centrale des Tramways. — **Bonne maison très recommandée**, considérablement agrandie et meublée à neuf. — Salons de Restaurant et de conversation. — Table d'hôte. Bains dans l'hôtel. — On parle les principales langues. — Renseignements précis pour les départs et arrivées des bateaux à vapeur. — Omnibus de l'hôtel à tous les trains.

GRAND HOTEL BEAUVAU

Seul hôtel de premier ordre **ayant façade sur la mer**, au centre de la ville. — 7 et 8 fr. par jour et au-dessus, selon les appartements. — TABLE D'HÔTE ET RESTAURANT. — *Omnibus à tous les trains.*

TEISSIER, Propriétaire.

ALGER

HOTEL DE LA RÉGENCE

Place du Gouvernement

Vaste établissement de premier ordre, l'un des meilleurs et des plus anciens. — Vue sur la mer. — Grands appartements pour familles et voyageurs.

Prix modérés.

BLIDAH

HOTEL D'ORIENT

Place d'Armes

Établissement de premier ordre. — 50 chambres. — Bains. — Voitures de remise pour excursions dans les environs : Gorges de la Chiffa, etc.

Prix modérés.

CONSTANTINE

GRAND HOTEL DE PARIS

Place Nemours

RUES NATIONALE, CARAMAN ET CAHOREAU

Établissement de premier ordre, aménagé à l'instar des meilleurs hôtels de la métropole. — Habitation la plus agréable que Constantine puisse offrir aux Étrangers. — Salons d'attente, de conversation et de lecture. — **Appartements pour familles.** — Superbe salle à manger pour 300 couverts. — **Salons de Restaurant** particuliers. — Cuisine française classique. — Cave excellente, renfermant les meilleurs vins de tous les grands crûs de France. — BAINS A LA MINUTE. — **Voitures de remise** pour les excursions dans les environs si riches en monuments historiques et en merveilles géologiques. — Omnibus à tous les trains. — *Prix réduits pour séjour prolongé.*

CONSTANTINE

GRAND HOTEL DU LOUVRE

RUE NATIONALE

PRÈS DE LA POSTE ET DU TÉLÉGRAPHE

BOURNAT, propriétaire

Ce magnifique et vaste établissement, qui vient d'être construit et aménagé, à l'instar des grands hôtels de France, contient 70 chambres d'une élégance du meilleur goût.

AMEUBLEMENT ENTIÈREMENT NEUF
APPARTEMENTS SPÉCIAUX POUR FAMILLES
SALONS PARTICULIERS
SALLES DE 150 ET 50 COUVERTS POUR REPAS DE NOCE ET DE CORPS
CUISINE MINUTIEUSEMENT SURVEILLÉE
CAVE ASSORTIE DES MEILLEURS CRUS
SALON D'ATTENTE ET DE CONVERSATION. — PIANO
SALLE DE BAINS TOUJOURS PRÊTS
SONNERIE ÉLECTRIQUE DESSERVANT TOUT L'HOTEL
ENGLISH COOK SERVICE
ENGLISH SPOKEN

Le confort et les soins attentifs du personnel font de ce vaste hôtel l'un des plus importants et des plus distingués de la Métropole.

On fait des arrangements pour un long séjour.

Omnibus à tous les trains.

TUNIS

GRAND HOTEL DE PARIS

BERTRAND, Propriétaire

Maison de premier ordre, construite tout récemment, avec balcon à chaque étage. — **Vue splendide sur la mer et les environs.** — Façades sur deux grandes rues ; exposition au Levant, au midi et au couchant.

TABLE D'HOTE

Salon de conversation. — Cuisine française.

PRIX MODÉRÉS

Drogman de l'Hôtel à l'arrivée de chaque bateau.

Bains dans l'Hôtel. — Voitures de luxe.

SOCIÉTÉ GÉNÉRALE
DE
TRANSPORTS MARITIMES A VAPEUR
(Société anonyme. — Capital : 12 millions
SIÈGE SOCIAL : A Paris, 11 bis, boulevard Haussmann.
DIRECTION DE L'EXPLOITATION : A Marseille, 3, rue des Templiers.
SERVICES RÉGULIERS ET TRANSPORTS DE DÉPÊCHES
LIGNE DE LA MÉDITERRANÉE AU BRÉSIL ET A LA PLATA
Service postal à grande vitesse, de Marseille à Rio-Janeiro, Montevideo
Buenos-Ayres
Touchant à Barcelone et à Saint-Vincent.
Départs de Marseille les 14 et 29 de chaque mois, à 8 heures du matin. Les vapeurs du 29 desservent aussi l'escale de Gibraltar.

PRIX DES PASSAGES DE MARSEILLE A					
	Gibraltar	Saint-Vincent	Rio-Janeiro	Montevideo	Buenos-Ayres
1re classe.	160 fr. »	500 fr. »	800 fr. »	800 fr. »	800 fr. »
2e —	100 »	400 »	600 »	600 »	600 »
3e —	68 »	200 »	200 »	200 »	200 »

N. B. Les prix ci-dessus étant susceptibles de réductions suivant les saisons, écrire à la Compagnie ou à ses agents.

DURÉE du TRAJET de MARSEILLE { Au BRÉSIL............................ 20 jours.
A LA PLATA.......................... 25 jours.

Les navires transatlantiques des *Transports maritimes* allant, avant leurs départs mensuels des 14 et 29, embarquer à NAPLES et GÊNES les passagers pour le BRÉSIL et LA PLATA, prennent à MARSEILLE, à prix réduits, les passagers pour NAPLES, et à NAPLES et GÊNES les passagers pour MARSEILLE et l'AMÉRIQUE DU SUD.
Départs de MARSEILLE pour NAPLES, les 5 et 20, à 7 h. matin. — Arrivées à NAPLES les 7 et 22. — Départs de NAPLES les 8 et 23. — Arrivées à GÊNES les 10 et 25.
Retour à MARSEILLE les 13 et 28; pour suivre les 14 et 29 sur le BRÉSIL et LA PLATA.

PAQUEBOTS AFFECTÉS AU
SERVICE DU BRÉSIL ET DE LA PLATA

Bourgogne..	de 2000 ton. et 300 chev.		La France..	de 4000 ton. et 500 chev.	
Poitou......	de 3000 —	350 —	Navarre.....	de 4500 —	500 —
Savoie......	de 3000 —	350 —	Béarn.......	de 4500 —	500 —

LIGNES DE L'ALGÉRIE
Départs de **Marseille** pour **Philippeville** et **Bône**, tous les mercredis et dimanches matin à 8 heures.
— — — **Bône**, plusieurs fois par semaine, à dates indéterminées.
— — — **Alger**, tous les samedis matin.

PRIX DES PASSAGES De Marseille à	PASSAGERS DE CHAMBRE (Nourriture comprise)	PASSAGERS DE PONT (Sans nourriture)
Philippeville ou Alger.	45 fr. »	14 fr. »
Bône................	45 fr. »	15 fr. »

AGENTS ET CORRESPONDANTS
Paris, au siège de la Société, 11 bis, boulevard Haussmann; Paris, MM. F. Puthet et Ce, 22, rue Albouy; Lyon, MM. F. Puthet et Ce, 22, quai St-Clair; Marseille, aux bureaux de l'exploitation, 3, rue des Templiers; Rouen, MM. F. Larget et Ce; Chambéry, MM. Guillot et Ce; Cette, M. E. Fraissinet; Alger, M. J. Vails; Philippeville, M. H. Teissier; Bône, MM. H. Teissier; Naples, M. L. Minuloio; Gênes, M. Adr. Crilanovich; Bâle, MM. de Speyr et Ce; Genève, M. Ch. Fischer; Madrid, M. Julian Moreno; Barcelone, M. D. Ripol y Ce; Bilbao, MM. V. de Errazquin é hijos; Saint-Sébastien, M. J. Domerg y Sobrino; Valence, MM. Dart et Ce; Gibraltar, MM. Longlands Cowel et Ce; Saint-Vincent, MM. Millers et Nephew; Rio-Janeiro, MM. E.-J. Albert et Ce; Montevideo, MM. Llama y Ce; Buenos-Ayres, MM. P. et E. Mathey.

Pour tous les renseignements sur les frêts et prix de passage, s'adresser à la Compagnie ou à ses divers agents

NOUVELLE COMPAGNIE MARSEILLAISE
DE
NAVIGATION A VAPEUR
FRAISSINET & Cie
Place de la Bourse, 6, Marseille.

PAQUEBOTS-POSTE FRANÇAIS POUR LA CORSE ET L'ITALIE

Services réguliers pour le Levant, la mer Noire, Malte, l'Égypte, la Syrie, l'Italie, le Languedoc et les Alpes-Maritimes

LIGNES DESSERVIES PAR LA COMPAGNIE

SERVICE POSTAL POUR LA CORSE ET L'ITALIE. — Départs de Marseille : Pour Ajaccio, Porto-Torres, et alternativement tous les huit jours pour Propriano ou Bonifacio, le Vendredi, à 9 h. du matin. — Pour Bastia et Livourne, le Dimanche, à 9 h. du matin. — Pour Calvi et l'Ile-Rousse, alternativement tous les huit jours, le Lundi, à 9 h. du matin. — Pour Nice, Bastia et Livourne, le Mardi, à 8 h. du matin. Départs de Nice pour Bastia et Livourne, le Mercredi, à 5 h. du matin.

LIGNE DE CONSTANTINOPLE. — Départs de Marseille, le Jeudi, à 8 h. du matin. Pour Gênes, Naples, Pirée, Volo, Salonique, Dédéagach, Dardanelles, Gallipoli, Rodosto et Constantinople (Galatz, Ibraïla, Odessa, Inéboli, Sinope, Sansoum, Kerassunde, Trébizonde et Poti).

LIGNE D'ODESSA. — Départs de Marseille, tous les deux Dimanches, à 10 h. du matin. Pour Messine, Smyrne, Dardanelles, Constantinople et Odessa.

LIGNE D'ITALIE. — Départs de Marseille, le Dimanche, à 8 h. du matin. Pour Gênes, Livourne, Civita-Vecchia et Naples. — Pour Gênes et Naples, le Jeudi, à 8 h. du matin.

LIGNE DE MALTE, ÉGYPTE ET SYRIE. — Départs de Marseille, les 1er et 15 de chaque mois, à 9 h. du matin. Pour Malte, Alexandrie et Jaffa.

LIGNE DE CANNES, NICE ET GÊNES. — Départs de Marseille, le Mercredi, à 7 h. du soir. Pour Cannes, Nice et Gênes.

LIGNE DU LANGUEDOC. — Départs de Marseille pour Cette, les Mardis, Jeudis et Samedis, à 8 h. du soir. — Départs de Marseille pour Agde, les Lundis, Mercredis et Vendredis, à 8 h. du soir.

FLOTTE DE LA COMPAGNIE

		FORCE	TONN.			FORCE	TONN.
X. En construction, à hél.		700ch	4000	Junon	à hélice	250ch	420
	—	600	3000	Asie	—	250	120
Amérique	—	500	3000	Assyrien	—	200	700
Stamboul	—	500	3000	Algérie	—	200	700
Europe	—	500	3000	Marie-Louise	—	120	700
Taygète	—	400	2500	Saint-Marc	—	120	700
Taurus	—	400	2500	Spahi	—	200	400
Balkan	—	400	2500	Isère	—	120	400
Pélion	—	400	2500	Blidah	—	120	400
Galatz	—	400	2500	Durance	—	120	400
Braïla	—	400	2500	Médéah	—	120	300
Bucharest	—	400	2500	Echo	—	100	250
Gyptis	—	250	1200	Rhône	à roues	100	480
Euxène	—	250	1200	Hérault	—	100	480

AGENTS ET CORRESPONDANTS DE LA COMPAGNIE

MM. Fraissinet et Cie, place de la Bourse, 6, à Marseille. — Ach. Neton, rue de Rougemont, 9, à Paris. — Smith Sundius et Cie à Plymouth, Southampton et à Londres. — T. Picharry, quai de Bourgogne, 40, à Bordeaux. — Orenga et Pierangeli, à Bastia. — P. Costa, à Ajaccio. — N. Vuccino, à Constantinople.

Pour plus amples renseignements, s'adresser aux agents ci-dessus, ou à ceux établis dans les ports desservis par la Compagnie.

LLOYD AUSTRO-HONGROIS

MOUVEMENTS DES PAQUEBOTS EN 1882

ITINÉRAIRES

STATIONS	ALLER ARRIVÉES	ALLER DÉPARTS	STATIONS	RETOUR ARRIVÉES	RETOUR DÉPARTS
TRIESTE à CONSTANTINOPLE. (Toutes les semaines.)					
Trieste......	»	Samedi... 2 s.	Constantinople	»	Vendredi.. 5 s.
Corfou......	Lundi.... 4 s.	Lundi.... 7 s.	Le Pirée.....	Dimanche 6 m	Dimanche 4 s.
Le Pirée.....	Mercredi.. 10 m	Mercredi.. 6 s.	Corfou.......	Mardi..... 7 m	Mardi..... 11 s.
Constantinople	Vendredi. 7 m	»	Trieste.......	Jeudi..... 1 s.	»
LE PIRÉE et SYRA. (Toutes les semaines.)					
Le Pirée.....	»	Mercredi... 9 s.	Syra.........	»	Samedi.... 8 s.
Syra.........	Jeudi..... 7 m	»	Le Pirée.....	Dimanche 6m	»
LE PIRÉE et CRÈTE. (Toutes les semaines.)					
Le Pirée.....	»	»	Suda.........	»	Mardi..... 7 m
Suda.........	Lundi.... 11 m	Dimanche 2 s.	Le Pirée.....	Mercredi.. 4 m	»

Cette ligne est en correspondance avec un vapeur spécial, transportant la malle, les voyageurs et des marchandises de Souda à Canée, Rethymos, Gandia et *vice versa*, assurant ainsi une communication régulière entre l'île de Crète et le Levant.

STATIONS	ALLER ARRIVÉES	ALLER DÉPARTS	STATIONS	RETOUR ARRIVÉES	RETOUR DÉPARTS
TRIESTE à SMYRNE. (Toutes les semaines.)					
Trieste......	»	Mardi..... 6 s.	Smyrne......	»	Samedi... 11 m
Fiume.......	Mercredi. 7 30m	Mercredi.. 4 s.	Scio.........	Samedi... 6 s.	Samedi.... 7 s.
Brindisi.....	Vendredi 10 30m	Vendredi. min	Le Pirée.....	Dimanche midi	Dimanche 9 s.
Corfou......	Samedi. 2 30 s.	Samedi. 9 30 s.	Syra.........	Lundi..... 7 m	Lundi..... 4 s.
Argostoli.....	Dim.... 10 30m	Dim..... 1 s.	Cerigo.......	Mardi..... 7 m	Mardi..... 8 m
Zante........	Dim.... 5 30 s.	Dim..... 11 s.	Zante........	Mercredi.. 4 m	Mercredi 8 30 m
Cerigo.......	Lundi..... 7 s.	Lundi.... 8 s.	Argostoli.....	Mercredi.. 1 s.	Mercredi.. 4 s.
Syra.........	Mardi.... 11 m	Mardi.... 9 s.	Corfou.......	Jeudi..... 5 m	Jeudi..... 7 s.
Le Pirée.....	Mercredi. 7 m	Mercredi.. 3 s.	Brindisi......	Vendredi 9 30 m	Vendredi 1 30 m
Scio.........	Jeudi..... 8 m	Jeudi..... 9 m	Fiume.......	Dimanche 8 m	Dimanche 4 s.
Smyrne......	Jeudi..... 4 s.	»	Trieste.......	Lundi. 5 30 m	»

Les bateaux desservant cette ligne touchent alternativement une semaine à Fiume, l'autre à Ancône.

STATIONS	ALLER ARRIVÉES	ALLER DÉPARTS	STATIONS	RETOUR ARRIVÉES	RETOUR DÉPARTS
SMYRNE à VATHY. (Toutes les semaines.)					
Smyrne......	»	Samedi.... 9 m	Vathy (Samos)	»	Lundi..... 10 m
Scio.........	Dimanche 5 m	Dimanche 8 m	Cismé.......	Lundi.. 3 30 s.	Lundi.. 4 30 s.
Cismé.......	Dimanche 9 m	Dimanche 11 m	Scio.........	Lundi.. 5 30 s.	Lundi..... 10 s.
Vathy(Samos)	Dim.... 5 30 s.	»	Smyrne......	Mardi..... 6 m	»
TRIESTE à PATRASS, SALONIQUE et CONSTANTINOPLE. *Ligne de la Thessalie.* (Tous les quinze jours.)					
Trieste......	»	Mercredi... 5 s.	Constantinople	»	Samedi... 2 s.
Fiume.......	Jeudi... 7 30 m	Jeudi.... 11 s.	Gallipoli.....	Dimanche 4 m	Dim.... 4 30 m
Corfou......	Samedi. 10 30 m	Dimanche 11 m	Dardanelles..	Dimanche 7 m	Dimanche 9 m
Patras.......	Lundi..... 5 m	Lundi..... 10 m	Dedeagh.....	Dimanche 5 s.	Dim.... 6 30 s.
Zante........	Lundi.. 4 30 s.	Lundi.... 10 s.	Lagos........	Lundi..... min30	Lundi..... 9 m
Calamata.....	Mardi.... 11 m	Mardi..... 5 s.	Cavalla......	Lundi..... 2 s.	Lundi..... 7 s.
Le Pirée.....	Mercredi.. 3 s.	Jeudi.... 10 m	Salonique....	Mardi. 3 30 s.	Mercredi.. 4 s.
Volo.........	Vendredi. 10 m	Vendredi.. 3 s.	Volo.........	Jeudi..... 9 m	Jeudi..... 4 s.
Salonique....	Samedi.... 8 m	Dimanche 8 m	Le Pirée.....	Vendredi. 4 s.	Samedi.... 6 m
Cavalla......	Lundi.. 4 30 m	Lundi..... min.	Calamata....	Dimanche 4 m	Dimanche 4 s.
Lagos........	Mardi..... 5 m	Mardi..... 11 s.	Zante........	Lundi..... 5 m	Lundi..... 7 m
Dedeagh.....	Mercredi.. 5 m	Mercredi.. 9 m	Patras.......	Lundi.. 1 30 s.	Lundi..... min.
Dardanelles..	Mercredi.. 5 s.	Mercredi.. 6 s.	Corfou.......	Mardi..... 5 s.	Mardi..... min.
Gallipoli.....	Mercredi. 8 30 s.	Mercredi 9 30 s.	Fiume.......	Vendredi 7 30 m	Vendredi.. 4 s.
Constantinople	Jeudi... 11 30 m	»	Trieste.......	Samedi.. 5 30 m	»
TRIESTE à ALEXANDRIE. (Toutes les semaines.)					
Trieste......	»	Vendredi. midi	Alexandrie...	»	Mardi..... 5 s.
Corfou......	Dimanche 5 s.	Dimanche 10 s.	Corfou.......	Samedi... 1 m	Samedi.... 6 m
Alexandrie...	Jeudi..... 6 m	»	Trieste.......	Lundi..... 11 m	»

STATIONS	ALLER ARRIVÉES	DÉPARTS	STATIONS	RETOUR ARRIVÉES	DÉPARTS
ALEXANDRIE à BEYROUTH. (Tous les quinze jours.)					
Alexandrie...	»	Vendredi.. 9 m	Beyrouth...	»	Mercredi.. 7 m
Port-Saïd...	Samedi... 5 m	Dimanche midi	Caifa.........	Mercredi... 4 s.	Mercredi.. 11 s.
Jaffa.......	Lundi.. 4 30 m	Lundi.....midi	Jaffa.........	Jeudi..... 6 m	Jeudi..... 4 s.
Caifa.......	Lundi..... 7 s.	Lundi......min.	Port-Saïd...	Vendredi 8 30 m	Samedi... 10 m
Beyrouth...	Mardi.... 9 m	»	Alexandrie...	Dimanche 6 m	»
ALEXANDRIE à BEYROUTH et SMYRNE. (Tous les quinze jours.)					
Alexandrie...	»	Vendredi. 11 m	Smyrne......	»	Samedi... midi
Port-Saïd...	Samedi... 5 m	Samedi.... 5 s.	Scio.........	Samedi... 7 s.	Samedi.... 8 s.
Jaffa.......	Dimanche 8 m	Dimanche 3½ s.	Rodi.........	Dimanche 2 30 s.	Dimanche 9 30 s.
Beyrouth...	Lundi.. 4 30 m	Lundi..... 7 s.	Cyprus (Larna	Mardi..... 7 m	Mardi..... 4 s.
Cyprus (Larna	Mardi.... 8 m	Mardi..... 7 s.	Beyrouth....	Mercredi... 5 m	Mercredi... 7 s.
Rodi.......	Jeudi.. 4 30 m	Jeudi..... 8 m	Jaffa.........	Jeudi... 8 30 m	Jeudi..... 6 s.
Scio........	Vendredi 2 30 m	Vendredi. 4 m	Port-Saïd...	Vendredi. 9 m	Vendredi. 5 s.
Smyrne.....	Vendredi 11 m	»	Alexandrie...	Samedi... 11 m	»
ALEXANDRIE à SMYRNE. (Direct.) (Tous les quinze jours.)					
Alexandrie...	»	Mardi.... 6 s.	Smyrne......	»	Samedi.... 4 s.
Leros.......	Jeudi..... 3 s.	Jeudi..... 4 s.	Scio.........	Samedi... 11 s.	Samedi....min.
Scio........	Vendredi 1 30 m	Vendredi 2 30 m	Leros........	Dimanche 9 30 m	Dimanche 10 30 m
Smyrne.....	Vendredi 9 30 m	»	Alexandrie...	Mardi... 7 30 m	»
CONSTANTINOPLE à SMYRNE. (Toutes les semaines.)					
Constantinople	»	Jeudi..... 4 s.	Smyrne......	»	Samedi.... 1 s.
Gallipoli....	Vendredi. 5 m	Vendredi 5 30 m	Metelin......	Samedi... 8 s.	Samedi 9 30 s.
Dardanelles.	Vendredi. 8 m	Vendredi. 9 m	Tenedos.....	Dimanche 6 m	Dimanche 6 30 m
Tenedos....	Vendredi. midi	Vendredi. midi 30	Dardanelles.	Dimanche 7 30 m	Dimanche 9 30 m
Metelin.....	Vendredi. 7 s.	Vendredi. 8 s.	Gallipoli.....	Dimanche 1 s.	Dimanche 1 30 s.
Smyrne.....	Samedi... 3 m	»	Constantinople	Lundi... 2 50 m	»

Correspondance au retour aux Dardanelles, avec les bateaux de la Thessalie, faisant retour de Constantinople pour Déléagh, Lagos, Cavalla, etc.

CONSTANTINOPLE à TRÉBIZONDE et BATOUM. (Toutes les semaines.)					
Constantinople	»	Samedi... 5 m	Batoum......	»	Mercredi.. 6 s.
Inéboli......	Dimanche 10 m	Dimanche midi	Trébizonde...	Jeudi..... 6 m	Jeudi..... 10 s.
Samsoun.....	Lundi.. 5 30 m	Lundi..... 9 m	Kérasound...	Vendredi. 6 m	Vendredi. 6 s.
Kérasound...	Lundi..... 9 s.	Lundi..... 11 s.	Samsoun.....	Samedi... 6 m	Samedi... 3 s.
Trébizonde...	Mardi..... 7 m	Mardi..... 6 s.	Inéboli......	Dimanche 8 30 m	Dimanche 1 s.
Batoum.....	Mercredi.. 6 m	»	Constantinople	Lundi.... 6 s.	»
CONSTANTINOPLE à VARNA. (Deux fois par semaine.)					
Constantinople	»	Mardi.... 2 s.	Varna........	»	Samedi... 10 s.
»	»	Vendredi. 2 s.	»	»	Mercredi.. 10 s.
Varna.......	Mercredi 4 30 m	»	Constantinople	Dimanche midi 30	»
»	Samedi.. 4 30 m	»	»	Jeudi..... midi 30	»

NOTA. — Cette ligne est soumise à des changements.

CONSTANTINOPLE et le DANUBE. (Toutes les semaines.)					
Constantinople	»	Samedi... 4 s.	Braïla.......	»	Mercredi.. 2 s.
Kustendjé...	Dimanche. 5 s.	Dimanche 8 s.	Galatz.......	Mercredi... 3 s.	Vendredi. 8 m
Soulina.....	Lundi.. 6 30 m	Lundi..... 7 m	Toultscha...	Vendredi. midi	Vendredi. 1 s.
Toultscha...	Lundi..... 2 s.	Lundi.. 2 30 s.	Soulina.....	Vendredi 5 30 m	Vendredi. 6 s.
Galatz......	Lundi.. 8 30 m	Mardi.... 2 s.	Kustendjé...	Samedi. 4 30 m	Samedi... 11 m
Braïla......	Mardi.... 4 s.	»	Constantinople	Dimanche midi	»
CONSTANTINOPLE et ODESSA. (Toutes les semaines.)					
Constantinople	»	Samedi... 2 s.	Odessa......	»	Samedi... 4 s.
Odessa......	Lundi.... 11 m	»	Constantinople	Lundi..... 1 s.	»

Ligne de TRIESTE à HONG-KONG.

Départ de Trieste le 1er de chaque mois à 4 heures du soir touchant à Port-Saïd, Suez, Aden, Bombay, Colombo, Penang et Singapore. Trajet en 59 à 60 jours. Les 3 derniers départs touchent à Brindisi.

Retour : Départ de Hong-Kong le 6 de chaque mois à partir du 6 mars. Escales comme à l'aller. Trajet en 55 à 56 jours. Les 3 premiers départs touchent à Brindisi.

Ligne de TRIESTE à CALCUTTA.

Départ de Trieste les 12 janvier, février, mars, octobre, novembre et décembre à 4 heures du soir, touchant à Port-Saïd, Suez, Aden et Colombo. Trajet en 35 jours.

Retour : Départ de Calcutta les 28 février, mars, avril, novembre, décembre, 1882 et 28 janvier 1883. Escales comme à l'aller. Trajet en 30 à 32 jours.

PESTH (Hongrie).

JOSEF RAINER'S
HOTEL DE L'EUROPE

TRÈS BIEN SITUÉ EN FACE DU PALAIL-ROYAL.

Établissement de premier ordre à Buda-Pesth.

BUCHAREST (Roumanie).

GRAND HOTEL BRÔFFT

Place du Théâtre.

ÉTABLISSEMENT DE PREMIER ORDRE

N.-B. — MM. les voyageurs sont priés de donner au cocher l'indication complète du **Grand Hotel Brôfft**, afin d'éviter toute erreur.

BUCHAREST (Roumanie.)

GRAND HOTEL UNION

tenu

Par FRANZ SACHER

AU CENTRE DE LA VILLE

80 chambres, Café, Restaurant, Cuisine française.

PRIX TRÈS MODÉRÉS.

BUCHAREST (Roumanie)

GRAND HOTEL
HUGUES

Place du Théâtre.

CUISINE FRANÇAISE. — RESTAURANT A LA CARTE.

Cet Hôtel, situé dans le quartier le mieux fréquenté de la ville, vis-à-vis l'Opéra, est le rendez-vous du High-Life Roumain.

INTERPRÈTES POUR TOUTES LES LANGUES.

J. BAPTISTIN MARS

DIRECTEUR.

ALEXANDRIE (ÉGYPTE)

HOTEL D'EUROPE

Patronné par S. A. R le Prince de Galles

DE PREMIER ORDRE

Ce magnifique Établissement de premier ordre est parfaitement situé sur le **Grand Square**. — Il est particulièrement recommandé aux TOURISTES et aux FAMILLES FRANÇAISES et ÉTRANGÈRES pour son excellente cuisine et l'exactitude de son service. — Table d'hôte ; Salon de lecture ; journaux étrangers. — **Bains chauds et froids dans la maison.**

Les voyageurs trouveront toujours le **Drogman** et l'**Omnibus** de l'hôtel à l'arrivée des *Bateaux à vapeur* et à la *Gare du chemin de fer*.

PENSION DEPUIS **15 FR.** PAR JOUR

MÊME MAISON AU CAIRE (ÉGYPTE)

GRAND NEW HOTEL, de premier ordre

ALEXANDRIE
(ÉGYPTE)

GRAND HOTEL ABBAT

Établissement de premier ordre

Salons, Cabinet de lecture, Fumoir, Beau Jardin dans l'hôtel.

N.-B. Cette maison de tout premier ordre, fondée par M. ABBAT en 1858, est sans contredit celle que préfèrent les voyageurs de distinction et les Agents diplomatiques qui passent en Égypte.
La cuisine et la cave en sont particulièrement renommées.

PRIX : 15 Francs par jour

Logement, Breakfast, Luncheon et Diner

First class hotel. — Best French cuisine. — Reading Room. — Smoking Room. — Garden and Baths in the interior of the Hotel

H. CHAMOULLEAU, Directeur.

LE CAIRE (ÉGYPTE)

GRAND NEW-HOTEL

MAISON DE PREMIER ORDRE

150 chambres. — Grands et petits appartements.

Magnifique hôtel de premier ordre, situé en face du Jardin public, de l'Esbékié et du Théâtre de l'Opéra. — Construction moderne et élégante avec tout le confort désirable. — Se recommande particulièrement aux touristes et aux familles françaises et anglaises. — Table d'hôte et dîners à part; excellente cuisine, service français exact et actif. — **Salons de lecture et de conversation**; pianos. — Grande terrasse et superbe véranda avec vastes jardins. — Fumoir. — Bains à chaque étage. — Journaux étrangers de tous pays. — Les Voyageurs trouveront toujours à la gare le Drogman et l'Omnibus de l'hôtel. — Pension de 15 à 20 fr. par jour.

MÊME MAISON A ALEXANDRIE (ÉGYPTE) :

HOTEL DE L'EUROPE

LE CAIRE

FRIEDMANN'S
HOTEL DU NIL

M. LEANDER SCHARFNAGEL, Intéressé

Hôtel de 1er ordre situé au MOUSKY

CENTRE DES AFFAIRES ET DES CURIOSITÉS A VISITER

Prix modérés COMBINÉS AVEC LE PLUS grand confort

GRAND JARDIN. — BAINS. — CABINET DE LECTURE

EN VENTE
CHEZ LES PRINCIPAUX LIBRAIRES DE FRANCE,
DE L'ALGÉRIE ET DE L'ÉTRANGER

LA COLLECTION DES
GUIDES JOANNE

QUI COMPREND

POUR L'ORIENT ET L'ALGÉRIE

LES VOLUMES CI-APRÈS

La Grèce et la Turquie d'Europe. 1 vol................	25 fr.
Malte, Égypte, Nubie, Abyssinie, Sinaï. 1 vol.........	30 fr.
Syrie, Palestine et Turquie d'Asie. 1 vol.............	
Algérie, Tunis, Tanger. 1 vol.........................	15 fr.

CONSTANTINOPLE

HOTEL D'ANGLETERRE — HOTEL ROYAL

CES DEUX HOTELS APPARTIENNENT AU MÊME PROPRIÉTAIRE

M. Fr. LOGOTHETTI

Ces deux hôtels sont les plus importants de Constantinople, et c'est là que descendent tous les personnages de marque et les voyageurs de distinction.

M. LOGOTHETTI, le propriétaire actuel, est fier de pouvoir montrer à sa clientèle les certificats qui lui ont été délivrés, en témoignage de leur satisfaction, par le comte d'Harcourt, par lord Salisbury, par le géné███████erman, des Etats-Unis, par le comte Serge Apraxine, général-major de l'armée russe, etc., etc.

NOUVELLE CONSTRUCTION.

AUGMENTATION DE 40 CHAMBRES AVEC VUE SUR LE **Bosphore** ET LA **Corne d'Or**.

PENSION DEPUIS 15 FRANCS ET AU-DESSUS. — CHAMBRES DEPUIS 4 FRANCS.

ITINÉRAIRE
DE L'ALGÉRIE
ET DE LA TUNISIE

www.ingramcontent.com/pod-product-compliance
Lightning Source LLC
Chambersburg PA
CBHW071704300426
44115CB00010B/1303